ELIAS

POCKET DICTIONARY

ENGLISH / ARABIC

قاموس الياس الجـــــــيب

إنجليـــــزى / عربــــــى

ELIAS A. ELIAS & ED. E. ELIAS

١ شارع كنيسة الروم الكاثوليك. الظاهر. القاهرة. ج.م.ع.
ت: ٢٥٩٠٣٧٥٦ - ٢٥٩٣٩٥٤٤ (٢٠٢) فاكس: ٢٥٨٨٠٠٩١ (٢٠٢)
www.eliaspublishing.com

طبع بمطابع دار الياس العصرية للطباعة والنشر
٧٣ - ٧٥ شارع عمان. عين شمس الشرقية
ت: ٢٢٩٨٥٧١٥ - ٢٢٩٨١٧٣٥ (٢٠٢) فاكس: ٢٢٩٨٠٧٣٦ (٢٠٢)

رقم الإيداع: ٢٠٠٧/١١١٠٣
الترقيم الدولى: ٣-٢٠٧-٣٠٤-٩٧٧

1, Kenisset El Rum El Kathulik St., Daher, Cairo, Egypt
Tel: (202) 25903756 - (202) 25939544 Fax: (202) 25880091
www.eliaspublishing.com

Printed and bound in Egypt by
Elias Modern Press
73-75 Amman St., Ain Shams East - Cairo
Tel: (202) 22981735 - (202) 22985715 Fax: (202) 22980736

Deposit No. 11103/2007
ISBN 977-304-207-3

PREFACE

The Pocket Dictionary is designed chiefly to meet the needs of the Arabic-speaking student in his study of English, but in many respects English-speaking students of Arabic, who have attained some degree of proficiency in that language, will find it more useful than other larger dictionaries.

مقدمة

يسرنا أن نقدم هذا القاموس إلى طلاب اللغة الانجليزية بعد أن عانينا فى جمعه وطبعه المشاق العظيمة حتى أبرزناه على غزارة مادته فى هذا الحجم الصغير ليسهل حمله فى الجيب بدلاً من قواميس الجيب الانجليزية البحتة التى لا تنيل الطالب المعنى الذى ينشده للكلمة فى لغته.

وقد راعينا الترتيب والتسلسل فى وضع الترجمة العربية جاعلاً بين الكلمات المترادفة نقطاً صغيرة كهذه « . » ، وأشرنا عند الانتقال من معنًى إلى آخر بنجمة كهذه « ٭ » ، ولزيادة الايضاح ميزنا الصيغة الفعلية عما قبلها بفاصل كهذا « ‖ » عندما لا تكون فى سطر مستقل ، واستعملنا هذه العلامة « △ » لحصر الكلمات الدارجة ، وكذلك استعملنا هذه الدائرة « ○ » لتدل على أن الكلمة التى تليها معرّبة وليست عربية، وهذا الخط« — » ليقوم مقام الكلمة الانجليزية الاصلية التى فوقه ولعدم تكرارها .

هذا ولا أخفى عن الطالب أن الدافع الأول إلى التعجيل بانجاز هذا القاموس هو إزدياد الطلب على قاموسنا المطوّل المعروف « **بالقاموس العصرى** » واضطرار الكثيرين من طلبة المدارس إلى اقتنائه مع عدم احتياجهم إلى كثير مما يشتمل عليه من الكلمات والمصطلحات وهم فى بداية دراستهم للغة الانجليزية .

A

A, an أداةُ تنكير قد تترجَمْ بكلمةِ «ما» * «في الـ»

Aback إلى خَلْف . إلى الوراء . للوراء

to be taken — إنبغتَ . بوغت . ذُهِل

Abacus كُشفة . تاج العمود * أداة للعد . مِعداد

Abandon تخلّى عَن . تركَ . هَجَر * تنازل عن

to — *himself* to إنغمسَ أو تردّى في

Abandon, abandonment تَرْك . هَجْر

Abandoned مَتروكٌ . مَهْجور * متنازَل عنه

Abase حَقَّرَ . أذلَّ . حَطَّ من مقامه

Abash أخْجَلَ . أخْزَى . رَبك . خبل . بلبل

Abate قَلَّلَ . أنقصَ * قلَّ * هبَط * انكلَّ

Abatement إنقاصٌ * إسقاط . سَماح * نقص

Abbacy رِآسةُ دَيرِ

Abbess رئيسةُ دَيرِ

Abbey دَيرٌ * رَهْبنة

Abbot رئيسُ دَيرِ «للرهبان»

Abbreviate إختزلَ . إختصَر . إقتضب

Abbreviation إيجازٌ . إختزال . إختصار

Abdicate تبرَّأ من * تنازَل عن السيادة

Abdication نزول (عن عرش او ما شابه)

Abdomen بَطنٌ . مأنة . جَوْف

Abduct خَطَفَ . سلَبَ . إغتصب * أبعد

Abduction خطفٌ . إغتصاب * إبعاد

Abed مُضطَجِعٌ ؞ مكوّع . في الفراش

Aberrance ضَلالٌ . إنحراف عَن الحقّ

Aberrant ضالٌ . زائغ * شاذ

Aberration زيغٌ * ضَلال . شرود * خَلل عقليّ

Abet أغرَى * حَرَّضَ * سَاعد عَلى شَر

Abettor محرِّضٌ . مُغرٍ * مساعِد على شرٍّ

Abeyance تعطيلٌ . ايقاف . تعليق * انتظار

in — مُعَلَّقٌ . مَوقوف

Abhor كَرِهَ . إشمأزَّ من . إستفظَع

Abhorrence كراهةٌ . بُغض . مَقت * شَناعة

Abide بقيَ . مَكث * انتظر * أقام فى * واجه

— by أنجزَ . تمَّم . حافظَ على

Abiding مُسْتَمِرٌّ . دائِم

Ability قُدْرَةٌ . مَقدِرَة * كفاية . مَهارة

Abject خَسيسٌ . محتقَر . دنيء

— poverty فَقْر مُدقِع . منتهَى الفاقة

Abjure أنكَرَ بقَسَمٍ . جحَد * إرتدَّ عَن

Ablaze وَالعٌ . مُلتهِب . مشتَعِل

to set — أشعلَ . ألهبَ

Able قادرٌ . مقتَدِر . ماهِر

Able-bodied ضَلِيعٌ . قَوي الجِسم

Ablution وُضوءٌ . غَسْل . تطهير بالماء

Ably باقتدارٍ . بفطنة . بمهارة

Abnegation الكفر بالذات . إنكار النفس

Abnormal شاذٌ . خارج عن القياس . متقلّب

Aboard عَلى سَفينةٍ أو قطار أو طائرة

Abode مَسْكِن . مَوْطِن . منزِل

Abolish نَسخَ . أبطلَ . ألغَى . محَى

Abolition نَسْخٌ . إبْطال . إلغاء . مَحْو

Abominable كَريهٌ . شَنيع . ممقوت

Abominate مكروه ‖ كرِهَ . مقَت . إشمأزَّ من

Aboriginal أصلي . من السكان الأولين . أرومي

Aborigines أحياء أو نباتات صُقْع
Abortion إجهاضُ الجنينِ . إسقاطٌ ✿ سِقط
Abortive دَواءٌ مُجهِض ✿ عَقيم ✿ سقطِ
Abound وَفُرَ. تكاثَر . إزداد ✿ شَمِل
About نحو .حوالى✿عن .من جهة✿على وشك
Above فَوق . زيادة عن. أعلى من ✿ على
— mentioned المذكور أعلاه أو آنفاً
Above-board علانية . جَهراً ✿ صَريح
Abrade كَشط . حكَّ ✿ بَرَد △ جَلَط
Abrasion كشْط.سَحْج.كت✿تحات.تأكل
Abreast جنباً لجنب . موازاةً
Abridge اختصرَ. لخَّص ✿ حذَف
Abroad في الخارج ✿ خارج القطر ✿ مُطلق العنان . حُرٌّ ✿ شارداً ✿ بعيد عن الهدَف
Abrogate أبطلَ. ألغى. نسَخ
Abrupt فُجائيٌ✿مُقتضَب ✿ جافٍ ✿ وَعِرٌ
Abscess خُرَّاجٌ. دُمَّل كبير . قرْح
Abscission فصْلٌ. بتر.قطع.انقطاع ✿ إزالة
Abscond اختفى✿ ولّى هارباً . أَبِقَ. فرَّ
Absence عدَم وجود . غياب ✿ غَفْلَة
Absent غائبٌ. مُتغيِّب✿ساهٍ|| تغيَّبَ . غاب
Absent-minded شارد العقل .ساهٍ△سرحان
Absolute مطلَق✿ نقي . تام . صِرف . بحت
— temperature احترار مُطلق.حرارة مطلقة
Absolutely حتماً . قطعاً ✿ مُطلقاً .كلية
Absolution حِلٌّ . تبرئة . مَغفِرَة. إبراء
Absolve حلَّ أو أعفى من ✿ سامح . غفر
Absorb انهمكَ في ✿امتصَّ✿ التهم.استوعب
Absorbed مُنهمِك .مستغرق✿ممتص✿مُبتلَع
Absorbent مُنشِّفٌ✿ماص .شارِب✿مخفِّف
Absorption إنهماك في✿إمتصاص✿إندماج
Abstain امتنعَ عن . أمسك . كَفَّ عن
Abstemious, Abstinent زاهدٌ. متقشِّف
Abstinence زُهْدٌ. تقشُّف ✿ امتناع عن
Abstract خُلاصةٌ ✿ مجرّد ✿ مبهم ✿ نظرى
— of title ملخص مُستندات الملكية
Abstract جَرَّدَ ✿ صرف الذهن ✿ سلب ✿لخَّص ✿استخلص✿سحب او انسحب من
Abstruse عَسِرُ الفهمِ ✿ مُستغلق ✿ خَفيٌّ
Absurd سخيفٌ✿غير معقول . عبث ✿ محال
Absurdity سَخافةٌ . عبْث . بُطلان
Abundance وَفرةٌ . فيض . غزارة
Abundant كثيرٌ. وافر . غزير ✿ فائض
Abuse إساءة الاستعمال ✿ تعسف ✿ إفراط
Abuse أساء استعمال الشيء ✿شتمَ✿تعسَّف
Abusive مُهينٌ . فاضِح ✿ سَفيه ✿ خدّاع
Abut جاوَرَ . لاصق ✿ وصل ✿ اتصل بـ
Abutment إتِّصالٌ ✿ مَسند . دِعامة
Abyss وَهدَةٌ . هُوَّة . هاوية ✿ لُجَّة
Acacia شجرةُ السنطِ . طَلْحٌ
Academic مختصٌّ بمجمع العُلماء ✿ عِلمى
Academy مجمع علمى ○ أكاديميا . معهد فني
— figure رسم مأخوذ عن جسم عار
Acanthus « نبات » شوك اليهود . كنكر
Accede قبِلَ✿تقلَّد منصب.تبوَّأ✿انضم لـ
Accelerate زادَالسرعة. عَجَّلَ. أسرع
Acceleration إسراعٌ. تعجيل. تعاجُل. عجَلة
Accelerator مُعجِّل✿دوَّاسةالبنزين. هذّاف

Accent نَبْرةٌ ✻ حركة . شكلة ✻ لهجة || شدَّد
Accentuate نَبَرَ . شدَّد ✻ حرَّك . شكَّل
Accept قَبِلَ . رَضِيَ . وافق
Acceptable مقبولٌ . مرضيٌّ عنه . مُستحسن
Acceptance قبول سفتجة ✻ تصديق . رضى
Acceptation قَبولٌ . رضى . تسليم ✻ معنى
. فحوى . تفسير ✻ قَبول . مُصادقة
Accepted مَقبولٌ . موافق عليه ✻ مُستحسَن
Access إقتراب ✻ دُخول . مَدْخل ✻ نوبة
Accessary شَريك في جَريمة ✻ مُساعِد
Accessible أنيسٌ ✻ ممكن الوصول اليه
Accession وُصولٌ . بلوغ ✻ زيادة ✻ تبوُّء
Accessories قِطَع مساعدة . أجزاء إضافية
Accessory إضافيٌّ . ملحق . مساعد ✻ متواطىء
Accident عارِضٌ . حادث ✻ اتفاق . صِدفة
Accidental عَرَضي . اتفاقي ✻ طارىء
Acclaim تصفيقٌ || هَلَّلَ . هتف ✻ نادى بـ
Acclamation تهليلٌ . هُتاف ✻ أخذ الاصوات
Acclimatize أقلمَ . عوَّد على مناخ ✻ تأقلمَ
Acclivity مرتفَع تدريجي الصعود (ضد منحدر)
Accommodate أمدَّ . جهَّز بـ ✻ أراح ✻
أصلح بين ✻ صَلَّحَ . هَيَّأَ نفسه . تكيَّفَ
Accommodation ملاءمة . تكييف ✻ إراحة
— bill كمبيالة صورية ، ـ مجاملة ، ـ تواطؤ
Accompaniment مُرافَقَةٌ . استصحاب
Accompany رافقَ . سار مع ✻ جارى ✻ أرفق
✻ ساوق . ساير (المغنى بالآلات أو الصوت)
Accomplice شَريك في الذنب أو في الجريمة
Accomplish أنجزَ . أكمل . أتمَّ . أنهى

Accomplished كاملٌ . تامٌ ✻ مُهذَّب
Accord قبول . اتفاق ✻ مطابقة ✻ توافق الالحان
Accord وَفَّقَ . سوَّى ✻ طابقَ ✻ منح
of one — بالاجماع . بالاتفاق
Accordance وِفاقٌ . مُوافقة . مطابقة
According *to* بموجب . طبقاً ، وفقاً لـ . بناء على
Accordingly بناء على ذلك
Accordion آلة موسيقية
Accost دَنا أو اقترب من ✻ بادأ بالكلام
Account, (a/c) حسابٌ . محاسبة ✻ تقرير
✻ بيان . تفاصيل حدث ✻ أهمية ✻ سبب
on — على الحساب
on — of بسبب . من جَراء
of no — طفيفٌ . قليل الاهمية
to give an — قدَّمَ بياناً . أعطى حساباً
to keep —s مسكَ الدفاتر
to take into — راعى . حسب حساب...
Account حسبَ . اعتبر ✻ علَّل . بيَّن السبب
Accountable مَسئولٌ . مُطالب . محاسَب
Accountancy عملُ الحِسابات . محاسبة
Accountant كاتب حِسابات ∆ مَحسْبِجي
Accoutre كسا ✻ أمدَّ باللوازم العسكرية
Accredit فَوَّضَ إلى . عيَّن ✻ عزى الى
Accretion ازديادٌ . نموٌّ . تراكم
Accruals مُستحقاتٌ ✻ مصاريف مستحقة
Accrue زادَ . نما ✻ تجمَّع . كَثُرَ ✻ تأتى عن
Accumulate تجمَّعَ ✻ جمع . ركم
Accumulation تراكُم ✻ تكديس . جمع

Accumulator	جامعٌ ٭ مِركم . حاشدة كهرباء
Accuracy	ضَبْطٌ . إتقان . دِقة
Accurate	مضبوطٌ . محكم . دَقيق
Accursed	ملعونٌ . مغضوب عليه ٭ مكروه
Accusant	مُشْتَكٍ . مُقَدِّم الشكوى
Accusation	اتهامٌ . شكاية . تهمة
Accuse	شكا . اتَّهمَ بـ . ادَّعى على
Accused	مُتَّهمٌ . مدّعى عليه (جنائياً)
Accustom *to*	عوَّدَ . مرّن . درّب على
Accustomed	مُتَعوِّدٌ . معتاد ٭ متدرب
Ace	آس (الواحد فى ورق اللعب) ٭ بطل
Acerbity	حموضة . حَراوة . حمْز ٭ فظاظة
Acetic, Acetous	حِمضى . خَلِّى . خلّيك
Acetify	حَمَّضَ . خلّل ٭ حمَض . صار خلاً
Ache	وَجَعٌ . أَلم ‖ وجَعَ . آلم
Achieve	أنجزَ . أتمَّ . أنهى ٭ أدرك
Achievement	إنجازٌ . إتمام ٭ مأثرة . عمل فذّ
Aching	مُوجِعٌ . مؤلم
Achromatic	خالٍ من اللون ٭ لايقبل التلوين
Acid	حامِضٌ . حِمْض . مُز ٭ ماضِر
— content	نسبة الحموضة
Acidity	حُموضةٌ
Acidulate	حَمّضَ . أحمضَ قليلاً ٭ صيّر مُزّاً
Acknowledge	إعترَفَ . أقرَّ . سَلَّم بـِه
Acme	قِمَّةٌ . رأس . ذِروة . أوج ٭ كمال
Acne	حَبُّ الصبا . دُهنية ٥ أكنة . نفاطير
Acolyte	خادمُ الكنيسة . قَندلفت . شماس
Aconite	خانق النمر أو الذئب (نبات سام)
Acorn	ثمرةُ أو جوزةُ البلوط
Acoustic	مختصٌ بالسمع . سمعي
Acquaint	أَعْلَمَ . عَرَّفَ بِـ . أطلع على
Acquaintance	عِلْمٌ . معرفة ٭ أحدُ المعارف
Acquiesce	إقتنعَ . رضيَ بـ . أذعَنَ
Acquire	نالَ . إكْتسب . تحصَّل على
Acquired	مُقتبَسٌ . مكتسَب . اكتسابى ٭ مقتنى
Acquisition	تملكٌ . اقتناء . اكتساب . حيازة
Acquisitive	مُحْرِزٌ . مُكسِبٍ ٭ مكتسب
Acquit	وفى . سدَّدَ ٭ أبرأ من ٭ قام بمهمة
Acquittal	تبرئَةٌ . بَراءة ٭ حلٌ . اطلاق
Acre	مِقياس لمسطح الارض . فدّان انجليزى
Acrid	حِرّيفٌ . حَادّ . لاسع . حامِز
Acrimonious	شَكِسٌ . فظ ٭ حِرّيف
Acrimony	حِدَّةٌ . فظاظة . شراسة ٭ حرافة
Acrobat	بَهْلَوان . ألعُبان
Across	عَرضاً ٭ عَبْر . في الجانب الآخر
to come —	صادَفَ ٭ لاقى مُصادفةً
to go —	عَبَرَ . عَدّى من جانب لآخر
Act	صَنيعٌ . عمل ٭ فصل تمثيلي ٭ قرار . لائحة
— of God	قُوَّة قاهِرَة . قضاء وقدَر
— and deed	محرَّرٌ . وثيقة أو عقد قانوني
Act	فَعَلَ ٭ تصرَّف ٭ مثَّل . شخَّص
to — for	نابَ عن
to — up to	سلكَ بموجب . اتَّبع
to — upon	أثَّرَ فى . أثَّر على
Acting	نائبٌ . وكيل . قائم بعمل ٭ تمثيل
Action	عملٌ ٭ مفعول ٭ حركة ٭ قضية ٭ حرب
Active	نشيط . مجتهد ٭ فعّال ٭ فى الخدمة الفعالة
— member *or* partner	عضو أو شريك عامل

Activity نشاطٌ . اجتهاد . حركة ✲ فاعلية
Actor مُمَثِّلٌ ✲ عامل . فاعل
Actress مُمَثِّلَةٌ . مشخصة
Actual حقيقي . فعلي . مُطابق للواقع ✲ حالى
Actuary إحصائى. حاسبٌ أو مُستشار تأمين
Actuate حرَّكَ ✲ حرَّض . حثَّ . حضّ
Acumen ذكاء . فطنة . لَوْذعية
Acuminate حادُّ الرأس . مدبَّب ‖ دبَّبَ
Acute ذكيٌّ . حاذق ✲ ماض . حادّ
Adage مَثَلٌ . قَوْل مأثور ✲ مَبدأ
Adagio علامة موسيقية للتأنى . أمْهِل
Adamant حجرٌ شديدُ الصلابة ✲ الماس
Adapt وَفَّقَ . ناسب . طبَّق . هايأ
Adaptability مُوافقةٌ . مطابقة ✲ تكيُّف
Adaptation تهيئة . توفيق . تطبيق ✲ تكييف
Add أضافَ . ضمَّ . زاد ✲ جمعَ
Addendum مُلحَقٌ . إضافة . ضميمة . ذَيل
Adder أفعى . أُفعوان . صِلّ
Addict مُدْمِن
Addict عكفَ على . أدمن ✲ سلَّم بموجب حكم
Addition إضافةٌ . جمع . زيادة . عِلاوة
Additional إضافيٌّ . زائد ✲ مُلْحَق
Addle △ مُمَشَّشٌ . مَذِر . فاسد ‖ أفسدَ . مذَر
Address عُنوانٌ ✲ خِطاب ✲ لهجة ✲ مَهارة
Address كلَّم ✲ خطب فى ✲ عنون ✲ وجَّه
Addressee المرسَل اليه ✲ المخاطَب
Adduce قدَّمَ . أورد . أدلى بـ ✲ إقتبس
Adducent مُقدِّمٌ . مورد ✲ مُقَرِّب
Adept ماهرٌ . بارع . مُتفنن

Adequate مُوافِقٌ . مناسِب . كافٍ . سَديد
Adhere *to* تمسكَ بـ . ثبت . التصق . انضم إلى
Adherent ملتصقٌ . تابع لـ ✲ متحد النمو
Adhesion إلتصاقٌ ✲ جاذبيَّة الالتصاق
Adhesive مُلصِقٌ . دَبِق . لزج . لصَّاق
Adieu استودعكم الله . الوداع
Adipose شحمى . دُهنى ✲ شَحْم حيوانى
Adjacency مجاوَرَةٌ . قُرْب . اتِّصال
Adjacent *to* قَريبٌ من . مجاور لـ
Adjective نَعْتٌ . وَصْف . صِفَة
Adjoin لاصقَ . التصق بـ . جاوَر ✲ ضمَّ
Adjourn أرجأَ ✲ فَضَّ . غيّر مكان الاجتماع
Adjournment تأجيلٌ . إرجاء . فضّ
Adjudge حَكَمَ . أصدر حُكماً . قضى بـ
Adjudication حُكْمٌ . قضاء ✲ مُناقَصَة
. مَزاد ✲ مَرسى المزاد ✲ حكم افلاس
Adjunct مُضافٌ . مَوصول ✲ ملحق . مساعد
Adjunction إضافةٌ . إلحاق . ضَم . وصل
Adjuration استحلاف . حلف اليمين ✲ مناشدة
Adjure استحلَفَ . حلَّف ✲ ناشد
Adjust ضَبَطَ . أصلح . رَتَّب . سوَّى . عدَّل
Adjustment تَسْوِيَةٌ ✲ ضبْط . تعديل
Adjutant مُلازمٌ ✲ مساعد ✲ أبو سُعن (طائر)
— General أركان حرب ✲ معاون القواد
Adjuvant مُساعِدٌ لدواء . معاون ✲ مساعدة
Admeasurement مُقايسة ✲ قياس ✲ تقسيم
Administer أعطى . ناولَ ✲ أقسم ✲ أدار
Administration إدارة . مصلحة . مرفق
✲ تدبير ✲ منح الاسرار المقدسة ✲ ادارة تركة

Administrative حُكومى ☼ إدارى
Administrator مُديرٌ☼مأمورالتصفية.وصي
Admirable يدعو للاعجاب . بديع
Admiral أميرال.قائد أُسطول . أمير البحر
Admiralship أميراليَّة . قيادة اسطول
Admiralty قيادةُ أو مَركز القوات البحرية
Admiration تعجبٌ ☼ اعجاب ☼ استحسان
Admire أعجبَ بـ . استَحْسَنَ
Admirer معجِبٌ ☼ عاشق . محبّ
Admissible مَقبولٌ. مُسَلَّم به . جائز
Admission قَبول ☼ ادخال ☼ تسليم بـ
Admit *of* قَبِلَ بـ. سَلّمَ☼ افترض
— *into* or *to* أدخَلَ إلى . قَبِل فى
Admittance قَبول.تسليم☼دُخول.ادخال
no — الدخول محظور . ممنوع الدخول
Admix مَزَجَ . خلط . شابَ
Admonish حَذّرَ . نصَح . أنذر ☼ وبَّخ
Admonition تحذيرٌ. تنبيه☼عِظة.لفت نظر
Ado ضَوضاء . جَلَبة . ضَجَّة ☼ انزعاج
Adolescence مُراهَقةٌ. مناهزة البلوغ
Adolescent مُراهِقٌ . فَتى . يافع
Adopt تَبنَّى☼ اتخذ☼اصطلحَ على☼طبَّق
Adoption تَبَنٍّ ☼ إختيارٌ ☼ اتخاذ
Adoptive إضافيٌ ☼ مُنتَخِب ☼ مُتبنّى
Adorable يستحقُ العبادة ☼ يُعشَق
Adoration عِبادةٌ. سجود ☼ عِشق . هُيام
Adore عَبَدَ☼ أحبَّ لدرجةِ العبادةِ . هام بـ
Adorn زَيَّنَ . زَخرف . زوَّق . حلّى
Adornment تزيينٌ. زخرفة ☼ حِلية

Adrift عائمٌ مع التيَّار . طافٍ
Adroit ماهِرٌ . بارع . حاذِق . أريب
Adroitly بمهارةٍ . بخفة . بحذق
Adsorb مَزَّ . امتزّ (امتزازاً) . تدمَّج
Adsorption تدامج الغازات الخ بسطح الجماد
Adulation تمليقٌ . تملُّق ☼ إطراء
Adulator مُتملِّقٌ. مداهن . مستكلب
Adult بالغٌ سنّ الرُشْد △ راشِد . مراهق
Adulterate زَيفٌ || زَيَّفَ. مذَق △ زغلَ
Adulterated مَغشوشٌ . ممذوق ☼ زائف
Adulteration إفسادٌ☼غش. مذق☼تزييف
Adulterer فاسِقٌ . زانٍ ☼ غشّاش . ماذق
Adultery فِسْقٌ . زِناء ☼ غِشّ
Adumbrate دلَّ على . رمَز إلى . خطَّطَ
Advance سُلفةٌ ☼ تقدُّم ☼ سير ☼ تمهيد
in — مُقَدَّماً . سَلَفاً
on the — على الصعود
Advance تقدَّمَ في السير☼ ترقى . أفلح
☼رقّى.قدَّم☼أقرض☼قدّم.دفع مُقدماً
Advanced متقدمٌ☼سابق لغيره ☼متحسن
Advance-guard طَليعةُ الجيشِ
Advancement تقدُّمٌ☼ تقديم ☼ تسليف
Advancing مُرتفِعٌ . في صعودٍ ☼ مُتقدِّم
Advantage فائدة . مصلحة☼أفضلية .ميزة
to take — of اغتنمَ . انتهز
Advantageous نافعٌ. مربح☼ملائم . لائق
Advent مجيءٌ . اتيان . حلول
Adventitious عَرَضيٌ . اتفاقيّ
Adventure مُغامَرة .حَدَث غريب || خاطرَ

Adventurous جُزافي * خَطِر * مِقدام
Adverb ظَـرْف « زمان أو مكان »
Adversary خَصْمٌ . غَريم * مقاوِم
Adverse مُضادٌ . معاكِس * مَشؤوم
Adversity بليَّـةٌ . مُصيبة * ضَـرَّاء
Advert *to* التفتَ * نسب أو لمَّـح الى
Advertence التفاتٌ . انتباه . ملاحظة
Advertise أعلنَ . نشر اعلاناً * أعلَم
Advertisement إعلانٌ . نَشْرَة
Advertising نشرُ الاعلانات * نشرٌ
Advice نصيحةٌ . مَشورة * إشعار . خبر
Advisable سديدٌ . مناسِب . يُشار به
Advise نصَحَ . أشارَ على * أخبر
Advisedly عَمداً * بتعقُّل . بتروٍّ
Adviser مُستشارٌ * مُشير . مرشد . ناصِح
Advocacy مُحاماةٌ . دفاع . توَسُّط * تحبيذ
Advocate محامٍ . وكيل الدعاوى * شفيع
Advocate دافعَ عن * أشار بـ . حبَّـذ
Advocation محاماةٌ . مدافعة * احتجاج
Adz, Adze قدوم.مِطرقة.مقشط
Aerate هوَّى . شبَّـعَ بالهواء
—d waters مياه غازية
Aerial هَوائى.مختص بالهواء*جَوِّى*غازى
* عالٍ * هوائى ∆ آرية (اللاسلكى)
— railway سكة الحديد المعلقة
Aerie وَكرُ الطيور الجارحة*حضنة النسر
Aerify مَزجَ بالهواء . هوَّى
Aerobatics الحركات البهلوانية للطائرات
Aerodrome مَـطَـارٌ

Aerolite حَجَرٌ ساقطٌ من الجوِّ . رَجْم
Aeronaut مَلاَّح أو طيار جوى.راكب المنطاد
Aeronautic مختص بالملاحة الجوية
Aeronautics فنُّ الملاحة الجويَّـة
Aeroplane طيارة.مَركبة جوِّية أثقل من الهواء
Aerostat مُنطاد . طائرات أخف من الهواء
Aestivation (Estivation انظر) تصييف
Afar عن بُعد . مِن بعيد
Affability أُنسٌ . لطف . بشاشة . مراعاة
Affable أنيسٌ . ودود . لطيف ∆ ذوق
Affably بلطفٍ . برقة
Affair مَسألةٌ . أمر * شأن * قضية * شغل
Affect أثَّـرَ في . حرَّك العواطف * تصنَّع
Affectation تصنُّعٌ . تكلف * تخصيص
Affected مُتأثرٌ . متألم *متصنّـع . متكلف
Affecting مُؤثرٌ . محرِّكٌ للعواطف * يمس
Affection وَدادٌ . محبة * عاطفة * عِلَّـة
Affectionate ودودٌ . محبّ
Affiance خِطبةٌ . خطوبة * ثقة ‖ خطبَ
Affidavit إقرارٌ كِتـابى بِقَـسَمٍ
Affiliate تبنَّـى * نسب الى * أشرك . ألحق
Affiliation تَـبَنٍّ * ثبوت النسب *إنضمام لـ
Affinity مشابهة.علاقة*قرابة*ألفة. تجاوب
Affirm أكَّـدَ . أثبت * جزَم * أيَّـد
Affirmation تأكيدٌ . إثبات.توكيد*جَزْم
Affirmative إيجابى.يشمل الاثبات . تأكيدى
Affix مُضافٌ الى أول كلمة أو آخرها
Affix وَصَلَ.ألحق بشىءٍ آخر.أضاف*بصَم
Afflict آلمَ . أغمَّ * ابتلى . أصاب بـ

Afflicted مَحزونٌ . مغموم ٭ مُصاب (بكذا)
Affliction حُزنٌ . كرب ٭ مُصيبة . بلوى
Afflictive مُحزِنٌ ٭ مؤلم . مؤذٍ
Affluence وَفْرَةٌ . بحبوحة ٭ زحام . تَدفُّق
Affluent ساعِدَةٌ . رافِد ٭ وافِرٌ ٭ غَني
Afflux اندفاقٌ . جريان . تدفُّق . اندفاع صوب
Afford قدَّمَ لـ . أمَدَّ ٭ قدِرَ على . استطاع
Affranchise حَرَّرَ ٭ خلّص على (بضاعة الخ)
Affray شَغَبٌ . شِجار . عِراك في مكان عام
Affright خَوْفٌ ‖ خَوَّفَ . أفزع
Affront إهانة علنية ‖ أهانَ . أخزى ٭ جابه
Affusion ذرٌّ ، صبٌّ ، سكب الماء
Afire, Aflame مُشْتَعِلاً . متّقد . مضطرم
Afloat عائمٌ . طافٍ ٭ شائع . مُنتشر ٭ موسر
Afoot رَاجلاً . على قدميه ٭ جارياً في العمل
Aforenamed مُتقدِّمٌ ذكرهُ . مَذكور آنفاً
Aforesaid المذكور . سالفُ الذكرِ
Afraid خائِفٌ . مُرتعب . مرتاع
Afresh من جديد . أيضاً ٭ ثانيةً
After بعدُ ٭ في إثْر . وراء ٭ بحسب ٭ محاكاةً لـ
— ages في مستقبلِ الزمانِ
— all وفضلاً عن ذلك . ومع ذلك
Afternoon بعدُ الظهر . العصر . الاصيل
Afterthought فِكرٌ طارىء ٭ رأي دَبَري
Afterwards بعد ذلك . ثمَّ . فيما بعد
Again أيضاً . ثانياً . مرة ثانية
Against ضدّ ٭ تلقاء . مُقابل ٭ إزاء ٭ لحين
Agape فاغراً (فاه) ٭ عيد الحب
Agate عقيقٌ . حجر يماني ٭ مصقلة تجليد

Age عُمرٌ ٭ عَصر . حِقبة ٭ شيخوخة ‖ كَبُرَ
to come of — بلغَ سِنَّ الرُّشد
Aged شيخٌ . مُسِنٌّ . طاعِنٌ في السنِّ
Agency وكالةٌ . توكيل ٭ فعل ٭ وسيلة
Agenda مفكرة ٭ جدول أعمال
Agent وكيلٌ . نائب ٭ عامل . محرِّك
Agglomerate مكبَّبٌ ٭ كُتلة ‖ كَتَّلَ . كوَّم
Agglomeration تكويمٌ . تكبيب ٭ كومة
Agglutinate غرَّى . ألصقَ ٭ تجمَّع
Aggrandize كَبَّرَ . عَظَّم . وسّع
Aggravate شَدَّدَ . زاد الامر حرجاً ٭ هَوَّل
Aggress تعدَّى على . بادأ بالشر
Aggression اعتداءٌ . مباداة بالشر
Aggressive عدائي . عُدواني . تهجمي
Aggrieved مظلومٌ . مغبون . مهضوم الحق
Aghast مذعورٌ ٭ مندَهِش . مأخوذ . متحير
Agile نشيطٌ . رشيق أو خفيف الحركة
Agio صِرافةٌ . فرق قيمة العملة . قطْع
Agitate هيَّجَ . حَرَّك . هزَّ ٭ ناقش
Agitator مهيجٌ . مثير الفتن ٭ آلة رَجّ . قلابة
Agnate قريبٌ من جهة الاب ٭ نسيب
Agnail داحس ، التهاب حول الظفر
Ago مُنذ . من مدَّة . في الماضي
Agog قَلِقٌ . مضطَرِب ٭ متلهِّف
Agonize دَنفَ . احتضر . نازع ٭ عذَّب
Agony نزْعٌ . كَرب . ألم شديد . سكرَةُ الموت
Agrarian عقاري . مختصّ بالاراضي
Agree إتّفقَ . طابق ٭ وافق . لاءَم . رضيَ
Agreeable مقبولٌ . سارّ . مُرضٍ

Agreement قَبولٌ . اتفاق ☆ عقد ☆ توافق
Agricultural مختصٌ بالزراعةِ . زراعى
Agriculture فِلاَحةٌ . زِراعة
Agronomy علم الفلاحة والزراعة
Aground على الارض . جانح . شاحط
Ague قُشَعْرِيرة △ بَرْدِيَّة . ملاريا
Ahead قُدَّام . أمامَ . قُدُماً . إلى الامام
Aid مُساعدَةٌ . مَعونة . عون ‖ ساعدَ . أعان
Aide-de-camp ضابط أركان حرب . ياور
Ail اعتلالٌ . اضطراب ‖ آلَمَ ☆ تألَّم ☆ مَرِضَ
Ailment مَرَضٌ . عِلة . توعك
Aim قَصْدٌ . غَرَض ‖ قَصَدَ ☆ صَوَّب △ نشَّن
Aimless على غير هُدى . لاهدَف له . طائش
Air هَواءٌ ☆ نَغمة ☆ هيئة ‖ هَوَّى
Air-cells خلايا هوائية
Air conditioning تكييف الهواء
Aircraft طائرة أو طائرات . مراكب الهواء
Air Force سلاح الطيران . القوَّة الجوية
Air-gun بندقية هواءٍ
Airily بسرورٍ . بفرح ☆ بخفة
Airiness بشاشة ☆ طلاقة الهواء أو الوجه
Airing تهويةٌ ☆ فُسْحة △ شمّ هواء
Air Mail بريد جوِّى
Airplane, Aeroplane طائرة
Air pocket فجوة هوائية △ مَطب هوائى
Airport ميناء جوِّى
Airship سفينة هوائية . مُنطاد مُسيَّر

Air-tight مُحكمُ السدِّ . مسيك . كاتم الهواء
Aisle جناح أو ممشى كنيسة أو عربة قطار
Ajar منفرجٌ . مفتوح قليلاً △ مَوْروب ☆ متنافر
Akin *to* قريبٌ . نسيب ☆ مماثِل . مجانس
Alabaster رُخامٌ معرَّق . بَهاءٌ . مَرْمَر
Alacrity نشاطٌ . خِفَّة . مرَح ☆ رشاقة
Alarm رُعبٌ ☆ انذار بالخطر ‖ أنذرَ ☆ أزعج
Alarm-bell جرَسُ التنبيه . ناقوس الخطر
Alarm-clock منبِّه . ساعة تنبيه
Alas ! يا للاسف . وآحسرتاه . ويلاه
Albescent مُبْيَضٌّ . مائل الى البياض
Albino أحسَبٌ . أبيض البشرة والشعر . أبرص
Album ألبوم . مجلد لحفظ الصوَر والتوقيعات
Albumen زُلالُ « البيض » . الآح
Alchemist مشتغل بالكيمياء القديمة . سيماوى
Alcohol كُحولٌ △ سبيرتو ☆ خمر ☆ كحل
Alcove خَلوَةٌ . مضجع ☆ مظلة فى حديقة
Alder شجرةُ الحَوْر الرومى . حمراية
Alderman شيخُ بلدٍ
Ale جِعَةٌ △ بيرة صَفراء . مِزْر
Aleatory حسَبَ الحظ . تحت الربح والخسارة
Alembic إنبيقٌ △ كركة تستعمل قديماً
Alert نشيطٌ . يقِظ ☆ انذار ☆ حالة خطر
Alga طُحْلُب . خزّ الماء . نبات بحرى
Algebra عِلمُ الجبرِ
Algerine مغربي . جزائري . من بلاد المغاربة
Alias اسمٌ آخر . اسم مستعار ☆ الشهير بكذا
Alibi إثبات الغيبة . خِلاف هُنا . وجود المتهم فى غير مكان الجريمةِ عند وقوعها

Alien غريبٌ . أجنبي || غرَّبَ ✲ حوَّل الملكية
Alienate نقَلَ . حوَّل ملك ✲ أقصى ✲ نفَّر
Alight والعٌ || ترجَّلَ . نزل على . حطَّ
Alignment خط التنظيم أو التشكيل ✲ صَف
Alike شَبيهٌ . متشابه . مماثل . مثيل
Aliment غذاءٌ . قُوْت || أقات
Alimentary غِذائي . مختصٌ بالاغذية . قوتي
— canal القناة الهضمية
Alimony نفقة أو معاشُ زوجةٍ (مطلقة)
— debt دَين نفقة
Aliquant عَدَدٌ وِتْري (حساب)
Aliquot عَدَدٌ شَفْعي (يُقسَّم بدون كسر)
Alive حَيٌّ . عائش . على قيد الحياةِ
the sand is — with ants الرمل يعج بالنمل
Alkalescent قِلوي خفيف
Alkali قِلي . ملح القِلي (ضد الحوامض)
All كل . جميع ✲ قاطبة ✲ تعادُل (في التنس)
— Clear إشارة بزوال خطر الغارات الجوية
— over with قُضِيَ الأمر
Allay هَدَّأَ . أخمدَ . سكَّن . لطَّف
Allegation إدّعاءٌ . زعم ✲ حُجَّة ✲ إثبات
Allege أكَّدَ ✲ ادَّعى . زعم ✲ تعلَّل بـ
Allegiance ولاء ✲ أمانة . إخلاص . طاعة
Allegoric استعاري . مَجازي . رَمزي
Allegory استعارة . مجاز . كناية . رمز
Alleluiah ! هَلِّلُويا . السُبْحُ لله
Allergy شدة حَساسية الجسم لبعض المواد
Alleviate خَفَّفَ وطأة الشيء . هوَّن ✲ سكَّن
Alley زُقاق . عَطفة ✲ ممر ، ممشى في حديقة

Alliance تحالُف . مُعاهدة ✲ مصاهرة ✲ تشابه
Allied حَليفٌ . مُعاهِد ✲ نسيب ✲ مجانس
Alligate ربطَ . قيَّد . أقرن . وحَّد
Alligator تِمساح أمريكاني
Allocate وزَّعَ . قسَّم . أخصّ ✲ عيَّن
Allocations علاوات △ ضمايم ✲ مرتبات . بدل
Allocution خطابٌ ، خُطبة حضّ ✲ خطابة
Allot عَيَّنَ . أحصَّ . قسَّم . وزَّع . خصَّص
Allotment حِصَّةٌ ✲ تقسيم ✲ رصد مبلغ
Allow أباحَ . سمح ✲ عمل حساب
Allowable يُسمَح به . جائز . حَلال . مباح
Allowance سَماحٌ . تنزيل ✲ عِلاوة ✲ بَدَل
— for family charges سماح للاعباء العائلية
Alloy خَليطٌ معدني . إشابة || زيَّفَ . شابَ
Allude *to* لَمَّحَ . كنَى . أشار الى
Allure جاذبٌ ✲ طلعة || أغرى . أغوى . خَدَعَ
Allusion إشارةٌ . تنويه . تلميح ✲ تورية
Alluvial مختص بطَمْي الانهر . غَرِيني . طام
Alluvion, Alluvium طَمْي ✲ طرح بحر
Ally صَديقٌ . حَليف || حالَفَ ✲ جانس ✲ صاهر
Almanac تقويمٌ « لمعرفة أيام السنة »
Almighty القدير . القادر على كلّ شيء
Almond لَوْزٌ ✲ لوزة (ثمر وشجر)
Almost تقريباً . على وجه التقريب . غالباً
Alms إحسانٌ . صَدَقة . زكاة
Alms-house مَلجأ عجزة . تكيَّة (خيرية)
Aloes صَبْرٌ ✲ عُودُ النَدِّ ✲ مُسهل صبري
Aloft في العُلا . إلى فوق . عالياً ✲ طائراً
Alone وحيداً . منفرداً . بلا شريك

Along من أوّل إلى آخر. على طول ☆ بجانب
Come — ! تعالَ . هَلُمَّ . هيّا بنا
Aloof بعيداً . عن بُعد ☆ بمعزل عن
Aloud بِصوتٍ مرتفع . جَهْرةً
Alphabetic أبجدى. مُرتّب على حروف الهجاء
Already من قبل . قبل الآن . سابقاً ☆ تواً
Also أيضاً . كذلك ☆ هكذا . بالمثل
Altar محراب جامع . مذبح كنيسة ☆ هيكل
Alter غيَّرَ . بدَّل ☆ أفسد ☆ تغيَّرَ
Alteration تغييرٌ . تغيُّر . تعديل . تحوير
Altercate تخاصَمَ . تشاجر ☆ تشاحنوا . تشاتموا
Alternate مناوب ☆ متبادل . متعاقب ☆ متناوب
Alternate ناوبَ . تناوب . تعاقب . تتالى
Alternative خيارٌ . اختيار ☆ تناوبى . متناوب
Alternatively بالتعاقُبِ . بالتناوب . تداولاً
Although ولو أن ☆ وإن كان ☆ مع أن
Altitude عُلوٌّ . ارتفاع ☆ مُرْتَفَع ☆ سُمُوّ
Alto عالٍ . مرتفِعٌ . مجلجل (في الموسيق)
Altogether جميعاً . جملةً . معاً ☆ كلُّهم
Altruism محبة الغير . الايثارية
Alum حَجَرُ الشبِّ . شبٌّ △ شَبَّة
Alveolate ذو ثقوبٍ ، خلايا ، تخاريب . مُخَرَّم
Alvine متعلق بالأمعاء . مَعَوِىّ
Always دائماً . على الدوام . أبداً
A.M. قبل الظهر (ق.ظ.) ☆ استاذ علوم
Amadou صُوفان △ حُرّاق
Amalgam ملغمٌ . معدن مخلوط بالزئبق
Amalgamate ألغمَ ☆ وحَّد . دمج
Amaranthine دائمُ الاخضرارِ ☆ محمرٌّ

Amass جَمَعَ . كوَّم . كدَّس . اكتنز
Amateur فنّانٌ . هاوٍ △ غاوي (غير محترف)
Amativeness شَبَقٌ ☆ مَيْلٌ للحبِّ
Amatory غرامى ☆ متعلق بالحب التناسلى
Amaze أدهشَ . أذهل . حيَّر
Amazon امرأة مترجلة او محاربة ○ أمازون
Ambassador سَفيرٌ . معتمد سياسى ☆ رسول
Amber كَهْرَمانٌ . كهربا
Ambergris عَنْبَرٌ
Ambidexter أضبط . أعسَرَ يسَر ☆ مُنافق
Ambient مُحيط بِ . مكتَنِف . شامل
Ambiguity لَبْسٌ . غموض . ابهام . التباس
Ambiguous غامضٌ . مُبهم . مغلق
Ambition حُبُّ الرفعة . طُموحٌ || طمَحَ
Amble رَهْوَنَ « الحصان أو الفرس » . رها
Ambulance نـقّالة « لحمل المرضى والقتلى »
Ambulation تجوّلٌ . دَوَران ☆ سَيْر
Ambuscade كَمِينٌ . مرْصادٌ || كَمَنَ . تربّص
Ambush مَكمنٌ . كمين || كَمَنَ . ترصَّد
Ameliorate أصلحَ . حَسَّن ☆ تحسَّن
Amen آمين ! || أمَّنَ أو صَدَّق على
Amenable مُطالَبٌ . مَسؤول ☆ مذعان
Amend أصلحَ . قوَّم . عدَّل . حسَّن ☆ تحسن
Amendment اصلاحٌ . تقويم . تحوير
Amends تعويضٌ . ترضية . مكافأة
Amenity لَطافة . لُطف . حَلاوة
Amerce غرَّمَ . عاقب بجزاء نقدي ☆ جازى
Amethyst جَمَشْتٌ (حَجرٌ كريم أزرق)
Amharic لغة أثيوبيا (الحبشة) الرسمية

Amiable لطيفٌ. وَدود. يُحَب. ودىّ
Amicable حُبي. سلمىّ. وَدىّ
Amid في وسط. بين. فيما بين
Amiss خطأً. بغير لياقة ٭ غير مُصيب
Amity صَداقةٌ. مَوَدَّة. الفة. محبَّة
Ammonia نُشادَر ٭ رُوح النُشادَر
Ammoniac (gum) قَناوُشَّق. صمغ راتنجي
Ammunition ذَخيرة (حربية) ∆ جَبخانة
Amnesia فُقدان الذاكرة. نسيان مُطلق
Amnesty عَفوٌ عام ٭ نسيان || أعطى الامان
Among, —st ضِمن. بين. فى وسط
Amorous ولهانٌ. عاشِق ٭ عِشق. غزَلى
Amorphous غيرُ مُبَلّوَر أو منتظم الشكل
Amortize استهلكَ (ثمن شيء أو دين)
Amount مَبْلَغٌ ٭ مِقدار. كمية || بَلَغَ
Amphibia بَرْمائيات. قَوازِب
Amphibology إلتباسُ الكلام ٭ مغالطة
Amphitheatre مُدَرَّجٌ ○ امفيتياتر
Ample كافٍ. وافرٌ ٭ رَحب. فسيح
Amplification إشباعٌ. إسهاب ٭ تكبير
Amplitude سِعَةٌ. رَحابة ٭ وفرَة. كثرة
Amply بسعةٍ. بتوسُّع. بوفرة ∆ ببَحبَحة
Ampoule, Ampule امبولة. حقنة
. زجاجة دواء لحقنة جلدية
Amputate بَضَعَ. بتَرَ ٭ قَلَّم
Amulet ∆ حِجابٌ. حِرز. تَميمَة
Amuse سَلَّى. ألهى. أطرَبَ. رَفَّه عن
Amusing, Amusive مُسَلٍّ. مُلهٍ
Anabolism ابتناء. التجدد الخلوى فى الجسم

Anæmia, Anemia فقرُ دمٍ ○ أنيمية
Anæsthesia, Anesthesia تخدير ٭ خَدَر
Anagram جناسٌ لفظي، ـ القلب والابدال
Analectic مُتضمن منتخبات أدبية
Analeptic مُنعِشٌ. مقوٍّ (دواء)
Analgesia عدم الشعور بالألم
Analogous *to* مُشابِهٌ. مماثِل. مجانس
Analogy تشابه ٭ قياسُ التمثيل ٭ نِسبة
Analyse حَلّلَ ٭ أعرَبَ ٭ رَدَّ الشيء لأصله
Analysis تحليلٌ ٭ إعراب ٭ تلخيص ٭ تمحيص
Analytic, —al تحليلى. تفصيلى
Anarchist فوضَوي. عدو الحكومة أو النظام
Anarchy فوضَوية. فوضى. انتفاء النِّظام
Anathema لعنةٌ. حِرم كنسى ○ أناثيما
Anatomic تشريحى ٭ تحليلى
Anatomize شرَّحَ ٭ حلَّلَ
Anatomy عِلمُ التشريح. تشريحٌ
Ancestor سَلَفٌ. جَدّ
Ancestry أسلافٌ. أجداد ٭ سلسلة النسب
Anchor ⟵ هِلْب. مِرساة
Anchor ألقى المرساة. رسى
Anchorage مرفأ ٭ رَسْو. إرساء
Anchorite, Anchoret ناسِكٌ. منقطع للدين
Anchovy نشوط ∆ انشوجا. سردين. بَلَم
Ancient قَديمٌ. عتيق ٭ عَهيد. غابر
And (&) و (واو العطف). مع. ثم
Andiron مَسنَدٌ للحطب المشتعل. أثفية
Anecdote فُكاهة. نادرة. قصة لطيفة
Anemometer مِقياس قوة الريح أي سرعتها

Anemone شَقائقُ النعمان. زَهرَةُ الريحِ
Anew من جَديد. مرّة اخرى. ثانيةً
Angel مَلاكٌ. مَلَك * ملائكيّ *رسول
Anger غَضَبٌ. غيظ ‖ أسخَطَ. أغضبَ
Angina (pectoris) ذبحة صدرية
Angle زاويةٌ * صِنّارة ‖ صادَ بالصنارةِ
Angling صيد السمك بالسنارة
Anglophil ميّال للانجليز. انجليزى المشرب
Anglophobe ماقت الانجليز
Angry غَضبان. ساخِط. مُغتاظ. حانق
Anguish كربٌ. عَذاب. شِدّة. ألَم
Angular زاويّ. ذو زوايا* بارز العظم *حاد
Anhydrous لا مائي * جافّ * غامد
Anile خَرِفةٌ. سخيفةُ العقلِ
Anility خَرَف «عجائز النساء». هَرفية
Animadvert عَيَّرَ. وبّخ. لامَ
Animal حَيَوانٌ * حيوانى. شهوانى
Animalcule حُيَيْوينٌ. دُوَيبة
Animate حَيٌّ. ذو حياةٍ. نشِط ‖ أحيا. أنعَشَ
—d pictures رسوم متحركة
Animator مُحيي. باعث الحيوية. مُنعِش
Animosity كَراهةٌ. بغض. حِقد
Animus نيّةٌ. قصد. روح * حقد
Anise يانسون. كمون حُلو
Aniseed حَبٌّ أو بزرُ اليانسون
Ankle رسغٌ. المِفصَل بين الساق والقدم
Annals تواريخٌ. أخبار * حوليات
Anneal ثبّتَ اللون على الزجاج بالتحمية
Annealing ترويحٌ. تخمير أو تسقية المعادن

Annex مُلحقٌ ‖ ألحقَ. ضمَّ. وصَل
Annihilate أبادَ. أفنى. لاشى
Anniversary ذكرى سَنَوية
Anno Domini السنة الميلادية
Annotate شَرَحَ. فسَّر. علَّق على
Announce أنبأَ. أعلَن. نشَر. أذاع
Annoy كَدَّرَ. أزعَج. أضجَر
Annual سنويٌّ. حَوْلى. عامى *نشرة سنوية
Annuitant صاحِبُ مُرَتَّب أو دخل سَنوى
Annuity معاشٌ أو راتب سنوى أو عمرى
Annul ألغَى. أبطلَ. نَسَخ. نقض
Annular مستديرٌ. كعكى * حَلقى
Annulet حَلَقَة صغيرة △ دِبلَة
Annulose, Annuloid ذو حلقاتٍ. حلقى
Annum, Per — سنويًّا. في السنة
Annunciation بشارة. تبشير *عيد البشارة
Anodyne مُسكّنٌ. ملطف
Anoint دَهَنَ. مسَح بالزيت. رسم * طَلَى
Anomalism, Anomaly شُذوذٌ. عدم قياس
Anomalous شاذٌّ. غير قياسى. مُغاير
Anon حالاً. بعد قليل * △ حاضر
Anonymous مُهمَل التوقيع * غُفل من الاسم
Anorexy ذَهاب شهوة الطعام. قَمَه
Another آخر. غَيره. ثانٍ. خلافه
Answer ردٌّ. جواب ‖ جاوَبَ. أجاب * طابق
to — for كان مسئولاً عن
Answerable قابل للاجابة * مسئول. يؤاخَذ
Ant نملةٌ. النملُ. الذرُّ (الصغير)
Ant- Anti- بادئة بمعنى: ضد. مضاد * بدل

Antagonism مقاومة عنيفة * تنافـر. عَداء
Antagonist خَصمٌ .خصيم .معارض . مُقاوِم
Antarctic مختص بالقطب الجنوبي
Ante- بادئة معناها : قبل . أمام . سابق
Antecede سَلَفَ . سبَق . تقدَّم
Antecedent سالفٌ .سابق.مقدَّم*سابِقة
Antechamber, Anteroom غُرفة موصلة
Antedate أرَّخ بتاريخ سابق للواقع
Antediluvian قبل الطوفان
Antelope ظَبيٌ يشبهُ الماعز . رِئم . وعل
Antemeridian, (a.m. قبلُ الظهر (ق.ظ.
Antenna مِجَس.قرن الحشرات*هوائي.إريال
Antenuptial قبل الزواج
Anterior سابقٌ. سالف . متقدّم * أمامي
Anthem نشيدٌ وطني ∆ سلام * تسبيحة
Anthology مجموعة أشعار أو مختارات أدبية
Anthrax الجمرة (الخبيثة) . فرْخ جَمرٍ
Anthropology عِلمُ الإِنسان والبشرية
Anti- بادئة بمعنى : ضد . مقاوم لـ * قبل
Anti-aircraft القوَّة المضادة للطائرات
(المغيرة) . الدفاع الجوّي
Antibiotic عضويات حية لمقاومة الميكروبات
Antic غريبٌ . قبيح . سخرى * مجونى
Anticipate توقَّعَ . انتظر*سبق. عجَّل
Anticipation توقُّعٌ. انتظار * سبق
in — سلَفاً . مقدَّماً
Anticlerical مضاد أو ضِدّ الإِكليروس
Anticonstitutional مناهض، مخالف للدستور
Antidote ترياقُ السُّمومِ . ضدُّ السُّم

Antimony الانتيمون . حجَر الكحل . اثمد
Antinomy تناقُض القوانين أو المبادىء
Antipathy نفورٌ . تنافر روحى . كراهة
Antipodes الجهة المقابلة لنا من الكرة الارضية
أو سكانها * المقابل تماماً * المضاد
Antiquarian عالم أثرى أو جامع الآثار*أثري
Antiquate عَتّقَ * أعطى للشيء منظر القديم
Antique قديمُ العهدِ * أثر قديم * أثرى
Antiquity أثرٌ قديم * قِدَم * العاديَّات
Antiseptic مُطهِّرٌ. واقٍ من الفساد . معقِّم
Antithesis تناقُضٌ. تباين . تضاد *طباق
Antitoxin مصل ضد التسمم
Antitype المدلول عليه بالرمز . مرموز
Antler قرنُ الوعل * شُعبة من قرن. مِنطاح
Anus شَرَجٌ. إست ∆ باب البدن
Anvil ←عَلاة. سِندان
Anxiety قَلَقٌ. جَزَع
Anxious قَلِقٌ . مَشغول البال * مشتاق
Any أيٌّ . أىّ واحد . أحَد
Anybody أي انسان . أيٌّ ما
Anyhow كيفما كان . على أى حال
Anything أي شيء
Anyway, Anywise على كلّ حال
Aorta الشريان الاورطي . الوتين . الابهر
Apart على حدة * ماخلا * مُفكَّك
Apartment مِخْدَعٌ *شُقَّة.جناح فى فندق
Apathetic متبلِّدٌ. بليد.خامل.عديم الشُّعور
Apathy بلادةٌ. جمود . تبلُّد . تراخٍ
Ape قِردٌ || قلَّدَ . شابه . حاكى

Aperient مليّنٌ . مُسْهِل خفيف
Aperture فتحةٌ . كُوَّة ٭ مَنفذ
Apex رأسٌ . قِمَّة . ذُرْوَة
Aphony لاصوتية . فُقدان الصوت أو النطق
Aphorism مَبدأ . مَثَل . حِكمة ٭ تعريف
Aphrodisiac مُقوٍّ للباه . ناعوظ ٭ ناعوظي
Apiary مَنْحَل . قَنِيَّةُ نحلٍ . مَعْسَلة
Apiece عن القطعة . كلٌّ على حِدة . لكلٍّ
Apocryphal مشكوك في صحته ٭ كاذب
Apogee أوْجٌ . ذِروَة ٭ أقصى بُعد بين القمر (او الشمس) والارض
Apologetic اعتذاريٌّ . تبريرى . دفاعي
Apologize اعتذرَ . طلب الصفح
Apologue أسطورة ذات مغزى . عبرة
Apology اعتذارٌ . استسماح
Apoplexy داء السكتة ∆ نُقطة
Apostate مرتدٌ عن العقيدة . مارِق
Apostle رَسولٌ . حَوَارِي
Apostolic رَسولى . مختص بالحَواريين
Apostrophe (') علامة حذف أو اختصار
Apothecary صَيدلي . اجزأجى
Apotheosis تأليهٌ . الرفعُ لدرجة الآلهة
Appall رَوَّعَ . أذهلَ . أفزَع
Apparatus جهازٌ . آلة . عُدَّة . أداة
Apparel كِساءٌ . حلة || كَسى ٭ جَهَّزَ
Apparent ظاهِرٌ . واضِح . بيِّن
Apparition طَيفٌ . شَبَح . رؤيا ٭ ظهور
Appeal استئناف حكم ٭ مناشدة . نداء ٭ جاذب
Appeal استأنَفَ . التجأَ إلى ٭ راقهُ الشيء

Appear ظَهَرَ . بان . اتّضَح ٭ حضَر . مثَل
Appearance ظهورٌ ٭ مظهر . هيئة ٭ مثول
Appease أخمَدَ ٭ سكَّنَ ٭ هدأ
Appellant مستأنِفُ الدعوى
Appellation تسمية . لقب . كُنية . اسم
Appellee المستأنَفُ ضدّهُ . مستأنَف عليه
Append ألحَقَ . أرفق ٭ علّق على ٭ ذيَّل
Appendage حاشيةٌ . ذيل . لاحقة . زائدة
Appendicitis التهاب الزائدة الدودية (الاعور)
Appendix ملحق في كتاب . ذيل ٭ زائدة
Appertain اختَصَّ بِ ٭ انتسبَ إلى
Appetence مَيْلٌ . رَغْبَة . شَوق . توق
Appetite شَهِيَّةٌ . قابليَّة . شهوة
Appetizer مُشَهٍّ . جالبٌ للشهية ∆ فاتح النفْس
Applaud مَدَحَ ٭ صفّق . هلّل . هتَف
Applause تهليل، تصفيق لاظهار الاستحسان
Apple تُفَّاحةٌ ٭ التفاح ٭ حَدَقةُ (العين)
Appliance توفيقة . تطبيق ٭ جهاز أو لوازمه
Applicable يمكن تطبيقه . يطبق على ٭ مناسب
Applicant طالبٌ . مقدّمُ الطلبِ
Application طَلَبٌ . إلتماس ∆ عرضحال ٭ وَضْع ٭ إستعمال ٭ تطبيق ٭ إنكباب
Apply *to* إلتمَسَ . لجأَ الى ٭ استعمل ٭ طبَّق
Appoint عَيَّنَ . وظَّف ٭ رتَّب . أجرى على
Appointment تعيينٌ ٭ منصب ٭ مَوعِد
Apportion قَسَّمَ . حصَّ . وزَّع بالنسبة
Apposite مُناسِبٌ . سَديد . صائب
Apposition تراكُب . تراكم ٭ إضافة ٭ تنسيق
Appraisal تسعيرٌ . تثمين . تقدير الثمن

Appraise ثمَّنَ ٭ قيَّم . قدَّر ٭ إعتبر
Appreciate قدَّرَ القيمة٭استحسَنَ٭تحسَّن
Apprehend ألقى القبض ٭ خَشِيَ ٭ توقَّع
Apprehension الحجز أو القبض على٭ فهم . إدراك ٭ خَشية . خَوف . توقُّع الشر
Apprentice صَبي . تحت التمرين
Apprise, Apprize أخبرَ . بلَّغ ٭ قدَّر
Approach اقترابٌ‖دنا . اقتربَ أو تقرَّب من
Approbation قَبولٌ . استحسان . موافقة
Appropriate مناسبٌ. لائق‖ تملكَ ٭خَصَّص
Appropriately بنوْع مناسب . بلياقة
Appropriator واضعُ اليدِ ٭ مستأْثِر بمنفعة
Approval استحسان . رضا٭مصادقة. إعتماد
on — بشرط الارجاع إذا لم يعجب
Approve استصوَبَ . وافقَ ، صادق على
Approximate تقريبي . حَوالى
Approximate قرَّب٭إقترب من٭ناهزَ
Appurtenance حاشيةٌ ٭ مُلحَق . تابع
Apricot مِشمِشة . مشمش
April شهر ابريل . نيسان
April fool كذبة ابريل
Apron مئزر . مِيدعه ∆ فوطة
Apropos بوقته . فى محله ٭ وعلى ذكر
Apt عرضةٌ لِـ . ميَّال ٭ملائم . كُفء
Aptitude, Aptness صلاحية . أهلية
Aptly بمقدرة . بكفاية . بجدارة ٭ كما يجب
Aquafortis حامض نتريك.ماء الفضة أو النار
Aquarium معرض أو حوض الاحياء المائية
Aquatic مائى . يعيش فى الماء

Aqueduct مجرى ماء ٭ قناة فوق قناطر
Aqueous مائى . مآوى
Aquiline أقنى . معقوف . أعقف . نَسري
Arabesque عربى ، نَسَق أو زُخرف عربى
Arabic اللُّغة العربية ٭ عربى
Arable صالحٌ للفلاحةِ والزرع . زراعى
Arachnoid عنكبوتى . يشبه نسيج العنكبوت
Arbiter حَكَمٌ . فَيْصَل . وسيط
Arbitrage, Arbitration تحكيم . موازنة
Arbitrariness ظُلمٌ . تحكّم ٭ هوائية
Arbitrary تعسفى . جائر ٭ عُرفيّ . تحكيمى
Arbitrate حاكمَ عرفياً ٭ توسَّط ٭ وازن
Arbitrator حكَمٌ. محكِّم. فيصل. قاضي عرفى
Arboreal شجرى. مختص بالشجر أو ساكنها
Arboriculture زِراعةُ الاشجار والعلم بها
Arbour, Arbor مظلة . عريشة ∆ تكعيبة
Arc قَوْسٌ . جزء من الدائرة. حَنِيَّة٭عَقد
— light نور كهربى قوسى شديد السطوع
Arcade ممرٌ مُظلَّل ∆ بواكي. طريق مسقوف
Arcana أسرارٌ . ألغاز ٭ دَواء سرِّى
Arch قوسٌ . منحنٍ ٭ عقد٭ رئيس ٭ماكر
Arch قوَّسَ . قنطَر ٭ تقوَّس . تحدَّب
Arch-, —i- بادئة بمعنى: رئيس . كبير. عظيم
Archæology, Archeology علمُ الآثار
Archaic مبتذَل . مهجور . حوشى . مُمات
Archbishop رئيس الاساقفة. مُطران
Archdeacon رئيسُ الشمامسةِ
Archer نَبَّالٌ . رامى السهام . قوّاس
Archetype نموذج أو مثال أصلى ٭ مِعيار

Archimedean screw البارم المائى △ طنبور
Architect مهندس معمارى . راز . مِعمار
Architecture الهندسة المعمارية * عمارة . ريازة . فن المعمار * بِناء . تركيب
Archives محفوظات ○ ارشيف . قلم المحفوظاتُ . مكان حفظ السجلات
Archness مَكرٌ . دَهاء * مُزاح . لعب
Arctic شمالي . متعلق بالقطب الشمالى
— Circle المنطقة «المتجمدة» الشمالية
Ardent حَمِسٌ . غَيّور * حارٌ . أجّاج
Ardour غَيْرَةٌ . حَرارة . حُمية
Arduous مُتعِبٌ . شَاقٌ * عَسِرُ المرتق
Area مساحةٌ . اتساع . منطقة * باحَة
Arefy جَفَّفَ . نَشّف . يبَّس
Arena ساحة أو ميدان المصارعات . مجتلد
Areola هالةٌ * دائرة الحلمة . لَعوة (طب)
Areometer ميزانُ الثقل النوعى للسوائل
Argent بياض الفضة . أبيض . فِضىٌّ اللون
Argil طفلٌ . طين الفَخّار النقى . صَلصال
Argosy سفينة شراعية تجارية كبيرة
Argue ناظَرَ . جادل . حاور . ناقش * أثبت
Argument جَدَلٌ . مناقشة * برهان * حُجة * الموضوع * أطروحة . قضية يراد إثباتها
Argus يَقِظٌ * مخلوق خرافى بمائة عين
Aria لحنٌ . نغمة
Arian آريوسى . آرى * منكر الوهية المسيح
Arid قاحِلٌ . جَاف △ شراقي * مُجدِب
Aright باستقامة . باعتدال * بالضبط . صواباً
Arise قامَ * نهض * نتأ * نشأ . نتج

Aristocracy ارستقراطية . طبقة الاكابر . الاشراف △ الذوات
Aristocrat ارستقراطى . عِظامى . من الذوات
Arithmetic عِلمُ الحسابِ
Arithmetician ضليعٌ فى الحساب . رياضى
Ark فُلْكٌ . سفينة عظيمة * تابوت . صُندوق
— of Noah فلك نوح
Arm ذراعٌ . ساعد * سلاح * خليج صغير
Arm سَلّحَ * صفّحَ * أمدّ بـ * تسلح
to keep at —'s length أوقف بعيداً
Armada أسطول حربيٌّ . عِمارة
Armament تسلُّح * تسليح * عُدَّة الحرب * قوّة حربية * جهاز السفينة الحربى
Armchair كُرسيٌّ بمساند △ فوتيّ
Armed مُسَلَّح * شائك (نبات)
Armistice هُدنة (حربية) . وقف القتال
Armless فاقد الزراع أو الفروع * بلاسلاح
Armlet ساعدةٌ . سِوَار الزراع * لسان ماء
Armour سِلاحٌ . عُدَّة حربية . شِكّة * درع
Armoured مُصَفّحٌ . مدرَّع * مسلَّح
— wire سِلك مكسو أى مغطّى
Armourer تاجر الاسلحة أو صانعها
Armoury مخزن أو مصنع أسلحة
Armpit إبْطٌ . وصلُ الذراعِ بالجزع
Arms الاسلحة بأنواعها * شعار . علامة * أذرُع
under — في أهبة الحرب . تحت السلاح
Army جيشٌ . جند . عَسكر
Aroma شَذا . عَبيرٌ . عِطر . أريج
Aromatic عِطرىٌّ . ذكيُّ الرائحة

Arose, *of* Arise نهَضَ * استيقظ * نتج
Around حَول . من حول . حوالىّ
Arouse أيقَظَ . أصحَى * حرَّك . هَيَّج
Arquebus △ قَربينة . سلاح نارى قديم
Arrack مَشروبٌ مُسْكِر △ عَرَق
Arraign قاضَى . أتهم . أقام دعوة على
Arrange رَتَّبَ . نظَّم * دبَّر * أصلح
Arrangement تسويةٌ . ترتيب . تنظيم
. تنسيق * تدبير * أعداد * اصلاح * إتفاق
Arrant شِرّيرٌ . ذميم * شريد
Array صَفٌّ △ طابور * استعدادات * لباس
Array ألبسَ * نَظَّم . صَفَّ للقتال
Arrearages ديونٌ . مَطلوبات
Arrears متأخرات . بقايا استحقاق . بواق
Arrest القاء القبض . اعتقال * ايقاف * مَنْع
Arrest ضَبطَ . ألقى القبض على * أوقفَ
Arrival قدوم . وصول . مجيء . ورود * واصل
Arrive وَصَلَ . قَدِمَ * حَانَ * بلغ * نجح
Arrogance عَجرفةٌ . غطرسة . طُغيان
Arrogant متعجْرِفٌ . متعظِّم
Arrogate اتخذَ . انتحل . ادَّعى * نسب لـ
Arrow سَهمٌ . نبْل . نشابة * البرعم الرئيسى
Arse شَرَجٌ . دُبُر
Arsenal دارُ الاسلحةِ . مَسْلَحٌ △ ترسانة
Arsenic زِرْنيخٌ △ سُم فار
Arson جَريمة الاحراق عمداً . حريق جنائى
Art فَنٌّ * مهارة * حيلة . مكر ‖ زيَّن
black — سحر . رقية
—s and Crafts الفنون والصنائع

Arterial شرياني . مختص بشريانات الجسم
Arteriosclerosis تصلُّب الشرايين
Artery شُريان . عِرق نابض * شارع رئيسى
Artesian ارتوازي
Artful ماكرٌ . خبيث * مصنوع بمهارة
Arthritis رَثْية . النِقرس . إلتهاب المفاصل
Artichoke خرشوف (خضر معروف)
Article صَنفٌ * مَادَّة . بَند * مقالة * سلعة
definite — أداةُ التعريفِ
indefinite — أداة التنكير
leading — مقالٌ رئيسى
—s of Association قانون الشركة النظامي
Articled محاسب تحت التمرين * مرتبط بشروط
Articular مَفْصِلِى
Articulate, —ed ذُو مفاصِل * واضح
Articulate نطقَ * جعل له مفاصلاً
Articulation عُقدة . مَفصِل * نطْق * وصْل
Artifice حِيلة . مهارة * تلفيق . اختراع
Artificial صِناعى . مُصطنع * غير طبيعى
Artillery مِدفعيّة . المدافع وعساكرها
Artisan صاحِب صَنعة . صَنّاع △ صنايعى
. صانعٌ * ميكانيكى أو خلافه
Artist فنّان * ممثل * محترف فن جميل كالتصوير
والموسيقى والغناء * ماهر فى صناعته
Artless ساذجٌ . بسيط * بلا فن
Aryan آري . اللغة أو السلالة الآرية
As مثل . شبه * بينما . لما * بما أن
— if كأن . كأنما . كما لو (كان)
— soon — حالما . بمجرد

Asafœtida حلتيتٌ. أبو كبير
Asbestos أسبتوس. حجر الفتيل
Ascend صَعِدَ. ارتفع. طلع. ارتقى
Ascendant صاعد * سائد * نفوذ * سلف
Ascendency سَطوةٌ. نفوذ. استعلاء
Ascension صُعودٌ. ارتقاء * اسراء
Ascent صُعود. ارتقاء * مَرقى * معراج
Ascertain أكّدَ. أثبت. حقّق * تأكّد من
Ascetic ناسكٌ. متقشف * نسكى. تصوفى
Ascribe نسبَ إلى. خَصَّ بـ. عَزى إلى
Ascription نسبةٌ. انتساب. عَزو
Aseptic مُعَقّمٌ * مانع الفساد
Asexual لا تزاوجى. لا جنسى
Ash دَرْدارٌ. شجرة لسان العصافير * رماد
Ashamed خَجْلانُ. مُسْتَحٍ. خَجِل
Ashes رَمادٌ. تراب * رُفات. جثة «الميت»
Ashore إلى أو على البر أو الشاطئ
Ash-tray منفضة ∆ طقطوقة
Ashy رَمادي * لون ترابى. أغبر
Asian, Asiatic أسيوى
Aside على جنب. على حدة * جانباً
Asinine بليدٌ. مثل الحمارِ * حِمارى
Ask طلبَ. سأل. استخبر * التمس * دعا
Askance شَزْراً. بطرفِ العينِ * بمعنى آخر
Askew بانحرافٍ ∆ مَوْروب
Aslant انحرافاً * مائل. منحدر
Asleep نائمٌ. نَعسان. راقد
Aslope انحداراً. ميلاناً * بانحدار. متحدر
Asp ثُعبان سام. صِلٌ * شجرة الحور وخشبها

Asparagus هِليون. ضُغبوس. كشك ألماز
Aspect شكلٌ. سيماء. هيئة * مركز * واجهة
Aspen الرجّاج (نبات كالحور) * هَزّاز
Asperity خُشونة. فظاظة. غِلظ * صعوبة
Asperse وَشَى. طعن. هتكَ * رشَّ
Aspersion وشايةٌ. نميمة. قذف * رش
Asphalt أسفلتْ. حُمَّر. قير ‖ زفّتَ. سَفْلَتَ
Asphodel سيراس. بَرْواق (نبات)
Asphyxia اختناقٌ. احتباس النَّفَس
Asphyxiate خَنَقَ
Aspirant متطلّعٌ. طامِح * طالِب
Aspirate لفظٌ حلقي ‖ رخَّم اللفظ * شفط. مَصَّ
Aspiration توقٌ. طُموح * تنفُّس. شهيق
Aspirator شفّاطة. آلة ماصّة أو شافطة
Aspire تاقَ. تطلّع الى. ابتغى. طَمح
Asquint بانحرافِ «النظر». بِحَوَل. خزراً
Ass حِمارٌ. اتان. جحش
Assail هاجَمَ. حمل أو أغار على * اقتحم
Assassin قاتلٌ. سافِك الدم. سفّاح
Assassinate اغتالَ. فتك به غدراً
Assault هجومٌ. هجمة ‖ حَمَلَ على. اقتحم
Assay امتحانٌ * فحص المعادن ‖ فحصَ * عيّرَ
Assayer فاحص المعادن. مُعيِّر ∆ شاشنجي
Assemblage اجتماعٌ. تجمُّع * جمع * تركيب
Assemble التأمَ. اجتمع * جَمَعَ * ركّب
Assembly اجتماعٌ. جمعية * تركيب آلة
Assent موافقة. قبول. تسليم ‖ قبِلَ. رضِيَ
Assert أكّدَ * برَّرَ * زعمَ * طالب
Assertion تأكيد. اثبات * تصريح * زعم

Assess فرَضَ أو قدَّر ضريبة ✡ ثمَّن
—ed taxes ضرائب مقررة
Assessable قابل لأن تفرض عليه الضرائب
Assessment ربْط ، فرض الضرائب
✡ تقدير الايراد لربط الضريبة ✡ تقدير
Assessor مقدّر الضرائب ✡ مساعد . معاون
Assets أصول المحل ✡ موجودات . مملوكات
Asseverate أكّدَ رسمياً . أثبتَ قطعاً
Assiduity مثابرةٌ . مواظبة . اجتهاد
Assiduous مُثابِرٌ . مواظِب . مجتهد
Assign متنازَل له ✡ وكيل ‖ عيَّن . خصَّص
. حدَّد ✡ علَّل ✡ تنازل عن . حوَّل
Assignation تحديد الموعد ✡ تخصيص مبلغ
✡ تحويل أو نقل ملكية أو دين ✡ نسب الاصل
Assignee وكيل الدائنين ✡ متنازل اليه ✡ وصيّ
. قيِّم ✡ المحوَّل اليه ✡ سنديك . مأمور تفليسة
Assignment تعينٌ ✡ تخصيص . تحديد
✡ تحويل . نزول عن ✡ عقد التنازل ✡ تعليل
— of Lease تنازُل عن عقد الايجار
Assignor متنازِل
Assimilate ماثلَ . شابه . مثَّل ✡ استوعب
Assimilation تمثيلٌ . تحويل الطعام لغذاء
✡ محاكاة ✡ مضاهاة
Assist *in* ساعَدَ . عاون . عضَّد
Assistance مُساعَدةٌ . معاونة . اسعاف
Assistant مساعِدٌ ✡ وكيل ✡ مُسعِف
Assize تنظيم الاثمان ✡ محاكمة مرتكنة على خبراء
Associate رَفيقٌ ✡ شَريك ✡ عُضو
Associate عَاشرَ ✡ اشترك ✡ أشرك ✡ ضمّ

Association اتحاد . شركة . جمعيَّة
✡ مشاركة ✡ زمالة ✡ وَصْل . ربط
Assonant مُقَفَّى . مُسَجَّع ✡ جناس . سجع
Assort رَتَّبَ . نسَّق . جنَّس ✡ تجنَّس ✡ فرَز
✡ قسم ✡ شكَّل بضائع الدكان (أي موَّنها)
Assortment مجموعة . تشكيلة ✡ تنسيق
Assuage خَفَّفَ . سكَّن . لطَّف
Assume ادَّعى . تَظاهرَ بـ ✡ تقلَّد
✡ أخذ على عاتقه ✡ ظنَّ . حسبَ ✡ افترض
Assumption افتراض ✡ ادعاء . انتحال ✡ اتخاذ
Assurance تأكيد . عهد . تأكد
✡ تأمين ✡ عقد تملك ✡ ثقة بالنفس . جرأة
Assure أكَّدَ ✡ أمَّن ✡ أثبت ✡ ضَمِن
Asterisk هذه العلامة (✡) على الكلمة
Astern نحو او عند مؤخر السفينة ✡ للوراء
Asteroid نُجَيْمة ✡ نَجْمة ✡ نجميُّ الشكل
Asthma دَاء الربو ○ أزما . البهَر
Astonish أدهَشَ . أذهل . حيَّر
Astonishment تعجُّب . حَيرة . دهشة
Astound ذاهِلٌ ‖ أدهَشَ . أذهَل . صَعَق
Astral كَوكبي . متعلق بالنجوم ✡ سامي
Astray ضَالٌّ . تائِه . شارد
Astriction رَبْطٌ . زمّ ✡ تقبُّض ✡ التزام
Astride بفرشحةٍ . عَرضاً . منفرج الساقين
Astringent عَقولٌ . قابِض ✡ دواء قابض
Astrologer منجِّمٌ . دَجّال . عرّاف
Astrology عِلم التنجيم △ يازرجة ✡ تدجيل
Astronomer فَلكي . مشتغل بعلم الفلك
Astronomical فلَكيّ ✡ فائق الحصر

Astronomy عِلمُ الفلك . علم الهيئة
Astute ذكيّ . حاذِق . أريب ٭ مَكّار
Asunder شطراً ٭ منفصل ٭ إلى شطرين
Asylum مَلجأ . مأوى ٭ مستشفى الامراض العقلية △ مرستان
At, (@ عند ٭ في ٭ على ٭ نحو (بسعر . بـ
— all مُطلقاً . كلية . أبداً
— call تحت الطلب دون اخطار
— home في المنزل . يستقبل
— once حالاً
Atavism ردّة . رجعة . الرجوع إلى الاصل
Ate, *of* Eat أكَلَ
Atheism إلحادٌ . زندقة . كفر
Atheist مُنكِر وجود الله . كافِر . ملحِد
Atheneum ندوة أدبية او علمية. قاعة مطالعة
Athirst عَطشانٌ . ظمآن ٭ مشتاق
Athlete رياضي ٭ قوي الجسم ٭ مصارع
Athletic قوى . رياضى ٭ مختص بالرياضة
Athwart بانحرافٍ ٭ عرضاً . بالعرض
Atlantic المحيط الاطلسى ٭ أتلنتى . أتلنتيق
Atlas مصوّر جغرافى . مجموعة خرائط. اطلس
Atmosphere الهواء الجوىّ ٭ جوّ ٭ بيئة. أفق
Atmospheric جَوّى . هوائى
Atom ذَرَّةٌ ٭ أصغر جزء من المادة ٭ هباءة
Atomic ذَرّي ٭ دقيق
Atomist عالم ذرىّ
Atone كَفَّرَ عن . استغفر ٭ فَدى
Atrabilious سَوداوىّ المزاج . نَكِد
Atrocious شِرّير للغاية . أثيم ٭ شَنيع
Atrocity عمل فظيع . شرٌّ عظيم . شَناعة
Atrophy ضمورٌ . هُزال . نحول الجسم
Attach ألصقَ ٭ الحق . أرفق ٭ ربط ٭ استمال ٭ حجز ٭ علّق أهمية
Attaché مُلحق (بسفارة) ٭ مندوب حربي
Attachment تعلُّقٌ . إرتباط ٭ وَداد ٭ حجز
Attack هجومٌ ٭ عارِض . نوبة
Attack هَجَمَ . حَمَل على . هاجم
Attain نالَ . أدركَ ٭ وصلَ إلى . بَلَغ
Attainder مصادرة حقوق المحكوم عليه
Attainment بلوغ . نيل . إدراك ٭ احراز
—s معارف مكتسبة . عِلم
Attaint لطخةٌ . عيب ٭ ضربة . لطمة
Attaint لوَّثَ . لطَّخ ٭ طعن في ٭ أصاب
Attar عِطرُ الوردِ . زَيت الورد
Attemper خَفَّفَ . عدَّل . لطّفَ
Attempt محاولة . تجربة ٭ شروع في ٭ هجوم
Attempt جَرَّبَ . حاول ٭ هجم على
Attend حَضَرَ ٭ أصغى إلى ٭ اعتنى بـ . خدم
Attendance حُضور ٭ ملازمة . مواظبة . رعاية . خدمة ٭ بطانة ٭ النظارة . الحضور
— fees مقابل حضور
Attendant مُلازمٌ . خادِم . تابع ٭ حاضر
Attention التفاتٌ . انتباه ٭ رعاية
Attentive منتبهٌ . يقظ . مُصغ ٭ لطيف
Attenuate خَفَّفَ ٭ أماع ٭ أضعف ٭ رقّق
Attenuation إماعة. اضعاف. تخفيف ٭ ترقيق
Attest قَرَّرَ . أثبت . شَهِدَ بـ . أكّد
Attestation شهادة . أقرار . تصديق على

Attested cattle ماشية خالية من الامراض
Attic طبقة البناء العليا * نقيّ . صافٍ * فصيح
Atticism عبارة سلسلة * طلاوة الاسلوب
Attire كُسوةٌ . ثياب * قرون الوعل ‖ ألبسَ
Attitude حالةٌ . وَضْع . موقف * اتجاه
Attorney وَكيل قضايا * وكيل شرعى
official |— تفويض رسمى
Attorney-General المدعي أو النائب العام
Attract جَذَبَ . اجتذب . استمال
Attraction جاذبيَّة * انجذاب * جذب * عرضٌ أو ∆ نمرة تجذب الجمهور
Attractive جاذبٌ . خلاّب * مشوِّق
Attributable يعزى أو ينسب الى
Attribute خاصة . سَجية . صِفة * مسند اليه . خبر
Attribute نسبَ أو عَزى الى * خصص
Attribution نَسْبٌ * عَزو * اختصاص
Attrition حكٌ . تآكل بالانحكاك . تحات * انسحاق القلب . ندم
Attune دَوْزَنَ . شَدَّ الاوتارَ لضبط نغَم
Auburn لون أسمر مائلٌ للحمرة . أصحر . أصحم
Auction مزايدةٌ . مَزاد . بيع بالمزاد
Auctioneer منظِّم المزاد . دَلاّل . حَرَّاج
Audacious وَقِح . قليل الحياء * مِقدام
Audacity وقاحة . قِحة * جسارة . جُرأة
Audible مَسموعٌ . يُسمَع
Audience جَلسة . اجتماع * حفلة * استقبال رسمى * النظارة . الحضور . المستمعون * سَماع
Audile سمعي * صور صوتية كبيرة التأثير
Audit فحص، مراجعة الحسابات ‖ راجع حساباً

Auditing of accounts رقابة الحسابات
Auditor مراجع . محاسب . فاحِص * مستمع
Auger مثقبٌ للخشبِ . خَرَّامة ∆ برِّيمة
Aught أيّ (أو كل) شيء كان . شيء ما
Augment ازدادَ . نما * أنمى . كَثَّر
Augur عرّاف ‖ أنذرَ بالمستقبل . تكهّن
Augury رَجْمٌ بالغيبِ . عِرافة . فأل
August شهرُ اغسطس . آب * جَليلٌ . سامٍ
Aunt عَمةٌ . خالة * زَوْجةُ العمّ أو الخال
Aural مختص بالاذُن . اذنى
Aureola, Aureole هالة . شعاع على شكل دائرةٍ * اكليل شعاعي * مجد
Auricle الأُذُن الخارجية * أُذين القلب
Auricular أذُنيٌّ . سَمعِي * سِرّي
Auriferous يحتوى ذهباً . تِبرى
Aurist طبيبُ الآذان
Aurora شَفَقٌ . نورُ الفجرِ . صُبْح . فلَق
Auscultation الفحص التسمّعى
Auspice, —s نذير . فأل * حماية . رعاية
Auspicious سَعيدٌ . مبارك . مبشِّر بالخير
Austere عَبوسٌ . كالح * شَديد . صارِم
— circumstances ظروف مشددة (ضرائب)
Austral جَنوبي
Authentic حقيقيٌّ . معتَمدٌ * ثقة * أصلى
Authenticate صدَّق على * شهد على صحة
Authenticity صحة . ثبوت . اعتماد
Author مؤلِّفٌ . منشىء * مسبب . فاعِل
Authoritative جازِمٌ . باتّ * بسلطة

Authorities الهيئة الحاكمة . السلطات
Authority مستند. مرجع * خبير. ثقة * سُلطَة
from good — من مصدر وثيق
Authorization ترخيص . تصريح . تفويض
Authorize رَخَّصَ △ صَرَّحَ . أذن . أباح
Auto- بادئة بمعنى : ذاتى . آلى . تلقائى
Autobiography سرْد الكاتب لحياته بنفسه
Autochthon ساكن البلد الاصلى (وما فيها)
Autoclave حلة برستو،لايتسرب منها البخار
Autocracy حكومة الفرد . حكم مطلق
Autocrat حاكم مطلق أو مستبدّ
Autocratic مطلق السلطة . استبدادى
Autograph خطُّ المؤلف. توقيع المؤلف
Automatic ○ اوتوماتيكى . آلي . تلقائى
Automaton آلة تدور بذاتها،ذاتية الحركة
Automobile سيارة △ اوتوموبيل
Autonomy حكم ذاتى . حكومة استقلالية
Autopsy تشريح الجثة لمعرفة سبب الوفاة
Autosuggestion الايحاء الذاتى . ايعاز
Autovaccine لقاح يؤخذ من الشخص نفسه
Autumn فصلُ الخريف . الخريف
Auxiliary مساعِدٌ . معاوِن * إضافىٌّ
Avail نفعٌ . جدوى || أفادَ * استفاد . اغتنمَ
Available نافع * موجود . تحت اليد . مُتاح
Aval ضامن كمبيالة . ضمان احتياطى
Avalanche إنهيار الجليد من جبل * جُرف
Avarice حُبٌّ حشد المال * بُخل . شُح
Avenge انتقمَ . أخذَ بالثأرِ . اقتصَّ
Avenger مُنتقمٌ . آخذ بالثأر

Avenue شارع متسع . طريق مشجَّر . نهج
Aver أكَّدَ . جزَم * أثبت . برهن
Average مُعدَّل. متوسط. نسبة * تلف بحرى
— Adjuster خبير بحساب خسائر التأمين
Average عَدَّلَ * أخذ المتوسط
Averse كارهٌ. مبغض. نافر * ممتنع * معاكس
Aversion كراهةٌ . نفور . اشمئزاز . مقت
Avert مَنَعَ * أبعدَ ، حوَّل عن * توقَّى
Aviary مكان حفظ الطيور △ تقفيصة
Aviate سافرَ بالجو . طارَ
Aviation الطيران . ركوب الهواء
Aviator طَيَّارٌ
Avidity شَراهةٌ . طَمَع . جشَع
Avitaminosis نقص الفيتامينات (مرض)
Avocation مشغولية . انشغال * مِهنة جانبية
△ شُغلة براني . هواية او حرفة ثانوية
Avoid تجنَّبَ . جانب . تنكَّب . تفادى
Avoidable ممكن تجنبه او تحاشيه
Avoirdupois وزنٌ تجارى
Avouch أكَّدَ * أقرَّ * أوضح * ضمن
Avow صَرَّحَ * أقرَّ أو جاهرَ بـ
Avowal تصريحٌ . إقرار . اعتراف
Avulsion فصلٌ . نزع . تمزيق * أكل بحر
Await انتظرَ . توقَّع . ترقَّب
Awake مُتيقظ . صاح || تيقَّظَ * أيقظَ
Awaken أيقظَ △ صحَّى * استيقظ
Award حُكمٌ (احتكامى) * قرار
Award حَكَمَ * قَرَّرَ * كافأَ
Aware *of* عالمٌ . عارف . دارٍ بـ

Awash تتكسر عليه الامواج . بمستوى المياه
Away بعيداً * بعيد * غائب
Awe خوفٌ. خَشية * هَيبة . مهابة || أرهب
— struck مصعوق ذعراً . جَزِع
Awful مُرعِب . مريع * فَظيع * رهيب
Awhile لوقتٍ ما . إلى حين . لمدةٍ قصيرة
Awkward منحرف * مرتبك ∆ مخبل . أخرق * غير مناسب
Awl مِخرَزٌ . مِخراز . مِثقَب
Awn حَسَكُ السنابِلِ . حرشف
Awning ظُلَّةٌ . مَظلة . خيمة ∆ تندَة
Awoke, *of* Awake استيقظَ
Awry معوجٌ . مائِل . منحرف ∆ موروب * شزراً
Axe بَلطةٌ . فأس . قَدوم
Axial مِحوريّ . دائِرٌ . مَداريّ
Axilla إبطٌ ∆ باط
Axiom قاعدة . مبدأ . المتعارف . بديهية
Axis مِحوَرٌ . قُطب . مَدار * جُزع
Axle, —tree جزع . مِحورالعجلة ∆ دُنْجُل
— bearing كرسى الدنجل
Axon اكسون . ليف عصبي . محوار (طب)
Aye, Ay نعم . بلى * دائماً . أبداً
Azoic لا أثر للحياة فيه
Azote ○ أزوت ○ نِتروجين
Azrael عِزرائيل . رَسولُ الموتِ
Azure جَلَدٌ * أزرق سماوى . لازوَردى
Azyme خبز غير مختَمِر . فَطير
Azymous غير مخمر أو مختمر . فطيرى

B

B.A. (Bachelor of Arts) بكالوريوس آداب
Babble ثرثرةٌ . هَذَر . هرف ∆ رَغْي * خرير
Babble ثرثرَ . هذرَ * أفشى السرَّ بالثرثرة
Babe, Baby طِفلٌ . طفلة . رضيع * حبيبة
Babel بلبلة « الالسن او الاصوات » * بابل
Baboon رُبَّاح ∆ ميمون . القرد الافريقى
Baby car سيارة صغيرة . — جيب
Babyhood سن الطفولة . نعومة الأظفار
Baccalaureate ○ بكالوريا
Bacchanal سِكيرٌ . عربيد * خمر وعربدة
Bachelor أعزبُ * حائز على البكالورية
Bacilli باسيل . الانبوبيَّات ○ الباشلوس
Back ظَهْرٌ * خلف . قفا * ظهير * خلفى
Back ساعدَ . عضَّد * راهن على * تقهقر
to — a bill ظهَّر كمبيالة ، تحمل مسؤليتها
Backbite اغتابَ . نمَّ . وَشَى . أبرَ
Backbone السلسلة الفقرية . العمود الفقارى
Backdoor باب للخدم أو سرىّ * حُجَّة . مخلص
Backer مساعِدٌ . معضد . ظهير * مراهن على
Backgammon لُعبة النرد أى الطاولة
Background أرضية الصورة . خلفية * عزلة
Back-handed غير مخلص . خائن * بظهر اليد * مائل للوراء * غير رأسى * مفاجىء
Back rent إيجار متأخر
Backslide ارتَدَّ . حادَ عن * فتر
Backstairs سُلَّم خلفي او خاص * طرق ملتوية
Backward متأخر . رجعى * بليد * خلفياً
Backwards إلى خلف . إلى الوراء

Bacon شَحْم أو لحم خنزير مملح ○ باكون
to bring home the — فلحَ في مشروعه
Bacteria ○بكتيريا . الراجبيَّات . جرثومة
Bacteriological warfare حرب الجراثيم
Bad رَدِيء ☼ شِرّير . طالح ☼ مؤْذٍ . مؤلم
— debts ديون معدومة
Bade, *of* Bid أمَرَ ☼ وَعد
Badge شارة . شعار . ساعدة ☼ علامة الرتبة
Badger تاجرٌ ☼ عناق الارض || ضايَقَ . ساوم
Badly رَديئاً . برداءة ☼ جداً . للغاية
Badness رَداءةٌ ☼ عَيْب ☼ شَرٌّ . فساد
Baffle حيرةٌ || خَيَّبَ . أحبط . حَيّر . أعيا
Bag كِيسٌ . غِرارة △ شَنطة . جراب
— and baggage برمَّته
— of bones شخص هزيل △ معضَّم
Bag عبَّى في كيس ☼ انتفخ ☼ شردت السفينة
Bags سَراويل △ بنطلون △ بدلة كالشوال
Bagatelle أمرٌ زهيد او تافِه . تُرهة
Baggage أمتعة المسافر . عَفْش ☼ مهمات خفيفة
— van عَرَبَةُ العفشِ (في القطار)
Bagman وسيط متنقِّل بالعمولة ○ قومسيونجي
Bagpipe مِزْمار القِربة
Bail كفالة ☼ ضامن . كفيل ☼ يد الابريق ☼ نطّالة
on — بكفالة . بضمانة
Bail ضَمِنَ . كفَلَ ☼ سلَّم بضاعة أمانة ☼ نزح الماء ☼ نزل بالمظلة (الهابطة) ☼ ألقى السلاح
Bailee حافظ الوديعة بعقد . المودَع لديه
Bailiff حاجب △ قَوَّاس محكمة ☼ مُحضِر
Bailor صاحب الوديعة . المودِع

Bairam عيد الاضحى . عيدٌ اسلامي
lesser — عيدُ الفطر
Bait طُعْمٌ ☼ إغراء ☼ لُمجة . وجبة خفيفة
Bait وَضَعَ طُعماً ☼ أغرى △ تصبّر ☼ عذَّب
Baize صوف مبرد . قماش خشن له وَبَر ○ بيج
Bake خَبَزَ ☼ شَوَى ☼ يَبَّس . نشّف
Baker خَبَّاز . فَرّان ☼ مَوقد صغير
Bakery, Bakehouse مَخبز . فُرن ☼ خبازة
Balance ميزان ☼ رصيد . باقي حساب ☼ رقّاص الساعة
Balance وَزَنَ ☼ وازن ☼ عَدَّل ☼ قفل الحساب
Balance-sheet ميزانية (الاصول والخصوم)
Balcony شُرْفَةٌ △ بَلْكون
Bald أصْلَعُ . أقْرَع ☼ رَثّ . حَقير ☼ ركيك
Baldly بركاكة . بضعف ☼ △ بالمفتوح . بصراحة
Baldness صَلَعٌ ☼ رَكاكة . جدب الاسلوب
Baldpate, Baldhead أصلعُ △ أحلس
Bale بالةٌ . رِزْمة بضاعة ☼ أذى || رزم . حزم
to — out نزلَ من الطائرة بالهابطة (المظلة)
Baleful مؤذٍ . مهلك . مضرٌّ ☼ محزن
Baling حزْم في بالات ☼ نَزْح المياه
Balk خَيْبَةٌ ☼ أرض غير محروثة ☼ كتلة خشب
Balk أحبَطَ . عاكس ☼ حرَن ☼ تهرَّب من
Ball كرَةٌ ☼ رَصاصَة ☼ بِلي . حَب معدني ☼ مَرقص ☼ حفلة رقص ☼ كبة غزل
Ball كوَّرَ ☼ لفَّ الخيط ☼ تكبَّبَ
Ballad قِصَّة شعرية . أُغنية
— monger مدّاح . قصّاص غنائي شعبي
Ballast صابورَةٌ . طرم ☼ زَلط . دَقشوم

Ball-bearing(s) كرسي بلي.حبات معدنية لمنع الاحتكاك*الحركةأو الدحرجةعلى بلي

Ballet تمثيل صامت * الباليه . رقص جماعي

Ballistics علم حركة القذائف

Balloon مُنطادٌ ∆ بالون

Ballot رقعة الاقتراع السري *اقتراع سرى. تصويت || اقترَعَ

Balm ريحانٌ * بَلَسَم . مرهم

Balmy بلسمى *ريحانى .عطرى *مُلَطِّف

Balsam بلسَمٌ *زيت البلسَم . دُهن البلَسان

Balsamic بلسَميّ * شافٍ * مرطب

Baluster عمود أو قائمة الدرابزين ∆ برْمَق

Balustrade درابزين

Bamboo خَيزرانٌ . غاب هندى

Ban إعلانٌ . إشهار * حِرم . لعنة *حرمان

Ban حرَمَ * حظَّرَ. منع * لعن * زجَر

Banal تافهٌ * مبتذل * عَادِي . عامى

Banana مَوْزٌ . موزة .شجرةالموز أو ثمرها

Band رِباطٌ *حزام*شريط .قطعة مستطيلة *عُصبة . زمرة *جوقةموسيقى*رقيقة

— saw منشار شريط

Band عَصَبَ . ربط * اعتصبوا . اتحدوا

Bandage عِصابة .رِباط .ضِماد || عَصَبَ .ضمد

Bandbox عُلبة من ورق للقبعات وأمثالها

Bandit قاطع طريق .لِصٌ

Bandy مضرب (هوكى) || تقاذفوا الكرة *تبادلوا * تضاربوا* تناقشوا* تنازعوا

Bandy-legged أحنف.مقوس الساقين للداخل

Bane سُمٌ *آفة *مجلبة الشقاء .لعنة *دمار

Baneful مُؤْذٍ . مُهلك . خارب *منغِّص

Bang ضربة مدوية ∆ هبدة * فرقعة

Bang ∆ رزَع . هبد . خبط * طرقع

Bangle خَلخال أو سوار للساق أو اليد

Banish نَفى *أبعدَ . طرَدَ . أقصى

Banisters ∆ .برمق (عمود) درابزين السلم

Bank بنكٌ . مَصرف *سد . جسر * ضَفَّة

—-holiday عيد او يوم بطالة رسمى

Bank أودعَ نقوداً في مصرف * جَسَّرَ . أقام جسراً *كوَّم *مالت الطائرة على جانبها

Banker صيرفي . صاحب مصرف ∆ بنكير

—'s Draft حوالة مصرفية من بنك لآخر

Banking صِرافة . أعمال مصرفية أو مالية

Bankrupt مُفلِسٌ * افلاس || أفلسَ.فلَّس

Bankruptcy إفلاسٌ *تفليسة

Banner عَلَمٌ . رايَة ∆ بَيْرَق . لواء

Banns, Bans مُناداة أو إعلان عن زواج

Banquet وليمةٌ .مأدُبة || أولمَ .آدب .قصف

Banter مزاحٌ ∆ هِزار. تهكم || مازَحَ. هزَلَ

Bantling طفلٌ . ولد صغير * نغل

Baptism عِماد . معمودِيَّة . تَنصير

Baptize عَمَّدَ . نصَّر

Bar قضيبٌ . سيخ * مِزلاج . ترباس *حاجز .عارضة *حَانةٌ * سمك لوت * كثيب رمل في مدخل نهر أو مَرفأ * قَدْر (موسيقى) *قَفص المتهمين *محكَمة *طائفةالمحامين ومكانهم في المحكمة* معارضة (محاماة)

Bar سَدَّ * ∆ ترْبَسَ * اعترض .أعاق.مَنع

Barbarian برْبرى . هَمَجىٌّ ٭ جِلف ٭ غريب
Barbarity تَوحُّش . هَمجيَّة . بربرية
Barbarous وَحْشي ٭ همجى ٭ قَاسٍ . فظ
Barbed شائِك ٭ لهُ ذَقن
— wire سلك شائك
Barber حلاَّق . مُزَيِّن
Bard مُنشِدٌ . شاعر . مدّاح ٭ درع الحصان
Bare مكشوفٌ ٭ عُريان ٭ بسيط || عرَّى
Barefaced صفيق . وَقِح ٭ بلاحجاب ٭ اجرد
Barefoot, — ed عاري القدمين . حافٍ
Barely بالكاد . بالجهد ٭ على المكشوف
Bargain اتفاق ٭ صَفقة △ لُقطة . شَرْوَة
into the — علاوة على △ فوق البيعة
— prices أسعار تصفية △ اوكازيون
Bargain سَاوَمَ △ فاصَلَ ٭ شارط
Bargaining مساومةٌ △ مفاصلة
Barge △ صَندَلٌ . ماعون . مركب للنقل
Bargeman مراكبي . مَلاَّح . نوتيّ
Bark نُباحٌ . عُواء ٭ لِحاء الشجر ٭ كينا
٭ مركب شراعى ٭ قشر الدباغة △ عِطان
Bark نَزَعَ القشر . قلف ٭ نَبَحَ
Barley شَعيرٌ
— sugar سكر نبات ٭ سكّر الشعير
Barm رَغوَةٌ △ ريمة البيرة ٭ خميرة
Barmaid خادمة الحانة . ساقيةٌ △ جرسونة
Barn شونةٌ . مخزن △ حاصِل . جُرن
Barnacle وَزة برّية ٭ حلزون
Barometer مِضغَط . مِقياس الضغط الجوّى
Baron لقب بارون ٭ قُطب تجارة او صناعة

Barracks ثُكنة (الجنود) △ قِشلاق
Barrage قناطر . سد ٭ حاجز ٭ نار مدفعية
Barrator مرتش ٭ مثير المشاكل والاشكالات
Barrel بِرميل ٭ ماسورة البندقية
Barren قاحِلٌ . مُجدِب ٭ عَقيم
Barricade متراس . حاجز || أقام متراساً . سدَّ
Barrier تَخْمٌ . حدّ ٭ حاجز ٭ حِصن || سَدَّ
Barrister مُحامٍ . مترافع
Barrow عَرَبة يد ٭ تلٌّ . رابية
Barter مُبادَلةٌ . مقايضة || قايَضَ . بادل
Basalt حَجَرٌ ناريّ أسوَد . ـ بركاني . فتين
Base قاعدةٌ . أساس ٭ قاعدة . مركز ٭ دنيء
. سافل ٭ سُفلى . أسفل ٭ مُزَيَّف
Base أسَّسَ . وضع الأساس ٭ ارتكن على
Base-born نَغلٌ . ابن زِناء ٭ دنيء الأصل
Basement الطابق الاساسى △ بَدْروم
Baseness دَناءةٌ . ضعة . خِسَّة
Bashful خَجولٌ . كثير الحياء . حَيِيٌّ
Basic قاعِديّ . أساسيّ
Basil ريحانٌ . حَبَق ٭ شَنبر الساعة وغيرها
—, Basan جلد غنم مدبوغ
Basilic ملوكى ○ باسليق (طب)
Basilica بناء رومانى ٭ كنيسة كبيرة
Basilisk أُفعوان خُرافيّ ٭ عِظاءة اميركية
Basin حَوْض ٭ بركة ٭ جَفنة . طشت . ابزن
the — of the Nile حوض (أو وادى) النيل
Basis قاعدة . أساس . مَبدأ . رُكن
— of a tax وعاء الضريبة (ضرائب)
Bask تشَمَّسَ . استدفأ . إصطلى

Basket سَلّـة . سَفط △ سبَت 
Basket-ball لعبة كرة السلّة
Bas-relief رسْمٌ أوكتابة بارزة
Bass جَهِير . صوت عميق
(موسيقى) ☆ ذئب البحر
. فرخ(سمك)☆حبال ليف
Bassoon مِزْمارٌ مُزدَوج . زَمارة
Bastard نغلٌ .ابن زناء☆مغشوش.غير شرعى
— file مِبرد خَشِن △ مبرد جَرب
Baste ضَـرَبَ بعصا ☆ سرَّج △ شلل
☆سقى اللحم عند الشواء △ سأسأ
Bastinado الجلدُ على الاقدام ☆ فَلَـقَـة
Basting شراجَة . شِلالة☆سائل لسقسقة الشواء
Bastion بُـرْجٌ في زاوية حصنٍ . طابية
Bat وَطواطٌ . خُـفّـاش 
☆ مِضرَب (للـكرة) .
ميجار . طَبْطابة
Batch خَلطة . خبزَة ☆ كمية ☆ دُفعة
Bate ماء قلوى لنقع الجلود لتطريتها
Bate خفَضَ ☆ ترك ☆كبح ☆نقص . قَـلَّ
☆ صفَّق بجناحيه ☆نقع الجلد
Bath حَمَّام . مغسل ☆ غسيل ☆ نقع
— chair كرسى القُعدة بعجل للمرَضى
sun — حمَّام شمس
Bath أعطى حماماً (فى مِغطس) ☆ استحمَّ
Bathe غَسلَ . حَمَّمَ ☆ استحمَّ ☆ بلَّ ☆غمس
Bather مستحمٌ . مغتسل ☆ سابح
Bathing costume *or* dress لباس الحمّام
Bathing-tub آبزن .حَوْض △ بِـتِـيَّـة. بنيو

Bathometer مِرجاس.مسبارأومقياس العمق
Baton عَصا قصيرة ☆ هِراوَة
Battalion كتيبة △ أورطة (بطارية)
Batten عارضة خشبية || ثبَّت او سدَّ بسدابة
Batter عجينة تغمس فيها المقلوات || دقدقَ
☆ هشَّم أو تهشَّم ☆هرش بالاستعمال☆مالَ
—ed type حرف مهروش
Battery بطارية . فرقة مدفعية ☆ حاشِدة
Battle حَرْبٌ ☆ قِـتال ☆ موقعة || قاتَـلَ
Battlement زخرفة على شكل شُرفة حِصْن
Battleship بارجَة.مدرعة.سفينةحربية كبيرة
Bauble, Bawble حلية رخيصة△خشخيشة
Bawbee عُملة انجليزية تساوى نصف بنى
Bawd فحش ☆قوَّاد.وسيطةدعارة △ بترونة
Bawl جَلَّبَ . زعَق . هدر △ جعَّر
Bay لون أحمر فى سمار.كُمَيْت ☆ جون .خَليج
☆ ثغرة.ضيق.فرجة.مفازة☆عواء ☆ترقُّب
☆ شجر الغار ☆ امتداد غرفة خارج جدار
to be at — تورَّطَ ☆ وقف متحفزاً
Bayonet سنجة. سُنكى.حَربة البندقية 
Bay-window شباك خَرجَة△مشربية
Bazaar, Bazar سوق ☆سوق خيرية
B.C. (Before Christ) قبل الميلاد
Be كان . وُجِدَ . صار . ظلَّ ☆ كُنْ
the bride to — الزوجة العتيدة
Beach ٥ بلاج . شاطىء رملى . سِيف
Beacon منارَة للتحذير من خطر△ شمندورة
Bead خَرَزَةٌ . حَب السبحة ☆ عِقد ☆ فُقاعة
Beadle خادم كنيسة ☆ حاملُ الصولجانِ

Beagle كَلبُ صيدٍ ۞ جاسوس أو مخبر
Beak منقارٌ ۞ أنف ۞ رأس. قِمَّة
Beaker قَدَح كبير. باطية ۞ كوب الصيدلى
Beam دِعامة. رافدَة △ عَتَب ۞ كتلة خشب أو حديد ۞ ذِراعُ الميزان ۞ضوء. شُعاع
Beam أشرَقَ. تألَّق
Beaming متألقٌ. منير ۞مشرق المحيا. باسم
Bean فُولٌ ۞ لوبية
black — لَبْلاب (نبات متعرش)
green *or* french —s فاصوليا خضراء
coffee —s حب البن
full of —s ملآن همة وصحة. نشيط
Bear دُبٌّ ۞ شخص فظ، خشن ۞ خرَّامة . مثقاب ۞ مضارب نزولى (في البورصة)
polar — دُب أبيض أو بحرى
Bear حَمَلَ. احتمل ۞ انتجت ۞ ضارب على النزول
to — hard on ظَلَمَ. إضطهد
to — in mind وضع نصب عينيه. تذكَّر
to — interest أنتج فائدة
to — the signature ممهورة بالتوقيع
to — witness to شهد بـ
Bearable ممكن حمله ۞ محتمَلٌ. يُطاق
Beard لحية. ذقن ۞حَسَك أو سنا السنبلة
Bearded مُلتَحٍ. بلحية. بذقن ۞ بشوشة
Beardless حليقٌ. أمرَد. بلا لحية
Bearer حامله ۞حامل ۞رسول ۞شجرة مثمرة
— shares اسهم لحامله
Bearing سُلوكٌ ۞ مقام. مركز ۞ علاقة ۞ تحمُّل. جَلَد ۞ قيافة ۞ معنى ۞ اتجاه

Beast حيَوانٌ. بهيم. دابة ۞ إنسان كالوحش
Beastly وَحشيٌّ ۞ بهيمى ۞ فَظ ۞ كَريه
Beat تخبيط △ ضربة ۞ خفقة ۞ نقطة، دورة، دَرَك الشرطى ۞ ترقيم الميزان الموسيقى
Beat ضَرَبَ ۞ غلب. فاز على ۞ نبض
to — about the bush حامَ
to — down price ساومَ. خفض الثمن
to — eggs دافَ △ خفقَ البيض
Beaten مضروب ۞ مَطروق ۞ مغلوب ۞ مخفوق
Beatific طوباويٌّ. سَعيد
Beatification تطويبٌ. تغبيط
Beatify طوَّبَ. عدَّ فلاناً مطوَّباً (قديساً)
Beating ضربٌ △ علقة ۞ طرق ۞ خفقان ۞ نبض
Beau غَندورٌ ۞ زيرُ نساءٍ ۞ نصَّاب
Beautiful جميلٌ. ظريف. حَسَن
Beautify جَمَّلَ. حسَّن. زيَّن
Beauty جَمالٌ. مَلاحة. رَوْنق. رِواء ۞ حسناء
— parlour صالون تجميل
— spot خالٌ. شامة ۞ منظر جميل
Beaver كَلبُ الماءِ. قُندُس. سمور. حارود (تصنع من جلده قبعات وكفوف)
Becalm أسكتَ. سَكَّن. أخمد. هدَّأ
Became, *of* Become صارَ ۞ لاءمَ
Because بسببِ. لأجل. لأن
Bechance حَدَثَ. اتفق. جرى
Beck إشارةٌ. ايماءة ۞ أمر ۞ جدول ماء
Beckon, Beck أشارَ إلى. أومأ إلى
Becloud غَيَّمَ أو غامَ. أظلم ۞ سترَ
Become صارَ. أصبَح ۞ لاق بـ. لبِقَ

Becoming مناسب. لائق. حَسَن ٭ الصيرورة
Bed حَشيةٌ. فَرْشَة. فِراش ٭ سَرير ٭ مَضْجِع ٭ قَعْر ٭ حوض زرع ٭ طبقة ٭ مجرى او قاع النهر
— of sand طبقة رمل
— and board أكل ونوم
of a second — من زواج ثانٍ
Bed اضجعَ. أرقد ٭ نام ٭ غرس في مشتل
Bedabble رَشَّ بسائل قذر. لطخ. لغمط
Bedaub لطَّخَ. لوَّثَ ٭ دَهَن بلا ذوق
Bedbug بَقٌّ. حَشرةُ الفراشِ
Bedchamber غُرفة النوم
Bed-clothes ياضات. شراشِف. ملاحف
Bedding فَرْش النوم ٭ مرقد ٭ طبقة أرضية
Bedeck زركَشَ. زخرف. زَيَّن
Bedew ندَّى. رَطَّبَ. بَلّل قليلاً
Bedfellow ضجيعٌ. كَميع ٭ شريك الفراش
Bedim سَوَّدَ. اظلمَ. عتَّم
Bedizen زَيَّنَ أو ألبس بلا ذوق. بهرج
Bedlam مستشفى للمجاذيب أو خريج المستشفى
Bedpost عمود السرير
Bedraggle وَسَّخَ. لوَّثَ «بالجرِّ»
Bedridden طَريحُ الفراشِ ٭ بالٍ. منهَك
Bedroom غرفة النوم. حجرة الرقاد
Bedsore قَرْحَة الفراش. ناقِبة
Bedstead سَريرٌ. تَخْت الرقاد
Bedtick قماش لتغليف الحشايا أي المراتب
Bee نَحلةٌ. نحل
Beech الزانُ. شجر أو خشبُ الزانِ
Beechen من خشبِ الزانِ. زانيّ
Beef لحمُ البقرِ. لحم بقريّ
Beef-eater, Beefy إنسانٌ بدين، قويّ
Beefsteak شريحة من لحم البقر ∆ بفتيك
Beehive خَليَّة نحل. قفير
Bee-keeper نحّال
Beeswax شَمْعُ العسَلِ. شمع اسكندراني
Beer بيرة. جِعَة
Beet بنجرٌ. شمندر
— sugar سكر البنجر
Beetle خُنفُساء ٭ جُعل ٭ مِدقَّة ∆ دقاق
— browed ناتىء الحاجبين
Beetle طرق بالمدقة. دكَّ ٭ نتأ. برزَ
Beetlehead أبله ٭ آلة دكّ الأساسات
Befall حَدثَ لـ. حلَّ بـ. حَصَل له. أَلَمَّ
Befit لاقَ بـ. لاءم. ناسَبَ. لَبقَ
Befitting لائقٌ. مناسب. حرياً بـ
Befool ضحِكَ على. مكَر بـ ٭ غَشَّ
Before قبل ٭ قدَّام. أمام ٭ بحضرة ٭ قبلاً. سابقاً ٭ قبل أن
Beforehand مقدماً. سلفاً. قبلاً
Beforetime سابقاً. فيما مضى
Befoul وَسَّخ. لوّث. دنَّس
Befriend صادقَ. صافى ٭ أعَزَّ ٭ ساعد
Beg طلبَ. تَوسَّل الى ٭ استعطى. تسوَّل
to — the question فرضَ جَدلاً
Began, *of* Begin بَدأ
Beget وَلدَ ٭ أنتجَ. أوجد ٭ سبَّب
Beggar شحَّاذٌ. مستعطٍ. متسوّل ‖ أفقرَ

Beggarly فَقيرٌ . ذَليل ٭ دنىء ٭ بفقر
Beggary فاقَةٌ . فقر شديد ٭ بؤس
Begging شحاذةٌ . تسوّل . استجداء
Begin ابتدأ . بدأ . شرَعَ فى
Beginner مبتدىء . حديث العهد بشىء
Beginning بدء . ابتداء . شروع
Begird طوّقَ . حزَم . أحاط
Begone اذهبْ . ابتعد . إغرب . امضِ !
Begotten مولود
Begrime سوّدَ . غطّى بالهباب . لطخ
Begrudge حَقَدَ على ٭ حسَدَ
Beguile غشَّ . خدَعَ ٭ ألهى . سلّى
Begun, *of* Begin ابتدأ ٭ بُدىء به أو فيه
Behalf مصلحةٌ . منفعة . رِبح ٭ نيابة
in — of لمصلحةِ . لاجل مصلحة . لصالح
on — of بالنيابةِ عن . بدلاً من
Behave سلكَ . تصرّف . سار
to — oneself أحسنَ السلوك
Behaviour سُلوكٌ . تصرُّف . سيرة
Behead قطعَ الرأسَ . ضربَ العنق
Behind خلفَ . وراء ٭ متأخِّر . متخلِّف
Behindhand متأخِّر . متخلف ٭ مديون
Behold (Beheld) رأى . نظَرَ ٭ انظرْ !
Beholden ممتنٌ . متشكرٌ . مَدين بالشكر
Behoof رِبحٌ . منفعة . فائدة ٭ خَير
Behove, Behoove لاقَ بـ ٭ وجَبَ . لزِم
Being كائنٌ ٭ شخص ٭ خَليقة ٭ وجود . كون
for the time — فى الوقت الحاضر ٭ موقتاً
—s مخلوقات . كائنات

Belabour أوسع ضرباً . خبطَ . نزل على
Belated متأخر . مبطىء . متعوق
Belch تجشأ △ تكرّع ٭ قذف ٭ تجشأ الفحش
Beldam عجوز شمطاء . دَرْدَبيس
Beleaguer حاصَرَ . اكتنف
Belfry ⟵ قُبَّة جَرَس الكنيسة 
Belie نمّ ٭ كذّبَ
٭ اخفقَ ٭ افترى
Belief اعتقادٌ . عقيدة . إيمان . مذهب
Believe اعتقدَ . صدّق . آمن ٭ ظنّ
to make — تظاهرَ . إدعى
Believer مؤمنٌ ٭ مُصدِّق . معتقد
Belittle قلل من شأنه . صَغّرَ . استخف بـ
Bell جرَسٌ ٭ قُقاعة △ بقلولة
Bell زمجرَ . خار ٭ أزهر . نوّر
٭ فقفقَ △ بقلَل ٭ جلجل 
Belladonna نبات سِت الحُسْن ○ بلادونا
Belle حَسناء . سيدة بارعة الجمال
Bellicose مشاغِبٌ . محبُّ الحربِ
Belligerent مقاتل . محارب ٭ حربى
Bellow خُوارٌ . زئير
Bellow خارَ . جأر . نعر
Bellows مِنفاخٌ . كير
Bell-wether كبشٌ يتقدّم القطيع
Belly بَطْنٌ ٭ مأنة ‖ انتفخ
Belly-band بطان △ قشاط ٭ حزام 
Belly-god نهِمٌ . لجعان △ بطينى
Belong *to* خصّ . تعلقَ بـ . انتمى الى
Belongings متعلقات . ممتلكات ٭ خصائص

Beloved محبوبٌ . عزيز . معشوق
Below تحت . أسفل . أقلّ . أوطأ . أدنى
Belt حزامٌ . مِنطَقة . زِنّار * نطاق
* سيرُ دولاب الآلة || حزّمَ . طوّق
— gearing نقل الحركة بالسير (ميكا)
— saw منشار شَريط
Bemire وَسَّخَ . وَحَّل Δ مرمغ . مرمط
Bemoan انتحبَ . ناح ، تحسّر على . ندب
Bemuse اذهلَ . سطل . أدار الرأس
Bench دكّةٌ . مقعد Δ بنك * محكمة
* كرسي القضاء * منجر . طاولة النجار
Bend ثنيٌ . احناء . حنية . ليّة * كوع
* عطفة . حَودة * عُقدة
— leather جلد نعال الاحذية السميك
Bend حنى . ثنى * امالَ * وصلَ * التوى
— the knee ركعَ . سجد * حنى الركبة
Beneath تحت . أسفل * أقل، احقر من أن
Benedict متزوجٌ حديثاً بعد عزوبة طويلة
Benediction بَركةٌ * تبرُّك * منح البركة
Benefactor محسنٌ . مِفضَال . خيِّر
Benefice دخل كنيسة من أوقافها
Beneficence احسانٌ . جود . كرَم
Beneficent مُحسِنٌ . جوّاد . مُنعِم
Beneficial مفيدٌ . مربح * منتفع بالريع
Beneficiary صاحب معاش * مستحق . منتفع
Benefit ربحٌ . منفعة || أفادَ . استفاد . انتفع
Benevolence إحسانٌ . اريحية . فعل الخير
Benevolent مُحسِن . خيِّر . أريحي * خيرى
Benighted دهمه الظلام * منغمس فى الجهل

Benign حميدٌ . سليم (العاقبة) * لطيف
Benignant شَفوقٌ . رَؤوف
Benignity رأفة . رفق * سلامة العاقبة
Bent قصدٌ . مَيل * انثناء . حَنية * مُنحنٍ . ملتوٍ
— on مَيّالٌ الى * مصرّ ، مصمم على
Bent-grass نجيل . شرش النجيل
Benumb نمّلَ . خدّر . أفقد الشعور . شلّ
Benzoin لُبان أو بخور جاوى ○ بنزوين
Bequeath خلّفَ « إرثاً بوصية » * ورّث
Bequest أرثٌ مخلّف بوصية * توريث
Bereave حَرَمَ من . منَع عن * أثكَلَ
Bereft, *of* Bereave مُثكَلٌ * مجرَّد من
Berry ثمرُ العلّيق . توتٌ (بري) * حبّة
Berth سريرٌ (في سفينة ، طيارة ، عربة نوم)
Δ قمرة * وظيفة * مرسى السفينة || أرسى
Beseech, Besought التمس . توسل . تضرّع
Beseem لاءمَ . وافق . لاق بِـ
Beset حاصَرَ . أحاط بِـ . ضيّق على . عرقل
Beside عند . بقرب * خلاف . الى جانب
Besides عدا . ومع ذلك . خلا . فضلاً عن
Besiege حاصَرَ . أحاط بِـ . ضيّق على
Beslobber وسّخَ باللعاب . رال * قبّل بشدة
Besmear لوّثَ . وسّخ . لطّخ . دهَن
Besmirch قتّمَ . أزال اللون أو اللمعية * لوّث
Besom مقشة ليف . مِكنسة الزبّال
Besot سَلبَ العقل . أذهل . أسكَر . خبَل
Bespangle زَيّنَ بالترْتر أو التلّى . زَركش
Bespatter Δ طرْطشَ . وحّل . لوّث
Bespeak دَلَّ مقدّماً على * قاوَلَ على شيء

Best الأحسن . الأفضل . الأجود ✿ معظم
— seller كتاب (أو سلعة) رائجة
— man وكيل أو شاهد العريس . إشبين
Bestial بهيمي . وحشي ✿ شهواني ✿ فظ
Bestiality بهيمية . حيوانية ✿ وحشية
Bestir حَرَّكَ . حرَّض . هيَّج
Bestow منحَ . وهَب . انعم على ✿ خوَّل
Bestowal منحٌ ✿ منحة . هبة . عَطِيَّة
Bestride تفرشحَ . فرشح △ فرشخ ✿ تخطَّى
Bet رِهانٌ . مراهنة ‖ رَاهَنَ . خَاطر
Betake أخذَ في . عَمَدَ الى . انصبّ على
Betel تانَبول . نبات من الفليل متعرش
Bethink *oneself* تأمَّلَ ✿ حدَّثته نفسه
Betide حَدَثَ . حَصَلَ . وَقع . جَرَى
Betimes مبكراً △ بدرى ✿ في حينه
Betoken دَلَّ على . أنذرَ بِ
Betook, *of* Betake عَكَفَ على
Betray خانَ . غَدر بـ ✿ أفشى السرّ ✿ نمَّ على
Betroth خَطَبَ امرأةً . كتب الكتاب
Betrothal خُطوبة . خِطْبَة . عهد الزيجة
Better أحسن . أفضل . خير ✿ المفضّل ‖ حَسَّنَ
— half الزوجة
— off أغنى . أحسن حالاً
he had — الأولى به أن
Betting مُراهَنةٌ . رهان
Bettor, Better مُراهِنٌ
Between فيما بين . بين
Between-whiles من وقتٍ لآخر
Betwixt بينَ شيئين ولكن غير ملتصق بهما

Bevel ←→ مِسطار مثلث الزوايا ✿ حرْف مَشْطوف أيْ مائل △ كُسْتِلَه . زاوية منحرفة

Bevel شطفَ حافة الشيء (كزجاج المرايا)
— gear wheel ←→ كرسي (التعشيق) المخروطي
Beverage مشروبٌ . شَراب
Bevy سِرْبُ طيورٍ او غيرها ✿ رَهط
Bewail إنتحبَ . بكَى ، ناح على . ندب
Beware *of* إحْتَرِسْ . حَذارِ من !
Bewilder حَيَّرَ . ربك . أضَلّ
Bewitch سَحَرَ ✿ سبى العقل . فتَن
Beyond وراء ✿ فوق . أبعد من ✿ في عَبْر
Bezel دائرة الفص ✿ مكان زجاجة الساعة
Bezoar حَجَر في أحشاء حيوانات كترياق
Bi- بادئة تدل على الازدواج
Biangular مزدَوجُ الزاويةِ . ذو زاويتين
Bias محاباة . انحياز ✿ ميل ✿ وَرْب . انحِراف
— cut قطع القماش بانحراف ، بورب
Bias أثَّرَ على . أمال . غرَّض ✿ تغرَّض
Biassed مُغْرِضٌ . مُحابٍ ✿ منحرف
Bib صدريَّةُ الطفل . مَرْيَلَة ‖ سَكِرَ
Bible توْراةٌ . الكتابُ المقدَّسُ
Biblical مختصٌ بالتوراةِ . كتابي
Bibliography مَعْرِفة الكتب وتواريخها
Bibliomania الوَلع باقتناء الكتُب
Bibulous إسْفَنجي . مَصَّاص ✿ شِرِّيب . مُدمِن
Biceps العضلة ذات الرأسين في العَضد والفخذ

Bicker مشاحنة. منازعة ‖ تشاحن. تشاجر

Bicolour, —ed ذو لونين. مزدوج اللون

Bicycle, Bike دَرّاجة △ بسكليت. عَجَلَة

Bid محاولة * عطاء. مزايدة

Bid عَرَضَ ثمناً. زايد * أمر * حيَّا

Bidder مزايد. عارض الثمن * آمر

Bidding دعوة * أمر * مزايدة

Bide انتظرَ. ترقَّب * بقي * تحمّل * سكن

Biennial يقع كل سنتين * دائم سنتين

Bier نعش. خشبة الموتى أو منصة لها

Bifold ضِعفان. مُضاعَف. مجْوز

Bifurcate مقسوم الى قسمين ‖ شعَّبَ. فرَّع

Big كبير. عظيم * جليل * حُبْلى

Bigamous, Bigamist متزوج من اثنتين

Bigamy الزواج بامرأتين او برجلين معاً. ضِر

Biggin طاقيَّة للاطفال * مصفاة * △ كبود

Bight خُور. خليج صغير * تعريج * طيَّة

Bigoted, Bigot متعصِّب. مترفّض. مغال

Bigotry تعصُّب أعمى. ترفُّض

Bigwig رجل عظيم القدر (غالباً تقال تهكماً)

Bijou حِلية. جوهرة * تحفة

Bilateral ذو جانبين أو ناحيتين

Bilbo سَيْف. حُسام * قيد للارجل

Bile صفراء. مَرارة * حَنَق

Bile-stone حصاة صفراوية

Bilge بطن البرميل * دومس المركب

Bilharzia البَقيري ○ بلهرسية

Bilingual بلغتين. ذو لغتين

Bilious, Biliary صَفْراوي * نكِد

Bilk غشّ. خدَع. تملص من الدفع. راوغ

Biliteral ثنائي الحروف. ذوحرفين هجائيين

Bill صكّ. وثيقة. كمبيالة * قائمة حساب * فاتورة المصاريف او الاتعاب * اعلان حائط. لاصقة * لائحة * تهمة * منقار * مِنجَل. مِشذَب * مشروع بقانون * عريضة * دعوى

— of exchange كمبيالة. سفتجة * حوالة

— of fare قائمة أصناف الطعام * برنامج

— of health جواز صحّي (للسفن)

— of lading, B/L. بوليسة الشحن

Bill قبَّلَ. داعب * ألصق إعلاناً * أعلن

Billet-doux رسالة غراميَّة

Billiards لعبة البليادرو * △ بليادرو

Billing مُداعبة * تقبيل. بوس

Billion بليون. ألف مليون * مليون مليون

Billow مَوْجة كبيرة. لُجّة ‖ ماجَ. محّ

Billposter لاصق الاعلانات

Billy هِراوة. عصا قصيرة * آلة نسيج

Bimonthly مرة كل شهرين

Bin صُندوق للمؤنة * معجن

Bind رباط ‖ ألزمَ * ربَط. حزم * جلَّد

Binder عصبة. رباط * غلاف * مُجلِّد

Binding تجليد * الزام * مُلزِم * رابط

Bindweed لبلاب. عَشَقة (نبات مُعَرِّش)

Binocular ذو عينين * نَظّارَة بعينين
Binomial مُعادلة ذات حَدّين
Biochemistry دراسة التفاعلات الكيماوية في الاحياء . الكيمياء الحيوية
Biogeny ناموس تولُّد الاحياء
Biographer كاتب سير مشاهير الرجال
Biography سِيْرة أو تاريخ حياة انسان
Biology عِلْم الأحياء ○ بيولوجيا
Binding تجليدٌ * غلاف * رابط . ملزم
Biped (حَيوان) ذو قدَمين
Biplane طيّارَة ذات سَطحين
Biquadratic الجذْرُ المربّع لكميّة
Birch «شجرة» البتولا . تامول * مِقْرَعَة
Bird طيْرٌ . طائر * عُصْفور
Bird's-eye-view مَنْظَر من عَلٍ . المامة
Birdlime مُخَيطٌ . دِبق . دابق الطير
Birth ولادَةٌ . ميلاد . مولد * نَسْل * أصْل
— control تحديد النسل
—-mark وَحْمَة
Birthday مَوْلِد . يوْم الميلادِ
Birthplace مسْقطُ الرأس
Bis مرّتين * يُعاد . يُكَرَّر . أعد ○ بيس
Biscuit الكعك الناشف بأشكاله ○ بسكوت
Bisect نَصّفَ . قَسم الى نِصْفَين . شطَر
Bisexual مزدَوج الجنس
Bishop أُسْقُف . مُطران
Bishopric أبرَشيَّةُ الاسقُفِ . أُسقفية
Bison حَيَوان امريكى منقرض يشبه الثور
Bissextile سَنة كَبِيس * كَبيسيّ

Bistoury مِبْزَغٌ . مِشرط . مِبضع
Bit قَضمةٌ . لُقمة (طَعام) * قطعة صغيرة * آلة للثقب △ بُنْطة * قَرطَمَة △ لُقْمَةُ « اللجام وغيره . شَكيمة »
not a — بالكلية . على الاطلاق
wait a — انتظر قليلاً
Bitch أُنثى الكلب أو الذئب أو الثعلب * مومس
Bite لُقْمَةٌ △ قَطْمَة . نهشة * عَضَّة
Bite عَضَّ . قَضَمَ . قرَض * قرَص . لدَغَ
Biter عَضَّاضٌ * مَكّار . خبيث
Biting عَضٌ * حِرِّيف . مُؤلم . قارِص
Bitter مُرٌ * حاد . لاذع . قارص
— enemy عدوٌّ لدود
Bitterish ضارِبٌ إلى المرارةِ
Bittern الواق . العجَّاج . الأنيس (طائر)
Bitterness مَرارة * صرامة * غلّ
Bitumen أنواعُ الزِّفْتِ والقار . حُمَّر
Bituminous حُمَّريّ . قيريّ . مُقطْرَن
Bivalve ذو مصراعين أو صِمامَين أو صدفتين
Bivouac إستراحة الجنود في العراء بِلاخيام
Bi-weekly نِصْفُ أُسْبوعيّ
Bizarre غريبٌ . شاذ * مُتلون . مُتقلِّب
Blab أكْثَرَ الكلام . ثرثر * أفشى السرّ
Blabber, Blab كثيرُ الكلامِ . ثَرثارٌ
Black أسْوَدُ * مُظْلِم * زنجى * هباب
— and white drawing رسم بالحبر
— coffee قهوة قويّة من غير لبن
Black سوَّدَ . إسوَدّ * شوَّش على الاذاعة
Blackamoor زنجى ○ نجرو * عبد اسود

Black-art فَنُّ الشَّعْوَذَةِ والسِّحْرِ
Blackball كرة اقتراع الرفض || صوَّتَ ضِد
Black eye اسوداد المقلة أثر كدم أو ضربة
Blackberry ثمرُ العليق
Blackbird شُحْرور (طائر مغرّد)
Blackboard سبّورة △ تخته. اللوح الاسود
Blacken سَوَّدَ . فحّم ✿ تعتم ✿ ثلب. هَتَكَ
Blackguard ثَلاّبٌ . وَغْد || ثَلَبَ
Blacking دهان أسود للاحذية. بوية ✿ تسويد
Blackleg نصّاب ✿ غير مُضرب مع رفاقه
—s مرض سيقان الماشية
Blacklist القائمة السوداء (لغير المرغوب فيهم)
Blackmail إبتزازُ الاموال بالتهديد || شنَّحَ
Black market السوق السوداء
Black-out إطفاء الأنوار (فى الغارات)
✿ فقدان شعور وقتى (فى الطيران)
Black sheep وغدٌ . أثيم
Blacksmith حَدّادٌ
Bladder مَثانَةٌ
— gall الحويصلة الصفراوية . المرارة
Blade نصْل ✿ ورقة (نبات) ✿ شَفْرَة . سلاح
✿ ريشة (مِيكانيكا) ✿ شاب جرىء
Blade-bone عَظْمُ اللوْحِ . مشط الكتف
Blamable مَلُوم . يستحق اللوم
Blame عذْلٌ . لوْم ✿ ذنب || لامَ . لَوَّم . وبَّخ
Blameful مَلومٌ ✿ مذْموم . ذَميم
Blameless برىءٌ . طاهرُ الذَّيل
Blanch بَيَّضَ . قصَرَ ✿ أبْيَضَّ ✿ قشَّرَ اللوز
Blancmange فالوذج . بالوظة △ مهلبية

Bland لطيفٌ . رقيق الحاشية ✿ مهدىء . مرطِّب
Blandish لاطَفَ . راوَد . تَملّق
Blank أبْيَضُ △ على بَياض . غُفل ✿ بياض
✿ فارغ . غير محشوٍ ✿ لا معنى له ✿ ممتقع اللون
✿ ورقة يانصيب لا تربح
— cartridge خرطوشة بلا رصاص
— bill كمبيالة خالية من اسم المستفيد
— cheque شيك على بياض أى ممضى دون ذكر القيمة
Blanket حِرامٌ △ بطانيّة ✿ غطاء
Blare دَوِيٌّ ✿ بُواق || بَوَّقَ ✿ دوى . زَأرَ
Blarney مُداهَنَةٌ . تمْليق || مَلّقَ
Blaspheme جَدّفَ على . كَفَر بِ ✿ ثلب
Blasphemy تجديفٌ . كُفر . سَبُّ الدينِ
Blast هَبّة . عَصْفَة ✿ انفجار . فرقعَة ✿ آفة
— furnace أتون صهر بالهواء الحار المضغوط
Blast نَسفَ . لَغَم ✿ لَفح ✿ أذبَلَ
Blastema مادة نشوء الحياة ○ بلاستيمه
Blatant عَجّاجٌ . كثير الصياحِ ✿ مضايق
Blaze شُعْلَةٌ ✿ تأجُج ✿ وَهيج ✿ غُرّة
Blaze إلتَهَبَ . اشْتَعَلَ ✿ أذاع
Blazon شِعارُ النسَب ✿ تنسيب ✿ مباهاة
Bleach بيّضَ أو قَصَّرَ الاقمِشَة
Bleak كَئيبٌ ✿ بارِد ✿ معرّض للريح
Blear أعمشُ . مظلم البصر || غشّى بَصَرَهُ
Bleat ثُغاءٌ (صوت الغنم) || ثَغَى . مَأمأ
Bleb فُقاعَةٌ . نَفْطَة . بَثرة || تبثَّرَ
Bleed فَصَدَ ✿ اسْتَنْزَف . رعَف
Bleeding فَصْدٌ . نزيف ✿ رُعاف . حِجامة

Blemish لطخة . عيب || عاب . لوّث

Blend مزيج . توليفة || مزج . خلط

Bless بارك ∆ طوّب ☆ سبّح ☆ أسعد

Blessing بركة . نعمة ☆ سعادة

Blew, *of* Blow هبّ

Blight آفة زراعية || يبّس . لفح ☆ سمّ

Blind أعمى . كفيف ☆ لا ثقب له ☆ شمسية
. شعرية . درفة الشباك ☆ ستار

— alley زقاق سدّ (لامنفذ له) ☆ بلا طائل

— boil دمّل مدفون

—-shell قنبلة بلا بارود أو لم تنفجر

Blind عمّى . أعمى ☆ عتّم ☆ أخفى ☆ خدع

Blindfold معصوب العينين ☆ أعمى البصيرة

Blindfold عصب العينين ☆ عتّم الذهن . أضلّ

Blink وميض . ومضة

Blink رمش . غمز . خزر ☆ ومض ☆ غضّ عن

to — the question تفادى السؤال

Blinkard أجهر . أعشى

Blinkers مُثمّة . غمامات
. رفاريف . نظارة الحصان

Bliss منتهى السعادة . غبطة . هناء

Blister حرّاقة ☆ نفطة . بثرة

— gas غاز سام يقرّح الجسم

Blithe مبتهج ☆ مفرح . بهيج

Blitz خاطف ، سريع ، فجائى (هجوم)

Blizzard عاصفة ثلج ∆ زعبوبة ☆ طرقة حادة

Bloat انتفخ . نفخ ☆ أطرى ☆ قدّد بالدخان

Blobber-lipped ضخم الشفتين . أبلم

Bloc كتلة ، اتحاد أحزاب لتعضيد الحكومة

Block كتلة خشب أو حجر ☆ قالب ☆ كليشه
☆ عمارة ∆ ربع ☆ بكرة . محالة ☆ وضم

Block سدّ . حجز ☆ جمّد المال

Blocked متجمد (أى غير مصرح بصرفه)

Blockade حصار || حاصر ☆ سد الطريق أمام

Blockhead أحمق . غبي

Blockhouse حصن خشبي ☆ حبس

Block-note ○ بلوكنوت . إضبارة

Blond, *f.* Blonde أشقر الشعر . أبيض البشرة

Blood دم ☆ مزاج ☆ ذرّية ☆ محتد

in cold — بغير تأثر او اكتراث

Blooded ذو دم . . . ☆ أصيل

Bloodguilty سافك دم . قاتل

Bloodhound كلب سلوق . كلب مطاردة

Bloodily بقساوة . بشراسة

Bloodletting فصد . فصادة

Blood-money دية المقتول . ثمن الدم

Blood-relation قريب عصب (وليس بالزواج)

Bloodshed إهراق الدماء . سفك الدم

Bloodshot أحمر قانٍ (كالدم) ☆ ملتهب

Bloodstroke فورة دم

Bloody دموى ☆ كثير الدم ☆ ملطخ بالدم
☆ مدمّى ☆ سفّاح ☆ ملعون (شتيمة)

Bloom زهرة ☆ تفتيح «الزهور»
. إزدهار ☆ تورّد ☆ حمل الثمر ☆ عنفوان
. ريعان . صفوة ☆ حديد غير تام الطرق

Bloom أزهر . نوّر ☆ إزدهى

Blooming زاهر . ناضر . يانع ☆ ملعون

Blossom زهرة . نورة || أزهر . نوّر

Blot لطخةٌ . لَوْثَة * عار * أثر محو
Blot لوّث * محى ∆ شطب * نشّفَ بالنشاف
Blotch بَشْرَةٌ * بقعةٌ سوداء || بقّعَ
Blotter نشّافةُ الحبرِ
Blotting-paper ورق نشّاف
Blouse ٥ بُلُوزَة . قميص نصفي . مشلح
Blow نفخةٌ * خبطة . ضربة * صدمة
|| نَفَخَ * هَبَّ * قذف * نسف . دكّ * أزهر
to — the nose تمخّط . مخط ∆ نفّ
to — one's brains انتحر
Blowing engine مُحَرِّك مِرْوَحِي
Blown لَهِثٌ . مقطوعُ النفس * مزدهر
Blowpipe تِلام ∆ بوري . أنبوبةُ النفخِ . أنبوبة لتوجيه وهج الحراره
Blowtorch ∆ وابور لحام
Blubber دِهنُ الحوت
Blubber إنفطرَ بالبكاء
Bludgeon هِراوَة . نَبُّوت قصير
Blue أزرق . سماوى * زهرة الغسيل * منقبض الصدر
— blood أصل كريم . شرف النسب
Blue-jacket بحار انجليزى فى الاسطول
Blues سَوْداء . ضيقة الخُلق * نغمة حزينة
Bluff إبهام . بلفة || ∆ بَلَفَ . أوْهَم وخدَع
Bluish أزرق فاتح ∆ مزرق . ضارب للزرقة
Blunder خطأ فظيع . خَلْطٌ || أخطأ . غلِطَ
Blunderbuss قربينه (سلاح ناري قديم)
Blunt غير حادّ . ثالم * فظ || ثلّمَ * تَلِمَ

Blur لطخةٌ . لَوْثة || طمسَ * لطّخَ
Blush حياءٌ || تورَّدَ . إستحى . إحمرَّ خَجلاً
at the first — لأول وهلة أو نظرة
Bluster صوت قاصِف * جعجعة ∆ تهويش
Bluster عصَفَ * تبجّح . تعظّمَ . تفاخَر
B.M. بكالوريوس طِب
Boa أفْعوانٌ . بَواء . حَنش
Boar خنزير بَرِيّ . هِلّوف
Board لَوْح * لافتة . لوحة * مائِدة . طعام * مجلِس . لجنة * خشبة المسرح * كرتون * جنب السفينة
— and lodging الأكل والسكن
chess — رقعة الشطرنج
Board لوّحَ * قدّم أو أخذ الطعام (والمنامة) بثمن * جانَبَ السفينة ، هاجها أو فتشها
Boarder نَزيلٌ بأُجرةٍ * راكب
Boarding school مدرسة داخلية
Boast فاخَرَ . تباهى . إعتزَّ
Boastful, Boaster متفاخرٌ . نفّاج
Boat قاربٌ . زَوْرَق ∆ فلوكة
Boating نُزهة فى زَورق
Boatswain ملاّحٌ . رئيس نوتية
Bob شلِن * تمايُل . ذبذبة * خصلة شعر ∆ كشرَّابة * ثِقلة . ثُقّالة * عُجرة أو عنقود * جهاز للصقل * ميزان القبان او الساعة الخ
— tail ذيلٌ مقطوع . ذَنَب قصير أو أبتر
Bob تمايلَ . تأرجح * ضرب بعُقدة * سخر من * قصّت الشعر قصيراً (فوق الكتف)

Bobbin بَـكَرَةُ الخيطِ * بوبينة
Bobby عَسكَرى بوليس . شرطى (بالعامية)
Bode مُذيعٌ || دَلَّ على . أنبأ . تنبَّأ بـ
Bodice مشَدٌّ ∆ بوستو * صُدرَة ∆ عنتري
Bodily جَسَدىٌّ . هَيولىّ . مادى * جُملةً
Bodkin مثْبر . مِتَك * دبوس شعر * محشور
to sit — انحشرَ بين شخصين
Body بَـدَنٌ . جسم * مادَّة * هيئة . جماعة * مادة . قوام او صلابة الشىء
large — of people جمع كبير
heavenly — جرم سماوى
Bodyguard حَرَسُ الملكِ أو الشخص
Bog مستنقعٌ . بطيحة ∆ مَلَق * وحل
Boggle توقَّفَ . تلجلج * أقام صعوبات * رمّق ∆ كلفت * ارتعب * نفـر . جَفَلَ
Boggy ذو مستنقعات . أرض غَمِـقة
Bogie, Bogy عربة متينة واطئة * ○ ترولي
Bogle, Boggey غول . بُعبُع . جِنِّي
Bogus مزيَّف . غير حقيق . مصطنع
— names أسماء خيالية
Boil بثرةٌ . دُمَّل || غـلى . سَلَـق أو إنسلق
to — over فارَ . جاش وارتفع
Boiled مغلى * مسلوق
Boiler مِرْجلٌ . قزان . دَسْت
Boisterous عاصِفٌ . صيَّـاح . صاخِب
Bold جَسورٌ . شُجاع * وَقِـح
Bold-faced وقِـحٌ . سَليط صفيق الوجه
Boldness وَقاحة . سَلاطة * جُرأة
Bolide نيزك كبير * كرّة نارية . صاروخ

Boll لوزة او جوزة القطن والقنب * قرن بامية
Bollard ∆ شمعة . عمود ربط السفن
Bollweevil دودة القطن 
Bollworm دودة لوز القطن (وأمثاله)
Bolshevism بلشفية . شيوعية روسية
Bolster مِخدّة . وِسادة مستطيلة * ∆ فَرْش الآلات || سَندَ * تضاربوا بالوسادات
Bolstering سَنْدٌ بوسادة * حشية * مسند . دِعامة
Bolt مِسمار قلاووظ بصمولة * لسان القفل * مِزْلاج ∆ تِرباس * سهم * صاعقة * حزمة صفصاف * إفلات * قفزة فجائية . نفرة
Bolt ∆ تربَسَ . دَقَّرَ . زلج * سرَط ∆ زلَـط الاكل * غَرْبل * جَرى ∆ قمَّصَ
Bolter مُنْـخُل . غِربال * حصان حرون . فرَّار
Bolus حَبَّـة كبيرة ∆ بلبوعة
Bomb قُـنبلة ∆ بمبة . قذيفة || قَـذَفَ بقنبلة
Bombard أطـلَقَ القنابل على . ضرب بالقنابل
Bombardier مدفعى . طوبجى * مُطلق القنابل
Bombast شَقشقةُ لسانٍ . عبارة طنَّـانة . حشو
Bond رِباطٌ * تعهُّد * واجب * سنَـد * رهن
—s قراطيس مالية . سندات
Bond أودَعَ البضائع فى الجمرك تحت التخليص * ربطَ الطوب معاً (معمار)
Bondage عبوديَّـةٌ . إستعباد . رِقّ
Bonded مودَع تحت التخليص (فى الجمرك
— Warehouse مستودع الجمرك

Bondmaid, Bondwoman جارية ٌ. أمَة
Bondman عَبدٌ . رقيق . أسير
Bondsman عبد ٭ ضامِن. كَفيل
Bone عَظمٌ ٭شوكة ٭ نَرْد ∆ زَهْر الطاولة
Bone نزَعَ العظام من اللحم ٭ سرق
Bone-setter مُجَبِّر (العظام)
Bonfire نارٌ مشعولة فى الخلاء للزينة ∆ شُعليلة
Bonification دفع علاوة أو مكافأة ٭ تحسين
Bon mot مُلحَة . فكاهة . نكتة
Bonnet قُبَّعة صغيرة ٭ غطاء واق
Bonny جَميلٌ . ظريف ٭ ممتلىء الجسم
Bonus رِبح إضافى . علاوة ٭ مكافأة
Bony عَظمِيٌّ ٭ كبير العظام ، كثيرها
Booby بليدٌ . غبى ٭ نوع من البجع
Boodle جملة ٭ عملة زائفة ٭ وسائل الرشوة
Book كِتابٌ . سجل . سِفرٌ ‖ سَجَّل . دَوَّن
to — a passage قَطعَ تذاكر السفَر
Bookbinding تجليدُ الكتبِ
Booking-clerk بائع التذاكر . حاجِز الاماكن ∆ تذكرجي
Bookkeeper كاتبُ حسابات.ماسك الدفاتر
Book-keeping مسك او إمساك الدفاتر
Booklet كُتَيِّب . كُرَّاسَة . نشرة
Book-maker, Bookie مُراهن (سرِّى)
Bookworm مُغرَمٌ بالمطالعة ٭ عث الكتب
Boom هَديرٌ ٭ قارية ٭ حاجز للملاحة ٭ إرتفاع سريع فى الاسعار .فَوْرة مالية . رواج . رخاء ‖ عَجَّ . ضجَّ . هدَرَ ٭أفلحَ بسرعة . ازدهر ٭ اشتهر سريعاً

Boon نِعمةٌ . عطيَّة. منحة ٭ بشوش. لطيف
— companion نديم . زميل الحظ
Boor, Boorish فَظٌ . خَشِنُ الطباعِ
Booster محرِّك كهربى لتقوية التيار
Boot حذاءٌ ∆ جَزمة ٭ علاوة
Bootblack مَسَّاح الاحذية
Booth خُصٌ. مَظلَّة. خَيمة. كشك
Bootless باطِلٌ . عَبَث . لاينفع
Boot-tree قالِب حفظ الاحذية
Booty سلبٌ ، أسلاب . غَنيمة ٭جائِزةٌ
Booze, Boose مِذود. زريبة (للبقر والخيل)
Boozy ثَمِلٌ. سكران . سِكِّير
Bo-peep جَنابى ∆ لُعبة الكيكا ، استخفاء
Borax بَوْرَق ٭ لِزاقُ الذهب
Border حافةٌ . طرف ∆ كنار ٭ حَدٌّ. تخم
Border تاخَمَ. جاور ٭عَمل حاشية أى حرف (∆ بُردورا) . حَشّى ٭ شابه . دانى
Bordering مجاورةٌ ٭ متاخم .مجاور
Bore ثقبٌ ٭إتساع ماسورة ٭ ثقيل . مُمِل
— hole pump مضخَّة الاعماق
Bore ثَقَبَ . خرق ٭ ضايق ٭ تحمَّل
Boreal شَمالىٌّ
Boring machine آلة دَسكلة . مِخرطة التجويف ٭ آلة حفر
Born مولودٌ ٭ مخلوق ٭ مفطور على ٭مُطاق
Borne, *of* Bear مَحمولٌ ‖ حُمِلَ
Borough قَصبةٌ. مقاطعة لها حقوق نيابية
Borrow استَعارَ . اقترَض . استلف
Bosh عَبَثٌ .كلام فارِغ . هُراء

Bosom صَدْرٌ * حِضْن * قلب * عناق
—-friend صاحب حميم . صَفِيّ
Boss عُقدةٌ △ سُرَّة * زِرٌّ *رئيس . سيد
Botanical مختص بعلم النبات. متعلق بالنبات
Botanist (عالِم) نَباتيٌّ . دارِس علم النبات
Botany عِلمُ النباتِ
Botch وَرَمٌ * رقعة «غيرمتقنة» ‖ رَمَّ
Both كلا . كلاهما . كلا الاثنين
Bother مضايقةٌ .حيرة ‖ أضجرَ. ضَايق. تضايق
Bottle زُجاجةٌ . قنينة ‖ عبّى فى زجاجة
—-neck عنق الزجاجة * عائق . ازدحام
Bottom قاعٌ. قعر * قرار .أصل *عجز. كفل
Bottomless ليس له قرار . لا قعر له
Boudoir خلوة . مخدع ، خِدر للسيدة
Bough فرعُ شجرةٍ . غصن رئيسى
Bought, *of* **Buy** إبتاعَ
Bougie مسطرة (طب) . فرزجة * شمعة
Boulder, Bowlder صخرٌ بالٍ بفعلْ الماءِ
Bounce قفزةٌ. وثبة *ردَّة الكرَّة او الصدمة
Bounce نطَّ. قفز * انقضَّ * بالغ △ فشَّر
Bouncer مُدَّعٍ. جخّاف △ فشّار * △ فشرة
Bouncing قـويٌّ . ضليع * ينُـط * فشرٌ
Bound, *of* **Bind** مرتبطٌ *مقيَّد *مضطر
* مجلَّـد * ذاهب إلى * حدٌّ . تَـخم
*نطَّة . قفزة
out of —s خارج الحد *محظور على الجنود
Bound وثَبَ *ارتد من الصدمة * حَدَّد
Boundary حَدٌّ . تَـخْم
Bounden مُلتَـزِمٌ *لازم.واجب. مفروض

Bounteous محبٌّ للغير . كريم
Bountiful جَوّادٌ. كريم * غزير . وافر
Bounty سَخاءٌ *هِبة *منحةللمصدِّر او المنتج
Bouquet باقة زُهور △ صُحبة * نكهة
Bourgeois من الطبقةالوسطى، عامة الناسِ
Bourn حَدٌّ * غَرَض . هَدَف * مجرى ماءٍ
Bout مَرَّة.دَوْر.شَوْط* نَوبةسكر او مرض
Bovine بقَـريٌّ.نسبة إلى البقر * بليد . خامل
Bow قَـوْسٌ * حنية.انحناءة
* فيونـكة .أربة * حلقة
*حاجب العين *قوس الكمان
* مقدم المركب . مَرنحة
Bow إنحنى * سلَّم بالانحناء * حنى . ثَـنى
Bowels إمعاءٌ . مَصارين *أحشاء . جوف
Bower مَظَلَّة في بستان △ تـكعيبة . خميلة
* كوخ خلوى * مخدع
Bowl زُبدية .طاسٌ. سُلطانية 
* قَدَح *لعبة بِـكرَّة خشب
* بطن(الملعقة أو الغليون)*حَجَر (الشُبك)
Bowline حَبْلُ القِـلع . شَاغولٌ
Bowman رامي النبال. نبَّـالٌ *مجدِّف المرنحة
Bowshot قابُ قوْس . مدى رمية السهم
Box صُندوقٌ. عُلبة *مبلغ مخصص *خُشب
البقس *مقصورة. لوح *لطمة * موقف
حصان * قفيز الـكيلون * هدية عيد
— lock △ كالون لطش 
Box لـكـمَ. لـكـزَ
.لا كَم *عبى فى صندوق
to — someone's ear مرزَ أذنه ، صفعه

Boxer ملاكِمٌ
Boxing ملاكمة ☆ تعبئة فى صُندوق
—-day اليوم التالى لعيد الميلاد
Box-office شباك تذاكر المسارح
Boy صَبيٌّ . وَلَد . غُلام . فتى
Boycott مقاطعة التجارة وغيرها ‖ قاطَعَ
Boyish صِبياني ☆ طفيف
Boy Scout كشّاف . رائد (فتى)
Brace مثقاب ملَف ☆ رِباطٌ . طوق ☆ زَوْج . اثنان 
Brace رَبَطَ . طوّق . شدَّ . قوّى
Bracelet سِوارٌ . أسورة
Braces شِمارٌ . حَمّالة
Bracket △ كابولي . سناد . ذراع
Brackets ( ) عَلامة هلالين . حاصِرَةٌ
Brackish آسنٌ . أُجاج . ضارب الى الملوحة
Brad مِسْمار رفيع مبطَّط بدون رأس
Brag تفاخُرٌ . تباه ‖ تفاخَرَ . أعجب بنفسه
Braggart △ هجّاص . فشّار . طِرْماذ . مُدَّعٍ
Brahman, Brahmin كاهن هُندوسى
Braid ضَفيرةٌ ☆ جَديلة ☆ شريط زِيني
Braid جدَلَ . ضفَر ☆ زركش . وشّى
Braille كتابة بارزة للعميان
Brain عَقلٌ . فَهم . ذِهن ☆ مُخ . دِماغ
Brain-fag انهيار عصبى
Brain-pan, Brain-box جمجمة . قِحف
Brainy ذكيٌّ . نبيه . فطين
Braise دَمَّسَ . طبخ فى أناء محكم القفل . سبّك

Brake كمّاحة △ فرملة . ضابطة ☆ مِدَقَّة لتكسير القنب والطين الجامد ☆ سرخس . ديشار (نبات) ☆ غيضة . أجمة ☆ ذراع آلة
Brake △ فَرْمَلَ . أوقف
Bramble عَوْسجٌ . شجر شائك . عُلّيق
Bran △ رَدَّةٌ . نُخالة ‖ نظَّفَ بماء الردة
Branch فَرْعٌ . غصن . شُعبة ‖ تَفرَّعَ . فرّع
Branchial خَيشومي
Brand بَصْوَةٌ . جمرة ☆ ثمة نار △ داغ ☆ ماركة . علامة ☆ نوع ☆ سِمة العار
Brand وَسَمَ كيًّا بالنار ☆ وسمَ بالعار
Brandish هَزّ ولَعَّبَ . لوّح
Brand-new قشيبٌ . جديد جداً △ لَنْج
Brandy ○ براندي . كنياك (مشروب مسكر)
Brasier, Brazier مِجْمَرَة . مَوْقِد △ مَنقد
Brass نُحاس أصفر . شَبهان ☆ وقاحة ‖ نحّسَ
— band جوقة موسيقية بالآلات النحاسية
Bravado زهو . فَتوَنة ☆ استخفاف
Brave شُجاعٌ . باسل . شهم ‖ إقتحَمَ . لم يبال بـ
Bravo ! قاتل مؤجَّر ☆ عافاك . براڤو . مرحى!
Brawl مُشاجرة . عِراك ‖ تشاجرَ ☆ ضجَّ ☆ هدَرَ
Brawn عَضلةٌ ☆ لحم خنزير بري
Brawny عَضِلٌ . ضليع . مفتول الساعد
Bray نهيقٌ ‖ نَهَقَ الحِمارُ ☆ سحق . هرس
Braze نَحَّسَ ☆ لحمَ بالنحاس
Brazen نُحاسيٌّ ☆ وَقِح . جَسور ‖ وَقَّحَ
Breach شَرْخٌ . كَسر . تكسُّر ☆ نكث
— of promise إخلال بالوعد . نقض العهد
Breach شَدَخَ . ثلمَ ☆ نكث . نقض

Bread خُبزٌ . عَيش * طعام * معاش
Breadth عَرْضٌ . إتساع . وُسْع
Breadthwise, —ways بالعرض . عَرضاً
Bread-winner كاسب المعاش. عائل.مُعيل * آلة الشغل ∆ عِدّة أكل العيش
Break كسرٌ * منفذ . ثغرة * فترة . إستراحة * تبعُج *بزوغ
—-up value قيمة الشيء كخردة
Break كَسَرَ * طَبَّع .رَاض * فضّ
to — the bank أفلسَ البنك (فى القمار)
to — bulk فرَّغ جزءاً من شحنة
to — into a place اقتحمَ المكان
to — one's fast فطرَ. قطع صِيامه
to — out تفشّى . إنتشرَ * ثار * افلت
to — wind أخرجَ ريحاً. ضَرط *تجشّأ
Breakable سهل الانكسار
Breakage كَسرٌ ∆ كُسورات *كسارَة *إمقاطعة الكلام
Break-down تعطُل *إنهيار *رقصة عنيفة
Breakfast فَطورٌ . صُبحة || فطرَ . أفطرَ
Breakwater حاجز لكسر الامواج
Breast صَدْرٌ * ثَدى . نهد || واجَهَ. قاوَم
Breath نَفَسٌ. نسمة * حياة * برهة وجيزة
below one's — همساً . بصوت منخفض
Breathe تَنفَّسَ. تَنسَّم *عاش* إستراح * نفخ * همَسَ
Breathing (Bronchial) تنَفُّس أنبوبى
artificial — تنفس صناعى
Bred, *of* Breed مُهَذَّب . مُرَبّى

Breech مؤخرة ماسورة البندقية * كَفَلٌ
Breeches سروال ∆ بنطلون قصير
Breed سلالةٌ . نَسل.ذرية *جِنس
Breed رَبَّى * ولَدَ . أنتج
Breeding تربية السُلالات ∆ قَنية . توليد * تهذيب
— season إبان الترقيد والتعشير والتزاوج
Breeze نَسيم.نَسمة*فحم رجوع *مشاجرة
Breezy لطيف الهواء * فرح . زاهٍ . يافع
Brethren إخوان . إخوة
Brevet براءة الرتبة || رقّى بنفس الراتب
Breviary كتاب صلوات ∆ شبيّة
Brevity إختصارٌ. إيجاز * قِصَر
Brew تخمير. صنع البيره * المشروب المخمر
Brew خَمَّرَ * غَلى * صنعَ بيرة
Bribe رَشْوةٌ. بِرْطيل || رشا . بَرطلَ
Bribery إرشاءٌ.رشْو. برطلة*رشوة . برطيل
Brick آجرٌ . قِرميد . قالب طوب
Bridal عُرْسٌ * زِيجى . عُرسى
Bride عَروسٌ . عَروسة
Bridegroom عَريس
Bridesmaid عَرَّابةٌ . إشبينة
Bridesman, Brideman عَرَّاب . إشبين
Bridge جِسْرٌ . قَنطَرة . كوبرى * ممر فى ماء * مسطبة للربان.سلوقيَّة * مشط الكمنجة أو العود *قصبة الانف * لعبة ورق * بريدج (فى الاسنان)
Bridle لِجامٌ *شكيمة || كبحَ. لجَم .ردع
Brief وجيز. مختصر* براءة باباوية*مذكرة قضية

Briefly بايجاز . بالاختصار
Brier, Briar عُلّيق . عَوْسج . خُلُنْج
Brigade لِواء . فِرقة جنود ٭ فرقة
Brigadier عميد . (قائد) . لواء . أميرالاى
Brigand قاطع طريق . لِصٌ
Brigantine سكونية . سفينة ذات ساريتين
Bright مُضيء ٭ بَهِيٌ . بهيج ٭لامع .زاهٍ ٭رائق . جلي ٭زكي . نبيه.حاضر الذهن
Brighten أضاء .أنارَ٭صفا. انجلى ٭صقلَ
Brilliancy ضِياء . بَهاء . تألُّق . لمَعان
Brilliant متألقٌ . متلألىء ٭ ذكي ٭ ماسة
Brim حَرْفٌ .حافة الاناء ‖ طَفَحَ .دهَق
Brimming ملآنٌ للحافة . طافح. مُترَع
Brimstone معدِن الكبريت ٭ كبريت عمود
Brine ماء مِلح . ماء البحر . أجاج
Bring أحضَرَ ٭ جلب ٭ حَمَلَ على
— forth أنتجَ ٭ وَلَدَ ٭ سَبَّبَ
— forward نقل للصفحة التالية ٭ إقترحَ
— out أظهرَ . كشف ٭ أخرَجَ
— over إستمالَ . اجتذب (لناحيته)
— round شفى ٭ أنعش ٭ أفاق . نبَّهَ
— to (life) أنعشَ . ردَّ اليه حياته
— up رَبَّى ٭ أوصل إلى
Brink حافةٌ . حرف . شفر . طرف
Briny أجاج . مِلح ∆ مالح
Brio حَيَوِيَّة . خفة . نشاط
Brisk نشيطٌ . خفيف الحركة . رشيق٭فوَّار
Bristle شَعْرٌ خَشِنٌ أوشائك ‖ انتفشَ . انتصب
— up وَقفَ . انتصب

Bristly خَشِن او شائك الشعر ٭ منتفش
Bristol ورق مُقَوّى أى كرتون لمِّيع
Brittle هَشٌ . قَصِف . قصم . سريع القصف
Broach سَفود . سيخ٭مِثقب ‖ ثَقَبَ . فتح ٭ سفد ٭ أدار السفينة للريح٭بدأ استعمال
Broad عَريضٌ ٭ فسيح ٭ فظ . خشن
Broadcasting إذاعة (لاسلكى) ٭ نشرٌ
Broadcloth جُوْخ جيِّد بعرضين
Broadcast أذاعَ . نشر ٭ نَثر . بذَر
Broaden عَرَّضَ . وسَّع
Broadside جانِبُ السفينة (فوق الماء)
Broadwise بالعرض . عرضاً
Brocade قماش حريرى بارز الرسم . ديباج
Broil شَغَبٌ . جلبة ٭سخونة ‖ شَوى٭حَمَّرَ
Broiled مَشويٌ . محَمَّر ٭ مخنوق . ملخبط
Broke, *of* Break مُفلِسٌ ‖ كَسَرَ
Broken مَكسور٭مَسحوق ٭ كلام متقطِّع ٭ منهوك
—-hearted حزين . منسحق القلب
— surface سطح غير مستوٍ
Broker سِمسار . دلاَّل . وَسيط . عَمول
Brokerage سَمْسَرةٌ ∆ عُمولة. عِمالة
Bronchitis إلتهاب شعبي. نزلةشعبية
Bronze مزيجٌ معدنيٌّ . بُرُنْز
Brooch دبوس صَدر للزينة٭ بروش
Brood نَسْلٌ ٭ فِراخ . نِتاج . ذرية . بطن . فقسة . حضنة
Brood تأمّلَ . تفكَّرَ (أفكاراً سوداء) ٭رقَدَ . احتضن. رخم٭اقترب.دنا . اقبل

Brood-mare فَرَسٌ نِتاج . حِجْر
Brook جَدولُ ماءٍ ‖ أطاقَ . تحمَّل
Broom مِكنَسَةٌ . مِقشَّة ☆ رتم (نبات)
Broth مَرَقٌ △ مسلوقة
Brothel (house) ماخورٌ △ كَرَخانة
Brother أخٌ . شقيق ☆ زميل
— in law صهرٌ . أخو الزوج أو الزوجة ☆ زَوج الاخت
Brotherhood أخويَّة . جَمعيَّة ☆ أخاء
Brotherly أخويٌّ
Brought, *of* Bring مَجلوبٌ ‖ جَلَبَ
— down نُقِلَ بَعده
Brow حَاجِبٌ ☆ جبين ☆ حافة ناتئة
Browbeat أخزى . خَذَلَ ☆ انتَهَر
Brown بُنّيٌّ . أسمر . داكِن ‖ سمَّرَ
Brownie خَيالٌ وَهميٌّ . جنيَّة ☆ كشّافة صغيرة
Browse مرعى . كلأ ‖ رَعى . كلأ
Bruise رضَّةٌ . كدم ‖ رضَّ . كدم ☆ هرسَ
Bruiser مدقَّةٌ . مِسْحَنَة ☆ دقاق ☆ ملاكم
Brunt خَبطة . صَدمة ☆ معمعان . وطيس . شِدَّة
Brush فرشاة . فرشة . فِرجَون ☆ أشجار صغيرة ☆ خشب التقليم ☆ قلم شَعر للرسم ☆ مناوَشة . احتكاك عدائي
Brush نَفَّضَ △ فرَّش ☆ مرَّ عليه بسرعة
Brushwood أجَمَةٌ . دَغْل . شُجيرات ☆ اغصان مكسورة
Brutal وَحشيٌّ . بَهيميٌّ ☆ فظٌّ
Brutality وَحشيَّةٌ . بهيمية
Brute بَهيمٌ . وَحْش . حَيَوان ☆ فظٌّ

Bubble فُقاعةٌ ☆ بقبقة ماءٍ △ بقلولة ☆ خداعٌ . خيال ‖ غلى . بَقبقَ ☆ غشَّ
Bubo خرَّاج الابط ☆ عقدة ليمفاوية △ حيل
Buccaneer قُرصانٌ . لصُّ البحر
Buck ظبيٌ . ذكَرُ الوعول والمعزى والارانب ☆ تَيس ☆ ماء القلي ☆ غندور
Buck نقعَ ☆ △ شلَتَ
Bucket دلوٌ . سَطل . جَرْدَل
Buckle إبزيم ○ بُكلَة
Buckle ○ بكّلَ . زرَّر
Buckler تُرسٌ . دَرَقة . دِرع ☆ حِمى
Buckram قماشٌ مقسّى للتَبْطين △ فودرا
Buckskin جلد غزال وما شابهه ومصنوعاته
Buckthorn نباتٌ يُستعمل في الدباغة ومسهل
Buckwheat حِنطة سَوداء
Bucolic رَعويٌّ . رَعائي ☆ ريفيٌّ
Bud بُرعمٌ ‖ أفرَخَ . زرَّر . برعمَ ☆ نما
Buddha بوذا . مؤسس البوذية . نبي الهند
Budge ضربٌ من الفرو ‖ حَرَّكَ . تحرَّك
Budget ميزانيَّةٌ ☆ جملة ☆ كيس . خُرج
Buff جِلدُ البقرِ أو سترة منه ☆ لون أصفر
Buff تهتهَ ☆ إنفجر ضاحكا ☆ صقلَ أو ليَّن
Buffalo جَاموسٌ . جاموسة
Buffer طاسَةُ التصادم ☆ مازح ☆ موازن
Buffet بوفيه. مقصف ☆ خزانة الصيني ‖ لَطمَ
Buffeted مَلكومٌ . مَلطوم
Buffoon مُهَرِّج. بُهلول ○ بلياتشو △ مُسخة
Bug بَقَّة . بَقٌ ☆ حَشَرَة ☆ عيب في آلة
Bugaboo طَيفٌ مخيف . تخويفة

Bugbear △ بُعْبُعٌ
Bugle بوقٌ. نفير. بُورى
Bugle بَوَّقَ. ضَرب النفير
Build بَنَى . شيَّدَ . عمَّر . انشأ
Builder بانٍ . مشيِّدٌ
Building بناءٌ * بناية . عِمارة * تشييد
Built, *of* Build مبنيٌّ . مشيَّد
Bulb ⟵ جذْرٌ على شكل بصَلة. بصلة
Bulge بروزٌ . انتفاخ
Bulge وَرِمَ . تقبَّب . انبعج
Bulimia, Bulimy سعارٌ . ضور
Bulk حَجْمٌ . جِرْم * كلٌّ . جُملةٌ
in — سائب . غير محزوم * جملةً
Bulky كبيرٌ. جسيم . ضَخْم . جَرِم
Bull عِجلٌ. ثَوْرٌ * مُضارِب صعودى * ختم
Bullet رَصاصةٌ . كرةُ حديد
—-proof لاينفذه الرصاص
Bulletin تقريرٌ . نشرة رسمية . منشور
* نشرة صحية
Bullfinch الدّغناش (عُصفور بصدر أحمر)
Bullion سَبيكةُ ذهب أو فضة * خَرج مُقصَّب
Bullock ثَوْرٌ * عجل مخصيّ
Bull's eye علامة النيشان . نقطة الهدَف
* عَدَسَة
Bully بلطجي. ديوث △ معرص * عربيد. فتوة
— beef بُلى بيف . لحم بقر فى علب
Bulrush نباتُ الحلفاء. بُرْدي أو ذنب الهر
Bulwark سُور قوى * مِتراسٌ. حِصْن || حصَّن
Bumboat بمبوت . قارب لبيع المونة للسفن
Bump ضَرْبةٌ . صدمة * وَرَم . نتوء
* تغيير ضغط الهواء
Bumper كأسٌ مترعة * مِصَد. قضيب التصادم
Bumper مَلأَ . امتلأ
Bumpkin جِلف . قروى خَشِن
Bun فطيرةٌ . قُرْص * شوشة * أرنب
Bunch عُنقود . زباطة . حزمة. مجموعة * طيَّات
Bundle حُزمة . رَبطة . باقة . صُرة
Bundle حَزَمَ . ربط * جمع حاجياته * طرد
Bung سِدادة ثُقب البرميل || سدَّ . فدَمَ
Bungalow بيت أرضى خلوى واسع الشرفات
Bungle غير مُتقَن. مُرمق || رَمَّقَ △ كلفت
Bunk سرير فى سفينة أو قطار △ يطق
Bunting قماش خفيف لصنع الرايات *
دُرَّسة . طير واسع المنقار * ممتلئ
Buoy عَوَّامة △ شمَنْدورة
Buoy طفا . عامَ * عوَّم
Buoyancy خفَّةٌ * عَوم . طفوية . طفو
Buoyant خَفيفٌ * عوَّام * سارٌّ
* طروب * فرِح
Burden حِمْلٌ . عبء * حمولة السفينة || حَمَّلَ
— of a song قرار الأغنية
Burdensome ثَقيلٌ . متعب
Bureau محلُّ العمل * مائدة كتابة * مكتب
Bureaucracy بيروقراطية . تركيز السلطة
* تقيُّد أعمى بالتعليمات
Burglar لِصٌّ . حرامى || سطا عليه للسرقة
Burglary سَطْوٌ . اقتحام مكان بقصد جنائى
Burgomaster شيخُ أو عمدةُ بلدٍ

Burial دَفْنٌ . قَبْر
—-service ∆ جِنّاز . صلاة الدفن
Buried Antenna صارية سلوكها مدفونة بالارض
Burl عقدة او عجرة فى صوف او نسيج
Burlesque هَزْلٌ.مجون || مَزَحَ .هَزَل.تهكم
Burly ضَخْمٌ * صَيّاح * مُشوِّش
Burn حَرْقٌ. كَيٌّ || حرَقَ.احترق.اشتعل
a smell of — رائحة حريق ∆ شياط
to — one's boats قطعَ خط الرجعة على نفسه
Burner ⟵ قلب المصباح * حارق . مُشعِل
Burning متقد . مشتعل.محترق * مؤلم * احتراق
Burnish لمعة . صقلة.صَقْل || صَقَلَ . جلى
Burnt, *of* Burn محروقٌ . محترِق
Burr, Bur نتوء.عقدة.عجرة * حرف خشن ∆ رائش * مِثقاب لفّاف * هالة * زهرة بها شوك أو وبر * شحمة الاذن
Burrow وَجارٌ . جُحْرٌ .وكر || حَفَرَ حُفرةً
Bursar متعلم بمنحة * أمين صندوق مدرسة
Burst إنفجرَ . تفرقع . فرقع * طفح
— forth انفجرَ . انبجَس . بزغ
— in دخلَ فجأة . إندفع داخلاً
— out اندلعَ . إندلق . إندفع
Bury دَفَنَ . وارى . طمَرَ . أخفى
Bus, —s سيارة عامة . حافلة . أُتوبيس
Bush أجَمة . أيكة * عُلَيقة * لقمة المحور
Bushel مكيال للحبوب ٥ بوشل (٨جالون)

Bushy كثير الاشجار.مُدْغِل * كث الحواجب
Busily بنشاطٍ . بهمة . بحركة
Business شُغلٌ * صنعة * مَصلحة . غرض
Business-like مُرَتَّبٌ بطريقة عملية . منظم
Business man رجل أعمال
Buskin حِذاء مُرتفع لقرب الركبة * مأساة
Bust النصف الاعلى من جسم الانسان
Bustard الحُبارَى . الحُبْرُج (طائر)
Bustle ضَوْضاء || انهمكَ * لغطَ
Busy مشغولٌ.منهمك * نشيط || أشْغَلَ.شغل
Busy-body فضوليٌّ ∆ حِشَريٌّ
But لكن * بل * سِوى . إلاَّ * ما عدا * فقط
— for لولا . لولا أن
Butcher جزّارٌ .قصّاب .لحّام || ذَبَحَ
Butchery مجزرٌ . مذبح * مجزرة * جِزارة
Butler الساق . خادم المائدة * كبير الخدَم
Butt غَرَضٌ * مؤخر * حدٌّ
Butt نَطحَ بالرأس * حَدَّدَ
Butter زُبدَةٌ . سَمْن ∆ مَسلى || دهنَ بالزبدة
—-boat وعاء أو صحن الزبدة
—-fingers أصابع رخوة تسقط ما تحمله
Butterfly فَراشَةٌ ⟵ ∆ أبو دَقيق
Butter-milk لَبَنُ الخَض. مخيض ∆ شِرْش
Buttery مخزن للخمور والمأكولات * زبديٌّ
Buttocks عَجُزٌ . أرداف . أليتان * مناورة فى المصارعة
Button زِرٌّ * دُمَّل * برعم * عجرة || زَرَّرَ

Button-hole عُرْوَة * زهرة العروة
Buttress مَسْنِدٌ .دِعامة.رَكيزة ∆ كتف
Buxom جزل . بشوش * ممتلىء الجسم
* فى صحة جيدة
Buy اشترَى . ابتاعَ * قايض * افتدى
to — out اشترى حصة * افتدى
to — over رشى . برطل
to — up اشترى سلعة ليحتكرها
Buyer المشتري
Buzz, —ing طنين . زنٌّ . دَوِيٌّ
Buzz دَوَى . طَنَّ . زَنَّ
Buzzard ←طيرُ الباز . سقاوة
*صقرٌ حوَّام * أبله . أحمق
By بجانب . بقرب . عِند * بواسطة
*مطلوب من (فى الحسابات) * عن طريق
— and — حالاً . قريباً . عما قريب
— all means كيفما يكون الحال . لا بدّ
— heart غيباً . على ظهر القلب
— night ليلاً . فى الليل
— the way قبل أن أنسى ∆ على فكرة
travel — Paris السفر عن طريق باريس
one — one واحداً فواحداً
Bye, by ثانوى *خَفِيٌّ . سرّىّ * مسكِنٌ
Bye-Bye استودعكم الله . بالسلامة . خاطركم
By-end غاية خفيّة . قصدٌ سرىّ
Bygone سالِفٌ . ماضٍ . غابر
By-law قانون محلي . لائحة داخلية أو فرعية
By-name لَقَبٌ . كُنْيَة
By-products محصولات ثانوية . موادفرعية

By-road طريق غير مطروق
Bystander متفرِّجٌ . مُشاهِد
Byway عطفة . طريق فرعي أو غير مطروق
Byword مَثَلٌ * أنموذج * لقب
By-work عمل إضاف ∆ شُغل برّانى
Byzantine بيزانطى . من القسطنطينية
— Church الكنيسة الشرقية أو اليونانية

C.

Cab عَرَبَةٌ . عربةُ ركوبٍ . مَرْكَبَة
Cabal مُؤامرَةٌ * شَعْوَذة || تواطأوا
Cabaret مَلهى ليلي
Cabbage كُرُنب . مَلفوف || سرقَ من القماش
Cabin ∆ قَمَرَةٌ . حُجرَة فى سفينة
. مقصورة * عشة ○ كابينة
Cabinet خِزانة * مجلِس الوزراء * غرفة
Cable حَبْلٌ غليظ * سِلك تلغرافى بحرى * برقية
Cable أبرقَ . أرسل تلغرافاً
Cablegram رسالة برقية . تلغراف خارجى
Cabman حُوذِيٌّ ∆ عَرَبجىّ
Caboose مطبخ السفينة . موقد * عربة العمال
Cacao شَجرُ الشكولاته ○ الكاكاو
Cache مخبأ المؤنة . مطمورة
Cachet طابعٌ . خَتْم * برْشامة
Cachexy ضُعف البنية . سوء المزاج وضعفه
Cackle صَوتُ الدّجاج . قَرْقٌ . قَوق || قاقَ
Cacoon ○ كاكون . جَوْزة (نبات متسلق)
Cacophony تنافر الأصوات . نَشاز

Cactus ←— جنس الصُبّير او الصبّـار (نبات شوكى)
Cadaster △روك. تاريع . مِساحة الاملاك *سجل الاراضى المسوحة لتقدير الضرائب
Cadaver جيفة . رِمَّة . جُثَّة
Cadaverous كالميت * شاحبُ اللون
Caddy علبة للشاى وغيره *خادم لاعب الجولف
Cade بِرْمِيل * مُهْرٌ أو حَمَل او حيوان أليف * شخص مُدَلَّل
Cadence, Cadency محط النغم. إيقاع. تجويد
Cadet الإِبنُ أو الاخ الاصغر * تِلميذ حَربِيّ
Cadger متسوِّل * بائع متجول . عِنقاش
Caducity انهيار . هرم . بلاء . وهَن
Cæcum المعى أو المصران الاعور وما شابهه
Cæsar قيصرُ الالمان أو الروس أو الرومان
Cæsarian operation التوليد بفتح البطن
Cage قفصٌ . تقفيصة وماشابه || حَبَسَ فى قفص
Cageling طَيرٌ محبوس فى قفص ، حَبيس
Cairn رُجمَة حجارة على قبر . صُوَّة *مَعْلَم
Caisson, Caissoon صُندوق أو عربة المفرقعات * آلة رفع السفن * صُندوق مَسيك غاطس لبناء أساسات الكبارى
Cajole تَملَّقَ. دَاهن △أَكلَ مخّهُ. داجى
Cake كعكة . فطيرة * قرص . قالب
a — of soap قطعة صابون
to sell like hot —s △ يباع كالحلاوة
Calamitous مَشئومٌ . مفجع . نَحْس
Calamity مُصيبة . نَكبة. بَليَّة . طامة
Calash عَرَبة صغيرة العَجَلْ * كبوت العربة
Calcaneum عَظمُ العَقِب . كَعبٌ
Calcareous جيرىّ . كِلسى
Calciform طباشيرىّ او كِلسى الشكل
Calcify كلَّسَ. حَوَّلَ الى كلس * تَكَلَّسَ
Calcine فكّك بالحرارةِ . أحرق * كلَّس
Calcium كلسٌ . جير ○ كلْسيوم
Calculate حَسَبَ . عَدّ . أحصى * قَدَّر
Calculating machine آلة حاسبة
Calculation حِسابٌ . إحصاء *تقدير *عد
Calculus حصاة المثانة(طب) * حساب التفاضُل والتكامُل (رياضة)
biliary — حصاة صَفراوية
differential — حساب التفاضل
Caldron, Cauldron مِرْجَل. قَزان △دِست
Calefaction تسخين . تحمية * سخونة
Calendar ←— △ نتيجة . تقويم *جدول أعمال
— month شهر ميلادى أى شمسى (غير قرى)
Calender △جَنْدَرة. مِصقلة القماش || صقلَ
Calends أول يوم فى الشهر . غرة الشهر
Calf عِجلٌ . فِلو * △سمّانة الرجْلِ *ساذج
Calf's-foot أَرْجُل العجول . كَوارع
Caliber, Calibre قُطر فوهة السلاح النارى △ عِيار * قطر دائرة اسطوانة
Calico بفتٌ △ بفتة.خام.مَقصور(قماش قطنى)
printed — △ شيت . بفتة مطبوعة

Calipers ⟵ مسماك . مِقياس السُّمك . بَرجَل دائر ✿ مساكة الاحمال △ الونش

Calk قـلافة ‖ قَـلَفَ △ قلفط ✿سدَّالشقوق

Call نداء ✿طلب مناداة الحضور ✿استدعاء ✿دعوة ✿زيارة قصيرة ✿عملية شراء خيارية ✿مطالبة بالقسط ✿ مخابرة تليفونية ✿صَفَّارة أو صفير لاجتذاب الطيور وصيدها

at — تحت الطلب (مال مودع)

Call سَمَّى . دَعا ✿ استدعى طَلَبَ . نادى

to — a case طلب نظر قضية

to — back سحبَ ✿ طلب بالتليفون

to — a person names شتَمَ . سبَّ

to — on زارَ . عرّج على ✿ استنجد

—'s letter خطاب ينتظر بشباك البريد

Caller زائر ✿طالب ✿ مؤذِّن

Calligraphy عِلم الخطّ ✿ الخط

Calling دعوة إلاهية ✿ إستدعاء ✿ حِرفة . صَنعة . عمل ✿ تسمية ✿ واجب

Cairo — القاهرة تدعوك

Callosity △ كلْـكلـة الجلد . كَنَبٌ . تـعجُّر

Callous △ كَنِب، جاسِيء، قاس أو غليظ. متعجِّر

Callow مَنتوف. أملط ✿غر ✿أرض مكشوفة

Calm سكون ✿هادِيء ✿رصين ‖ هَدَأَ. سَكَّنَ

Calomel زِئبق حُلو ○ كَلوميل

Caloric حَرارة . أصلُ الحرارة ✿حراريّ

Calorie سُعْر . وحدة حرارية

Calorific مُسَخِّن . مُولِّد حرارة ✿حرارى

Calorimetre مِسْعَر . مقياس الحرارة

Calumet △ شُبُك . غليون الهنود الحمر

Calumniate وَشَى . افترى على

Calumny وِشَاية . إفتراء . نميمة ✿ ثَـلْـب

Calve وَلدت . أنتجَت (للبقرة) ✿انفصل من

Calvinism مذهب نصراني (الخلاص بنعمة الله وليس بالاعمال)

Calyx بُـرعوم ✿ كِم أو كأسُ الزهرةِ

Cambist صرّاف عملات ✿ دليل التحاويل الاجنبية

Camel ⟵ جَمَلٌ . بَعير

Cameleer جَمَّالٌ . سائِقُ الجمال ✿ هجّان

Cameleon, Chameleon حِرباء . بَربختي

Camellia ○ كاميليا . اسم نبات و زهره

Camelopard ⟵ زَرَافة (حيوان كبير)

Cameo جوهرة أو صَدَفة عليها نقوش بارزة

Camera آلة التصوير . مُصَوِّرَة ✿ غُرفة

Camomile بابونَج . اقحوان ○ كاموميل

Camouflage تعمية . تمويه . تخفٍ

Camouflage أخفى المعالم . موَّه . تنكَّرَ

Camp مِضرَبُ خيامٍ . مخيم . محلَّة . مُعسكر

Camp عسكرَ ✿ خيَّمَ . سكن فى الخيام

Campaign حَمْلة . غزوة . تجريدة ✿ رِحْلة

advertising — حملة دعاية

Camphor كافورٌ

Campus حرَم أو ساحة مدرسة . باحة

Can عُلبة معدنية ‖ استطاعَ ✿عبأ فى علب

oil — مَزيتَـة . وعاء التزييت

Canal قناة . تُـرعة.مجرى .قناية ✻مصرف
— tolls رسوم المرور فى القناة
Canary طيرُ الحُـزار ○ كَـناري . صِـرّ
Cancel أبطلَ . ألغى . نَسخَ . فسخ
Cancellation إلغاءٌ .نَـسخ . محو ✻ تشبُّـك
Cancellous اسفنجى . مُشاشى (طب)
Cancer سَرَطان (مرض) ✻ سرطان(سمك)
✻ برج السرطان (فلك)
Cancerous سرطانى
Candelabrum شمعدان كبير مزخرف
. مائلة ✻ فُـنيار
Candid صَريحٌ. صادق ✻ سليم الطوية
Candidate مُرَشَّح لوظيفة او انتخابات او
جائزة الخ . طالب . متقدِّم لـ ✻ تلميذ
Candidature ترشيح لعضوية مجلس الامة
Candidly باستقامةٍ . باخلاص . بصافاة
Candied fruits فواكه مسكَّرة ،
ملبسة بالسكر
Candle شَمْعة ✻ وحدة قوة الاضاءة
Candlestick شَمعَدان . مائلة
Candour صَراحَةٌ . صداقة . صفاء . نقاء
Candy مُسكَّرات . حَلوى ✻ سُكَّر نبات
Candy سَكَّر. لبَّسَ بالسكر
Cane عَصا△ عَصايه✻قصبه. غابه✻خيزرانه
— chair ⟵ كُرسى خَيْزُران
Canella قِـرْفَـة
Canine نابٌ او نابِيّ ✻ كَـلبي
Canister حُقَّـة . عُلبة ✻ سبَـت
Canker يَـرَقانٌ .قُـلاع .تسوُّس . غنغرينا

Canker إنتخرَ. تسوَّس .تأكَّلَ ✻نخرَ
Canned محفوظٌ فى عُلَب صَفيح .مُعلَّب
Cannery مصنع حفظ المأكولات فى علب
Cannibal آكِل لحم البشَر او آكل بعضه
Cannon مِدفع ✻ قالب طوب ✻ كرمبولا
Cannonade إطلاقُ المدافع
Cannonade أطلقَ المدافع على
Canoe قاربٌ. زَوْرَق صغير. شخطورة س
Canon قانون كَنسىّ . شريعة . سُنَّه
—, Canyon وادٍ عميق
Canonical, Canonic مختص بقانون الكنيسة
Canonize ضمّ الى القديسين بعد الوفاة
Canopy سُرادِقٌ.مِظلَّة. ظُلَّة✻عَرْش
Cant تَـصنُّعٌ . رياء ✻ منافق ✻ لهجة طبقة
Cantata مقامة . أغنية . مَوَّال
Cantatrice مغنِّية △ عالمة . قينَـة
Canteen ○ كانتين . مقصف او مطعم
لمعسكر او مدرسة او مؤسسة ✻ صندوق
لأدوات الأكل
Canter خَبَبٌ . جَرْي معتدل ‖خَبَّ
Cantharides ذُرّاح . ذباب اسبانى
Canticles سِفْـر نشيدُ الانشادِ
Canto أُغنية ✻فَـصلٌ أو مقطع من قصيدة
Canton إقليم.مقاطعة . وِلاية ‖آوى الجند
Cantonment محطة عسكر✻معسكرة. تخييم
Canvas, — s خَيشٌ . مِسْح . قُـرسِىّ ✻
قماش القلوع والفرش✻شراع ✻صورة.رسم
under — مفرودة القلاع
Canvas, —s خَيَّشَ ✻ أقاموا فى خيام

Canvass تصيُّد (أصوات) ☆ أخذ طلبات
Canvass طافَ بعينات ☆ جمع أصوات الانتخابات ☆ انتقد . باحث
Canvasser ملتَمِسٌ ☆ متصيِّد طلبات او أصوات
Caoutchouc مطاط ○ كاوتشوك . صَمغ مَرِن
Cap غطاء للرأس . طاقيَّة . قَلَنْسُوَّة ☆ غطاء
Cap غَطَّى الرأس . تَوَّج ☆ غَلَبَ
Capable مقتدِرٌ . قادر . كفوء ☆ حاذِق
Capacious واسع . فسيح . رَحيب
Capacitate أهَّلَ . صَيَّر كفوءاً لـ . مكَّن
Capacity سَعَة . وُسْع ☆ مقدِرة . طاقة
Cape رَأسٌ . طَنْف ☆ ○ كاب . دثار للكتفين
— of Good Hope رأس الرجا الصالح
Caper كَبَرٌ . كَبَّار ☆ طَفْرَة . نطّة || وثَبَ
Capillary شَعريٌّ . رفيعٌ كالشعر . شعيري
Capital عاصِمةٌ . كرسي المملكة ☆ رأس مال ☆ رئيسيٌّ ☆ نَفيس . فاخِر
— letter حَرْفٌ كَبير . حرف تاجي
— offence جَريمة تستحقُّ الاعدام
— of column صحفة (رأس) العمود
Capitalism الرأسمالية . استعمال الرأسمال الفردى
Capitalist مُمَوِّل . صاحب رأس المال . رأسمالى
Capitalize حوَّل الفوائد إلى رأس مال ☆ موّل
Capitation تَعداد الأنفس ☆ خَراج
— tax ضريبة الاعناق . الخراج الرأسي . جزية
Capitol دار مجلس النواب (فى الولايات المتحدة) ☆ هيكل الكبيتول (فى روما)
Capitulate عَقدَ شروطاً للتسليم

Capitulation شروط التسليم ☆ التسليم
Capitulations الامتيازاتُ الاجنبية
Capon ديك مخصيّ . ديك خصيّ ومسمن
Caprice نَزْوَة . هَوىً . مَيْل . مزاج شاذ
Capricious هَوائى . نزوى . متقلِّب الأطوار
Capricorn بُرجُ الجَدْى (فلك)
Caprine عنزي . متعلق أو شبيه بالمعز
Capsicum فُلفُل أحمر حار
Capsize قَلَبَ . انقلب . كَبا . انكفأ ☆ غرَّق
Capstan مِلوَة △ مَلَوينة . رَحَوية . آلة رفع
Capsular فارِغ . مجوَّف
Capsule مَحفظة . غُلاف . حويصلة . وعاء ☆ كبسولة
Captain رُبَّان . قبطان ☆ △ يوزباشي ☆ رئيس فرقة ألعاب رياضية
Captation سعيٌ للحصول بالمهارة او الحيلة
Caption عنوان ☆ التقاط ☆ إلقاء القبض
Captious عَيّاب . منتقد ☆ تحاملى ☆ مُضلل
Captivate سَبَى . أسرَ ☆ سلبَ العقْل أو القلب
Captivating خالبٌ . فاتن . ساب
Captive أسير . سَبيٌ ☆ مُقَيَّد . معتَقَل
— balloon مُنطاد أى بلون مُقَيَّد
Captivity أسْرٌ . سَبْيٌ ☆ عبودية
Capture غنيمة ☆ أسرٌ . سلب . ضبط . مسك
Capture أسرَ . غنم . استولى أو قبض على
Car سيارةٌ ☆ عَربة
sleeping — عربة النوم (فى القطارات)
Carapace دَرَقَة أو درع السلحفاة وغيرها

Carat قيراطٌ . عيار «الذهب» ٭وزن الماس
Caravan قافلة . ركبُ الحجّ وغيره ٭عربة كمسكن
Caravansary, Caravanserai خانٌ للقوافل
Caraway كَراوية . كمّون أرمني
Carbine, Carabine قَرابينة . غدّارة
Carbolic-acid حامض فينيك، أو كربوليك
Carbon فحم ○ كَرْبون ٭ورق فحمي للشف
— paper ورق كَربون . ورق الشف
Carbonic كربونى . فحمى
— acid gas غاز حامض الكربون الفوّار
Carbonize فحَّمَ . صيَّرَ فحماً
Carboy ⟵ △ جَمَدانة △ قشاشية
Carbuncle فرْخُ جَمر (طب) ٭ ياقوت جرىّ
Carburetter ○ كاربورَتور . خلاّط . مُبَخِّر
Carcass جيفة . رِمَّة ٭ هيكل الشىء
Carcinoma نوع من السرطان (طب)
Card وَرَقُ اللعب ٭ بطاقة ○ كارت ٭ممشقة . مُشط ٭ فرشاة سلك
identity — بطاقة الشخصية
Card ندَفَ . مَشَّق ٭ مَشَّط
Cardamine جرجير حلو . رَشاد
Cardamom قاقُلّى . حَبُّ الهالِ △ حبهان
Cardboard كرتون . ورق مقوى
Carded مندوف
Cardiac متعلّق بالقلب . قلبىّ ٭ مريض بالقلب

Cardinal رئيسي . أساسي ٭ لون أحمر قاتم ٭ كردينال ، رتبة كنسية رفيعة
— points الخوافق . الجهات الاربع
— numbers الاعداد الاصلية
Carding تسريح . تمشيط (النسيج) . ندْف
Care عناية . اهتمام . انتباه ٭ هَمّ . غَمّ
— of, C/o بطرف . عند . من فضل
Care اهتَمَّ ٭ حَذِرَ ٭ التفت إلى
Career مجرى الحياة ٭سيرة ٭ مهنة . عملٌ
Careful مُتحذِّرٌ . حريص . معتنٍ ٭ دقيق
Careless مُهمِل △ مُستَهتِر . متواكل
Caress ملاطفة . عناق || دَلَّلَ . داعب ٭عانَق
Caret ∧ ⟵ علامة تصحيح مطبعى للاضافة
Caretaker حارس . أمين . مسئول عن
Careworn مضنّى بالمتاعب والهموم
Cargo شُحنةٌ . محمول . وَسْق مركب
Caricature صورة هزليَّة || مسخَ الشكل
Caries تسوُّس أو نخرُ « العظامِ »
Carillon موسيق الاجراس
Carious مُسوَّس . نَخِر . متنخِّر . متأكِّل
Carmelite راهِب كرملي، من دَيرِ الكَرمَل
Carminative طارد لريح البطن
Carmine لَعلٌ ٭ أحمر لعليّ . قرمزيّ
Carnage مَلحمةٌ . مذبحة ٭ أشلاء
Carnal حيوانيّ . جسَدِى ٭ شَهوانى
Carnation ⟵ قَرَنْفُلٌ ٭ لونُ البشرة ٭وردى فاتح
Carnival المرافع △ مسخرَة ○ كرنفال

Carnivorous كاسِرٌ. جارح. آكلُ اللحوم
Carob خُرنوب. خرّوب
Carol أُغنية مرحة * أغاني عيد الميلاد
Carotid سُباتى * الشريان السباتى
Carouse سُكْرٌ. قَصْف || سكِرَ. قَصَف
Carp شَبّوط (سمك) || انتَقدَ. نَدَّدَ * نَقَر
Carpenter نجار (عمارة) || نَجَّرَ
Carpet بساطٌ. سَجّادَة. طُنفُسة
on the – على بساط البحث
Carpet كسا ببساط
Carpology مبحث الاثمار
Carpus رُسْغ اليد. عِظام الرسغ (أى المعصم)
Carriage عَربة نقل. مركبة * أجرة النقل
* قامة. مَشْية * نقل القوى * حِمل * تصرُّف
— forward أجرة النقل على مستلم البضاعة
erect – قامة منتصبة او معتدلة
Carrier حَمّالٌ. شَيّال * سَاعٍ * متعهد نقل
* ناقل جراثيم المرض * حامل (لاسلكى)
* مفتاح الدوارة * رافعة. حمّالة
— pigeon الحمام الزاجل
Carrion رِمَّةٌ. جيفة * ميْت * جيفى
Carrot ← جزَرَةٌ. جَزَر * شعر أحمر
Carry حَمَلَ. شال * نقل * فاز. ربح
* إقتحم. أخذ بالهجوم
— down مرحل إلى أسفل نفس الصفحة
— forward رَحّلَ. قيْد. نقل الرصيد
. رحّل الى صفحة تالية (فى الحسابات)
— on استمرَّ فى. داوَمَ * تعاطى
— out نَفَّذ. قامَ بالامرِ

— through أفلَحَ. تغلَّبَ على الصعاب
— weight كان له وقع او تأثير
Cart عربة نقل البضائع. كارَّة △ كارو
Cartage أجرة النقل «بالعربة الكارو»
Carte بطاقة * قائمة الطعام والشراب فى المطاعم
Carte-blanche تفويضٌ مطلق
Cartel اتفاق على تبادُل الأسْرى
* تحدٍ مكتوب * اتحاد المنتجين
Cartilage غُضروف △ قرقوشة
Cartography فن رسم الخرائط
Cartomancy فتح البخت بورق اللعب
Carton دائرة بيضاء وسط الهدف * علبة كرتون
Cartoon صورة هزلية كبيرة
* رسوم متحركة * رسم إيجازي
Cartridge خرطوشة △ ظرْف. فشكة
— paper ورق سميك للرسم او اللف
blanc – خرطوشة بارود بلا رصاص
Caruncle نتوء لحمى * غدة فى سرة النبات
Carve نحَتَ. نَقَرَ * قطَّعَ. قسّم
Carving نحتٌ. حفر
* نقش محفور
Cascade ← سَلْسَلٌ
. شلاّل. مسقط ماء.
شاغور س * حُزمة
Case صُندوقٌ * عُلبة * غِلاف. قِراب. غِمْد
* حقيبة * عارض. حادث. إصابة بمرض عرضى
* مريض. تحت العلاج * كوخ * حال
. ظرف. حالة * مسألة. قضية * حيثيات
قضية أو حكم استشهادى

Case cabinet	سيبة أي صندوق احرف طباعة
— hardening	تقسية المعدن بالسق ،ـ السطح
in —	في حالة ما . إذا ما
Casein	جُبنين . مادة التجبن ○ كاسيين
Casemate	ملجأ في استحكامات ☆ وقاء للمدافع
Casement	نافذة زجاجية ☆ إفريز . إطار ☆ قماش قطن للستائر
Caseous	جُبْنيّ . من الجُبْن . كالجبن
Casern(e)	قشلاق . ثكنات
Cash	نقدٌ . نقديَّة . فلوس ‖ قبضَ . استلم
— account	حساب الصندوق
— down	الدفع فوراً
— on delivery	الدفع عند الاستلام
Cashier	صرَّافٌ . أمين الصندوق ‖ عَزَل . طردَ
Cashmere	كَشمير . قماش صوفي ناعِم
Casing	غلاف ☆ تغليف ☆ قالب △ فورمة ☆ غطاء ☆ اطار باب أو شرفة الخ
—s	رَوث المواشي . جلة
Casino	كازينو . مَلهى
Cask	برْميل خشبي لغير السوائل أو حمولته
Casket	عُلبة للحُلي والنفائس ☆ ناووس
Casque	خَوْذَة
Cassation	نَقْضٌ . إلغاء حُكم
Cassia	نباتُ الكاسيا ☆ خيار شنبر
Cassock	ثوبُ الكاهن . غفّارة
Cast	سَبيكة ☆ قالب ☆ رَمية . حَدقَة ☆ نظرة ☆ نبذٌ ☆ تفاوت درجات اللون ☆ هيئة ☆ مَرْفوض . مُلقىً ☆ نفاية ☆ ممثلي الدول
— down	منكسر الخاطر ☆ منبوذ ☆ مصهور

— iron	△ حديد زهر . حديد مسبوك
—-steel	الصلب المسبوك (غير مشغول)
—-off	مَنْبوذ . مُهْمل
Cast	صَبَّ . سَبَكَ ☆ جمع . حسَب ☆ قذف . رمى ☆ نبذ . رفت ☆ حكم على ☆ عيّن أدوار الممثلين ☆ أعطى صوته ☆ أوقع في قضية ☆ تفكَّر
to — lots	ألقوا قرعة
Castanets	صنوجٌ . ساجات . صناجات
Castaway	شاردٌ . طريد
Caste	قومٌ . طائفة ☆ جِنس . دَم
— system	نظام الطبقات
Castellated	مُسلَّك . بهمجار ☆ محاط بأبراج
Caster	سَبَّاكٌ ☆ حاسب . منجم ☆ مُلقٍ
Castigate	أدَّبَ . قاصَّ
Casting	صوت (أو وزن) مُرَجِّح ☆ رَمْيٌ ☆ نبذ ☆ سَبيكة ☆ سبْك △ صَبٌّ
Castle	قصْرٌ ☆ صَرح . قلعة ☆ بُرج . مَعقِل ☆ رُخ
Castor	← عَجلة للاثاث ☆ اناء التوابل ☆ سمور . قُندُس (من كلاب البحر) أو قُبَّعَة من فروه
— sugar	سكر ناعم . سكر بودره
Castor-oil	زيتُ الخِروَع
Castrate	خَصى △ طَوَّشَ . شظَفَ ☆ هذَّب
Cast-steel	صُلب زَهر
Casual	عَرَضيّ . إتفاقيّ . بالصُدْفة ☆ مُتَقلّب
Casualty	حادثة . كارثة ☆ إصابة (في الحرب)
— Insurance	التأمين ضد الكوارث والاخطار
Casuistic	افتائي . مختص بالفتاوى الشرعية

Cat قطٌ . قطة . هِرّ . سِنَّوْر ☼ سوط
Cataclysm جائحة☼اجتياح.طُوفان☼انقلاب
Catacombs دياميس . سرَاديبُ الاموات
Catafalque نعشٌ . منصة تابوت الميت
Catalepsy جَمْدة . تخشُّب . جود . تشنج
Catalogue قائمة ○ كتالوج . بيان . فِهرس
Catamite مأبونٌ . ملوَّط . مُخَنَّث
Cataplasm △ لَبْخَة . لزقةٌ . وضيعة
Catapult ⟵ نبلة . مِرجام . صَيَّادَة ☼ منجنيق . عَرَّادة (قذّافةحربيةقديمة)
Cataract شَلاَّل كبير ☼ إظلام عدسة العين
Catarrh زُكامٌ △ رَشْح . نزلَة
Catastrophe نكبةٌ . مُصيبة . كارثة
Catch أخْذٌ . مَسْك ☼ كُلاَّب ☼ مِزلاج ☼ خِدْعة . حيلة ☼ صيد . غنيمة ☼ مكسب
Catch أمسَكَ بِـ . نشبَ فى . قبض على ☼ لَحِق . أدرك ☼ إصطاد ☼ خَدَع ☼ اعدى
Catching معد . سريع العدوى ☼ خَلاّب . مُغر
Catechize عَلَّمَ بطريقةِ السؤال والجواب
Catechism تعليم الديانة بالسؤال والجواب
Categorical مُطلق ☼ قاطِع . باتّ ☼ مقولى
Category فصيلةٌ . نَوْع ☼ طبقة . رُتبة
Cater تموَّنَ . تزوَّدَ ☼ موَّنَ . ورَّد مايلزم
Caterer متعهد الحفلات ☼ مورد اللوازم . موّان
Caterpillar ⟵ يسرُوع . يرقة . دودة تتطور إلى فراشة ☼ جرَّارة لتمهيد الارض

Caterwaul مواء القط وقت التعشير || ماء
Catgut وَتَرٌ ☼ قماش خشن
Cathartic, —al مُسْهِل . شرْبة . مَشْو
Cathedral كاتدرائية . كنيسة رئيسية
Catheter قثطرة . قسْطَرٌ (لاستخراج البول)
Cathode مهبط او قطب سالب (كهرباء)
Catholic كاثوليكى (مذهب نصرانى)
Cattle مَواش . بَهائِمٌ . أنعام . بقَر
Cattleman راعى المواشى . عَلاّفٌ
Cattle-plague طاعونُ المواشى
Caudal ذَنَبى . ذَيْلى
Caught, *of* Catch أمسكَ بِـ ☼ ممسوك
Caul ثُرْبٌ △ غلاف الامعاء ☼ مِنديل . برقع الجنين
Cauliflower ⟵ △ قرنبيط . قُنَّبيط
Caulk, Calk قَلَفَ △ قَلْفَط . قيَّر
Cause داعٍ . سببٌ . علة || سبَّبَ . أوجَبَ
— list جدول قيد القضايا ○ رول
Causeway جسرٌ . ممر . طريق مرتفع
Caustic كاوٍ . محرق . أكّالٌ
— remark انتقاد جارح
Cauter, Cautery مِكواة . ميسَم ☼ كىّ
Cauterise كَوى ☼ وَسَم ☼ عَقَّمَ
Caution احتياطٌ . احتراس . تحذير
— money عربونٌ . كفالة
Caution حَذَّرَ . حرَّص
Cautious حَريصٌ . محترِس . حذِر . محتاط
Cautiously باحتراس . بتحذّرٍ

Cavalcade موكب . ركاب * خيَّالة
Cavalier فارِسٌ . خيَّال *أمير*متعجرف
Cavalry فرقة أو قوة الفرسان ∆ سوارىّ
Cave كَهفٌ . جُب . مَغارَة *انشقاق فى حزب
to — in انهارَ. تقوَّض * أذعن . خضع
Cavern كَهفٌ . مغارة كبيرة
Cavernous كهفى (طب)
Caviar خيارى . ضرب من البَطارِخ
Cavil مُماحكة ‖ كابَرَ ∆ قاوَح . غالَط
Cavity تجويف.حُفْرَة.نُقْرَة.نُخْروب
Caw نعيقٌ . نعيب ‖ نَعَقَ . غاق الغراب
Cease انقطعَ . كَفَّ * أبطل . أوقف . انهى
Ceaseless مستديم * بلا انقطاع
Cedar ← شجر الأَرْز أو خشبه . أَرزة . سِدر
— of Lebanon أَرْز لبنان . شربين
Cede أذعَنَ . سلَّم *تنزَّل . تخلّى . ترك
Ceil سقَّفَ * بطَّن السقف ∆ صَنْدَق . لقَّم
Ceiling سَقْفٌ (من الباطن) . سَمْك * أقصى ثمن
absolute — أقصى ارتفاع أُفُق (طيران)
Celebrate احتفَلَ (بمناسبة) . عيَّد * أشهَر . شهَر
Celebrated شَهيرٌ . مشهور . زائع الصيت
Celebration تعييد * احتفال . احتفاء
Celebrity شُهْرَة . سُمعة . صيت * شهير
Celerity سُرعة . خِفَّة . رَشاقة

Celery كرَفْسٌ (نبات)
Celestial سَماوىّ. فَلَكىّ. عَلَوى *صينى
Celibacy عُزوبة . تبتل ∆ عزوبية
Celibate أعزب . عازِب . متبتل * عزوبة
Cell خَليَّة . حويصلة *نُقرَة . نُخْروب *صَوْمَعة . خَلوَة *حجرة سجن ∆ زنزانة *خلية نحل * عمود . خلية (كهرباء)
cylindrical — خلية اسطوانيَّة
Cellar مَطْمورة ∆ كرار . مخزن المؤن *مخبأ
Cellular خِلالىّ . ذو تجاويف وثقوب
— sap عُصارَة خلويَّة
Cement ○ أسمنت . سمنت * لزاق
Cement ألصَقَ « بالاسمنت أو بغيره » *متَّن
Cementation سَمْنَتَة . توشيج أو لصق أو دَمج بالاسمنت
Cemetery مقبرةٌ . جَبَّانة . مدفن
Cense بَخَّرَ * أطرى
Censer مِبْخَرَة . مِجْمَرة البخور
Censor مُراقب المطبوعات الخ * منتقد
Censor راقَبَ . عرض على الرقابة
Censorious مُنتقِدٌ * انتقادى
Censorship رقابة.مراقبة المطبوعات والافلام
Censure لَومٌ . عَذْل ‖ وَبَّخ. لامَ . انتقد
Census تعداد النفوس . إحصاء السكان
Cent مائة * سِنْت (عملة أمريكية = $\frac{1}{100}$ من الدولار) * بنط (فى أسعار القطن)
per — (٪ %) على المئة *فى المائة
Centenarian عمرهُ مائة سنة. معمّر. قرنى
Centenary مئوى. جيلىّ . قرنى *مرة كل قرن

Center (see Centre) وَسَط.مَركَز. محوَر
Centigrade سنتيغراد ☼ الترمومتر أو المحرّ المئوى
Centigramme جزء من مائة من الجرام
Centimetre سنتى.سنتيمتر (١/١٠٠ من المتر)
Centiped, —e أم أربع وأربعين . حَريش
Central رئيسى ☼ مَركزىّ . متوسط
Centralisation توحيدٌ. تجميع.ضَم.مركزةٌ
Centralize جَمَعَ إلى مركز واحد . حصرَ . ركَّز . وحَّد المركز ☼ تركَّز
Centre وَسطٌ. مركز. مِحوَر
— bit زُنْبة مركز (مِثقاب)
— forward قلب الهجوم (رياضة)
Centrifugal متباعِد من المركزْ . طرد بمركزى
— force القوّة الطاردة عن المركز
Centrifuge ممخضة.فرّازة الجوامد من السوائل
Centripetal مُتقارب للمركز.جذب بمركزى
— force القوة الجاذبة إلى المركز
Centuple مائة ضعف || زادَ مائة مرّة
Century جيلٌ . عَصر . قَرن . مائة سنة
Cephalic رأسى.مختص بالرأس ☼ دواء للصداع
Ceramics صِناعة الفَخّار،الخزَف والقاشانى
Cerate مَرْهمٌ
Cereal حَبٌ . غَلّة ☼ غلالى . قمحى
Cereals غلال . غلاّت . حُبوب الخبز
Cerebellum الرَّنح .المُخَيْخ.مؤخر الدماغ
Cerebral مُخّى . دِماغى . مختص بالمخ
Cerebrum مُخّ . دِماغ
Cerecloth «قماش» مشمَّع ☼ مشمع طبى
Ceremonial رسمى.متعلّق بالرسميات.طقسى
Ceremonious متمسّك بالرسميات . تكلُّفى
Ceremony احتفال . حَفْل. طقس △ تشريفة ○ .بروتوكول
Cereous شمعى
Certain مُحقَّق. أكيد ☼ موقن . متأكد ☼ بعض . شىء من . شىء ما
at a — time فى وقت ما
a woman of — age امرأة طاعنة فى السن
Certainly بكل تأكيد . حقّا. يقيناً ☼ طبعاً
Certainty يقين . أمر محقَّق . حقيقة
Certificate شَهادة (كتابية) ☼ سنَد
— of Origin شهادة جنسية البضاعة
Certificate رخّصَ بشهادة
Certified مصدَّق عليه . معتمد ☼ مضمون
— Accountant محاسب قانونى
Certify شَهِدَ . قرَّر ☼ أكّد ☼ اعتمد
Certitude صِحّة . تَثَبُّت . يقين . توكيد
Cerulean سَماوىّ. لازوَرْدىّ
Cerumen الصِملاخ . إفراز الأذن . أفّ
Cervical عُنقى ☼ رحمى أو مثانى
Cessation توقُّف. كَفّ . انقطاع ☼ عُطلة
Cession تنازُل . تنزُّل. تخلٍّ
Cesspool, Cesspit بالوعة.مِرحاض.مجرور
Chafe غَضَبٌ.تهيُّج ☼ فَرْك. حَك ☼ تقرُّح
Chafe فَرَكَ . حكّ ☼ تهيَّج ☼ حمَّس ☼ تقرَّح ☼ انبرى بالحك △ نحَل

Chaff تِبْنٌ . قَش * مِزاح * ترهة . حُثالة

Chaff مَزَحَ . مازح * عاكس . أغاظ

Chaffinch ظالم . صَفنج (طائر صغير مغرد)

Chagrin كَرْبٌ . غَمٌّ * كئيب ‖ كَدَّرَ . أغَمَّ

Chain سلسلة △ جنزير * لحمة النسيج

* تتابُع . سياق * مقياس

Chain سَلسَلَ . قيَّد * وضع فى سلسلة

Chair كرسيٌّ . مقعد

Chairman رَئيس « جلسة أو مجلس »

Chaldee اللغة الكلدانية

Chalice كأسُ العشاء الربانى * كأس الزهرة

Chalk طباشيرٌ . حَكَك . حوّارى

Chalk كَتَبَ بالطباشير

Chalky طباشيرىٌّ

Challenge تحدٍ . منازلة * معارضة . مناهضة

Challenge تحدّى . دعا للنزال * طالب بالوعد

Chamber قاعة . غرفة * خزانة * مجلس

— of Commerce الغرفة التجارية

— of a gun مكان حشوة السلاح النارى

Chamberlain رئيسُ الحجّابِ * أمين المال

Chamber-maid ماشِطَة △ كمريره

. خادمة ووصيفة

Chamber-pot مِبْوَلة △ قَصرِيَّة . قعّادَة

Chameleon حِرْباء . حرباية . بَرْبَخْق

Chamomile البابونَج ○ كاموميل

Champ عَلَكَ . مَضَغ بصوتٍ عالٍ * عضّ على

Champagne شامپانيا . مشروب روحى فوّار

Champion بَطَلٌ . فارِس ○ شامپيون

* نصير . مدافع عن * مبارِز

Championship بطولة

Chance بخْتٌ * صُدْفة * فُرصة ‖ صادفَ

Chancel مذبحٌ . محراب . هيكل

Chancellor رئيس قُضاة أو وزراء * سكرتير

— of the Exchequer وزير مالية (انجلترا)

Chancery محكمة عُليا

Chancre قُرحة صلبة (زُهرية) ○ شنكر

soft —, Chancroid قرحة رخوة

Chandelier ثُريّا △ نجفة سقف * مائلة

Chandler بائِع شمع وزيت وبوية وبقالة

corn — عَلاّف . بائع الحبوب

Change تغييرٌ * تغيُّر . تحوُّل * فكة

. عملة صغيرة * صِرافة * تغييرة ثياب

* بورصة . مِصفق

— of life سن اليأس * تغيير الحالة

Change غيَّرَ . صرف أو بدَّلَ . تغير * بادل

Changeable متغيِّر * قابل للتغيير * متَقلقِل

— character طبع يحب التغيير

Changeless ثابت . يبقى على حاله

Changeling بديل . بدَل * طفل بديل

Changer صرّافٌ * مُغَيِّر . مبدِّل

Channel مَجرى * بوغاز . قناة * اخدود . تقوير

Chanson أُغنية . تَرتيلة . ترنيمة

Chanter مُغَنٍّ . مُرتِّل . منغِّم . منشد

Chaos تشوُّش . هَرْجَلَة * عماً . خِواء

* هَيُولى . مادة الكون قبل تكوينه

Chaotic مشوشٌ . مختلط . مهرجل . عادم النظام

Chap فَتى . شَخص ‖ تقشَّفَ . شُرِثَ

Chapel كَنيسة صغيرة . معبَد . مُصَلّى

Chaperon قهرمانة . رقيبة أو رقيب الاداب
Chaplain قِسٌ . قِسّيس . راعى كنيسة خاصة
Chaplet إكليل زَهر . كُتنة ☆ سُبحة ☆ صلوات
Chappy △ مقشّف . مُشْرَث ☆ مُشَقَّق
Chapter فَصلٌ . اصحاح . سُورَة ‖ بَوَّبَ
Char فَحَّمَ . أحْرَق ☆ انحرق ☆ لفح . شعوط
Character صِفَة . سَجيَّة . خُلُق ☆ إشارة . سمة
☆ شهادة بحسن السلوك ☆ أخلاق متينة
☆ شخصية تمثيليّة ☆ رَقمٌ . حَرف كتابة
☆ نَوْع . جِنس
distinctive — صفة مميزة
Characterize اختَصَّ بِـ . اتصف ☆ ميَّز
Characteristic خاصٌ ☆ مُمَيِّز . خصية . ميزة
Charade لُغزٌ . أُحجية
Charcoal فحم حطب . فحم نباتى او بلدى
— pencil قلم فحم للرسم
Charge شحنة . حمولة ☆ عَبوة △ عيار نارى
☆ عُهدة . أمانة . حراسة . حفظ ☆ أمْر . حَضّ
☆ تكلفة . ثمن ☆ تهمة . اتهام ☆ بلاغ . شكوى
☆ منصب . عمل . عبء . حمل ☆ هجمة . هجوم
floating — رهن عام (تجارة)
free of — بالمجان . بلا تكاليف
seat of — مقر الشحنة (كهرباء)
Charge عَهِدَ إلى . كلّف ☆ أمرَ . حضّ
☆ وسّق . شحَن ☆ حشا . عبّى او
صوَّب سلاح نارى ☆ قيَّد على حساب
☆ اتهم بـ ☆ طلب ثمناً ☆ هجم على . طارد
Chargé d'Affaires قائم بأعمال . نائب سفير
Charges مَصاريف . تكاليف ☆ اتهامات

Chariot عَرَبة . مَركَبة حربية ☆ عربة نزهة
Charitable مُحسِن . خَيِّر ☆ خيرى
Charity إحسان . حَسَنة . صَدَقة . برّ
Charlatan مُشَعوِذ . دَجّال ☆ هَجّاص
Charm طَلسَمٌ . حِجاب . رُقية ☆ سحر ☆ جمال
Charm سَحَرَ ☆ رقى ☆ سلبَ اللُّب . فتن
Charmer فاتِن ☆ ساحِر . راقٍ ☆ حاوى الثعابين
Charming بديع . جميل . ساحر . فاتن
Chart خريطة . رَسم بيانى ☆ خريطة بحرية
Charter عَقد ☆ براءة . فرَمان ☆ رُخصة . ترخيص
— Party عقد استئجار سفينة
Chartered حامِلُ براءة . مرخص . قانونى
— Accountant محاسب قانونى
— Parties المتعاقدون
Charwoman إمرأة تخدم فى جملة بيوت
Chary حريص . شحيح ☆ مقتصِد ☆ متمنِع
Chase صَيدٌ . قنص ☆ مطارَدَة . تعقُّب
☆ مرتع الصيد ☆ حفرة
Chase طارَدَ . لاحق ☆ طرد ☆ حفر او نقش
Chased مُطارَد ☆ منقوش . مرَصَّع
Chaser صياد ☆ مطارد ☆ طائرة مطاردة ☆ حفّار
Chasm شق عميق . هوَّة ☆ انشقاق
Chassis ○ شاسى . قاعدة السيارة مع الآلات
☆ هيكل الطائرة أو الراديو
Chaste عفيفٌ . طاهِر ☆ مصون . نقى
Chasten عاقبَ . أدَّب ☆ طهّر
Chastise قاصَّ . عاقَب بالضرب
Chastity عفَّة . وَرَع . طهارة . نقاء
Chasuble بدلة القداس . حُلة كنسية . بطرشيل

Chat مُنادمة. مسامرة ٭ طير الابلق ‖ تحادثوا
Chateau قصرٌ . سراى . صَـرح
Chattels منقولات . أمتعة . اثاث
Chatter ثرثرةٌ . هذَر . قيل وقال
Chatter هذَرَ . ثرثر ٭ اصطكّ ٭ زقزق
Chatter-box ثَـرثارٌ . مِهذار △ غَلَـباوى
Chauffeur سائقُ السيّـارة (محترف) ○ شوفير
Chauvinism غلو فى الوطنية . نعرة قومية
Cheap رخيصٌ . قليلُ القيمةِ . بخس
to feel — خجِـلَ من نفسه . استصغر ذاته
Cheapen أرخصَ . قلّـل الثمن ٭ رَخُصَ
Cheat غشّاشٌ ٭ غشٌ . خِداع ‖ غشَّ . خدع
Check كابحٌ ٭ كَبْح . ضبط ٭ توقُّف ٭ مراجعة ٭ ماركة
Check ضَبَـطَ . كبَح . صَدَّ ٭ قـلّـل ٭ راجَع « الحساب »
Checker, Chequer حجر داما ٭ تخطيط . تشكيل ٭ مُراجع
Checker عَيَّنَ ٭ رسم مربعات ٭ دبَّج . نقّش . برقش
— board لوحة لعبة الداما
Checkers لعبةُ الداما
Checking مراجعة ٭ كبح
Cheek خدٌ . وَجنة ٭ وَقاحة
— bone العظمُ الوجنىّ
Cheeky وَقِـحٌ . صفيق الوجه ٭ ممتلىء الخدود
Cheer هُتافٌ . تهلُّل ٭ شعور ٭ انبساط
Cheer سَلّـى . أبهجَ . فرَّح ٭ شجَّع . حيّـا ٭ هلّـل . هتف له

Cheerful سَارٌ . بهيج ٭ منشرح . فَـكِه
Cheerless كئيبٌ . غام . مغموم ٭ سَوداوىّ
Cheese جُبنٌ . جُبْنة
Cheetah الفهد الصياد
Chef رئيس الطهاة
Chemical كيميائى . كيماوى ٭ مادة كيميائية
— action الفِـعْل الكيميائى . التفاعل الكيماوىّ
— manures سماد كيميائى . سباخ كيماوى
Chemist كيميائى . كيماوىّ ٭ صيدلىّ
Chemistry عِلمُ الـكيميا . كيمياء . كيما
inorganic — كيميا غير العُـضوية
Cheque ○ شيك . صَكٌ . تحويل مصرفى
crossed — شيك يقبض بواسطة بنك آخر
Cherish أعزَّ . عَزَّزَ ٭ حَفِظ الذكرى
Cherry كَرَزٌ . كريز ٭ قراسيا
Cherub شاروبيم . كروب ٭ ملاك ٭ طفل جميل
Chess لعبةُ الشِطرنْج
Chessboard لوحةُ الشِطرنْج
Chessmen ← بيادق الشطرنج
Chest صَدْرٌ ٭ صُندوق ٭ خزانة أو صوان
— of drawers ← △ بوريه . خزانة أدراج للثياب

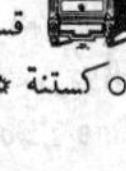

Chestnut قسطل . أبو فَـرْوة ○ كستنة ٭ أصهب . لون عسجدى
Chevalier, see Cavalier فارِس ٭ أمير ٭ شهم
Chevron ← شريط رتبة الجندى ٭ رافدة . دعامة

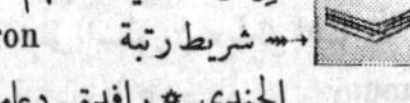

Chew مَضَغَ . لاك . علَك ☆ تفكر فى
Chewing gum △لادِن . مستيكه . عِلْك
Chicane, —ry احتيال . تلاعُب ☆ مُماحكة
Chick نِقْف . فَرخ الدجاج
Chicken كتكوت . فرّوج ☆ دَجاجة صغيرة
—-pox جَدَرى الفراخ . حُماق
Chicory شيكوريا . هِندباء △ سِريِس
Chide وَبَّخ . عَنَّف . زَجَر ☆ تزمَّر
Chief زعيمٌ . رئيس ☆رأس☆ أهم☆ رئيسى
Chiefly خاصَّةً . بالاخص . غالباً . لاسيما
Chiffonier خزانة بأدراج ○ شيفونير ☆ جامع الخرق
Chieftain زعيم ☆ رئيس عصابة
Chilblain △ قَشَفٌ . شَرَث . كنب . كلع
Child طِفلٌ . مولود ☆ ولد او بنت
with — حامل . حُبلى
Child-birth ولادَةٌ . وضع . طلق . مَخاض
Childhood طفولة . وُلوديَّة
Childish صبيانى ☆ كأعمال الاطفال △ولدنة
Childlike صِبيانىّ . طفلىّ ☆ساذج ☆وديع
Children أولادٌ . أبناء ☆نَسْل . ذُرِيَّة
Chill قَرْسٌ ☆قُشَعْرِيرة △ . بردِيَّة . قُرّ
Chill برَّدَ . صيَّر أو صار بارداً ☆ثبط العزم
Chilly بارِدٌ . قارِس ☆مقشَعِرّ☆ بارد الشعور
Chime صَنّاجة . طنين . رنين ☆نغم || ناسَبَ
Chimera ضِغثٌ . وَهْم ☆ أمل باطل
Chimerical وَهمىّ . خيالى . اسطورى ☆ باطِل
Chimney مدْخَنَة . داخِنة ☆ مصطلى

Chimpanzee شَمْپانزى (قرد كبير)
Chin ذَقنٌ △ دقن
China بلاد الصين ☆صينىّ . خزَف . فرفورى
Chine فلذة من لحم الظهر △ بيت الكلاوى
Chinese صينىّ ☆ اللغة الصينية
Chink شق ☆ نوبة سعال او ضحك ☆ شخشخة
Chink صَلَّ . خَشخَشَ ☆سدَّ الشدخ ☆شهق
Chip حُتاتة . شَظِيَّة . بُراية . شرحة . فلقة ☆ ترهة ☆ماركة ألعاب الميسر ○ فيشة
Chip شَقَّقَ ☆ نحت ☆ شَظّى ☆ تشَظى
Chips شيبس . شرائح بطاطس مقلى رقيقة
Chirography خط اليد
Chirology التفاهم باشارات الاصابع
Chiromancy معرِفة الطالع من خطوط اليد
Chiropodist اخصائى بمعالجة ثآليل الاقدام
Chiropody طِبٌّ الاقدام والايدى
Chirp, Chirrup تغريدٌ . زَقزقة || زقزَق
Chisel ازْميلٌ . مِنحَت || نَحتَ ☆غشَّ
Chit عِذْق . نبْت ☆ طفل ☆قسيمة ☆رقعة
Chitchat مُسامرة △دردشة . طق حنك
Chivalrous بَطَلٌ ☆شهم . صاحب نخوة
Chivalry امارة ☆ فروسية ☆ شهامة . نخوة ☆ رتبة
Chloride ○ كلورور . كلوريد
Chlorine غازُ الكلور
Chlorodyne ○ كلورودين (مُسَكِّن)
Chloroform بَنْجٌ . منَوّم || بَنَّجَ . نوّم
Chlorophyll يخضور . خَضُوب ○ كلوروفيل
Chocolate ○ شِكولاته ☆ لون بُنِّى

Choice اختيار ٭خيار ٭نخبة. خيرة
Choir خورس. جوقة مرتلين (او عازفين)
Choke ما يغص ٭ غصص ٭ غصة ٭ قلب أى شعر الخرشوفة
Choke خنق. أغص ٭ غص. زور. شرق △ تشردق ٭ سد او انسد
Choking coil الملف الخانق (فى اللاسلكى)
Cholera كوليرا. هيضة. وباء. الهواء الاصفر
Choleric غضوب. حاد الطبع △ خلق ٭ صفراوى
Choose انتخب. اختار ٭ أراد. شاء
Chop قطعة ٭ضلع △ كستليته ٭ شرحة . شطرة ٭ مدخل ٭ نهشة ٭ ختم. علامة
—-house مطعم شعبى
Chop فرى △ فرم ٭ قرط △ خرط ٭ قطع بالشاطور ٭انقلب. تحول ٭ بادل
Chopper ←شاطور. ساطور ٭ قطاع
Choral مختص بفرقة الترنيم. ترنيمى
Chord وتر القوس ٭ حبل
Choreography فن الرقص
Chorister مرتل. مرنم
Chorography فن وصف المقاطعات وتخطيطها
Chorus جوقة مرتلين. خورس. غناء جماعى ٭ مذهب. قرار. موشح (موسيقى)
— girl راقصة الملاهى. غازية
Chose, —n, *of* Choose مختار || اختار
Chrematistics علم الثروة (فى الاقتصاد السياسى)
Chrism ميرون. الزيت المقدس
Christ السيد المسيح. يسوع. عيسى

Christen عمد. نصر ٭ سمى. أسمى
Christendom المسيحية. النصرانية
Christian مسيحى. نصرانى
Christianity الديانة المسيحية. النصرانية
Christmas عيد ميلاد المسيح. الميلاد
— box هدية عيد الميلاد
— tree شجرة عيد الميلاد لتعليق الهدايا
Chromatic لونى. مختص بالالوان
— aberration الزيغ اللونى
Chronic مزمن. متأصل
Chronicle تاريخ. خبر ٭سفر || أرخ. دون
Chronology علم التواريخ وتقويمها أو تسلسلها
Chronological Order ترتيب زمنى
Chronometer ميقت ○ كرونومتر . ساعة لضبط الوقت بدقة
Chrysalis يفعة. خادرة (دويبة القز وبيتها)
Chuckle ضحك مكتوم
Chuckle أهنف ٭ قرق. نق كالفراخ
Chum صديق. صاحب. زميل || صاحب
Chump, Chunk ←كتلة ٭ زند حطب ٭ الناحية الغليظة من أي شىء
Church كنيسة. بيعة ٭ طائفة ٭ أعضاء الكنيسة
Churchwarden وكيل الكنيسة
Churchyard فناء، حوش الكنيسة ٭مقبرة
Churl, Chuff فظ. جلف ٭وضيع ٭ بخيل
Churn مخضة. مخاضة اللبن || خض. مخض
Chyle ○ كيلوس. مستحلب الطعام المهضوم

Chyme ○ كيْموس . الطعام في الامعاء الدقاق
Cicatrice, Cicatrix نَدَبٌ . أثر الجُرح
Cicatrize دَمِل الجرح ، قطبَ ☆ ندب . غادر فيه ندوباً
Cider خمرُ عصير التفّاح . شراب التفاح
Cigar ○ سيجار
Cigarette ○ سيجارة . لفافة تبغ
—-holder مِبسم . فم السيجاره
Ciliary هُدبيّ . مختص بالاهداب أو مثلها
Cinchona لحاء ، خشب الكينا ○ سنكونا
Cinder جمرة والعة او خامدة . رماد ☆ رمادى
Cinders رَماد ☆ فحم رجوع
Cinema } سينما . الصور المتحرّكة
Cinematograph } ○ سينما توغراف
Cinnabar زِنْجَفر △ سَلَقون . كبريتور الزئبق الاحمر
Cinnamon قِرْفة . دار صينى
Cipher صِفرٌ ☆ شفرة . كتابة سِرّية ☆ طغراء . حروف متشابكة ‖ كتبَ بالشفرة
Circle دائرة ☆ وَسَط ☆ حلقة ☆ طوق
Circle أحاطَ
— of Irrigation تفتيش ريّ
commercial —s أوساط تجارية
Circuit دَوَران . دائرة ☆ مُحيط ☆ دورة
— breaker القاطع الكهربى
Circular دائرى . مستدير ☆ دورى ☆ منشور . نَشرة
— saw منشار دائر . ـ بصينية . ـ ماكينة

Circulate نشَرَ . أذاع ☆ دارَ . سَرى ☆ ذاعَ . انتشر . اشتهر ☆ تداولته الايدى او الالسن
Circulating دائرٌ . متداول ☆ دورى
— library مكتبة لاعارة الكتب للمشتركين
— propeller مِروحة التحريك
— medium أداة الوفاء (كمبيالة . شيك . بنكوت الخ)
Circulation دَورة ☆ دوَران . استدارة . تداول ☆ توزيع ☆ نشر . اذاعة ☆ الدورة الدموية
in — متداول . تتداوله الايدى
Circumcise خَتَنَ . طاهَر . عذر
Circumcision خِتانٌ . طُهور . طهارة
Circumference محيطُ الدائرة . مَدار
Circumlocution تعقيدُ الكلام ☆ إسهاب
Circumnavigate طافَ حوله بحراً
Circumscribe أحاطَ بِ . حصَرَ . حَدَّد
Circumscription مُحيطٌ . حَدّ ☆ حَصر ☆ كتابة حول
Circumspect رزين . محترس . حريص
Circumstance ظرْفٌ . حالة . حادثة
under the —s والحالة هذه . بالنظر الى ذلك
Circumstantial ظرفيّ ☆ عَرَضى ☆ قرينى
Circumvent راوَغَ . خاتل . خدع
Circus ○ سِرك . ملعب الحيوان ☆ ميدان
Cirrhosis تليُّف او تحجر الكبد . خَفَع
Cirrus سِلكٌ نباتىٌ . أظفور . عنم . مِحلاق ☆ يعلول . طُخرور . طخاء (سحاب رقيق)

Cistern صهريجٌ . مستودعُ مياه . حَوض
Citadel قَلعةٌ . حِصن
Citation استدعاء * استشهاد * اقتباس
* تعداد . سرد . ذكر * اعلام Δ علم طلب
Cite استدعى . أعلنَ . طلب للمقاضات
* استشهد بـ * اقتبَسَ . نَقلَ عن
Cithara = Gittern قيثارة
Citizen مواطن . مدنىّ . أحد سكان المدينة
Citrate ملحُ الليمون ٥ شترات . ليمونات
Citron كبّاد * أتْرُج . تُرُنج Δ نارنج
Citrus فصيلة الموالح كالليمون والبرتقال والنارنج
City مَدينةٌ . حاضرة * وسط البلد
Civet زَباد . عطر
Civet-cat قِطُ الزَّبادِ
Civic مدَنىّ . بلَدِىّ . حَضَرى
Civil مدنى . ملكى لاعسكرى * حقوقى * ظريف
— aviation طيران مَدَنى
— claimant مدع بالحق المدنى
— engineer مهندس معمارى
— war حرب أهلية
Civilian مَدَنى . غير عسكرى . مُلكىّ
* دارس القانون المدنى
Civility لُطفٌ . رِقّة * مجاملة
Civilization تمدُن . حَضارة . عُمران * تثقيف
Civilize مَدَّنَ . هَذَّب الاخلاق . حضَّر
Clad *in* لابِسٌ * مَكسو . مرتدٍ
Claim طلبٌ . مِطالبة * إدّعاء * حق * دَعوى
Claim طالبَ بِـ * ادَّعى بِـ . قاضى
to make a — طالبَ بتعويض

—s تعويضات * مطالبات (تأمين)
Claimant طالِب . مُدَّعٍ . مطالب
Clam قَوقَعٌ . بلح البحر . بطلينوسَ
Clam تدَبَّقَ . لَـزِقَ
Clamber تسَلَّقَ . تعمْشَقَ Δ تشعبط
Clammy دَبِقٌ . لزج . متدبق * عرقان
Clamorous صَخّاب . صَيّاح . لجوج . عجّاج
Clamour ضَجّة . جلَبَة . صَياح
Clamour ضجَّ * صاحَ . صرَخ
Clamp ←— مِشَدٌ Δ قمطة Δ زرجينة
. كلاّب * خطوات متثاقلة
* كومة . عرمة
Clamping تثبيتٌ . زَرجنة (صناعة)
Clan عَشيرةٌ . قبيلة . بدَنة . عائلة
Clandestine خَفىٌ . سِرّى * خائن
Clang, —our طَنينٌ . رنين ‖ طنَّ . رنَّ
Clank قعقعةٌ . خشخشه ‖ قعقعَ . صلَّ (لم يرن)
Clap تصفيقٌ * قصْفُ الرعد * فرقعة . لطمة
رنّانة * مرض السيلان ‖ صفّقَ * طقطق
Clapper مقرعة الباب * لسان الجرس
* خشخيشة لطرد الطيور * مصفقٌ
Clappers مصفقات
Clarifier راووقٌ . مُرَوِّق . مصَفٍّ . مُنَقٍ
Clarify اوضحَ * رَوَّق . صفّى
* تصفّى . راق
Clarionet, Clarinet يراعة . مزمار
Clarity جلاء . صفاء * وضوح
Clash صوت الصدام * تصادُم . تعارُض
Clash تعارضَ مع . تصادَمَ * صلَّ . شخشخ

Clasp مشبكٌ . ابزيم ٭عناق || حَضَنَ ٭شبك
Class طبقة ٭درجة ٭ جنس . نوع . رتبة
٭مجندو سنة... ٭حِصة. فصل دراسى. صَفٌّ
— conflict صراع الطبقات
no — مرتبة رديئة . نوع دون
Class رَتَّبَ . نَسَّق . صَفَّ ٭ ترتَّب
Classic, —al بليغ . عالٍ ٭مدرسى . علمى
٭ قياسى . مأثورى ○ كلاسيك
٭ مختص بفنون وعلوم الاغريق والرومان
Classification فرزٌ . تقسيم . تبويب
Classify رَتَّبَ . نسَّق ٭ بَوَّبَ . قسَّم
Classmate رفيقُ المدرسةِ أو الصف
Clatter قَعْقَعةٌ . طَقْطقة ٭ صليل
٭ قَصْف ٭ ثرثرة || قَعْقَعَ . طَقطق
. قرقع ٭ قَصَفَ الرعد
Clause فِقرةٌ . عِبارة ٭ مَادَّة . بَنْد
Clavicle عَظمُ الترقوَة . الترقوة . ناحرة
Clavier لوحة مفاتيح البيان والارغن
Claw ↔ مِخْلَب . ظُفر . بُرْثُن 
— hammer شاكوش بكماشة
Claw خَربشَ . خَدَشَ . نشب مخالبه
Clay طَفْلٌ . طين خزَفىّ ٭ صَلصال
Clean نَظيفٌ . نقىّ ٭ صافٍ || نَظَّفَ
— *or* clear-cut واضح المعالم . جلى القَسَمات
Cleaning تنظيف
— hole فتحة التنظيف أو التفتيش (ميكا)
Cleanliness نظافة . نقاوة . طهارة ٭ نزاهة
Cleanly نظيف ٭ بنظافةٍ ٭بهندام ٭ بالتمام
Cleanness نظافة . نقاوة . طهارة . براءة

Cleanse طَهَّرَ . نظَّف . نقَّى . غسلَ
Clear صَريحٌ . واضح ٭صَافٍ . رائق . جَلِىّ
٭صحو ٭مُبين ٭ برىء . طاهرُ الذَيل
Clear رَوَّقَ ٭أوضَح ٭أزال . رَفَع ٭خلَّص
Clearance تصريح ٭ تصفية أشغال أو بضائع
— sale بيع تصفية
Clearing إخلاء ٭ ترويق ٭ تطهير ٭ مُقاصّة
(اقتصاد سياسى) ٭ تخليص من الجمرك
٭خلوص . تنظيف (ميكا) ٭ إذن الاقلاع
— agent مستخلص بضائع من الجمرك
Clearness وُضُوح . جَلاء . صَفاءٌ . نقاء
Cleat شَمعةٌ «لربطِ الحبال وخلافه» ○ كليته
Cleave شَقَّ . شجَّ ٭انشقَّ ٭لزقَ بِـ . التصق
Cleaver △ سِكين شط . سكين الجزار الكبير
Cleft مشقوق . مفلوق ٭ فَلقٌ . فَلْع . شق
Clemency رأفة . حِلم . صَفْح . رحمة
Clement رَؤوف . حَليم . طويل الاناة
Cleptomania جنون السرقة
Clergy الاكليروس . خَدَمَةُ الدين . القساوسة
Clergyman قِسّيس . قِسّ . خورى
Clerical كِتابىّ ٭ كهنوتى . إكليركى
— error غلطة كتابية أو حسابية
Clericalism إكليروسِيَّة
Clerk كاتبٌ ٭ كاتب حسابات ٭ موظف دكان
Clever ماهِر △ شاطِر . أريب . حاذق . مجتهد
Cleverness مَهارة . شطارة . اجتهاد
Clew كُبَّةُ غزل أو △ كرارية خيط ٭ دليل
Clew تعقَّبَ ٭ فَرَدَ القلع ٭ تكوَّر
Cliché ○ اكليشيه . روشم

Click ←— سقطة برفّاس ☆ تكتكة . دقّة || طقطق
Client عميل △ زبون ☆ تابع . موالى
Clientele △ الزبائن ☆ زبانة . مجموعة العملاء
Cliff جُرف صخرى . ساحل صخرى وعر
Climacteric فترة عصبية ☆ سن اليأس
Climate △ طقس . مُناخ . إقليم . جو
Climatize أقلم . عوّد على الطقس
Climax ذروة . إبان ☆ منتهى . نهاية ☆ تأويج
Climb تسلّق . تسوّر ☆ صعد △ تشبط
Clime اقليم أو مناخه
Clinch, Clench مسمار برشمة ☆ تثبيت ☆ زر
Clinch, Clench ثبّت ☆ طبّق على . زرّ ☆ أمسك بـ ☆ برشم المسمار
Cling تمسّك بـ . علق أو التصق بـ
Clinic تعليم الطب عملياً ، تدريب ☆ عيادة
Clink خشخشة ☆ صليل || خشخش . شخشخ
Clip جز ☆ جزة ☆ قصاصة . قلامة ←— ☆ مشبك ورق ☆ شابك
Clip جز . قصقص . قرض △ قرطم
Clipper جزاز ☆ مجز . مقرض ←— . ماكينة قص الشعر . مقص ☆ مركب سريع ☆ ممتاز
Clipping قص . جز ☆ قصقصه ☆ جزازة . قصاصة . قلامة . قراضة ☆ أحسن نوع (بالعامية)
Clitoris بظر (من أعضاء تناسل الانثى)
Cloak معطف . عباءة . ملحف || غطى . ستر
—-room مستودع الملابس ○ فستيير ☆ الأمانات

Clock ساعة حائط (كبيرة دقاقة)
—-work آلات الساعة أو اللعب المتحركة ☆ منتظم
Clod مدرة . قطعة طين || تجمد . تخثر
Clog قبقاب ☆ قيد || لبك . عرقل . أعاق
Cloister دير ☆ رواق || حبس في دير
Close ختام . نهاية ☆ سياج ☆ أرض مسورة ☆ ممر ☆ غلق . اقفال . اختتام ☆ ضم . تلاحم ☆ ضيق ☆ محصور . حبيس ☆ بخيل ☆ كتوم ☆ كثيف ☆ غير عمومى . للخاصة ☆ قريب . ملاصق . متلاحم ☆ طبق الأصل ☆ خفي ☆ محبك . مدموك ☆ مستور . محجوب ☆ مقفول . مغلق ☆ مسدود ☆ مكتوم (هواء)
— pleading مرافعة مفحمة ، لا ثغرة فيها
— questioning تضييق في الأسئلة او التحقيق
— *to* بقرب . بجانب . قريب من
a — friend صاحب حميم
a — shave حلاقة ناعمة ☆ اقتراب خطر
Close أقفل ☆ أنهى . أتم ☆ حصر ☆ سوّر ☆ ضم . جمع ☆ قارب ☆ التأم ☆ انتهى ☆ تقارب . دنا من
to — the ranks ضم الصفوف
Closely بالتدقيق . بانتباه ☆ عن قرب ☆ بتقتير
Closeness ضيق . حرج ☆ كتمة الهواء
Closet مخدع . مقصورة ☆ مرحاض
Closing اقفال ☆ وقت الاقفال ☆ سدادة
Closure اقفال المناقشة ☆ انهاء ☆ ختام
Clot جلطة . علق الدم ☆ هلام || تجلط . تخثر

Cloth قُماش * جُوخ
Clothe ألبسَ . كَسى * ارتدى بِـ
Clothes ملابس . ثياب . هدوم * ∆ بياضات
— line حبل الغسيل (لنشر الملابس)
— pin, peg, clip مشبك الغسيل
Clothier صانع او بائع الاقمشة . قمَّاش
Clothing ملابسٌ . ملبوسات . كساء . ثياب
Cloud سَحابةٌ . غيْمة * شائبة || أظلمَ * غام
Cloudiness غمامٌ . ظلام . عَتَمة * غموض
Cloudless رائقٌ . صَافٍ . صحو
Cloudy, Clouded مغَيَّم . غائم . مُظلِم
Clout قماطٌ * خِرْقة || رَفا . رقَّع * لطمَ
Clove كَبْشُ قرنفُل * فَصٌ . سِن
Clove, Cloven, *of* Cleave مشقوق || شَقَّ
Cloven-footed أظلف . مشقوق الحافر
Clover برسيم . نَفَلٌ . قُرط
Clown بُهلول . مُضحِّك * مُهرِّجٌ . ماجن
Clown هرَّجَ
Cloy أشبعَ . شَبَّعَ . أبشم * أتخم . أفعم
Club سباتى (ورق اللعب) * هراوة . نبُّوت قصير * مضرب * نادٍ . ندوة ٥ كلوب || اجتمعوا
Cluck قَرْقٌ . قوقُ الفراخ || قرقت الدجاجة
Clue دَليل . إشارة * كرَّة خيط
Clump قُرْمةُ (خشب) * دغل || جَمَّعَ . لمَّ
Clumsy سمِج . هدُب . أخرَق * غير متقن
Clung, *of* Cling تَعَلَّقَ بِـ
Cluster عُنقود . سباطة . عِذقٌ || تجمَّعَ كعناقيد
Clutch قبضة * مخلب * يد * جهاز تعشيق التروس
Clutch قبضَ على . نشب فى * تعشَّق
Clutter تشوُّشٌ . اضطراب || ضَجَّ . لخبَطَ
Clyster حقنة شرجية
Co. (Company شركة (اختصار
Co- بادئة بمعنى معاً
Coach عربة كبيرة او قطار * مدرب || درَّبَ
Coachman حوذى ∆ عَربجى . سائق مَركبة
Coadjutant, Coadjutor مُساعِد . مُعاون
Coagulate قرَّتَ . تخثَّر . عَقَّد . تجلَّط
Coagulum كتلة دم خاثر . جلطة . قرت
Coal فحمٌ حجَرىٌ . فحمٌ معدِنى
Coalesce اتحدَ ، اتفق مع . امتزج بِـ . اندمج
Coalition تضافُر . تحزُّب * حزب . إتحاد
Coarse خَشِنٌ . غليظ ∆ حَرِش * فظ
— fish سمك غير ممتاز أو دُون
Coarseness خُشونة * فظاظة
Coast يساحلُ البحر || لازمَ الشواطىء بحراً
Coasters سفن ساحلية ، تسافر قرب السواحل
Coast guard خفر السواحل
Coat سُترة أو معطف * غِطاء . فروة * غِلاف * طِلاء . دَهنة ∆ وِش . طبقة * قماش معاطف
Coat طلى . لبَّس . كسى . غشّى . دهن
Coating غِطاء * طَلية ∆ وِش * قماش المعاطف
Coax داعبَ . راوَض . ملَّق . داهن
Cob ذكرُ الأوز العراق * بناء بالاسرومل * حصان قصير القوائم * شخصية كبيرة * شوشة شعر * قرص

Cobbler إسكافىّ △ عُتق

Cobra صِلٌ مِصرىّ . ناشِر

Cobweb شُعّ . بَيْتُ العنكبوت او نسيجه

Coca ○كوكا (نبات يستخرج منه الكوكايين)

Coccyx العُصعُص . أصل الذنَبِ

Cochineal دودة القِرمِز ☆ قِرمِزىّ

Cochlea قوقعة

Cock ديك ☆ ذكرُ الطيور ☆ حَنَفيَّة . صُنبور او محبس ☆ زعيم ☆كومة تبن

Cock تخطَّر ☆ تعجرف ☆ نَصَبَ ☆ قوَّم ☆ كوَّمَ . عَرَّم ☆ حَزَم

Cockade شارةعلى القبَّعات ☆وَرْدَةمن حرير

Cock crow صَياحُ الديك ☆ الفجرُ

Cocker دَلَّلَ △دلَّعَ . لاطفَ . رفَّه

Cockerel دِيكٌ صغير . فرُّوج

Cockle صَدَفٌ بحرىّ ☆ فطير ‖ تغضَّنَ

Cockney لُنْدُنى . ابنُ البندر . من لندن

Cockpit مقعدالطيار ☆معرض صراع الديكة

Cockroach صِرْصارٌ . صَرْصور

Cockscomb «نبات» عُرْفُ الديكِ

Cocoa ○ كاكاو . شكولاته مسحوقة

Cocoa-nut, Coconut جوزةالهند . نارجيل

Cocoon فيلجة . شرنقة . جوزَة القزّ

Coction غلْـى △خرط . طبخ ☆ هضم

C.O.D. (Cash on Delivery) محوّل عليه

Cod سَمك القدّ △ بكَلا ☆ غِمدٌ . كيس ☆ وسادة ☆ كرسى المحور

Coddle مُخنَّثٌ ‖ دَلَّل . عَزَّزَ ☆سبَكَ الطبخ

Code قانونٌ . دستور ☆ دليل اصطلاحات ☆ لغة اصطلاحية

Co-debtors شركاء المدين فى الدين

Co-education التعليم المختلط

Codfish سمك القُدّ △ بكَلا . حُوت

Codliver-oil زَيت السمك . ــ كبد الحوتِ

Codicil مُلحق وصيّة . إبدال فى وَصية

Codify جَمَعَ ونسَّقَ الشرائعَ فى دُستور . قنَّن

Coefficient مُعامل ☆ مكرَّر (جبر) ☆ مساعد . مُسمَّى (رياضيات)

Coerce غَصَبَ . أجبر

Coercive قَهرىّ . اضطرارى . جَبرى . مُمانع

— power, — force القوةالممانعة(مغنطيس)

Coeval مشترِك فى القِدَم أو المدة . مُعاصِرٌ

Coexist عاصَر . وجد مع غيره فى نفس الوقت

Coexistence معاصرة . مصاحبة فى الوجود

Coffee بُنٌ . قَهوة

— mill طاحونة البن

— pot △ تنكةأى بكرج القهوة(التركية) . بلبلة

— house مقهى . قهوة . مشرب القهوة

Coffer خَزنة . صُندوقٌ ☆كنز ‖ سدَّ بالطين

Coffered ceiling سقف مصندق أى مبطن ببانوهات

Coffin تابوتُ الموتى . خَشَبة . ناووس

— bird هُدهُد (طير)

Cog سِن أو ضرس (تُـرس) دولاب(عجلة)
Cog داهَنَ . خدع *سنَّـنَ . عمل أسنان لـ
to — the dice صبَّن أو قرص الظهر(النرد)
Cogent مُلزِم * مُقنِـع . مفحم
Cogged مسنَّـن*مخدوع.مغشوش *مصبَّن
Cogitate تأمَّل . تفكَّـر *نـوى
Cognac ٥ كونياك . خمر فرنسية
Cognate من أصل واحد * مُشابه * قريب من الأم
Cognizance اطلاع . عِلم . دِراية* عَلامة * ملاحظة*اختصاص*قضاء .سماع الدعوى
Cognizant *of* مُطَّلِـع على . عالم بِـ
Cognomen لَـقَـبٌ . اسمُ العائلة . كنية
Cogwheel عَجَلة مُسَنَّـنة ∆ ترس . دولاب ذو ضروس
Cohabit سَاكَنَ . عاشَر*ضاجَع
Cohabitation زيجة غير شرعيَّـة . مُساكنة
Coheir شَريكٌ في إرْثٍ . موارث
Cohere التَـزَقَ . التصَق . التحَم * لاءَم
Coherence التآم.ملاصَقة.التزاق *مطابقة
Cohesion جاذبيَّـة الالتصاق.التحام.التصاق
Cohesive تماسكي*مُلتَـحِم*لاحِم.مُلصِق
Cohort فَـيلَقُ عَسكر * كَتيبة*فرقة*جماعة
Coil مِلفٌ . لَـفَّـة . حويَّـة *لَـولَب سلكي
Coil التَفَّ . تحوَّى . تَـكوَّر*كوَّر. لفَّ
Coin عُملةٌ .سَكّة.نُـقود || ضرَبَ عُملة*صاغَ
Coinage ضَرْبُ النقود .سك .صياغة العملة
Coincide طابَقَ . اتفق .وافق حدوثه مع آخر
Coincidence مُطابَـقةٌ * اتفاق . صُدفة

Coincident متطابق . مُنطبق تمام الانطباق
Coinheritance إشتراكٌ في الميراثِ
Coir ليف جوز الهند او حبال منه
Co-insurance تأمين في عدة شركات
Coition, Coitus جِماعٌ . مجامعة
Coke فحم كوك
Colander مصفاة ∆ مصفة
Cold بارِدٌ *رَزين *رَشح . زُكام *برْد
— blooded متغيرة الحرارة (كالاسماك والزواحف)
—-short steel فولاذ قَـصِـم ، سَريع الانـكسار
— war الحرب الباردة . حرب اعصاب
Coldly ببرُودٍ . بفتور . بعدم اكتراث
Coldness برود . فتور * برودة . برد
Coleoptera حشرة غمدية الاجنحة (كالخنافس)
Colic مَغصٌ . قُـضاع . قولنج
Collaboration اشتراك في عمل *تعاوُن مع العدو
Collapse سقوطٌ || سَقَطَ . تدَهْور
Collar طَوْقٌ ∆ ياقة
Collar-bone عظمُ الترقُـوَة
Collate قارَنَ .قابل* نَـظَّـمَ
Collated telegram برقيـةٌ مكررة لضمان وصولها
Collateral مُوازٍ . مجانِبٌ *ثانويٌ *ملحق . تكميلي . إضافي *نسيب . قريب بعيد
— security *or* guarantee ضمان إضافي
Collation مُقارنة . مقابلة * فحص * لجنة ∆ تصبيرة . أكلة خفيفة

Colleague زَميلٌ . رصيف
Collect صلاةٌ قصيرة . وِرْد ‖ جَمَعَ . لَمَّ
Collected مجموع . متجمِّع ٭ رَزين . رصين
Collectedly جمعاً ٭ بهدوء بال . برباطة جأش
Collection جمع ٭ تحصيل ٭ مجموعة ٭ اجتماع
Collective مُتَجمِّع ٭ كثرة ٭ تضامنى
Collectively اجماعاً . اجمالاً . معاً
Collectivism مشايعة . امتلاك كل شيء مشاعاً
Collector مُحصِّل ∆ تحصيلجى ٭ جامِعٌ
College كلية . معهد . مدرسة كلّية
Collegian تلميذ او طالب فى جامعة او كليه
Collide تصادَمَ ٭ تعارض
Collie, Colly كلب اسكتلندى لحراسة الغنم
Collier فحَّام . مُعدِّن الفحم ٭ مركب للفحم
Colliery منْجَم الفحم الحجرىّ
Collision اصطدام . تصادُم ٭ تلاطُم ٭ ارتطام
Collocate نسَّقَ . رتَّب . نظَّم ٭ عيَّن
Collocutor كليمٌ . مُتكلِّم . محاور
Collop شريحة لحم او شحم
Colloquial دارِجٌ . عامىّ ٭ اللغة الدارجة
Colloquy محاوَرَة . مُذاكرة . مكالَمَة
Collude تخامروا على شرٍ . تواطأوا
Collusion تواطُؤ . اتفاق على شر
Colon (:) قَولون . عراق ٭ عَلامة وَقف
transverse — القولون المعترض
Colonel عميد ∆ أميرالاى ○ كولونيل
Colonial استعمارى ٭ خاص بالمستعمرات
Colonist مستعمر . مُستوطِنُ المستعمرات

Colonization إستعمار
Colonize استَعمَرَ . استوطن . أنشأ مهجراً
Colonnade رواق ∆ بواكى . صف أعمدة
Colony مستعمَرة . مهجَر ٭ جاليَة
Colophony قَلفونيَّة . لبانة شامى
Coloquintida, Colocynth عَلْقَم . حنظل
Coloration, Colouration تلوين ٭ تلوُّن
Colorific مُلوِّن . مخضِّب
Colossal مهول . كبيرُ الحجم . ضَخْم
Colossus تمثالٌ هائل أو كبير الحجم . المارد
Colour لونٌ ٭ صِباغ ‖ صَبَغَ ٭ لوَّن . تلوَّن
loud — لون زاه ، زهي ، ∆ مزهزه
Coloured ملوَّن . كثير الالوان
— people ليس من الجنس الابيض ٭ السود
Colouring صبْغ . تلوين ٭ لون ٭ تلوُّن
Colourless بلا لونٍ ∆ سادَه
Colours لواء . راية . عَلَم ٭ ألوان
Colportage بيع الكتب بالتجوُّلِ
Colporteur موزِّع كُتب ٭ دوَّار
Colt فِلو . مُهر ٭ جَحْش
Colter سلاح المحراث ∆ فدان
Column عَمود ٭ خانة . نهر ٭ فِرقة . طابور
Columnar عَمودىّ ٭ ذو خانات مستطيلة
Columnist كاتب عمود فى جريدة بانتظام
Coma سُبات . غيبوبة . بُحران ٭ ذَيل النجمِ
Comatose سابتٌ . غائب الوعى . فاقد الحس
Comb مُشْط ٭ عُرف ∆ شُوشَة ٭ قرص عسل
Comb مَشَّطَ ∆ سرَّح ∆ فَلَّ

Combat قِتالٌ. صراع || نازَلَ ٭ ضارَب
Combatant مُحارِب. مُقاتل ٭ منازع. مخاصم
Combativeness الميل للقتال او النضال
Combination اتّحاد ٭ اتحاد احتكارى ٭ زمرة. جماعة ٭ مجموعة ٭ قميص نسائى ٭ مزيج. خليط. مركّب. تركيب. توليفة ٭ توحيد. ضم ٭ تجميع. توفيق
— lock قفل يفتح بالارقام او الحروف
Combine وحَّدَ. مزج. ركّب ٭ اتحد. امتزج
Combustible سَريعُ الالتهاب. قابل للحريق
Combustion حرق. احتراق. حريق. اشتعال
Come جاءَ. حضَر. قدِمَ. أتى ٭ حدث ٭ وصل
to — short فشلَ. خسر. خاب. قصَّر عن
to — across قابلَ. صادف. التقى بـ ٭ عبر
Comedian ممثل روايات هزليّة
Comedy كوميديا. مَلهاة. رواية هزليّة
Comeliness جَمال. حُسن. بَهاء. لياقة
Comely جميل. حَسَن. ظريف. كيِّس
Comestible مأكول. يؤكل. أطعمة
Comet ← مُذنَّب. نجم ذو ذنَب
Comfit مسكّرات. حلوى
Comfort راحةٌ ٭ تعزية. سلوى
Comfort عزّى. آسى ٭ أراحَ
Comfortable مُريحٌ ٭ رَحْب ٭ مستريح ٭ مُعَزٍّ. مُسَلٍ
— bed فراش وثير
Comforter مُعَزٍّ. جابر القلب ٭ ملفحة رقبة
Comic, —al مُضْحِك. هَزْلىّ. مجونى
Coming إقترابٌ. قُدوم. إتْيان ٭ قادِم

Comma (،) شولة. علامَة وَقْفٍ قصيرة
Command أمرٌ ٭ وصيّة ٭ قيادة ٭ إشراف || اشْرَفَ أو أطَلَّ على ٭ رَأَسَ. قاد ٭ أمَرَ
Commandant, Commander قَائِد. رئيس ٭ △ حكمدار ○ قومندان
— of the Faithful أمير المؤمنين
Commanding مُشْرِف. مُطِل على ٭ آمِرٌ
Commandment أمْرٌ. وَصيّة
Commandments الوصايا العَشر
Commando فدائي
Commeasurable بذاتِ القياسِ
Commemorate احتفلَ بذكرى. احيا ذكرى
Commence بَدَأَ. ابْتَدَأَ. شَرَعَ في
Commencement بَدْءٌ. بَداءة. شُروع
Commend مدحَ. أوصى بـ ٭ استودع
Commendable حميدٌ. مَمْدوح. حَسَن
Commensurable مُقاس. مَقيس ٭ متناسب
Commensurate مطابق ٭ مشترك. بذات القياس
Comment شَرْحٌ || علَّقَ على. فسَّر. شَرَح
Commentary تعليق. تفسير. تأويل ٭ شَرْح
Commentator مُفَسِّر. شَارِح. معقِّب
Commerce تجارة ٭ متجر ٭ مُخالطَة. جماع. مُضاجَعَة || تاجَرَ. باع واشْترَى
Commercial تجاريّ. مختص بالتجارة
Comminatory ارْهابىّ. تهديدى. وعيدى
Commingle مزَجَ. خلَطَ ٭ اختلَط
Comminute فَتَّتَ ٭ دقَّ. سحق
Commiserate شْفَقَ، عطف على. رثا لـ

Commiseration شَفَقَةٌ .حَنان . رحمة
Commissariat ادارة المؤنة الحربيــة
☆○ قوميسارية
Commissary مأمور. نائب ☆قوميسير المهمات
Commission مأموريّـة . مهمة ☆تفويض
☆ لجنة ☆ وَكالة ☆ عمولة . سَمْسَرَة
Commission عَهِد إلى . كَلَّف بـ
Commissioner عُضو لجنة☆مأمور.مفوض
High — مندوب سام
Commit ارْتَـكَبَ . اقْترفَ ☆ عَهِدَ الى
. ائْتمنَ على . استودع ☆ ورَّط
to — suicide انْتَـحَرَ
to — for trial أحالَ على المحاكمة
to — to memory حفظ غيباً
Commitment حَبْسٌ . ايدَاعُ السجْن
☆ائتمان ☆احالة مشروع أو قانون على لجنة
—s التزامات مالية (مسئولية)
Committal حَبْس ☆ارْتِـكاب
Committee لَـجْنَـة . جَمْعِيَّـة . مجْلِس .
Committing Judge قاضي الاحالة
Commode كومودينو.خِزانةصغيرةللبياضات
Commodious مُرِيحٌ ☆ رَحْب
Commodity سِلْـعَـة. بِضاعَة.مَتاع☆راحَة
Commodore رئيس عمارة بحَـريَّـة . ربان
Common عُمومىّ . عَامّ . مُشاع ☆ مشترك
☆شائِع . معروف ☆عادىّ☆دُون .حَقير
— divisor القاسم المشترك (رياضة)
— fraction كسر اعتيادى
— ground أرض مباحة للجميع.ساحة عمومية

— noun اسم نـكرة
— sense إدراك صائب . حَصافة
— year السنة البسيطة
in — مشترك . مشاع . سويّـةً . بالاشتراك
Commoner عامّىّ .شعبي ☆عضو مجلس العموم
Commonly عُموماً . غالباً ☆ كثيراً ما
Commonplace تافِـه ☆ عادىّ
Commons العَـوام . الشَّعْب ☆ قُـوتٌ
☆ عضو مجلس العموم
House of — مجلس العموم.مجْلِس الأُمة
Commonwealth حكومَةحرة ☆جُمْـهورية
Commotion اضْطِراب . هَرْجٌ ومَرْجٌ
.هَيَجان . قَـلَقٌ ☆ صدمة عصبية
Commune تحادَثَ مع ☆تناول العشاء الربانىّ
Communicant مشترِكٌ فى العشاء الربانى
. متناول
Communicate رَاسَلَ . خابر ☆ بَـلَّـغَ
.أطْـلَـعَ على ☆ خالط ☆ أوصَلَ . نقل
☆ أعدى ☆تناول أو ناول العشاء الربانى
Communication مُراسَلَةٌ . مكاتبة ☆رسالة
. خبر ☆اتصَال ☆تبْـليغ .إخْبار . اعلام
☆ معاشرة . مخالطة ☆ عدوى ☆ طريق
—s مواصلات
Communicative مُوَصِّل ☆ محب العشرة
☆ مذياع
Communion مخَـالَـطَـة ☆اشتراك فى صفة
☆مشاركة. شيوع ☆ زِمالة . تجاوب روحى
☆ طائفة ☆ مناولة
Communism الشيوعية △ بلشفية ☆مشايعة

Communist شيوعى . اشتراكى متطرف
Community شيوع ، مشاركة * معاشرة . اختلاط * اشتراكية . اجتماعية * طائفة . مذهب * جالية . جماعة . شَرِكة * جُمهور
Commutable قابل للتعديل * يُبْدَلُ
Commutation تعديل . ابدال . بدَل * تخفيف
Commutator عاكِسُ التيار . محوِّل الكهرباء
Commute بَدَّلَ . بَدَّلَ * عَدَّلَ . خفف
Compact مُحكَم * مدمَج . متجمِّع * عَهْدٌ
Compactness إحكام * دموج . اكتِناز . إندماج
Companion رَفيق . عَشير . صَديق . زميل
—s of the Cave أهل الكهف
Companionship زمالة . رُفقة . عِشرَة . صحبة
Company رُفْقَة * شَرِكة * جماعة * فرقة مشاة * طاقم سفينة
limited liability — شركة مساهمة محدودة
to keep — رافقَ . صاحَبَ
Comparative تَشْبيهيّ . نسبيّ . قياسى
— jurisprudence علم الفقه المقارن
Comparatively نسبياً . بالنِسْبَة . بالمقابلة
Compare قابَلَ بكذا . قارَنَ * ضاهى . ماثل
Comparison مُقارَنَة . مقابلة . مشابهة
Compartment قِسْمٌ * بَيت . عَيْن * ديوان فى عربة . مقصورة
Compass . بَوصلة ← بيت الابرة * دائرة . محيط . نطاق * مجال * استدارة * مدى * مستدير

Compass أحدَقَ . طوَّق . أحاط بـ * طاف حول * أتمَّ * دَبَّر أمراً * قوَّس . حنى
Compasses, Compass ∆ بَرْجَل . بِرْكار . فِرجار
Compassion رَحمَة . رأفَة . حُنُوٌّ
Compassionate رحيم . رَؤوف . شفوق
Compatibility توافق . مناسبة . ائتلاف
Compatible مُوافق . مناسِب . مُلائم * مؤتلف
Compatriot مُواطِن . ابن بلد واحد . بَلديه
Compel ألزَمَ . غصَبَ . اضطرَّ . أجبر
Compend, —ium مجمل . مُوجَز * خلاصة
Compensate عوَّضَ عن . كافَأَ . اثاب
Compensation عِوضٌ . تعويض . مكافأة . مقاصة
Compere مُقَدِّم (فى الاذاعة والملاهى)
Compensating errors أخطاء متكافئة . أخطاء مُعَوِّضَة
Compete بارَى . سَابقَ . زاحم . نافس
Competence } اختصاص * غنى . كفاية * قدرة . جدارة . أهلية
Competency
Competent كفء * ذو أهلية * مختص
Competition مباراة . مسابقة * مزاحمة . منافسة * مضاربة
Competitive سباقىّ . تزاحُمى . تنافسى
— prices أثمان لا تقبل المزاحمة
Competitor مزاحِم . مناظِر . منافس
Compilation جَمع * تنسيق . تأليف * مجموعة
— of records جمْع المعلومات
Compile صَنَّفَ . ألَّفَ . جَمَعَ * رتَّب

Complacence } سُرورٌ . انبساط . غبطة
Complacency }
Camplacent لطيف . بشوش . منشرح ✲ مُجامل
Complain اشْتكى . تَظَلَّمَ
Complainant } مُشْتكٍ . مُتظَلِّم . شاك
Complainer } ✲ متذمِّر ✲ مُدَّعٍ
Complaint علَّة ✲ شَكوى . ظُلامَة ✲ تهمة
Complaisant لطيف . مِفضال . مجامل
Complement تتِمَّة . تكمِلَة . كمالة . متمم
Complemental } مُتَمِّم ✲ تَتْميمى
Complementary } مُلحَق ✲ تكلُفى
— angles زاويتان متتامتان ، مجموعهما زاوية قائمة
Complete تامّ . كامِل
Complete تَمَّمَ . أكْمَلَ . أنجز
Completely تماماً . بالكلّية
Completion إتمام . إكمال . إنجاز ✲ تمام
Complex عقدة نفسية ✲ مُرَكَّب ✲ مُشَبَّك . معقَّد . تسلُّط فكرة
Complexion لوْن وهيئة الوجه او البَشَرة ✲ مزاج
Complexity تعقيد △ شربكة . اختلاط
Compliance امْتِثال . استجابة . طاعَة
Compliant موافق . مُطيع . خاضِع ✲ مُسالم
Complicate مُعَقَّدٌ ‖ شَبَّكَ . عقَّد
Complicated معقَّدٌ . مشوش △ مشربك
— cataract سَدٌ بمضاعفات (رمد)
Complication تعقيد ✲ تشويش ✲ عرقلة ✲ مضاعفة (طب)

Complicity اشْتراك فى ذَنْب . تواطؤ
Compliment تحيَّة ‖ مَدَحَ ✲ تملَّق
Complimentary اطرائى . مَديحى ✲ بلامقابل
Complot تواطؤ . مؤامرة ‖ تواطأوا
Comply أذْعَنَ . طاوَع ✲ اسْتَجاب
to — with طابقَ . وافق
Component جُزْءٌ ✲ مكوِّن . عامل
velocity — مُرَكِّبة السرعة
Comport سلك . تصرّف ✲ ناسَب . طابق
Compose صَنَّفَ . ألَّفَ ✲ رَكَّبَ ✲ صَفَّ الحروف ✲ هيأ . حَضَّرَ ✲ صالح ✲ هدَّأ . سكَّن
Composed هادئ . مُطْمَئِنّ البال . رَزين
— of مُرَكَّبٌ من . مولَّف من
Composer مؤلف . مُصَنِّف ✲ جامع ✲ ملحن
Composite مزيج . مُركَّب . مخلوط . خليط
Composition انشاء ✲ تركيب ✲ مزيج ✲ صف الحروف ✲ تسوية تجارية . نسبة ما يدفعه المفلس من ديونه
Compositor △ جَمِّيع . صَفَّاف حروف
Compost سَماد بلدى . سَبْلة . سِرفين
Composure رَصانة . سَكينة . رباطة جأش
Compote ○ كمبوت . فاكهة مسلوقة بسكر
Compound مُركَّب ✲ مَزيجٌ . خَليط . تركيب
— fracture كسر يصحبه تمزُّق الجلد
— interest فائِدة مُرَكَّبة
— ratio النسبة المركبة
Compound ركَّبَ . مَزَجَ ✲ وفَّق ✲ تراضى
to — a folony تستَّرَ على جريمة ضد شخصه

Comprehend شَمِلَ . تضمَّن . احْتوى
☆ فَهِمَ . أدْرَكَ . فَقِهَ
Comprehensible يُدْرِكهُ العَقْلُ . مفهوم
Comprehension إدْراك . فَهْم ☆ذكاء
☆ شمول . تَضَمُّن . استيعاب
Comprehensive شامِل . جامِع . واسع
الادراك . مُدرِك ☆ مُتَّسِع ☆ محبوك
Compressed air الهواء المضغوط
Compress ضمادة . كمادة ☆ رِفادة . عصابة
☆مِكبسٌ ‖ كَبَسَ . شَدَّ أو ضغَطَ . حصَر
Compressibility قابليَّة الإنضغاط
. مضغوطية . انضغاطية
Compressible قابِلُ الانضغاط . يُكبس
Compression ضغط.كبس ☆ضغط المصروفات
— balance ميزان الانضغاط
Compressor عاصِر . ضاغط . كابس
Comprise, Comprize تَضَمَّنَ . شَمِلَ
Compromise اتفاقٌ ودىّ . تراضٍ ☆صُلْح
.تسوية مع الدائنين ☆ تحكيم ☆ تعريض للهوان
Compromise سوَّى . وفَّقَ . راضى
. صالح ☆ عرض للخطر او الشبهة
. تعرض للظنون والشكوك
Compulsatory الزامىّ . جَبْرى . قهرى
Compulsion الزام. إكْراه . إرْغام . إجبار
Compulsive قَهْرىّ . جَبرى .الزامى
Compulsory لازِب . محتم ☆ اضطِرارىّ
Compunction تأنيبٌ . وخزُ الضَّمير . ندم
Computation حِسابٌ.عدٌّ ☆ تخمين. تقدير
Compute حَسَبَ.عَدَّ. أحْصى ☆قدَّر .خمَّن

Comrade رَفيقٌ . زَميل . صاحب
Con -, Com - بادئة معناها «مع» او «متحد»
Con ضدّ . على العكس ☆مَع ‖ دَرَسَ . علِمَ
—s and pros ما له وما عليه . مع وضد
Concatenate رَبَطَ . سَلْسَلَ . شبك معاً
Concave مُقَعَّر . مُجَوَّف ☆ تجويف
— mirror المِرآة المقعرة
Concavity تجْويف . تقعير ☆تقعر
Concavo-concave مزدوج التقعير . مقعَّر من الوجهين
Concavo – Convex مقعَّر محدَّب
Conceal أخْفى . خَبَّأَ ☆ اختبأَ ☆ كتم عن
Concede رَضِيَ . سلَّم بِـ ☆مَنَحَ ☆تنزَّل عن
Conceit خُيلاء . غُرور ☆ نزوة
out of — with كراهةٌ فى
Conceited مُغْتَرٌّ أو مُعْجَب بنفسه
Conceivable يمكن ادراكه او تصوّره.مَعقول
Conceive حَبِلَت. حمَلت ☆ أدْرَكَ.فَهِمَ
☆تصوَّرَ . تخيَّل ☆ ظَنَّ ☆استنبط
Concentrate لَخَّصَ . رَكَّزَ ☆ حَشَدَ
. جمَّع ☆ حصر الفكر . استغرق ☆ نظَّف
المعدن الخام ☆ لمَّ فى بؤرة . ركَّز
—d solution محلول مُشبَّع
Concentration تركيز ☆ حشد ☆ تكثيف
☆ حصر ☆ تنظيف المعادن الخام
— camp معتقل ☆ معسكر لحشد الجيوش
Concentric متحد المركز، كدائرة داخل اخرى
Concentricity تراكُز . توسُّط المركز
Concept ظنٌّ . تصورٌ . رأى ☆ ادراك

Conception حَبَلٌ . حَمْل * رأي . فكرة * تصور . ظَنٌّ *استيعاب . فهم*إبتكار

Conceptualism التصويرية (مذهب فلسفي)

Concern أمر *عمل او محل تجاري*مصلحة . تعلق . شأن *اهتمام*قلق . انشغال فكر

Concern خصَّ . تعلَّق بـ * همَّ

Concerned له مصلحة . يهمه *مُهْتَم *قلق

Concerning بخصوص . بشأن . فيما يختص بـ

Concert وفاق . اتفاق *حفلة موسيقية . جوقة * ألفة الالحان او الاصوات

Concert تشاوروا * أتمروا * اتفقوا

Concerted مُتَّفَق عليه * مُدَبَّر

Concession امتياز حكومي . رُخْصة*إذعان *سماح*تنازل*أرض سمحت الحكومة باستعمالها

Concessionnaire صاحب الامتياز . ملتزم

Conch ودع حلزوى كبير . محارة *صحن الاذن

Conciliate صَالَح . وفَّق بَيْن * استرضى

Conciliation تسوية . توفيق * مصالحة * استرضاء

Conciliative, Conciliatory مُذهِب للزَّعَل والخصام . سِلْمِيٌّ . صُلْحِي * موَفِّق

Concise مجمل . مختصر . وجيز . موجز

Conciseness اختصار . ايجاز * تلخيص

Concision اختصار * قطع . اقْتِضَاب

Conclave اجْتِماع سِرِّي * مجمع كرادلة

Conclude أنجز . خَتَم * استنتج * انهى

to — an agreement عمل اتفاق

Conclusion استِنتاج * نتيجة * خِتام * جزم . قرار * اتمام . ابرام

Conclusive قطعيٌّ . باتٌّ * جازم

Concoct طَبَخ *دَبَّر . وضَّب . اخترع . استنبط

Concoction طَبْخ * تدبير . اختراع

Concomitant مُصاحِب . مُلازِم . متفق مع

— circumstances ظروف ملازمة او تبعية

Concord إتِّفاق . توافق . إتحاد * اتفاق الالحان * الفة . وِئام * معاهدة . تعاهد

Concordance اتفاق * مطابقة * فِهْرِس كلمات

Cancordant موافق . مؤتلف * وِفْقيٌّ

Concordat اتفاق بين الدين ودائنيه * إتفاقية بابوية * عهد . ميثاق

Concourse زحام . جمع * اجتماع * ملتقى

Concrete خَرَسانة . جامِدٌ * مُتَحَجِّرٌ * مُعَيَّن . مخصص . ملموس . واقعي * مميز

Concubinage تَسَرِّي . اسْتِسْرار

Concubine مَحْظِيَّة . سُرِّيَّة * جارية

Concupiscence شَهْوَة . غُلْمة

Concupiscent غِلِّيمٌ . شَبِقٌ . شهوانى

Concur تلاق . اتَّفَقَ . تطابق * رضِيَ

Concurrence اتفاقٌ . توافق * تكاتف * منافسة * رِضاء . قبول

Concurrent مُتشاركٌ فى زمن الحدوث * مشترك . متوافق* متلازم * متلاقٍ * مرافق * معاون

Concussion ارتجاج . هزة . صدمة*تصادم

Condemn حَكَمَ على . دان . حرَمَ . ذمَّ

Condemnation ادانة .دَينونة.حكم*عقاب
Condense كَثَّفَ . لخَّص * تكاثفَ
Condensation تكاثف .تكثيف . تركيز * تلخيص
Condensed milk لبن مركّز . ـ مكثّف
Condenser مكثّف . كُنْدِنْسَة
Condescend تنازَلَ .تعطّفَ * ارْتَضى
Condescension تنازُل . تفضل
Condign مستحق * صوابيٌ . في محلّه
Condiment تابِلٌ . بَهار . افوايه
Condisciple رفيقُ أو زميلُ المدرسة
Condition شرطٌ * حالة * مَركَز
Condition اشترط.شارط*كيَّف*جرَّب
Conditional شَرطيّ * تحت شرط
— acceptance قبول (كمبيالة) بشرط
— sentence حكم مع وقف التنفيذ
Conditioned مكيَّف *مشروط .موقوف
Condole شاطرَهُ الاسى * آسى
Condolement } تحسُّر . أسفٌ * تعزية . مؤاسات
Condolence
Conduce سبَّبَ . افضى الى * ساعَدَ
Conducive باعث على . مُؤَدٍّ الى
Conduct سلوك . تصرف * سيرة * معاملة * ادارة . قيادة
— sheet ورقة المخالفات
Conduct أدار*قاد*أرشد*أوصل.وَصَّل
to — a law suit رفع دعوى
to — oneself أحسنَ السلوك . تصرَّف بحصافة

Conductor مُوَصِّل * سائق . سَوَّاق * △ كمساري * قائد . مرشد
Condyloma نامية شرجية . ثؤلول
Cone مَخْروط *قمع * كوز
Confabulate تحادثوا. تسامروا
Confection مربى.حَلواء*صُنْع
Confectioner حلوانى △ حلوانى
Confectionery حَلوى * محل حَلَوانى
Confederacy تحالُف * تآمُر * اتحاد ولايات تحت دولة واحدة
Confederate مُعاهد *حليف فى (مكيدة)
Confederate تحالَفوا . تعاهدوا
Confederation اتحاد أو تحالُف دولى * حِلف * ولايات متحالفة
Confer تداولوا * مَنَحَ . أنعمَ على
Conference مؤتَمر * مداولة . مفاوضة
Confess اقَرَّ . اعترف بـ *ادعى*اعتقد
Confession إعترافٌ . اقرار * ملة
Confessional كرسيّ الاعتراف*اعترافيّ
Confessor معرِّف.معلِم اعتراف*معترف
Confetti نثار .ورق رفيع يُنْثَر .○ كنفتي
Confident أمينُ سرّ. نَجيّ . موضع الثقة
Confide اسْتأمَنَ على . استوْدَع . وثق بـ
Confidence ثِقَة . اتكال * جُرأة
— man نصَّاب △ أونطجي
Confident واثِق . متحقّق * وقح *صفيّ * موثوق به . مستودع السرّ
Confidential سِرّي * خصوصي . خاص
Confidently بلا تردُّد . بثقة * سرّياً

Configuration تناسق * ترتيب * شكل . صورة . هيئة * موقع الكواكب

Confine حدٌّ . تخم

Confine تاخَمَ . اتَّصل بـِ * حدَّد * حصَرَ * حَبَس . اعتقل * اقتصر على * قَصَرَ

Confined نفساء * ضَيِّق * محبوس . محصور

— to bed ملازمُ الفراش

Confinement حَصْر . حبس * اقتصار * وضع

Confirm أكَّدَ . أيَّد . عَزَّز . ثبَّت * حقَّق * صادق على * منح سر التثبيت

Confirmation تأييد . تثبيت . تأكيد * تقوية * تثبيت العماد

Confirmative, Confirmatory تأييدي

Confirmed متأصلٌ * مُثَبَّت * معزز

Confiscate صادَرَ . ضبط الشيء للحكومة

Confiscation مصادَرَة . استباحة

Conflagration حَريقة * احتراق . اشتعال

Conflict مَعْرَكة * نِزاع . نضال * تصادُم

— of laws تضارب القوانين

Conflict ناقَضَ . خالف * تَصادَم . تعارض

Conflicting متناقِض . متضارب . متعارض

Confluence, Conflux مُلتقى نهرين . مَصَبٌّ * السير معاً

Confluent مُتلاقٍ . سائرٌ مع * صابٌّ في * مشتبك . منتشر ملتصقاً (جدري)

Conform طابَقَ . وافق * عَمِل بموْجب

Conformably *with* وفقاً لـ . بموجب

Conformation تكوين . تركيب * مطابقة * صورة . هيئة

Conformity مطابقة . موافقة * امتثال

in — with طبقاً لـ

Confound قهرَ * خلَطَ أو اخطأ بين شيئين * أزعج . حَيَّرَ . خَبَلَ * خزى

Confounded مرتبِكٌ . متبلبل * لعين

Confraternity إخاء . أخوَّة * أخوية دينية

Confront جابه . واجَهَ . قابَل * تصدَّى لـ

Confuse أرْبَكَ . حَيَّر * خزى * اضطرب

Confusion إخلالٌ * ارتباك . بلبلة * إختلاط . لبس * اضطراب . شغب * فشل . خزى * اتحاد الذمة (التجارة)

Confute فنَّدَ . دحَضَ . خطَّأ . نقضَ

Congeal جَمَّدَ . عقَّد * تجمدَ * تخثَّر

Congenial مُجانِس * من طبيعة واحدة

Congeniality تجانس . مجانسة * مشابهة في الطباع

Congenital خلقي . فِطري . منذ الولادة

Conger ثعبان البحر . صِلَّور . انكليس

Congest جَمَّعَ . رَكَم * حقَنَ * احتقَن

Congested محتقن * مزدحم

Congestion تجمع . تراكم . ازدحام * احتقان

Conglobate مكبَّب . مكتَّل

Conglomerate كبَّبَ . كتَّل . صار أو صيَّر كروياً

Congratulate هنَّأ . قدّم التهانئ . بارك له

Congratulation تهنئةٌ . مباركة

Congregate متجمِّعٌ . مُكتنز * اجماعي

Congregate جَمَّعَ * تجمع * حشَدَ * احتشدوا

Congregation اجتماع . جمعية . مجمع ٭ أخوية أو رهبانية ٭ تجمُّع . طائفة ٭ ملة ٭ شَعْبُ « الكنيسة » . جماعة المصلين
Congregational طائفى . مِلّي
Congress مؤتمر . اجتماع معتمدى دول أو هيئات رسمية ٭ مجلس نواب الولايات المتحدة
Congruence, Congruity كفاية ٭ ائتلاف . الفة . تناسُب ٭ تطابُق ٭ لياقة
Congruent, Congruous مؤتلف ٭ مطابق . مناسِب . ملائم ٭ مجانِس
Conic, —al مخروطى الشكل
— projection المسقط المخروطى
Conjecture تخمينٌ . ظنّ ‖ خمَّنَ . حَزَرَ
Conjoin ضمَّ الى . جمع . وصل ٭ أشركَ ٭ اقترنَ
Conjointly معاً . سويَّةً ٭ بالاتحاد مع
Conjugal زواجي . مختصّ بالزواج . قِراني
Conjugate مترافق . مزاوج ٭ مقرون ٭ مُصَرَّف
Conjugate صرَّفَ الفعل ٭ جمع ٭ اقترن
Conjugation تصريف الفعل ٭ جمع . تزاوج
Conjunction حَرْف عَطف ٭ اقتران ٭ ضمّ
Conjunctiva ملتحمة . باطن الجفن
Conjunctive رابطٌ ٭ عاطِف ٭ عطفى
Conjuncture وَصْل ٭ ارتباط ٭ حَزَّة . شِدَّة
Conjuration تعزيم . رُقية . سِحر ٭ مناشدَة
Conjure ناشدَ . استحلَفَ ٭ عزَّم . سحَر
Conjurer مُشعوِذٌ . ساحِر . حاوٍ ٭ متعاهد
Connate مقترن النمو ٭ خِلقى . فطرى ٭ صنوان
Connect وصلَ . رَبَط . قرَنَ
Connection, Connexion صِلة . علاقة . ارتباط ٭ ربط . توصيل ٭ نسب . قرابة
in this — بهذه المناسبة . بهذا الخصوص
Connector موصِّل . وَصلة ٭ رابطة
Conning الحفظ بالتكرار ٭ مراقبة
Connivance تجاهل . إغضاء . تستر ٭ تواطؤ
Connive تجاهلَ ٭ تغاضى عن ٭ تستر على
Connote أفهمَ ضمناً . تضمَّنَ
Connubial زواجى ٭ مختص بالزوج او الزوجة
Conoid شبه مخروط . مخروطانى ٭ الغدة الصنوبرية
Conquer قهرَ . ظَفِر على . غلب . دوَّخ
Conqueror غالِبٌ . منتصِر . فاتح . قاهر
Conquest فتحٌ . غَلَبة . اخضاع ٭ امتلاك
Consanguineous من دَمٍ واحد ٭ من أب واحد
Consanguinity قرابة عصَب ٭ اتصالُ دمٍ
Conscience ضَمير . ذمَّة . طَويَّة
Conscientious حَيّ الضمير . ذو الوعى
Conscious صَاحٍ . واعٍ . شاعر ٭ دارٍ بِـ
Consciousness وعيٌ . شعور . وجدان ٭ علم بـ
Conscript مُجَنَّدٌ ∆ نفَر قُرعة ‖ جَنَّدَ
Conscription تجنيد إجبارى . القرعة
Consecrate خصّصَ ٭ كرَّس . رَسَم ٭ نذَر
Conscecration تكريسٌ . وقف . تخصيص ٭ تقديس . تدشين . رسامة ٭ قبول
Consecutive متتابع . متسلسل . متوالٍ
— number رقم متسلسل . عدد متتالى

Consent قبولٌ. رضا ‖ قبِلَ. رَضِيَ. وافق
Consequence عاقبة. نتيجة * تأثير * أهمية
Consequent لاحقٌ * مترتب او ناتج عن
Consequently من ثَمَّ. وعليه. بناءعليه. إذاً
Conservation حفظ. صيانة. وِقاية * بقاء
Conservatism مذهب المحافظين
Conservative محافِظٌ (على القديم)
Conservatoire معهد موسيقي راقٍ
Conservatory تحفُّظيٌّ. احتياطيٌّ * معهد موسيقى * مستنبت زجاجى لوقاية نباتات
Conserve مربَّى. حلوى
Conserve حَفَظَ * سكَّر الثمار او الاعشاب
Consider تأمَّلَ. تبصَّر. نظر فى * أضمرَ على * اعتبرَ. حَسِب. عَدّ * راعى
Considerable مستحق الاعتبار * كبير. عظيم
Considerate مِفضال. مراعٍ للآخرين
Consideration نظرٌ. تأمل. إمعان الفكر * إحترام. اعتبار * عِوَض. مقابل الوفاء * باعِث. عِلَّة. سَبب
take into — راعى * نظر فى
Considering بناءً على. نظراً الى
Consign استودَعَ. استأمَنَ على * أودع. عهد بـ * سلَّم الى * أرسل الى
Consignee المرسل اليه. المستَلِم. المودع عنده
Consignment رِسالة. إرسالية * وديعة. بضاعة أمانة * ارسال * ايداع بضاعة أمانة للبيع أو التصريف بالعمولة
Consignor, Consigner المرْسِل ∆ الراسِل * واضِع الامانة * موكِل بالعمولة

Consists of اشتملَ على. تألف او تركب من
Consistence | Consistency قوام. كثافة. صلابة * ملائمة. مطابقة
Consistent مناسِب. موافِق. مطابق * ثابت. متين
Consistory مجمع كرادلة
Consolation تعزية. سَلوى. عَزاء
Consolatory مُعَزٍّ. مُسَل. سُلوانى
Console مائدة حائط * دعامة
Console عَزَّى. واسَى
Consolidate جمَّدَ * ثبَّت * أحكَم * عزَّز. دعَم * وَحَّدَ «الديون». جمع. ضَمَّ
Consolidated مجمد * موحد * مثبت * متماسك
— Balance Sheet ميزانية موحدة
Consonance توافق الانغام. نغم. ايقاع * ترخيم
Consonant حرْف ساكن * مُطابِقٌ. متفِق. موائم * صوت (مُتَّفِق)
Consort زَوْج. زَوْجَة * سفينة مرافقة لاخرى * اتفاق
prince or king — زوج الملكة
Consort زَوَّجَ. وفَّق * شارك * اتفق
Consortium اتحاد هيئات لعمل معين
Conspicuous بيِّن. واضِح. ظاهر للعيان
Conspiracy مُؤَامَرَة. مَكيدة
Conspirator متآمر. مؤتمر. مدبر مكيدة
Conspire تآمروا. اتحدوا على شرٍّ
Conspue أظهرَ الاستهجان. اعترض. تأفَّف

Constable شُرَطىّ ○ كُنستابل △ بوليس
Constancy ثَبات . مُثابرة ☆ وَفاء ☆ دوام
Constant ثابت . مثابر . مواظِب ☆ وَفِىّ
Constantly بثباتٍ . بلا تغيُّر ☆ على الدوام
Constellation بُرْجٌ . مجموعُ نجوم . كوكبة
Consternation ذُعر . فزَع . ذهول
Constipate قبَضَ الامعاء △ أمسك البطن
Constipated منقبض البطن △ عنده امساك
Constipation امساكٌ . قبضُ الامعاء
Constituency عملاء او مشتركين ☆ جماعة الناخبين ☆ دائرة انتخابية
Constituent مكوِّن ☆ منظِّم ☆ مُوَكِّل . ناخب ☆ جزء . عنصر ☆ مفرد ☆ أصليّ . جوهرى . أساسى ☆ مسيِّر للنظام السياسى
— Assembly مجلس تأسيسى
Constitute أقامَ . عَيَّن ☆ نظم . كوَّن
Constitution مِزاج ☆ بِنيَة . تكوين . تركيب الجسم ☆ تعيين ☆ تأسيس . إنشاء ☆ دستور . قانون أساسى . نظام
Constitutional فطرىّ . خِلقى . مزاجي ☆ دستوريّ ☆ شرعى . قانونى
— defect عيب خلقى
— formula الصيغة التقويمية (كيميا)
— law قانون دستورى
— king ملك دستورى
Constrain الزمَ . غصَب . اضطرَّ ☆ قيَّد
Constrained motion الحركة المقيدة (هندسة)
Constrainedly بالغصبِ . قسراً . كرهاً
Constraint إكراه . غصب ☆ حَبس . تقييد

Constrict, Constringe ضيَّق . شدَّ . أحكَمَ . زمَّ . قطَّ ☆ ضَغط ☆ انقبضَ
Constrictor قابض . ضاغط . ضام . عاصر
Constringent قابض . مقلِّص . زام
Constructor بانٍ . مشيِّد . مُعمِّر
Construct شَيَّدَ . بنى . أنشأ
Construction تشييد ☆ بناء ☆ تركيب ☆ عمل (هندسة)
Constructive بنائى . انشائى ☆ استدلالى
Construe فسَّرَ . أوَّل ☆ عبَّر ☆ ترجَم حرفياً ☆ ركَّب كلمات
Consul ○ قنصل . وكيل دولة
Consular قنصليّ ☆ مختص بقناصل الدول
Consulate قنصلية . وظيفة او مقر القنصل
Consult استشارَ . شاوَر . تشاوَر مع
to — a book بحث فى مرجع . استشار كتاب
Consultant خبيرٌ . مستشار . ناصح
Consultation استشارة . مشوَرَة ☆ △ قونصلتو
Consultative استشاري . شورى
Consume استهلَكَ . أفنى . استنفد ☆ فَنِيَ
Consumer مستهلِكٌ . مستنفِد ☆ آكل أو شارب
Consummate تامٌّ . كامل ‖ أكمَلَ . تمَّم
to — marriage بنى بزوجته ، دخلَ عليها
Consummation استهلاك . إنهاء ☆ انتهاء ☆ إتمام ☆ مقطوعية
Consumption داء السُل ☆ ضنى ☆ استهلاك ☆ إسراف . استنفاد △ مقطوعية

Consumptive مُسلول . مُصاب بالسُلّ
* استهلاكى
Contact ملامسة .تماس . اتصال || اتصلَ بـ
— breaker عازل . قاطع التيّار
Contagion عدوى .عَدوى بالملامسة *وباء
Contagious مُعد . ناقل العدوى
Contain تضمَّن .شَمل.احتوى *ضبط نفسه
Container إناء . وعاء Δ ماعون
Contaminate لوَّثَ . دَنَّس . أفسدَ
Contamination تلوُّث او تلويث* تدنيس
Contemn ازدَرى بـ . احتقَرَ
Contemplate تأمَّلَ. تفكّر فى * نوى
Contemporaneous } معاصِر* تِرب. ندّ
Contemporary } * له نفس العمر
Contempt ازدِرَاء . تحقير * احتقار
— of Court ازدراء بأوامر المحكمه
Contemptible حَقير . زَري * مزدرٍ
Contend نازَعَ. ناضَل.قاوم *ناظر. نافس
Contender منازِعٌ . مناضِل * مناظر
Content قناعة*وسع *حجم*سرور.رضى
—s محتويات * مضمون
Content أقنَعَ . أرضى * اكتفى
Content, —ed قانعٌ . راضٍ . مسرور
* مكتفٍ
Content, —ment قناعةٌ .رِضى .إكتفاء
Contention منازَعة . نضال. جَدَل .جدال
Contentious منازِع*مسبب النزاع. نزاعى
Contest نزاعٌ . جدال * تسابُق
Contest جادَلَ . نازَعَ

Contestable قابلٌ للجدال . فيه خلاف
Contestation إعتراضٌ . مناقضة . جَدَل
Context قرينةٌ . سياقُ الكلام . المغزى
Contexture نسيجٌ * نسْج. تركيب* تدبيج
Contiguity تجاورٌ. جِوار. إتصال .متاخمة
Contiguous مُجاورٌ . ملاصق . قريب
Continence عِفَّة . زهد *ضبط الشهوة
Continent قارة . يَبْس * اوربا * عفيف
Continental مختص بقارَّة . قاريّ *بريّ
Contingency احتمال حدوث حدث
* حادث محتمل * توافق
— fund احتياطى الطوارىء
Contingent طارىء * اتفاق . عرَضي
. مرتبط أو متوقف على . غير أكيد
. حدوثه معلَّق بظروف خاصة *حادثة
*صدفة * فرقة جنود
Continual مستمر .مستديم *متوال.متواصل
Continually باستمرار . على الدوام
Continuance مُداومَة . إستمرار . دوام
Continuation تتابُع . استمرار . تكميل
* تكملة . مُلحق
— rates بدل التأجيل
in — of إلحاقاً بـ
Continue داومَ.واصَلَ.إستمر .واظب على
* ظلَّ . دام . ما زال * طوَّلَ . مدَّ
Continued مداوم . مستمر * متسلسل
Continuity عدمُ انقطاع . دوام . استمرار
Continuous مُستمرٌ.متواصل.دائم.متلاحق
Contort فتَلَ . برَم . عقف . لوى

Contortion برمٌ . لَيّ ٌ * عقف * إلتواء * تشنج
Contour تخطيط. هيئة * حدّ الشكل أو اللون
Contra عَكس . ضِدّ * الصفحة المقابلة
— entry قيْد نفس المبلغ فى الجانب الاخر
Contraband بضائع مهربة * تجارة محرمة * محظور
Contract عَقْدٌ . اتفاق . شروط ○ كونتراتو
— note مذكرة تأييد الصفقة للبائع والمشترى
— ad referendum عقد مؤقت
Contract عَقَدَ عهداً . تعاقد مع . شارط * إختصر * ضيَّقَ * تقلَّص . انكمش
to — a debt استدانَ . إقترض
to — a habit لزمَ عادة او خصلة
Contractile متقلص . نابض . ينقبض وينبسط
Contraction انقباض . قبض . تقلّص . انكماش . ضمور * إختصار * إدغام
Contractor مُقاول * متعهد . ملتزم * مقلّص
Contradict خالفَ * كَذَّبَ . ناقض . عارض
Contradiction مناقَضَةٌ . تناقض * مخالفة
Contradictory مخالِف . متناقض . تناقضى
Contra-indication تعليمات مضادة . تحذير
Contrariety تبايُن . مغايَرَة . تنافر . معاكسة
Contrarily بالعكس . بالضدّ . خلافاً لـ
Contrary مناقِض . نقيض . ضد . مغاير . على عكس
Contrast تباينٌ . تضاد . تناقض . فرق
Contrast إختلفَ . تباينَ * قابل شىء بشىء
Contravene خالفَ * عارض . ناقض . ضاد
Contravention مُخالفةٌ * تعد * معارضة
Contributary مُؤدي الجزية * مساعِدٌ
Contribute وَهَبَ . أعطى * عاونَ . أسهمَ
Contribution هِبَةٌ . إعانة * ضريبة * إكتتاب * مساهمة
Contributive مُعين . مُسعِف
Contributor مراسلٌ . مكاتب * متبرع . مكتتب
Contrite نادِمٌ . منسحقُ القلب . تائب
Contrition ندامة . توبة . إنكسار القلب
Contrivance إستنباط * حيلة . تدبير * جهاز
Contrive إستنبطَ . إخترع . دبَّر * قرَّر أمراً
Control سُلطةٌ * مراقبة . مراجعة * قيادة
Control ضَبَطَ . تملَّكَ من * ساس * راقب
Controller مُراقِبٌ . مراجع * مفتِش
— valve صمام التنظيم
Controls اجهزة القيادة (طيران)
Controversial جَدَلىّ . بحثى
Controversy مجادلة . جدَل . نزاع * دعوى
Controvert جادَلَ . ناقش . ناظَر
Contumacious متمرِّد . عنيد . عاصٍ
Contumacy تمرُّد . عناد . عَدَم الطاعة * عدم الامتثال لأمر المحكمة
Contumely تعيير . استهزاء . ذم * إهانة
Contuse رَضّ . كَدَمَ . هرس . خدش
Contusion رضٌّ . هرْس . رضرضة . كدم
Conundrum لُغز . أحجية . تلاعب فى الالفاظ
Convalescence نَقَهٌ . نقاهة . دور النقاهة
Convalescent ناقِهٌ . متعافٍ . متماثل للشفاء

Convene حَشَدَ . جمع * اجتمع . إلتأمَ
*دعا الى اجتماع * إستدعى أمام محكمة
Convenience ملائَمة . موافقة . راحة
Convenient ملاِئم . موافِق * مريح
Convent دَيْرٌ . رهبنةٌ
Convention عهدٌ . اتفاق . معاهدة*اجتماع
*دعوة للاجتماع *عُرف. تقليد.اصطلاح
ark of — تابوت العهد
Conventional إصطلاحيّ.تقليدي. عُرفيّ
— art الفن التقليدى
Converge مال أو اتجه أو آل الى نقطة واحدة
Convergent, Converging متقارب
. متحد الاتجاه
Conversant مطَّلِع. واقف على.ماهر فى
Conversation محادثة . حديث
Converse ضِدّ . عكس *مقلوب *تجاوُب
— of a proposition عكس القضية منطق
Converse حادَثَ . كالَمَ . تجاوَبَ مع
Conversion تحويل . تغيير . ابدال *تحول
* استحالة (طبيعة) * هداية . إرتداد
Convert مُهتدٍ . مهتدي || اهتدى أو هدى
الى الدين القويم * غيّرَ . حوَّلَ
Convertible قابل للتحويل
— securities أوراق مالية سهلة التحويل
الى نقد
Convex أحدب . محدَّب . مقبَّب. مسنَّم
Convey أوصل * نَقَلَ * ناوَلَ . سلَّم الى
Conveyance توصيل * ممرّ * نقل . طرق
ومعدات النقل*وثيقة أو إجراءات نقل الملكية

Convict سجينٌ*مجرم .مُدان .محكوم عليه
Convict استذنبَ . دانَ * حكمَ بالأدانة
Conviction إقناع *اقتناع .تحقق .إعتقاد
* إدانة * الحكم بثبوت الجريمة
Convince أقنعَ * اقتنعَ
Convivial بهيج . عيدى . فرحى * نديم
Convoke استدعى . دعا للاجتماع
Convolution تلفيفٌ . طيّ * طيّة . لفة
—s of the brain تلافيف الدماغ
Convoy خفرٌ. حراسة . رفقة * قافلة
* رَكبٌ * جنازة . مشهد
Convoy رافقَ للحراسة . خَفَرَ
Convulse رجَّ *ارتجَّ .إهتز.ارتعش.تشنج
Convulsion إنتفاضٌ. تشنج . رَجفة
— of laughter نوبة ضحك
Cony, Coney جلد أو تمثال أرنب
Coo هديرٌ. مناغات
Coo ناحَ . سَجَعَ . هَدَرَ (الحمام)
Cook طاهٍ. طبَّاخ || طبخَ *لفَّقَ *انطبخ
Cooking طبخ . طهْوٌ . تحضير الطعام
Cooking-range وابور ، موقد طبخ . مِنصَب
Cool بارِدٌ . رَطْبٌ *رصين . رابط الجأش
Cool برَّدَ . سكَّنَ * هدأ . فتَرَ عن
Coop حظيرةٌ * كِنّ △ خُنّ الفراخ
* قفص * برميل || حبَسَ. ضيَّقَ على
Cooper صانع البراميل
Co-operate تعاوَنَ . تكاتف . عَمِلَ مع

Co-operation تعاونَ ٭ نقابة تعاون
Co-operative تعاونى ٭ معاون . عامل مع
— society جمعية تعاونية
Co-operator مُعِين ٭ عُضو جمعية تعاونية
Co-ordinate سَوِيّ ٭ احداثى ٭ من رتبة واحدة ‖ وفَّق بين . نسَّقَ
Co-ordination تنسيق. ترتيب ٭ اتساق. تآزر
Coot دَجاجة الماء . غُرّ ـ غُرَّة
Co-owner أحد الملاك . شريك
Copal سَنْدَروس بلوري ٥ قوبال (ورنيش)
Co-partner شريك . زَميل . مُشارك
Co-partnership مشاركة الموظفين وأصحاب الاعمال
Cop كبة غزل ٭ قمة ٭ شُرطيّ
Cope غفَّارة (ثوب كهنوتي)
Cope بارى . ناضلَ بنجاح ٭ غطَّى بقمة
Coping ∆ طلسان ∆ تهريمة . غِطاء السور
Copious غزيرٌ . وافِر
Copper نُحاسٌ أحمر ٭ نقد نحاسى ٭ مرجل ∆ قزان ٭ شرطي ‖ طلى أو صفَّحَ بالنحاس
Coppersmith نَحَّاس
Coppice أجَمة . دَغَل ٭ أنجُم . شُجيرات
Copra لب جوز الهند المجفف ٥ كُبْرَة
Copt قِبْطي . واحد أقباط مصر
Copula صِلَة . رابطة . علاقة ٭ وصلة
Copulate أقرَنَ ٭ جمَع ٭ جامَع . ضاجع
Copulation جماع . تسافد ٭ جمع . وصل

Copy نُسخة ٭ صورة ‖ نسَخَ ٭ قلَّد
rough — مسوَدَّة . تسويدة
Copy-book دَفتر . كُراسة
Copying كوبية ٭ نسخ . نقل
— pencil قلم نقل . قلم كوبيا
Copyright حق التأليف، ـ النشر، ـ الطبع
Coquet تدلَّلَ ٭ غنِجَت ٭ داعَب
Coquette ∆ غندورة ٭ أنيقة ٭ كثيرة الدلال . غَنجة . شَكِلة
Coral مَرْجان
Coralline, Coralloid, —al مَرجانيّ
Cord حَبْلٌ . مَرَسَة . سلبة ٭ قيطان
Cord شَدَّ بحبل
Cordage حبالُ «السفينة» . مَرَسٌ
Cordial ودى. قَلبيّ ٭ شراب مُنعِش او مقوٍ
Cordially من صميم الفؤادِ ٭ بترحابٍ . بود
Cordon نِطاق ٥ كوردون . حِصان ٭ شريط
sanitary — نطاق (حجر) صحيّ
Core قَلْب . لُبّ . زُبدة ٭ أم القيح
Corelysis تحرير البؤبؤ (رمد)
Coriander جُلجُلان . كزبرَة
Cork فلين . سِدادة ‖ سَدَّ . فَدَمَ
Corkscrew, Cork-borer برَّيمة . مِثقاب فلين لفتح الزجاجات
Corn حِنطة . غلة ٭ مِسمارُ القَدم . ثُؤلول
— trade تجارة الغلال
Corn-chandler تاجرُ الحبوب . قمَّاح
Cornea قرنية . قرنية العين
Corrosion of — انسحال القرنية (رمد)

Corned مُمَلَّح . مقدد
Cornelian عَقيق . حجر كريم ملوَّن
Corner زاوية . ركن . ناصية ✿ احتكار ✿ حرج ✿مركز حرج ✿مكمن
Corner احتكَرَ ✿ضيّق الخناق .أحرَج.زنأهُ ✿أحرجَ بالاحتباس

Cornet نَـفير . بوري . شِيّاع ✿ قمع . قرطاس
Cornflour طحين الذرة . نشا الحنطة
Cornice افريز △ كُرنيش . طَـنف
Corolla نَـوْرة . وَرَقُ الزهر . تويج
Corollary نتيجة✿فرع✿ملحق✿مترتب على
Coronary arteries شرايين تاجية
Coronation تتويج . مبايعة
Coroner محقق الوفيات غير الطبيعية
Coronet إكليل زهر ✿ تاج الامراء
Corporal △ انباشي ✿مادى✿جسدى . بدنى
— punishment عقوبة بدنية
Corporality جِسمانية . هيوليَّة . جسدية
Corporate منضم . متحد على هيئة جمعية
Corporation نقابة . جمعية بتصريح . رابطة ✿ أهل حرفة
Corporeal جسماني . هيوليّ . مادىّ
— property أموال عينية أى مادية
Corps كتيبة . فصيلة . سرية . سلاح
Corpse جُثَّة . جيفة . رفات الميت
Corpulence سِمنة . رَبالة . جسامة . بدانة
Corpulent سَمين . ممتلىء الجسم . رَبْـل
Corpus delicti جِسم الجريمة ، أهم أركانها

Corpuscle جُسَيمة . ذَرَّة . هباءة . كُـرَيّـة
Correct صحٌ . مضبوط ✿ مستقيم ✿ لائق
Correct أصلحَ ✿ قوَّمَ . صحَّح . عاقب
Correction تصحيحٌ . إصلاح . تهذيب . تأديب
Correctional إصلاحيّ . تقويمى ✿ تأديبى
— Courts محاكم الجنح
Corectness صِحَّة . ضَبط ✿ استقامة
Correlation علاقة مشتركة . إرتباط . صلة
Correlative متبادل العلاقة . ارتباطى .متضايف
— terms الاسمان المتضايفان
Correspond *to* طابقَ . وافقَ . ناسب . ضاهي
Correspond *with* كاتبَ . راسَـل
Correspondence مطابقة . صِلة . عِلاقة .مخالطة ✿مكاتبة . مُراسلة ✿رسائل . مراسلات
Correspondent مراسل . مكاتب ✿مناسب . مطابق
Corresponding مطابق . مماثل ✿ متناظر
— member عُـضو مُراسل
Corridor دِهليز . ممشى . طُـرقة . رواق
Corrigible قابل التقويم أو التصحيح
Corroborant مقوٍ (دواء) ممَـكّـن . معزّز
Corroborate أثبتَ . وطَّدَ . عزَّز . أيَّـد
Corrode تآكَّلَ . تصدأ ✿ قَـرَضَ . نخر
Corrosion تآكُـل . هرء . برى . نحات
Corrosive قارِضٌ . أكَّال . ناخر ✿سليماني
Corrugate ثَـنَّـى . عَوَّجَ . جعَّـد ✿ تغضَّن
—d iron حديد مضلَّـع (او مموّج)

Corrupt فاسِدٌ . متعفن *مرتش
Corrupt أفسَدَ * رَشا
Corruptible قابل للفساد . قابل للارتشاء
Corruption } انحلال.فساد *تعفُّن.عفونة
Corruptness } *رَشوة*قَيْح*تحريف
Corsair قرصان . لص بحر أو سفينة
Corsage صُدرَة . صُديرى . عنتري . مِشَد
Corset مِشَدّ للوسطِ ○ كورسيه . بوستو
Cortex لحاء . قشر * ليحاء . أم الرأس
Cortical قشرى.لحاوى *سطحي *سحائى
Coruscate بَرَقَ . لَمَعَ . تلألأ
Corvée سُخْرة . عَونة . تسخير
Coryza زكام
Cosmetic دهان لتحسين الوجه والشعر.مَثات
Cosmic, — al كونى * منظَّم * مختصّ بالنظامِ الشمسى او تابع له
— rays الاشعة الكونية
Cosmography وصف الكرة الارضية او الكون
Cosmopolitan } شائع الوطن . عالمى *
Cosmopolite } يعتبر كل الارض وطناً له
Cosmos المخلوقات * الكون
Cost قيمة.تكلفة △ كُلفة*مصاريف(دعوى)
— price تكاليف .ثمن الشراء والمصاريف
Cost △ كلَّفَ . تكلف * ساوى
Costal ضِلعيّ . من الاضلاع
Costive قابضٌ . عقول * بامساك . ممسوك
Costliness غَلاء . نَفاسة
Costly غالٍ . نفيس . ثمين

Costume زيّ * كُسوَة . بذلة . حُلَّة خارجية △ طَقم *لباس الممثلين التاريخى
Cosy, Cozy أنيق * مُريح * مقعد لاثنين
Cot كُوخ * سرير هزاز
Cote بُرجُ «الحمامِ» * حظيرة «الغنمِ»
Cotemporary, Contemporary معاصِر
Coterie ندوة اجتماعية . صحبة △ شلَّة
Cottage عُشَّة .كوخ * بيت خلوى
Cotter مَشظ △ خابور كرنك اوسرَّة
— pin مِشظة △ تيلة.دبوس خابوري
Cotton قطنيّ. قُطن * من القطن * خيط
— cake كسب . بذرة القطن
— fabrics منسوجات قطنية
— gin مِحْلَجَة . آلة الحليج
— print △ شيت . قماش قطنى ملون
— seed بذرة القطن
— waste عوادم أقطان . كنسة (اسطبة)
— wool قطن شعر . قطن طِبيّ
— yarn غزل القطن
raw — قطن زهر
Cotton اتحد أو تصاحب مع *لفَّ
Couch مقعد △ كوشَة . مضجع . فراش * عرين * طبقة ‖ اتكأ * أزال الماء (من العين) . اضَّجَعَ * رَبضَ *صوّب
— grass النجيل الصغير . ثيل ○ أغرسُطس
Cough سُعال . سُعلة ‖ سَعَلَ . △ كَحَّ
Could, *of* Can قدَرَ على . أمكنَهُ
Coulter سلاح المحراث . لؤمة . سِنَّة

Council مجمع كَنسى ٭مجلس٭مجلس شورى
— of Ministers مجلس الوزراء
Councillor عُضو فى مجلس شورى
Counsel استشارة.مَشورة٭مستشار || نصَحَ
Counsellor مستشار . مُشير ٭ فقيه
Count عَدٌّ ٭ ○ كونت . أمير || عَدَّ . حَسَبَ
to — out أحصى الشيء وهو خارج
— upon *or* on اعتمد على . رَكَنَ إلى
Countenance سحنةٌ . ملامح. مُحيًّا || أيَّدَ
Counter عَدَّادٌ٭ مَعَدٌّ .شباك الخزينة
٭ △ ماركة . فيشة ٭ ضِدٌّ
Counter خالفَ . عاكَسَ ٭ ردَّ
— evidence شهادة نفى
Counteract أحبط ٭عاكسَ . ردَّ . أعاق
Counter attack هجوم مضاد || ردَّ على الهجوم
Counterbalance موازنة.معادَلة || وازَنَ
Counterfeit مزيف.مزوَّر△ بَـرَّانى || زوَّرَ
Counterfoil △ كعب .شاهدة.قسيمة الدفتر
Countermand إبطالٌ || نقضَ الامرَ السابق
Countermarch تراجُع || عادَ القهقرى
Counterpane لحافٌ . غِـطاء
Counterpart القسم المقابل او المكمل٭صورة
Counterpoise موازنة . معادلة || وازَنَ
Countershaft عمود مناول (ميكا)
Countersign كلمة السر ٭ امضاء اثباتاً
لصحة توقيع آخر || أمضى مع غيره
Countess ○ كونتيسَّة . أميرة
Counting جَرد ٭ عد . حساب
Countless لا يُحصى . لا عدَّ له

Country قُـطر . بلاد ٭ ريف٭وطن٭أمة
Country-house طَزَر.مسكن خلوى او صيفى
Countryman مواطِنٌ ٭ فلاَّح
County إقليم . مُقاطعة . مديرية . ولاية
Couple زَوجان .إثنان || قرَنَ .وصلَ. جامع
a — of weeks اسبوعين
Couplet بيت شعر٭زوجان ٭زوج(موسيق)
Coupling وَصْلٌ ٭ ربط العربات ٭ رابط
٭رابِـطة.وُصلة △ وَ بكور ٭اتصال (كهر)
٭جلبة ازدواج . تعشيقة (ميكا) ٭مسافدة
Coupon قسيمة الربح ملصقة بالسهم٭تذكرة
تموين ٭ قطعة . فضلة قماش ○ كوبون
Courage شَجاعة . جُرأة . بَسالة . إقدام
Courageous شُجاعٌ . جريء . جَسور
Courier سَاعٍ مُسرع ٭رسول لترتيب السياحة
Course مسلك . سبيل ٭ أُسلوب ٭ شَوط
٭ ميدان سباق ٭ دَوْر أو صنف طعام
in the — of في بحر . في خلال
of — طبعاً ٭ من البديهيّ
Course اقتفى أثر .طاردَ ٭ ركض ٭سَرى
Courser حِصانُ السباقِ . جَواد سريع
Courses حَيْضٌ . طَمْث
Court مَعيَّـة . بِـلاطُ الملكِ أو مسكنه
٭ محكمة ٭اجتماع مديرين٭فِـناء△حَوْش
— dress لباس البلاط △ملابس التشريفة
— of First Instance محكمة ابتدائية
— of Inquiry مجلس تحقيق
— representative مندوب قضائى
tennis — ملعب تنيس

Court راوض ✡ مالق . تودَّدَ الى . تحبَّبَ
. أغرى ✡ تلمس . بحث عن . نشد
Court-martial مجلس عسكرى
Court-martial حاكَمَ عسكرياً
Courteous أنيس . لطيف . مجامل
Courtesan زانية . عاهرة . غانية
Courtesy لُطف . أدب . مجاملة . تفضُّل
Courtliness رِقة . لباقة . ملاطفة . مجاملة
Courtly أنيس . لطيف . بشوش
Courtship غـزَلٌ . خطب ود . استعطاف
Courtyard △حوْش.صحنُ الدار.ساحة.فناء
Cousin ابن أو ابنة عمّ وعمَّة وخال وخالة
second — ابن ابن عم أو عمة . . . الخ
Covenant ميثاق . عَهْـد . اتفاق . شرط
Covenanter مواثِق . معاهِد
Cover غِطاء . سِتر ✡ غلاف ✡ مخبأ ✡ حماية
— girl فتاة الغلاف (اى صورة الغلاف)
Cover غَـطَّى . ستَـرَ
to — a distance in قطَعَ المسافة فى
to — by (a rifle) صوّب عليه . سدَّد
Covering تغطية ✡ غِطاء ✡ كِساء . دثار
. مفرش ✡ ضمان ، تأمين سلفة
— letter خطاب معه مرفقات
Covert مخبأ . مكمن ✡ مستور
Covertly خِفية . بالستْـر
Covet حَسَدَ . إشتهى . طَمِعَ فى
Covetous حَسود . طَمَّاع . جَشِع ✡ اسرة
Covey حَضنةُ فراخٍ ✡ سِربُ طيور
Cow بقَـرَة ✡ أنثى الفيل والقيطس || أخافَ

Coward جَبان . نذل . رعديد
Cowardice جُبن . نذالة . خور
Cower خَرَّ على ركبتيه ✡ انحنى ✡ ربَضَ
Cowhide جلودُ البقر ✡ سوط جلد بقر || جلَـدَ
Cowl قلَنسوة ✡ طُرطُور ⟵
✡ △ طَنبوشة المدخنة
Cow-pox جدري البقر
Coxcomb معجب بذاته △ غندور ✡ مخلية
Cox(s)wain دفَّاف . بارج ✡ مدير الدفة
Coy خَجول . حَيِيّ ✡ مكان موحش ،منعزل
Coyly بخجَلٍ . بحياء
Cozen احتال عَلى . خدَعَ △ أكَلَ مُخَّهُ
Crab △ابو جَلَمبو ⟵
خمخم. سَرَطان ✡ زعرور
(تفاح برّى) ✡ برج
العقرب (فلك) ✡ آلة صغيرة لرفع الاثقال
— louse قمل العانة . ○ موريون
Crack شَقٌّ . فَلْع . صدع △ شرْخ . كسر
✡ خلل ✡ طقطقة . طرقعة ✡ أول درجة
— (horse) حصان ممتاز ، فلتة
Crack تفرقعَ . طقطق ✡ فقَـع ✡ شقَّ
✡ انشقَّ . تكسَّر ✡ △ هجَّص
Cracker نقَّاجٌ . فشَّار △ هَجَّاص
✡ صاروخ ✡ طرْطوعة △ طرطوقة
حلاوة ✡ كسَّارة للجوْز والنُّقْل
Crackle طرقعةٌ || تفرقَـعَ . طقطق
Cradle مَهْـدٌ . أرْجوحَة || رَجَّحَ △ مرجح
Craft حرفة . صنعة ✡ طائفة حِرفية ✡ دَهاء
✡ مَرْكبٌ ✡ ورق لفّ

Craftiness دَهاء . خُبْث . احتيال
Craftsman صانع ماهر * ذو حرفة
Crafty مَـكّـار . محتال . خبيث
Crag صخْرة شامخة . رأسُ صخرةٍ . قُنَّة
Cram حَشَرَ . حَشا . كظّ * أكل بنهم
* أعدَّ تلميذاً للامتحان
Cramp تشنُّج وقتي . اعتقال العضل * كُلاَّب
△ قطة * ملزمة * معقَّد . صعب
Cramp أعاقَ . شلّ الحركة
* تشنَّج * أوثق بالكلاليب
Crampfish سَمَك رَعّاد
Crampon خطّاف . كُلاّب
لرفع الاثقال
Crane △ ونش △ عَيَّار
. آلة رافعة * كركي . رَهْوٌ (طائر)
Crane إشرأبَ . مدَّ عنقه لينظر
Cranial جُمجُمي . قِحفي
Cranium جمجمة . قِحف . طاسة الرأس
Crank ذراعُ الدولاب . محور . آلة للدوران
. مِرفق ○ كَرنك * لَفَّة * متغيِّر . غريب
الطباع * شذوذ * آلة ضعيفة
Cranky متقلبٌ . متغَيِّر * معوج
أو مترجرج . غير مأمون
Cranny شقٌ . ثَقب * مُتَهوِّر . مجول
Crape كُريشة ○ كريب . سلاب . ثياب الحزن
Crash صوتُ الكَسْرِ . تحطيم * افلاس
Crash سَحَقَ . حطّم * سقط * أفلس
Crate قَفَصٌ △ سَبَت || عَبَّى في قفص
Crater فُوهَة البركان

Craunch مشَعَ . قرَشَ . مضَغ بصوت
Cravat لفاح أو رَبطة الرقبة
Crave اشتهى بشدة . تاقَ إلى . تمنَّى * تضرَّع
Craven جَبان . نَذْل . خَوَّاف
Craving إشتهاء . شهوة طاغية . تَوَقان
Craw حَوصلة الطيور * كِرشٌ
Crawfish, Crayfish اربيان . كركند نهري
Crawl زحَفَ . دَبَّ . حَبا . دَلَف * نَمِل
Crayon قلمُ طباشيرٍ أو فحم للرَّسمِ
Craze خَبَلٌ . وَلع جنوني . لَمَم * شَدْخ . شقّ
Craze سَلبَ العقلَ △ هوَس * شدَخَ
. فلع * تشقَّق
Crazy مخبولٌ △ مهفوف * أبْله * مشقق . مفلع
* فسيفسائي . كالفسيفساء * سَقيم
Creak صَرٌّ . صَريف . صرير △ تزييق
Creak صَرَفَ . صرَّ △ زَيَّقَ
Cream قِشدَة △ قشطة * زُبدة . صُفوة
cold — مرهمٌ لترطيب وتطرية البشرة
Cream أزبدَ أو أرغى * نزع أو أضاف قشدة
Creamery فرَّازة اللبن * معمل الزبدة والجُبن
Creamy قِشدِي . كالزبدة او القشدة * دَسِمٌ
Crease كسرةٌ . غضن . ثنية . طية . جَعدة
Crease تغَضَّنَ . تجعَّد * جعَّد
Create أحدَثَ . سبَّبَ * خلقَ . أوجَد
. بَرأَ * كَوَّن * بدَع . ابتدَع
Creation خليقة . مخلوقات * خَلْق * تكوين
the — البريَّة . الكونُ . الخلق
Creative ابتكاري . ايجادي . مُوجِد
. مُبدع . خالِق * مستنبط

Creator خالِقٌ . مُبدع . بارىء . مُوْجد
Creature مخلوق . خليقة . برية ☆ كائن ☆ إنسان
Credence تصديق . اعتقاد . ثقة ☆ اعتماد
Credential, —s أوراق اعتماد السفير . شهادات أو أوراق الاعتماد
Credible قابلُ التصديقِ . مُصَدَّقٌ . معقول
Credit اعتماد . ائتمان ☆ ثقة مالية ☆ قيْد لحسابه . له (في الحسابات) . أصول ☆ إعتقاد . تصديق ☆ حُظْوَة ☆ فضل او فخر ☆ دَيْنٌ ☆ نسيئة
— balance رصيد دائن
— deal عملية آجلة
— instrument أداة اعتماد
— note إشعار خصم . إشعار دائن
— slip قسيمة ايداع
on — لأجَل . بيع بالدين . شكُك . على الحساب
Credit وَثِقَ بِـ ☆ أقرض . أدان ☆ قيَّد له أي لحسابه
Creditale يوثق به . مُعْتَبر △ حَسَن السُّمعَة
Creditor دائن . صاحب الدَّيْن . المطلوب له
Credulity سَلامة نيَّة . سُرعةُ التصديقِ
Credulous ميقان . غرير . ساذج . مصداق . سريع التصديق
Creed إعتقاد . عقيدة دينية . مُعتقَد . مذهَب . إيمان ☆ قانون الايمان المسيحى
Creek جون . خور ☆ نُهَيْر ☆ وادٍ ضيّق
Creep زَحَفَ . دَبَّ . سعى (كالحية) ☆ عرَّش . تعرَّش ☆ تسلَّق ☆ إنسل . تطرق . تدرَّج ☆ أخدر . شعر بخَدَر في جسمه △ نمَّل
— into انسلَّ الى

Creeper « نبات» معرِّش ☆ خُطّاف
Cremation حَرْق (أجساد الموتى)
Creole من أصل أوربي (أو زنجي)
Crepitate طقْطَقَ . تكَتْكَ . تأتأ
Crepitation لَغطٌ في الرئة ☆ طقطقة
Crept, *of* Creep انسَلَّ . زَحَف
Crepuscular شَفَقِيّ . فَجْرِيّ ☆ مُبْهَم
Crescent هِلالٌ ☆ نامٍ . مُتزايد
Cress جِرْجير . قُرَّةُ الماء . رشاد
Crest عُفْرَة △ شوشَة . قنبرة ☆ قِمَّة . قنة
Crestfallen مُطأطئ الرأس . ذليل
Cretaceous طباشيريّ ☆ لون رمادي فاتح
Cretin ضعيفُ العقلِ ومشوَّه الجسم
Crevice شَقّ . وَقْرة . خَصاص . فجوة
Crew طاقم، بَحَّارة السفينة . النوتية ‖ صاحَ
Crib مِذْوَدٌ ☆ مَهْد ☆ خُص ‖ حَبَسَ
Cribble غِرْبالٌ . مِنْسَف ‖ غَرْبَلَ
Cricket لُعبة الكرة بالمضرب ☆ جُدجُد . صَرَّارُ الليل
Crier مُنادٍ ☆ دلاَّل . بياع بالمناداة
Crime جناية . جريمة . ذَنْب . إثم
Criminal جِنائيّ ☆ مجْرِم . مُذنِب
Criminate اتَّهمَ بِـ ☆ أوقع في جناية
Crimination اثبات تهمة ☆ استذناب . اتهام
Crimson قِرْمِز ☆ قرمزيّ اللون
Cringe تَمسكَنَ . تذلَّل △ تلهوق
Crinkle تجعُّدٌ . لَفَّة . طَيَّة ‖ تجعَّدَ ☆ جعد
Cripple كسيحٌ . مُقْعَد ‖ أعْجَزَ ☆ عرقل

Crisis أزْمة . شِدَّة ٭ضيق مالى ٭ بُحْران
Crisp قَصِيمٌ . هَشّ ∆ مقرمش ٭ ناشف ٭ مجَعَّد ٭ أكرت ‖ جَعَّدَ . فلفَل
Criterion قِسطاس.ميزان ٭عِيار . مقياس
Critic مُنْتَقِدٌ . ناقد ٭ تحرير ٭ هاجٍ
Critical حَرِجٌ ٭ خَطير ٭ انتقادىّ
Criticise نقَدَ . انْتقَد ٭ ذَمَّ . عاب
Criticism نَقْدٌ . انتقاد ٭ تنديد . تخطئة
Croak نَقيقُ الضفادعِ ٭ نَعيق الغراب
Croak نَقَّ الضفدعُ . نعب الغراب ٭تزَمَّر
Crochet ٥ كُروشيه. صِنّارَة والمصنوع بها
Crockery فَخّار . آنية خَزَفيَّة
Crocodile تِمْساحٌ
— tears دموع الرياء
Croft حَقْل أو بُستان مُسَوَّر
Crone عَجوزٌ. دَرْدَبيس . حَيْزَبون
Crook غَشّاشٌ. نصّاب ٭ انحناء ٭خُطّاف
Crook التوَى ٭ لوى ٭ عقَفَ
Crookbacked محدودبٌ.أحدب.مقوس الظهر
Crooked اعوجُ . مُلتوٍ ٭ سَيء الخلقِ
Crop محْصولٌ . غلّة . حِصاد ٭ حَوْصَلَة
Crop حصَدَ٭قلَّم.قرض∆قرطم .قصقص
— out بانَ . انكشف . برز
— up تولَّدَ . نَبَتَ ٭ ظهر بغتةً
Croquet لُعبة الكروكي (لعبة كرة)
Cross صليبٌ ٭تجربة . مِحْنَة ٭ عابِس ٭ متقاطع ٭ بالعرض
Red — الصليبُ الأحمر
Cross تقاطَعَ ٭ صلَب ٭ عَبَر . إجتاز

Crossed cheque شيك مسطر لا يدفع لحامله
Cross-examination استجوابُ الشهودِ
Cross-examine اسْتنطقَ . حقّقَ مع
Cross-eyed أحوَلٌ
Crossing مَمَرٌّ . مِعبرٌ ∆ مَزْلقان . تقاطع ٭عبور ٭تهجين. تسافد بين السلالات المختلفة
Crossly بِشكاسَةٍ . بعُبوسة . بغَضب
Crosswise بالعَرْضِ . عَرضاً
Crouch خَرَّ . جَثا ٭ جثَم ٭ قَرْفَص
Croup خناق.ذبحة الزور ٭ كَفَلُ «الحِصان»
Crow غُراب . زاغ ٭ صياح الديك
Crow صاحَ «الديك» ٭ تباهى
Crowbar مخل.عَتَلَة ∆ قَرصة
Crowd زِحامٌ ‖ تزاحَمَ ٭زَحَم٭حَشَد
in crowds أفواجاً
Crown تاجٌ ٭ هامة . قِمَّة ٭ اكليل ٭ مُلك . دَولة ٭ ذُرْوَة ٭ رِيال انجليزيّ ٭ حكومى
— prince وَلي العهدِ
— solicitor المدَّعى العام
— witness شاهد الملك
Crown تَوَّجَ ٭ خَتَم . كَلَّل
to — a tooth ركَّب طربوشاً على السنّ ، غطّاه
Crowning تَتْويج ٭مكلّل.مكمِّل ٭ آخِر
Crucial قاطِع . بات ٭شرط متقاطع (طب)
Cruciate على شكل صليب ‖ عذَّبَ
Crucible بُوتَقَة . بودقة ٭ تجربة قاسية
Crucify صَلَبَ ٭ أماتَ الشهوات

Crude خامٌ. غشيم ❊ فِجٌّ. نِيٌّ ❊ غير ناضج ❊ غير نقي △ غير مكرر. وَسِخ ❊ غير متمكن او مستفحل (داء)

— language لُغَة غير مهذبة او خشنة

Crudeness فجاجة ❊ رَكاكة

Cruel قاسٍ. صارم. عديم الشفقة

Cruelty قَسْوَة. قَساوة. صَرامة

Cruet مِقْزَحَة. إناء الخل والزيت. إبريق التوابل

Cruise طوافُ البحر ‖ طافَ البحرَ

Cruiser طرَّادةٌ. سفينة حربية سريعة

Crumb كِسْرَةٌ. فُتاتة. لباب الخبز ‖ فتَّتَ

Crumble فَتَّتَ. حَطَّمَ ❊ تفتَّت

Crumple جَعَّدَ. غضَّن. تغضَّن △ كرمش ❊ انهار

Crunch مضَغَ بصوت △ قرقشَ. قرَش

Crupper ثَفَرٌ △ طَفَر. عُزقل. حزام الذيل

Crusade حَرْبٌ صَليبيَّة. جِهاد ‖ جاهَدَ

Cruse قارورة ❊ ابريق ❊ جرة فَخَّار

Crush سَحْقٌ. جَرْش ❊ تقوُّض ❊ صدمة ❊ زحام ❊ ممر فردى للحيوانات

Crush رَضَّ △ دغدغ. دشدش. سحق. حطّم ❊ تحطَّم ❊ اخترق طريقه

Crust قِشْرَةٌ، △ قشفة الخبز وغيره ❊ كِسْرَةُ خُبزٍ يابسة ❊ أديم. رسابة الخمر ❊ الطبقة الخارجية

Crust يبسَ △ ربى او كسى بقشرة △ قشَّفَ

Crustacea القشريات كالجبرى (إرابيان) والسرطان (ابو جلمبو)

Crusty مثل القِشر. صَلِبٌ ❊ جاف. فظ

Crutch عُكازُ الاعرجِ ❊ دِعامة

Crutch دَعَمَ ❊ تعكَّز

Cry نحيبٌ. بكاء ❊ نداء ❊ مناداة ❊ صراخ. صياح

a far — فَرْقٌ شاسِع. بعيد المدى

within — غير بعيد. يُسمع بالنداء

Cry ناحَ. بكى ❊ نادى على ❊ زَعق. صَرَخَ

— down ذَمَّ. عابَ

— off انسحَبَ. — من الصفقة

— up مَدحَ. أطرى ❊ نادى (فى مزاد)

Crying مناداة ❊ نُباح ❊ مَشهور. صارِخ

Crypt دَيْماس. قَبْو. سِرداب ❊ جُرَيِّب

Crystal بلَّوْر ❊ بلَّوري ❊ بلورة ❊ △ مَندَل

Crystalline بلَّوْري. شَفَّاف ❊ جسم مُبَلَّر

Crystallize تبلَّرَ. تبلْوَر. بَلْوَر. جَمَّدَ

Cub شِبْلٌ ❊ جَرْوُ الدُّب وغيره ❊ كشاف صغير

Cube كَعْب. نَرْد جسم له ستة سطوح مربعة ❊ مكعَّب ❊ زهر الطاولة

— unit الوحدة المكعبة

Cubic مُكعَّب. تكعيبى

Cubism رسم تكعيبى

Cubit عَظْمُ الزَنْدِ. الساعِد ❊ ذِراع (مقاس)

Cuboid شبه المكعب. نَرديّ. متوازى المستطيلات. جسم محدود بستة مستطيلات

Cuckoo وَقواقٌ. كَسكَم (طائر كالباشِق) ❊ غبيٌّ

Cucumber خيار * قِثّاء * فَقّوس
Cud جِرَّةٌ . قريض ‖ اجترَّ . مضغَ * تأمَّل
Cuddle عِناقٌ . مُحاضنة ‖ عانقَ . حضنَ
Cudgel نبّوتٌ . هِراوة ‖ ضَرَبَ بعصا غليظة
— play مُناقفة ∆ تحطيب . لعْب بالنبوت
Cue اشارَة . تلميح * دَليل . مِفتاح * علامة . تنبيه * ذيل * عصا البلياردو ∆ استيكة
Cuff كَفٌّ . صَفْعَة * اسورة القميص (كُمّ)
Cuirass دِرْعٌ . زَرَد . درَقة
Culinary مُتعلّق بالطبخ او المطبخ
Cull حَيَوان متقاعد او رديء * نفاية
Cull إنتقى . استنق . انتخَبَ
Cullender, Colander مِصْفاةٌ
Cully مُغَفَّلٌ . غرير * زميل . رفيق
Culminate تكبَّدَ النجمُ والشمسُ * بَلَغَ أوجَ العُلى . بلَغَ أعْلى نقطة
Culmination تكَبُّد . بلوغ الذُرْوَة
Culpability إدانة . إستذناب * جُرْم
Culpable مُدان . مُذنِب . ملوم * جانٍ
Culprit مُجْرم . جانٍ (تحت المحاكمة)
Cultivate فَلَحَ . زَرَع * هذَّبَ * ربَّى
Cultivation فلاحة . زراعة * تربية . تهذيب
Cultivator مُزارع ∆ فلاح * آلة لإقتلاع الحشائش
Culture تهذيب . تثقيف العقل . تربية * ثقافة . تمدن * زراعة البكتريا * زراعة
Culvert بَرْبَخٌ . قناة مَقْبوَّة
Cumber عائقٌ * عَرْقَلة
Cumber عَرْقَلَ ∆ لخَمَ . ثقَّلَ على
Cumbersome مُعَرْقِلُ . مُرْبك
Cumin كَمّون
Cumulate مُكوَّمٌ ‖ كوَّمَ . رَكَمَ . كدَّسَ
Cunning دَهاءٌ . مَكر * محتال . مكّار
Cup فنجانٌ * كأس . قدح ‖ حَجَمَ بالكاسات
a — of tea ملء فنجان الشاي
Challenge — كأس (جائزة) السباق أو المبارات
Cup-bearer ساقي الخَمر
Cup-board خِزانة ∆ دولاب . صَوان
Cupid إله الحبّ . رسول الغرام
Cupidity شَراهة . طَمعَ . جشَع
Cupola سقف مستدير . قُبَّة * فرن صهر
Cupping حجامة . سَحب الدم بالكاساتِ
Cur كَلب * وَغْد . لَئيم
Curable قابِلُ الشفاء . يُعالَج
Curate نائبُ خوريّ * قِسّيس
Curative عِلاجيّ . شافٍ . مُداوٍ
Curator وَكيل * أمين . حارس * وليّ أمر
Curb حَكَمة اللجام * لجام * تدويرة * خَرَزة البئر * ضابط . رادِعٌ ‖ كَبَحَ . ردَعَ
Curd خُثارة اللبنِ ‖ خَثَّرَ . روَّب * تخثر
Curdle روَّبَ اللبنِ . خَثَّرَ * تخثَّر
Cure عِلاج . دَواء * شِفاء ‖ شَفى * عالَجَ * ملَّح . جفَّفَ بالتمليح . تَبَّلَ
Curette مِكحَت ∆ مِلْعَقَة كحت
Curettage سحْلٌ . كحت (طب)
Curiosity فُضول . حُبُّ الاستطلاع
—, Curio تُحْفَة . طُرْفَة * غَريبة

Curious فضولي . محبّ الاستقصاء . متياح * غريب . عجيب
Curl تجعيدة * خصلة ‖ جعّد . موّج . تجعّد
Curlew كروان (طائر)
Curly أجعد . مجعّد . مموّج
Curmudgeon بخيل * خسيس . دنيء
Currant زبيب بناتي
Currency عملة * تداول . رواج * انتشار
— of a bill مدة الكمبيالة
hard — عملة صعبة . — نادرة
Current تيار * دارج . متداول * جارٍ
— intermitter (الكهربي) مقطع التيار
Currently عموميًّا . بنوع دارج
Curriculum منهج ، برنامج دراسي
Currier دباغ الجلود
Curry ○ كري . بهار هندي
Curry طمّر . حسّ الحصان * نظّف الجلد المدبوغ * داهن . تملّق . تزلّف
Currycomb محسّة . مِضمار . محكّة الخيل
Curse لعنة ‖ لعن . دعى على
Cursive خطّ رقعة
Cursory سطحي . بلا امعان او تدقيق
Curt مختصر . مقتضب * جاف
Curtail قصّر . إقتضب * قطع △ قرطم
— dog كلب أزعر (مبتور الذيل)
Curtain ستار . ستارة . سُجف . برداية
— fire نار مدفعية مركزة لتغطية الهجوم
Curtsy, Curtsey انحناء تحية واحترام . تقليس
Curvature حني . حنو * انحناء . تقوّس

—s of stomach خنايا أو احناء المعدة (طب)
Curvation انحناء . تقوّس . تحدّب
Curve منحنى * انحناء . تقوّس * خط منحن
Curve حدّب . عقف . قوّس * انحنى . تقوّس
Curvet نطّة . قفزة . وثبة ‖ نطّ . قفز
Cushion وسادة . مخدّة . مسند * △ بند
Cusp قرنة . سن * نقطة التقاء قوسين * قرن * مدخل أو صحن الدار
—s of valve شرفات الصمام أو المصراع (طب)
Cuspidate مدبّب الطرف . مؤسّل * نابي
Custard حلواء من سكّر وبيض ولبن
— apple قشطة . سفرجل هندي (فاكهة)
Custodian وكيل * حارس * قيّم . ولي أمر
Custody حبس . حجز * وصاية . حضانة . حراسة
take into — القى القبض على . اعتقل
Custom عادة . عرف . سنّة . دأب * معاملة * زبائن . عملاء * جرك . رسوم جركية
commercial — (له قوة القانون) عرف تجاري
Customary اعتياديّ . مألوف . عادي
Customer زبون . عميل . مشترٍ
Custom-house جمرك . دار المكوس
Customs رسوم جمركية . مكوس
Cut قطع . جرح * طراز . زيّ * △ قصّة او تفصيلة * قطعة * تخفيض * اختصار . حذف
a short — △ تخريمة . أقرب الطرق
Cut قطع * خفّض * قصّ * فصّل * حصد
to — a canal حفر قناة
to — a pen برى القلم

to — a person تجاهَلَـهُ او قاطعه
to — down نَـقَّصَ . خَفَّضَ * حَذَف
to — off بَـتَـرَ * اختصَرَ
to — one's teeth سَنَّنَ . طلعت أسنانهُ
Cutaneous جِـلدِيّ . بَشَـرِي
Cute لبيب . نشيط △ شاطر * حاد
Cuticle جِـلْـد . بَشَرة . أدمة
Cuticular جِـلْـدِي . إهابي
Cutlass سيف قصير (للبحارة) △ بالا
Cutler صانِـع او بائِـع الأدوات القاطعة
Cutlery أدوات التقطيع (كالسكاكين) * فضيّـات
Cutlet △ ريشة ○ كُسْتليتة . ضِلْـع
Cutpurse لِصّ . نَـشّـال
Cutter مركب شراعى سريع * مُفَـصِّل الثياب * △ مقصدار * قاطِع . قَـطّـاع * آلة قاطعة
Cut-throat قاتِـل . سَفّـاح * زُغيم (طائر)
Cutting قَطْـع . قص * قاطِع . حادّ * جارِح . مُؤلم * قِـطْعة . قُـصاصة * نحاتة * عقلة

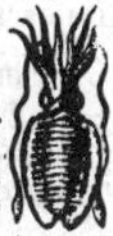

— of prices تخفيض الاسعار
Cuttle fish أمُّ الحِـبْـرِ . حَبّـار
Cwt=hundredweight قِـنطار انجليزى
Cyanide ○ سيانيد . سيانور (سُمّ)
Cyclamen بَـخـور مرْيم (نبات)
Cycle فُـلْـك * دَوْرَة . دارة . دَوْر . دائرة * عَصْر * دَرّاجة △ عَجَلة
— of action دورة المحرك
— rate سُرعة القذف أو الدوران

Cyclic, — al دَوْرِيّ . دائرى
Cyclist راكِب الدّراجة (العجلة) . دَرّاج
Cycloid شِبْـهُ الدائِـرَةِ . دائِرىّ * قوسى
Cyclometer عَدّادُ الدورات
Cyclone إعصارٌ . زَوْبَـعة . هَوْجاء
Cyclopean هائِلُ الحجْمِ . مارِد خُرافي
Cyclopedia دائرة المعارِفِ . موسوعة
Cyclotron محطِّم الذرَّة
Cygnet فَـرْخ الاوز العِـراقى
Cylinder اسطوانة * عَمُـود

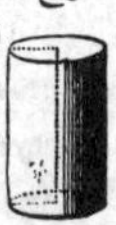

brake — اسطوانة الفرملة
Cylindric, — al أُسْطوانىّ . عَمودى
Cymbal, — s صَنْجٌ « آلة موسيقية »

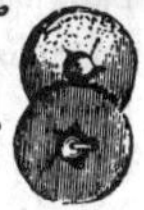

Cynic, — al مُتـهَـكِّـم . ساخِر * زاهد * كثير المجون * كلبيّ * جاف . فظ * تهكمى . سخرى
Cynicism استِـهزاء . تَهَـكُّم * زهد * كلبية
Cypher, Cipher صِفْـر * شفرة
Cypress شَجرَةُ السَرو

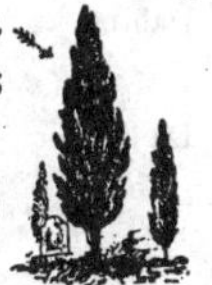

Cyprian قُـبْـرصىّ * قبيح . فاحِش . فاجِر
Cyrenaic سيرينى . قورينائى ، مذهب اللذة . غاية الحياة
Cyst خَليَّـة . حَوْصَلة . مَثانة . كِيسٌ صغير
Cystitis التهاب المثانة . مَـثَـنٌ
Cystoscope مِنظار المثانة
Czar, Tsar قَـيصَرُ الروسِ (سابقاً)

D

d. (penny, pence) ٥ بني . بنسات (عملة انجليزية)
D. رقم روماني = ٥٠٠
Dab لطمة خفيفة △ جر كسوة ✲ بقعة من مادة رخوة ✲ سمك مفرطح
Dab ربت ✲ خبط بخفة ✲ نقر
Dabble رش او رطب بالماء ✲ لعب بالماء △ بطبط ✲ عمل بتقطع
Dace سمك نهري صغير (كالبربوني)
Dactyl مقطع، وزن شعري ✲ حيوان هلامي
Dactylo- سابقة بمعنى « اصبعي »
Dactylology لغة الخرس . لغة الاصابع
Dad, Daddy اب (بلغة الاطفال) . بابا
Dado بدن كرسي العمود ✲ افريز
Daffodil نرجس أصفر. سيراس
Dagger خنجر . مدية
to look —s at حدجه بنظره
at —s drawn بينهم ماصنع الحداد
Dahlia زهرة الداليا (شكلها كالنجم)
Daily يومي ✲ يومياً . كل يوم ✲ خادم مياومة
— paper جريدة يومية
Daintiness أناقة . نفاسة . نعومة
Dainty أنيق . ظريف ✲ من أطايب الطعام
Dairy معمل البان . ملبنة
— products منتجات أو مستخرجات الالبان
Daisy زهرة اللؤلؤ . أقحوان
Dale واد صغير . وهدة . غور
Dally داعب . غازل ✲ سوف ✲ أمهل ✲ تمهل . توانى
Dam خزان . سد . حاووز ✲ أم « للحيوان »
Damage ضرر . تلف . عوار . عطب ✲ خسارة ✲ تعويض ‖ آذى . أتلف
Damages تعويضات « عن الضرر والعطل »
Damascus مدينة دمشق (بسوريا)
Damask دمقس . قاش مشجر
Damask جوهر النصل
Dame سيدة
Damn لعنة ‖ لعن . قضى على
Damnation عذاب الجحيم ✲ فشل مسرحية
Damp, —en رطب . بلل ✲ تندى ✲ اخمد . كتم ✲ ثبط العزم
Damp, —ish رطب . مبتل . رطيب
Damp, —ness رطوبة . بلل . نداوة
Damsel آنسة . عذراء . خريدة
Damson برقوق . قراصيا
Dance رقص ✲ رقصة ✲ مرقص
Dance رقص
Dancer راقص او راقصة △ رقاصة
Dandelion هندباء برية . سن الاسد
Dandle زقزق الطفل △ هشكه . هدهده
Dandruff هبرية . قشرة الرأس
Dandy متأنق . متحذلق △ غندور △ قيافة (بالانجليزي الدارج) ✲ عال
Danger خطر . مخاطرة

Dangerous خَطِرٌ ☆ بحالةِ الخطَرِ
Dangle تَدَلَّى . استرخى ☆ حامَ حول
Daphne غارٌ . دِفْلى (نبات)
Dapper خَفيفٌ . نشِيط . أنيق . بارع
Dapple مُرَقَّطٌ . ارقط || رَقَّطَ . نقَّط . بقَّع
Dare جسارة || تجاسَرَ . تجرَّأ ☆ اقتحَمَ ☆ تحدّى
— say رُبما . لعَلّ . رُبَّ
Daredevil مُتَهَوِّرٌ . جَرِيء
Daring جَرِيءٌ . جَسور ☆ جَسارة . إقدام
Dark ظَلام . ظُلمة . عَتْمَة ☆ مُظْلِم
☆ لون قاتم △ غامق ☆ كئيب ☆ غامض
— ages العصور المظلمة أي القرون الوسطى
— coloured أسمر . أدكن . أصحم او أسود
— eyed اسود العينين
the — Continent افريقيا
Darken اسْوَدَّ ☆ أظلَمَ . عَتَّمَ
Darkish قليل الظلمة . مظلم قليلاً
Darkness ظَلامٌ . ظُلْمة ☆ إبهام
Darksome مُظلِمٌ
Darling حَبيبٌ . مَحبوب . عَزيز ☆ مُحَب
Darn رَتَقَ . رَفَا ☆ لعَنَ (بالعامية)
Darnel زُوانٌ . زُؤان △ دُحريج (نبات)
Darner رَفّاء . رافِيء △ رفّا
Dart حُظَيَّة . حَظوة . نَبل 
△ سهم ☆ أبرة النحلة
☆ ○ بنسة (في الخياطة)
Dart إندفَعَ . انقضَّ ☆ رمى بالسهم . رشَق
Dash (-) تلاطم صدام ☆ انقضاض ☆ شرطة
Dash صَدَمَ . لطَم . حَطَّمَ ☆ اِنقضَّ على

Dashboard رَفرَفُ « العرَبةِ »
☆ △ تبلو السيارة او الطائرة
Dashing جَسورٌ . مِقْدام ☆ مُندَفِع
Dastard جَبان . نَذْل . خَسيس
Data (*sing.* Datum) مَدلولات . معلومات
. بيانات . حقائق . وقائع . تفاصيل
Date تاريخ ☆ زمن ☆ بلح . تمر ☆ موعد || أرَّخَ
— of commission تاريخ الترقي
out of — بطل استعماله . مماتٌ . مهجور . قديم
Dateless غُفْل من التاريخ
Date-palm شَجَرَةُ النخلِ . نخلة
Daub طلاء . ملاط ☆ تلطيخ ☆ رسْم غليظ
Daub لوَّث . لطَّخ . لبَّس . ملَطَ . طلى
Daughter اِبنةٌ . بنت
Daughter-in-law كِنَّةٌ . زوجة الابن
Daunt خوَّفَ . أرْعَبَ . ثبَّط العزم
Dauntless جَسورٌ . جريء . مِقدام
Dawdle كسولٌ || تلكأ . تسكع . سوَّفَ
Dawn فَجْرٌ . سَحَر . بزوغ
Dawn تبلَّجَ . بَزَغ
to — on *one* لاحَ له . أدرك
Day نَهارٌ ☆ يَوْم ☆ زَمن . عَهد
— of maturity يوم الاستحقاق
—s of grace أيام المهلة لدفع كمبيالة
the other — منذ مدة بسيطة
Day-book دفترُ اليومية △ المسوَدَّة
Daybreak الفجْرُ . طلوع النهارِ
Day-dream حُلم اليقظة . قصور في الهواء
Daylight ضوء النهارِ

Daylong طوال اليوم . طول النهار
Daystar نَجْمة الصُّبح . كوكب الصباح
Daze ذهول ✲ ميكا ‖ بهرَ . خَطفَ البصرَ ✲ أذهل
Dazzle خطفَ البصرَ △ زَغْلَلَ ✲ أذهل
Deacon شَمَّاسُ الكنيسة
Dead مَيْتٌ . مَيّت ✲ ساكِنٌ . هادىء . خامل . راقد ✲ للغاية △ موت
— drunk سكران طينه
— heat تعادُل (فى سباق)
— letter مكتوب لم يُطلب ✲ غير معمول به
—lock توقُّف ✲ ورطة . مأزق . إخفاق
—-office الصلاة على الميت ، تجنيزه
—-set اِئتمار △ تَحَطُّط . تقصّد
— sound صوت غير رنان ، مكتوم
—-wall حائط مُصمَت . سدٌّ لا فرجة فيه
Deaden أمات ✲ أخمدَ . كتمَ ✲ خفف ✲ خَدَّر
Deadly, Dead مُميتٌ . مُهلك
Deadness مَوْتٌ ✲ كساد ✲ عدم نخوَة
Deaf أصمّ . أطرَش
Deafen أصَمَّ . طرَّشَ ✲ كتمَ الصوتَ
Deafening مُصِمٌ . صوت يصم الاذن
Deaf-mute أصمٌّ أبكم . أخرس أطرش
Deafness طَرَشٌ . صَمَم
Deal صَفقة ✲ مقدار ✲ حصة ✲ تفريق الورق
a great *or* a good — مقدار كبير
Deal وزَّعَ ✲ قسَّمَ . عامَلَ ✲ تعاملَ . أخذ وأعطى ✲ فرَّق ورقَ اللعِب
— in تاجرَ فى . باعَ واشترى . تعاطى
— out وزَّع . فرّق . قسَّم

Dealer تاجرٌ . بائعٌ △ متسبِّب . متعاطٍ
Dealing تعامُل . معاملة . أخذٌ وعطاء ✲ سلوك
Dealt, *of* Deal عامَلَ . تعامَلَ مع
Dean ثانى أسقف ✲ وادٍ ضيّق ✲ عميد فى كلية
Dear غالٍ . ثمين . نفيس ✲ عزيز
Dearly بمَعزَّة . بإعزاز ✲ بثمنٍ غالٍ . بغلاء
Dearness غلاء ✲ معزَّة
Dearth قحْط . غلاء . جدب ✲ عدم وجود
Death موْت . وفاة . مَنيَّة ✲ مِيْتَة
to put to — قَتَلَ
Deathless خالِد . لا يموت
Death-pang غمراتُ الموتِ . آلام النزْع
Debar منَعَ ✲ سدَّ ✲ أخرج من . أبعد
Debark نَزَلَ أو أنزل الى البر اى الارض
Debase حقَّر . أذلَّ . حطَّ من ✲ زيَّف . غشَّ
— d currency عُمْلَة مخفضة القيمة
Debasement تحقيرٌ ✲ حط المقام ✲ تزييف
Debate مجادَلة . مناظرة ‖ حاجَّ . جادَلَ ✲ ناضل
Debauch, — ery فُجور . دَعارة . خلاعة
Debauchee فاجرٌ . داعر . خَليع
Debenture سندٌ . سهم فى شركة بفائدة ثابتة
Debilitate اضعَفَ . اوهنَ . اضنى
Debility ضَعفٌ . وَهَن . هُزال
Debit دَيْنٌ . « من » . « المطلوب منه » . « عليه » فى الحسابات
— balance رَصيد مدين
— Note اشعار مدين
Debit قيَّدَ عليه بالحساب
— an account يدين حساباً

Debris نقضٌ . أنقاض . حُطام
Debt دَيْنٌ . ذمَّة . قرض ✲ ذنب
bad —s ديونٌ هالكة اومعدومة . ضِمار
Debtor مديونٌ . مَدِيْـن . مطلوب منه
Deca- بادئة بمعنى : مُعشَّرٌ . عُشارى . عشر
Decade عقْـدٌ . عشر سنَـوات . عشرة
Decadence انحطاط . تدهور
Decagon سَطْـحٌ ذوعشرة اضلاع او زوايا
Decalogue الوصايا العَشَـر
Decamp نَـزَحَ . رَحلَ . ارتحَلَ ✲نقَل المعسكر ✲فرَّ 
Decanter قِنِّـينة ∆ شفشق ∆ دَوْرَق . قُلَّـة
Decapitate أطاحَ ، قطع الرأس . ضرَب عُنُـقاً
Decay انحطاطٌ . انحلال . تهدُّم ✲ نَـخْر
Decay انحَـطَ ✲تسوَّس . نَخِـرَ . بَـلِيَ . فسد . ذَبُلَ ✲ أتلف
Decease وَفاةٌ . مَنيَّـة . مَوْت
Deceased متوفى ✲ المرحوم
Deceit غِشٌّ . خِداعٌ . مُخاتَـلة . مَـكْر
Deceive غشَّ . خدَعَ . اضلَّ . أغوى
December شَهْـرُ ديسمبر . كانون الاوَّل
Decency حِشْمَـةٌ . أدَب . لياقة
Decent محتَـشِمٌ ✲ لائق . كافٍ
Decentralize جعل لامركزياً . أبعدعن المركز
Deception خَدْعٌ . مخاتلة . إغواءٌ ✲ غُرور . وَهْم ✲ خَيْبَـة الامل ✲ انخداع
Deceptive خَـدّاع . غشَّاش ✲ خِداعى

Decide حتَّمَ . بتَّ ✲ عزَمَ . صمَّمَ . قرَّر
Decided قَـوِيٌّ العَـزْم . مُصَمِّم ✲ مُقَـرر
Decidedly حتماً . من كل بدٍّ
Decigramme عُـشرُ الجرام ○ ديسيغرام
Decimal عُشْـريٌّ . كَسْرٌ اعشارى
Decimate أبادَ ✲أهلك واحد من كل عشرة
Decimetre عُـشرُ المتر ∆ ديسيمتر
Decipher فسَّر . حلَّ الطلاسم او الشفرة
Decision قَـرارٌ . حُـكْـم ✲تصميم . عزْم
Decisive قَـطعيٌّ . نهائى . باتٌّ . جازم
Deck ظَـهْـرُ المركبِ || زَخرَفَ . زيَّنَ
— passage تذكرة سفر على ظهر الباخرة
Declaim الق خطبة مؤثرة . خطَب (بانفعال) ✲ توخى البلاغة فى خطابه
Declamation خطابٌ حَماسى . خطابة بحماس
Declamatory خِطابى ✲مختص بالخطابة الحماسية
Declaration تَـصْريحٌ . مجاهرة . بوح ✲اعلان . اشهار ✲ إقرار
— of average إقرار تلف
Declare قرَّرَ ✲ صرَّحَ . اعلنَ ✲ أظهَـرَ
Declaredly عَـلانيةً . صَـراحَةً
Declension إنحرافٌ . انحدار ✲ إنحلال ✲ اعراب . تصريف
Declination مَيْلٌ ✲ انحراف ✲ تصريف
Decline مَيلٌ ✲ انحراف ✲ أفول . انحطاط
Decline آلَ الى الزوالِ ✲حادَعن . انحرفَ ✲تنحَّى . ابى . رفَـض ✲ أعرَبَ . صرَّف
Declivity تحدُرٌ ✲ أُحْدُور ∆ دُحْديرة . مكان منحدر . مُنحَدَرٌ

Decoct غلى . استخلصَ بالغَليانِ
△ خرَطَ * هضمَ
Decode حلَّ الكود اى الجفر
Decompose حَلَّ . فكّك * تحلَّل * تعفَّن
Decomposition تحلل. انحلال * فساد. تعفُّن
Decontaminate طهَّر . نظَّفَ
Decorate زوّقَ . زيَّنَ * قلَّدَ وساماً
Decoration ← نيشانٌ. وسام
* زينة .زُخرفٌ * تزيين
. زخرفة * منح وسام
Decorator مُزَخرِفٌ . مزوِّق
* نقّاش △ بويجي
Decorous لائقٌ. ملائم * محتَشِم
Decorticate قشرَ . نزَعَ القِشْرَ
Decorum لياقةٌ . ذَوْق . لباقة * انسجام
Decoy أُغوية . خُدعة △ طُعْم . شَرَك
Decoy خادع .خدَع.أوقعَ في شركٍ .غَرَّر
Decrease نَقْصٌ . هبوط || نَقصَ . قلَّ
Decree أمْرٌ عالٍ أى رسمي . قانون . لائحة
— law مَرْسُوم بقانون
— nisi حُكم بالطلاق (مشروط)
Decree أصدرَ أمراً عالياً . قضى . حكم
Decreed محكوم به * مُقَدَّر . محتوم
△ مكتوب * صادرٌ عنه أمر عال
Decrepit مُقْعَدٌ . عاجِز * متَداعٍ
Decrepitate △ طَقْطَقَ . فرقَعَ . تأتأ
Decrepitude هَرَمٌ . ضعف . انحلال
Decresent متناقِصٌ . آخذ فى الانحطاط. آفل
Decrown خلَعَ عن كرسى المملكة

Decry ندَّدَ بـ . ذَمَّ . طعَن فى
Decumbent متمددٌ . مُسْتَلْقٍ
Dedicate كرَّسَ. خصص * أهدى . قدَّم
Dedication تكريسٌ . تدشين * إرصاد
* إهداء
Deduce استنتجَ . استدلَّ * استخرجَ
Deduct طَرحَ . أسقطَ. خصمَ * استنتج
Deduction طَرْحٌ . إسقاط . تنزيل
. استقطاع * إستنتاج
Deed حُجّةٌ . وثيقة * عملٌ. صَنيع * مأثرة
Deem حَسِبَ .ارتأى.رأى * اعتبرَ * حكَمَ
Deep عميقٌ. غويط * عَويص * ذو دهاء
— colour لون قاتم أو داكن △ غامق
Deepen عمَّقَ أو تعمَّق.غوَّطَ * أدكن.قتَّمَ
Deeply بعُمق . بتَعمُّقٍ * جداً * بتمعن
Deep-seated, — rooted متأصِّلٌ .راسِخ
Deer أيِّلٌ . ظبي . غزال
Deface شَوَّهَ * طلَسَ
. طمَسَ * محا . دَثَر
Defalcate اختَلسَ . بدَّدَ
Defalcation تبديدٌ. اختلاس * تقصير
Defalcator مُبَدِّدٌ . مختَلِس . سارِق
Defamation قَذْفٌ. ثلب . تشويه سُمعة
Defamatory قَذْفيّ . سَبِّي . اغتيابي
Defame افترى على . هاتَرَ . ثلَب صيته
Default تقصيرٌ * عدَم حُضور . تخلُّف
— of payment توَقُّف عن الدفع
judgment by — حُكم غيابيّ
Defaulter مُقصِّرٌ .متخلِّف * مذنِب * مفلس

Defeasance فَسْخٌ . إبطال . إلغاء . شرط لاغٍ
Defeasible قابل للالغاء . يُلغى
Defeat هزيمةٌ . إنكسارٌ ‖ هَزَمَ . قَهَرَ
Defeatists دعاة الهزيمة
Defect خَللٌ . عَيْبٌ . عيب خَلقي ✿ قُصور
Defection ارتدادٌ . رَدّة . تَرْكٌ ✿ خلل
Defective ناقصٌ ✿ مُعاب . ذو عيب
Defence دِفاعٌ ✿ حماية ✿ حِصن
—s, lines of — تحصينات . مراكز الدفاع
Defenceless عَديم الحيلة ✿ غير محصّن
Defend حامَى عن . دافعَ . وقى ✿ منع . حرَّم
Defendant مُدافِعٌ ✿ المدَّعى عليه . مُتَّهم
Defender مدافعٌ . محامٍ ✿ مدافع عن بطولة
Defensible ممكن الدفاع عنه
Defensive دفاعيّ ✿ مُدافعة . دِفاع
Defer (to أَخَّرَ . أرجأ . أجَّل ✿ (أذعن
Deference رعايةٌ . اكرام . احترام
Deferential رعائى . اكرامى . احترامي
Defiance تحدٍ . مناهضة ✿ ازدراءٌ بالخطر
Deficiency عدم كفاية . عَجْزٌ . نَقصٌ . قُصُور
Deficient عاجزٌ عن ✿ ناقص . غير كامل
Deficit عَجْزٌ . مِقدار العجْز . نقْص
Defile مَضيقٌ . حَرَج ✿ رتل . طابور
Defile دنَّسَ . لوَّثَ ✿ مشوا صفوفاً
Defilement تَدنيسٌ . تلويث ✿ فَضيحة
Define حدَّدَ . عيَّن ✿ عَرَّفَ . وَصَفَ
Definite مُقرَّرٌ . مُعيَّن . ثابت ✿ نِهائى . باتّ
— article أداةُ أو آل التعريف
— term اسم المعنى التام
Definitely قطعاً . باتاً . نهائياً
Definition تَحْديدٌ . تعريف . وَصْف
Definitive قَطعِي . بات . نهائى ✿ تعريفى
Deflation انكماشٌ
Deflect زاغَ . حاد ✿ انحرف ✿ حرَّف . أمال
Deflection, Deflexion احناءٌ . تقويس
✿ زَيغان . انحراف . مَيل . تكسُّر ✿ تحريف
Deflower افتضَّ البكارةَ ✿ نزَع الزهر
Deform شوَّهَ . مسَخ ✿ عوَّه
Deformation تَشْويهٌ
Deformity تشوُّهٌ . مِسخ . عَيْب ✿ عاهَة
Defraud غَشَّ . غدرَ به . اختلسَ . غبَنَ
Defray قامَ بالنَّفقةِ ✿ وفى . دفَع
Defrost أزالَ أو أذاب الجليد
Deft ماهِرٌ . حاذِق ✿ أنيق
Defunct مَرْحومٌ . مُتوفى . ميت
Defy عَيَّرَ . إزدرى به ✿ تحدَّى ✿ قاوَمَ
Degeneracy حُؤولٌ . انفسادُ الاصل الطيِّب
Degenerate مُتَكَسِّسٌ . منحل . منحط
Degenerate انحطَّ . انفسَدَ اصله الطيِّب
Degeneration تنَكُّسٌ . انحطاط ✿ حَرَس
Deglutition بَلْعٌ . ازدراد
Degradation تجريدٌ . تنزيل الدَرَجة او
الرتبة ✿ حطّ ✿ مهانة . حطَّة
Degrade جرَّدَ . نزّلَ الدرجة . حطَّ او انحطَّ
Degree دَرَجة ✿ رُتبة ✿ قَدْر . مَنزِلة
✿ حالَة ✿ براءَة ، شهادة علمية
by —s تَدريجياً . بالتدريج
Deification تأليهٌ

Deify ألَّهَ . عَبَدَ
Deign تفضَّلَ . تنازلَ
Deism الاعتقاد بالخالق دون الاديان
Deity إلَهٌ . إلاهة . معبود . ألوهية
Deject غَمَّ ☆ ثبَّطَ العزمَ . فتَّر الهمة
Dejected مغتمٌ . مكتئب . خائر العزم
Delay تأخيرٌ ☆ مُهْلة ‖ أخَّرَ ☆ ابْطأَ
Delectable أنيقٌ ☆ لذيذ ☆ مُطرِب
Delectation تمتُّعٌ . تنعم . استمتاع . لذة
Delegate مَبْعوثٌ . مندوب . نائب
Delegate أوْفَدَ . بعث . انتدب . أناب
Delegation وَفْدٌ . بَعثة ☆ ايفاد . وكالة
Delete حَذَفَ او شطَب . ضرَبَ على . محى
Deleterious مُضِرٌّ . وبيلٌ . ضار
Deletion حَذْفٌ . محو ☆ الكلمة المحذوفة
Deliberate حازمٌ . رَصين . متأن ☆عمدى
Deliberate تروَّى . اعملَ الفكرة . تداول في
Deliberately عَمْداً . عن قصدٍ . بتروٍّ
Deliberation تروٍّ . تأنٍّ ☆مداولة ☆قصْد
Delicacy شئ طيِّب ☆ رقَّة ☆ نحافة △ نزاكه
Delicate لذيذٌ ☆ نحيف ☆ سريع التأثرِ او العطَب . رقيق او دقيق او ناعم
Delicious لَذيذٌ . سائغ . شهيّ
Delict جُنْحَةٌ ☆ جُرم . قُصور
Delight انشراحٌ . سرور ‖ ابتهجَ ☆فَرِحَ
turkish — △راحة الحلقوم . ملبن
to — in فَرِحَ به . ابتهَجَ به
Delightful, Delightsome سارٌّ . مُفَرِّح
Delimitation تحديد التخوم . تخطيط

Delineate رسَمَ . صوَّر . خطَّطَ ☆ حدَّد
Delinquency إثمٌ ☆تقصير . قصور . جُناح
Delinquent أثيمٌ . مقصِّر . مذْنِب ☆مُتَباطِئ في الدفع
Deliquesce ذابَ △ساحَ . سالَ . ماع
Delirious هاذٍ . مُهتِر . مخطرف . هاتر
Delirium هَذَيانٌ . بُحْران . هُتْر
— tremens رُعاش او هذيان المدمن
Deliver خلَّصَ . أنقذ . حرَّر ☆سلَّم . أوصل ☆ القى خطبة ☆ نازَلَ ☆ ولدَت
to — an attack قام بهجوم
Deliverance خلاصٌ . انقاذ ☆تسليم ☆القاء
Delivery تسليمٌ ☆توزيع . توصيل ☆خلاص . تخليص ☆ وِلادَة
— Note اذن او قَسيمة تسليم
— of a speech القاء خِطاب
Dell مَضيقٌ . وَهْدَة ☆ وادٍ منعزل
Delta دِلتا النيل وغيره
Delude خَدَعَ . غشَّ . اغوى . أضلَّ
Deluge طُوفانٌ . فيَضان ‖ أغرقَ . غمَر
Delusion هوَسٌ . وَهْم ☆غُرور ☆ ضَلال
Delusive خدَّاعٌ . غرَّار ☆ باطِل . وهميّ
De luxe فاخِرٌ . فخم . مُمتاز
Demagogue زعيمٌ شعبي ☆ قائد الدهماء
Demand طلبٌ ☆ مُطالبة ☆إقبال ☆ سؤال
in — مَطلوبٌ . مرغوب فيه . رائج
on — عند او تحت الطلب
Demand طلبَ . طالبَ ☆سأل . استخبَر
Demarcate عيَّنَ ، خطَّط الحدود

Demarcation تحديدٌ ✽خط التحديد ✽حدّ
Demean سلَكَ. تصرفَ ✽ حقّرَ. أذلَّ
Demeanour سُلوكٌ. تصرُف. سيرة
Dement مجنونٌ ‖ جَنَّنَ. هوّس
Demerit قُصُورٌ. نقص ✽عدمُ استحقاق
Demesne عِقار غير مؤجر ✽ أرض مملوكة ✽أرض الدولة ✽ملحقات القصور ✽ناحية
Demigod نصف إلـه. إله وبشر
Demijohn ←△ دَمجانَة
Demise وَفاةٌ ✽انتقال المِلك أو اللقب أو المُلك
Demise تَرَكَ ارثاً بوصية ✽ تنازَلَ
Demobilization تَسْرِيح الجندين
Demobilize سرّحَ (الجيش أو السفن)
Democracy ديموقراطيّةٌ. شعبية
Democrat, —ic ديموقراطيٌّ. شعبي
Demolish هدَمَ. خرّبَ. مَحَق
Demolition هدْمٌ. تَهديم. خَراب
Demon عِفْريتٌ. جِنّ. شَيْطان
Demoniac, —al △ ملبوس. عليه عِفْريت. محضور ✽ جهنمي △ مُعَفْرَت
Demonism الاعتقادُ بالجِنّ
Demonstrate تظاهَرَ ✽ بيَّن. شرَحَ ✽أثبت
Demonstration مُظاهرَةٌ ✽عَرْض ✽أظهار ✽ شَرْحٌ ✽ برهنة ✽ بُرْهان. دليل
Demonstrative ايضاحي. إثباتي ✽وَصْفِي
— pronoun اسمُ الاشارةِ
Demonstrator معيدٌ. مساعِد استاذ ✽ مبرهن

Demoralize أفسدَ الروح المعنوية. ✽ أوهن العزيمة
Demote خفّضَ الرُتبة أو الدرَجة
Demotic دارِجٌ. شعبي ✽حرف هيراطي مبسط
Demur رَيْبَةٌ. شكّ ✽تأخُر ✽مُعارضة
Demur تردَّدَ ✽ اعترض ✽ عمِل إشكال
Demure مُتَظاهرٌ بالحشمة ✽ رصين
Demurrage △أرْضيَّة. غرامة تأخير الاستلام
Demurrer الدفع ببطلان المرافعة. اشكال
Den مَغارة. كهْف ✽عَرين ✽خلوة. صومعة
Denaturalize غيّر الطبيعة ✽جرّدَ من الجنسية
Dendrology دِراسَةُ الاشجارِ
Denial انكارٌ ✽ رَفْضٌ
self — إنكارُ الذاتِ
Denizen ذِمّيٌّ. اجنبي له امتيازات الوطنيين ✽ كلة أو حيوان أو نبات مجنَّس، دَخيل
Denominate سَمّى. لقّبَ. دَعا
Denomination تَسْمية. لقَب ✽مِلّة ✽فئة
Denominator مَقام الكَسر أي العدد التحتي ✽دال. دَليلٌ ✽ مؤشِّر ✽ مسَمٍّ. مُلقِّب
Denotation تسميَة. دَلالة. تمييز
Denote أشارَ الى. دلَّ على ✽ عبّر عن
Denounce اشتكى ✽ اتهمَ ✽ فضحَ ✽ أعلن
Denouncement تَهديدٌ ✽تشهير ✽اعلان
Dense كَثيفٌ ✽ غليظ. مُكْتنز. مُكتظ
Denseness كثافة ✽اكتناز. غزارة ✽غَباوَة
Density كثافةٌ ✽الثقل النوعي
Dent بَعْجَةٌ. سِنّ ‖ تركَ أثراً ✽ سنّنَ
Dental سِنيٌّ. مختصّ بالاسنان ✽ نِطعي

Dentate, —d مُسَنَّنٌ. ذو أسنان . مشرشر
Dentifrice معجون الاسنان . سَنُون
Dentist طَبيب اسنان
Dentistry طِب الاسنان
Dentition تسنينٌ. ظهور الاسنان أو شكلها
Denture طاقِم أسنان صناعية
Denudate عارٍ . مجرَّد ‖ عرَّى
Denude عَرَّى . جرَّدَ . كشف
Denunciation إنذارٌ او تَهديد بالتشهير
*اتهام * قدْح فى * اعلان بانتهاء اتفاق
Denunciator مُبَلِّغ . مُتَّهِم * مهدِّد
Denunciatory وَعيدي . تشهيرى . فاضِح
Deny انكَرَ . كذَّبَ *أبى على * جحَدَ
Deodorant مُزيل الرائحة
Depart ارتحلَ . بارَحَ . سافر . قام (ضِدوصَل)
to — from حادَ عن * كفَّ عن
Departed الراحِل * المتوفي
Department ادَارة △ مَصْلحة △ قلَم
. قِسْم . مرفق * وَظيفة * عنبر
— store محل يبيع سِلَع عديدة
Departmental اداري . مختص بمصلحة
— accounts حِسابات الاقسام
— stores المتاجِر الكبرى
Departure رَحيلٌ . سَفر *انحراف *تحوُّل
Depasture سَرَّحَ الماشية لترْعى
Depend توقفَ على *اعتمَد على *تدلّى
Dependant, Dependent تابِعٌ . خادِم
Dependence ملازمة *تابعية . اعتماد . ارتباط
Dependencies مُلْحقات . تَوابع

Dependent on متعلِّقٌ بـ . متوقِّف على
*معتَمِد *مُتدلٍّ من . تابع . متكل على
Depict وصَفَ . شرَح . صوَّر . رسَم
Depilate نتَفَ أو مرَط الشَّعْرَ
Depilatory مُزيلُ الشَّعرَ . نُورة . جَميش
Depletion افراغ . استنفاد *فِصادَة * نضوب
Deplorable محزن . يرثى له . يؤسف عليه *حقير
Deplore أسِفَ على . حَزِنَ * بكى على
. رَثى له . لم يرضَ عن
Deploy نشَرَ . فرَد * انتشَر . امتدَّ
Depopulate أخلى البلاد من السكان . أقفَرَ
Deport طرَدَ . نفَى . أبعَد *تصرَّف . سلك
Deportation طرْدٌ . نَفْي . ابعاد
Deportment سُلوكٌ . تَصَرُّف
Depose قرَّرَ . شهِدَ *أقرَّ *عزَلَ . خلَع
Deposit تأمينٌ . وَديعَة △ رهن * راسِب
— rate سِعْر الفائدة على المودعات
call — ايداع يسحب لدى الطلب
Deposit وَدَع عند . أوْدَع * رَسَب
Depositary المودَع لديه . مستَوْدَع *مخزن
Deposition اقرارٌ . اعتراف . شَهادة بقسَم
* رُسوب (كيما) * عَزْلٌ . خلع
Depositor المودِع . واضعُ الشيء
Depository مستودَعٌ . مخزَن *حافظ الوديعة
Depot مُستودَع . مَخزَن * محطَّة * مركز
تموين الفرقة *مركز تدريب * معتقل
Depravation افسادٌ *فساد . حؤول . فجور
Deprave أفسَدَ . أغوى * فَجُرَ . فَسُدَ
Depraved فاسِدُ الاخلاقِ

Deprecate استعاذ. استرحم. استنكر
Depreciate استحقر. غضَّ من شأنه. نزَّل . بخس القيمة * تَلِفَ * استهلك الثمن
—d currency عُمْلة منخفضة القيمة
Depreciation استهلاكٌ △ هَرْش * هُبوط القيمة. وَكْس * تَلَف
Depredation غزْوٌ. سَلْب. نهْب
Depress أذلَّ. أخضَع * ضغَطَ على. خفض * أخمدَ العزيمة * أكسد * غمَّ. اكأبَ
Depressed منخفِضٌ * منقبضُ النفس
— areas مناطِقُ مصابة بالكساد
Depression انخفاض. هُبوط * ضغط * تجويف. نُقرة * كساد. ركود * كآبة. غم
Deprivation تجريد. حُرْمان * تجرُّد * عزْل
Deprive, *of* حرَمَ. جرَّدَ. عرَّى من
Depth عُمْقٌ. غُور * مَعْمَعان △ عِزّ
— charge قنبلة الاعماق
— sounder مِقياس الاعماق
Depurate صفَّى. روَّقَ * تَنقّى. نَظُف
Deputation توكيلٌ. تفويض * انتداب * وَفْد. مفوَّضون
Depute فوَّضَ. انتدَب * أناب * أوفد
Deputy وكيلٌ. نائِب. مفوَّض. معتمد
Derange شوَّش العقلَ. خبَلَ * ربكَ. أزعجَ
Derangement تشويشٌ. ارتباك * خَبَل
Derelict المركب أو البضاعة المتروكة فى البحر * مهملٌ. مهجور. منبوذ * حِطام بشرية
Dereliction اهمالٌ * تقصير * ترك . هِجران. نبذ * طرح بحر

Deride سَخِرَ من. استهزأ بـ. ضحِكَ على
Derision سُخْريةٌ. استهزاء * هُزأة
Derisive, Derisory سُخرى. هُزئى
Derivation اشتقاقٌ * استنتاج. استخراج
Derivative اشتقاقىّ * مشتق * اسم مشتقّ
Derive اشتقَّ * استنتج * تفرَّع. نتجَ من
Derm جِلدٌ. أدَمَة
Dermal جِلْدىّ. بَشَرى. أدمِى
Dermatology دِراسة الامراض الجلدية
Derogate حطَّ من قدرِهِ * اقتطَعَ * انحطَّ
Derogative, Derogatory مُهِينٌ. سَلبي
Derrick عَيّارٌ. رافعة △ وِنْش * تصليبة فوق أبار البترول وما شابه
Dervish دَرْويشٌ. متعبِّد. زاهِد
Descant نَشيدٌ. نغمة ‖ أطالَ. أسْهَبَ. بالغ
Descend نَزَلَ. هَبَط. انحدَر. آل الى
Descendant, *of* من نَسْلِ. سَليلُ
Descendent نازِلٌ. هابِط * من نسل
Descending colon القَوْلون النازل
Descent نزولٌ. هبوط. انحدار * مُنْحَدَر * أصل. نَسَب * أيلولة الميراث * غارة △ كبسَة
Describe وَصَفَ. صوَّرَ. رَسَمَ * شرَح
Description وَصْفٌ. بَيان. نَوْع
answers to the — طابَقَ المواصفات
Descriptive وصْفىّ. تصويرىّ. بَيانى
Descry اكتشَفَ. أدرَكَ عن بُعدٍ
Desecration تدنيسٌ. انتهاك القدسيّة او الحرمة

Desensitization سَلْبُ الحاسيةاوالحساسية او الحصانة ضد مرض او دواء او ضوء الخ
Desert صحراء . بَيداء . بريَّة . قفر . بلقع ٭استحقاق. أهلية٭جزاء ٭مأثرة
Desert هجَرَ . تركَ ٭ هربَ من
Deserter هاربٌ من الخدمة العسكرية ٭ تارك
Desertion هجْرٌ . هِجْران ٭ ارتداد ٭ هُروب من الجندية
Desertless عَديم الاستحقاق ٭ خسيس
Deserts استحقاق ٭ ثَواب . أجْر ٭ صَحاري
Deserve استحقَّ . استَوْجَبَ . استأهلَ
Deservedly عن استحقاق. باستحقاق ٭ بحق
Deserving مُسْتَحِقٌّ . أهلاً لـ . لائق بـ
Desiccant مُجَفِّفٌ . مُنَشِّف
Desiderate ابتغى . تاقَ الى . رَغِبَ فى
Desideration احتياجٌ ٭ بُغية
Desideratum, *pl.* desiderata بُغْيَة . امنِيَّة (ج مبتغيات . أماني)
Design رَسْمٌ . تخطيط ٭ صورة . تصميم ٭ خطة ٭ غرَض . قصْد
by — عَمْداً . قَصْداً
Design رتَّبَ . رَسَم . عيَّنَ . نوى
Designate عيَّنَ . دلَّ على . سمّى ٭ رشَّح
Designation تعيينٌ ٭ تمييز . اختيار ٭ دَلالة ٭ مَضْمُون ٭ تسمِيَة ٭ اسم . لَقَب
Designedly عَمْداً . قَصداً
Disigner رَسَّام ٭ مُدَبِّرٌ . مختط . مُصَمِّم
Desirable مرغوبٌ فيه . مطلوب . مشتهى
Desire رَغْبَةٌ . مَرام ٭شهوة . هَوى
Desire أرادَ . ابتغى . رَغِبَ فى . اشتهى
Desirous راغِبٌ فى . مُشتاقٌ الى . طالب
Desist (*from* عن) كَفَّ . انفكَّ . تنكَّبَ
Desk مَكتَب الكتابة
Desolate مُقْفِرٌ . مُوحش . بلقعٌ . خالٍ من السكان ٭ مهجور ٭ تعيس
Desolate أقفرَ . خَرَّب
Desolation خرابٌ △ تخريب. وَحشة ٭ حُزْن
Despair يأسٌ . قُنوط ‖ يَئِسَ . قَنَط
Despatch, Dispatch إنجازٌ ٭ ارسال ٭ تصدير ٭ ابحار . ترحيل ٭ توجيه ٭ رسالة
Despatch أنجزَ ٭ أوفدَ . أرسَل ٭ أسرَع
Desperado مُغامِرٌ . لا يتورع أمام جريمة
Desperate قانِطٌ . يائس . لاأمل له ٭ متهوِّر
Despicable يستحقُّ الازدراء ٭ حقير ٭ مكروهٌ
Despise احْتَقَرَ ٭ ازدرى به . استخفَّ
Despite تحقيرٌ . ازدراء ٭ ضَغينة ٭ قهْر
in — of رغماً عن
to do — to أغاظَ
Despoil جَرَّدَ . عرَّى . نَهَب . سَلَبَ
Despoilment } سَلْبٌ . نَهْب . تعريَة . تشليح
Despoliation }
Dospond قَنِطَ . يَئِسَ . خارَ عَزْمُهُ
Despondence قُنوطٌ . يأس ٭ كسْر القلب
Despondent قانِطٌ . يائس . خائر العَزْم
Despot مُسْتَبِدٌّ . ظالم . غَشوم . جبّار
Despotic, —al استبداديٌّ . ظالِمٌ . جائر
Despotism استبدادٌ . جُور . عَسْف

Dessert فاكهة او حلوى او نَـقَل ☆ تحلية
— spoon مِلعقة الحلوى (متوسطة الحجم)
Destination تعيين ☆ غرض . غاية
☆جِهة الوصول . وِجهة ☆ مَصير
Destine قـضى وقدَّرَ على ☆ عيَّن . خصَّص
Destiny قِـسمةٌ . نَـصيب . قَـضاء وقَـدَر
Destitute (of من) مُمْـلِـقٌ . عديم || جرَّدَ
Destitution فاقةٌ . فَـقـر ☆ تجريد ☆ إقالة
Destroy أتلَفَ . أهلكَ ☆ خرَّب ☆ أفنى
Destroyer مدمِّرَة (سفينة حربية) ☆ مخرِّب
Destructibility قابليَّـة الفناء . الانهدامية
Destruction خرابٌ ☆ تدمير . انتقاض ☆ افناء
Destructive مخربٌ . متلف ☆ مبيد ☆ هدمى
Destructor مُبيدٌ . مُحَطِّـم . مُفنٍ
Desuetude عدَم استعمال . ابطالُ عادةٍ
Desultory طائشٌ ☆ غير مرتبط ببعضه
Desynonymize عيَّن للمرادفات معان متباينة
Detach فصلَ . أفرزَ ☆ حَلَّ
Detachable يُـفْـصَل . يُـفَـك . ينحل
Detachment فصيلة عسكرية ☆ فَصْلٌ . حَل
Detail تفصيلٌ ☆ △ قطّاعِي || ذكَرَ بالتفصيل
Detailed مُفَـصَّل . مطوَّل ☆ بالقطاعى
Detain اعتقلَ ☆ حَجَز ☆ أخَّـر . أعاقَ
Detect اكتشَفَ . لاحَظ . لحَظ
Detection اكتشاف . ملاحظة . استبانة . كشف
Detective مُخبرٌ △ بَـصَّاص . بوليس سِرّي
Detector كاشِفٌ ☆ جهاز تقويم التيار الكهربى
— mine مكتشف الالغام
Detention اعتقالٌ . حَجْز . حَبْس . انحباس

Deter أخَّـرَ . أعاق . عَوَّق
Deterge نظَّـفَ ☆ طهَّـرَ الجرح او القرحة
Deteriorate تَـلِفَ . فَـسِدَ ☆ أفسَدَ
Deterioration تلفٌ . فساد . عطب ☆ استهلاك
Determent عائقٌ . مانِـع ☆ مَنْـع
Determinant مُحَدِّدٌ ☆ حاسِم . قاطع
Determinate مُعيَّنٌ || حَدَّدَ . عَيَّن
Determination عزْمٌ . قصْد ☆ تحديد
Determine عزَمَ على . نوى ☆ حدَّد ☆ ميَّـل الى
Determined عاقِـدُ النيَّـة . مُصَمِّمٌ
Determinism الحتميّـة . الجبريّـة
Deterrent رادِعٌ . صاد
Detest كَرِهَ . أبغضَ . عافَ
Detestation كراهةٌ . بُـغض . مقْت
Dethrone خلَـعَ عن المُلكِ . عزَلَ
Detinue دعوى استرداد
Detonation تفرقعٌ ☆ انفجار . تفجير
Detonator مُفَـجِّرٌ . متفرقِـع ☆ كبسولة
الديناميت او ظرف الخرطوش وماشابه
Detract حطَّ من القدر ☆ فضَحَ ☆ حذَفَ
Detraction افتراءٌ . نميمة ☆ ذَمٌّ ☆ انتقاص
Detractive نمَّامٌ ☆ مهين ☆ فاضِح
Detriment ضرَرٌ . عَبْث بالصالِح
Detrimental مُضِرٌ . مخَسِّر . مؤذٍ
Detrition تحات . تفتُّـت
Detritus نفايةٌ . عَفاء . تراب ☆ كسارة ☆ رُكْمة
Detruncate قضَّبَ . قلَّـم . شذَّب
Deuce الاثنان (في ورَقُ اللعب او النرد)
☆ شيطانٌ ☆ تعادل △ باطا

Deuterogamy الزواجُ الثاني بعد وفاة الزوج او الزوجة
Devaluate خفضَ قيمة العُملة
Devastate دمَّرَ . خرَّبَ . أمْحَلَ
Devastation تدميرٌ. تخريب ☆دمار.خراب
Develop حمَّضَ الفيلم ☆نشرَ.اظهر☆نشأ☆تحسَّن
Development تحميضُ الفيلم ☆نشر . إظهار ☆توسيع . توسُّع ☆ترويج ☆تحسين. تحسُّن
Deviate مَرقَ . زاغَ . انحرفَ
Deviation زيغٌ. ضَلال . انحراف ☆ زلّة
Device اختراعٌ . تدبير ☆ جهاز ☆ حيلة
Devil شيطانٌ . إبليس. عفريت ☆آلة تقطيع ☆رافعة △ عفريتة ‖ مزّقَ ☆أكثرَ التوابل
A poor — رجل غلبان . رجل بائس
Devilish شيطاني . جهنَّمي ☆ خبيث
Devil-may-care طائشٌ . متهوِّر
Devilry شَيطَنَةٌ △ عَفرَتَة
Devious منحَرِفٌ ☆ ضالٌّ . تائه . زائغ
Devise تدبيرٌ ☆ منح بوصيّة ☆ وَصِيَّة ‖ ابتكَرَ . دَبَّرَ ☆وهَبَ عقاراً بوصية.وَصّى
Devisor الموَصّي . الواهِب « بوصيّة »
Devitaminize جرَّدَ من الفيتامين
Devoid, *of* خالٍ من . عَديم . عارٍ من
Devolution انتقالٌ . تحوُّل
Devolve انتقلَ الى ☆عادَ علي ☆ دارَ
Devote خَصَّصَ . كرَّسَ ☆ نذَرَ
Devotee ناسكٌ . متَعبِّد ☆ متحمِّس
Devotion تعبُّدٌ☆تكريس☆ولاء.اخلاص
—s صلوات . ابتهالات

Devotional دينيٌّ . مختصٌّ بالعبادةِ ☆ولائي
Devour التهَمَ . ابتلعَ ☆ أبادَ
Devout تقيٌّ .متعبِّد . وَرِع ☆ مُخْلِص
Dew ندى . طَلّ ‖ ندَّى . رَطَّبَ . بلَّلَ
Dewdrop قَطْرةُ ندي ☆ بنفسج افرنجي
Dewlap لُغْدٌ . غَبَب . زنمة
Dexter أيْمَنُ . الجهة اليمنى . اليمين
Dexterity مَهارةٌ ☆ رَشاقة . خِفَّة يَدٍ
Dexterous مصنوعٌ بدقّةٍ ☆ماهر
Dextral يمينيٌّ . الجهة اليمين
Diabetes البولُ السكري ○ ديابيطس
Diabetic خاص بمرض السكر
Diabolic, —al شَيطانيٌّ . جهنَّمي
Diadem تاجٌ. إكليل ‖ توَّجَ. كلَّلَ
Diagnose شَخَّصَ المرَضَ
Diagnosis تشخيصُ المرضِ ☆ وصفٌ
Diagnostic تشخيصيٌّ ☆ وصفيٌّ ☆ تمييزي
—s عِلم التشخيص
Diagonal قطرُ المربَّع ☆منحَرِف △مورّوب
— of a polygon قطرالشكل الكثيرالاضلاع
Diagram شكل هندسيٌّ ورياضيٌّ
Diagraph آلة رَسْم ○ دِياجراف
Dial ساعةٌ شمسية . مِزولَة ☆ ميناء الساعة او ميناء أرقام التليفون
Dialect لُغَة محلية . لسان . لهجة
Dialectic, —al منطقي.كلامي.متعلّق بالكلام
Dialectitian [جَدَليٌّ] .منطقيٌّ .عالِمٌ في المنطق
Dialogue مُناظرةٌ . حِوار . مُحادثَة

Diameter قطرٌ. قطرُ الدائرةِ
Diametric, —al قطريٌّ ✿ مستقيم ✿ متضاد
—ly opposite ضده على خط مستقيم
Diamond حجرُ الماس . ماسٌ ✿ دِيناري ✿ حرف صغير
— anniversary اليوبيل الماسى
— cutting صَقل او قطع الماس
— wedding العيد الستينى للزواج
Diapason مِعيار النغم (موسيق)
Diaper فوطةٌ . إزار ✿ حِفاض ✿ كفولة
Diaphanous شَفَّافٌ . جد خفيف
Diaphoretic مُعَرِّقٌ
Diaphragm الحجابُ الحاجز ✿حاجب النور ✿ طبلة التليفون او ابرة الفونوغراف
Diarrhea, Diarrhœa اسهالٌ . ذَرَب
Diary يوميةٌ. دفترُ الاعمال اليومية
Diastole مَدٌّ (علم النحو)
Dibble معْزَقةٌ صغيرة ‖ عَزَقَ ✿حَفرَ
Dice (*sing.* Die) نَرْدٌ. كعوب. زهرُ النردِ
Dickens الشَّيطانُ
Dictate ارشادٌ. تلقين ‖ أملى على . لقَّنَ ✿ فرَضَ على . أمَرَ
Dictation املاءٌ . استكتاب ✿تلقين ✿أمْر
Dictator محرِّضٌ ✿مستبدٌّ بالامرِ ○ ديكتاتور
Dictatorial مستبدٌّ ✿ عَقيدي
Diction اسلوبٌ .عبارة . نصٌ ✿ اللفظ فى الغناء او الكلام
Dictionary قاموسٌ . مُعْجَم

Dictum مثَلٌ سائرٌ . قوْل ✿ فتوى
Didactic مؤدِّبٌ. مهذِّب ✿ تعليمي 
Die (*pl.* Dice) نَرْدة ✿سكَّة
Die (*pl.* Dies) قالبٌ. سَكَّة ∆ لقمة
Die ماتَ . تُوُفي
Diet غِذاءُ الحِمية ○ رِجيم ‖ غذَّى او تغذى بنِظام اوغِذاء خاص . اتبَعَ الحِمية
Dietary مُختصٌ بطَعام الحِمْيَة
Differ خالفَ . بايَنَ ✿ تنازَعوا
Difference خِلافٌ . فَرْق ✿ خِصام
Different مختلِفٌ. متفاوت . متباين
Differential مُسَبِّبُ الخلاف ✿ تَفاضُلي
— duties رسومٌ جمركية تفضيلية
Differentiate فاضَلَ . مَيَّزَ . فرَّق بين
Difficult صَعْبٌ.عسير ✿نيّق .صعب الارضاء
Difficulty صُعُوبةٌ ✿ مُشكِلة ✿ عائق
Diffidence حَياءٌ ✿ احجام ✿ تهيُّب
Diffident حَيِيٌّ ✿ مُحْجِمٌ ✿ هَيُوب
Diffraction زيغٌ. تكسر او انعطاف النور
Diffuse مُسهِبٌ ‖ أشعَّ ✿ نشرَ او انتشرَ ✿ أذاعَ ✿ فاح . عَبِقَ
Diffusion اذاعةٌ ✿انتشار .فوَحان ✿تشعُّع
— of light استطارة النور أى تشععه
Diffusiveness اسهابٌ. اطناب ✿ تفشٍ
Dig حفرَ. عزَق. نقَبَ
— out, — up نبشَ . استخرَج بالتنقب
Digest نَسقٌ ✿ ملخَّص
Digest هضَمَ او هضَّمَ ✿ رتَّبَ

Digestion هَضْمٌ * تنسيق . ترتيب
Digestive هاضمٌ . يساعد الهضم * هضمى
Digit رَقْمٌ تحت العشرة . آحاديّ * إِصبَع او أُصْبُع * عُقْدة
Digital إِصْبَعيّ * إِصْبَع * إصبع البيان
Digits التسعة الاعداد الاوليَّة
Dignified جَليلٌ . مُبجّل . مكرَّم
Dignify بجَّلَ . كرَّم . أجَلَّ
Dignitary موظف كبير . صاحب مُقام * حَبر
Dignity عِزَّة نفس * شرَف . مقام . كرامة
Digress انحرَفَ . شذَّ . ضَلَّ
Digression انحرافٌ . شُذوذ * إعتساف
Dike سَدٌّ . حِبْسٌ . حاجِز
Dilapidated متهدِّمٌ . مخرَّب
Dilapidation هدْمٌ . تخريب
Dilatability قابلية التمدد او الانبساط
Dilatation تمدُّدٌ . انبساط
Dilate تمدَّدَ * مدَّد . انبسَط
— on, — upon أسهَبَ فى الكلام عن
Dilatory تَسْويفى * بطىء الحركة . متراخٍ
Dilemma وَرطَةٌ . مُعْضلة * بُرْهان
Diligence اجتهادٌ . كَدٌّ . مُثابرة
Diligent مجتهدٌ . كَدود . مُثابر
Dill شمارٌ . شِبِتٌّ △ شَبَت (نبات)
Dilute مخفَّفٌ ‖ رقرقَ . مذقَ . خففَ بالماءِ
Diluted مخفَّفٌ . مَذيق . ممزوج بالماء
Diluvial, Diluvian طُوفانىّ . فَيْضانى . سَيْلِى
Diluvium راسِبُ مياه الفيضان . طَمْيٌ

Dim مُظلِمٌ . مُعْتِم * كَليلُ البصرِ
Dim غَشَّى النظرَ * اكْبى . غبّش
Dimension اتساعٌ * بُعْدٌ * حجم . قَدْر
Diminish نَقصَ . صغُر . قلَّ * قلَّلَ
Diminution تنْقيصٌ . تصغير . تقليل
Diminutive صغيرٌ . قليل * حقير
— noun اسمُ التصغير أو القِلة
Dimly بغير وضوح . بابهامٍ بغشاوةٍ
Dimness غشاوةٌ . ظلمة . غباشة * بلادَة
Dimple غمَّازَةٌ . نونة . نقرة فى ذقن او خَد
Din ضجَّةٌ . زَن . طَنين ‖ اصمَّ الاذُن . ضجَّ
Dine تغدَّى . تعشى * اطعَمَ
Ding طنينٌ . رنَّة ‖ طَنَّ . رَنَّ . زنَّ
Ding-dong صوتُ الجرَسِ . طنين
Dinginess اسمِرارٌ . سُمْرة * وَساخة
Dingle وَهْدَةٌ . وادٍ ‖ ارتجَّ . ترجرَج
Dingy قَذِرٌ . وَسِخ * اغبر . مكمدٌ . دَكِن
Dining room غُرفةُ الطعام . △ السفرة
Dinner عَشاءٌ . اكلُ المساءِ (او غداء)
Dinosaur ○ دينوصور . حيوان زاحف منقرض
Dint قوَّةٌ * بعجة * لَطْمَة ‖ تركَ اثراً
by — of من شِدَّة . من كثرة . بقوَّةِ
Diocese اسقفيَّةٌ . ابرشية
Dip غَطْسَةٌ * انحراف ‖ غمَسَ * غَطّسَ
Diphtheria مرَضُ الخُنَّاق ○ دفتيريا
Diphthong اندغام حَرفيّ عِلَّة
Diploma ○ دبلوما . شهادة عالية
Diplomacy دِبلوماسية . سياسة . فَنُّ السياسةِ
Diplomatic سياسىٌّ ○ ديبلوماسى

— body *or* corps الهيئة السياسية
Dipper غطّاسٌ (طائر) *مِغْرَفة
Dipsomania الكحال. ادمان الخمر الجنونى
Dire مُريعٌ . مُرْعِب * قاهر * شديد
Direct مستقيمٌ *على خطٍّ مستقيم *مباشِر
*مباشرة . رأساً ‖ ادارَ . ساسَ
*ارشَدَ . دَلَّ * وَجَّهَ . صَوَّبَ * قاد
— proportion التناسب الطردى او المطرد
— tax ضريبة مباشرة او مقررة
Direction إدارةٌ * ارشاد * توْجيه
* ناحية . جهَة . صَوْب * اتجاه
Directly مباشرةً *رأساً *باستقامةٍ *حالاً
Director مُديرٌ . رئيس * موَجِّه
Directorship إدارةٌ . مركز المدير
Directory « كتاب » دَليلٌ * مُرشِد
Direful فظيعٌ . هائل . مريع
Dirge مَرثاةٌ . نُدْبة * نَغمة حَزينة
Dirigible مُنطادٌ مُسيَّر * موجَّه
Diriment مانعٌ قانونى
Dirk خنْجرٌ * ضَليع ‖ طعَنَ بخنجرٍ
Dirt وَسَخٌ . وساخة . قَذَر * خسيس
Dirt-cheap ارخص من التراب
Dirtiness وساخة . قذارة * فَحشٌ
Dirty وَسِخٌ . قَذِر . دَنِسٌ ‖ وَسَّخَ .لوَّث
Dis-, بادئة بمعنى « فصلٍ ، منعٍ ، نزعٍ أو نقض »
Disability وهْنٌ . عَجْز. عدم مقدرَة
Disable عاجِزٌ . معطَّل ‖ عطَّل . اعجز
Disabled مُعَجَّزٌ . عاجِز
Disabuse قوَّمَ . هَدى * اوضحَ الحقيقة

Disaccord خلافٌ ‖ نفَّرَ . اختلف
Disadvantage ضرَرٌ . اجحاف. عُسر ‖ خَسَّرَ
Disadvantageous مضِرٌ . مُخَسِّر . مجحف
Disaffect نَفَّرَ . أوقَعَ الكراهة
Disaffected غير مُتأثِّر * فاتر الودّ
Disaffection فتورُ الوداد . نفور . سخط
Disaffirm انكرَ . ناقَض . دحَض
Disaggregate حَلَّ . فكَّكَ * تفككَ
Disagree خالفَ « رأياً » * اختلفوا
Disagreeable مكروهٌ . غير مقبول
Disagreement اختلافٌ . خلاف *تنافُر
Disallow لم يسمَح بِـ . انكَرَ على
Disappear اختفى . توارى * تلاشى
Disappearance اختفاءٌ . غياب * زوال
Disappoint خَيَّبَ الاملَ *احبَطَ المسعى
Disappointment خيْبةٌ . فشَل . إخفاق
Disapprobation استهجانٌ . استنكار
Disappropriate نزَعَ المِلْكَ (من المالك)
Disapproval استهجانٌ. استقباح. عدم موافقة
Disapprove استهجَنَ . لم يوافق على . رفض
Disarm نزَعَ او جرَّدَ من السلاح
*أضْعَفَ المقاومة * كسَرَ حدَّة الغضَب
Disarmament نَزْعُ السلاحِ
Disarmed أعْزَلٌ . بلا دفاع * مجرَّد
من السلاح
Disarray تشويشٌ ‖ جَرَّدَ * شوَّش * قَهَرَ
Disaster كارثةٌ . داهيَة . نكبة
Disastrous مشؤومٌ . جالب للنوائب
Disavow انكرَ * تنصَّلَ من

Disband فضّ . حلّ . صرَفَ ٭إنفضّ
Disbar شطَبَ من جدول المحاماة
Disbark نزَعَ لحاء الشجر ٭فرّغَ الشحنَ
Disbelief كُفرٌ . جحود . عدم الاعتقاد
Disbelieve كفرَ به . لم يؤمن به
Disburden أنزَلَ الحِمل . خفّفَ عن
Disburse دفَعَ . انفقَ . صرَف
Disc, Disk قُرْصٌ . دائرة
Discard نبذٌ . تخلّصَ من ‖ نبذَ . رمى . طرَحَ
Discern رأى . أدركَ . ميّزَ
Discerning فَطِنٌ . حَصيف . ذكيّ
Discernment فطنةٌ . تمييز . حصافة
Discharge رَفْتٌ ٭عَتْق . إخلاء السبيل ٭مخالَصَة . إبراء من ٭صَرْف . تصريف ٭إفراز ٭مفرزات ٭اطلاق النار ٭تفريغ
Discharge قضَى . تمّمَ ٭عزَل △ رفَتَ ٭أنزَل الحِملَ . فرّغَ ٭أطلقَ النارَ ٭سدّدَ . وفى «ديْناً» ٭فرّغَ
Disciple حواريٌّ . تِلميذ
Disciplinarian مؤدِّبٌ . مدرِّب ٭محب النظام
Disciplinary تأديبيٌّ . تهذيبي ٭ نظامي
Discipline نظامٌ . ترتيب ٭تأديب ٭تهذيب . تدريب ‖ نظّمَ . رتب . هذّب ٭أدّب
Disclaim تنازلَ عن دعوى ٭أنكرَ . تنصّلَ
Disclose باحَ بِـ . أفشى ٭ فتحَ . فضّ
Disclosure إفشاء ٭ إظهار . كشف
Discolour تحوّلَ اللون ٭غيّرَ اللون، حوّله
Discomfit قَهرَ . هزم . ظفر بِـ
Discomfiture هَزيمة . فَشَل
Discomfort تعَبٌ . مضايقة ٭ اضطراب
Discommode أتعبَ . ضايق . أزعج
Discompose شوّشَ . أفسدَ
Disconcert شَوّشَ . بلبلَ . حيّر
Disconnect فصَلَ ٭ حلّ . فكّ . قطع
Disconsolate قانِطٌ . يائس
Discontent تذمرٌ ٭استياء . بَطَر . جشع
Discontinuance عدم استمرار . انقطاع
Discontinue إنقطَعَ او كفّ عن . تركَ
Discontinuous متقطّعٌ . غير متواصل
Discord خِلافٌ . نزاع . فتنة ٭ تنافر
Discordant مخالِفٌ ٭ مُتنافر
Discount خَصْمٌ . اسقاط ٭قَطْع . تنزيل ٭ حطيطة ‖ حطّ من الثمن △ خصمَ
to — a bill قطعَ أو خصَمَ كمْبيالة
Discountenance اعترَضَ على . عارَضَ
Discourage ثبّطَ العزْم . أخمَدَ الهمّة
Discourse حَديثٌ ٭خِطاب ‖ خطبَ . حادَث
Discourteous فَظٌ . جافٍ . سَمِج
Discourtesy فظاظةٌ . جفاء . عدم مجاملة
Discous قُرْصيّ الشكل . مستدير
Discover اكتشفَ . عثرَ على . وجَدَ
Discovery كشفٌ . إكتشاف ٭ إستنباط
Discredit قلة اعتبار . استخوان . شَين ‖ كذّب . اخزى ٭ نزَعَ الثقة أو الاعتبار
Discreet يكتم السر ٭عاقل . فَطِن . حصيف
Discrepancy تناقُضٌ . مُغايرة . مخالفة
Discrepant مُخالِفٌ . مغايِر
Discrete مغايِرٌ ٭مميّز . منفصِل ٭ منقطع

Discretion عَقْلٌ . بصيرة ٭ حرية التصرف
Discretional, Discretionary, = at discretion اختيارى . بمطلق الحرية
Discriminate مُمَيِّزٌ ‖ ميَّزَ . ادرك الفرق
Discriminative تمييزيٌّ . مميِّز . تفريق
Disculpate عَذَرَ . برَّرَ . برَّأ ٭ حلَّ
Discursive غير مطَّرد او متواصل . متنقِّل
Discus, Disc, Disk قُرصٌ من حديد للالعاب الرياضيَّة
Discuss ناقشَ . بحثَ . تكلَّمَ فى ٭ صرَّفَ الورم
Discussion مناقشةٌ . محاورة . مباحثة
Disdain أنَفَةٌ . ازدراء . ترفُّع ‖ أنِفَ من
Disdainful مترفِّعٌ . مزدرٍ . أشمّ
Disease داءٌ . مرَض ‖ مَرِضَ ٭ أمْرَضَ
Disembark انزَلَ او نَزِلَ الى البر
Disembogue صبَّ ٭ انصبَّ
Disenchant أزالَ الوهمَ . فتحَ البصيرة
Disencumber أراحَ . خلَّصَ من
Disendow استَردَّ او الغى الهِبَة
Disengage حلَّ . خلَّص من ٭ فصلَ
Disengaged غير مُرْتَبط . حُرٌّ
Disentangle حلَّ ٭ أزال الابهامَ ٭ فسَّرَ
Disenthral, —l خَلَّصَ . اعتقَ . حرَّرَ
Disenthrone خلَعَ عن كرسى الملْك
Disentitle جرَّدَ من حق او رتبة
Disentrance △ فوَّقَ . أصحى من الغيبوبة
Disesteem إمتهانٌ . استحقار ‖ امتهنَ
Disfavour جفاءٌ . عدمُ رضى ‖ ناوأ . لم يحبِّذ

Disfigure شوَّهَ . قبَّح . مسَخ
Disgorge طَرَشَ . قاءَ . مجَّ △ كَعَّ
Disgrace عارٌ . فَضيحة . خِزْي ‖ شانَ
Disgraceful قبيحٌ . شائن . مُخْزٍ
Disguise تخفٍّ . تنكُّر ‖ تنكَّرَ . تخفّى
Disgust اشمئزازٌ . تقَزُّز ‖ قرَّفَ . قزَّز
Disgusting كريهٌ . مضايق . تعافه النفس
Dish لَونُ طعامٍ ٭ طبق . صحفَة △ صحن
Dishearten فتَّرَ الهمَّة . ثبَّط العزمَ
Dishevelled شَعْثٌ . غير مرتب . معكوش
Dishonest خائنٌ . غادِر . غشَّاش
Dishonesty خيانةٌ . غِشٌّ
Dishonour خِزْيٌ . عار ‖ هتكَ الحرْمة . شان . فضَح ٭ رَفضَ دفْع حوالة مالية
Dishonourable شائنٌ . مُعيب
Disillusion زَوالُ الاوهام ‖ ازاحَ الوهم
Disinclination نُفورٌ . عدَمُ مَيْل
Disinfect طهَّرَ . ازالَ العفونة او الفساد
Disinfectant مُطَهِّر . مضادٌّ للتعفُّن
Disinherit حَرَمَ من الارثِ
Disintegrate فكَّ . حلَّ ٭ حلل ٭ سحَق
Disinter اخرَجَ المدفونَ . نبَش
Disinterested ليس له مصلحة . خالى غرض
Disjoin فصلَ . فكَّ . خلَعَ △ مَلخَ ٭ فتقَ
Disjointed مُشوَّشٌ ٭ مفكك
Disjoint خلعَ . فكَّ . فصلَ ٭ فتقَ
Disjunction انفصالٌ . عدمُ اتصال
Disjunctive فاصِلٌ ٭ منفصل ٭ انفصالي
Disk, Disc قُرْصٌ . دائرة ٭ إطارٌ

Dislike نُفورٌ . عدمُ رضى
Dislike عافَ . كَرِهَ
Dislocate خَلَعَ « المفاصل » ∆مَلَخ . فكَّ
Dislodge أزاحَ . زَحْزَحَ ✲ طَرَدَ
Disloyal خائن العهد . غير مخلص . خائِر
Dismal مُرعب . مُوحِش . شؤم ✲ كئيب
Dismantle جَرَّد من آلات الدفاع ✲ فكَّ
Dismask كَشَفَ النقابَ أو القناع
Dismay فزَع . رُعْبٌ ‖ رَعَبَ . أفزع
Dismember بَترَ . أرَّبَ ✲ قسَّمَ ✲ فصلَ
Dismiss عزَلَ ∆رَفتَ . طَرَدَ ✲ أبعد ✲ صرَفَ . فضَّ
Dismissal عزْلٌ . طَرْد ✲ صَرْف . إبعاد ✲ فَضّ
Dismount ترجَّلَ . نَزَلَ عن ركوبة ✲ رمى . أنزَلَ ✲ فَككَّك . حَلَّ
Disobedience خروجٌ عن الطاعة . عِصيان
— conduct تصرف مخل بالنظام أو بالاداب
Disobedient مخالفٌ . عاصٍ . عاقٌّ
Disobey خالَفَ . عصَى ✲ عَقَّ . تمرَّد
Disobliging جافٍ . مُسيءٌ . عديم المجاملة
Disorder تشويشٌ . عَدَم نظام . فوضى ✲ شغَب . اضطراب ‖ شوَّشَ . خَرْبَقَ . ربك
Disorderly مشوَّشٌ . غير منتظم . باضطراب
Disorganize شوَّشَ . أخلَّ بالنظامِ
Disown تبرَّأ من . انْكَرَ
Disparage احتقَرَ . حطَّ من قدره . شانَ
Disparagingly باستخفافٍ . باحتقارٍ
Disparity تفاوُتٌ . عدم تساوٍ

Dispassionate رزينٌ . هادئ الطبْعِ
Dispatch إرسال ✲ انجاز ‖ أنجَزَ ✲ رحَّلَ
Dispel شتَّتَ . بدَّدَ ✲ طرَد . صرَف
Dispensable يُستغنى عنه . غير ضرورى
Dispensary مُسْتَوْصَفٌ ✲ صيدلية
Dispensation توزيعٌ . تقسيم ✲ ناموس ✲ رُخصة ✲ حِلٌّ كنائسى ✲ فتوى شرعية
Dispense وزَّعَ ✲ منحَ ✲ ساس
— with استغنى عن
Dispenser مُدَبِّرٌ . مانِح ✲ صيدَلىّ
Disperse بَدَّدَ . شتَّت ✲ تَشتَّت
Dispersion تفريقٌ . تَشتُّت . تَشْتيت
— of light انحلال النور الى ألوانه الاصلية
Dispirit أكْأبَ . غمَّ ✲ برَّد الهمة . أوهن
Displace أزاحَ . نقَلَ ✲ عزَلَ
Displacement إزاحةٌ . نقْل ✲ حَيِّزٌ
Displant قلَعَ . استأصَلَ
Display اظهار ✲ عَرْض ✲ تظاهُر
Display بَيَّنَ . بسَطَ . عرَض
Displease كدَّرَ . أسخَط . أساء . غمَّ
—d with مسْتاء من
Displeasure كَدَرٌ . سُخْط
Disport ألهَى ✲ تلهَّى . لعِبَ . تريَّضَ
Disposable تحت التصرّف به
Disposal تصرُّفٌ . تدبير ✲ أمر ✲ ارادة ✲ ترتيب . تنظيم
at your — تحت أمرك أو أمركم
Dispose أمالَ الى . هَيَّأ لـ ✲ رتَّبَ . نظَّم
— of تصرَّفَ فى ✲ تخلَّصَ من . صرَّف

Disposed عازمٌ على * مطبوعٌ على
— to ... مُسْتَعِدٌّ لكذا * يريد أن
Disposition مِزاجٌ *ميل .استعداد*ترتيب
Dispossess جَرَّدَ. سَلَبَ * صادَر
Dispraise انتقادٌ. مذمّة ‖ ذَمَّ. عابَ
Disproof نقضٌ. دحض. تفنيد
Disproportion تبايُن. عدم تناسُب.تفاوت
Disproportional } بلا تناسُب أو نسق*
Disproportionate } غيرُ مُتناسب. متفارق
Disprove دَحَضَ. نقَضَ. ردَّعلى.فنَّد
Disputable قابلُ الاخذوالرَدّ.مناز ع عليه
Disputatious جدَليٌّ * كثيرالجدال.تمحكي
Dispute نِزاعٌ. خِصام. جَدَل
— in المتنازَع فيه. الذى عليه الخصام
Dispute أنكرَ *نازَعَ * جادَلَ. حاجَ
Disqualify أعدَمَ الاهلية أو الصلاحية
. أعجزَ *حرَمَ من حقّ
Disquiet قلَقٌ ‖ أزعَجَ. أقلَقَ
Disquietude جَزَعٌ. اضطراب. انزعاج
Disregard عدَمُ اكتراثٍ. اهمال*تغافُل
Disregard صَرَفَ النظرَ. تغاضى عن
Disregardful مُستَخِف بِ. مُزْدرٍ
Disrelish تفاهةٌ * عَوْف ‖ عافَ. مَجَّ
Disreputable شائنٌ. مضرّ بالسمعة
Disrepute شَيْنٌ. انثلام السُّمعة. عار.شنار
Disrespect عَدَمُ احترام. ازدراء
Disrespectful قليل الادَب. شائن. محتقر
Disrobe شلَّحَ. عرّى * تعرّى
Disroot اقتلَعَ. استأصَل

Dissatisfaction بَرَمٌ. سُخْط. عدَمرضىً
Dissatisfied ساخِطٌ. غيرراضٍ. متبَرِّم
Dissatisfy أسخَطَ. كدَّرَ. كسَر خاطره
Dissect شرَّحَ «الجثثَ» * بضَعَ. قطَع
Dissemble تصنَّعَ. تظاهرَ.وارَبَ*أخفى
Disseminate بذَرَ. بثَّ. نشَرَ * نشَرَ
Dissension خِصامٌ. نزاع. شقاق * فتنة
Dissent انشقاقٌ ‖ انشَقَّ عن. خالَفَ
Dissenter مُنشَقٌّ أو خارِج على
Dissertation حوارٌ. بَحث. حديث
Dissident مخالِفٌ. مخاصِم. مفارق
Dissimilar غير مشابه. مختلف عن. مباين
Dissimulation رياءٌ. نفاق. موارَبة
Dissipate بدَّدَ. شتَّتَ. بعزَق
Dissipated مشتَّتٌ * خليع. داعِر
Dissipation تبَدُّد. تشتيت *تبذير*دَعارة
Dissociate فصَلَ بين. فرَّق
Dissoluble قابلُ الذوبان والتحليل
Dissolute زانٍ. فاسِقٌ. داعِر
Dissolution تذويبٌ. حلٌّ * فضٌّ. صرف
* دَعارة * مَوْت. تحلُّل الجسمِ
Dissolvable يذابُ. يُحَلّ. يُصَعَّد
Dissolve ذابَ * ذَوَّبَ. حلَّ * فضَّ
Dissonant متنافرٌ. نشازٌ
Dissuade ثنى او ردَّ عن. أقنَعَ بالعدولِ
Dissuasive مُقنِعٌ بالعدولِ عن. مُثْنٍ
Dissyllabic مؤلَّف من مَقطَعينِ فقط
Distance مسافةٌ. بُعْد
Distance سبَقَ. فاتَ * ابعَد

Distant بعيدٌ . قاصٍ ٭ غامض ٭ جافٍ
Distasteful بغيضٌ . عديم الطعم أو رديئه
Distemper توعُّك أو تقلُّب المزاج ٭ شغب ٭ بويـةمحلولة || شَوَّشَ ٭أعلَّ . أسقـم
Distend مدَّدَ ٭ تمدَّد . انبسَط ٭ انتفَـخ
Distensibility خاصة التمدُّد أو الانتفاخ
Distill رَشَّحَ . قطَّرَ ٭ ترَشَّح . استقطَرَ
Distillation تقطيرٌ . ترشيح △ تكرير
Distillery مَعْمَل تقطير الخمور . مَقْطَـر
Distinct واضحٌ .جلي ٭معيَّن ٭ممتاز.مختلف
Distinction وُضوحٌ . جَلاء ٭ اختلاف . فرق ٭ تخصيص ٭ وجاهة . مكانة ٭ تمييز ٭ رُتبة
Distinctive مميِّزٌ . فارِق ٭ مُنْفَصِل
Distinctly بجلاء . بوضوح
Distinctness وضوحٌ . جَلاء ٭ دِقَّة
Distinguish فرَّقَ.ميَّز ٭فضَّل ٭خصَّصَ
Distinguished مميَّزٌ . ممتاز . فارِه٭ظاهِر
— service خدمة ممتازة
Distort شوَّهَ ٭ عوَّجَ . حرَّف ٭ أفسَد
Distortion التواء ٭ تحريف . تشويه
Distract صرَفَ أو ألهى الفكرَ ٭ ألهى
Distracted سارحُ الفكر . ساهٍ ٭ حائر
Distraction ذهولٌ.تشتُّت الفكر.سَهَيان ٭ حيرة ٭ تسليَـة . لهو
Distrain حَجَزَ لاستيفاء دين
Distress كَرْبٌ.غمٌ ٭محنة٭حجز٭المحجوز
Distress أغمَّ . ضايَـقَ ٭اوقع حجزاً
Distressed مكروبٌ . مغتم . متضايق
Distribute وزَّعَ . قسَّم . أحصَّ
Distribution توزيعٌ . تقسيم . مُحاصَّة
District اقليمٌ . مقاطعة △ مركز . قسم
— attorney وكيل النيابة المركزي
Distrust مَظنَّةٌ . شكٌ . عدمٌ ثقةٍ
Distrust خَوَّنَ . ارتابَ
Distrustful مستخونٌ . لا يستأمن . مرتاب
Disturb أزعَجَ . أقلَـق . شوَّشَ
Disturbance اخلالٌ بالنظام . إضطراب ٭ تشويش
Disunion, Disunity انفصالٌ . عدم اتحاد . شقاق
Disunite فصلَ .فرَّقَ . شتَّتَ . فصَم٭انفصَل
Disuse ابطالٌ.اهمال.عدَم استعمال || اغفَـلَ
Ditch اخدودٌ .خندق.مجرى.مصرف || خندَقَ
Ditto, (-do-) شرْحُه. مثله . كذلك. كالسابق
Diuretic مُدِرٌ للبول ٭ استدراري
Diurnal نهاريّ . يوميّ ٭يحدثُ في النَّهار
Divan ديوانٌ . كَنَبة . متَّكأ
Dive غطْسةٌ . غوْصة || غطسَ . غاصَ
— bomber قاذِفـة قنابِل مُنْقضَّة
Diver غـطَّاسٌ . غوَّاص
Diverge تشعَّبَ ٭تباعَد . انحرَف ٭انفرَج
Divergence تشعُّبٌ ٭انحراف . تباينُ
Divers « أشياء » شتَّـى . متنوّعة
Diverse مُغايرٌ ٭ متنوِّع . مختلف
Diversify نوَّعَ . شكَّـل . عدَّدَ الاشكالَ
Diversion تسليةٌ . لهو ٭ تحويل . صَرْف
Diversity تنوُّعٌ . تعدُّد ٭ إختلاف

Divert ألهى . سلّى * حوّلَ . صرفَ عن
Diverticulum الرَّدبُ (طب)
Divertissement مَلهاةٌ
Divest عرّى . جرّدَ * سَلَبَ
Divide قسّمَ . جزّأَ * فصلَ * تقسّمَ
Dividend المقسومُ (حساب) *فائدة . حِصّة
Divination كَهانةٌ . علم الغيب
Divine سامٍ * الهيّ * كاهنٌ ‖ تكهّنَ بـ
— justice العدل الالهي
— manifestation التجلّي
— names الاسماء الحسنى
Divinity آلهة * الوهيّة . لاهُوت
Divisibility خاصّيةُ الانقسام
Divisible قابل للقسمة * يحصّص
Division القسمة (حساب) *تقسيم*انقسام
*قِسْم*فرقة عسكرية . فصيلة*فاصِل
long or compound — قِسمة مطوّلة
short or simple — قِسمة بسيطة
Divisor المقسومُ عليه . القاسِمُ (حساب)
Divorce طَلاقٌ . تطليق ‖ طلّقَ . سرّحَ
Divorced, Divorcee مُطلّقة او مُطلّق
Divorcer مُطلِّقٌ
Divulge أفشى . أذاعَ . باحَ بـ «اى بالسر»
Dizziness دُوّارُ الرأس △ دَوْخَة . سَدَر
Dizzy △دايخٌ . مصابٌ بالدُوار . مائد
Do عَمِلَ . فَعَلَ . أجرى . أتمَّ * طَبَخ
*غَشَّ . خدعَ *صَلُحَ . ناسبَ . نفعَ
— away with تخلّصَ من * أبطل . ألغى
— for نابَ عن * اهلَكَ * ناسب . وافق

— one's bit قام بواجبه
— over or again كرّرَ . أعاد
— up أصلحَ * نظّفَ الثياب *قتلَ
* حزمَ الشعر * جدّدَ * حزمَ . رزمَ
— without استغنى عن
that will — هذا يكفي او يفي بالغرض
Docile لَيِّنُ العريكة . رقيقُ الجانب . وديع
Dock مرفا . حوض * حُماض (نبات)
* قفص المسجونين فى المحكمة
Dock بَتَرَ . جدَعَ * خصمَ *أدخل الحوض
Dockage رسمُ دخول السفن فى المرفأ
Dockyard ترسانة . مِسفَن
Doctor طبيبٌ * دكتور (درجة جامعية)
Doctor طبَّبَ . عالجَ . داوى
Doctorate براءة أو رُتبة الدكتوراه
Doctress طبيبةٌ (نادرة الاستعمال)
Doctrinal مَذهبي . متعلق بعقيدة أو نظرية
Doctrinaire نظرى . غير عملى
Doctrine عقيدة . مذهب . تعليم . نظرية
Document مُستنَدٌ . صَكٌ . سَنَد . وثيقة
Document زوّد بالمستندات او بالمعلومات
Documentary كِتابيّ . خطّيّ * مثقّف
Dodge حيلة رُوَيغة ‖ تفادى *تملّصَ . زاغَ
Dodger محتالٌ . مراوغ
Doe ظبيةٌ . غزالة أو أرنبة
Doer فاعِلٌ . عامِل * مرتكب
Doff نزعَ . خلعَ * تخلص من * حذفَ
Dog كَلْبٌ * كُلّاب △ كَلبة . قطة
* الشعرى (كوكب) * للغاية . جداً

Dog تعقَّبَ . تَبِعَ
— days أيام القيظ (الشِعْرى). الحر الشديد
hot —s مجانق كبيرة
Dog-bane خانق الكلاب (نبات)
Dogcart ⟵ دوكار . عربة بعجلتين أو أربعة
Dog-fish كلبُ البحر (كسمك القرش الصغير)
Dog-fox ذكرُ الثعلب
Dogged عَنيدٌ . مُتَجَهِّم . فظّ * مُصمِّم
Dogma عقيدةٌ . مذهب . مبدأ
Dogmatic جازمٌ . قاطع * متكبِّر . غطريس
Dogmatism تحكُّم * صلفٌ * يقينية
Dogmatize جَزَمَ . بَتَّ * تصلَّف
Dog's ear ثنية فى زاوية ورقة كتاب
Doings أعمالٌ . اجراءات . تصرُّفات
Dolce لَيِّنٌ . رقيق (موسيقى)
Dole حِصَّةٌ * صَدَقة * أسى ‖ وزَّعَ بالتقتير
Doleful مُحْزِنٌ . كئيب * حزينٌ
Doll دُمْيَة . لُعبة . ألعوبة بشكل عروسةٍ
Dollar ريالٌ امريكي
Dolorous مؤلمٌ * محزن . كئيب * مكتئِب
Dolphin دَلفين △ دَرْفيل . دُخَس
Dolt, —ish ابلهٌ . مغفَّل . سَمِج
Domain أملاكُ الحكومةِ * مِلكٌ
Dome قُبَّةٌ . قَبوٌ * كنيسة
Domestic عائليٌّ . بيتيٌّ . أهليٌّ * خادمٌ
— animal حيوان داجِن أو أليف
— economy التدبير المنزلى
— loan قرض أهلي أو وطني
Domesticate أنَّسَ . صيَّر داجناً . دَجَّنَ
Domicile محلٌّ الاقامة . مقرٌّ . منزِل
Domicile, Domiciliate أسكَنَ
Dominance سِيادَة . سيطرة
Dominant سائِدٌ . مُتَسَلِّط * شائِع
Dominate سادَ . تسلَّط . تغلَّب على
Domination سِيادَةٌ . سيطرَة . تسلُّط
Domineer تحكَّمَ . تغطرَس . تجبَّر
Dominion سُلطانٌ . سؤدَد * مستعمرة مستقلة
Domino قِناعٌ * لابس القناع . متنكِّر
Dominoes لُعبَة الدومينو
Don لقبٌ اسبانيٌ ‖ كَسَى . سربَلَ * ارتدى
Donation هِبَةٌ . عَطيَّة . إنعام . هدية
Done, *of* Do مصنوعٌ . معمول * مطبوخ
Donee الموْهوب له . الممنوح
Donkey حِمارٌ . أتان
Donor مانِحٌ . واهِب . مُعطٍ
Doom نصيبٌ * قضاء * دينونة ‖ حَكَمَ على
Doomsday يومُ الدينونة . يومُ الحشر
Door بابٌ . مدخل
— mat مِمسَحَةُ الارجلِ
— nail مِسمار كبير الرأس
— plate لافتة او بطاقة الباب
— to — من الباب للباب
in —s في الاوى . في البيتِ . تحت سقف

next — to يضاهي ٭ تقريباً ٭ بجوار . بقرب
out of —s في الخلاء . خارج البيت
to turn out of —s طردَهُ خارجاً
Door-keeper بوّابٌ . حاجب
Dope طلاء ٭ معجون مخدّر ٭ طلاء طبّي
to — a racehorse حقنَ او ∆ بلبع الحصان
Dormant نائمٌ ٭ غير عامل . ساكن . هاجع
— partner شريك موصٍ
Dormitory مَنامةٌ . عنبر النوم
Dormouse الزُغبة (حيوان من القواضم)
Dorsal ظَهريٌّ
Dose جُرعةٌ ٭ كمية ‖ جرّعَ . أعطى الدواء
Dossier ملفٌ . ادبارة ○ دوسيه
Dot نُقطةٌ ٭ بائنة ○ دوتة. صداق ‖ نقّطَ
Dotage خَرَفٌ . هُتْر ٭ شيخوخة
Dotard خرِفٌ . مُهْتَر
Dote خرِفَ . أهتِرَ. هذى ٭ شُغِفَ بِ
Dotted مُنَقّطٌ
Double مزدوجٌ ٭ مضاعَف ‖ ضاعفَ
—-acting piston كبّاس مزدوج التأثير
—-barrelled بروحين (للبندقية)
— breasted coat ستره بصفّين
Double-dealing مخاتلة . مخادعة . نفاقٌ
Double-entry حسابُ الزنجير
Double-faced مُراءٍ . بوجهين
Doubled مضعّفٌ ٭ مشدّد (للحروف)
Doubt شكٌ . ريبة ‖ ارتابَ . شكّ في ٭ خوّنَ
Doubtful مرتابٌ ٭ مُريب . مشكوك فيه
Doubtless بلا ريب . بلا شك . يقيناً

Dough عَجينٌ . عجينة ٭ نقود (بالعاميّة)
Doughnut عجين محلّى ومحمّر بالسمن
Dove حَمامةٌ او يمامة . حَمامٍ قمري
Dovecot, —e بُرجُ حمام. تمراد
Dovelet زُغلولٌ . حمام صغير
Dovelike انيسٌ . وديع كالحمام
Dovetail تعشيقٌ . شبْك ‖ عشّقَ ببعضه
Dovetailing machine آلة تعشيق
Dowager سيدةٌ مُسِنة ٭ ارملة من الاشراف
Dowdy زري المظهر
Dowel ∆ عصفورة لربط الخشب ٭ إسفين
Dower صِداقٌ . مَهر . بائنة ‖ اعطى مَهراً
Down زغب . زِئبر ∆ وَبر ٭ زف . ريش ناعم
٭ الى تحت . لأسفل ٭ تحت
Down انزلَ . اسقَط . اذلّ
Downcast مُنكسِرُ الخاطرِ . ذليل
Downfall سقوطٌ سريع ٭ تدهور
Downhill صَبَبٌ . إنحدار . مُنحَدَر
Downpour مطرٌ مدرار ، وابِل
Downs صَحْراءُ . بادية . براري
Down-stairs تحت ٭ فى الطابق الاسفل
Downstream مع التيّار
Down-trodden مُداسٌ تحت الاقدام
Downward نازِلٌ . الى أسفل . منحدر
Downy أزغبٌ . له وبَر
Dowry, Dower بائنةٌ ٭ صِداق . مَهْر
Doyen عميدٌ ٭ أقدمُ السفراءِ وما شابه
Doze غفلةٌ . غَفْوَة ‖ نعسَ . وَسِنَ . غفلَ
Dozen ∆ دستةٌ ○ دُزينة . إثنا عشر

Dozy نَعْسانُ . وَسنان ٭ ثَقيل
Drab لون سنجابى أسمر ٭ مُمِل ٭ مومس . قذرة
Draft, Draught حوالة مالية . تحويل او
△ كمبيالة ٭ مسودة ٭ رسم ٭ جر ٭ سحب
٭ شَرْبة . جرعة ٭ مجرى هواء ٭ مُنَظِّم
تهوية المراجل والدفايات ٭ خصم لهبوط
الوزن ٭ فتحة تصريف المياه ٭ غاطس
السفينة المحملة ‖ كَتَبَ مسْودة ٭ سَحَب
Draft-board تختة لُعبةُ الدامة
Draft horse بِرذون . حصان جَرّ
Drafts, Draughts لُعبة الدامة
Draftsman, Draughtsman رسَّامٌ
Drafty, Draughty مُعَرَّض لتيار الهواء
Drag مجْرفة . مِسلَفة ٭ خُطّاف ٭ عائِق
Drag جَرَّ . جرجَر . سَحَبَ ٭ تثاقَلَ
في عمله او مشيه
Draggle مَرْمَطَ . وحَّلَ . لوَّثَ
Dragoman تَرجُمان . دَليل السياح
Dragon تِنّين . أفعوان
Dragon-fly يعسوب . جُعَل . صقر الناموس
Dragon's-blood دمُ الغزالِ . عندم (نبات)
Drain مَصرفٌ ٭ مجْرى . مجرور ٭ بالوعة
Drain صرَّفَ الماء ٭ نَزَح ٭ استنزف
Drainage نظام المصارف والمجارى ٭ تصريف
Drake ذكرُ البطِّ
Dram دِرهَمٌ ٭ كأسُ خمرٍ ٭ مقدار قليل
Drama دراما . مأساة . رواية تمثيلية
Dramatic تمثيلي . مسْرحي . دراماتيكى
Dramatist مؤلِّفٌ مسرحي

Dramatize ألَّفَ رواية تمثيلية ٭ حوّل
الحادث الى تمثيلية
Drank, *past of* Drink شَرِبَ
Draper تاجرُ أجواخ وأقمشة . بزَّاز
Drapery الاجواخ والاقمشة أو تجارتها
Drastic عنيفٌ . شديد
Draught, Draft تيَّار هواء ٭ حَوالة مالية
٭ جرعة . شَرْبة ٭ جرّ ٭ بالوعة ٭ مسودة
— beer بيرة برميل
Draw رَسَمَ . صوَّرَ ٭ مصَّ . رَضِعَ ٭ استخرَج
. استنتَجَ ٭ استقطرَ ٭ سحَبَ (بكل
معانيها) ٭ جرَّ . جذَبَ ٭ جلبَ
— a deed كتَبَ عقداً
— along سحَب . جرَّ
— attention لفتَ الانظار
— blood فَصَد . أخذَ دَماً
— lots سحبَ قرعة او يا نصيب
— near, — on اقترَبَ ٭ حانَ . دنا « الوقتُ »
— out اقتلَعَ . اخرَج ٭ استقطرَ
Drawback عاقة ٭ عيْب . نقيصة ٭ استرداد
رسوم الجمرك عند اعادة التصدير
Draw-bridge جِسرٌ يُفتح ويغلق
Drawee المسحوب عليه
Drawer ساحِب « الحوالة » ٭ دُرج . جارور
Drawers سراويل . لباس تحتاني قصير . تُبان
chest of — دولاب بأدراج △ بوريه
Drawing رَسمٌ . صورة ٭ تصوير ٭ سَحْب
. جرّ ٭ تحرير . كتابة
— account قائمة السلفة المستديمة

— book كُرّاسُ رسمٍ
—-in roller اسطوانة الادخال (ميكانيكا)
Drawing-room حُجْرَةُ الاستقبال
Drawknife, Drawshave مِسْحَجٌ. مِسحاج
Drawl تكلّم ببطءٍ. تشدّق بكلامه، مطّه
Drawn مسحوبٌ * متعادِل. مُتكافىء
Draycart عربة واطئة لنقل البضائع الثقيلة
Dread خوفٌ. فَزَع. رَهبة ‖ خشِيَ. خافَ
Dreadful مُخيفٌ. هائل. فَظيع
Dream حُلمٌ. مَنام ‖ حلَمَ * توهَّمَ
—-land عالم الخيال. دنيا الوهم
Dreamer حالِمٌ
Dreamy كثير الاحلام والاوهام. خَياليّ
Dreary مُوْحِشٌ. مقْفِر. كئيب * حزين
Dredge شَبكةٌ. جرّافة △ كراكة
Dredge طهَّرَ مجارى الماء * صادَ المحار
Dredger ندّاغةٌ. رشاشة الطحين والسكر
* صيّاد (بالشبكة)
Dreg, —s ثُفْلٌ. عكَر. راسِب
Drench جرعة. شربة ‖ بَلَّ. بَلَّلَ
Dress رِداءٌ. لباسٌ. حُلَّة * ثوب. جِلبابَ
Dress أَلْبَسَ * هيَّأ. جهَّزَ. أعَدَّ
* لبِسَ ثيابه * قلَّم الشجر * دَبَغَ الجلد
— the hair مشَّطَ. سرَّحَ. هندَمَ الشعر
— a wound ضمَّد الجرْحَ. رَبطه
— out زيَّنَ. زخرَفَ. هندَمَ او تهَنْدَمَ
Dressing ارتداءٌ. لِبْس * تعنيف
* صلصة او تابل * حَشْوة * تضميد الجرح
— gown ثوب فضفاض للداخل. جلباب

— room غُرفة اللبس والزينة
— table ○ توالت. تسريحة
Dressmaker خيّاطةٌ
* خيّاط. ترزي
Dress rehearsal التجربة الاخيرة لتمثيلية
Dribble رالَ * قطَرَ * شرَّ * قطَّرَ
Driblet حترَةٌ △ حِتَّة * شيء زهيد
Dried مُنشَّفٌ. مجفَّف
Drift مِنسفُ ثلجٍ * كثبان رمل متنقلة
* غرَضٌ. مَرْمى * انحراف
— wind ريحٌ هوجاء
Drift انجرَّ مع التيّار * جرَف * تراكَمَ
Drill مِثْقَبٌ. خرّامة * تعليم. تدْريب
Drill ثَقَبَ. خرَم * مرَّن العساكرَ
Drink شرْبةٌ * مشروب * سُكر ‖ شَرِبَ
— the health of شَرِبَ نخبهُ
Drinkable صالِح للشرب. يُشربُ
Drip نَقطَ. تقطَّرَ * قطَرَ
Drive نُزهة فى عربة او سيارة * سير الادارة
Drive ساقَ. سيَّرَ * الجأ الى. دفعَ
— at طمحَ الى. كان غرضه كذا
— away طرَدَ. ابعَدَ * ساقَ * شتَّتَ
— forward أزجى. ساقَ. استحثَّ. دفَعَ
— out طرَدَ. أبعَدَ. اخرَجَ
Drivel روالٌ. لُعاب * ثرثرة
Drivel سالَ او أسالَ اللعاب * هذى
Driven, *of* Drive مطرودٌ * مُساق
Driver سائقٌ. سوّاق. حوذيّ * مُحرِّك
Driving سَوقٌ. سياقة * تسيير. تحريك

— shaft عمود الحركة
Drizzle رَذاذٌ . طل || نفنفَ المطرُ . رذّت السماء . امطرت رذاذاً
Droll غريبٌ . شاذّ * مُضحِكٌ . هازِل
Drollery هَزْلٌ .مُجون .مُزاح *أمرمضحك
Dromedary هجينٌ . جمل سريع السير
Drone ذ َكرُ النَّحْلِ .يعسوب *طفيلي .عالة
Drone طنَّ . زنَّ .أزَّ *عاش عالة على غيره
Droop كَلَّ . خارَ * ذَبُل * ارتخى
Drop قطرَةٌ .نُقطة *هبوط . انحدار *سقطة
Drop تقَطَّرَ *وقعَ . نزل .هبط *خرَّ *سقط *أسقط. أنزلَ *اهملَ .تخلّى عن
— in اتى على غير انتظار Δ طبَّ على
— off نقَصَ . قلَّ * انسَلَّ * اضمحَل
Drop kick قذفة جزاء
Drops أقراصٌ من السكّر المطبوخ Δ بستيلية
Dropsy استسقاء زِقي . حبَنَ . سَقي
Dross خبَثٌ . رغوة المعادن المذابة *صَداء
Drought جَدْبٌ. امتناعُ المطرِ Δ تحاريق * عطش
Drove قطيعٌ . سِرْب * منحات الصخر
Drove, *of* Drive ساقَ . سيَّرَ * نحَتَ
Drover راعي او تاجر مواشٍ
Drown غَرِقَ * غمرَ . أغرقَ * كتَم
to — the sound غطّى الحِس
Drowning غرَق
Drowse وسِنَ . نعَسَ . غفا
Drowsiness وَسَنٌ . نُعاس * خمول
Drowsy وَسْنانٌ . نعسان * كسلان . خامِل

Drudge كَدَّ . كدَحَ
Drudgery كدٌّ . عناءٌ . كَدْح
Drug عقَّارٌ . دواء *سِلعَةٌ كاسدة *مُخَدِّر
Drug زغلَ . غشَّ *داوى بالعقاقير* سمَّمَ بالعقاقير أو المخدرات * خدَّر * Δ بلبع
Drugget مِسْحٌ . نَخٌ Δ مشّايَة * لِبَّاد
Druggist صَيْدَليٌّ . عَطّار . تاجرُ أدويةٍ
Drugs بضاعة كاسدة *سقَط المتاع *أدوية
Drug-store مخزن أدوية او عِطارة جاهِزة
Drum طَبلةٌ *طارة *اسطوانة *غلاية || طَبَّلَ
Drumbeat تطبيلٌ . قرْعُ الطبول
Drummer طبَّالٌ * وسيط جوّال (اميركا)
Drunk, *of* Drink سكرانٌ . ثَمِل
dead — سكران طينه
Drunkard سِكّير . شِرِّيب . مُدمِن الخمر
Dry جافٌ *يابس * ظمآن * قاحل
— battery بطارية جافة (كهرباء)
— cleaning تنظيف(الملابس) على الناشف
— dock حوض جاف لتصليح السفن
— goods منسوجات . أقمشة
Dry جَفَّفَ * جفَّ
Dryad جِنّيةٌ *الاهَةُ الغابات والاشجار
Dryly بيبوسةٍ . بجفافٍ * بجفاء
Dryness جفافٌ . يبوسة * قظاظ
Dry-nurse حاضنة . مُربيَّة (ليست مرضعة)
Dual ثنائي . زوجي . مُثنّى . مُزدوج
Dub لقَّبَ . أضفى لقباً على . سَمَّى *مَهَّدَ بالفأسِ * وخز *عمل شريط صوت مساعد لفيلم أو تليفزيون

Dubious مُبهَمٌ . غامِض . مُلتبَس
Ducal ٥ دوقيٌ. يختص بالدوقات
Duchess ٥ دوقةٌ. أميرة
Duchy ٥دوقيَّةٌ. إيالة الدوق
Duck بطَّة. بطٌ ‖ غطَسَ. غطَّسَ ☆انحنى
Duckling فَرْخُ البطِّ . بطة صغيرة
Duckweed طُحلُبٌ . عدس الماء (نبات)
Duct قناةٌ . انبوب. أنبوبة . مَجرًى
Ductile مَطِيلٌ . قابل للمطّ أو للسحب أو الالتواء. يُطرَق ☆ مَرِنٌ . لَيِّن
Ductility مَمْطولية. قابلية الانطراق أو المط
Ductless gland غُدَّةٌ صَمّاء
Dud قنبلةٌ لم تنطلق ☆ أمر فاشل ☆ △ خِرقة
Due حقٌ . دَيْن . استحقاق ☆مُستحق الوفاء . مطلوب ☆واجبٌ. لائق ☆منتظر وصوله
— to بسبب . ناتج عن. ناشيء من ☆ لهُ
Duel بِرازٌ . مبارزة
Dues ضريبة جمركية . رسْم. مكس. اتاوة
Duet توقيعٌ أو غناء ثنائي (موسيقى)
Dug حلمة ثَدْي الحيوان (اى الضَرْع)
Dug, *of* Dig محفورٌ
Dugong أطومٌ . بقرة الماء . زالخةٌ
Dug-out قاربٌ ☆خندق مسقوف لايواء الجنود
Duke ٥دوقٌ . أمير
Dulcimer سِنطيرٌ . آلة موسيقيَّة
Dull بليدٌ. ثقيل الفهم ☆ ثالم. كليل ☆ كثيب
Dullard غبيٌ . ثقيل الفهم
Duly بوقتهِ . في حينه ☆ كما يجب

Dumb أبكَمُ . أخرَسُ ‖ اسكَتَ . أخرَسَ
Dumbbell حديدة التمرين
Dumbness خَرَسٌ. صَمْتٌ
Dumbfound خبَّلَ . أسكتَ . ربَكَ
Dumb show عرضٌ او تمثيل صامت . حركات معبرة
Dummy تمثال لعرض أزياء الملابس . دمية
Dump مقلب قمامة ☆ غمر الاسواق☆هدَّة
Dumping سياسة اغراق السوق بالسلع
Dumpish كئيبٌ . مغموم . مهموم
Dumpling زلابية △ لقمة القاضى
Dun لونٌ أشهبٌ . داكِن ☆ مطالبة بالدين
Dun ألحَّ بالمطالبة. عاسَرَ المديون. الحفَ
Dunce مُغفَّل ☆ أميّ . جاهل ☆ ثقيل الفهم
Dune تليلٌ . كثيْبُ رمل
Dung روْثٌ . جِلَّة. بَعْر. دِمان ☆سماد
Dung راثَ . تغوَّطَ ☆ سمَّدَ
Dungeon سِجنٌ مظْلم . جُبّ . زنْزانه
Dunghill مَزْبَلةٌ أو مقلب قمامة ☆ عشة
Duo, *see* Duet ثُنائيٌّ
Duo- بادئة تفيد معنى « اثنين او ثنائي »
Duodecimal اثنا عَشرِيّ
Duodenal العَفَجى . الاثنا عشرى (طب)
Duodenum العَفَج (المعِيّ) الاثنا عشريّ
Dupe غِرٌّ . غَريرٌ ‖ احتالَ على . خدَعَ
Duplex مُضاعَفٌ . مزدوج
Duplicate صورةٌ طبق الاصل . شاهدة ☆ مُزْدَوِج ☆ من صورتين
Duplicate ضاعَفَ ☆ نَسَخ صورة

— ratio النسبة التربيعية
Duplicity خِداعٌ . رِياء . نِفاق
Durability مَتانةٌ . تحمُّل ٭ بقاء . دوام
Durable مَتينٌ . شديد الاحتمال ٭ دائم
Duration مُدَّةٌ . وقت ٭ دوام . بقاء ٭ اثناء
During اثناء . في غضون . خِلال ٭ في
Dusk غَسَقٌ . عتمة ٭ ظلام . غَبَش
Dusky أغبَش . عَتِم . قاتم . بين النور والظلمة
Dust تُرابٌ ٭ غُبار ‖ نَفَضَ التراب
Duster ممسحةٌ . ريشة أو فوطة للتنفيض
Dustman زبَّالٌ . جامع القمامة
Dustpan جاروفٌ . مجرفة الكناسة . مِقحفة
Dusty مُتربٌ . كثيرُ التراب اوالغُبار او العفار
Dutch, — man هولانديٌ
Dutiful, Duteous طائعٌ ٭ مُقيم بواجباتِه
Duty واجبٌ . فرض . التزام ٭ ضريبة الجمرك
Dwarf قَزْمٌ △ قُزْعة . نُغاشيّ
Dwarfish قَزْم . صغير الجسم . قميء
Dwell سَكَنَ (يسكن) . قطنَ . عاشَ ٭ تمعَّنَ
Dweller ساكنٌ . قاطِن . مُقيم
Dwelling مسكِنٌ . منزل . مَثوى ٭ دار
Dwelt, *of* Dwell سَكَنَ . قطَنَ
Dwindle تضاءلَ . انحطَّ . قلَّ ٭ تلفَ
Dye صِباغٌ . صِبغة . خِضاب ‖ صَبَغَ
Dyehouse, Dyeworks مَصبغةٌ
Dyeing صِباغةٌ . صَبْغ . تلوين
Dyer صَبَّاغٌ
Dyestuff صِباغٌ . صِبغة . خِضاب . المادة الصابغة
Dying مائتٌ . مُحْتَضِر ٭ فانٍ

Dyke, Dike سدٌّ ضد طغيان البحر
Dynamic حركي . قوة محركة
—s عِلمُ القُوَى المحرِّكة
Dynamite ○ ديناميت . نسّاف (من المفرقعات)
Dynamo ○ دينامو . محرِّك . مولد كهربائي
Dynamometer مِقياس القوة
Dynasty أسْرَة ملكيَّة
Dysentery اسهال شديد . زُحار ○ دوسنطاريا
Dyspepsia, Dyspepsy تُخمة . سوءهضم

E

Each كلٌّ . كلّ واحد . كل من
— other بعضُنا او بعضكم او بعضهم بعضاً
Eager, *for* مشتاقٌ . راغب في . مُشْتَهٍ
Eagerness اشتياق . رغبة . تلهف
Eagle عُقابٌ . نُساريَّة △ نِسْر
Eaglet فرخُ العُقاب . ولج
Ear أذُنٌ ٭ سَمعٌ ٭ مقبض ٭ سُنبُلة ‖ اسبلَ الزرع . كوز
to lend an — to استمع لـ . أصغى الى
to turn a deaf — to تصامَّ △ صهينَ . تصالخ
Earache وجعُ الاذُن
Eardrum طبْلة الاذُن
Earing سنبلة الحنطة ٭ رباط أعلى الشراع
Earl ○ ايرلٌ . لقب انجليزي
Earlock قُصَّة الصدغ △ مقصوص
Early باكراً ٭ مبدِّر . مُبكّر ٭ قبل الأوان
Earmark علامةٌ ‖ علَّمَ . ميَّزَ بعلامة

Earn رَبِحَ. كَسَبَ. حَصَّلَ ٭ استحقَّ
Earnest جادٌّ ٭ جِدٌّ ٭ هِمَّة. حماس
— money عَرَبونٌ. عُرْبون
in — من جِدٍّ. بجدٍّ
Earnestly من جِدٍّ ٭ بغَيْرة. بحرارة
Earnings رِبحٌ. دَخل. مَكسَب ▵ ايراد
Earring, Eardrop حَلَقٌ. قُرْط. شَنْف
Earshot مَدى السَّمْع. مَسْمَع
Ear speculum مِنظارُ الأذن
Earth تُرابٌ. أَرْض ٭ الارضُ. الدنيا
Earth دَفنَ. وارى التراب٭حفرَ حُفرَة٭أخفى
Earth bank سَدٌّ ترابي
—-work مِتراسٌ ترابي ٭اعمال الحفر والردم
Earthen طِيني ٭ تُرابيٌّ ٭ خَزَفي
Earthenware اوانٍ خزَفيَّة. فَخَّار
Earthquake زِلزالٌ. زَلزَلَة. هزة أرضية
Earthward, —s نحو او فى اتجاه الارض
Earthworm خُرْطونٌ. دودة الارض
Earthy ترابيٌّ ٭ أرضي. دنيوي
Earwax أُفٌّ الاذُن. صَملاخ
Ease يُسْرٌ. رَخاء ٭ سهولة. راحة
ill at — مُبَلبَلٌ. مضطرِب. غير مُستريح
Ease أراحَ. خفَّفَ أو رفَعَ عن ٭ يَسَّرَ. سهَّلَ
to — nature تغوَّطَ. قضى الحاجة 
Easel مِنصَّةُ الرسْم. كرسي التصوير. حامِل
Easement تسهيلٌ. إراحة ٭ حق الانتفاع
Easily بسهولة. براحة ٭ على مَهَلٍ
Easiness راحةٌ. سُهولة ٭ يُسْر ٭ دَماثة

East الشرقُ ٭ المَشرِق ٭ شرقاً
Easter عيدُ الفِصْح. عيد القيامة. العيد الكبير
Eastern شرقيٌّ ٭ من جهةِ الشرقِ
Eastertime, —tide موسم عيد الفصح
Eastward, —s لجهة الشرق. شرقاً
Easy سَهْلٌ. هَيِّن ٭ مرتاح ٭ لَيِّن العريكة
— chair كرسي مريح بمساند وظهر
Eat تناولَ الطعامَ. أكلَ ٭ قرضَ. أنخرَ
— in, — into قرضَ. نخرَ. أكلَ
Eatable مأكولٌ. يؤكل. صالح للأكل
Eaves رَفرَفُ السَّطحِ. طُنُف
Eavesdropper مُتنصِّتٌ. مسترق السمع. متسمع
Ebb جَزْرُ البحرِ ٭ تأخُّر ‖ جَزَرَ البحرُ
— and flow جَزْرٌ ومَدٌّ
Ebony خشبُ الآبنوس. آبنوس ٭ آبنوسيٌّ
Ebriety سُكْرٌ. ثَمَل
Ebullient فائرٌ ٭ هائج
Ebullition غَلَيانٌ. فَوَران
Eccentric خارجٌ عن القاعدةِ. شاذ. لا مركزي ٭ مُنحرِف ٭ دائرة الاختلاف اللامركزي
— rod ذراع القرص اللامركزي
Eccentricity شذوذٌ. شذوذية. انحراف ٭ اختلاف المركز ٭ البعد بين المراكز
Ecclesiastic اكليركي. روحاني ٭ قِسِّيس
Echo صَدى. رَجْعُ الصوتِ ‖ أصدى. دَوى
— sounder مقياس المسافات بالصدى
Eclipse كُسوف (الشمس) ٭ خُسوف (القمر)
Eclipse كَسَفَ. خسَفَ ٭ غطَّى او فاقَ على

Ecliptic بروجي * سَمْتُ الشَّمس * دائرة البروج
Economic, —al اقتصادى * رخيص * مقتصد
— mobilization تعبئة أو تأهب اقتصادي
Economically باقتصادٍ . بتدبير
Economics علم الاقتصاد . الاقتصاديات
Economist اقتصادىّ . عالم اقتصاد سياسى * مقتصِد
Economize اقتصَدَ . وَفَّرَ
Economy اقتصادٌ . توفير . تدبير
vegetable — النِظام النباتى
Ecstasy ذهولٌ . غَشْيَة * فرطُ السرور . نَشْوَة . انجذاب روحي
Ecstatic عُرضة . مُفتِن . مشغف * مذهِل
Eczema قوباء ○ اكزيما (مرض جلدى)
Edacity شَراهةٌ . نَهم . طمع
Eddy دَوَّامة . دَوَّارة △ شيمية * اعصار ‖ دَوَّم
Edema ○ اوديما . استسقاء (مرض)
Edematous, Edematose وارم * استسقائي
Eden عَدْنٌ . جَنَّةُ عدن
Edentate عديمُ الاسنان . أثرم
Edge حَدٌّ . حافَّة . طَرف . حرف * حاشية . طِنْفٌ * سِن * حاجز * حِدَّة
a brick on — طوبة على سيفها
Edge سَنَّ . دَبَّبَ * حَرَّض . هيَّج * أحاطَ بهِ
Edge-tools آلاتٌ حادّة او قاطعة
to play with — يلعبُ بالنارِ
Edgewise بالحدّ . على حَرفهِ . جانبيًّا

Edging هُدْبٌ . سجاف △ كينار . طَرف . حافة
Edible صالحٌ للاكل . يؤكل * مأكول
Edict △ مرسوم . مَنْشورٌ . أمرٌ عالٍ . فرَمان
Edification بُنيانٌ * تثقيف * ترقية . إصلاح
Edifice بناءٌ * بِناية . عِمارَة . صَرْح
Edify علَّمَ . ثَقَّفَ . هذَّبَ * بَنَى . شيَّدَ
Edit نَشَرَ أو أعدَّ للطبع * نقَّحَ اوحرَّرَ
Edition طَبعةٌ . نَشرة
Editor رئيسُ تحرير * محرِّر . ناشِر
Editorial المقال الرئيسى
Educate عَلَّمَ . هَذَّبَ . ربَّى . ثقَّفَ
Educated مُثَقَّفٌ . متعلم
Education تَعْليمٌ . تهذيب . تربية . تثقيف
Educational تَرْبَويٌّ . تعليميّ . تدريسي
Educe استخرَجَ * استنتَجَ . استخلَصَ
Eel جريثٌ . △ حنكليس  . ثعبانُ الماء
Efface مَحا . طَمَسَ . أزالَ
Effacement مَحْوٌ . ازالة الاثر
Effect أثرٌ . تأثير . مفعول * وقْع
Effect أحدَثَ . سبَّبَ * عملَ * تمَّمَ
give — to جعلَهُ نافذ المفعول
take — سرى مفعوله * أثَّرَ
to come into — يسرى مفعوله . ينفذ
to no — عَبثاً * عبث . بلا ثمرة
Effective مؤثِّرٌ . نافِذ المفعول . فعّال * واقعي . حقيق * لائق للخدمة
Effectiveness تأثيرٌ . فاعليَّة . مفعولية
Effects امتعةٌ . متاع . ممتلكات

Effectual مؤثرٌ. فعّال. نافذ المفعول
Effectuate أنجزَ. أتمَّ. كمَّل. أجرى. نفّذ
Effeminacy خناثةٌ. تخنُّث. خنث
Effeminate مُخنَّثٌ كالنساء
Effeminate خنَّثَ أو تخنَّث ٭ أضعفَ
Efferent الناقل. المصدر (طب)
Effervescence فورانٌ. جيشان
Effervescent فوّارٌ. فائرٌ. جائش
Effete عقيمٌ. عاقر ٭ منهوك. مُضنىً
Efficacious مؤثرٌ. فعّال. نافذ المفعول
Efficacy تأثيرٌ. فاعليَّة. نُفوذ. اقتدار
Efficiency فاعليَّةٌ. نُفوذ ٭ كفاية. مقدِرة
Efficient كُفُؤ ٭ فعّالٌ
Effigy تمثالٌ ٭ صورةُ وجهٍ «على سِكّة»
Efflorescence تجوْهُرٌ ٭ تزهير ٭ نفاط (طفح جلدى) ٭ تشرُّق. شرَق (كيميا)
Effort جُهْدٌ. اجتهاد. مَسعى. عناء
Effrontery قِحَةٌ. وقاحة. سَلاطة ٭ اهانة
Effulgence رونقٌ ٭ سُطوع. تألُّق
Effulgent ساطِعٌ. لامع. بَهِيٌّ. مُشرِق. مشع
Effuse أهرقَ. أراقَ. سكبَ. صبَّ
Effusion اهراقٌ. اراقة. سَفْك. تدفق
E.G., e.g. مثلاً. مِثل. كقولك
Egg بَيضَةٌ. بيض ٭ بُوَيْضَة
Egg حثَّ. شجَّعَ
— beater, — whisk مِخْفقة، خفّاق البيض
—s of lice الصُّؤاب ∆ سبان. بيض القمل
Egg-cup ظرفُ البَيْض
Egg-plant, Eggapple باذنجان

Eggshell قِشرةُ البَيْض
Eglantine عُليق الكلب. الورد المنتن
Egoism أنانيَةٌ. حُب الذات. اثرة
Egoist مُحِبٌّ لذاته. أنانيّ
Egotism انانيةٌ. اثَرَة. صَلَف. غرور
Egotist أنانيّ. مستأثر بالامور. معجب بذاته
Egregious سامٍ. فائقٌ. خارق العادة ٭ هائل
Egress خروجٌ. مَخْرَج
Egret دَنْكلَةٌ بَيضاء. مالك الحزين (طائر)
white — أبو قِرْدان. بَلَشون (طائر)
Egyptian مِصريّ
Egyptologer, Egyptologist عالمٌ بالآثار المصرية القديمة
Eight ثمانيةٌ. ثمانٍ
Eighteen ثمانية عشر. ثماني عشرة
Eighth ثامنٌ ٭ ثُمن من شيء
Eightscore ثمانية أضعاف العشرين (١٦٠)
Eighty ثمانونَ
Either امَّا. لعَلّ ٭ كُل. أحدُ الاثنَين. أحدُهما
in — case فى كلتا الحالتين او الحالين
on — side على الجانبين
Ejaculate نبسَ أو نطقَ بـِ ٭ قذفَ (المني)
Ejaculation صرخةٌ. هُتاف ٭ تذرية. قذْف
Ejaculatory دَفقيّ. دافقٌ ٭ هُتافي. صياحي
Eject طرَحَ. قذَف. لفَظ ٭ أخرَج ٭ قاء
Ejection طَرْحٌ. قذف ٭ إخراج
Ejector مغتصبٌ مالغيره ٭ قاذِف ٭ طارِد
— condenser مكثّف الشّفاط (صناعة)

Elaborate مزخرفٌ . مُتْقن ٭ مفصَّل . مبحوث ‖ اتمَّ باحكام ٭ افاضَ
Elapse مَرَّ . مضى . انقضى
Elastic مَرِنٌ . مَطّاط . لَدْن
Elasticity مرونةٌ . لدُونة
Elate تائهٌ عُجْباً ‖ نَفَخَ . عَظَّم ٭ تفاخر
Elation غرورٌ . زهو ٭ غطرسة
Elbow △ كُوعٌ . مِرْفق ‖ دَفَعَ بالكوع
—-chair كرسى ذو مساند . فوتيل
Elbow-room مجال مُتَّسِع ٭ مكان فسيح
Elder بَيْلَسانٌ . سَيسَبان . خُمّان (نبات) ٭ اكبرُ سناً ٭ شيخُ الكنيسة
Elderly متقدِّمٌ فى العمرِ . كبير السن
Eldest الاكبرُ سناً ٭ البِكْرُ
Elect مُصطفىً . مختار . منتخَب ‖ انتَخَبَ
Election انتخابٌ ٭ اصطفاء . اختيار
Elections الانتخابات العمومية
Elector مُنْتَخِبٌ . ناخِب
Electoral انتخابى
Electric كهربائيٌّ ٭ مادة كهربيَّة
— biology (علم) الكهرباء الحيوية
— energy القوة الميكانيكية الكهربية
— explorer المِسْبَر الكهربى
— iron مِكواة كهربية
Electrical كهربىٌّ . كهربائى
Electric-fish السمكُ الرعّاد
Electrician مشتغِل بالكهرباء . كهربائىٌّ
Electricity كهربائية . كهرباء . كهربا
Electrification كهربةٌ ٭ تكهرب
Electrify, Electrize كهربَ
Electro- بادئة تفيد معنى كهربى
Electrocute اعدَم بالكهربا
Electrodynamics عِلم القُوة الكهربيَّة
Electrolyze حلَّلَ بالكهربا
Electron كُهَيْرَبٌ . كهرب
Electronic كُهَيْرَبِى
Electroplate طلى بالكهرباء
Electrotype موَّهَ بالكهربا ٭ طبع بالكهربا
Electuary لعوقٌ . معجون (صيدلة)
Elegance انسجامٌ ٥ شياكه . إناقة . رشاقة
Elegant أنيقٌ . لطيف . ظريف
Elegy مَرْثاةٌ . رِثاء . نُدْبة
Element عُنصُرٌ . جَوْهَر ٭ مَنشأ
— of determinant جزء المحدَّدة
Elemental عُنصريٌّ ٭ أولي . مبدأي
Elementary أوليٌّ . ابتدائى
Elephant فِيلٌ
Elephantiasis داء الفيل . تضخم السيقان
Elevate رَفَعَ . عَلّى ٭ أقامَ ٭ انعشَ ٭ هذّب
Elevated مُرتَفِعٌ . عالٍ . سام ٭ معلَّق
Elevation ارتفاعٌ ٭ تعلية ٭ أكَمة
Elevator آلة رافعة . مِصْعَدٌ ٭ رافِع
Eleven إحدى عشَرة . احدَ عشَر
Eleventh حادي عشَر ٭ جزء من أحد عشر
Elf جِنِّيَّةٌ . سعلاة ٭ قَزَم
Elicit أظهَرَ . بيَّنَ ٭ استخرَج

Elide حذفَ . ألغى ٭ أدغمَ . رخَّم
Eligible صالِح أو لائق للانتخاب
Eliminate حذفَ . اخرجَ . استبعَد
Elision حذفٌ . ادغام . ترخيم
Elite نُخبَةٌ . صَفْوَة
Elixer إكسيرٌ . رُوح
Elk إيَّلٌ . اكبر نوع من الايائِل . وَعْل
Ell ذِراع هندازة ٭ اضافة الى بناء
Ellipse اهليلجيٌ . بيضي . القطع الناقص
Elliptic, —al اهليلجيّ ٭ تقديري . ضِمني
Elm شجرةُ الدَّرْدارِ أو البق . بُقَيصاء
Elocution فَصاحةٌ . بلاغة . حُسنُ الالقاءِ
Elocutionist خطيبٌ . طَلِقُ اللسانِ
Elongate مُطَوَّلٌ . مستطيل ‖ طَوَّلَ
Elope هربَ خِفيَةً . فرَّ (مع امرأة)
Elopement هربٌ بالتَّخفي . فِرار
Eloquence فَصاحَةٌ . بلاغة . بَيان
Eloquent فصيحٌ . بليغ . مِنطيق
Else سِوى . ما خلا ٭ غيرَ ٭ وإلاّ
Elsewhere خلاف هذا المكان . في مكانٍ آخر
Elucidate شرحَ . فسَّرَ . أوْضَح
Elude راغَ . تَملَّصَ . أفلتَ من
Elusion روَغانٌ . زيغان . تملُّص
Elusive, Elusory مُراوِغ . غرَّار ٭ تحايُلي
Emaciate ضامِرٌ ‖ أضْنى . أسقمَ ٭ هزَلَ
Emaciated سَقيمٌ . هَزيل . مُضْنى . نحيل
Emanate انبعثَ . نشأ . صدرَ من
Emanation انبعاثٌ . خروج . انبثاق ٭ فيض

Emancipate أعتقَ . حرَّر . طوَّرَ
Emancipated رشيدٌ ٭ محرَّر . حُرّ التصرف
Emancipation الاذن لراشد بالتصرف . رفع الولاية
Embalm حنَّطَ ∆ صبَّرَ ٭ طيَّبَ
Embank سَدَّ . أقامَ حاجِزاً للماءِ
Embankment سَدٌّ . جِسْر . حاجز . رصيف ٭ إقامة السدود
Embargo حَظرٌ . منع
Embark ركِبَ السفينةَ ٭ وضَع على السفينةِ ٭ باشَرَ . تعاطى أو أقدَم على
Embarrass ربَكَ . حيَّر
Embarrassed مُرتبكٌ . حائر
Embarrassment ارتباكٌ . حَيْرَة
Embassy سِفارَةٌ ٭ مركزُ السَّفيرِ
Embedded راسِخٌ ٭ مطمور ٭ راقِد
Embellish زيَّنَ . زخرَفَ . نمَّق
Ember جمرةٌ . بَصوة ٭ رماد ٭ البَرَمَون
Embers رَمادٌ حارّ . مَلَّة . بقايا النار . جمر
Embezzle اختلسَ . سَلَبَ . سرَق
Embitter مرَّرَ . نغَّصَ . نكَّدَ
Emblazon رَصَّعَ ٭ زوَّقَ ٭ زيَّن بشعار
Emblem شِعارٌ ٭ رَمز . اشارة
Emblematic شِعاريٌ ٭ رَمْزي
Embodied داخلٌ ضِمن . مَشمول ٭ مُجَسَّم
Embody جَسَّمَ ٭ أدخَلَ ضمْنَ . شَمِلَ
Embolden شجَّعَ . جرَّأ ∆ طمَّعَ
Embolism حَشوٌ . حشر ٭ سدادة دمَويَّة
Emboss زيَّنَ بنقشٍ بارز . سَمَّ

Embrace حِضْنٌ * عِناق || حَضَنَ . عانَقَ * اعتنق * تضمَّنَ . شَمل . احتوى * اكتنفَ
Embrocate دَلَّكَ . مسَّدَ . مرَّخَ
Embrocation مَرُوخٌ . دَلُوك * دلكٌ . تمسيد
Embroider طرَّزَ . وَشى . قَوَّف . دبَّج
Embroidery تطريزٌ . شُغل الابرة . مطرزات
Embroil عرْقَلَ أو خلَطَ * أوجَد الشِقاقَ
Embryo, Embryon جَنينٌ * جُرثومة
Emend أصلحَ . قوَّمَ . حَسَّنَ
Emerald زُمُرّدٌ * زمُرُّدى
Emerge بَرَزَ . بزَغَ . ظَهَرَ . بدا . خرجَ من
Emergency ضَرورَة . لزوم . طارىء . حالة مفاجئة * خروج . بروز
— meeting جلسة فوق العادة او مستعجلة
— ration تعيينات أو جراية الطوارىء
Emergent بادٍ . منبثق * طارىء * ضرورى
Emersion صُعودٌ . بزوغ . ظهور . انجلاء
Emery سَفَنٌ . △ صَنْفرة . سُنباذَج
— paper ورق الصنفرة
Emetic مُقَيِّئٌ . قيئ
Emigrant مهاجِرٌ . نازح خارج البلد
Emigrate هاجَرَ . نَـزَحَ . رحَلَ
Emigration هجرةٌ . مهاجرة . نزوح . جلاء
Eminence سُموٌّ . رِفْعة . نيافة * بروز
Eminent سامٍ . رفيعُ الشأن * مرتَفِعٌ
Emissary رَسولٌ . مبعوث
Emission اصدارٌ . صدور * انبعاث * نَشْر * قذف * طَبْعَة
— of heat انتشار الحرارة
Emit بَعَثَ . انبعثَ منه * أصدرَ * قذَفَ
Emollient مُرَطِّبٌ . مليِّن . ملطِّف
Emollition ترْطيبٌ . تليين . تطرية
Emolument أجر أو ربحٌ * دخل
Emotion تأثُّرٌ * عاطفة * احساس . انفعال
Emotional عاطفيٌّ . مثير الاحساسات
Empale سيَّجَ أو ثبَّتَ بأوتاد * △ خوزَقَ
Emperor ○ امبراطورٌ . عاهِل
Emphasis تشديد اللفظ للتأكيد . تقوية
Emphasize شدَّدَ اللفْظَ . أكَّدَ * فخَّمَ
Emphatic, —al مشدَّدٌ . تأكيدىّ
Empire امبراطوريةٌ . مملكة . سلطنة
Empiric تجريبيٌّ . اختبارى * دجَّال
Employ عمَلٌ || خَدَّمَ . وظَّفَ * استعملَ
Employee مستخدَمٌ . أجير . موظف
Employer مخدومٌ . مؤَجِّر . آجر
Employment استخدامٌ . استعمال * شُغل . عمَل
Emporium مركزٌ تجاريٌّ او سوق تجارية
Empower قدَّرَ . مكَّنَ * فوَّض . أعطاه سلطة
Empress ○ امبراطورَةٌ . عاهلة
Empties فوارغُ
Emptiness فَراغٌ . خُلُوٌّ . خواء
Empty عَبَثٌ * فارغ . خالٍ || فرَّغَ . أخلى
Emu, Emeu نعامة أُستراليا
Emulate بارى . نافسَ * باهى . فاخَر
Emulation مُباراةٌ . مُنافَسة * تباهٍ
Emulous مُناظِرٌ . مُنافِس

Emulsify اسْتحلبَ
Emulsion مُستَحلبٌ
En-, بادئة تفيد معنى «فى». «يعمل». «يجهز»
Enable قدَّرَ على . مكَّن من
Enact سَنَّ قانوناً . شرع *قرَّر
Enactment سَنُّ الشرائع . تقنين *قانونٌ
Enamel ميناءٌ . طلاء خزفى ‖ طلى بالمينا
Enamelled مطلى بالمينا . مُمَيَّن
Enamour عَشِقَ . هامَ بِـ * استهوى
Encage حَبَسَ في قَفَص * وضَعَ فى عُلبة
Encamp خَيَّمَ . ضَرَبَ الخيامَ . عسكرَ
Encampment مُعسكَرٌ . محلَّة . مُخَيَّم
Encase غَلَّفَ *وضَعَ في عُلبةٍ
Encephalic دماغيٌّ (طب)
Enchain سَلسَلَ . قيَّدَ . وصَلَ . ربَطَ
Enchant سَحَرَ . خلبَ العقلَ . فَتَنَ
Enchanter ساحِرٌ * فاتِن * صاحب الرقية
Enchantment سِحْرٌ . رُقْيَة * افتتان
Enchase حصَرَ * رصَّعَ . زخرَف . نضَّدَ
Encircle طَوَّقَ . أحاطَ بِـ . اكتنفَ
Enclose سيَّجَ . اكتنفَ *حَوى * ارفقَ
Enclosure, —s مرفقات * حظيرةٌ . سياج
Encompass طوَّقَ . أحاطَ بِـ . حاصَرَ
Encounter معركةٌ . نِزال *تصادُم . تقابُلٌ
*مُلاقاةٌ ‖ قابَلَ . لاقى . واجه *نازَلَ
Encourage شجَّعَ . جرَّأَ
Encouragement تشجيعٌ * إغراء
Encroach اعتدى أو جارَ على
Encroachment اعتداءٌ . جَوْر . تعدٍ
Encumber ثَقَّلَ على . أثقَلَ
. ربَكَ . زحَمَ
Encumbrance ثِقْلةٌ . عائقٌ . إثقال
-ence لاحقة تفيد معنى «الحالة او الصفة»
Encyclic عامٌ . عمومى *منشور
Encyclopedia موسوعةٌ . دائرة معارف
End غايةٌ * آخِر . نهاية *طرف . حدٌّ
to no — عبثاً . بلافائدة
put an — to أنهى *قتَلَ
End أنهى * انتهى
Endanger عرَّضَ للخطر *جازَفَ بِـ
Endear أعزَّ . عزَّزَ . أكرَمَ
Endearment إعزازٌ . تودُّد . تحبُّب
Endeavour سعيٌ . مَسْعى ‖ حاوَلَ . اجتهد
Endemic مرض مستوطن . متوطنٌ
Ending ختامٌ . نهاية . آخِر
Endive « نبات » الهندباء
Endless لا نهاية لهُ . أبديٌّ . لا نهائى
Endocarditis الالتهاب الشغافى (طب)
Endocrine غُدَّةٌ صمَّاء * مفرَز داخلى
Endorse ظَهَّرَ الورقة . حوَّلَ *وافَقَ على
Endorsement تظهيرٌ . تحويل * موافقة
Endow وَهَبَ * وَقَفَ « مالاً على »
Endowment هبةٌ . عَطية *مَهْر . بائنَة
Endurable يُطاقُ . محتَمَلٌ
Endurance احتمالٌ . تحمُّل . جَلَد * بَقاء
Endure احتمَلَ . صبَرَ على * بَقيَ
Enema حُقنةٌ شرجية *السائل الذي يحقن به
Enemy عَدوٌّ . خَصْم

Energetic نشيطٌ. قوي العزم
Energy نشاطٌ. همّة. قوّة. عَزْم
Enfeeble أوهَنَ. ثبَّطَ. أضعَفَ
Enforce ألزَمَ. أرغمَ * نفَّذَ
Enforcement إلزامٌ. إرغام. تنفيذ جبري
Enfranchise حرَّرَ. اعتَقَ * منح الحق المدني
Engage شغَّلَ. استخدَمَ * عاهَدَ. وعدَ * قيَّدَ بعهدٍ * تكفَّلَ * خطَبَ (للزواج) * قاتَلَ. نازَلَ * رَهَن
Engagement التزام. ارتباط * موعِدٌ * وعْدٌ * خِطبة ∆ خُطوبة * معْرَكة ∆ دِبلَة الخطوبة. خاتم الخطبة
— ring
Engaging فاتِن. جاذبُ القلب. جَذّاب
Engender أوجَدَ. أحدَثَ * ولّدَ. تولَّد
Engine آلة. عُدّة ∆ وابور. قاطِرة * وسيلة
Engineer مهندِسٌ ‖ هندَسَ
chief — كبير المهندسين
Engineering هندسة * هندسى
English انجليزى * اللغة الانجليزية
Engorge التهمَ. ابتلَعَ. ازدرَدَ * احتقَنَ
Engrave نَقَشَ. حفَرَ
Engraver حَفّارٌ. نقّاش
Engraving حفْرٌ. نقْش * صورة محفورة
Engross استغرقَ. استوعَبَ * نَسَخَ. بيّضَ
Enhance عظَّمَ. حَسّنَ * رفَعَ الثمَنَ
Enigma لغزٌ. أحجيَة. مُعَمّى
Enigmatic, —al غامضٌ. مبهم * لغزي
Enjoin فرَضَ. أمَرَ. حتّمَ * اشترَط
Enjoy تمتّعَ. سُرَّ بـ. تلذّذ بِ * حاز
Enjoyable ممتعٌ. سارّ. لذيذ
Enjoyment استمتاعٌ. سُرور. تمتُّع. هَناء
Enlarge كبّرَ. عظّمَ * اتسَعَ. تضخَّمَ
Enlargement تكبيرٌ. توسيع * تضَخُّم
Enlighten أوضَحَ. أنارَ * ثقّفَ
Enlightened مُتنوِّرٌ. مُثقّف. مُطَّلِع
Enlist سَجّلَ اسماً فى قائمةٍ * جنّدَ * تجنّدَ
Enlisted man جندي متطوع
Enliven أبهَجَ. أنعشَ. أحيا ∆ نعْنَشَ
Enmity عَداوة. عِداء. شحناء. بغضاء
Ennoble شرّفَ. رفَعَ القدْرَ
Enormity جَسامة. عِظَم * شَناعة. فُحش
Enormous كبيرٌ جداً * جسيم * هائل
Enough كافٍ. وافٍ * كفايةٌ. وَفرَة. * (كفى !)
Enrage أغضَبَ. أسخطَ. أغاظَ
Enrapt جَذِلٌ. منشرح. مُنْتَش * مأخوذ
Enrapture فَتَنَ. سلَبَ اللب
Enrich أغنى. موّل * أخصَبَ
Enroll سَجّلَ. أدْرَجَ. دوّنَ * تجنّدَ
Enrolment تسجيل. قيد * تجنُّد
Ensconce حجَبَ. أخفي. خبّأ * استكنَ
Enshrine ادّخَرَ * أعزَّ ∆ قدَّس
Ensign عَلَمٌ * شِعار. رمز. علامة * طُغْرى * ملازم بحرى
— bearer حامل العلم
Enslave استعبد. اخضَعَ. أذلَّ
Ensnare أوقَعَ في الشرَكَ * صادَ * عرقل
Ensue تَلا. نتجَ من. نشأ عن. نجمَ عن

Ensuing تالٍ . ناجِم * آتٍ . مُقْبِل
Entail مِلكٌ موقوف * شروط الوقفية
Entail وَقَفَ . حَبَسَ المالَ أو المِلك
*سبَّبَ . انتج * استلزم . جرَّ الى . اوجب
Entangle عَرْقَلَ . عَقَّدَ * أوقعَ في أحبولة
Enter دَخَلَ *أدخلَ * دَوَّنَ . قيَّدَ
Enteric مَعَوِيّ . مختصٌ بالأمعاء
Enteritis التهابٌ معوى . نزلة معوية
Enterprise مشروعٌ . عمل *مَسْعى . إقدام
Enterprise شرَعَ فى . باشرَ *أقدمَ على
Enterprising دؤوبٌ . مِقْدام * جرىء
Entertain ضيَّفَ . أولمَ *سلَّمَ بِ . قَبِل
* أضمرَ . خالج قلبه *سلّى . سامر
Entertainment ضيافةٌ . مأدُبة . حفلة
* تسلية.لهو. ترحيب* تسليم. قبول *إضمار
Enthral, —l استعبَدَ . استرقَّ
Enthusiasm حماسٌ . حماسة . غَيْرَة
Enthusiastic متحمس. حَمِس. شغوف. غيور
Entice حرَّضَ . أغرى . أغوى . راود
Enticement اجتذاب اغواء. اغراء* استمالة
Entire تامٌ . كامل . صحيح
Entirely كافةً . بأسرهِ . أجمَع . كليةً
Entitle خوَّلَ . أعطى حقاً . فوَّض * سمّى
Entity الوجود . الذاتية . كيان
Entomb دفَنَ . وارى . طمَرَ . قبَرَ
Entomology علمُ الهوام و الحشرات
Entrails أحشاء* امعاء . مصارين *جوْف
Entrance مدخَلٌ . باب *دخول *اجر الدخول
Entrance اذهَلَ . سَلَبَ العقلَ

Entrap أوقعَ فى شركٍ . احتبلَ
Entreat التمسَ . توسّل الى . تضرَّع
Entreaty التماسٌ . توسُّل . رَجاء
Entrepot مستودَع ميناء *مخزن *محطة
Entrustment ائتمان
Entry دخولٌ . مدخَل * تقييد
* نَفْدَة «حسابيّة». قيد ∆ قَلَم
Entwine شبَّكَ . لفّ . حبَكَ
Entwist ضَفَرَ . جَدَل * اشتبك
Enumerate عَدَّدَ . سَرَد . أحصى
Enunciate أعلنَ.صرّح بِ*فاه بِ*ذكر
Envelop غلَّفَ *غطى . غشّى *احدَق بـ
Envelope ظَرْفٌ . غِلاف * غِشاء
Envelopment تغليفٌ *تطويق *تغطية
Envenom سَمَّ * أوغرَ الصَّدْرَ
Enviable باعث على الحسدِ . مُشتهى
. يُحْسَد * مطموع فيهِ . مرموق
Envious, Envier حَسودٌ . حاسِد
Environs ضَواحٍ . اطراف المدينة. نواحي
Envoy بعثَة * مبعوث . معتمَد . رَسُول
Envy حَسَدٌ . غيْرَة || حسَدَ . غبَط
Enzyme ○ انزيم . خميرة الهضم
Epact زيادة السنة الشمسية عن القمرية
Ephemeral سَريعُ الزوالِ . ابنُ ساعتهِ
Epic, Epopee خاص بسير الأبطال
* شِعر تاريخي . شعر البطولة
Epicarp الغُلاف الخارجي (نبات)
Epicure نَهِمٌ . شَرِهٌ *شهواني.أبيقورى
Epidemic وافِدٌ * مرض وَبائيّ . وباء

Epidermis البَشْرَةُ . الجلد الخارجي
Epiglottis لسانُ المِزمار . لهاة . فَلْكَة
Epigram نكتة شعرية
Epigraph كتابة تذكارية على بناء او تمثال
Epilepsy صَرْعٌ
Epileptic مُصاب بالصَرْع . صَريع ⁎صرعى
Epilogue الخاتمة ⁎ مغزى
Epiphany عيدُ الغطاس . عيد التجلي
Episcopal اسقفي
Episode أمرٌ ذو بالٍ ⁎ قِصّة استطرادية
Epistle رسالة . خِطاب . مكتوب ⁎رُقْعة
Epistolary رَسائلي . مختص بانشاءِ الرسائلِ
Epitaph عِبارة مكتوبة على ضريح
Epithet كُنيَةٌ . نعت . لقب
Epitome مُلخّصٌ . خلاصة . مختَصَر
Epitomize لخّصَ . أجمَلَ
Epoch دَوْرٌ تاريخيّ . عَصر . زَمَن
— making حادث هام يبدأ به عصر جديد
Equable مستَوٍ . سَهْلٌ ⁎منتظمٌ
Equal نِدٌّ . نظير . كُفوْ ⁎ مُساوٍ . معادِلٌ
Equal سوّى . ساوى ⁎ أقرَنَ . ماثَلَ
Equality تساوٍ . مساواةٌ ⁎ معادلة
Equalize ساوى بين . عادَلَ . عدّل
Equally على حد سواء . بالمثل
Equanimity رَصانة . ثَباتُ الجأش . إتزان
Equation معادَلة « جبريّة » ⁎ تسوية
Equator خَطُّ الاستواء
Equatorial استوائيّ
Equestrian فارِسٌ . ممتطٍ ⁎ فروسيّ

Equiangular متساوى الزوايا
Equidistant متساوى الأبعاد
Equilateral متساوي الاضلاع
Equilibrate وازَنَ . عادَلَ
Equilibrist △ بهلوان يمشي على الحبل
Equilibrium موازَنَةٌ . توازُن
Equinoctial اعتدال الليل والنهار ⁎إستوائى
Equinox زمن الاعتدالُ الشّمسى
vernal — الاعتدال أو الاستواء الربيعى
Equip أعدّ . جهّزَ ⁎ أثّثَ ⁎ أهّبَ
Equipage مُهمّات . لوازم . أثاث △ طقم ⁎ حَشَم
Equipment معدات . عدّة . لوازم ⁎ تجهيز
Equipoise توازن . تعادل الثِقْل
Equitable عادِلٌ . مُنْصِف . مُقْسِط
Equity انصافٌ . عَدْل . قِسط
Equivalent مساوٍ لِـ . معادِل ⁎ مَثيل
— resistance المقاومة المكافئة
Equivocal مبهمٌ . مُلتبَس . ذو معنيين
— term المشترك اللفظي
Equivocate لَبّسَ في الكلام . أبهمَ . راوَغ
Equivoque, Equivoke ابهامٌ . غموض
Era تاريخٌ . زمن . عَصْر
Eradicate استأصَلَ شأفته . قطعَ دابرَه
Erase مسَحَ . محا . طَمَسَ
Eraser ممحاة . مسّاحة . مِكشَط
Erasure, Erasing شَطْبٌ . كَشْط . مَحْو
Ere قَبْلَ . قبل ان . قبلاً
Erect منتصِبٌ ‖ أقامَ ⁎ شيّدَ

Erection تشييدٌ . نَصْب ٭ انتصاب
Erelong عمّا قليل . عن قريب . حالاً
Ermine حيوان القاقم أو فروه الثمين
Erode نخرَ . أكلَ . حتّ
Erosion تآكُل . قَرْض . نَخْر . تفتُّت
Erotic غَزَليّ . عِشقي ٭ شهوانيّ
Err زلَّ . أخطأ . ضلّ
Errand △ مأموريّة . مُهمّة
Errant تائهٌ . شارد . ضال ٭ جوّال
Errata, *sing.* Erratum اغلاط . خطأمطبعي
Erratic ضالٌ . زائغ . شارد ٭ مَغلوط
Erroneous غير مضبوط أو صحيح . خطأ
Error غَلطَةٌ . غلَط . خطأ . زلّة
Ersatz بديلٌ . مُبْدل . مُعوِّض
Eructation تجشّؤ . جشْأ △ تكرّع
Erudite علاّمة . لوذعيّ . أديب . نِحرير
Erudition لوذعيّةٌ . سعَة الاطلاع
Eruption ثورانٌ . انفجار ٭ طَفْح جلدي
Erysipelas مرَضُ الحَمرة . رشكين . طفح
Escapade إنفلاتٌ ٭ فلتة . زيغة
Escape فِرار . نجاة . إفلات ٭ مناص
Escape نجا . خلصَ من . أفلتَ . هرَبَ
Eschar غضنة . قشرة الجرح . جلبْبة
Eschew حاذرَ من . تحاشى . تجنّب شيء بغيض
Escort حراسةٌ . خفَرٌ . حامية || رافقَ للحماية
Eskimo, Esquimau الإسكيمو
Esophagus المَريء (تشريح)
Esoteric خفيٌ . مُستَتِر . خاص
Especial خاصّ . خصوصيّ ٭ رئيسي
Esperanto الاسبرانتو . لغة العالم
Espouse خطَبَ أو تزوّج ٭استصوبَ . ايّد
Espy تجسّسَ . استطلع ٭ راقَب ٭ لمَح
Esquire ماجِدٌ . سيِّد . المحترم
Essay تجربةٌ . اختبار ٭مقالة . بحث . رسالة
Essay فحصَ . جرَّب ٭ حاولَ
Essayist مؤلف الرسائل . منشيء المقالات
Essence كُنه . خُلاصة . جوهر ٭ عِطْر
Essential جوهري . ضروري ٭طيّار . روح
Establish أنشأ . أقامَ ٭ قرّر . وطّدَ ٭ أيّد
Established كائنٌ . مؤسس ٭ ثابت . راسِخ
Establishment مؤسسةٌ . مُنشأة ٭ بناية
٭ مخزن . متجَر ٭ تقرير . اثبات . توطيد ٭ اقامة
Estate مِلكٌ . عِقار ٭ شأن . حالة
personal — منقولات . أمتعة شخصية
real — عَقار . مِلكٌ ثابت
Esteem اعتبارٌ . احترام || اعتَبرَ ٭ ظنّ . حسَب
Estimable مستحق الاعتبار . معتَبَر ٭ ثمين
Estimate تقديرٌ . مقايسة
Estimate قدَّرَ القيمة ٭ أحصى . حسَب
Estimation تقويمٌ . تقدير ٭ اعتبار
Estimator مثمِّنٌ . مقدِّر الاثمان
Estival صيفيّ
Estivation إصطياف ٭ الخدَر الصيفي
Estrange أبعَدَ . أمال ٭ نفّر
Estuary فَمُ او مَصَب نهرٍ . خور
Etc. = Et cetera الى آخره
Etch حفَرَ المعدنَ « بماء النار »
Eternal أزَليٌ . أبدي . سَرمَدي . الصمد

Eternalize, Eternize أبّدَ . خلّدَ
Eternity أبديّةٌ . أزليّة ٭خلود
Ethereal أثيريٌ . من الاثير ٭ سماوي
Ethic, —al أدبيٌ . أخلاقي ٭عاقل . مميّز
Ethics الفلسفة الادبية ٭ علمُ الآدابِ
Ethiopia اثيوبيا . بلاد الحبشة
Etiquette آدابُ المعاشرةِ او السلوكِ
Etymology علمُ الاشتقاق والصرف
Eucharist القُربانُ المقدّس أو العشاء الرباني
Eugenics علم تحسين النسل
Eulogize قرّظَ . مدحَ . أثنى على ٭ أبّنَ
Eulogy تقريظٌ . مَدح . ثناء
Eunuch خصيٌ . طَواشي
Euphony ترخيمُ « الصّوتِ » ٭ إدغام
European اوربيٌ . افرنجي
Evacuate أخلى . فرّغَ ٭ جلا عن
Evacuation إخلاءٌ . تفريغ ٭جلاء ٭ بِراز
Evade تملّصَ . راغَ ٭ تجنّب . أعرض عن
—d taxes رسوم مهربة
Evaluation تقييمٌ . تثمين . تقدير الثمن
Evanescent فانٍ . زائل
Evangelical انجيليٌ . تابع الانجيل
Evangelist مبشّر بالانجيل ٭انجيلي المذهب
Evaporate صَعّدَ . بخّر ٭ تبخّر
Evaporation تبخُّرٌ . تبخير . تصعيد
Evasion مراوغةٌ . تملّص . تهرّب . تجنُّب
Evasive مُراوِغٌ ٭تملّصيّ . لاجل التخلص
Eve عَشية . مَساء ٭ وشك . قُرب ٭ حوّاء

Even حتى . ولو ان ٭ كذلك . أيضاً ٭مستوٍ . سَوِيّ . ممهد . سهل ‖ مهّدَ
— date نفس التاريخ
— minded ساكنُ البالِ . عادل . منصف
— number زوجي . ينقسم على ٢ . شفْع
Evening مساءٌ . عَشيّة ٭ ليلةٌ . سهرة
Evenness اعتدالٌ . تسطّح . استواء . تساوٍ ٭عدم محاباة ٭ سكونُ البالِ . رصانة
Event حادثةٌ . واقعة . حَدَث ٭ نتيجة
at all —s على كل حال
Eventful كثير الاحداث والوقائع . مضطرب
Eventide عشيّة . مساء . أصيل
Eventual نِهائي ٭ مترتّب على ٭ منتظر
Ever ابداً . دائماً . على الدوامِ . دواماً
— and anon من حين الى آخر
— since منذ ذلك الوقت او العهد
— so لأيّ درجةٍ كانت
— so little مهما كان قليلاً
for — دائماً . أبداً . الى الابدِ
more than — اكثر من ذى قبل
Everlasting دائم . مستديم . أبدى . خالد
Evermore دائماً . أبداً . على الدوام . دوماً
Every كلُّ واحد . كُلُّ
— now and then بين آنٍ وآخر . أحياناً
Everybody, Everyone كل شخص ٭ جميع الناس
Everything كل شيء . جميع الاشياء
Everywhere في كلّ مكان
Evict أخلى ٭أخرجَ . طردَ ٭جرّدَ شرعاً من

Evidence شاهدٌ ٭ شهادة . دَليل . بَيِّـنة
in — عَياناً . ظاهراً . حاضر . موجود
to give — شَهِـدَ بِـ
Evidence قرَّرَ . شهِـدَ بِـ ٭ أظهَـرَ
Evident واضِـحٌ . جَلِيٌّ . صريح
Evidently على ما يظهر ٭ ظاهراً . صراحةً
Evil إثمٌ . شَرٌّ ٭ شِرِّير ٭ نحس
— eye لامَّةٌ . عينٌ حاسدة
Evil-minded سيء الظن . ظنون ٭ خبيث
Evince أثبتَ . برهنَ . أظهرَ . بَـيَّنَ
Evocation استحضارٌ . استدعاء
Evoke استدعى . استَـحضَرَ ٭ نقل الدعوى لمحكمة اخرى . استأنف الدعوى
Evolution نشرٌ . بَسْط ٭ تبدُّل ٭ نُـشُوء . تطوُّر ٭ استخراجُ الجذور . تجذير
Evolve فضَّ . نشرَ . بسَطَ ٭ أخرَجَ ٭ تطوَّر
Ewe نَـعجَةٌ . أُنثى الضانِ . شاة
Ewer جَرَّةٌ . إبريق
Ex السابق . سابقاً . قبلُ ٭ ما عدا . بلا
— warehouse تسليم المخازن
Exact مضبوطٌ . صح . مُحـكَـم ٭ مدقّـق
Exact حَتَّمَ ٭ أخذَ عُنوةً . بَـلَصَ . إبتزَّ
Exacerbate أوغَرَ . هيَّـج
Exaction سَلْبٌ . إغتصاب . بَـلص ٭ فرض
Exactly بدقة . تماماً
Exactness دِقةٌ . إحكام . ضَبْط
Exaggerate بالغَ . غالى ٭ أطنَبَ
Exaggeration مبالَـغة . غلوٌ . إفراط
Exalt رفَـعَ . ٭ عَظَّمَ . مجَّدَ . أطرى

Examination إمتحانٌ . فَـحْص ٭ تحقيق
Examine امتحَنَ . فَحَصَ ٭ استنطَـقَ
Example مثَلٌ . مِثال ٭ قُـدوَة ٭ عِبرة
for — مَثَلاً
Exasperate أسخَـطَ . أغاظَ ٭ تفاقَمَ
Excavate نقَبَ . نبَـشَ . أخرَجَ المدفونَ
Excavator جهازٌ آلي لحفر الارض . مِنقب
Exceed جاوَزَ . تجاوَز . زادَ عن
Exceedingly جِداً . للغاية
Excel بَـزَّ . فاقَ . برَّزَ على . برَعَ في
Excellence سعادةٌ . عظَـمة ٭ جودة
Excellency جودَةٌ . حسْن . تفاضُل
his — صاحب السعادة أو العزَّة
Excellent فاخِر . عظيم . بديع . جيِّـد
Except عدَا . سوَى ‖ استثنى . أخرَجَ
Exception استثناءٌ . إخراج ٭ شاذٌ . مستثنى
legal — الاعتراض الشرعى أو القانونى
Exceptional استثنائى . فوق العادة
Excerpt اقتباسٌ ‖ اقتطَـفَ . اقتبَسَ . انتخب
Excess زيادةٌ ٭ تطرُّف . إفراط ٭ باقٍ
Excessive زائِـدٌ . مُفرط . متجاوز الحدّ
Exchange مبادلةٌ . مُقايضة ٭ صِـرافة . قطع ∆ كمبيو ٭ البورْصة ‖ بادَلَ . قايَضَ
— Control مراقبة النقد
favorable — سعر الصرف فى صالح البلد
in — بَـدَلاً من . عِوَضاً عن
rate of — سِعر القطعِ أى الصَرف . الكمبيو
Exchequer مالية الدولة . بيت المال . الخزينة
Excipient سواغٌ . ما يساغ به شراب طبي

Excise ضريبةٌ . رسم الانتاج || استأصلَ .جبَّ ٭ فرَض ضريبة على ٭ قطعَ . حرَمَ
— duty ضريبة المصنوعات المحلية
Excision افناءٌ . استئصال ٭ قطْع . حرم
Excite هيَّجَ . حرَّكَ . أثارَ . استفزَّ
Exciting مثيرٌ . مهيِّج . مستفِز . مُحَرِّك
Excitement تهيُّجٌ . هيَجان . ثوران
Exclaim هتفَ . صاحَ
Exclamation هُتافٌ . نداء ٭ لفظ تعجُّب
— point (!) علامة التعجب أو النداء
Exclamatory تعجُّبى ٭ هُتافىّ
Exclude استثنى . أخرجَ . أبعدَ . طردَ
Exclusion استثناءٌ . إخراج ٭ حِرمان
Exclusive, *of* مانِعٌ ٭ بلا . عَدا ٭ متضاد ٭ مطلق ٭ مقصور على
Excommunicate حَرَمَ (من الكنيسة)
Excoriate مَسحوجٌ || عقرَ . سلخَ . سحَجَ
Excrement بِرازٌ . غائط . رَوْث ٭ نزّ
Excrescence خُرَّاجٌ . نامِيَة غريبة
Excrete تبرَّزَ . تغوَّطَ ٭ أفرزَ ٭ نزَّ
Excretion إفرازٌ ٭ مفرزات الجسم . فضلات
Excruciate عَذَّبَ . آلمَ شديداً
Exculpate عَذَرَ . برَّرَ . زكَّى
Exculpatory مُبيحٌ . تبريرى . مُبرِّر
Excursion نُزْهة أو سياحة قصيرة . جولة . رحلة ٭ حملة . غارة ٭ زيغان . انحراف
Excursive شاردٌ . زائِغ . جائل . انحرافى
Excuse عُذْرٌ . مَعْذِرَة . اعتذار || سامحَ
— from أعفى من

Execrable ممقوتٌ . كريه . لعين
Execrate لعنَ . سبَّ ٭ كرِه
Execute انجزَ . نفَّذ . أجرَى . نفَّذ حكم الاعدام ٭ عزَفَ على آلة موسيقية
Execution انجازٌ . تنفيذ . إجراء ٭ إعدام
Executioner جَلاّدٌ
Executive تنفيذى . إجرائى ٭ السلطة التنفيذية
Executor مُنفِّذ ٭ وكيل تَرِكَة . مصفِّى شركة ٭ الوصى ٭ صانِع
Executrix وصيَّة . وكيلةٌ على تَرِكة
Exemplar نَموذَجٌ . مِثال ٭ عِبْرة ٭ صورة
Exemplary مثالى . لاجل العبرة
Exemplify أوضَحَ بمَثَلٍ . ضرب مثلاً
Exempt مُعفَى . مُستثنى ٭ خَلِيٌّ . حُرٌّ
Exempt, *from* أعْفى . استثنى من
Exemption مُعافاةٌ . اعفاء ٭ استثناء
Exercise فرضٌ . تمرين ٭ ممارسة ٭ رياضة بدنية || مَرَّنَ . درَّبَ ٭ مارَسَ . استعملَ . أجرى
Exert اجهدَ ذاته . كَدَّ ٭ أبدى . أظهر
Exertion إجهاد النفس . كَدٌّ . بذْل الجُهد
Exfoliation تقشُّرٌ . انقشار
Exhalation زفيرٌ ٭ فوَحان ٭ تبخُّر
Exhale زفَرَ ٭ فاحَ . عبَقَ
Exhaust البخار المستنفَد . بخار العادم
Exhaust أضنى . أنهكَ ٭ نفِدَ . استنفدَ
Exhaustion ضنًى ٭ أنهاك ٭ نَفاد ٭ استنفاد
Exhaustive منهِكٌ ٭ مستنفِد . مستوعب
Exhibit عرضٌ ٭ المعروض ٭ حِرز القضية

Exhibit عَرَضَ * أبدى . أظهرَ
Exhibition عَرْضٌ *معرض*إبداء .إظهار
Exhilarate سَرَّ . أبهجَ * ضَحَّكَ
Exhort حَضَّ . حَثَّ * نَصَحَ * حَذَّرَ
Exhortation حَضٌّ .تحريض. حثّ *نُصْح
Exhumation نَبْشُ الجثثُ من القبور
Exhume نَبَشَ الجثةمن القبر.أخرج المدفون
Exigence, Exigency لزومٌ . ضرورة . مقتضى . اقتضاء الحال
Exigent لازمٌ. ضروري * مستعجل
Exile مَنْفًى *مَنْفِيٌّ || نَفي . أبعدَ
Exist وُجِدَ. كانَ. عاشَ *ظَلَّ . بَقِيَ
Existence وجودٌ . كِيان . بَقاء * كون
Existent, Existing موجودٌ. كائن . باقٍ
Existentialism وجودية.المذهب الوجودى
Exit مخرج * خروج * ذهاب . رحيل
Exodus هجرةٌ . رحيل * سِفْرُ الخروج
Exonerate برَّرَ . زَكَّى * حَلَّ . أعفى
Exorable لين العريكة . دَمِث الاخلاقِ
Exorbitant مفرطٌ .فادِح .باهِظ.فاحش
Exorcize عَزَمَ . طَرَدَ الارواح بالعزائمِ
Exorcism رُقْية . تعويذة *تعزيم . تمويذ
Exoteric ظاهرى * واضح . بيِّن
Exotic أجنبيّ . دَخيل. مجلوب . غريب
Expand مَدَّ. بسط . امتدَّ . تمددَ . اتَّسعَ
Expanse مدى.فسحة * سَعَة.مساحة كبيرة
Expansibility قابلية التمدد . أى الانبساط
Expansible مدّاد.ينبسط . قابلٌ للامتداد
Expansion امتدادٌ. اتساع *تمدُّد*انتشار
Expansive متسع . ممتدّ * تمدُّدى
Expatiate أسهب . توسَّع فى الكلام . أطنب
Expatriate نفى . غرَّب * تغرَّبَ
Expatriation نَفي * تغرُّب . اغتراب
Expect انتظَر . توقعَ * أمّلَ
Expectance, Expectancy, انتظار.توقع. تَرقُّب * أملٌ . نصيب
Expectation
Expectant منتظِر. متوقع.مرتقب *حُبلى
Expectorate تنَخَّمَ. نفثَ . بصَق البلغم
Expedient موافِقٌ.مناسِب.ملائم *وسيلة
Expedite سريعٌ. سهل . خالٍ من الموانع
Expedite أرسَلَ * سهَّلَ * △ شَهَّلَ
Expedition تجريدة . بعثة *تعجيل. اسراع
Expeditious سريعٌ ، △ شِهِل *استعجالى
Expel طرَدَ. نفى . أبعدَ *أخرجَ
Expend صرفَ . أنفقَ . بذَلَ
Expenditure مصروفات . تكلفة * انفاق
Expense مصروفٌ. نفَقة . خَرْج △ كلفة
Expensive غالٍ . كثير الكلفة . ثمين
Experience خِبرةٌ. اختبار . تجربة .حنكة
Experience اختبرَ .جرَّبَ .صادفَ .قاسى
Experienced مُحنَّكٌ. خبير * مُجَرِّب
Experiental اختبارىٌّ. تجريبيٌّ. تجريبي
Experiment تجربةٌ. اختبار || امتَحنَ
Experimental تجريبى . اختبارىّ
Expert خَبيرٌ *اخصائى. اختصاصىّ *ماهر
Expertness خِبرَة . دُربة *حِذْق . مهارة
Expiate كَفَّرَ عن. وفى عن ذنبٍ
Expiation تكفيرٌ. كَفَّارة.فدية*استغفار

Expiration نِهاية. انقضاء الاجل. استحقاق ✡ زفير
Expire انتهى ، انقضى الأجَلُ أو الموعد ✡ زفَر
Expiry نهايةٌ. انتهاء . انقضاء ✡ وفاة
Explain أوضَحَ . فسَّرَ ✡ علَّلَ
Explanation ايضاحٌ . تفسير. بيان ✡ تفاهم
Explanatory ايضاحيٌّ . تفسيري
Expletive كلمة مدسوسة . حشو ✡ إضافي
Explicit صريحٌ . واضح . جليٌّ
Explode فجرَ ✡ انفجرَ . تفرقعَ
Exploit مأثرةٌ . عملَ باهر ‖ استغلَّ . سخَّر
Exploitation جَرٌّ مغنم ✡ استغلال
Exploration رَوْدٌ . جوْبٌ . كشف
Explore رادَ . جاب . استكشف . ارتادَ
Explosion فرقعة . انفجار . طَلْقٌ ناريٌّ
Explosive متفرقع . قابل الانفجار . مادة تتفجَّر
—s متفجِّرات
Exponent أسٌّ . دليل القوة في الجبر ✡ شارح
Export تصديرٌ ‖ أصدرَ للخارج
— bounty منحة تصدير
Exporter مُصدِّر . مرسل للخارج
Exports بضائع مصدَّرة . صادرات
Expose عرَّضَ ✡ عَرَضَ ✡ كَشفَ . فضحَ
Exposition عرْضٌ ✡ معرِض ✡ شرح
Expostulation اعتراضٌ . عتاب . تنبيه
Exposure تعريضٌ ✡ عرض ✡ كشْف . فضْحٌ
Expound فسَّرَ . شَرحَ . عَبَّر . أوَّل

Express صريحٌ . واضح . مدقّق ✡ خاص ✡ رسول خصوصيٌّ ✡ قطارٌ سريع أو مخصوص
— delivery البريد المستعجل
Express أوضَحَ . عبَّرَ عن ✡ عصَرَ
Expression تعبيرٌ ✡ عِبارة ✡ مقدار جَبْرية ✡ عَصْرٌ ✡ ملامح . هيئة . عبارة
Expressive معبِّرٌ . موضِّحٌ ✡ جَليٌّ
Expressly بالقصد ✡ صريحاً
Expropriate نزَعَ الملكيَّة
Expropriation نزْعُ الملكيَّة
Expulsion طرْدٌ . إخراج . إبعاد
Expunge شطبَ . أزالَ . محا . طمَسَ
Expurgate نقَّحَ . هذَّب ✡ نقَّى . طهَّرَ
Exquisite نفيسٌ ✡ شائق. لذيذ. أنيق ✡ حادٌّ
Extant موجودٌ . كائن . باقٍ ✡ ما زال
Extemporaneous, Extemporary,
Extempore إرتجالي . مرتجَل
Extemporize ارتجلَ الكلامَ . ابتدَهُ
Extend وَسَّعَ . بَسَطَ . مدَّ ✡ إمتدَّ ✡ بلَغَ ✡ قدَّمَ . تقدم اليه بكذا ✡ شَمِلَ
Extensibility قابليَّة الامتداد . ممدودية
Extension امتدادٌ . إتساع . سعة . توْسيع
telephone — تحويلة تليفونية
Extensive ممتدٌّ . متَّسع . فسيح ✡ شامِل
Extensiveness اتساعٌ . مساحَة . امتداد
Extent ✡ درجة . قَدْر . حدٌّ
Extensor ماد . باسط (طب)
Extenuate خفَّفَ . أضعَفَ ✡ رقق . أضنى
Exterior الخارج ✡ المظهر ✡ خارجي . سَطحيٌّ

Exterminate أفنى.استأصل . أبادَ . محق
Extermination إستئصالٌ . إبادَة . إفناء
Extern طالبٌ خارجيٌّ . طبيب خارجيٌّ (لا يقيم فى المستشفى) ☼ ظاهر . خارجى
External خارجيٌّ.ظاهرى ☼وَحشي (طب)
Extinct منقرضٌ.مندرِس.بائِـد☼منطفىء
Extinction إنقراضٌ ☼ انقضاء ☼ انطفاء
— of obligations انتهاء الالتزامات
Extinguish أطفأَ . أخمَـدَ ☼أبادَ . أفنى
Extinguisher آلة إطفاء الحريق ☼مبيدٌ
Extirpate استأصلَ
Extol مَجَّدَ . عَظَّمَ . بَجَّـلَ
Extortion اغتصابٌ . ابتزاز . بَلْـص . نهب
Extortionate اغتصابيٌّ . ابتزازيٌّ
Extra- بادئة تفيد البعد ، الخروج ، التزيد
Extra زيادةٌ . علاوة ☼اضافى ☼جَيِّـد جداً
—-strong بالغ القوة
Extract خُلاصةٌ . ملخَّص . مستخرج
— of judgement صورة الحكم
Extract لَخَّصَ ☼ استخلصَ ☼ اقتلع
Extradition تسليم المتهمين لحكوماتهم
Extrajudicial عُرفى ☼خارج عن اختصاص المحكمة او القاضى
Extraneous غريبٌ.دخيل.غيرأصلى.طارىء
Extraordinary فوق العادة . غير عادى
Extravagance إفراطٌ ☼تبذير . اسراف
Extravagant مُفرِطٌ . مبذِّر . مغالٍ
Extreme نِهايةٌ.طرف☼غاية.اقصى☼شديد
Extremely للغاية . جداً . للدرجة القصوى
Extremist متطرفٌ . مغالٍ
Extremity طَرَفٌ .حدٌّ . آخِر ☼ضرورة
Extricate انتشلَ . أنقذَ ☼أطلق.فكَّ .حلَّ
Extrinsic عرَضيٌّ . طارىء ☼خارجيٌّ
Extrusion إخراجٌ ☼ دفع ☼ إعطاء شكل
Exuberance وَفْـرةٌ . غزارة
Exuberant وافِرٌ . غزير
Exudation ارتشاحٌ . رشح . نضح . نزٌّ
Exult ابتهَـجَ . طَـرِبَ . جَذِلَ
Exultant مبتهجٌ . جَزِل ☼فائزٌ . معتز
Exuviate انسلخَ ☼سَلخَ
Ex-voto نزور . شيء يقدم لوفاء نذر
Eye عَينٌ ☼ نظَـر ☼ خرق ☼ عُرْوة
— bolt △رزَّة الصامولة
catch the — استجلَبَ النظرَ
Eye رَمقَ . لاحَظَ
Eyeball مُقْـلَـةُ العينِ
Eyebrow حاجبُ العين
Eyeglasses نَـظَّارة . △ عُوَيْـنات
Eyelashes أهدابٌ . رُموش
Eyelet ثُـقبٌ . عَين ☼ كَـبسولة الثقب
Eyelid جَفْنُ العَـين
Eyesalve كُـحلٌ
Eyeshot مدَى البَـصر . مرمى النظَـر
Eyesight النَّـظَـرُ . البَـصَرُ ☼عيان
Eyetooth نابٌ
Eyewater قَـطْـرَةُ العينِ
Eyewitness شاهد الرؤية . شاهِدُ عَيان
Eyrie, Eyry وكرالـكواسر ☼فراخ العقبان

F

Fable خُرافة بمغزى . خُزَعْبلة ‖ لَفَّقَ
Fabric نَسيجٌ . قماش * صناعة
—s أقمشة . منسوجات
Fabricate اصطنعَ . صنعَ * اخترعَ * لفَّقَ
Fabricator ناسِجٌ * مختلِق . ملفق * صانع . بان
Fabulist قصَّاصٌ . روائى
Fabulous خُرافىٌّ . بعيد التصديق . خُزَعبلي * اسطورى
Face وَجْهٌ * سيماء * قحة ‖ قابلَ . واجه
— card صُورةٌ ∆ زويقة (في ورق اللعب)
— to — وجهاً لوجهٍ
— value القيمة الاسمية
in the — of فى وجهِ . امام * رغماً عن
make a — تجهَّمَ . عبَّسَ . كشَّر
make —s at لمَصَ . لعَّبَ وجهه
on the — of it حَسَبَ الظاهر
Facer صَفعَة . لَطمَة ∆ قلم * هزيمة نكراء
Facet سطحٌ صَغير ∆ خانة ‖ خَشخَنَ الماس
Facetious مُضحِكٌ . فَكِه . مازِح
Facial وجهيٌّ . متعلِّق بالوجْهِ
Facilitate سهَّلَ . هوَّنَ . يسَّر
Facility سُهولةٌ . هَون . يُسْر
Facing سِتارٌ . سجاف * طِلاء * مواجه
Facsimile نُسخة طِبق الأصل
Fact حقيقةٌ . أمرٌ واقعيٌّ * واقعة
in — في الواقع . فعلاً
Faction شَغَبٌ * عُصبة . حِزب
Factious مُشاغِبٌ * حِزبى * متحزِّب
Factitious مُصطَنَع * مزوَّر
Factor عامِلٌ * اصل * أصلُ الحاصِل * وكيل
—s of production عوامل الانتاج
Factory مَصنَعٌ . مَعْمَل
Factotum الوكيل العام او المطلق
Facultative اختياري * مُفَوض
Faculty مَقدِرةٌ . كَفاءة * قوة عقلية * امتياز . سُلْطة * شُعبة فى جامعة . هيئة التدريس
Fade ذَبُلَ * زال □ بَهتَ * خفَّت ظلاله
Fading خفوت الصوت (لاسلكى)
Faecal, Fecal برازي
Faience خزف . قيشانى
Fagot, Faggot حُزْمة حطَب او قضبان
Fail عَجَزَ عن * قصَّر * خابَ . فشل * أفلسَ * رَسَب أو سَقط (فى الامتحان)
without — لا بدَّ . حتماً
Failure فشلٌ . خَيبَة * افلاس * خائب
Faint ضعيفٌ . ضئيل * خافت * ∆ باهِت
Faint أُغمى عليه * خارَ * حالَ اللَّوْن . بَهتَ
Fainthearted جَبانٌ . خائرُ العزم
Fainting اغماءٌ * مُغمى عليه
Faintness عدم وضوح * إغماء * إعياء . ضعف
Fair سُوقٌ ∆ مُولد * صاف * متوسط . لا بأس به . معتدل * ظريفٌ . جميل * أبيض * أشقر . شقراء * عادِل
— copy تبييضة . نسخة صحيحة
— dealing, — play انصافٌ . عَدل
the — sex الجنسُ اللطيف . النساء
to bid — يبشّر بالنجاح . يؤمل منه

Fairness حُسْنٌ ٭ صفاء ٭عدل ٭ وضوح
Fairy سِعْلاةٌ . جنيَّة ٭ جِنّي ٭ حورية
Fairyland عَبْقَرٌ . مَسكِنُ الجِن
Faith ايمانٌ . عقيدة ٭ ثِقَة
in bad — بسوء نية
Faithful مؤمنٌ ٭ أمين . صادِق . وفيّ
Faithfully بصدق . بامانة . باخلاص . بايمان
Fake حويةٌ ٭ تقليد . زَيف ‖ زيَّفَ
Falcon بازٌ . بازِيٌّ . شاهين . صقر
Fall سَقطَة ٭ سُقوطٌ ٭انحطاط ٭ سرب
طيور ٭الخريف ٭فصلُ الامطار ٭ شَلّال
Fall وَقَعَ ٭هبَط ٭انحطَّ ٭سقَط قتيلاً
— asleep نامَ
— back ارتَدَّ . تقهقَر ٭ نكثَ الوعد
— due استحَقَّ . حل ميعاد دفعه
— flat لم يقع فى النفس . لم يكن له تأثير
— in love أحبَّ . عَشِقَ
— out تخاصموا . تشاجروا ٭ حدَث
— short قَلَّ او قصَّرَ عن ٭ أعوزَهُ
— upon هجَمَ . انقَضَّ على
Fallacious غرَّارٌ . خدَّاع ٭ مغرور
Fallacy غُرورٌ . ضلال ٭ مغالطة . تضليل
Fallen خَرِبٌ .متهدّم ٭قتيل ٭ساقِط . هابط
Falling ساقِطٌ ٭سُقوط ٭ نقطة . صرْع
— stone نيزك . رَجم . شهاب
— weather فصلُ الامطار
Fallow بوْر . أرض متروكة بلازرع لاراحتها
Falls مساقِط مياه . شلالات
False كاذِبٌ . ملفَّق . زور . زائف ٭مستعار
— bottom قاع مزدَوج
— hair, teeth, etc. مُستعارٌ
— money بَهْرَجٌ . عُملة بَرَّانى
— witness شاهد زور
Falsehood كِذْبٌ . زُور . بُهتان
Falsetto نشازٌ . صَوْت كاذِب
Falsification تزويرٌ . تقليد . تزييف
— of accounts تلاعب فى الحسابات
Falsify زوَّرَ . قلَّد . زيَّف ٭ فنَّد
Falter تلعثَمَ . تلجلج ٭ تردد . اضطربَ
Fame سُمعةٌ . صيت حسن . شهرة . إسْم
Famed ذائعُ الصيت . طائرُ الشهرة
Familiar عاديّ . مألوف ٭ أليف . أنيس
— with معتاد على . مُلِمٌ بِ
Familiarity ألفةٌ . رفع الكلفة . دالة
Familiarize جَعَلَهُ مألوفاً . عوَّد ٭ سَهَّل
Family عائلة . أُسْرة ٭ فصيلة . جنس
— man رَبُّ عائلةٌ
Famine قَحْطٌ . جدْب . مجاعة
Famish ماتَ أو أمات جوعاً . جوَّع أو سَغِبَ
Famous شهيرٌ . مشهور . ذائع الصيت . نابه
Fan مِروَحَةٌ ٭ مذراة
Fan هوَّى . روَّحَ
Fanatic متعصِّبٌ . حَمِس ٭ تعصبي
Fanaticism تعصُّبٌ . تحمُّس ديني
Fancier هاوٍ ∆ غاوي ٭ متخيل . متصور
Fanciful متصوِّر ٭ زخرفى ٭ تصوري
. خَيالي ٭ غريب الاطوار . هوائى
٭ كثير الزخرف والبهرجة

Fancy مَيْلٌ . هَوى . نزوة ☆ وَهْم . تصوّر ☆ مخيّلة ☆ مزخرف . جميل ☆ خيالي
— ball مَرْقَص تنكرى
— dress لباسُ التنكر
— fair سوق خيرية
— price ثمن باهظ
to take a — to استلطَفَ . مالَ الى
Fancy توهَّمَ . تخيَّلَ . تصوَّر ☆هَوى
Fang جذرُ السنّ ☆ نابٌ ☆ مخلب
Fantastic خيالي.وهمي.تصوري☆مدهش
Fantasy تصوُّر باطِل . وَهْم ☆ نَـزْوة
Far حَلّوف صغير ☆ بعيد ☆ بعيداً
— above أسمى . أرفع ☆ منزه عن
— better أفضل جداً
— cry بُعد شاسع ☆ فارق كبير
— East الشرق الاقصى
— from, — and away بعيد عن☆شتّان
— off بعيداً . بعيداً جداً . قصى
—-reaching بعيد المرمى
as — as لحد . لغاية
by — بكثير . اكثر جداً
so — الى هنا . لهذا الحد ☆ للآن
so — as من جهة او من ناحية (كذا)
Faraway بعيداً . قصياً . نائياً
Farce مسرحية او حكاية مضحكة
Fare أجرة سفر أو ركوب ☆ قوت
Farewell وَداعٌ ☆ بالسلامة
Far-famed ذائع الصيت . طائر الشهرة
Farinaceous دَقيق . نَشَوى

Farm عِزْبةٌ . مَزْرَعَة.ضيعة || فلحَ .زَرَع
Farmer مُزارعٌ . فَلاّح أو صاحبُ أطيان
Farmost الأبعد . الأقصى
Farm-yard حَوشُ مزرعة △ دَوّار
— manure سِباخ بلدى أو طبيعى
Farrier بَيْطار
Farrow بطن من صغار الخنازير
Far-sighted بصير بالعواقب ☆ طويل النظر
Fart ضُراطٌ . فساء || ضرَطَ . فَسا
Farther أبعدُ ☆أيضاً ||روَّج . عضَّد
Farthest الأقصى . الأبعد
Farthing أصغر عُملة انجليزية
Fascinate فَتَنَ . خلبَ اللبَّ
Fascination سِحْرٌ . افتتان ☆ رُقية
Fascism فاشية . ديكتاتورية ايطالية
Fashion زيّ ☆ نمَطٌ . أسلوب . طِراز
— parade عَرْض أزياء
after a — على نوعٍ ما . بصورة ما
out of — بَطَلَ استعماله . مضى وقته
Fashion جبَلَ . صَوَّرَ . صاغ
Fashionable على النمط الحديث . طرازى △ موضة
Fast صَوْمٌ . صيام ☆سريعٌ ☆ثابت ☆داعِر
— asleep مستغرِقٌ فى النوم
Fast صامَ
Fasten ثبّتَ . مكَّنَ ☆ شَدَّ ☆ أوصَدَ . ربَط . وصَل شيء بآخر
Fastener رابطٌ . موثِق ☆ دَبّاسة
Faster أسرَعُ . أعجل

Fastidious متأنّقٌ ٭ صعبُ الارضاءِ ٥ نيّق
Fastness رسوخ . ثبات ٭ سرعة
Fat دُهنٌ ٭ مدهن ٭ سمين ٭ خصب ٭ مربح
— smile ابتسامة بلهاء أو حمقاء
Fatal نَحْسٌ ٭ مميت . مهلك ٭ مقدَّر . محتوم
Fatalism الاعتقادُ بالقضاءِ والقدَرِ . جبرية
Fatality قضاءٌ وقدَرٌ ٭ هلاك ٭ قدرية
Fate نصيبٌ . قسمة ٭ قَضاءٌ وقَدَر ٭ أجَلٌ . منية ٭ مصير
Fated محتومٌ . مُقَدَّر . مقسوم
Father أبٌ . والد ‖ تبنَّى
Fatherhood أُبُوَّة
Father-in-law حَمْوٌ . أبو الزوج أو الزوجة
Fatherland وَطَنٌ . مسقطُ الرأس
Fatherless يتيمٌ . لا أب لهُ
Fatherly والديٌّ . أبويٌّ . رؤوف
Fathom قرار . عمق ٭ قامة . باع (مقياس بحرى)
Fathom سَبَرَ الغَورَ ٭ استقصى
Fathomless لا يُدْرَكُ كُنْهُهُ . بعيد الغور
Fatigue تَعَبٌ . كلال . اعياء ‖ أتعبَ . أكلَّ
Fatness دَسَمٌ . دُهْن ٭ سِمَنٌ . رَبالة
Fatten سَمَّنَ ٭ خَصَّبَ . سمَّدَ ٭ دسَّم
Fatty دَسِمٌ ٭ شَحميٌّ . دُهنى ٭ سمين
Faucal حلقيٌّ . حُلقومى
Fault ذَنْبٌ ٭ خطأ . غلَط ٭ عَيْبٌ
to be at — ملومٌ . مخطىء
to find — with خطّأ . غلّطَ ٭ انتقد
Faultless بلا عَيْب ٭ كامل ٭ بريء
Faulty مغلوطٌ ٭ مُذنِب ٭ مُعاب

Faun الآه الحقول والرعاة عند الرومان
Favour خِطابٌ ٭ مَعروف . فَضْل . منّة ٭ رعاية ٭ حُظوة
in — of لمصلحةِ (فلانٍ)
find — with نالَ حُظوةً لدى
Favour تفَضَّل . مَنَّ على ٭ حابى . ساعد
Favourable مُناسِبٌ . موافِق ٭ لطيف
Favourite محبوبٌ ٭ خليل ٥ محسوب . نديم
Favouritism محاباة . تحيز . محسوبية . تشيُّع
Fawn ظبيٌ صغير ‖ صانَعَ . تملَّقَ . تمحّلسَ
Fear خَوْفٌ ٭ رُعب ‖ خاف . خَشِيَ
Fearful خائفٌ ٭ مُخيف . مخوف
Fearless شُجاعٌ . جَرِيء . جسور
Feasible ممكن اجراؤه أو عمله ٭ إجرائي
Feast عيدٌ ٭ وليمة ‖ عيَّدَ ٭ أولمَ
Feat عَمَلٌ باهر ٭ مهارة . خِفَّة
Feather ريشةٌ ٭ ريش ٭ من ريش ‖ رَيَّشَ
— weight وزن الريشة (فى الملاكمة)
Feature صِفَةٌ ٭ ملامح . تقاطيعُ الوجهِ
Febrifuge مُضاد للحمى
February شهر فبراير . شباط
Fecund كثيرُ الولادة ٭ خصيب . مثمر
Fecundate لَقَّحَ . أخصَبَ
Fecundity كَثْرة الولادة ٭ خِصْبٌ . انتاج
Federal اقطاعىٌّ ٭ تحالُفيٌّ . اتحاديّ
— government حكومة اتحادية
Fee, — s أتعابٌ . أجرة . جُعْل . رسم
school — s المصاريف المدرسية
Feeble ضعيفٌ . عاجز ٭ واهن ٭ ضئيل

Feed وَجبةٌ . أكلة ‖ أطعمَ . غذّى
Feeder كَلاّفُ المواشى * رِيّاحٌ . جَدْوَل
مغذّي * طريق سكة حديد فرعى
Feeding إطعامٌ * غذاء * كلأٌ * تغذية
— bottle زجاجة الرضاعة . رضّاعة
Feel شعَرَ . أحسَّ * لمسَ . مَسَّ
Feeler مَلمسُ الحشرة . المجس
Feeling شُعورٌ . احساس * تأثُّر
Feet, (*sing.* Foot) أقدامٌ . أرجُل
Feign تصنّعَ . تظاهرَ بِـ . ادَّعى
Feint حيلةٌ . خُدعة △ مناورة
Feint مَكَرَ بـ
Felicitate هَنَّأَ
Felicity هَناءٌ . نعيم . غِبْطة
Feline من نوع السِنَّور . هِرّ * ماكر . غدّار
Fell شديدُ الوطأة * فَروٌ * جلد
Fell, *of* Fall سقطَ * رمى . صَرَعَ
Fellow انسانٌ . شخْص * قرين . وَليف
Fellow-citizen مواطِنٌ . △ بلديه
Fellow-feeling الروح الحزبى
* توافق المصلحة
Fellowship رِفْقةٌ . صَحبة . زمالة
Felly حِتارُ العجَلَةِ △ أبسيط * بشراسة
Felon مُجرِمٌ . مُذنِب * داحِس
Felony جِنايةٌ كُبرى . خيانة عظمى
Felt, *of* Feel شَعَرَ . جَسَّ * لمَسَ
Felt لُبَّادٌ . لِبْد ‖ كسّى باللبّاد * لبّد
Female أُنثى * مؤنّث . أُنثويّ
Feme Covert امرأة متزوجة . فى عصمة رجل

Feminine أنثويٌ . مؤنث * نِسائى
Femininity أنوثة
Feminism الحركة النسائية * انوثية
Feminist نصيرُ المرأة . مطالب بحق المرأة
بالمساواة
Femoral فخذىٌّ . خاص بالفخذ
Fen مُستنقعٌ . بَطْحاء . أجمة
Fence سِياجٌ ‖ سَيَّجَ * لَعِبَ بالسَّيف
Fencer لاعِبٌ بالسيف
أو بالعَصا . مبارز
Fencing سِياجٌ . سُور * مثاقفة . لعبُ
الحكَم بالسَّيف * مراوغة
Fender حاجزٌ لنارِ الموقد * جَفِيَّة
△ فَرْميلة للمراكب * مدرأ أى
حاجز اصطدام △ شَبَكة
Fennel شَمَرٌ . شُمار
— flower الحبة السوداء . حبة البركة
Fenny, Fennish مستنقعٌ كثير البطاح . أجمي
Fenugreek حُلْبَةٌ
Feracious خصبٌ . مُثمر
Ferment خميرةٌ * هَياج ‖ خمَّرَ تخمَّرَ
Fermentation تخمُّرٌ . اختمار * هَيَجان
Fern « نباتُ » السَّرْخَسِ . الخنشار
Ferocious كاسِرٌ . ضارٍ . مُفترِس
Ferocity ضراوة . توحُّش
Ferret ابن مُقْرِض
Ferret أخرجَ المُخبَّأ
Ferri-, Ferro- بادئة تفيد معنى حديدي
Ferrule كَعبُ « العصا » . زُجٌّ △ جِلبة

Ferry ∆معَـدِيَّـة أو رصيفها
Ferry عَبَـرَ مجرى الماء
Ferryboat ∆معدِيَّـة . مِعْبَـر
Fertile خصيبٌ . مُخصِب . مُثْمِر
Fertility خِصْبٌ * كَثرةُ الانتاج
Fertilize أخصَبَ . سبّـخَ * لقَّـحَ
Fertilizer مخصِّبٌ * دِمان . سَماد ∆سباخ
Fervency حَماسٌ . غيرَة . حَرارة . حميَّـة
Fervent مُتَـحمِّسٌ . غيور . مجد
Fervour, Fervor حرارةٌ . حُميَـة . حَماس
Festal, Festive عِيديّ * سارٌّ . مُفرِح
Fester دُمَّل . قُـرْحة ‖ تقرَّح . تقيَّحَ
Festival عيدٌ . مهرجان
. احتفال . فرَحٌ * احتفالى * بهيج
Festivity عيدٌ . تَعْـييد * فرَح . ابتهاج
Festoon حَبْـلٌ من زهور أو أغصان
Fetch حيلةٌ . خُـدْعة ‖ أحضَرَ . أتى بِ
Fetid كَـريهُ الرائحة . أبخَـر . مُخِمّ
Fetlock ثُـنَّـةٌ . المفْصل فوق الحافر . وظيف
Fetter كَـبَّـلَ . قيَّـدَ . غَـلَّ
Fetters قَـيدٌ . غُـلٌّ . صِفاد . سلسلة
Fetus, Foetus جَنينٌ (فى الدور الاخير)
Feud ثأرٌ . طلبُ الدَّم . عداء . نزاع قبيلي
Feudal, Feodal إقطاعيٌّ . إلتزاميّ
Fever حُمَّـى . سُخونة * اضطراب
Feverish, Fevered, Feverous محمومٌ
. ساخِن * مضطرب
Few قليل «العدَد» . يسير . نزر * بِـضعة
Fewness قِـلَّـةٌ . أقلية . نُـدرة

Fez طربوشٌ
Fiasco عدَم توفيق . فشل . خيبة
Fib تلفيقةٌ . أكذوبة ‖ لفّق
Fibre ليفةٌ . ليف . خَيْطٌ . نسج
Fibrous ليفيّ . ذو ألْـيافٌ
Fibroma ورم ليفي (طب)
Fickle هوائيٌّ . متقلِّب . متردد
Fiction قصَّةٌ خياليـة . اسطورة * تخيُّـل
Fictitious صوريٌّ . مُصطنَـع . كاذب . خيالي
Fiddle رِبابةٌ . كَـمنجة . كمان ‖ أهمَـلَ
as fit as a — فى أحسن حالة
Fiddle-stick كلام فارغ * قوس الكمان
Fidelity أمانةٌ . إخلاص . صِدق
Fidget قَـلَـقٌ . تمَـلمُـل ‖ قَـلِقَ . تململَ
Fie تُـبًّـا . سَحْقاً . بِـئْسَ !
Fief إقطاعٌ
Field حَقْـلٌ * ساحة . ميدان * مجال
— glass مِنظار الميدان
— Marshal مُشيرٌ
Fiend شَيْـطانٌ * عَدُوٌّ ألدّ
Fiendish شَيْـطانىٌّ . جهَـنَّـمى
Fierce قاسٍ . عنيفٌ * شرِس * ضارٍ
Fierceness شراسَةٌ . عُنف . حِدَّة . شِدَّة
* توَقـُّد * حَنَقٌ
Fiery ناريّ * متَّـقد * غضوب . شَرِسٌ
Fife مِزْمارٌ . صَفَّـارَة . ناي
Fifteen خمسةُ عَشر
Fifteenth خامسُ عشَر * جزء من خمسة عشر
Fifth الخامسُ * خُمس

Fiftieth الخمسون ٭ جزء من خمسين
Fifty خمسون
Fig تينة . تين ٭هندام ٭شيء تافه
Fight قتال ٭ نضال . معركة ‖ قاتل . كافح
Fighter محارب . مقاتل . مكافح
Figurant ممثل اضافى △ كومبارس
Figurative مجازي . إستعاري . رمزي
Figure عدد . رقم ٭ شكل . صورة
— of speech مجاز . تعبير مجازي
Figure تصور ٭ صور . رسم ٭ ظهر
Filament خويط ٭ فتيل . سلك حراري
File مبرد . مسحل ٭ صف . طابور
٭ ملف أوراق . اضبارة . حافظة
File برد . سحل ٭ حفظ الاوراق
to — the case حفظ الدعوى
Filial بنوي . مختص بالبنين
Filing حفظ الاوراق بالترتيب ٭ برد . سحل
Filings برادة . سقاطة البرد
Fill ملء ‖ ملأ ٭ حشا ٭ سد ٭ أشغل
to eat one's — أكل ملء بطنه
Filled gold ذهب كاذب
Filling حشو ٭ لحمة النسيج ٭ تعبئة . ملء
Filly مهرة . فلوة ٭ فتاة لعوب
Film رق التصوير الشمسي ○ فيلم ٭ شريط
سينمائى ٭ غشاء . غشاوة على العين ٭ فوف
Filter راشح . مرشح ‖ صفى △ رشح
. قطر ٭ ترشح . رشح
Filth, —iness قذارة . وسخ . قذر
Filthy قذر . وسخ ٭ دنس

Filtrate قطر . روق ٭ نز . ترشح
Fin عوام . زعنفة السمك
Final نهائي . أخير ٭ بات
Finality نهاية . ختام ٭ نهائية . غائية
Finally أخيراً . فى النهاية
Finance مالية ٭ دخل ‖ مول △ رسمل
Financial مالي . متعلق بالمالية
Financier مالي . اخصائى بادارة المالية
Finch الشرشور . الدج (طير مغرد)
Find لقطة . لقية ‖ وجد . لقي ٭ علم
Fine ناعم ٭ دقيق △ رفيع ٭ جميل . فاخر
٭ غرامة . جزاء نقدي ‖ غرم ٭ نعم
— art الفن الرفيع . الفن الجميل
— gold الذهب الصافى
in — قصارى الكلام . وبالاختصار
Fine-draw رفأ . رتق
Fineness رقة . دقة ٭ ذكاء . دهاء
Finger اصبع ‖ نقر بالاصبع ٭ نشل
—print بصمة الاصبع
ear —, little — الخنصر . الاصبع الصغرى
Finical زاه . باه ٭ متحذلق . متأنق
Fining تنقية للسوائل أو المعادن ٭ تغريم
Finish نهاية ٭ إنتهاء ٭ نجاز ٭ رقة ٭ صقلة
Finish اكمل . أنجز ٭ انتهى . فرغ ٭ صقل
to — off أجهز على
Finishing اتمام ٭ صقل . تنعيم
— bit برغل التنعيم (صناعة)
Finite محدود . متناه
Finned مزعنف . له زعانف

Fir شجر أو خشب الشربين
Fire نارٌ ٭ حَريق
٭ حَرارة . حِدَّة
— box موقد الآلة البخارية
on — مشتعِل . متَّقِد
set on —, set — to
اشعَلَ . أوْقدَ
Fire أشْعَلَ ٭ اطلقَ النارَ أو الرصاص ٭ رفتَ
to — up طارَ طائِرهُ . استشاط غَضَباً
Firearms اسلحةٌ نارية
Firebrand بَصوةٌ . جَمْرة ٭ مُثير القلاقل
Fire brigade فرقةٌ أو قوة المطافىء
Fire engine آلة اطفاء الحرائق
Fire escape سُلَّم الفرار من الحريق
Firefly حُباحِبٌ . الذبابُ المنير . قُطرب
Fireman وَقَّاد ٭ طافىء الحرائق . رجل المطافىء
Fire-proof صامدٌ للنارِ . لا تؤثِّر فيه النار
Fireplace الموقِدُ . المستوقَد . مصطلى
Fireside جَنْب الموقِد ٭ العائلة . البيت
Fireworks سواريخُ اسهم أو ألعاب نارية
Firing إطلاق النار أو الرصاص
Firm شرِكَةٌ . بيت تجارى ٭ ثابت . وطيد
— offer عرض ثابت
Firmament الجَلَدُ ٭ فَلَكٌ . القبة الزرقاء
Firmly بثباتٍ . برسوخٍ . بعَزْمٍ
Firmness ثباتٌ . رسوخ . عزم
First أوّلٌ . أوّلون . أوائل ٭ أوّلاً
— aid الاسعاف
— blush المظهر الأول
— floor الدور الأول
— lieutenant ملازم أول
—-rate أوّل درجة . من الطراز الأوّلِ
at — hand رأساً . بلا واسطة
Firsthand جديد . غير مستعمل ٭ الاصلى
Firstling بِكرٌ ٭ أوّلُ نتاج المواشي وخلافها
Fiscal مختصٌ بمالية الحكومة ٭ ∆ ميرى
Fish سَمَكٌ . سمَكة ‖ اصطادَ سمَكاً
— bolt مِسمار الربط
— plate ∆ بَلَنْجة (فى سكة الحديد)
to — out استطلعَ بالحيلة . تجسَّسَ
Fisherman, Fisher صيَّادُ سَمك . سمَّاك
Fishery صيْدُ السمك أو مكانهُ . سِماكة
Fishing صيدُ السمك ٭ تصيُّد
Fishmonger بائِع السمَك . سمَّاك
Fissure شَقٌ . فَلع . فُرجة
Fist قَبْضَة او جَمْعُ اليَدِ ٭ لَكْمَة
Fist لكَمَ . لكَزَ . وكز
Fistula ناسورٌ (شرجى)
Fit نَوْبة . دَوْرٌ . عارض ٭ لائِق
Fit أعدَّ . جهَّزَ ٭ وافقَ . ناسبَ ٭ وفَّقَ
Fittings تركيبات . اجهزة
Fitful تَشَنُّجى ٭ مُتقلِّب . متقطِّع
Fitness لياقة . مناسَبة . ملاءَمة . صلاحية
Fitter ∆ برَّاد . مُركِّب ∆ ميكانيكي
Five خَمسَةٌ . خَمْس
Fivefold خَمسةُ أضعاف
Fix حَيْرَةٌ ورْطَة ‖ مكَّنَ . ثبَّتَ
٭ توطَّد . ثبتَ . اركزَ ٭ عيَّنَ ٭ ركَّبَ

Fixation تثبيتٌ. توطيد * رُسوخ * تركيز
Fixed محدّدٌ * مقرّر * ثابت * راسِخ
Fizz مشروبٌ فوّار ‖ فار. أزَّ. ثار
Flabby } رَخوٌ. مُسْترخٍ. مترهِّل. خَرع
Flaccid } . ليِّن
Flag راية * حلفاء * بلاطة
Flag ضَعُفَ. اسْترخى
* أوهَنَ * اشار بالراية
Flagellate ساطَ. جلدَ
Flagman Δ أشَرْجيٌّ. عاملُ الاشاراتِ
Flagon قُمْقُمٌ * قِنّينة. إبريق
Flagrant فاضِحٌ (مفتضح). مشهّر. ظاهر
— delit التلبس بالجريمة
Flagship بارجة أمير الاسطول
Flagstaff صارى العَلَم. عمود الرَّايةِ
Flail مدَقَّةُ الحنطة
Flair زكانةٌ. فطنة * نزعة. ميل
Flake قِشرةٌ. رَقيقية * نَدْفَة
* شرارة طائرة ‖ تقشَّرَ * تطاير
Flame لهيبٌ. لظى. لهب ‖ ألهبَ. إلتهبَ
Flaming ملتهِبٌ. متّقِد * تسعّر * برّاق
Flamingo ←نُحامٌ
Δ بَشَرُوش. أبولهَبَ
Flank خاصِرَة. جانب
. جنب * جناح «جيش»
Flank هجَمَ على الجناح
Flannel Δ فانِلة. صوفٌ
Flap حاشيةٌ. ذيل. هُدب * لسان. شفَّة
Flap رَفَّ. خفقَ بجناحيه * أرخى

Flare تأجُّجٌ ‖ خفقَ. ماجَ * سطعَ
— up استشاط غيظاً. حَمِيَ غضبُهُ
Flash بَريقٌ. وميض ‖ برَقَ. وَمَضَ
— light النور الكشّاف أو الساطع
Flask قِنينة. قارورة * وعاء
Flat طابق. دَوْر * سَهل * مُسَطَّح. مفرطح
. مُنبَسِط * تافِه. بلا طعْم * صراحةً. بالمفتوح
--footed مبسوط القدم. ذو قدم رحَّاء
Flatten بسَطَ. فَرْطَحَ * ثبَّطَ العزْمَ
Flatter تملَّقَ. داهَنَ * مدَحَ. أطرى
Flatterer متملِّقٌ * منافِق
Flattery تملُّقٌ. مداهنَة * اطراء. مدح
Flatulence الانتفاخ الغازى في الجوف
Flavour, Flavor طَعْم. نَكْهَة * رائحة
Flavour تَبَّلَ * طيَّبَ
Flaw شَرْخٌ. فلعٌ * خلَل. عَيْب * هَبَّة ريح
Flax نباتُ الكتَّان. قنَّبَ
— yarn غزل الكتان
Flaxen كتّانىٌّ. شبيهٌ بالكتّان
Flaxseed بزر الكتان
Flay سَلَخَ. فصَلَ الجلدَ عن اللحمِ
Flea بُرغوثٌ
Fleabane رعراع أيوب (نبات)
Fled, *of* Flee فَرَّ. هرَبَ
Fledge رَيَّشَ. جَنَّحَ * نَبتَ ريشه
Fleece جزَّةٌ ‖ جزَّ * بلصَ
Fleet أسطولٌ. عمارة بحرية
* سريعٌ ‖ طارَ. فَرَّ
* مضى. زالَ. فاتَ

Fleeting زائِلٌ . فانٍ . عابر
Flesh لَحْمٌ *الجسدُ. الطبيعةُ البشرية
Fleshiness بَدانة . إمتلاء الجِسم . رَبالة
Fleshy بدينٌ . ممتلئ الجسْم . ربيل * لحمى
Flew, *of* Fly طارَ
Flexibility لُدونةٌ . مُرُونة . طواعية
Flexible لَدْنٌ . مَرِنٌ * لَيِّنُ العريكة
Flick ضَرَبَ △ لسْوَعَ
Flicker رَفَّ . خَفَقَ . ارتَعَشَ
Flight هُروبٌ . فِرار * طيران * نزوة * سرب
a — of birds سرب طيورٍ
a — of stairs السلالم من عتبة لاخرى
Flimsy سخيفٌ . رَكيك * هَلْهَل * رقيق
Flinch جَفَلَ * أحجَمَ
Flinders شَظايا . قِطَعٌ . كِسَر
Fling رميَةٌ . رشقة || ألقى . قذفَ △ حدفَ
Flint حجرُ صَوَّان * صوّانى
Flinty صَوّانىّ . صَخْرى * قاسٍ
Flippant كثيرُ الكلام . ثرثار
Flirt لعوب . غَنِجَة . شَكِلة . ذات دلال . نغشة
Flirt تدللَ . غَنِجَ * داعَب . غازَلَ
Flirtation غزَلٌ . مغازلةٌ . مداعَبة . غُنْج
Flit رفرفةٌ || مرقَ * طارَ * رَفْرَفَ * فرَّ
Flitter خَفَقَ بجناحيه . رفرف * تملَّق
Float عومٌ * طوف . رمث * عوامة
. صُندوق الدفق || طفا . عامَ * عوَّمَ
— in the air سبَح فى الجو
Floatation, Flotation تكوين شركة
Flock قَطيعٌ . سِرْب || اجتمعوا . تجمهروا
Floe كتلة جليد طافية على الماء . طافية
Flog جلَدَ . ساطَ * أدَّبَ . قاصَّ
Flood فيَضانٌ . طُوفان || غمَرَ . أغرقَ
— light نورٌ ساطع منتشر
Floor أرضُ البيتِ * طابقٌ . دور
Floor بلَّطَ أو خَشَّبَ الارضية
Flora نباتاتُ بلادٍ أو اقليم
Floral نباتىّ * مختص بالزهور
Florescent زاهِرٌ . مُزهِر . منوِّر * باهٍ . زاهٍ
Florid متورِّدٌ . وردىٌّ * زاهٍ . زاهر . نضير
Florist بائع زهور أو زارعها
Floss مُشاقة حرير محلول (لأشغال التطريز)
Flotation عوم أو تعويم * تأسيس أو تمويل
Flotilla أُسطولٌ صغيرٌ
Flounce △ كَشكَشةٌ || △ كَشكَشَ
. زَركَشَ * ترنَّح * تمرَّغَ * انتفضَ
Flounder سمك موسى || تخبَّطَ . تمرَّغَ . غاصَ
Flour دَقيقٌ . طَحين * مسحوق || طَحَنَ
—-mill طاحونةٌ . مِطحَنَة
Flourish تَبجُّح . تباهٍ * تنميق * ازدهار
تلويح || نجَحَ . أفلحَ * ترعرعَ . نضَرَ
Flourishing ناجحٌ * مترعرع . نضير . زاهٍ
Flow تدفقٌ . سَيْل * فَيْض . طوفان
Flow سالَ . انسابَ . جرى * تدفَّق . فاض
Flower زهرةٌ || أزهَرَ . نوَّرَ
* زيَّن بزهور
Flowerpot أصيصٌ .
△ قصريَّة زرْع
Flowery زاهِرٌ . مُزهِر * زَهْرِىّ

Flu انفلونزه (بالعاميه)
Fluctuate تقلَّبَ . تذبذبَ . تراوحَ
Flue مجرى الهواء والدخان المغطى *مدخنة
Fluency طلاقة اللسانِ *انسجامٌ. سَلاسة
Fluent سَيَّالٌ * طَلْقُ اللسان * سَلِس
Fluently بطلاقةٍ . بفصاحة
Fluid عُصارةٌ *سائل . مائع . ذائِب
Fluidity سُيولةٌ . مَيْع
Flung, *of* Fling طرحَ . ألقى . رمى
Fluorescence لصفٌ. استشعاع . استمداد الاشعاع من مصد آخر مُشِع .
Flush خَجَلٌ *توردٌ *يانع . غَضٌّ *فورة
— irrigation الريّ بالراحة
Flush توردَّ وجهُه * كسحَ . غسلَ
Flute مِزْمارٌ. ناي ‖خَطَّطَ . قَنَّى
Flutter رفرفةٌ .خفقان ‖رفرفَ .خفقَ
Fluvial نهريّ
Flux سيلانٌ . سيل *تدفُّق * زُحار . ذرب
Fly ذُبابةٌ *سائب *طيران *معدَّلة الحركة
Fly طارَ * فرَّ * طيَّرَ
— boat قاربٌ سريعٌ لنقل البضائع
— leaf ورقة بيضاء فى كتاب
— wheel عجلةسائبة.دولاب الموازنة.هدافة
to — open فتحَ فجاءةً
Flying طيرانٌ *طائر *متحرك *طيار *هارب
— column فصيلة أو كتيبة متحركة *رتل طائرات *قوة تعمل بعيداً عن القوة الاصلية
— machine طائرة . آلة الطيران
to come off with — colors فازَ

Foal فِلْوٌ الفرس. مُهْر ‖ولدت الفرس
Foam زَبَدٌ . رَغوَة ‖أرغى . أزْبَدَ
F.O.B. (Free on Board) تسليم فوق السفينة
Focus بؤرةٌ. نقطة الاحتراق . مركز حرارة أو نور أو أشعة
Focus ركَّزَ أشعة * جمعَ فى نقطة
Fodder عَلَفٌ . عليق . دَريس
Foe عَدُوّ. خَصْمٌ
Foetus, Fetus جنينٌ
Fog ضَبابٌ ∆ شابورَة * حيرة
Foggy كثير الضباب . ضبابى . مُضِب
Foil سَيفٌ مُثْلَم ∆ شيش *صفيحة رقيقة ٥فُوية * خَيبة . فشل ‖خَيَّبَ . أحبطَ
Foist غِشٌ ‖دَسَّ .حشَر .ادخل زوراً *خَدع
Fold زريبةٌ * طيَّة ‖لفَّ . طَوى . ثنى
Foliage ورقُ النبات أو الشَّجر
Folio وَرَقةٌ . صحيفة
Folk, —s قومٌ . أناس . عشيرة
Folklore الأدب الشعبى
Follicle جرابٌ *جريب
Follow تَبِعَ . تتبَّع . اقتفى *عقبَ . تلا
as follows كما يأتى . كالآتى
Follower تابعٌ . مقتفٍ . ملازِم * تلميذ . مشايع
Folly حماقةٌ . خُرْق . جَهْل
Foment حرَّكَ . أثارَ * كمَّدَ
Fomentation تهييجٌ * كمادة. نطول *تكميد
Fond, *of* محبٌ لِـ . مولَع . مُغرم بِـ
Fondle دَلَّلَ . لاعَبَ * زقزق ∆ هشَّك

Fondness هُيامٌ . غـرام . وَلَـع
Font يَنبوعٌ * حوض * جُرْنُ المعموديَّـة
Fontanel يافُـوخٌ . نافُـوخ
Food طَـعامٌ . أكل . غِذاء . قُـوت
— stuff مواد غذائية
— value القيمة الغذائية
Fool مجنونٌ . غبيّ || جَنَّنَ * غشَّ
make a — of غَشَّ . ضَحِكَ على
Foolery جَهالةٌ . حماقة * كلامٌ فارغ
Foolhardy مُتهوِّرٌ . مجازِف . مغامِر
Foolish غبيٌّ . أحمق . قليل الفِـطنة
Foolishness خُرْقٌ . غَـباوة . حماقة . حمق
Foolscap وَرَقٌ ديوانى ٥٠ فولسكاب
Foot قدمٌ * رجْل * أسفلَ . ذَيْل
at the — of عند سفح * أسفل
by *or* on — ماشياً على الاقدام
Foot مشَـى * ذَيَّـل
Football كُرَةُ القدَمِ
Footboy مُراسلةٌ . ساعى صغير
Footfall وقعُ أقدامٍ أو خَطَوات او صوتها
Foothold مَوطِئ القدم * مركز ثابت
Footing أساسٌ . مَقرّ * موطىء القَـدَم
* أُهبة * منزلة * رياضة المشي وما شابه
Footlights مَصابيح مقدم المسرح * المسرح
Footman خادم او حاجب
Footpath طِـوارٌ . رصيف او ممر للراجلين
Footprint أَثرُ او علامةُ القدمِ
Foot soldier △ بيادة . جندي من المشاة
Footsteps قُـدوَة * أثر خطَـوات او وقعها
Footstool مَسندٌ للاقدام
Fop △ غندورٌ . متأنِّقٌ في لباسهِ * متحذلق
For لأجل * بدلاً من * بكذا * لأن
— all that ومـع كل ذلك
— as much as لأن . نظراً الى . حَيث
— ever الى الابد * دائماً
— example, — instance مثلاً
— two months لمدة شهرين
as — me أما من جهتي . فيما يخصني
to feel — اشفَـق عليه
Forage علفٌ . عَليق || رَعى . كلأ * ارتادَ
Foray غزوةٌ . غارة جائية
Foray أغارَ على . غزى . نهب
Forbear رَفَضَ . أمسَكَ . امتنعَ عن
* ترفَّق بِ
Forbearance امساكٌ . كف * احتمال . رفق
Forbid منَـعَ . نهَـى . حَظَّـر على
Forbidden ممنوع . محظور . منهيٌّ عنه
Forbode, *of* Forbid مَنَـعَ . نهَـى
Forbore, Forborne أمسَكَ عن
Force قوَّةٌ . قدرة . شدَّة || ألزَمَ . أرغم
— pump مضخة دافعة △ طلمبة كبس
to come into — يخرج الى حيز العمل
by — بالاكراه . بالغصْبِ . بالقوةِ
to — back ردَّ أو أرجعَ بالقوةِ
in —, of — ساري المفعول
to — a passage مرَّ عنوة . اقتحَم
Forced جبريٌّ . الزامى . قهري
Forcemeat لحم مفروم او حشوة منه

Forceps مِلقطٌ. كُلاب جراحي . جفت
Forcible عَنيفٌ. قويّ * فعَّال
Forcing إكراهٌ * كبس . زنق * كابس
Ford مخاضةٌ «نهر» . رقارِق ‖ خاضَ
Fore مُقدَّم .أماميّ .سابق . في الطليعة * قبلاً
Forearm الساعِدُ . مقدم الذراع △ زِند
Forebode تشاءم. انذرَ بشرّ * توقّعَ
Forecast سبقَ فرأى * تدبَّر.استدرك * تنبأ
Forecited المذكورُ آنفاً . سالفُ الذكر
Foredate قدَّمَ التاريخ
Foredeck سطح مقدَّم السفينة
Foredoom سبقَ فقضى . قدَّر على
Forefather جدٌّ . سَلَف
Forefoot القائمة الامامية للحيوان
Forefinger «اصبعٌ» السبّابة
Forego صفحَ عن . تنازل عن . تركَ
Foregoing سالفٌ . سابِق . متقدِّم
Forehead جبينٌ . جَبْهَة
Foreign أجنبيّ . غريب * طارىء
Foreigner «شخصٌ» أجنبيّ. غريب
Forelock ناصيةٌ . قُصَّة . لُمة
Foreman ملاحِظ العمَّال.مقدِّم فعلة.مشرف
Foremast صاري مقدّم المركب
Forementioned سالفُ الذكر
Foremost الاسبق * متقدمٌ * أوّل
Forename الاسم الخاص ، يسبق اسم الاسرة . △ الاسم الصغير
Forenoon قبل الظُّهر . ضُحى . ظهيرة
Foreordain سبَقَ فعيَّنَ * قدَّر على
Forepart القسمُ المتقدّم . الجزء الامامي
Forerunner بشيرٌ. نَذير * رائد △ سايِس
Foresee سبقَ فرأى . تنبّأَ بِـ . توقّعَ
Foresight تدبُّر العواقِب . تبصُّر . بصيرة
Forest غابةٌ .حرَج.أجَمَة △ حِرْش * غابيّ
Forestall توقّعَ . سَبَقَ * قطَعَ على . احتكَرَ * شراء البضاعة قبل وصولها
Foretell تنبّأ عن . سبَقَ فأخبرَ
Forethought تبصُّرٌ. تدبر العواقب. بعد نظر
Fore-tooth ثنيَّة . سِنٌّ قاطع
Forever الى الابدِ او النهاية * دائماً
Forewarn حَذَّرَ . سبق فأنذرَ
Foreword مقدمة . تمهيد
Forfeit غَرامة * خُسران * مُصادر * مقلَّد . مُزَوَّر ‖ أضاعَ او خسرَ حقَّه * صادَرَ
Forfeiture إسقاط اوسقوط الحقّ * خَسارة
Forge كُورٌ. مسبك ‖ زَيَّفَ. زوّر * صهَر
Forger حَدَّادٌ * مزيِّف . مُزَوِّر
Forgery تزوير . تزييف * حِدادة * صَهْر
Forget نَسِيَ . سَهَى عن . غَفَل عن
Forgetful كثيرُ النِّسْيان . نَسِيّ
Forgetfulness نَسْيٌ . نِسْيان . سَهْو
Forgive سامَحَ . غفرَ لِـ . صفَحَ عن
Forgiveness صَفْحٌ . غُفران . عَفْو
Forgot, *of* Forget نَسِيَ . غَفَلَ عن
Forgotten مَنْسيّ
Fork شَوكةٌ * مِذْراة ‖ تشَعَّبَ. تفرَّع
Forked متشعِّبٌ . متفرِّع
Forlorn مخذولٌ . مُهْمَلَ . متروك * بائِس

Form شكل . صورة * كيفيَّة * صيغة *صف * نَموذَج △ اورنيك * طَقْس
in — شكلاً * بحالةٍ جيدة
Form صَوَّر . صاغ * شكَّل * كيَّفَ * كَوَّنَ * أسَّسَ * أنشأ
Formal رسميّ . اصولي . قانونيّ * ظاهريّ * شكلي
Formality عادة رسميّة.رَسْم.اجراء.نظام
Formally رَسميًا . أصوليًا
Formation تشكيل . تأسيس . تكوين . صَوْغ
Former سابِقٌ . متقدِّم . اوَّل . سالف
Formerly سابقا . فيما مضى
Formic نمليك
Formication خَدر . نمَل
Formidable هائِل . مُخيف . مُريع
Formula وَصفَةٌ * قانون . قاعِدة . معادلة
Fornicate ارتكبَ الفَحشاء
Fornication زِناً . فِسْق . فجور * تقوُّس
Forsake هجَرَ . خذل . تخلَّى عن
Forsaken مَنبوذٌ . مَهْجُور
Forsook, *of* Forsake هجرَ . نبذ . خذل
Fort △ طابِيَةٌ . حِصْن . مَعْقِل
Forth فصاعداً * هَلُمَّ جرًّا * خارجاً * عياناً
Forthcoming على وشك الظهور . هالٌ
Forthwith حالاً . على الفوْرِ . من فوره
Fortieth الاربعون * جزء من اربعين
Fortification استحكامٌ * تحصين
Fortify قوَّى . حَصَّنَ . مَنَّع

Fortitude جَلَدٌ . ثبات . عَزْم
Fortnight أسبوعان . أربعة عشر يوماً
Fortnightly نصف شَهريّ. كل اسبوعين
Fortress حِصْن △ طابية * قَلعة . مِعقل
Fortuitous عرَضيّ . اتفاقيّ . بالصُّدفة
Fortunate محظوظ . حَظيظ . مُسعد . بخيت
Fortunately لحُسْنِ الحظِّ
Fortune ثَروةٌ * حَظّ . نصيب * توفيق
— teller عَرّافٌ . كاشِف البخت
Forty أربَعون
Forward الى الامام * مُتَقدِّم * هَدّاف . ○ فوروارد. وسطهجوم (○ ج. فراوِد)
Forward أرسَلَ * قدَّم * عَجَّل . استعجل
Forwardness جَراءةٌ . إقدام * سَلاطة
Fosse مجرورٌ . خَزَّان المرحاض * حُفرة
Fossil احفورٌ. أحفوريّ . حُفريّ . متحَجِّر
Foster رَبَّى * غذَّى . أرْضَعَ . تكفل بـ . احتضن * عالَ
Foster brother أخٌ في الرضاعة
Fought, *of* Fight قاتَلَ . عارك
Foul كريهٌ * دَنِس . قَذِر * كدِر * كثير العشب * ضربة خاطئة (في الرياضة)
Foul وَسَّخَ . نجَّسَ . لوَّثَ
Foulmouthed بذيء اللسانِ . قبيحٌ
Found أسَّسَ * سَبَك . صَبَّ * وَجَد
Foundation أصْلٌ . أساس * تأسيس
Founder مؤسِّسٌ * سَبَّاك ‖ غَرِقَ
—'s shares اسهم التأسيس
Foundery, Foundry مسبك المعادِن

Foundling لقيطٌ. طفل منبوذ
Fountain نَبْعٌ ٭فَسْقِيَّة. نافورة
—pen قلمُ حِبرٍ. قلم مَدَّاد
Four أربعٌ. أربعة
Fourfold أربعة أضعافٍ ٭رُباعي
Fourfooted من ذوات الاربعِ
Fourteen أربعةَ عشرَ. أربع عشرة
Fourteenth الرابع عشر. جزء من أربعة عشر
Fourth رابعٌ. رابعة. الرابع ٭ رُبْع
Fowl دَجاجةٌ. فرْخة ٭ طَيْر
barndoor —s دَجاجٌ. الطيور الداجنة
Fowling-piece بُنْدُقيَّة رَشّ
Fox ثَعْلب. ابو الحُصَيْن ٭ماكر
Foxhound الكلبُ السلوقي
Fraction كسْر. جزءٌ من صحيح ٭ قطعة
common — كسر اعتيادي
complex — كسْر مركَّب
decimal — كسر عُشري
improper — عَدد كسري
proper — كسر حقيق
Fractious شكِس. غضوب
Fracture كسْرٌ. شجَّة ‖ كَسَّرَ. شَجَّ
Fragile قَصِمٌ. سَهْلُ الانكسار. هَش
Fragment كِسْرَة. هُتامة. شَظِيَّة
Fragrance شذاً. عَبير. رائحة ذكيَّة
Fragrant ذكيُّ الرائحة. عَطِر
Frail ضعيف ٭ قصِمٌ. سهْلُ الانكسار أو العطب. هشيم
Frailty ضعفُ الارادة. وَهْنُ العزم

Frame إطار ∆ برواز ٭ تركيب ٭ بناء ٭ هيكل
Frame وَضَعَ في إطار ∆ بروَزَ ٭ ركَّبَ. صاغ
Franchise امتياز ٭ اعفاء ‖ حرَّرَ. خلَّصَ على
Franco خالص الاجرة والمصاريف
Franco- بادئة تفيد معنى «فرنسى»
Frank مخلِصٌ. صريح ٭ افرنكي ٭ خليع
Frankincense لُبان ذكَر. كندُر. حصالبان
Frankly بصراحةٍ. بحريةٍ
Frankness صراحة. إخلاص. صدق. حُرية
Frantic مجنون. هائج ٭ حادُّ الخُلق
Fraternal أخويّ
Fraternity إخاء. أخوية ٭ مَعْشَر
Fraternize تآخى
Fraud خِداع ٭ نصب. تدليس. غش
Fraudulence, Fraudulency احتيال. تدليس
Fraudulent غشاش ٭ خداعي. احتيالي ٭ مُزَوَّر
Fraught مشحون. ملآن. مُفعَم
Fray شَغَبٌ. عِراك ‖ برى. نَحَلَ. سَحَجَ
Freak فَلْتَة ٭ وَسواس. وَهْم
Freak خطَّطَ. نمَّقَ
Freakish موَسْوَس. منفرد برأيه
Freckle نمَشٌ. كلَف ‖ نَمِشَ
Free مُباحٌ ٭ حُرٌّ ٭ خالٍ ٭ سائب ٭ مجاني
— charge الشحنة المطلقة (كهربا)
— goods بضائع ليس عليها رسوم
— pass تذكرة مجانية
— port ميناء حُرّ
— school مدرسة مجانية ٭ مدرسة حُرَّة

— zone منطقة حرة
Free حَرَّرَ . أطلَقَ . أعتَقَ ٭ أعفى من
Freeborn حُرُّ المَوْلِد او النَسَبِ
Freedom حُرِيَّةٌ ٭ براءة ٭ خلوص
Free-handed بَسطُ الكف ٭ مُطلق اليد فى التصرف
Freehearted حُرُّ الخِلال . كريم
Freehold عقار حرٌ . مُلك ثابت
Freely اختياراً ٭ بحريَّة ٭ بسخاءٍ ٭ مجاناً
Freemason ماسونيٌّ . بَنّاء حُرٌّ
Freemasonry (الاخوية) الماسونيَّة
Free-spoken صريح العبارة ٭ حُرٌّ الفكر
Freethinker حر العقيده . دهْريٌّ
Free-will ارادة مطلقة ٭ اختيار
Freeze صَقيع ‖ جَمُدَ ٭ جَلَدَ . جمَّدَ بالبرودة
Freezer جهاز التجميد أو التثليج . ○ فريزَر
Freight شَحْنٌ . وسق ٭ أُجرة نقل البضائع △ نَولون ‖ شَحَنَ . وَسَقَ
— forward يدفع النولون عند الوصول
French فرنسى . فرنساوى ٭ اللغة الفرنسية
— beans لوبياء
Frenzied مجنونٌ . مختلط العقل . مُتَرسم
Frenzy جُنونٌ . خَبَلٌ . سِرْسام . مَس
Frequency تَكرارٌ . تَوالٍ ٭ تعدُّد ٭ ذبذبة ٭ عدد الذبذبات فى الثانية ٭ تردّد
Frequent متكرِّرٌ . كثيرُ الوقوعِ
Frequent تَردَّدَ على . أكثَرَ التَرداد
Frequently مِراراً . تكراراً . أكثَرُ الاحيان
Fresco تصويرٌ جِصِّى على حائط
Fresh جديدٌ . طازج ٭ طري ٭ عَذْب ٭ رَطْبٌ
Freshen جَدَّدَ . أحيا ٭ شَدَّدَ ٭ برَّد
Freshman تِلميذ مبتدىء
Fret اضطرابٌ . تَنكَد . تبرُّم ٭ تأكُّل ٭ [عتب] العود والقيثارة وماشابه ٭ حلية جفت ‖ أغاظَ ٭ اغتاظَ ٭ بَلِيَ بالحك ٭ خرَّم ٭ نخَرَ
Fretful نَكِدٌ . شَكِس . متبَرِّم
Fretwork △ شُغل شِفْتيشي . تخريمٌ
Friable هَشٌ . سَهْلُ التفتت أو السَّحْن
Friar راهبٌ . أخ
Friction احتكاكٌ ٭ حكٌ . فَرْك . دَلْك
Friday يومُ الجمعةِ
Fried مَقْلوٌ △ محمَّر
Friend صَديقٌ . صاحِب . خِلٌ
make —s with تصاحبَ مع . صادَقَ
Friendless لا صاحب له . منبوذ
Friendly حُبِّي . سِلمي . ودادى ٭ متحابٌ
Friendship صَداقة . مودَّة . تحاب
Frigate فرقاطة . بارجة
Fright رُعبٌ . فزَع . ذُعر
Frighten رَعَبَ . أفزَع . خوَّف
Frightful مُرعِبٌ . مُريع . مخيف
Frigid متَجمِّدٌ ٭ قارس ٭ بارد ٭ جافٍ
— zone المنطقة القطبيَّة المتجمِّدة
Frigorific مبَرِّدٌ
Frill هُدبٌ . كَشكَش ‖ انتَفَش
Fringe هَدْب . هداب . خَرْجٌ . سِجاف . رِفْل . تضريس ‖ زَركَشَ . سَجفَ
Frippery زهيدٌ ٭ رثاث . سقط المتاع

Frisk	طَفْرٌ . مَرَحٌ ‖ مَرَحَ . طَفَرَ
Frisky	مَرِحٌ * خفيفُ الروحِ
Frith	مَصَبُّ نهرٍ « فى البحر »
Frivolity	استهتارٌ * خِفَّة . طيش
Frivolous	سخيفٌ. مُستهتر. طائش * طفيف
Frock	△ فستان . جلباب * قفطان
— coat	سُتْرة رسميَّة سَوداء
Fro	الى خلف . الى الوراء * من الخلف
to and —	جيئةً وذهوباً . تَمَوُّراً
Frog	ضَفْدَعٌ . ضَفْدَعة
Frolic	لَعْبٌ . بَسْط * مَرَح . طرَب
Frolicsome	فَكِهٌ . محبُّ اللعب . لعوب
From	من * منذ
Front	واجهةٌ * مقدَّم . صَدْر * جبين. جبهة
in — of	تِجاه . ازاء . تِلقاء . امام
Front	واجَهَ . استقبلَ
Frontage	واجهة البناء
Frontier	حَدٌّ . تَخْم . تخوم
Frost	صَقيعٌ . جَليد ‖ جلَّدَ * غطى بالثلج أو ما يشبهه
Frosty	مجلَّدٌ . صاقِع * أبيض * أشيَب
Froth	زبَدٌ . رَغوة ‖ أرغى . أزبَدَ
Frothy	مُزبدٌ . كثير الرغوة . رَغوِى
Froward	عَنيدٌ . جَموح . متمرِّد
Frown	عُبوسةٌ ‖ عَبَسَ . تجهَّمَ △ كشَّر
Frozen, *of* Freeze	مجلَّدٌ . مصقَّع . قريس
— meat	اللحم المجمد بالبرودة أى المثلج
Fructify	خصَّبَ . جعله مثمِراً * استثمرَ
Fructose	سكر الفاكهة
Frugal	معتدلٌ . مقتصد * اقتصادي
Frugality	اقتصادٌ . تدبيرُ النفقة . تقشُّف
Frugivora	حيوانات تأكل الثمار
Fruit	فاكهة . ثمر * محصول . نِتاج * نتيجة
Fruiterer	بائع الفواكه . فاكهى △ فكهانى
Fruitful	مثمِرٌ . خصيب . مُنتِج * ولود
Fruitless	عقيمٌ . بلا جدوى . عَبَث
Frustrate	خيَّبَ . أحبطَ . أفسد المسعى
Frustum	شكلٌ ناقص . قطع
Fry	اضطرابٌ * صغار السمك △ بساريه * مقلو . محمَّر
Fry	قلى . حمَّرَ
Frying pan	مِقلاةٌ
Fuel	وقودٌ . وَقيد * حطب
Fugitive	لاجئ * هارب . آبق * زائل
Fulcrum	دارِكٌ . مرتكَزُ العَتَلة
Fulfil, —l	أنجزَ . أكمَلَ . أتمَّ * وفى بِـ
Fulfilment	انجازٌ . أكمال * وفاء * تحقيق
Fulgency	لمعانٌ . سُطوع . تألُّق * بهاء
Fulgent	لامِعٌ . ساطع . متألِّق
Full	ملآنٌ * كامل . تامّ ‖ قَصَرَ القُماشَ
— age	سِنّ الرُشد
— brother	أخ شقيق
— moon	قمرٌ كامل . بَدْر
— swing	معمعان الحركة
in —	بالكامل . بالتمام
Fuller	قَصَّارُ الاقمشة
Full stop	نقطة . وقفة كاملة
Fully	بالتمام . تماماً . بالكامل

Fulminate فرقعَ. انفجرَ ٭ رعَدَ ٭ سخطَ
Fulsome غليظٌ. سَمِج. ثَقيل ٭ وقح
Fumble تلمَّسَ. تسكع ٭ تردَّدَ
Fume بُخارٌ. دُخان ‖ تبخَّرَ ٭ دخَّنَ
Fumigate بخَّرَ. طهَّرَ أو طهى بالتدخين
Fun هَزْلٌ. مُزاح. لهْو
make — of هَزأ به. جعله أضحوكة
Funambulist بَهلوان. الراقص على الحبْل
Function وظيفةٌ. شغل. عمل ٭ تأدية
Function أدَّى وظيفته. قامَ بالعمل
Functionary موظَّفٌ. مأمور
Fund مالٌ. رأس مالٍ. ذخيرة. اعتماد ‖ مَوَّلَ
Fundamental أساسيٌّ. جوْهَري
Funeral جَنازةٌ. حَفلةُ الدَّفنِ. مأتم
Fungi الفُطْريات. الاسفنجيات. [فُطر]
Fungous فُطريٌّ. كمْء ٭ سريع النمو والزوال
Fungus, *pl.* Fungi 
فُطْرٌ ∆ عيشُ الغرابِ. كمء ٭ لحم نافر. زائدة فطرية
Funicular حبلي. ليفي
— railway سكة حديد معلقة
Funk انكماش الخوف ٭ جبانٌ ‖ انكمشَ خوفاً
Funnel قُمْعٌ ٭ مِدْخَنة (الباخرة)
Funny مُضْحِكٌ. هَزْليٌّ
Fur فَرْوٌ. فراء ٭ فروي ٭ وساخة على اللسانِ
Fur بطَّنَ أو غطَّى بالفراء
Furbish صقَلَ. لمَّعَ. جلا ٭ جدَّد
Furcate, —d ذو شُعَبٍ. متشعب
Furious ثائرٌ. هائج ٭ مُتميِّزٌ غيظاً ٭ شرس

Furl طَوَى. لَفَّ
Furlong مِقياس طولي (٢٢٠ ياردة)
Furlough إجازة غياب (خاصة للجند)
Furlough منحَ اجازة
Furnace أتونٌ. قَمين. كُور. تنُّور
Furnish جَهَّزَ. قَدَّمَ اللازمَ ٭ أثَّثَ
Furniture أثاثٌ. مفروشات. أمتعة. رياش
Furrier فَرَّاء. تاجِرُ الفراء أو صانعها
Furrow خَطٌّ «المحراث». أخدود ٭ تجَعُّد
Furrow شَقَّ الارضَ بالمحراثِ. خَطَّط
Furry مُغطَّى بالفرو أو مثله ٭ ذو وَبَرٍ
Further أقصى. أبعدُ ٭ ثمَّ. أيضاً
Further ساعَدَ. عَضَّدَ ٭ روَّجَ
Furtherance تعْضيدٌ. ترويج. مناظرة
Furthermore فضلاً عن ذلك. علاوة على
Furthermost الأبعَد. الأقصَى
Furtive مختلَسٌ. مسروق ٭ خِلسةً. سرًّا. استراقاً
Furuncle خُراجٌ. دُمَّل
Fury غضبٌ. هَياج. جنون 
Furze ✦ رَتَم. رَتيمة. وِزال
Fuscous مُسوَدّ. قاتم. داكن. مُعتِم
Fuse, Fuze فتيل «المفرْقعات». شريطُ النارِ ٭ ٥ كوبس. قابس (كهرباء)
Fuse صَهَرَ. ذَوَّبَ بالحرارة ٭ مزَجَ ٭ انصهر
Fuselage جسم أو هيكل الطائرة
Fusible قابلُ الصَّهْر أو التسييح. يُذاب
Fusiform مُغزليّ الشكلِ. وشيعاني
Fusilier جندي من حَمَلةِ البنادقِ. ياده

Fusillade اطلاقُ الرَّصاص من البنادق بالتتابع
Fusion صَهرٌ. تذويب بالحرارة ٭ اندماج. ادماج
Fuss ضجيجٌ . ضَوْضاء
Fusty عَفِنٌ . خَمٌ . زَنِخ
Futile باطِلٌ . عَبَث . عقيم . لاطائل تحته
Futility عَبَثٌ . عَدَم نَفْع . عقم
Future مُستقبل . المستقبل ٭ عتيد . آتٍ
— tense المضارع
Futurism مستقبلية
Futurity المستقبل. استقبالية ٭ حوادثُ الغَيْب

G

Gabble ثَرْثَرَةٌ . بَرْبرة ‖ ثَرثَرَ ٭ نقَّ
Gable جَمَلون . سقف هرمي أو سنامي
Gadfly ذُبابَةُ الخَيْلِ أو المواشي . نُعَرَة
Gag كِمامٌ . كمامة ٭ تلفيقة ‖ سَدَّ الفم . كَمَّمَ
Gage رَهينة ٭ عيار ٭ مدى غوص السفينة
Gage رَهَنَ ٭ عايَرَ . قاسَ ٭ راهنَ
Gaiety مرحٌ . حبور . سُرور ٭ خِفة الروحِ
Gaily بانبساطٍ . بسرور ٭ بحبور . بمرح
Gain رِبْحٌ . مكسَب . منفعة
Gain رَبِحَ . نالَ . حَصَلَ على . كسَبَ
— ground تقدَّم . أفلَحَ . نجَحَ ٭ لحِق
— time ماطَلَ . سوَّف لكسب الوقت
Gainings أرباحٌ . مكاسِب . فوائِد
Gainsay ناقَضَ . كَذَّبَ . دَحَضَ
Gait قامةٌ . قَدٌّ ٭ مِشيَة ٭ تَخَطُّر
Gaiter جُرْمُوقٌ . طاق ٥. جِتْر

Gala حفلٌ . مهرجان . عيد
Galactic لبنيٌّ . مثل اللبن أو منه
Galaxy مجرَّة: درب التبانة (فلك) ٭ حفلٌ بهيٌّ
Gale نوءٌ . رياحٌ قوية . عاصفة
Galipot قَلَفونيَّة . صَمغُ الصنَوبَر
Gall صَفراءُ . مرارة ٭ غِلٌّ . ضَغينَة ٭ عَفْص
Gall جلَطَ . سَحَج . خدشَ ٭ اغتاظَ
Gallant شَهْمٌ . سامي الاخلاق
Gallantry شَهامة . نَخوَة . بَسالة . مروءة
Gall-bladder مَرارة . كيسُ الصَّفراء
Galleon غَلْيون . سفينة اسبانيّة
Gallery رواق . قاعة كبيرة ٭ صالة العرض (فنون) ٭ أعلى المسرح . شرفة ٭ النظارة
Galley سفينة قديمة ٭ مطبخ المركب
Gallic فرنسي ٥ غاليّ ٭ عَفْصيٌّ . عفصيك
Gallinaceous مرتبة الدجاج . دَجاجي
Gallnut جَوْزَةُ العَفْص . عَفْص
Gallon جالون (مِكيال للسوائل ٤ر٥٤ لتر)
Gallop رَمْحٌ . عَدْو ‖ جرى عدوا . رَبَعَ
Gallows مِشنقة . آلة الاعدامِ
Gallstone حصاة صفراوية . حصاة الصفراء
Galoche, Galosh ٥ قالوش . جُرْموق . خُف البلبل
Galvanic جلفانى ٥ كَلْفانيّ
Galvanize طَلى المعادنَ بالكهرباء . جلفنَ
Gamble قامَرَ . لعِبَ القِمار
Gambler مُقامِر . لاعِبُ الميسر
Gambling مَيْسِر . قِمار . مُقامَرة

Gambol قَمْزٌ ‖ قَمَزَ . تنطط
Game ألعابُ البَخْتِ ☆صَيْد ☆لحمُ الصيدِ
make — of جعله ألعوبة
make a — of لعب باهتمام ومهارة
to die — قضى مستبسلاً
Gamekeeper حارس (اراضي) الصَّيد
Gameness جراءة . اقدام . احتمال
Gamester مقامِرٌ . مولَع بالقمار
Gander ذكَرُ الوَزِّ او الأوز
Gang جماعة زُمرة . عصابة
— board لوح للعبور بين البر والقارب
— master وهين ∆ مقدمُ فَعَلَة . رئيس عمال
Ganger ∆ اوسطى دريسه . رئيس عمّال
Ganglion عُقدة . سَلْعة . عقدَة عصبية
Gangrene ○ غَنغرينا
Gangster سفَّاحٌ . لص . قاطع طريق
Gangway ممَرٌّ . مِعْبَر ∆ صِقالة
Gaol سِجْن . حَبْس
Gaoler سَجَّان . حارسُ السِّجْن
Gap فُرجَة . فتحَة . فَجْوَة . ثغرة . فراغ ☆ نقص
Gape فَغْرُ الفم ‖ تثاءب ☆فَغَر فَمَهُ
Garage حظيرة سيارات ○ جاراج ‖ خزّن السيارة
Garb حُلَّة . رِداء ☆ مَظْهَر
Garden جُنَينة . حديقة . بُستان . روضة
Gardener جنائني . بُستاني
Gargle غَرغَرة ‖ غرغَرَ . تغرغَر
Garland إكليلُ زهور . رُغْلة

Garlic ثُومٌ . ثَوْمَة
Garment حُلَّة . كساء . ثَوْب . رداء
Garner شونة . هُرْي . صومعة ‖ خَزَنَ ∆ شَوَّنَ
Garnet حَجَرُ سَيلان . عقيق
Garnish زَخْرفٌ . زينة ‖ زَيَّنَ . زَركَشَ
Garret غرفة فى سطح البيتِ . عُلّية
Garrison حامية . حَرَسٌ ☆حِصْن
Garrulity ثَرْثَرَة . كثرة الكلام
Garrulous ثَرْثار ∆ غلَباوي
Garter رِباط الاجربة ☆ رَبطَةُ السَّاقِ
Gas غازٌ ☆ بُخار ‖ سَمَّمَ بالغاز
— free تنظيف ناقلات البترول من الرواسب
— mask قناع الغاز (للوقاية منها)
— meter عدّاد الغاز
— oil الغاز الوسخ
Gaseous غازيّ ☆ بُخاريّ
Gash جُرْحٌ بليغ ‖ جَرَحَ جُرْحاً بالغاً ☆ثرثر
Gasify صَيَّرَه غازاً ☆ بخَّرَ
Gas-light نورُ الغاز
Gasolene زَيتُ البترول المكرَّر . غازولين
Gasp لَهْثَةٌ . بَهْر ‖ لهثَ . تنفَّسَ بشدَّةٍ
Gastric مَعِديّ . مختص بالمعدة
Gastritis نَزلة معِديَّة . التهاب المعدة
Gastronomy بطنةٌ . نَهَم
Gate بَوَّابَةٌ . رِتاج . باب ☆مسلك . مَمَرٌّ
Gather جمعَ . لمَّ . ضَمَّ ☆ استنتجَ
Gathering جمعيَّةٌ . اجتماع ☆جَمْع . لَمٌّ
Gaudy ذو رونق خارجيّ ☆ زاهٍ ☆مأدُبة
Gauge مِقياسٌ . غور . عيار ‖ قاسَ . عايَرَ

narrow — line خط حديدي ضيّق
Gaunt نحيلٌ . هزيل . ضامِر
Gauntlet كفّ . قفّاز طويل
Gauze شِفٌ . نسيج حريري رقيق . شاش
Gave, *of* Give اعطى
Gawky, Gawk اخرَقُ . سَمِج
Gay فَرحان ✱ سارّ ✱ مبهٍ . زاهٍ ✱ خليع
Gaze شُخُوص . تَفرُّس . تحديق . نظرة ثابتة
Gaze تَفَرَّسَ . رمَقَ
Gazelle غزالٌ . ظَبي
Gazette جريدة رسمية
Gazetteer قاموسُ جغرافى ✱ تقويم بلدان
Gear عُدَّة ✱ [تمشيقة] جهاز ✱ تروس أو دواليب نقل الحركة ‖ شدّ على . طقَّمَ . جهَّزَ
— box صندوق التروس . علبة تروس
in — مشتغل △ دائِر
out of — معطّل . واقف
Gearing آلات الحركة . تروس
Gecko بُرص أبو بريص . وَزَغ
Geese (*pl.* of Goose) أوز . وزّ
Gelatine هُلام △ بلوظة ○ جيلاتين
Gelatinous هُلاميّ . غَروِى
Geld خَصى . طَوَّشَ ✱ حرَمَ من شيء ضروري
Gem جوهرةٌ . دُرَّة ✱ برعُم . زرّ الزهرة
Gender جنس (المذكّر أو المؤنث)
Genealogical مختص بالانساب . سلاليّ
Genealogy سلسلة نسَبٍ
Genera أنواعٌ . أصناف . فصائل . أجناس
General قائدُ جيش . فريق ✱ عامّ . عمومىّ

in — بوجهٍ عام
Generality أغلبيَّة . عمومية ✱ العُمومُ
Generalize أطلَقَ . عَمَّمَ
Generally غالباً . عموماً . على وجه عام
Generate وَلَّدَ ✱ سبَّبَ . أحدَثَ
Generation تناسُل ✱ أمَّة . جيلٌ
Generative مُولِّد . مُنتج . مكوِّن
Generator مُولِّد كهربي ✱ مرجل
Generic جنسىّ . نوعىّ ✱ شامِل
Generosity سخاء . كَرَم . جود ✱ مروءة
Generous سَخىٌ . كريم ✱ شهم
Genesis تكوين . نشوء ✱ سِفرُ التَّكوين
Genet زُريقاء . غرنيط (نوع من قط الزباد)
Genial بهيج . سارّ ✱ زيجي ✱ خلقي . مولدىّ ✱ ذَقَنى
Genital تناسُلي . متعلِّق بأعضاء التناسل
Genitals أعضاء التناسل . العَورة
Genitive حالةُ المضاف اليهِ . جَرٌّ . خفض
Genius نابغة ✱ عبقريَّة . نبوغ
Genteel نبيل . دَمِثُ الاخلاق . رفيع القدر
Gentile أُمَمِىّ . وثنيّ
Gentility رقَّة . دماثة الاخلاق . ظُرف
Gentle دَمِثُ الاخلاق ✱ عريق أو محترم الاصل
Gentleman سيِّدٌ ✱ ماجد . نبيل
Gentlemen أسيادٌ ✱ أماجد
Gentleness لُطف . ظُرف . كياسة . دِعَة
Gently بلطفٍ . برقَّةٍ ✱ رويداً . على مَهَلٍ
Gentry الاشراف ✱ الخاصة . الاعيان △ الذوات
Genuflect سَجَدَ . رَكَعَ

Genuine أصلي.حقيقي. حُرٌّ * نَقيٌّ. خالصٌ
Genus نَوع . جِنس . فصيلة
Geografical جُغرافيّ
Geography علمُ الجغرافية. تخطيط الأرض
Geology جيولوجيا. علم طبقات الارض. الهلك
Geological مختص بعلم طبقات الارض
Geomancy ضربُ الرَّمل . عرافة
Geometer طالب هندسة . رياضى * مَسَّاح
Geometric, —al هَندَسي
Geometrician مهندس . رياضيّ
Geometry هندسة . علمُ الهندسة
plane — هندسة السطوح
solid — هندسة المجسمات. الهندسة الفراغية
Geophysics الجغرافية الطبيعية
Geoponics علم الزراعة . فن الفِلاحة
Geranium نبات الخُبَّيزى الافرنجيَّة . ابرة الراعي
Germ جُرْثومة . بزرة . نُطفة
German ألمانى * اللغة الالمانية * قريب لحًا
Germane مناسب . موافق * قريب ∆ لزَم
Germicide دواء قاتل للجراثيم أو مبيدها
Germinate فرَّخ . نَبَتَ . برَضَ
Gestation مُدَّةُ الحَمْل * حَمْلٌ . حَبَل
Gesticulate أومأ. شوَّرَ بيده وحرَّك جسمه
Gesture اشارةٌ . حركة . ايماء ‖ شوَّر . أومأ
Get فلوٌ . بطن * نسل . ذريَّة (حيوان)
Get حصَّلَ . نال * ظَفَر بِـ * صارَ
— along تقدَّم . أفلحَ * سار * وافق
— around *or* round تفادى. تجنَّبَ. راوغ
— at وصَلَ الى * أدرَكَ . حصل على
— away انصرفَ * هَرَبَ . أبعد
— back عادَ . رجع * استرجعَ . استردَّ
— better تحسَّنَ
— off هربَ. نجا * رحل * نزع. خلع * انقذَ
— on with سايرَ . جارى * افلح
— out خرجَ * استخرجَ * سَحب * عرَّفَ
— over تغلَّبَ على * شُفِيَ
— rid of تخلَّصَ من
— through أنجزَ * اجتازَ
— under اخضعَ
— up قامَ . انتصب * اعدَّ . رتَّبَ
Geyser فوَّارة ماءٍ حارّ . حَمَّة * سخَّان
Ghastly أصفر الوجه كالموتى. شاحب . مرعب
Gherkin ∆ خِيار قُشَّة . خيار صغير
Ghost خيالٌ . طَيف . شبَح * روح
Ghostly مخُوفٌ * خياليّ . طَيفيّ
Ghoul الغُولُ . غُولٌ
Giant ماردٌ . عِملاق . عظيم الجسم
Gib, Gibbet يد ونش . مقبض الرافعة
Gibber تمتَمَ . بَرْطَمَ . بربرَ
Gibberish تَمْتَمَةٌ . رطانة
Gibbet مِشْنَقَةٌ ‖ شَنَقَ
Gibe تهكُّمٌ . استهزاء ‖ ندَّد بِـ
Giddiness دُوارٌ . دَوْخة * طَيش
Giddy مُصابٌ بالدُّوار . دائِخ * طائش
Gift عَطية . هِبة * موهَبة
Gifted ذكيٌّ . ذو مواهبِ ساميَة
Gig خُذروف * ∆ دوكار * زَوْرَق * أضحوكة

Gigantic جسيمٌ . ضخمٌ . جبار
Giggle ضحكٌ . قهقهة ‖ هأهأ . قهقه
Gild طلى بالذهب . ذهّب * موّه
Gilder طلاء * عملة فلمنكية
Gilding قشرة ذهبية * زخرف
Gill خيشوم السمك △ نخشوش
Gillyflower زهرُ المنثور
Gilt ماء الذهب * مذهّب . مموّه بالذهب
Gimcrack لعيبة . حلية تافهة * آلة عاطلة
Gimlet مثقب . مخرز . بريمه
Gin محلجٌ * مشروبٌ مسكر ‖ حلج
Ginger زنجبيلٌ
Gingerbread حلوى كعك الزنجبيل
Gingiva لثة
Gipsy نوريّ . غجريّ
Giraffe زرافةٌ (حيوان كبير) 
Gird طوّق * منطق . حزّم * حقّر
Girder رافدةٌ . كمرة حديد أو خشب . △ عتب . عارضة
Girdle منطقة . زنّار . حزام ‖ حزّم
Girl ابنة . بنت . فتاة . صبيّة * خادمة
— scout كشّافة
Girlhood صبوّة البنت أو شبابها . بنوتة
Girth حياصةٌ . حزام السرج * مقاس محيط الجسم
Gist بيت القصيد . خلاصة . فحوى * باعث
Give أعطى . أدّى * منح . وهب * سبّب
—away أهدى . قدّم . أعطى * خان . فضح
— oneself away أوقع نفسه بلسانه
— back ردّ . ارجع
— chase to طارد . لاحق
— ear أصغى . استمع . أنصت
— forth or out أعلن . أذاع
— in or into أذعن . خضع . أقرّ بغلبته
— notice أعلن . أنذر
— on to أشرف على . أطلّ على
— over قطع الرجاء من * سلّم
— rise to سبّب . بعث على
— up اقلع عن . هجر * أقرّ بعجزه
— way إستسلم . أذعن * انخسف . هوى
Given معطى * مذكور * مسلّم به * مولع بـ
— number عدد معلوم أو معيّن
Giver واهب . معطٍ . مانح
Gizzard قانصة . قونصة . معدة الطيور
Glacial متجمد * ثلجيّ . جليدى
Glacier مجرى أو نهر ثلج
Glad مسرور . فرحان * مفرح
— eye (*slg.*) نظرة اعجاب او افتتان
Gladden سرّ . فرّح . أبهج
Glade ممرّ في غابة
Gladiator مصارع . مجالد . منازل
Gladness سرورٌ . فرح . حبور
Gladsome سارّ . مفرح . بهيج
Glair آح . بياض البيض
Glamorous فاتن . ساحر
Glance لمحة * وميض . بريق
Glance رمق * لمح * زاغ . انحرف
Gland غدّة . عقدة (في التشريح)

Glandular | غُددي . مُتعلّقٌ بالغُدَد
Glandulous | . ذو غدد
Glans حشفة (القضيب)
Glare لمعان النُور ☼ تألق ☼ تحديق ☼ سَدرٌ
Glare لَمَعَ . أومضَ ☼ توهَّجَ
☼ بَهِرَ النَّظرَ △ زغلل ☼ حَملَقَ
Glaring لامِعٌ . ساطِع ☼ بادٍ للعيان ☼ شهير
Glass زجاجي ☼ زجاج
☼ قدحٌ ☼ مِرآة
Glassful مِلءُ قدحٍ
Glassware آنية زجاجيَّة
Glasses نظَّارات
Glassy زُجاجيٌّ ☼ جامِد △ مُقزِّز ☼ كامد
Glaucoma ماء أزرق (طب البصر)
Glaze طَلْيَة زجاجيَّة ☼ صَقْلَة
Glaze صَقَلَ . رزَّز . زجَّجَ
☼ ركَّبَ الزجاجَ
Glazier زجَّاجٌ △ قزازي
Gleam شُعَّة . وميض . بصيص ‖ لمَعَ . وَمضَ
Glean إلتقَط فضلات الحصَّادين . △ عَفَّرَ
Glede حِدَّاية ☼ صَقر
Glee سرور . مَرح . بسْط
Gleet سيلان مزمن
. نقطة عسكرية (مرض)
Glen وادٍ صغير . وهْدَة . نفْنَف
Glib طَلِقٌ ☼ زَلِق ☼ أملس
Glibly بطلاقة لسانٍ ☼ بسهولةٍ
Glide إنزلاقٌ ‖ زَلَقَ . تزحلق
Glider طائرة بلا محرك . منزلقة

Glimmer بصيصٌ . نورٌ مُترجرج ‖ شَقشَقَ
Glimpse لَمْحَةٌ . نَظْرَة ☼ وَمْضَة
catch a — لَمَحَ
Glisten تألُّقٌ ‖ تألَّقَ . تلألأ . لَمَعَ
Glitter لَمَعانٌ . تألُّق ‖ لَمَعَ . تلألأ
Glittering لمَّاع ☼ برَّاق . لامِع . متألق
Gloat تفرَّسَ فيه . حَملَقَ . حدَّق اليه
Globe كُرَة ☼ الكُرة الارضيَّة . الارض
☼ إناء زجاجي كروى
— trotter طوَّاف . جوَّاب حول الارض
Globular كُرَوِيٌّ . [كريٌّ]
Globule كُرَيَّة ☼ فُقَّاعة . فقلولة . بقلولة
Glomerate مُكَبَّبٌ ‖ كَبَّبَ . كتَّلَ
Gloom كآبة . غَمٌّ ☼ ظلام ‖ أظلَمَ
Gloomy قاتمٌ ☼ مظلِم ☼ حَزين
Glorification تمجيدٌ . تبجيل
Glorify مجَّدَ . بجَّلَ . عظَّمَ ☼ سبَّحَ بحمد
Glorious مَجيدٌ . جليل . فاخِر
Glory مَجْدٌ . جلال ☼ هالة ‖ فاخرَ . تباهى
Gloss صَقْلة ☼ شَرْح . تعْليق ‖ علَّق على
Glossary قاموس لشرح الكلمات العويصة
Glossy لامِعٌ . صقيل . مَلِس
Glove قُفَّازٌ . كَفٌّ △ جوانتي
throw the — طلبَ للمبارزة
Glow تأجُّجٌ . توهُّج ☼ رونق
Glow تأجَّجَ . توهَّجَ ☼ اشتعلَ . استعرَّ
Glowing متأجِّجٌ . مُتوَهِّج . ملتهِب
Glowworm حُباحِب . سراج الليل . يَراعة
Glucose جلوكوز . سكر النشا أو العنب

Glue غِراءٌ . مادة غَروية || غَرّى
— pot [غرّاية] . مِغراةٌ
Glum عَبوسٌ * شَكِس . كئيب
Glut كَثرة.فيض.كِظّة || أفعمَ.ملأ * التهم
Glutinous غَرَويٌّ . دَبِق . لزج
Glutton, —ous نَهِم . أكول △ دبّاغ
Gluttony نَهَمٌ . بِطْنَة △ فجعنة
Glycerine, Glycerin ○ غليسرين
G-man شرطى المباحث (فى اميركا)
Gnar, Gnarl عُقْدة فى خشب △ بِزّ
Gnash حَرَّق الأُرَم . صَرَّ بأسنانه
Gnat بَعوضة . برغشة . ناموسة
Gnaw قرضَ . أكلَ . نخرَ . قضم
Go نشاط.حماس || ذهبَ.مضى * دارَ .اشتغل
— about تجوّل. جالَ. طاف
— after تبع . لاحقَ
— along سارَ . مَشى * تقدم
— beyond تخطى . تجاوز
— down نزلَ
— in دخلَ
— off ذهبَ . انطلقَ * خرجَ
— on سارَ . تقدّمَ * إستمرّ
— out خرجَ * انطفأ
— up صَعِدَ . طلع
— without استغنى عن
Goad مِنْخَسٌ * مُحرِّك || نخسَ * حثّ
Goal هَدَفٌ * غَرَضٌ . مَطْمح
—keeper حارسُ المرمى . ○ جول
Goat ماعِزٌ . عَنْزة . ماعزة . تيس
Goatherd مَعّاز . راعي الماعز
Gobble التهمَ . ازدردَ . التقم
Go-between وَسيطٌ
Goblet قدحٌ . كأس . طاس
Goblin مارِدٌ . عِفريت . جِنّي
Gocart △ مشّاية . درّاجة للاطفال
God الله . الاه . ربٌّ
— speed فى أمان الله . وفّقك الله
— willing بمشيئة الله . ان شاء الله
would to — ياليتَ . ليتَ
Godchild فَلْيون . ابن أو ابنة فى العماد
Goddess معبودةٌ . الاهة * معشوقة
Godfather عرّابٌ . اشبين
Godless مُلحِدٌ . كافر بالله
Godlike جليلٌ . سنيّ * ربّانى . الاهي
Godliness تقوى . تدين
Godmother عرّابةٌ . إشبينة
Godsend عطيّةٌ * بخت . توفيق
Goggle حَمْلَقَ بعينيه . زَنْهَرَ
Goggles نظّارات للوقاية من الغبار والشمس
Going رَحيل . ذِهاب * سائرٌ . ماشٍ
Goiter جَدَرَة . تضخم الغدة الدرقية
Gold ذَهَبٌ . إبريز * نقودٌ . مال * ذهبي
Golden ذَهَبيٌّ * أصفر ذهبي
— age العصر الذهبي أى العصر المجيد
— wedding احتفال بانقضاء ٥٠ عاماً على الزواج
Goldfinch حَسّون (عُصفور مغرِّد)

Goldfish سمك مُرْجان
Goldsmith صائِغٌ
Golf لُعبة جُولف . الجحف
Gondola قارب ڤينيسي ○ جندول
Gone, *of* Go ذَهَبَ . مضى. انتهى *مُتوفىً
Gong ناقوسٌ. جَرَس
Gonorrhoea مرض السيلان ∆ تعقيبة
Good خَيْرٌ. فائِدة *صالِح *جيِّد
— conductor موصل جيِّد (كهرباء)
— faith حُسن أو سلامة نيَّة
— for نهائياً . بالمرَّة
— Friday جُمعة الآلام . الجمعة الحزينة
— gracious ! ياسَلام
— heavens ! يا الله . يا للعجب
— many عدد كبير . كثيراً
in —time في الوقت المناسب
Good-bye استودِعكُم الله
Goodhumoured بَشوش . يَحْبور
Goodly مَليح . لَطيف . جَميل
Goodnatured دَمِثُ الاخلاقَ
Goodness جُودَة . طِيبة . صَلاح
Goods بِضاعة . بَضائع . سلَع
Goodwill شهرةُ المحلِ ∆خلو رجل
Goose وَزَّة . أوزة * غَبي . ساذج
Gooseberry عِنَبُ الثعلب * كزبرة افرنجية
Gordian عَويص . مُعضِل . معقَّد
Gore جُلطةدم. دم متجمد ‖ نَطَحَ . طَعَنَ
Gorge حَلْق زور *مضيقٌ ‖ بلَعَ . ازْدَرَدَ
Gorgeous فاخر * بهيٌّ . جَميل . فخم

Gorilla انسانُ الغاب . ○ الغوريلا
Gormandize أكلَ بنَهَم وشرَه
Gorse رَتَمٌ . وزَّال (شجرة شائكة)
Gory ملطَّخ بدمٍ خاثر *دَمويٌّ
Gosling فرْخ أوز . أوزَّة صغيرة
Gospel إنجيل . بِشارة * مُنزَل
Gossip قيل وقال *لِقلاق ‖ تحدَّثَ. ثرثَرَ
Got, *of* Get نالَ . حَصَل على
Gothic غوطيٌّ * همَجيٌّ
Gouge إزْميلٌ مُقعَّر *مِقْوَرة ‖ قوَّرَ
Gourd قَرْعة . يَقْطينة *زجاجة الماء
Gout داء الملوك . النِّقْرِس *روبة الدم
Govern حكَمَ . تَسلَّطَ على . ساسَ
Governess مربية أولاد . قَهْرَمانة
Government حكومة *دولة *حكومي
Governmental حكومي *متعلق بالحكومة
Governor حاكِم . والٍ . محافِظ . مدير
Governorship منصب الحاكم أو الوالي
Governorate محافظة
Gown قفطان ∆ فُستان . ثَوْبٌ . جلباب
Grab خُطَّافٌ *خَطْف ‖ خَطَفَ
Grace نِعمةٌ * مُهْلة * فَضْل . مِنَّة
*حُسن . رشاقة *صلاةُ المائدة * نيافة
act of — عفو . صفح
days of — المهلة القانونية
with a good — عن طيب خاطر . بلطف
Graceful رشيقُ القدِّ . حلو الشمائل
Graceless فاسدٌ . فظ * سمج . مرذول
Gracious رَحومٌ . رؤوف * جوَّاد

Graciously تلطُّفاً * بلُطف
Gradation دَرجة * تدرُّج
Grade دَرَجةٌ .مرتبة .رُتبة ‖ رَتَّبَ.درَّجَ
Gradual تدريجي * مُتَدَرِّج
Gradually تدريجاً . شيئاً فشيئاً
Graduate خِرِّيجُ جامعة ‖ تخرَّجَ * درَّج
Graduation تقدُّمٌ بالتدريج * درَجة
Graft طُعْمٌ . تطعيم ‖ طَعَّمَ * ابتزَّ
Grain حَبَّة.ذرة * قمح.حِنْطة * قمحة (وزن)
Grained خَشِنٌ * مُحَبَّبٌ * مُعَرَّق
Grains رُسوب . حُثالة . ثُفْل * حبوب
Grainy محبَّب * كثير الحبوب * معرَّق
Gram غُرام أو جرام (وزْنٌ عُشرىّ)
Gramineous عُشْبي
Grammar أجرومية . علم النحو والصرْف
Grammatical حسب قواعد اللغة . لُغَوِي
Gramophone الحاكي . ○ فونوغراف
Granary هُرْىٌ . مخزن اوصومعة غِلال .شونة
Grand فاخِرٌ . جَليل . عَظيم
Grandchild حَفيدٌ * حَفيدة
Granddaughter حَفيدة
Grandee أميرٌ . وجيه . عظيم . عين
Grandfather جَدٌّ
Grandiloquence حَذْلَقَة
Grandmother, Grandma جَدَّة
Grandsire جَدٌّ * سَلَفٌ * عجوز
Grandson حَفيدٌ

Grandstand مقاعد الصدارة فى حلبة الرياضة
Grange دَوَّار . مبانى المزرعة . ضيعة
Granite ○ غرانيت . صوَّانٌ
Granny جَدَّة * امرأة عجوز
Grant هِبَةٌ .منحة ‖ منَحَ.وَهَبَ * أجاز * خَوَّلَ * سَلَّم بِ . فرَضَ
Granted مُسلَّم به * على فرض * ممنوح
take for — سلَّم جدلاً . على سبيل الفرض
Grantor الواهِبُ . المانِح
Granular حُبَيْبِيّ . مُحَبَّب
Granulate حبَّبَ * تحبَّب ∆ بَرْغَلَ * خشَّنَ
—d محبَّبٌ . مجروش
Granule حُبَيبةٌ . حبَّة * ذَرَّةٌ
Granulous ذو حبوب . مُحَبَّب
Grape عِنَبة . حبَّةُ عِنَبٍ
—s عنبٌ (نبات وثمر)
Grape-fruit الليمون الهندي . جريبفروت
Grapestone بِذرةُ عِنبٍ . نَواة عِنبٍ
Graphic, —al خَطِّيٌّ * مختص بفنّ الرَّسم . تصويريّ * نيِّرٌ .واضِح * بيانى
— arts فنون الرسم والتخطيط والنقش والحفر
Graphology دراسة خلق الشخص من خطه
Grapnel هلبٌ . مرْساة . خطّاف
Grapple كُلاَّبٌ * مَسْكة
Grapple تمسَّكَ بِ
Grasp مَسكة . قَبضة * ادراك
Grasp قَبَضَ على . أمسك * فَهِمَ
Grasping ادراكٌ . فهم * مُسْكَةٌ . بخيل
Grass نجيلٌ . عُشب ○ حشيش . كلأ * برسيم

Grass grown مُغَطّى بالعُشب
Grasshopper جُنْدُب ∆ . أبو النطّيط
Grassy خَضِرٌ . مُعشِب
Grate مَوْقِد ∆ كانون ☆ شباك حديد للشيء
Grate حكَّ . بَشَرَ ☆ صرَّ ∆ زيَّقَ
Grateful سارٌ . مُرْضٍ ☆ مُتشكِّر . ممتن
Grater مِحَكَّة . مِبْشَرة . مِنحتة
Gratification مكافأةٌ . جزاء ☆ ارضاء . اشباع
Gratify كافأَ . جازَى ☆ أرضى
Grating شُبَّاك او شبكة حديدٌ ☆ صَرير
Gratis مجاناً . بلا مقابل ☆ مجانى
Gratitude شُكر . معرفةُ الجميل . امتنان
Gratuitous مجانى ☆ بلا مسوِّغ
Gratuity هِبَة . عَطيَّة ☆ مكافأة
Grave قَبْرٌ . ضَريح ☆ رصين ☆ خَطير . هام
Gravel حَصاةٌ . حصوة ☆ رمل بولي
Gravely بِرَصانةٍ . بهيبةٍ ☆ بأهميَّةٍ
Graven محفورٌ . منقوش . منْحوت
Graveness رَزانَة . وَقار ☆ خُطورة
Graver حَفَّارٌ . نَقَّاش . نحَّات
Gravestone الشاهدة . رُجمة . بلاطة الضَّريح
Graveyard جَبَّانة . مَقبَرَة
Gravitate انجذَبَ نحو مركز الارض
Gravitation جاذبيَّة . جَذْب
Gravity جاذبيَّة الثِّقَل ☆ خُطورة
. أهميَّة ☆ هيبة . وقار
specific — الثِقل النوعى
Gravy مرق اللحمِ . ∆ بهْريز . دِمْعة . وَدَك
Gray, Grey رَمادىّ . سِنجابىّ . أشيَب
Grayfish, Greyfish سمك القرش
Grayling سمكُ لبيس
Graze رَعى . كلأ ☆ سحَجَ . جَلَطَ
Grazing مَرْعًى ☆ أكلُ العُشْبِ
Grease دُهْنٌ . شحم ‖ شَحَّمَ . دَهَنَ ☆ ودَّك
Greasy شحميٌّ . دُهنىّ ☆ مشحَّم
Great عظيم . كبير ☆ سامٍ . شريف ☆ حُبلى
—coat مِعطَف ∆ بالطو
— deal, — many مِقدار او عدد عظيم
Greaten كبَّرَ . عظَّمَ
Greater أكبر . أعظَم . أكثر . أوفر
Greatest الاكبر . الأكثر . الاعظم
Greatly بدرجةٍ عظيمة . كثيراً جداً
Greatness سُمُوٌّ . عَظمَة ☆ عِظَمٌ
Greaves دِرْعُ الساق لوقاية الأرْجُلِ
Grecian روميٌّ . يونانى . إغريق
Greece اليونان . بلاد الروم
Greed, —iness شَرَهٌ ☆ طَمَعٌ . نَهم
Greedy شَرِهٌ ☆ أكول ☆ طَمَّاع . حريص
Greek يونانىٌّ . رومى ☆ اللغة اليونانية
Green أخْضر ☆ فِجٌ . نَيِّىء ☆ . غِرّ . غشيم
Greenfinch الخُضَيرى (عصفور)
Greengrocer خُضَري أو فاكهى
Greenhorn أخرَقُ . هَبيت . غِرّ
Greenhouse مُسْتَنبتٌ لوقاية النباتات . مِكَنٌّ
Greenish مائل الى الخضرة . مخضَر
Greenroom غُرفةُ لبْس الممثلين أو استراحتهم
Greens خُضَر . خضروات . بُقول
Greet سَلَّمَ على . حيَّا . رحَّبَ بِ ☆ هنأ

Greeting تحيّة . ترحيب ٭ تهنئة
Gregorian غريغوري (نسبة للبابا غريغوريوس)
Grenade قُنبلة أو قذيفة يدوية
Grenadier رامي القنابل ٭النسّاج(طائر)
Grey, Gray رَمادي ٭ سِنجابي
Greyhound كلب سلوقي . كلب صَيد
Grid شبكة . شباك (لاسلكي)
Grief حُزن . غَمّ . حسرَة
Grievance مَظلمة . ضَيم ٭ضيق ٭أذيّة
Grieve كدَّرَ . أحزَنَ ٭ حَزِنَ
Grievous مُكدِّر . محزِن . مفجِع
Grill شوّاية . ∆ شِكارة || شوَى
Grim مقطّب الوَجْه . عابس ٭بَشِع
Grimace تقطيبُ الوجهِ . جهامة
Grimalkin قِطّة . هرّة عجوز ٭عجوز شمطاء
Grime وسَخ . قذَر || وَسَّخَ . لطّخ
Grin تكشيرة . كاوح ٭ضحك استهزاء
Grin كَشَّرَ عن
Grind سَنَّ . شحذ . جلخ ٭سَحَقَ ٭طَحَنَ
— one's teeth حَرَّق اسنانه
Grindstone حَجَرُ السَنّ . مِسَنّ
Grinning كالِح . مقطّب . عابِس ٭ تكشير
Grip قَبْضَة . مسكة قوية ٭مغص || أمْسَكَ
Gripe قَبْضَة . كَمْشة ٭ضَغْطة ٭مِخْلَب
Gripe قبَضَ على ٭ ضَغَط . كَمَشَ
٭ ضغطَ على ٭أصيبَ او أصابَ بمغص
Gripes مغْص . ألم في البطن ∆ تقطيع . تقريط
Grisly مُريع . شنيع
Gristle غضْروف
Gristmill جاروشة . رَحى
Grit حصًى ٭جريش . بُرْغُل ٭حزْم . عزم
Grizzle لون سنْجابي أو رمادي || تشكّى . أنَّ
Grizzled شائب . أشيب
Groan أنين || أنَّ . تأوَّه . زفَرَ
Grocer بَقّال . بدّال . خُضَري نواشف
Grocery ∆ بِقالة . بدالة
Groggery خمّارة . حانة
Groggy مترنّح ٭ ثمِل . سكران
Groin خِنُ الورِك . اربية حَقْو ٭ركيزة البناء
Groom سائس خيل ٭عريس || طَمَّرَ الخيل
Groove أخْدود . ثلْم ٭مجرى || حزَّ
Grope تلمَّسَ . تحسَّس . تسكع
Gross غليظ . فظ ٭قروصه (١٢ دسته) ٭إجمالي
— error خطأ فاضح
— weight الوزن القائم
Grossly بكثرةٍ ٭ بخشونةٍ . بسماجة
Grossness خشونة . غِلَظ
Grotesque سُخْري ٭ غَريبُ الشَّكل
Grotto كَهف . غار . مغارة ٭ ∆ جبلاية
Ground مطحون . مسحون ٭ مسنون
Ground أرْض ٭ بلاد ٭أساس ٭سبب ٭دليل
Ground أسَّسَ ٭دعَمَ . قرر ٭طرح أرضاً
— floor الدورُ الارضي
— wire السِلك الارضي
above — حَيّ يُرزَق
to lose — تقهقَرَ . ارتدَّ . تأخر
Grounded مؤسَّس . راسِخ ٭ مُرْتَطِم
Groundless باطل . لا أساس له

Groundwork أساسٌ . جِدار ٭أصْل
Group جماعة .شرذِمة رهط || جمَّع .ضمَّ
blood —s فصائل الدم
Grouse طَيْهُوجٌ (طائر)
Grout بُرغل . جَريش . فريك ٭ حُثالةٌ
Grove غابةٌ . حرْش. أيكة ٭ حديقة
Grovel زَحَفَ . دبَّ . حبا ٭ تذلل
Grovelling حقيرٌ . خسيس ٭ خسَّة
Grow نَبتَ ٭ نما . ازداد ٭ زَرَعَ ٭ رَبَّى ٭ صارَ
to — in years تقدَّم في السن
Growl دَمْدَمَة || دَمْدَمَ . هَمْهَمَ . زمجرَ
Grown, *of* Grow نام ٭ ناضج . بالغٌ
—-up بالغٌ
Growth نموٌّ . ازدياد . تقدُّم ٭ نتاج
Grub دودةٌ صغيرة ٭ اكْل || حَفَرَ
Grudge ضغينَةٌ .حِقْد || حَسَدَ ٭حقَدعلى
Gruel ثَريد . عَصيدة ٭ عقاب
Gruesome مخيفٌ . شنيع . بشع
Gruff فَظٌّ . عَبوس . شَرِس
Grumble تذمَّر . تأفَّفَ ٭ برطَمَ
Grumbler متذمِّرٌ . متأفف . شاكٍ
Grunt قباعٌ .قبع || قَبَعَ الخنزيرُ أي صاتَ
Guarantee كَفالة. ضمان ٭ضامِن || ضَمِنَ
Guarantor ضامِنٌ . كَفيل
Guard حارسٌ ٭حَذَرٌ ٭حراسة . حماية ٭رفرف. دريئة ٭كساري || حرَسَ . حفظ
off one's — غافلٌ . ساهٍ
on one's — محترس . متيقظ

Guardian وَصِيٌّ .وَليُّ أمر. قَيِّمٌ ٭حارس
Guardianship وصايةٌ . حضانة ٭ حِراسة
Guava جَوافةٌ (فاكهة)
Guerrilla حرب العصابات أو الادغال
Guess تخمينٌ . حدْس || خمَّنَ . حزَّرَ
Guest ضيفٌ . نزيل . زائِر ٭ معزومٌ
Guidance إرشادٌ . هِداية . قيادة . توجيه
Guide مُرْشِدٌ .دليل || أرْشدَ . دلَّ . وجَّه
Guidepost هادية الى الطريق . لافتة . مَعْلَم الطرق
Guild, Gild نِقابةٌ . طائفة
—s اتحادات مهنيةٌ
Guile مَكْرٌ . غَدْر . غِيلة . غش
Guileful مكَّارٌ . ماكِر . غَدَّار . مخاتل
Guillotine مقْصَلة لقطع الرأس . آلةاعدام
Guilt, —iness اثمٌ . جُرْم . ذنب
Guiltless بَريءٌ .غير مُذنب .طاهر الذيل
Guilty مُذْنِبٌ . مجرِم
Guinea جُنيه انجليزي (٢١ شِلن) ٭غينيا
— fowl دَجاج سوداني . غِرْغِر
— pig الفأرُ أو الأرنب الرومي. خِنزير الهِند
Guise شَكلٌ . هَيئة . أسلوب
Guitar قيثارة (آلة موسيقيَّة)
Gulf خَليجٌ . جون . خور ٭ هُوَّة
Gull طيرُ النورس. زُمَّج || إحتالَ على. خَدَعَ
Gullet مَريءٌ . بُلعوم ٭ رَقَبة ٭ قناة
Gulp بلْعةٌ ٭جَرعة || جرَعَ ٭ إزدرَد
Gum صَمْغٌ ٭لثةالأسنان || ألصق. صمَّغ
Gummy, Gummous صَمْغيٌّ . لزِقٌ

Gun بُندقيّة . سلاح نارى ✻مِدفع
machine — مِدفع رشّاش
Gunboat مدفعية (سفينة حَربيّة)
Gunner ▵ طوبجي .مِدفعيّ .جندى المدفعية
Gunpowder بارودٌ
Gunshot مدى البندقيّة أو المدفع ✻ طلق نارى
Gunsmith صانِعُ الاسلحة ▵ غُنْدَقْجى
Gurgle بقْبقَةٌ . قَرْقَرة ‖ بقْبق
Gush اندفاقٌ . تدفُّق ‖ شَخَبَ . تدفَّق
Gust نفْخَة . هبَّةُ ريح . عَصْفَة . لفحة
Gusty زوْبعي . عاصِف
Gut معًى . مُصْرانٌ ‖ بَقَرَ البطنَ
blind — الاعور . المعى الاعور
Gutta-percha صمْغ هندي ○ غوتابركا
Gutter ميزابٌ .قناة ‖ نَطَف .ذابَ ونقَّط
Guttural حلق . بلعومي ✻ حُنْجُرى
Guy أى شىء يستعمل للتثبيت ✻ شخص
Gymkhana جمخانة . حفلة ألعاب رياضية
Gymnasium معهد أو ملعب رياضى
Gymnastics الألعاب الرياضية . الرياضة البدنية . جُمباز
Gypsum ○ جِبس . جِص
Gypsi, Gipsi نَوَرىّ
Gyral دوّار . دوَّام ✻ تلفيق
Gyrate دارَ . دوَّم . لَفَّ . بَرَمَ حول

H

Haberdasher ▵ خُردَواتى . خردَجى . بائعُ السلع الصغيرة . بائع خردوات

Habit عادة مستحكمة .طبْع ✻ ثَوْب . رداء
Habitable يُسْكَنُ ✻ صالح للسكنى
Habitation مَسكنٌ . منزِل . دار ✻ سكنى
Habitual مألوفٌ . عادى . اعتيادى
Habitually عادةً . إعتياديًا . عاديًا
Habituate عَوَّدَ . درَّبَ . طبَّعَ
Habitude عادة . اعتياد . دأبٌ
Hack كَديشٌ .حِصانُ جَرّ ‖ فَرَمَ . هرَمَ
Hackle مشط الكتان ‖ سَرَّحَ . مَشَّطَ ✻ مَشَّق
Hackney حِصان أو عربة أجرة .مبتذل ‖ إبتذَلَ
Hacksaw منشار المعادن . منشار يد للخدش
Haddock حُساس . سمك بحري من جنس الرنكة
Hades الجحيم . الهاوية . سَقَر
Haft مِقْبض . يد . نِصاب
Hag شَمْطاء . حيزبون ‖ عذَّبَ . اتعبَ
Haggard شاحِبٌ . هزيل
Haggle هَرَسَ ✻ ماحَك ✻ ساوَم
Hail بَرَدٌ ✻ نِداء ‖ حيَّا ✻ نادى
Hail ! السلامُ عليك ✻ حيَّاكَ الله
Hail-fellow صديقٌ . خِدن
Hailstone حَبَّةُ بَرَد . بَرَدَة . رخَّة
Hair شَعرةٌ . شَعْرٌ ✻ وَبَرٌ
Haircloth مِسحٌ . قماش خشن من الشعر
Hairdresser مُزَيِّنٌ . ماشِط . حلاّق
Hairless أصْلَعُ . أحلَس . أجرَد
Hairpin دبُّوس شعر ▵ فُرشينة
Hairsplitter مماحِكٌ . مراوغ . مُكابِر

Hairy أشعرُ . كثيرُ الشَّعر . أزَبّ
Halcyon قاوَند (طائرمائى) * هادِى . ساكن
Hale صَحيحُ الجسم . مُعافى || جرّ . سحَبَ
Half نِصف . شَطْر * نِصفيّ
— back ظهير مساعد (فى كرة القدم)
— blood قرابة من أحد الوالدين * مولَّد
— brother أخ من أحد الوالدين (غيرشقيق)
— dead بين حىّ وميت
— done △ نِصف سِواء
better — النصف الافضل . الزوجة
Half-and-half △ نُص ّ على نُص ّ
Half-caste موَلَّد . مختلطُ الوالدين . مُجَنَّس
Half-pay نِصف ماهيَّة أو نصف معاش
Half-way فى الوسط . فى منتصف المسافة
Hall قاعة . ايوان . رَدهَة △ فَسحَة
— mark دمغة المصوغات
Halloo نِداء التنبيه || نادَى . صاحَ
Hallow بارك . قدَّسَ . كرَّس * حث . صاحَ
Hallucination هذيانٌ . △ هَلوَسَة . خَلْط
Halo هالةٌ (حول الشَّمس أوالقمر)
Halt وقفة * موقف . محطة * || حطّ . وقفَ * توقَّفَ . ترددَ * عرج
Halter رَسَنٌ * موازن || قَيَّدَ . رسَنَ * شنق
Halting-place محطة (للاستراحة) . مرحلة
Halve نَصَّفَ . شَطَرَ
Ham فِخذُ الخِنزير الملح والمقدَّد
Hamlet مَزرعةٌ . دَسْكرَة . △ كفر
Hammer مِطرَقة . شاكوش * زناد البندقية || دقّ . طرَقَ * كرَّر المسعى

Hammock سَرير أرجوحة يعلَّق
Hamper قُفَّةٌ . زنبيل . سَلَّة
Hamper عَرقَلَ . ضايقَ . لَخبَم
Hamstring عُرقوبٌ . مأبِض || عَرْقَبَ
Hand يدٌ . كَف * مقبض * مساعد * خط * عقرب الساعة * يدَوىّ
— hole فتحة التفتيش (ميكا)
— in glove كشخص واحد
— in — باتحاد * متماسكان بالايدى
— money عربون
— over — بسرعة
— to-mouth الكفاف
an old — عامل خبير بالعمل
at — قريب . بالقُرْب . موجود
at first — رأساً . من المصْدر
come to — وَصَلَ . وردَ
join —s عقدوا الخناصر . اتحدوا
lend a — مدّ يد المساعدة
on — موجود . تحت اليدِ
upper — اليد العليا . السطوة
to change —s تبادلته الايدى
Hand ناولَ . أعطى . سلَّم
— over سلَّمَ الى * أحال على . ناولَ
Handbasket سَلَّة صغيرة
Handbook كتيبٌ . دليل
Handbreadth قياس اربعة قراريط
Handcart عربةُ يد
Handcuff قَيدُ لليدَينِ . غلّ . △ كَلَبْش
Handful حِفنة * عدد قليل

Handgallop رَمحَة بطيئة . ركْضُ
Handicap تمتين او تعديلُ ‖ عَرْقَلَ . عطّل
Handicraft حِرْفةٌ ☆ صنعة يدويَّة
Handiness إتقانٌ . حِذْق ☆ استعداد
Handkerchief مِنْديلٌ . مَحرمة
Handle يدٌ ☆ مِقبض . مَسْكة
Handle استعملَ ☆ادارَ☆عالجَ الامرَ . دبَّر ☆ تعاملَ في . مارسَ
— bar ○ جدون الدراجةُ
Handling استعمال . تناوُل
Handmade مصنوع باليَدِ
Handmaid خادِمةٌ . وصيفة
Handmill جاروشَة . رَحى
Handsel ; Hansel استفتاحٌ ☆ عربون
Handsel , Hansel استفتحَ
Handsome مليحٌ . حَسَن . طريف
Handwriting خَطٌ . كتابة
Handy يسيرُ المنال . قريب ☆ ماهِر
Hang علَّقَ . دلَّى ☆ تدلَّى ☆ شَنَقَ
to — about تسكعَ
Hangar حظيرةٌ
Hanger-on طُفَيلي ☆ عالة
Hangings سُجوف . سَتائر . تعاليق
Hangman, Hanger جلاَّدٌ . شَنَّاق
Hanker, ***after, for*** تاقَ الى . اشتهى
Hankering شوقٌ . اشتياق . لَهَف
Haphazard مصادفةً ☆ كيفما اتفق ☆اعتباطاً
Hapless منحوسٌ . سيِّئُ الحظّ
Haply يمكن . لعل . عسى

Happen حدثَ . جرى . صارَ . حصلَ . اتفقَ
Happily لحسنِ الحظِّ ☆ بسعادةٍ . بسرورٍ
Happiness سَعادةٌ . هَناء . سُرور
Happy سَعيدٌ . مسرور ☆ موفَّق
Harangue خطابٌ . خطبة رنَّانة ‖ ألقى خطبة
Harass أرهَق . أزعجَ . ضايقَ . أضجَرَ
Harbinger بشيرٌ . رائد ‖ خبَّر بقدوم كذا
Harbour مَرْفأ . ميناء ‖ تستَّرَ على ☆ آوى
Hard قاسٍ . صلْبٌ ☆ عَسير . صَعب ☆ شاقٌّ
— cash, money نقود ☆ نقداً . نقود حجر
— currency عملة صعبة
— labor (*or* labour) الأشغال الشاقة
— luck حظٌ عاثر
— up في ضَنْكٍ . مُعْسِر
Harden تصلَّبَ ☆ صلَّبَ . قسَّى
Hard-fisted بخيلٌ . مُمْسِك
Hardhearted قاسي القلب . عاتٍ
Hardihood إقدامٌ . جَراءة
Hardly بصُعوبةٍ . بالجُهد . △ يادوب
Hardness صلابة ☆ مشقة
Hardship شِدَّة . مشقَّة . عَناء
Hardware بضائع معدنية . فِلزّات
Hardy قويّ . شَديد ☆ جَسور
Hare أرنبٌ . أرنب برّي
Harebrained أرْعَن . أطْيَش
Harelipped أعْلَمٌ . أشرم الشفة العليا
Hark ! اصْغَ . أنصِتْ . استمعْ
Harl جَرٌّ ☆ حك . قشط او مسح ☆ ليَّس

Harlot مومس . عاهرة ٭ بغي ٭ فسق
Harm ضررٌ . أذيَّة ‖ آذى . أضرَّ
Harmful ضارٌّ . مُضِرٌ . مؤذٍ
Harmless غيرَ مؤذٍ . لا ضرر منه
Harmonic متوافق.متسق.مؤتلف.توافقي
Harmonious مطربٌ . متناسق ٭ موزون
Harmonize وَفَّقَ بين . نَسَّقَ ٭ تنسَّقَ . تناسَبَ مع
Harmony وفاق.الـفـة . تناسُب ٭ نغم.لحن
Harness طَقم أو عُدَّة الخيل ‖ أسرَجَ
Harp قيثارٌ . مِعزَف
Harper عوَّادٌ . ضارب على القيثار . عزّاف
Harpoon حربة لصيد الحيتانِ
Harrow مِسلَفة ‖ سلفَ الارضَ ٭ كدَّرَ
Harsh غليظ . فظٌّ . خَشِن . قاسٍ
Harshness غلاظة . خشُونة
Hart أرْيَل . أيَّل . ذكَرُ الغزالِ
Harum-scarum طائِش.أرعن.خفيف العقل
Harvest حِصاد ٭ محصول ٭ جدوي ‖ حَصَدَ
Hash لحمٌ مفروم أو مفري ‖ فَرَمَ . قَطَعَ
Hasp قفيز . △ سقطة . لسان ‖ شبَكَ
Haste عَجَلةٌ . سرْعة . تسرع ٭ مُبادرة
in — بعجلة . بسرعة
to make — أسرَعَ . عَجَّلَ
Haste, —n عَجَّل . أسرَعَ . بادَرَ
Hastily بعَجَلَة . بسرعة
Hastiness عَجَلَة . سُرعة ٭ اندفاع
Hasty سريعٌ ٭ متسرّع . عَجُول
Hat قُبَّعة . برنيطة

— rack (or stand) مِشجَب
Hatch فقْسٌ . تفريخ ٭ كوة . باب ٭ خط التظليل في الرسم ‖ فَقَسَ فرَّخَ ٭ رسم بالتخطيط
Hatchet قَدُوم . مِعزقة . بلطة صغيرة
Hatching افراخ . تفريخ ٭ تظليل (الرسم)
Hatchway بابُ عنبر السفينةِ
Hate بُغضٌ . مَقْت ‖ كَرِهَ . أبغض . مَقَتَ
Hateful كريهٌ . مكروه . ممقوت
Hatred بُغْضٌ . كراهة . ضغينة . كره
Hatter بائع أو صانع القبَّعات أي البرانيط
Haughtiness غطرَسَة . كِبرياء . تعالي
Haughty متَعجرف . متكبِّر . متشامخ
Haul سحبة . جَرَّة ٭ طَرحةُ شَبكٍ ‖ شَدَّ . جرَّ
Haunch وِرْك . عَجُز . ردْف . شاكلة ٭ فخذ
Haunt مأوى ‖ أكثرَ التردد على . لازَم
Haunted مسكون بالارواح . محْضور
Have لهُ . عندهُ . معه ٭ اقتنى . أحرزَ ٭ اضطرَّ
— it out انهى الامرَ ٭ تكلم بحرية . تصافوا
— on لبسَ . ارتَدى
— rather فضَّل . ميَّز
— to يجب أن
Havelock غطاء لوقاية الرأس من الوهج
Haven ميناءٌ . مرفأ ٭ ملجأ . مأمن
Haversack جرابُ مؤنة الجندي ٭ كيس
Havoc خرابٌ . دَمار ٭ سَطْو ‖ دمَّرَ
Hawk صقرٌ . بازي ‖ تنحنَّحَ ٭ باع بالمناداة
—nozed أعقف أو أحجن الانف
Hawker عِنقاش △ سرّيح . بائع جوال
Hawser حَبْلٌ . قِلْس . سَلَب

Hawthorn زعرور بَرّي . عِضَّة
Hay ∆دَريس . حشيش مُجَفَّف . تبن
— fever حمى القش
Haymow, Hayloft مخزن دريس أو تبن
Hazard مُخاطَرة ٭مصادفة ‖ خاطرَ. جازفَ
Hazardous مُخْطِر . خَطِر
Haze ضبابٌ . سديم ∆ شابورَة ٭ ظلام
Hazel شجرةُ البُندُقِ ٭ بندق
—-eyed عسلي العينين
Hazelnut بُندُق . بُندُقة . جوز البندق
Haziness ضَبابيَّة. غشاوة ٭ إبهام . غموض
Hazy مُعْتِم . قاتِم ٭ مبهَم . غامِض
He هو (ضمير الغائب المذكر)
Head رأس ٭عَقْل ٭رئيس ‖ ترأسَ على ٭قادَ
— over ears in love غارق لاذانه في الحب
— over heels رأساً على عقب
— or tail ∆ طُرَّة أم باظ
to — for ذهب الى . أمَّ . اتجهَ الى
off one's — طاشَ عقله ٭مختل العقل
Headache صُداعٌ . وجع رأسٍ
Headgear, Headwear كسوة الرأس
Heading عُنوانٌ ٭ترويسة ٭باب
Headland رأس ارض داخلة في البحر. لسان
Headlight مِصباح امامي ٭ نور كشّاف
Headlong عَجُولٌ ٭ بعجلةٍ ٭رأساً. مبطوح
Headmaster ناظر المدرسة
Head-office المكتب أو المركز الرئيسى
Headquarters مركز القيادة أو الادارة
Headstall رأسُ اللجامِ . زِناق
Headstrong عنيدٌ . صَلبُ الرأي
Head wind ريح معاكس
Heal أبرأ . دَمَلَ ٭اندمَلَ ٭ تعافى
Healer مبرئ . شاف
Health صِحَّة . عافية ٭ نَخْب
— resort مَصَحٌ . مكان الاستشفاء
Healthiness صِحَّةٌ . عافية
Healthy صَحِيحٌ . معافى ٭صِحّي مفيد للصحة
Heap كَوْمٌ . عَرَمة ‖ كوَّمَ . عرَّمَ . حشَدَ
Hear سَمِعَ ٭ أصغى الى ٭ أطاعَ
Hearing سَمْعٌ ٭ مسْمَع ٭ سماع الدعوى
Hearken أصغى . تسمَّعَ . أصاخَ السمع
Hearsay خَبَرٌ . رواية ٭إشاعة ٭تقوُّلات
Hearse عَربة نقل الموتى ٭ نعشٌ
Heart قلبٌ . فؤاد ٭ جَوف
٭ لُبّ ٭رَغبة ٭ شَجاعة 
↔ ٭كوبة (ورق اللعب) ٭طَويَّة
learn by — استظهرَ . حَفِظَ غيباً
lose — خارَ عزمه . قنط
take — تشجَّعَ
take to — تأثرَ . استاء
Heartache حُزنٌ . غَمٌّ . كَرْب . أسى
Heartbroken منسحقُ القَلْب . متحسر
Heartburn حروة . حرقة في فم المعدة
Heartfelt من صميم الفؤاد ٭ قلبيًّا
Hearth موْقِد . مِدْفأة ٭ بَيْتٌ . عائلة
Heartily برَغبةٍ ٭ قلبيّاً
Heartiness اخلاص ٭ همَّة
Heartless قاسٍ ٭ فاتِرُ الهمَّةِ

Heartrending يُمزّقُ الفؤاد . مفجع
Heart's ease راحة البال ☆ زهرة الثالوث البرية
Hearty قلبي ☆ صحيح ☆ صادِق . مُخلِص
Heat حَـرّ ☆ حَرارة . سخونة ☆ حُمّى
— unit الوحدة الحرارية
Heat سَخَّنَ ☆ هَيَّجَ
Heath △ نباتُ الهيش . خَلَنج ☆ مَرْج
Heathen كافِر ☆ وثني . أُمِّي
Heathenism الوثنيَّة . عبادة الأوثان
Heather نباتُ الخَلَنْج
Heating تسخين ☆ تدفئة
Heave رفعٌ ‖ الهَثَ ☆ زفرَ . جاشَ ☆ رَفَعَ
— a sigh تنهَّدَ
Heaven سَماء . عَلْياء ☆ الفِرْدَوس
Heavenly سماوي . عَلوي ☆ الاهي ☆ جليل
Heaviness استرخاء ☆ تثاقل . ثِقَل ☆ غَم
Heavy ثقيلٌ ☆ شديد ☆ صارم ☆ باهظ
☆ غزير ☆ حزين ☆ بطيء ☆ بليد
—-armed مُدَجَّجٌ بالسلاح
Heavyweight الوزن الثقيل (في الرياضة)
Hebdomad اسبوع ☆ سبعة ☆ اسبوعي
Hebraic عِبراني . عبري
Hebrew عبري . يهودي . اسرائيلي ☆ اللغة العبرية
Hecatomb مذبحة
Hectic حُمّى الدِق ☆ مسلول ☆ مهتاج
Hectolitre , Hectoliter مائة لتر
Hector جبَّارٌ . غِطْريس
Hedge سياجٌ ‖ سَيَّجَ ☆ سَوَّرَ
Hedgehog قُنْفُذ

Heed اكتراثٌ . مبالاة ‖ انتبهَ الى ☆ وعَى
give *or* take — التفتَ . انتبهَ
Heedful مُلتفِتٌ . مُنْتَبه
Heedless مُهْمِل . غافِل . طائش
Heel كَعْبٌ . عَقْب ☆ مِهْماز
‖ مالَ ☆ وضعَ نعلاً للحذاء
take to one's —s وَلّى الأدبار
Heifer عِجْلَة بقرٍ ☆ شَبَّة
Height عُلوّ . سُمو . ارتفاعٌ ☆ معمعان
Heighten علّى . رَفَعَ ☆ زادَ
Heinous فظيعٌ . شنيع . شائن
Heir وارِثٌ . وَريث . خَليف
— apparent ولي العهد الشرعي
Heirdom إرثٌ . خِلافة
Heiress وارثةٌ . وريثة
Heirloom متاع منقول موروث
Helicopter هليوكوبتر . الطائرة العمودية
Helio- بادئة تفيد معنى الشمس
Heliograph التلّغرافُ الشَّمسي
Heliolatry عبادة الشمس . دين الصابئين
Helios الشمسُ ☆ إله الشمس
Heliotrope هليوتروب . تنّوم . عبَّاد الشمس
Hell جَهَنَّم . الجحيم
Hellenic يوناني أو اغريقي
Hellish جُهنَّميٌّ ☆ شيطاني ☆ شِرّير
Helm مِقبَضُ دفَّة السفينة . △ دومان
Helmet خَوْذَة
Helmsman مدير الدفة . مستعمَل △ دومانجي
Help مساعدة . معونة . نجدة ‖ ساعَدَ . عاونَ

— yourself تفضَّل وخُذْ
I cannot — it ما بيدي حيلة
Helpful معينٌ . مُسعِف ٭ نافِع
Helpless عاجزٌ . يائِس ٭ عديم الحيلة
Helpmate رَفيقٌ . مُعين
Helter-skelter خِلط ملط. شَذَرَ مَذَر
Helvetian, Helvetic سويسري
Hemo-, Hem-, Haem- بادئة بمعنى دم
Hem حاشية . هُدْب || كفَّفَ ٭ تنحنحَ
Hemi- بادئة تفيد معنى النِصْف
Hemisphere نِصْف كُرَة ٭ نصف الكرة الارضية
Hemlock نبات مخدّر . شَوكران
Hemorrhage نَزيف أو نزف دموي
Hemorrhoids البواسير
Hemp نباتُ القنَّب . كِتَّان ٭ حشيشٌ
Hempen قُنَّبي . كِتَّاني
Hen الفرخة . دَجاجة ٭ أُنثى كل الطيور 
Henbane السيكران . قاتلُ الدَّجاجِ (نبات)
Hence إذاً . مِن ثمَّ . لهذا ٭ من هنا ٭ من الآن
Henceforth من الآن وصاعداً . منذ الآن
Henchman تابِع
Hencoop قُنٌّ △ خُنّ . بَيتُ الدّجاج
Henpecked خاضع لسلطان زوجته
Hepatic كبدي ٭ دواء الكبد
Heptagon مُسبَّع . شكل مسبَّع
Heptangular سباعيّ الزوايا

Her ـها (ضمير الغائبة . ضمير متصل)
Herald بَشيرٌ . منادٍ أعلنَ بالمناداةِ
Herb عُشبٌ . كلأٌ ٭ نبات
Herbaceous عُشبي . نباتي . حشائشي
Herbage أعشابٌ . حشائش . كلأ
Herbivorous آكِل العُشب . عاشِب
Herculean هِرقلي . جبَّار ٭ جسيم
Herd قَطيعٌ . سِرْب || انضمَّ او ضمَّ لقطيع
Herdsman راعٍ . راعي او صاحب المواشي
Here هنا . هاهنا . في هذا المكان
Here ! هاك . خُذ
Hereabout, —s بالقربِ من هُنا . بالجوار
Hereabove أعلاهُ . آنفاً . المتقدم ذكره
Hereafter فيما بعد . بعد الآن
Hereat لذلك . لهذا السبب . ومن ثم
Hereby بذلك . بهذا . بناء عليه
Hereditament صِفَة وراثيّة . مايُورَّث
Hereditary إرْثي . ينتقل بالوراثة . وراثيّ
Heredity وراثة . وراثة الصفات
Herein في هذا . بهذا . من هذا
Hereinafter فيما يلي
Hereof من هذا . عن هذا . وعليه
Hereon عند ذلك . إذ ذاك . وعلى هذا
Heresy هرطَقَة . ضلال ديني ٭ بدعة
Heretic , —al هرطقي . هرطوقي . ضَالّ
Hereto إلى هنا . لهنا . حتى هذا
Heretofore قبلاً . سابقاً . فيما مضى . أولاً
Hereunder أدناهُ . في ما يلي
Hereupon على هذا . عندَ ذلك . إذ ذاك . لهذا

Herewith مع هذا . بهذا . طيّه . معه
Heritage, Heritance تركة . ميراث. إرْث
Hermaphrodite خنثى . ذكر وأنثى في واحد
Hermetic, —al مُحكَمُ السَّدِّ . كَتيم
Hermit ناسِك . متعبِّد . زاهد
Hermitage صَوْمعة . مَنْسَك
Hernia فَتْقٌ . فِتاق (مرض)
Hero بَطَلٌ . صِنديد . شُجاع
Heroic, —al بَطلِيٌّ . باسِل ☆ حماسي
— treatment علاج الضرورة القصوى
Heroine بَطَلَة . صِنديدة
Heroism بَسالةٌ . جراءة . بطولة
Heron مالِكُ الحزين . بَلَشون ☆ابو قردان
Herpes قوباء. مرض جلدي
Herring رَنْكة ∆ رَنْجَه
Herself بعينها . نفسها
by — وحدها . منفردة
Hesitancy, Hesitation تَردُّد ☆ توقُّف
Hesitate تَلَعْثَمَ ☆ تردَّدَ . توقَّف
Heter- بادئة تفيد معنى مخالف أو مختلف
Heteroclite شاذ . لا قياسيّ
Heterodox هرطوقيٌّ . مخالف للتعاليم ☆ صاحب بدعة
Hew نَحَتَ . بَرَى ☆ صقلَ
Hexagon شكلٌ مسدَّس الاضلاع والزوايا
Hexangular سُداسي الزوايا
Heyday سُرور . هناء . ريعان . ازدهار

Hiatus فراغٌ . ثَغْرَة . فجوة . فتحة ☆وقفة بين حرفي علة لينطق بكل منهما بوضوح
Hibernal شِتائي . شتويّ
Hibernate قَضى الشتاء نائماً . شَتَّى . سبتَ
Hibernation تَشتِيَة . إِسبات
Hiccough فُواق . ∆ زُغُطَّة ‖ فاقَ
Hid, —den مخفيٌّ . مستور . مكنون . مستتر
Hide جِلدُ حيوانٍ ‖ اخفى ☆اختبأ ☆جلَدَ
Hide-and-seek الطاِمة . ∆ استغماية . ∆ كيكه
Hideous بَشِعٌ . قبيح الصورة
Hiding اختفاء ☆مخبأ ☆ضَرْبٌ . ∆ عَلْقَة
Hierarch زعيم ديني
Hierarchy حكومة الكهنة ☆درجات الكهنوت
Hieroglyphic هيروغليفي
Hieroglyphy, — ics اللغة الهيروغليفيَّة
Higgle ساوَمَ . ماحَكَ ☆ نادى على بضاعته
High عالٍ . مرتفع ☆سامٍ . رفيع ☆غالي الثمن ☆منتن قليلاً . منسَّم ☆سكران (بالعامية)
— altitudes طبقات الجو العليا
— hand, — arm قوَّة . بأس . صَلَف
Highborn شريف المولد . ابن أصل
High-frequency سرعة ذبذبة التيار الكهربي
Highland بلادٌ جبليَّة . نَجْد . هضبة
Highlander من أهل البلاد الجبليَّة . جبلاوى
Highlife معيشة الذوات ☆الاعيان ∆ الذوات
Highness إِرتفاعٌ . علوٌّ ☆ رِفعة . سُموٌّ
High sea البحر الخضم . ∆ عرض البحر
High time حلول أجل مضروب
Highway طريق عام . طريق رئيسى

Highwayman قاطِع طريق . لصٌّ

Hike سَفَرٌ على الاقدام ‖ تجوَّلَ ماشياً

Hilarious فَرْحانٌ . مرح

Hilarity فَرَحٌ . بَسْط . جَذَل

Hill تَلٌّ . أكَمَة . ربوة

Hillock تَلٌّ صغير . رابية

Hilly كَثيرُ التلال . جبلي . أكَمي

Hilt مَقْبَضٌ . نِصابُ « السَّيْفِ »

Himself نفسهُ . بذاتهِ . بعينه

by — لوحدهِ . بمفردهِ . منفرداً

he is not — ليس كما كان

Hind إيَّلةٌ . غزالة ☆ مؤخَّر . خلفي

Hinder خَلْفِيٌّ ‖ أخَّرَ . أعاقَ

Hindermost, Hindmost الاخير . الآخر

Hindrance عائِقٌ . مانِع ☆ اعاقة

Hinge مِفصَّلة ☆ عقبُ الباب . مدار

Hint ايماءٌ . تلميح ‖ لمَّحَ . لمعَ

Hip وِرْكٌ . اعلى الفَخْذ

Hipbath حمَّام نِصفي

Hip-bone العَظْمُ الحرقفي . نوض

Hippodrome ملعَب الخيلِ . مِضمار ☆ ميدان سباق الخيل

Hippopotamus بِرْنيق . فَرَسُ النهر

Hire أُجرة . كراء . أجر ‖ أجَّرَ . استأجَرَ

Hireling مأجورٌ . أجير

Hire-purchase الشراء بالتقسيط

Hirsute هَلِبٌ ☆ أشْعَر . أزب △ مشعَراني

Hiss فَحيحٌ ☆ أزيز ‖ صفَرَ . فحَّ . هس ☆ أزَّ

Hist ! صَهْ . أُسْكُتْ . اسمع

Historian مُؤَرِّخٌ

Historic, — al تأريخيّ

History تأرِيخٌ . عِلْمُ التاريخ ☆ سيرة

Hit ضَرْبة ☆ اصابة ‖ ضرَبَ . خبَطَ ☆ أصابَ

— upon عَثرَ على . وجدَ مصادفةً

to make a — نجَحَ . تَفوق . برز

Hitch وَرْطَةٌ ☆ عَقَبَة ‖ عَقَدَ . شبَكَ . اشتبك

Hither الى هُنا . لهنا

— and thither هُنا وهناك . جيئة وذهاب

Hitherto حتى الآن . الى الآن

Hive خَلِيَّةُ النَّحْلِ . قَفيرٌ ‖ ادَّخرَ . ثوى

Hoar أبْيَضٌ . أشيَب . اشمط

Hoard مخبأ ☆ كَنْز ‖ ادَّخَرَ . كَنَزَ

Hoariness بَياضٌ . شَيْب

Hoarse أجَشٌّ . أبح △ مبحُوح

Hoarseness بُحَّة الصوتِ

Hoary شائِبٌ . أشْيَب

Hoax أضحوكةٌ ‖ ضَحِكَ من أو على . سَخِرَ بِ

Hobble عرجٌ ☆ حيرة ☆ قيد ‖ عَرَجَ . حَجَلَ

Hobby هويَّة . غَويّة △ غِيَّة ☆ صقر . بازيّ

Hobbyhorse عَصاً يركبها الصبي كالحصانِ

Hobgoblin ماردٌ . غُول . بُعْبُع

Hock عِرْقوبٌ ☆ نبيذ الماني ‖ عرقَبَ

Hockey ○ هوكي . لِعْبةُ الكرة والصَّوْلجان

Hocus-pocus شَعْوَذَةٌ . دَجَل ‖ شعوَذَ

Hod وِعاء لحمْلِ المِلاط (المونة) . نَقيرٌ

Hoe معزقة.فأس || عزقَ الارضَ
Hog خنزير .Δ حلوف || قصَّ .جزَّ
Hogshead بِرميل كَبير ☆ مِكيال
Hogsty حظيرة اى Δ زريبة الخنازير
Hoist Δ عيَّار . رافعة || نشر. فرد. رفعَ
Hold مَسْكة. قبضة ☆ تمسُّك ☆ عنبرُ السفينة || أمسكَ .قبضَ على ☆ حوى. وسع ☆ إعتبر. عدّ
— a meeting عقدَ جمعيَّة
— back حجزَ . عاقَ أمسكَ الشيء عنه
— good يُعمل بهِ . يسري مفعوله
— on دامَ . استمرَّ . بقي
— one's own يحتفظ بماله أو حقه
— out قاومَ . ثبتَ على . صمد
— out the hand مَدَّ يدَهُ
Hold ! حَذَكَ . قِفْ . كُفَّ ☆ امسك
Holdback عائق
Holder يدٌ. مَسْكة ☆ حامل السند ☆ مستأجر
Holdfast خُطَّاف . كُلاَّب ☆ عِماد
Holdup هجوم مفاجيء (للسرقة)
Hole خَرْقٌ. ثَقْب ☆ جُحْر . وجار || ثقبَ
Holiday يوم عُطْلة أو بطالة ☆ عيدٌ
Holiness قداسة . طهارة
Hollow تجويف ☆ مُجوَّف. مقعرٌ || جوَّفَ
Hollowness تجويفٌ ☆ نِفاق
Holly شجرةُ عيد الميلادِ . شرّاعة الراعى
Holm سنديانة . سنديان
Holocaust محْرَقة
Holster جِرابُ السَّرج
Holy مُقدَّسٌ . قُدّوس . طاهِر
— Carpet الكسوة الشريفة . Δ المحمل
— Ghost, — Spirit الروح القدس
— Land الارضُ المقدسة . فلسطين
— Week اسبوع الآلام (يسبق عيد الفصح)
— Writ الكتبُ المنزلة
Holyday (*see* Holiday) عطلة . اجازة
Homage اكرام . اعتبار . احترام ☆ طاعة
Home مَسْكِن . منْزل . بيت ☆ وَطَن
—made بيتي . مصنوع فى البيت
— Office وزارة الداخلية (في انجلترا)
— rule استقلال داخلي . حكم ذاتى
— sick مشتاق الى وطنه . ضافِن
— work العمل المنزلي ☆ الواجب المدرسى
at — يوم الاستقبال ☆ فى بيته
to drive a nail — احكمَ ادخال المسمار
Homeless لا مأوى له . شريد
Homeliness بَساطة ☆ عدم تكلُّف ☆ فظاظة ☆ خشونة ☆ خلو من التصنع
Homely بسيطٌ . ساذج. خالٍ من التكلف
Homeward نحوَ الوطن . فى اتجاه البيت
Homicide قَتْلُ الانسان ☆ قاتِل
Homily خُطبة . مقالة . عِظَة
Homogenous متجانسٌ ☆ متشابه
Homologue مماثل . مشاكل . نظير
Homonym جِناس ☆ سَمِي
Hone مِسَنٌّ. حَجَرُ المسنِّ || سَنَّ . شحَذ
Honest أمينٌ . مُستقيم . صادق ☆ حلال
Honesty أمانة . استقامة . صِدْق
Honey عَسَلُ نحلٍ . شهدٌ || عَسَّلَ ☆ تودَّد

Honeycomb قرصُ العسل . شمْعُ العسل
Honeydew المن . الندوة العسلية
Honeyed, Honied معسول . مُعَسل
Honeymoon شهرُ العسل
Honorary فَخري . شَرَفي . إكرامي
Honour, Honor شَرَفٌ . كَرامة ‖ شَرَّفَ
to — a bill دفع الكمبيالة
—s مرتبة شرف فى درجة علمية
to do the honours يقوم بواجب الضيف
Honourable شَريفٌ . مكَرَّم . مبجل
Hood طُرطور ✲ △ كبّود ‖ أخفى ✲ غطَّى
Hoodwink غمَّى . عصبَ العينين ✲ خَدَعَ
Hoof حافر . ظِلْف ✲ سُنْبُك . حدوة
Hook صِنَّارَة . خُطَّاف ✲ كُلاَّب △ شنكل
‖ حنى أو انعقفَ . شبَكَ بمشبك ✲ نشلَ
—and eye كبشة وعروة △ دكر ونتايه
Hoop طارة . جلبة ✲ طَوْقٌ ‖ طَوَّقَ
Hooping-cough السُعال الديكي . الشَهقة
Hoopoe هُدْهُد (طائر)
Hoot صَياحُ الاستهزاء ✲ نَعيقٌ ‖ نعَقَ
Hop حشيشةُ الدينار ✲ قَفزة ‖ حَجَلَ . نطَّ
Hope رَجاءٌ . أَمَل ‖ رَجا . توقَّعَ
Hopeful رَاجٍ ✲ مَرْجُوّ
Hopeless قانِطٌ . يائس ✲ مَيئوس منه
Horde قومٌ رُحَّلٌ ✲ جمْع
Horizon أُفُقٌ . دائرةُ الافُقِ
Horizontal أُفُقِيّ ✲ مواز للأُفق . سَوِي
Horn قَرْنٌ ✲ بوق . نَفير ✲ قدح
Horned قرنيّ . ذو قرون . اقْرَنٌ

Hornet زَنبورٌ △ دبُّور كَبير . شَفُور
Hornpipe مزمار
Horny له قرون ✲ قرنيّ ✲ صَلِبٌ مثل القرن
Horoscope خريطة البروج (للتنجيم)
Horrible فظيعٌ . مُريع . هائل
Horrid مفْزِعٌ . شَنيع . قَبيح
Horrify أرعبَ . خوَّف . افزع
Horror رُعبٌ . خَوْف . فزَع
—-stricken مرعوبٌ . مروَّع . مذعور
Hors d'œuvre مشَهيّات . فاتحة الشهية
Horse حِصان . جَوَاد ✲ فَرس ‖ امتطى جواداً
Horse-breaker رائضُ الجِياد
Horse-fly نُعْرَةٌ . ذُبابةُ الفَرسِ
Horseman فارِسٌ . خَيَّال
Horsemanship فُروسية
Horsepower, H.P. قوة حصان (ميكانيكا)
Horse-radish فُجْلٌ حارّ
Horseshoe نعل . حِدْوَة △ ←
Horticultural مختصٌ بزراعةِ الحدائق
Horticulture عِلمُ فلاحةِ البساتين
Hose جورَبٌ طويلٌ ✲ خُرطوم
Hosier تاجر جوارب وما يُماثلها (خردوات)
Hospitable كريمٌ . مِضْياف
Hospital مستشفى . دارُ المعالجة
Hospitality كرم . اكرامُ الضَّيف . ضيافة
Hospitalize ادخلَ المستشفى للعلاج
Host مُضيفٌ . ربُّ البيت
Hostage رَهينة . أسير تحت الفِدية
Hostel خان . نُزُل ✲ معسكرات الشباب

Hostess مُضيفة . ربَّةُ المنزلِ
— of the air مضيفة الطائرة
Hostile عِدائي ٭ خَصْم
Hostility مُعاداة.عداوة . خُصومة.عُدوان
Hot حارٌّ . سُخْن . حامٍ ٭لاذع
—spring حَمَّةٌ . ينبوع ماؤه حار
Hotbed مَرْتَع ٭ مُستَنْبَت . حَوْض مغطى بالزجاج لتربية النباتات بالحرارة . دفيئة
Hot-blooded حَمِس ∆ حِمِش . مندفع . غيّور
Hotel فُندُق . نُزُل ∆ لوكاندة . خان
—keeper صاحب الفندق
Hound كلبُ صَيْد . سلوق ‖ حَرَّضَ ٭ طارَدَ
Hour ساعة ٭ ميعادٌ . وَقت . أوان
the small —s الهزيع الأخير من الليل
Hourglass ساعة رمليَّة 
Hourhand عقربُ الساعاتِ
Hourly كل ساعة ٭متوالٍ
House منزل . دارٌ . بيت ٭ أسرة ٭ المسرح ٭ بيت تجاري
— agent سمسار بيوت
— of Commons مجلس النواب (العموم)
— of Lords مجلس الاعيان (اللوردات)
— surgeon جراح مقيم في مستشفى . نائب الجراحة
a full — مسرح ممتلئ بالنظارة
House آوى . أسكنَ
Housebreaker لِصّ . حرامى
Household أهل البيت ٭ بَيتيّ ٭ عادِيّ

Housekeeper مدبِّرة شؤون المنزل
Houseleek نبات الوَدْنة (فصيلة حيّ العلَم)
Housemaid خادمةٌ
Housewife ربَّةُ المنزلِ
Hove, *of* Heave رفعَ ٭ جاشَ ٭ زفرَ
Hovel عُشَّة . خُصّ ٭ زريبة ‖ وَضَعَ في حظيرة
Hover تحليقٌ ‖ حامَ . رَفرف . حلّقَ ٭ تردَّدَ
How كَيفَ . طريقة ٭ بأي كيفيَّة ٭ لماذا ٭ كم
— good you are ما أطيبك
— I wish to ! كم أتمنى أن
— much ? كَم
However كيفما كان ٭ ومع ذلك ٭ على أن
Howitzer مدفع خفيف ، قصير وشديد
Howl عُواءٌ ‖ عوى ٭ وَلوَلَ
Howsoever مع ذلك . مهما يكن
Hoy فلوكة . مركَب صغير . قارب
Hub مَدارُ العَجلَةِ . قُب ∆ بطّيخة ٭ جَولق . مقبض او يد السلاح ٭ نتوء . بروز . سرَّة
Hubble-bubble نارجيلة ∆ شيشة
Hubbub جلَبَة . ضَوضاء . ضَجيج ٭ شيشة
Huddle إختلاطٌ ‖ ازدحَمَ . تراكَمَ ٭ لهوج
Hue لَوْنٌ . صَبْغة ٭ صرخة
— and cry صُراخ . صِياح
Hug حَضْنٌ ‖ حَضَنَ . ضَمَّ لصدره
Huge ضَخْمٌ . جسيم . كبير
Huguenot هوجنوت . أحد بروستانت فرنسا
Hull هيكلُ المركَبِ ∆ قصعة ٭ قِشْر ‖ قَشَرَ
Hulled مقشور . منزوع قشره

Hum طَنينٌ *دَويٌّ ‖ طَنَّ. زَنَّ *دندَنَ
Human انسانيٌّ. آدميٌّ. بَشَريٌّ * انسان
Humane كريم * أنيس. شفوق. رحيم
Humanitarian خَيِّر *منكر الوهية المسيح
Humanity إنسانيَّة * حنو. رأفة
Humankind الجنس البَشَريّ. البَشَر
Humble متواضِع *وضيع * ذليل ‖ أذَلَّ
Humbug خِداعٌ. خِدْعَة * نَصَّاب ‖ خَدَعَ. دَجَّلَ على
Humdrum مُمِلّ. مُضْجِر * عادِي
Humeral عَضُدِي. متعلِّق بالعَضُد
Humid رَطْب. نَدِيّ. مُبَلَّل
Humidity رُطوبةٌ. نَداوة. بلل
Humiliate أخضَعَ. أذَلَّ. حَقَّر
Humiliation اذلالٌ. تحقير. اهانة
Humility ذُلّ. ضِعَةٌ. إتضاع *وداعة
Humorist مُضْحِك. فَكِه
Humorous, Humoristic فكاهي. مضْحِك. هَزلي
Humorsome نَكِد * هوائي. غِملاج
Humour, Humor مِزاج * خُلق * فكاهة *خلط. أحد أخلاط أو سوائل الجسم * رطوبة (طِب)
bad — سوء المزاج
Humour لاطَفَ. طيَّبَ الخاطِرَ
Hump حَدَبة. سَنام ٥ قَتَب. سَنَّمَ
Humpback, —ed أحْدَبٌ
Hunch حَدَبة. سَنام ‖ حَنَى الظَّهْرَ
Hunchback أحْدَب. مُسَنَّم

Hundred مائة. مئة
Hundred-weight قنطار انجليزي
Hung, *of* Hang معلَّق. مدلَّى
Hunger جُوعٌ * اشتهاء ‖ جاعَ
Hungry جائعٌ. جُوعان
Hunt صَيْد. قَنَصٌ ‖ اصطادَ. طارَدَ
Hunter, Huntsman صَيَّاد. صائدُ الحيواناتِ. قَنَّاص
Hunting صيدٌ. قنص. اصطياد
Hurdle حاجزٌ. سور * صعوبة
Hurl رَمى. رَشقَ. قَذَفَ
Hurly-burly هرْجٌ ومَرْجٌ. ضوضاء
Hurra, —h هُتافُ الفرحِ
Hurricane زَوبعة. رِيح زَعزعان. اعصار
Hurry عجلَة. استعجال ‖ أسرَعَ *عَجَّلَ
Hurt أذىً. ضَرَرٌ ‖ آذى * وَجِعَ
Hurtful مؤذٍ. ضار * مؤلم
Husband زَوْج. قرين ‖ اقتَصدَ. دَبَّرَ * زرع الارض
Husbandman فلاّح. مُزارِع
Husbandry فِلاحة. زِراعة *اقتصاد
Hush ساكِت *سكون ‖ أسكَتَ
Husk قِشْرٌ. حَسَك. غِمضٌ ‖ قشَّرَ
Husky كثير القِشر *أبَحّ. أجَشّ
Hussar جُندي من السَّواري الخفيفة
Hussy امرأة وقِحَة. سَلِيطة
Hustle تَدافُعٌ
Hustle خضخَضَ. رَجَّ * دَفَعَ
Hut خُصٌّ. كوخ ٥ عُشّة

Hyacinth خُزامى . سُنْبُل . عَيْسَلان
Hybrid مختلطُ الأبوين . مُوَلَّد . هجين
Hydra الخوان . حَيوان خُرافي ✿ مِحنَة
Hydrant △ بَربزة أومأخذ مياهٍ . مِحْبَسٌ
Hydraulic مائى ✿ مختص بالسوائلِ
Hydraulics علمُ السوائلِ وحركاتها
Hydrogen. غازُ الهيدروجين
Hydrophobia داء الكَلَب . △ صرَع
Hydroplane طائرة مائية
Hydrops, Hydropsy, Dropsy استسقاء
Hydrostatics ضغطُ وتوازُن السوائل
Hydrous مائى ✿ مُمتلىء بالماء
Hyena, Hyaena ضَبْعٌ . أمُّ عامِر
Hygiene علمُ حفظ الصحة . عِلم الصحة
Hygienic صِحي . مختص بحفظ الصِحّة
Hymen غشاء البكارة ✿ زواج
Hymeneal زَواجيّ . زيجيّ
Hymn تَسبيحةٌ . تَرتيلة || رَتَّلَ . رنَّمَ
Hyper- بادئة تفيد معنى «فرط . زيادة . فوق»
Hyperbola قطع مخروط أو زائد ✿ خط هذلولي
Hyperbole مبالغة . إطناب . غلو
Hypertrophy تضخُّم . نماء مفرط
Hyphen علامة وصلٍ (كهذه ـ)
Hypnotic مُنوِّم
Hypnotism التنويم أو النوم المغنطيسيّ
Hypnotize نَوَّم تنويماً مغنطيسياً
Hypo- بادئة تفيد القِلَّة أو نقص أو تحت
Hypochondria ماليخُوليا . سَوداء ✿ مراقان

Hypocrisy مُصانعة . نفاقٌ . رِياء
Hypocrite مُصانِع . مُنافِق . مُراء
Hypoderma الجلد التحتاني . نسيج تحت الجلد
Hypotenuse وَتَرُ الزاويةِ القائمة . وتر المثلث
Hypothecate رَهَنَ عقاراً
Hypothesis فرْضٌ . تخمين . نظرية
Hypothetical إفتراضي . حَدْسِيّ . نظرى
Hyssop حَشيشة الزوفاء . ثَغَام
Hysteria ○هسْتيريا . هَرَع ✿ اختناق الرحم
Hysteric, —al ○هستيرى . هَوَسيّ . تشنجي

I

I ضميرُ المتكلِّم . أنا ✿ أنا . . . ستُ
-ia, *or* -ic لاحقة تفيد الوصفيّة
Iatric طِبّي 
Ibex وَعِل . مَعْزجبلي
Ibis أبو قردان . ⟵ الحارس . ابو منجل
Ice ثَلْج . جَليد || ثَلَّجَ . جمَّدَ
Iceberg جَبَلُ جَليد «عائم» . طافيةٌ
Icebound محصورٌ بالثلجِ . محاط بالجليدِ
Icebox ثلاَّجَةٌ . جهاز الإثلاج
Icebreaker محطمةُ الجليدِ (سفينة)
Ice-cream △ دُنْدرمه . مثلجات
Iced مثلوج . مجمَّد بالثلجِ أو بالبرودة ✿ ملبَّس بالسكَّرِ

Ichneumon نِمْسٌ

Ichthyology عِلم الاسماك

Icicle قِطعةُ جليد مُدَلاّة . دُلودول جليدى

Icing تلبيس بالسُكَّرِ . تسكير ٭ إثلاج

Icon ايقونة . نَصمَة

Iconolatry عبادة الصور والتماثيل

Icy جليديٌّ . قارِس ٭ بارد ٭ فاترُ الودّ

Id. = Idem شَرْحُه . نفسه

Idea فِكر . رأى ٭ عِلْم . ادْراك ٭ فكرة

Ideal عقليٌّ . تصوُّرىٌّ ٭ المثلُ الأعلى ٭ مثالي

Idealist عائِش في عالَمِ الخَيالِ . خيالي

Identical, Identic مماثل . مطابق . بعينه

Identification تحقيق الذاتيَّة ٭ تحقُّق . تعرُّف

Identify أثبتَ الشخصيَّة . تحقق من . تعرَّف على

Identity حقيقة . ذاتيَّة ٭ وَحْدَة

— office مكتب تحقيق الشخصية

Idiocy بلاَهة . عَتَهٌ

Idiolatry عبادة الذات

Idiom إصطلاحٌ . عبارة اصطلاحية

Idiomatic, —al إصطلاحيٌّ . وَضعي

Idiosyncrasy فِطرَة . سَجِيَّة . جِبِلَّة

Idiot أبْله . معتوه . هَبيت

Idle كسلان ٭ بلا عمل . متبطِّل ٭ تافِه

—wheel دولاب ينقل الحركة الى غيره

Idle تكاسَلَ . تعطَّلَ

Idleness كَسَلٌ . بطالة ٭ تعطُّل

Idol صَنَمٌ . وَثَن . معبود ٭ معشوق

Idolater وَثنيٌّ . عابدُ وثَنٍ

Idolatress وَثنيَّة . عابِدة أوثان

Idolatry عِبادةُ الاوثانِ ٭ شَغَفٌ . كلف

Idolize عَبَدَ ٭ شُغِفَ بالشيء

Idyl, Idyll نَشيدُ الرُّعاة

If إذاً . إن . لو

Igneous ناري . من نارٍ ٭ بركاني

— rocks الصخور البركانية

Ignite أشعلَ . أوقَدَ . ألهبَ ٭ التهبَ

Ignition إشعال . إيقاد ٭ اشْتِعال

Ignoble دَنِيءٌ . خَسيس ٭ كريه

Ignominious فاضِح . شائن

Ignominy فَضيحة . عار . شَيْن . خزي

Ignorance جَهْل ٭ غَباوة

Ignorant جاهِل ٭ أُميٌّ ٭ غَبيٌّ

Ignore جَهِلَ . تجاهَلَ . أنكَرَ

Il- بادئة تفيد معنى « النفي »

Iliac حَرْقفيٌّ

Ill مريضٌ . عليل ٭ سُوءٌ . شَرٌّ ٭ سيءٌ

— blood, — will حِقْد . ضَغينة

Ill-bred عديم التهذيب أو التربية . فظ

Illegal غير شرعي . لا شرعي ٭ حرام

Illegally بطريقة محرَّمة أو غير قانونية

Illegible لا يُقرأ . مُجمْجَم . غير واضِح

Illegitimacy نُغُولة . فَسادُ الابوَّة ٭ لا شرعية

Illegitimate نَغْل . غير شرعي

Ill-fated نَحْسٌ . سَيِّىء الطالِع
Ill-gotten مُقتَنى بالحرام . سُحْتٌ
Illiberal شَحيحٌ . بَخيل ☆ دَنِيء ☆ ضيِّق الفكر
Illicit محرَّم . حرام . غير جائز
Illimitable لا حدَّ له . غير محدود
Illiteracy الأُمِّيَّة
Illiterate جاهل . أُميّ . غير متعلّم
Ill-natured شَكِسٌ . سيء الطبع
Illness مَرَضٌ . داء . علَّة
Illogical غير معقول . غير منطقيّ
Illomened نَحْس . مشؤوم
Ill-starred سيّىء الطالع . مَنْحوس
Ill-timed في غير وقته
Illtreat أساء معاملته ☆ جارَ
Illude خَدَع . أغوى . احتالَ على ☆ تجنَّبَ
Illuminate أنارَ . أضاء ☆ زوَّق ☆ زيَّن بالانوار (أو بالرسوم) ☆ أوْضَح . فسَّرَ
Illumination زينةٌ بالانوار ☆ تنوير
Illumine أنارَ . أضاء
Illusion وَهمٌ . تخيُّل . غُرور
Illusionist حاوي . مُشَعْوِذ
Illusive, Illusory وهميّ . غرّار . جميل الظاهر فقط . خدّاع . غرّار
Illustrate بيَّنَ . شرَحَ ☆ صوَّرَ
Illustrated مصوَّر . مزيّن أو موضّح بالصور
Illustration إيضاح ☆ تصوير ☆ صورة
Illustrious شَهير . ممتاز ☆ جليل
Image صورة . شبهٌ ☆ ايقونة || صوَّرَ . تخيَّل

Imagery وصف واضح كالتصوير ☆ دُمى
Imaginable ممكن إدراكه بالعقل
Imaginary تخيُّلي . تصوُّري . وهمي
Imagination تخيُّل ☆ مُخيِّلة ☆ تصوُّر
Imagine تخيَّلَ . تصوَّرَ . توهَّمَ
Imbecile سَخيفُ العقلِ . أحمق . أبله
Imbed دَفَنَ . طَمَرَ ☆ أغرَقَ
Imbibe امتصَّ . تشرَّبَ
Imbitter, Embitter مرَّرَ . نغَّصَ . نكَّدَ
Imbolden, Embolden شجَّعَ . جرّأ
Imbosom احتضَنَ . حَضَنَ ☆ طوَّقَ
Imbroglio مشاجرة ☆ تشوُّش . اختلاط
Imbue شرَّبَ . ضرَّجَ ☆ خضَّبَ
Imitable قابِل التقليد . يُقلَّدُ
Imitate قلَّدَ ☆ تقلَّدَ . اقتدى بِ
Imitation تقليدٌ ☆ محاكاة ☆ تشبُّه
Imitative تقليديّ ☆ ميّال للتقليد
Imitator مُقلِّد
Immaculate بلا دنَس . طاهِر
Immaterial قليل الاهمية ☆ لامادي . روحاني
Immature غير ناضج ☆ سابق أوانه . فِج
Immeasurable لا يُقاس
Immediate رأساً ☆ مباشِر ☆ سريع ☆ مجاور
Immediately حالاً . على الفَوْر
Immemorial قبل كل تاريخ . بالغ القِدَم
Immense فسيح . واسِع جدّاً
Immensity اتساع غير محدود
Immerse, Immerge غطَّ . غمَسَ . غطّس
Immersion غَطٌّ . تغطيس . غمر

Immethodical بلا نسق أو نظام . مشوّش
Immigrant مُهاجِرٌ . نازِح
Immigrate هاجَرَ . نزح الى وطنٍ آخر
Immigration هجرة . مهاجَرَة
Imminent وشيك . قريب الوقوع
Immobile ثابِت . غير منقول * لا يتحرك
Immobilize ثبَّتَ . سكَّن الحركة
Immoderate مُفرطٌ . متجاوز الحدِّ
Immoderately بافراط . بعدم اعتدال
Immodest قبيحٌ . غير محتشم . بذيء
Immodesty قلة حياء . عدم حِشمة . تبذُّل
Immolate ضَحَّى . ذَبَحَ . نَحَرَ
Immoral فاسِدٌ . فاجِر * غير أدبي . خليع
Immorality فسادُ الاخلاقِ . فُجور . خلاعة
Immortal خالِدٌ . لا يموت . باقٍ
Immortality خُلود . بَقاء
Immortalize خَلَّدَ . أبَّدَ
Immovable راسِخ . ثابت . لا يتحرك
—s أملاك ثابتة
Immunity إعفاء * حَصانة . مَناعة
congenital — حصانة خلقية
Immutability عدم تغيُّر أو تبدُّل . ثباتية
Immutable ثابت . غير متغيّر . لا تطورى
Imp غض * عِفريت (ولد) ‖ طعَّمَ
Impact صَدْمَة * مصادَمة ‖ رَصَّ . كَبَسَ
Impair أتلَفَ . أضرَّ . عجَّزَ
Impale خَوْزَقَ . قتل بالخازوق * سيَّجَ
Impalpable لا يُدرَك باللمسِ
Imparity تفاوت . تفارق

Imparlance تأجيل الدعوى للتصالح
Impart عرَّفَ . بلَّغَ * أذاعَ * أعطى
Impartial مُنصِف . عديم المحاباة
Impartiality إنصاف . عدم المحاباة . لا تحيزية
Impassable لا يمكن عُبورهُ . لا يُعْبَر
Impassible لا يحسّ . لا يتأثَّر
Impassion حمَّسَ . حرَّكَ العواطفَ
Impassioned مُتحمِّس . منفعل
Impassive لا يحسّ . لا يتأثَّر * هادئ
Impatience مللٌ . ضجَر
Impatient مَلُولٌ . متَضجِّر * مشوق
Impawn, Empawn رَهَنَ . أودَعَ كرهْنٍ
Impeach اتَّهَمَ بِـ . ادَّعى على * ذَمَّ
Impeccable معصومٌ . لا يخطئ
Impede أعاقَ . عَرقلَ . مَنَعَ
Impediment عائِقٌ . مانِع . حائل . صاد
Impel دَفَعَ . حَرَّضَ . استفَزَّ . حثَّ
Impend توَعَّدَ . تهدَّدَ * أوشَكَ على
Impending مهدِّد . مُشرِف . وشك
Impenetrability خاصية عدمُ النفوذِ . اللانفاذيّة
Impenetrable لا يمكن اختراقه * مستغلق
Impenitence عدم التوبةِ
Impenitent غير تائب أو نادِم
Imperative أمري . آمِرٌ * حتمي . إلزامى
— mood صيغةُ الامرِ (في النحو)
Imperceivable } لا يُشعَرُ به . غيرُ محسوس . لا يُدرك
Imperceptible }
Imperfect ناقِص . غير تامّ

Imperfection نَقْصٌ . عدم اكتمال
Imperial امبراطوري. سلطانيّ * مُوقَّر
Imperil أوقَعَ في خطَر * عَرَّض للخطرِ
Imperious عاتٍ . مستبدٌّ . متعسف
Imperishable لا يفنى . لا يزول
Impermeable لا ينفذه السائل * أصم. كتيم
Impersonal لا شخصيّ * صيغة الغائب المجهول
Impersonate شَخَّص. أضفى شخصية على
Impertinence وقاحة . سلاطة
Impertinent وقِح . سليط
Imperturbable رصين . ثابتُ الجأشِ
Impervious لا ينفذهُ شيء . كتيم
Impetuosity حِدَّة . سوْرة . احتدام
Impetigo حَصَف (إلتهاب جلدي)
Impetuous مُحتَدٌّ . متهور . مندفع
Impetus قوَّة دافِعة . دافِع * زَخْم
Impiety عدم تقوى * إلحاد . كفر
Impious عديم الدين . كافر . زنديق
Impish شيطانيّ . جِنّيّ . عِفريتيّ
Implacable حَقُود . لا يَعفو * عَنيد
Implant وَطَّدَ * غَرس . ادخَل
Implement آلة . جهاز . عُدَّة . أداة
Implicate اوقع في .وَرَّطَ . أقحم * ضَمَّنَ
Implication توريط. إقحام. تضمُّن * استِنتاج
Implicative مُوْقِع . مُورِّط . إقحامي
Implicit ضِمني * مُضمَر . وطيد
Implicitly بدون رَيْب . تماماً * ضِمناً
Implied مذكور ضِمناً * ضِمنيّ . مضمر

Implore توسَّل . تضرَّع إلى . التمسَ
Imply تضَمَّنَ . شَمِلَ * دلَّ على
Impoison, Empoison سَمَّ . سمَّم * نغَّص
Impolite قليل الادب . فَظ . سفيه
Impoliteness قِلَّةُ أدبٍ . سماجة. فظاظة
Impolitic سيِّيء التدبير * عديم الفطنة
Imponderability عدمُ الوزن. لاثِقْلِيَّة
Import دلالة . معنى * شأن ‖ جلَبَ. استورد
— dues رسوم الواردات
Importance أهمية. شأن. خطورة * اعتبار
Important مُهمّ . خَطير . هام
Importation جلْبُ « البضائع » . استيراد
Imports الوارداتُ (نقيض الصادرات)
Importunate مِلْحَاح . لحُوح ‖ ثقَّل على
Importune ألحَّ على . لَجَّ على و في
Importunity لجاجة . إلحاح . إضجار
Impose فرضَ على . اشترطَ * حَمَّلَ . الزَمَ
— on, upon غشَّ . خدعَ . احتال على
— a tax فرضَ ضريبةٍ
Imposing مُهيب * يؤثّر في النفس
Imposition فَرْض. فريضة * ضريبة * خِداع
Impossibility استحالة . عدم الامكان
Impossible مُحال . مستحيل . غير ممكن
Impost ضريبة. رَسْم . مَكْسٌ ‖ فرَضَ
Impostor مُحْتالٌ. نصَّاب . دجّال
Imposture خِداعٌ . نَصْب . افك
Impotence وَهَنٌ . عجْز . ضعف * عُنَّه
Impotent واهِن . عاجِز * عنّين
Impoverish أفقَرَ . اعوزَ * أجدَبَ

Impracticable متعذر. غير عملي ٭وعر
Imprecate دعا على. استنزل اللعنات
Imprecation لعنة. دُعاء ٭ شتم
Impregnability مناعة. حصانة. امتناعية
Impregnable منيع. حصين
Impregnate شرّب. أسقى. أشبع ٭ لقّح
Impregnation إلقاح. تخصيب٭اشباع. نقع
Impresario مدير فرقة موسيقية
Impress علامة. أثر ٭رسم
Impress أثّر في٭ألزم ٭شدد ٭ختم
Impressible قابل التأثير
Impression تأثير ٭ طبعة ٭ ختم
Impressive مؤثر. محرّك العواطف. دامغ
Imprest عربون ٭ سُلفة مستديمة
Imprint أثر || طبع ٭ ختم ٭ نقش في الذهن
Imprison سجن. حبس
Imprisonment سجن. حبس
Improbability استحالة. عدم احتمال
Improbable بعيد الاحتمال
Improbation استهجان. استنكار ٭ رفض
Improbity عدم استقامة. إنحطاط
Impromptu إرتجالاً ٭ اعتباطاً
Improper غير لائق. في غير محله
Impropriety عدم لياقة
Improve أصلح. حسّن ٭ تحسّن
Improvement إصلاح. تحسين ٭ تقدم
Improvidence عدم تبصر. غفلة
Improvident عديم التبصر. غير متحوط
Improvise ارتجل. ابتده
Imprudence عدم تبصر. قلة فطنة
Imprudent عديم التبصر او الفطنة
Impudence وقاحة. قلة حياء. بذاءة
Impudent وقح. قليل الحياء
Impugn ناقض. كذّب. طعن في
Impulse باعث. محرّك
Impulsive دافع. محرّك. مُحرّض
Impunity إعفاء من العقاب. تنصّل من ضرر
Impure غير نقي. قذر ٭ دنس
Impurity قذارة. دنس ٭ لحن أى خطأ لغوي
Imputation تهمة. اتّهام ٭ عزو
Impute اتّهم بـ ٭ عزى. نسب الى
In- بادئة تفيد معنى التضمن او النفي
In في. داخل ٭ داخلي
— an hour في مدة ساعة
— as much as نظراً الى. بما ان. من حيث
— case of اذا. فيما. لو
—s and outs دخائل. بواطن وظواهر
Inability عجز. عدم امكان
Inaccessible حريز. منيع. صعب المنال
Inaccuracy عدم ضبط. عدم دقة
Inaccurate غير مضبوط ∆مغلوط
Inaction سكون. عدم حركة. جمود
Inactive ساكن. عديم الحركة ٭هامد
Inactivity سكون. عدم حركة ٭ خمود
Inadequacy عدم الوفاء بالغرض
Inadequate غير واف بالغرض

Inadhesion خُلوص . عدم التصاق (نبات)
Inadmissible غير مقبول أو مُسلَّم به
Inadvertence اهمال ٭سَهْو . تقصير
Inadvertent مُهْمِل ٭غافِل . متهاون
Inadvisable لا يُشار به . لا ينصح به
Inalienable لا تنتقل ملكيته ٭لا يحوَّل
Inalterable ثابت . لا يتغيَّر
Inane خاوٍ . فارِغ ٭لا معنى له
Inanimate عَديم الحياة . جامِد . لا حَيّ
Inanition خَواء ٭وَهَن . إعياء
Inappeallable لا يُستأنف
Inappetence عدم رَغبة . قِلّة مَيْل
Inapplicable لا يُمكن تطبيقه . غير ملائم
Inappreciable زَهيد ٭لا يُثمَّن
Inappropriate غير لائِق . غير مناسب
Inaptitude عدم استعداد . عدم أهلية
Inarticulate غير واضِح اللَّفظ ٭ لا مفصليّ
Inattention سَهْوٌ . عدم التِفات
Inattentive غير مُلتَفِت . غافِل
Inaudible غير مسموع . خافت
Inaugural احتفالي . تكريسيّ . افتتاحي
Inaugurate افتَتَحَ . دَشَّنَ ٭ بايَعَ
Inauguration افتتاحٌ . تدْشين ٭مُبايَعة
Inauspicious مَشؤوم . مَنْحوس
Inborn, Inbred فطْريّ . غريزيّ . سليقي
Incalculable لا يُعدُّ . لا يُحصى
Incandescence وَهيج . تأجُّج . تحمُّم . ايضاض من الحرارة
Incandescent lamp مِصباح وَهجي (كهرباء)
Incantation تَعْزيم . رُقية
Incapable عاجِزٌ . غير قادر . قاصر
Incapacitate أعجَزَ . عَجَّزَ . اعدمَ الصلاحية
Incapacity عَجْزٌ . عدم اقتدار . قصور
Incarcerate محبوسٌ || حَبَسَ
Incarnate متجسِّدٌ ٭ أحمر وردى
Incarnate تجسَّدَ
Incarnation تجَسُّد . تجسيد
Incase وضَعَ في صِندوقٍ او غِلاف
Incautious غافِلٌ . عديم الحَذَر . مستهين
Incendiarism الحرقُ عَمداً
Incendiary حارق متعمِّد
Incense بَخُورٌ || بخَّرَ ٭ أغاظَ
Incentive محرِّض . حاثّ . باعِث . دافع
Inception بَدْء . بَداءة . شُروع ٭ ترشيح لشهادة علمية
Incertitude شَكٌّ . رَيْب . عدم يقين
Incessant غير منقطع . مستديم . مستمِرّ
Incessantly على الدوام . باستمرار
Incest سفاح القُربى . محرم زواجهم
Inch بوصة ٭قيراط . عُقْدَة اُصبع
Incidence نقطةُ او اتجاهُ الوقوعِ
angle of — زاوية الانعكاس او السقوط
Incident حادِثٌ . واقعة ٭واقع . ساقط
Incidental عرَضيّ . اتفاقيّ
Incineration تحويل الى رماد
Incipience بَدء . بَداية . شُروع
Incipient ابتدائيّ . مُبتدِئ

Incise حَزَّ * شَرَّطَ
Incised محزوزٌ. محزَّز. مشقوق * مخدَّد
Incision حَزٌّ. فَلٌّ * تشريط. شق الجرح
Incisive قاطِعٌ. بتَّار * صارِم
Incisor سِنٌّ قاطع. ثنيَّة
Incite حَرَّضَ. اغرى. استَفَزَّ
Incitement تحريض. حَثّ. استفزاز * باعِث
Incivility غلاظة. فظاظة. سماجة
Inclemency قساوة. عُنْف
Inclement عَديم الرحمة. قاسٍ. عَنيف
Inclination رَغبة * مَيْل * اتجاه
Incline مَيلٌ ‖ مالَ الى * ميَّلَ
Inclose شَمِلَ. تضمَّنَ * أحاطَ به
Inclosure سِياج. حائط * مُشتَملات
Include شَمِلَ. تضَمَّنَ * ضمَّنَ
Inclusion ادخالٌ. تَضمين. حصر * اشتمال
Inclusive شامِل. متضمّن. حاوٍ
Inclusively ضِمْناً
Incognito مُتَخَفٍّ. مُتَنكِّر
Incoherence لا ترابُط. هذر. تقَطُّعُ الكلام
Incoherent متفكِّك. غير متَّصِل
Incombustible غير قابل الاحتراق
Income △ ايراد. دَخْل. مدْخُول
— tax ضريبة الدخل. ضريبة الإيراد
Incommensurable لا يقاس
Incommode ضايَقَ. ثقَّلَ على. ازعج
Incommodious متْعِبٌ. غير مُريح
Incommodity ثقلة. مضايقة. إزعاج
Incommutable لا يتبدَّل او يُستبدَل
Incomparable لايُقاسُ بغيرهِ. لامثيل له
Incompatible مُناقِضٌ. مُغاير
Incompetence } عَجْز. عدم أهليَّة * عدم اختصاص * قصور
Incompetency
Incompetent عاجز. غيرَ أهل * غير مختص
Incomplete ناقِص. غير كامِل
Incompliance عدم امتثال. شكاسة. عناد
Incomprehensible غير مفهوم. لا يدرك
Incompressible غير قابل الانضغاط. لا يضغط
Incomputable لا يُحسَب. لا يُعد
Inconceivable لايُدركه العقل
Inconclusive غير مقنِع. غير جازم
Incondensable لايتكَثَّف. لايتجمَّد
Inconformity مخالفة. تبايُن
Incongruent مُغاير. متباين
Incongruity عدم تناسُب او مُلائمة
Incongruous متناقض. غير مناسِب
Inconsiderable لا يُعتَدُّ به. زهيد
Inconsiderate قليل التبصُّر. طائش
Inconsistency تناقُض. تبايُن
Inconsistent مُخالِف. متناقض
Inconsolable لا يَقبل التعزية
Inconsonant متنافر. غير متجانس
Inconspicuous يتعذَّر تمييزه. غير جلي
Inconstancy عدم ثَبات. تقلُّب. تحوُّل
Inconstant عديم الثبات. مُتقلِّب
Incontestable لا يقبل الجدَل. محقَّق

Incontested غير منازَع فيه
Incontinence العجزُ عن ضبطِ النفْسِ
Incontinent داعِرٌ . شَهوانى . زوانى
Incontrovertible باتٌّ . شافٍ . مسلم به
Inconvenience ثِقْلَةٌ
Inconvenience ثَقَلَ على . أزعج
Inconvenient مُتعِبٌ . مُضايق
Inconvertible لايتغيَّر . لايتحوَّل
Incorporate مندمجٌ . منضم
Incorporate وحَّدَ . ضَمَّ
Incorporation شَرِكَةٌ . اتحاد * توحيد
Incorporeal روحي . غير مادّى
Incorrect مغلوطٌ . خطأ . غير صحيح
Incorrigible لا يُصلَح . لا يُقوَّم
Incorrupt عَفيفُ النَّفس . نزيه
Incorruptible غيرُ قابل الفساد
Increase زيادةٌ ‖ زادَ . نَما
Incredible لا يُصَدَّقُ
Incredulity رَيْبةٌ . عدم تصديق . شك
Incredulous لا يُصدِّق . مرتاب
Increment علاوة . زيادَة * نُموّ
Incriminate استذنبَ . اتَّهَمَ
Incrust لبَّسَ بقشرةٍ . غلَّفَ . طعَّم
Incubate حَضَنَت البيضَ ليفقس
Incubation حِضانةُ البَيض . رخم
Incubus كابوسٌ . جُثام * عِفريت
Inculcate قرَّرَ في الذهنِ * لقَّن المبدأ . حَفَّظ
Inculpable بريءٌ . طاهر الذيل
Inculpate استذنبَ . اتَّهمَ بِ

Incumbency اتّكاءٌ * استناد
Incumbent متكئٌ . مُستنِد * محتَّم
Incumbrance ثِقْلةٌ . عائق
Incur تعرَّضَ أو استهدفَ لِ . جلبَ على نفسه
Incurable عُضالٌ . لا شِفاء منه
Incursion غارَة . غَزْو . غزوة
Indebted مديونٌ . مَدين
Indebtedness مَديونيَّة * دَيْن * مِنَّة
Indecent مُعيبٌ . فاضِح . شائن
Indecision تردُّد . حَيْرة . عدم حَزْم
Indecisive متردِّد * غير جازم أو باتّ
Indeclinable غيرمنصرف . مبنيّ . لا ينصرف
Indecorous مخالفٌ للاداب . شائن
Indecorum عدم لياقة أو حشمة
Indeed بالحقيقةِ . حقًا * فعلاً
Indefatigable لا يَكلّ . لا يَمِلّ
Indefective كاملٌ . غير ناقص * لاعيب فيه
Indefensible لا يمكن الدفاع عنهُ
Indefinable لايمكن تعريفه
Indefinite غير محدد . مُبهَم . غير معرَّف
— article أداة تنكير
Indefiniteness اطلاق . تعميم . لا حَدِّية
Indelibility عدم اندراس او إمِّحاء
Indelible لا يَندَرس . لا يمّحى
Indelicacy سوء أدَبٍ . سماجة . غلظة
Indelicate قليلُ الادب . سمجٌ . فظ
Indemnification تعويضٌ . ترضية
Indemnify عوَّضَ عن الضرر
Indemnity عوضٌ . تعويض . غرامة

Indent حَزَّ ٭سنَّن . شَرْشَرَ
Indenture شرْشرَةٌ . تضريس ٭تعهُّد
Independence استقلال . حُريَّة ٭كفاية
Independent مُستقل . حُرٌّ . طليق
Independents تُبَّعٌ ٭شِيْعَة
Indescribable لايمكن وصفه
Indestructibility عدم الاندراس
Indestructible لا يفنى . لا يندرِس
Indeterminable لا يُحَدُّ
Indeterminate غير معيَّن ٭ نكِرَة
Indetermined غير معيَّن ٭متردد
Index السبَّابة ٭فهرس٭أسّ
Index فَهْرسَ . جعل له فهرساً ٭ رقَمَ
India بلادُ الهند
— ink △حبر شين . حبر صيني
— rubber مَطَّاط △كاوتشوك
Indian هِنديٌّ . مختصٌّ بالهند
— corn ذُرَةٌ . ذُرَة شامى
Indicate دلَّ على . بيَّنَ . أشارَ الى
Indicated يُنصح ٭ يشار اليه
Indication اشارةٌ . علامة . دليل . عرض
Indicative دالٌّ على . مشير الى
Indicator دليلٌ ٭ مؤشِّر . مشير
Indices (*sing*. Index) أُسُسٌ
Indict اتَّهمَ بِ . ادَّعى على ٭داعى
Indictable قابل للطعن . قابلٌ للمُداعاة ٭ غير قانونىّ
Indictment اتهام.اقامة الدَّعوى٭شكوى
Indifference عدم مُبالاة ٭ فتور
Indifferent غير مُبالٍ أو مكترث ٭محايد
Indigence عَوَزٌ . فاقة . حاجة
Indigenous بلديّ . وطنيّ ٭ محلّي
Indigent فقير. مُعدَم . مُعسِر
Indigestible لا تهضمُهُ المعدَة.عسيرالهضم
Indigestion سوء هضمٍ . تُخمة
Indignant ساخِطٌ . حانِق . مغيظ
Indignation سُخْطٌ . حَنَق
Indignity إهانةٌ . تحقير . استهزاء
Indigo نِيْلَةٌ . نَيلج (للصباغةِ)
Indirect غير مستقيم . أعوج ٭ احتيالىّ
Indirectly باعوجاج٭ بالواسِطة٭غير رأسى
Indiscernible لا يُرى ٭ لا يُدرَك
Indisciplined عديمُ التهذيب او التثقيف
Indiscreet لا يَحفظ السرَّ . مِذياع
Indiscretion فضول . عدم تبصُّر أو تروٍّ
Indiscriminate بلا فرق . غير مميَّز
Indispensable ضروري . لازِم
Indispose أمالَ عن . نفَّرَ من
Indisposed مُنحرِف المِزاج . غيرمستعد
Indisposition توعُّك المِزاج ٭ نفور
Indisputable لا نزاعَ فيه . لايقبل الجدَل
Indissoluble لايذوب . لاينحلّ
Indistinct غير واضِح . مُبهَم
Indistinctness عدم وضوح . ابهام
Indite أمْلى على ٭ صنَّفَ . ألَّفَ
Individual شَخْصٌ . فَرْد ٭ شخْصيّ
Individuality شخصية . ذاتية . فرديَّة
Individualize ميَّزَ الشخصية

Individually إفراداً . كلٌّ بمفرده . تفرداً
Indivisibility عدم التجزئة لا انقسامية
Indivisible لا يتجزأ . لا ينقسم
Indocile صعبُ القيادِ او المراس . عنيدٌ
Indocility عِنادٌ . تمردٌ . شكاسة
Indolence كَسَلٌ . تراخٍ
Indolent كَسُولٌ . مُتَراخٍ
Indomitable لا يُطَبَّع . لا يُقهر
Indoors في الاوى . داخل البيت
Indorse صَادقَ على ✽ حَوَّلَ . ظَهَّر
Indorsement مصادقةٌ ✽ تحويل . تظهير
Indubious غير قابل الشَّكّ . حقيقيٌّ
Indubitable محقَّق . ثابت . لا ريب فيه
Induce اقنعَ ✽ استمالَ . رغَّبَ
Inducement اقناعٌ ✽ استمالة ✽ باعث
Induct قدَّمَ ✽ وظَّفَ
Inductile غير قابل السَّحْب . لا يُمطل
Inductility خاصيَّة عدم الانسِحاب
Induction استدلالٌ ✽ استنتاج ✽ تأثير
Indulge انهمكَ في . عَكَفَ على ✽ سَمَحَ
Indulgence رِفْقٌ . غضُّ النظر . تسامُح ✽ انغماس . انهماك
Indulgent متسامحٌ . مُتغاض
Indurate قاس ‖ صلَّبَ . قسَّى . يبَّس
Industrial صِناعيٌّ . متعلق بالصناعة
Industrialization تصنيعٌ
Industrialize صنَّعَ ✽ اقام الصناعات
Industrious كَدُود . مجتهد ✽ شغَّال
Industry صِناعةٌ . حِرفة ✽ مثابرة

Indweller قاطِنٌ . مستوطِن . مقيم
Inebriate سَكِّيرٌ ✽ سَكران ‖ أسكرَ
Inebriation سُكرٌ ✽ سَكرَة
Inedited غير مطبوع او منشور . لم يُطبع
Ineffable لا يُنْطق به ✽ لا يوصف
Ineffaceable لا يُمحى
Ineffective عديم التأثير . بلا نتيجة . لا ينفع
Ineffectual عديم التأثير . لا فاعليَّة لهُ
Inefficacious لا ينفع . عقيم
Inefficiency عدم أهلية أو كفاية
Inefficient غير كفؤ . عاجز . غير كفء
Inelegant غير أنيق أو طليٍّ . خشن
Ineligible غير لائق للانتخاب . لا يقبل
Inept غير لائق أو موافق ✽ عَبَثٌ
Ineptitude عدم لياقة أو موافقة ✽ عَبَث
Inequality تفاوُت . عدم تناسُب . تباينٌ
Inequitable عديمُ الانصافِ . جائِر
Inequity عدم انصاف . جَوْر . حَيْف
Inert جامدٌ . ساكن . عديم الحركة
Inertia القصور الذاتيّ . قوة الاستمرار
Inertness جُمودٌ . سُكون . قصور
Inestimable لا يُثمَّن . لا يقدَّر بثمن
Inevitable حتمي . محتَّم . لا مَفَرَّ منه
Inexact غيرُ مضبوطٍ . مغلوط
Inexcusable لا يُعذَر ✽ بلا مسوغ
Inexecutable لا يمكن انجازه او إجرائه
Inexistent غيرُ موجودٍ
Inexhaustible لا يفرغ . لا يفنى
Inexorable لا يلين . لا يرحم ✽ متزمت

Inexpedience عدَم ملاءمة
Inexpedient غير ملائِم او لائق
Inexpensive رخيص . معتدل الثمن
Inexperience عدمخِبْرَة . قِلَّةُ تجربة
Inexperienced عديم الخبرة . غير مدَرَّب
Inexpert غيرُ ماهر
Inexpiable لا يُكَفَّر عنهُ
Inexplicable غامِض . لا يمكن تفسيرُه
Inexpressible لا يُعبَّر عنهُ
Inexpugnable منيعٌ . لايقتحم
In extenso بغير اختصار . اسهاباً
Inextinct غير مُنطَفِيء أو منعدِم . باقٍ
Inextricable مُعقَّدٌ
Infallibility عِصمة . تنزُّهٌ عن الخطإ
Infamous رديء السُمعة ٭فاضِحٌ . شائِن
Infamy فَضيحةٌ . عار . اسفاف ٭فُجور
Infancy طفوليَّةٌ . بداية العُمر
Infant رَضيعٌ . طِفل ٭ طِفْليٌّ
Infanticide وأد . قتلُ الأطفال
Infantile طِفْليٌّ . مختصٌّ بالاطفال
— paralysis شللُ الاطفالِ
Infantry بيادة . الجنود المشاة أو الرجَّالة
Infatuate فتَنَ . سلَبَ العقلَ . سحَرَ
Infatuation افتتانٌ .وَلَه .خبال.شَغَف
Infeasibility صَعوبةُ الاجراء
Infeasible مُمتنِع عَمَلُهُ . متعذِّر
Infect أعدى . أصابَ بالعدوى . لوَّثَ
Infection عَدْوى . انتقال المرَض . تلويث
Infectious مُعْدٍ . مُنتَقِل بالعدوى

Infelicity همٌّ . غَم . تعاسَة
Infer استدلَّ على ٭ استنتجَ
Inference استدلالٌ. استنتاج ٭ نتيجة
Inferential استدلاليٌّ ٭ استنتاجيٌّ
Inferior أدنى مرتبةً ٭ مرؤوسٌ
Inferiority أسفَليَّة.دونيَّة٭دناءةالنوع
— complex عقدة النقص
Infernal جَهنَّميٌّ ٭ خَبيثٌ
Infertility عدمُ خِصْب . جدْب
Infest ازعجَ . ضايَقَ ٭ أغارَ على
Infidel كافِر ٭ذو شكوك
Infidelity خيانةُ العهود ٭ كُفْرٌ
Infiltrate رَشَّحَ. ترشَّحَ ٭نزَّ ∆ نشَعَ
Infiltration رشحٌ.تخلُّل.ارتشاح٭تسلُّل
Infinite غير محدود أو متناهٍ . لا نهائي
Infinitesimal دقيقٌ جدًّا٭اللانهائي الصغر
Infinitive صيغةُ المصدر ٭ غيرُ محدودٍ
Infinity اللانهاية . اللاحَصْريَّة
Infirm عاجزٌ . واهِن ٭متردد
Infirmary ملجأ المرضى والمقْعَدين
Infirmity عاهةٌ . عِلَّة ٭ ضَعْف
Inflame أثارَ ٭ أضرمَ . اشعَلَ
Inflammable قابل الالتهاب.سريع الاشتعال
Inflammation التهابٌ. اشتعال ٭ الهاب
Inflammatory مُلهِبٌ . كاوٍ ٭ التهابي
Inflate انتفخَ ٭ نَفخَ.مَلأ بالهواء ٭عظَّمَ
Inflation انتفاخٌ . تضخم
Inflect لوى . حنى ٭ صرَّفَ
Inflection إحناء . إمالة ٭تصريف. إعراب

Inflexibility	عدم الالتواء . صلابة
Inflexible	لا ينثنى * لا يلين . عنيد
Inflict	اوقـعَ قِـصاصاً * ابتلى
nfliction	توقيع القصاص * ابتلاء
nflorescence	نظام تزهير
nfluence	نفوذٌ * تأثير ‖ اثَّـرَ على
nfluential	ذو نُـفوذ او سلطة
nfluenza	النزلة الوافدة ○ انفلونزا
nflux	انصبابٌ *جريان *دخول
nfold	لَـفَّ. طَـوى *ضمَّ *طوَّقَ
nform	أخبَـرَ * بلَّـغَ . اعلَـمَ بِـ
nformal	غير رسمىّ او قانونىّ. بلا كـلـفة
nformally	بطريقة غير رسميَّـة . لاشكلياً
nformant	مُـخبّر . مبلِّـغ
nformation	خَـبَـرٌ . نبأ . إشعار *انباء
nformer	مُخْبر .مُبلّـغ *وقَّاع △فـتّان
nfraction	نَـقْـضٌ. نكْـث .مخالفة.انتهاك
nfrared (rays)	اشعة دون اوتحت الاحمر
nfrequence	نَـدْرة . قلّـة حُـدوث
Infrequent	نادر . قليل الحدُوث
Infringe	نقَـضَ. تعدّىعلى . خالف . نكث
Infringement	نَـقْضٌ . تَـعدٍّ. مخالفة
Infumate	جفَّـفَ بالتدخين . دخَّـنَ
Infuriate	أغضبَ . هيَّـجَ
Infuse	نَـقَـعَ.شرَّبَ *لقَّـنَ *صبَّ.سكبَ
Infusion	منْـقوعٌ. نقيع *نَـقْـع *تلقين
Ingenious	لَـوْذَعى . ذكي
Ingenuity	لوذعيَّـة . ذكاء . براعة .تفنُّـن
Ingenuous	كـريمُ النفْـسِ . مخلص
Inglorious	مُـعيب . مُـخجل . شائن
Ingot	سَبيكة « ذهبٍ أو غيره »
Ingraft	حشـرَ . أُدمجَ *طعمَ الشجرَ
Ingrain	صبـغَ * شـرَّبَ * لَـقَّـنَ
Ingratiate	استعطفَ . استمالَ . نال حظوة
Ingratitude	نكرانُ الجميل . عقوق
Ingredient	عُنصُر.جَوْهر.مادّة .مُرَكَّبٌ
Ingress	دُخولٌ . ولوج *مدخل
Ingulf	ابتلعَ *غمرَ.جَرَفَ* وقع فىمأزق
Inhabit	سـكَـنَ . استوْطنَ
Inhabitant	ساكنٌ . قاطِـن
Inhabited	مسكون . مأهول
Inhalation	استنشاق * شهيق
Inhale	استنشَـقَ * شهِـقَ
Inharmonious	لا موسيقى * غيرمتناسق
Inherence	حُلول فى . ملازمة
Inherent	فِـطرىٌّ. مُـلازم . حالفى.سليق
Inherit	وَرِثَ. آلَ اليه بالميراثِ
Inheritance	ميراثٌ.إرْث . ورْثَـة
Inheritor	وارِثٌ
Inhibit	مَنَـعَ . رَدَعَ . نهى
Inhibitory	مانِـعٌ . رادِع . ناهٍ
Inhospitable	غيركريم . غير مُضيف
Inhuman	غليظُ القلبِ . قاسٍ
Inhumanity	وَحشيَّـة . عدم الانسانيـة
Inimical	عدائىٌّ.مُـؤْذٍ
Inimitable	عديم النظير * لا يُـقلَّـد
Iniquitous	جائر . ظالم
Iniquity	جَـورٌ . ظُـلْـم

Initial الحرف الاول من اسم أو لفظ ✿ إبتدائي
— velocity السرعة الابتدائية
Initial وقّع بالحرف الأول من الاسم
Initiate مبتدئ ‖ اطّلع على . درّب
Initiative ابتدائي . أوّلي ✿ استهلال ✿ الفكرة
Initiatory استهلالي . افتتاحي ✿ ابتدائي
Inject حقن ✿ ادخل . أولج
Injection حُقْنة ✿ حَقْن ✿ إدخال
Injudicious قليل الفطنة . أحمق
Injunction أمر . وصيّة . إيعاز
Injure أضرّ . آذى . أساء الى
Injurious ضارّ . مُؤذٍ . مُتْلِف
Injury ضرر . أذى . خسارة
Injustice جَوْر . ظُلم . عَسْف
Ink حِبْر . مِداد ‖ حبَّر
Ink-fish ← أمّ الحبر
Inkling ايعاز ✿ اشارة . تلميح
Inkstand, Ink-well مِحْبَرة . دواة
Inlaid مُلبَّس بـ . مرصّع بـ
— work فسيفساء ترصيع . تلبيص
Inland داخل البرّ ✿ داخليّ ✿ أهليّ ✿ برّيّ
Inlay لبَّس . رصَّع . طعَّم
Inlet مَدْخل . بوغاز
Inmate ساكِن . قاطن ✿ خِدن
Inmost أبعد مكان للداخل . الاقصى
Inn خانٌ . نُزُل . فُنْدُق
Innate فِطريّ . غريزيّ
Innavigable غير صالح للملاحة

Inner اقصى ✿ داخلي . باطني
Inning ضمُّ المحصولات ✿ جمع . تضمن
Innings أرض طَرْحُ البحر
Innkeeper صاحب أو مدير فُنْدُق
Innocence براءة ✿ عدم أذيّة ✿ سلامة نية
Innocent بريء ✿ لا يؤذي ✿ سليم النية
Innocuous حميدٌ . غيرُ مؤذٍ
Innovate ابتدَع . ابتكر
Innovation ابتداع . بدْعة
Innovator مخترعُ البدَع . مبتدِع
Innoxious غير مُضِرّ . لا يؤذي
Innuendo, Innendo ايماء . لَمز . تَلميح
Innumerable لا يُعَدُّ ولا يُحْصى
Inoccupation فراغٌ . تعطل
Inoculate طعَّم . لقَّح
Inoculation تطعيمٌ ✿ تلقيح
Inodorous عديمُ الرائحة
Inoffensive غير ضارّ . غير مؤذٍ
Inoperative عديم التأثير . بلا فائدة
Inopportune في غير محلّه أو أوانه
Inordinate مُفرِط . زائد عن الحدّ
Inorganic لاعضوي . غير عُضْويّ . غير آليّ
Inquest تحقيق رسمي . فحْص
Inquietude قلَقٌ . اضطراب
Inquire استعلَم ✿ سأل . استقصى
Inquiry استعلامٌ . تحقيق . بحث ✿ سؤال
Inquisition ديوان التَّفتيش ✿ تحقيق
Inquisitive كثير السؤال . فضوليّ
Inquisitor قاضي التحقيق . محقِّق ✿ فضولي

Inroad غارة . غزْوٌ . هجمة
Insalubrious غير صحّي . وبيل
Insane معتوهٌ . مختَلُّ العقلِ . مجنون
Insanity عَتَهٌ . اختلال العقل . خبل
Insatiable, Insatiate لا يشبع . شَرِهٌ
Inscribe دوَّنَ . أدْرَجَ . كتَبَ * نقَشَ
Inscription تدْوينٌ * خَطٌّ * نقش
Inscrutability غُموض . إبهام
Inscrutable غامض . عويص . لا يستقصى
Insect حَشَرَة . دُويبة
Insecticide مبيدُ الحشرات
Insecure خطِرٌ . غير مأمون
Insecurity خطرٌ . عدم أمْن
Insensate بليد * عديم الاحساس . لاحسّي
Insensibility بلادة * فقدان الشعور
Insensible لايحس . لا يتأثر * فاقد الشعور
Inseparable لا ينفصل . مُلازم
Insert أدرجَ . أدمجَ . حشرَ . ادْخلَ
Insertion إدخال . إدراج . إدْماج . تحْشِية
Inside داخل * في الداخل * بَطْنٌ . جَوْف
Insidious مكّار . مُخاتِل . غدّار
Insight إدراكٌ . بُعْدُ النَّظَرِ . فراسة
Insignia وسامات . شِعار
Insignificance عدم أهميَّة . تفاهة
Insignificant لا يُعتدُّ به . طفيف
Insincere غير مخْلِص . مُراء
Insincerity عدم إخلاص . نِفاق
Insinuate أوعزَ . أومأ * لقَّنَ * تطرَّقَ
Insinuation تلقينٌ * تلميح . ايماء * دس

Insinuative تلميحي * خالِب
Insipid بلا طعم . تافه
Insipidity تفاهَة . انعدام الطعم
Insist إصرَّ على . شدَّد في . إلَحَّ
Insistence إصرارٌ . تشديد . إلحاح
Insistent مُصِرّ . مُشدِّد . مُلِحّ * هامٌّ
Insnare اوقعَ في فخٍ
Insociable لا يُعاشَر . نَفُور
Insolation رَعْن . ضربة شمس * تجفيف . تشميس
Insolence سفاهة . وقاحة . عجرفة
Insolent سفيه . وقِح
Insoluble لا يذوب . لا ينحلّ
Insolvable لا ينحلّ . لا يُفَسَّر . معضِل
Insolvency إفلاسٌ . عجز عن الدفع
Insolvent مُعْسِر . مُفلس
Insomnia أرقٌ . امتناع النَّوم
Insomuch حتى أن * لدرجة «كذا»
Inspect فتَّشَ . فَحَصَ * راقَبَ
Inspection تفتيشٌ . فَحْص . مُراقبة
Inspector مفتِّش * مُراقِب * ضابط شرطة
Inspiration إلهامٌ . وَحي * شهيق
Inspire ألهَمَ . أوحى الى
to — confidence أوصى بالاطمئنان
Inspired مُلْهَمٌ
Insoluble لا يُحَل * لا يذوب . لا ينحل
Instability تقلّب . عدم ثَبات أو استقرار
Instable متقلِّب . متقلقِل . غير مستقر
Install وَظَّفَ . نَصَّبَ . أقامَ

Installation توظيفٌ. تنصيب * إقامة * جهاز . تركيبة
Instalment تقسيط * قسط*جزء * إقامة
Instance حالة * مِثال * دليل * لجاجة
at the — of بناء على طلب فِلان
court of first — محكمة أول درجة
for — مثلاً
Instant لحظة.بُرهة*خطير*جاري.حاليّ
Instantaneous سَريع * بُرهِيّ . لحظي
Instantly على الفَوْر . حالاً
Instauration تجديدٌ. ترميم . إصلاح
Instead, *of* بدَلاً من . عِوَضاً عن
Instep مُشْطُ الرِجْلِ
Instigate حَرَّكَ للشرّ . أغرى
Instigation تحريضٌ. إغراء . إغواء
Instigator محرِّضٌ
Instil, —l لقَّنَ * شرَّبَ * قطَّرَ
Instillation تلقينٌ * تقطير
Instinct فِطْرَة . غريزة * غريزيّ
Instinctive فِطْريّ . غَريزي
Institute نِظامٌ * مجمع . معهد . مؤسَّسة
Institute أسَّسَ. أنشأ * أقام * أشرع
Institution نقابةٌ *نظام *إنشاء . إقامة
Instruct علَّمَ . هَذَّبَ . أرْضى . أمَرَ
Instruction تعليمٌ * أمْر . توصية
Instructive مُعلِّم . مُثَقِّف . تعليمى
Instructor معلِّم . مدرب . استاذ
Instrument آلة *إداة *وسيلة * صكّ
Instrumental مُوَصِّل الى * وسيلة
Instrumentality وَساطَة
Insubjection نَبْذُ الطاعة
Insubordination تمرُّد . عِصْيان
Insubordinate مُتَمَرِّدٌ . عاصٍ
Insufferable لا يُحْتَمَل . لا يُطاق
Insufficient ناقِص * غير كافٍ
Insular جَزائرى* ضيِّق . مَحْصور
Insulate افرَزَ . فَصَلَ * عَزَلَ
Insulating tape شريط عازل
Insult إهانةٌ . سَبٌّ
Insult أهانَ . سَبَّ
Insulting مُهينٌ
Insuperable لا يُغلَب . لا يُقْبَرُ
Insupportable لا يُحتمَل
Insuppressible لا يمكن اخفاؤه
Insurance تأمينٌ ∆ سيكورتاه
Insure أمَّنَ على ∆ سوْكَرَ
Insurgent عاصٍ . متمرِّد . ثائِر
Insurmountable لا يُقهَر . لا يُذَلَّل
Insurrection تمرُّد . ثَوْرَة . فِتنة
Insusceptible لا يتأثَّر . عديم الحسّ
Intact صحيح . سليم . على حاله
Intangible غير ملموس . غير جلي
Integer عدد صحيح * كامل
Integral كامل . تامّ * متمِّم
— calculus حِسابُ التكامل
Integrity كمال.عدم تجزئة *استقامة .نزاهة
Intellect عقْل . ذُهْن . لُبّ . بَصيرة
Intellectual أريبٌ * عَقْليّ . ذُهنى

Intelligence ذَكاءٌ . عقْل ٭ خبَـر
— bureau *or* department قلم المخابرات
— office مكتب الانباء او الاستعلامات
Intelligent عاقِـل . فَـهيم . ذكيّ
Intelligible واضح . مفهوم
Intemperance افراط ٭ادمانُ السُّكْـر
Intemperate مُـفْـرِط ٭ سِـكّير
Intend عزَمَ على . نوَى . قصدَ الى
Intendant مديرٌ . ملاحظ . ناظر . مشرف
Intended مقصود ٭ خطيب او خطيبة
Intense شديدٌ .عنيف.جدّ .مُفْرِط.زائد
Intensify شَدَّدَ . قوى ٭عظَّم ٭رسَّخَ
Intensity شِدَّة . فَرْطٌ . حدة
Intensive مشدَّد . مقوّ ٭مُعظم ٭مشدَّد
Intent عَزْم . قَصْد ٭ مُنْصَبٌّ على
Intention قَصدٌ . غرَض
Intentional قَصدي . عَمْدي
Intentionally عَمداً . قصداً
Intently بامعانٍ . بتروٍ ٭ عَمداً
Inter- بادئة معناها « بين . ما بين »
Inter دفَنَ . قبَرَ ٭ طمَرَ
Interaction تفاعُـل
Intercalary كَبيسٌ ٭ زائِـد
Intercalate كبَسَ . حشا . اضافَ
Intercede توسَّطَ . تداخَـلَ . تشفَّعَ
Interceder وَسيطٌ . شفيع
Intercept اعترضَ . أوقَـفَ . منَـعَ ٭ قطع
Interception مَنْـعٌ . حَجْز. إعاقة. حيلولة
Intercession وساطة . شفاعة . تشَفُّع
Intercessor وسيطٌ . شفيع
Interchange مُبادلةٌ ‖ بادَلَ . قايَضَ
Interchangeable يقبل المبادلة او الاستعاضة
Intercourse صِلة . مخالطة ٭ وصال
Interdict نَهَى عن . منَعَ ٭ حجَرَ على
Interdiction مَنْـعٌ . تحريم ٭حَجْـر
Interest مصلحة ٭ فائدة . ربا . رِبح
Interest أهمَّ . يُهِمٌّ ٭اشركَ في الفائدة
Interested لهُ مصلحة ٭مُهْتم ٭محب لمنفعته
Interesting مُفيد ٭مُهِمٌّ ٭مشوِّق. ممتع
Interfere تداخَلَ . تدخَّلَ . توسَّطَ
Interference تداخُل.توسُّط ٭تعارُض
Interim خِلال . غُضون . فَتْرَة
— dividend رِبْح مؤَقت
per — في غضونِ ذلك ٭ وقتيّ . مؤقَّت
Interior داخِل . داخلي ٭داخلية ٭باطِني
ministry of — وزارة الداخليَّة
Interjacent متخلِّل . واقِع بَيْن
Interjection حرفُ نِداء ٭ اسم صوت
Interlace جَدَلَ . شبَّكَ . ضفر ٭ تشابك
Interleave شَذَّرَ أوراقاً بين غيرها
Interline حَشَى بين الاسطُر
Interlinear مُحشَّى اى مكتوب بين السُّطور
Interlink سَلْسَلَ . وَصَلَ . شَبَكَ
Interlocution مُخاطبَةٌ . حَديث ٭مناجاة
Interlocutory حَديثيٌّ ٭ تمهيديّ ٭تدخليّ
Interlope اندَسَّ. تدخَّلَ . تطفَّلَ
Interloper فضُوليٌّ ٭ غير مصرَّح به
Interlude لحن او فصل تمثيلي بين الفصول

Intermarriage تزاوج . تبادلُ الزواج
Intermarry تزاوجوا فيما بينهم
Intermeddle تَدَخَّلَ . تحرَّش . تطفَّلَ
Intormediacy تدخُّل . توسُّط . وِساطة
Intermediary متوسِّط ✲ وسيط
Inermediate متخلل . متدخِّل ✲ وسط
— tone الصبغ المتوسط
Interment دَفْنٌ ✲ جنازة
Interminable لاحدَّ أو آخر له . غير متناهٍ
Intermingle خلَطَ . اختلَطَ . امتزجَ ✲ مزَجَ
Intermission فَترةٌ . هُدْنة . توقف
Intermit أوقفَ وقتيًّا ✲ قطَّعَ ✲ تقطَّعَ
Intermittent متقطّعٌ ✲ متفتّر ✲ متناوب
Intermix خَلَطَ ✲ اختلَطَ . امتزجَ
Intermuscular بين العضل
Intern طبيب مقيم △ طبيب امتياز ✲ معْتقل
Intern اعتقلَ . حبَسَ
Internal (تشريح) داخلى . باطنى ✲ انسي
— combustion آلة الاحتراق الداخلى . محدمة
International دَوْلى ✲ أُمَمِيّ
Internment اعتقال . أسر
Interpellant مستجوب ✲ مقاطع
Interpellate استجوبَ
Interpellation استجواب . استفهام
Interpolate حَشّى فى النص الاصلى
Interpose تداخَلَ . دَخلَ بين ✲ تشفَّعَ
Interposition توسُّط ✲ تدخُّل . حشر النفس

Interpret ترْجَمَ ✲ فسَّرَ . أوَّلَ
Interpretation ترجمةٌ . تفسير . تأويل
Interpreter مترجم . تَرْجُمان
Interregnum فَتْرَةُ خلوّ كرسى الملك
Interrogate سألَ ✲ استجوبَ
Interrogation سؤالٌ . استفهام ✲ استجواب
— point علامةُ الاستفهام «؟»
Interrogatory استفهامى ✲ استنطاق
Interrupt قاطعَ . قطعَ ✲ أعاقَ . عَطَّلَ . منع
Interruption مُقاطعة الكلام او العمل ✲ تعطيل
Intersecant مُنَصِّف . شاطِر ✲ قاطِع
Intersect نَصَّفَ . شطرَ ✲ تقاطع
Intersection تقاطُع ✲ نُقْطة التقاطُع
Interspace خلال . فَتْرة . فسحة
Intersperse نثَرَ . بعثَرَ . بذَرَ بين . بثَّ
Interstice فَتْرَةٌ ✲ فُرْجَة . فَتْحة
Interstitial بين الانسجة الخلوية . متخلل
Intertwine شبَّكَ . جدَلَ . ضَفَرَ ✲ تشبَّكَ
Interval فَتْرَة فاصِل . مسافة ✲ استراحة
Intervene توسَّطَ . تخَلَّلَ
Intervention توسُّطٌ ✲ تخلُّل
Interview مقابلة . مواجهة ✲ استعراض
Interview عاينَ . استعرضَ ✲ واجَهَ . قابَلَ
Interweave حاكَ . حبَكَ . نسجَ مع . وشجَ بالنسج
Intestate لم يكتب وصيته ✲ بلا وصية
Intestinal مَعويّ . مختصّ بالامعاء

Intestine معيّ. مصران ٭ باطنيّ ٭ وطنيّ
large — المعى الغليظ
small — المعى الدقيق . عِفج
Intestines امعاء . مصارين . أحشاء
Inthral, Enthral استعبدَ . استرقَّ
Inthralment استعبادٌ . استرقاق
Intimacy أُلفة . مَودَّة . دالة ٭ اخلاص
Intimate مُحبّ . ودُود ٭ ودّي ٭ خاص . داخلي ٭ اختلاط جنسي
— friend إلف . صَفِي . صديق حميم
— knowledge معرفة وثيقة
Intimate اوعزَ ٭ اقترحَ ٭ بلَّغَ
Intimation إيعازٌ . إشارة ٭ إخطار . تنبيه
Intimidate خَوَّفَ . ألقى الرُعبَ . افزع
Intimidation تخويفٌ . ارهاب
Intituled مُعَنْوَن
Into داخل . ضمن
Intolerable لا يُطاق . غير محتمل
Intolerance عدم احتمال ٭ تعصُّب . تصلُّب
Intolerant لا يحتمل ٭ مُتعصِّب . مترفضٌ
Intonation تلحينٌ . ترنيم . تجويد . تغنٍ
Intone لَحَّنَ . رنَّمَ . جوَّدَ . انشدَ
Intoxicant مُسكر . مُخدِّر . مُسْطِل
Intoxicate أسكرَ . سكَّرَ . سطَّلَ ٭ فتنَ
Intoxicated مسموم ٭ مُخدَّر
Intoxication تسمُّم ٭ سُكْر
Intra- بادئة بمعنى : داخل او في
Intractable عَنيد . شديد المراس
Intramural داخل الجدران ٭ داخل الاسوار
Intra-muscular في العضل . داخل العضلات
Intransigent عنيد . لا يلين
Intransitive لازمٌ . غير مُتعَدٍ
Intra venous في الوريد . داخل الوريد
Intrench حصَّنَ ٭ احاط بالخنادق ٭ خندقَ
Intrenchment خَنْدَقٌ . متراس ٭ خندقة
Intrepid باسِلٌ . جريء . مِقْدام
Intrepidity بسالة . إقدام . جراءة
Intricacy تعقيد ∆ شربكة . ارتباك
Intricate معقَّدٌ . متعقِّد ٭ غامض
Intrigue مكيدةٌ ‖ دبرَ مكيدة . دَسَّ
Intrinsic أوليّ . اصليّ ٭ ذاتيّ . داخلي
Introduce عرَّفَ بِ ٭ أدخلَ ٭ أوردَ
Introduction تعريف ٭ ادخال ٭ ديباجة . مقدمة
Introductory استهلالي . افتتاحي ٭ تعريفي
Intromission دخول . ولوج ٭ إدخال . ايلاج
Introspection فحصُ النَفْس ٭ تمعُّن . استبطان
Intrude دَخلَ بلا استئذان . قحم نفسه ٭ تطفَّلَ
Intruder معتدٍ ٭ دَخيل ٭ فضوليّ . واغِل
Intrusion هُجُوم . اعتداء ٭ تطفُّل . دُمُور
Intrust, *with* استأمنَ . أمَّنَ على . اودَعَ
Intuition بديهةٌ . لقانة ٭ سرعة الفهم ٭ بصيرة
Intuitive بديهيّ . عقليّ . وِجداني
Intumescence انتفاخ . تضخم . تورم
Intwine شبَّكَ ٭ جدلَ
Intwist جدلَ . ضفرَ . عقصَ
Inundate غمرَ . أغرقَ . فاضَ على

Inundation فيضانٌ . طوفان ٭ فيْض
Inure عوَّدَ . مرَّنَ . طبَّعَ ٭ أصبحَ معمولاً به
Inutility عبثٌ . بُطلان . عدم منفعة
Invade اغارَ على . غزا ٭ تعدّى على
Invader غازٍ . فاتح ٭ مُعتدٍ . مجتاح
Invalid سَقيم . مَريض . عَليل ٭ ضَعيف ٭ باطِل ٭ غير قانوني او شرْعي
Invalidate أبطَلَ . أفسدَ . الغَى
— a testimony جرحَ الشهادة ، ابطلها
Invalidity ركاكة ٭ بُطلان . فساد
Invaluable لا يُثمَّن . لا يقدَّر بثمنٍ . نفيس
Invariable لا يتغيَّر . ثابت ٭ مبنيّ
Invasion غارة . غزْو . هجُوم ٭ حملة
Invasive عُدْوانى . عدائى . اجتياحى . جائر
Invective قدْحٌ . قذْف . سبّ ٭ قادِح
Inveigh قدحَ فى . سَبَّ . عيَّر
Inveigle اغرى . أغوى ٭ ورَّط ٭ ضلَّل
Invent اخترعَ . اختلَقَ . استنبَطَ
Invention اختراع ٭ اختلاق . ابتكار ٭ بدعة
Inventive اختراعى ٭ متفنِّن . مُستنبِط
Inventor مخترعٌ . مُستنبط . مبتدع
Inventory قائمة جرْد الموجودات ٭ جرد
Inverse مقلوبٌ . معكوس
Inversely عكْساً . عكسيًّا . بالعكس
Inversion قلْبٌ . انقلاب ٭ عكس
Invert قلبَ . عكسَ ٭ حوَّلَ
Inverted مَقْلوبٌ . معكوس
— comma شولة اى فصلة مقلوبة « ، »

Invest ثمَّرَ . إستثْمرَ . وظَّفَ ٭ قلَّد ٭ اكتنَفَ
Investigate فحَصَ . استقصى . تحرَّى
Investigation فحصٌ . استقصاء . بحث
Investigator فاحِصٌ . مُحقِّق . باحِث
Investiture تقليد . تنصيب . توليَة ٭ كساء
Investment تشغيل أو توظيف المال . استثمار ٭ ملك أو مال مستثمر ٭ كساء ٭ اكتناف
Inveterate متأصل . متمكِّن . مستعصٍ ٭ مدمن
Invidious مُثير البَغضاء
Invigorate أنعشَ . قوَّى . شدَّدَ . نشَّطَ
Invincible لا يُغلَب . منيع . حَريز
Inviolable مَصون . لا يُنتَهك
Inviolate غير منثَلِم . مصون . طاهِر
Invisible غيرُ منظور . لا يُرى . غيرظاهر
Invitation دعوةٌ ٭ استدعاء ٭ △ عزومة
Invite دعا ٭ استدعى ٭ رغَّبَ . شهَّى . أغرى
Inviting شَهِيّ . لذيذ . مُغْرٍ . جاذِب
Invocation إبتهالٌ . توسُّل . تضرُّع ٭ طلبة
Invoice △ فاتورةٌ ‖ كتبَ فاتورة
Invoke استنزلَ . استحضر ٭ توسَّلَ . ابتهل
Involuntary جبري . لا إراديّ
Involution ترقية الكميَّة . رَفْع ٭ تشبُّك . شربكة
Involve حوى شمِلَ ٭ ورطَ ٭ اكتنف
Involved غارقٌ فى . مورَّط ٭ مشترك
Invulnerable لا يقبل الطعن ٭ منيعٌ
Inwall أحاطَ بسور . سوَّر

Inward داخليّ. نحو الداخل. باطنيّ. جوّاني
—s داخلاً . نحو الداخل
Inwardly داخلياً * قلبيًّا . سرًّا
Inwrap غلّفَ . لَفَّ . طوى * شَمِلَ
Iodine يود △ صبغة اليود
Iota نُقطةٌ . هنة
Irascible سَريعُ الغضب . نَزِقٌ
Ire غَضَبٌ . حَنَق . غَيْظ
Ireful مغتاظ . حانِق . مُحتَدٌّ
Iridescent مُتلوِّن بألوان قوس القَزَح
Iris قَوْسُ قزحٍ * قَزَحيَّة العَيْن . حَدَقَة * زهرة السوسن
Irish إيرلَنْدِيٌّ . إرلندى
Irksome مُزْعِج . متعب . مُمِلّ
Iron حَديد * حديديّ * مِكْواة
Iron كَوى * غطّى بالحديد * كبّل
Iron bars كرات حديد
Ironclad مكسوٌّ بالحديد . مدرّع
Ironer △ مكوجى . كوّاء الملابس
Ironical تهكّميّ . إستهزائيّ
Ironmonger بيّاع الادوات الحديدية
Irons أصفاد . قيود * كلبش * حَديد
Ironsmith حَدّاد
Irony تهكُّم . إستهزاء
Irradiate أنارَ . أشرقَ . أشعّ
Irrational غيرُ معقول * غير عاقل
Irreclaimable لا يُستردّ * لا ينصلِح
Irreconcilable لا يقبل المصالحة

Irrecoverable لا يُعَوَّض . عادِم . هالك
Irredeemable لا يُفتدَى . لا يستردّ
Irrefutable لا يُدحَض . لا يُنقَض
Irregular شاذٌّ . غير قياسي أو منتظِم
Irregularity شُذُوذ . عدم نظام
Irrelevant في غير محلّه . غير متعلّق بالأمْر
Irreligion زَندقَة . كُفْر
Irreligious لا دينيّ . كافِرٌ . ضدّ الدين
Irremediable لا يُعالج . لا يُداوَى . عُضال
Irremissible لا يُغتفَر
Irremovable لا ينقَل . ثابت
Irreparable لا يُعوَّض * لا يُصلَح
Irrepressible لا يُردَع . لا يُقمع
Irreproachable لا يُعاب . لا يلام
Irresistible لا يُدفَع . لا يقاوَم
Irresolute متحيّر . حائِر . مُتردِّد
Irresolution حَيْرة . تَرَدُّد
Irrespective, *of* بدون إلتفات الى . عدا
Irrespirable لا يستنشق
Irresponsible غير مسؤول
Irretrievable لا يُعوَّض * لا يُعالج
Irreverence عدم احترام . قلّة رعاية
Irreverent عديمُ الاحترامِ . وقِحٌ
Irreversible لا يُقلب
Irrevocable لا يُرَدُّ . لا يُنقَض . مُبْرَم
Irrigate سَقى . روى . أروى
Irrigation سَقْيٌ . ريٌّ . ارواء
Irrigator مِحْقَن . حُقنة
Irritability نَزَقٌ . حِدَّةُ الطبْع

Irritable سريعُ التهيُّجِ . حاد الطبع
Irritant مُهيِّج . مُلهِب ٭ حرِّيف
Irritate هيَّجَ . أثار ٭ ألهَبَ
Irritation تهيجٌ . انفعال ٭ التهاب
Irruption هُجوم . غارَة . غزوة
Isaac اسحق (اسم علم)
Isinglass غِراء السمكِ
Islamic إسلامى
Island, Isle جَزيرة (ج جزائر وجزر)
Islander جزائرىّ . من أهل الجُزُر
Islet, Isle جزيرة صغيرة . جُزيرة
Isolate أفرزَ . فصَلَ . عَزلَ
Isolation فصلٌ . عَزْل
Isosceles مُتساوي الساقَين أو الضلعين
Israelite إسرائيلىّ . يهودىّ
Issue نَسْلٌ ٭ نتيجة ٭ إصدار ٭ مَنْفَذ
bring to an — أنجزَ . أتمَّ
Issue سالَ . خَرجَ ٭ نَتجَ ٭ أصدرَ
Isthmus بَرْزَخ
It ضمير الغائب المفرد لغير العاقل «هـ . ها»
Italian ايطاليٌّ
Italic, —*s* حَرف طبع مائل
Itch حِكّة . جَرَبٌ
Itch اكلَ . رَعَى
Itchy أجرَبُ
Item عِبارةٌ △ نَفْدَة ٭ أيضاً
Iterate أعادَ . كرَّرَ
Iteration تكرارٌ . أعادة
Itinerant متجوِّل . مُتَنَقِّل . دوَّار
Itinerary دليل أو خط سير المسافر ٭ متنقِّل . جوَّال ٭ طريقي
Itinerate جالَ . تنقّل . دارَ
Itself نفسه (لغير العاقل)
Ivied مغطى باللبلاب
Ivory سِن الفيل . عاج ٭ عاجي
Ivy قسوس . لبلاب كبير . حبل المساكين . عاشِق الشجر

J

Jab وخزةٌ ‖ وَخَزَ . طعَن
Jabber ثرثرة ‖ ثرثرَ . بَربرَ . تَمْتَمَ
Jabberer رَغَّاء . بَقَّاق . مُهَذرِم . متمتم
Jack مِرْفاع . رافعةُ الانتقال ٭ اداة لخلع الاحذية ٭ علَم . بيرق ٭ بحّار ٭ الاعرج (فى ورق اللعب) ٭ مِلوى △ مَلَوينة ٭ غطاء المدخنة
jack-in-the-box △ عِفريت العلبه
— of all trades ذو سبع صنائع
Jackal ابنُ آوى △ واويٌّ . ثعلب
Jackass حِمار . جَحْش ٭ مُغَفَّل
Jackdaw عَقعَق . الزاغ . غراب الزرع
Jacket سُترِي △ سِترة ○ جاكتة ٭ غلاف ٭ جبَّة
Jacob يعقوب
Jade حجر اليَشم او اليشب ٭ عاهرة ٭ كديشٌ
Jade أتعبَ . أنهكَ

Jagged محزوز * مُشرشَر * غير مُستَو
Jaguar النمرُ الامريكي
Jail حَبْسٌ . سِجْن
— bird معتاد الاجرام
Jailer, Jailor سَجَّان . حارسُ السّجن
Jam مربَّى * زحام
Jam كَبَسَ * زحَم
Jamboree مَهْرَجان الكشافة
Janissary انكشاري ∆ يسَقْجي ∆ قوّاس
Janitor حاجِب . بوّاب
January شهْرُ ينایر . كانون الثاني
Japan اليابان * ورنيش ياباني. صمغ اللك
Japan ∆ ورنش اي صقل او دهن باللاكيه
Japanese ياباني * اللغة اليابانية
Jar جَرَّة ∆ زَلعة * رَجَّة . هَزَّة
* قَرقَعة * خصام ‖ هَزَّ . رَجَّ * زعزَعَ
Jargon رطانة . بَرْطَمَة
Jasmine نباتُ أو زهرُ الياسمين
Jasper حجَرُ الدَّم . اليَشْب . اليصب
Jaundice مرَضُ اليرقان
Jaunt جَولة . نُزهة ‖ تنزَّهَ . تجوَّل
Javelin نَبْلَة . نَشَّابة
Jaw فَكٌّ . شِدْق
* حَنَكٌ ‖ تَشَدَّقَ
Jay ← طَيْرُ القيق
. ابو زريق
Jazz موسيقى الجاز. الزنجية
Jealous غَيُور * متحمِّس * حَسود
Jealousy غَيْرة * حماس . حسَد

Jeer تهكُّم . استهزاء ‖ هَزأ . سَخِر بِ
Jelly هُلام ○ جلاتين . بلوظة
Jeopard, —ize عرَّضَ للخطر
Jeopardy خَطَرٌ . مخاطرة
Jerboa يَربوع ∆ فار الغيط
Jerk هَزَّة ‖ رَجَّ . نَخعَ * قدّد اللحم
Jersey نسيجٌ من صُوف ناعم
Jest, —ing مِزاحٌ . هَزْل
Jest مَزَحَ . هَزَلَ
Jester مازِحٌ . هازِل . مُهرِّج . مضحِك
Jesuit يَسوعيّ ○ جزويتي
Jesus يسوع
Jet كهرمان أسوَد * فوّارة ماء ∆ نافورة
— propulsion الدفع السائل او الغازى
— plane, —airplane طائرة نفاثة
Jet اندفَقَ بقوة . انفجرَ ∆ فطّ
Jet-black أسوَدُ فاحم او حالك او بهيم
Jetty رصيف ميناء . مرطم * بروز او سد
Jew يَهودِي
Jewel جَوْهَرَة . دُرَّة . حَجَرٌ كريم * حلية
Jewelled مُرصَّع بالجواهر
Jeweller جَوهريّ . صائغ
Jewelry مجوهرات . حُلِيّ . مصوغات
Jewess إمرأة يهودية . إسرائيلية
Jewish يهودي
Jib شِراع مقدم السفينة * ذراع المرفاع
Jig هزهزة . ترقيص ∆ تهشيك
Jig هزَّ . رقَّص ∆ هَشَّك * تهزهز
Jilt مُخادعة في الحُبّ * شَكِلة . غندورة

Jingle طنينٌ . جَلجلة △ شخللة || جلجَلَ

Jiujitsu, Jujutsu مصارعة يابانية

Job شُغْلٌ . عَمَل * ايوب (اسم)

by the — بالقطعة △ بالمقاولة أو بالطريحة

Jobber تاجرٌ أو متسبِّب * وسيط * مشتغل بالقطعة * سمسار بورصة

Jockey راكبُ خيل السباق * تاجرُ خيل

Jocose, Jocular مازِحٌ . هازل

Jocularity مِزاح . هَزْل

Jocund فَرِحٌ . خفيفُ الروح . فكِه

Jog مشى على مهل * دفع بالكوع * أيقظَ الذاكرة

John يوحنا

John-Bull لَقَبٌ يُطلقُ على الانجليز

Join وَصَلَ . ألحقَ * لَحِقَ . التحقَ بـ

Joiner نجّار دِقّي * آلة نجارة * مايُوصِل

Joinery صناعة النجارة الدقيقة

Joint مَفْصِلٌ * عُقدة * وصلة * شريحة لحم كبيرة * مشترَك

— stock company شركة مُحاصّة

Joint وصَلَ . ضمَّ * قَطَعَ * شرَّح اللحم

Jointed ذو مفاصل . ذو عُقَد

Jointer فارة النجّار الكبيرة . مِسحاج

Jointly بالاتّحادِ . بالاشتراك . سويّة . معاً

Jointure مشاركة فى إجارة * مهر عقاري

Joist عارضَة . دِعامَة . رافدة △ عِرق

Joke دُعابة . مُزاح . هَزْل || هَزَلَ

in —, jokingly على سبيل المُزاح

Joker مازح * عفريت △ جوكر (فى ورق اللعب)

Jolly بَهيج * طروب . فَكِه . خفيف الروح

Jolt هزّةٌ . رجّة

Jolt رَجَّ . خضخض * اهتزّ

Jostle رَجَّ * صَدَمَ . دَفَعَ بالمنكب

Jot نُقطة * ذَرّة || دوَّنَ . قيَّدَ

Journal جريدةٌ * دفترُ اليوميّة

Journalism الصحافة * تحرير الجرائد

Journalist صَحافيّ

Journey سَفَرٌ . سياحة . رِحْلة

Journey سافَرَ

Journeyman مياوم . أجيرٌ . عامل باليومية

Joust مُثاقفة . مُبارَزَة بين فارسين للتسلية

Jovial جذِلٌ . بَشُوش . مَرِح

Joy فَرَحٌ . جذَل . سُرور

Joyful مُفرِحٌ . بهيج * مبتهج . فرحان

Joyless كئيب . مقبِض . مُغِمّ

Joyous مسرور * مُسِرّ . سارّ

Joy-stick ذِراع القيادة (فى الطائرة)

Jr. (Junior انظر) الصغير

Jubilant متهلِّلٌ . مُبتَهِج

Jubilation تهليلٌ . إبتهاج . بِشْر

Jubilee ○ يُوبيل . عيدُ الخمسين سنة

golden — اليوبيل الذهبى . العيد الخمسيني

Judaical يهوديّ

Judaism ديانةُ اليهود . الشريعة الموسوية

Judge قاضٍ . حكَمٌ

Judge قَضَى . حكَمَ بـ

Judge advocate ممثل الاتهام فى محكمة عسكرية
Judgeship القضاء . وظيفة أو منزلة القاضى
Judgment قَضاء . حُكم * دَيْنونة * تمييز
— by default حُكم غيابى
— Day يوم الدينونة . يوم الحشر
Judicatory قَضائي . حُكمى * محكمة
Judicature قَضاء * سُلطة أو هيئة القَضاء
Judicial قَضائي . مختصّ بالمحاكم . قانوني
Judiciary قضائيّ . شرعي * سلطة قضائية
Judicious حَكيم . عاقل . بصير . فطِن
Jug إبريق . قِدر * كوز
Juggle حيلة || شَعْوَذ . لَعِبَ على
Juggler مُشَعْوِذ . شعوذة * مُحتال
Jugglery شَعْوَذة ∆ زعبرة
Jugoslav, Yugoslav يوغوسلافى
Jugular ودَجى . وداجي . وريد عُنق
— vein حبل الوريد
Juice عَصير . عُصارة * سائِل * رُب
Juiciness عُصارة . مائيَّة
Juicy كثير العُصارة
Jujube عُنَّاب
July شهر يوليو . تمّوز
Jumble خَليط || خَبَّص . خَلَّط
Jump وثبة . قفزة || نَطّ . قفز
Junction وصلة * نقطة إتِّصال * وَصْل
Juncture نُقطة الاتصال * حَزَّة
June شهر يونيو . حزيران
Jungle دَغَل . غابة متلبِّدة

Junior أصغر سِنًّا أو مركزاً
Juniper دفران * حَبّ العَرْعَر
Jupiter جوبيتر (إلاه) * المشترى (نجم)
Jurisconsult فقيه . مُشَرِّع . مُفتٍ
Jurisdiction اختصاص . حَقّ الحُكم
Jurisprudence الفِقه . الشَّرْع
medical — الطب الشرعى
Jurist فقيه . عالم الشريعة * محام مدَنيّ
Juror محلَّف
Jury المحلَّفون * هيئة الحكم او المحلفين
Juryman مُحَلَّف * حَكَم
Just عادِل . مُقسِط * بالتمام . بالضبط
— now الآن . تواً
Justice قاضٍ * عدالة . عَدْل * إنصاف * صِحَّة
— of the peace قاضى الصلح
ministry of — وزارة العدل
Justifiable يُعْذَر . مَعْذور . يُبرَّر
Justification تبرئة . تَبْرير * تزكية
Justificative تبريرى * مُبَرِّر . مُسوِّغ
Justify سوَّغ . برَّر * أيَّد . حقق
Justly باستحقاق . بعدلٍ * حقًّا * بضبط
Jut نتأ . بَرَز . ارتفع عن . قَبَّ
Jute نبات القِنَّب الهندى او نسيجه
— sack جوال خيش
Juvenescence رجوع الصبا * شباب
Juvenile حَدَث . شاب صغير * صِبيانى . مختصّ بالاحداث
Juvenility شَباب . فُتُوَّة . صبا
Juxtaposition اتصال . تقارب . جوار

K

Kadi, Cadi قاضٍ شَرْعي
Kafir كفير . أحدُ أهالي افريقا الجنوبية
Kaki, Persimmon ○ كاكي (فاكهة)
Kale كرنب السلطة . كرنب مشرشر
Kangaroo → ○ كنجارو . كَنْغَر أسترالى
Kedge مِرْساة . هِلْب
Keel أترابل △ هِرابٌ . قرينة «المركب»
Keelage ضريبة دخول السفن الى الميناء
Keen حاذِقٌ ☆ حادٌّ ☆ شديد
Keenness فِطْنَة ☆ حدَّة . مَضاء
Keep حالة ☆ حِفظ
Keep حَفِظَ . صانَ ☆ اقتنى
— away ابتعد ☆ منع . أبعد
— away from ابتعد عن
— back منع . أخَّر
— company with رافقَ . صاحب
— down قهرَ . ضبط ☆ أخمد
— house فَتَحَ بيتاً
— in كتم ☆ حبس . حجز
— off صدَّ . أبعد ☆ ابتعد ☆ تجنَّبَ
— on استمر . تقدم
— one's word قامَ او وفى بوعده
— up with استَمَرَّ ☆ سايرَ . جارى
Keeper حارسٌ . حافِظ . أمين
Keeping حِفْظٌ . صَوْن . حِراسة
in — with مطابِق . موافق
Keepsake تذكار . هَدية للتفكُّر بمهديها
Keg بِرْميل صَغير
Ken مَدَى البصر ☆ بصيرة ‖ رأى ☆ عَلِمَ
Kennel وجار الذئبِ ☆ بيتُ الكلاب ☆ مجرى ماء
Kerchief مِنْديلٌ ☆ عِصابة للرقبة
Kermess مهرجان . احتفال فى الهواء الطلِق
Kernel نواةٌ . بذرة ☆ لُبٌّ ‖ حَبْحَبَ
Kerosene كيروسين △ جاز
Kettle ← غَلاَّية △ تَنَكة
Kettledrum طبلة ترتكز على أرْجل
Key مِفتاح ☆ فهرس ☆ رئيسى ☆ دليل
Keyboard دساتين البيان او الآلة الكاتبة
Keyhole ثقْبُ المِفتاح
Key-ring حلقة المفاتيح
Keystone مِفْتاحُ العقدِ △ غَلَقٌ
Kick لبطة . رَفْسَة
Kick رفَسَ . ضرَبَ بالرجل
Kid جَدْيٌ (صغير الماعز) ☆ وَلَد
Kidnap خَطَفَ . سَرقَ ولَداً أو شخصاً
Kidnapping خَطْفُ الاشخاص
Kidney كُلْيَة . كُلْوَة ☆ نوع . شكل
Kill قتلٌ ‖ قَتَلَ . أعدمَ ☆ ذبحَ
to — time انفقَ الوقت عبثاً

Kiln قمين . جصّاصة * أتّون . فرن
Kilo, Kilogram الف جرام ○ كيلوجرام
Kilogramme △ كيلو
Kilometer كيلو متر . الف متر
Kilowatt الف وات . مقياس لقوة الكهربا
Kilt تنّورة يلبسها رجال جبال اسكتلندا
Kimbo منحنٍ . معوّج . مائل لجنب . مجدّب
Kin أقارب . أنسباء * قرابة
Kind نوع . جنس * مُحسِن . شفوق
— regards تحيات
in — صنفاً . عيناً (ليس نقداً)
Kindergarten روضة أطفال
Kindle أضرمَ . أشعلَ * اشتعلَ
Kindliness لُطفٌ . رِقّة . شفقة
Kindly لطيفٌ * بلُطفٍ * كرَماً
Kindness فضل . لُطف * شفقة
Kindred أقرباء . أنسباء . أهل
— subjects مواضيع متقاربة او متشابهة
Kine بقرٌ . أبقار . بقرات
Kinetics علم الحركة او القوى المحركة
King مَلِكٌ * الباشُ (فى ورق اللعب)
—'s evidence شاهد الملك
Kingcraft تملُّك . سياسة المُلك
Kingdom مملكة . عالم * مُلك * ملكوت
Kingfisher القاوند . السمّاك . المازور → △ غريش (طائر)
Kingly ملوكى . سُلطانى * جليل . سامٍ

Kinky اكث . اكرت (كشعر الزنوج)
Kinsfolk أقرباء . أنسباء . أهل . آل
Kinsman قريبٌ . نسيب
Kiosk طارِمة △ كُشك . جوسق
Kipper سمكُ الرنجة المقدَّدُ
Kirk كنيسةٌ . بيْعة
Kiss قُبلةٌ . بوْسة
Kiss قبّلَ . لثمَ . باسَ
Kit ادوات △ عُدَّة * صندوق العدّة * كنجة * قُطيْطة * أمتعة * ملابس
repair — أدوات الاصلاح
Kitchen مطبخٌ . مطهى
Kitchen-range △ وابور ← الطبخ
Kite طيّارة (العوبة) * حِدأة (طائر) * سفتجة أى كمبيالة صورية أو تحويل صورى
Kitten قِطّة صغيرة . قُطيطة
Knack لُعبة * مهارة . براعة
Knag عُقدةُ خشب △ بزّ
Knapsack مِزْوَدُ الجُندى * جربندية
Knarled ذو عُقد △ مُبزّز
Knave خبيث . مكّار * الاعرج
Knavery خُبثٌ . مكر . لؤم
Knavish خبيث . ماكر . لئيم
Knead عجنَ . جبلَ
Knee رُكبةٌ * زاوية . كوع
Knee-boots △ جزمة سواري
Kneel ركعَ * استناخَ . برَك * جثى
Kneepan رضفة الركبة

Knell جرسُ الجنازةِ أو الموت
Knew, *of* Know عَـرَّاف
Knicker-bockers △ بَنْطَلون قَـصير
Knife سكّين . مُدْيَـة * مِطواة
Knight فارس . نبيل . صِـنديد
Knighthood فروسية . رُتبة شرَف انجليزية
Knightly نَـبيل . فُـروسى
Knit حبَكَ . حاكَ . حبَّك * عقَـدَ
to — one's brow قطّبَ حاجبيه
Knitting حياكة . حبك * التحام العظام
— machine آلة حياكة
Knob عُـقدة * برعم * سَـعدانةُ البابِ
Knobbed, Knobby مُعَـقّـد . ذو عُقَـد
Knock ضَرْبَـة ‖ ضَـرَبَ . دَقَّ . قرَعَ
Knocker قارِع * سَـمَّاعَةُ البابِ
Knockout ضربة حاسمة فى الملاكمة
Knoll تَـلَّـة . رابِـيَـة * عقد
Knot مَـيْلٌ بحرى * عُقدة * أنشوطة
* △ بِـز . عقدة فى خشب * زِر
. بُـرعوم * خُـصلة
Knotty معقَّد * مُشْكِـل * مبزّز
Know عَـرَفَ . عَلِـمَ . درى . مَيّـزَ
Knowing عالم . عارِف * دِرَاية . عِلم . خبرة
Knowingly عن علم * قصداً . عمداً
Knowledge معرفة . عِـلْـم * خِـبرة
to my — على ما أعلم
Known مَـعروف . معلوم * شهير
Knuckle مِفصَل أصل الاصبع . بُـرْجُمة
— bone السلامى (تشريح)
— joint واصِلة مفصليَّـة (ميكانيكا)
Knuckle أذعنَ * ضرب بجمع اليد
Kohl كحل
Kominform مكتب الاستعلامات الشيوعى
Koran القرآن . المصحفُ الشَّـريف
Kosher طعام محلل (عند اليهود)
Kraal كَـفْـرٌ . نَـجْـع * كُـوخ * حظيرة
Kraft, —paper ورق لف اسمر

L

L ٥٠ فى الأرقام الرومانية
£ جنيه انجليزى
Label بطاقة . رُقعةُ العُنوان
Label عَـنْـوَنَ
Labial شَفَـوىّ . شَفَـهىّ . من الشفة
Laboratory مَعْـمَـل * معمل كيماوىّ . مُختبر
Laborious كدود . مجتهد * شاقّ * عملى
Labour, Labor عَملٌ * عَناء . كَـدٌّ
* مخاض . طلق . ولادة
— corps فرقة العمال . أيد عاملة
— Day عيد العمال (أول شهر مايو)
— party حزب العمال * طبقة العمال
hard — اشغال شاقة * عمل مُضنٍ
Labour اشتغلَ * كدَّ . كدح * اتاها المخاض
Labourer, Laborer عامل . شَغَّـال * فاعِل
day — عامل باليومية
Labyrinth تِيْـهٌ . بَـرْبى * ورْطة
* الاذن الباطنة

Lac صَمْغ اللُّكِ . لُك
Lace بريم .قيطان.شريط ٭ ∆ دَنتلّه .مخرم
Lace ربَطَ بالشَريطِ . زمَّ ٭ ضفر
. جدل ٭ خرَّم . زركش بالدنتلة
Lacerate مزَّقَ . مَزَّعَ . شَرَّطَ
Lachrymal دَمْعيٌّ . مختصٌّ بالدموع
Lack نَقْصٌ . عَوَز || احتاج الى. يعوزهُ
Lackey خادمٌ . تابع || تذلَّلَ
Laconic مُوجَزٌ . مختصَر مفيد
Laconism عبارة مختصرة مفيدة ٭ اقتضاب
Lactation رِضَاعَة ٭افراز اللبن
Lactic لَبَنيٌّ . مختصٌّ باللبن
Lactiferous لَبِنٌ . لَبُون . لابِن
Lactoscope اداة لمعرفة مقدار دسم اللبن
Lad صَبيٌّ . فتًى . غُلام 
Ladder مِرقاة . سُلَّم نقَّالي
Lade حمَلَ . وسق.شَحَن ٭غرَف
Laden مُحَمَّل.موسوق.مشحون
Lading وسْق . شَحْن . شْحنة
Ladle مغْرَفَة . ∆ كبشة || غَرَفَ
Lady سيدة . سِت ٭ زوجةُ اللورد
Lag تأخَّرَ . توانَ . أبطأ ٭ عوَّقَ
Laggard بطيءٌ . متوانٍ . لُكَأة
Lagoon مُستنقَعٌ . بُحيرة مفرطحة
Laic, —al عَلْمانيٌّ (غير كهنوتي) ٭ عاميٌّ
Laid, *of* Lay طريحٌ . مَطروح ٭ موضوع
to be — up مُلازم او طريح الفراش
new — eggs بيضٌ طازِج
Lain, *of* Lie مُضطَجِع .مُتكيء ٭موضوع

Lair مَرْبِضٌ . مَضْجِع ٭ عَرين ٭ زريبة
Lake بحيرةٌ . بركة ماء ٭ صباغ قرمِزيٌّ
Lamb حَمَلٌ . خَروف . حَوْليٌّ . ∆اوزيٌّ
Lambent هَفَّافٌ . مهفهف ٭ مُرفرِف
Lame أعرجٌ ٭ أكتع
Lame عَرَّجَ ٭ كسَّحَ
Lameness عَرَجٌ ٭ قُصور . ركاكة
Lament انتحبَ . ناحَ علي . رثا ل
Lamentable مُحزِن . يُرْثى لهُ
Lamentation نحيبٌ .عويل . مناحة.مندَبة
Lamina رقيقة . صفيحة . نصل الورقة
Lamp مِصباحٌ . قِنْديل . سِراج ٭ لمبة
— shade حاجب النور . غطاء المصباح
Lampblack هِبابٌ . سُخام
Lampoon هَجْوٌ . قَدْح || هَجَى
Lanate اصْوَفٌ . موفور الصوف ٭صوفي
Lance رُمحٌ . مِزْراق
— corporal ∆ وكيل اومباشى
— sergeant ∆ وكيل جاويش
Lance رَشَقَ . طعَن
Lancer فارس . رمَّاح . خيَّال مزراقي
Lancet مِبضَع . مِشْرَط .رِيشَة الجرَّاح
Land أرضٌ ٭ بَرٌّ ٭ بلاد ٭ بريٌّ . أرضى
Land رَسَى . حطٌّ
Land-agent سمسار أراضٍ ٭وكيل المزرعة
Landing رَسْوٌ ٭مَرْسًى ٭ ∆ بَسْطة السلّم
Landlady مالِكة.صاحبة المِلك او النُزُل
Landlord مالِك . صاحب الارض
Landmark شاخصٌ . علامةُ الحدود . تخم

Landscape صُقْع * منظر عامّ أرضى
Land-tax ضريبة أو مالُ الاطيانِ
Lane زُقاقٌ . عطفة . دَرْب
Language لُغَةٌ . لِسان * لهجة
living — لغةٌ حَيَّة
Languid ضَعيفٌ . واهِن . فاتر الهمة
Languish ضَعُفَ . وَهَنَ . ذَبُل
Languor كَلال . ضُعف . استرخاء . فتور
Lank رَقيق . هزيل . نحيف * ركيك
— hair شعر سبْط اى مسترسِل او سايِل
Lantern فانُوس * △ مِنْوَرُ السقفِ
Lap ذَيلٌ * حِجْر
Lap لَفَّ . طوى * لعِقَ
Lapidary حكّاكُ الاحجار الكريمة * نقش حجريّ
Lappet ذَيْل . هُدب . طَرَف . حاشية
Lapse مُرور * فَواتُ المدّة ‖ انقضى
Larboard يَسارُ السفينة
Larceny سَرِقة . اختلاس
Lard دُهنُ أو شحمُ الخنزير
شَحَّم * نمَّق
Larder مكانٌ لحفظِ المأكولات △ كرار
Large كَبيرٌ . عظيم * واسع . رحْب * عَريض
at — مُطلَقُ السراح * باسهاب
Largely بكثرة * باتساع * باسهابٍ
Largeness كِبَر . عِظَم * رحابة * كرم
Largess عطيةٌ . منحة . سخاء
Lark قُبَّرة . قنبرة ‖ مرَح . لعِبَ
Larva يَرْقة . يرقانة . دودة . علقة

Larynx حَنْجَرَةٌ . قصبة الرئة
Lascivious شَهوانى . غليم * محرّكٌ الشهوة
Lash سَوْطٌ . △ جَلدة
Lash جَلَدَ . ساطَ
Lass, —ie فتاة . صبيَّة * عشيقة * خادمة
Lassitude عَياءٌ . كَلَل . استرخاء 
Lasso وَهَقٌ ← . حبل بانشوطة
Last قالبُ الاحذية * اخيرٌ * آخِر * ماضٍ
— week الاسبوع الماضى
at — أخيراً . فى النهاية
Last استمرَّ . دامَ * تحمَّلَ . عاشَ
Lasting تحمُّل * باقٍ . ثابت . دائِم * متين
Lastly أخيراً . فى النهاية . فى الختام
Latch سَقَّاطَة البابِ . مِزْلاج
Latchkey مفتاح المزلاج
Late متأخراً * متأخّرٌ * مرحوم
of — مؤخراً . اخيراً
too — بعد فوات الوقت
to be — تأخّرَ
Lately أخيراً . من عهدٍ قريب . مؤخراً
Latency اختفاء . خَفَاء . كُمُون
Lateness تأخُّر . فَواتُ الوقت * بُطء
Latent كامن . دفين . خَفىّ * مُضمَر
Later فيما بعد * متخلّف . بعد ذلك الوقت
Lateral جانبىّ . جنبيّ . من جانبٍ
Latest الاخير . الأكثر تأخراً . آخر الكل
Lathe مِخرطة (لخرط الخشب او المعادن)

Lather رغوة الصابون
Lather صبَّنَ . رَغَّى ٭ أزبَدَ
Latin اللغة اللاتينية . لاتيني
Latitude عَرْضٌ . خَط العرض ٭ اتساع
Latrine مِرْحاض
Latter الأخير . الآخر . الثانى . المذكورأخيراً
Lattice △ شِعرِيَّةُ الشُّباك
Laud ثَناء . حَمد ‖ مجَّد . سَبَّحَ
Laudable ممدوحٌ . حميد . مشكور ٭ مفيد
Laudanum صبغة الافيون ○ لودنوم
Laudatory, Laudative مديحى . ثَنَائى
Laugh ضحْك ٭ ضحْكة ‖ ضَحِكَ
Laughable مُضْحِكٌ . سُخْرِىٌّ
Laughing-stock أضحوكةٌ . سخرية
Laughter ضِحْكٌ . قَهْقَهة
Launch زورق بخارى ○ لَنش . رفّاس
Launch أنزلَ الى الماء ٭ سيَّر ٭ دفَع على أمر
to — an attack شنَّ هجوماً
Laundress غَسَّالةُ وكوَّاية «الملابس»
Laundry مكانُ الغسيل ٭ غسل وكيّ . مغسلة
Laureate مكلَّل بالغارِ
poet — شاعِرُ الملك او الدولة
Laureate كلَّلَ بالغار ٭ مجَّد
Laurel شَجرُ الغارِ . غارٌ
Lava حُمَمٌ . سائل بركانى . حمارة
Lavatory دورة المياه . مغسل . محل الاغتسال
Lavender خُزامى ○ لاوَنْدا . نبات عطرىّ
Laver مَيْضأَةٌ ٭ حَوْض الوضوء . مغسل
Lavish مُسْرِفٌ ‖ أسْرَفَ . بَعْزَقَ
Lavishly باسرافٍ . بتبذير ٭ بسخاء
Law شريعة . قانون ٭ القضاء ٭ علم الحقوق
Law-abiding خاضعٌ للقانون
Law-breaker مخالف الشريعة . ناقضُ الناموس
Lawful قانونى . شَرعى ٭ حَلال . غير محرَّم
Lawless عاصٍ ٭ غير جائز شرعاً
Lawn مَرْجٌ أخضر . مَرْجة ٭ ميدان ٭ شاش
— tennis لعبة التنيس
Lawsuit دَعوى . قَضِيَّة
Lawyer مُحامٍ . متشرِّع . فقيه
Lax سائب ٭ رَخو ٭ متراخٍ
Laxation ارتخاء ٭ لين . اسهال ٭ تساهل
Laxative مُسْهِلٌ خفيف . مليِّن
Laxity تَراخٍ ٭ تساهُل ٭ رَخاوة
Lay, *of* Lie إضْطَجَعَ
Lay عَلمانى ٭ وضْع ٭ اغنية
Lay وَضَعَ . حَطَّ ٭ بَسَطَ ٭ فرَضَ
— aside ادَّخَرَ ٭ القى عنه
— bare كَشَفَ . عَرَّى
— before عَرَضَ على
— by, — in, — up ادَّخَرَ . وَفَّرَ
— down وَضَعَ . حَطَّ ٭ أسَّسَ
— down one's arms سَلَّمَ سلاحه
— eggs باضَت
— hand on القوا القبضَ على
— hold of قبضَ على . امسَكَ

— the table بسَطَ المائدة ، فرشها
— a wagger راهَنَ
— out أنفقَ. صَرَفَ ✲رتَّبَ. عرَض
Layer طَبَقة . راقة ✲ترقيدة ✲واضع
Layman عِلمانيٌّ ✲ليس ذو مهنة
Lazily بِكَسلٍ . بتوانٍ . بتراخٍ
Laziness كَسلٌ . توانٍ . تراخٍ
Lazy كسلان . كسول . متوانٍ
L.E., جنيه مصرى
Leach رماد القلى △ بوغاده‖صفّى . روقَ
Lead رَصاصٌ✲رَشٌ .خُردُق✲قيادة.سبق
black — رصاص اقلام. اسْرُب○انتيمون
Lead صفّحَ بالرصاص✲ختَمَ بالرصاص
✲ قاد . ارشد ✲ سبَق . تقدَّم
Leaden رَصاصيٌّ . أسربى . من رَصاص
Leader قائِد . مرشد . دليل . زَعيم
✲ افتتاحية
Leadership قيادة . زِعامة ✲ اتجاه
Leading موَصِّل . مؤدٍ الى ✲ رئيسى
Leaf ورَقَة ✲ △دلفة الشُباك
to turn a new — بدأ حياة جديدة
Leaf ورَّقَ ✲ قلَّب
Leafines توريقٌ .ا براق
Leafless عارٍ من الورق . لا ورق له
Leaflet وُرَيقةٌ . ورَقة صغيرة ✲كُتَيِّب
Leafy نبات مورِق . ذوأوراق ✲ ورق
League معاهَدَة ✲ عُصبة ✲ فَرْسَخ
League تحالفوا
Leak وكفَ. سَالَ. نَضحَ . رشَح ✲تسرَّب

Leakage سيلانٌ . نَضح . توشيح
Leaky لايضبط السوائل. ناضح ✲ مِذياع
Lean نحيف . هزيل✲اللحمُ الأحمر△هَبْر
Lean استندَ . اتكأ ✲ مالَ . انحنى
to — against مال أو استنَدَ او توكأ على
Leanness نحافَةٌ . هُزال ✲ غَشَانة
Leap نَطَّةٌ . قفزة . طفرة
Leap نَطَّ. قَفزَ ✲ سفَدَ
Leap-year سَنَةٌ كبيسة (٣٦٦ يوم)
Learn دَرَسَ. تعلَّمَ ✲ عَلِمَ. عَرَفَ
Learned عالِمٌ . مُتبحّر فى العلم
Learning عِلْمٌ . معرفة ✲ تعلُّم
Leasable يُؤجَّر . ممكن تأجيره
Lease ايجار ‖ أجَّرَ
to take on — استأجَرَ
Leasehold أرض مستغلَّة بالايجار ✲مؤجر
Leash مِقْوَدٌ . رَسَن . سَيرمن جلد
Leash ربَطَ بمقود
Least أقل ✲ الأقلّ . الأصغر ✲ الأحط
— common multiple المضاعف المشترك الاصغر
at — على الأقل
not in the — مطلقاً . أبداً
Leather جلدٌ مدبوغ ✲ جلديٌّ
Leather كسا بالجلد
Leathern جلديٌّ . من جلدٍ
Leave إذنٌ . اجازة ‖ ترَكَ. سيَّبَ
— of absence اجازة غياب
on — غائب بالاجازة . فى اجازة
to — alone تركه وشأنه

to — out أغفل . نسى * لم يُدوِّن
to take — استأذَنَ
Leaven خميرةٌ * خمير ‖ خَمَّرَ
Leavings آثارٌ . بقايا . متروكات . مخلفات
Lecher شَبِقٌ . غِلّيم . شهواني . داعِر
Lecture محاضرةٌ * توبيخ
Lecture خَطَبَ * عَنَّفَ
Lecturer استاذ ، خطيب . مدرِّس بالخطابة
Led, *of* Lead انقادَ * أرشدَ
Ledge عارضة . صُفَّة * حافَّة . طَنْف
* طَبَقة صخور تحت ماء الشواطىء
Ledger الأُستاذُ . دفتر الحسابات الجارية
Leech ← عَلَقَة . دودة عَلَق
* طفيلي
Leek كُرَّات . كُرات ابو شوشة
Leer خزرٌ . نظرةٌ بطرف خفيٍّ
Leer خاوَصَ . نَظرَ شزراً . غمزَ
Lees راسِب . عكَاره . ثُفْل
. دُرْدِيٌّ
Leeward مع الريح باتجاه الريح
Left يسارٌ . الجهة اليسرى
Left تَرَكَ . سيَّبَ
Left-handed أعسَرُ . أشوَل . أيسر
Leg ساقٌ . رِجْل * قائمة
on one's last — على آخر رَمَق
Legacy ميراث بوصيَّة . إرث . تركة
Legal قانوني . شَرعى * جائز شَرعاً
— expenses مصاريف قضائية
Legalize جعله قانونيًّا * سَجَّلَ

Legality قانونيَّة . شَرعية . صِحَّة
Legally قانوناً . شَرعاً
Legate قاصِدٌ رَسولي . نائِبُ البابا * مبعوث
Legatee وارِث « بوصيَّة » . موصًّى لهُ
Legation بعثة . سفارة . مفوضيّة
Legator الموصِّي . المورِّث بوصيَّة
Legend أُسطورة . قِصَّة
Legendary خُرافي . اساطيري
Legerdemain العابُ خِفَّةِ اليدِ . شعوذة
Leggings طِماق . جُرموق ∆ طوزلق
Legible جلى . مقروء . واضح
Legion فِرْقة . كتيبة . فيلق * جَمٌّ غفير
Legionary مختص بجيشٍ * كثير العَددِ
Legislate سَنَّ قانوناً أو شريعة . قنَّنَ . شَرَّعَ
Legislation سن الشرائعِ . تشريع * قوانين
Legislative ذو سُلطة تشريعية . تشريعى
— power السلطة أو الهيئة التشريعية
Legislator متشَرِّع . شارعٌ . واضع القانون
Legislature السلطة التشريعية
Legitimacy قانونيَّة . صحة * شَرعيَّة البنوَّة
Legitimate شرعي . قانوني . حَلال
Leisure وقتُ فَراغ . عُطلة . فَضاء . راحة
at — على مهل . عند سنوح الفرصة
Lemon لَيْمون . ليمونة * ليموني
Lemonade شَرابُ الليمون ○ ليموناده
Lend أقرَضَ . سلفَ . أعارَ * أعطى . استلف
— a hand ساعَدَ . مدّ يد المساعدة
— a deaf ear تصامَ . تصالَخَ ∆ طنّشَ
Lender مُقرِضٌ . مسلف

Length طُولٌ * إمتداد * مَدى
at — أخيراً . بعد زمن طويل * بالتطويل
Lengthen طوّلَ . أطالَ . مدَّ * امتدَّ . طال
Lengthening تطويلٌ . مدٌّ * استطالة
Lengthwise بالطول . طولاً
Lengthy طويل . مُطوَّل . مُفصَّل
Leniency رِفقٌ . لِين . تساهُل
Lenient لَيِّن . مُتساهِل
Lenitive مُلطِّف . مُسكِّن . مليِّن
Lens عَدَسة . زجاجة عَدَسِيَّة
Lent الصَوْمُ الكبير * مُستعارٌ
Lenten صَياميٌّ . مختصّ بالصيام * غَثّ
Lentil عَدسٌ . نبات أوحَبُّ العدس
Leonine أسَدي . سَبْعي * شبيه بالاسد
Leopard أبْرَدٌ . نِمْر أرْقَطٌ
Leper أبرَصٌ . مجذوم
Leprosy بَرَصٌ . جُذام
Leprous أبْرَص . أجذم . مجذوم
Less أقلّ . أنقص . أدنى . أصْغَر
no — لا أقل من . لا شيء أقل
Lessee مستأجرٌ . المؤجَّر لهُ . مؤاجِر
Lessen قَلَّلَ . نَقَّصَ * قَلَّ
Lesser الأقل . اصغر . بدرجة أقل
Lesson دَرْسٌ . أمثولة * عِبرَة
Lest لئلاً . كي لا . مخافة أن
Let عائق * مؤجَّر
Let أجَّرَ . اكرى * سَمَحَ
— alone تركه وشأنه

— blood فَصَدَ
— down انزَلَ . دَلَّى
— go أطلقَ سبيله . تركه يذهب * سيَّبَ
— in ادخلَ . سمح له بالدخول
Lethargic في حال السبات . نعسان
Lethargy سُبات * نَوم . نُعاس * خُمول
Letter خِطاب . مكتوب . رِسالة * حَرف
Lettered متعلِّم . عالِم . اديب * عِلمي
Letterpress مكبسُ الخطاباتِ
Letters علومٌ . آداب
Letting تأجير . إيجار * سماح . ترك
Lettuce خَسٌ
Levant سَواحل شرق ايطاليا . الشرق
Levantine شرقي . مختصّ بالشرق
Level ميزان الماء * مسطح * مُستوًى . منسوب
water — منسوب او مستوى الماء
Level مَهَّدَ . سَوَّى * سَلفَ . بسط * صَوَّبَ
Leveller مِسلَفة * مُسَوٍ . باسط
Lever مُخلٌ . عَتَلة ∆ قَرْصَه
Leveret أرنب صغير . خِرْنِق
Leviable مُمْكِن فرض ضريبة عليه
Leviathan حوت كبير . حيوان ضخم
Levitical لاويّ . مختصّ باللاويين
Levity خِفَّة * طَيْش . رُعونة
Levy جِباية * تجنيد
Levy جَنَّدَ * جَبَى
Lewd شهواني . فاسِق . شبِق
Lewdness فُجور . فِسْق . دَعارة

Lexical لُغَوِيٌّ ٭ قاموسي . مُعْجَمي
Lexicographer مؤلِّفُ قاموس . مصنف
Lexicon قاموسٌ . مُعْجَمٌ
Liabilities ديون . مطلوبات (التاجر)
Liability مسئوليَّة ٭ دَيْن ٭ تعرُّض
limited — company شركة محاصة بسيطة
Liable, *for* مَسئول . مُطالب ٭ محتمل
— *to* عرضة لكذا ٭ مكلف بكذا
Liar كَذَّاب . أفَّاك
Libation سكيبة . تقدمة خمرٍ ٭ سفك . سكب
Libel قَذْفٌ بالنشرِ
Libel طَعَنَ بالنشرِ . هجا
Libellee المقذوف فى حقه
Libeller هاجٍ . قاذف . قادِح
Libellous قذفيّ . ثلاَّب . هَجَويّ
Liberal كريم . سَخي ٭ حُرٌّ . مستقل
Liberalism مذهب الاحرار ٭ حرية الفكر
Liberality جودٌ . كرم . سخاء ٭ لحرِّيَّة
Liberate حرَّرَ . أعتَقَ . أخلى سبيلهُ
Liberation تحرير . إطلاق . عتق ٭ تسريح
Liberator محرِّر . مُعْتِق . مخلِّص
Libertine طَليق ٭ فاسِق ▵ فلاتى . داعِر
Liberty حُرِّية . استقلال ٭ ملاءمة
to set at — حَرَّرَ
to take the — تجاسَرَ
Libidinous شَهْوانى . شَبِق
Librarian أمينُ مكتبة . كُتْبي
Library مكتبة . دارُ كُتُب ٭ خزانة كتب
Librate ترجَّحَ . تنوَّد

Lice, (*sing*. Louse) قَمْلٌ
Licence رُخصة . تصريح . براءة ٭ حُرِّية زائدة
Licence رخَّصَ . صرَّحَ . اجازَ
Licensee, Licensed مرخص له
. صاحِب الرُّخصة
Licentiate برُخصَة . مُرَخَّص لهُ ٭ قانونى
٭ حائز على رتبة علمية
Licentiate رخَّصَ . سمح ٭ طرَدَ
Licentious فالت ▵ فلاتى . خَليع ٭ متهوِّر
Lichen أُشْنَةٌ . حَشيشةُ البحرِ
Licit جائزٌ . مُباح . حَلال . مشروع
Lick لعقةٌ . لحسة
Lick لَحِسَ . لَعِقَ ٭ ضَرَبَ
Licking لَحْسٌ ٭ ضَربٌ . جَلْد ▵ عَلْقَة
Licorice, Liquorice عِرقُ أو ربُّ سُوس
Lid غِطاء «للاوعيةِ» ٭ جَفْنِ العينِ
Lie كِذْبة . اكذوبة ٭ كذِبٌ
a white — كذبة غير ضارة . كذبة بريئة
Lie كذَبَ ٭ رقدَ . تمدَّد ٭ وقع بين كذا وكذا
to — in wait كمن . تربَّصَ ٭ رقد فى كمين
Liege lord مولى . سيِّد
Lieutenant مُلازم أوَّل ٭ نَقيب
Life حياة . عُمْر ٭ مَعيشة ٭ نَشاط . حيويَّة
for — طول العمر . مدى الحياة
Life-belt حزام (ضد) الغرق
Lifeboat قاربُ النجاةِ من الغرقِ
Life-buoy ← عَوَّامةُ النجاةِ
من الغرقِ . طوق النجاة
Lifeguards حرَسٌ . جنودُ الحرَسِ

Lifeless لا حياة فيه * مَيِّت * مقفر
Lifelike طبيعي . كأنه حيّ
Lifelong طول العمر . مدى الحياة
Lifetime مَدى العُمْر . عُمْر
Lift مصْعَدٌ * رَفْعٌ ‖ رَفَعَ . شالَ
Ligament عِصابة * رِباط . قَيْدٌ
Light ضَياء . نُوْر خفيف
— music موسيقى خفيفة
— railway سكة حديدية ضيقة
Light أنارَ . أشعَلَ * اشتعل
to — (*or* alight) from a train نزل من قطار
Lighten أضاء . أنارَ * أبهجَ * خفَّفَ
it —s الدُنيا تَبرُق
Lightening تخفيف * إضاءة . انارة
Lighter ← ∆ ولاّعة السجائر . قدّاحة * مُنَوِّرٌ . مُشعِل * صَنْدَلٌ . ماعُون * أخَفّ
Light-hearted جَذِل * خالى البال
Lighthouse منارة ○ فَنَار
Light-infantry عساكر المشاة الخفاف
Lighting إضاءة . انارة
Lightly بلا تروّ . باستخفافٍ * بخِفّة
Lightness طَيْشٌ . نَزَق * خِفّة
Lightning بَرْقٌ * وَميض البرق . بريق
— rod مانِعة الصواعقِ . الشاري
Lights الرِئتان * فِشّةُ الحيواناتِ (للأكل)

Lightsome مُنير . نَيِّر * مُفْرِح
Lignify خشَّبَ * تحوّلَ الى خَشبٍ
Like مِثل . شِبه . نظير
and the — أمثاله . وما أشبه
Like أحَبَّ . استحسنَ . حَبَّ . وَدَّ . رَغِبَ
as you — كما تريد أو كما تريدون
Likelihood, Likeliness احتمال
Likely مُحتَمَل . ممكن * لربّما
most — مرجح . على الأرجح
Liken قارَنَ بين . شَبَّهَ . شابَهَ . ماثَلَ
Likeness مشابهة . شِبه . صُورَة . شكل
Likewise أيضاً . كذلك . بالمِثل
Liking رَغْبةٌ . ذَوْق * مَيل . محبة
Lilac زَهْرَةُ الليلَك * لون لَعْلى
Lilliputian قَزَمٌ . دَميم ∆ مَسْخوط
Lily زَهْرَةُ الزَنبَق . سَوْسَن
Limb عُضوٌ . جارحة * طرَف . قائمة * فرْع
Limber مَرِن . سهْلُ الالتواء . ليِّن
Lime جِير . كِلسٌ * لَيْمون حامِض * مُخيِّط . دِبْق ‖ وَرَّطَ . أوقعَ في شَرَكٍ * كلَّسَ . جيَّرَ * طلى بالدبق
unslacked — جِيْر حيّ
Lime-juice عصير الليمون
Limekiln قَمين . جَيَّارة . أتون الكلس
Limestone حَجَرُ الكِلْسِ . حجر جيري
Limit حَدٌّ . تَخْم * آخر ‖ حَدَّ . حَصَر

Limitation تحديد . حصر . تعيين
Limited محدود . معيَّن . محصور . مقيد
— company شركة مساهمة
Limitless بلا حدّ . غير محدود
Limitrophe متاخِمٌ
Limn صوَّرَ . رسَمَ . نقَشَ . زخرفَ
Limp مائع . رَخو ✿ مترهل
Limp عَرَجَ . خَمَعَ
Limpid قَراح . صافٍ . رائق . شفَّاف
Limpidity صَفاء . نقاء
Limy لَزِج . دَبِق ✿ جيريّ . كلْسِي
Linament فتلة ✿ رِباط الجرح
Linden-tree شجرة الزيزفون او التيليه
Line خَطٌّ ✿ سطْر ✿ خَيْط . سِلك ✿ طريق بواخر ✿ عَمَل ✿ طريقة
— of business نوع العمل
— of conduct خِطة السير او السلوك
—s of the face اسارير الوجه
clothes — حبل نشر الغسيل
Line بَطَّنَ ✿ صفَّ ✿ سَطَّرَ ✿حصَّن
Lineage ذُرِيَّةٌ . نسب ✿سِلسلةُ نَسَب
Lineal نَسَبي . وراثى ✿ مخطط ✿ خَطى . مؤلف من خطوط
Lineaments ملامِح . تقاطيع . قسمات وجه او جسم
Linear خطّى . من خطوط✿طولي . مستقيم
Lineate مُخَطَّط
Lined مبطَّن ✿ مصفَّح ✿ مسطَّر ✿ مصطفون

Linen تيلٌ . كَتَّان ✿ كَتَّانى ✿ بياضات
Liner سَفينة خط ملاحي منتظم
Linger توانى . أبطأ ✿ تمَهَّل . تريَّث
Lingual مختصّ بالكلام أو اللسان ✿ذولق
Linguist لُغوِي . عالم بلُغات كثيرة
Liniment دِهانٌ . مَروخ . دَلُوك
Lining بطانةٌ ✿ تبطين ✿ مُشتملات
Link حَلقَة . زَرَدة ✿وصلة ✿مشعل
Link وَصَلَ . رَبَطَ ✿اتصل . ارتبط
Linnet تُفَّاحِي . الأطيش (عصفورصفير)
Linoleum مشمَّع أرض
Linseed بِزْرُ الكتَّانِ
Lint نُسالة الكتان ✿قطن محلوج ✿تيلة
Lintel عتَبَة عليا لباب او شباك . اسكفة
Lion أسَدٌ . سبعٌ ✿ بُرْج الاسدِ
Lioness لبوءة . لبوة . أنثى الاسد
Lip شَفَةٌ . مِرْشَف✿شفر . حافة ✿شفوي
Lipoma ورم دُهني . كيس شحمى
Lipstick اصبع الاحمر
Liquefaction تذويب . صَهْر . إماعة
Liquefy أذابَ . ذوَّبَ . أماعَ ✿ذابَ
Liquid سائل . ذائب . مائع ✿ جارٍ
— measure مكيال السوائل
Liquidate صَفَّى الحسابات او الاشغال
Liquidation تصفية الحسابات او الاعمال
Liquidator مُصَفٍّ . مأمور التصفية
Liquidity, Liquidness سُيولة . ميوعة
Liquor سائل ✿ شَراب . مشروب روحي
Liquorice عِرقُ سُوس . رُبّ سوس

Lisp لَثْغَةُ اللسانِ
Lisp لَثَغَ . تكلم بالثاء . تلعثم
Lisper الثغ △ الدغ . اقرط اللسان
List قائمة . بيان * كَشْف * مَيْل * حاشية
List عمل حاشية △ كنار * دوَّنَ . ادرجَ
Listen أصغَى . استمَعَ . أنصَتَ * اطاعَ
Listener مستمعٌ . مُنْصِت . مصغٍ
Listening اصغاء . تسمُّع
Listless مُهْمِل * فاتر الهمة
Lit, *of* Light أشعلَ . ولَّعَ . أضاء
Litany ابتهالات تُكرَّر . وِرْد
Liter, Litre ○ لِتر (مكيال مترى)
Literal حَرْفي . بالمعنى الحرفى * لفظى
Literally حرفياً . كلمة فكلمة . بالحرف الواحد
Literary أدبى . مختصٌ بالعلوم والآدابِ
Literate متعلِّم . عالم . رَجُلُ العِلم
Literature آداب اللغة * كتب الأدب
Lithe, —some سهلُ الالتواء . مَرِن
Lithograph مطبوعٌ بالحجَر || طبعَ على الحجر
Lithography صناعة الطبع الحجرى
Lithoidal حَجَرى التركيب والشكل
Litigant متقاضٍ . خصم . مُدَّعٍ
Litigate قاضَى . داعَى . رفَعَ الى القضاء
Litigation مقاضاة . مخاصمة * منازعة
Litter محفَّة * نقَّالة * أجرية البهائم . ولْدَة
* △ سبلة . قش للحيوانات * عدم ترتيب
Litter فَرَشَ بالقشِّ * لخبط * ولدت
Little صغير * قليل . يسير * قصير * قليلاً
— by — شيئاً فشيئاً . رويداً رويداً

Littleness قِلَّة . صِغَر * طفافة
Littoral ساحلي
Liturgy خِدْمَة القدَّاس الكنائسي
Live حَيٌّ . عائش * متَّقِد * نشيط
— ammunition ذخيرةٌ حَيَّة
Live عاشَ * أقامَ . سكَنَ . فطَنَ
Livelihood معيشة . عيش . رِزق
Liveliness نشاط . خِفَّة * سُرور
Lively نشيطٌ . رشيق . زاهٍ . حي * بحياة
Liver كِبْدٌ * عائش * قاطِن
Livery تسليم العَقار * حُلة الخدم
* زِي جماعي * علف الخيول
Lives (*sing.* Life) أعمار
Livid أدكَن . أزرق رَصاصيٌّ
Living معيشة . حياة * معاش * حي
* عائش * قاطِن
— room غرفه الجلوس
— wage الحد الأدنى للاجُور
Lizard سِحْلِيَّة . عظاية . ضَبٌّ ←
Llama حيوان اللاما
Load حِمْل . شحنَة . وسق
— line خط التحميل
Load حمَّل * شحَنَ * حَشَى △ عَمَّر
Loaded مُحمَّل * محْشُوٌّ △ مُعَمَّر
Loadstone حجَرُ المغنطيس
Loaf رَغيفٌ * قُرْص * قالِب △ رأس
Loaf تلكَّأَ . تكاسَلَ * عاشَ بلا عَمَل
Loafer عَيَّار . متسَكِّعٌ . لكيعٌ
△ عواطلي

Loam أرض كَحلَـة . صلصال . طين ابليز
Loam غطّى بطين الابليز . طفَّلَ
Loan قـرْض. سُلفة ☆ زقاق ‖ أقـرَضَ. أعارَ
— sharker مراب
Loath قـرفان . مُشمئزّ . نافِر . عائف
Loathe عافَ . اشمأزَّ من . كَرِهَ
Loathsome كريه . تعافه النفْس . ممقوت
Loaves (*sing.* Loaf) أرْغِفَـة
Lobby دِهْليز . رواق فسيح . فسحة . ردْهَة
Lobe فـصٌ . حَلمَـة . فلقة
Lobed ذو فصوص أو فلقات
Lobster جرادُ البحر . ←— كَرَكَنْـد . جمبرى كبير
spiny — △ ستاكوزَه
Local محلّـى . مَوْضِعيّ
— subject رعيَّـة
الحكومة المحليـة
Locality محلّ . مكان . موقِـع
Localize حَصَرَ فى موضع واحد ☆ جعله محلياً
Locally موضعياً . فى الجهة
Locate وَضَعَ فى مكان معيَّن . حدَّدَ ☆ استقرَّ
Location موقِـع ☆ وَضْـع ☆ إسْكان ☆ تعيين المكان
Lock قـُفْـل . غـلَـق △ كلـُون ☆ △ هَويس ☆ سَد ☆ خُصْلة « شَعر » ☆ فرملة ☆ مَسْكة
dead — توَقـُّـف
Lock أقـفَلَ . غـلَـقَ ☆ حبَسَ
Locket ←— نوط يُعلق فى قِـلادة
Lock-jaw مرض الكـُزاز . تيتانوس

Lock-out اضراب أصحاب المصانع
Locksmith صانـعُ الأقفال . قفّـال △ كوالينى
Locomotion تنقل . انتقال . تحرُّك
Locomotive قاطِـرَة ☆ △ وابور ☆ متنقـل
Locust جَرادة . جَراد ☆ شجرة الخرنوب
Locution نُـطق . تعبير . عبارة
Lodge خُـص ☆ مأوى ☆ غرفة البوّاب او الحارس ☆ ○ لوج . محفل ماسونى
Lodge آوى . أسكَـنَ . سَـكَـنَ فى بنسيون ☆ استقرَّ فى ☆ اودع ☆ أقام وقتياً
— a complaint قدَّم شكوى
Lodger نَـزيل . ساكِـن . مُقيم . مستأجر غرفة
Lodging مَـنْـزِل . مَـسْكِن ☆ إيواء
— house نُـزُل △ بنسيون . غرف مؤثثة للايجار
Loft الطبقة العليا من البيت
Loftiness ارتفاع ☆ تشامُـخ . تَـرفُّـع
Lofty شامِـخ . مُرتفِـع . عال ☆ متَـرَفِّـع
Log △ قُـرْمَة « خشبة » . كـُتْـلة . جذع ☆ مِقياس أو سجل سرعة السفينة
Logarithm عِـلمُ الانساب . اللوغاريثما
Logbook دفتر لقيد حوادث السفينة
Loggerhead أبله . غبيّ . أحمق
Logic عِـلمُ المَنْـطِـق او القياس . مَنطِـق
Logical منطِـق . عَقلى . مَـعقول
Logwood خشب أو شجَـرُ البقم
Loin مَتْـنٌ . ظهر . صُلْـب ☆ حقو . خصر
Loins متنا الظهر ☆ خاصرة ☆ بيت الكلاوي

Loiter تمهَّلَ . تأخَّرَ . تعوَّق
Loiterer مُتوانٍ .متكاسل.متباطِيء.لُكَّاءَة
Loitering ضياع الوقت سُدًى
Loll اندلعَ ،تدلَّى لسانه ٭ ترهَّل٭استلقى
Loneliness إنفرادٌ . وَحدَة . عُزْلة
Lonely, Lone منفرِد . وحيد
Lonesome وَحيد ٭ منعزل ٭ موحش
Long طَويلٌ . مستطيل ٭ طويلاً
— ago منذ زمان
as — as ما دامَ . طالما
before — عما قريب
Long تَاقَ . اشتَاقَ
Longer أطوَل
Longevity طول العُمْر
Longing حنين . شوق . اشتياق
٭ مشتاق ٭ وَحام
Longitude خط الطولِ . طول
Longitudinal مُمتدٌّ بالطولِ . طوليّ
Longsighted بعيد النظر . بصير بالامور
Longwinded مُمِل.مطوَّل٭طويل النفس
Longwise, Longways طولاً . بالطولِ
Look نَظْرة ٭منظر
good —s جمالٌ . حُسْن
Look نَظَرَ . تطلع ٭ ظَهَرَ كأنه
— after اهتمَّ بأمرهِ . اعتنى به
— about نظر حوله
— down upon احتقَرَ . تَعالى
— for فتَّشَ عن . بَحَثَ عن
— here! اسْمع . التفت اليّ
— into فحصَ
— like شابَهَ
— out ترقَّبَ ٭ بحَثَ عن ٭ حاذَر
— over غَضَّ الطرفَ ٭ تصفح بسرعة
— up فتَّشَ على
Looker-on مُتَفرِّج . مُشاهِد
Looking-glass مِرآة . ∆مِرايَة
Look-out مرْقَبَ٭حارس ٭مُراقبة ٭منظر
to keep a — ترصَّد . ترقب
Loom نَوْل . مَنسج ٭ يد المجداف
Loom لاحَ . تبلَّجَ . ظهرَ فى الافق جسيماً
Loop عُرْوَةٌ . أنشوطة . عُقدة ٭شريط
Loop عقدَ انشوطة ٭تقلَّب (طيران)
Loophole ∆ مَزْغَل . كُوَّة فى حصن
٭ مَخْلَص
Loose محلول . سائب ٭ فالِت . غير مربوط
٭ مقلقل ٭ واسِع . فضفاض
— pulley الطنبور المتحرك (ميكانيكا)
on the — ∆ماشي على حل شعره.خالع العذار
Loose سَلَّ . فكَّ ٭ سَيَّبَ . أرخى
Loosen فكَّ . أرخى ٭ لانَ . ارتخى
Looseness انحلال .ارتخاء٭اهمال٭خلاعة
Loot سَلْب . نهْب . غنيمة
Loot نَهَبَ . غَنِم
Lop قَضَبَ . شَذَّبَ ∆ قلَّمَ «الشجرَ»
٭ تدلَّى
Loquacious ثَرْثارٌ . كثير الكلام
Lord سيّدٌ . مولى . ربٌّ ‖ تجبَّرَ . عَتا
—'s prayer الصَّلاةُ الربانية

Lordliness سيادة ✿ تكبُّر . عظمة . هيبة
Lordly فاخِر . نبيل ✿ مُتكبِّر
Lordship سيادة ✿ ربوبية ✿ لورديَّة
Lore علُوم . فنُون ✿ حِكمة
Lorn, Lone مَهْجور ✿ ضائع ✿ مُتْشكِل
Lorry ○ لُوري . سيارة نقل كبيرة
Lose أضاعَ . خَسِرَ . فَقَدَ ✿ ضاعَ
Loser خاسِر
Loss خَسارة . فُقدان . ضَياع ✿ تلف
to be at a — تحيَّرَ . إرتبكَ
Lost ضائع . مفقود ✿ ضالّ
Lot جُمْلَة ✿ حِصَّة ✿ صفقة . بيعة △ كوم
·أشياء تباع معاً ✿ نَصيب . بخْت ✿ قرعة
to draw —s ألقى او سحَب قُرعَة . اقترع
Lotion غُسْلٌ . غُسُول (للجسم)
Lottery يانَصيب . قُرعَة ○ لوتاريه
Lotus بَشنين . جُلْجُلان . عَرائسُ النيل
Loud عالٍ . جهير . صوت مُرتفِع ✿ زاهٍ
— speaker مكبر الصوت . مِجهار
Loudly بصوتٍ عالٍ ✿ بصخب
Loudness ارتفاع الصوت ✿ صُراخ ✿ بَهْرَج
Lounge مُتكأ ‖ تكاسَلَ . تلكأ . تراخى
Lounger مِكسالٌ . لُكَأة
Louse قَمْلة ✿ قمل . فاشٌ (قمل الطيور)
crab — قملة العانة
Lousy قَمِلٌ . مُقمَّل ✿ حقير
Lout, —ish فَظّ . جِلْف . غليظ
✿ أخرق △ لخمة ‖ سجَدَ . تمسَّحَ
Lovable مَحبوب . يُحَبُّ

Love حُبٌّ . غَرام ✿ محبوب ‖ أحَبَّ
to be in — with أحَبَّ . عَشِقَ
to make — to غازَلَ . تصبَّى
to play for — لعب للتسلية بلا نقود
Love-letter رسالة غراميَّة . كتاب حب
Loveliness جَمال . ملاحة . حُسْن
Lovelorn مهجور من حبيبه
Lovely جميل . لطيف ✿ محبوب
Lover مُحِبٌّ . حَبيب . عاشِق ✿ هاوٍ
Lovesick مَريضُ الحبّ . مُضنَى بالهوى
Loving مُحِبٌّ . ودود ✿ حُبّي
Low واطِيء ✿ سافِل ✿ رَخيص
— frequency تردد واطيء (كهرباء)
Low جأَرَ . خارَ
Lower أوطأ ✿ سُفلي
— beings الاحياء الدّنيا . الكائنات الدنية
Lower خَفَّضَ . أنزلَ ✿ اكفهرَّ
to — one's eyes غَضَّ من بصره
Lowering مُكْفَهِرّ . قاتم ✿ تنزيل
Lowermost, Lowest الاحطّ . الاوطأ
Lowery ملبَّد بالغيوم . مكْفهِرّ
Lowing خُوارٌ . نَعير . جأر
Lowland غَوْرٌ . أرض منخفضة
Lowliness مَسْكَنة . ضِعة . دناءة
Lowly حَقير . وَضيع ✿ بتواضُع ✿ بحقارة
Low-spirited مكسورُ الخاطر ✿ مكتئب
Low water أوطأ درجات الجَزْر
Loyal أمينٌ . مُخلِص . وفيّ ✿ موالٍ
Loyalism, Loyalty أمانة . اخلاص . ولاء

Lozenge شكل مُعيَّن ٭ قُرْص سكَّريّ ∆ سنبوسك
Lubber بَليد ٭قُعَدَة . كَسول ٭ أخرق
Lubricant زيت او شحم للتشحيم . زيت عُدَّة
Lubricate زيَّتَ . شحَّم . زلَّقَ . مَلَّسَ . صقل . دهن
Lubrication إشحام . تزييت . تشحيم . تزليق
Lubricator مزيتة ٭زيت الآلات
Lubricity زَلاقَة . ملاسة ٭فجور
Lubricous أملسُ . زَلِق ٭غير ثابت
Lucern ∆ برسيم حجازي . فُصَّة
Lucid واضح . نيِّر ٭ لامع ٭ يقظ . نَيِّر
— interval فترة او نوبة صحو او تعقل
Lucidity جَلاء . صَفاء . وضوح ٭لمعان . تألق
Lucifer عودُ الثقاب ٭الزُهرة ٭الشيطان
Luck حَظٌ . بخت . نصيب
Luckily لحسنِ الحظّ
Luckless عديمُ البختِ . نحْسٌ
Lucky موفق . محظوظ . حَظيظ . سَعيد
Lucrative مُرْبح . مُكْسب
— prices اسعار مجزية
Lucre ربْحٌ . مكسَب . كَسب
Ludicrous مُضْحِك . فكاهيّ . هزلي
Luggage أمتعة . عَفْش المسافر
Lukewarm فاترٌ ٭ باردُ الهمَّة
Lukewarmness فُتُورٌ
Lull هجوعٌ ‖هدأ . استكَنَّ . هجَعَ ٭هَدَّأَ
Lullaby غناء لتنويم الاطفال ∆ هَنْهَنَة

Lumbago ٥ لومباغو . ألم في اسفل الظهر
Lumbar صُلبي . قَطَنيّ
Lumber سَقَط المتاع . ركام ٭ خشب
Lumber رَكَم . كدَّسَ ٭ قطع الخشب ٭تحرَّكَ في تثاقل ٭ دمدم
Luminary كوكب منير ٭نور صناعي ٭عالم
Luminous مُنير . نيِّر . مُضيء . متألق ٭جلي
Lump قُرصٌ ٭ كُتلة . جملة ‖ عَرَّمَ . كوَّمَ
— of sugar قطعة سكر
— sum مبلغ اجمالي
in the — اجمالاً . جملةً
Lunacy اختلالُ العقل . جنون
Lunar, —y قَمَري . هلاليّ
Lunatic مجنون . معتوه . مجذوب
— asylum مُستشفى الامراض العقلية
Lunation شهر قَمَريّ ٭ دورة هلالية
Lunch اكلةُ الظهرِ . غَداء ‖ تغَدَّى
Lung, —s رِئة ٭ الرئتان
Lunge طعنة . وخْزَة . رفسة
Lunge طَعَنَ ٭ اندفع
Lupine تُرْمُس ٭ ذِئبي
Lurch ضيق . ضنك ٭ مركز حرج ٭ كين
to leave in the — خلا به
Lurch خَيَّبَ ٭ مالَ جانباً . تمايلَ
Lure مَغواة . خُدعة ‖أغرى . غرَّرَ بـ
Lurid مُكفهرّ . ممتقِع . كابٍ
Lurk كَمَنَ . تربَّصَ ٭ توارى
Luscious شديد الحلاوة ٭ عذب
Lust شَهوَة جنسية ٭ميل ٭جَشَعٌ ‖ اشتهى

Luster, Lustre رَوْنَق *لمعان . لمعة *نجفة . ثُرَيَّة ‖ لمَّع . صَقَلَ *لمَعَ نَيِّرٌ . لامِع . متألق * صَقيل
Lustrous لامِع . متألق * صَقيل
Lusty قويّ . ممتلئ صِحَّة * فاجر
Lute طُنْبُور * طَفَل . طين اصوانلي
Lute سدَّ بملاط
Luxuriance تَرَفٌ * خِصب *غَزارة
Luxuriant خَصيب . يانِع * غَزير
Luxuries كماليات . ادوات الترف
Luxurious مُترفِّه . متنعِّم *شهواني
Luxury رَغَدٌ . ترف * وَفرة . رَخاء
Lyceum نَدْوة علميَّة *قاعة محاضرات
Lye ماء الرَّماد . ماء القِلْي *تحويلة
Lying كِذْبٌ . بُهْتان * مُضْطَجِع
— up area منطقة الانتظار
Lymph ليمفا . مصل الدم *سائل شَفَّاف
Lymphatic ○ ليمفاويّ ○ لِمفي
Lynch حاكَمَ عُرفيًا (بلا قانون)
Lynx وشَقٌ . حيوان كالفهد ولكن أصغر
Lyre قِيثارة . قِيثار
Lyric شِعر وجداني غنائي *أُغنية *مُنْشِد
Lyrist مدّاحٌ . عَوَّاد * مُنْشِد

M

Macabre, Macaber مختص برقصة الموت
Macadam حصباء . زلط ○ مَكَدام
Macadamize رصَفَ الطريق بالخرسانِ . زلّط
Macaroni ○ مكرونه *الغلموت (طائر)
Mace ↔ صولجان *تابل من قشر جَوْز الطيب
Macerate نَقَعَ * عطّن △ بشبَشَ * انحف الجسد
Maceration تَقَشُّف * نَقع . تَعْطين
Machinate دَبَّرَ المكائدَ . دَسَّ الدسائس
Machination دسٌّ . دَسيسة . تدبير المكائد
Machine آلة . عُدَّة . دولاب ○ ماكينة
—gun مدفع رشاش
Machinery الآلاتُ . العُدَد * عُدَّة * اجزاء الآلة * نِظام . تدبير
Machinist ميكانيكي △ مكنجي
Mackintosh معطف أو قماش لاينفذه الماء
Macula لَطخة . بُقْعَة . كلف
Maculate مبقعٌ . ملطخ * أكْلَف
Maculate لَطَّخ
Mad مجنونٌ . مسلوب العقل *أرعَن . أحمق *كَلِبٌ
to drive — جَنَّنَ
to go *or* run — جُنَّ * سُعِرَ
Madam, —e سَيِّدة
Madcap مُتَهوِّر . مجازِف . مندَفِع
Madden جَنَّنَ . أجَنَّ . خَبَلَ *جُنَّ
Madder فُوَّة * عروق الصباغين
Made, *of* Make مَصْنوع . مَعْمول
— bill كمبيالة عليها اسم ثالث كمظهِّر
—-up of مصنوع او مركب من

Madly بجنون . بحماقة . بطيش
Madman مجنونٌ . معتوه . مجذوب
Madness وَلَهٌ . جُنون . عَتَه ٭ حَنَق
Madonna مريم العذراء ٭ السيدة
Maestro موسيقار . استاذ موسيقى
Magazine مخزن البارود ٭ مجلَّة
Maggot دُودة . سُوسَة ٭ وَسواس
Maggoty مدوَّدٌ ٭ مُوَسْوَس ٭ هوائى
Magi المجُوسُ ٭ مجُوسي
Magic سِحْرٌ ٭ شعوذة ٭ سِحْريّ
— lantern فانوس سحري
Magical سِحْرِيّ
Magician مجوسي ٭ ساحِر
Magisterial تصلفي ٭ فعّال ٭ قضائي ٭ جازم
Magistracy وَظيفة المأمور ٭ مأمورية قضائية
Magistral أمري ٭ بناء على تقدير طبيب
Magistrate قاضٍ ٭ حاكِم ٭ مأمور قضائى
Magnanimity نخوة . شهامة . كرم الاخلاق
Magnanimous ذو نخوةٍ . شَهْم
Magnate قُطبٌ . وجيه . عَريضُ الجاهِ
Magnet مغنَطيس . حجر المغنطيس
Magnetic مغنطيسى . مُمغنَط ٭ جاذِب . خَلاَّب
— bearing الاتجاه المغنطيسي
— induction التقارب المغنطيسى
Magnetism المغنطيسيَّة ٭ التنويم المغنطيسي
Magnetization مغنطةٌ . تمغنُط
Magnetize مغنَطَ ٭ نوَّمَ مغنطيسياً ٭ خلبَ
Magneto ٥ مانيتو . مولِّد كهربي بالمغنطيس . مِغناط

Magnificence بهاء . جَلال . نفاسة . فخامة
Magnificent عظيم . بَهيّ . فاخِر . نفيس
Magnifier مُعَظِّم . مكبِّر ٭ مُجْهِر
Magnify عَظَّمَ . كبَّر ٭ فخَّمَ . بالَغ
Magnifying glass عدسة مكبرة . مِجهر
Magnitude كِبَر . عِظَم ٭ أهميَّة
Magpie عَقْعَق . كُندش . طائر ابقع
Mahogany خَشَب المُغنى
Maid صَبيَّة . فَتاة ٭ بنت بكر
old — عانِس . تَريكة
Maiden فتاة ٭ بَتول . عَذراء ٭ بَتُوليّ . بكر
— name اسم او لقب عائلة المرأة
— trip أول رحلة للسفينة
Maidenhood بكُورة . عِذارة . بكار
Maidenly محتشِم . حَيِيّ . عُذْري
Maidservant خادمة
Mail دِرْعٌ ٭ بَريد
Mail درَّعَ ٭ أرسَلَ بالبريد
Maim أعجَزَ . عطَّلَ . أفقدَ عُضْواً ٭ شوَّه
Main اهمّ . رئيسيّ ٭ كبير
— door الباب الاكبر أو العمومى
— line الخط الاكبر أو الطوّالى
— point النقطة المهمة
— road طريق رئيسي
in the — غالباً . بالاكثر
with might and — بالباع والذراع

Mainland اليابسة . البرّ الاصلي
. (وليس جزيرة)
Mainly على الاخص . غالباً
Mainsail الشراعُ او القِلْعُ الاكبر
Maintain تمسَّكَ بِ * حافظ على * زَعَم
* اكَّدَ * أيَّدَ * عالَ
Maintenance تأييد . محافظة * حفظ . صيانة
* اصْرار * عَوْل . اعاشة * نَفَقَة
— account حساب الصيانة
Maize ذُرَةٌ . اذرة
Majestic جليل . فخم . ملوكي
Majesty جلال . فخامة * جلالة
His — the king جلالة الملك
Major رائد (صاغ) * اكبر . أهمّ
* راشد * رئيسي
Majority سَواد . أغلبيَّة * سِنُّ الرُّشْدِ
Make صُنْعٌ . عَمَل . صنعة * شكل
Make عَمِلَ . صَنَعَ * جَعَلَ
— away with ازالَ * اتلف * قتل
— good أعاضَ * وَفى * أصلحَ
— haste أسرَعَ
— land اقترب من البرّ
— money (*or* fortune) أثرى . كسب مالاً
— off هَرَبَ
— out فَهِمَ * فَسَّرَ
— sure of تحقق من
— up اصلحَ * وفَّقَ * حَضَّرَ * لفَّق
— up one's mind صمَّمَ أو عَزَمَ على
Maker صَانِعٌ * خَالِق * ساحب كمبيالة

Makeshift مَخرج . وسيلة * مؤقَّت . عرضي
Make-up تركيب * توضيب . ترتيب
* تعويض * تمويه الهيئة ○ ماكياج
Maladjusted غيرُ مضبوط
Malady مَرضٌ . عِلَّةٌ . داء
Malaise توعُّك المزاجِ * نقص
Malar وَجْنيّ . خَدّيّ * عظم الخد
Malaria أُجِيةٌ ○ الملاريا . حُمَّى
Male ذَكَرٌ * مُذكَّر
Malediction لَعْنَةٌ * لعن * سب
Malefactor شرّيرٌ . أثيم . شقي
Malefic, Maleficent مُضِرٌّ . مؤذٍ
Malevolence حِقدٌ . حفيظة . غِل
Malevolent حَقُودٌ . ضاغِن . ذو الغلّ
Malice حِقْد * خُبْث . مكر * إضمار السوء
— aforethought شرمبيَّت . سبق الاصرار
Malicious حَقود * خبيث . مؤذٍ . باضمار السوء
Malign مؤذٍ ‖ قَذَفَ في . ثَلَبَ
Malignant حَقود . ذو غِلّ * خبيث . مؤذ
* خبث المرض
— tumour ورم خبيث
Malignity حِقْد . كَرَاهة . عَداوَة
Malinger تمارَضَ . إدَّعى المرَضَ
Malingerer متمارض
Malingering تَمارُض * متمارِض
Mall مدقّة خشبيَّة * ممشى عمومى . متنزه
Malleability قابلية الانطراق أو المَطل
Malleable طَروق . يُطْرق أو يُمطل
Mallet مِطْرقة خشبيَّة . مدقَّة * مضرب

Mallow خُبَّازى . خُبَّيزة
Malnutrition سوء التغذية
Malodorous كريه الرائحة
Malpractice خطأ . سُوء تصَرُّف
Malt شَعير منقوع ومجفَّف
Maltreat أساء الى . آذى . أضَرَّ
Malversation اختلاس ☆ ارتشاء
Mamma, Mammy والدةٌ . أُمٌّ ○ ماما
Mammal ثَدْيِي . من ذوات الثُدِيّ
Mammary ثَدْيِي . متعلّق بالثُدِيّ
Mammoth ○ مموث . فيل بائد ☆ ضخم
Man رجُل . إنْسان ☆ بيدق
Man جهَّز بالانفار والعتاد
— of straw رجل صوري △ شرابة خرج
— of the world رجُل الدُنيا
best — إشبين . عُجاهِن
head — رَئيس
Manacles غُلٌّ . صَفْدٌ △ كَلَبْش
Manage دبَّرَ . ساسَ . قادَ ☆ توسَّل الى
Manageable سَهْلُ الانقيادِ . قَؤود
Management تدبير . ادارة سياسة . قيادة
Manager مُدير . رئيس . مُدبِّر
general — مدير عام
Managing director عضو مجلس الادارة
Mandarin يوسفي . يوسف افندي ☆ مأمور صيني
Mandatary منتدب . مندوب ☆ تحت الانتداب
Mandate أمْر شرعى ☆ طلبُ حضور
☆ مأمورية ☆ انتداب ☆ صك الانتداب
Mandate عيَّن منتدباً . انتدَبَ

Mandatory فرضي . أمري ☆ منتدب
Mandible عظمُ الفكّ . فك (طير أو حيوان)
Mane مَعرَفة . عُرْفٌ ☆ لبدة
Manege مدرسة فروسية لتعليم ركوبِ الخيل
Manes أرواحُ الموتى . ارواح السلف الصالح
Manful باسِل . شُجاع . شهْم
Manganese ○ مَغنيسية . منغنيز
Mange جَرَبُ الحيوانات
Manger مِعْلَف . مِذْوَد
Mangle △ جَنْدَرَةٌ
Mangle صَقَلَ △ جَنْدَر
Mango ○ مَنْجَة
Mangy أجْرَبٌ ☆ جربى
Manhood رُجولَة . رجولية
. سِنُّ الكُهولَة
Mania جُنُونٌ . هَوَس ☆ ولعٌ
Maniac مجنُونٌ . مَعْتوهٌ . مهووس
Manicure ○ مانيكير . مدرّم أظافر اليد
☆ تدريم أو تنميق اليد
Manifest ○ مانيفستو . بَيان شحنة السفينة
☆ ظاهِر . واضِح
Manifest أظهَرَ . بيَّن
Manifestation مُظاهَرَة ☆ اظهار
Manifestly علانيةً . جَهاراً ☆ بجلاء
Manifesto نَشْرة من ملكٍ أو حاكمٍ أو حزب
Manifeld متعدّد . متضاعف
— book دفتر من أصل ثابت وصورة
Manikin قِزْم ☆ تمثال عرض . منكان
Manipulate اشتغلَ أى عالج باليد ☆ مارَس

Manipulation تناوُل أى معالجة باليد
* ممارسة * مناورة للتأثير على الأسعار
Mankind البَشَرُ . الجنس البَشَريّ
Manliness رُجُولة * شَجاعة * مروءة
Manly صاحِبُ نَخْوَة * برجولية
Manna المَنْ . مَنٌ * سكّر مُلَيِّن
Manner أُسلوب . مِنوال . نَمَط
in a — بنوع ما . على سبيل المجاز
Mannerism تَصَلُّف * تأنُّق . تكلف
Mannerly مؤَدَّب * بأدب
Manners آدابٌ . سُلُوك . أَخْلاق
Manning تسليح . تعبئة * تجهيز عمال
Manœuvre مُناوَرَة . حيلة
Manœuvre قامَ بمناورة
Man-of-war بارِجَة . سَفينة حربية
Manor △جفلك . ارض يملكها شريف
* دار امارة . قصر أمير * دائرة
Mansion مَنْزِل . مَسْكِن . دَارٌ
. نُزُل△دوّار . دائرة
Manslaughter قَتْلٌ غيرعمدى . قتل خطأ
Mantel, —piece رَفُّ الموقِدة
Mantle عَباءة . معطف . دِثار
Mantle حَجَبَ . سَتَرَ
Manual يَدَوىّ * كتاب صغير . موجز
Manufactory مَعْمَل . مَصْنَع
Manufacture صُنْعٌ . صناعة
Manufacture اصْطَنَعَ . صَنَع
Manufacturer صاحِب مَصْنَع . صانع
Manufacturing account حساب التشغيل

Manure سَمادٌ . سِباخ . مخصب ‖ سَمَّدَ
Manuscript مخطوطٌ . كتابٌ خَطّي ، اصل
Many عَديدٌ . متعدِّد * شَتّى . كَثير . جَم
a great — عَدد عظيم
how — كَمْ ؟
Map خَريطة . مصوّر
Map خَطَّطَ . رَسَمَ خريطة
Maple شَجَرُ القَيْقَب . الاسفندان
Mar عاقَ * أتلَفَ او شَوَّهَ
Marathon (race) سباق المسافات الطويلة
Maraud قَطْعُ الطرُق . سلبٌ
Maraud سَلَبَ . نَهَبَ
Marauder سلابٌ . نَهّاب . قاطِع طريق
Marble مَرْمَرٌ . رخام * بيلية اللعب
* مَرْمَريّ
Marbled مُعَرَّقٌ △مجزع *مغطى بالرخام
Marc تفل الفواكه المعصورة
March شهر مارس . آذار * مِشيةُ الجند
* مَشْيٌ . مَسير * لحن السير ○مارش
March سَارَ . مَشى
Marchioness مَرْكيزة . أميرة
Mare فَرَسٌ . أنثى الخيل . حِجر
Marge حافة
Margin حاشِية * هامِش . حدّ * غطاء ،
تأمين احتياطى * فائض ‖ حَشّى
Marginal على الهامِش . حدّي
— letter خطاب اعتماد بملاء المستفيد
Marigold أقحُوان . أقحوان اصفر
Marine بحَريّ . مختص بالبحر

Mariner ملاح . نوتيّ . بحّار ٭ بحريّ
Marital زَوْجي . مختصّ بالزواج . زيجى
Maritime بحَريّ . مختصّ بالملاحة
Mark أثَرٌ . عَلامة ٭ وَشم ٭ غَرَض
Mark وَضَعَ عَلامَة . عَلَّمَ . ميَّزَ ٭ وَسَم
Marked عليهِ علامة . مُميَّز . بيِّن
Market سُوقٌ ‖ تسَوَّقَ . باعَ واشترى
— report تقرير عن حالة السوق
— value القيمة السوقية
spot — سوق البضاعة الحاضرة
Marketable يُباعُ ويُشْترى . رائجٌ
Marketing تسويق ٭ بيع او شراء سلع
Marksman هَدَّافٌ △ نشنجى ممتاز
Marmalade مُرَبَّى الفواكهِ المسلوقة
Maronite مارُونى
Marriage زَوَاجٌ . زِيجة . قِران ٭ زفاف
civil — زواج مدني (غير كنسى)
Marriageable صالِحٌ أو أهل للزواج
Marrow نُخَاعُ العظمِ △ مُخ ٭ زُبْدَة
Marry أزْوَجَ . زوَّجَ ٭ تزَوَّجَ من . اقترنَ بِ
Mars كَوكَب المرِّيخ ٭ الاهُ الحربِ
Marsh مُستنقَع . بَطيحة ٭ أجمة
Marshal مُشير ٥ مرشال
Marshal رتَّبَ . صَفَّ
Marshmallow نبات الخطميَّة
Marshy مُستنقعى . بطيحى ٭ منطقة مستنقعات
Marten نوع من ابن عُرس . سمُّور
Martial عسكري . حربي ٭ مرّيخي
court — مجلس عسكري ‖ حاكم عسكرياً —

Martingale سَلبَند . شَكيمَة
Martyr شَهيدٌ . ضَحيَّةُ مبدأ
Martyr أشْهِدَ . استشهدَ
Martyrdom استشهاد . موتُ الشهادةِ
Martyrize جعله شهيد ٭ عذَّبَ
Marvel اعجوبةٌ . عجيبَة
Marvel تَعجَّبَ . عجِبَ من
Marvellous عجيبٌ . غريب . مدْهِش
Mascot تميمَةٌ △ مَسْخوطة . جالبة السعد
Masculine مُذكَّر ٭ ذَكري ٭ رُجولي
Mash هريسة . خبيصة . عصيدة ٭ كسب للمواشي
Mash هَرَسَ . خبص . مهك ٭ △ خرطَ المغلى
Mask وَجهٌ مُستعار
Mask قنَّعَ . تنكّر ٭ حَجَبَ
Masked مقَنَّع . متنكّر ٭ محجوب ٭ مُمَوَّه
— dance رقص تنكُّري
Mason بَنَّاء . معماري ٭ ماسونيّ
Masonic ماسونيّ
Masonry صناعة المعمار ٭ بناء ٭ الماسونيَّة
Masquerade تنكّر للسخرية ٭ تنكّر
Mass قُدَّاس ٭ كوْمَة . عَرَمة ‖ كَوَّمَ
— production انتاج كبير
Massacre مذبحة . مجزرة
Massacre ذَبحَ . قَتَلَ
Massage تدليكٌ ‖ دَلَّكَ
Massive كبير ٭ ملآن . مُصْمَت ٭ كثيف المادة
Mast ساري . سارية . دَقَل

Master معلم . استاذ ٭ سيّد ٭ ربان
Master تغلّبَ على
— key مِفتاح عمومى . فشّاشة
— of ceremonies رئيس تشريفات. تشريفاتى
— workman معلم △ اسطى
Masterly مُتْقَن ٭ استبدادى
Masterpiece طُرفَة . أفضل ما عُمِل
Mastery سيادة . تَسلُّط ٭ ظَفر ٭ نبوغ
Mastic مُصطكى . صمغ المصْطكا
Masticate مضَغَ . علَكَ . لاكَ
Mastiff كلب كبيرٌ قويّ . دِرْباس
Masturbation إستِمناء . العادة السرية
Mat حَصير . سجادة وبرية ٭ لون كابٍ ‖ جَدَلَ
door — مِمْسَحَة الأرجُل
Match نِدٌّ . نظير ٭ مُباراة
٭ عودُ الثّقابِ
△ كبْريتة ٭ زيجة
Match أزْوَجَ . زوَّجَ ٭ وفَّقَ ٭ توافَقَ
٭ ساوى ٭ بارى . سابَقَ
Matchless لا نظيرَ لهُ . فريد
Mate رفيق . قرين . إلف ٭ وكيل الربان
Material مادّة ٭ مادّي ٭ جَوْهَريّ
—s مَوادُّ . مُهمات . أدوات
Materialism ماديّة . مذهبُ الماديّين
Materialist مادّي ٭ دَهْري (انسان)
Materially مادّيًا . هيولياً ٭ جوهريًا
Maternal أُمّي . متعلّق بالأُمّ
Maternity أُمومَة . أمية وخصائصها
— hospital مستشفى ولادة

Mathematical رياضي . حسابى . هندسي
Mathematician متضلّع في الرياضيّات
Mathematics رياضيّات . العلوم الرياضيّة
Matricide قَتْلُ الأُمّ ٭ قاتل أمه
Matriculate قيَّدَ أو قبل كعُضوٍ في جامعةٍ
Matriculation إجازة الانتساب إلى جامعة
Matrimonial زيجى . مختصّ بالزواجِ
Matrimony زِيجة . زواج
Matrix الرَّحِم ٭ قالِبٌ . أمٌّ
Matron ربَّةُ بيت ٭ رئيسة . سيدة ٭ عوان
Matted متلبِّد . محبَّك ٭ مُغَطّى بالحُصرِ وما شابه
Matter صَديد . قَيْح ٭ مادَّة ٭ مسألة . أمر
— of course أمرٌ طبيعي او عادي ٭ منتظر
— of fact امر واقعي او محقق ٭ عملي
a — of 50 years نحو خمسون عاماً
Mattock مِعْوَل . فأس △ أزْمَة حجّاري
Matting حصيرٌ ٭ جَدْل . ضفر ٭ كابٍ
Mattress حَشِيَّة
△ شلتة △ فَرْشة
△ مَرْتبة
Maturate نَضِجَ ٭ تقيح
Mature ناضِج . بالِغ ٭ معتَّق
٭ يستحق الدفع
Mature نَضِجَ ٭ أنضجَ ٭ استحقّ الأداء
Maturity نبوغ ٭ نَضْج ٭ استحقاق
day of — يَوْمُ او تاريخ الاستحقاقِ
Maul مدَقَّة . مِلطاس
Maul دَقَّ ٭ رَضَّ . فلَقَ

Mausoleum ضَرِيح فَخْم . مَزار . مقام
Maw كِرْش . معدة حيوان . حوصلة طير
Mawkish كَرِيهٌ . تعافهُ النَّفْس . مقزز
Maxim قاعدة عامة . مبدأٌ مُقرَّر ٭ مَثَلٌ
Maximum معظم . نهاية عظمى . حد أعلى
— profit margin الحد الاقصى للربح
May شهر مايو . أيار ٭رُبما ‖أمكنهُ
Mayor عمدة ٭ رئيسُ بلدية
Maze حَيْرَة . ورْطة ٭ تيهٌ ‖حيَّرَ
Mazy مُرْبك . مُعقَّد . محيِّر مبايِل
Me ضمير المتكلم المتصل . . . ـي
Meadow مَرْج . روضَة
Meagre هَزِيل ٭تافه ٭صيامى
Meal دَقيق . طَحين ٭ أكْلة . وَجْبة
square — اكلةٌ شِبْعٍ
Mealtime وقتُ تناول الطعام
Mean حقير.دنيء .سافل٭متوسِّط ‖قصَدَ
Meander تعرُّجٌ ‖ تعرَّجَ ٭شَرَدَ . تاهَ
Meaning معنى . قَصْد . فَحْوى
Meaningless خالٍ من المعنى
Meanly بدناءة . بخِسَّة . بسَفالة
Meanness دناءةٌ . خِسَّة
Means وسائل ٭ دخل . ايراد
by all — بكل تأكيد △ من كل بُد
by no — قطعاً . مطلقاً
Meant, *of* Mean قَصْد ٭ مقصود
Meantime / Meanwhile في غضُون . خِلال . اثناء ٭في اثناء
Measles « مرض » الحَصبة

Measurable يُقاسُ . يُكال . يُحسب
Measure مِقياس . كيل ٭ درجة
Measure قاسَ . كالَ
Measureless لا يُقاس . غير محدود
Measurement قِياس . كيل ٭ مِساحة
Measures اجراءات . تدابير
Meat لحمٌ «الاكل» ٭ قُوت . طَعام
Meat-safe △ نَمْلية
Mechanic ميكانيكي ٭دارج
Mechanical ميكانيكي . آليّ
— powers القوى المحركة
Mechanically آليًا . كآلة ٭ بطريقة ميكانيكية
Mechanician مهندس آلات . ميكانيكي
Mechanics علْم الحِيَل . الحِيْلِيَّات
Mechanism الميكانيكية اوالآلية ٭تركيب ميكانيكي ٭تركيب الآلة. نظام الآلات ٭تركيبة
Mechanist مهندِس ميكانيكي
Mechanization الاستعمال الآلي
Medal وسام . نيشان . سِكَّة △ ميدالية
Medallion قلادة △ميداليون . وسام كبير
Meddle تَحرَّشَ . تدخل في ما لا يعنيه
Meddler / Meddlesome متداخِل في ما لا يُعنيه . متحرّش . فضوليّ
Mediæval مختص بالعصور الوسطى
Medial معتدِل . متوسِّط . وسَط ٭وسيط
Mediate متوسط ٭ وسيط
Mediate توسط . تشفَّع . دخل وسيطاً
Mediation وساطة . شفاعة . توسُّط

Mediator وَسيط الصلح . شَفيع
Medical طبي ّ. مختص ّ بالطب ّ. علاجي
— chest صندوق الادوات الطبية
— examination كشف طِبي ّ
Medicate عالجَ . داوي * مزج بدواء
Medicinal دوائى. ذو خصائص طبيَّة. طبي ّ
Medicine الطب ُ. علم الطب * دواء || داوى
Medieval مختص ٌ بالقرون الوُسطى
Mediocre متوسِّط . وسَط . بَين بَين
Mediocrity توسُّط. مابين الجيد والردىء
Meditate, *on* تأمَّلَ . تفكَّرَ . تروَّى
Meditation تأمُّل . تفكُّر . تَروّ
Mediterranean البحرُ المتوسط
Medium واسِطة . وسيلة * وسيط * متوسِّط * موصِل * بيئة * مُسَبِّب
through the — of بواسطة . بوساطة
Medlar مشملَة (فاكهة)
Medley مزيج . خَليط
Medula نخاع . مخ العظام * جمار * لُب
Meed مكافأة . جَزاء . ثواب * استحقاق
Meek وديع . رقيقُ الجانبِ . حَليم . أنيس
Meekness دعة . رقَّة * تواضع
Meet لائِق || التقي بِـ * قابلَ * وَجَدَ * وفى
to — with an accident أصابته اصابة
to — one's debts وفى ديونه
Meeting لقاء . مقابلة . مُلتقى * اجتماع . جَلْسَة
statutory — جمعية تأسيسية
Meetly بلياقة . بموافقة * بمطابقة
Megrim دُوارُ الرأسِ . مَيَدان * نزوة

Melancholic سَوْداوي ّ * كئيب . مغموم
Melancholy ماليخولية. داءُ السَّوداء * كآبة
Meliorate أصلَحَ . حَسَّنَ * تحسَّنَ
Mellow ناضِجٌ * رَخو . ليِّن
Mellow لانَ * نَضَجَ * ليَّن * أنضجَ
Mellowy ناعِم . ليِّن * حُلْو . عَذْب
Melodious مُطرِب . رخيم . عَذْب . شجي
Melody ايقاع * نَغَمة مُطربة . لحن عذب
Melon جنسُ البطّيخ والشمّام والسنطاوى
musk — قاوون . دميري
sweet — شمّام
water — بطيخ
Melt أذابَ . سيَّحَ . ذوَّبَ * ذاب * صهر
Member عُضوٌ
Membership عُضْويَّة * جمعيَّة
Membrane غشاء . نَسيج غشائى
Memento مذكرة . تذكار . تفكِرَة . تذكِرَة
Memoir ترجمةحياة . تاريخ عيانى * مذكّرة
Memorable يستحق الذِكر . مَشهود
Memoranda مذكرات . مفكِّرات
Memorandum مذكِّرة . مفكِّرة . محضر
— of association عقد الشركة الابتدائى
Memorial تذكار * مذكِّرة * تذكاري ّ * مشهور * نصب تذكاري ّ
Memorize حَفِظَ غيباً . استظهَر
Memory حافِظَة . ذاكِرَة * ذِكرى
commit to — استظهَرَ . حَفِظَ غيباً
in — of تخليداً لذكرى . تذكاراً لِـ . على سبيل الذكرى

Men رِجالٌ ✿حِجارَةُ لعبة النَـرْدِ (الطاولة)
Menace تهديدٌ . وعيد
Menace تهدَّدَ . توَعَّدَ
Menacingly بتهديدٍ . بتوَعّـد
Menagerie مَعرض الوحوش. مجموعة وحوش
Mend أصلحَ . رَتَـقَ ✿ بَـرَى ✿ تحَسَّنَ
Mendacious كـَذّابٌ . كاذِب . أفاك
Mendacity كِذبٌ . أُفْك . زور
Mendicant متسوِّل △ شَحَّات . مستجْدٍ
Mendicity استجداءٌ . تسوُّل
Menial خادم △خدّام . أجير ✿ حقير . دنيء
Meningitis التهاب سحائى
Menopause انقطاع الحيض . سن اليأس
Menses, Menstruation طَمْث . حَيض
Mensuration فنُ مساحةِ السطوح . قياس
Mental عَقلى . ذِهْنى
Mentally عقلياً . عقلاً
Mention ذِكْر . تنويه ✿تسمية ‖ذكَرَ
Mephitis تصعُّدات وبائية . عفونة
Mercantile تجاريّ . خاص بالتجارة
Mercenary مأجور . أجير ✿ مرتزق
Merchandise بضاعة . سلعة ✿ بضائع
Merchandise تاجَرَ
Merchant تاجِر. صاحب مخزن تجارى
— fleet *or* marine اسطول تجاري
Merciful رَحوم . رؤوف . حَنَّان
Merciless عديم الرحمة . قاسٍ
Mercurial زِئبقي ✿ نَشيط . ألوبٌ
Mercury زِئْبَق ✿ كوكب عُطارِد

Mercy رَحمة . رأفة . مَغْفِرَة .عفو. شفقة
at the — of تحت رحمة
Mere مجرَّد. محض ✿ فقط ✿ تخم . حد
Merely فقط . لا غَير . ليس إلا ✿صِرفاً
Meretricious مومِسي ✿مزوَّق . مضلِّل
Merge غطَسَ ✿انغمسَ فى .غاص ✿اندمَجَ
Merger اندماجٌ
Meridian دائرة نِصف النَّهار ✿الهاجِرَة
✿ ظُهر ✿ هاجري ✿ اوج
Meridional هاجري ✿ جنوبى
Merit استحقاق .أجر. جدارة ‖استَحَقَّ
Meritorious مستحِقّ ✿ ذو أهلية
✿ باستحقاق
Merl, —e شُحرور (طائر مغرد)
Merlin صقر الجراد . يُؤيُؤ
Mermaid حوريَّة الماء. بنتُ البحرِ
Merrily بفَرَحٍ . بسرورٍ . فرحاً
Merriment طربٌ . فرَح . سرور. مَرَح
Merry فَـرِح . مسرور ✿ مفرح. سار
Mesh شبكة ✿ عينُ الشبكةِ ✿ احبولة
Mesmerism التنويم المغنطيسى ✿○مِسمرة
Mesmerize نوَّمَ بالمغنطيسية
Messiah المسيح
Mess خليط. خبيص ✿ اكْـلَـة ✿ وَرْطة
to be in a — ارتبكَ . تحيَّـرَ
Mess أكلوا معاً ✿ لخبَطَ
Message رسالة. خِطاب ✿ بلاغ
Messenger رسولٌ . مبلِّغ ✿ ساعٍ
Messmate رفيقُ المائِدة . مؤاكِل

Met, *of* **Meet** التقى بِـ . قابَلَ
Metal معدِن . رِكاز . فِلز ٭ معدِني ٭ حَصْباء ٭ زَلَط
Metallic معدِنيّ . مثل المعدن . فِلزي
Metallurgy صناعة استخراجُ المعادن
Metamorphose غيَّرَ ٭ مسَخَ
Motamorphosis إستحالة صورة . تحوُّل عقلي . نظري
Metaphor مجازٌ . استعارة . كناية ٭مثل
Metaphorical مجازي . استعاري
Metaphysical مختص بالفلسفة العقليَّة
Metaphysics الفلسفة العقلية . الالٰهيات
Metaphysis تحوُّل . تغير . انقلاب
Mete تُخُومٌ ‖ قاسَ . كالَ . عايرَ
Meteor شهابٌ . نيزك ٭ ظاهرة جَويَّة
Meteorolite نَيْزك . حَجَرٌ جويّ
Meteorology عِلمُ الظواهِر الجوية أو الأجواء
Meter, Metre عدّاد ٭ متر
Metric system النظام المتري
Methinks أفتكرُ . أظنُّ . يلوحُ لي
Method أُسلوب . طريقة . نَسَق . منهاج
Methodical مُرتَّب . منسّق ٭محب النظام
Metre ٥متر (مقياس) ٭وزْن . بحر . عروض
Metrical, Metric متريّ ٭منظم . شِعريّ
Metritis التهاب الرحم
Metropolis عاصمة . قَصَبَة . حاضرة ٭ مطرانية
Metropolitan مُطران ٭مختص بالعاصمة

Mettle حمية . حِدَّة ٭همة . عزمٌ . حَيْل . توقد
Mew خُصٌّ . قفَصٌ ٭مُواءٌ ‖ مَاءَ . مَوَى
— **s** اصطبلات او اصطبل كبير
Miasma تَصَعُّدات عَفِنَة . عفونة
Mice (*sing.* **Mouse**) فيران
Microbe ٥ ميكروب . جُرثومة
Microscope ٥ميكرسكوب . مُجْهِر 
Microscopic ٥ميكرسكوبي . مُجْهري . صغير جداً
Mid وسَط . متوسط ٭ منتصف . بين
Midday الظُهْر ٭ظُهري . مختص بالظهيرة
Midden مَزْبَلَة . كوم سباخ ٭ تلُّ سَمادٍ
Middle نِصف . وسَط ٭ متوسِّط
— **aged** في منتصف العمر
— **ages** العصور الوسطى من نحو سنة ٤٠٠-١٤٠٠
Middle-aged كَهْلٌ
Middleman وسيط . سِمسار
Middling متوسِّط . وسَطٌ . بَيْن بَيْن ٭ادني رتب القطن
Midland داخليةُ البلادِ . الداخلية
Midnight نِصف الليل . منتصف الليل
Midriff الحجاب الحاجز (تشريح)
Midshipman صَفٌّ ضابط بَحَري ٭طالب بحرى على وشك التخرج
Midst نِصفٌ . منتصَف . وَسَط ٭ قلب
Midsummer وسَط الصيفِ . قلب الصيف
Midway وسط أو منتصَفُ الطريق
Midwife قابلة . مولِّدة ٥داية

Midwifery فنُّ التوليد . قِبَالة
Mien هيئةٌ . منظر . طلعة . سِحنة. سيماء
Might قوَّةٌ . مقدرة .عَزم . بأس ‖ يمكن
Mightily بقوَّةٍ . بشدَّةٍ ✿ عظيماً
Mightiness قُدْرَة . قوَّة . بَطْش
Mighty قدير . قادر . قويٌّ . شديد ✿جداً
Migrate هاجَرَ . ارتحلَ . نزَحَ
Migration هجرةٌ . مهاجرة . رحيل .نُزوح
Migratory مهاجرٌ. رحَّال. متنَقِّل .قاطع
Milch حَلُوب . لبون
Mild لطيف. معتَدِل. هادِيء ✿وديع ✿لَيِّن
— tobacco تبغ باردٌ اي خفيف
Mildew يرقان النباتِ . تعفُّن ∆ تصويف
Mildly بلُطفٍ . باعتدالٍ . بلين
Mildness لُطْف. رِقَّة . لِين
Mile ٥مِيْلٌ(قياس طولى=١٧٦٠ياردة)
Mileage عدد الاميال ✿ اجرة النقل بالميل
Milepost الصُوَّة الميلية
Militancy حَرْبٌ . جِهاد . كِفاح
Militant محارِب . مجاهِد ✿ حَربِيّ
Military حربيٌّ . جِهاديٌّ . عسكريٌّ
Militate حارَبَ . جاهدَ . كافحَ
Militia جيش مُرابط . رديف
Milk لَبَنٌ . حليب ✿لبن النبات ✿مُستحلب
Milk حلَبَ ✿ استحلَبَ ✿ ابتزَّ
Milkmaid حَلاَّبة . حالِبة ✿ بائعة لبن
Milk-tooth سِنُّ اللبَن . راضعة
Milky لَبَنيٌّ . كاللبنِ ✿ناصع البياض
— way دَرْبُ التبانة . المجرة (فلك)

Mill طاحونة . مطحن ✿ مصقل ✿ مصنع ✿ مِعصرة
Mill طحَنَ . جرَشَ ✿ سَكَّ ✿ بردَخ
to — coin زَنجرَ العملة
Millennium الف سنة.العصرُ الألفي السَّعيد
Miller طحَّانٌ . صاحب مطحن
Millet ←دُخن . جاورْس . ذُرَة عويجة 
Milliard, = Billion ملیار . الف مليون
Millieme, m/m مليم
Millimeter ∆ مليِّ.عُشر السنتيمتر .مِعشار
Milliner بائع او صانع قبعات السيدات
Millinery تجارة قبعات النساء وتوابعها
Million مليون . الف الف
Millionaire صاحبُ مليون واكثر .قنطاري
Millstone حَجَرُ طاحونة . حجرُ الرَّحَى
Milt طحالٌ ✿ ماء التذكير في السمك
Mimic مُقلِّد . ممثل بالاشارات ✿تقليدي
Mimic قلَّد ✿لمَصَ
Mimicry تمثيل هزلي بالاشاراتِ . لمْص
Mimosa سَنْط ∆ الست المستحية (نبات)
Minaret مئذنَة ∆ مادنه
Minatory مُهدِّد ✿ تهديدي
Mince فرَمَ . قطَّع . هرَّم ✿ تخطَّرَ ∆ تقمع
—-meat لحم مفروم اي مهرَّم
Mincer ←فرّامة . مِفراة 
Mind عَقلٌ . ذِهْن

Mind التفتَ الى . رعى . اهتم
bear in — تذكّرَ . وضع نصب عينيه
never — △ معليهش . لا ضَيْرَ
put in — تذكّرَ
Minded مائلٌ الى . ميّال ٭مهتم
Mindful مكترثٌ . مُهتمّ . مُبالٍ . منتبه
Mine لَغَمٌ ٭ منجَم ٭ خاصتي . لي
Mine قوّضَ
Minefield منطقة او حقل الغام
Miner مُعَدِّن . صاحبُ منجَم او عامل فيه
Mineral مَعْدِنٌ ٭ مَعْدِنيّ
— water ماءٌ معدني
Mineralogy عِلمُ المعادن واستخراجها
Mingle مَزَجَ . خَلَطَ ٭امتزجَ . اختَلَطَ
Miniature صورة او رسم صغير او مصغَّر
Minim قطرَةٌ . نُقطَة ٭صغيرٌ جداً ٭ بيضاء . نصف درجة موسيقية
Minimum النهاية الصُغرى . حد أدنى
— wages الحد الادنى للاجور
Mining تعدينٌ . استخراج المعادن ٭تقويض
Minister وزيرٌ ٭سفير ٭قِسّيس ٭وسيلة ٭ خادِم || خَدَمَ ٭ أعطى . أمَدَّ
Ministerial وزاري ٭كَهَنُوتيّ ٭مثقف
Ministration خِدمة . عملٌ . مواساة
Ministry وزارةٌ ٭ خِدمة ٭ سِفارة
Minor أقل ٭صغير . قاصِرٌ ٭ مُراهِق ٭ أصغر . اقل
Minority الأقلِيَّة . سِنُّ القُصور . حداثة
Minstrel مُغَنٍّ . مدّاح . شاعِر . مُنشِد
Mint نعناعٌ ٭ نقود . نقد ٭ كنز ٭منجم ٭ دار سك العملة || ضَرَبَ العُملَة
Mintage سِكَّة . عُملة ٭رسم ضرب النقود
Minuend المطروحُ منه (فى الحساب)
Minus ناقِصٌ . أقلّ
Minute دَقيقةٌ ٭ لَحظة ٭ مفكَّرة ٭ محضرُ جلسةٍ ٭ صغير جداً . دقيق
— book دفترُ قَيْدُ الوقائع . سجل المحاضر
Minute دَوَّنَ فى محضر الجلسة
Minutely بدقَّةٍ . بتدقيق . بالضبطِ
Minuteness دِقَّة . ضَبط ٭صِغَر متناهٍ
Minx فتاةٌ لعوبٌ ، خليعة
Miracle أعجوبةٌ . عجيبة . مُعْجِزَة . آية
Miraculous عجيبٌ . فائق الطبيعة . مُعجِز
Mirage سَرابٌ . خَيْدَع . آل
Mire حَمْأَةٌ . وَحْل || وَحَلَ
Mirror مِرآةٌ ٭ مِنظار ٭ مثال
Mirth طَرَبٌ . فرَح . سُرور . لهو
Mirthful طَروب . فَرِح . جَذِل
Miry مُوْحِلٌ . وَحِل
Mis- بادئة تفيد النفى أو الخطأ أو سوءاو سيء
Misadventure كارثة . نازلة . نَكْبَة
Misalliance زواج غير متكافئ
Misanthrope يكرهُ الناس
Misanthropy بُغْضُ البَشَر
Misapply أساء الاستعمال أو التطبيق
Misapprehend أساء الفَهم أو الادراك
Misapprehension سوء الفَهم
Misappropriation اختلاس

Misbehave أساء التصرُّفَ
to — سلكَ سلوكاً مشيناً
Misbehaviour سلوك قبيح
Misbelief كُفر . سوء الاعتقاد
Misbelieve كَفَرَ . أساء الاعتقاد
Miscalculate أخطأ التقدير او الحسابَ
Miscall أخطأ التَّسمية
Miscarriage إجهاض * خَيْبَة . فشل
Miscarry اسقطت.طرحت الجنين * خابَ
Miscellaneous متنوّع . متعدِّد . شتَّى
Miscellany مجموعة نثريَّات.كشكول*خليط
Mischance سوء بخت.عدم توفيق * بليَّة
Mischief ضَرَرٌ . أذًى . سُوء * منبع الأذية
Mischievous مُضِرٌّ . مؤذٍ . شرّير
Misconceive أخطأ الفَهم . خطَلَ
Misconception خَطأ . سُوء إدراك
Misconduct سُوء السلوك . سوء السيرة
Misconstruct حَرَّفَ المعنى . صَحَّفَ
Misconstrue أساءالتعبيرأوالتفسير أو الفهم
Miscreant جاحِد * فاقدُ الضمير . لئيم
Misdeed اساءة . ذَنْب . جُناح
Misdemeanour جنحةٌ . ذَنْب * اساءة
Misdirect أضَلَّ . ضَلَّلَ . تيَّهَ * أخطأَ في التوجيه
Misemploy أخطأ في الاستعمالِ
Miser شحيح . بخيل . خسيس
Miserable تعيسٌ . بائس *حقير
Miserly بخيل جداً . خسيس * بتقتير
Misery تعاسةٌ . شقاء . بؤس
Misfire لم ينطلق
Misfortune نائبة . بليَّة . مُصيبة * نحس
Misgiving رَيبةٌ . ارتياب. شَكٌّ . هاجِس
Misgovern أساء الادارة أو الحكم
Misguide اضَلَّ . تيَّهَ . توَّهَ . اساءالتوجيه
Mishap بليَّة . مُصيبة . حادثة
Misinform افهمَ خلاف الواقع
Misinterpret صَحَّفَ . حَرَّفَ المعنى
Misjudge أخطأ في الحُكمِ . ظنَّ خطأً
Mislay وضَع الشيء في غير موضعهِ . أضاعَ
Mislead أضَلَّ . ضلَّلَ . خدَعَ
Mismanagement سوء ادارة
Misname سَمَّى خطأً
Misnomer تسمية غير صحيحة
Misplace وضعَ «الشيء» في غير محلّهِ
Misprint غلطة مطبعيَّة . خطأ مطبعي
Mispronounce أخطأ في اللفظ
Misrepresent صَحَّفَ . حَرَّفَ
Misrule فَوْضى * اضطراب
Misrule أساء الحُكمَ
Miss آنسةٌ . فتاة * خطأ * فقد
Miss أخطأ الغرضَ * أضاعَ * فاتهُ «كذا » * أهْمَل
Misshape شوَّهَ . مسَخَ
Missile قذيفة . شيء مقذوف
Missing ضائع . تائه . مفقود
Mission بعثةٌ . إرساليَّة * مهمة * مُرْسلون
Missionary مُرْسَل للتبشير * مختص بارساليَّة

Missive رسالة . خِطاب

Misspell اخطأ في التهجئة

Misspend اسرَفَ . بَعزقَ . بَدَّدَ

Mist ضَبابٌ . طَلٌّ ٭ غشاوة على النظر

Mistake خطأ . غلْطَة ‖ غَلِطَ . اخطأَ

Mistaken مخطىء ٭ غلط . غير صحيح

Mister, Mr. سَيِّد ○ مِستِر

Mistletoe مِقساس . دِبْق

Mistranslate اخطأَ الترجمة

Mistreat أساء المعاملة

Mistress رئيسة ٭ مُدرسة . سَيِّدَة ٭ حَظِيَّة

Mistrust شَكٌّ . رِيْبة

Mistrust استخْوَنَ . خَوَّنَ

Mistrustful عديم الثِقة . سيء الظن

Misty كثير الضَّباب . ضَبُوبٌ ٭ مُبْهَم

Misunderstand أساء الفَهْم

Misunderstanding سُوء تفاهُم او فهم

Misusage, Misuse سُوء استعمال

Mite عُثَّة . سُوسة ٭ فَلْس (عُمْلة صغيرة)

Mitigate سَكَّنَ . لطَّفَ . خفَّفَ

Mitigation تسكين . تلطيف

Mitre تاجُ الأَسْقُف . بُرْطُل

Mitten قُفَّازٌ بلا أصابع ٭ كفوف الملاكمة

Mity مُدوِّدٌ ٭ مسَوَّس . ملآن بالعُثّ

Mix مَزَجَ . امتزَجَ . خَلَطَ ٭ خالَطَ

Mixed number عدد صحيح وكسر

— marriage زواج بين اجناس مختلفة

Mixture مَزِيجٌ . خَليط . مخلوط ٭ مَزْجٌ . خلط

Moan أنين . تأوُّه ‖ أنَّ . تأوَّهَ

Moat خَنْدَقٌ حول قلعة . (يُملأُ بالماء)

Mob سُوقة . غَوْغاء ‖ تألَّبَ على

Mobile مُتَحَرِّك . مُتَنَقِّل . مُتَنَقِّل

Mobility خفة او سهولة الحركة . قابليَّة التحرُّك

Mobilization تعبئة او حشد الجنود

Mobilize عَبَّأَ الجنود . حَشَدَ

Mock استهزاء ٭ مُصطَنَع . صُوريّ . مزيف

— auction مزاد به تلاعب اى صوري

Mock سخِرَ من . هَزِىءَ بِ ٭ قلَّد

Mockery هُزْءٌ . سُخرِيَّة ٭ تقليد

Mockingly باستهزاء . بازدراء . بسخرية

Mode كَيفِيَّة . أُسلوبٌ ٭ حالٌ ٭ زِيٌّ شائع ○ موضه

Model نمُوذج . مِثال ٭ قالب

— dwellings مساكن نموذجيَّة

a — husband زوج مثالى

Model صَاغَ . شكَّلَ ٭ صنع قالباً ٭ اقتدى بـ

Modeler مثّال . صانع التماثيل ٭ مبتدع ازياء

Moderate مُعْتدل

Moderate خفَّفَ . عَدَّلَ ٭ تعَدَّلَ

Moderately باعتدال

Moderation اعتدال ٭ رِفقٌ . أناة

Modern عَصريٌّ . حديث «العهد» . جديد

Modernism إصطلاح حديث

Modernize جدَّدَ . صيَّر عصرياً

Modest محتَشِم . حَيِيٌّ ٭ معتدل

Modesty حشمة . أدَب . اتِّضاع . عفَّة

Modicum النَّزرُ اليسير . بُلغَة . قليل

Modification تَعْديل . تحْوير . تحويل

Modify عَدَّلَ . حَوَّرَ . غيَّر . كيَّف

Modulate رَخَّمَ الصوتَ . لحَّنَ . نغَّم

Modulation تلحين . ترخيم الصوت ✿ تعديل

Moiety نِصْف . شَطْر ✿ حِصَّة صغيرة

Moist رَطْبٌ . مُبْتَلٌّ . مُبَلَّل . نَدِيٌّ

Moisten بَلَّلَ . بلَّ . ندَّى . خضَّل

Moisture بَلَل . نَداوَة . رُطوبة

Molar طاحِنٌ . جارِش ✿ ضِرْس . طاحنة

Molasses دِبْسٌ . عسَل أسْوَد

Mole خلدٌ . طَوْبين (حيوان) ✿ خال . شامة
✿ مِرطم لكسر الامواج ✿ حَمْل كاذِب (طب)

Molecular دقيق . صغير جدا

Molecule ذَرَّة . دَقيقة . هَباء . جُزَيْء

Molest عاكسَ . كدَّر . أزعَج △ انحشر

Molestation إزعاجٌ . مضايقة ✿ تحرُّش

Mollient ملطِّف . مليِّن

Mollify لطَّفَ . ليَّنَ . رَطَّب

Mollusca الرخويَّات . الحيوانات اللافقرية

Molten مَصْهور . ذائب △ سايح ✿ مسبوك

Moment دَقيقة . لحظة . برهة ✿ اهميَّة ✿ زَخْم

Momentary لِبُرهةٍ فقط . بُرهيٌّ . وقتى

Momentous هام . خطير . ذو شأن

Momentum قوة الدفع ✿ عزم . زَخْم

Monachism, Monasticism رَهْبَنَة
. رهبانية ✿ معيشة الاديرة

Monad الجَوْهرُ الفرد . ذَرَّة ✿ هيولىٌّ

Monarch سُلطان . مَلِك ✿ حاكِم ✿ عاهل

Monarchial, Monarchic, —al ملكى

Monarchy سَلطنة . ملكية ✿ حكومة ملكية

constitutional — حكومة ملكية دستورية

Monastery دَيْرٌ . صَومعة

Monastic رَهبانيٌّ . نُسْكيٌّ

Monday يومُ الاثنين

Monetary مختصٌّ بالعُملة . نَقديٌّ

Money نُقود . عُملة . دَراهم ✿ مال

— order حوالة بريدية

Moneyed غنيٌّ . مُثرٍ ✿ مَسكوك ✿ قيمته بالمال

Mongrel مجنَّس . مختلِط النوع . هجين

Monition تحذير . تنبيه . إنذار . إعلان

Monitor ناصِحٌ . مُنذر ✿ وكيل المعلِّم

Monk راهِب . ناسك . متعبد

Monkey قِرْدٌ . نَسناس || قَلَّدَ

—-wrench مفتاح انجليزى

Mono- بادئة تفيد معنى واحد ، وحيد ، احادى

Monocle نظارة لعين واحدة ○ مونوكل

Monogamy عدم تعدُّد الزوجات او الازواج

Monogram ○ مونغرام . طُغراء △ طرَّة

Monograph مقالة في موضوع واحد

Monologue ○ مونولوج ✿ مُناجاة

Monomania مُساس . جُنون في أمر واحد

Monoplane طائرة بسطح واحد

Monopolist محتكر

Monopolize احتكرَ . التزم . استأثر

Monopoly احتكارٌ . التزام . استئثار

Monosyllabic وحيد المقطَع . ذو مقطع واحد

Monosyllable كلمة ذات مقطع واحدٍ
Monotheism توحيد. الاعتقاد بالاه واحدٍ
Monotheist موحِّد باللهِ
Monotonous مطَّرد النغمِ أو النسَق ٭ ممل
Monotony إطراد النغم أو النسَق الممل
Monster غريب الخلقة. هَوْلة ٭ وَحشٌ
Monstrous مَهول. هائل. مُريع. فظيع
Month شَهْرٌ
Monthly شَهريّ. في الشَّهر. شهريًّا
Monument نُصبٌ. أثر تذكاري
Monumental أثريّ. تذكاريّ. نصبي ٭ فخم
Mood صيغة «الفعل» ٭ مِزاج △ كَيْف
Moody عابِس. مَهموم ٭ منقلب المزاج
Moon قَمَرٌ ‖ قمَّر. عرَّضَ لضوء القمر
— set غروب القمر
full — بَدْرٌ
new — هلالٌ
Moonlit مُقْمِرٌ. «ليلة» مقمِرة
Moonshine نورُ القمرِ ٭ مَظهرٌ غرّار . اوهام
Moor مراكشيّ ٭ مستنقع. أجمة. أرض بور
— fowl قطا أحمر. دَجاجة ماء
Moor رَسى ٭ أرسى. ربطَ المركب
Moorage مَرْفأ. مَرْسى او مربط المراكب ٭ رباط المركب. رسوم الرباط
Moorish مستنقع. سَبَخ ٭ مَغربيّ او مراكشي
Moorland أرض سَبِخة. أو مستنقعة △ ملق
Moot محاورة. تحت الاخذ والرد
Moot جادَلَ

Mop مِمسحةُ الارضِ ‖ مسحَ الارضَ بها
— up a position طهّر موقع العدو
Mope خاملٌ ‖ تَبلّدَ ٭ أخمَلَ
Moral حِكْمة. مَغْزى ٭ ادبيّ. خُلقي
— rearmament التسلح الاخلاقي
— training تدريب معنوي
Morale الحالة النفسية. الروح المعنوية
Moralist كاتِبٌ اخلاقيّ
Moralize اوّلَ بمعنى أدبي ٭ هذّبَ
Morally أدبيًّا. أخلاقيًّا ٭ عقليًّا. معنوياً
Morals آداب. صفات أدبيَّة. علم الاخلاق
Morass مُستنقَعٌ. مَلَق. بطيحة
Moratorium ٥موراتوريم. تأجيل الدفع
Morbid مُعتَلّ. مَريض ٭ مَرَضيّ. سَقمي
Morbidity اعتلال. مرض ٭ وبالة
Mordacious عَضّاض ٭ تهكّمي ٭ قارض
Mordacity لذعٌ ٭ أكّالية. قوة الأكل
Mordant مثبت اللون ٭ كاوٍ ٭ عضاض
More أكثر. أزْيَد ٭ زيادة ٭ ايضاً
— or less تقريباً. زُهاء
any — غير ذلك
no — لا غير
once — مَرة أخرى
the — so بالأحرى. بالأولى
Moreover فَضلاً عن ذلك. أيضاً
Moresque مَغربيّ. مَراكشيّ
Morgue △ مشرحة
Moribund مُحتَضِرٌ. هالك . مُشرف على الموت

Morn صَباحٌ . صُبْح
Morning . ضُحًى . غـداة ✿صباحيٌّ
— gift صباحية . هدية الصباح للعروس
— sickness قيء الحبالى عند الوحم
Morocco مـراكش ✿ جلد سختيان
Morose نَكِدٌ . عبوس .شكِس . مهموم
Moroseness نَكَدٌ . كآبة . هَمٌّ
Morphean ناعِسٌ ✿مَنامِيٌّ .مختصٌّ بالاحلام
Morphia, Morphine مورفين
Morrow باكِر . يوم غَدٍ . غداً
Morse telegraph تلغراف أو مبرقة مورس
Morsel لُقمة . كِسرة ✿هُتامة
Mortal بَشَرٌ ✿ بشَرِيٌّ ✿ مائت ✿ مُميت
Mortality فناء.مَوْت ✿احصائيَّة الوفياتِ
Mortar جُرنٌ . هاون ✿مِلاط △ مونة
— bed △ مَلْطَمُ المونةِ
— gun مدفع هاوُن
Mortgage رَهْنٌ عِقارِيٌّ . رهنية
Mortgage رَهَنَ
Mortgagee مُرتَهِنٌ . دائن برهن
Mortgager, Mortgagor راهِن
Mortification اماتة النفس ✿ تقشُّف
✿ غَمٌّ ✿إهانة ✿نغل ○ غنغرة ✿نخيرة
Mortify كَبَحَ الشهوات . قمعَ ✿ أهان
✿خيَّبَ ✿نَغَل.تسمَّم ✿ سمَّمَ الجرح
Mortise and tenon نقر ولسان
Mortmain اموال مُرْصَدَة . وَقْف
Mosaïc فُسَيْفساء ✿ مُوسَوِيٌّ
Mosque جامِع . مَسْجِد

Mosquito △ نموسة . بعوضة . هامَّة
— curtain, — net △ ناموسيَّة . كِلَّة
Moss طُحْلُب . أُشْنَة ✿ مُستنقع
Mossy مغطى بالطحلب . مُطَحْلَب
Most معظم . أغلَبَ . أكثَر ✿الاكثر
— favoured nation الدولة الاكثر رعاية
Mostly غالباً . على الاغلب . بالاكثر
Mote ذَرَّة . هَبأة ✿ نَترة ✿ قَذى
Moth عُثَّة . سُوسة ✿ فراشة
Mother والدة . امٌّ ✿ وراثيٌّ ✿رئيسة دير
✿ أموي
— land *or* country وطن . مسقط الرأس
— of vinegar أم الخل
—'s mark وَحْمَة
to — a child اتخذته كولد . تبنته
Motherhood أمومة
Mother-in-law حَماة ✿ام الزوج أو الزوجة
Motherly كالأمِّ . كالوالدة ✿ بحنوٍّ
Mother-of-pearl عِرق اللؤلؤ.صدف.محارة
Motion اقتراح . رأيٌ✿حركة . سير✿براز
to carry a — زكّى اقتراحاً.فاز بالاستدعاء
to put in — حرَّكَ . سيَّرَ
Motion أومأ . أشارَ
Motionless غير متحرِّكٍ . ساكِن
Motion-pictures الصور المتحركة ○السينما
Motivate علَّل ✿ بعثَ على . حثَّ
Motive باعثٌ . داعٍ . دافع . حافز
— force *or* power قوة محركة
Motive حَرَّكَ ✿ حثَّ . دفعَ على

Motley, Mottles ملوَّن .مُرقَّش.مبرقش
Motor مُحَرِّك.قوَّة محركة ○موتور سيَّارة
— transport النقل بالسيارات
auxiliary — محرِّك احتياطى
Motor-car سَيارَة ○ اوتوموبيل
Motor-cycle موتوسيكل . دراجة بخارية
Motorist سائق أو راكب سيارة
Motorized *or* **Motored** يعمل بمحرك
Mottle نقَّط بألوانٍ مختلفة . رَقَّشَ
Motto شِعارٌ . رمز . عُنْوان ✿ مَبدأ مُقرَّر
Mould, Mold قالبٌ ○ فورمه ✿ تعفُّن
Mould سَبَكَ ✿ تعفَّن
Moulder سابكٌ ‖ تَعفَّنَ.صَوَّفَ✿ بَلِيَ
Moult, Molt ∆ قَلَشٌ.تغييرالجلد أوالريش
Moult, Molt قَلَشَ . بدَّلَ الريش
✿ سلخت الحية جلدها
Mound رابية . اكمَة ✿ استحكام ترابي
Mount جَبَلٌ ✿مَطِيَّة ‖ صَعِدَ ✿رَكِبَ
. امتطى ✿ ركَّبَ . رَصَّعَ
Mountain جَبَلٌ . طَوْدٌ
Mountaineer جَبلِيٌّ.من سُكَّانِ الجبال
Mountainous كثير الجبالِ . جَبَلِيٌّ
Mounted مُرَكَّب عليه .مرصع بـ✿راكِبٌ
Mourn حَزِنَ علَى . ناحَ ✿حَدَّ . لبس الحداد
Mourner نائِح . نَدّاب ✿ مشيِّع الجنازة
Mournful مُحْزِن . مُفْجِع . مُبْكٍ
Mourning حِدادٌ ✿ثيابُ الحدادِ . سِلاب
— paper ورق حزاينى عليه علامة الحداد
Mouse فأرٌ . فارَة

— trap مصيدة الفئران
Mouth فَمٌ . فوه ✿فوهة . مدخل ✿مصب
Mouthful ملءُ الفمِ . لُبْنَة . لُقْمَة
Mouth-organ شفوية ○ ارمونيكا
Mouthpiece فَم.مَبسِم✿ كَلِيم ✿ ∆ بزبوز
Movable متحَرك . يُنْقَل . منقول
— property أموال منقولة
Move حركة ‖ تحرَّك✿حرَّكَ . نقَلَ ✿أثَّرَ
Movement حَرَكة ✿ تحرُّك . انتقال✿صب
Mow هُرْى .جُرْن ‖ حَشَّ . ضَمَّ ✿جَرَّنَ
Mower حَصَّاد . حاصِد ✿ آلة الحِصاد
Mr. (Mister) السيد
Mrs. (Mistress) السيدة
Much كَثرة.وَفْرَة✿ كثير.جم ✿بكثرةٍ
as — بقدرِ ما . مثله
not so — ليس بهذا المقدار
so — the better هذا أفضلُ
to make — of اهتمَّ بهِ
too — كثير جداً
Mucid عَفِنٌ . مُتَعَفِّنٌ ✿ مُخاطِيٌّ . لزج
Mucilage هُلام ✿ سائل صَمْغِيٌّ ✿ مصل
Muck وَسَخٌ ✿دَمن ∆ سباخ بلدي ‖ سَبَّخَ
Mucous, Mucoid مخاطى أو شبه المخاط
Mucus مُخاط . مادَّة مخاطيَّة . مخوط
Mud وَحْلٌ . طين .حَمأة ‖ وَحَّل. عكَّرَ
— bricks طوبٌ نِيٌّ . لبن . طوب أخضر
Muddle تشوُّشٌ . ارتباك ✿ لخبطة
Muddle شوَّشَ ✿ خَبَلَ
Muddy موْحِل . طِينِيٌّ . عكر

Muddy وَحَّلَ
Muff فَروة لغطاء اليدين ✡ مُخنَّث . ✡ أخرق
Muffle خَطْمٌ ✡ برقع . ستر . غطاء
Muffle غطَّى . ستَرَ ✡ أخفى △ كتَمَ
Muffler لِفاع . مِلحفة . شال 
△ تلحيفة ✡ كاتم الصوت △ عُلبة
Mug مسه كُوزٌ ✡ وجه أو فم
Mulatto خِلاسيٌّ . مولَّد
Mulberry تُوتٌ . فِرْصاد . كبُّوش
Mulct غَرامةٌ . جَزاءٌ نَقديٌّ ‖ غَرَّمَ
Mule بَغْلٌ . برْذَون ✡ بَلْغة △ شِبشب
✡ مغزل ✡ شخص عنيد . كنود
Muleteer بَغَّالٌ . مكاري
Mulish مثْل البغْل . بغْلي ✡ عَنيد ✡ عقيم
Muller مِسْحَن . مِجْرَشة . طاحِن
Mullet سمك البوري
Mult, Multi بادئة معناها متعدد ، كثير
Multicolour مُتعدِّد الالوانِ
Multifarious متنوع . مُشَكل
Multiform مُتعدِّد الاشكال
Multilateral متعدِّد الجوانب او الاطراف
Multiped متعدِّد الاقدامِ
Multiple مُضاعف ✡ مركب.متعدد . عديد
✡ حاصل الضرب
— stores محلات ذات فروع
Multiplicand «العدد» المضروبُ
Multiplication عَمليَّة الضربِ
✡ تكثير . تكاثُر . تضاعف
— table جدول الضرب

Multiplicity تكَاثُر . تعدُّد . كثرة
Multiplier «العدد» المضروب فيه ✡ مكثِّر
Multiply ضَرَبَ «عدداً» ✡ كثَّر ✡ تكاثَر
Multitude جُمهورٌ . جمْع ✡ كَثْرَة
Multitudinous كثير . متعدِّد . جم
Mum صَامت . ساكِت ✡ صه ! اسكت !
Mumble تمتَمَ . غمغَمَ ✡ همس الطعام. لاك
Mummer ماجِنٌ . مُسخِن ✡ ممثل مضحك
Mummify حَنَّطَ . صبَّر 
Mummy جُثَّة محنَّطة . مومياء
Mummy حَنَّطَ
Mumps التهاب الغدَّة النّكفيَّة
△ ابو كعيب ✡ كآبة
Munch مَضَغَ بصوت . مَشَعَ
△ قَرَشَ
Mundane عالميٌّ . دُنيوي ، ارضيٌّ
Municipal مختصٌّ بالمجالس البلدية او القروية
Municipality بلَديَّة . مجلِس بلَدى
Munificence سَخاءٌ . أرْيَحِيَّة . جود
Munificent سَخيٌّ . أرْيَحِيٌّ . كريم
Munition مِيرَة . ذَخيرة . مؤونة
—s ذخيرة . مهمات حربية
Mural حائطي . جَداري
Murder قتْل «عمدي» . إغتيال
Murder قتَلَ عمداً . فتَكَ بـ
Murderer قاتِلٌ ✡ مُرتكِب جريمة القتلِ
Murderous قاتلٌ ✡ مُهْلك . مُبيد . فتَّاك
Murky, Mirky مُظلِم . مُعتِم . قاتم ✡ مُغيم
Murmur تذَمُّرٌ ✡ لغط ‖ تذَمَّرَ ✡ خَرَّخريراً

Murrain وَباءُ المواشي . جائِحة البهائِم
Muscle عَضَلة ٭النسيجُ العَضَليّ ٭قُوَّة
Muscular عَضَلي ٭ ضَليع
Muscularity عَضَليَّة ٭ ضلاعة . قُوَّة
Muse عَروس الشعر ‖ تأمَّل . تفكرَ
Museum مُتْحَف . دارُ الآثارِ
Mushroom فُطْرٌ . عُشّ الغرابِ
Music الموسيقى . فَنّ الالحان والطرب
— stand حامل المجسدة
Musical موسيقي ٭ ملحّن ٭ مُطرِب
Musician موسيقي . بارع فى الموسيقى
Musing متأملٌ ٭ تأمل . تروٍ
Musk مِسْكٌ ‖ مَسَّكَ · عطَّر
— melon △قاوون . شمام قوي الرائحة
Musket بُنْدقيَّة . بارودة شُطْنه
Muslin △شَاشٌ رفيع ○ موسلين
Mussel نَوع من المحار ٭ ام الخُلول
Must عصير فواكه غير مختمَّر ٭ نبيذ جديد ٭كرَج . عفَن
Must ينبغي . يجب . لا بُدَّ
Mustache شاربٌ △ شَنَب
Mustard خَردَلٌ
— plaster صنابٌ △ لزقة خردل
Muster حَشْدٌ . استعراض
— roll سجل البحارة والمسافرين او الجنود
Muster حَشَدَ . استعرضَ الجيش
Musty مُخِمٌ . زَنِخ ٭ بليد الفَهْم
Mutability تَقلُّب . عدم ثبات
Mutable متقلِّب . لا يثبت على حالٍ
Mute أخرس . أبكم ٭ صامِت ٭ مخفِّض الصوت ٭ سَلْح الطير . نجو . ذَرَق
Mute خفضَ الصوت ٭ ذرَق . سلحَ
Mutilate جَدَعَ . بتَر ٭شَوَّهَ ٭عطّب
Mutilated ابترٌ . مشوه ٭ خِصىٌ . مخصي
Mutilation بَتر . جدع ٭ خصى ٭ تشويه
Mutineer ثائِر . متَمرِّد . عاصٍ ‖ تمرَّدَ
Mutinous ثائرٌ . ثورويّ . متمرِّد . عاصٍ
Mutiny تمرُّد . فِتنة ٭ عِصيان
Mutiny تمرَّدَ . ثارَ
Mutism صمتٌ . سكوت . خَرَس
Mutter تمْتَمَ . دَمْدَمَ . بَرْبَرَ ٭تذمَّرَ
Mutton لحمُ الغنَم . لحم ضأنٍ
— chop ضلعُ ضانٍ ○ كستليته
Mutual متبادِلٌ . مشترك . تبادُليّ
Mutually تبادُلاً . بتبادُل . باتفاق الطرفين
Muzzle فَمُ الحيوانِ أو البندقية او الماسورة ٭ كِمامة
Muzzle كَمَّمَ
My ضمير المتكلم «ى» ٭ لي . خاصتي
Myope أحْسَر . قصير النظر △ اجْهَر
Myriad عَشَرةُ آلاف . رِبْوة
Myrrh مُرٌ . المرُّ المكاوي أو الحجازى
Myrtle آسٌ . ريحان شامى
Myrtle-berries حَبُّ الآسِ
Myself أنا . نفسى . ذاتى
Mysterious سِرّي . غامِض . خَفي . مبهم
Mysteriously خفيةً . بغموض . بخفاءٍ
Mystery سِرٌّ غامِض . خافية . غامِضَة

Mystic صُوفي. عالم روحاني * خَفي. غامض
Mystic غامِض. خفي * رَمْزي. روحاني. باطني
Mysticism تصوُّف. العلم الروحاني. تأله
Mystification تعمية. إبهام. ألغاز
Mystify عَمَّى على * حيَّرَ * شعوذَ
Myth أسطورة. خُرافة. شخص او شيء خرافي
Mythologic, —al أساطيري. خُرافي
Mythology أساطير الأقدمين. عِلم الأساطير

N

Nab اختطَفَ * امسكَ فجاءةً
Nacelle سلة المنطاد
Nacre عِرْقُ اللؤلؤ. صَدَفٌ
Nacreous لؤلؤي. صَدَفي
Nadir النَّظيرُ. نظير السَّمت * حَضيضٌ
Nag △ سيسي. حِصان صغير
Nag ضايَقَ △ نقَّ
Nail مِسْمار * ظُفْر * بُرثُن ‖ سَمَّرَ
Naive ساذِجٌ. بَسيط. سَليم الطويَّة
Naked عارٍ. عُرْيان * مَكشوف. مجرَّد
— debentures سندات غير مضمونة
— eye العين المجردة
Nakedness عُرْي. تجرُّد * وضوح
Name اسم * صيت ‖ سَمَّى * ذكر * عيَّنَ
— board لوحة الاسم
christian — الاسم الأول أو الشخصي
proper — اسمُ علَم او معرفة
to call —s شَتَمَ. سبَّ
Named مُسَمًّى
Nameless بلا اسم * خامل الذِكر
Namely, i.e. أعْني. يَعْني. أي
Namesake سَمِيٌّ. لهُ نفس الاسم
Nap غفوة. تَهْويمة * خَمْلة. زَغَب △ وبرة
Nap غفا. تهوَّمَ * تقيَّلَ. غَفا
Nape قفا الرقَبة. القفا. القذال
Naphtha نفط (زيت معدني)
Napkin △ فوطة. مِمْسَحة الأيدي
— ring حلقة فوطة المائدة
Narcissus نَرْجِس
Narcotic مُنوِّم. مُرقِد. مخدِّر
Nares خَياشيم. مناخِير
Narrate قَصَّ. رَوَى. أخبرَ
Narration قِصَّة. رِواية. خَبَرٌ
— in journal شرح القيود في اليومية
Narrative قِصَّة * حَديثي. روائي
Narrator قاصٌّ. راوٍ. مُحَدِّث
Narrow ضَيِّق * محصور
Narrow ضاقَ * ضَيَّقَ
Narrowly بضيقٍ * بتدقيق * بالجُهدِ
Narrowness ضِيْقٌ * دِقَّة * بُخل
Narrows مضيق
Nasal أنْفي * أخَنٌ. أغَنٌ
Nascency نُشوءٌ. بَداية * وِلادة
Nascent ناشئٌ. نابِت. آخِذ في النشوء. بادٍ
— industries الصناعات الناشئة

Nastiness دَناءة. بذاءة. وَساخة. رذالة
Nasty رديء ☆ كريه. قَذِر
Natal مَوْلِدي. ميلادي. وَطَني ☆ خِلقي
Natant طافٍ. عائِم. سابِح
Nation أُمةٌ. شَعْب. قَوْم
National قَوْمي. شَعْبي ☆ وَطَني. أهلي
— assembly المجلس القومي
Nationalism قومية. وطنية
Nationality جِنْسِيَّة. قومية
Nationalization تأميم المرافق العامة
Native ابن البلد ☆ بلديّ ☆ أصلي. خلقي
Nativity مَوْلِد. ميلاد ☆ طالِع. بَخت
Natron ○ نَطْرُون. بوْرق أرمني
Natural طبيعي ☆ خِلقي. فِطري ☆ خامٌ
— son ابن غير شرعي
Naturalist عالم بالطبيعيات. عالم مواليدي
Naturalize تجنَّسَ ☆ جَنَّسَ
Naturally طبيعيًّا ☆ طبعاً. بالطبع. بلاتصنع
Nature الطبيعة ☆ طبيعة. فِطرة. غريزة ☆ عُنْصُر ☆ نوع. ماهية ☆ الكون. الخليقة
Naught عَدَمٌ. لا شَيء ☆ صِفر
Naughtiness خُبْثٌ ☆ △ شقاوة
Naughty خبيث. رذيل. شِرِّير △ شقي
Nausea غَثَيان. جيشان △ لعيان ☆ تقزز
Nauseate △ قَرَّفَ. غَثَّى ☆ عافَ. تقزَّزَ
Nauseous △ مُقْرِف. تعافهُ النَّفْس
Nauseousness غثاء. تقزز. قرَف
Nautical نوتيّ ☆ مختص بالملاحة. بحري
Naval بحري. مختص بالسفن أو المِلاحَة

Nave صَحنُ الكنيسةِ ☆ قبُّ العجلة أي محورها
Navel, = Umbilicus سُرَّةُ البطن
— orange برتقال أبُو سُرَّة
Navigable صالح للملاحة
Navigate سافَرَ بحراً أو بالطائرة ☆ سيَّرَ السُّفُن
Navigation سلك البحار ☆ عِلم الملاحة. ملاحَة
inland — ملاحة داخلية
Navigator مَلاَّحٌ. بحَّار. بحَريّ ☆ ربَّان سفينة أو قائد طائرة
Navy بحَرية ☆ عِمارة بحَرية. السلاح البحري
— blue لون أزرق كحلي
Nay لا. كلاَّ «صيغة نفي قديمة» ☆ ناي
N.B. (Nota bene) ملاحظة
Neap, —tide الجزر المحاق. جَزْرٌ تام
Near قَريب ☆ مقارِب ☆ بقرب ☆ بخيل
— by بمقربة من. في متناول اليد
— East الشرق الأدنى
— sighted أحسر △ أجهر. قريب النظر
Near اقترَبَ من
Nearer أقرب. أدنى
Nearest الاقرب. الادنى
Nearly تقريباً ☆ قريباً. عما قريب
Nearness قُرْب. دُنوّ ☆ قرابة ☆ بُخْل
Neat مُهندَم. مُرَتَّب ☆ نظيف ☆ دقيق
Neatly بترتيب. باتقان. بأناقة ☆ بنظافة
Neatness ترتيب. إتقان. أناقة ☆ نظافة
Nebula سَديم (في الفَلك) ☆ عَفاء. ضباب ☆ سحابة على قرنية العين ☆ كُدرة البول

Nebulous سَديمي ✿ معتِم . ضَبابي
Necessaries حاجيات . لوازم . ضروريات
Necessarily بالضرورة . حتماً . لزوماً
Necessary ضروريٌّ . لازِم ✿ محتم
Necessitate أحوَجَ الى . أوجَبَ . اقتضى
Necessitous محتاج . مُفتقِر ✿ اضطراري
Necessity ضرورة . حاجة . لزوم . اقتضاء
Neck عنقٌ . رَقَبة ✿ لِسانُ أرض
Necklace عُقْد . قِلادَة . كِردان
Necktie رِباطُ رَقَبَةٍ △ كرافته
Necrology قيدُ الوفيات . سجل الموتى
Necromancy استحضارُ الارواح . عِرافة
Necropolis مدفن كبير . مدينة أموات
Necrosis نخيرة . نخر ✿ تعفن الجرح
Nectar رحيقٌ . سلسبيل ✿ عَسَلُ الزَهرةِ
Need حاجة ✿ ضرورة . لزوم ‖ احتاجَ الى
if — be اذا لزم الحال
to stand in — of أعوَزَه
Needful ضَروري . لازِم . يَلزم
Needle إبرَة . مِسَلَّة
— case *or* box أبَّارَة . مئبرة . مئبار
—work خياطة . تطريز . △ شغل ابرة
packing — مسلَّة . مئبر △ ميبر
Needless غير ضروري . غير لازم . عبثٌ
Needy محتاج . مُعْوَز . فقير . مُمْلِق
Nefarious فَظيع . كريه . شنيع . شِرّير
Negation إنكارٌ . نَفْي . سَلْب
Negative سَلبيّ . نفي ✿ خالٍ من
— of a photo سالب الصورة △ عفريته

Negative نَفي . دَحَضَ ✿ رفَضَ
Negatively سلبيًّا . بالنفي ✿ رفضاً
Negatory سَلبي . إنكاري . نفي
Neglect اهمالٌ ‖ أهمَلَ . قَصَّرَ في
Neglectful مُهْمِل . مُقَصِّر . غافِل
Negligence اهمالٌ . قِلَّة اعتناء . قُصور
Negligent مُهْمِل . قليل الاهتمام
Negotiable يمكن تداوله . قابل للتحويل
Negotiate تداوَلَ . تفاوَضَ . فاوَض ✿ تاجَر
to — a bill خصَمَ كمبيالة أو حوَّلها
Negotiation مداولة ✿ ممارسَة . تعامُل
Negress زنجيَّة . امرأة سوداء
Negro زنجي . رجُل أسود
— phile صديق الزنوج
Negroid شبيه بالزنوج
Negus النجاشي (لقب ملك الحبشة)
Neigh صَهيلُ الخيل ‖ صَهَلَ
Neighbour جارٌ ✿ قريب ✿ مجاوِر ‖ جاوَرَ
Neighbourhood جوارٌ . جيرة . قرب
Neighbouring مجاورٌ . مُتاخِم . قريب من
Neighbourly ودادي . يليق بجار . وديٌّ
Neither لا . ولا . ولا واحد (من الاثنين)
Nephew ابنُ الاخِ . ابنُ الاختِ
Nephritis التهاب كلوي
Neptune السيَّار نبتون ✿ إلاهُ البحر
Nerve عَصَبٌ ✿ جَلَد ✿ قُوَّة ‖ قَوَّى
an attack of —s صدمة أو هزة عصبية
Nervous عَصَبيّ المزاج ✿ سَريع التأثُّر
Nest عُشٌّ . وَكْر ‖ عَشَّشَ

Nestle استكنّ . استقرَّ ٭ حضنَ
Nestling فرْخُ طيرٍ ٥ كتكوت ٭ طفل صغير
Net شبكةٌ ٭ شرَك ٭خالِص . صافٍ
— weight الوزن الصافي
— work — شبكة ٭ مُشبّك . الغزل الشبكى ٭ سلسلة محطات لاسلكية
camouflage — شبكة تمويه
Net حبكَ ٭صفّى ربحه على كذا ٭احتبل
Nether أسْفل . سُفْليّ . واطئ ٭جحيمى
Netherlands هولاندا
Nett صافٍ . بلا شوائب ‖ ٥ صفّى على كذا
Netted محبوكٌ ٭واقع فى شرَك أو في الشبكة
Nettle حَشيشة القريص ‖ قرَصَ ٭غاظ
Neuralgia ألم عصبي ٥ نفرالجيا
Neurasthenia ضعْفُ الاعصاب
Neurotic اختلال الاعصاب ٭مريض الاعصاب
Neuter لا معَ ولا على . على الحيادِ
— gender لا مُذكّر ولا مؤنّث
— verb فِعْل لازم (غير متعدٍ)
Neutral على الحيادِ . محايد
Neutrality حياد . محايدة
Neutralize جرَّدَ من قوّة التأثير
— a mine يوَمّن لغم
Never أبداً . أصلاً . قط
Nevertheless مع ان . مع ذلك
New جديدٌ . حديثُ العهدِ . حديث
Newly منذ عهد قريب ٭ من جديد
Newness حداثة . جِدَّة . قُربُ العهد

News خبرٌ . أخبار . أخبار حاليَّة
— agency وكالة أخبار
Newspaper جريدة . صحيفة أخبار
New-year's-day عيد رأس السَّنة
Next تالٍ . بعْد . القادم ٭ ثمَّ ٭ الاقرب
N/F (No Funds) لا يوجد رصيد
Nib ريشة الكتابة ٭طرفٌ . رأس
Nibble قرَضَ . أكلَ بتأنٍ
Nice مَليح . حسن ٭متأنِّق ٭مُدقّق
Nicety دقة . اتقان ٭تأنق ٭ظُرف
to a — بمنتهي الدقة والاتقان
Niche مِشكاة ٭ قِبلة . مِحراب
Nick شقٌ . حزٌ ‖ حزَّ . ثلمَ ٭ فاجأ
at the — of time فى الوقت المناسب
Nickel ٥ نيكل . معدن أبيض ٭ نكلة
Nickel طلى بالنيكل
Nickname كُنيةٌ . لقبٌ ‖ لقَّبَ
Niece ابنة الاخ ٭ ابنةُ الاختِ
Niggard شَحيح . بخيل . كزٌ
Niggardly بخيل . مُسْكة ٭ بخْل . بتقتير
Nigger ٥ نيجرو . أسْود . زنجى
Nigh قريب من . بقربِ ٭ على وشْك
Night ليلٌ . ليلة . مساء ٭ظلام ٭ليليّ
— fall حلول المساء ٭ عشيَّة
— walker, *see* Noctambulant
Nightcap طاقية النوم
Nightdress, —gown قميصُ النوم . فضلة
Nightingale عنْدليب . بُلبل
Nightly ليليّ ٭ ليلاً ٭ كل ليلة . ليليًّا

Nightmare كابوسٌ . جُثام
Night-watch حارسٌ . عَسَس ✲ خفر
Nihilist ○ نِيهْلِستي . إباحيّ . عَدَميّ
Nil صِفر . لاشيء . عدم ✲ لاغٍ
Nilometer مقياسُ النيل
Nilotic نِيلِيّ . مختصّ بنهرِ النيل او واديه
Nimble رَشيق . خفيف الحركة ✲ حاضر البديهة
Nimbly برَشاقة . بخفَّة . بسرعة ✲ ابتداهاً
Nine تِسعٌ . تسعة
Ninefold تِسعةُ أضعافٍ
Nineteen تسعةَ عشرَ . تسعُ عشرة
Ninety تِسعُون
Ninny أبله . احمق ✲ ساذج △ على نياته
Ninth تاسِعة . تاسعٌ ✲ تُسْع
Nip شَفْطة ✲ قَرْصة ‖ قَرَصَ ✲ مصّ
Nippers كَمَّاشة صغيرة او زرَّدية 
Nipping قارس . لافح ✲ مُتلِف
Nipple حَلَمة الثدي △ حَلَمة ✲ وصلة
Nit صئبان △ سيبان . بيض قمل ونحوه
Nitrate ○ نترات . ملح الحامض النتريك
— of soda نترات الصودا . سباخ كيماوى
Nitre ○ نِترات البوتاسا ✲ مِلح البارود
Nitrogen ○ نيتروجين ○ أزوت
Nitrous نطرونى . مشبَّع بملح البارود
No كلا . ليسَ . لا
in — time فى وقت قصير ✲ بعد لحظة
Nob عُقدة . عُجرة ✲ رأس (بالعامية)
Nobiliary مختص بالاشراف

Nobility الاشرافُ ✲ نُبْلٌ . نبالة
Noble نبيل . شريف . أصيل ✲ فَخْم . جليل
— metal معدن كريم كالذهب والفضة
Nobleman شريف . عَريقُ النَّسَبِ
Nobly بنبالة . بشرف . بشهامة
Nobody لا أحد . ليس أحد . ولا واحد
Noctambulant متروْبص . يمشى وهو نائم
Nocturnal لَيليّ . يَحدُث في الليل
Nocuous مؤذٍ . مُضِرّ
Nod تنكيسُ الرأس ‖ نكَّسَ ✲ أومأ
Node نقطة تقاطع فلكين ✲ عُقدَة . عُجْرَة
Noise صوتٌ ✲ ضَوْضاء . لَغَط . جَلَبة
Noiseless ساكتٌ . بلا صوت . عديم الضَوضاء
Noisily بضَوضاء . بصوتٍ . بجلبة
Noisy صَخّابٌ . كثير الضوضاء . صَيَّاح
Nomad رَحَّال . جوّال . متجوِّل ✲ بدَويّ
Nomadic مختصّ بالقبائل الرحَّالة . بدَويّ
Nomenclature تسمية . وَضْعُ الاسم
Nominal اسميّ . بالاسم فقط ✲ وهمي
Nominate تَسَمَّى ✲ عَيَّنَ ✲ رَشَّحَ
Nomination تسمية . تعيين ✲ ترشيح
Nominative حالةُ الرفع أو الفاعل . مرفوع
— shares اسهم اسمية
Nominator مُسَمٍّ . معيِّن . مرشِّح
Nominee مسمًّى . معيَّن . مرشَّح . وكيل
Non- بادئة معناها : لا . ليس . عدم . غير
Non-acceptance رفض . عدم قبول
Nonappearance عدم ظهور ✲ اختفاء

Nonchalant عديم الاكتراث . متهامِل
Noncommissioned بلا رُخصَة . متقاعد
— officer ضابط صَف
Noncompliance امتناع . رَفْـض
Nonconductor غير موصل للحرارة او موصّـل رديء ٭ معزول عن التيّـار
Nonconformity عدم مطابقة . مخالفة
Nondelivery عدم تسليم
None لا أحد . ولا واحد . لا شيء
Nonessential غير ضروري او جَوهري
Nonexistence عدم وجود او كيان
Nonexistent معدوم . غير كائن . غائب
Nonferrous معادن غير حديدية
Nonintervention عدم التعرض او التدخل
Nonmetal لا فلزى
Nonobservance إهمال . اغفال . عدم مراعاة
Nonpayment عدم دَفـع أو وفاء
Nonplus وَرْطة . حيرة ‖ حَيَّـر . ربَـكَ
Nonresident غير مقيم
Nonsense هذَيان . عَـبَـث . كلام فارغ
Nonsensical بلا معنًـى ٭ هَـذيانى
Nonsuit حكم بسقوط دعوى
Nook زاوية . رُكـْن . قُـرْنة ٭ مَخبأ
Noon الظُـهر . منتصف النهار . ظهيرة ٭ ذُرْوة
Noontide وقت الظهر
Noose أنشوطة △ خيَّـة . رَبقة ٭ أحبولة
Nor ولا
Noria ناعورة . ساقية
Normal قياسيّ ٭ اعتيادى . طبيعى . عادى
Normality طبيعـيَّـة ٭ قياسيَّـة
Norman نورماندي (من شمال فرنسا)
North الشَمال . شَمال . بحريّ . شمالاً
Northerly شَماليّ . نحو الشَمال
Northern شَماليّ . من الشَمال . بحرى
Northward شَمالاً . لجهة الشَمال
Nose أنـفٌ . مِـنْـخَـر ‖ شَمَّ
— dive طيران عمودى ٭ انقضاض . انهيار
under one's — امام عينيه
Nosebag مخلاة العلَـف
Nosegay باقة زهور . رُغْلَـة △ صحبة
Nosology تبويب الامراض
Nostalgia ابابَـة . حنين الى الوطن
Nostril فتحةُ الانفِ . خَـيْـشوم
Not لا . ليس . ما . لم . لن
Nota bene, N.B. ملاحظة
Notability شُهرة ٭ وَجاهة ٭ وَجيه
Notable شَهير . وَجيه ٭ يستحق الملاحظة ٭ واضِـح
Notably خصوصاً ٭ بشهرة ٭ بوجاهة
Notarial شَرعى . قانونى
— charges مصاريف عمل البروتستو
Notary مسجِّـل العقود . كاتِـب العقود
— public موثِّـق عقود ٭ محضر
Notation ترقيم . تأشير ٭ العديَّـة الوضعية
Notch حَزٌ . فَـرْض ‖ حَزَّ . فَـلَّ
Note مذكرة . مُفَـكِّـرة ٭ علامة ٭ حاشية ٭ صوت . نغمة . نبرة ٭ صك ‖ لاحَظَ ٭ دوَّن
to — down قيَّـد . دوَّنَ . كتبَ

— book مفكرة . مذكرة △ نوته
— paper ورق خطابات (صغير الحجم)
sounded — مجسَّدَة
Noted شهير . مشهور . ذائع الصيت
Noteworthy يستحق الذكر
Nothing لا شيء . عَدَم . لا يُعتدُّ بهِ
for — بلا مقابل . مجاناً ✿ بلا سبب
good for — لا يصلح لأي شيء
next to — لا شيء تقريباً
Notice اخطار . افادة . تنبيه ✿ إعلان ✿ ملاحظة
— board لوحة اعلانات
final — انذار نهائى
Notice لاحَظَ ✿ راعى
Noticeable يستحقّ الاعتبار ✿ يُرى
Notification بلاغ . إشعار . تنبيه . اخطار
Notify أخطَرَ . أعلَنَ . أنذَرَ
Notion فِكرة . معلومات . رأي ✿ تصَوُّر
Notoriety سُمعة أو شُهرة قبيحة
Notorious مُشَهَّر . ردىء السمعة
Notwithstanding ولو . مع ان ✿ رغماً عن
Nought صِفْر . لا شيء
Noun اسمٌ . الاسم (فى علم النحو)
collective — اسم جمع . اسم الكثرة
common — اسم نَكِرَة
proper — اسم عَلَم . اسم مَعْرفة
Nourish غَذَّى . قاتَ ✿ شَجَّعَ ✿ اضمَرَ
Nourishment غِذاء ✿ تغذية ✿ إضمار
Novel رواية ✿ جَديد . حديث العهد ✿ غريب

Novelist كاتِبٌ روائي قصصي
Novelty طريفٌ . شيء جَديد . بِدعة ✿ جِدَّة
November شهر نوفبر . تشرين الثانى
Novice مبتديء . تِلميذٌ . تحت التمرين . صبي ✿ مهتدٍ حديث . راهب قبل التثبيت
Novitiate تحت التجربة ✿ مبتدىء فى الرهبنة
Now الآن . حالاً . توًّا ✿ عِندَئِذٍ
— and then أحياناً . تارةً وطوراً
Nowadays في عصرنا هذا . الآن
Nowhere أصلاً . ليس في مكانٍ ما
Nowise مُطلقاً . أبداً . بتَّةً
Noxious مُؤذٍ . مُضِرّ . مُهلِك . وَبيل
Nozzle خُرْطومٌ ✿ أنف ✿ طَرَف ✿ ميزاب △ مِزراب ✿ توربين . فتحة . فونية
Nub نتوء . عقدة
Nuclear نووي . متعلق بالنواة
Nucleus نواةٌ . قَلب
Nude عُرْيان . مُعَرَّى . مكشوف . عارٍ
Nudity عري . تجرُّد من اللباس
Nugatory باطلٌ . عبث ✿ زهيد
Nugget كُتلة من معدِنٍ ثمين
Nuisance شيء مقلق أو مضايق
Null باطلٌ . مُلْغَى . لا تأثير لهُ
— and void لاغٍ وغير معمول به
Nullify الغَى . أبطلَ تأثير الشيء
Nullity بطلان التأثير . لَغْوٌ
Numb خَدِرٌ . مُنَمِّل
Numb خَدَّرَ . نوَّمَ

Number عددٌ . رقم △ نمرة
abstract — عدد مُبهَم
even — عدد زَوْجي
odd — عدد فَرْدي
Number عَدَّ ☆رقَمَ △ نمَّرَ
☆ بلَغَ عدده كذا
Numberless لا يُعدّ . يفوق الحصر
Numbers سِفْرُ العدَدِ (من التوراة)
Numbness خَدَرٌ . تخدير
Numerable يُعَدّ ☆ يمكن ترقيمه
Numeral عَدَدٌ . رقْم ☆ كلمة عدديَّة. رقمي
Numerate عَدَّ ☆ قَرأ الرقمَ
Numeration العديَّة اللفظية ☆ عَدٌّ
Numerator عادٌّ ☆ بَسْطُ الكسر
Numerical عدديّ . رَقميّ
Numerous وافِرٌ. عَديد . كثير العدد
Numismatics نُميات . فنُّ المسكوكات
Numskull أخرَقُ . أبلَه . رَقيع
Nun راهِبَة . ناذرَةُ العفَّة
Nuncio قاصد رسولي . سفير البابا
Nunnation تَنْوينٌ (في علم النحو العربي)
Nunnery ديْرٌ للراهبات
Nuptial زيجي . عُرْسيّ
Nuptials حَفلة العُرس . زفاف
Nur عُقدة خشب △ بِزٌ
Nurse مُرَبية ☆ مُرضِعة ☆ مُمَرِّضة
Nurse أرضَعَ ☆ رَبَّى ☆ مَرَّضَ
Nursery غُرفة الاولادِ ☆ مشتل
Nursling طِفل . رضيع ☆ شَتْلة

Nurture تربية . تهذيب ‖ غَذَّى
Nut بُندُقةٌ . جَوْزة
→ ☆ △ صَمولة 
to be half —s ناقص العقل
Nutcracker → كسَّارةُ الجوزِ
Nutgall جَوْزةُ العَفْصِ
Nutmeg جَوْزةُ الطِيْب
Nutrient مُغَذٍّ . مُقيت ☆مادَّة مغذّية
Nutriment طَعامٌ . قُوت . غِذاء
Nutrition استمراء الغذاء . تغذيةٌ ☆غِذاء
Nutritious, Nutritive غذائى . مُغَذٍّ
Nutshell قشرة الجوز ☆شيء طفيف أو صغير
Nutty له طعم الجوز ☆ كثير الجوز ☆ لذيذ
☆ لاذِع ☆ △ ملحوس
Nymph حُوريَّة ☆ حَوراء . يسروع
Nystagmus ترأرؤ أو رأرأة العين

O

Oak بلُّوط . سِنديان ☆ خشب قرو
Oaken بلُّوطي . سِندياني
Oakum مشاقة الكتان △ استوپه
Oar مجذاف . مقذاف ‖ جَذَّفَ
Oases (*sing.* Oasis واحَة) واحات
Oat, —s شُوفانٌ . زُمَّير . شعير
to sow one's wild —s انهمك في لذات الشباب
Oath قَسَمٌ . يمين ☆حلْفُ اليمينِ ☆ تجديف
on — بعد حَلْف اليمين
to take the — أدَّى اليمينَ

Oatmeal طَحينُ الشوفان
Obduracy قَساوةُ القلبِ . عِنادٌ
Obdurate مُتَحَجِّرُ القلبِ . عَنيد
Obedience خضوعٌ . طاعة . إذعان . امتثال
Obedient مُطيعٌ . مُذعِن . مُمْتَثِل . خاضع
Obeisance خُضوع * انحناء الاحترام . سُجود
Obelisk مِسَلَّة . عمودُ المسلَّة
Obese سَمين . بَدين . شَحيم
Obesity سِمنة مُفْرطة . بدانة . ربالة
Obey أطاعَ . أذعنَ . امتثلَ . خضَعَ
Obituary نعيٌ مع ترجمة حياة . تأبين
Object شيءٌ * غَرَض . غاية * المفعولُ به (فى النحو)
— clause الغرض الاساسى للشركة
Object اعترَضَ على . عارَضَ . مانَع
Objection مانِع . معارضة . اعتراض
Objectionable غير مقبول . يعترض عليه
Objective منظورٌ * المفعولُ به . المجرور
Objector معترض . معارِض
Oblation قُرْبان . تَقدِمة العبادة
Obligation التزام . تَعهُّد * دين * فَضْل
Obligatory إجباريٌّ . اضطرارى . الزامي
Oblige أجبرَ . ألزمَ * صنَعَ جَميلاً مع . أولاه مِنَّة
Obliged مُمْتَنٌّ * مُضطرٌّ . مُلزَم
Obliging مِفضال . كَريم * مُلزِم
Oblique مائِل . منحَرِف . زائغ
Obliquity مَيْلٌ . انحراف

Obliterate طَمَسَ . طلَسَ . محا
Obliteration طمس . محو . دَرس . طلس
Oblivion نِسْيان . سَهْو * سُلوان
Oblivious كثير النِسيان . نسّاء * مُنْسٍ
Oblong مُستطيل الشكل
Obloquy طَعْنٌ . هَجو . قَدْح * تعيير
Obnoxious مُعَرَّضٌ أو عرضة لِ * كَريه
Obscene فاسِد . فاحِش . قَبيح
to use — language أخنى أو أفحش فى كلامه
Obscenity بَذاءة . قَباحة . فُحْش
Obscurantism ظلاميّة * رجعية
Obscure مُظلِمٌ * غامِض * خامِل الذكر
Obscure ظلَّمَ . عَتَّمَ * أبهَمَ . عمَّى * حجبَ
Obscurity ظَلام * إبهام . غُموض
Obsequies حَفلة الدَفن . جِنازة
Obsequious خاضِعٌ . متذلِّل
Observable جديرٌ بالملاحظةِ * منظور . يُرى
Observance ملاحظةٌ . التفات * مُراعاة
Observant مُلاحظ . مُلتفِت * مُراعٍ
Observation مُلاحظة * مراعاة * مشاهدة * رَصْد . رؤيَة
— balloon منطاد أى ٥ بلون المراقبة
— post نقطة ملاحظة او مراقبة
Observatory مَرْصَدٌ . مَرْقَب
Observe رأى . لاحَظَ . شاهَدَ * رَصَد . راقبَ * راعى * قدَّمَ ملاحظةً
Observer مراقبٌ * راصِد * مراعٍ * راءٍ

Obsess شغل البال بفكرة معيّنة
Obsession وسوسة . تسلّط فكرة
Obsolete مهجور . مُمات . بطل استعماله
Obstacle مانع . عائق . عقبة . حائل
— race سباق الحواجز
Obstetrics علم التوليد . القِبالة
Obstinacy عِناد . صلابة الرأي . تشبُّث
Obstinate عنيد . صلبُ الرأي . متشبّث
— disease مرض عضال او عَصِيّ
Obstruct سَدَّ . حجزَ . أعاقَ . اعترَض
Obstruction سَدٌّ . حاجِز . عائق ٭ردم
intestinal — إنسداد معَويّ
Obstruent ساد . مانع
Obtain نالَ . حَصَّلَ . أدرَكَ . احرَز
Obtainable ممكن الحصول عليه ٭يُنال
Obtainment احرازٌ . نَيْل . إدراك
Obtrude دخَلَ بلا استئذان ٭تدخَّلَ . تطفَّل
Obtrusion فضولٌ . تطفُّل
Obtrusive فضُولي ٭ مُضايِق
Obtuse مُنفرجٌ ٭ خامِل ٭ بارِد . كليل
Obtuseness انفراجٌ ٭كَلَل . برود
Obverse وجهُ العُمْلة ٭وجه الشيء
Obviate توقَّعَ ٭أزالَ . تلافى
Obvious واضِحٌ . جَلي . صَريح
Occasion مَرَّة ٭ فرصة ٭ سببٌ
on — عند الحاجة أو اللزوم
Occasion سبَّبَ . أوجَبَ
Occasional إتفاقي . يحدث أحياناً
Occasionally إتّفاقاً ٭ من حين لِحين
Occident الغَرْبُ . الاقطار الغربيَّة
Occidental غَرْبيٌّ (عكس شرقي)
Occult خَفِيٌّ . مَستور . سِرّي
Occupancy احتلالٌ . تملُّك . وضعُ اليد
Occupant ساكِنٌ . شاغِل ٭ واضعُ اليد
Occupation حِرفة ٭إشغال . شَغْل ٭ احتلال ٭ ما يُشغِل . عمَل
Occupier ساكِن . محتل ٭واضعُ اليد
Occupy أشغَلَ ٭ استغرق ٭ احتلَّ ٭ استولى على
Occur وَقَعَ . حصَلَ ٭ خطَرَ بالبال
Occurrence حادِثٌ ٭ حدوث ٭ مصادفة
Ocean محيطٌ . اوقيانوس . البحر المحيط
O'clock الساعةُ «من الوقت»
Octagon مُثَمَّنٌ . شكل مثمَّن
Octagonal ذو ثمانية أضلاع
Octangular مثمَّن الزوايا
October شهرُ اكتوبر . تشرين الأول
Octogenarian ابنُ ثمانين سنة
Ocular نَظَريٌّ . بصَريّ . عيني ٭ عِياني ٭ عدسة . عينية المجهرات
Oculist طبيب العيون . رَمَدي . كَحَّال
Odd شاذٌّ . غريب٭زائد△كُسور ٭فردي
— prices أسعار شاذة
Odds فرقٌ ٭ فائدة
— and ends متفرقات . نثريات
at — بينهم نزاع
Oddity غرابة. شُذوذ . هُجنة٭شيء مستهجن

Ode نَشيدٌ . أُغنية . قصيدة
Odious ممقوت . كَريه . شنيع
Odium كراهة ٭ كريه ٭ خِزْي . عار
Odorous عِطْرِيٌّ . ذكيُّ الرائحة ٭ ذو رائحة
Odour, Odor رائحة ٭شذا . عَبير
Off بعيداً . عن بُعد . على بُعد . بعيد عن
— day يوم بطالة
— side الجهة اليُمنى
get — ترجَّلَ
take — خَلَعَ . شَلَحَ
badly — محتاج . معسر
well — ميسور
Offal ∆سَقَطٌ . بقايا لحم حَيوان مذبوح كالأكارع والاحشاء ٭فضَلات ٭زُبالة
Offence اساءة . أذية ٭ اهانة ٭ جُنحَة
to take — استاء . اغتاظ . امتعض
Offend أساء . أغضَبَ .أهان ٭أخطأ .أذنب
Offender مُسيء . مكدِّر ٭جانٍ ٭مدعى عليه
Offensive كريه ٭ مُؤذٍ ٭ هُجومٌ
Offer عطاء . تقدمة . عَرْض
Offer قدَّمَ . أهدَى . عرَضَ
Offering تقديم ٭ تقدمة . ذبيحة . قربان
Off-hand ارتجالاً ٭ فَوْراً
Offhanded طبيعي . بديهي . على البديهة
Office مكتبٌ ٭ وظيفة ٭ خِدمة
Officer ضابط . مأمور . موظف
— commanding قائد
— -in-charge (of الضابط المكلف (بـ

Official موظف . مأمور ٭ رسميٌّ
Officially رسميًّا . بتصريح رسمى ٭قانونياً
Officiate قامَ بخدمة ٭ خدمَ ٭ حلَّ محلَّ
Officious متدخل فى شؤون غيره . فضولى
Offing وسط البحر أو عرضه
Offset عوَضٌ . مُقابل ٭ خِلفة ٭ فسيلة
Offset وازَنَ
Offshoot فرْعٌ . شُعبة ∆ لبلوب
Offspring نسْلٌ . ذُرِيَّة . خلَف
Often, Oft, Oftentimes مراراً . كثيراً ما ٭ طالما ٭ فى أكثر الاحيان
Ogle غمزَ بجانبِ العينِ ∆ بَصبَصَ
Ogre غُولٌ
Oil زَيتٌ ٭ بترول ٭ دُهْن ‖زَيَّتَ
— cake كُسْب
— can مزيتة ←
— painting رسم ألوان بالزيت
— wells آبار البترول
castor — زَيْت خرْوَع
linseed — زَيْت بزر الكتَّان
Oilcloth قماش مشمَّع . مشمَّع
Oiliness زيتية . دُهنية
Oilman زَيَّات . تاجر زيوت
Oily زَيتى . دُهنى ٭ مَلِس . زَلِق
Ointment مَرهَم . دِهان . مَرُوخ
O.K. صحيح . عال
Okra باميَة (نبات البامية)
Old عجوز . مسِنّ . كبير العُمر ٭ عتيق
— age شيخوخة

— maid عانس
of — من قديم
to grow — كبرَ ٭شاخَ .طعنَ في السنِ
Olden قديم . عتيق ٭غابِر . سالِف
Old-fashioned من طرازٍ قديم
Oldish متقدم قليلاً فى السن
Oleaginous زَيتي . دُهني
Oleander الدَفْلُ . الدِفْلى (نبات)
Olibanum △ لبانٌ△ لادِن . عَلَك
Olive زَيتون . زيتونة ٭ زيتونيّ
Omelet عُجَّةُ البيض
Omen فألٌ . طَيرة ‖ تفاءلَ
Ominous شؤم. نحْس. مُنذر بالسوء
Omission سهوٌ . حَذْف . إهمال
Omit حَذَفَ . اسقَطَ . أغفَل
Omnibus ○ اوتوبيس . اومنيبوس
. سيارة عامة . حافِلة
Omnipotence القُدرة على كلّ أمر
Omnipotent كُلّي القُدْرَة ٭ القديرُ
Omnipresence الوجودُ في كلّ مكان
Omnipresent موجود في كلّ مكان
Omniscience العلمُ بكلّ شيء
Omniscient عالم بكل شيء . عَليم
Omnivorous آكِل كل شيء
On على ٭فوق
— account على الحساب
— commission بالعمولة
— condition تحت الرجوع
goods — consignment بضاعة أمانة

Once ذاتَ مرَّة . مرَّة ٭ قبلاً
— and again مِراراً . تكراراً
at — حالاً . سريعاً . فَوْراً
One واحد . واحدة . فرد ٭ غير متجزىء
— by — واحد بعد الآخر
— day ذات يوم
—-way طريق باتجاه واحد
at — من رأي واحد. على وفاق . متحدون
some— بعضهم . شخص ما
One-eyed أعوَر . بعين واحدة
Oneness فَرْديَّة . وحدانيَّة . أحديَّة
Onerous ثَقيل . شاقّ . مُتعِب ٭ باهظ
Onion بصَلٌ . بصَلَة
On-looker متفرّج . مشاهِد . ناظِر
Only فقط . لا غير ٭ وحيد . فَرْد
Onset هُجوم . غارة . اجتياح
Onslaugh اكتساح . غَزْو
Onward الى الامام . لقُدَّام . نحو الامام
Onyx جَزْعٌ مُعرَّق . عقيق يمنيّ
Ooze طين النَزَر . وحل
Ooze نضَحَ . نَزَّ . نَشَعَ
Opacity غباشة . عتامة ٭ غموض
Opal عَيْنُ الهِرّ (حجر كريم)
Opaque غير شفَّاف . معْتِم ٭ غامِض
Open مفتوح ٭عَلَني ‖ فتَحَ ٭بَدأ
— account حساب مفتوح (غير مسدد)
— air الهواء الطلق
in the — فى العراء
Opener فتّاحة

Open-handed سَخيّ . مبسوطُ الكفّ
Opening فتحٌ * فتحة . فجوة . كوة
— entries قيود فتح الدفاتر
— of credit فتح اعتماد
Openly صَراحةً . علانيةً . جَهاراً
Opera تشخيص بالغناء . رواية ملحّنة
—house دارُ التمثيل
Operate اشتغَلَ * عملَ عمليَّة
Operating account حساب التشغيل
Operation فِعلٌ . عمَل *جراحة . عمليَّة
Operative فعَّال . مؤثِّر * صانِع
Operator فاعِل . صانِع . عامِل
Ophthalmia التهابُ العَيْنِ . رَمَدٌ
Ophthalmic مختصٌّ بالعُيونِ * رَمَدي
Opiate مستحضَر أفيوني * مُنوِّم
Opine ارتأى * زَعَمَ
Opinion رأي . فِكْر . زَعْم * مُعتَقَد
Opinionated عنيد . مُتعنت . مكابِر
Opium أفيون
Opponent خَصْم . مُقاوِم . مُناوِئ
Opportune في الوقت المناسب . في حينه
Opportunity فُرصَة . مُناسَبة
Oppose, Oppugn قاوَمَ . مانع . اعتَرضَ
Opposite مقابل . تجاه * مخالِف . مُضادّ
— angle الزاوية المتقابلة
Opposition مُعارَضة . مقاومة * مانِعٌ
Oppress ضايَقَ . ضيَّق على . ظلَمَ
Oppression مُضايقة . ظُلم . جَوْر
Oppressive صعْبُ الاحتمال . تعسفيّ

Oppressor ظالِم . جائِر . باغٍ
Opprobrious شائنٌ . مخزٍ . مُعيب . فاضح
Opprobrium فَضيحة . خِزي . عار * ترذيل
Optic, —al بَصَرِي
Optician بائِعُ الآلات البصريَّة . نظاراتي
Optics عِلمُ النور والبصريَّات
Optimism التفاؤل بالخير . تيمّن
Optimist مُتفائل . حسن الظن . مستبشر
Optimum الأحسن . المثلى
Option تخيُّر . حُريَّةُ الاختيار * عطاء
— deal عمليات خيارية (بورصة)
Optional اختيارى . خيارى
Opulence ثرْوَة . غِنًى . يُسْر
Opulent ثريٌّ . غنيّ . مَيسور . موسر
Or أو . أم . إمّا . إلا
Oracle وَحْيٌ . تكَهُّن بالغَيب * علاّمٌ
Oracular وَحْيِيٌّ . تكهني * مُلتَبس
Oral شَفَهِيّ . لَفْظِيّ
Orally شفوياً . شفهياً . مشافهة
Orange برتقالة . برتقال
sour —s نارَنج
Orangeade شراب البرتقال
Orang-outang } إنسانُ الغاب
Orangutan }
Oration خطاب . خُطبة . خِطابة
Orator خَطيب . مِنطِيق
Oratorical مختصّ بالخطابة . خطابي * بليغ
Oratory فَن الخطابة * منصة * مصلّى

Orb فَلَكٌ . مَدار ٭ سَيَّار ٭ كُرَة
Orbicular كُرَوي . مستدير
Orbit فَلَك.مدارُ كوكب٭حجاجُ العين
Orchard بُستان . حديقة فواكه
Orchestra فرقة موسيقية . جوقة عازفين
Ordain فَرَضَ.عيَّنَ ٭رسَمَ. كرَّس
Ordeal مِحْنة . شدَّة . تجربة
Order نظامٌ.ترتيب٭أمر.طلب٭طبقة.رُتبة
٭وسَام ٭حوالة ٭سيامة اخوية (كنسية)
— form ارنيك الطلبات
in — to لِكي . حتى . لأجل أن
to — حَسَبَ الطلب ٭ لأمر
Order أمرَ ٭ طلَبَ . أوصى على
Orderless بدون نظام . مُهَرجَل
Orderliness ترتيب . نظام
Orderly منظَّم . مرتَّب ٭ بترتيب
٭ محب النظام ٭ جندى مراسلة
Ordinal number عدد ترتيبي
(كالأول والثانى)
Ordinance فرْضٌ . شريعة . سُنَّة
Ordinarily اعتيادياً . عادةً
Ordinary اعتيادى .مألوف.عادىٌّ. دَارِج
Ordinate احداثى رأسى(هندسة) ٭متناسق
Ordination تعيين . تنصيب . رَسامة
Ordnance مدفعيَّة △ طوبجيَّة
— corps سلاح الاسلحة والمهمات
Ordure رَوْثٌ . غائط . براز
Ore تِبْر . معدن خام. تُراب معدنى ٭مَرْو
Organ أرْغُن ٭عُضْو.جارحة ٭آلة . وسيلة

Organic عُضوي . آليّ ٭اساسى . نظامى
Organization منظمة . هيئة . تنظيم
٭ نظام . ترتيب ٭ بِنْية ٭تعضية.تعضٍّ
Organize نظَّم . رتَّب ٭ دَبَّرَ . أوجدَ
Organized مُنظَّم ٭ مُعَضٍّ
Orgeat شرابُ اللوزِ . مستحلَب اللوزِ
Orgies تَهتُّك ٭ سُكْر وعَرْبدَة
Orient الشَّرقُ . البلاد الشرقية
Oriental شَرقيٌّ . مَشرق
Orientalism إصطلاحٌ شَرْقي
Orientalist مستَشرق
Orientation توجيه
Orifice فتحة . فُوهة . مَنْفذ . فم
Oriflamme علم الحرب أو الجهاد
Origin أصْل . نشأة . منشأ . مصدر ٭ عِلَّة
Original أصْل ٭ نسخة أصلية ٭ أصْليٌّ
٭ شخص شاذ الاطوار ، غَريبها
Originality أصليَّة٭ابتداع٭غرابة.طرافة
Originally في الاصلِ . أصلاً
Originate نشأ من . بدأ ٭أوجَدَ . أبْدعَ
Originator المرسل منه . محرر الرسالة
Ornament حِلْيَةٌ . زينة
Ornament زَيَّنَ . زخرَفَ
Ornamental لأجل الزينة . زِينىٌّ . زخرفى
Ornate طَليٌّ . مُنَمَّق . مزَخْرف
Ornithology عِلمُ الطيور
Orphan يتيمٌ . مُيَتَّم . لطيم
Orphanage مَلجأ الأيتام ٭ يُتْم
Orthodox مستقيم الرأي ٭ اورثوذكسى

Orthogonal projection المسقط العمودى
Orthography ضَبْطُ التهجِئَة او الاملاء
Oscillate خَطَرَ . تَذَبْذَب . تَرَجَّح
Oscillation خطران . تذبذُب . تَرَجُّح
Osculant مقَبِّل ✿ متوسِّط ✿ مَمَاسّ
Osier خِلافٌ . صِفْصاف لصنع السِّلال
Osiris ← اوزيرس . معبود قدماء المصريين
Osseous عظْميّ . متعظِّم
Ossify عَظَّمَ . حوَّلَ الى عظمٍ ✿ تعظَّم
Ostensible صوريٌ ✿ ظاهريّ ✿ ظاهِر
Ostentation تفخفخة . تظاهُر . حُبّ الظهور
Ostentatious متظاهِر . متباهٍ . متفاخر
Ostiary بَوَّابُ الكَنيسة
Ostler سائس الخيل
Ostracize طرَد . نَفى . اخرَجَ
Ostracoidea فصيلة المحار الصغير
Ostrich نَعامٌ . نَعامَة ✿ مختَصّ بالنعام
Other آخر . أخرى . آخرون ✿ خِلاف
every — day يوم ويوم . مرة كل يومين
the — day ذاك اليوم
Otherwise والا ✿خِلافاً لذلك✿ بالعكس
Otitis التهابُ الأُذنِ
Ottar, Attar عِطْرُ الورد
Otter قُضاعَة . قُنْدُس . كلْبُ الماء
Ottoman عُثْمانى
Ought كان يجب ✿ يجب . ينبغى . يلزم

Ounce أُوقيَّة ✿ فهد الثلوج . شُنارَى
Our, Ours لنا . ملكنا . يخصنا
Ourselves انفسنا . نحن انفُسنا
Oust أزاحَ . نقَل ✿ أبعد . طرَدَ
Out خارجاً ✿ الى الخارج || انتهى
— of action عاطل ✿ غير صالح للعمل
— of date مضت مدته القانونية
— of money لا نقود معه . بلا مال
— of necessity للضرورةِ
— of place فى غير محلِه ✿ شَاذّ
— of pocket خسارة
— of print نفَدَت طبعته
— of question خارج عن الموضوع
— of range خارج عن المرمى
— of sight بعيد عن العين
Outbalance رَجَحَ على . فاقَ
Outbid زايَدَ . رفعَ الثمنَ فى المزاد
Outbidder مُزايد
Outbrave اجترأ ✿ فاقَ ✿ ناوَأَ
Outbreak ثوران.انفجار✿انتشارٌ || انتشرَ
Outcast مَنبوذ . مرفوض . مُلقى
Outcome نتيجة . حاصِل
Outcry صِياح . صُراخ . ضَجَّة
Outdistance سبَقَ
Outdo برزَ على . سَبَقَ . فاقَ
Outdoor خَلويّ . فى العراء . تحت السماء
Outer خارجي . بَرَّانى ✿ اكثر خروجاً
Outfit جَهاز . لوازم . معدّات ✿ تجهيز
Outfitter تاجر ملابس جاهزة او معدات

Outflow مصبٌّ . انصباب
Outflow فاضَ . تدفّق
Outgrow فاقَ نمواً . نما اكثر من
Outing فُسْحَة . نُزْهَة . تنزُّه
Outlandish غريب . مُستهجن ٭ سَمِج
Outlaw طريدُ العدالة . خارج عن القانون
Outlay نفقة . مصروف . تكلفة
Outlet مَخْرَج . مَنْفَذ ٭ مَهرَب
Outline ملخّص . مُجْمَل ٭ رَسْم
Outlive عمَّر اكثرَ من
Outlook انتظار ٭مَظْهَر. مطلع . المنتظر ٭تباشير . دلائل المستقبل . احتمالات متوقعة
Outlying بعيد . قاصٍ ٭ مُنْعزِل
Outmost الأبعد . الأقصى
Outnumber تفوّقَ عدداً
Out-of-doors فى الخلاء . فى العَراء
Outpatient مريض خارجي
Out-play غلبَ فى لعبة
Outpost مركز طليعة الجيش ٭ نقطة خارجية
Output, Outturn دخْل . حاصِل . ناتِج . انتاج . ايراد . محصول
Outrage انتهاك الحرمة . إهانة ‖ هَتَكَ
Outrageous فاضِح . مُعيب
Outreach سَبَقَ . جاوَزَ . تجاوَز
Outright فَوْراً . حالاً ٭ كافةً
Outsell باعَ بثمنٍ أزْيَد
Outset شُروع . ابتداء . مطلع
Outshine فاق حُسناً . كسَفَ
Outside خارجاً . فى الخارج . خارجى ٭ الخارجُ

Outsider خارجيّ ٭ غريب . أجنبي ٭حصان يكسب على غير توقع ○ أوتسيدر
Outskirt ضاحِيَة المدينة ٭ طرَف
Outspread مُنتشِرٌ ‖ فَرَدَ . نشَر
Outstanding بارِز ٭ غير مدفوع . معلَّق
— liabilities استحقاقات
Outstrip سبَقَ . فاقَ . فات
Outward خارجيّ ٭ نحو او من الخارج
— clearance اجراءات سفر السفينة
Outwardly خارجياً . ظاهراً . فى الظاهر
Outweigh رجَحَ على . فاقَ أهمية ٭ زاد فى الوزن
Outwit فاقَ في الحيلة ٭ خدَعَ
Outworks استحكامات او معاقِل خارجيَّة
Oval ← بيضوي
Ovary مَبْيِض . مبْيَضُ الانثى ٭عضو التأنيث فى النبات
Ovate, —d بَيضيّ الشكل . اهليلجى
Ovation احتفاء . تهليل . هتاف حماسي
Oven فُرْنٌ . مخبز
Over على . فوق ٭ زيادة . اكثر من ٭ انتهى
— and — مرات متعددة . مِراراً وتكراراً
— again مرة أخرى . من جديد
to be — انتهى . تَمَّ . انقضى
to get — تغلَّبَ على
Overabound وَفُرَ . كَثُرَ . تكَاثر
Overall بدلة شغل △ عفريته
Overbalance رجَحَ على
Overbearing متصلف . غِطْريس . مُتجَبِّر

Overboard عن ظهر السفينة
a man — رجل ملق فى البحر
Overburden حَمَّلَ فوق الطاقة
Overcast خطأ فى الحساب بالزائد ✱ مظلم . معتم ‖ اظلمَ . عتّم
Overcharge علاوةٌ . زيادة
Overcharge دفعَ اكثر من اللازم
Overcoat معطفٌ △ بلطو
Overcome غلبَ . تغلّبَ على . قهرَ
Overcrowded مزدحِم . مكتظ
Overdo أفرطَ في العمل ✱ أضنى ✱ هرّدَ الطبيخَ
Overdone منهوك . مُضنًى ✱ هاردٌ . متهرّىء . زائد فى النضج
Overdraft سحب من البنك على المكشوف
Overdraw سَحَبَ اكثر مما لهُ ✱ بالغَ
Overdue فات ميعاد استحقاقه
— vessel سفينة تأخرت عن ميعادها
Overestimate كبَّرَ . غالى فى التقدير
Overflow فيضان ‖ فاضَ . طفحَ . طما
Overhang أشرفَ على ✱ برزَ
Overhaul مرمَّه . تصليح شامل ‖ رمَّم
Overhauling تجديد كلّي . △ عمرة عمومية
Overhead فوق الرأس ✱ عالٍ ✱ علوي
— expenses مصاريف غير مباشرة أي اضافية
Overhear سَمِعَ اتّفاقاً ✱ سمع خلسةً
Overinsurance مغالاة فى التأمين
Overland بالبرّ . برّاً . برّي
Overlap اكتنفَ . انطوي على

Overlay غشّى . غطّى ✱ طلى . موّهَ
Overload شحنَ أو حمّلَ فوق اللازم
Overlook أطلَّ على ✱ تغاضى عن ✱ اغفلَ
Overlooking مُشرف على . مُطِلّ على
Overnight أثناء ليلة البارحة ✱ اثناء الليل
Overpay دفعَ أكثر مما عليه
Overpower أرهبَ ✱ قويَ على . قهرَ
Overproduction تضخم الانتاج
Overrate كبّرَ التقدير
Overrule تحكّمَ فى . تسلّطَ على
Overrun فاتَ ✱ فاضَ على . اكتسح ✱ طغى
Oversea عبر أو وراء البحر ✱ غريب
Oversee باشرَ . راقبَ ✱ أغضى عن
Overseer رئيسُ فعلة . وهين ✱ ملاحظ
Oversell باعَ بثمنٍ أكثر
Overshoe جُرموق △ خُفّ
Oversight سَهْوٌ . إهمال . نسيان
Oversleep تأخّرَ فى النوم أى أفرطَ فيه
Overspent منهوك بالتعب . كالٌ
Overspread غطّى . انتشرَ على . غمرَ
Overstep جاوزَ . تجاوزَ . تخطّى
Overt جَهْرِيّ . علنيّ . ظاهِر . مفتوح
Overtake لحِقَ . أدركَ ✱ باغتَ . فاجأ
Overtask شغّلَ فوق الطاقة . أجهدَ
Overtax دفعَ رسْماً باهِظاً . زادَ الضريبة ✱ أرهقَ فى فرض الضرائب
Overthrow انكسارٌ ‖ قلبَ ✱ قهرَ ✱ كسَر
Overtime وقت اضافى
Overtly علانيةً . جِهاراً . صَراحةً

Overtop عَلاَ . ترأسَ * فاقَ على
Overture عَرْضٌ * △ توشيح * فاتحة
Overturn قلَبَ . هَدَمَ . خَرَّب
Overweight الوزنُ الزائد عن المقرَّر
Overwhelm شَمِلَ * غَمَرَ * اكتنَف
Overwork شَغَّلَ زيادةً عن المقرر . اضنى
Overwrought منهوك بالعمَلِ * منمَّق
Owe مديون بِ . عليه «كذا»
Owing مستحق الدَّفع . مطلوب * ناشِيء عن
Owl بُومٌ . بُومة
Own خاصَّتُـهُ || أقرَّ بِ * امتلَكَ
Owner مالك . صاحب الشيء
Ownership حقُّ المِلْك . مَلكيَّة . تملُّك
Ox ثَـوْرٌ . ذَكَرُ البقَرِ * جنس البقر
Oxen, (*sing*, Ox) ثيرانٌ . أبقار
Oxidation تأكسد . أكسدَة . تصدئة
Oxide ه أكسيد . صَدَأ
Oxidize ه أكسَدَ ه تأكْسدَ . تَصَدَّأ
Oxygen ه اكسيجين . مصدِيء
Oxygenate, Oxygenize شبعَ بالاكسيجين
Oyster ه محارٌ جَنْدُفلي . تُراق
Oyster-shell صَدَفَةُ المحار . صدَفٌ
Oz. = Ounce أوقية (٢٨ر٣٥ غرام)
Ozone ه أوزون . اكسيجين غازي
Ozostomia بَخَرٌ . النفس الكريه

P

Pace خَطوَة * مِشْيَة * سرعة سير
keep — with ماشي . جارَى . سايَرَ
Pace خَطَا . مَشَى * قاسَ بخطوات
Pacer رَهوان * منظم الخطوات او السير
Pacific سِلْمي * مُسالِم * المحيط الهادى
— Ocean المحيط الهادى . الباسيفيكى
Pacification تهدئة . تسكين . مصالحة
Pacify هَدَّأ . أصلَحَ بَيْن * أعاد الأمن
Pack حُزمة . رِزمة * شَدَّة «ورق لعب»
Pack حَزَمَ . رَزَم . لفَّ * رَصَّ * دَكَّ
Package رِزْمَة . حُزْمة △ طَرْدٌ
Packet رَبْطة . رِزْمة . حُزمة
Packing حَزْمٌ . رَزْم . لَفٌّ * عبوة . تحزيم
— charges مصاريف لف وحزم
Pact ميثاق . عَهْد
Pad مِخَدَّة . حَشيَّة * رزمة
ink — حبَّارَة الاختام
writing — مِرْفقة
Pad حَشا . بَطَّنَ
Paddle مِجْذاف قصير او طارة
Paddle جَذَّفَ * بربَطَ 
Padlock قُفْلٌ . غال
Padlock أوصَدَ بالقفلِ
Pagan وثَنيٌّ . عابِد الاصنامِ
Paganism عِبادةُ الاوثانِ
Page صَفْحَة . وَجهٌ . صحيفة * وَصيف * مراسلَة صغير . ساعٍ || رقمَ الصفحات

Pageant مشهد . منظر تمثيلي غالباً في الخلاء ✿ مهرجان
Pageantry موكب فخم . مهرجان
Paid, *of* Pay مدفوع . مُسَدَّد
Pail دلو △ جردل . سطل
Pain وجع . ألم ✿ قصاص ‖ أوجع . آلم
Painful مؤلم . أليم . موجع ✿ محزن
Painless بلا ألم . غير مؤلم
Pains مخاض ✿ عناء . جهد ✿ اعتناء
spare no — لم يألُ جهداً
take — اهتمَّ . كدَّ . بذل جهوده
Paint طلاء △ بويه . دهان ‖ صوَّر . رسمَ بالالوان ✿ تصور او صوَّرَ (ذهنياً)
Painter دهّان . نقّاش ✿ رسّام . مصوِّر
Painting صورة ملوَّنة ✿ تصوير
Pair زوج . زوجان . اثنان ‖ ازوج
Palace سراي . قصر
Palanquin △ تخت روان . هودج
Palatable لذيذ الطعم . شهي ✿ مقبول
Palatal حلقي . مختص بالحلق
Palate سقف الحلق ✿ ذوق ✿ مشرب
Palatial فخم . جليل ✿ صرحي
Palaver مباحثة . ثرثرة ✿ تمليق
Palaver تحدث ✿ استملق . داهن
Pale وتد ✿ شاحب ✿ اصفر ‖ شحب لونه
Paleness اصفرار اللون . شحوب . صفرة
Palette لوحة ألوان المصور

Paling سور من ركائس . سياج . درابزين
Palisade سور من خوازيق . سياج أوتاد
Pall غطاء النعش ✿ بساط الرحمة
Pall تفه . باخ . ذهب رونقه
Palladium حصن . حرز . مأمن
Pallet فراش من قش ✿ لوحة المصوِّر
Palliate عذر . التمس له عذراً ✿ لطَّف
Palliative إعتذاري ✿ مسكِّن . ملطِّف
Pallid شاحب . ممتقع اللون . مصفرّ
Pallor شحوب . اصفرار
Palm راحة اليد . باطن الكف ✿ نخلة
— Sunday أحد السعف او الشعانين
to bear off the — فاز
Palm اخفى في قبضته ✿ خدع
Palmate, Palmated راحيّ الشكل
Palmistry قراءة الكف
Palpable ملموس . محسوس ✿ واضح . جلي
Palpitate نبض . خفق ✿ تلمّس
Palpitation نبض . خفقان القلب . وجيب
Palsied مفلوج . مشلول
Palsy شلل . فالج جزئي ‖ شلَّ . عجز
Paltriness تفاهة . حقارة
Paltry طفيف . زهيد . تافه . حقير
Pamper أشبع . أفعم . كظ بالطعام
Pamper رفّه
Pampered مرفَّه . مدلل
Pamphlet كرّاسة . كتيّب . رسالة
Pamphleteer مؤلف رسائل أو نبذ
Pan قدر △ حلّة ✿ مقلاة ✿ كفّة

Panacea دواءٌ لكل مرضٍ
Pancake كَعكة ُ طاجن . فطيرة . زلابية
Pancreas المـُعقـد . الغدة الحلوة. بنكرس
Pander ديُّوث . قوَّاد || ∆ عرَّس
Pane خانة * تربيعة * لوح « زجاج »
Panegyric مديحٌ . تقريظ . ثناء . اطراء
Panegyrist مادِحٌ
Panel افريز * لوح خشبٍ
Panelling تكسية خشبية للجدران
Pang غُصَّة . كَرْب . نزع
Panic ذُعْرٌ . رُعب . هلع
Panic-stricken مُرتاع. مَوْهور . مذعور
Pannier سَلَّةٌ ∆ سَبَت . سفط
Panoply عُدَّةُ حرْبٍ كاملة
Panorama مَنظَر شامل
Pansy زهرةُ الثالوث ○ بنسيه
Pant لهثَ ∆ نَهجَ
* تلهَّفَ على
Pantaloons سِروال . ○ بنطلون
Pantheism مَذهَبُ أُلوهيَّة الكَوْنِ
Panther النمر الارقط . فهد هندي
Panting لاهِث ∆ ناهج . مَبْهور
Pantograph مِنساخ . آلة رسم
Pantomime تمثيلٌ بالاشارات أي ايمائى
Pantry بيتُ المؤنة . كيلار
Pap حَلَمةٌ * لَبَّة * لُبٌّ . لُباب
Papa والِدٌ . أب . بابا
Papacy البابويَّة * الكاثوليكية * البابوات
Papal بابويّ

Paper وَرَقٌ . ورقة * جريدة
* وثيقة * وَرَقيّ
— blockade حصار بحري غير محكم
— knife مِقْطَع وَرَقٍ
— loss خسارة صورية
— mill مَصْنع وَرَقٍ
— money عُملة ورقيَّة . أوراق النقد
— weight ∆ ثُقَّالة الورق على المكتب
Paper وَرَّقَ . غَطَّى بالورق
Papilla حَلَمَة صغيرة . حُلَيْمة
Pappy عجينى . هُلامى . رَخْو
Papyrus نبات البرْدي * ورق البردي
Par سعر المساواة . مساواة . تساوٍ
* القيمة الاساسيَّة
— value القيمة الاسمية للاوراق المالية
above — بأزيد من القيمة الاصلية
at — بالسعر الاصلي . بسعر المساواة
below — بأقل من القيمة الاسمية
Parable مثَلٌ . تشبيه
Parabola قطْع مكافىء أومخروطي. سَلْجمي
Parabolic, —al مَثليّ . تشبيهي * شَلْجَمي
Parachute المظلة الواقية
→ ○ بَرَشوت . مهبطة
Parade عرضٌ . استعراض
* حَفْل || استعرَضَ
Paradise جَنَّةٌ . الفِردَوْس
Paradox تناقُض وهمى او ظاهرى
. مناقض . قول ظاهره يناقض الحقيقة
Paraffin, —e زيت البارافين * نفط

Paragon مِثال . نَمُوذَج الكمال
Paragraph فِقْرَة . جُملة . عِبارة
Parallel موازٍ . محاذٍ ✿مطابق
— bars المتوازيان ←
Parallel وازَى
Parallelogram متوازي ← الاضلاع
Paralysis فالِجٌ . شَلَل ✿ تعَطُّل
Paralytic مَفْلوج . أشَلّ ✿ فالجيّ
Paralyze شَلَّ . فَلَجَ ✿عَطَّل او عرقل
Paramount رَئيسي . أعظم . زعيم ✿ فائق
Parapet سُور . جدار بارتفاع الصدر
Paraphrase تفسير . شَرْح ‖ شرَح
Parasite طُفَيلي (نبات او حيوان)
Parasol مظلةٌ . شَمسيَّة خفيفة حريمى ✿ مظلة كبيرة تنقل
Parcel ∆طَرْد ✿رزمة ✿ قِطعة ‖ قسَّم
— of shares كمية او ربطة اسهم
Parch حَرَقَ . لفَح ✿ حَمَّص . جَفَّف
Parchment رِقٌ . جلد كالورَق
Pardon عَفوٌ . غُفران
Pardon سامَحَ . صَفَحَ عن
Pardonable يُسامح . قابلُ الصَفْح
Pare قَضَّبَ ✿قشَّرَ ✿ كَشَط ✿برى
Paregoric مُسكِّن الأَلم ✿صبغة الافيون بالكافور
Parent والد . والدة ✿عِلَّة ✿ مَنْشأ
— company شركة مسيطرة على اخرى
Parentage نَسَبٌ . قَرابة ✿أصل
Parental والدي.أبويّ.متعلِّق بالوالدين
Parenthesis, *pl.* parentheses عِبارَة معترضة ✿ جملة بين هلالين ✿هلالا الحصر ( )
Parenthetical محصور بين هلالين.اعتراضي
Parentless يتيم . لطيم . لا أهل لهُ
Pariah منبوذ . ضَالّ . شارد . طريد
Paring تقشير ✿ قشر ✿ قُلامة . نحاتة
Parish ابرشيَّة . رعيَّة . دائرة الكنيسة
Parity مساواة.معادلة.سعر المساواة✿مشابَهة
Park مُتنزَّه . منتزه ✿رحبة .ارض للنزهَة
to — a car ركَنَ سيارة فى شارع
Parlance محاوَرة . محادَثة ✿ لهجَة
Parley مداوَلة.مفاوضة ✿مؤامَرة ‖ فاوَضَ
Parliament مجلس الأُمةِ ○ برلمان
Parliamentary نيابيّ . برلمانى
Parlour ردهة . قاعة الاستقبال
Paroxysm نوبة . دور ✿ نوبَةُ مَرَضٍ
Parquet النيابة العمومية ✿أرضية خشب
Parricide قتلُ الوالدين أو أحدهما اوالقاتل
Parrot بَبْغاء . دُرَّة
Parrot كَرَّرَ الكلامَ
Parry دَفعَ .تفادى. درأ ✿تجنَّبَ . راغَ من
Parse أعرَبَ . حَلَّلَ (في علم النحو)
Parsimonious شَحيح . مقتِّر . بخيل
Parsimony شحٌ . بُخل . تَقْتير
Parsley نبات البقدونَس . بَقدونس
Parsnip جَزَرٌ أبيض . نوع من اللفت
Parson قسيسٌ . خوري . راعي كنيسة
Parsonage بيتُ راعي الكَنيسة

Part قسْمٌ. جُزء ✲حِصَّة. نصيب ✲دور. فصل
— and parcel جزء هام او جوهرى
for my — من جهتى
in — جُزئياً
take in good — حَمَلَ على محملٍ حسَن
take — in اشترَكَ فى
take — with مالَ مع. تحيَّزَ له
in —s أجزاء أو أقساماً
spare —s قطع غيار ✲اجزاء احتياطية
Part افترَقَ ✲ فرَّقَ. فصَل ✲ قسم
Partake شاركَ. اشركَ مع أو في
Partaker مشارِك. مقاسِم ✲ نائل ✲متناول
Partial جُزئي ✲ محابٍ. متحيّز. مُغرض
— loss خسارة جزء من البضاعة
— payment دفعة جزئية
Partiality محاباة. تحيُّز. تحزب
Participant شَريك فى. مقاسِم ✲منتفِع
Participate شاركَ أو اشترك في. قاسَمَ
Participation اشتراك فى. مشاركة. محاصة
Participial اشتقاقيّ ✲من اسم فاعل أو مفعول
Participle اسمُ الفاعِل أو المفعول
past — اسمُ المفعول
present — اسمُ الفاعِل
Particle ذرَّة. دقيقة ✲ حَرْفٌ. آداة
Particular خاص. خصوصيّ ✲ دقيق
— average خسارة جزئية فى التأمين
in — خصوصاً. خاصة
Particularity خاصيّة. خاصة ✲ تدقيق
Particularize خَصَّصَ. عيَّنَ ✲دقّق

Particularly خُصوصاً. خاصَّة. على الأخص
Particulars تفاصيل. مفردات. بيانات
Parties of a bill طرفى الكمبيالة
Parting فصْلٌ. تفريق ✲فاصل ✲ مفرق ✲ رحيل ✲ وَداع
Partisan مشايِع. من حزب. مُوالٍ
Partition فاصِل. حاجز ✲ تقسيم
Partition فَصَلَ بحاجزٍ
Partitive مجزّيءٌ. مفرِّق ✲ قِسْميّ
Partly بعضاً. بعض الشيء. جزئياً
Partner شريكٌ ✲ رفيق. زميل ‖ شاركَ
acting — شريك عامل
general — شريك متضامن
Partnership شركة. مشاركة 
Partridge حَجَلٌ. قطاة
Party حزب. جماعة ✲ فريق ✲ وليمة. حفلة
Pasque فِصحيّ. مختص بعيدُ الفِصْح
Pass ممَرّ. مَعْبَر ✲ مضيق ✲ جواز مرور. ترخيص. اذن
a bad — مأزق حرج
Pass مَرَّ ✲ اجتازَ ✲ انقضى. قضَى. مضى ✲ حدَث. جرَى ✲ ناولَ
— an examination نجَحَ فى الامتحانِ
— away مضى. زالَ ✲ ماتَ
— by مرَّ على (أى بجانب). تغاضى ✲ إمرار الكرة ✲ تحسُّس. إمرار اليد ✲ طعنة. وخزة ✲ لعبة شعوذة
— for another حسبوه شخصاً آخر
— in دَخَلَ

— out خَرَجَ
— over تغاضَى عن . صَفَحَ عن
— round دارَ أي لفَّ (على الحاضرين)
— the time قطَعَ أو مضّى الوقت
to — a law سنَّ أو أقرَّ قانوناً
Passable نافِذٌ . مَطروق ✿ مقبول
Passage مَمَرٌّ ✿ مرور ✿ عِبارة ✿ سَفَر
Passager سفينة ركاب وبضائع
Passenger مُسافرٌ . راكِب ✿ عابِر سبيل
Passer, —-by عابر سبيل . مارٌّ
Passibility قابليَّة التأثُّر . إحساس
Passing زائِر ✿ عابر . مار ✿ عُبور . اجتياز
Passion عاطفة . هوى ✿ انفعال نفسانى
✿ غَضَبٌ . حِدَّة ✿ وَجْد . شغف ✿ ألم . عذاب 
—flower زهرة الالام
— week الجمعة الحزينة
in a — غضبان . حانق
Passionate سريع التأثر .
حاد الطبع . عاطفي ✿ حَمِس
Passionately بِهُيام . بولع . بشغف
✿ بتأثُّر ✿ بحِدَّة
Passive مُستَسْلِم ✿ غير عامل ✿ سلبي
✿ مفعول بهِ
— bonds سندات لاتدفع فوائد
— obedience طاعة عمياء
— resistance مقاومة سلبيَّة
— verb فِعل مبنىّ للمجهول
Passively سلبياً . باستسلام . بلا مقاومة
Passover عيدُ الفصح عند اليهود

Passport جواز السفر . تذكرة مرور
Password كلمةُ السرّ او المرور ∆ أمارة
Past ماضٍ ✿ سالِف . غابر ✿ أزيد من
— a doubt بلا ريب . بلا شك
— participle صيغة اسم المفعول
Paste عجينة ✿ لصوق . عَجينةُ لصق
. نشاء ∆ معجون ✿ طِلاء ✿ لزاق
Paste ألصَقَ . ألزقَ
Pasteboard وَرَق مقوًّى ∆ كَرتُون
Pastel مِرْقم . قلم ملوّن للتصوير
Pasteurization بسترة . تعقيم
Pasteurize بسترة على طريقة باستور
Pastime تسلية . لهو . لأجل قطع الوقت
Pastor راعي كنيسة . قِسيس
Pastoral خاص بالأبرشية ∆ رَعَوي ✿ ريفىّ
Pastry فطائر . فطير . معجّنات
Pasture, Pasturage مَرْعى ✿ كلأ . حَشيش
Pasture سرَّح الماشية لترعى ✿ رعَى
Pat رَبْتٌ ∆ طَبْطَبة
Pat ربَتَ ∆ طبطبَ ✿ نقَرَ
Patch رُقعة ✿ قِطعة ‖ رقَّعَ ✿ رمَّمَ
— work تَلزيق ∆ طَصْلَقة
Pate هامَة . قِمَّةُ الرأسِ
Patency إنبساط . إتساع ✿ وُضوح
Patent امتياز . حق اختراع . اختراع مسجل
Patent سجل الاختراع
Patentee صاحب الامتياز
Paternal والدي . أبوي ✿ وِراثىّ
Paternity أبوَّة . والديَّة

Path طريق . ممرّ . سَبيل . مسلك
Pathetic شَجِيّ . حَون . محرّك العواطف
Pathless غير مطروق . وَعْر
Pathology علم خصائص الامراض ○ الباتولوجيا
Pathos المحرّك للعواطف * شجن
Pathway مَمَرّ . مسلك . طريق
Patience صَبْر . إصطبار . طول آناة
Patient صَبور * مريض . عَليل
Patiently بصبر . بطول آناة
Patriarch بطريرك . بَطرك . بِطريك
Patriarchate بَطريركيَّة △ بَطركخانة
Patrician شريف . نبيل . أصيل
Patrimony إرثٌ . مِيراث * وَقْف
Patriot وطنيّ . متعصّب لوطنه
Patriotic وَطنيّ . متعلق بحبّ الوطن
Patriotism محبة الوطن . وطنيَّة
Patrol عَسَسٌ △ دَوْريَّة ‖ عَسَّ
Patron حام . وليُّ أمر * زَبُون . عميل
Patronage رعاية . اشراف . تعضيد * ولاية
Patronize حمى . عَضَّد . أخذ تحت رعايته
Pattern نَموذَج △ عيّنة
Pattern قَلَّدَ . نَسَخَ
Paucity قِلَّة . نَدرَة
Paunch بَطن . كَرِشٌ ‖ بقَرَ . بَطّ
Pauper فَقير . متسوِّل * عالة
Pauperism فقر . عوز . فاقة
Pauperize أفقرَ . أعوزَ . أحوجَ
Pause وقفة . ركْزَة ‖ توقَّفَ . تأنَّى
Pave بَلَّطَ . رصَفَ * مَهَّدَ

Pavement رَصيف * تبليط . رَصْف * تمهيد
Pavilion إيوان . سُرادِق . خيمة . فَسطاط
Paving dues عوائد رصيف
Paw مِخْلَب . بُرْثُن ‖ نبَشَ △ دَسْدَسَ
Pawn رَهن المنقول * قطعة شطرنج ‖ رَهَنَ
Pawnbroker مُرتهِن . مسترهِن . مراب
Pawnee راهن منقولات . مرتهن
Pawner, Pawnor مقترض على رهن
Pay راتب . جُعْل ‖ دَفَعَ . أدَّى
— attention انتبهَ . التفتَ . اعتنى بـ
— back ردَّ الدينَ
— off دفع وطرد
— roll كشف المرتبات اى الاجور
— sheet كشف المهايا
it does not — لا فائدة منه
Payable يُدْفَع . يستحقُّ الدفع
Payee المستفيد
Pay-master مأمور الصرف . صَرَّاف
Payment دفعة * دفع . وفاء * أُجرة
Pea حِمَّص * بسلَّة . جُلُبَّان
Peace سَلام . سِلْم . صُلح . أمان
Peaceable مُسالم . محبُّ السلم
Peaceful مُسالم . سِلمي * هادئ
Peacemaker صانِعُ السَّلام . مُصلِح
Peach خَوْخ . خوخة . دُرَّاق
Peacock طاؤوس
Peahen طاؤوسة
Peak قِمَّة . رأس * ذِروَة . هامَة
Peal جَلجلة . قَرقعة . قصفٌ ‖ رَنَّ . دَوى

Pean نشيد النصر
Peanut فُول سودانى
Pear ←كُمَّثرى . إنجاص
Pearl لؤلؤة . دُرَّة *لؤلؤيّ
Peasant فَلاَّح . مُزارِع . قَرَويّ
Peasantry الفلاحون . القرويّون
Peascod قِشرُ الحِمَّص
Pebble حَصاة . حَصْوَة . حَصْباء
Peccable غير معصوم عن الخطأ
Peck مِكيال ‖ نقَرَ . نقَدَ * لقَطَ
Pectoral صَدري . مختص بالصدر
Peculate سَرَقَ . اختلسَ . ابتزَّ
Peculiar غريب * خصوصي
Peculiarity صِفة مُميِّزة * غرابة
Pecuniary ماليّ . نَقديّ
— sanction جزاء ماليّ
Pedagogue معلِّم احداث . معلِّم صِغار
Pedagogy فَنُّ التعليم ○ بيداجوجيا
Pedal مَسنِدُ القدَمِ . دَوَّاسة *قدميّ
Pedant, —ic متحذلِق
Pedantry الادعاء بالعلم
Peddle طافَ ليبيعَ بضاعتهُ . عَنْقَشَ
Pederasty, Pæderasty لِواط
Pedestal قاعدةُ عمود أو تِمثال
Pedestrian ماشٍ . راجِل
Pedigree سلسلة النسب . سلالة * اصيل
Pedlar, Peddler بائع متجول أو جائل
Peek رَمَقَ خُلسةً * لاصَ بعينه
Peel قِشرُ الثمر ‖ قَشَّرَ * تقشَّرَ
Peep مسارَقَة النظر * لوْصٌ * بزوغ
Peep زَقْزَقَ . صَوى * لاحَ
* لاصَ . نظرَ خُلسةً . وَصْوَصَ
Peer أمير * نِدٌّ . قِرْنٌ
Peer رَمَقَ * لاحَ
Peerage رُتبة الامراء أو الاشراف
Peerless لا مثيل لهُ . فَريد
Peevish نَكِدٌ . شَكِس
Peg وَتَدٌ * مِسْمار خشبيّ * حُجَّة
Pegging prices تثبيت الاسعار
Pelf ثروة مقتناة بالحرام . سُحْت
Pelican بَجَعٌ . جَمَلُ الماء
Pell جِلد . أديم * رِقّ
Pellet كُرَيَّة . كُرَة صغيرة
Pellicle قِشرة . جلدة رقيقة . رق * غشاء
Pellmell شَذَرَ مَذَرَ . خِلْطَ مِلْطَ
Pelt فَرْوٌ * رجمة ‖ رَجَمَ . رَشَقَ
Pelvis الحوض . تجويف الحوض (تشريح)
Pen قَلَمٌ * زَريبة ‖ كَتَبَ * زَرَبَ
Penal قِصاصى . عِقابى
— code قانون العقوبات
— servitude الاشغال الشاقة
Penalty عِقاب . قِصاص . غرامة
— clause شرط جزائي
Penance كَفَّارة . توبة * عُقوبة دِينية
Penance عاقَبَ . قاصَ
Pence (*sing*. Penny) بِنْسات
Pencil قلم رَصاص ‖ رَسَمَ * خَطَّطَ

Pendant عِلاق * نوط. دَلاّية ○ بندَنتيف * ذَيل ُكِتابٍ * راية صغيرة
Pendent متدَلّ. مُعلّق * بارز. مشرِف
Pending مُعلَّق. موقوف * فى اثناء
Pendulous متذبذب. مترجّج
Pendulum رقّاصُ الساعة . الرقاص ○ بندول * مقياس ميل المركب
Penetrability خاصيّة التداخل او النفوذ
Penetrate تخلّلَ. اخترقَ. نفذَ
Penetration دُخُول. نُفوذ * إدراك
Penguin ○ بنجوان. بطريق. غلموت
Penholder مَسكةُ الريشة ○ پنَّة
Peninsula شبهُ جزيرة. بُحَيْثُ جزيرة
Peninsular على شكل شبه جَزيرةٍ
Penitence تَوْبة. نَدامة
Penitent تائب. نادِم
Penitential متعلّق بالتوبةِ * تكفيريّ
Penitentiary سِجْنُ الاصلاحِ * اصلاحي
Penknife ← مَطوى. مِبراة
Penman خَطّاط * كاتب
Penmanship خَطّ. نَسق الكتابة
Penname اسم مستعار لكاتب
Pennant راية مستطيلة * بيرق الاشارة
Penniless مُفلِس. معدم
Penny بنى (عملة انكليزية) * فَلْس
Penny-wise مقتَصِد فى القليل
Pensile معَلَّق. مدَلّى. مُتَدلّ
Pension معاشُ التقاعُدِ * فُندُق عائلى
— off أحالَ على المعاشِ

Pensioner من أربابِ المعاشاتِ. متقاعد
Pensive مُفكّر. مشغولُ البالِ
Pent up محبوس. محجوز. مُزَرَّب
Pentagon مخمَّس الزوايا والاضلاع
Pentateuch أسفارُ موسى الخمسة
Pentecost عيد العَنصرة. عيد الخمسين
Penthouse تسقيفة. مظلَّة
Penult, —imate المقطعُ الواقع قبل الأخير
Penurious شَحِيح. بخيل. مُقتّر
Penury فَقْر. حاجة. فاقة
People شَعْب. قَوْم * أُناس ‖ عَمَّرَ
Peopled مَعمور. آهِل. مسكون
Pepper فُلفُل ‖ فلفَلَ. تبَّل بالفلفل
Peppercorn فِلفِل أسود * حَبَّة
Peppermint الفُليَّا. نَعناع فُلفلى
Peppery فِلفِلى. حارّ * حادّ الطبع
Per بواسطة . بِ * بالـ . . . * عن كلّ
— annum عن السنةِ. بالسنةِ. سنويًا
— cent, % في المائةِ. فى المئةِ ٪
— day باليوم. فى اليوم. يومياً
— dozen الدستة. بالدستة
— mille, ‰ فى الالف ‰
Peradventure مصادفة * لعلّ. عسى
Perambulate دارَ على. طافَ. جال
Perambulation تَطْواف. جَولان
Perceivable يُدرَك. يُشاهَد
Perceive شعَرَ بِ * رأى. أدرَكَ
Percentage جُزْء بالنسبة للمئة. نسبة مئوية
Perceptibility شُعُور

Perceptible حَسّي . يُدْرَك بالمشاعِر
Perception إدراك . شُعور ✱ تمييز
Perch مَجْثم . مَحَطّ ✱قشر، سمك نَهري
 Perch حَطّ على
Perchance يُمكن . من الممكن . ربما
Percolate رَشَحَ . رَشَّحَ . صَفَّى
Percolation تصفية . تقطُّر . ترشيح
Percussion صَدْم . تصادُم✱طَرْق . دَقّ
— cap ∆ كَبْسولة البندقية
Perdition خسْرانُ النفْسِ . هَلاك
Peremptorily قَطعاً . بتاتاً . نهائياً
Peremptory قَطعي . باتّ
Perennial دائِم ✱ يبقى طول السنة
— irrigation رَي دائم
Perfect كامِل . تامّ ✱ مضبوط . مُتقَن
— tense صيغة الزمن الماضى (فى النحو)
 Perfect كَمَّلَ . أنجز . أتمّ
Perfection كمال . تمام ✱ اتمام
Perfectly تماماً . بالتمام . بالضبط
Perfidious غَدّار . خَتّال ✱ غَدْري
Perfidy غَدْرٌ . خيانة . نكْثُ العُهود
Perforate ثَقَبَ . خَرَق . خَرم
Perforation ثَقْبٌ . خَرْم . تخريم
Perforator خرّامة . مِثْقَب . مِجْوَب
Perforce قَهراً . جبراً . غَصباً
Perform انجز ✱قامَ بِ . أجرى ✱مَثَّل
Performance تشخيصٌ ✱ اداء . انجاز . إجراء . عمل
Performer مشخِّص ✱ مُنْجِز . فاعل

Perfume عِطرٌ . طِيْب ‖ طَيَّبَ . عَطَّرَ
Perfumery روائح عِطرية . عُطور
Perfunctorily حسب الظاهر فقط
Perfunctory بعدم اكتراثٍ . بقِلَّة اهتمام
Perhaps ربّما . علّ . عَسى
Perigee حَضيض (فلك)
Peril خَطَرٌ ‖خاطَرَ . عرَّضَ للخَطر
Perilous مُخطِر . خَطِر
Perimeter مُحيط . سَطح . مقياس مجال النظر
Period نُقطةُ وقفٍ ✱دَوْرٌ . مُدَّة ✱عصر
Periodic, —al دَوْري . نَوْبي
— wind رياح موسمية (كالخماسين فى مصر)
Periodical جريدة او مجلة . نشرة دوريَّة
Periodically دورياً . فى فترات معينة
Periphrase تَكلُّف ✱ تطويل . لَغْو
Periscope منظار أي مثقاق الغواصات
Perish تَلِفَ ✱ هلكَ . بادَ
Perishable سريعُ العَطبِ ✱ بائِد . مُتَلاشٍ . هالك
— goods بضائع قابلة للتلف
Periwig شعْر مستعار . شعر عاريَة
Perjure حَلَفَ زوراً . أقسَمَ يميناً كاذِبة
Perjury حلفٌ كاذِب . يمين زور . حنث
Perk, —y مُهَنْدَم . غندور ✱ مَرِح
Permanence, Permanency دَوامٌ . بقاء
Permanent دائمي . مُستَديم . ثابت . دائم
— wave تسريحة تدوم ○ برمانَنْت
Permanently على الدوام . دائماً
Permeable ممكن نفوذه . يُخترَق

Permeate اخترقَ . نفـذ في . تخلَّل
Permiss حق الخيار
Permissible مُباح . جائـز . سائغ
Permission إذن . إجازة . رُخصة . سَماح
Permissive مسوِّغ ☼ مسموح به
Permit إذنٌ . رُخصة .تصريح . ترخيص
Permit سَمَحَ . رَخَّص
Permittance ترخيص △ تصريح
Permittee المصرح له
Permutableness مقايضة . مبادلة
Permutation استبدال
Pernicious مُـضِرٌ . مُـؤذٍ ☼ مُـهلك
Perpendicular عموديٌ . رأسيٌ . قائم
out of the — مائـل
Perpetrate اقترفَ . ارتـكب
Perpetrator مقترِفٌ . مرتـكِب
Perpetual مؤَبَّـد . دائِم . مستمِـر
— annuity معاش طول الحياة
Perpetually على الدوام
Perpetuate أبَّـدَ . خلَّـد . أدام
Perpetuity دوامٌ . بقاء ☼ أبديَّـة
Perplex حيَّـرَ . خَبلَ . ربك
Perplexity حَيْـرة . إرتباك . خَبَـلٌ
Perquisite أجرة اضافيَّـة . علاوة
Persecute عَذَّبَ . اضطَـهد . ظلَـم
Persecution تعذيب . اضطهاد
Perseverance مواظبة . مثابرة
Persevere واظبَ على . ثابرَ . داوم
Persevering مواظِب . مثابِـر

Persian فارسيٌ ☼ اللغة الفارسيَّـة
Persist ثابرَ . واظَـبَ ☼ أصرَّ على
Persistence, Persistency مثابرَة ☼ إصرار ☼ ثبات
Persistent مثابر . مواظِب
Person شخْـصٌ . انسان ☼ اقْـنوم
first — الشخص الاول . المتكلِّـم
second — الشخص الثاني . المخاطَـب
third — الشخص الثالث . الغائِـب
in — شخصياً . بالذاتِ
Personage وجيه . ذو الشأن ☼ شخصية
Personal شخصيٌ . ذاتيٌ ☼ خاص
— effects أمتعة شخصية . منقول
— security ضمان شخصي
Personality شَخصيَّـة . ذاتيَّـة
Personalty أمتعة شخصية . منقولات
Personate شَخَّصَ . مثَّـلَ . تظاهَر كأنه
Personation, Personification تشخيص
Personify شَخَّصَ . مثَّـل ☼ جَسَّم
Personnel department قلم الموظفين
Perspicacious بصير . صاحب نظر
Perspicacity حدَّة النظر . فطنة
Prespicuous صريح . جَـلِيٌ . واضِـح
Perspiration عرَقٌ . رشْح
Perspire عَرِقَ . أفرَزَ عرقاً ☼ رشَـحَ
Persuade استمالَ . أغرَى . اقنَـع
Persuasion استمالة . اقناع . اقتناع
Persuasive مُـقْـنِـع . مُستميل
Pert وَقِـح . سَليط . سفيه

Pertain اختصَّ بِـ ٭ انطبقَ على
Pertinacious عنيد . مُصِرّ . متشبّث
Pertinacity عِناد . تَشبث
Pertinence, Pertinency مُلاءمة.موافقة
Pertinent مُناسِب . ملائم . مُطابق
Pertness سَلاطة . وقاحة . سفاهة
Perturb اقلقَ . أزعَج ٭ شَوَّش على
Perusal تصفُّح . مُطالعة . قراءة
Peruse تصفَّح . طالَع بامْعان وتروّ
Pervade تخلَّلَ ٭ شَمِلَ . عَمَّ
Pervasion تخلُّل . إختراق ٭ شُمول
Pervasive شامِل . عامٌ ٭ نافِذ
Perverse متمرِّد ٭ عَنيد . جموح
Perversity ضَلال ٭عِناد.شكاسة٭تحوير
Pervert ضالٌ . مارِق عن الحق ‖ أضَلَّ
Pesage رسم الوزن
Pessimism تشاؤم . تقدير السوء
Pessimist متشائِم . مُقدِّر السوء
Pest طاعون . وَباء ∆ شَوطة . جائِحة
Pester ازعَجَ . ضايقَ ٭ كايدَ
Pestiferous وبائى ٭ مُؤذٍ . وبيل
Pestilence وَباء . طاعون
Pestilential وَبيل ٭ وبائى
Pestle مِدقَّة . يَدُ الجُرنِ أو الهاون
Pet اليفٌ ٭ مُدَلَّل . محبوب ‖ دَلَّلَ
Petal ○ بَتَلَة . ورَقة الزهرة
Petiole سُوَيْقَة . عُنُق ورقة النبات
Petition عَريضةٌ . طَلَب
Petition قَدَّمَ عريضة

Petrifaction تحجُّر . تحجير
Petrify حَجَّرَ ٭ تحجَّر ٭ صَلَّبَ
Petrol بترول . ○ بنزين . جازولين
Petroleum زيت البترول . ∆زيت الارض
— products المنتجات البترولية
Petticoat نُقْبَة ∆ تنُّورة ٭ إمرأةٌ
Pettiness طَفافة . زهادة . حَقارة
Pettish نَكِدٌ . شَكِس ∆ خُلَق
Petty طَفيف . زهيد . حَقير
— cash حسابُ النثريات
— expenses, Petties مصروفات نثرية
Petulance, Petulancy نَزَقٌ . شكاسة
Petulant شَكِس . نَزِق . حاد الطبع
Pew مقعد في كنيسة
Pewter ○ تَنَكٌ . صفيح
Phaeton ○ فيتون . مركَبة خفيفة
Phalanges كَتائب٭سُلاميَّات الاصابع
Phalanx كَتيبة عَسكريَّة ٭ سُلاميَّة
Phantasm طَيْف . خَيال . شبح ٭هاجِس
Phantom طَيْف . شَبْح ٭شَيءٌ زائِل
Pharaon فرعون مِصر
Phare منارة ←
Pharisaic, —al فِرّيسي ٭ ظاهرىّ ٭ مُراءٍ
Pharisaism تظاهُر . رِياء . نِفاق
Pharmaceutic, —al اقرباذينى
Pharmacy ∆اجزاخانة . صيدليَّة ٭صيدلة
Pharyngitis التهاب البلعوم
Pharynx البُلعوم

Phase حالة.مَظْهَـر.شكل ٭ طَوْر ٭قاعدة
Phase, Phasis وجه من اوجه القمر
Pheasant الدُرَّاج . دِيك بَـرّى . طيهوج
Phenomena ظَـواهِر . ظاهرات ٭مَظاهِر
Phenomenal ظاهِـريّ ٭ شاذّ . غَـريب
Phenomenon ظاهِرة طبيعيَّـة ٭ مَظهَـر
Phial قارورة . قِـنّينَة
Philander داعَـبَ
Philanthropic يختص بحب البشر . خيري
Philanthropy محبة خير البشر
Philippic هَـجْـوٌ ٭ خطاب تقريعيّ
Philologic مختصّ بعلم فلسفة اللغات
Philology فقه او فلسفة اللغات ○ فيلولوجيا
Philosopher فَـيلسوف . حكيم
Philosophic, —al فلسفيّ . حِكمي
Philosophize تفلسَفَ
Philosophy فلسفة . عِلمُ الحِـكمةِ
Phlegm بَـلغَـمٌ . نُـخامة ٭ فُـتور . برود
Phlegmatic بَـلغمي ٭فاتِـر . عديم المبالاة
Phobia خوف
Phonal صَوتي . متعلـق بالصوتِ
Phone تليفون ‖ كلـّمَ تليفونياً
Phonetic صوتي . لَـفظيّ
Phonograph ○فونوغراف . الحاكي 
Phosphate ○ فُسفات
Phosphorescence ضِياء فوسفوري
Phosphorescent مُضيء من غير حرارة
Phosphorus ○ فوسفور

Photochromy التصوير الضوئى الملون
Photograph, Photo صورة شمسيّـة
Photography التصوير الشمسيّ أوالضوئى
Phrase جملة . عبارة ٭ أسلوب ‖ سَمَّى
Phraseology أُسلوب . عبارة . تعبير . علم التعبير الاصطلاحي
Phrenetic جُـنوني ٭ مجنون
Phrenology فِـراسة الدِماغِ
Phthisis سُلٌ رئَـوي . هُـلاس
Phylactery حِجابٌ . حِرْز
Physic علم الطب ٭ دَواء ٭شَرْبة ‖ داوى
Physical طبيعيّ . مختص بالطبيعة ٭ماديّ
Physician طبيبٌ △ حكيم
Physics عِلمُ الطبيعيات او الطبيعة
Physiognomy سِـحْنَـة . سيماء ٭فِراسة
Physiology علمُ وظائفُ الاعضاء
Pianist معلم پيانو ٭ عازف على البيان
Piano, Pianoforte ○ پيانو . بيانة 
Piaster, Piastre, P.T. غِرْش . قِـرْش
Piazza سَاحَة . رَحَـبة ٭ قَـيْسَرِيَّـة
Pic ذِراع ٭ ذِراع معماريّ
Pick نُـخبة . خِيار ٭مِعْـول.قزمة ‖ انتخَبَ ٭ نقَـدَ ٭نقَـرَ ٭ التقَـطَ ٭ قطَـفَ
— a lock فَـشَّ القُـفْـلَ
— a pocket نَـشَـل الجيبَ
— one's teeth خَـلَّـلَ اسنانه ، سلَّـكها
— up التقطَ

Pickax, —e مِعْوَل ∆ أزمة . دَبُّورة
Picket خازوق . مِنْخس ✻ شرطي عسكري
Picket سيَّجَ بأوتادٍ
Pickets محرضون على الاحزاب
Pickle ∆ طُرْشي ‖ خلَّلَ . كَبَسَ في الخلّ
Pickpocket نشَّال . سارِق الجيوب
Picnic فُسْحَة . نُزْهَة ‖ تنزَّهَ . تفسَّحَ
Pictorial مرسوم ✻ تصويري ✻ وصفيّ
Picture صُورَة ‖ صوَّرَ ✻ وصَفَ
Picturesque بَهيج ✻ يستحقّ التصوير
Pie فَطيرة عجين محشو ✻ طائِرُ العَقعق
Piebald أبلق . أرقَط ✻ مختلط
Piece قِطعة . جُزْء ✻ حترة ∆ حِتَّة
— goods بضائع بالقطعة
— work شغل بالقطعة
Piecemeal قِطعةً فقطعةٍ
Pier رَصيفُ الميناء . اسكلة ✻ دِعامة قنطرةٍ
Pierce طعَنَ . وَخَز ✻ خرَق ✻ نفَذ
Piercing نافِذٌ . خارِق ✻ حادّ . مؤلم
Piety تقوَى . وَرَع . تَديُّن ✻ احترام
Pig خِنْزير . خِنَّوص ✻ معدن خام
Pigeon حمامَة . يمامة ‖ احتالَ على
Pig-iron حديد غفل . حَديد خام
Pigment صِبغ . صباغ . صبغة
Pigmy دميم . قِزم
Pigsty زَريبة الخنازير
Pike مِنخَس . حَربة ✻ سمَكُ السكراكي
Pilaster عضادة . عمود مربَّع
Pile كَوْمٌ . عَرَمَة ‖ كوَّمَ

Piles مرض البواسير . بواسير
Pilfer سَلَبَ . اختلَس . ابتزّ
Pilferage سرقة بضائع في الطريق
Pilgrim حاجٌ . زائر الاماكن المقدَّسة
Pilgrimage حِجٌ . زيارة دينية
Pill حَبَّة ∆ بَلبُوعَة ‖ تقشَّرَ
Pillage نَهْبٌ . سَلْب . غنيمة ‖ نهَبَ . سلَبَ
Pillar عَمود ✻ قائمة
Pillow وِسادة . مِخدَّة السَّرير
Pillowcase بيت أو كيس المخدَّة
Pilot مرشد . دليلُ البوغاز ✻ طيار . قائد
Pilot أرشدَ ✻ هَدَى
Pilotage ارشاد ✻ قيادة ✻ رسوم الارشاد
Pimp قَوَّاد . دَيُّوث
Pimple بَثرة . حَبَّة . دُمَّل صغير
Pin دَبّوسٌ ‖ شبَكَ « بدبوس »
Pinafore مَرْيول . مِيدَعَة . فوطة المدرسة
Pincers ← كَمَّاشة
Pinch قبْصَة ✻ قَرْصَة ‖ قَرَصَ ✻ ضَيَّقَ
Pincushion مخدَّة الدبابيس
Pine شَجَرةُ الصنوبر ✻ شجرة أناناس
— away ذابَ أسًى ✻ نَحُلَ
Pineapple أناناس . تُفَّاح صنوبري
Pinion ريشة ✻ جنْح ✻ صِفاد ‖ قيَّدَ
Pink ← القرنْفُل ✻ أحمر وردي
✻ صفوة . قمة ‖ خَرقَ
Pinnacle قِمَّة ✻ بُرج بناء
. قُبة مستطيلة
Pint مِكيال يَسع ١٢٥ درهم

Pioneer رائد . طليعة جيش . مُمَهِّدَ الطريق
Pious تقيٌّ . ورِع . مُتديِّن . ديِّن
Pip بِزْرٌ . حَبٌّ
Pipe مِزمار ☆أنبوبة ☆غَلْيونٌ ‖ زَمَّرَ
— line خط أنابيب
Piper زَمَّارٌ ☆ فُلْفُل
Piquancy حِدَّة . حَرافَة ☆ قَرْس
Piquant حِرِّيف . لذَّاع ☆ قارِس
Pique إستياء ‖ جرحَ احساسَهُ
he —d himself upon فاخَرَ بكذا
Pirate قرْصانٌ . لص البحار
Pirate سَرَقَ . انتحَل
Piscatory سمَكيٌّ . متعلق بالسمك
Pistachio فُسْتُق
Pistil عضو التأنيث فى النبات . مِدَقَّة . متأبر
Pistol طَبَنْجَة . فَرْد . مُسَدَّس
Piston كَبَّاس . مدك ○ پِسْتون
— valve صِمام المكبس او الكبّاس
Pit حُفرة . نُقرة ☆ مَقلِعُ المعادن
Pitch قارٌ . زِفْت ☆رَمية ☆انحدار☆ مقام الصوت . درجة ☆ نواة ☆ مِقلع المعادن
—black, —dark أسوَدُ حالك
Pitch انحدرَ ☆ قيَّر . زَفَّت ☆ أقامَ
Pitcher جَرَّة . ابريق ☆ رام
Pitchfork مِذراة . مُصبَّع ‖ ذرَّى
Pitchpine خشب عزيزى أو شراق
Piteous يُرثى له . محزن
Pitfall شَرَكٌ . أحبولة . مصيَدة

Pith لُبٌّ . جُمَّار ☆ نُخاع ☆ قوَّة
Pithy لُبِّي ☆ حادّ ☆ قوي ☆ سديد
Pitiable يُرثى له . يؤسف عليه
Pitiful شَفوق ☆ يُرثى لهُ ☆طفيف
Pitiless عديمُ الشفقةِ . لا يَرحَم
Pitman مُعَدِّن . صانع فى منجم
Pittance كَفاف . راتِب زهيد
Pituitary نخامى . مخاطى . بلغمى
Pity شَفَقَة . عَطْف ‖ تحنَّنَ على . رحِمَ
what a — ! يا للأسف ! وا اسفاه !
Pivot مَدار . مِحْور . مركز
Placable مسامح . ليِّن العريكة . عَطوف
Placard △ يافطة . لافتة ☆ اعلان
Place مكان . موضِع . محَلٌّ ‖ حَطَّ . وَضَع في مكانٍ اوفى مركز . أقامَ ☆ اودَعَ
in — of بدلاً من
in the first — أولاً
take — حدَثَ . حصَلَ . جَرى
Placenta مشيمة . سخد ☆خلاص الجنين
Placid هادِىء . مستكِين . رابطُ الجأش
Plagiarism انتحالٌ . سَرقة التأليف
Plagiarize انتحلَ أو سرقَ مؤَلَفاً
Plague طاعونٌ . وباء ☆ بليَّة ‖ أزعجَ
Plaice سمك موسى
Plain سَهْلٌ ☆مُستوٍ ☆ بسيط ☆ واضِح
— woman امرأة خالية من الجمال
Plainly صَراحةً . باخلاصٍ . بوضوحٍ
Plainness سهولة . بساطة ☆ صَراحة
Plaint مِرثاة ☆ رِثاء ☆ شكوى

Plaintiff مُدَّعٍ (المدَّعي المدني)
Plaintive حزين ✿ نائح ✿ شاكٍ ✿ محزن
Plait طيَّة ✿ ضفيرةٌ ‖ ضَفَرَ ✿ طوى
Plan رَسْمٌ ✿ خُطَّة ✿ مسقط افقى
Plan رَسَمَ . اختطّ
Plane سَطح ✿ فارة النجَّار ✿ مُمَهَّد
Plane سَحَلَ . مَسَحَ بالفارة
Planet كوكب سيَّار ✿ نَجْمٌ . طالعٌ
Planetary مختصّ بالسيَّارات . سيَّاري
Plank لَوْحُ خشبٍ سميك . دَفٌّ ✿ دعامة
Plank لوَّحَ . غَطَّى بألواح
Plant نبات . غَرْسٌ ‖ غرسَ . زرَعَ
Plantation مَزرعة ✿ زراعة . زرْع
Planter صاحبُ مزرعة ✿ زارع
Plantigrade منتصب . يمشي على أخمص القدم
Plasma جبلة . مصل الدم الحيوى . بلازما
Plaster لَصْقة ✿ مِلاط ‖ ▵ ليَّس الحائط
Plastering ▵ تلييس . تجبيس . يَاض
Plastic لَدْن . لَيِّن ✿ سهل الجَبْل ○ بلاستيك
Plate صَحْنٌ . طَبَق ✿ لوح ✿ صفيحة
. قِشْرة ✿ فضِّيات ‖ صفحَ ✿ طلى . مَوَّه
Plateau نَجْدٌ ✿ ممثل .○ بلاتو
Platform مِنَصَّة ✿ إفريز ▵ رصيف
Plating تلبيس . طلي . تمويه
Platinum ○ بلاتين . ذهبٌ أبيض
Platitude تَفاهة . رَكاكة . سَخافَة
Platon افلاطون . فيلسوف يونانى شهير
Platonic عُذري . طاهر ✿ مجرَّد . خالص
Platten بَسطَ . رقَّق . صَفَّح

Platter طَبَق كبير . قَصْعَة ✿ ضافِر
Plaudit ثَناء . مَدْح
Plausible مُستصوَبٌ . مقبول ✿ غرَّار
Play ألعوبة ✿ لِعْب ✿ تصرُّف ✿ تمثيل
fair — قِسْط . انصاف . مُساواة
foul — خِداع . غِشٌ . غَدْر
Play لعِبَ ✿ شخَّصَ . لعِبَ دَوْراً
✿ قامَرَ ✿ عزفَ
Playful مُلاعب . لَعوب . مازح
Playground ملعب . ساحة اللعب
Playhouse مسرح ○ تياترو
Playmate رَفيقٌ فى اللعب
Plaything ألعوبة . لعْبَة
Playwright مؤلف روايات تمثيلية
Plea حُجَّة . احتجاج ✿ عُذْر
Plead دَافَعَ . احتجَّ ✿ رَافَعَ ✿ توسّل
Pleading مُدافعة . دفاع . مُرافعة
Pleasant سارّ . بهيج . مُفْرح ✿ شهىّ
Pleasantry هَزْلٌ . مَزاح ✿ لهْو
Please أرضَى . أعجَبَ . سَرَّ ✿ رَضِيَ . أراد
— yourself أنت وشأنك . كما تريد
if you — من فضلك
Pleasing سارّ . مَرْضٍ . مَقْبول . شَهىّ
Pleasure سُرورٌ ✿ لذة ✿ لهْو ✿ مشيئة
at — حسب الرغبة
Pleat ثَنية . طيَّة
Plebeian عَامّي ✿ عامّ . دارِج . دهمائى
Pledge رهينة . عهْدٌ ‖ رهَنَ ✿ وعَد
— one's word وَعَدَ . تعهَّدَ . أعطى قولاً

Pleiads بُرْج الثُرَيّا . كوكبة نجوم
Plenary مُطلَق . كُلّي . تامّ . كامل
Plenipotentiary سَفير مفوَّض ✿ مطلق
Plenitude امتلاء . كمال . تمام
Plenteous / Plentiful وافِر ✿ متشبِّع ✿ مثمر ✿ غزير . جزيل
Plenty كَثرة . وفرة ✿ رَخاء ✿ كثير
Plethoric كثير الدم ✿ دمويّ
Pleurisy التهاب البليورا . ذاتُ الجنب
Pliability ليونة . لدُونَة
Pliable / Pliant يلتوي . مَرِنٌ . لَدْن ✿ مِذْعان ✿ لَيِّنُ العريكة
Pliers ∆ قُصاج ∆ زَرديَّة
Plight تعَهُّدٌ ✿ ورطة ‖ عاهَدَ
Plod كَدَحَ في السيرِ ✿ كدَّ . تعنّى
Plot مؤامرة . مكيدة ✿ تصميم ✿ تدبير ✿ قطعة أرض
— of ground قطعة أرض
Plot رَسَم ✿ اختطَّ ✿ دَبَّرَ ✿ كاد . دسَّ
Ploting دَسٌّ . تدبير المكايد
Plough مِحراثٌ
Plough حَرَثَ ✿ عَزَق
Plough-share سِكَّةُ المحراثِ
Plover زقزاق (طائر)
Pluck جَراءة
Pluck نَتَفَ ✿ قَطَف
Plucky جَريء . جسور . مِقدام
Plug سِدادة . سِطام وصلة ∆ فيشة
Plug سَدَّ . حَشّى . وضع العمام

Plum برْقُوق ✿ شجرة او ثمر البرقوق . خوخ (سوريا) . اجّاص (في العراق)
Plumage ريشُ الطائِرِ
Plumb رَصاص ✿ فادِن
— line ميزانُ البَنّاء
Plumb سبر الغور ✿ وزنَ استقامة الجدار
Plumber سَبّاك . سَمْكَريّ
Plume رِيشةٌ ✿ فَخْر . شَرَف
Plume رَيَّشَ
Plump بَدينٌ . سمين ✿ دُفْعَة واحدة
Plumpness رَبالة . امتلاء الجسْمِ
Plunder سَلْبٌ . نَهْب ‖ سلَبَ . نهَبَ
Plunge غَطسة أو وثبة ‖ غطَّسَ . غاصَ
Plunger غطاس ✿ كبّاس ∆ غمازة
Pluperfect صيغةُ الماضي الأسبق أي البعيد
Plural جَمْعٌ . صيغةُ الجمعِ ✿ جَمعيّ
— of multitude جمع كثرة
Plurality تعدُّد . كَثرة ✿ اكثرية
Plus زائد . مُضاف ✿ حقيق . فِعلي
— sign علامةُ الجمع أو الاضافة (+)
Pluvial مَطَريّ . مختص بالمطر ✿ ممطر
Pluviometer مقياس المطر . قِسْمَطرٌ
Ply طَيَّة . ثَنْيَة
Ply ألحَّ ✿ ثابَرَ ✿ كَرَّرَ
Plying كَدٌّ . مثابرة ✿ لجاجة
Plywood ابلا كاج . خشَب مصفح
P.M., p.m. بعد الظهر

Pneumatic مختص بالهواء . هوائي . غازي
Pneumatics علمُ الغازاتِ وخصائصها
Pneumonia التهابُ الرئة . ذات الرئة
Poach اصطادَ فى أرض الغير ✿سرق الصيد
وخلافه ✿ سلق البيضة بفقصها فى ماء غال
P.O.B , Post Office Box صندوق بريد
Pock بَثْرة . جُدَرة
Pocket جَيْب ✿كِيس ‖وَضَعَ فى الجيب
—-knife مطواة . مِطوى
— money مصروف الجيب ∆ شَبرقة
to — an insult بَلَعَ الاهانة
Pod كِمّ البذْرة أو غِلافُها . سِنف . قَرْن
Poem قَصيدة . شِعْر
Poet شاعِر . ناظِم
Poetess شاعِرة
Poetic, —al شِعري ✿ تخيُّلي
Poetry القريضُ . النظم ✿شِعْر . قصيدة
Poignancy حِدّة . شِدّة ✿صرامة
Poignant حادّ . شديد . صارِم ✿ اليم
Point سِن . طَرَف ✿ نُقطة ✿ مكان
✿قَصْدٌ ‖اشارَ الى ✿دبَّبَ✿نقَّطَ
— blank علانيةً . صراحةً ∆دُغْري
— of view وجهة النظر
to the — للغرض المطلوب . بسداد
to gain one's — نالَ غرَضَه
to speak to the — تكلم فى الموضوع
to — out دلّ على . بَيَّنَ . أظهر
Pointed مدبّب . مسنّن ✿ سديد
Pointer مؤشِّر . دليل ✿ كلبُ صيدٍ

Pointless ثالم . كليل ✿ بلا سِنّ ✿ عقيم
Pointsman مُحوِّل ∆ مفتاحجي
Poise ثِقْلٌ . وَزن ✿موازنه ‖وازنَ
Poison سُمّ . قَشْب
Poison سَمَّ . سَمَّم ✿ أفسدَ
Poisonous سامّ . مُسِمّ
Poke مِسْعَر ✿ وخْزة
Poke حَرَّكَ ∆ نكش ✿وخزَ ∆ زغدَ
Poker محراكُ النارِ . مِسْعَر ✿لِعبةالپوكر
Polar قُطبيّ . مختص بأحد القطبين
Polarity اسْتِقطاب . استقطابيَّة
Pole قُطْب ✿ قائمة ✿ عَريش ✿ مدرة
Polemic جَدَليّ . مختص بالمجادلاتِ
Polestar نَجْمُ القُطْبِ ✿ هادٍ
Police شُرْطة . ضابطة ○ بوليس ✿شرطي
Policeman شُرَطيّ ○ بوليس
Policy سياسة ✿تدبير . خطة✿بوليسة. سند
Polish صَقْل ✿ صَقْلة
Polish صَقَلَ ✿ هذَّبَ
Polished مصقول ✿ مهذَّب
Polite مؤدّب . مهذّب ✿ أديب . دَمِث
Politeness أدَبٌ . تأدُّب . كياسة
Politic فَطِنٌ . بصير بالعواقبِ ✿ سياسيّ
Political سياسيّ . متعلِّق بالسياسةِ
— corps الهيئة السياسية . السلك السياسى
— economy عِلمُ الاقتصاد السياسى
Politician سياسي مُحنَّك ✿ذو دَهاء
Politics الامور السياسيَّة ✿ علم السياسة
Polity نِظامُ الحكومة أو الدولة . هيئة

Poll رأسٌ * جَدول انتخاب
Poll جَزَّ * شَذَّب * اقترع. قيّد للانتخاب
Pollen طَلْع. مادة التلقيح «النبات»
Pollinate, Pollinize لقّحَ النبات
Pollute نجّسَ. دنّسَ * فسق
Polo لِعْبة كُرةٍ (على الخيل). جَجْف
Poltroon جَبان. نَذل. خَسيس
Poly- بادئة معناها كثير او متعدد الـ
Polyandry ضِماد. تعدد الأزواج
Polyclinic مستوصف لعدة أمراض
Polygamy ضِرّ. تعدُّد الزوجات او الأزواج
Polyglot يعرف لغات كثيرة * متعدد اللغات
Polygon متعدِّد الزوايا والأضلاع
Polyhedral متعددُ الجوانب
Polysyllable كلمة متعددة المقاطع
Polytheism القول بتعدُّدِ الآلهة. شِرْكٌ
Pomade مَرهَم عطري لأجل الشعر او البَشَرة ○ پومادَه
Pomegranate شجرة الرُمّان. رُمّانة
Pommel عُجْرة. رُمّانة ‖ لَكَمَ
Pomp مَوكِب مُطَهَّم * أُبَّهَة. عَظَمة
Pompous دالّ على الأُبَّهَة * مُتباهٍ
Pond بِرْكة. فَسْقِيَّة. بُحَيرة صغيرة
Ponder انعَمَ النظرَ. تروَّى. تفكَّرَ
Ponderable يُوزَنُ. قابِل الوزنِ
Ponderous ثقيل جداً * هامّ. خَطير
Poniard ← خَنْجَرٌ
Poniard طَعَنَ بخنجر

Pontiff حَبْرٌ. حَبْرُ الأحبارِ * بابا
Pontifical حَبْريّ * باباوي
Pontificals ثَوْبُ الحبر الاحتفالى
Pontoon جسر من قوارب. عوّامة
Pony حِصانٌ صغير △ سِيسي. مُسَلَّك
Poodle كلب صغير الجسم وطويل الشعر
Pool بِركة. حَوض * غدير * رِهان
Poop مؤخَّرُ السفينة ‖ طَقَّ. فقَعَ
Poor مِسْكين * فقير * رَكيك * ضَعيف
Poorly بمسكنةٍ * بركاكة * ركيك * ضعيف
Pop طقّة △ فَرقَعةٌ ‖ طقَّ. فَقَعَ
Pop-corn فِشار
Pope البابا. بابا رومة * سَمَكة
Popery المذهبُ الباباوي
Popgun بندقِيَّةُ هواء للصغارِ
Popinjay بَبغاء * زَغّاء * غَنْدور
Popish باباوى. كاثوليكي
Poplar شَجَرُ الحور * خشب زان
Poppy ← خَشخاش △ أبو النوم
Populace العامَّة. العوام. الجمهور. الشعب
Popular مألوف * محبوب لدى الجمهور
Popularity شُيوعٌ لدى الجمهور. شُهرة
Popularize عَمَّمَ الشيء للجُمهور. اشهر
Populate اعْمَرَ. أهّلَ بالسُكانِ
Population سُكّان * شَعْب * تعمير
Populous كثير السكّان. عامِرٌ
Porcelain خَزَفٌ صينيّ. فَرْفُورى
Porch سَقيفة البابِ. كُنَّة

Porcupine قُنْفُذ كبير . نَيْص
Pore مَسَمّ . أحَد مسام الجلد ‖ تمعَّنَ
Pork لَحْمُ الخِنْزير
Porosity المساميَّة . مساميَّة
Porous ذو مسامّ . مسامِيّ
Porpoise سمك يونس . خِنْزير البحر
Porridge ثَريد . عَصيدَة
Port ميناء . مَرْفأ ٭ قِيافَة ٭ يسارُ السفينةِ
Portable ممكن حمله . يُنقل . يُحمل △ نقَّالي
Portage, Porterage أُجرة نقل . شِيالة ٭ نقل
Portal بوَّابة . باب ٭ بابيّ (فى التشريح)
Portend أنذرَ بالسوء . توعَّدَ ٭ تطيَّرَ
Portent طَيرة . علامةُ شؤمٍ ٭ توعُّد
Portentous شؤم . نَحْس ٭ هائل
Porter بوَّاب ٭ حمَّال . شَيَّال
Portfolio محفظة أوراق ٭ وَزارَة
Porthole كُوَّة فى جانب سفينة
Portico رواق . دهليز بين أعمدة
Portion جُزء ٭ نصيب . حصَّة
٭ صداق . بائِنة ‖ قَسَّمَ . جزَّأ ٭ أحَصَّ
Portliness مهابة . وقار ٭ ضَخامة
Portly عليه سيماء الوقار . مَهوب ٭ ضَخْم
Portrait صُورة . رَسْم ٭ وَصْف
Portray صَوَّرَ . رَسَمَ ٭ وَصَفَ
Portrayal رَسْمٌ . تصوير ٭ وَصْف
Pose وَضْع مُصْطَنَع
Pose تَصَنَّعَ ٭ توَقَّفَ
Position مركز ٭ موقف . حالة ٭ موضع
Positive ايجابى ٭ اكيد ٭ قطعىّ

— fluid السيَّال الموجب (كهربا)
Positively ايجابيًّا ٭ حتماً . ضرورةً
Possess اقتنى . مَلَكَ . حازَ
Possessed مسكون بروح شرّير ٭ ممتلَك
Possession تملُّك . حيازة ٭ مِلْك
to take — تملَّكَ . استولى على
Possessive تملُّكى . مِلْكيّ
— case صيغة المضاف اليهِ او المجرور
Possessor مالِك . واضِعُ اليد . حائز
Possibility امكانيَّة . احتمال . استطاعة
Possible ممكن . مستطاع . محتمَلُ الوقوع
as soon as — بأسرع ما يمكن
Possibly ممكن . محتَمَل . لربما
Post- بادئة معناها كائن خلف أو بعد
Post بَريدٌ ٭ مركز . منصِب ٭ عمود
. صارِيَة ٭ بسرعة
— office مكتب البريد
Post سلَّمَ الى البريدِ ٭ ألصقَ اعلاناً
٭ رَصَدَ أو رَحَّلَ الحساب ٭ وَظَّفَ
Postage أُجرة البريد
— stamp طابع بريد
Postal بريديّ . متعلِّق بادارة البريد
— order حَوالة ماليَّة على البريدِ
Post-card تذكرة بريد . تذكرة بوستَة
Postdate متأخِّر الوقوع ‖ قدَّمَ التاريخَ
Posterior تالٍ ٭ متخلِّف ٭ خَلفيّ
Posteriority تأخُّر . تَخلُّف
Posterity ذُرِّيَّة . خَلَف ٭ الاعقاب
Post-haste بغايةِ السرعةِ

Posting ارسال بالبريد * تشطيب أي نقل الأقلام (في الحسابات)
Postman ساعي البريد
Postmark ختم البريد
Postmaster وكيل مكتب او مأمور البريد
Post-mortem بعد الموت
— examination تشريح جثة الميت
Post-nuptial بعد الزواج
Post-paid خالص أجرة البريد
Postpone اجّل . اخّر . ارجأ
Postponement تأجيل . ارجاء
Postscript, (P.S.) حاشية . ذيل . ملحق
Postulate تسليم * افتراض ‖ سلّم بـ
Posture وضع . هيئة * حالة ‖ اتخذ وضعاً
Postwar بعد الحرب
Posy نقش على خاتم * باقة زهور
Pot علبة △ حق * قدر △ حلة * اصيص △ شالية ‖ وضع في وعاء
Potable صالح للشرب . يشرب
Potash, Potass قلي . اشنان ○ بوتاسا
Potassium قلاء . بوتاسيوم
Potation شرب * جرعة * مشروب
Potato (*pl.* Potatoes) بطاطس . بطاطه
sweet — بطاطة . بطاطس حلو
Potency قوة . تأثير . نفوذ . سيطرة
Potent مقتدر . قادر . ذو صولة
Potentate مسيطر . صاحب صولة * ملك
Petential ممكن أن يكون * محتمل * جهد
— mood صيغة « فعل » الامكان

electric — الجهد الكهربى
Pothouse خمارة
Potion شربة . جرعة « من دواء سائل »
Pot-lid غطاء الحلة اي القدر
Potsherd شقفة . كسرة جرة وغيرها
Pottage طبخة عدس * فتة . سليقة
Potted مكبوس في علب * مخلل
Potter خزاف . فخراني . فاخوري
Pottery خزف . فخار * فاخورة
Pouch كيس . جيب . محفظة . جراب
Poulterer △ فرارجي . بائع الطيور
Poultice لبخة . كماد ‖ لبخ . كمد
Poultry الدجاج . الطيور البيتية
Pounce رمل الكتابة * مخلاب * وثبة
— on, — upon انقض على
Pound رطل * جنيه * زريبة
Pound دق . سحق * حجز في زريبة
Pour صب . سكب * سال . تدفق
Pout تجهم . عبس △ بوز
Poverty فقر . فاقة . حاجة . عوز
Powder تراب . مسحوق ○ بودرة * بارود
Powder سحن . زر الزرور . بدر
Power طاقة . قدرة * سلطة * دولة
— of atterney تفويض
Powerful قوي . قدير . مقتدر
Powerless عاجز . ضعيف . عديم القوة
Pox مرض الزهري * مرض نفاطى
small — مرض الجدري
Practicability امكانية الاجراء

Practicable ممكن اجراؤه او العمل به
Practical عَمَلِيٌّ . إجرائى ☆ تمرينيٌّ
Practically عَمليًّا
Practice تمرُّن ☆ مُزاولة . مُمارسة
Practise زاولَ . مارسَ ☆ تمرَّنَ
Practitioner متعاطٍ مهنة الطبّ او المحاماة
Pragmatic عملي . اجرائي ☆ نفعى
Prairie فَلاةٌ مُخْضرة . مَرْج . دَيسة
Praise حَمْدٌ . ثَناء . مَدْح ‖ اثنى على
Praiseworthy حَميد . يستوجبُ الثناء
Prance وَثْبَةٌ ‖ وثَبَ ☆ شبَّ الحِصانُ
Prank زخرفَ . زوَّقَ ☆ تزيَّنَ
Prate, Prattle ثَرْثَرةٌ ‖ هَذرَ . ثَرثَرَ
Pray صَلَّى . ابتهَلَ ☆ توسَّلَ ☆ رَجا
Pray أرجوك . من فضلك
Prayer صلاة ☆ طلبَة . التماس ☆ مُصَلٍّ
Pre- بادئة معناها « سابق أو قبل »
Preach وعَظَ . كرَزَ
Preacher واعِظ . كارِز . مبشِّر
Preamble ديباجَة . مُقدّمة . تَمْهيد
— of judgment حيثيات أو أسباب الحكم
Precarious غير مقرٍّ أو ثابت . مُتقلقل
Precaution احتراس . حَذَر . إحتياط
Precautionary تحفُّظي . احتياطى ☆ وقائى
Precautious محترس . حَذِر ☆ متحوِّط
Precede سبَقَ . تقدَّمَ على ☆ حدث قبل
Precedence اسبقيَّة . اولويَّة ☆ تصدُّر
Precedent متقدِّم . سابق ☆ سابِقَة
to invoke a — استندَ الى سابقة

Preceding سابق . متقدم . قبل
Precept فَرْضٌ . سُنَّة ☆ قاعدة ☆ تعليم
Preceptor معلِّم . مهذِّب ☆ مدَبِّر
Precession سبق ☆ مبادرة . استقبال (فلك)
Precinct نطاقٌ . تَخْم ☆ إقليم
Precious ثمين . نَفيس ☆ «حجَر» كريم
Precipice هاوية . هُوَّة . وَهدة
Precipitance تهوُّر . اندفاع . عجَلة
Precipitant مُرْسِبٌ ☆ متسرِّع . متهوِّر
Precipitate راسِبٌ ☆ مُتسرِّع
. متهوِّر . طائش ‖ ورَّطَ . طوَّحَ بِـ
☆ عَجَّلَ ☆ رسبَ ☆ رَسَّبَ
Precipitation تهوُّرٌ . تسرُّع ☆ ترسيب
Precipitous واقفُ الانحدارِ . وعر
Precise مُحْكَم . مضبوط ☆ مدقق
Precisely باحكامٍ . دقةً . بالضبطِ
Precision احكام . ضبط . دقَّة
Preclude حالَ بين . منعَ . حَرَم من
Preclusion حَيلولة . حائِل ☆ مَنْع . صد
Precocious مبكِّر . قَبْل أوانه
Precocity بكور . تبكير . نضوج قبل الأوان
Preconceive سَبَقَ فأدركَ . سبقَ فتصورَ
Preconception توقع ☆ ظنٌّ سابق
Preconcert سبقَ فرتَّبَ أو دبَّرَ
Precursor بشيرٌ . نذير ☆ رائدٌ . طليعَة
Precursory انذاريٌّ . دالٌّ على
Predate قدَّمَ التاريخ
Predatory عائش على النَهْبِ ☆ مفترِس
Predecessor سَلَفٌ ☆ جَدٌّ

Predestinate مُـقَـدَّرٌ || قـضَى وقـدَّرَ
Predestination قَـضاءُ وقدَر. جبرية . حتم
Predestine قَـضى وقدَّرَ. سبَقَ فقدَّر
Predetermine سبَقَ فحتَّمَ
Predicament حالة . بيئة ٭ ورطة ٭ نوع
Predicate الخبرُ . المسْنَـد || أسندَ الى
Predication إسناد . نِسبة. عَزْو ٭ اثبات
Predict أنبأ أوتنبَّأ بـ . أنذرَ
Prediction نُـبُوَّة ٭ إنباء ٭ تكهُّـن
Predilection اختِيار . استحسان
Predispose سبقَ فأعدَّ أو هيَّأَ
Predisposition اسْتِمداد . قابليَّـة
Predominance تسلُّـط . غـلَـبة
Predominant مُتسلِّـط . متغلـب . سائد
Predominate تَـسلَّـطَ . سادَ على
Pre-eminence استعلاء . تفـوُّق
Pre-eminent فائِـق ٭ مفضَّـل
Pre-emption حقُّ التملُّك بالشفعة
Pre-engagement اتفاق او ارتباط سابق
Pre-exist وُجِـدَ من قبل
Pre-existent كائنٌ من قبل
Preface مُقدمة . فاتحة . تصدير
Preface استهلَّ . افتتحَ
Prefatory استهلالي . افتتاحى . تمهيدي
Prefer عَـرَضَ ٭ فضَّـل . ميَّـز . آثـر
Preferable مُـفَـضَّل . مميَّـز . أصلَـحُ
Preference تفضيل . تمييز . خِـيار
Preferment أفضليَّـة ٭ تفضيل ٭ ترقية
Prefix بادئة. اداةُ سبق || صَدَّرالكلمة ببادئة

Pregnable غير منيع . يقتحم
Pregnancy حمْلٌ . حبَـل ٭ خِصب ٭ أهميَّـة
phantom — حمل كاذب
Pregnant حامِـل . حُـبْلى ٭ مُـفْـعَـم
Prehension مَـسْـكٌ . قَـبْـض
Prehistoric ماقبل التاريخ . سابقٌ للأزمنة التاريخيَّـة
Prejudge حكَـمَ قبل معرفة الوقائع
Prejudice تقَـرُّض ٭ ضَرَر || تحامَلَ على
without — بغير مساس بالمصلحة او الحق
to one's — فى غير مصلحته
Prejudicial مُـجْـحِـف ٭ مُضِرٌّ . مؤذٍ
Prelate أسْقُـف. مُدبِّـر الكنيسة. مطران
Preliminary إبتدائى ٭ تمهيديٌّ ٭ بادرة
Prelude تمهيد . ديباجة ٭ تقسيم
Prelude اسْتَـهَـلَّ
Premature سابق أوانه . معجَّل . مبتسر
Premeditate تعمَّـدَ . سبَـقَ فقَـصَـدَ
Premeditation تعمُّـد . سَبْـقُ الاصرار
Premier الوزير الاوَّل ٭ أوَّل
Premise فَـرْضٌ || قَـدَّمَ . جعَـلَ كمقدَّمة
Premises قضيَّتا القياس ٭ مَـسْـكِـن
Premium قِـسْط . دفعة ٭ مكافأة ٭ فائدة
at a — بأزيد من القيمة الأصلية
Premonition تحذير سابق . تنبيه ٭ شعور
Premonitory تحذيرى . تَـنْـبيهىٌّ . نَـذير
Prenatal قبل الولادة
Preoccupy سبَـقَ فتملَّكَ ٭ شغلَ البالَ
Preordain سبَـقَ فعيَّـن أو قضى

Preordination سَبْقُ التعيين أو القضاء
Prepaid خالِصُ الأُجْرَةِ
Preparation إعْداد ٭ إستعداد . تأهُّب
Preparative / Preparatory تحضيري . إعْدادي
Prepare هَيَّأَ . حَضَّرَ . أعدَّ . رَتَّب
Prepay دَفَعَ الأجرة مقدَّماً
Preponderance أرجحيَّة . تغلُّب
Preponderate رجَحَ . زادَ . نافَ على
Preposition حَرْف جَرّ . أداة جر
Prepossess سبَقَ فتملَّكَ ٭ أمالَ
Prepossessed متحامِل . متحيّز
Prepossession سَبْقُ التملُّك ٭ تحيُّز
Preposterous مُحال . لا يقْبلهُ العَقْل
Prerogative امتياز . حقٌّ ممتاز
Presage نبوَّة ٭علامة ‖أنبأ بِـ . دلّ على
Presbyter شيخُ كنيسة . قِس
Presbyterian تابع الكنيسة المشيَخيَّة
Prescience العِلم بالمستقبل
Prescient عالم بمستقبلِ الامورِ
Prescribe وصَفَ «علاجاً» ٭فَرَضَ . أمر
Prescript فَرْضٌ . أمر ٭موصوف ٭فتوى
Prescription وَصْفَة طبيَّة ○ راشِتَّة ٭ شورة ٭ التملك بمضي المدَّةِ
Prescriptive مكتسَبٌ بطول اوبمضى المدة
Presence وُجودٌ . حُضور ٭ حَضْرَة
Present هَدِيَّة ٭ مَوجُود . حاضِر ٭ الزَمَنُ الحاضِر ‖ أهدَى . قَدَّمَ
— participle اسمُ الفاعل (فى النحو)
— tense الزمنُ الحاضر . المضارع
at — الآن
to — arms سلَّم برفع السلاح . سلام دُر
Presentable يُهدَى . يصلح للاهداء ٭ لائق
Presentation عَرْض . تَقديم ٭ إهداء
Presentiment شعور داخليّ . هاجِس
Presently حَالاً . تَواً . فى الحالِ
Preservable ممكن حفظه
Preservation حِفْظٌ ٭ وِقاية . صِيانة
— of species حفظ النوع
Preserve حَفِظَ . صانَ ٭خَلَّل ٭سَكَّر
Preserves المأكولات المحفوظة . المحفوظات
Preside رأسَ . تصدَّرَ ٭ أشرَف على
Presidency رِياسَة ٭ مُدَّةُ الرئاسة
President رئيس : زعيم . مدير
Press مَعْصَرة ٭مكبس ٭مطبعة ٭طباعة ٭الصَّحافة ٭زحام ‖ كبَسَ . ضغَط على ٭ عَصَرَ ٭ أكرَه ٭ حَثَّ ٭ شَدَّد على
Pressing مُستعجِل ٭هامٌّ ٭مُشدَّد ٭ضغط
Pressure ضَغْط . كبْس ٭ إلحاح ٭شِدَّة
blood — ضغط الدم
Prestidigitator مشعوذ ٠ حاوي
Prestige كرامة . هيبة . اعتبار
Presumable تخميني . ممكن حزره
Presumably تخميناً . بالتخمين . احتمالاً
Presume خمَّنَ . ظنَّ ٭ زعَمَ ٭ اجترأ
Presumption تخمين . احتمال ٭افتراض ٭ عَجْرَفَة ٭ جَراءة

Presumptive تخمينيّ . إفتراضي .حدسي
heir — وَليُّ العهدِ . وريث
Presumptuous عاتٍ * وقِح * مدّعٍ
Presuppose تضمّنَ . عَنَى * استلزم
Pretence ادعاء . حُجّة * تظاهُر
Pretend زعَمَ . ادّعى * تظاهَرَ بـ
Pretender مُدَّعٍ . مُتصنِّع *مُطالِب
Pretension ادّعاء . دعوى . زعم
Pretentious مُدَّعٍ * مُتعَجْرِف
Preternatural خارق الطبيعة.شاذ.لاطبيعي
Pretext ادّعاء . عُذْر . حُجّة . عِلّة
Prettiness جَمال . حُسن
Pretty جميلٌ . حَسَن * تقريباً
Prevail سادَ . تغلَّبَ . عَمَّ
— on, upon أقنعَ . حملَ على الاذعانِ
Prevailing } سائِد . متغلِّب . مُنتَشِر
Prevalent } . عامٌّ . متسلِّط . شامِل
Prevalence سِيادة . تسلُّط * انتشار
Prevaricate راوَغَ * وارَب * غَبَنَ
Prevent منعَ . صدَّ . أوقَف
Preventable يُمنع . يمكن منعه
Prevention مَنْع . صدٌّ . ايقاف
Preventive, Preventative مانِع
Previous سالِف . سابق . ماضٍ
Previously سابقاً . فيما قبل
Previse ألهَمَ * توقعَ. سبقَ فأنذرَ
Prevision عِلم سابق . إدراك
Prey غَنيمة *فَريسة ‖نهَبَ *افترَسَ
beast of — حَيَوان كاسِر أو ضارٍ

Price ثَمَنٌ . سِعْر ‖ ثمَّنَ . سَعَّرَ
Priceless لا يُثمَّن . لا يُقدَّر بثَمَنٍ
Price-list قائمة الاسعار △ تسعيرة
Prick وَخْزَة *مِنْخَس *شَوْكة ‖وَخزَ
— the ears نصَّبَ أو أرهف أذنيه △ طرطقَ
Prickle شَوْكة . حَسَكة * شَكّة
Prickly كثيرُ الشَّوك . شائك . شَوْكي
— heat حَصَفٌ * حَمْوُ النيل
— pear تِينٌ شَوْكيٌّ . صُبَّير
Pride عُجْبٌ .كِبرياء *فَخْر ‖ تكبَّرَ
Priest كاهِن . خوري . قِسٌّ
Priestess كاهنة △ قسيسة
Priesthood كَهَنوت *طُغمة الاكليروس
Priestly كَهَنوتيّ . اكليركي
Prig مغترٌّ بنفسهِ . معجب بذاته
Prim متأنِّق . متطرِّف *مدَقِّق. محافظ
Primarily أولاً . في الأصل
Primary ابتدائي.أوَّلي *أصلي *واحدة القوادم
— school مدرسة ابتدائية
Prime أوَّل . مُقتبَل * أوَّلي * عُنفوان
— minister رئيسُ الوزراء
— number عددٌ أوَّلي . عدد أصَمّ
Primer كتاب مبادىء القراءة *كتاب صلاة
Primeval عتيق * فِطري . طبيعي
Primitive أصلي . أوَّلي * بَسيط .فِطري
— times الزمن البدائي
Primness تطرُّف . تأنُّق
Primogenitor جَدٌّ . الأب الأوَّل
Primordial أصلي . أساسي * منشأ

Prince أمير . ابنُ الملوكِ
Princedom إمارة
Princely اميري . لائق بأمير . نبيل
Princess أميرة . ابنة الملوك
Principal رئيس ✱ رئيسي ✱ أوّل . أخص
Principality إمارة . مُقاطعة . وِلايَة
Principally خُصوصاً . ولا سِيَّما
Principle مَبدأ ✱ قاعِدَة ✱ مَصدَر ✱ أُسّ
Principled صاحِبُ مبدأ
Print طَبعَة ✱ أثَر ‖ طَبَعَ . بَصَمَ
out of — نفَدَتْ طبعته
Printed goods مطبوعة ▵ شِيتٌ . بفتة
Printed matter مطبوعات
Printer طَبَّاع ▵ مَطبَعجي . طابع
Printing طَبْعٌ ✱ طِباعة . صِناعة الطَبع
Prior سابقٌ . متقدِّم ✱ رئيس دِيْر
Priority أَسبقيَّة . أوَّليَّة . تقدُّم
Prism موشور . مَنشور
Prismatic موشوريّ الشكل
Prison سِجْنٌ . حَبْس
Prisoner سَجين . محبوس ✱ أسير
evidence for the — شهود النفي
Pristine فِطري ✱ أوَّلي ✱ أزلي
Privacy سِرّ . خَفاء ✱ انفراد ✱ عُزلة
Private نَفَر عسكري ✱ خُصوصيّ ✱ سِرّي
— car سيارة خاصة
in — في الخفاء
Privately سِرًّا ✱ على انفراد
Privates الاعضاء المخجِلَة . العورة

Privation حِرمان ✱ عدمُ وجود ✱ فاقة
Privilege امتياز . حَقٌ ‖ مَيَّزَ . فضَّلَ
Privileged مُمْتاز . صاحِبُ حقٍّ ممتاز
— class الطبقة المحظوظة
Privily سِرًّا . خِفية
Privy له عِلْم بالسِرِّ ✱ خاصّ . خصوصي
✱ بَيْتُ الخَلاء ▵ مُسْتَراح
— council مجلسُ العرشِ
— seal ختم الملك ✱ خاتم الدولة
Prize جائِزة . جَعالة ✱ غنيمة
Prize قَدَّرَ . أعزَّ ✱ ثمَّنَ
Probability إحتمال . أرجحيَّة
calculation of probabilities حساب كافة الاحتمالات
Probable مُحتمَل . راجِح . مُرَجَّح
Probably من المحتمل
Probate تحقيق صحة الوصيّة
— court مجلِسٌ حَسْبي ✱ مجلس تحقيق الوصايا
Probation تجربة . امتحان . مدة التلمذة المهنية
to be on — تحت الاختبار (او المراقبة)
Probationer تحت التمرين ✱ تحت المراقبة
Probe مِسْبَرٌ . مجسّ ‖ جَسَّ . سَبَرَ
Probity أمانَة . استقامة . نَزاهَة
Problem مُعضِلَة ✱ مسألة . قضيَّة
Problematic, —al مُشكِل . فيهِ نَظَر
Proboscis خُرطوم ▵ زَلّومة . مِمَصّ
Procedure تصرُّف . إجراآت ✱ مرافعة
Proceed تقدَّمَ ✱ سارَ ✱ شَرَعَ ✱ انتقل الى
— against أقامَ الدعوى على

— from صَدَرَ عن . نشأ عن
— with استمَرَّ فى
Proceeding سَيْرٌ ❊ تصَرُّف . خِطَّة
Proceedings اجراآت محاكَمَة
Proceeds دَخْل ∆ ايراد . حاصِل
Process طَريقة . مِنوال ❊ عملية
— server مُحضر المحكمة
Procession مَوكِب ∆ زَفَّة
Proclaim اذاعَ . أعلَنَ . نادى بـ
Proclamation إعلان ❊ إذاعة . إشهار
Proclivity استعداد . مَيْل ❊ إنْحِدار
Procrastinate ماطَلَ . سوَّف . أمهل
Procreate ولَدَ . خلَّف . أنتج
Procreative مولِّدٌ . مُنتِج
Procurable ممكن الحصول عليه
Procuration توكيلٌ ❊ نَيْل . تحصيل
Procure نالَ . حصَلَ على . أدرك
Procurer قوادٌ ❊ مُدَبِّر
Procurement تحصيل . نَيْل
Prod مِنْخَسٌ . مِخْرَز ‖ نخسَ . وَخَز
Prodigal مُبَذِّر . مُسْرِف
Prodigality تبذير . اسراف
Prodigious هائِل . ضَخْم . عَظيم
Prodigy أعْجُوبَة . آية ❊ هَوْلة
Produce مَحْصُول . غَلَّة . نتاج
Produce قَدَّمَ . أوْرَد ❊ أنتَج . أثْمَر ❊ سَبَّبَ
Producer زَارِع ❊ مُنْتِج ❊ مُخرج
Product محصول . غلة ❊ حاصِل . نتيجة ❊ صُنع

Production محصولٌ . إنتاج ❊ ثمَرة ❊ تقديم
Productive مُخصِب . مُنتِج . مُثْمِر
Profanation انتهاكُ الحُرمة . تَدنيس
Profane دُنيويّ ❊ دَنِسٌ
Profane انتهكَ حُرمة
Profanity انتهاكُ الحُرمة . دَنَسٌ
Profess اعترَفَ . أقرَّ بِـ . صَرَّح بـ
Professed معترَفَ به . مَقبول
Profession مِهْنَة ❊ عَقيدَة ❊ اقرار
Professional فَنِّى ❊ اختصاصىّ
Professor اسْتاذ . معلم ❊ مُعتَرِف
Professorship استاذِيّة
Proffer قَدَّمَ . عَرَضَ
Proficiency بَراعَة . تفَوُّق . مَهارَة
Proficient ماهِر . بارِع ❊ مُتَقدِّم
Profile المنظر الجانبي
Profit رِبحٌ . فائِدة
Profit اكتَسَبَ . انتَفَع
Profitable مُرْبِح . مُكسِب . مُفيد
Profiteering استنهاز . انتهاز الفرص
Profitless غير مُربح . عديم النفع
Profligate خليع . فاجر . مُتَهَتِّك
Proforma شكلاً . صورياً . كنموذج
Profound عميق ❊ متعمِّق . مُتَبَحِّر
Profundity عُمْق ❊ غُموض
Profuse غزيرٌ . وافِر . جزيل
Profusion غَزارة . وَفْرة ❊ إسراف
Progenitor جَدٌّ . سَلَفٌ
Progeny نَسْل . ذُرِّيَّة . خَلَف . عَقِب

Prognosis إنذار * تشخيص (فى الطب)
Prognosticate انذرَ بـ. دَلّ على * شَخَّصَ
Program, —me برنامج. لائحة
Progress نجاحٌ * سَيْر ‖ نَجَحَ * تقدَّمَ
Progression تدرُّج. تَسَلسُل
—s المتواليات (هندسة)
Progressive متقدِّم. متدرِّج. مُتزايد
Prohibit مَنَعَ. حَرَمَ. نَهَى عن
Prohibition مَنْعٌ. تحريم. نَهْي
Prohibitive مانِع * واقٍ * زَجْرِيّ
Project مَشروع. تَدبير. خطة
Project نتأَ. برز * قذفَ * دَبَّرَ. اختَطّ
Projectile قذيفة. « شيء » مقذوف
Projection بُرُوز. خَرجة * تدبير * عرض
Prolapse هبوط
Prolific مُثمِر. مُخصِب * مُوَلِّد
Prolix مطوَّل * طويل. مُمِلّ
Prolixity إسهاب. تطويل * مَلَلٌ
Prologue استهلال. تمهيدٌ ‖ استَهلّ
Prolong أطالَ. طَوَّلَ. مدَّ
Prolongation تطويل. مدٌّ
Promenade مُتنزَهٌ. نزهة * تَنَزُّه ‖ تنزَّهَ
Prominence بُروزٌ * عُلُوّ * تفوُّق
Prominent بارزٌ. ناتىء * شهير
Promiscuous مختلط. مشوَّش
Promise وَعْدٌ. عَهْد ‖ وَعَدَ
Promising يُرْجَى منهُ. مرجوّ
Promissory وَعدِي. تعهدى
— note ∆ سَنَد ∆ كمبيالة

Promontory جَبَلٌ داخل فى البحر
Promote رَقَّى * نجَّحَ. روَّجَ
Promoter مُرَقٍّ * مُنْشِيءٌ * مُرَوِّج
Promotion تَرْقِية. رَفْع * تَرويج
Prompt سريعٌ * مستعد ‖ حَثَّ. استَفزَّ
Prompter ملقِّن * محرِّض * حاث * موعِز
Promptitude سُرعة * استِعْداد
Promptly بسرعةٍ. حالاً. على الفورِ
Promulgate نشَرَ. أعلنَ. أذاعَ
Prone مُنْحَنٍ. منْكَبّ * منبطح
— to ميَّال الى * عُرضة لِـ
Prong شوكة. شُعبة. سِنّ
Pronominal ضَميريّ (فى النحو)
Pronoun ضَمير (فى النحو)
demonstrative — إسم الاشارة. ضمير اشاري
possessive — ضمير الملك
relative — اسم موصول
Pronounce لفظَ. نطَقَ
Pronounced محقَّقٌ * صَريح. بَيِّن
Pronunciation لَفْظ. نُطْق
Proof بُرهان. دَليل * امتحان
— reading مراجعة الاصول
. تصحيح التجارب
— sheet بروفـه. مسودَّة المطبوع. تجربة
fire — لا تؤثِّر فيه النارُ
water — لا ينفُذه الماء
Prop دِعامة. مُرتكَز ‖ سنَدَ. دعمَ
Propaganda دعايَة. نشر الدَّعوةِ
Propagate أذاعَ. بَثَّ * نشَرَ * تفشَّى

Propagation اذاعة . بَثٌّ * تكاثُر
Propel سَيَّرَ . دسَرَ . دفَعَ 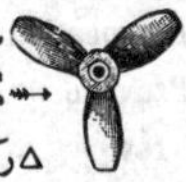
Propeller ←مُحَرِّك . داسِر
٥ رَفَّاس * ريشة الرفاس * مسيِّر
Propense ميَّالٌ الى . مستعدٌّ لـ
Propensity مَيْلٌ . إستعداد * صَبْو
Proper مُوافِق . لائِق * صائِب * خاصٌّ
— fraction الكسر الحقيق (رياضة)
— noun اسم عَلَم
Property ملك * خاصَّة
Prophecy نُبوَّة . تَنبُّؤ . تَكهُّن
Prophesy تنبَّأَ . أنبأَ بِـ
Prophet نبيٌّ
Prophetical, Prophetic نبويٌّ * إنبائيٌّ
Prophylaxis وقاية * تحصُّن (من مرض)
Propitiate وَفَّقَ بين * استعطَفَ
Propitiation استعطاف . ترَضٍّ * كفَّارة
Propitious موافِق * شفوق . رَحيم
Proportion نِسبَة * تناسُب * حصَّة
Proportion ناسَبَ . عادَلَ * وفَّقَ
Proportional نِسبيٌّ . تناسبيٌّ * مُتناسِب
Proportionally بتناسُب
Proportionate مُتناسِبٌ ‖ ناسَبَ . نسَّق
Proposal عرضٌ * اقتراح * مشروع
Propose عَرَضَ . اقترح * دبَّر * طلبَ يَد
Proposition رأيٌ . اقتراح * قَضيَّة
Propound عَرَضَ . طرَح . بسَط . قدَّم
Proprietor مالِكٌ . صاحب المِلك
Propriety لياقَة . حِشمة * مُناسبة

Propulsion دَفْعٌ «الى الامام» . دَسْر
Prorogation تَعطيل مؤقَّت . توقيف
Prorogue عَطَّلَ لاجَلٍ * أرجأَ
Prosaic نَثريٌّ * ركيك . عادي
Proscribe حَرَمَ * نفَى . أبعدَ
Proscription حُكْمٌ بالاعدام أوالنَفْي
Prose نَثْرٌ * نَثْريٌّ
Prosecute قاضَى . حاكَمَ * تابعَ . والى
Prosecution محاكمة * متابعَة . موالاة
* عريضة الدعوى
Prosecutor مُدَّعٍ * مثابِر . مواظِب
public — المدعي العمومى
Proselyte مَهْديٌّ . مُهتَدٍ
Proselyte هَدَى . بشَّر بدين او طريقة
Prosody عِلم العروض والقوافى
Prospect مَنْظَر . مجلى * مَطْمَح
Prospect نقَّبَ . بحثَ عن * أنجمَ
Prospective مأمول . مَرجُوٌّ * راجٍ
Prospectus منشور . نشْرَة . اعلان
Prosper أفلحَ . نجَحَ . توفَّقَ فى أموره
Prosperity فَلاَح . نَجاح * يُسْر
Prosperous مُفلِح . ناجِح . متيَسِّر
Prostitute عاهِرَة . مومس
Prostitute عَرَضَ للفحشاء * ابتذلَ
Prostitution زِنا . عَهارة . بَيْعُ العرض
Prostrate مُنبَطِح . متمدِّد ‖ بَطَحَ
Protect حَمَى . صانَ . وَقَى
Protection حِماية . صِيانة . وِقاية
Protective حامٍ . صائِن . وَاقٍ . وقائى

Protecto محام . مدافع
Protectorate حماية * تحت حماية دولية
Protest إقامة الحُجّة . احتجاج * بروتستو
||أقامَ الحجّةَ * احتجّ * عملَ بروتستو
Protestant بروتستانتي
Protestation إقامةُ الحُجّة . إحتجاج
Protocol مَضْبَطَة . اتفاقيّة * عُرف
Protophyte نبات مجهري وحيد الخلية
Protract أخّرَ . عوّق * طوّل . مدّ
Protractive مُطوِّل * مؤخِّر . معوّق
Protrude برزَ . نتأ . خرجَ * أخرجَ
Protrusion بروز . نتوء * تمدُّد
Protuberance نُتوء . بُروز * حَدَبة
Proud متكبِّر * أبِيّ . أنوف
Prove برهنَ . أثبت * امتحن
Proven مبرهَن عليه
Provender علَف . عَليق
Proverb مثَل . قَوْل مأثور
Proverbial مَثَليّ . مُستعمَل كمَثَل
Provide جهّزَ . أمدّ بِـ . زوّدَ
Provided *that* على شرط أن
Providence عناية * تدبُّر . تحوُّط
Provident متحوِّط . متحفِّظ * مدبِّر
Providential بالعناية الالهية
Province مُديريّة . اقليم . مُقاطعَة
Provincial مختصّ بالمديريّات * رِيفي
Provision شَرْط * نَصّ * إحتياط
* إستعداد * مؤونة . زاد
Provisional وَقتيّ . موقّت * احتياطي

Provisionment تموين
Provocation اغاظة . اغضاب . اثارة
Provoke أغضبَ . استفزّ . أثار
Prow مقدَّمُ السفينةِ ○ بُرُوّه
Prowess جَراءة . بسالة . شجاعة . إقدام
Prowl عَسّ . تجسّسَ . طافَ بالمكانِ
Proximate ملازِم . قريب . مُجاوِر
Proximity قُرْب . جِوار
Proximo, Prox. الشهر القادِم او التالي
Proxy وَكيل . نائب * وكالة . توكيل . تفويض
Prudence فِطْنة . بَصيرة . حَذَر
Prudent فَطِنٌ . متحذِّر * يحفظ السرّ
Prune قَراصية
Prune شذّبَ . قلّم
Pry تفحّصَ . تفرّس * رفعَ بعتَلة
Psalm مزْمُور . زَبور
Psalmist الزّبوري . مؤلِّفُ المزامير
Psalter كِتابُ المزامير أو الترتيل
Psaltery رَبابة . سِنطير (آلة طَرَب)
Pseudonym اسم مستعار او منتحل
Pshaw إخسَ . خِسْئاً لك . تباً
Psychic مختصّ بالنفس أو الروح * عقلي
Psychologic نفساني . مختصّ بعلم النفس
Psychology عِلمُ النفسِ . سيكولوجية
Psychotherapy الطب النفساني
Pub حانة . خمّارة
Puberty سِنُّ البُلوغ أو الادراكِ . حُلْم
Pubes العانة * شعر العانة
Pubescent مُراهق

Public عُمومى ٭ مُشاع ٭ شائع ٭ عَلَنى
in — عَلناً . جِهاراً
the — الجُمهور . الشعب . العموم
Publican عَشَّار . جامع المكوس ٭ خمَّار
Publication طبْع ٭ نشْر ٭ إعلان . اذاعة
Publicity انتشار . شُيوع ٭ شُهْرة
Publicly عَلانيةً . جِهاراً . جَهْرةً
Publish طبَعَ . نَشَرَ ٭ أشاعَ . أذاعَ
Publisher ناشر ٭ طابع الكُتب وناشِرُها
Pucker تَجَعُّدٌ . تَنْيَة ‖ جَعَّدَ . كَرَّشَ
Pudding فطير بالزبيب وخلافه ○ بودِينج
Puddle بِركةُ ماء مطر أو نَشع . وَحل
Pudgy سَمين . ربِيل
Puerile صِبيانىٌ ٭ سَخيف
Puff نَفخةٌ ‖ لَهثَ ٭ أطرَى △ نَفَخَ
Pug كلب صغير أفطسُ الانفِ
Pugilist (*see* boxer) مُلاكِم
Pugnacious مُخاصِم . محِبُّ الخصام
Pugnacity حُبُّ الخصام . شكاسة
Pull جَرَّةٌ . نتْشة ‖ شَدَّ . جَرَّ
— down هَدَمَ . خرَّب
— up, — out اقتلعَ
Pulley ← بكَرة . جرَّارة
Pulmenary رئوي . مختص بالرئتين
Pulp لُبٌ . لُباب . شَحْم الثمر ٭ عجينة
Pulpit مِنْبَر . مِنصَّة الخطابة
Pulsate نبَضَ . ضرَبَ . خفَقَ
Pulsation نَبَضان . خَفَقان
Pulse نبْضٌ ٭ منبض ٭ بُقول . قطانى

Pulse نَبَضَ . خفقَ
Pulverise سَحَنَ . سحَقَ . نعَّمَ
Pulverous تُرابىٌ . ناعِم . ذُروريّ
Pumice حَجَر الخفان . خَفَّاف . رَخفة
Pump مِضَخَّة . طُلُمبة ←
to — up شفط . نفخَ بمنفاخ
Pump سحَبَ بالمضخة
Pumpkin قَرْعة . يقطينة
Pun تورِية . جَناس △ قافية
Punch مِثْقَب ٭ لَطْمة ٭ مُسْكِر حارٌ
— and judy قَرَه قُوز . مسرح العرائس
Punch لَكَزَ . لَطَمَ ٭ خرَق . ثَقَب
Punction وَخْزٌ ٭ خَرْز . ثَقْب
Punctual مُحافِظ على الوقت
Punctually فى وقتهِ أو حينه . فى الموعد
Punctuate وضَعَ علامات الوقفِ
Puncture مِخْراز ٭ ثقب ٭ خَرزة
— proof لا يثقب
Puncture خَرَزَ ٭ بزلَ المريض
Pungence حُراقة . لَسْع . حِدَّة
Pungent حِرِّيفٌ . حادٌ . لاسِع
Punish عاقَبَ . قاصَّ . أدَّب
Punishment عِقاب . قِصاص . تأديب
Puny ناقصُ النموّ ٭ صغير ٭ زهيد
Pup جَرْوٌ . كلْبٌ صغير ‖ وَلدَت الكلبة
Pupa زيز الشرنقة . خادرة
Pupil تِلميذ ٭ بُؤْبُؤ . إنسانُ العينِ
Puppet تمثال صغير . ألعوبة
— show مسرح العرائس

Puppy	كُلَيْبٌ . جَرْوُ الكلبِ
Purblind	أعمش . حسير . كليلُ البصر
Purchase	ابتياع . شراء
Purchase	ابتاعَ . اشترى
Pure	نقيّ . صافٍ * صِرْف * طاهِر
Purely	صِرفاً . محضاً * فقط
Purgation	تسهيل البطن * تطهير
Purgative	شَرْبة . مُسْهِل * مُطَهِّر
Purgatory	المَطهر
Purge	شَرْبةٌ ‖ اسهَلَ البطنَ * طهَّرَ
Purification	تطهير . تنقية
Purifier	مطهِّر . منقٍّ . مزيل النجاسة
Purify	طَهَّرَ . نقَّى . صفَّى
Puritan	حَنْبَليّ . مُدقّقٌ في أمور الدين
Purity	نَقاءٌ . صَفاء * طهارَة
Purl	خريرُ الماء
Purl	خرَّ . هَدَرَ . بَقْبَق
Purloin	سَرقَ . سَلَبَ . اختلَس
Purple	أُرْجُوان « أُرجوانيّ
Purport	مَضمونٌ . مَفاد . مدلول
Purport	دلَّ على
Purpose	قَصْدٌ . غَرَض
on —	عَمْداً . قصداً
to no —	عبثاً . سُدًى
to serve the —	وفَى بالغرضِ
Purpose	قَصَدَ . نوَى
Purposely	عمداً . قَصداً . بالقَصْد
Purr	هَريرٌ . قَرُّ الهِرِّ ‖ هَرَّ . قَرَّ
Purse	كيسُ الدراهِمِ
Purser	أمينُ حسابات السفينة
Purslain, Purslane	نباتُ الرِجلة
Pursuance	تعقُّب . تَتَبُّعٌ . مُلاحَقَة
in — of	الحاقاً بِ
Pursue	تعقَّبَ . تتبَّعَ . اقتفَى اثَر
Pursuit	حِرْفة * متابَعة . ملاحَقَة * مَسعى
Purtenance	عفشة الحيوان المذبوح * تعلق
Purulent	صَديديّ . قَيحيّ * مقيِّح
Purvey	موَّنَ . ورَّدَ أو قدَّم المؤونة
Purveyor	مُتَعهِّدُ توريد المؤونة . المورِّد
Pus	صَديد . قَيْح . مِدَّة
Push	دَفعة ∆ زَقَّة . دفْع
Push	دفَعَ * حَثَّ
— forward	نَجَّحَ . قدَّمَ
— on	حَثَّ . دَفَعَ
Pushing	مِقدام . هُمَام * الدفع . الدسر
Pusillanimity	جبن . خوَر . صغر النفس
Pussy	قِط . هِرّ * قَصيرُ النَّفَسِ * مُقَيِّح
Pustule	بَثْرة . قُرْحة . نفطة
Put	وَضَعَ . حطَّ * قدَّمَ . عرَضَ
— an end to	انهَى . وضعَ حداً لِ
— away	أبعدَ
— by	ادَّخرَ . وفَّر * ترك جانباً
— down	كَبَحَ . قمعَ * أخضَع
— forth	أخرجَ
— off	أطفأ * خلعَ . شلَح * أجَّل
— on	تصنَّعَ * لبِسَ . ارتَدى
— out	اطفأ * خلعَ * اخرَج

— up نصبَ . أقامَ . رفَع
— up with احتَملَ . أطاقَ
Put-off حيلةٌ . حُجَّة . تعلُّل
Putrefaction عُفونة . تعفُّن . نتَن
Putrefy تعَفَّنَ . دبَّ فيهِ الفساد
Putrid مُتعفِّن . مُنتن ✲ فاسِد
Puttee ⟵ قلشين . لفافة الساق
Putty عَجينة . مَعْجون
— knife مِلوَق . سكين المعجون
Puzzle لُغْز ✲ حَيْرَة . مُشكلة
Puzzle حيَّر ✲ حَجَّى
Pygmean قِزميّ . كالقِزمِ . دَميم
Pyjama مِبذلة ○ بيجاما
Pyramid هَرَمٌ ✲ شكلٌ هرميٌّ
Pyramidical هرميٌّ . بشكلِ الهرم
Pyrolatry عِبادةُ النَّارِ
Pyronete مقياس الحرارة العالية . مضرم
Python حَيَّةُ الصَّخْرِ . أَصَلَة
Pyuria بول قيحي . بول صديدي

Q

Quack دَجَّالٌ ✲ بَطْبطَة البَط
Quack دَجَّلَ ✲ بطبطَ
Quackery تَدْجيلٌ . ادِّعاء العلمِ
Quadrangle مربوع الجوانب . رباعي الزوايا
Quadrangular مُربَّع الجوانب
Quadrant رُبْعُ دائِرة ✲ مِزْوَلة مقياس الزوايا
gunners' — آلة الربع . مِزْوَلة المدفعية
Quadratic مُربَّعي . تربيعيّ
— equation مُعادَلة من الدرجة الثانية
Quadric رُباعيّ (في الجبر)
Quadrilateral رُباعيّ الاضلاع
Quadrinomial ذو أربعة حدود (جبر)
Quadruped ذوار بع ارجل . من ذوات الأربع
Quadruple أربعة أضعاف
Quadruple ضاعف ٤ مرات
Quaff جَرَعَ . نَهَل . عبَّ
Quaggy لَيِّن . رَخاخ . اسفنجي ✲ مستنقع
Quagmire أرضٌ ليِّنة . رَخاخ . حمأة
Quail طائرُ السَّلوى أو السُّمَّن
Quail وَهنَ . جبنَ
Quaint انيق . ظريف ✲ غريب ✲ حاذِق
Quake رَجْفَةٌ . هَزَّة ‖ ارتَجَّ . زَلزَلَ
Qualifiable ممكن تكييفهُ أو تعديلهُ
Qualification أهليَّة . لياقة ✲ صِفَة
Qualified ذو أهليّة . لائِق ✲ موصوف
Qualify أهَّلَ ✲ عَدَّلَ ✲ نَعَتَ
Qualitative وَصْفيّ . نَعْتيّ
Quality صِفَة ✲ نَعْت ✲ خَلَّة ✲ نَوْع
Qualm غَثَيان . جيَشانُ النَّفسِ ✲ شكٌّ
— of conscience تأنيبُ الضمير
Quantitative كَمّي . مِقداريّ

Quantity كَمِيَّة . مِقدار . قَدْر . الكم
Quarantine حَجْر صِحّي ٭ محجَر صِحّي
Quarrel عِراك . خِصام ‖ تشاجَرَ . تخاصَمَ
Quarrelsome محب العراك والخصام . منازع
Quarry مَقلَع . محجَر ‖ اقتلعَ الأحجار
Quart مِكيال يسَع ربع جالون
Quarter رُبْعٌ ٭ ناحية . جِهة ٭ حَيّ ٭ رحْمَة . هوادة ‖ قسَّمَ الى ارباعٍ ٭ آوى
Quarterdeck سَطْح مؤخر السفينة
Quartering ايواءٌ ٭ احلال ٭ تربيع
Quarterly كُلّ ثلاثة شهور . فَصْليّ
Quartermaster ∆ صول تعيين ٭ مدير الدفة ٭ ضابط الامدادات والتعيين
Quarters مَسكَن . محل الاقامة
Quarto في قَطْع الربع
Quartz صَوَّان شفَّاف ٭ بلُّور صخري
Quash هَرَسَ . دقَّ ٭ اخمَدَ ٭ الغَى . ابطلَ
Quaver هَزَّة الصوت
Quaver اهتَزَّ . ارتجَفَ
Quay رصيفٌ . أسكلة . مرسى
Queen (ورق اللعب) مَلِكَةٌ ٭ البنْت
Queer غَريب . شاذّ ٭ مُتوعِّك المزاج
Queerly بغرابةٍ . خِلافاً للعادة
Quell قَمَعَ . أخمدَ ٭ سَكَّن
Quench أطفأ . رَوى
Querist سَائِلٌ . مُستَفهِم . مُستَعْلم
Querulous مُشْتَكٍ . متذمِّر . ضَجِر
Query سُؤَال . اسْتِفْهام
Query سأَلَ ٭ شَكَّ في

Quest حاجة . طلَب . سُؤال ٭ بَحْثٌ
Question سُؤَال ٭ مَسْألة . مَوْضُوع ٭ نِزَاع
call in — ارتابَ في . شَكَّ
out of the — خارجٌ عن الموضوع
Question سَأَلَ . استَجْوَبَ ٭ شَكَّ في
Questionable فيه نَظَر . فيه خِلاف
Quibble مُحاوَلة . مراوغة ‖ راوغَ
Quick سَريع ٭ حادٌ ٭ حَيّ
as — as possible بأسرَع ما يمكن
Quicken اسرَعَ . عَجَّلَ ٭ انْعَش
Quicklime جِيرٌ حيّ . كِلْس حَيّ
Quickly سريعاً . فَوراً . حالاً
Quickness سُرعة
Quicksand رمل تسوخ فيه الأرجل . وعثاء
Quicksilver زِئبق . فرَّار ٭ زئبقيّ
Quiescence هُمود . هُدوء . طمأنينة
Quiescent ساكِنٌ . هادِيء . هامِد
Quiet سُكُون ٭ ساكِن . هادِيء ٭ صامِت
on the — سِرّاً ٭ بلا ضوضاء
Quiet هَدَّأ . سَكَّت ٭ اراحَ
Quietly بسكون . بهدوءٍ
Quietude سُكُوتٌ . هُدوء . طُمَأنينة
Quill رِيشةٌ ٭ قلَم من ريشةٍ ‖ جَدَلَ
Quilt لحافٌ ‖ ضرَّبَ . خاطَ تضريباً
Quince سَفَرْجَل
Quinine كِينا
Quinsy التهابُ اللوزتين التقيُّحِي
Quintal قنطار انجليزي
Quintuple خمسة اضعاف

Quire طليحة . فَريدَة ورق
Quirk رَوْغَة . زَوْغَة * حِيلَة
Quit خالصٌ . بَريءٌ « الذمَّة »
Quit تَرَكَ * هَجَرَ . اقلَعَ عن * برَّأَ
Quite تماماً . كُلِّيَّةً * نهائياً
Quittance مخالصة . صَكُّ المخالصة
Quiver رَجْفَة . رعشة * جُعْبَة ‖ ارتجفَ
Quiz أُحْجِيَّة △ حَزّورة
Quiz سَخِرَ به
Quizzical هزلي . مُزاحيّ * مُعقد
Quondam سابقٌ . من قبل . أسبَق
Quorum عَدَدُ الاعضاءِ الكافي . نِصاب
Quota حِصَّة . سَهم . نصيب
Quotable يصحّ أن يُستشهد بهِ
Quotation اقتباس * ثَمَن . سِعر
Quote اقتبسَ . نقلَ عن . ذكَرَ . استشهد بـ
— a price عَرَضَ سِعراً . قدَّمَ ثَمناً
Quoth قالَ . نطَقَ . فاهَ
Quotidian يَوْمي . كُلّ يَوم * عادِي
Quotient خارِجُ القِسْمَةِ * الحاصلُ

R

Rabbi حاخام * حَبْر . ربّان * سَيِّد
Rabbinical حاخامي * تلمودي
Rabbit أرنب . الأرنبُ البيتي
Rabble الرَّعاع . السُوقة . الدهماء
Rabid كَلِبٌ △ مَكلوب * هائِج
Rabies داءُ الكَلَبِ . سُعر

Race سِباق . مسابقة * فَصيلة * سُلالة . جِنس * أصْل ‖ سابَقَ . جارَى
— course مِضمار . ميدان السباق
— horse حِصانُ السباقِ
horse — سباقُ الخيلِ
Racer مُسابِق * حصانُ سباقٍ . جَواد
Racial سُلاليّ . جِنسيّ . عنصري
Racism سُلالية . عنصرية
Rack آلة تعذيب بمط الجسم * مشجَب * رَف خفيف △ شَمّاعة * حَمّالَة
put to the — عَذَّبَ
Rack عَذَّبَ * أتْعَب
Racket مِضْرَب الكُرَة * ضَجيج . عَرْبدَة * مخادعة
Racy نَشيط * ذكيّ الطعم * حريف
Radial كُعْبُري * شعاعي
Radiance تألُّق * بَهاء . لمعان
Radiant مُشِعّ . لامع . مُضيء
Radiate شَعَّ . تَشعَّعَ * لَمَع
Radiation تَشعُّعٌ . إشعاع * لمعان
Radiator مُشِع الحرارة . دفائة * خزان تبريد السيارة
Radical جِذْر . أصْل * أصليّ . أساسي * خِلقي * كُلّي . تامّ * متطرّف
— quantity كَمِيَّة جذريَّة
Radically أصلاً * أساساً . جوهرياً
Radicle ساق جِذريّ . سُوَيق
Radii (Radius جَمْع) أنصافُ أقطارٍ

Radioactive مُشِع . نافِذ الاشعاع
Radio communication مخابرة لاسلكية
Radish فُجل . فُجلَة
Radius نِصف قُطر * عَظم الكُعبُرة
Raft طَوفٌ . رَمث △ رُومس
Rafter عارِضة . رافِدَة . عِرق خشب
Rag خِرقَة . خَلَقة △ كهنة
Rage حِدَّةٌ . غضَب . هياج || هاجَ
fly into a — استشاطَ غضَباً
Ragged رَثٌّ . بالٍ * غير مُمهَّد
Raging حانِق . مُغتاظ . متهيّج
Raid هُجومٌ . كَبْسة || كَبَسَ . هاجَمَ
Rail قَضيبٌ . شَريط حَديديّ
Rail عيَّرَ * سوَّر
Railing حِظار △ درابزين * تعيير
Raillery تعيير . تهكُّم . △ تنبيط
Railway السكَّة الحديدية . سكَّة الحديد
Raiment ثياب . لباس
Rain مَطَرٌ . غَيث || أمطرَ . هطلَ كالمطَر
Rainbow قَوسُ قزَح
Raindrop قَطرة مطر
Rainfall نزولُ المطرِ . هَطْل المطر
Rainy مُمْطِرٌ . ماطِر
Raise رَفَعَ . علَّى * شيَّد . أقام * جَمَعَ * رَبَّى * زرَعَ * أنشأ
Raisin زَبيبة . زَبيب « العنب »
Rake جرَّافة * خَليعٌ || جَرَفَ
Rally لمَّ « الشَّعثَ » . ضَمَّ * مَزَحَ مع

Ram كَبش ضأن * مَنْجَنيق الحرب * مِدَكَّة * مِندالَة || دكَّ
Ramble تنزُّه . تطواف || جالَ . طافَ
Ramification شُعبة * تفرُّع . تشعُّب
Ramify شعَّبَ . تشعَّب . تفرَّعَ
Rammer ميطدة . ← △ مِندالة . مِدَكّ
Rampancy تجاوزُ الحدّ * طغيان * طَفر
Rampant طافر . شابٌّ على مؤخَّرتيه
Rampart مِتراس * سُور . حاجز
Ramrod مِدكُّ البندقيَّة وغيرها
Rancid زَنِخ . سَبِخ . مُخِمّ
Rancidity زَنَخ . عفونة
Rancorous مُغِلّ . حَقُود
Rancour غِل . حِقد . ضَغينة
Random اختباط . اعتباط . جُزاف
at — خَبْطُ عشواء . عَفواً . كيفما كان
Range صَفٌّ * مجال . مَدَى * مَرمَى
— of mountains سلسلة جبال
— of a gun مَرمى المِدفع
cooking — △ وابورُ الطبخ . مِطبَخ
Range صَفَّ . نسَّقَ * بوَّب * طافَ . جالَ * حاذَى
Rank صَفٌّ * رُتبة . منزلة * غزير النموّ * كثٌّ * زَنِخ || صارَ في عداد * صفَّ
Rankle التهبَ * تسمَّم * حقد على
Rankness كثافة * حِدَّة * سنخ
Ransack نقَّبَ . فتَّش * نهب

Ransom فِدية . فِداء || افتدَى
Rant ثَرثَر ☆ عجّ في الكلام
Rap دَقّة ☆ خبطة || قرَعَ . دَقّ ☆ خطف
Rapacious سلاّب ☆ مُفترِس . ضار
Rapacity جَشَع ☆ ضَراوَة
Rape نوع من اللفت . شلجم ☆ اغتِصاب . فِسْق باكراه
Rape اغتصبَ امرأةً ☆ خطف
Rapid سريع جداً . مستعجِل
Rapidity, Rapidness سُرعة
Rapidly بسرعة
Rapids مُنحدِر أو تيّار النهر . شَلاّل
Rapier سَيْفُ الوخز △ شِيش
Rapine سَلْبٌ . خَطْف || اغتصَبَ
Rapt ذاهِل . تاله ☆ مستغرق (في الطرب)
Rapture ذُهُول . تَلَه . هُيام . نشوة
Rapturous يُتْلِهُ . يُذهِل العقل
Rare نادِر . عَزيز ☆ قليلُ الكثافة
Rarely نادراً . في ما نَدر
Rarity نَدرة . قِلَّة وجود أو وقوع
Rascal وَغْد ☆ خَبيث . مُحْتال
Rascality لُؤم ☆ خُبْث . احتيال
Rase مَحا . محَقَ . طمَس ☆ هدَم ☆ حلق
Rash طَفْحٌ جِلدي ☆ متهوّر . عَجول
Rashness تَهوُّر . طَيْش . اندفاع
Rasp مِبْرَد خَشِن ☆ مِبْشرة
Rasp حَكّ . بَشَرَ
Raspberry ←← توتُ العُلّيق

Rat فأر . فأرة . جُرَذ
Ratable تستحق عليه ضريبة
Rate سِعْر ☆ مُعدَّل ☆ درَجة || ثمَّنَ
at any — كيفما كان . على أيّ حال
at the — of بنسبة أو مُعدَّل « كذا »
first — اوَّل درَجة
Rather بالأحرى . بالأولى ☆ نوعاً
Ratification تصديق . مُصادَقة
Ratify صَادقَ على . أجازَ
Ratio نِسْبَة ☆ معَدَّل ☆ دَرَجة
Ration وظيفة △ جراية △ راتب . تعيين
Rational معقول ☆ ذو عقلٍ . عاقل
Ratline سُلَّمُ الصاري
Ratsbane سُمُّ الفأرِ
Rattan خيزران
Rattle خشخشةٌ . صليل || خَشْخَشَ . صَلَّ
death — حشرجة الموت
Rattlesnake افعى ذات الاجراس . قرطال
Raucity بُحّة الصوت . جشّة ☆ شَنْشَنَة
Ravage خرَّبَ ☆ نَهبَ ☆ عاثَ
Rave هذيانٌ || هَذى . هذَرَ . اهْتَرَ
Ravel حلَّ . فكَّ ☆ نسَلَ
Raven الغُرابُ النوحي ☆ سَلْبٌ || نَهبَ
Ravenous كاسِرٌ . جارح . مُفترس
Ravine وادٍ ضيِّق . خَنْدَق . وهدة
Raving هاذٍ △ مخطرِف ☆ متهيِّج
Ravish اختطَفَ . اغتصَبَ ☆ افتتَنَ
Raw فِجّ . نِيء ☆ خامٌ . غير مشغول ☆ ناقِصُ الدراية والدُربة ☆ مَسْحُوج

Rawhide سَوْط . جَلدة △ كُرباج
Ray شُعَّة . شُعاعة * سفَنٌ (سمك) ‖ شعَّ
rontgen —s الاشعة السينية
Raze أبادَ . محقَ . هدَم * حلقَ
Razor مُوس « الحلاقة » . مُوسَى
Razor-strop △ قايِشُ « الموسِ »
Re من خصوص . بالنظر الى
Re- بادئةمعناها«ايضاً ، ثانية ، من جديد»
Reach مدَى * بُلوغ . وصول * وسع
beyond — بعيدُ المنالِ . لا يُدْرَك
within — سهل المنال
Reach بلغَ . أدْرَك *وَصَل *امتدَّ *مَدَّ
React ضادَّ . قاومَ *ردَّ الفعل
Reaction مقاومة.ردُّالفعل.ارتكاس*تفاعُل
Reactionary رَجْعِيّ *تفاعُلي *ارتكاسى
Read مقروءٌ ‖ قرأ . طالَعَ . تَلا
— out قرأ بصوتٍ عالٍ
Readable صالِح للقراءة . يُقْرَأ
Reader كِتاب مُطالعة *قارئ
Readily باستعدادٍ * حالاً
Readiness قَبول * تأهُّب * سُرعة
Readmit قَبِلَ من جديد . عادَ فأدخلَ
Ready مستعِدّ * جاهِز . حاضِر
— made جاهز . حاضر
— money نَقداً . فَوراً
to get — استعدَّ
to make — أعدَّ
Reaffirm اكَّدَ ثانيةً . كرَّرَ التأكيدَ
Real عَينيّ *حقيقيّ . ثابت

— estate عقار . ملك ثابت . نَشَب
Realist واقعى . لايعمد الى الخيال
Reality عَيْنيَّة *حقيقيَّة . صِحَّة
Realization فَهْم . استيعاب * إدراك
Realize أدرَكَ * حَوَّلَ الى نقود
Really حقاً . حقيقةً . من غير شكّ
Realm مملكة . دولة * ناحية *حيز
Ream رِزمة ورقٍ . ماعون (فى سوريا)
Ream وسَّعَ الخَرْق
Reanimate أحيا . أنعشَ . نَشَّط
Reap حَصَدَ . جَنَى * حَصَّل
Reaper حاصِد . حَصَّاد * آلة الحصاد
Reaping-hook مِحَشّ . مِنْجَل
Reappear عادَ فظهرَ . بانَ ثانيةً
Reappoint عادَ فعيَّنَ . عيَّنَ ثانية
Rear مؤخَّر . خَلْف * خَلْفِيّ
‖ ربَّى *احتضنَ *شبَّ الحِصانُ *شيَّدَ
Rear-guard مؤخَّرةُ الجيشِ . الساقة
Rearmament تسلُّح او تجديد السلاح
Rearmost الاخير . آخر الكُلّ
Reascend صعِدَ ثانيةً . عاد فصعدَ
Reason عَقلٌ * إدراك * سَبَب * حَق
Reason حاجَّ . ناقَشَ * تَعقَّل
Reasonable معقول . سَديد * معتدِل
Reasoning تعقُّل . تفكُّر * جِدال
Reassemble اجتمعوا ثانية *جمَّع
Reassess عدّل تقدير الضرائب
Reassurance تطمين * تأكيد
Reassure طَمَّنَ . سكَّنَ الروعَ

Rebate خَصْم.إسقاط . تنزيل السعر.حطيطة
Rebel عاصٍ . متمرِّد ‖ تمرَّدَ . ثار
Rebellion تمرُّد . عِصيان . ثَورة
Rebellious عاصٍ . متمرِّد . ثائر
Rebound رَجَعَ *رَدَّ * ارتدَّ . نطَّ
Rebuff خَيْبَةٌ . رَفْض ‖ رَدَّ . خَيَّبَ
Rebuild بنى ثانية . جدّد البناء
Rebuke زَجْرٌ . إنتهار ‖ زَجَرَ . انتهر
Rebut دَفَعَ التُّهمة . ردَّ على الادعاء
Recall تذكَّرَ *استعادَ . سَحَبَ *استدعى
Recant أنكَرَ . جَحَدَ * استرجع
Recapitulate أجملَ القولَ.لخَّص الشرح
Recapture استرجاع غنيمة. استرداد ‖ استردَّ
Recede تراجَعَ . تقَهقَر . تَنحَّى
Receipt استلام * ايصال
Receipt أعطَى وصلاً
Receipts ايرادات . متحصلات
Receive استلمَ . تسلَّمَ *ساعَ *قَبَضَ
Receiver مستلمٌ *قابل *سَمَّاعة التلفون
* جهاز استقبال (لاسلكى)
Recency, Recentness جِدَّة . حداثة
Recent حَديث . جَديدُ العَهْد
Recently من عهد قريب . حديثاً
Receptacle وعاءٌ *قابل . حامل *غِلاف
Reception استقبال . قَبُول * إستلام
Receptive قابِلٌ .حافظ . واعٍ
Recess مُدَّة العُطله * خَلوة . مَعزِل
* تجويف . فجوة * سِرّ
Recipe تذكرة طبيَّة . وصفة علاج
Recipient قابِل . مُستلِم
Reciprocal مُتبادِل . مُشترَك
Reciprocate تبادلَ . أخذَ وأعطى
Reciprocity تبادُلَ المعاملة
Recision قطع . بترْ * حذف
Recital تِلاوَة . سَرد * قِصَّة
Recitation تسميع . تِلاوة . القاء
Recite سَمَّعَ . تلا * سَرَدَ
Reckless طائش . طيَّاش . عَجُول
Reckon حَسَبَ . عَدَّ * قدَّر . ظنَّ
— on, — upon اعتمدَ على
Reclaim طلبَ ردَّ الشيء *استردَّ *أصلحَ
Recline أحنى * انحنَى * اتَّكأَ
. اضطَجَعَ
Recluse معتزِل . متوحِّد . متنسِّك
Reclusion عُزلة . اعتكاف . تفرُّد
Recognition تمييز * قَبول . اعتراف
Recognizable منظور . مُدْرَك . ظاهر
Recognize عَرَفَ . ميَّزَ * اعترفَ بـ
Recoil انتكصَ . تراجَع . ارتَدَّ
Recollect تذكَّرَ . فطَنَ * استردَّ
Recollection ذاكِرَةٌ . بال * ذِكْر
Recommence اعاد الكرَّة . استأنَفَ
Recommend اوصى بِـ . مدَحَ
Recommendation توصية
Recompense مُكافاةٌ ‖ جَازَى . كافأ
Reconcile صالَحَ . وَفَّق بين
Reconciliation مصالحة . وفاق . تسوية
Recondite سِرّي . غامِض . خَفيّ

Reconnoitre تجسّسَ . استَطلَع
Reconsider أعادَ النظرَ . راجَعَ
Reconstruct بَنَى ثانية . جَدَّدَ البناء
Record مَحْضَرٌ * سِجِلّ ‖ سَجَّلَ . دَوَّنَ
on — مُدَوَّن . مُسَجَّل
Recorded مدوَّن . مسَجَّل * جهاز تسجيل
Recount رَوَى . حدَّثَ * عدَّدَ . عدّ ثانية
Recourse التِجاءٌ . استنجاد
to have — to التجأ الى
Recover اسْتَرَدَّ * شُفِي . تعافى . نَقِهَ
Rocoverable يُستَرَدُّ . ممكن استرداده
Recovery استِردادٌ * شِفاء . نَقْه
Recreant دَنِيءٌ . نَذْل * مُسْتَسْلِم
Recreate انعشَ . شرحَ الخاطر
Recreation انعاش . تسلية . تنزه
* فترة الاستراحة والنزهة
Recriminate قابلَ السبّ بمثلِه . هاترَ
Recrimination تَسابٌّ . مُتاهَمَة . مُهاتَرَة
Recrudescence تجدد . عودة النشاط
Recruit مَدَدٌ * جُنديّ جديد
Recruit أمَدَّ * قوَّى . انعشَ * جنَّدَ
Recruiting جمعُ الرجال للعسكريَّة . تجنيد
Rectal مستقيمي . نسبة الى المستقيم
Rectangle شكل مستطيل قائم الزوايا
Rectangular قائم الزاوية او الزوايا
Rectify صَفَّى ∆ كَرَّرَ . قطَّر
* نَقَّى * نقَّحَ . صحَّح
Rectilinear محدود بخطوطٍ مستقيمة
Rectitude صِحَّة . صَواب * إستقامة

Rector رئيس مدرسةٍ عالية * قِسّيس
Rectory أبْرَشِيَّة . قَلاّيَة . مسكن
راعى الكنيسة
Rectum المستقيم . مُنتهى القناة الهضمية
Recumbence اتِّكاءٌ * هُجوع
Recumbent مُتَّكِئٌ . مُضطَجِع
Recuperate استجَمَّ . استردَّ عافيته
* شفى . عوَّض
Recuperative مُبرِئٌ . شافٍ * معوِّض
Recur دَارَ . تكرَّر . عاد * خطَر بالبال
Recurrence تَكرار . عَوْد . تَواتُر
Recurrent متكرِّرُ الوقوعِ . مُتواتِر
Red احمر . حَمْراء * لَوْن احمر
Redbreast ابو الحِنّ أو الحَنَّاء (عُصفور)
Red Cross مؤسسة الصليب الأحمر
Redden حمَّرَ * احمرَّ * خَجِلَ
Reddish مائل الى الحُمْرَة
Redeem افتَدَى . فَدى * فكَّ الرهنَ
— a promise وفى بالوعد
Redeemer فادٍ . مخلّص
Redeliver أرجَعَ . اعاد . ردَّ
Redemption فِداءٌ . فِدْية * استِرداد
Red-handed متلبِّس بالجريمة
Red-hot حامٍ لدرَجَة الاحمِرار
Red-lead سَلاقون
Redness حَمارٌ . احمرار . حُمْرَة
Redolence, Redolency عَبير . شَذا
Redolent عِطريّ الرائحة * عابِق
Redouble ضاعفَ * زادَ اضعافاً

Redoubtable مـخُوف . مُريع ٭ جبار
Redress انصافٌ ٭ جبر ‖ أنصفَ ٭رفع
Re-dress جدّدَ ضماده ٭لبسَ او ألبس ثانية
Red-tape إجراآت رَسميَّة عقيمة
Reduce خفَّضَ . نقَّص ٭ اخضَع . قهَر ٭ احوجَ . الزَم ٭ حَوَّل الى ٭ رَدَّ
to — a dislocation رد العظم المخلوع
to — a fraction حطَّ او اختزل الكسر
Reduction تنقيصٌ . تخفيض ٭ إخضاع ٭ رَدٌّ . جبْر ٭ تحْويل ٭ معادلة
Redundance زيادة . فَضلة ٭ حشْو
Redundant زائِد . فائِض ٭ مُطوَّل
Re-echo ردَّدَ صدى الصوْت
Reed قَصَبَة △ غابَة ٭ نَاي . مِزمار
Reef شُعْب . صُخور البحر ٭ طيَّة قلع
Reef طَوى القِلْعَ
Reek بُخارٌ ‖ بخَّرَ . تَبَخَّر ٭ فاح
Reel وشيعة . بَكَرَة ٭ تمايُل
Reel تمايَلَ . لَفَّ
Re-elect اعادَ انتخابه . انتَخَبَ ثانية
Re-eligible يَصلُحُ للانتخابِ من جديد
Re-examine فحصَ ثانية ٭اعاد الامتحان
Refection أكْلَة خفيفة. سد جوع. تصبيرة
Refectory قاعة الاكل فى المدارس
Refer أشارَ الى ٭ استشهدَ بـ ٭ أحال
Reference شَهادة ٭ استشهاد ٭ مَرْجِع ٭ إسناد ٭ إشارَة . دلالَة
with — to بشأنِ . من خصوص . ايماء لـ
Referential إستشهادى . يُستَشْهَد به

Refill مِلئةٌ ثانية . تعبئة ‖ملأ ثانية
Refine مَحَّص. كَرَّرَ. نَقَّى ٭ هَذَّب
Refined مكَرَّر . مُصَفَّى ٭ مُهَذَّب
Refinement تكرير ٭ تهذيب ٭ دماثَة
Refinery مَعْمَل التكْرير او التصفية
Refit رَمَّم . عَمَّرَ . أصلح ٭ جَهَّزَ ثانية
Reflect عَكَسَ . انعكسَ ٭ تأمَّل
Reflection انعكاس . انكسار ٭ صورة منعكسة ٭ تأمُّل
angle of — زاوية الانعكاس
Reflective عاكِس. كاسِر ٭مُتَأمِّل
Reflector آلة عكْس النور والحرارة
Reflex منعكسٌ ٭مُنْحَنٍ ‖ عكَسَ. عقف
— action حركة انعكاسية اى غير ارادية
Reflux رجوع . نُزول ٭ جَزْر
Reform اصلاحٌ . تقويم ‖ اصلحَ . قوَّم
Reformation اصلاح . تهذيب
Reformatory اصلاحِيٌّ ٭ اصلاحيّة
Reformer مُصْلِح
Refract عكَسَ اشعّة النورِ اوكسرها
Refraction كَسْرُ الأشعَّةِ . انكسار
Refractory جَمُوح . شَكِس . متمرّد
Refrain قرارٌ . مذهب
Refrain امتَنَعَ . امسَكَ عن
Refresh قوّى . انعَشَ ٭رطَّب
Refreshment إنعاش. تنشيط ٭ ترطيب ٭ مُنْعِش. مرطِّب ٭ قوت
—s مرطبات.مشروبات او مأكولاتخفيفة
Refrigerate مُبرِّدٌ ‖ بَرَّدَ .رَطَّبَ

Refrigerating تبريد . تثليج
Refrigerator ثلاجة . مُبرِّدة . برَّادة
Refuge مَلجأ . مأوى ✿ ملاذ . مَهرب
to take — التجأ . لاذَ . اعتصم
Refugee مُلتجىء . مُحتمٍ . لائذ ✿ مهاجر
Refulgence لمعان . تألُّق ✿ رونق . بهاء
Refulgent متألِّق . لامِع
Refund رَدَّ △ سَدَّدَ . دَفَعَ ما عليه
Refusal رَفْضٌ . إمتناع ✿ حق الاختيار
Refuse فَضْلة . نُفاية ✿ كُساحة
Refuse رفَضَ . أبى
Refutable منقوض . مدحوض
Refutation نَقْضٌ . تَفْنيد . دَحْض
Refute نَقَضَ . فنَّد . دَحَض
Regain استردَّ . استعادَ . استرجَع
Regal ملَكيٌّ . مختصٌّ بالملوك ✿ فاخر
Regale مأدُبَةٌ ‖ أدبَ . أولمَ ✿ أتحَفَ
Regard التفات . اعتبار ✿ مُناسَبة
in — to نظراً الى . من خصوص
in that — من هذا الخصوص
out of — to اكراماً له
with — to من خصوص
Regard اعتبرَ ✿ خَصَّ . عَنى
Regardful مُلتَفت . منتَبه . مُصْغٍ . مهتمّ
Regardless عديم الاهتمام
— of بقطع النظر عن
Regards سلام . تحيَّات . احترامات
as — من خصوص « كذا »
Regency مركزُ نائبِ المَلِك

Regenerate مُتَجَدِّد . مُهتدٍ
Regenerate هَدَى . جَدَّدَ
Regeneration تجدُّد القلب ✿ تجديد ✿ تولّد
Regent نائبُ الملك أو السلطان . رافِد
Regicide قَتْلُ الملوك ✿ قاتل الملك
Regime أسلوب الحُكم ✿ ترتيب المعيشة
Regimen حمية . تدبير غذائي ✿ نظام
Regiment آلايٌ . فرقة عسكرية ‖ نظَّم
Regimentals الكُسوة العسكريَّة
Region إقليم . مَنطِقة . قُطْر
Register سِجِلٌّ ‖ سَجَّلَ . دَوَّن
Registered مُسَجَّل . موصى عليه
Registrar مُسجِّل او موثق العقود الرسميَّة
Registration تَسجيل . تدوين
Registry قلمُ الكتّابِ ✿ تسجيل
Registry-office مكتب تسجيل العقود
Regress ارتدادٌ ‖ رجعَ . ارتدَّ . نكص
Regression ارتداد ✿ ردَّة . عَوْد . تقهقر
Regret أسَفٌ ‖ تأسَّفَ . نَدِمَ على
Regretful متأسِّف . آسِف . نادم
Regular منتظِم ✿ قانوني ✿ قياسيٌّ ✿ نظامي
Regularity نِظام ✿ قانونيَّة ✿ تَناسُق
Regularly بانتظام . باطِّراد ✿ قانونياً
Regulate رتَّبَ . نظَّم ✿ عدَّلَ ✿ ضبط
Regulation قاعدة . نظام . قانون ✿ تنظيم
Regulator آلة ضبط سُرعة الحركة . منظِّم
Rehabilitate رَدَّ اليه اعتباره او حقوقه
Rehearsal تمرين على الالقاء ○ بروفه

Rehearse قَصَّ * تلى . سَمَّع
Reign حُكْمٌ ‖ تسلَّطَ * حَكَمَ
Reigning مُتَسَلِّط . سائِد * حاكِم
Reimburse أوفى . ردَّ المطلوب منه
Rein عِنانٌ . زِمام ‖ لَجَمَ * كَبَحَ
give the —s to اطلقَ له العنان
Reincarnate جسَّدَ او تجسّد ثانية
Reindeer رَنّه . وعِلّ . ايل
Reinforce عزَّزَ بالجنود * قوّى * أمدَّ
Reinforced مُسَلَّح . مقوى
Reinforcement مَددٌ * امداد * تقوية
Reins الكليتان * الحقوان . الخصر *زمام
Reinstall وَظَّفَ او عيَّن من جديد
Reinstate أعادهُ الى منصبه او مركزه
Reinsurance تأمين التغطية
Reiterant مُرَدِّد . مكرِّر . مُعيد
Reiterate رَدَّدَ . كَرَّر . أعاد
Reject نبَذَ . طرَح * رفَض
Rejoice فَرِحَ . تهلَّلَ . طَرِبَ
Rejoicing فَرَحٌ . طرَب * فرحان
Rejoin لحِقَ * انضمَّ الى * جاوَب
Rejoinder الرد على أقوال المدعى
Rejudge حاكم من جديد . اعادَ النظر
Rejuvenate جَدَّدَ شَبابه
Rejuvenescence إعادَةُ الشباب .تشَبُّب
Rekindle أضْرَمَ من جديد
Relapse انتكاسٌ ‖ انتكَسَ

Relate قَصَّ * انتسَب الى . خَصَّ
Relation عِلاقة . نِسبة * نَسيب . قريب
in — to بالنسبة الى
Relationship صِلَةُ القرابة * عِلاقة
Relative نَسيب . قَريب * نِسْبِيٌّ * مَوْصُول (فى النحو)
Relatively بالنسبةِ الى * نسبيًّا
Relax استرخى * أرخَى . حَلَّ * ترهَّل
Relaxation تراخٍ * إرخاء . حلٌّ *اراحة
Release اطلاق . عَتْقٌ ‖ أطلَقَ . حَلَّ
Relent لانَ . رَقَّ * رَضَخ
Relentless عديم الرحمة . لا يلين
Relevancy مُطابقة . سَداد * لياقة
Relevant مناسِب.سديد . موافِق *مختص
Reliability اعتماد . اتكال . وثوق
Reliable ثِقَة . يُعوَّلعليه . يُركَنَ اليه
Reliance وُثوق . اتِّكال . اعتماد
Relics آثار . بَقايا . ذَخائِر
Relief نَجْدَة . مَدَد* بدَل*إراحة *بروز
Relieve أعفى * خَفَّفَ عن *رفعَ عن * أسْعَف . أنجَد * أراح
Religion دِينٌ . ديانة * مُعْتَقَد
Religious دَيِّن . تَقِيّ * دِينيّ
Religiousness تَدَيُّن
Relinquish تَنَحَّى عن . هَجَرَ
Relish طَعمٌ *نكهة ‖ استلذَّ . استطعَمَ
Reluctance تردُّد . احجام *اشمئزاز
Reluctant ممتَنِع . محْجِم . مُشمئز
Reluctantly على مضض . باحجام . نفوراً

Rely, on وَثِقَ به . اعتمدَ. اتَّكلَ على
Remain فضَلَ. تَبقَّى ٭ بَقِيَ. ظَلَّ
Remainder بقيَّة . باقٍ ٭ فَضْلة
Remains فَضَلات . بقايا ٭جُثَّة الميت
Remand اعتقالٌ ‖ رَدَّ ٭أعادَ الى السجن
Remark اشارةٌ. مُلاحظَة ‖ لاحَظَ
Remarkable شَهير . فائق . مُعْتَبَر
Remarry تزوجَ ثانيةً
Remasticate ▵اشْتَرَّ. اجترَّ. كرر المضغ
Remediable قابِلُ العلاج . يُعالَج
Remedial عِلاجيّ ٭ إصلاحيّ
Remedy عِلاجٌ ٭تعويض ‖ عالجَ. أصلحَ
past — لا يُعالَج . لا يُشفى
Remember تذَكَّرَ. ذَكَرَ. فَطِنَ الى
— me to... بَلِّغْ تحياتي الى
Remembrance تذَكُّر ٭ ذِكْرى
in — of تذكاراً لكذا . لذكرى
Remind ذَكَّرَ. فَكَّر
Reminder تفكرة ٭ استعجال
Reminiscence تَذْكار . ذِكرى
Reminiscent مُذَكِّر . مُفَكِّر
Remiss متوانٍ . متراخٍ . مقصّر
Remissible مغتفَر . مصفوح عنه
Remission غُفران . مَغْفِرة . صَفْح
Remissness اهمال . تهاوُن
Remit أرسلَ نقوداً ٭أحالَ. حَوَّل ٭أرجع
٭ تجاوزَ عن ٭خَفَّ. نقص ٭هجع . فتر
Remittance تحويل ماليّ ٭ إرسال نقود
Remittent مُتفتِّر . مُتَقطِّع

Remitter, Remittor محول النقود. الراسل
Remnant بقيَّة . فَضْلة ٭ قُطعة
Remonstrance احتجاج . إعتراض
Remonstrant محتجّ . مُقيم الحُجَّة
Remonstrate احتجَّ . اعترَضَ على
Remonstrative احتجاجيّ
Remorse تَبْكيت أو تأنيبُ الضمير
Remorseful حَيُّ الضمير
Remorseless حجريّ القَلْب. فاقد الضمير
Remote قاصٍ . ناءٍ . بعيد ٭ غريب
— control جهاز اتصال بعيد او عن بعد
Remoteness قَصاءٌ . نأي . بُعْد
Removable يُنْقَل . يمكن نقله
Removal نَقْلٌ ▵ عِزال ٭ إزالة
Remove نقلَ ٭ أزالَ ٭ نزعَ ٭ ارتحَل
Remunerate كافأَ . عوَّضَ . أعاض
Remuneration مكافأة . عِوَض
Remunerative مكافِىء . معوِّض ٭ مربح
Renal كُلْويّ
Renascent مُتَجدد . ناشىءٌ أو بادٍ ثانية
Rend مزَّقَ . شَقَّ . قَطَّع
Render رَدَّ . أرْجَع ٭ قَدَّمَ ٭ صَيَّر
to — a judgement أصدرَ حكماً
Renegade مُرْتَدٌّ عن الدين ٭ مارقٌ
Renew جَدَّدَ ٭ استأنَف
Renewal تجديد . استئناف
Rennet إنفَحة ▵منفَحَة (لتجبين اللبن)
Renounce نَبَذَ . رفَضَ . تبرَّأ من
Renovate جَدَّدَ . صَيَّر جديداً

Renown صِيتٌ حَسَن . سُمعة حميدة
Renowned شهير . حَميد الصيت
Rent ايجارٌ ☆ مَزْق ‖ اجَّرَ ☆ استأجر
Rental ايجار . أُجْرَة . قيمة الايجار
Renunciate أنكرَ . نبذَ . تبرَّأ من
Renunciation إنكار . نَبْذ . تبرؤ من
Reoccupy احتلَّ ثانية
Reopen فتحَ ثانيةً . فَتَحَ بعد قفل
Reorganize عادَ فنظَّمَ . رتَّبَ ثانيةً
Repair اصلاحٌ . ترميم ‖ أصلحَ . رمَّم ☆ ذهبَ أو التجأ الى ☆ عوَّض عن
out of — لا يمكن ترميمه
Reparable ممكن اصلاحه ☆ يُعَوَّض
Reparation إصلاح ☆ تعويض . ترضية
Repartee سرعة الرد . جواب حاضر
Repast وليمَة ☆ أكْلَة . وَجْبَة
Repay جازَى . كافأ ☆ وفَى . سدَّدَ
Repayment مجازاة ☆وفاء ☆ الدفع ثانيةً
Repeal نَقْضٌ ‖ فَسَخَ . نَقَض
Repeat تكرارٌ ‖ كَرَّرَ . أعاد . ردَّد
Repeatedly تكراراً . مراراً
Repeating تكرار . ترديد . إعادة
— decimal كَسْر عُشْرِيّ دائر
Repel ردَّ . دَرأ ☆ دافَع . ذَبَّ
Repellent صادٌ . راد ☆ مسبب الاشمئزاز
Repent ماد . مفترش
Repent نَدِمَ . تابَ . تأسَّف
Repentance تَوْبَة . ندامة . اسَف
Repentant تائِب . نادِم . آسف

Repercussion انعكاس☆عكس . ترجيع
Repetend العدد الدائر في الكسر(حساب)
Repetition تكرار . ترديد☆تسميع . القاء
Repine تململ . تذمَّر . تظلَّم
Replace استبدلَ ☆سَدَّ مَسدّ ☆ أرجعَ
Replenish سَدَّ النَقْص ☆ أشبَعَ
Replete مُمتلىء . مُفعَم . طافِح
Repletion إمتلاء . اكتظاظ
Reply رَدٌّ . جواب ‖ رَدَّ على . جاوَبَ
— paid خالِص الرد
in — to ردّاً على
Report تَقْرير ☆ خبَر ☆ إشاعة ☆ طلقة سلاح ناري ☆ صَدى الصوت
Report كتَبَ تقريراً ☆ بَلَّغَ
— one's self to — قدَّم نفسه الى . حضر أمام
Reporter مُخْبِر ☆ مُحَرِّر ☆ مُبَلِّغ
Reposal استيداع . ايداع . وَضْع
Repose رَاحَة ☆ إطمئنان
Repose استراحَ ☆ وضَع
Repository مَخْزَنٌ . مستودَع
Repossess استرجعَ ملكيَّة الشيء
Reprehend عنَّفَ . وبَّخ . انتهَر
Reprehensible يستوجب التعنيف
Reprehension لَوْم . تَعْنيف . زَجْر
Represent نابَ عن . مَثَّلَ ☆ اظهَر
Representation نيابة . وكالة☆تمثيل☆اظهار
Representative وَكيل . نائِب ☆ مُمَثِّل
Repress قمَعَ . كبَح . ضبَط . كبت
Repression قَمْعٌ . كَبْح ☆ كبت

Reprieve أمهلَ . أرجأ التنفيذَ
Reprimand تعنيفٌ || وبَّخَ . أنَّب
Reprint اعادة الطبْع || طبَعَ ثانيةً
Reprisal أخْذُ الثأر
Reproach تعيير * عارٌ || عَيَّرَ . لام
Reproachful مُشين * تعييرى
Reprobate مُستَهْجَن *ساقطٌ || نبَذَ
Reprobation استهجان * نَبْذ
Reproduce قدَّمَ * أنتجَ * أوجَدَ ثانيةً
Reproduction إصدار * صُورَة منقولة . صورة ثانية * تناسُل . توالد
Reproof تعنيف . تو بيخ . عَذْل . تعيير
Reprovable مَلُوم . يَستَحِقّ التعنيف
Reprove عَذَلَ . لامَ . بكَّت
Reptile زَحَّافة . دَبَّابة *زاحِف *افعَى
Republic جمهورية . حكومة جمهورية
Republican « شخص » جُمهوري
Republication اعادةُ الطبع او النشر
Republish اعادَ الطبعِ او النشر
Repudiate انكرَ. رفَض . نبَذ * طلَّق
Repugn قاومَ . صَدَّ
Repugnance اشمِئزاز . نُفور . عَوْف
Repugnant كَريه . تعافُه النفْس
Repulse ردٌّ . قمع || ردَّ . دفع . درأ . صدَّ
Repulsion دَرْءٌ * اشمئزاز . عَوْف
Repulsive تعافه النفس . كَريه *دارِىء
Reputable شَهير . حَميد السُّمْعة
Reputation سُمْعَة « حميدة » . صيت
Repute شُهْرَةٌ . صيت || كَرَّمَ . مَجَّد

Request طلَبٌ . التماس || التمَسَ
at the — of بناء على طلب فلان
Requiem صلاة عن روحِ الموتى
Require طلَبَ *استَلْزَم . اقتضَى.احتاج
Requirement لُزوم . اقتضاء . حاجَة
Requisite لازِم . ضَروري . مَطلوب
Requisition استدعاء || طلَبَ رسميّاً
Requital جَزاء . تخليص حَقّ
Requite جازَى . جزَى . خَلَّصَ حَقّاً
Rescind ألغَى . نَسَخ . فسَخ
Rescission نَقْضٌ . فَسْخ . إلغاء
Rescript امرٌ عالٍ *نسخة الكتاب المنقحة
Rescue انْقاذٌ . تخليص || أنقَذَ . نجَّى
Research بحثٌ . تقَصٍّ || تقَصَّى
Resemblance مشابهة * شِبْه
Resemble أشبَهَ . شابَه . ماثل
Resent استاء من . استنكَرَ * اشمأزَّ
Resentful مُستاء * حانِق
Resentment حَنق . غَيْظ . غِلّ
Reservation حِفْظ . استبقاء * احتياط
Reserve احتياطِيّ * مستحفظ * تحفُّظ . حَذَرٌ *استبقاء || حَفِظَ *استبق *حجزَ
Reserved متحفظ . حذِر . كتوم *محجوز
Reservedly بتحفُّظ . بتَكتُّم . بحذَرٍ
Reservoir خزَّان مياه . حِبْس . صِهريج
Reset أعادَ الصفَّ أو التركيب
Reside سَكَنَ . أقامَ . استوطَن
Residence مَسْكِن * اقامَة . سُكْنى
Residency دارُ المندوب السامى او المفوضية

Resident ساكِن . قاطِن . مُقيم
Residual, Residuary فاضِلٌ . باقٍ . متبَقّ
Residue بقيَّة . فضلة * راسِب . ثُفل
Resign استقالَ * أذعنَ * تنازل عن
Resignation استقالة * استسلام . اذعان
Resilience ارتداد . مقاومة الضغط
Resilient يرتدُّ . يقاوِم الضغط
Resin ○ راتينج . قلفونيَّة
Resist تحمَّلَ * قاومَ . عارض
Resistance تحمُّل * مُقاومَة . صَدٌّ
Resistible يُقاوَم . يعارَض
Resolute ثابتُ العزم . مُصَمِّم
Resolution عَزْم * تصميم * حَلٌّ * قرار
Resolve عزم * تحْليل
Resolve عَزَمَ . صمَّمَ * حلَّ . صرَّف دُمَّلاً
Resolvedly بتصميمٍ . بحزم . بثبات رأْي
Resolvent مُحَلِّل . مصرِّف * مُذيب
Resonance رَجْعُ الصَّدى . دويّ
Resonant داوٍ . رنّان
Resort مجتمَع * مَلْجأ . مَرجِع * التجاء
summer — مصيف . مكان الاصطياف
Resort تردَّد إلى * رجَع على * التجأ الى
Resound رَجْعُ الصَّدى ‖ دوى . رَنَّ
Resource مَوْرِد . مصدر * مَرْجِع
Resources مواردُ الثروة
Respect احترامٌ * خُصوص ‖ احترَمَ
in — of من خصوص . من جهة
in every — من كل وجه
to pay one's —s to قدَّم تحياته الى
out of — to إكراماً لـ
Respectability احترام . اعتبار * خصوص
Respectable محْتَرَم . مُعْتَبَر . لائق
Respectful محْتَرِم . مُوَقِّر . مُعْتَبِر
Respecting من جهةِ . من خُصوص
Respective مختصّ بـ * نسبي
Respectively نِسْبِيًّا . على الولاء
Respiration تنفُّس . تنسم
Respiratory مختصّ بالتنفُّس . تنفُّسى
Respire تنفَّسَ * استراحَ
Respite إمهالٌ * مهلة ‖ أرجأَ . امهَلَ
Resplendence تألُّق * بَهاء . رونق
Resplendent لامِع * بَهِيّ
Respond تسبيحة . ترنيمة
Respond لبَّى . اجابَ * طابَق
Respondent مُجيب * مطابِق * مدعى عليه
Response إجابة . رَدٌّ * مُطابقَة
Responsibility مَسئولية
Responsible مَسئول . مُطالَب
Responsive ايجابيّ . مُجيب . ملَبٍّ
Rest بقيَّة . باقٍ * راحة . سكون * محَطّ
at — مرتاح * فى وضع الراحة
Rest استراحَ . استكَنَّ . هَدأَ * أراح
to — assured تيقنَ . تأكد
Restaurant مَطْعَم △ لوكاندةُ اكلٍ
Restful مُريح * هادىء . مُطمئن
Rest-house استراحة المسافرين
Restitute ردَّ . اعادَ * اعاضَ

Restitution رَدٌّ . ارجاع * عِوَض
Restive حَرون . جَموح . شامِس
Restless متمَلمِل*مضطرِب . قَلِق
Restoration شِفاء * رَد * إصلاح
Restorative مجدِّد * منعِش . مقوٍّ
Restore ارجَعَ . ردَّ * جدَّدَ * أصلح
Restrain حجزَ * كَبَح . ردَع . ضبَط
Restraint حَجْزٌ * رادِع * قَيْد
Restrict قَيَّدَ . حَصَر * حجزَ
Restriction تقييد . حَصْر . ضَبْط . مانع
Restrictions احكام.شروط.قيود. تحفظات
Restrictive حاصِرٌ*تقييديّ.قيدىّ.منعى
Result نَتيجة. عقبى || أنْتجَ . أدَّى الى
Resultant حاصل * نتيجة * محصِّلة
Resume استَرَدَّ . استعادَ * عاد الى
Resumption استرجاع * رجوع
Resurrect نَبَشَ جُثَثَ الموتى*بعث . نشر
Resurrection قيامةُ الأموات . بَعْثٌ
Resuscitate أحْيَى . أنعشَ * انتعش
Retail البيعُ بالقطّاعي || باعَ بالقطّاعي
Retailer بائع القطاعي او التجزئة
Retain استبقى . أبقى على * ضبَطَ
Retainment استبقاء . حَجْز
Retaliate قابلَ بالمِثْل . ثأرَ . انتقَم
Retaliation إثآرٌ . انْتقام . ذَحْل . قوَد
Retard أعاقَ . عَوَّق . أخَّر
Retch تهوَّعَ . جَشأ (بدون ان يتقيَّأ)
Retention استبقاء . حَجْز . ضَبْط
— of urine احتباس او حصر البول

Retentive حافِظ . حاجز . ضابط
Reticence حَبْسُ اللسان . تكَتُّم
Reticent كاظِم * كَتوم
Reticule كيس صغير للنساء . مِشْبَنة
Retina شبكيَّة العَيْن . الشبكيَّة
Retinue حَشَم . بِطانة . تُبَّع
Retire تقهقَرَ . انسحَب * اعتزل
Retirement تقاعُد . اعْتزال *انسحاب
Retiring متقاعِد * منسحِب * خجول
Retort أنبيق ← * جَواب مُفْحِم
Retort ردَّ على
Retrace تَعقَّبَ . تأثَّر
Retract تقلَّصَ * رجَع في . سحَب
Retraction تقلُّص * سَحْب * حَنْث
Retreat تقهقُر * عُزْلة
Retreat تقهقَرَ . ارتَدَّ
Retrench نقَّصَ . اقتَصَد في
Retrenchment تنقيصٌ . تخفيض
Retribution جزاء . مجازاة . عِقاب
Retrievable يُستَرَدّ * يُعوَّض
Retrieve استرَدَّ . استَعادَ * أعاض
Retroactive رَجْعي . يسرى على الماضى
Retrocede رَدَّ . تَنازَلَ عن * عادَ
Retrocession رَدٌّ * تقهْقُر
Retrograde مُرْتَدٌّ * رَجْعي || تقهقَرَ
Retrogression رُجُوع . إرتداد
Retrospect السريان على الحوادث السابقة * الالتفات الى الماضى || رجعَ الى أمرٍ سابق

Return رجوع ٭ مقابل . تعويض ٭ دَخْل ٭ بيان ∆ كشف
Return عادَ . رجَع ٭ أرْجَع
Reunion جَمْعُ الشمْل ٭ ضَمّ
Reunite ضَمَّ . وحَّد ٭ اتَّحد
Reveal أعلَنَ . أظهر ٭ أفشى . اذاع
Revel مَرَحٌ . بَسْط
Revel مَرِحَ . طَرِب
Revelation وَحْيٌ . إلهام ٭ افشاء
Revelry مَرَح . طَرَب ٭ عَرْبَدَة
Revenge انتقامٌ ‖ انتَقَمَ . ثأر
Revengeful مُنتقِم . حَقُود
Revenue دَخْل . مدخول ∆ ايراد
Reverberant مُرتدّ . راجِع . منعكس
Reverberate رَدَّ . عكَسَ ٭ ارتَدَّ
Revere احترَمَ . كرَّم . بجَّل . وقَّر
Reverence وقارٌ . احترام ‖ بجَّلَ . احترم
Reverend الموَقَّر . المحترَم
Reverential وَقاري . احترامىّ
Reverie احلام اليقظة . تخيُّل . هجس
Reversal قَلْب . عَكْس ٭ إلغاء . نقْض
Reverse قَفا أو ظَهْر الشيء ٭ الضدُّ ٭ خَيْبة ٭ كارِثة ‖ عكَسَ . نكس . قلَب ٭ نقَض . أبطَل
Reversion قَلْبٌ ٭ رجوع . عودة ٭ تحوُّل
Revert رجَعَ . عاد . ارتدّ ٭ عكَس
Review معاينة ٭ فَحْص ٭ استعراض ٭ انتقاد . تقريظ ٭ اعادة نظر ٭ مجلة
Review عايَنَ ٭ استعرَض ٭ انتقد . قرَّظ

Reviewal مُعاينة ٭ فَحْص ٭ استعراض
Revile شَتَمَ . انتهر
Revindicate طلبَ استرداد الشيء
Revise تَنْقيحٌ ‖ نقَّحَ . صَحَّح
Revision تَنقيح . تصحيح . إعادة النظر
Revival انتعاش . نشاط ٭ إحياء . انعاش
Revive أنْعَشَ . أحْيا ٭ انتعشَ
Revivify أنعشَ . أعادَ الحياة . فيّقَ
Revocable ممكن نقضُه او ابطاله
Revocation نَقْض . إلغاء . فَسْخ
Revoke نَقَضَ . الغَى . فسَخ ٭ سحَب
Revolt تمَرُّد . عِصْيانٌ ‖ تمَرَّدَ . عَصى
Revolting يُثير السُّخط
Revolution ثَوْرَة ٭ انقِلاب ٭ دوَران
Rovolutionary ثوري . ثوروي ٭ دوَّار
Revolutionize أحدثَ انقلاباً . قلَبَ
Revolutionist ثَوْريّ
Revolve دارَ حَوْل مركَز ٭ ادارَ
Revolver دائِر . دَوَّار ٭ مُسَدَّس 
Revulsion تحويل . تبدُّل الحال
Reward ثَواب ٭ جائِزة
Reward كافأ . جازى
Rhetoric عِلْمُ البيانِ . البيان
Rhetorical بياني . بليغ
Rhetorician بليغ . متضلّع في علم البيان
Rheumatic مختصّ بداء المفاصِل . روماتيزمي
Rheumatism رَثْية . رُوماتزم . داء المفاصل

Rhinoceros كركدن . خرتيت
Rhomb, —us شكل معيَّن
Rhomboid, —al شبيهٌ بالمعيَّن
Rhubarb رَوَنْد . راوَنْد (دواء)
Rhyme سَجْعٌ . قافية ‖ قفَّى . سَجَّع
Rhythm نَظْم . تفعيل
Rhythmic, —al منظوم . مسَجَّع
Rib ضِلْع ✿ مَسْنِد . دِعامَة
Ribald بَذيء اللسان ✿ مُفْحِش
Ribaldry بَذاءة . فحْشُ القول
Ribbed مُضَلَّع ✿ مخطَّط ∆ مقلَّم
Ribbon شَرِيطٌ ‖ زَرْكَشَ بالشريط
Ribbons عِنان ∆ سُرْع (بالعامية)
Rice أَرُزٌّ . رُزّ
Rich غنيٌّ . مُثْرٍ ✿ مُخْصِب ✿ دَسِم
Riches غِنًى . ثروة . مالٌ
Richness غِنًى ✿ خِصب ✿ دسومة
Rick عَرْمَةٌ . كومة ‖ عَرَّمَ . كَدَّس
Rickets مرضُ الكساح . كساح الاطفال
Rickety كَسيح . أكسح ✿ضعيف . خرع
Rid خلَّصَ . حرَّر . أزال الموانع
to get — of تخلَّصَ من
Riddance تخلُّص . خَلاص . انعتاق . تحرُّر
Ridden, *of* Ride مركُوب . مُمْتَطَى
Riddle غِربالٌ ✿أُحجيَّة . لُغز ‖ عمَّى . حاجى . تكلمَ بالرموز والالغاز ✿حزر . حلّ الاحجية

Ride ركوبٌ ‖ رَكِبَ . امتطى ✿ رسى
Rider راكِب ✿ مروِّضُ الخيل
Ridge حرفٌ ✿أُخدود ‖ خطَّطَ . خدَّد
Ridicule هُزءٌ . سُخريَّة
Ridicule ضحَّكَ عليهِ . هزأ بـ
Ridiculous مُضحِك . سُخْرِي . هُزأة
Rife مُنتشِر . متفَشٍّ . شائع
Riffraff أوباش . رعاع ✿ نفاية ✿ قمامة
Rifle بُندقيَّة شَشخان ‖ نَهَبَ
Rifled سِلاحٌ مُشَشْخَن ✿ضُرِبَ بالبندقية
Rift قَلْعٌ . شَقٌ ✿ مخاضَة ‖ شقَّ
Rig بزَّة ✿ هِندامٌ ‖ هَندَمَ . ألبس ✿أعدَّ
Rigging كِساءٌ ✿ حِبالُ السفينة وقلوعها
Riggle تلوَّى . ترعَّصَ (كالدودة)
Right ↑ يَمين ✿ أيْمَن ✿ صواب ✿ حق ✿ مسْتقيم ✿ قائم ✿ لائق ✿ مُصِيب
— away, — off حالاً . فوراً
all — حسَناً . لا بأس
in the — place في محلهِ
Righteous بارٌّ . صالح ✿ عادِل
Rightful مصيب . عادل ✿ شرعيّ
Rigid صارِم . عنيف ✿ متوتِّر
Rigidity صَرامة . عُنْف . شِدَّة
Rigidness . قساوة ✿ توتُّر
Rigmarole لَغو . هَذْرَمة . ثرثرة . هُراء
Rigorous عَنيف . صارِم . قاسٍ
Rigour عُنْف . صرامة . شِدَّة

Rill جدول . غدير . قناية ماء
Rim حافّة . حَرْف * حاشية
Rind قِشرةٌ . قُلافة . جلد ‖ قَشَّرَ
Ring خاتم . دبلة * حَلقة * رنين . طنطنة
Ring طنَّ ∆ رَنَّ * دَقَّ . قرَعَ * دَوى
Ringleader زعيم . رئيس عصابة
Ringlet عقصة شعْر . حلقة . جعدة
Ringworm قُوباء . سَعْفَة
Rinse مضمَضَ * شَطَفَ . رَحَض
Riot شغبٌ . هياج . عربدة ‖ عَربَدَ
to run — هامَ على وجهه . عربدَ
Riotous, Rioter مشاغِب * عِربيد
Rip شَقٌّ . فَلْع * مَزْق ‖ شَقَّ
Ripe ناضِج . مستَوٍ * كامل النموّ
Ripen سَوَّى . أنضج * نَضِجَ
Ripeness نَضْج * بُلوغ الكمال
Ripple خَرِيرُ الماء * تموُّج خفيف . عَسَلان * مُشط القنب * نيم الرمال
Ripple تموَّجَ . عَسَلَ * ترقرق * خَرَّ
Rise قِيام * نهضة * ارتفاع * طلُوع * شروق * ثَورةٌ ‖ قامَ . نهضَ * ثار * أشرق * نشأ * غلا الثمن . ارتفعَ
Risen, *of* Rise ناهِضٌ * طالِع
Risible مضحِك
Rising قيام . نهوض * ثورة * قائم . صاعِد
Risk مُجازفة . مخاطَرة ‖ جازَفَ بـ
to run a — خاطرَ . غامر . تعرَّض للخطر
Risky خَطِرٌ . مُخْطِر

Rite طَقْس . شَعِيرة . سُنَّة * فرض
Ritual طَقسيٌّ * كِتاب الطقوس الدينية
Rival مُناظِرٌ . منافِس ‖ زاحَمَ . نافسَ
Rivalry مُناظَرة . منافَسة . مباراة
River نَهْر * نَهريٌّ
Rivet مِسْمارٌ . برشام . ∆ برشام حديد
Rivet بجّنَ ∆ برشَمَ * ثبّتَ
Riveter ∆ بُرشامجي . بجّان * آلة البرشمة
Rivulet نُهَيْر . جَدْوَل
Road طَريق . سِكَّة . دَرْب . سبيل
Roadstead فُرضة . مَرْسى . مَوْردة
Roadway طريق تصلح للمركبات
Roam جولانٌ ‖ جالَ . طاف . هام
Roan كُمَيْت . لوْن أسمر * جلد شجران
Roar زئيرٌ . هدير ‖ زأرَ . زمجَر
Roast مَشْويٌّ ‖ شَوَى . حَمَّصَ
Rob سَرَقَ باكراه . نَهَبَ
Robber لِصٌّ . حَرامي . سارِق
Robbery لصُوصيَّة * سرقة باكراه
Robe رداءٌ * حُلَّة ‖ كَسَى . ألبسَ
Robin-redbreast أبو الحِنّ . هَزار
Robot انسان آلي
Robust قَوِيٌّ . عَفِيٌّ . ضَليع
Rock صَخرَةٌ . صخر ‖ هَزَّ . مرجَحَ * اهتزَّ
Rocket صاروخ . شهاب . سَهْم ناريٌّ
— airplane طائرة صاروخية
Rocking هَزّاز . مُترجّح . متمايل
— chair كرسي هَزّاز
Rocky صَخْري . كثير الصخور

Rod قـضيب . عـصا ٭ صـولجان
iron — عود او سيخ حديد
Rode, *of* Ride ركـِبَ . امتطى
Rodent قارضٌ . يقرض بقواطعه
Roe أُنْـثَـى الأَيْـل ٭ بطارخُ السمكِ
Roebuck, Roedeer غـزال . ظبي
Rogue خَـبيث . مُحْتال . مُخادِع ٭ متشرد
Roguery خُـبْـث . احتيال . خِـداع
Roguish مُحتال ٭ احتيالي
Role دَوْر . فَـصْـل (في التمثيل)
Roll ملَـفٌّ اسطوانيٌّ ٭ دَرْج ٭ قائمة ٭ رَغيف ٭ دَحْرجة ‖ دارَ ٭ دحرجَ ٭ تدحرجَ ٭ طوَى . لفّ
— call نداء الحضور
— on مَـضَى . مَـرَّ . فات
— up لَـفَّ . طَـوى
Roller مِحدلة . هَـرَّاسة
Rolling-pin ←شَوْبَـك △ نشَّابة

Roman روماني ٭ لاتيني ٭ كاثوليكي
Romance رواية . حكاية . قِـصة
Romantic خَـياليّ ٭ فروسيّ
Romp فَـتاة صخوب ٭ لعب خشن
Romp مَرحَ او لعِـبَ بضوضاء ٭ تهارجوا
Roof سَقْـفٌ ٭ سَطْـح ‖ سقَّـفَ ٭ آوى
Roofless أَجْـهى . بلا سقفٍ △ سماوي
Rook غراب القيظ او النوحي ٭ مخادع
Room مكانٌ ٭ غُـرفة . حُجْرة ‖ اسكنَ
to make — افسحَ مكاناً
Roominess سَـعة . اتساع . رحابة . براح
Roomy فَـسيح . رَحْـب . واسِع
Roost مَـجْـثَمُ الطيرِ ‖ جثمَ ٭ استقرَّ
Rooster ديك
Root جِـذْر ٭ أَصْل ٭ أصلي
take — تأصَّـلَ . رسَـخ
Root تأصَّلَ . اعرق
— out استأصلَ . قلَـع
Rope حَبْلٌ ٭ مَرسَة ‖ تمَـطّـطَ . امتدَّ
— dancer △ بَهْـلوان . راقص على الحبْـل

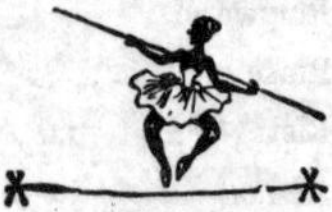

— maker حَـبَّال . صانع الحبال
Ropy لَـزِج . مطَّـاط . غَـروى
Rosary سُبْـحَة . مِسْبَـحَة ٭ حديقة ورد
Rose رَشَّـاشة ٭ وَرْدَة ٭ وَرْديّ

— water ماء الورد
Roseate وَرْديّ . مُـوَرَّد
Rosebud زِرُّ وَرْد
Rosemary إكليل الجبل . حَصالبان (نبات)
Rosery جُـنَـيْـنَـةُ وَرْدٍ
Rostrum مِنْـبَـراو منصة الخطابة ٭ مِنْـقار
Rosy وَرْدي . كالوردِ ٭ زاهٍ
Rot عَطَنٌ . تَـعَـفُّن ٭ كلام فارغ ‖ تَـعَـفَّـنَ
Rotary دَوّار . رَحَـويّ ٭ متناوب
Rotate دارَ على محورهِ ٭ أدارَ ٭ تناوبَ
Rotation دوران ٭ مناوبة ٭ نوبة ٭ دورة
Rotative, Rotatory دائر ٭ متناوب . دوراني

Rote الحِفظ بتكرار الكلام . صَمٌّ
— **figure** عدد كامل (كـ ١٠ بدل ٩)
Rotten متعفِّنٌ . بالٍ ٭ رثٌّ
Rotund مُستدير . كُرويّ ٭ تامّ
Rotundate مُسْتدير ٭ شِبهُ بيضويّ
Rotundity كرويَّة ٭ كمال
Rouge حُمْـرَة . دمام (للخدود والشفاه)
Rough خَشِـن ٭ خام ٭ تقريبيّ
— **copy** مسودَّة
— **sea** بَحر هائِج
Roughly بخشُونَـة ٭ بوجه التقريب
Roughness خُشونة . فظاظة
Round دَوْر ٭ دورة ٭ مُستدير ٭ حَوْل ٭ طلقة . خرطوشة ٭ جولة
all — من كل جهة . ∆ دائرٌ مدار
all the year — على مدار السنة
bring — اجتذبَ . استمال ٭ انعش
come — اتى . وصلَ
Roundabout بلفّة . بدَوْرة ٭ ارجوحة دوّارة
Roundness استدارة ٭ امتلاء ٭ جَلاء
Rouse استفزَّ ٭ أيقَظ . انهض ٭ هيَّج
Rout هَزيمة . كَسرة || هزَمَ
Route طريق
Routine سِياقة . نَسق مطَّرد . رتابة . تواتر
Rove جالَ . ساح ٭ هامَ
Row صَفٌّ ٭ شغَب . عِراك ٭ تجديف || جدَّفَ
to make a — تشاجَرَ
Rowdy مشاغب . يحب العراك
Rowel شوكة المهماز

Rowing تجديف
Royal مُلوكي . ملكي
Royalist أحَد اعضاء الحزب الملكي
Royalty ضَريبة الامتياز ٭ الملكيَّة
Rub دَلكَ ٭ فرَكَ ٭ حكَّ
— **off**, — **out** محا . مسَحَ
— **up** جَلا . صقلَ
Rubber مَطاط ٭ مِمْحاة ∆ مَسَّاحة
Rubbish سقْطُ المتاعِ . نُفاية ٭ انقاض
Rubble نُقاضة . حَجَر الهدْم ∆ دَبْش
Ruby ياقُوت «أحمر» ٭ ياقُوتيّ
Rudder دَفَّة السفينة . سُكَّان
Ruddiness إحْمِرار . حُمْرة
Ruddy أحْمر ٭ مُحْمَرّ . مورَّد ٭ سفَّاك
Rude فَظٌّ . وَقِح ٭ خام ٭ خَشِن
Rudely بفظاظة . بخشونة
Rudeness خُشُونَة . فظاظة
Rudiment أصْل . مبدأ . أساس
Rudimental / **Rudimentary** } أوّلي . مبدأي . بدائي ٭ أساسي ٭ اثري
Rue نبات السَّذاب ٭ حَسْرة || تحسَّرَ
Rueful أسِيف . مُتَحسِّر
Ruffian خَبيث . سافل . وَبْش
Ruffle كشكَشٌ ٭ تشويش || كشكَشَ ٭ رفرَفَ ٭ نفَش ٭ كدَّر . ازعَجَ
Rug بِساط ٭ حِرام ∆ بَطَّانيَّة
Rugged أشعَث . خَشِن ٭ وَعْر
Ruin خَرابٌ || خرَبَ . دمَّر ٭ أفقر

Ruinous مخْرب . مُهْلِك
Rule قاعِدَة . قانُون ٭ سُلطة ٭حُكم
— of three قاعدة النسبة (في الرياضة)
as a — عادةً . بوجه عامّ
Rule حَكَمَ ٭ساد . تسلّط ٭سطّر
Ruler مِسْطرة ٭ حاكِم ٭ متسلِّط
Ruling تسلُّط . متسلط ٭تسطير . تخطيط
Rumble قرقعة △ كَرْكَبَة ‖ كَركَرَ
Ruminant حيَوان مُجترّ
Ruminate اجترَّ ٭ تأمَّلَ . تفكَّر
Rummage تنقيب ‖ نقَّبَ . نبَّش
Rumour إشاعة . خبَر ‖ اشاعَ
Rump دُبر . رِدْف . كَفَل
Rumple ثَنْيَة . طيَّة ‖ جَعَّدَ . ثَنَّى
Run رَكْض . جري ‖ جَرى . ركضَ ٭ادار
— after جرَى وراء . لَحِقَ
— against, — at هجَم على
— away هَرَبَ . فرّ
— down سالَ ٭انقلب ٭عثرعلى ٭صدم
— in ضبطَ . حبسَ
— into إصطدمَ بـ
— into debt استدانَ
— mad جُنَّ . طارَ عقلهُ
— out فرغ . نفدَ . انتهى
to be — down في صحة رديئة . واهِن
Runagate كافِر . رَفَضي ٭ ضالّ
Runaway هارِب . شارِد . آبِق
Rung, *of* Ring دَقَّ . قَرَعَ
Runner عدّاء ٭ سِلْك نباتيّ . أثيث

Rupee روبية (عملة هندية)
Rupture صِفاق ٭شَقّ ٭فتْق . أُدْرَة ٭قطع العلائق ‖ شَقَّ . كسرَ ٭فتقَ ٭مزّق
Rural ريفيّ . خَلويّ . فِلْحِيّ
Ruse خُدْعَة . حيلة △ مَلْعوب
Rush اقتحام ٭ تزاحُم ٭ سَمار (نباتٌ)
Rush اندفعَ ٭ هجَم ٭ اسرَعَ
Rusk △قرقوشة △ بقسماط . خبز هَش
Russet اسْمَر ضارِب للحُمرة . أمْغَر
Russia روسيا
Rust صدأ . نَهك ‖ صدأ ٭ صَوَّفَ
Rustic ريفي ٭ خام . خَشِن ٭ ساذج
Rustle حَفيف . قشيش ‖ خشخَشَ . حَفَّ
Rusty مُصْدَأ △ مصدّي ٭ متعفِّن
Rut ثَلم . أُخدود ٭طلب التعشير للحيوانات
Ruth حَنان . حُنوّ . رأفَة
Ruthless لا يحِنّ . قاسي القلب
Rutty كثير الشُقوق ٭ شَهوانيّ
Rye الجويدار . الجودار (نبات كالشعير)

S

Sabbatarian سَبْتِيّ . يحفظ السَّبْت
Sabbath السَّبْتُ . يَوم الراحة
Sabian صابئ ٭ من أهل الكتاب
Sable سُمّور (حيوان) ٭ قاتِم . اسود
Sabre سَيْف . حُسام ‖ ضرَبَ بالسَّيف
Sabulous رَمْليّ
Saccharin مادةالسكّرين . سكّر معدني
Saccharine سكّريّ . فيه سُكَّر . حُلو

Sacerdotal كهنوتي . قسوسي
Sack كيس . جوال . زكيبة * سلب
— needle مِشبر . مسلّة
Sack نَهَبَ * طرَدَ * عبّى
Sacking خَيْش . مِسْح . جنفيص
Sacrament السِّرّ المقدّس * العشاء الرباني
Sacred مقدّس * مكرّس * ديني
Sacredness قداسة * حُرْمة
Sacrifice ضَحِيَّة . ذبيحة . قربان ‖ ضحّى
Sacrificial قرباني . لأجل التضحية
Sacrilege تدنيس الاشياء المقدّسة
Sacristan قندلفت الكنيسة
Sad حزين . مكتئب * مُحْزِن
Sadden أحْزَنَ . أغمّ
Saddle سَرْج . بَردعة * عَتَبة
Saddle-bags خُرْج
Saddle-cloth لبّادة السرج . حِلس
Saddle-horse حصان ركوب
Saddler سُروجيّ . صانع السُّروج
Saddlery سروجيّة
Sadism التلذذ بالقسوة
Sadly بحُزنٍ . بغمّ . بكآبة
Sadness حُزْن . غمّ . كآبة
Safe خَزْنة حديد . خِزانة * سالِم . مأمون
— and sound سالم غانم
△ صاغ سليم
— from في مأمن من
meat — △ نملية ←
Safe-conduct صك الامان

Safeguard صيانة * واقٍ ‖ حمى . صانَ
Safely بأمان * سالماً
Safety أمْن . صَوْن . سَلامة
Safety-valve صِمامُ الامن
— belt حزام الأمن او السلامة
Saffron زَعْفَران * زعفراني
Sagacious فَطِن . ذَكِيّ . لبيب
Sagacity فطْنة . ذكاء . نَباهة
Sage حَكيم . عاقل * مريميّة (نبات)
Sagging هابط * خائر العزيمة * منجرف
Sago ○ ساغو . نشاء النخل الهندي
Said, *of* Say قالَ
Sail قِلْعٌ . شِراع ‖ أبحَرَ . أقلَعَ
to set — اقلعَ . أبحر (المركبُ)
Sailboat مركب شِراعي
Sailing إقْلاع . سفر المركب
Sailor بحْرِيّ . نوتي . مَلاّح . بحّار
Saint قدّيسٌ . وليّ * قدّيسة ‖ قدَّسَ
Saintliness قَداسة
Sake خاطِر * قَصْد . سَبيل . غاية
for my — لأجل خاطِري
Salad ○ سَلَطَة . كامِخ (من المشهيات)
Salamander وَرَل . ضَبّ . سِحْليّة
Salaried ذو راتب معيَّن . △ بماهية
Salary △ ماهيّة . راتِب شهريّ
Sale بَيْع * مَزاد * رَواج
on — للبيع . يُباع
private — بيع بالممارسة
public — بيع بالمزاد العلني

Saleable يُباعُ . رائِج . مَطْلوب
Salep سَحْلَب
Salesman بائِع . بَيَّاع
Salience وَثْب * شبّ * نتوء . بُرُوز
Salient بارِز . ناتىء * ظاهِر
— angle زاوية أخّاذة (موجهة للخارج)
Saline مَلاَّحَة * مِلْحِيّ
Saliva لُعاب . رِيق . رُضاب
Salivary لُعابيّ
Salix, Sallow شَجَرُ الصَّفْصاف
Sallow شاحِب اللون . أصفر قاتم
Sally هُجومٌ * نزوة || انبرَى له . هاجَمَ
Salmon سلمون . حُوت سُليمان
Saloon بهو . غُرفة استقبال الضيوف
Salt مِلْحٌ * مالح * مملَّح * نكتة || مَلَّحَ
Saltcellar مِمْلَحَة ۵ مَلاَّحَة
Saltish مائل للملوحة . مِلحانى
Saltpeter مِلحُ البارود
Salty مالِح
Salubrious صِحّى * طيِّب الهواء
Salubrity جودَة المناخ * صِحِّيَّة
Salutary صِحّي * نافِع . مُفيد
Salutation تَسْليم . سَلام . تحيَّة
Salutatory ترحيبي . تَسليميّ
Salute سَلامٌ . تحيَّة || سلَّمَ على
Salvable ممكن تخليصُه او انقاذه
Salvation انقاذ * خَلاص . نجاة
Salve مَرْهَمٌ . دِهان || شَفى . داوى
Salver طَبَق للتقديم ۵ صِينيَّة

Same ذات . نَفْس . عَين الشيء او الشخص
all the — على حَدٍّ سوى
much the — مثلهُ تقريباً
the very — هو بعينه
Sameness ذاتيَّة . مماثَلة . وحدة
Sample مسطرة . عينة . نموذَج . مثال
Sanatorium مِصَحَّة . مُسْتَشفى
Sanatory شافٍ * صِحّي
Sanctification تقديس . تطهير * تكريس
Sanctify قَدَّسَ * طهَّرَ * كرَّس
Sanctimonious زنديق . متظاهر بالتقوى
Sanction مُصادقَة . اعتماد || اعتمدَ . أجاز
—s عقوبات . جزاءات
Sanctity قداسَة . بِرٌ . طهارة
Sanctuary مَعْبد . مَقْدس * مَلْجأ
Sand رَمْلٌ || رَمَّلَ
Sandal نعلٌ . صَندل . غِرْفَة
Sandal-wood خشَب الصنْدَل
Sandpaper سَفَن . ورق السَّنْفَرة
Sandstone حجَرُ البلاطِ . حَجَر رَملي
Sandwich شَطيرة ○ سَندويش
Sandy رَمْليّ . مُرْمِل . كالرمل
Sane صَحيح العقل
Saneness سَلامة العقل . صِحَّة العقل
Sang, *of* Sing غَنَّى
Sanguinary دَمَويّ * قتَّال
Sanguine دَمَويّ المزاج * متحمِّس
Sanguinous دَمَويّ . كثير الدَّم

Sanitary	صِحّي . متعلّق بالصحّة
Sanitation	جَعْل الشيء صِحّياً
Sanity	صِحّة العقل . سلامة العقل
Sank, *of* **Sink**	غَرِقَ
Sap	عُصارة النبات * ساذِج
Sap	قوّضَ * لغمَ
Sapience	دراية . فِطْنَة . عَقْل
Sapient	فَطِن . حكيم * يعتقد الفطنة
Sapling	شُجَيرة . شَتْلَة
Saponaceous	صابونيّ
Sapor	طَعْم . مَذاق
Sapphire	ياقوت أزرق . صُفَّير
Sappiness	كثرة العصارة . غَضاضة
Sappy	كثير العصارة . رطِب . غضّ
Saracen	«شخص» عَرَبيّ * مُسلِم
Saracenic	مختصّ بالعرب . عَرَبيّ
Sarcasm	تهكّم . استهزاء
Sarcastic	تهكّمي . استهزائي
Sarcophagus	ناووس . تابوت حجَري
Sardine	○ سَردين . صَحْناة (سمك)
Sardonic	تكلّفي * تهكّمي
— laugh	ضحكة صفراوية
Sarsaparilla	حَشيشة المُشبة
Sash	زِنّار * شَريحة النافِذة
Sat, *of* **Sit**	قعَدَ . جلَسَ
Satan	الشيطان . إبليس
Satanic, —al	شَيطانيّ . إبليسي
Satchel	قِمَطْر △ شَنْطَة الكتب
Sate	اشبَعَ . أفعم . بشَم * جلَس
Satellite	تابعٌ * قَمَر
Satiable	ممكِن اشباعهُ
Satiate	شَبعانٌ * مكتَظّ ‖ اشبَعَ
Satiety	شبَعٌ . إمتِلاء . اكتظاظ
Satin	أطْلس . قُماش حريري لامع
Satinet	قُماش قُطنيّ رقيق ○ ساتينيه
Satire	هَجْو . تقريع . تهكم * ديوان هجو
Satirical	هَجويّ . تقريعي . تنديدي
Satisfaction	إرضاء * رِضَى * ترضِيَة
to give —	أرضَى * اقنع
Satisfactory	مُرْضٍ . كاف . مُقنِع
Satisfied	راضٍ * مقتنع * شَبعان
Satisfy	أرْضَى . كَفى . أقنَعَ * أشبعَ
Saturate	شَبَّعَ « بالماء » . شرَّبَ
Saturation	تشبّع بالسائل * تشريب . نقع
Saturday	يومُ السَّبت
Saturn	« السيَّار » زُحَل
Satyr	شخص خرافي نصفه بشر ونصفه ماعز
Saturnine	عابِس . كئيب * زحلي
Sauce	△ صَلْصه . مرقُ التَّوابِل * وقاحة
Saucepan	كِفت . طاجن . طنجرة
Saucer	صَحْنُ الفنجان . طبَق . كِفت
Saucy	وَقِح . قليل الحياء * سَليط
Saunter	هامَ . جالَ * تَلكأ
Sausages	مقانِق △ سُجُق △ منبار
Savage	هَمجيّ . متوحِّش . بربري * موحِش * قاس . شَرِس
Savageness	هَمجيَّة . تَوحُّش
Savagery	هَمجيَّة ، بَربريَّة

Save سِوَى . الاَّ ‖ أَنْقَذَ ٭ ادَّخرَ . وَفَّر
Saving مُقْتَصِدٌ ٭ ادِّخار ٭ ماعدا . سوى
Saviour مُخَلِّص . مُنْقِذ . فادٍ
Savour طَعْم ٭ رائحة ٭ الطعم الخاص
Savoury لهُ طَعْم . قَدِيٌّ . لذيذ الطعم
Saw, *of* See رأى
Saw مِنْشارٌ
Saw نَشَرَ
Sawdust نُشارَة . تُرابُ النَّشر
Saw-mill مَنْشَر . معمل النشر △ مكنة
Sawyer نَشّار
Saxon سَكسونى ٭ اللغة السكسونيَّة
Say قَولٌ ‖ قالَ . تكلَّم ٭ أخبَر
that is to — أعني . يَعْنِي . أي
Saying مَثَل . قول مأثور
Scab قشرة القرحة . جُلبة ٭ جَرَب
Scabbard قِراب △ جِراب . غِمْد
Scabby أجرب . مُصاب بالجرب
Scaffold △ سِقالةُ البنَّاء . محالة ٭ مِشنقَة
Scaffolding △ سقالة . محالة ٭ هيكل . جرم
Scald سَمْطٌ ٭ سَلْق ‖ سَلَقَ . سَمَط
Scale سُلَّم . دَرَجة ٭ حرْشَفَة ٭ طبقة
٭ كَفَّةُ الميزانِ ٭ معدَّل ٭ مِقياس
‖ نزَعَ القِشْرَ . قَشَرَ السمك ٭ تسلَّقَ
— drawing الرسم بمقياس
Scalebeam قَبُ الميزانِ . ذراع الميزان
Scales مِيزان
٭ بُرْجُ الميزان (في الفلك)
Scalp فَرْوَة الرأس
Scalp نَزَع جلدة الرأس ٭ سلخَ
Scalpel مِشْرَط «الجرّاح» . مِبضع
Scaly ذو حراشِف . حَرْشَفِي . ذو قشور
Scamp نَصّابٌ ٭ عَيّار △ معتَّر ‖ △ كَلفَتَ
Scamper رَكَضَ ٭ هَرَب
Scan تَفرَّسَ في ٭ فَعَّلَ او وزن الشِّعْرَ
Scandal فضيحةٌ . جُرْسَة . وشايَة
Scandalous فاضِح . شائن ٭ افترائى
Scanning تَفَرُّس ٭ تَفعيل
Scant قليلٌ . ضَئيل ‖ ضَيَّقَ على
Scanty قليل . صغير ٭ زهيد △ شحيح
Scapegoat شَخْص يحمل خطايا غيره
Scar نَدْبَة . أثَر التحام جُرْح
Scarab جُعْل △ أبو جِعْران
Scarce نادِر . عَزيز ٭ بالجهد
Scarcely نادراً . في النادر ٭ بالكاد
Scarcity نَدْرَة . قلَّة وجود ٭ فاقة
Scare فَزَعٌ ‖ أراعَ . أذعرَ . أرعَبَ
Scare-crow فزَّاعة
△ ابو رياح . خرّاعة
Scarf وشاح . رِداء
٭ ربطةُ رَقَبة
Scarify شرَّط الجلدَ . شطَّبَ ٭ خدَشَ
Scarlatina الحُمَّى القِرمزيَّة
Scarlet قِرْمِز ٭ قِرمزيّ
Scathe تلفٌ . ضرر ‖ أتلَفَ . أضَرَّ
Scatter شتَّتَ . فرَّق . بعثَر . نثَر
Scavenger كَنَّاس △ زبَّال

Scenario حبكة الرواية . النص السينمائى
* ترتيب المناظر
Scene منظر. مشهد *فصل رواية *مشاجرة
behind the —s وراء الستار
to make a — تشاجروا
Scenery مَنْظر *مشهد تمثيلي. منظر المسرح
Scent رائحة. عِطْر ‖ عطَّرَ * اشتمَّ
Sceptic مُرتاب * دَهْريّ
Sceptical مُريب * مُلْحِد
Scepticism رَيْبة. شك * المذهب الارتيابى
Sceptre صَوْلجان . عَصا السُّلْطة
Schedule كَشْف. بيان * جدول مواعيد
Scheme مشروعٌ. تدبير * خطَّة ‖ اختطَّ
Schemer واضِع خطَّة * مدبِّر مكيدة
Schism انشِقاق . شِقاق
Schismatic منْشَقّ . خارجيّ * انشقاق
Scholar تلميذ . طالب عِلْم * أديب
Scholarship تَلْمذة *منحة دراسية
Scholastic مَدْرَسيّ * تَدريسي
School مَدْرسةٌ *تعليم . مَذهب ‖ علَّمَ
— book كتاب مَدْرَسيّ
Schoolfellow رفيق المدرسة. زميل الدراسة
Schooling تعليم * تدريب * توبيخ
Schoolmaster معلِّم مدرسة
Schoolmistress معلِّمة مدرسة
School-ship سفينة تدريب
Schooner سفينة بقِلعين أو اكثر
Science عِلم . فَنّ * مَهارة
Scientific عِلْميّ . فَنّي

Scientist لوذَعِي . عالم . علاَّمة
Scimitar ← الأحدبُ (سَيْف)
Scintillate أخرجَ شَرَراً * أشعَّ
Scion عُسْلوج . غُصْن * سَليل
Scirocco ريحٌ جَنوبيَّة شرقية
Scissor قَصَّ . قرَضَ
Scissors, a pair of — مِقصٌّ
Scoff تهكمٌ . إزدراء ‖ هَزِئ به
Scold عَنَّفَ . انتهَر . زجَر
Scoop مِغْرَفة * مِقْوَرة
Scoop غَرَفَ . جرَف * قوَّر * نقَر
Scope مَدى . مجال * غرَض
Scorch لفَحَ ∆ شَعْوَط . شَوَّط
Score عشرون * علامة * باعِث
*عدد النقط (فى الالعاب) ‖ حَزَّ *أحرزَ
three — سِتون
Scorn ازدِراء ‖ ازدَرى بِ
Scornful محتَقِر . مُزْدَرٍ
Scorpion ← عَقْرَب
* بُرج العقرب
Scotch اسكوتلاندي ‖ حَزَّ . فَلَّ
Scotland اسكتلندا . ايقوسيا
Scoundrel وَغْد . لَئيم . سافِل
Scour نَظَّفَ بالفَرك
* جَرَفَ * رادَ
Scourge مِقْرَعَة * كارِثة
Scourge جَلَدَ * قاصَّ
Scout ← كَشَّاف . رائد
Scout ازدَرَى بِ * رادَ

Scowl عُبُوسَةٌ ‖ عَبَسَ . تجهَّمَ . كشَّر
Scrag هَزِيل * ضامر * لحم رقبة الغنم
Scraggy خَشِن . وَعْر * نحيل . هزيل
Scramble تَسلَّقَ زاحفاً * حبا * تدافعوا
Scranny نحيل . هَزِيل * ضامِر
Scrap قطعةٌ . حُتْرَة . فضلة ‖ خَرَّدَ
— iron حديد قُراضة ∆ خُرْدَة
Scrape صَرِيرٌ ‖ كَشَطَ . حكَّ * سَحَل
Scraper محَكَّة . محَكّ . مكشط * مِجْرَفة
Scratch خدْشٌ * شطب ‖ خَدَشَ * حَكَّ
— out شَطَبَ . ضَرَبَ على * مَحا
Scrawl تَبَجٌ ∆ شَخْبطة ‖ مجّج
Screak صَرِيفٌ ‖ صَرصرَ ∆ زيَّقَ
Scream صَرْخَةٌ ‖ زَعَقَ . صاح
Screech صَرْخة . صَيْحة
Screech صاحَ . زعَقَ
Screen ستار * حِظار * غربال ‖ ستَرَ
Screw لَوْلَبٌ ‖ رَبَطَ بمسمار لولب
Screw-driver ∆ مِفَكٌّ البراغي
Screw-jack رافعة الاثقال ∆ عفريته
Screw-nail ∆ مسمار بُرْمَة . بُرغي
Scribble تَبَجَ ∆ شخبطة
Scribble كَتَبَ بلا اعتناء ∆ شخبطَ
Scribbler كاتِب رَكيك العبارة او الخط
Scribbler, Scribbling machine
آلة حلج الكتان والصوف
Scribe كاتب . ناسِخ . مسَجِّل
Scrimp ضَيِّقٌ ‖ قَلَّصَ . قَصَّر
Script حرف مَطبَعي كالخط * صك أصلي

— girl سكرتيرة او مساعدة المخرج
Scriptural كِتابيٌّ . حسَب الكتب المنزلة
Scriptures الكتابُ المقدَّس . الاسفار المنزلة
Scrofula داء الخنازير
Scrofulous خنازيريّ . مختصّ بداء الخنازير
Scroll دَرْج . طُومار * قفلة التوقيع
Scrotal مختص بالصفن . صَفَنِيٌّ
Scrub سافلٌ . دنيء ‖ فَرَكَ * دعَك
Scrubby دَنيء . سافِل . حَقير
Scruple شَكٌّ . رِيبة * حيرة ‖ إرتابَ . شَكَّ
Scrupulous مُرتاب . متحَسِّب * مدقِّق
Scrutinize دَقَّقَ النَظَرَ . تفحَّصَ
Scrutiny تدقيق . تفحُّص . تقصٍّ
Scuffle هَوْشَةٌ . شَغَبٌ ‖ عارَكَ
Sculk توارى . اختفى * تمارضَ
Scullery محل غَسْل آنية المطبخ
Scullion مُساعِد الطبَّاخ ∆ مَرْمطون
Sculptor صانِع التماثيل . مَثَّال . نحَّات
Sculpture صِناعة نَحت التماثيل ‖ نحَتَ
Scum رَغْوةٌ ∆ ريمة ‖ نزَعَ الرغوة
Scurf هِبْرية . قِشرةُ الرأسِ
Scurrility سفاهة . بذاءة
Scurrilous سَفيه . بذيء . فاحِش
Scurvy داء الأسقربوط
. الحَفَر * أكلف * سافل
Scuttle دَلْوٌ واسع .
سَطْلُ الفحْمِ ‖ أغرقَ
Scythe منجَل كبير
. سَيْفُ الحصَّاد

Sea بحْـر * مَوجـة * بلونِ البحر
at — فى البحر * متحيِّـر
to put to — أبحرَت (السفينة)
Sea-bathed تـعلوهُ الامواج
Sea-farer بَحْرِيٌّ . ملاَّح . نوتيٌّ
Sea-girt, Sea-bound مـكتنَـف بالبحر
Seagull نُـورَس . زُمَّج الماء (طائر)
Seal ختْـمٌ * عِجـْلُ البحر . فقمة ‖ ختَـمَ
Sea-level منسوبُ البحرِ
Sealing-wax شَمْـعٌ أحمر . شمع الختم
Seam نَـدبة . أثرُ جُرحٍ * شَـق * راق * تدريز . لفقٌ ‖ دَرزَ . خاطَ * تشقق
Seaman بحريٌّ . بحَّـار . نوتيٌّ . مَلاَّح
Seamanship سلكُ البِـحار . ملاحة
Seamless بدون خياطة . غير مُخاط
Seamstress خيَّـاطة
Sea-plane طائرة مائية
Seaport ميناء . مرفأ . بوغاز
Sear حمَّـصَ . جفَّـفَ * كوَى * لَـفحَ
Search تفتيشٌ ‖ فَـتَّـشَ عن . نقَّب
Searching تفتيش . تقصٍّ * مستقص . نافذ
Searchlight النُّـور الكشَّـاف
Seashore شاطىء البحر . سيف
Sea-sickness دُوار البحرِ . هُدام
Seaside شاطىء البحر ○ بلاج . ساحل
Season فـصْلٌ . مَوسِم * زمَن . وقْت . أوان
Season تـبَّـلَ * حدَّقَ الطعام * قدَّدَ اللحم * عَتَّـق الخمر
Seasonable فى وقته . فى أوانه
Seasoning تتبيل . تأديم * تابل
Seat كُـرسِيٌّ . مقعد * مقرٌّ . مركز ‖ أجلَسَ
be —ed إجلِـسْ . تفضَّلْ واجلس
Seaward نحو البحر
Sea-weed ∆ حامول البحر . ألـيَـجّ
Secant قاطِـعٌ ← . خط يقطعُ قوساً فى نقطتين 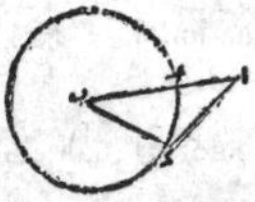
Secede انشقَّ عن أو على . انفصلَ
Secession انشقاقٌ . انفصال
Seclude حَـجَـبَ . عَزَلَ . فَـصَـلَ
Seclusion فَـصْلٌ . عَـزْل * عُـزلة
Second ثانيةٌ * ثانٍ * شاهد مبارزة * ظهير
— hand مُستعمَـل * قديم
— lieutenant ملازم
— to none لا يُـعْـلى عليه
every — day كل يومين مرة
Second أيَّـدَ * ثنَّـى على
Secondary ثانويٌّ * غير مُـهمّ . عَـرَضِـي
Seconder مُـعينٌ . ظَهير . معَـضِّد
Secrecy تكتُّـم . كِـتمان . سِرٌّ
Secret سِرٌّ . خافية * سِرِّي
in — سِـرًّا
Secretary كاتم السِّـر . سكرتير . أمين
— of state وَزير
Secrete أفرَزَ * رَشَـحَ * كـتَـمَ
Secretion إفرازٌ * رَشـح
Secretly سِرًّا . خفية * قلبيـًا

Secretory إفرازي
Sect طائفة * مذهب. شِيْعَة
Sectarian طائفيّ. شيعيّ
Sectile ممكن قطعهُ أو تشريحه
Section قِسْم. جزء * قطعة * فَصْل
Sectional يَتَفَكَّك. ممكن فكه * مَوْضِعي
Sector قطاع الدائرة ← 
Secular عالميٌّ. دُنيويّ * علمانيّ
Secularize جعلهُ عالميًّا
Secure مأمونٌ * مضبوط ‖ حازَ. أحرَزَ
Securely بأمن. بأمان. بصَوْن * بأحكام. بِضَبْط
Securities أوراق ماليَّة. سَنَدات
Security ضَمانَة * طُمَأنينة. أمْن
Sedan هَوْدَجٌ △ تَخْتَرَوان. رِجازَة
Sedate رَزين. هادِيء. ساكِن
Sedateness هُدُوء. سَكينَة * أناة
Sedative مُسَكِّن * مُخَدِّر
Sedentary مُطيل الجلوس. جُلوسي. قعدة
Sedge نباتُ الحلفاء. سُعادى
Sediment راسِب. ثُفْل
Sedimentary رُسوبيّ. راسِبيّ
Sedition عِصْيان. ثَوْرَة. فِتْنَة
Seditious مُتَمَرِّد. مثير فِتنة * تَمَرُّدي
Seduce أضَلَّ * أغرى على الزنا
Seduction هَتْكُ العِرض بالمخادعة. إغواء
Seductive مُضَلِّل. مخادِع * إغرائى

Sedulous كَدود. مُثابر
See نَظَرَ. رأى * قابَل ‖ أبرَشيَّةٌ
— after حافظَ على. حرس
— into فَحَصَ. دَرَس «الامر»
— off وَدَّعَ. شيَّع
— to إهتَمَّ به
Seed بَذْرَة. بِزرة. حَبَّة * ذُرِّيَّة
run to — شاخَ. حبَّب * هَرِمَ
Seedling زَرْع نابت من بذْر. بقْل
Seeds تقاوي. بزور * حبوب
Seedtime أوان أو وقتُ البَذْر
Seed-wool قُطْن من غير حِلاجَة
Seedy عَليل. مَوْعُوك * رَثٌّ * مُبَزَّر
Seek فَتَّشَ عن * نَشَد. طلَب
Seem بَدا. لاحَ. ظَهَر * ظَنَّ
Seemingly على ما يظهر
Seemliness لياقة * حُسْن. رَوْنَق
Seemly لائِق. لَبِق * مَليح
Seen, *of* See مَنْظور. مُشاهَد
Seepy مُشَبَّع بالمياه △ مُطَبَّل
Seer ناظِر. راءٍ * نبيٌّ. عَرَّاف. بصَّار
Seesaw رجّاحة. ارجُوحَة. الجِسر الطالع والنازل 
Seeth, —e غلى. سَلَقَ * طبَخَ
Segment قُطعة. شَظِيَّة. فِلْقَة
— of a circle قُطْعَةُ دائرة ←

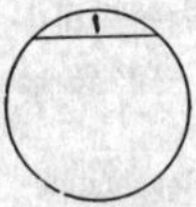

Segmentation تفلُّق
Seismic زلزالي . زلزليّ
Seismograph مسجلة الزلازل
Seismography عِلم الزلازل
Seize قبَضَ على . اختطف * حجَز
— the opportunity انتهز الفُرصَة
Seized محجوز * مغتصَب
Seizure حَجز . ضَبْط * إغتصاب
Seldom نادِراً . في النادِر . قلَّما
Select نُخبةٌ * مُنْتَخَب || انتخَبَ
Selection اختيار . انتِقاء * نُخْبَة
Self نَفْس . ذات . عَين
Self-admiration الاعجابُ بالذات
Self-conceit خُيَلاء . غُرور . عُجْب
Self-confidence الثقة بالنفس
Self-contradictor مناقض ذاته . متناقِض
Self-control ضَبْط النَّفس
Self-denial إنكارُ الذَّات
Self-evident واضح بذاته . لايلزمه برهان
Self-government الحكم الذاتى
Selfish مُحِب ذاته . أنانىّ . مُستأثِر
Selfishness مَحبَّةُ الذات . أنانيّة
Self-made عِصاميّ . مُرْتَقٍ بجدّه
Self-possessed رصين . ممتلك نفسه
Selfsame ذات الشيء . بعينه
Self-satisfaction رضا النفس . القناعة
Self-taught المتعلم بنفسه
Sell باعَ * خانَ * راج
Seller بائِع . بَيَّاع

Selvage حاشية القُماش △ بُرْصُل . هدب
Selves (Self جمع كلمة) نفُس . ذَوات
Semaphore عمود الاشارة . آذن . ○ سيمافور
Sematic انذاري . تحذيري
Semblance مشابَهة * شبه . صورة
Semen ماء التذكير . مَنِيّ
Semester نِصْف سنة
Semi نِصْف
Semi-annual نصْف سَنويّ
Semi-circle نصف دائِرة
Semi-circular نصف مُستدير
Semicolon, (;) علامةُ وقف
Semi-column نصف اسطوانيّ
Semi-diurnal نصف يَوْمى
Seminary مدرسة عُليا * مدرسة لاهوت
Semi-official شِبْهُ رَسمي
Semitic ساميّ (نسبة الى سام ابن نوح)
Senate مجلس الشيوخ أو الاعيان
Senator عُضْو مجلس الشيوخ
Send أرسلَ . بعث . أوفد
— away طرَدَ △ رَفَت * أطلقَ
— back أرجعَ . ردَّ
— for أرسلَ في طلبه . استدعى
— out أخرجَ
Sender مرسلٌ . باعث
Senescence طور الشيخوخة . الهرم
Senility شيخوخة . هَرَم

Senior أقدَم . أكبر سِنًّا أو مَقاماً
Seniority أقدميَّة . أسبقيَّة
Senna نباتُ السَّنامكيّ . الكاسية
Sensate مُدْرَك بالحواسّ
Sensation إحساس . شُعور
Sensational مُحَرِّكُ العواطِف
Sense إحساس . شعور * مَعنى * عَقل
common — تمييزٌ . عقل . إدراك
Senseless فاقد الشعور * لامعنى له * لاحسي
Sensibility حساسية * دقّة الاحساس
Sensible عاقل * حَسَّاس . حاس * معقول
Sensitive سريع التأثُّر * حَسَّاس
Sensual شهوانيّ . نزوانى * جَسَدي
Sensuality شَهوانيَّة . نَزوانية
Sent, *of* Send مُرسَل * أُرسِلَ
Sentence جُمْلة * حُكْم ‖ حكَمَ على
Sentient حَسَّاس . ذو حِسّ
Sentiment عاطِفة . مَيْل
Sentimental عاطفى . عَواطِفى * تصَوُّري
Sentinel حارِس △ دَيْدَبان . خفير
Sentry △ دَيْدَبان . حارِس * حِراسَة
Sentrybox △ كُشْك
الدَيْدبان . طارمة
Sepal وَرَقة كاسيَّة
Separable ممكن فصله
Separate منفصلٌ ‖ فَصَلَ . فرَّق
. عزَل * فرَز * انفصَل
Separately كل بمفرده * منفَصِلاً
Separation فَصْل . تفريق * فراق . انفصال

Separator فاصِل . عازِل * مُفكِّك
September شهر سبتمبر . أيلول
Septennial يدوم او يحدث كلّ سبع سنين
Septic عَفِن * يسبب تعفُّناً
Septuagenarian ابن سبعين سنة
Sepulchral ضريحي . مدفني * اجَشّ
Sepulchre جَدَثٌ . ضَريح . قبر ‖ دفَنَ
Sepulture مَدْفن * دَفْن . قَبْر
Sequacious مُطاوِع * مُتعاقِب
Sequel تابع . تالٍ * نتيجة . ملحق
Sequence تتابع . توالٍ * نتيجة
Sequent تابع . لاحِق * مُتتابع
Sequester حارِس قضائى * مصادرة
Sequester عيَّنَ حارساً قضائياً * ضبَطَ .
حَجَز * صادَر * عزلَ * تنازل عن * تنحى
Sequestrate نزعَ الملكية
Seraglio سراى . قصر * الحريم
Seraph ملاك من السيرافيم
Seraphic سيرافيميّ . ملائِكى * طاهِر
Seraphim ملائِكة السيرافيم
Serenade عَزْف موسيقيّ للمحبوب
Serene رصين . هادِئ * صافٍ
Serenity رَصانة . هُدوء * صفاء . صَحْو
Serf عَبْد يفلحُ الارضَ . قِنٌّ
Serfdom عُبوديَّة . قِنانة
Serge ○ سِرْج . قماش صوفى خَشِن
Sergeant قائد عشرة △ جاويش . رقيب
Sergeant-Major △ باشجاويش . صول
Serial كتاب يصدر بالتسلسل * متتابع

Series متسلسلة . سلسلة . نَسَق . تابُع
Serio-comic بينَ الجِدِّ والهزلِ
Serious خَطير . هام ٭ رَصين ٭ جِدّي
Seriously من جِدّ ٭ بخطورة . بأهمية
Sermon خُطبة . خِطاب . مَوْعِظَة
Serosity مَصْل ٭ مصلية . مائية
Serous مَصْلِيٌّ . مائي
Serpent ثُعْبان . حَيَّة
Serpentine لوْلَبي ٭مشعب.انبوبةحلزونية
Serrate, —d مشَرْشَر . مسَنَّن
Serum مَصْل ٭ مَصْل الدم ٭ مصل اللبن
Servant خادم . أجير
Serve خدَمَ ٭ ناول ٭ عامل ٭نفَع . افاد
— a judgment أعلنَ الحكمَ
— out وزَّعَ . قسَّم بين ٭ جازَى
Service خِدمة ٭ معروف ٭ قُدَّاس
of — نافِع . مُفيد
table — أواني المائدة
Serviceable نافِع . يصلُح للخدمة
Servile ذليل ٭ رِقّي ٭ مَزيد . زائد
Servility ذلّ . خنوع . خُضوع ٭عبوديَّة
Servitude رق . عُبوديّة . حَقُّ الارتفاق
Sesame سِمْسِم . جُلْجُلان
— oil سيرِج . زيت السمسم
Session جَلسة . مُدَّة إنعقاد المجلس
Set مجموعة . طاقِم ٭ غُروب . أفول ٭ إنتهاء ٭ بدء المطاوعة
— square كوس . مثلَّث للرسم

Set وَضعَ . حَطَّ ٭ رَكَز ٭ رَصَّع ٭ رَكَّب ٭صَفَّ ٭غرَب . أفل ٭جَمَدَ الملاط ∆ شكَّت المونه ٭ انجبر الكسر
— about شَرَعَ . بدأ
— apart أفرَزَ . وضَع على حِدةٍ
— aside وضعَ جانباً
— at حَرَّشَ ٭ سلَّطَ عليه
— down حَطَّ . أنزلَ ٭ دوَّن . كتَب
— fire أشعَلَ أو أضرمَ النارَ
— forth أظهرَ . بيَّنَ . عَرَض
— free حرَّرَ . أطلق . أعتَق
— in دَخَلَ . حَلَّ . ابتدأ
— off إنطلقَ . ذهب
— out سافرَ ٭ انطلق
— right أصلحَ
— sail أقلعَ . أبحَر . سافر
— up أقامَ . نصَب
Set-off مقاصَّة . تعديل . مقابَلَة ٭ حلية
Seton خِزام . خِلال
Settee مُتَّكأ ∆ ديوان
Setting تركيب ٭ أفول . غُروب
Settle قرَّرَ . بتَّ ٭ أنجزَ . أنهى ٭ سَدَّد ٭سوَّى . فصل الخلاف ٭رَسَّبَ ٭أسكنَ ٭ سكَنَ ٭ إستقَرَّ ٭ راقَ . صفا
Settled مُقرَّر. معيَّن. متَّفَق عليه ٭راسخ
Settlement تقرير . بَتٌّ ٭تسوية ٭إنجاز ٭رسوب ٭تصدع البناء ∆ تريح ٭مستعمرة
Settler مستوطن . مستعمر ٭ جواب سديد
Settlings ثُفْل . رسُوب . دُرْديّ

Seven سَبْعَة
Sevenfold سبعة أضعاف
Seventeen سَبْعة عَشر
Seventh السابع . سابع ☼ سُبْع
Seventieth السَّبْعون
Seventy سَبْعون
Sever قطَعَ . بتَر . فصَل . فصَم ☼انفصل
Several عدَّة ☼ متعدِّد ☼ منفصل
Severally كلٌّ بمفرده . أفراداً
Severance فَصْل . قطعٌ . فصْم
Severe قاسٍ . صارِم . عنيف
Severely بقساوة . بعُنف
Severity صرامة . عُنْف . شِدَّة
Sew خاطَ . خيَّط
Sewage كساحة البلاليع والمجاري ∆ سَراب
Sewer بالوعة . مجرور . مثعب . جارور
Sewing خِياطة
— machine ∆ ماكنة خياطة
Sewn, *past part. of* Sew مُخاط . مُخَيَّط
Sex جنس (صفة التذكير أو التأنيث)
the fair — الجنس اللطيف . النساء
Sexagenarian ابن ستين سنة . ستُّوني
Sex-appeal الجاذبية الجنسية
Sextant سُدْس مُحيط الدائرة ☼ ← مِزْولة . آلة السدس
Sexton قَنْدَلَفْت . سادِن
Sextuple سِتة أضعاف
Sexual جِنسيّ ☼ تناسُلي

Shabbiness رَثاثة ∆ رَهدلة
Shabby رَثٌّ . وَسِخ ☼ دَنيء
Shackle قَيْدٌ . شكال ‖ قَيَّدَ
Shade ظِلٌّ ☼ لَوْن ☼ خَيال ‖ ظلَّلَ
lamp — كُمَّة المصباح ← ∆ برنيطة اللمبة ○ اباجورة
Shadow ظِلٌّ . خَيال ☼ ظلام
Shadow سَتَرَ . أظلَمَ
Shadowy ظَليل ☼ مُظلِم ☼ مُبهَم
Shady مُظلَّل . ظَليل ☼ مَشْبُوه
Shaft نَبْلَة . سَهْم ☼ عَريش ☼ بئر المنجم
— of a column بَدَن العَمود
Shaggy خَشِن ☼ كَثٌّ . أهلب . اشعث
— ground ارض وَعرة
Shake هَزَّةٌ ‖ هَزَّ ☼ زَعْزَعَ ☼ اهتزَّ
— hands ← صافَحَ
Shaken, *of* Shake مُهتزّ . مُرْتَجّ
Shaky مُهْتَزّ . مُزعزع ☼ مرتجِف
Shall فِعل مُساعد يدلُّ على الاستقبال
Shallow ضَحْل . قليل الغور ☼ سَطْحي ∆ مصلطَح . أروَح
Sham كاذبٌ ☼ صُوريّ ‖ قلَّدَ
— fight معركة صورية
Shambles مَسْلَخ . مذبَح . مجزر
Shame خَجَل . حَياء ☼ خِزْي . عار
— on you عار عليك
for —! يا للعار
put to — أخجَلَ . خَجَّل . أخزى
Shamefaced خَجولٌ . حَيٌّ . مُسْتَحٍ

Shameful مُـخْـجِـل . مُخزٍ . مُعيب
Shameless وَقِـح . قليل الحياء
Shamelessness قلَّة حياء
Shampoo دَلْكٌ ‖ فَـرَك . دَعَـك
Shank ساق ٭ قَـصَبةُ الرِجْـلِ
Shanty كُـوخ . عُـشَّة ٭ حانة
Shape شَـكْـلٌ . هيئة
Shape شكَّـلَ . صاغَ
Shapeless لا شكلَ له
Shapely حَسَنُ الشكْـل . جميل الشكل
Share حِصَّـةٌ . نصيب ٭ سَـهم ‖ شاركَ
to go —s تقاسَـموا
Shareholder مُـساهِم . حامل السَّـهْم
Shark ← كلبُ البحرِ . القِـرش ٭ نصَّاب
Sharp حادٌّ . ماضٍ ٭ حرِّيف ٭ حاذق
eight o'clock — الساعة الثامنة تماماً
Sharp-angled حادُّ الزاوية
Sharpen أرهفَ . حَـدَّ . سنَّ . شحَذَ
Sharper نَـصَّـاب . مُحتال △ أوَنْـطَـجِـي
Sharply بحِـدَّة . بصَـرامة . بشِـدَّة ٭ بنشاط
Sharp-sighted حادُّ البصر . حاذِق
Shatter حطَّـمَ . كسَّـر . هشَّم
Shave حَـلَـقَ ٭ سَـحَل بالفارة
Shaver حلَّاق ٭ مِسْـحَل △ فارة ٭ نصَّاب
Shaving حِـلاقة ٭ مَـسْح الخشَب ٭ نشارة
Shawl شال . محرمة
She هي ٭ انثى الحيوان

Sheaf جرزة . غِبط . كُـدْس . غُـمْـر . حُزمة ←
Sheaf حزَمَ
Shear جزَّ . قصَّ . جَـلم
Shears مِجزٌّ . مِقَـصٌّ ٭ تصليبة خشبية
She-ass حِمارة . اتان
Sheath غِـمْـد . قِـراب . غِـلاف
Sheathe غَـمَـدَ . أغمد ٭ غَـلَّـفَ ٭ سَـتَر
Shed مِظَـلَّة . نجيرة ٭ مُراق . مُهْـرَق
Shed ذَرَفَ ٭ سفَـكَ . أراق ٭ نشَـر
Sheep غَـنَـم . ضَأن ٭ شاة . خروف
Sheepcot, Sheepfold حظيرة
Sheepish خجول . حَـيٌّ ٭ أخْـرَق
Sheepskin جِلدُ الخروف . فروة الغنم
Sheer خالص . مَحْض . صِرْف ٭ عمودي
— folly جنون مطبق
Sheers مقصٌّ △ ← . تصليبة خشبية
Sheet فَـرْخ . طَـليحَة ٭ لوح ٭ مِلاءة
Sheeting قاش الملايات
Sheet-iron صاج ٭ حَديد مصفَّـح
Shelf رَفٌّ . صُفَّـة ٭ شِعْـب
Shell صَدَفة . محارة ٭ قشرة ٭ قُـنْـبُـلة . كلَّـة ‖ رَمى بالقنابل ٭ نزع القشر . قشَّـرَ ٭ فصَّص
Shellfish صَـدَفة . محارَة . وَدَعة
Shelter مأوى . سِتْـر
to take — التجأ
Shelter سَتَـرَ ٭ آوى ٭ ظلَّـلَ

Shelve مالَ ✿ صَفَّ ✿ أهملَ
Shemite ساميّ (نِسبةٌ الى سام)
Sheol مَقر الاموات . الهاوية . سَقَر
Shepherd راعٍ ✿ راعي غَنم . غنّام
Shepherdess راعيَة
Sherbet شَرْبات . شَراب
Sheriff مأمورُ أحكام مدنيَّة . مختار . عمدة
Shield تُرْسٌ ✿ سِتر ‖ حَمى . ستَرَ . درأ
Shift حيلةٌ ✿ رويغة ‖ انتقلَ . نقل ✿ راوغ
Shiftless عديم الحيلة . عديم التدبير
Shifty ذو حِيَل وتدابير △ حِيَلي
Shilling شلِن (عملة انجليزية)
Shimmer تألّقٌ ‖ تلألأ . تألّقَ
Shin عُرف قَصَبة الرِّجْل ✿ قصبة الرجل
Shine أضاء . أشرقَ . لمَع ✿ اشتهر
Shingle حَصباء . حصى ✿ لوح خشب قاس
Shining مُضيء . مُشرق . لامع
Shiny مُشرق . مُضيء ✿ صاف
Ship مَرْكَبٌ . سَفينة ‖ وَسقَ . شحَنَ
Shipmaster قبطان اى رَبّان السفينة
Shipment وَسْق . شُحْنةُ مركَب
Shipper الواسِقُ . الشاحِن
Shipwreck غَرقُ سَفينةٍ ✿ خراب
Shipwreck غرِقَ (المركب)
Shipwright سَفّان . صانِع السُّفن
Shire إيالة . مقاطعة . قُطْر
Shirk مُحْتالٌ ‖ تنصَّلَ . تخلَّصَ من
Shirt قَميصٌ ‖ ألبَسَ قيصاً ✿ كَسا
Shirting قاشٌ لصنعِ القمصان

Shiver رجفة ✿ شظية
Shiver ارتعشَ . ارتجَف ✿ حَطَّم
Shivering رَجْفة ✿ مُرتجِف ✿ تحطيم
Shoal سِرْبٌ ✿ ضَحْضاح ✿ ضَحْل
Shock صَدْمة . رَجّة
Shock صدمَ ✿ فجَع . افزعَ
Shocking مُفجِع . مفزع . مَخُوف ✿ مخجل
Shod, *of* Shoe منتعل . مُبَيْطَر
Shoe حِذاءٌ ✿ نَعْلة △ حِدْوَة ‖ نعلَ
Shoeblack مَسّاحُ الاحذية △ بويَجي
Shoehorn قَرْنُ الاحذية
Shoelace شَريط الحذاء
Shoemaker إسْكاف △ جِزْماتي
Shone, *of* shine أضاء . اشرقَ
Shook, *of* Shake هَزَّ . رجَّ
Shoot غُصَيْن . عُسْلوج
Shoot أطلقَ النارعلى . قوَّسَ ✿ صادَ ✿ مَرقَ ✿ فرَّخَ . نبتَ . ضرب الكرة بقدمه
Shooter هدّاف (فى لعب الكرة)
Shooting ← صَيْد ✿ إطلاق النار ✿ تفريغ
— star نَيْزَك
Shop دُكّان . حانوت ‖ تسوَّقَ . بَضَّع
to talk — يتكلم عن الاشغال
Shopkeeper صاحب دكان △ دكاكنى
Shoplifter نشال او لص الدكاكين
Shopman (*or* girl) مستخدم فى دكان . بياع
Shopping ابتياع △ تسوّق △ تَبْضيع

Shore شاطىء . شط البحر . ساحل
Shorn, *of* Shear مجزوز . مقصوص
Short قصير ٭ ناقص ٭ مُقتَضَب
— cut اختصار ٭ طريق مختصر
— of money ليس معه نقود . تنقصه النقود
— wave موجة قصيرة (لاسلكي)
in — قُصارى الكلام . بالاختصار
to cut — اختصَرَ ٭ قطَعَ قصيراً
Shortage عَجز ٭ «كميَّة» النقْص أو العجز
Shortcake △ قَرْقوشَة . فطيرة هَشَّة
Shortcoming قُصور . تقصير ٭ فشَل
Shorten قَصَّر . اختصَرَ . اقتضَبَ
Shorthand اختزال . الكتابة المختزلة
Short-lived قصيرُ العُمْرِ
Shortly عن قريب . قريباً ٭ بالاختصار
Shortness قِصَر
Shorts ← سراويل قصيرة . تُبّان
Shortsighted قصير النظر . احْسَر △ اجهر
Shot, *of* Shoot مقوَّس . مضروب . مُصاب
Shot طَلق ناريّ ٭ رَشّ . خُردق
a good — سديدُ الرماية
Shotgun بندقية رش △ بارودة خردق
Should, *of* Shall يجب . يلزم ٭ كان ينبغي
Shoulder كَتِف . مَنكِب
Shoulder رَفَعَ بالكتف
Shoulder-blade عَظمُ اللوح
Shout صُراخٌ . صياح ‖ صاحَ . هَتَفَ

Shove دَفَعَ △ زَقّ . دَسَرَ
Shovel ← مِجْرَفة △ كُريك
Show مَعْرِض . عرض △ فُرْجَة ٭ مظهر
Show أظهرَ ٭ ارَى
Showbread خُبز التقدمة . خبز الوجوه
Shower زَخَّةٌ △ رَخَّة ٭ مرشد ‖ أمطرت
— bath ← مِنْطَل △ دُش
Showily بمباهاة ٭ ببهاء . برونق
Showroom غرفة العرض
Showy زاهٍ . بَهيّ . باهٍ ٭ حَسَنُ المنظر
Shrank, *of* Shrink تقلَّصَ
Shred خِرقةٌ . شُقَّة ٭ نَسْرة ‖ مزَّقَ
Shrew سَليطة . إمرأة شَرِسة ٭ زَباب (حيوان شبيه بالفأر)
Shrewd ثاقِبُ الفكر . ذكيٌّ ٭ مكّار
Shriek زعيقٌ . صُراخ ‖ زَعَقَ
Shrill مُصَرْصَر . حادّ
Shrimp ← بُرغوثُ البحرِ . اربيان . قريدس △ جَمْبري
Shrine حَرَم . مَزار ٭ ذخيرة
Shrink انكمَشَ . تقلَّص
— from اشمأزَّ من ٭ أحجَمَ عن
Shrivel غَضَّنَ ٭ تَجعَّد . تكَرَّش
Shroud كَفَنٌ ٭ غطاء
Shroud كَفَّنَ ٭ سَتَرَ
Shrub شُجَيرة . نَجْم
Shrubbery ايكة . دَغَل . منبت شجيرات

Shrubby مُدْغِل . كثير الشجيرات
Shrug هَزّ (الاكتاف)
Shrunk, *of* Shrink تقلَّصَ . انكمش
Shudder اقشعرَّ بدنه ☼ ارتعَدَ . ارتجف
Shuffle خلَطَ ☼ حاوَل . راوَغ
Shun تحاشى . تجنَّبَ . أعرَض عن
Shunt △ تحويلة . شريط التخزين ‖ خزَّنَ
Shunter △ عامل مُناوَرَة △ محوَلجي
Shut مُغلَق . مُقفَل ‖ أغلقَ . أقفلَ
— in حبَسَ
— out منعَ من الدخول
— up سَدَّ 
Shutter دَرْفَة الشبَّاك الخشبيَّة
Shuttle مَكّوك . وشيعة . موم
Shy خَفِرٌ . خجول ‖ جَفَلَ
Shyness خَجَل . حياء . خَفَر
Sibilance صَفير . فَحيح . أزيز
Sibilant صافِر . له صوت الصفير
— letter حرف شمسي
Sibilate لفظَ من بين الاسنانِ
Siccate جَفَّفَ . نشَّفَ
Sick مَريض . عَليل ☼ قَرفان ☼ جائِش النفس
to be — of سَئِمَ من . اشمأزَّ من
Sicken أعَلَّ ☼ قَرَّفَ ☼ أسأَم
Sickle مِنْجَل . مَحَشّ
Sickly عليل . وبيل ☼ وخيم
Sickness مَرض . عِلَّة ☼ غثيان
Side جَنب . جانِب ☼ ضِلْع . ساق (في الهندسة) ☼ جهة ☼ وَجه ☼ حِزْب

to — with انحازَ الى . تحزَّبَ مع
right — الوجهُ
wrong — القفا
Sideboard خِزانَة أدوات المائدة 
Sidecar سبت الموتوسيكل أو الدرّاجة البخارية
Sidelong من جانب . جانبي . منحَرِف
Sidereal كوكبي . نجمي ☼ فلكي
Side-saddle سَرْج جنّابي (للنساء)
Sidewise من جَنب . مجانَبةً . بالعرضِ
Siege حِصار . محاصَرَة
to lay — to حاصَرَ
Sierra جِبال متسلسلة وَعِرة . صَمْد
Siesta قَيلولة . نومُ الظُهر
Sieve مُنْخُل . غِربال
Sift نخَلَ . غربلَ ☼ نقَّى
Sigh تنهُّدٌ ☼ تأوُّه ‖ تنهَّدَ ☼ تحسَّر
Sight منظرٌ . مشهد ‖ بَصَرَ . نَظَر
at — عند الاطلاع
at first — لأوّل وهلة
in — of على مرأى من
out of — بعيد عن النظر
Sightless أعمى . ضرير
Sightly جميلٌ . بهيّ . حَسَنُ المنظر
Sight-seeing △ تفرُّج . مشاهدة المناظر
Sign عَلامَة ☼ دليل ‖ أمضى على . وقَّع
Signal إشارة ☼ شَهير ☼ آذن ٥ سيمافور

Signal أعطى اشارة
Signalize خاطبَ بالاشارات ٭ مَيَّز
Signalman ∆ إشَرْجي . عامل الاشارات
Signatory مُوَقِّع . صاحِب التوقيع
Signature توقيع . امضاء
Signboard لوحة الاسم ∆ يافْطَه
Signet خَتْم . طابع . مُهْر
Significance مَغْزَى . فَحْوى ٭ أهمية
Significant هامٌّ ٭ دالٌّ على معنى
Signification أهميَّة ٭ معنى
Signify دَلَّ على . أفادَ . عَنى
Silence سُكوتٌ ٭سكون ‖أسكَتَ
Silent ساكِت . صامِت ٭ ساكِن
Silently بسكوت . بهدوء . بلا ضوضاء
Silk حرير . سُنْدُس ٭ حريري
Silken حريري ٭ ناعم كالحرير
Silkworm دودة القزّ . دودة الحرير
Silky حريري ٭ أملس . ناعم
Sill عَتَبة البابِ أو الشُبّاك . أُسكُفَّة
Silliness غَباوة . خُرق . حماقة
Silly غبيّ . أحمق . أخرق
Silt وَحْل . راسِبٌ طيني . غَرّين
Silver فِضَّةٌ ٭ فِضّي ‖ فَضَّضَ
Silverplated مُفَضَّض
Silversmith صائِغُ الفِضة
Silvery مثل الفِضة . فضّي
Similar مثيل . مماثِل . شبيه . شِبْه
Similarity مماثلة . مشابهة . مجانسة
Similarly بالمثْلِ

Simile لتشبيه (في علم البيان)
Similitude مشابهة . مماثَلة
Simmer أنَّ . غطغط ∆ تكتك
Simoom ريح السموم
Simper تكلَّفَ التبسُّم . أهْلَسَ
Simple بَسيط ٭ سهل . هَيِّن
Simple-hearted سَليمُ القلب
Simpleton أبْله . غَبيّ ∆ عبيط
Simplicity بَساطة ٭ سَذاجة ٭ تجرُّد
Simplify جعلَ الامرَ بسيطاً . سَهَّلَ
Simply ببساطة ٭ فقط . لا غير
Simulate كاذِبٌ ‖ تصَنَّعَ . تظاهَر بِ
Simulation تظاهُر . إدعاء . رِياء
Simultaneous في وقتٍ واحد
Sin خَطيئةٌ . ذَنْب ‖أخطأَ . أذنبَ
Sinapism ∆ لَزْقَةُ خَرْدَل
Since مُنذ ٭ بعد ٭ بما أن . لأن
ever — منذ ذلك الوقت
Sincere مُخْلِص . صادِق . صدوق
Sincerity اخلاص . سلامة نيَّة
Sine جَيْب (في حساب المثلثات)
Sinew وَتَرُ العضَلةِ ٭ قوَّة . نشاط
Sinewy عَضِل . قويّ . ضَليع ٭ وَتَري
Sinful اثيم . مذنب . خاطىء
Sing غَنّي ٭ رَنَّم . رَتَّل ٭ غَرَّد
Singe اشاطَ . شَوَّط ∆ شَعْوط
Singer مُغَنٍّ . مرنِّم . مُنشد
Single مُفْرَدٌ . واحِد ٭أعزَب ‖أفْرَزَ
Single-handed بمفردِهِ . بلا معين

Singleness وَحدانيَّة ٭ بساطة
Singly لِوَحْدِهِ . بمفرده ٭ كل بمفرَده
Singular مُفرد ٭ فَريد ٭ غَريب
— number صيغة المفرد
Singularity تفرُّد . وَحْدَة ٭ غَرابة
Sinical جَيْبي (في حساب المثلثات)
Sinister نَحْس . شُؤم ٭ يَسار ٭ يَساري
Sink بالوعة ‖ غَرِقَ . غاصَ ٭ هَبَطَ
Sinking غارق ٭ آخذٌ في النقصان
— fund مال لأجل استهلاك دَيْن
Sinless بلا خطيئة . زكيّ . بارّ
Sinner خاطىء . أثيم . مُذنِب
Sinuate متعرِّج ‖ تموَّجَ . تعرَّجَ
Sinuosity تعرُّج . تمعُّج . تموُّج
Sinuous متعرِّج . متمعِّج . متموِّج
Sip مَصَّة ∆ شَفْطة ‖ مَصَّ . رشَف
Siphon ○ سيفون . مَمَصّ
Sir سيِّد . مَوْلى ٭ ياسيِّدي
Sire أب . والد ٭ سيِّد . مولى
Siren جِنِّية البحر ٭ غادة فتَّانة
Sirius نَجْمُ الشِّعَرى
Sirocco ريح جنوبيَّة شَرقيَّة
Sister أخت . شَقيقة ٭ راهِبة
Sisterhood رَهْبَنَة ٭ العلاقة الاخوية
Sister-in-law عَديلة ٭ إمرأةُ الاخ ٭ أختُ الزوجِ ٭ سِلْفة
Sit قَعَدَ . جَلَسَ ٭ التأَمَ ٭ استقرَّ
— down جَلَسَ
— up سَهِرَ . بقي ساهراً ٭ انتصَبَ

Site مَوقِع . موضع . مكان
Sitting جُلوس ٭ جلسة ٭ انعقاد الجلسة
Situate, —d واقع . كائِن
Situation موقِع ٭ مَنْصِب ٭ حال
Six سِتَّة . سِتّ
Sixfold ستةُ أضعاف
Sixpence سِتّ بنسات . نِصْف شلن
Sixteen ستة عشر
Sixteenth سادس عشر ٭ جُزء من ١٦
Sixth سادس . سُدس
Sixtieth الستون ٭ جزء من ستين
Sixty سِتّون
Size حَجْم . قَدْر . جِرْم ٭ مقاس
Skate وَرْنَك . سَفَن
roller — قبقاب الزلْق ← 
Skate زَلَقَ . تزحلق
Skein شلَّة خيط . خُصلة
Skeleton هيكل عظمي ٭ هيكل الشيء
— key مِفتاح لعدة اقفال . فَشَّاشة
Sketch مسْوَدَّة ٭ رَسْم ∆ كروكى ‖ رَسَم
Skewer خلال . سَفّود ∆ سِيخ
Skiff زَوْرَق . قارب صغير
Skilful ماهِر . بارع . حاذِق
Skilfully بمهارة . ببراعة
Skill مَهارَة . بَراعة . حِذْق
Skilled ماهِر . بارع
Skim نَزَعَ الرغْوَة أو القشْدَة
Skin جِلْد . أديم ٭ قشرة ‖ سلَخَ . قشَر
water — قِرْبةُ الماء

Skinny جِلْدِيٌّ ✿ هَزِيل . أَعْجَف
Skip نَطَّةٌ . قفزة . وَثْبة ‖ نطّ . قفز
— over تخطّى . فاتَ ✿ أغفَل
Skipper دودَة الجُبْن ✿ رُبَّان مركَب
Skirmish مناوَشَةٌ ناوَشَ «العدوَّ»
Skirt تَخْمٌ ✿ طَرَف ✿ نُقبة ‖ تاخَمَ
Skittish نَفور . جَفُول ✿ خَجول
Skulk تَوارَى . إخْتَفى ✿ تَمارَضَ
Skull جُمْجُمة . قِحف ✿ عَقْل
— cap طاقيَّة △ عرَّاقية ○ بيره
Skunk ظِربان (حيوان)
Sky جَلَد . سَماء . القبَّة الزرقاء
Skyey سَمائى . عَلَويّ . جَوّي
Skylark قُنْبُرة (طائر)
Skylight كُوَّة السَّقْفِ △ مَنْوَر
Sky-scraper ناطحة السحاب . بناء مرتفع
Slab بلاطة ✿ لَوْح . لَوْحة
Slabber لعابٌ . رُؤال ‖ رالَ . سالَ لُعابه
Slack مُسْترخٍ ✿ متراخٍ ✿ كاسِد
Slacken أرْخى ✿ قلّلَ السرعة
Slackness تَراخٍ . تَوان ✿ كَساد
Slain, *of* Slay مَذبوح
Slake أطفأ ✿ سَقَى ✿ انطفأ
—d lime جير مُطفأ
Slam صَدَعَ . أقفَلَ بعُنْف
Slander وشايَة . فِرْية ‖ افترَى على
Slanderer واشٍ . مُفترٍ
Slanderous إفترائيّ ✿ مُفترٍ
Slang اللغة العامية ✿ عامّي
Slant مائلٌ ‖ مالَ . انحَرَف ✿ ميَّل
Slanting مائِل . متحدر . منحرف
Slap صَفْعةٌ . لَطْمة ‖ صفعَ . لطَم
Slash جُرْحٌ . شَطْب ‖ شَطَبَ △ شرَّطَ
Slate حَجَر اردواز ‖ بلَّطَ اوغطى بالاردواز
Slate-pencil قلم أردواز
Slatter بعزقَ ✿ اتَّسَخ . تحشَّف
Slatern امرأة متحشِّفة
Slaughter ذَبْحٌ ‖ نحَرَ . جَزَر
Slaughter-house مَذْبَح . مجزر
Slave رِقٌّ . عَبْد . مملوك ✿ أَمَة . جارية
Slaver نخَّاسٌ ✿ مَرْكَبُ النِخاسَة ✿ رِيق . لُعاب . رُؤال ‖ رالَ
Slavery عُبوديَّة . رِقٌّ ✿ استعباد
Slave-trade النخاسَة . تجارة الرقيق
Slavish رِقّي . استعبادي ✿ ذليل
Slay ذبَح . قَتَل . جزَر
Sleave شلَّة أو خُصلة حرير خام
Sled, —ge مَركبةُ الجليدِ ‖ تزَحْلَقَ
Sledge-hammer مِطْرَقَة . مِرْزَبَّة
Sleek أملَس . مَلِس . ناعِم ✿ ليِّن
Sleep نَوْم . كرَى ‖ نامَ . رقَدَ
Sleepers △ فلَنكات سِكَّة الحديد
Sleepiness نُعاس
Sleeping نائِم
— car عَرَبَةُ النوم (فى سكة الحديد)
— partner شريك مستتر

Sleepless كَلُوءُ العَين . آرِق . ساهد
Sleeplessness أَرَق . سُهْد . سُهاد
Sleepy نَعْسان . ناعِس
Sleet بَرَد . مَطر ممتزج بحبوبِ ثلجٍ
Sleeve كُمٌّ . رُدْن ✱ انبوبة خارجية
laugh in one's — ضَحِكَ في سِرِّهِ
Sleigh مَركَبة الجليد أو الجَمَد
Sleight حيلة . خُدعَة ✱ مَلْعُوب
Sleight-of-hand خِفَّة يد
Slender أَهْيَف . رَقيق ✱ طفيف
Slenderness نُحول . رِقَّة ✱ ضَعْف
Slept, *of* Sleep نامَ . رَقَدَ
Slew, *of* Slay ذَبَحَ
Slice شَرْحَة ✱ شَقْفَة . فِلْذَة
Slice شَرَّحَ ✱ خَرَّطَ
Slid, *of* Slide زَلِقَ . تزحلَق
Slide زَلِقَ . زَلَجَ . تزحلق ✱ انحدرَ
Slight استخفاف . استهانة ✱ زَهيد
. طَفيف ‖ استهانَ . استخفَّ به
Slightly بخِفَّةٍ ✱ بنوع طفيف
Slightness استخفافٌ . تهاوُن . إهمال
Slim رَقيق . أَهْيَف
Slime طِينٌ دَبِق . وَحْل . رِداغ
Slimy لَزِج . دَبِق
Sling مِقلاع ✱ علاقة . حَمَّالة ✱ رَمْيَة
Sling عَلَّقَ ✱ رَمى بالمقلاعِ
Slink أجهضَت (للبهائم) ✱ انسَلَّ . افلتَ
Slip قَسيمةٌ ✱ شُقَّة ✱ شَتْلَة ✱ زَلَّة
. هفوة ✱ زَلقة ✱ مرسى ‖ أفلتَ ✱ زَلَّ ✱ زلِق
— off شَلَحَ . خَلَعَ (كالثياب) بِعَجَلةٍ
— on لَبِسَ بعجلة . ارتدي
— away انسلَّ . افلتَ . هربَ 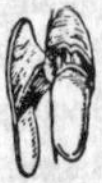
Slippers خُفٌّ ∆ شِبْشِب
Slippery متقلب . فَرَّار ✱ زَلِق
Slit شِقٌّ ✱ شَرْخ ‖ شَقَّ بالطول . شَرَمَ
Sliver شريحةٌ ‖ شرَّحَ قطعاً مستطيلة
Slope إنحدارٌ . صَبَب ‖ تَحَدَّرَ
Sloping مُنْحَدِر . متَحَدِّر
Sloppy قذِر . مُصَلْصَل . مُعَكَّر
Slot فَتْحَة . شَقٌّ . ثقب مستطيل
Sloth كَسَلٌ ✱ الكسلان (حيوان)
Slothful كَسُول . بطيء الحركة
Slough حَمْأة ✱ مِسْلاخُ الشُعبان ‖ رَمى
Sloven مُتَحَشِّف . عديم الهندام
Slovenliness تحشُّف . بَذاذة
Slow بطيءٌ . متوانٍ ✱ متمهّل ‖ أبطأَ
my watch is — ساعَتي تُؤَخِّر
Slowly رُوَيْداً . بِتأنٍّ . بِبُطءٍ
Slowness بُطء . تَوانٍ . تأخُّر
Sludge وحْل . طين ∆ روبَه
Slug قُعَدَة . مكسال ✱ بَزَّاقَة عريانة
Sluggard قُعَدَة . كَسول
Sluggish كَسلان . بليد . قاعِد الهِمَّة
Sluice عَين قنطرة . خوخة ✱ سَدٌّ
Slumber نُعاسٌ ‖ نَعَسَ . نامَ
Slunk, *of* Slink إنسَلَّ . أفلَتَ
Slur لَطْخَةٌ ‖ لَوَّثَ ✱ ثَلَمَ السُمعة
Slush وَحْل ∆ رَوْبَة . طين رقيق

Sly مُحتال * خبيث * دهائى
on the — خفْيَةً . سِراً
Slyly بمكرٍ . بدهاءٍ . بخبث
Slyness دَهاء . مكر . خُبث
Smack طعمٌ . مَذاق ‖ قبَّلَ بصوت * تلمَّظَ * طقطقَ * صَفَعَ
Small صغير * قليل . يسير * طفيف
— cash عملة صغيرة △ فَكَّة
— talk الكلامُ السائر
Smallpox مَرَض الجُدَرِيّ
Smart مُتأنِّقٌ * زاهٍ * مؤلم . عنيف * حاذق . ذكي * خفيف ‖ وَخَزَ . آلمَ
Smash حطَّمَ . هشَّم
Smatter, —ing قِلَّةُ معرفةٍ . جَهْل
Smear لطخةٌ ‖ لطَّخَ . لوَّث * دَمَّ
Smell رائحةٌ * الشمُّ ‖ شمَّ * عَبِقَ
Smelt, *of* Smell مَشْموم * عَبِق
Smelt صهَرَ . سيَّحَ المعدِن * نوع سمك
Smile ابتسامٌ . تَبسُّم ‖ ابتسمَ . بَشَّ
Smirch لطَّخَ . لوَّث * فَضَح
Smite لفَحَ . ضرَبَ . ابتلى * شتَم
Smith حدَّاد * صائغ
Smither رَذاذ . مَطر خَفيف . طَلٌّ
Smithy دكَّان الحدَّاد
Smitten مَضروب . مُصاب . مُبتلى
Smoke دُخانٌ . دخَن ‖ دخَّنَ
Smoker مُدخِّنُ التَبْغ
Smoky داخِن * بلونِ الدخان
Smooth مَلِسٌ * ممهَّد ‖ مَلَّسَ * مَهَّد
Smoothly بملاسةٍ * بهدوءٍ * بسهولة
Smoothness ملاسة . نعومة * سهولة
Smote, *of* Smite لفَحَ . ضَرَبَ . آذى
Smother خنَقَ △ فطَّس * أخمَد
Smoulder احْترقَ بلا لهب . دَعِرَ
Smuggle هرَّبَ البضائع
Smut سُخامٌ * يرقان النبات * بَذاءة ‖ سَنَجَ
Smutty مُلوَّث بالسُخام * بَذِيء
Snack لُمْجَة △ تَصْبيرَة
Snag جُذْمور . بقيَّة فرع مشذوب
Snail قَوْقَعة . حلَزونة ←
Snake أفْعى . حيَّة
Snake سَعى كالحيَّة
Snap خَطفَ * قصَم . انقصَم * طَقَّ
Snappish نَهْشة * مُرُّ اللسان
Snapshot صورة شمسية عاجلَة
Snare شَرَك . فَخٌّ . أُحْبولة * مَكيدة
Snarl زَمجَرةٌ ‖ زمجَرَ . هَمْهَم
Snatch خَطفةٌ ‖ اختَطفَ . نَتَش
Sneak ذليلٌ ‖ انسَلَّ * نشَل
Sneaking مُتَذَلِّل . خَسيس * خَفِي
Sneer إستهزاءٌ ‖ تهكَّمَ على . هزأَ بِ
Sneeze عَطْسٌ . عُطاس ‖ عَطَسَ
— at استهانَ او استخف به
Sniff شمْشَمَ . اشتَمَّ * تَنَشَّقَ
Snip قَصَّ . قَرَضَ . جَدَعَ
Snipe الشُنْقُبُ ← ○ البكاشين

Snivel مُخاط
Snivel سَالَ أنفُهُ ٭ خَنَّ
Snore فَطيطٌ . شَخير ‖ غطَّ . شَخَرَ
Snort نَخيرٌ ‖ نخَرَ . شَخَر
Snout خُرطوم . زلّومة ٭ بُلبُلة
Snow ثَلجٌ ٭جَليد ‖ أثلجَت «السماء»
Snowdrift كَومة ثلجٍ . ركام ثلجي
Snowflake نُدْفَة ثلج
Snowy مثلَّج ٭ ابيض كالثلج
Snub زجْرٌ ٭أفطس ‖ زَجرَ . انتهر
Snuff نشُوق . سُعوط
Snuff قَطَفَ الفتيلة ٭تنشَّق ٭شمْشَمَ
Snuffers مقَصُّ الفَتيلة
Snuffle خُنَّةٌ ∆ خنَف ‖ خَنَّ
Snug أنيق . مُرَتَّب ٭ مُريح
So هكذا . كذلك ٭ لهذا السبب
— as, — that لكى . حتى ان
— so بينَ بينَ . بين البينين
— and — فلان الفلاني
— far الى الآن
Soak نقَعَ . غمَسَ فى ٭ بلَّلَ
Soap صابونٌ ‖ غسَلَ بالصابون . صبَّنَ
Soar حلَّقَ « فى الجوّ» ٭ حامَ حولَ
Sob نشيجٌ ∆ شَنهَفَة ‖ نشَجَ . بكى
Sober صَاحٍ . واعٍ . فايق ٭ رزين
Sobriety صَحو ٭ اعتدال ٭ رَزانة
Sociability حُسْن المعاشَرة . مؤانسة
Sociable انيس. مُعاشر ∆ عشَري ٭اجتماعي
Social اجتماعيّ . عُمراني

Socialism الاشتراكيَّة
Socialist اشتراكيّ ٭ اجتماعي
Society جمعيَّة ٭معشَر ٭شرِكَة ٭مجتمع
the human — الهيئة الاجتماعيَّة
Sociology عِلم الاجتماع
Sock سِكّةُ المحراث ٭ جَوْرَب قصير
Socket نُقرة . تجويف . ثُغرة ٭جلبة
Sod مَرْجَة ٭ مَدَر ٭ خُضارى (طير)
Soda ○ صوداء . قِلْي
Sodden مُخَضَّل ٭مُبْتَلٌ ٭مسلوق قليلاً
Sodium ○ عُنصر الصوديوم
Sodomite لُوطِيّ
Sofa أريكة ∆ كَنَبه ∆ دِيوان
Soft ناعِم ٭ رَخْو . ليِّن ٭ هَشّ
Soften نعَّمَ ٭ ليَّنَ ٭ لانَ ٭ دَمَّثَ
Softly بليونة ٭ برِقة ٭ بعذوبة
Softness نعومة ٭رَخاوة . لِيْن ٭عُذوبة
Soggy مُبْتَلٌ . مرطَّب بالماء
Soil أرضٌ . تُربة ‖ وَسَّخَ . لوَّث
Sojourn نزولٌ . إقامة قصيرة ‖ اقامَ وقتياً
Sojourner نزيل . ضَيف . متغرّب
Solace سَلوى . عَزاء ‖ عَزَّى . اسلى
Solar شَمسيّ
Sold, *past participle of* Sell باعَ
Solder لحامُ المعادن ‖ لحمَ بالقصديرِ
Soldier جُنديّ . عَسكري
Sole سَمك موسى ○ صول ٭فريد. وَحيد
⟵ ٭ نَعْل ‖ نعَلَ الحذاء
— of the foot أخمصُ القدمِ

Solely بمفرده ٭ فقط . لا غير
Solemn مَهيب . وَقور ٭ خَطير
Solemnity مَهابة ٭ خُشوع ٭ خُطورة
Solicit توَسَّلَ . التمسَ . رَجا
Solicitation توَسُّل . إلتماس
Solicitor وكيل قضايا . محامٍ
— general النائب العام . المدعي العمومي
Solicitous. مضطرِب البال . مُهتَمّ
— of رَاغِب في
Solicitude بَلبال . هاجِس . قَلَق
Solid مَتين ٭ جامد . صلب ٭ اصَمّ
Solidify جَمَّدَ . صَلَّد ٭ ثبَّت
Solidity جمودة . صلابة ٭ متانة
Soliloquize ناجى ذاته . كلَّم نفسه
Soliloquy مناجاة النفس . نجوى
Solitary متوحد.منفرد ٭فريد ٭إنفرادي
Solitude وَحْدة . انفراد . عُزلة
Solomon سُليمان
Solstice نُقطة الانقلاب الشمسى
Solubility قابليّة الذوبان والانحلال
Soluble ممكن إذابته . ينحلّ
Solution حَلّ ٭ تَحلل ٭ مَحلول
Solvability إمكانية الايفاء او الحَلّ
Solvable ممكِن حَلّه ٭ قادِر على الوفاء
Solve حَلَّ . حَلَّلَ . فكَّ ٭ اوضَح
Solvency المقدرة على ايفاء الدين
Solvent قادِر على الايفاء ٭ مُقتدِر
Sombre كئيب . غامّ ٭ قاتِم . معتم
Some بَعض . بِضْعَة . قليل من
Somebody شَخْص ما
Somehow بأي كيفيَّة . كيفما كان
Somersault, Somerset △ شَقْلَبَة . شقلباظ . وثبة فانقلاب فى الهواء فوقوف
Something شَيء ما ٭ شَيء يُذكر
Sometime حيناً ما . مَرَّةً . وقتاً ما
Sometimes أحياناً . تارةً
Somewhat نَوعاً . بنوعٍ ما . قليلاً
Somewhere في مكانٍ ما . الى مكان ما
— else في مكان آخر
Somnambulism روبصة . اليقظَة النوْمية
Somnambulist يَمشي أثناء النَوْم
Somniloquist متكَلِّم فى نومه
Somnolence نوْم . نُعاس . كَرى
Son إبْن . نَجْل
Sonant صَوْتى ٭ حَرف صوتى
Song أُغنيّة . غِناء ٭ تغريد
Songster مغَنّ ٭ طائِر مُغَرِّد
Son-in-law زَوْج الابنة . صِهْر
Sonorous جَهوري . طنّان
Sonship بُنُوّة
Soon عمّا قريب . قَريباً ٭حالاً . سَريعاً
as — as حالما
as — as possible بأسرع ما يمكن
too — قبل الوقت
Sooner اسرع ٭ قبل الوقت ٭ بالأحرى
— or later عاجِلاً أم آجلاً
Soot سُخام △ هِباب ‖ سَخَّم △ شَحْوَرَ
Soothe رطَّبَ . لَطَّف . سَكَّن

Soothsayer مُنَجِّم . عَرَّاف
Sooty قاتِم . اسخم * كَتَنى
Sop ثَرِيد . عَصِيدة
Sophism سفسَطة . مُغالَطة مَنْطِقِيَّة
Sophist سَفْسَطِيّ . مغالط
Sophistical سَفْسَطِي . كاذب
Sophistry سفْسَطَة . مغالطَة . تَضْلِيل
Soporific مُنَوِّم . منَعِّس
Sorcerer ساحِر . عَرَّاف
Sorceress ساحِرَة . عَرَّافَة
Sorcery سِحْر . عِرافة
Sordid دَنِيء . خَسِيس * بَخيل
Sore قُرْحة * متَقَرِّح * مُؤلِم
Sorely بأَلَمٍ . بمرارةٍ . بحُرقَة
Sorrel نبات الحُمَّاض * لَون اشْقَر
Sorrow حُزْنٌ . غَمّ ‖ حَزِنَ
Sorrowful مَحْزِن . مُغِمّ * حزين
Sorry حَزِين . مُغْتَمّ . متكَدِّر
Sort كيفِيَّة * نَوْع ‖ نَسَّقَ * فرزَ
out of —s △ معكنن . منحرفُ المزاج
Sot سِكّير . مَنْهوم بالخمر
Sottish سِكّير . خِمّير * أحْمَق
Sough هَزِيزٌ . دَوِيُّ الريحِ ‖ دَوَى
Sought, *of* Seek طَلَبَ . بَحَثَ عن
Soul نَفْس * رُوح * عَقْل * حَياة
Soulless △ بلا نَفْس * فاقِد الهِمَّة
Sound صَوْتٌ * مِجَسّ * سَليم . صَحيح
* شَرعي ‖ سَبَرَ الغَوْرَ . جَسَّ * طَنَّ . رَنَّ
Soundings مكان سَبْر غَوْر البحر

Soundless صامِت . لا صَوْت له
Soundly حَسَناً . جَيِّداً * بصوابٍ
Soundness سَلامة * صِحَّة
Soup حَساء . صُبَّة ○ شُوربه
Sour حامِض * حِرِّيف * فَظ
Source نَبْع . يَنبوع * مَنْبَع . مَصْدَر
Sourness حُمُوضَة * حَرافة * فظاظة
Souse مَلَّحَ * غَطَّس . غَمَسَ . مقر
South الجنوب * جَنوبى . قِبلِيّ
Southerly نحو الجنوبِ * من الجنوب
Southern جَنوبِيّ . قِبلِيّ
Southward نحوَ الجنوبِ
Souvenir تَذْكار * مُفكِّرَة
Souvereign سُلطان . مَلِك * جُنيه إِنجليزي
Sovereignty سُؤدَد * مملكة
Sow خِنْزِيرةٌ ‖ زَرَعَ . بَذَرَ
Sower زارِع
Sown, *of* Sow مَزْروع . مَبْذور
Space فسحَة . فضاء * مَسافة * خِلال
— of time مُدَّة . بُرهة
Spacious رَحيب . فسيح . واسِع
Spade مِعْوَل
— * البستونى (ورق اللعب)
Spain اسبانيا
Span شِبْرٌ ‖ قاسَ بالشبرِ * شبَحَ
Spangle ترْتر . بَرْق ‖ زَرْكَشَ بالترتر
Spaniel كلب طويل الاذنين
Spanish اسبانى . اسبانيولي
— fly ذُبَّان هِندي

Spank صَفَعَ . لَطَمَ ✻ هَرْوَلَ
Spar سارِيَةٌ . دَقَلٌ ‖ صارَعَ
Spare قليل . يَسير ✻ زائِد ✻ موَفَّر
Spare وَفَّرَ ✻ ابقى على ✻ استغنى عن
Spareness هُزال . نُحُول . نَحافة
Sparingly باقتصاد ✻ بتَقْتير
Spark شَرارَة ✻ زيرُ نساءٍ
Sparkle بريقٌ ‖ لمَعَ . برَقَ . تَلألأَ
Sparrow ← العُصفور الدُوري
Sparse متفرِّق . متباعِد عن بعضه
Spasm تَشَنُّج . تَقَلُّص عَضَليّ
Spasmodic تَشَنُّجي . تقلصيّ
Spat, *of* Spit بَصَقَ
Spatter لَطَّخ بالرَّشّ Δ طَرْطَشَ
Spatula مِلْوَق . سِكين الصيدلي
Spawn بيض السمك . صُعْقُر
Speak تَكَلَّمَ . فاهَ . نَطَقَ ✻ خَطَبَ
— out تكلم بصوتٍ عالٍ
to — of يُذْكَر . يستحق الذكر
Speaker خَطيب ✻ رئيس مجلس
Spear رُمْح . مِزْراق . حَرْبة
Spear طعنَ بالرمح
Special خُصوصي . مخصوص . خاصّ
Specialist اختصاصي . أخِصّائي
Specially خُصوصاً . خاصّةً
Speciality شيء خصوصي ✻ خاصية ✻ اختصاص
Specie نُقود . مَسكوكات
Species نوع . صِنْف ✻ مَرْتَبة
Specific نوعي ✻ محدود ✻ باتٌّ
— gravity الثِقلُ النوعي
Specification تعيين . تخصيص . إفراد
— s مواصفات
Specify عَيَّنَ . خَصَّص ✻ عدَّد
Specimen نَمُوذَج Δ عَيِّنة . مِثال
Specious حَسَن الظاهِر ✻ صُوري
Speciousness حُسْن المنظر
Speck بقْعةٌ . لطْخة ✻ ذَرَّة ‖ بقَّعَ
Speckle بُقْعَةٌ . رَقْطة ‖ رَقَّطَ
Spectacle مَشْهد . مَنْظَر Δ فُرْجَة
Spectacles نَظّارات Δ عُوَينات
Spectacular مَشْهَدِيّ . مَنْظري
Spectator مُشاهِد . مُتَفَرِج
Spectral طَيْفي . خَيالي ✻ شَبَحيّ
Spectre طَيْف . خَيال ✻ شَبَح
Spectroscope المرقَب الطيفي
Spectrum طَيف النور
Speculate تأَمَّلَ . تمعَّن ✻ ضارَبَ
Speculation تأمُّل ✻ مُضاربة تجارية
Speculator مُضارِب
Speculum مِنْظار طِبّي ✻ مِرآة
Sped, *of* Speed مُعَجَّلٌ ‖ اسْرَعَ
Speech كلام . حَديث ✻ خُطبة
Speechless صامِت . فاقِد النُّطق
Speed توفيقٌ ✻ سُرعة . عَجلَة ‖ أَسْرَعَ
Speedily بسُرعة . بعَجَلة ✻ حالاً
Speedy سَريع . عَجول ✻ مُعَجَّل

Spell نـوْبة . دوْر * تعويذة . رُقيـة
Spell هـجَّى . تهجّى * ناوَبَ * سَحَر
Spell-bound معقود اللسان * مَسْحور
Spelling هِـجاء . تـهْجِـئـة
Spelt, *of* Spell هـجَّى . تهجّى
Spelter « مَعدِن » الزنْـك او التوتيا
Spend صرَفَ . انفق * بدَّد * أنهـك
Spendthrift مُـبَـذِّر . مُـسْـرِف
Spent, *of* Spend مُـنْـفَـق ‖ انفـقَ
Sperm مَـنِـيّ . ماء التذ كير
Spew قَـيء ‖ تـقـيَّـأ . قاء
Sphere كُـرَة * دائـرَة . مَجال * مَنزِ لـة
Spheric, —al كُـرَوِيّ * مُستدير
Spherics الأجسام الـكُـرَوِيَّـة (هندسة)
Spheroid شِبْـه كرَويّ
Sphinx ابو الهول ←
المِصرى أو اليونانى
Spice تابِل . بَـهار * طِيب ‖ طـيَّـبَ
Spicy مُـطَـيَّـب * عِـطْرِيّ * سَديد
Spider عَـنكَـبوت * رُتيلاء
Spike سُنْـبُـلَـة * عُسْلوج * مِسمار كبير
Spiked مُـسَـنْـبَـل * مُـبَـرْشَم
Spiky شائِـك . مؤسَّل الرأس
Spill أراقَ . اهرق * كَـبَّ . دَهَـقَ
Spilt, *of* Spill مُـهْـرَق ‖ اهـرَق
Spin غَـزَلَ * فـتَـلَ . بـرَم * ادَار * درَّ
— a yarn لفَّـقَ حِـكاية
Spinach, Spinage سَبانـخ . إسْـبانـخ
Spinal شوْكِيّ . فِـقْـرِى

Spindle مِـغْـزَل . وَشيعة
Spindle استَـدقَّ * استطالَ
Spine شَـوكَـة * العَـمُـودُ الفِـقْـرِى
Spinning غَـزْل . بَـرْم * دَوَران حول نفسه
Spinster إمرأة غير متزوِّجَة . عاهِل . عانِس
Spiny شائِـك . شَـوْكِي * شاقّ
Spiral حَلَزونِيّ . لَـولَـبِيّ * اللولبُ
Spire عُـسْلوج * حَلَـزون * مِسَلَّـةُ
بِناء . بُـرج ‖ نبتَ . فَـرَّخَ * ارتفَـعَ
Spirit رُوح . نَـفْـس * حَياة * نَـخْـوة
* مغزى * خَـيال . زَوْل * الـكُـحُول
— lamp △ سبيرتو . مِشْـعَـل كـُحولي
— level ميزان الماء . ميزان التسوية
— of the law روح أي غرَضُ القانون
party — تعصّب . الآصرة الاليـيَّـة
Spirited خَـفيف الحركَـة . نَـشيط
Spiritless خائِـرُ العَـزْم * مكْـتَـئِـب
Spirits مشروبات روحيَّـة . مُـسْـكِرات
in high — مَـسرور . فَـرحان
Spiritual رُوحانِيّ . نَـفْـسانِيّ * دِينِيّ
Spiritualism مُـخاطَـبَـةُ الأرواحِ
Spirituality رُوحيَّـة . رُوحانيَّـة
Spirituous رُوحِيّ * الـكُـحولي
Spiry حَلَـزوني . لَـولَـبي * بشكل المسلَّـة
Spit سَفّـودٌ △ سيخ * بـصاق ‖ بَـصَـقَ
Spite ضَـغِـيـنَـة * إكادة ‖ غاظَ . كادَ
in — of رَغْماً عن . غَـصْـباً عن
out of — لأجل النِـكاية

Spiteful مُغِلّ ✽ حَقود ✽ مُغيظ
Spittle بُصاق . لُعاب . رِيق
Spittoon مِبْصَقة . مِتْفَلَة
Splash △ طَرْطَشَة ‖ طَرْطَشَ . رَشَّ
Splash-board مِرآةُ العَرَبَة △ مِرايَة
Spleen الطِحَال ✽ حِقد . ضغينة
Splendent لمَّاع . بَرَّاق . مُتَلألىء
Splendid بَهِيّ ✽ فاخِر . سَنِيّ
Splendour بَهاء . رَوْنَق ✽ سَناء
Splice وَصَلَ طَرَفَيْ شيء بجَبكِهِما
Splint جَبيرة العُضو المكسور ✽ شَظِيَّة
Splinter شَظِيَّة ‖ شَظَّى ✽ جَبَّرَ
Split شَقّ . فَلْع ‖ فَلَقَ . شَجَّ ✽ تفلَّقَ
Spoil غَنيمة ‖ نَهَبَ ✽ اتلَفَ ✽ تَلِفَ
to — a child دَلَّلَ الوَلَدَ
Spoke بَرمَق
Spoke, *of* Speak تَكلَّمَ . فاهَ
Spoken, *of* Speak مُفَاهٌ به
Spokesman مُتكلِّم بالنيابةِ . كَلِيم
Spoliate نَهَبَ . سَلَبَ
Spoliation نَهْب . سَلْب . إغتصاب
Sponge إسفنْج ‖ مَسَحَ بالاسفنجة ✽ تطفَّلَ
— upon تَطفَّلَ على
Sponger طُفَيلي . وارِش . واغِل
Spongy إسفَنْجِيّ ✽ مَصَّاص
Sponsor كَفيل ✽ عَرَّاب . إشبين . عرابة
Spontaneity إختياريَّة . تلقائية . تطوُّع
Spontaneous تلقائي . انبعاثي
Spontaneously اختياراً . طوعاً

Spool بَكَرة . مَكَبّ . مِسْلَكة
Spoon مِلْعَقَة
Spoonful مِلء مِلْعَقة
Sport رياضة . لهو ✽ صَيْد ‖ لَعِبَ
Sportive لَعوبٌ . مُحِبٌّ اللهو أو الرياضة
Sportsman رياضي . مُحِبُّ الرياضة
Spot مَوْضِعٌ ✽ بُقْعَة ✽ لَطْخة ‖ بقَّعَ
to — out اكتشفَ ✽ عَلَّمَ بعلامةٍ
on the — حالاً . فَوْراً
Spotless طاهِرُ الذيلِ ✽ غير مبقَّع
Spousal قِران . زفاف . زَواج
✽ زيجِيّ . عُرْسي
Spouse زَوْج . قَرين ✽ زَوْجَة
Spout ميزاب . صُنْبور ‖ بَجَسَ . فجَّر △ بَخَّ
Sprain وَثْء . التواء ‖ وَثَأَ △ قَصَعَ
Sprang, *of* Spring قَفَزَ . نَطّ . وَثَبَ
Sprawl استلق . انبطَحَ ✽ تمرَّغَ
Spray عُسلوجٌ ✽ رَشَّة ‖ رَشَّ
Spread مُنتشِر ✽ مفرود
Spread نَشَرَ ✽ انتشَرَ
Spree مَرَح . بَسْط
Sprig غُصن . فَرع . شُعبَة
Spright زَوْل . طَيْف . شَبَح
Sprightful, Sprightly نَشيط . رَشيق
Spring فصل الربيع ✽ ينبوع . عَيْن
✽ زُنْبَرك ✽ نابض ✽ وَثْبَة
Spring نَطَّ . وَثَبَ ✽ نَبَعَ
✽ برزَ ✽ نَشَأَ
Spring-mattress △ مَرْتَبَة سِلك . مُلَّة

Springy كثير الينابيع * مَرِن
Sprinkle رَذاذٌ *رَشّ || رَشَّ *ذَرَّ
Sprite جِنِّيَّة * طَيْف . شَبَح
Sprout نَبْتَة . فَرْخ || فَرَّخَ
Spruce مُتْقَن * كَيِّس . لَبِق
Spruceness كِياسة . لباقة
Sprung, *of* Spring مَوْثوب . مَنْطوط
Spry نَشِيط . خَفيف الحركة
Spue استفرغَ . قاء
Spume زَبَد . رَغْوَة
Spun, *of* Spin مَغْزُول * مَنْسُوج
Spunk صُوفان * حدَّةُ الطبع
Spur مِهْماز . مِنْخَس || نخَسَ *حَثَّ
on the — of the moment فوراً
Spurious مقلَّد . كاذب * نَغْل
Spurn ازدرى بِ . استحقرَ . ترفَّعَ عن
Spurt انبجَسَ . تفجَّر △ فَطَّ △ بَخَّ
Sputter △ تَفْتَفَ * هَذرَم . تمتَم
Spy جاسوسٌ || تجسَّسَ *استطلعَ . رَقَب
Spy-glass نظّارة مُقَرِّبة
Squab زغلولُ الحمام . جَوْزَل * دَحْداح
. مكَتَّل
Squabble نِضالٌ || نازعَ . ناضَلَ
Squad فِرْقة . شِرذِمة . حِزْب
Squadron فِرْقة * قِسْم من اسطول
— leader قائد أسراب
Squalid قَذِر . وَسِخ
Squall هَبَّةُ ريحٍ * زعيق || زَعَقَ
Squander بعزَقَ . بدَّدَ . أسرَف

Square ساحة . رَحَبة *مُرَبَّع *رُباعِيّ
* متعادِل * عادِل
Square سوَّى . عدَّلَ *ربَّع . كَعَّب
— brackets [ ] أقواس أو حاصرة معقوفة
— built person ربع القوام . مربوع القامة
— deal معاملة امينة . عدل
— root جَذْر تربيعيّ
Squarely بِعَدْلٍ . بانصافٍ * تربيعاً
Squash قَرْع عسلي * زنقة . زحام
* عصير * خبيصة || هَرَسَ . عصرَ
— rackets لعبة كرة بمضرب
Squat جلسَ القُرفُصاء . قَرفَصَ
Squeak زَعيقٌ *صَريف || صَرَفَ . صرَّ
Squeal زَعيقٌ || زَعقَ . صرَخ
Squeamish سريع القرَف والغثيان
Squeeze عصَرَ * كبَسَ . ضغَط على
Squint حَوَلٌ || حولَ * نظرَ شزراً
Squint-eyed أحْوَلُ العَين
Squire صاحب ضيعة . سَيِّد *وصيف . تابع
Squirm تَرعَّصَ . تلوَّى
Squirrel سِنْجاب
Squirt محقنة △ بُخَيخَة
|| ضَخَّ △ بَخَّ *انبجَسَ
Stab طَعْنَة || طَعَنَ . ضَرَب بِسِكين
Stability رسُوخ . ثَبات . استقرار
Stable اصطَبل *ثابت . مُستقِرّ *وطيد
Stack كَوْمَة || كوَّمَ * ستَّف
Staff عَصا . عُكاز . هراوة *عُمَّال . موظفون
* صارية العَلَم * اركان حرب

Stag إيَّل . وَعْل *صارية العلم *أركان حرب
Stage دَرَجة . طَوْر . مَرْحلة * مَسرح
go on the — صارَ ممثِّلاً . احترفَ التمثيل
Stage-coach مركَبة سَفَر عموميَّة
Stagger تمايَلَ . ترنَّح * تردَّد
Staggering متمايل . مُترنِّح
Stagnancy وُقوف الحركة . رُكود *كساد
Stagnant ساكِت الحركة . راكِد
— water ماء آسِن او راكد
Stagnate ركدَ * كسَد * أسُن
Stagnation وقوف الحركة . ركود * كساد
Staid, *of* Stay بَقِيَ . مَكَث
Staid قَنوع * رَزين . رَصين
Stain لطخةٌ ‖ صبَغَ * لَطَّخ * شانَ
Stainless نقيُّ الذيل . بلا عَيْب . زكيّ
Stair درَجَة . مِرقاة . سُلَّمة
Staircase دَرَج . ∆ بَيْت او بئر السلَّم
Stake وَتَدٌ *رهينة ‖ جازفَ بِـ *راهَنَ
at — في خَطَر
Stale تافِهٌ * قَديم * مُبتَذَل ‖ بالَ
— bread خُبز جاف ∆ خُبْز بايت
Stalk ساق النبات . سُوَيْقة * عُود
Stall مرْبَط *دكَّة ∆ كُشْك *كُرسي
Stallion فَحْلُ الخَيْل ∆ طَلوقه
Stalwart قَويّ . ضَليع . عَفيّ * شُجاع
Stamen عُضو التذكير (في النبات) . سَداة
Stamina أساسُ القوَّة . قوام الشيء
Stammer تَلجْلَجَ . تلعثمَ . تَهْتَهَ
Stammerer ألْكَن . متلعثِم

Stamp طابع . خَتْم * دَمْغة * دَوْسَة
Stamp داسَ *طبَع *ختَم . بصَم *وسَم
— out قمَعَ . أخمَدَ * استأصلَ . أبادَ
Stampede جُفولٌ . فِرار ‖ جفَلَ . هَرَب
Stanch مَتينٌ *مخلص ‖ أوقفَ نزْف الدم
Stand مَوْقِفٌ * قاعِدَة ‖ وَقَفَ
* بَقِيَ . احتمَل * قاوَم
— against قاومَ . صَدَّ
— away ابتعدَ
— by عضَّدَ . ساعد * تحزَّب له
— for قامَ مقام
— good صَلُحَ
— on اعتمدَ على
— out رفَضَ . أبى . قاوَم * بَرَز
— up انتصَبَ . نَهَض
— up for دافعَ عن
Standard علَم . راية * عِيار . مِقْياس
* قِياس . وَحْدَة * أصْل . قاعِدَة
Stander-by مُتفرِّج . مُشاهِد
Standing قائم * مَقام . مَنْزِلة * حالة
— army جيش تحت السلاح
of long — قديم العهد
Stand-point مَقام . مَنْزِلَة
Staple حاصلات *حاجيَّات * قوام*عِرْق
. تِيلة *حَلْقَة . رَزَّة *أصلي . أساسي
Star نَجْم . نَجْمة . كوكب * نَجْمي
Starboard الجانِبُ الأيمن للسفينة
Starch نَشاء ‖ نَشَّى
Stare حَملقةٌ ‖ حملَقَ . تفرَّس

Stark يابسٌ * قويٌّ * كُليةً . إطلاقاً
Starlight ضوء النجوم . نور الكواكب
Starling الزرزور . الخليش (طائر)
Starry مرصَّع بالنجوم * نجميّ * لامع
Start شروع . بدءٌ * انطلاق * فزَّة
Start شرعَ في . بدأ * انطلقَ * فزَّ . قامَ بغتةً * جفلَ . فزعَ
Startle جفَّلَ * أفزعَ . ذعَر
Starvation سغَبٌ . الموتُ جوعاً
Starve جاعَ . سغِبَ * جوَّعَ * أفقَر
State حال * حكومة . دولة * ولاية * اميرى
State قرَّرَ * ذكَرَ * عيَّن
Statedly باطّرادٍ . في أوقات معيَّنة
Stateliness أُبَّهَة . فخامة
Stately فخمٌ . عظيم . جليل . سنيّ
Statement تقرير . بيان * قائمة △ كشف
Statesman من أرباب السياسة . سياسى
Statics علم الأثقال والتوازن او السكون
Station محطةٌ * مركز ‖ وظَّفَ * أركزَ
police — شرطة . قسم الشرطة . مركز بوليس
Stationary ثابت . راهن * مُستديم
Stationer ورَّاق . بائع أدوات الكتابة
Stationery أدوات الكتابة . وِراقة
Statistic تعدادي . احصائى
Statistics فن الاحصائيات * احصاء
Statuary مثَّال . صانع التماثيل
Statue تمثال . نُصبة
— of liberty تمثال الحرية ←
Stature قامة . قوام . قدٌّ

Status حالة . منزِلة . ظرْف
Statute قانون . نظام اساسيّ * سُنَّة
personal — قانونُ الأحوال الشخصية
Statutory نظامي . قانوني
Staunch متين * يُعتمد عليه
Stave دفٌّ . ضِلع برميل * مقطع شِعر
Stave تهشَّمَ * ثقبَ * كسَّرَ * درأ . صدَّ
Stay دِعامة * اقامة . مكوث * مشد الخصر
— of execution ايقاف التنفيذ
Stay أقامَ . مكثَ * بقيَ . ظلَّ * أوقفَ . حجَز . صدَّ * سندَ . دعَم
— away غابَ أو تأخَّرَ عن منزله
— up سهِرَ
Stays مِشدّ «الوسط» △ بوستو ٥ كورسيه
Stead عِوَضٌ . بدَل ‖ نفعَ . أفادَ
Steadfast, Stedfast ثابِت . راسخ . متين
Steadily بحزمٍ . بمثابرة . برُسوخ
Steadiness حزْم * ثبات * مثابرة
Steady ثابتٌ * مثابر ‖ ثابرَ * ثبَّتَ
Steak شريحة لحم بقرٍ وغيره
Steal سرَقَ . اختلَسَ * انسلَّ
Stealth عمَلٌ خفيّ * تلصُّص
by — خُلسة . خِفية
Steam بُخارٌ * بخاريّ ‖ تبخَّرَ
— launch زورق بخاري
— roller محدلة بخارية * وابور زلط
Steamboat, Steamship باخِرة
Steam-engine آلة بُخاريّة
Steamer باخِرة . سفينة بخاريَّة

Steed جـواد . حِـصان مطهَّـم
Steel فولاذ . صُلْـب *فولاذي ‖ قسّى
Steely فـولاذيّ
Steelyard → قَبَّـان . ميزان القبَّـان
Steep جُرف . وهدة * واقِفُ الانحدار
Steep بلَّ * نقعَ
Steeple بُرْج بَيْـت . مسلَّـة بناء
Steeple-chase سباق الحواجز او الحقول
Steepness انحدار . صَبَب * هُوَّة
Steer عِـجْـل صغير
Steer أدارَ الدفَّـة * سَيَّـرَ
Steersman, Steerer مُـدير الدفَّـة
Stellar, —y نَـجْمي . كَـوكَـبي
Stem ساق . جِذع * مُقَـدَّم السفينة
— of banana عِزق موز . ← △ زباطة موز
Stench رائِـحة كريهة . نَـتَن
Stencil ○ ستنسيل . مُرَقَّـعة . صفيحة العلام *مهرق . ورق نضاحة
Stenography اختزال . الـكتابة المختزَلـة
Stentorian جَـهُـوريّ . عالٍ
Step خُطْـوَة * دَرَجَة . سُلَّـمَـة ‖ خطا
— down نَـزَلَ
— in دَخَـلَ
— on داسَ
— over عَـبَـرَ * تخطَّـى
Step-brother أخ من أحد الوالدين
Step-child ربيب . ابن او ابنة الزوجة أو الزوج من زواج سابق
Step-father رابٌّ . زَوْج الأُم
Stepladder سُلَّم نقالي بركيزة
Step-mother رابَّـة . زَوْجة الأب
Step-sister أُخت من أحد الوالدين
Stereoscope مُجسِّم الصور المزدوجة . مجساد
Stereotypy تصحيف بالصب (فى الطباعة)
Sterile قاحِل . عقيم * عاقِر
Sterility قَـحْل . جَدْب . عُـقْـم
Sterilize عَـقَّـمَ . طهَّـرَ بمادَّة تعقيم
Sterling صاف . صِرْف *العملة الانجليزية
Stern كَوْثَل . مؤخَّـر السفينة *عَبُـوس
Sternly بعُبوسة . بتَـقْـطيب
Stethoscope المِسْماعُ الصدرى ‖ تسمَّـعَ
Stew يَـخْـنَـةٌ ‖ △ سَبَّـكَ الطَبْـخَ
Steward خَـوْليّ * وكيل الخرج
Stew-pan طَـنْـجَـرة . مِـقْـلاة . كِفت
Stick عَصا . قَـضيبٌ ‖ تَدَبَّـقَ *لَـعِـقَ
— by لازَمَ . واظَـبَ على
Stickiness لزُوجَـة . تدبُّـق
Stickle كابَـرَ * ماحَـكَ △ قاوَح
Stickler مكابر . معانِـد
Sticky دَبِـق . لَـزِج * مُلَبَّـد
Stiff جامِد . صلب * مُتَيَبِّس * عَنيف
Stiffen صَلَّبَ . جَمَّـدَ * تَـصَـلَّـبَ
Stiffly بصلابةٍ . بيبُـوسة * بعُـنْف
Stiffness كزازة . جُمود . تيبُّـس *عُنْف

Stifle كَتَمَ . كظَم * خنَق . أغصَّ
Stifling خانِق . مقطس . كاتِم
Stigma ∆ دَاغ * وَصْمَةُ عار * ميْسم
Stigmatic مُشَوَّه * موسُوم
Stigmatize وسَمَ ∆ دوَّغَ . كوَى * وَصَمَ
Stiletto خنجر صغير
Still إنبيق * ساكِن . هادىء * سُكون * للآن * ومع ذلك
Still أخمدَ . أهمدَ * استقطر ∆ خرَجَ
Stillborn مولود مَيْتاً . حَشيش * عقيم
Stillness هُدوء . سكون . هجوع
Stilts طُوَّالة (ارجُل خشبيَّة)
Stimulant مقوٍّ . منبِّه * محرِّك . مهيِّج
Stimulate نبَّهَ * حَرَّكَ
Stimulation تنبيه . تحريك
Stimuli منبِّهات . مهيِّجات
Stimulus منبِّه . مهيِّج * محرِّك . دافع
Sting زُبانَى . شوكة . ابرة * لَسعة ‖ لسَعَ
Stinginess بُخْل . تَقْتير . شُحّ
Stingy بخيل . مُقَتِّر . شَحيح
Stink نتانَةٌ ‖ أنتَنَ . دَفِرَ
Stinking مُنتِن . كَريه الرائحة * نتن
Stint حَدٌّ * مقدار محدود
Stint حَصَرَ . حَدَّدَ
Stipend راتِب * معاش قِسّيس
Stipendiary ذو راتِب مُعَيَّن
Stipulate اشترَطَ . عيَّنَ شَرطاً
Stipulation اشتراط . اتفاق * مساومة

Stipule أُذَيْنة ورقة نبات قاعدية
Stir حَرَكَةٌ ‖ حَرَّكَ * أثارَ
Stirrup ← رِكاب السَّرْج
Stitch غُرْزَةٌ . قطبة ‖ خاطَ
Stock جِذْع * مَسْكَة . يَد * أصْل * ماشِيَة * رأس مال * كرنافة البندقية * اسهُم * المخزون ‖ خزَنَ * جَهَّزَ . أمَدَّ * موَّنَ
— exchange مِصْفَق الأوراق المالية
— in trade البضائِع الموجودة
— taking جَرْد الموجودات
to take — جَرَدَ البضائِع
to take — of نقَدَ . فحصَ وقدَّرَ
Stockade سِياج من قوائِم مدبَّبة
Stock-book دفتر المخزن او البضائع
Stockbroker ∆ سِمسار بورصَة
Stocking جَورَب (ج جوارب)
Stocks أسهُم ماليَّة * ← دَهَقٌ (آلة للتعذيب)
Stock-still هَامِد . ساكِن الحركة
Stoic, —al عديم المبالاة بالمؤثِّرات . رواق
Stoker ∆ عَطَشْجي . وَقّاد
Stole بَطْرَشيل الكاهِن * لفاع فرو
Stole, *of* Steal سَرَقَ
Stolen, *of* Steal مَسروقٌ ‖ سَرَقَ
Stolid غَليظ . سَمِج . اخرَق
Stolidity غَلاظَة . سَماجة . خُرْق . بلادة.

Stomach مـعْـدَة * شَهيَّة
Stomach تحمَّلَ. صَبَر على. استساغ
Stone حَجَر * فصّ الخاتم *حَصاة *نَواة
* وَزْن يُساوي ١٤ رطل * حجري
Stone رَجَمَ او كسى بالحجارة * نزعَ النوى
Stone-blind أعمى. ضَرير. كَفيف
Stone-cutter نَحَّاتُ الأحجار. حجَّارٌ
Stone-fruit ثَمَر ذُو نَوَى
Stoneless بلا نوى. عادم النواة
Stonepit مَحجَر. مَقلَع حِجارة
Stony حَجَريّ * متحجّر
Stood, *of* Stand وَقَفَ
Stool كُرسي واطىء بلا مساند △ أسكُمْلة * براز
Stoop انحناء || طأطأَ. انحنى * خَضَعَ
Stop وقْفَةٌ. وقُوف || وقَفَ
* اوْقَفَ * عاقَ * قطع * سَدَّ * منعَ
full — نُقطة وقْف
put a — to أوقَفَ. وَضع حَدًّا لـكذا
Stopcock مِحْبَس الحنفيَّة. جزرَة
Stoppage توقُّف * توقيف
Stopper صِمام. سِدادة * ساد
Storage خَزْن. أُجْرة الخَزن
Store مَخزَن. دكان * كَميَّة
in — مخزون * مُخبَّأ * مُعَدّ
Store خَزَنَ * ادَّخَر
Storehouse مَخْزَن
Storekeeper أمين مخزن * صاحب دكان
Storied ذو طبَقات * مذكور كحكاية
Stork اللَّقْلَق. أبو حُدَيْج △ عَنز
Storm عاصِفةٌ. زَوبعة || هاجَمَ * عَصَفَ
Stormy عاصِف. عَجَّاج
Story قِصَّة. حِكاية * دَوْر. طَبَقَة
Stout قَويّ * جريء * بدين. سَمين
Stoutly بقوَّة. بشدَّة * بجراءة
Stoutness قُوَّة * شجاعَة * بَدانة
Stove, *of* Stave مُحطَّم. مُهَشَّم
Stove مَوْقِد △ وِجاق * مدفأة || حَمَّى
Stow خَزَنَ * رَصَّ △ سَتَّفَ
* طوَى القلع
Stowage أجرة الخزن او الرصّ. تدكين
Strabismus حَوَلُ العين. خُزْرَة
Straddle فَرْشَحَةٌ || فَجَّ. فَرشَحَ
Straggle ضَلَّ. شَرِدَ. هامَ
Straight مستقيم * غير ممزوج * قويم * رأساً
Straighten عدَّلَ. قوَّم * استقام
Straightforward مُستقيم * عادل
Straightforwardness استقامة
Straightly بضيق * بدقَّة. باحكام
Straightness اعتدال. استقامة
Straightway حالاً. فوراً. توًّا
Strain جُهْد. اجهاد * صفة مَوْروثة
* ضغط * وثء. صَدْع △ قَصْع
Strain أجهَدَ * ضَغطَ على. غصبَ * صَفَّى
* وَثَأَ. صَدَعَ * عصَرَ * شدَّ. مطَّ
Strainer مِصْفاة. ضاغط. زانق

Strait بوغاز . مَضِيق * ضِيقة . عُسْر
Straiten ضيّق * شدّ * قوّمَ
Straitly بضغط . بشدّ * بتدقيق
Straitness ضِيق . شدّة . عُسْر
Strand ساحِلٌ . شَطّ ‖ جَنَّحَ المركبَ
Strange غريب * مُسْتَهْجَن
Strangely بكيفيّةٍ مُستغربة
Strangeness غرابة
Stranger غريب . أجنبيّ . دَخيل * طارىء
Strangle جَنْدَلَ . قتل * خنقَ . شنق
Strangulation خَنْق. تفطيس * إختناق
Strap شريط معدنى △ شنبر * سَيْر جلد
△ قُشاط * سَوْط * △ قايش
Strap حزَمَ بسَيْر * شَحَذَ الموسى
Strata مراتِب . طَبقات * مَصافّ
Stratagem خُدْعة . حِيلة * خطة حربية
Strategy فَنّ قيادة الجيوش
Stratified مَنضَّد . مستّف * ذو طبقات
Stratosphere طبقات الجو العُليا
Stratum طَبقة * مَرتبة قَش
Straw قَشّة * تِبْن
Strawberry ⟵ △ فراوله △ شليك
Stray شاردٌ ‖ شَردَ . ضَلّ . تاهَ
Streak خَطٌ . عِرْق ‖ خطّطَ . △ زيّح
Streaky ذو خُطوط ملوّنة
Stream مَجْرَى . جَدْوَلٌ ‖ جَرَى . سَالَ
Streamlet نُهَيْر . جدْول صغير
Street شارِع . طريق عموميّة
Strength قُوّة * مَتانة * طاقة

on the — of بناءً أو اعتماداً على
Strengthen قوّى . شدّدَ . ثبّتَ * تقوّى
Strenuous غيُور . نشيط * عنيف. مضن
Stress نَبْرَة . شَدّة * أهميّة . خُطورَة
* ضغطٌ ‖ شدّدَ على . اضطرّ
Stretch طاقة * امتداد
at a — بلا انقطاع
Stretch مَدّ * فرَدَ * تمطّى * تمدّدَ
Stretcher نَقّالة . مِحَفّة * فارد
Strew نشَرَ . بذَر * نشّرَ
Strewn, *of* Strew مبذور . مَنْشور
Stricken, *of* Strike مَضروب . مُصاب
— in years طاعِنٌ فى السنّ
Strict دَقيق . مَدقّق * صارِم
Strictly بدقّة . بتدقيق * على سبيل الحصر
Stride خُطْوَة واسعة
Stride اوسَعَ الخُطى . مدّ
Strife جِهاد . كِفاح * نِزاع * مكافحة
Strike اعتصابٌ . إضراب ‖ خبَطَ . ضَرَب
* اذهَل * خطَر بالبال * قرَع
— dead ضربهُ فقتلهُ
— home أصابَ المَحزّ * اتى طبق المرام
— a match اشعلَ كبريتة
— off, — out △ شطَبَ . مَحا . حذَف
— root مدّ جِذراً فى الأرض . تأصلَ
— work اضربَ عن العمل
go on — اعتصبوا . اضربوا عن العمل

Striking يُلفِتُ الأنظار * مُدهش
String وَتَر * خَيْط △ دُوبارَه
* سِلْسِلَة « اشياء »
— of beads سُبْحَة
String رَكَّبَ وَتَراً * نظمَ. △لضم
Stringed وَتَرِيّ. ذوأوتارٍ *مربوط بخيط
Stringency اضطرار. تشديد * ضَغْط
Stringent اضطراريّ * مشدَّد *مُعسِر
Stringy لِيفِيّ. خَيطِيّ * مَطَّاط
Strip شُقَّة || جَرَّدَ * نزَع * قشَّر
Stripe خَطٌّ △قلَم * سَيْر *سَوْط
Stripe خَطَّطَ △ قلَّم
Striped مُخَطَّط. مقلَّم
Stripling مراهق. غُلام. فَتىً
Strive كَدَّ. كَدَحَ. اجتهَدَ * كافَحَ
Strode, *of* Stride أوسَعَ الخُطى
Stroke خبْطَة. ضَرْبَة * فاصِلة
. شَرْطَة * عَمَل باهِر * صفقة
Stroke, *of* Strike رَبَتَ. مسَّدَ
△طَبْطَبَ * خَبَطَ. ضرَبَ
Stroll تَجوُّل. تطْواف
Stroll تَجوَّلَ. تمشَّى
Strong قَوِيّ. شديد * مَتين * لاذع
Stronghold حِصْن. مَعْقِل. استحكام
Strop مِشْحَذة △ قايِش
Strop شحَذَ الموسى
Strove, *of* Strive جاهدَ. كَدَّ
Struck, *of* Strike مضروبٌ || ضرَبَ
— off مشطوب. △ مضروب عليه

Structural بِنائى. نسيجي * تركيبي
Structure تركيب. بِناء * بُنيان
Struggle كِفاحٌ || جاهَدَ. كافَحَ
Strung, *of* String مَلضومٌ. منظوم
Strung لَضَمَ
Strut تخطُّرٌ * دعامة || تبختَرَ زَهْواً
Stub جذمةٌ. عُقْب || استأصَلَ
Stubble جُذامَة الحِنطةِ وغيرها. عقب
Stubborn عَنيد. حَرون * شَديد الشكيمة
Stubbornly بعناد
Stucco خافِقِيّ. بياض المصِّيص
Stuck, *of* Stick ملتصقٌ || لَصقَ
Stud قَنِيَّة ُجيادٍ *
←مسمار بطاسة* زِرّ برأس. جُمان 
Studded مُرَصع (بازرار زِينيَّة)
Student طالِب عِلْم. تلْميذ
Studied مَدْروس * مَبْعوث فيه
Studio مُحْتَرَف (غُرْفَة المصوِّر وغيره)
Studious مُغرم بالدرس. بحَّاث
Study دَرْس. مُطالعة. بحث*رسم تحضيري
*مكتبٌ خاص || درَسَ*تعلَّم. بحَثَ
brown — شرودُ الفكر
Stuff مادَّة * متاع * نسيج. قماش * حَشْو
* دَواء * سقَط المتاع
Stuff حَشا * حنَّط
Stuffing حَشوة. حَشْو * تَصْبير. تحنيط
Stuffy خمّ △ مُخم * كَتِيم
Stultify سَفَّهَ. حَمَّق. اثبت عليه السفه
Stumble عَثْرَةٌ || زلَّ. عَثَر. كَبا

Stumbling-block حَجَر عَثرة . عِثار
Stump جُذمور . جذْل * بقية العضو المقطوع
Stun صَعَقَ . اعدَم الوعى * ادهَشَ
Stung, *of* Sting مَلْسوع
Stunk, *of* Stink مُنْتِن . مُتَعَفِّن
Stunt أوقفَ النمو . أعجَزَ △ عَجَّز
Stupefaction خَبَلٌ . ذُهول . وَهَل
Stupefy خَبَّلَ . اذهَل * خَدَّر . سطَل
Stupendous عَجيب * هائل
Stupid أحْمَق . أخرَق . بَليدُ الفَهْم
Stupidity حماقة . خُرْق . بلادَة
Stupidly بحماقة . بغباوة
Stupor سُبات * ذُهول . خَبَل
Sturdily بصلابة . بشدَّة * بثبات * بعناد
Sturdiness صَلابَة * شِدَّة * ثبات
Sturdy عَنيد * مَتين * شَديد . قَويّ
Stutter تَهتَهَ ‖ تهتهٌ . تلجلجَ
Sty زَريبة الخنازير * شَحَّاذُ العَيْن
Style نَصٌ . عِبارة * أُسْلوب . نَسَق
* إسم . لقَب * زِيّ . طِراز
Style سَمَّى . دَعا * هذَّب
Stylish مُتناسِقٌ * على آخِر زِيّ
Suable ممكن مقاضاته
Suasive, Suasory مُقنِع
Suavity دَماثة . رِقَّة . طلاوة
Sub- بادئة معناها تحت أو ثان
Subaltern مُلازم عسكرى * احطّ
Sub-class شُعَيْب . فصيلة . ضُفَيْف
Sub-committee لجنة فرعيَّة

Sub-contract عَقْدٌ فَرْعى او لاحِق
Sub-contractor مقاول من الباطن
Subcutaneous تحت الجلد
Subdivide قسَّمَ المقسوم . جزَّأَ الجزء
Subdivision تقسيم او تجزئة الجزء . جزئي
Subdue اخضَعَ . تغلَّبَ على . قَمَع
Subjacent واقعٌ أسْفَل . سُفْليّ
Subject موضوع * المبتدأ . الفاعل (نحو)
* المسْنَد اليه (مَنْطِق) * رَعِيَّة
* تابع . تحت حُكْم
— to عُرضة لِكذا * تحت حكم او شرط
Subject أخضَعَ * عَرَّض لِـ
Subjection إخضاع . خُضوع . إذعان
Subjective ذاتي . موضوعى * باطنيّ . ذِهْني
Subjoin ألحقَ . أضاف الى . ذَيَّل
Subjugate أخضَعَ . قَهَر . استعبَد
Subjunction إلحاق . وَصْل . إضافة
Subjunctive مُلْحَق . مَوصُول
— mood الصيغة الشرْطِيَّة (النحو)
Sublet △ أجَّرَ من بطنه
Sublime سام . رَفيع . سَنِيّ
Sublimity سمُوٌّ . رفْعَة . جَلال
Submarine غوَّاصَة * تحت سَطح الماء
Submerge غاصَ * اغْرَق . غمَر
Submersed, Submerged غاطِسٌ . مَغْمور
Submersion تَغْطيس . غَمْر
Submission خُضُوع . إذعان
Submissive خاضِع . مُذعِن

Submit رفَعَ الى * خَضَع * سَلَّمَ بـ
Suborder قبيلة . طائفة . رتيبة
Subordinate ثانويّ * تابع . مَرؤوس
Subordination مرؤوسيَّة . تبعيّة
Suborn اغرى على تأدية يمين كاذبة
Subscribe أمضى * رَضِيَ بِـ * اشتَرك
Subscription اشتراك . اكتتاب
Subsequence تُلوٌّ . تبَعيَّة . لحاق
Subsequent تالٍ . تابِع . لاحِق
Subsequently فيما بَعْد . بَعْدُ . ثم
Subserve اعانَ * صَلُحَ لـ * افادَ
Subservience خُضوع . تذلل * فائدة
Subservient خاضِع * مُسْعِف
Subside هَدأ . سكَنَ . خَمَد * رسَب
Subsidence سُكُون . خُمُود
Subsidiary مُعاوِن * ثانَويّ . فَرعي * اعانة او مساعدة مالية
Subsidize قدَّمَ اعانة ماليَّة . أمدَّ بالمال
Subsidy إعانة ماليَّة . منحة * جِزْيَة
Subsist عاشَ . وُجِدَ * اقتاتَ
Subsistence وُجُود . كيان * مَعاش
Subsistent موجود . كائِن . باقٍ
Subsoil الطبقة السفلية من الأرض
— plough محراث جائر
Subspecies توابع . فرع من النوع
Substance مادَّة . جَوْهَر * خُلاصة
Substantial جوهريّ . أساسيّ * مُفَذٍّ
Substantials ضَروريَّات.مقومات*أركان
Substantiate بَرْهَنَ . أثبتَ بالحجَّة

Substantive اسْم *يدلّ على الوجود
— noun إسْم موصوف
Substitute عِوَض . بَدَل . نائب
Substitute استَبدَلَ
Substitution إبدال . إستعاضة
Substructure أساس .△ فَرْشُ البناء
Subtend قابلَ . امتدَّ امام او مقابل
Subtense وَتَرُ القَوْس * الخَطُّ المقابل
Subterfuge مَهْرَب . رُوَيْغة . حُجَّة
Subterranean / Subterraneous تحت الأرض . تحت سطح الأرض
Subtility, Subtilty دِقَّة *دَهاء . مَكْر
Subtitle عنوان ثانوي * حاشية سينمائية
Subtle مُحْتال * ذو دَهاء * رقيق
Subtlety احتيال * دَهاء . حِذْق
Subtract طَرَحَ . أسْقَط « من »
Subtraction طَرْح . اسقاط * حَبْس
Subtrahend المطروح . مَطْروح
Suburb ضاحِيَة
Suburban متعلِّق بضواحي المدينة
Subvention إعانة مالية
Subversion قَلْب * تخريب . هَدْم
Subvert قَلَبَ النظام * هَدَمَ . خَرَّب
Subway نَفَقٌ . طريق تحت الأرض * طريق فرعي
Succeed نجَحَ * أعقَبَ . أتَى بَعْد
Succeeding تابعٌ . تالٍ . لاحِق
Success نَجاح . فَلاح . فَوْز
Successful ناجِح . مُفْلِح.موفَّق.فائز

Succession تعاقُب . تَوالٍ * ارث . تركة
in — بالتعاقُب
Successive مُتَوالٍ . مُتَتابع
Successively بالتعاقب . على التوالي
Successor خَلَفٌ . خليفة . وريث
Succinct مُوْجَز . مُلَخَّص . مُجْمَل
Succour إغاثةٌ . اسعاف || اغاثَ
Succulent غَضٌ . كثيرُ المائيَّة . رَيَّان
Succumb استسْلَمَ . رَزَحَ * ماتَ
Such هكذا . كذلك . مثل هذا . كهذا
— and — كذا وكذا . كيت وكيت
— as it is كما هو
— being the case والحالة هذه
and — like وامثاله . وما اليه . ونحوه
Suck مَصَّ . امتَصَّ * رَضِعَ
Suckle أَرْضَعَت . رَضَّعَت * رَضِعَ
Suckling رَضِيع . رَغُوث
Suction مَصٌّ . امتصاص △ شَفْط
Sudden فُجائيّ . بَغْتيّ . باغِت
on a — فجأةً . بغتة
Suddenly بغتةً . فجأة . على غِرَّة
Suddenness بغتة . فجأة * فجائية
Suds غُسالة الصابون
Sue قاضَى . رفَعَ قَضيَّة على * طالبَ
Suet دُهْن . شَحْم
Suffer كابدَ . قاسَى * تألَّم * سمَح
Sufferance معاناة . مقاساة * سماح
Suffering متألِّم * ألم * مُعاناة . تكبُّد
Suffice أغنَى عن . كَفَى
Sufficiency مَقْدِرة . طاقَة * كفاية
Sufficient كافٍ . وافٍ
Sufficiently بمقدار كافٍ
Suffix كاسعةٌ . لاحق بكلمة || ألحقَ بِ
Suffocate خنَقَ △ فطَّس
Suffocation اختناقٌ . خَنْق
Suffrage صَوْت في انتخاب . رأي * شهادة
universal — تصويت عامّ
Suffragette مُطالِبة بحقوق الانتخاب
Suffragist مُطالب بحقوق الانتخاب
Suffuse خَضَّبَ * نقَعَ * نشَر * تشرَّب
Sugar سُكَّر || سَكَّرَ . حَلَّى
— candy سُكَّر نبات
— cane قصَب السُكَّر
— loaf رأس سُكَّر
Sugary سُكَّريّ
Suggest اقترَحَ . قدَّم رأيا * أوعَز
Suggestion اقتراح * ايعاز
Suggestive تنبيهيّ * ايعازي . موحٍ
Suicidal انتحارى . باعِثٌ على الانتحار
Suicide انتحار * مُنْتَحِر
commit — انتَحَرَ . قتَل نفسه
Suit قضيَّة * طاقِم او طقم △ بذله * طلب
Suit وافقَ . ناسَب . صَلُحَ «لكذا» * وفَّق
Suitability موافقة . مناسبة
Suitable موافِق . مناسِب . ملائم
Suite حاشية . مَعِيَّة . خدَم * طاقم △ طَقْم
bedroom — غرفة نوم وملحقاتها
Suitor متقدِّم للزواج * مُدَّعٍ . خِصم

Sulk عَبَسَ . تجهَّم * حزن
Sulky عابس . متجهِّم
Sullen شُؤم * مكتئب . زَعْلان . نكِد
Sullenness عبوسَة * شكاسة . نَزَق
Sully لَطْخَةٌ . بُقعة ‖ لوَّثَ * قتَّم
Sulphate ○ سُلفات . كبريتات
Sulphur معدِن الكبريت . كبريت ‖ كبرَتَ
— spring عين مياه كبريتية
roll — كبريت عمود
Sulphurous
Sulphuric } كِبريتيٌّ . من الكِبريت او متعلِّق بهِ
Sultan سُلطان
Sultriness اشتداد الحرّ مع الرطوبة . زمَّة
Sultry عَكيك . حارٌّ مع احتباس الهواء
Sum مجموع . جملة * حاصِل * مَبلغ . حِسبة
— up لخَّصَ
Sumac, —h السُمَّاق
Summarily إجمالاً * حالاً * بإيجاز
Summary خلاصة . مجمَل * عاجِل
— court محكمة جزئيَّة
Summer فصل الصَّيف * صَيفي ‖ اصطافَ
— resort مَصيفٌ . مكان الاصطياف
Summery صَيفيٌّ
Summit قِمَّة . ذروَة . رأس . أوْج
Summon استدعى الى المحكمة . استقدَمَ
Summoner مُحْضِر المحكمة
Summons إستدعاء △ عِلم طَلَب . إخطار
Sumptuous ثَمين * فاخِر . فَخم
Sun شَمْسٌ ‖ شَمَّسَ

Sunbeam شُعَّة الشَّمس . شعاع الشمس
Sunburn لفحة شمس . سفعة
Sunburn لفحَته الشمس
Sunday يومُ الأحد
Sunder فَصْلٌ ‖ جزَّأ . فصَلَ . شطَر
Sundial ← مِزْوَلَة . ساعة شَمسيَّة
Sundries نَثْريَّات . شَتَّى . متنوِّعات
Sundry متنوِّع . شتَّى
— expenses نثريات . مصاريف نثرية
Sunflower عَبَّاد الشمس
Sung, *of* Sing غَنَّى
Sunk, *of* Sink غارقٌ ‖ غرِقَ . غَطَس
Sunken غارِقٌ . غاطِس . غائِص
Sunlight ضَوء أو نور الشمس
Sunlit مُشمس . مُضاءٌ بنور الشَّمس
Sunny مُشْمِس
Sunrise شروق الشمس . الشروق * الشرق
Sunset غُروب الشمسِ . الغروب
Sunshade △ شَمسيَّة . مِظلَّة . رَعَن
Sunshine ضَوء الشمسِ
Sunstroke ضَربةُ شمس
Sup مَصَّة △ شَفْطة
Sup رَشَفَ . مَصَّ * تعشَّى
Superabound وَفُرَ . فاضَ . زادَ
Superabundance وَفرَة . فَيْض
Superabundant وافِر . جزيل * فائض

Superb نَفيس . فاخِر . فَخْم
Supercilious مُتَشامِخ . متعَجْرِف
Supereminence تفوُّق . سُمُوّ
Superficial سَطحيّ . ظاهري * طَفيف
Superficiary سَطحيّ * حِكْري
Superfine فاخِر . فائق . سامٍ
Superfluous زائد عن اللزوم . فايض
Superhuman فوق الطبيعة البشريَّة
Superintend شارَفَ . ناظَر
Superintendence إشراف . مراقبة
Superintendent ناظِر . مُراقِب . ملاحظ
Superior أرفع منزلة * سامٍ * رئيس
— quality صنف ممتاز
Superiority سُمُوّ . تفوُّق * سَبْق
Superlative مختصّ باسم التفضيل
— degree أفعل التفضيل (فى النحو)
Superman سوبرمان . الانسان الكامل
Supernatural فوق او خارق الطبيعة
Supernumerary زائد عن العدد المقرر
Superpose طبَّق (فى الهندسة) *ركّب على
Superscription عُنْوان
Supersede حَلَّ مَحلّ * أبطَلَ
Superstition خُرافَة . خُزَعْبَلة
Superstitious خُرافي * معتقد بالخرافات
Supervene تلا . تبعَ . طرَأ . أتى فى إثر
Supervenient حادِث . طارِئ
Supervise هيْمَنَ . شارَف . ناظَر
Supervision هيمنة . ملاحظة . مراقبة
Supervisor مراقب . مشرف . ملاحظ

Supine مائل * غافِل * مستلقٍ على ظهره * اسم فعل
Supper عَشاء . طعام المساء
Supplant حَلَّ مَحلّ (بالمخادعة) * عَزَلَ
Supple لَيِّن . مرِن . لدْن . رَطيب
Supplement مُلْحَق . ذيْل * عَلاوة
Supplementary إضافِيّ . مُلْحَق
Supplicant } Suppliant مُتَوسِّل . مُلْتَمِس . متضَرِّع
Supplicate توَسَّلَ . تضرَّع . ابتهَل
Supplication توسُّل . التماس . تضَرُّع
Supplies مؤن . ذَخائر △ مُهِمّات
Supply مؤنة * توريد ‖ زَوَّدَ . جهَّز . ورَّد
Support معونة * نفقة * مرتكز . مَسْنِد
Support سَنَدَ . عَضَّد . أيَّد * عالَ * احتَملَ . أطاق * أعانَ
Supportable محتَمَل * ممكن اثباته
Supporter مُعيل * معضِّد . مؤيِّد
Suppose فرضَ . خمَّن . ظَنَّ . حَسِب
Supposition تخمين . ظَن * افتراض
Suppositive تخميني . افتراضيّ
Suppository △ لبوس . فرزجة . تلبيسة
Suppress كبتَ . أخمَد * ألغى * منَع
Suppression كبت . قمع . اخماد * منع
Suppressive قامِع . كابت * مُلْغٍ
Suppurate تقَيَّحَ . استقرَن . أمدَّ
Supremacy تفوُّق . رياسة . سِيادة
Supreme فائق * أسْمَى . أرْفَع
— authority السُلطة العليا

Surd	جِذْرٌ أصمّ (في الرياضة)
Sure	أكيد . محقَّق * متيقِّن * مؤتَمَن
be —	كُنْ على ثِقة
to be —	من المحقق . من غير شك
make — of	تحقَّقَ من
Surely	يقيناً . بالتأكيد . أكيداً * حقاً
Surety	كَفيل * كَفالة * يقين
Surf	ما يرتطم بالشاطىء من الأمواج
Surface	سَطْح . وَجْه * سَطحي
Surfeit	تُخْمَة
Surfeit	تَخِمَ * أفعَم
Surge	مَوْجة كبيرة
Surge	عَجَّ . ماجَ
Surgeon	طبيب جَرّاح . جرّاح
Surgery	الطبّ الجراحي * عيادة طبيَّة
Surgical	جِراحِيّ
Surliness	شكاسة . جَفاء الطبعِ . شَراسة
Surly	شكِس . جافي الطبع
Surmise	حَدْسٌ . تَخْمين ‖ خَمَّنَ
Surmount	استظهرَ على . ذلَّل . قَهَر
Surmountable	يمكن التغلب عليه *يُرتَقى
Surname	لَقَب . كنْيَة . اسم العائلة
Surname	لَقَّبَ
Surpass	جاوَزَ . سبَق * فاقَ . بَزَّ
Surplus	بَقيَّة . زِيادة . فَضْلة . فائض
Surprise	مفاجأة . دَهْشَة
Surprise	أدهشَ * فاجأ
Surprising	مُدْهِش . عجيب . مُفاجىء
Surrender	تسليم . استسلام
Surrender	أذعَنَ . سَلَّم
Surreption	اختلاس . غِش . تزوير . افتعال
Surreptitious	بالغِشّ . غِشّي . مُفْتَعَل
Surround	أحاطَ بِـ . أحدَق بـ . حَوَّط
Surrounding	محيط . محدِق . مكتنف
Surroundings	وَسَط * الجهات المحيطة
Surtax	ضريبة إضافية
Survey	مِساحَة * مُعاينة ‖ عايَنَ * مَسَحَ «الأرضَ» . خَطَّطَ * فَحَص
Surveyor	مسّاح الأراضي *ملاحظ العمل
Survival	تخلُّف . بقاء (بعد غيره)
Survive	خَلَّفَ . عاشَ بعد غيره
Survivor	عائش بعد غيره
Susceptibility	قابليَّة التأثُّر . شُعور
Susceptible	سريعُ التأثُّر . حَسَّاس
Suspect	مشتبهٌ فيه ‖ اشتبهَ في . شَكَّ
Suspend	علَّقَ * أوقَف * أرْجَأ
— payment	توقفَ عن الدفع
Suspenders	حَمّالة السراويل اي البنطلون
Suspense	انتظار * توقف * تردُّد . حَيرة
in —	مُعَلَّق . موقوف
Suspension	تعليق * توقيف
Suspicion	شُبهة . اشتباه . شَكّ
Suspicious	يُشتبه فيه . مُريب * مُرتاب
Sustain	عَضَّد . ساعدَ *سَندَ*احتملَ *عالَ
Sustenance	غاثة *عَوْل *قوت . غذاء
Suture	نَدْريز . دَرْز . خِياطة
Suzerain	سَيِّد . مَولى . مُسيْطِر
Suzerainty	سِيادة

Svelte رَشيق . حَسنُ القَد * لَبيق
Swad, *or* Swab مِمْسَحَة
Swaddle قِماطٌ ‖ قَمَّطَ
Swagger اختيالٌ ‖ تفاخَرَ * اختالَ * اوْهَمَ
Swallow ←عُصفور الجنة . السّنونو
Swallow بلَعَ . ابتلَعَ
Swam, *of* Swim عامَ . سبَحَ
Swamp مُسْتنقعٌ . أرض غمقة . أجمة ‖ وحلَ
Swampy أجمي . مستنقع 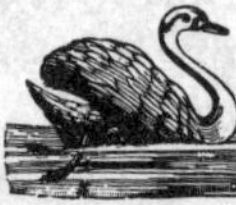
Swan ←الأوزّ العِراقي
Swang, *of* Swing تأرجَحَ . تَرجَّحَ
Sward مَرْج . مُخضَرَة . خضيرة
Swarm سِرْب نحل * خَشرَم
Swarm حشَدَ * تزاحَمَ
Swarthy قاتِم . مكْمَدٌ . أسْمَر
Swathe لِفافةٌ ‖ لَفَّ . عصبَ . قَمطَ
Sway سُلطة * نفوذ * تلويح
Sway لوَّحَ « بالشيء » * تسلَّطَ * مالَ * تمايلَ . ترنَّحَ
Swear حَلَفَ . أقسَم * سَبَّ
— at شتمَ . لعَنَ
— by حَلَفَ به
Swearing يَمينٌ . قَسَم * شتم
Sweat عَرَقٌ ‖ عرِقَ * رَشَحَ
Sweep مجالٌ * كَنْس ‖ كَنَسَ . قشَّ

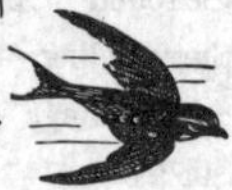

Sweepings كُناسة . قمامة △ زِبالة
Sweet حُلو . عَذْب * رَخيم * لطيف
Sweeten حَلّى * سكَّرَ * حلاَ
Sweetheart عَشيق * عَشيقة . حَظِيَّة
Sweetish قليل الحلاوة . مائل للحلاوة
Sweetly بحلاوةٍ * بلطف
Sweetmeats حُلوى △ حَلويّات
Sweetness حلاوة . عُذوبة . طَلاوة
Swell انتفاخ * متأنّق △ إعالٍ
Swell وَرِمَ . انتفخَ
Swelling انتفاخ . وَرَم * مُرْتفع * هائج
Swelter تضايق من شدّةِ الحرّ
Swept, *of* Sweep مكنوسٌ ‖ كنَسَ
Swerve مالَ . انحرفَ . حادَ 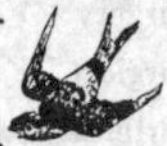
Swift خفيف الحركة * سريع ← * خُطّاف جَبلي
Swiftly بخفّةٍ * بسُرعة
Swiftness خِفَّة * سُرعة . نشنشة
Swim عامَ . سَبَحَ * دارَت « الرأس »
Swimmer عَوّام . سبّاح
Swimming عَوْم . سِباحة * عائم
— costume لباس العوم ○ مايّـو
Swindle إختلاسٌ ‖ غشَّ . غبَنَ
Swindler مختلِس . غَشّاش △ نَصّاب
Swine خِنزير . حلّوف
Swing مَرْجَحَة * أرجوحة ← △ مرجيحة * اسم رقصة
in full — في معمعان الحركة
Swing تأرجَحَ . تخطَّرَ * مَرْجَحَ

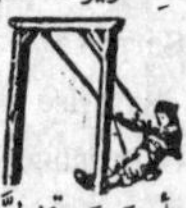

Switch مِفْتاح (لتحويل خط السير) . مُحَوِّلة * غُصْن △ لَبلوب
Switch حَوَّلَ خط السير * ساطَ . جَلَد
— off اقفلَ * حوَّل
— on فتح التيار او السكة
Swollen, *of* Swell وارِمٌ ‖ وَرِمَ
Swoon إغماء . غشيان ‖ أُغمِيَ عليه
Swoop انقضَّ على * اجتاحَ
Sword سَيْف . حُسام * نَقْمة
Swordfish ابوسيف . سيّاف البحر
Swordsman سَيّاف
Swore, *of* Swear حَلَفَ . أقسم * سَبَّ
Sworn, *of* Swear محلوف
Swum, *of* Swim عامَ . سبَح
Swung, *of* Swing ترجَّحَ . تنوَّح . تمرجَح
Sycamore جُمَّيز . تين الجميز
Sycophant متملِّق . مُنافق
Syllabic هِجائي . ذو مقاطع هجائيَّة
Syllable مقطع هجائى . جُزء من كلمة
Syllabus خلاصة . مُلَخَّص * فِهْرِس
Syllogism قِياس . القياس المنطِقي
Sylph حُورِيَّة
Sylvan مختصٌّ بالغابات والأحراش . غابي
Symbol رَمْز . مِثال . تَشبيه
Symbolic, —al رَمْزيٌّ . تشبيهي
Symbolize رَمَزَ الى
Symmetrical متناسِق الأجزاء
Symmetry تناسُق . تناسُب

Sympathetic إنعطافي . جَذَّاب
Sympathize شعَرَ مع . عَطَف على
Sympathy اشتراك بالعواطِف . انعطاف
Symphony إئتلاف النغمات . إيقاع
Symptom دَليل * عَرَض (ج أعراض)
Synagogue كَنيس . مجمع اليهود
Synchronism وقوع في آنٍ واحد . معاصرة
Syncope إغماء * حَذْف . ترخيم * إدغام
Syndic مأمورُ التصفية △ سِنْديك
Syndicate نِقابة * اتحاد رؤوس الأموال
Synod مجمع رؤساء مذهب ديني ○ سنودس
Synonym مرادف . كَلِمَة مترادفة
Synonymous مترادِف . ترادُفي
Synonymy تَرادُف
Synopsis خُلاصة . مجمَل
Syntax علم تركيب الكلام
Synthesis تركيب . تأليف . توحيد
Synthetic, —al تركيبي . صناعي
Syphilis مرَض الزُهري
Syphilitic مُصابٌ بالزُهري
Syphon, Siphon مثعب . مَمَصٌّ ○ سيفون
Syria سوريا . القطر السوري . الشام
Syriac سرياني . اللغة السريانيَّة
Syrian سوريٌّ
Syringe مِحْقَنَةٌ . حُقْنَة ‖ حَقَنَ
Syrup شراب . سائِل حُلو
System نِظام * نَسَق . أُسلوب * مجموع
Systematic, —al مُرَتَّب * نِظامىٌّ
Systematize نسَّقَ . نظَّم . رَتَّب

T

Tabernacle مَظلَّة * خَيْمة الاجتماع
Table خِوان. منضدة * مائدة * جَدول * لوحَة
Table بوَّبَ ∆ جدولَ
Table-cloth غطاء المائدة * مِفْرَش
Table-land يَفاع. نَجْد. صعيد
Table-spoon ملعقة الحساء (أي كبيرة)
Tablet لَوْح. رقعة للكتابة * قُرْص
Taboo تحريمٌ * محرَّم || حَرَّمَ
Tabular مُسَطَّح. منبَسِط * جَدْوَليّ
Tacit مُضْمَر. مقدَّر. ضمنى * ساكِت
Tacitly تقديراً. إضماراً * بسكوت
Taciturn سَكوت. قليل الكلام
Tack مِسمار صغير (قباقيبي) * مجرَى سفينة
Tackle حِبال السفينة * جهاز || تمكَّنَ من * شَدَّ «الحيلَ الى المركبة» * ربَطَ
fishing — جهاز صيد السمك
Tact شُعُور * حصافة * واحدة الموسيق
Tactic, —al مختصّ بالحركاتِ الحربية
Tactics فَنُّ الحركات الحربية * حِيلة
Tactile يُلمَس * مَلْمَسي. لمسي
Tactless عديم الكياسة أو الذوق
Tadpole فَرْخ الضفدَع وأمثاله
Tænia الدودة الشريطية
Tag طرف معدِني للشريط. زُجّ
Tail ذَيْلٌ. ذَنَب * مؤخَّر * آخر || ذيَّلَ. جعلَ له ذيلاً * ألحقَ به * لاحَقَ
— or head القفا أو الوجه
to turn — ولَّى الأدبار

Tailor خَيَّاطٌ || فصَّلَ الثيابَ وخاطها
Taint لطخَةٌ * شائبة || لوَّثَ. شابَ
Tainted معفَّن. دَبَّ فيه الفساد
Take أخذَ. تناولَ * فهِمَ * اقتضى * استغرقَ
— advantage of انتهزَ فرصة كذا
— after شابهَ * تشبَّهَ به
— aim صوَّبَ
— away أزالَ. رفَعَ. أبعدَ * خطَفَ
— breath تنفَّسَ * استراحَ
— care اعتنى. احترَزَ
— effect أثَّرَ. سَرى مفعولُهُ
— fire اشتعَلَ. دبَّت فيه النار
— for ظنَّهُ كذا
— heart تشجَّعَ
— heed احترسَ
— hold of قبَضَ على. مسكَ
— in استوعبَ. فهِمَ * ساعَ * سوَّرَ
— leave استأذنَ
— off خلَعَ. بدَّلَ. شلَحَ * رفَعَ
— out اقتلعَ * حذفَ * أزالَ * أخرَجَ
— pains تعنَّى. كدَّ
— place جرى. حصَلَ. حدَثَ
— root تأصَّلَ * مدَّ جذراً
— sides with تحزَّب له
— time تأنَّى. تمهَّلَ
— to شرَعَ فى * عكفَ على
— to heart تأثرَ جداً من
— turns with تناوبَ
— up شغلَ * استغرقَ * رفَعَ * قبضَ على

Taken, *of* Take مأخوذٌ || أخذَ
Taking أخذ . اتخاذ . تناوُل * جاذِب . خَلاَّب
Tale قِصَّة . حكاية . أُسطورة △ حدُّوته
Talebearer نمَّام . واش △ لِقْلاق
Talent ذكاء . نبوغ * سَجِيَّة * وَزنة (عملة)
Talented ألمعي . ذكِيّ . أديب . لوْذَعِي
Talisman طلْسَم . تَميمة * رَصَدٌ
Talk حَديثٌ . كلام || تكَلَّمَ
Talkative كثيرُ الكلامِ . رَغَّاء
Tall طويلُ « القامَة » * مُسْتَطيل
Tallness طول القامة . إستطالة القوام . سموق
Tallow شَحْمٌ . وَدَك || وَدَّكَ
Tallow-faced شاحب الوجه
Tally جريدة الحساب
Tally وَفَّقَ . طبَّق * ناسَبَ
Talon ← مخلَب . بُرْثُن
Tamable يُسْتأنَس . يُطَبَّع
Tamarind تَمْرُ هِندي
Tamarisk أثْل . نبات الطرفاء . عبَل
Tambour طارة أو مِنْسَجُ التطريز
Tambourine دُفّ △ طار . رِقّ
Tame أليف . داجِن
Tame طَبَّعَ . رَوَّضَ
Tamer مروِّض . مُطَبِّع
Tamper عَبثَ . تحَرَّشَ . لعِبَ بِـ
Tan دِباغٌ || دَبغَ * اندبَغَ . انصبغَ
Tandem واحدٌ خلْفَ الآخر
Tangency مماسَّة . مُلامِسة . مَسٌّ

Tangent ← مَماسٌ * ظِلٌّ (فى الهندسة)
Tangible محسوس . مَلموس * ظاهِر . واضح
Tangle عُقْدَةٌ || شَرْبَكَ * وَرَّطَ
Tank حَوْض . صِهْريج * دَبَّابَة حَربية ←
Tanner دَبَّاغُ الجلودِ
Tannery مَدْبَغة
Tantalize كايَدَ △ حَنَّسَ
Tap حَنَفِيَّة . صنبور * دَقَّة . قَرْعَة || دقَّ . قَرَعَ * ثقَب
— dance رَقْص الطقطقة بالحذاء
Tape شَريط
Tape-line الشريط المدرَّج للقياس
Taper شَمعةٌ صغيرة || استدقَّ طرفه
Tapering مستَدِقّ الطرَف
Tapestry قماش مزركش للفرشِ
Tapeworm دودة الشريط . الدودة الوحيدة
Tar قطرانٌ . قير || طَلَى بالقطران . قَيَّر
Tardiness بُطءٌ . تمهُّل . تأخُّر
Tardy متأخِّرٌ * بَطيء . متَوانٍ
Tare الفارِغُ (في الوزن) . طَرحة * زِوان
Target هَدَف . درقة . غَرَض * تُرْس
Tariff △ تعريفة * بيان أسعار
Tarnish عتَّمَ اللون . قتَّم * لطَّخ
Tarpaulin مشمع للأرض
Tarry قطراني . مقطرنٌ || تأخَّرَ * بقِيَ

Tart حامز . حامِض ٭ حادّ ٭ كمك ○ تورته
Tartar طرطير ٭ تَتَري ٭ قلح الأسنان
Tartness حَمازَة . حَرافه
Task فرْضٌ ٭ شُغل شاقّ ‖ كلَّفَ بعمل وَبَّخَ . عَنَّفَ . لامَ
take to —
Taskwork شُغل بالمقاولة
Tassel △ شُرَّابة للزركشة . عَذَبة . زِرّ
Taste حاسة الذوق ٭ طَعْم ‖ ذاقَ
Tasteful لذيذُ المذاقِ ٭ حَسَنُ الذوق
Tasteless لا طَعْم له ٭ عديم الذوق
Tasty حسَن الذَّوْق او الطعم . طيب المذاق
Tatter خِرقةٌ بالية ورَثّة ‖ ابلى . اخلقَ
in —s رَثُّ الثياب
Tattle ثَرْثَرةٌ ‖ ثرثرَ . رَغى ٭ وشَى
Tattoo △ نوْبةُ تمام ٭ وَشْمٌ ‖ وشمَ
Taught, *of* Teach متعَلّمٌ ‖ عَلَّمَ
Taunt تعييرٌ ‖ عَنَّفَ . عَيَّرَ
Tavern فُندُق . خان ٭ حانة
Tawdry مزَوَّق بلا ذَوْق . سمِج التزويق
Tawny اسمَر نُحاسي
Tax ضَريبةٌ . △ مال ‖ ضرَبَ ضريبة ٭ أتّهمَ ٭ كلَّفَ بأمرٍ
amusement — ضريبة الملاهي
land — مال أي ضريبة الأطيان . خَراج
property — △ عوائد الأملاك
Taxable تستحق عليه ضريبة
Taxation ضَرْبُ الضرائِب ٭ أجرة الدعوى
Taxicab سَيَّارَة أجرة ○ تاكسي

Taximeter عَدَّاد المسافة
Tea الشاي ٭ نقيع ٭ مَغْلِيّ
— dance حفلة شاى راقصة
Teach عَلَّمَ . لَقَّنَ . دَرَّسَ
Teacher مُعَلِّم . مدرِّس . مهذِّب
Teak شَجرة الساجِ ٭ خَشَبُ التَّك
Team فدّانُ « بقَرٍ » . زوجان بقر او خيل او جملة دواب مشدودة معاً
— work عمل جماعي
Teapot إبريق الشاي
Tear دَمْعَةٌ . عَبرة ٭ مزْق ‖ مَزَّقَ
— down هَدَمَ ٭ أنزَلَ
— out اقتلَعَ
Tearful دامِع ٭ سَريعُ البكاء
Tease غاظَ △ كايدَ . كدَّر ٭ نَدَفَ
Teasing نَدْف ٭ إغاظة
— bow قَوْس المنجد . معدكة
Teaspoonful مِلء ملعقة صغيرة
Teat حَلَمَةُ الثدْي ٭ حلمة
Technical فَنّي . اصطلاحيّ
Technicality اصطِلاح فنّي . فنيّة
Technician فَنّي
Tedious مُتْعِب ٭ مُمِلّ ٭ مُطَوَّل
Tediousness تَعَب . مَشَقَّة . عَناء
Tedium ٭ ضَجَر . مَلَل
Teem أفرَغَ ٭ تكاثَرَ ٭ اكتظّ ٭ ولدَت
Teens العمر بين ١٣ و ١٩ سنة . مراهقة
Teeth, (*sing.* Tooth) أسنان (المفرد سِنّ)
Teethe سَنَّنَ . نبتت أسنانه

Teetotaller ممتنـع عن تعاطى المسكرات
Tegument غِشاء . شِغاف ٭جلد
Teil, —tree شجرةُ الزيزَفون
Telegram رِسالة برقيَّة ○ تلغراف
Telegraph مُبْرِقَة . الموصِّل البرقي
Telegraph أبرقَ
Telegraphic, —al ○ تلغرافي . برقي
Telegraphy الابراق . صناعة التلغراف
Telemeter مِرقب . قسنوى
Telepathy تخاطُر . تبادُل الخواطر والشُّعور
Telephone ○ تِليفون . هاتف
— exchange سنترال تليفون. مركز الخطوط
Telephone تكلمَ بالتليفون
Telescope ○تِلِسكوب . مِرْقَب . مقراب
Television تليفزيون . الاذاعة المرئية . الشاشة الصغيرة
Tell أخبَرَ . بلَّغ ٭ قالَ . حكَى
to — on بانَ عليه . أثَّرَ في
to — tales كَذِبَ ٭ وشَى
Teller مخبِّر ٭ صَرَّاف ٭ عادٌّ
Tell-tale واشٍ . نمَّام
Temerity مجازفة . تهوُّر
Temper مِزاج . طَبْع
out of — غَضبان
lose one's — غَضِبَ △ طلع خُلقُه
Temper لَطَّفَ ٭ عَدَّل
— a metal سَقى المعدنَ أي الفولاذ
Temperament مِزاج . جبلَّة
Temperance اعتدال ٭ عِفَّة

Temperate معْتَدِل ٭ عَفيف
Temperature دَرَجَة الحرارة . احترار
Tempered مُقَسًّى △ مَسْقي ٭ مُلَطَّف
bad — رَديء الطبعِ
good — حَسَنُ الطبع
Tempest زَوْبَعَة . عاصِفة . نوء
Tempestuous زَوبعِي . عاصِف
Temple هَيكَل . مَعبد ٭ صُدغ
Temporal زَمَنِيٌّ . دُنيويٌّ ٭ صُدغي
Temporary مؤقَّت . وَقتيٌّ ٭ △ظُهورات
Temporize دارَ مع الزمن والظروف
Tempt أغوَى . جرَّبَ . غَرَّ
Temptation تجربة . إغراء
Tempter مجرِّب . مُغْرٍ ٭غَرَّار
Ten عَشرة . عَشر
Tenacious مماسِك ٭ متشبث ٭ لزِق
Tenacity لزوجة ٭ تماسُك ٭ تشبُّث
Tenancy حوْز . تمتُّع ٭ إستِئجار
Tenant مستأجِرٌ . مؤاجر ‖أجَّرَ
Tend مالَ الى ٭ آلَ الى ٭رعَى
Tendency مَيْلٌ . إنعطاف ٭ إتجاه
Tender عَطاء . عَرضُ سِعْر ٭ طَرِيٌّ ٭حنون ٭سَريع العطَبِ ٭عربة القاطرة ٭ مركب المؤن ‖قَدَّمَ ٭ عَرَضَ سِعراً
Tenderness غضاضة ٭ رِقَّة ٭ ليونَة
Tendon وترُ العضلةِ ٭ رِباط . عصَب
Tendril سلك النبات . أظْفُور . مِحلاق
Tenebrous مكْفَهِرٌ . مُظلِم

Tenement مَسْكن . منزِل ☼ اقطاعة
— house عمارة كبيرة △ رَبْع
Tenet اعتقاد ☼ عَقيدة . مذهَب
Tenfold عشرة أضْعاف
Tennis ○ لعبة التنيس
Tenon → ذكَر . لِسان
Tenor مضْمون . فَحْوى
☼ سِياق ☼ (صوت) صادِح
Tense مُتوتِّر . مَشدود ☼ زمنُ الفعلِ
past — الفعل الماضى
present — الفعل المضارع اي الحاضر
future — الفعل المستقبل
Tensible } قابِلُ الشَدّ أو المَطّ أو
Tensile } التمدُّد بالشدّ والمطّ
Tensility, Tensibility قابلية التمدد بالشدّ
Tension تَوتر ☼ مطّ ☼ إجهاد
Tent → خَيْمَة . فُسْطاط
☼ فتيلٌ ‖ خيَّم
Tentacle مجسّ . عُضو الحس فى الحشرات
والسمك وغيرهما
Tentative تجربة ☼ محاولة ☼ تجريبى
Tenth العاشر ☼ عُشْر
Tentmaker خيَّام . صانع الخيام
Tenuity رِقَّة . لطافة . نحافة
Tenuous رقيق . لطيف . نحيف
Tenure إقطاع . إلتزام ☼ حق الملكيَّة
Tepid فاتِر . لا حارّ ولا بارد
Tepidity فُتور
Terebinth شجَرَة البُطم أو الضِرْو

Term مُدَّةٌ . أجَل ☼ عبارة . نَص ☼ اسم
☼ شَرْط ☼ حَدّ ☼ فصْل ‖ سَمَّى . دَعى
easy —s شروط هَيِّنة ☼ △ تَقسيط مريح
bad —s شروط أو علاقات رديئة
on bad —s متعادون
on good —s متصافون . على وفاق
to come to —s اتفقوا
Termes النمل الأبيض . الأرَضَة
Terminable ينتهى « فى كذا »
Terminal نهاية ☼ نهائي . طرفي
Terminate انهى ☼ انتهى ☼ حَدَّدَ
Termination نهاية ☼ حَدّ ☼ انتهاء ☼ انهاء
Terminus نهاية « الطريق أو الخط »
Ternary ثُلاثي
Terrace شُرْفَة ☼ سَطْح « بيت »
Terrestrial أرضيّ ☼ ترابيّ
Terrible مُريع . مُرْعِب . فَظيع
Terribly بفظاعَةٍ . بنوع مُريع
Terrific مُخيف . مُريع . هائِل
Terrify هالَ . أفْزَعَ . أرعَبَ
Territorial مختصّ بجهةٍ . اقليمي
Territory مقاطَعة . قُطْر . جِهة
Terror فزَعٌ . رُعْب . هَوْل
Terrorize أرهَبَ . أفزَعَ
Terse أنيق العبارة . مختَصَر مُفيد
Tersely باحكامٍ . بايجاز سديدٍ
Tesselated فُسَيفِسي ☼ مكعَّب
Test تجربة . اختبار ☼ مِقياس . عيار ☼ بوتَقة
Test فَحَصَ . امتَحَنَ ☼ حَكَّ المعدَنَ

Testament وَصِيَّة * عَهْد . ميثاق
New — العهد الجديد . الانجيل
Old — التوراة
Testamentary معيَّن بوصية
Testate تارك وَصِيَّة عند وفاته
Testator مُوَصٍّ . تارك الوصيَّة
Testicle خُصْية . بيضة
Testify شَهِدَ . قرَّرَ * بيَّن
Testimonial شهادة * هدية شكر
Testimony شاهِد * شهادة * بَيِّنة
Testing تجربة . إمتحان . فَحْص
Tetragon سطح رُباعى الأضلاع
Tetter قوباء (مَرَض جلدي)
Teutonic جيرماني . الجنس التوتوني
Text مَتْن . أصل . نصّ * آية
Text-book كتابُ شواهد * كتاب مدرسي
Textile نسيج * منسوج . نسيجى
Textual مَتْنِيّ . نَصِّي * حَرْفى
Texture نسيج . تركيب * نَسْج . حِياكة
Than من (بعد أفعل التفضيل)
Thank شَكَرَ . حَمِدَ . أثْنَى على
Thankful شكور . شاكِر . حامِد
Thankless ناكر الجميل . جَحود
Thanks ! حَمْد . شُكر . أشكُرك
— to you الفضلُ لك
Thanksgiving تقديم الشكر
That ذلك . ذاكَ * كي . حَتَّى
— is to say أعني . أي
for all — مع كل ذلك

in order — كي . حتى
Thatch سَقْفٌ من قش ‖ سقَّف بقشٍّ
Thaw ذوبان الثلج ‖ ذابَ * ذوَّبَ الثلج
Theatre مسرح . مَلْهى ○ تياترو
— of war ساحة او ميدان الحرب
Theatrical مَسْرَحيّ ○ تياتري
Theft سَرِقَة . اختلاس
Theism التأليه . الاعتقاد بوجود الله
Theist معتقِد بالله وناكر الوَحي
Theme مَوْضوع . مَبحَث * مقالة
Themselves انفسهُم . أنفسهُنَّ
Then حينئذٍ . عند ذلك . ثُمَّ . إذاً
now and — من وقت لآخر . أحياناً
there and — حالاً
Thence من هناك * من هنا * من ثَمَّ
Thenceforth من ذلك الحين . فيما بعد
Thenceforward من ذلك الوقت فصاعداً
Theocrasy الشرك بالله * فناء الروح فى الله
Theodolite مِزواة . تيودوليت . مقياس الأبعاد (آلة للمساحة) 
Theologian لاهوتي . معلِّم او دارس لاهوت
Theology عِلمُ اللاهوت
Theorem نظَرِيَّة . قَضِيَّة تتطلب البرهان
Theoretic, —al نَظَرِيّ . عِلْمىّ
Theoretically نظَرِيًّا
Theoretics العلوم النظرِيَّة
Theory عِلم نظَري * نظَرِيَّة . رأي

Theosophy تصَوُّف
Therapeutic طِبِّي. علاجي
There هناك * حيث * هوذا
— is يُوْجَد
Thereabout, —s قريباً من . تقريباً
Thereafter من ثمَّ . بعد ذلك * اذاً
Thereat لذلك السبب . وعليه * من هنا
Thereby بذلك . لذلك . لهذا السبب
Therefore لذلك . بناء على ذلك
Therein فى ذلك . فيه . فيها
Thereof منهُ . من هذا . من ذلك
Thereon عليه . على هذا . على ذلك
Thereto الى هذا * الى ذلك المكان
Theretofore قبل ذلك الوقت
Thereupon وعلى ذلك * عِندَئذ
Therewith مع هذا . ضمن هذا . بذلك
Thermal حار * يختص بالحرارة
Thermometer ← ميزان الحرارة . مِحرّ ٥ ترمومتر
Thermosbottle كظيمة ٥ ترموس
Thermotics علم الحرارة
These اولاء . اولئك . هؤلاء
Thesis مَوضوع . اطروحة. مَبْحَث
Thick كَثيف . سَميك. ثَخين * خاثِر
Thicken كثَّفَ . سَمَّكَ . خَثَّرَ
Thicket دَغَلٌ . ايكة . غابة
Thick-headed قليل الفهم
Thickly بكَثافة . بغَلاظة
Thickness سُمْك . كَثافَة . تخثُّر

Thickset مُكْتَنِز . بَدين * كثيف
Thief لِصٌ . حراميّ . سَارق
Thieve سرَقَ . لَصَّ . تلصَّصَ
Thigh فَخْذ . وَرْك
Thimble ← كُشْتُبان . قُمْعُ الخياطة
Thin رَقيق * رَفيع * نَحيف
Thin خَفَّفَ . رَقَّقَ * خَلَّ « الزرعَ » * خفَّ . رقَّ
Thine لكَ . خاصَّتك
Thing شيء * أمْر . مسألة . شأن . حاجة
Think افتكرَ . فكَّرَ * ظَنَّ
Thinly بتباعُد . مُتفرِّقاً . بقلَّة
Thinness رِقة * نحافة
Thinning ترقيق * تخفيف . ٥خَلٌّ ٥ شتل
Third ثالث * ثُلث
— degree تعذيب المتهم للاعتراف
Thirdly ثالثاً
Thirst عَطَشٌ ‖ عَطِشَ * تاقَ
Thirsty عاطِش . عَطشان * تائِق
Thirteen ثلاثة عشر . ثلاث عشرة
Thirteenth الثالث عشر * جُزءٌ من ١٣
Thirtieth الثلاثون * جُزءٌ من ثلاثين
Thirty ثلاثون
This هذا . هذه
Thistle عَوْسَج . حَسَك * لحلاح
Thither هناك . الى هناك
hither and — هنا وهناك
Thong سَيْر من جِلد ٥ قُشاط . شَرْعَة

Thoracic صَدري (خاص بالتجويف الصدري)
Thorax التجويف الصدري . القَفَص 
Thorn شَوكَة . شَوك . حَسَكَة
Thorny شائِك . حَسَكيّ * مُتشعِب . شاق
Thorough كامِل . تامّ * نافِذ
Thoroughbred أصيل (حيوان)
Thoroughfare طَريق عموميَّة
Thoroughly بالتمام . تماماً
Thou أنتَ . أنتِ (تُستعمل دينياً للتبجيل)
Though ولو . مع أن . وأن
as — كأنَّ
Thought فِكرة . فِكرٌ * رأي
Thought, *of* Think افتكَرَ . ظَنَّ
Thoughtful فكُور . كثير التفكير
Thoughtless طائِش . غافِل
Thoughtlessly بغير فكرٍ أو تَروٍّ
Thousand ألْف . عَشر مئات
Thousandth الألْف * جزء من ألف
Thrall عُبوديَّة * عَبد . رِقّ
Thralldom عُبودِية . استعباد
Thrash ضَرَبَ * دَرَس بالنَورَج
Thrashing ضَربٌ * دَرْس . دَقّ
— machine دَرّاسة . آلة الدرس. نَوْرَج
Thread فَتْلة . خَيط * سِلْك * حَز △ سِن اللولب
Thread لَضَمَ * سنن المسار △ قلوظَ
Threadbare بالٍ . رَثّ * مَنحول

Threat تهديد . وَعيد . تَوعُّد
Threaten تَهدَّدَ . تَوَعَّد
Threatening مُهدِّد * وعيدى . تهديدى
Three ثلاثة . ثلاث * ثُلاثيّ «كذا»
Threefold ثلاثة اضعاف * مُثلَّث
Three-score سِتون
Thresh دَرَسَ أو دَقَّ الحنطة
Threshing-floor جُرن . بيدر
Threshold عتبَة . أُسكُفَّة * مَدْخَل
Threw, *of* Throw رمى . ألقى
Thrice ثلاث مرَّات . ثلاثاً
Thrift نجاح * اقتصاد . حسن التدبير
Thriftless مبذِّر . مُسْرِف
Thrifty مقتصد في مصروفهِ * ناجِح
Thrill هَزَّة . رَجْفَة ‖ حرَّكَ . هَزَّ
Thrilling يهز المشاعر . مطرب
Thrive أفلَحَ . نجَحَ * نمى
Thriving ناجح . مفلح * نامٍ
Throat حَلْق . بُلْعوم △ زُور . مزرد
Throb نَبَضَ . خفَق * اختلَج
Throe طَلْق الولادة * كَرْب . غُصَّة
Thrombosis تخثر الدم فى اوعيته . جُلطة
Throne عَرْش . سرير الملك
Throng زِحام ‖ ازدَحَم . احتَشَد
Throttle الحنجَرَة . قصبة الرئة
Throttle خَنَقَ . شَنَق
Through بوساطة * من أول الى آخر
carry — أتمَّ . أكمل
pass — مَرَّ من (أو من بين)

Throughout في كل مكان * في اثناء
Throve, *of* Thrive افلحَ . نجح
Throw رَمْيَة ‖ رمى . ألقى . طرح
— back دفعَ أو رمى الى خلف
— down ألقى . أوقعَ
— off طرحَ أو القى عنه
— over هجرَ . نبذ
Thrown, *of* Throw مطروح . مُلقى
Thrush الدجُّ (طائر) * القُلاع (مرض)
Thrust طَعْنَة ‖ طعنَ * دفعَ △ زقّ
— out أخرجَ
Thud صَوْت الخبْط . هَدَّة △ هبْدَة
Thumb ← إبهام اليد ‖ لَوَّثَ بالأصابع * اشارَ بالابهام
Thump طرقة * هَدَّة ‖ طرقَ
Thunder رَعْد * هزيم ‖ رعدَ
Thunderbolt صاعقة
Thunderclap هزيم الرعد
Thunderstruck مصعوق
Thursday يوم الخميس
Thus هكذا . على هذا النمط
— far إلى هنا . إلى هذا الحدّ
— much إلى هذا القدر
Thwart عطّلَ . احبطَ * ضادَّ . عارضَ
Thy . . ـك . خاصتك (ضمير مخاطب)
Thyme صَعْتَر . سَعْتَر △ زعتر
Thyroid gland, — body الغدة الدرقية
Tick قُراد * تكتكة ‖ تكتكَ
Ticket تذكرة * بطاقة * قائمة

Ticking, Tick قماش لتغليف الفَرْش
Tickle دَغْدَغَ △ زغزغ * داعَب
Ticklish يتأثّر بالدغدغة * صعب الارضاء
Tidal مختصّ بالمدّ والجزر
Tide حركة المدّ والجزر * تيّار
ebb — الجزر (نزول ماء البحر)
flood — المدّ (ارتفاع ماء البحر)
Tidily باتقانٍ . بترتيب . بهندمة
Tidiness إتقان . ترتيب . هندمة
Tidings بُشرى . بشائر * أخبار
Tidy أنيق . مهندَم * مَثبنة (شنطة) المرأة
Tie رَبْطة . رِباط * صِلة
Tie ربطَ * حزمَ
Tier طبقة * صَفّ * دَرَجَة
Tiger ← بَبْر . النمر المخطط
Tight ضيّق * مشدود * مُحكم الشدّ
to get — تضايق
Tighten ضيَّقَ . شدّ «على» * احكَم
Tightly بضيقٍ * باحكام
Tigress بَبْرَة . نمرة مخططة
Tile قرميد . آجُر
glazed — ← △ تربيعة او بلاطة قاشاني
Tile غطّى بالقرميد
Till صُندوق النقود * لغاية . الى ان . حتى
Till فلحَ . عَزَقَ . حرَثَ
Tillage حِراثة . عَزْق . فِلاحة

ilt خَيْمة . ظُلَّة * رَشْقَة
Tilt أمالَ . ميَّل * سَدَّد «الرُّمْح» * رشق
imber خَشَب
— yard △ مَغلَق او شادر خَشَب
'imbrel دَفٌّ △ طار
'ime وَقت . زَمَن . آن * فصْل . أوان * مَرَّة
— and again مِراراً
at —s أحياناً
by the — عِندما . حينما
for the — being مؤقتاً
give — أمْهَلَ
in —, — on في وَقتهِ * في ميعاده
in good — في الوَقت المناسِب
in no — بأقَلّ من لمْح البَصَر
in the mean — في غضُون ذلك
it is high — حانَ الوقت
once upon a — في سالف الزمان
out of — في غير وقته
up to this — للآن
Timeliness مُوافقة . مُلاءمة . مناسَبَة
Timely في وقته . في أوانه . مناسِب
Timepiece ساعة حائط
Time-server إمَّعة . مساير . انتهازي
Time-table جدْوَل المواعيد
Timid خجول * جَبان . هَيَّاب
Timidity تهيُّب . وَجَل . استحياء . خجَل
Timorous جبان . متخَوِّف * تهيُّبي
Tin صَفيح * صَفيحَة * قَصْدير
Tin بَيَّضَ بالقصدير * عبَّى في صفائح

Tincture صَبْغ || صِبْغَة * لَوْنٌ
Tinder صُوفان . حُراق
Tinfoil رقيقة من صفيح . فويه . ورق مفضض
Tinge خَضَّبَ || صبْغة . خضاب
Tingle طَنَّ || رنينٌ * شعرَ بوخْز أليم
Tinker لحَمَ بالقصدير || △ سَمْكَرى
Tinkle رَنَّ . صَلَّ || رَنينٌ . صَليل
Tinman △ سَمْكري * مبيض النحاس
Tinned مُعبَّى في عُلَب صَفيح * مطلي
Tinning تَبْييض النُحاس
Tinsel بَهْرَجان . خيوط مَعدِنيَّة برَّاقة * بَهْرَجٌ || زركشَ بالبهرجان
Tint لوَّنَ بلونٍ خفيف || لونٌ خفيف
Tiny صغير جداً * قليل . طفيف
Tip طرفٌ . رأس * حُلوان . راشن △ بقشيش * خبطةخفيفة || اعطى حُلواناً * أمالَ . قلبَ * اسرَّ بمعلومات * امالَ الوعاء لتفريغه
— of the finger أنملة . طرف الأصبع
Tip-cart عَرَبة قلاَّبة (لتفريغ محمولها)
Tippler سِكّير . مُدْمِن خَمر
Tipsy نَشوان . سكران قليلاً
Tiptoe طرف أصبع القَدَم
Tiptop أعلى دَرَجة
Tirade سَبٌّ . قَذْف . تَعيير
Tire اتعبَ . اعيا * كَلَّ || طبَّانُ العجلةِ . أطار
Tired مُتْعَب △ تَعبان . كالٌّ
Tireless لا يَتْعب . لا يكِلّ
Tiresome شاقٌّ . متْعِب * مُمِلّ

Tissue نسيج ☆ قماش ☆ △ شاش ☆ سياق. حبكة
— paper ورق رقيق جداً
a — of falsehood سلسلة أكاذيب
Tit خبطة ☆ حصان او عصفور صغير
— for tat صاعاً بصاعٍ . واحدة بواحدة
Titanic هائلُ الحجم او القوَّة ☆ جبَّار
Titbit لُقْمة سائغة . مُضْغَة طيِّبة
Tithe عُشورٌ
Tithe عَشَّرَ . دَفَعَ العشور
Titillate دَغْدَغَ △ نَغْمَش
Title عُنوان ☆ لَقَب ☆ حَقّ ‖ لقَّبَ
— deed صكّ او حُجَّة التمليك
Tittle-tattle القال والقيل
Titular, —y بالاسم فقط . اسْميّ
To الى . نحو . صَوْب ☆ لدَى
— and fro تموُّراً . جيئةً وذهوباً
Toad ضُفْدَع . ضُفدعَة البر
Toadstool ⟵ فُطْر
. عيشُ الغراب السامّ
Toast خبْز مُحَمَّر ☆ نَخْب
Toast حَمَّصَ △ قمَّر ☆ شرِبَ نخب
Tobacco تبْغ . دُخان . تُتُن
Tobacconist بائع التبغ △ دخاخني
To-day اليوم ☆ في هذا اليوم
Toddle مشَى كالأطفال . دلفَ
Toe اصبع القَدَم ☆ مقدّم الحذاء
Together معاً . جُملة . سَويَّة
Toil تعَبٌ . كدٌّ
Toil كدَّ . تعَنَّى . كدَحَ

Toilet زِيٌّ . هِندام
. لِبْس ☆ تزَيُّن
⟵ . خِوان الزينة
△ تسريحة
— paper ورق مرحاض
— powder ○ بُدْرَه .
مسحوق الزينة . غُمْنَة
Toilsome مُتْعِب .
منْهِك القوى
Token دَليل . إشارَة ☆ تذكار
Told, *of* Tell اخبَرَ . بَلَّغ
Tolerable محتَمَل . مُطاق ☆ معتدِل
Tolerably باعتدال . بنوع معتدل
Tolerance احتمال ☆ تسامُح . تساهُل
Tolerant صبور ☆ مُتسامِح . متساهل
Tolerate احتملَ . صَبَرَ على ☆ اباحَ
Toleration احتمال ☆ تساهُل . تسامُح
Toll مَكْسٌ . ضريبة ☆ عوايد مرور
☆ دقة جرس بطيئة ‖ دَقَّ الجرسَ
Tomahawk فأس حرب لهنود أمريكا
Tomato △ قُوطَه
○ طَماطِم ○ بنَدُورَه ⟵
Tomb تُرْبَة . قَبْر
. ضَريح
Tombstone شاهِدَة . بلاطة الضَريح
Tomcat قِطٌّ . هِرٌّ كبير
Tome مُجَلَّد . جُزء من مؤلَّف
Tomfoolery سُخْرِيَّة ☆ حَماقَة
Tomorrow الغَد . غَداة ☆ غَداً

Ton طولوناطه . طن
Tone نَغمة . صَوْت ✲ لهجَة ‖ نَغَّم
Tongs مِلقَط النار ✲ ملقَطة △ ماشِك
curling — مِكواة الشعر
Tongue لِسان ✲ كلام ✲ لُغَة
Tongue-tied معقود اللسان . صامت
Tonic مقوٍّ ✲ صَوْتيّ
To-night هذه الليلة . الليلة
Tonnage حُمولة السفينةِ بالطنّ
Tonsil لَوْزَةُ الحلق . بِنْتُ الاذُنِ
Tonsure حلقُ قِمّة الرأس ✲ حَلْق الشعر
Too أيضاً . بالمثل . كذلك ✲ اكثر من اللازم
Took, *of* Take أخَذَ . تناوَلَ ✲ ساعَ
Tool آلة . عُدَّة . اداة
Tooth سِنٌ ✲ ذَوْق ‖ سَنَّنَ ✲ شَرْشَرَ
to have a sweet — يحبُ الحلوى
Toothache وَجَع . ألم الأسنان
Toothed ذو اسنان
Toothless أدْرَم . أهْتَم . أدرَد
Toothpick خِلالَة . سَلاَّكَة الأسنان
Toothsome لذيذ الطعم . قديّ
Top قِمَّة ✲ سَطْح . وَجْه
←✲ دُوَّامَة △ نَحْلَة . بلبل
Top عَلا . رَأسَ
— hat ←قُبَّعة الرسميَّات
Topaz ياقوت أصفر
Topic مَدار . صَدَد . مَبْحَث . موضوع
Topical مَحلّي . مَوْضِعي . مكاني
Topmost الأعلى . الأرفع
Topographic, —al ○توپوغرافى . مختص بتخطيط البلدان
Topography ○التوپوغرافيا . تخطيط
Topple كَبا . انقلَبَ ✲ قلَبَ
Topsyturvy رأساً على عَقب
Torch ← مِشْعَل . شُعلة
✲مِصباح شَديد ✲ بطارية جيب
Tore, *of* Tear مزَّقَ . خزَقَ
Torment عَذابٌ ‖ عذَّبَ . آلمَ
Tormentor معذّب . مُضايِق
Torn, *of* Tear مُمَزَّق . مخزَّق
Tornado ريح هوجاء
Torpedo ←لغَم بحَري ○ تورپيد
نسَّافَة . حَرَّاقة . رعَّادة
— boat
— fish سَمَك رعَّاد
Torpid خَدِر . مُنَمِّل ✲ مُتَرَهِّل
Torpidity خَدَر . خُدار . سُبات . جُمود
Torpor ✲ تَرهُّل . كَسَل
Torrefy حَمَّصَ . جففَ بالنار
Torrent تيَّار . سَيْل « جارف »
Torrential كالسَّيْل . عَرمْرَم
Torrid حارٌ . مَلْفُوح بالحرارة ✲ متلظٍ
— zone المنطقة الحارَّة (فى الجغرافيا)
Torse بدن . جِذْع الانسان والتمثال
Torsion بَرْمٌ . فَتْل . لَوْي
Tortile بارِم . فاتِل
. لاوٍ ✲ مُلْتَوٍ
Tortoise سُلحفاة البَرّ

Tortuous ملتـوٍ . معوجّ
Torture عَـذابٌ . تعذيب ‖ عذَّبَ
Toss القاء القُـرعة * لعبة النقشة بقطعة نقد
Toss دفـعَ . رَمى ∆ طَسَّ * نطَّقَ الطبخَ
Total جُملةٌ . مجموع * حاصِل ‖ جَمَـعَ
Totalitarian محتكر جميع موارد الدولة
Totality الجملة . المجموع . مجموعية . الكُل
Totalize اكْـمَلَ . اتمَّ * اجْمل . جمَـع
Totally كليَّـةً . بِرُمَّتِهِ . بأكله
Totter تـَرنَّـحَ . تمايلَ . اهتـزَّ * تداعَى
Touch مَسٌّ . لَـمْس * اثـر ‖ لَـمَسَ
. مَسَّ * اثَّـرَ فيه . حرَّكَ عواطِفَـه
— at a place مَـرَّ بمكان
— up اصلحَ . حَـسَّـن
in — with على اتصال به
finishing — اللمسة الأخيرة . آخر مراجعة
Touching لامِـس * مؤثـِّر
Touchstone حَـجَرُ الحكِّ . محَكٌ
Touchwood صوفان ∆ حُـرَّاق
Touchy وَعِـق . سريع الغضَـب ∆ حِمَـقي
Tough صلب . قاس
Toughen قَـسَّى * كَـثَّـفَ
Tour سِياحةٌ . سَفـرة . تجولٌ ‖ ساحَ
Tourist سائِـح . جـوَّال . مُتـجَـوِّل
Tournament مُباراة في التطاعُن . برجاس
Tow مشاقـة الكتان(القنب) ‖ قَـطَرَ . جرَّ
Toward, —s الى جهة * نحو
Towel منشَفَـة الوجه
. قَـطيلة ∆ بَـشكير

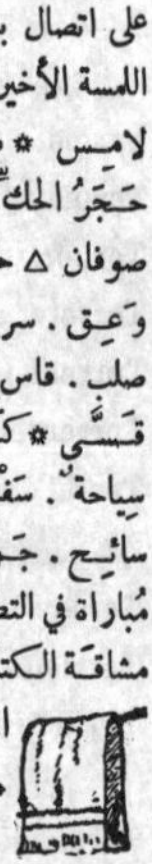

Tower بُـرْجٌ ‖ شَـمَخَ . عَلا . ارتفـع
Towering مرتفعٌ . شامِـخ . عالٍ
Towline حَـبْل القَـطْر ∆ لبان
Town مَـدينة . بَـلْـدَة
—hall دار البلدِيَّـة
Townsfolk سكان المدينة
Townsman مَدَنِيٌّ . حضَري * بلدي
Toxicant عَـقَّار سامّ . سُـمٌ
Toxin سُمٌّ . ٥ طُـكسين
Toy ألعوبة * خُشخيشة ‖ لَـعِبَ . عَبِـث
Trace أثـرٌ . جُـرَّة ‖ تأثـَّرَ * رَسَـم
Tracer رَسَّام * قَـصَّاص الأثـَر
Trachoma رَمد حبيبي . تراخوما
Tracing تَـتَـبُّـع * رَسْم منقول * شَفٌّ
— paper وَرَق شفَّـاف للرسم
Track جُرَّة * أثر القَـدم * طريق . سَبيل
Track تعقَّبَ * جَرَّ . قَـطَـر
Trackless غَـيْـر مطروق * لا أثـَرَ له
Tract صُقْـع . بقعَـة * كُـرَّاسَة . نَـبْـذة
Tractable سَهْلُ الانقياد . مِذْعان
Traction جَـرٌّ . قَـطْـر . سَـحْـب
Tractor جَـرَّارة
Trade تجارَة * حِرفَـة . صَـنْـعَـة ‖ تاجَرَ
Trade-mark شِعار تجاري . علامة تجاريَّـة
Trader تاجِر * سَـفينة تجارية
Tradesman تاجِـر
Tradition تقليد . نَـقْـل * حديث منقول
Traditional تقليديّ . نَـقْـليّ
Traduce جرَّسَ بـ . هتـكَ * وَشَـى

Traffic تجارة . الحركة التجارية
* حركة المرور || تاجر (تجارة زرية)
Trafficker تاجر ٥ متسبب (في أشياء محظورة)
Tragedian ممثل المآسات أو مؤلفها
Tragedy مأساة . رواية محزنة * فاجعة
Tragic, —al مفجع * محزن
Trail ذيل * جرّة || تأثّر * جرّ
Train قطار * سياق * ذيل || درّب
* هذّب . ثقّف . قطر . جرّ
Trainer مدرّب . مروّض
Training تدريب . تمرين
— college مدرسة المعلمين
Trait ميزة . خاصيّة * مسحة
Traitor خائن وطنه * غدّار . خائن
Traitress خائنة . غادرة
Tram ترام || ركب الترام
Tram, —car ترموای
Trammel شكال * قيد
Trammel عرقل * قيّد
Tramp وقع أقدام * رحلة على الأقدام
* جوّاب . أفّاق
Tramp وطيء * سافر ماشياً
Tramper عائر . عيّار * متجوّل
Trample وقع الأقدام . دوس || داس
Tramway شريط الترام *٥ ترامواي
Trance سبات . غيبوبة . غيبة * تجلٍّ
Tranquil ساكن * مطمئنّ * مرتاح
Tranquillity سكينة . هدوء
Tranquillize هدّأ . طمأن

Trans- بادئة معناها ما وراء أو عبر
Transact قضى . اجرى . عمل شغلاً
Transaction صفقة . عمليّة ماليّة
Transatlantic قاطع أو عبر المحيط الأطلسي
Transcend فاق . زاد . تجاوز أو برز على
Transcendent فائق . سامٍ * رفيع
Transcribe نسخ « حرفياً » . نقل
Transcript نسخة طبق الأصل
Transcription نسخ . نقل * نسخة
Transfer نقل . تحويل
Transfer حوّل . نقل
Transferable ممكن نقله أو تحويله
Transferee المحول اليه
Transference نقل . تحويل . ترحيل
Transferrer محوّل . كاتب التحويل
Transfiguration تغيير الشكل * تجلٍّ
Transfigure غيّر الشكل * تجلّى
Transfix رشق . طعن . شكّ . خرق
Transform غيّر الشكل أو الهيئة
Transformation تحوّل . تغيير . استحالة
Transfusion of blood نقل الدم
Transgress خالف . تعدّى على . تجاوز
Transgression تعدٍّ . مخالفة * خطيئة
Transgressor مذنب * مخطيء
Tranship نقل من مركب أو قطار الى آخر
Transient زائل . وقتي . عابر
Transit مرور . عبور . اجتياز
Transition مرور . إجتياز * انتقال
Transitive متعدٍّ (ضدّ لازم)

Transitory وَقتيٌّ . زائل ٭ انتقالي
Translatable ممكن ترجمته . قابل للنقل
Translate ترجَمَ . نَقَلَ . حَوَّلَ
Translation تَرجَمة . نَقل
Translator مترْجِم . ناقِل
Translucent شاف . شبه شفَّاف ٭صاف
Transmigrate هاجرَ ٭ تقمَّصَ
Transmigration نزُوح . مهاجرة٭ تقمُّص
Transmissible قابل التحويل
Transmission تحويل ٭ توصيل ٭ إذاعة
Transmit أنفَذَ . أرسَلَ ٭ نَقَلَ . اوصَلَ
Transmute حوَّلَ . غيَّر . بَدَّل
Transparency شُفوف . شَفَّافيَّة
Transparent شَفَّاف ٭ واضِح . جَلي
Transpierce اخترَقَ . نفذَ
Transpiration عَرَق . رَشْح
Transpire رَشَحَ . عرِقَ ٭ذاعَ . شاعَ ٭ بانَ
Transplant نقَلَ أو شَتَلَ الزرع
Transport نَقْل ٭ أجرة النقل ٭ نقَّالة ٭ فرط السرور
Transport نقَلَ ٭ أبعَدَ ٭ حَمَّسَ
Transportation نَقل ٭ نَفي
Transpose نَقَّلَ . غيَّر مكانه او وضعه
Transposition تنقيل . نقل . تغيير الأماكن
Transude عَرِقَ . رشَح
Transverse عَرْضاً . بالعرض ٭ معْتَرِض
Trap فَخٌّ . مِصْيَدَة ‖ صادَ بفَخٍّ
S trap سيفون . مَثعَب . محبس
Trapdoor باب أرضي قَلاَّب

Trapeze ∆ عُقلة . ارجوحة التريض ←
Trapezium → معيَّن . سطح ذو اربعة أضلاع مختلفة
Trapezoid شبيه بالمربع المنحَرِف
Trash سُقاطة ٭ سَقْطُ المتاع ‖ شَذَّبَ
Trashy تافِه . حقير . طفيف القيمة
Travail مخاض . طَلق ٭ ضنك
Travail طَلَقَت المرأة
Travel سَفَر ٭سِياحة ‖ سافَرَ ٭ساحَ
Traveller مسافِر ٭ سائح . رَحَّالة
Travelling مسافر ٭ متنقل ٭ نقَّالي
Traverse مستعرِض ‖ عَبَرَ ٭اعترَض
Travesty قلب شيء جدّي الى هزلي . منقول للضحك ‖ مسخَ بشكلٍ مُضْحِك
Tray ∆ صينيَّة . طبَق تقدمة
Treacherous خائن . غَدَّار
Treacherously بغدر . غدراً
Treachery خِيانة . غَدْر . خداع
Treacle دِبْسُ السكَّر . عَسَل أسْوَد
Tread مَشْي ٭ دَوْس . وَطْء ٭ دوسة
Tread داسَ . مشَى ٭ وَطِئ . سلَكَ
Treadle دوَّاسَة آلة تدار بالرجل
Treason خِيانة . غَدْر ٭ إئتِمار
high — خيانة عُظمى
Treasure خزينة ٭ كَنز ‖ كنَزَ . ادَّخَر
Treasure-trove لُقْيَة . لُقْطة . ركاز
Treasurer أمينُ المال . أمين الصندوق
Treasury بيت المال . الماليَّة ٭ الخزينة

Treat وَلِيمَةٌ ‖ عامَلَ ٭ عالَجَ ٭ داوَى
Treatise مقالة . نبذَة ٭ رِسالة
Treatment مُعامَلة . تصرُّف ٭ معالجة
Treaty مُعاهَدَة . موافقة ٭ مشروع معاهدة
Treble ثلاثةُ أضعاف ‖ ثَلَّثَ
Tree شَجَرةٌ ٭ عَريش العربة ٭ صَليب ٭ قالب الأحذية
genealogical — ← شجرة النسب
Tree وضعَ الحذاء في قالب
Trefoil ← بِرسيم . نَفَل
Trellis مِسماك . عَريشة . تَكعيبة ٭ شَعريَّة نافذة
Tremble رَجْفةٌ ‖ ارتَجَفَ . ارتَعَدَ
Tremendous كَبير . عظيم ٭ هائل
Tremor رَجْفة . رَعْشَة ٭ تخلُّج . ارتعاش
Tremulous مرتجِف . مُرتَعِش
Trench خَنْدَقٌ ‖ حَفَرَ خَندقاً ٭ بَتَرَ
—coat معطف لا ينفذه الماء
Trenchant قاطِع . بَتَّار
Trend إتجاهٌ . مَيْل ‖ إتَّجَهَ «نحو»
Trepanation تربنة (اى فتح) الجمجمة
Trepidation ارتجاف . رَعْدة ٭ هَلَع
Trespass تعدٍّ ‖ تعدَّى على . انتهكَ ٭ أخطأَ
Tress ← ضَفيرةُ شَعْر . ذُؤابة ٭ خُصلة شعر
Trestle △ حمار او جحش خشب . حمَّالة . تصليبة خشبية
Trey الثلاثة (في ورق اللعب وزهر النرد)

Tri- بادئة معناها ثلاثة ، ثلاثي ، مثلث
Triad مُثلَّث . ثُلاثيّ
Trial فَحْص . تجربة ٭ مِحْنَة ٭ محاكمة
— balance ميزانية الاختبار
on — تحت التجربة
Triangle ← شكل مثلَّث
Triangular مُثلَّث الزوايا ٭ شِبْه مثلَّث
Triangulation المساحة التَثْليثيَّة
Tribal قَبيليّ . عَشيريّ . سِبطي
— spirit عصبية
Tribe قبيلة . عَشيرة ٭ فصيلة ٭ عمارة
Tribesman أحد أفراد القبيلة
Tribulation ضِيق . شِدَّة . خَطْب
Tribunal محكمة . دارُ القضاء ٭ كرسي القضاء
Tribune مِنصَّة الخطابة . مِنبر ٭ مُحام
Tributary يَدفَع الجزية ٭ تحت حكم ٭ رافد . ساعِدة . نَهْر صغير
Tribute جِزية . خَراج ٭ هَديَّة ٭ ثناء
Trice, In a — في لحظة ٭ على الفور
Trick خُدعَةٌ . حيلة ‖ احتالَ على
— up زَوَّقَ . زَخرفَ
Trickery غِشٌ ٭ خِداع ٭ تزويق
Trickish, Trickster, Tricky مُخادع . مُحتال . غَشَّاش . مكَّار
Trickle سالَ . نَضَّ . نَزَّ
Tricoloured مثلَّثُ الألوان
Tricycle درَّاجة ذات ثلاث عجلات أي دواليب
Tried مُمتَحَن . مجرَّب . مختَبَر ‖ حوكمَ

Triennial يدوم أو يحدث كل ثلاث سنوات
Trifle أمرٌ زَهيد. ترهة || عَبِثَ. لَهى
— with استهانَ. ازدَرى به
Trifling زهيد. طفيف. زَرِيٌّ
Trigger △ تَتَك . زناد السلاح الناري
Trigonometry حساب المثلّثات
Trihedral ثُلاثيّ السطوح
Trihedron شكل ثُلاثيّ السطوح
Trilateral ثُلاثي الأضلاع
Trilingual ثلاثي اللغات
Triliteral ثُلاثي الأحرف
Trill رَعشة الصَّوت. زغردة || سالَ ٭زغرَد
Trilobate ثلاثي الفصوص
Trim مُرَتَّب. أنيق ٭ لباس. رداء ٭ حالة
Trim رَتَّبَ. هندمَ ٭ قصَّ وسوّى
Trimming خَرْج△كلفة الملابس ٭هندام
Trimness ترتيب. أناقة. هندَمة
Trinitarian ثالوثيّ. معتقِد بالثالوث
Trinity الثالوث (اتحاد ثلاثة فى واحد)
Trinket مَصاغ. حِلْيَة ٭أُلعوبة ٭سكين
Trinomial ثُلاثيّ الحدود. كمية جبرية
Trio الثلاثة (باعتبارهم كواحد) ٭لحن مثلث الأصوات ٭ ثلاثي
Trip رحلة ٭ عَثْرة. زلّة △ كعبلة
Trip داسَ بخفة ٭عَثَر. زلَّ قدمه ٭مشى بخطوات رشيقة ٭اوقعَ △ كعبلَ ٭عرقلَ
Tripartite بين ثلاثة ٭ مقسوم الى ثلاثة
Tripe الأحشاء ٭ كَرِش △ كِرشة الطبخ

Triple مثلوث. ثلاثة أضعاف. ثلاثي || ثلّثَ
Triplicate ثلاثي٭من ٣ صور ٭ نُسخة ثالثة
Tripod ركيزة بثلاث قوائم △ سيبة ٭ ثلاثي الأرجل
Trisyllable كلمة ذات ثلاث مقاطع. ثلاثية المقاطع
Trite رَثٌّ. مُبتذَل. غثّ
Triumph نَصْرٌ || ظَفِرَ. فازَ. انتصرَ
Triumphal نَصْريّ. انتصاري
Triumphant مُنتَصِر. ظافِر. فائز
Triune ثلاثة فى واحد. ثالوث
Trivial زَهيد. تافه. واهٍ ٭ سخيف
Trod, *of* Tread داسَ. وطيء
Trodden, *of* Tread مَدوس. مطروق
Trolley, Trolly ○ترولي△عَرَبة مكسَّحة ٭ عربة بقضبان ٭△ سنجه
Trombone مترددة. △ بُوري طويل
Troop جَوقة. فوج. شرذمة ٭ فِرقَة
Trooper عسكري سواري. جندي راكب
Troops جَيْش. جُند. عسكَر
Trope كِناية. استعارة. مجاز
Trophic غِذائى. مختص بالتغذية
Trophy تذكار نصْر (أو صَيد)
Tropic منقلب. مدار (الفَلك) ٭استوائي ٭ المدار الاستوائيّ (جغرافية)
Tropical استوائي ٭ مجازي. استعاري
— regions الاقاليم الاستوائية أى الحارة
Tropics المنطقة الحارّة الاستوائية
Trot خَبَبٌ || خَبَّ ٭ ركَضَ. عدا الحصان

Troth أمانة * ميثاق * خِطْبَة
Trotter كارِع * جَواد ممرَّن على الخَبَب
Trouble إنزعاج * هَمٌّ . كدَر
Trouble أزعَجَ . أقلقَ * ضايقَ . كدَّر
Troublesome مكَدِّر . مزْعِج * شاقّ
Trough حَوْض . جُرْن مياه * معلف
Trousers ← △ بَنطَلون . سِروال . سَراويل
Trousseau جهاز العَروس
Trowel ← △ مَحارة △ مَسْطرين . مالَج . دفرة . مِسْطارُ البنَّاء
plasterer's — ← محارة . مِسَجَّة . مسطار المُبَيِّض
Truant غائب من غير إذن * كسلان
Truce هُدْنَة حَربيَّة . مُتارَكَة * فِترة
Truck عَرَبة نقل البضائع || بادَلَ
Truculence, Truculency تَوحُّش . شَراسَة
Truculent متوَحِّش . شَرِس
Trudge دَلَفَ . مشَى بتَعَنٍّ
True حقيقي * صَحيح * صادِق
— copy صورة طِبق الأصل
— discount حَطيطة داخليَّة
True-born أصيل . ابن أصل
Truffle كَمْأ △ طَرطوفه
Truism أوليَّة . قَضيَّة مُسَلَّم بها
Truly حَقًّا . بالحق . بأمانة

Trump ورقة أكل (في اللعب) * بوق
to — up لفَّقَ . اختلقَ
Trumpery زينَة كاذِبة * عَفْش
Trumpet نَفير . بُوق || بَوَّقَ * اذاعَ
Trumpet-conch, —-shell وَدَع كبير
Truncate مقطوعٌ || شَذَّبَ . قلَّمَ * جَدَعَ
—d مقطوط . مقطوع الطرف أو الرأس
Truncheon هِراوة . نَبُّوت
Trundle عَجَلة صغيرة عريضة
Trundle تَدَحْرَجَ * دحرَجَ
Trunk جِذْع . ساق . بَدَن * خُرْطوم * حَقيبَة △ شَنْطة . الخط الرأسي في التلفون وسكة الحديد
Truss (surgical —) حِزامُ الفتقِ
Trust ثِقَة . إتكال * وَديعَة * شَرِكَة . إحتكار
Trust وَثِقَ به * إستأمَنَ * أملَ . رجا
Trustee أمين . وكيل * ناظر وَقْف
Trustful واثِق . آمِل . متَّكِل
Trustworthy } ثِقَة . يُركَن اليه . أمين . صادِق
Trusty
Truth حَق . حَقيقة . صِدْق . صَواب
Truthful صادِق . صَدُوق
Truthfully بِصدقٍ . بأمانة
Try جرَّبَ * عالجَ . حاولَ * فَحَص * حاكَمَ
— on قاسَ أو جرَّبَ الملابس
Trying مُتعِب . شاقّ . عَنيف
Tub قَصْعَة . دَنّ * نِصْف برميل
Tube أنبوب △ ماسورَة . قَناة

Tubercle عُقْدَة . عُجْرَة * دَرَنَة
Tubercular دَرَنِيّ . تَدَرُّنِيّ * متدرِّن
Tuberculosis تدرُّن رئوي . سُل تدرُّني
Tuberose زَنْبَق . ياسمين بَرّي * دَرَني
Tubular أُنبوبيّ * مُجوَّف
Tuck ثَنْيَة . قَطْبَة
Tuck ثَنَّى . قَطَبَ * حَشَرَ . دَسَّ . شمَّرَ
Tuesday يوم الثلاثاء . الثلاثاء
Tuft خُصْلَة △ شُوشَة * عُنْقود
Tug شَدَّة * رَفَّاس لقطر المراكب
— of war لعبة شَدُّ الحبلِ
Tug قَطَرَ . جَرَّ * جَبَذَ . شدَّ
Tugboat رَفَّاص لقَطر المراكب
Tuition تَعليم * أُجْرَة التعليم
Tulip سُنْبُل . السَّوسَن المعمَّم . خُزامي
Tumble وقَعَ . إنقلبَ . كَبا * تمرَّغ
Tumbler متدَهْوِر * قَدَح △ كُبَّايَة
Tumefaction تَوَرُّم . انتفاخ
Tumid وارِم . منتفِخ * نافِر . ناتىء
Tumour خُرَّاج . △ طلوع * وَرَم
Tumult ضَوْضاء . شَغَب . جَلَبة
Tumultuous ضَجَّاج . عَجَّاج . مُشَوَّش
Tune نَغَم . لحن ‖ دَوْزَنَ . شَدَّ الأوتار
Tuneful مَوْزونُ النغم . مؤتلف الصوت
Tunic رداء . صديري . جلباب * قشرة 
Tunnel سِرْداب . نَفَق
Tunny سمك التونة

Turban عِمامَة
Turbid عَكِرٌ . كَدِر * مُضْطَرِب
Turbidity عَكَرٌ . كَدَر * اضطراب
Turbot سَمَك التِّرْس
Turbulence ضَوْضاء . شَغَب
Turbulent مشاغِب . معَرْبِد . هايِش
Tureen سُلطانية الحساء * مَطْبَقِيَّة
Turf حَلْبَة السباق * أرض خَضْراء
Turfy خَضِر . مَكْسوّ بالعُشْب
Turgescence وَرَم . تَوَرُّم . إنتفاخ
Turgid وارم * مُبالِغ . طِرْماذ
Turkey دِنْدي . ديك رومى * تُركيا
Turkish تُركِيّ . اللغة التركية
— bath حَمّام تركي أى بخاري
Turmoil شَغَب . هَياج . اضطراب
Turn دَوْرَة . لفة * دَوْر * نوبة * صنيع
a bad — عمل رديء
in — بالدور
my — هذا دوري في العمل أو الدفع ، الخ
Turn دَوَّرَ * دارَ * حدَّدَ * خرَط بالمخرطة * قَلَبَ * حَوَّل * تحوَّل * حادَ
— aside رَدَّ عن . أمالَ
— away طَرَدَ . أقصى . صَرَف
— back رَجِعَ * أرجَعَ
— down قَلَبَ * خذلَ . رَدَّه خائباً
— from حَوَّلَ عن . صَرَف أو انصرفَ عن
— in دخَلَ
— into حَوَّلَ أو تحَوَّلَ الى
— out طَرَدَ * أخرَجَ * كانت نتيجه كذا

— over نقلَ أو حوَّل الى * قلبَ . قَلَّبَ * تقلَّبَ
— over a new leaf حسَّنَ سيره
— tail وَلَّى الأدبار
— the scale أمالَ الكفَّة
— up جاء . حَضَرَ . ظهَر
—s أدوار . نَوْبات * دَوْرات . لفَّات
by — بالدور . بالمناوَبة . بالتناوب . تناوباً
Turner خَرَّاط . مُشتغل بالخِراطَة
Turnery خِراطَة الحديد أو الخشب
Turning دورة . لفة * حَوْدة * دوران * انحراف * خراطة المعادن والخشب
Turnip الشَلْجَم . اللفت (نبات)
Turnkey سَجَّان
Turnover قلبة * قَلاَّب * رقم المبيعات
Turnstile ⟵ باب دَوَّار
Turntable △ صِينِيَّة (في سكَّة الحديد)
Turpentine التربنتينة . راتينج البطم
Turpitude دَناءة * فَظاعَة . شَناعَة
Turquoise فَيْروز . فَيْروزَج
Turret بُرْج صَغير * حِصْن صغير
— lathe △ مِخرطة بظرف
Turtle سُلحُفاة (خصوصاً البحرية) . تِرسة
Turtledove يَمامة . قمرية . أُطْرُغلة
Tusk ناب . سنّ الفيل وغيره
Tuskers من ذوي الأنياب الكبيرة
Tussle عِراكٌ . شجار ‖ ناقشَ . عاركَ

Tut ! اسكتْ . أصمتْ . صَهْ
Tutelage وِصاية شرعية . حِماية . رِعاية . ولاية
Tutelar, —y وَصيّ . حامٍ . حارس . قيِّم
Tutor وصيّ * معلِّم ‖ علَّمَ . هَذَّبَ
T.V. = Television تليفزيون
Twain إثنان . زَوْجان * شَطْران
Twang غُنَّة . خَنين △ خنف * رَنين
Twang رَنَّ * غنَّ
Tweezers ⟵ مِلْقَطُ شَعْرٍ . مِنْتَف
Twelfth الثاني عشر * جُزء من ١٢
Twelve اثنا عشر . اثنتا عشرة
Twentieth العشرون * جزء من عِشرين
Twenty عشرون
Twice مَرَّتان . دُفعتان
Twig عُسْلوج . غُصن △ لَبْلوب
Twilight غَبَش . نور الغَسَق والسَّحَر
Twin توأم . توأمة * صِنْو
Twine △ دوبارَة . خيط قِنَّب ‖ بَرَمَ
Twinge وَخْزةٌ ‖ قَرَصَ * وخَزَ
Twinkle لَمْحَةٌ * وَمْضَة ‖ تلألأَ
Twins تَوأمان * صِنْوان
Twirl دارَ . دَوَّرَ . فتَلَ * انفتلَ . التفّ
Twist بَرْمة * فتلة خيط متين
Twist لوَى . برَمَ * عقَصَ * جدَلَ * حَرَّفَ . شوَّه * خدَعَ
Twisted مبروم . مفتول * ملوي ‖ ضُحِكَ عليه
Twit عَيَّرَ . عابَ * لامَ

Twitch نَتْشة ❊ رفة عين ❊ رَمعان الأنف ❊ زيار ∆ لوّاشة البيطار
Twitch خطفَ. نتّش ❊ انتفض ❊ رفّت العين
Twitter تغريدٌ ❊ رجفة || غَرَّدَ. ناغَى
Twixt, Betwixt بَيْن
Two اثنان . اثنتان
Two-edged ذُو حدَّين
Twofold مُضاعف . مزدوج . مثنّى
Two-seater لراكبين . بمقعدين
Tympanites, Tympany تطبّل البطن
Tympanum طبْلة الاُذن ❊ طبْلة ❊ طار
Type حَرف طِباعة ❊ مِثال ❊ عَلامَة ❊ نَوْع
Typewriter الآلة الكاتبة
Typhoid الحمّى التيفودية ❊ تيفودي
Typhoon عاصفة شديدة . إعصار
Typhus الحمّى التيفوسيّة . التيفوس
Typical نَموذجيّ . مثالي ❊ رَمْزيّ . مجازي
Typify مثّلَ . كَنّى بكذا عن . صوَّر
Typist كاتب على الآلة الكاتبة
Typography طباعة الحروف
Tyrannic, —al مُستبِدّ . عاتٍ . ظالِم
Tyrannize طغَى . تجبَّرَ . استبَدَّ
Tyranny ظُلم . جَوْر . استبداد
Tyrant طاغِيَة . ظالِم . مُسْتبِدّ
Tyre, Tire إطار ∆ طبّان العجلة
Tyro مُبتدىء ❊ قليل الخبرة
Tzar, Czar قَيْصر

U

U.A.R. الجمهورية العربية المتحدة
Udder ضَرْع . ضَرَّة . ثَدي الحيوان
Ugliness بَشاعة . شَناعة . قُبْح
Ugly قَبيح الصورة . دَميم . بَشِع . شَنيع
Ulcer قُرحَة
Ulcerate تَقرَّحَ ❊ قرَّحَ
Ulceration تَقرُّح
Ulcerous مُتقرِّح . مُقرِّح ❊ تقرُّحي
Ulna عَظمُ الزَّند (تشريح) ❊ ذِراع (مقياس)
Ulterior أخير ❊ وَراء . خَلف ❊ خلفي
Ultimate نِهائي . أخير ❊ الأخير
Ultimatum بلاغ نهائي . قرار أخير ❊ انذار
Ultimo, Ult. الشهرُ الماضي . الشهر السابق
Ultra- سابقة معناها : وراء ، فوق ، أبعد
Ultramarine صِباغ لازَوَرْدي . أزرق
Ultramoderne آخر حَداثة . سابق عصره
Ultramundane وَراء العالم . سَماوي
Umbilical سُرّي . مختص بسرة البطن
Umbles أحشاء الذبيحة ∆ مِعْلاق
Umbrage ظِلّ ❊ استياء . تأذٍّ ❊ رِيْبة
Umbrella مِظلّة . شَمْسيّة أو مطرية
Umpire حَكَم . فَيْصل
Umpire فَصَلَ في الأمر
Un- بادئة نفي معناها : غير ، ليس ، عَديم كذا ، لا
U.N. = United Nations الأمُم المتحدة
Unabashed غير مَخزيّ . غير خَجْلان
Unabated غير هامِد ❊ لم يُنقّص ❊ غير مخفّف

Unable غيرُ قادرٍ . عاجز
Unabolished غير مُلْغى . جارٍ
Unabridged غير مختصر
Unacceptable غير مقبول . مرفوض
Unaccommodating عديم المعروف * متعب
Unaccompanied غير مُرافِق . وَحدهُ
Unaccountable لا يُعَلَّل * غير مسؤول
Unaccustomed غير مُعتاد
Unacknowledged غير مُسَلَّم بهِ
Unacquainted غير عالِم « بكذا »
Unacquired غير مكتَسَب . ذاتي
Unadvisable غير مُستحسَن . لا يُشار به
Unaffected غير متأثّر * طبيعي
Unaided بلا مساعَدَة . بلا مُعين
Unalloyed غير مُزيَّف . خالِص . صِرف
Unamiable غيرُ محبوب
Unanimity اجماع . إتحاد « الآراء »
Unanimous باتحاد الآراء . بالإجْماع
Unappalled ثابت الجأش . غير هيّاب
Unarmed أعْزَل . غير مسلَّح
Unasked من تلقاء ذاته . اختياري
Unassisted بدون معين . وحده
Unassuming مُتَّضِع . غير مدَّع
Unattainable لا يُدْرَك . مُحال
Unattempted غير مَسْعِيٍّ فيه . بلا محاولة
Unauthorized غير مصرَّح به
Unavailing غير مفيد . لا ينفع
Unavenged غير مُنتَقَم له
Unavoidable لامَناصَ منه . مُحتَّم

Unaware غيرُ ملتَفِت . غير دارٍ
Unawares بلا قصد او تعمُّد * بغتة
Unbar رفَعَ الترباس * أزال الحاجز
Unbearable لا يُحتَمَل . لا يُطاق
Unbeatable لا يقهر
Unbecoming لا يليق . غير لائق
Unbefitting غير لائق . غير مناسب
Unbelief شكٌّ . رَيْبَة * كُفْر
Unbeliever غير مؤمِن . كافِر
Unbending لا يَنثني * عَنيد
Unbiassed غير متحزّب . مُقْسِط
Unbidden غير مدعوّ . من تلقاء نفسه
Unbind حَلَّ . فكَّ . سيَّبَ
Unblemished طاهِر الذَّيْل . بلا عَيْب
Unbosom بَثَّ السِّرَّ . فتَحَ قلبهُ
Unbounded غير محدود * غير متناه
Unbreakable غير قابل للكسر
Unbridle اطلقَ « العنان » . فكَّ . حَلَّ
Unbroken غير مكسور . صَحيح * متَّصل
Unburden انزلَ الحمل عن . أراحَ
Unbutton فكَّ الأزرار . حَلَّ
Uncanonical غيرُ قانوني . هَرْطوق
Unceasing دائِم . مُستمرّ . غير منقطع
Unceremonious عديم التكليف
Uncertain غير محقَّق . مَشكوك فيه
Uncertainty إبهام . إلتباس * تَرَدُّد
Unchain حَرَّرَ . اعتَقَ من قَيْد
Unchangeable }
Unchanging } لا يتغيَّر . ثابت . باقٍ * لا يمكن تغييره

Uncharitable ناضِبُ الخير . غير محسن
Unchaste غير عَـفيف
Unchecked بلا رادع * مطلق العنان
Uncivil فظ . قليل الأدب * هَـمَجي
Uncivilized بَـرْبَري . غير متمدّن
Unclaimed لم يُطلَب
Uncle عَمّ * خال * زَوْجُ العمَّـة او الخالة
Unclean دَنِس . قَـذِر . وسِخ
Uncleanliness وساخَة . قذارة * دَنَس
Uncle Sam رمز الولايات المتحدة
Unclothe عَـرَّى
Unclouded صحو . صاح . غير مغيم
Uncomely غيرُ لائق * غير ظريف
Uncomfortable مُتعِب . غير مُريح
Uncommitted غير ملتزِم * غير مرتَـكب
Uncommon غريب.غيرعادي .غيرمألوف
Uncommunicative كَـتُـوم
Uncompleted غيرُ مكـمَّـل . ناقِـص
Unconcern عدم مبالاة او إكتراث
Unconditional بلا شرط . مُـطلَـق
Unconfined غير محصور . مُـطلَـق
Unconfirmed غير مثبت او مؤكد
Unconnected غير متصل . منفصل. مفكك
Unconquerable لا يُـغلَـب . لا يُـقهَـر
Unconquered غيرُ مغلوب . ظافِـر
Unconscious غافل * فاقد الشعور . مغمي عليه
Unconstrained مُـطلَـق . حُـرّ
Uncontested مسلَّم به . لا نزاع فيه
Uncontrollable لا يمكن ضبطه
Unconvinced غير مقتَـنِـع
Uncork نَزِعَ السدادة او الفلِـّة
Uncouth فَـظ . خَـشِـن
Uncover كَـشَـفَ . عَـرَّى . أماطَ
Unction مَـسْـحَـة * مرُوخ
Unctuous دُهْنِيّ . شَـحيم * مرُوخي
Uncultivated غير مزروع . بُـور
△ شيطانى * غير مُـهَـذَّب * همجي
Uncut غير مقطوع أو مقصوص أو منحوت
Undated مُـهْـمَـل التاريخ
Undaunted شُجاع . باسِل
Undeceive صَدَقَهُ النصحَ *أظهرَ الحقيقة
Undecided متَـرَدِّد * غير مجزوم فيه
Undefiled نقيّ . طاهِر . بلا دَنَـس
Undefined غير معيَّـن . مُلتَـبَـس
Undeniable لا يُـنكَـر
Undeplored غير مأسوف عليه
Under تحت * دون . أقلّ من * تحتاني
Underbid عرضَ ثَـمَـناً اقلّ
Underclothes الملابس التحتانيَّـة
Underdealing خِداع . إحتيال
Underdo طَبَـخَ نِـصف طبخ
Underdone ناقصُ الطبخِ أو النضج
Underestimate بَـخَـسَ
Undergo إحتملَ . كابدَ . عانَى
Undergraduate تلميذ فى مدرسة كلية
Underground تحت الأرض . سُفْلي
Undergrowth دِقّ الشجر *رَتَم *جحن

Underhand خَفِيّ . مَستور * إحتيالي
— dealing مُوالسَة
Underlie وُجِدَ أو وقَعَ تحت « كذا »
Underline خَطَّ خَطًّا تحت العبارة
Undermentioned المذكور أدناه
Undermine قَوَّضَ *حَفَرَ لَغَماً
Underneath تحت . أسفل
Underrate بَخَسَ * إستَخَفَّ به
Undersell باعَ بثمنٍ أقلّ من
Undersign وقَّعَ اسمه على . أمضَى
Understand فَهِمَ . أدرَكَ . وَقَفَ على
Understanding فَهْم . إدراك . تمييز
Understood مَفهُوم ‖ فَهِمَ
Undertake تكَفَّلَ . أخذَ على نفْسِه
Undertaker مجهز لوازم الدفن ∆حانوتيّ
Undertaking مَشروع . تدبير * تعهُّد
Undervalue بخَسَ قيمة الشيء
Underwriter ضامن التعهُّد * وكيل تأمين
Undescried غير منظور . مُستَتِر
Undeserved غيرُ مستأهِلٍ
Undeservedly بلا استحقاق
Undesigned غير مقصود . إتِفاقي
Undesigning سَليمُ النيَّةِ . مخلص
Undesirable غيرُ مَرغوبٍ فيه
Undeviating لا يتغيَّر * لا ينحرف
Undid, *of* Undo حَلَّ . فَكَّ
Undignified غير لائِق بالكرامَة * حقير
Undiminished كامل . غير ناقص أو منقوص
Undiscerned غير مُدرَك أو منظور

Undiscerning عديم الفِطنة . أحْمَق
Undisciplined غير مهذب ∆ غشيم
Undiscoverable لا يمكن اكتشافه
Undiscovered لم يُكتشَف . مجهول
Undiscriminating عديم التَّمييز
Undisguised ظاهِر . غير متستِّر
Undismayed غير هيَّاب . جَرِيء
Undisputed مسلَّم به
Undisturbed غير منزعج * ساكن الجأش
Undivided غيرُ مُنقَسِم . صحيح
Undo حَلَّ . فكَّ * خرَّبَ . أفسدَ * أبطلَ
Undone محلول * مُعطَّل * غير معمول
Undoubted لا شكَّ فيه . مُقرَّر
Undoubtedly بلا شكّ . بلا ريب
Undress عرَّى *خلعَ الثيابَ . تعرَّى
Undue غير مستحق * غير لازم
Undulate تماوَجَ * تراوَحَ *رجَّح
Undulation تموُّج * تخطُّر
Unduly غير لائق او مناسب * بعدم لياقة
Unearth أخرجَ المدفون . نبَشَ * كشَف
Uneasiness قَلَق . اضطراب
Uneasy قَلِق . مضطرِب . منزعج
Uneatable لا يصلُح للأكل
Unedifying لا يثقِّف العقل
Uneducated جاهِل . غير متعلِّم
Unembarrassed خالٍ من العراقيل
Unemployed بلا عمل . بطَّال
Unemployment بطالة
Unencumbered خالٍ من الموانع والعراقيل

Unending لا نهاية له
Unengaging غير مقبول . لا يُشتهى
Unenlightened غير متنوِّر . جاهِل
Unequal غير كُفوء * غير مُقْسِط
Unequalled منقطع النظير
Unequivocal صريح . جَليّ * بَتّي
Unerring معصوم من الغلط * سَديد
Uneven وَعْث . وَعِر . غير مستَوٍ
Unexceptionable لا اعتراض عليه * بلا استثناء
Unexpected غير منتَظَر . فجائي
Unexpectedly على غير انتظار . فجأةً
Unexplored لم يكتشفه أحد . مجهول
Unfading لا يذبل * ثابت
Unfailing صائب * لا يخيب * لا ينضب
Unfair غير عادل . جائر . مُجْحِف
Unfaithful خائن . غير أمين * غدّار
Unfamiliar غير مألوف
Unfasten حلّ . فكّ
Unfathomable لا يُدرَك كُنْهُهُ
Unfavourable غير موافِق . معاكِس
Unfeeling عديمُ الاحساس
Unfeigned باخلاص . بلا تصنُّع * حقيق
Unfelt غير مدرَك بالمشاعِر
Unfinished غير متَمَّم أو مُنْجَز
Unfit غير لائق . غير مناسِب
Unfold فضّ * نَشَرَ . فَرَدَ * كَشَفَ
Unforeseen غير منتَظَر . لا متوقع
Unforgiving لا يصفَح . ضاغِن . حَقود
Unfortified غير محصَّن
Unfortunate تعيس . مَنْحوس . منكود
Unfortunately لسوء الحظ
Unfounded لا أصلَ لهُ . لا أساس له
Unfrequented لا يتردَّد عليه أحد
Unfriendly عدائيّ . مُعادٍ * خَصيم
Unfruitful غير مثْمِر . عَقيم
Unfurl نشَرَ . بسَطَ . فرَدَ * انفرَدَ
Ungainly غَليظ . سَمِج . أخْرَق . فظ
Unginned غَير محلوج
Ungodly عديم التَّقوى . طالح . كافِر
Ungovernable صَعْبُ المِراسِ
Ungraceful عديم الكياسة . سَمِج
Ungracious خَشِن الطِباع . فظّ
Ungrammatical مخالف لقواعد اللغة
Ungrateful ناكِر المعروف . كَنود
Ungrounded لا أساسَ له
Unguent دِهان . مَرْهَم
Unhallowed غيرُ مقدَّس . محرَّم . حَرام
Unhappiness تعاسَة . هَمٌّ . غَمٌّ
Unhappy تَعِس . مكتئِب . مَغْموم
Unharmed لم يصبه أذى . سالم
Unhealthy غير صِحّي . وَبيل
Unheard *of* لم يُسمع به
Unhesitatingly بلا تردد
Unhewn غير منحوت . خام
Unholy غير مقدَّس . دنِس
Unhook فكّ من الصنّارة * رفعَ الشنكل
Unhurt لم يصبه أذى . سَليم

Unicorn حيوان خُرافيّ * ثَوْر الوَحْش
Unified مُوحَّد
Uniform بذلة رسميَّة * على نَسَق واحِد
*متساوٍ . مُطَّرِد * ∆لون ساده
Uniformity مُماثلة . إطِّراد
Unify وَحَّدَ
Unimaginable لا يمكن تصوّره
Unimpaired لم يُصبهُ ضَرَر
Unimpeachable طاهِرُ الذَّيل . بَريء
. بلا عَيْب * لارَيب فيه
Unimportant قليل الأهميَّة . زَهيد
Unincumbered خالٍ من المحظوراتِ
Uninfluenced غير مؤثر عليه
Uninformed غير دَار بـ . يجهَلُ
Uninhabitable لا يَصلُح للسكنى
Uninhabited خالٍ من السُّكَّان
Unintelligible غير مفهوم . غامِض
Unintentional بغير تعمُّد . عفواً
Unintermitting مُستَمِرّ . مطَّرِد
Uninterrupted مُتَّصِل . متواصِل
Uninvited غير مدعوّ
Union إتحاد . وِئام * صِلة * وَحْدَة
Unionist إتحادي
Unionize وحَّدَ . ضَمَّ * قرَنَ
Unique وَحيد . أوحَد . فَريد
Unison إتحاد . أُلْفَة . إئتلاف
Unit فَرْد . واحِد * وَحْدَة * كَمّ
— of measure وَحْدَة المقاييس
Unitarian موحِّد . مُنكِر الثالوث

Unite وَحَّدَ . ضمّ * إتَّحَدَ
United متَّحِد . متضامّ * مُلتَئِم
Units آحاد . مرتبة الآحاد
Units' place خانة الآحاد (فى الحساب)
Unity وَحْدَة . وَحْدانيَّة * اتِّحاد
Universal عامّ . عمومي . شامِل
Universally بوَجْه العموم . طُرًّا . عموماً
Universe الكَوْن . العالَم . الخليقة
University «مدرسة» جامِعَة
Unjust غيرُ عادِل . ظالِم . جائِر
Unjustifiable لا يُبَرَّر . لا عُذرَ لهُ
Unjustified من غير وَجْه حَقّ
Unkempt أشعَث * خَشِن
Unkind, —ly عديم الشفقة . قاسٍ
Unknowingly بلا عِلم . على غِرَّة
Unknown غير معروف . مجهول
Unlamented غير مأسوف عليه
Uulawful غير شرعيّ . حرام
Unlearned غير متعلِّم . أمّي . جاهِل
Unleavened غير مختَمَر . فَطير
Unless ما لم . ان لم * إلاّ اذا * لو لم
Unlettered غير متعلِّم . أمّي . جاهِل
Unlike غير متشابه . مخالف . مغاير
Unlikely غيرُ مُحتَمَل . بعيد الوقوع
Unlimited غير محدود . مُطلَق
Unload أفرَغَ الوَسْق . أنزلَ الحِمْل
Unlock فتَحَ القُفْلَ * فضَّ * كَشَفَ
Unlooked-for غير منتظَر . فجائى
Unlovely قَبيح المنظر . بَشِع

Unluckily لسوء الحظّ . لسوء البخت
Unlucky تَعِيس * شُؤم . نَحْس
Unmanageable لا يُحكَم . صعب المراس
Unmanly عديم الشهامة . مخنَّث
Unmannerly فظّ . قليل الأدب
Unmarked غير مميز بعلامة
Unmarried أعزَب . غير متزوّج
Unmask كشفَ القناعَ . فضَح
Unmeasurable لا يُقاسُ . لاحَدَّ له
Unmerciful لا يَرْحَم . عَسوف . قاسٍ
Unmerited غيرُ مستأهِل أو مستحِقّ
Unmindful متغافِل . غير منتبه
Unmixed صِرْف . بحت . خالِص . غير مخلوط
Unmolested غير متكدّر . غير مغتاظ
Unmoved رابط الجأش * ثابت
Unnatural غير طبيعي . تصنُّعي
Unnavigable غير صالح للملاحة
Unnecessary غير لازمٍ أو ضروري
Unneighbourly عِدائي
Unnerve أضعفَ . أوهنَ . خلعَ القلب
Unnoticed, Unobserved غير ملتفَت اليه
Unnumbered غير مرقوم او معدود
Unobtainable لا يمكن الحصول عليه
Unoccupied شاغِر . فاضٍ . خالٍ
Unofficial غير رسمي
Unpack فكَّ الشيء المحزوم . فتحَ الصرَّ
Unpaid غير مدفوع * بدون أُجرة
Unpalatable غير شَهيّ أو لذيذ
Unparalleled ليس له مثيل أو نَظير

Unpardonable لا يُغتفَر
Unpaved غير ممهَّد
Unperceived غير منظور أو مُشاهَد
Unpleasant غير مرضٍ . مكدِّر . كريه
Unpolished غير مصقول
Unpolluted غير مدنَّس . طاهِر
Unpopular غير مقبول عند الجمهور
Unprecedented ليس له سابقة من نوعه
Unpremeditated بغير سبق اصرار
Unprepared غير مستعدّ . بغير استعداد
Unprincipled سافِل المبادىء والصفات
Unproductive غير مُثمِر . عَقيم . ناضِب
Unprofitable غير مُرْبِح . لا فائدة فيه
Unprolific غير مخصب . عقيم
Unpromising لا يُرجى منه
Unproved لم يَقُم عليه برهان
Unpunished بلا عِقاب
Unqualified عديم الأهليَّة
Unquenchable لا يُطفأ . لا يُخمَد
Unquestionable لا ريبَ فيه . أكيد
Unravel فكَّ . حلَّ . سلَّكَ * فسَّرَ
Unread أُمّي . جاهِل * غير مَقروء
Unready غير مستعِدّ
Unreal غير حقيق * تصوُّري
Unreasonable غير معقول
Unrecorded غير مدوَّن أو مسجَّل
Unrelenting لا يلين . عديم الرحمة
Unreliable لا يُعتَمَد عليه
Unremitting غير منقطِع . متوالٍ

Unreserved صَريح . مُخلِص
Unresisting غير مقاوم أو ممانِع
Unrest اضطِراب . قَلَق . هِياج
Unrestrained مُطلَق . فالت
Unrestricted غير مَحصور أو مقيَّد
Unrevenged غير مُثأر له
Unrewarded غير مُكافأ أو مجازَى
Unrighteous طالِح . شِرير . أثيم
Unripe غير ناضِج . فِجّ . نيء
Unrivalled لا مثيل له . منقطع النظير
Unroll نشَرَ . فرَد . بسَط . فَضّ
Unruled غير مُسَطَّر
Unruly عَنيد . شَديد الشكيمة . متمرِّد
Unsafe غير مأمون . خَطِر * غير أمين
Unsaid لم يُقال . لم يُذكَر
Unsalable بضاعة غير ممكن بيعها
Unsatisfactory غير مرْض
Unsavoury مسيخ . بلا لَذَّة أو طَعم
Unsay أنكَرَ . استردَّ كلامَه
Unscathed سالِم من العطب
Unscrupulous مستهتر * غير هيّاب
Unseasonable في غير وقتهِ أو أوانهِ
Unseconded بلا مُعِين
Unseemly غير لائِق . شائِن . مُعيب
Unseen غير منظور . مستور
Unsettled لم يُسَدَّد *مُقلْقَل *لم يُقَرَّر
Unshaken ثابت . لم يتزعزَع
Unsheathe جرَّدَ من الغِمْد . إستَلَّ
Unshod بلا نَعْل . حافٍ

Unsightly بَشِع . شنيع . قبيح المنظر
Unsigned غُفل من الامضاء . بلا توقيع
Unslaked غير مُطفأ . « جير » حَيّ
Unsold باقٍ بلا بَيْع . لم يُبَع
Unsolicited من تلقاءِ ذاتهِ . بلا طَلَب
Unsophisticated ساذِج . طبيعي
Unsought غيرُ مرغوبٍ فيه أو مطلوب
Unsound غير صَحيح . ركيك * فاسِد
Unsparing كريم * جَزيل * لا يَرْحَم
Unstaid, Unsteady غير ثابت . مُتقلِّب
Unstinted وافِر . جَزيل . فَيَّاض
Unsubdued غيرُ مُخْضَع أو مغلوب
Unsuccessful غير ناجح
Unsuitable غيرُ مناسب أو لائق أو موافق
Unsullied غيرُ مُنْثَلِم الصيت
Unsupported غير مُسْنَد أو مؤيَّد
Unsurmountable لا يُقْهَر
Unsurpassed لا يفوقه شيء
Untainted طاهِرُ الذيل * غير مُلَوَّث
Untaught غير مُتعلِّم . جاهِل . أُمّي
Untenable لايمكن الدفاع عنه أو تأييده
Unthought (*of*) لم يخطُر بالبال
Untidy عديم الترتيب . غير مرتب
Untie حَلَّ . فَكَّ * سَيَّبَ
Until الى أن . لغاية ما . حتى
Untilled غير مفلوح أو محروث أو مزروع
Untimely في غير وقته أو أوانهِ
Untiring لا يكِل ولا يمِلّ
Unto نحو . الى . حتى . عند

Untold لا يُعَبَّر عنه
Untoward مُتمرِّد * شُؤْم . نحْس * كاسِد
Untrue غير حقيق . كذِب
Unusual غير عادِيّ أو اعتيادي . شاذّ
Unutterable لا يُنطَق به . لا يُقال
Unvaried لا يتغيَّر . ثابت
Unveil كَشَفَ القناعَ . فَضَح
Unwarily بتَهَوُّرٍ * باهمال . باستهتار
Unwarp عَدَلَ * انصفَ بين
Unwarrantable غير جائز . لا يُبَرَّر
Unwavering لا يتردد . ثابت
Unwelcome غير مُرَحَّب بهِ . مرفوض
Unwell منحَرِف المزاج . متوعِّك
Unwholesome وَبِيل . غير صِحّي
Unwieldy صعب المأخذ * ضَخْم * مُرْبِك
Unwilling ممتَنِع . رافِض
Unwillingly بغير ارادة . كُرْهاً
Unwise غير بصير . أحمق . غبي
Unwished (*for*) غيرُ مَرغوب فيه
Unwittingly سَهواً . بلا تيقُّظ
Unwomanly لا يليقُ بامرأةٍ
Unwonted غير عادِي * غير معتاد
Unworthy غير لائق * غير مُستأهل
Unwrap فَتَحَ . فَضَّ . نَشَرَ
Unwritten غير مكتوب . نَقْلي
Unwrought غير مشغول . خام
Up فوق . الى فوق * مستَيْقِظ
— ! قُمْ . إنْهَض !
— and down هنا وهناك
— the river في أعالي النهر
— to لغاية كذا * كفؤ لكذا * على وشك
— to date لحدّ هذا التاريخ
it is all — قُضيَ الأمر
Upbraid وبَّخ . عنَّفَ . عَيَّر
Upbringing تربية
Upcountry داخلية البلاد
Upgrowth تزايُد . نمُوّ . ارتقاء
Upheaval ارتفاع * فورة * جيَشان
Uphill شاقٌ . عَسِير * صاعد . لأعلى
Uphold أيَّدَ . سَنَد . عَضَّدَ
Upholster نَجَّدَ . بسطَ بالمفروشات
Upholsterer مُنَجِّد افرنكي
Upland نَجْد . صَعيد . نشْز * مرتفع الموقع
Uplift رفَعَ . عَلَّى * أنْهَض
Upon فوق * على * عند . حين
Upper فوقاني . علويّ . أعلى
Upperhand السلطة العليا . سيادة
Uppermost الأعلى . الأرْفع . الأسمى
Upraise رَفَعَ . عَلَّى * ثار
Upright منتصب . قائم . مُستقيم * عادل
Uproar ضَجيج . ضَوْضاء . جَلَبَة
Uproot اقتَلَعَ . جَثَّ . استأصَلَ
Upset انقلبَ * قَلَبَ . أوقَع * شَوَّشَ
Upshot نتيجة . حاصِل
Upside-down △ فوقانى تحتانى
Upstairs فوق . فى الطابق العلوي
Upstart مُحْدَث نِعمة . مِقْمل
Upstart إنتصَبَ فَجأةً

Upstream ضِدّ التيَّار
Upward, —s الى فوق . لأعلى ✻ فصاعداً
—s of أزيَد عن . أكثر من
Uraemia تسمم دموي بوْلي
Urban مَدَنيّ . حَضَرِيّ
Urbane ظَرِيف . لَطيف . مُهَذَّب
Urbanity لُطْف . دَماثة . رِقَّة
Urchin قُنْفُذ . توتيا ✻ صَبيّ صغير
Urea يوريا . بولينا
Urethra مجرى البول . القناة البولية
Urge دافعٌ ‖ حَثَّ . استَحَثَّ ✻ حَرَّض
Urgency إلحاح . لَجاجَة ✻ إضطِرار ✻ عَجَلة
Urgent هامٌ . ضَروريّ ✻ مستَعْجِل
Urinal مِبْوَلَة
Urinary بَوْليٌ . مختصّ بالبول
Urinate بالَ . شَخَّ
Urine بَولٌ
Urn قارُورة . قُمْقُم ✻ وِعاء كبير لغلى الشاى وخلافه ✻ وعاء لحفظ رماد الموتى
Ursine دُبّي
Us . . . نا . ضَمير المتكلّمين
Usable يُسْتَعْمَل . يمكن استعماله
Usage استِعمال ✻ عادَة ✻ عُرْف
— of trade عرف تجاري
Use استِعمالٌ ✻ فائدة ✻ عادَة ‖ استعمَلَ
— up استَنْفَدَ . أفْنى ✻ أنهَكَ
in — مُسْتَعْمَل
of — نافِع . مُفيد
out of — بَطُلَ استعمالُه
to make — of استعمَلَ
Used متعوِّد ✻ مستعمَل ✻ معمول به
Useful نافِع . مفيد
Useless عَبَث . بلا فائِدة . باطل
Usher حاجِبٌ ✻ مساعِد المعلّم ‖ أدخَلَ
Usual اعتياديٌ . دارج . مألوف
Usually عادة . اعتيادياً
Usurer مُراب . △ فايظجي
Usurious رِبَوي . متعلّق بالربا
Usurp اغتصَبَ «السيادة أو السُلطَة»
Usurpation اغتصاب «السلطة أو المنصب»
Usury الرِّبا . رِباً . مُراباة
Utensil أداة . آلة ✻ إناء . وِعاء
Utility انتَفَعَ «بكذا» . استعملَ . حَوَّلَ للنَفْع
Utilize نَفْع . مَنْفَعَة . فائِدة
Utmost أقصَى . غاية . مُعْظَم
Utter كُلّيٌ . مُطْلَق
Utter تَفَوَّهَ . نَطَقَ
— false money رَوَّجَ نقوداً زائِفة
Utterable يُلْفَظ ✻ يُقال
Utterance, Uttering نُطْق . تَفَوُّه ✻ تَرْويج
Utterly كُلْيَّةً . بالكلّيّة . تماماً
Uttermost الأقصى . الأبعد ✻ مُنتهى
Uvula لَهاة الحلْق (فى التشريح)
Uvular مختص باللهاة . لَهَوِي

V

Vacancy خُلُوٌّ . فَراغ * وَظِيفَة خالية
Vacant خالٍ . فارغ . شاغر * لاوارث له
Vacate أخْلَى . أفْرَغَ * أبْطَل
Vacation فَراغ . خُلوّ * إخلاء * عُطْلَة
Vaccinate طَعَّمَ بمادّة الجُدَري او غيره
Vaccination تطعيم . تلقيح للتحصُّن
Vaccine طُعم . مادّة تلقيح . لقاح
Vacillate تذَبذَبَ * تمايَل . ترنَّح
Vacillation تراوُح . تردُّد . ذَبذَبة . تأرجح
Vacuity فَراغ . خُلوّ . خواء
Vacuum فَراغ . خواء . خُلوٌّ من اى مادة * شاكم القطار . ٥ باكوم
— cleaner مكْنَسة شَفّاطة كهربيّة ←
Vagabond مُتشرِّد . عَيّار . افّاق ‖ تشَرَّدَ
Vagabondage, Vagrancy تشرُّد * تهويم
Vagary وَهْم . تَخَيُّل
Vagrant مُتَشَرِّد . عائر * ضالّ
Vague غامِض . مُلْتَبَس
Vagueness غموض . ابهام
Vain باطِل . عَبَث * مختال . مغرور
in — سُدًى . باطلاً . عَبَثاً
Vainglory غُرور . عُجْب . خُيَلاء
Vainly عَبثاً . سُدًى * بِعُجْبٍ
Vale وادٍ . وَهْدَة * توديع
Valediction وداع . توديع
Valet خادِم خُصُوصي . وَصيف . تابع

Valiant شُجاع . بَطَل . صِنديد
Valid شَرْعِيّ . قانونيّ . صحيح
Validate أثبَتَ شَرعيًّا * سادَ قَ رسمياً
Validity صِحَّة . قانونيَّة . شَرعيَّة
Valise حَقيبة . △ شَنْطَة
Valley وادٍ
Valorous باسِل . جَرِيء . جَسُور
Valour جَراءة . شَجاعة . بأس
Valuable ثَمين . نَفيس . ذُو قيمة
Valuables نفائس . أشياء ذات قيمة
Valuation تَثْمِين . تَسعير . تقدير القيمة
Value ثَمَن . قيمة * أهميَّة
Value اعتَبَرَ * ثَمَّنَ
Valuer مُثَمِّنٌ . مُسَعِّر . مُقَيِّم
Valve صِمام * مِصراع « الباب »
wireless — صمام اللاسلكي ←
Valvular صماميّ . له صمام * مصراعى
Vampire الوَطواط المصَّاص * مُبْتَزّ
Van طليعة . مقدمة * عَرَبة كبيرة لنقل البضائع * △ سِبِنْسَة القِطار * مِذراة الحنطة
Vandalism تخريبُ الآثار القديمة
Vane دوَّارَة الهواء . دَليل اتجاه الريح ←
Vanguard طَليعة الجيش . المقدّمَة
Vanish زالَ . تلاشَى . اختَفَى
Vanity غُرور . زَهْو . خُيَلاء * باطِل
Vanquish قَهَرَ . تغلَّبَ على

Vapid مَسيخ ∆ ماسِخ . تافِه . ∆ بايخ
Vaporize بخَّرَ . صَعَّدَ ٭ تبخَّرَ
Vapour, Vapor بُخار ٭ بُخاريّ
Vapours أبخِرَة . تصاعدات ٭ جُنون . هَياج
Vapoury بُخارى ٭ وَهْمِيّ ٭ شَكِس
Variability قابليَّة التغيُّر والتبدُّل
Variable متغيِّر . مُتبدِّل
Variance مغايَرة . تبايُن . اختلاف
at — في نزاع . بينهم خِلاف
Variant مغاير . مختلِف . متباين
Variation اختلاف ٭ فَرْق ٭ تغيير
Varied مُختلِف . مُتنوِّع
Variegate رَقَّشَ . لوَّنَ . دَبَّجَ ٭ نوَّع
Variegation رَقْش . تدْبيج ٭ تلوُّن
Variety نَوْع . صِنْف ٭ تنوُّع . تغيير
Various متنوِّع . متعدِّد الأشكال
Varlet وَغْد . لَئيم ٭ وصيف
Varnish ○ورْنيش . برنيق . طِلاء ‖ لَمَّعَ
Vary نَوَّعَ . بَدَّلَ ٭ اختلَفَ
Vascular وِعائي ٭ مختص بالأوعية
Vase ← أصِيص ٭ زهرية
Vaseline ○ فازلين
Vassal مُزارِع إقطاعي . مُقطع ٭ رِقّ
Vast مُتَّسِع . فَسيح ٭ عَديد ٭ عَظيم
Vat جرَّة كبيرة . خابِية . دَنّ
Vault قَبْو . عَقْد ٭ سِرْداب ٭ لحد
٭ نطة . قفزة ‖ عَقَدَ . قبا ٭ نطّ
Vaulted مَقْبُوّ . مَعْقُود (للبناء)
Vaunt تبَجَّحَ . فاخَر ٭ ازدَهى

Veal لحمُ العِجْلِ ∆ لحم عَجَّالى اوكندوس
Veer أدارَ ٭ دارَ ٭ أمالَ ٭ مالَ
Vegetable نَبات ٭ خضار ٭ نباتيّ
— marrow كُوسَى
— mould سَماد نباتي
Vegetal نباتيّ . مختصّ بالمملكة النباتيّة
Vegetarian يعيش على الأطعمة النباتية . نباتي
Vegetate نَبَتَ . فَرَّخَ ٭ عاش خاملاً
Vegetation نبات . خَضار ٭ نَبْت . نمو
Vehemence حُمَيّا . حِدَّة . سَوْرَة
Vehement حام . حادّ . مُتَوَقِّد . عَنيف
Vehicle مركَبة . عَرَبة
Veil حِجابٌ . ستر ٭ بُرْقُع ‖ برقعَ ٭ حجب
to take the — تَرهَّبَت . صارت راهِبَة
Vein عِرْقٌ . وَرِيد ‖ عَرَّقَ . جَزَّعَ
Veined, Veiny معرَّق . كثير العروق
Vellum رِقّ الكتابة . قضيم
Velocity سُرْعَة . سُرْعَة السَّيْر
Velvet مُخْمَل . قَطيفة ٭ مخمليّ
Velvety مِثل القطيفة . مُخْمَليّ ٭ ناعِم
Venal يُنالُ بالمال . يُشترَى ٭ وريدى
Venality الطمع فى الكَسْب ٭ إرتشاء
Vend باعَ (للبضائع والسلع) ٭ أشهَرَ
Vendor بائِع
Veneer قِشْرَة خشبية ٭ تمويه ‖ كَسَى بها
Venerable محترَم . موقَّر . مكرَّم
Venerate احترَمَ . وَقَّرَ . كَرَّمَ
Veneration احترام . اكرام
Venereal مختصّ باعضاء التناسُل . تناسلى

Venetian مختصٌ بمدينة البُنْدُقيّة
— blind شبّاك حصيرة
Vengeance انتقام . أخذُ الثأرِ
Vengeful منتقِم ✿ حقود
Venial عَرَضِيّ . بسيط ✿ يُغتفَر
Venice مدينة البُنْدُقيَّة ○ فنيسيا
Venison لحمُ الصَّيدِ ✿ لحم الغزال
Venom سُمٌّ . قَشَب ✿ غِلٌّ . حِقْد
Venomous سام ✿ مُغِلّ . ضَغِن
Venous وريدى . مختص بالأوردة
Vent مَنْفَذ . مَنْفَث ✿ إظهار
Vent نفَّسَ ✿ فجرَ . بجّس ✿ صرّف . △ فشّ
— his wrath صَبَّ نقمته . △ فشَّ غِلَّهُ
Ventilate هَوَّى . جَدَّدَ الهواء
Ventilation تهوية . تجديد الهواء ✿ تذرية
Ventilator مِرْوَحة (كهربية) . مِهْواة
Ventral بَطْنِيّ (عكس ظَهريّ)
Ventriloquism التكلم البطني . مقمقة
Ventriloquist مُتكلِّم من بطنه . مُقامق
Venture إجتراء . مجازَفة ‖ اجْترأ . غامرَ
Venturous جَرِيء . مقحام . مخاطِر
Venus الزُّهْرَة ✿ الاهة الجمال . ○ فينيس
Veracious صادِق . صحيح النبأ
Veracity صِدْق . صِحَّة . حقيقة
Veranda شُرْفَة واسعة . فيرانده
Verb فعل . الفعل ✿ الكلمة (فلسفة)
active — فِعْل معلوم
intransitive — فعل لازم
passive — فعل مَجهول
transitive — فعل متَعدٍّ . فعل واقع
Verbal شَفَهِيّ . لَفْظِيّ . شفوي ✿ فعليّ
Verbally شَفَهِيًّا . بالفَم
Verbosity هُراء . كلام فارغ . لغو
Verdancy خُضْرَة . اخضِرار
Verdant أخضَر . خَضِر . مُخضر ✿ ساذج
Verdict حُكْم ✿ قرار . فَتْوَى
Verdigris صَداء النُّحاس . زِنجار
Verdure خُضْرَة . اخضرار . نضْرَة
Verge حافَّة . شَفير ✿ القضيب
Verge مالَ . انحرفَ ✿ قارَبَ
Verification تحقيقٌ . تثبُّت ✿ ميزان
Verify راجَعَ . فَحَص ✿ حَقَّق
Verily حَقاً . حَقيقة . صِدْقاً
Veritable أصلي . حَقيق . صَحيح
Verity حقيقة . صحَّة . صِدْق
Vermicelli △ شِعْريَّة الأكل . أطرية
Vermicide قاتل الدود
Vermicular دودي . كالدود
Vermifuge دواء طارد للديدان
Vermilion زَنْجُفْر . سيلقون ✿ لون قِرمِزي
Vermin ديدان . هَوام . حَشَرات
Verminate دوَّدَ . وَلَّدَ دُوْداً
Vernacular وَطني ✿ لُغة الوَطن ✿ دارج
Vernal رَبيعيّ . مختصّ بالربيع ✿ شبابيّ
Versatile يُدار ✿ دوَّار ✿ متقلِّب
Verse بيت شِعْر ✿ عَدَد . سفر
Versed بارع . مُتضلِّع . مُحَنَّك

Versicolour متعدّد الألوان . ملوَّن
Versification نَظْمُ الشِّعْر
Versify نظَمَ « شِعْراً »
Version تَرْجمة . نَقْل . رواية ✿ تحويل
Verso الصفحة اليسرى ✿ ظهر العملة
Vertebra فِقارَة . خَرزَة الظهْر
Vertebræ (Vertebra جمع) فِقارٌ
Vertebral فِقْريّ . فقارِيّ
— column العمود الفِقْرِي . صُلب
Vertebrate فِقْرِي.من ذوي الفِقْرات
Vertex قِمَّة. رأس. هامة ✿سَمْت الرأس
Vertical عَمُوديٌّ . قائم . رأسِيّ
Vertically عموديًّا . رأسيًّا
Vertiginous دُواريّ . مدوخ
Vertigo دُوار △ دَوْخَة
Verve حَماس . تحمُّس . حمِيَّة
Very جداً . للغاية ✿ محقَّق ✿ ذَاتَ . عين
Vesical مثانيّ
Vesper كَوكَبُ المساء ✿ مَسائيّ
Vespers صَلاةُ المساء . صلاة الغُروب
Vessel وِعاءٌ . إناء ✿مَركَب . سَفينة
Vest صُدْرِيّة △ صديرى ‖ خَوَّلَ
Vestal طاهِر . عُذْرى ✿ راهِبة
Vested ثابِت. مقرَّر ✿مكتَسَب✿لابِس
Vestibule رِواق . دِهْليز . مدخل البيت
Vestige أثَر قَدَم ✿ أثَر . شيء بائد
Vestment ثَوْب . رِداء . حُلَّة . خلعة
Vesture رِداء . وُشاح . حُلَّة
Veteran مُتدَرِّب . متمرِّن . مُحَنَّك
Veterinary بَيْطَرِيّ
— surgeon طبيب بيطري . بيطار
Veto حَق الرفض والاعتراض
Vex غاظَ . كَدَّرَ . أغضَبَ
Vexation إغاظة . إغضاب
Vexatious كَيدِي . مُغيظ . مُكَدِّر
Vexed مُغتاظ . متكدِّر ✿ عليه نزاع
Via عَن طريق . بطريق
Viaduct جِسْر . قَنطَرَة مُرتفِعة
Vial قارورة . قنّينة
Viands لحوم ✿ مأكولات . قُوت
Vibrant مُهْتَزٌّ . مُرتَجّ . مُتَخَطِّر
Vibrate هزَّ . إهْتَزَّ . ارتَجَّ ✿ خَطَرَ
Vibration إهتزاز ✿خَطَران.تذبذُب✿نَز
Vicar قسّيس . خورى ✿ نائب
Vice △ مَنْجَلة ✿ رَذيلة . عَيب ✿ نائب
Vice-admiral وكيل أمير البحر . فريق بحري
Vice-consul نائب قُنْصُل . وكيل قنصل
Vice-president نائب رئيس
Viceroy وَالٍ . نائِب المَلِك
Vice-versa والعكسُ بالعكسِ
Vicinage, Vicinity قُرْب . جِوار
Vicious مُعاب ✿ فاسِد ✿ شِرّير
Vicissitude دَوَران . تقلُّب . تغيُّر
—s of time صروف الدهر . تقلبات الزمن
Victim ضَحِيَّة. فريسة ✿مضرور. مجنيّ عليه
Victimize ضَحَّى ✿ غَدَرَ بِـ
Victor ظافِر . غالِب . مُنْتَصِر
Victorious ظافِر . مُنْتَصِر ✿ ظَفري

Victory ظَفَر . غَلَبَة . نَصْر . فَوْز
Victual زادٌ ‖ زَوَّدَ . مَوَّنَ
Victuals مأكولات . أطعِمَة
Vide انظرْ . راجعْ « كذا »
Vie بارَى . ناظرَ . سابَقَ . نافسَ
View مَنْظَر . مَشْهد ٭ رَأي ٭ مُطَلّ ٭ غرَض ‖ عايَنَ . شاهدَ ٭فحص
in — of نظراً إلى . بالنظر الى
with a — to بقصد أن
Vigil سُهاد ٭ سَهَر ٭ لَيْلة العيد
Vigilance تيقُّظ . سَهَر . حَذَر
Vigilant متيقِّظ . ساهِر ٭ منتَبِه
Vigorous ضليع . قَوِيّ . شَديد
Vigorously بقوَّةٍ . بشدَّة ٭ بهِمَّة
Vigour عافِية . شِدَّة ٭ هِمَّة . نشاط
Vile دَنِيء . سافِل . رذيل
Vileness دَناءة . سَفالة . خِسَّة
Vilify وَشَى . افترَى على ٭ سَبَّ
Villa ٥ ڤيلا . طَرَز . بيت منفرد في حديقة
Village قَرْية . ضَيْعَة ٭ قَرَوِيّ
Villager قرَويٌّ . ساكِن في ضَيْعَة
Villain نَذْل . وَغْد
Villainous دَنِيء . رَذيل . شِرِّير
Villainy دَناءة . سَفالة ٭ دَعارَة
Vincible ممكِن قهرُهُ . يُغلب
Vindicate بَرّأَ . بَرَّرَ ٭زَكَّى ٭حَقَّق
Vindication تَبْرير . تزكِيَة ٭ مدافعة
Vindictive حَقود . طالِب الانتقام ٭انتقامي
Vine كَرْم العنب . كَرْمَة . داليَة
Vinegar خَلٌّ ٭ حِمْض
Vineyard كَرْم . مَزْرَعة عِنَب
Vintage غَلَّة الكَرْمَة ٭ خمر السنة
Vintner تاجر خمور
Viny كَرْمي . مختصّ بالكروم أو قِطافها
Violable ممكِن نقضُهُ أو اغتصابه
Violate نَقَضَ ٭ اغتصَبَ ٭انتهك الحرْمَة
Violation اغتصاب ٭ نَقْض ٭ تَعَدّ
Violence عُنْف . قَسْوَة ٭ شِدَّة
robbery with — سرقة باكراه
Violent عَنيف . قاسٍ . شَديد . حادّ
Violet زهرة أو نبات البنفسَج ٭ بنفسَجيّ
Violin كَمَنْجَة . كمان
Violinist عازف الكمان ∆ كمنجاتي
Viper أفعى « سامَّة » . حَنَش
Virago امرأة سليطة . لحلة
Virgin بِكْر . عَذراء ٭عُذْري
Virginal بتوليّ . عُذْرِيّ
Virginity بكارَة . بكوريَّة . عُذرَة
Virile رجوليّ . مستكمل صفات الرجولية
Virility رجوليَّة ٭ قوة التذكير ٭ شجاعة
Virtual مؤثِّر . فعّال٭حقيقي٭جوهري
Virtually فعلاً . في الواقع . حقيقة ٭جوهرياً
Virtue فَضيلة ٭ تأثير ٭ خاصيَّة ٭ فاعلية
by *or* in — of بموجب
Virtuous صالِح . بار . عَفيف
Virulence تسَمّم ٭ غِل . حِقْد
Virulent سَامّ ٭ مُغِل ٭ مؤذٍ
Visa تأشيرة على جواز سفر

Visage وَجْه . سيماء . مُحيًّا . طَلْعَة
Viscera أحشاء . أمعاء ✻ مِعْلاق
Viscid لَزِج . دَبِق . غَرَوِيّ
Viscidity لزوجة . غَرَوِيَّة . تدَبُّق
Viscount ڤيكونت (أعلى من بارون)
Viscous لَزِج . غَرَوِيّ . دَبِق
Vise, Vice مِشْجَلة . ملزمة . مشدّ لَوْلَبِيّ . قطة
Visibility إمكانيَّة المشاهدة او الرؤية . ظهور . بيان
Visible منظور . ظاهِر
Visibly بظهور . عياناً
Vision خَيال ✻ مَنْظَر
Visionary بصري . نظري ✻ تخيُّلي . وَهْمِيّ
Visit زيارَة . افتِقاد . عِيادة ‖ زارَ
to pay a — زارَ . عادَ
Visitant زائِر ✻ طير قاطع
Visitation زيارة . تفقُّد . مُعاينة ✻ افتقاد الهي
Visitor زائر . عائِد . ضَيْف
Visual بصَرِيّ . نظَرِي ✻ منظور
Vital حَيَوِيّ ✻ جَوْهَرِي ✻ مُحْيِي
Vitality حَيَوِيَّة ✻ القوَّة الحيويَّة ✻ حياة
Vitals الأعضاء الحيويَّة أو الرئيسيَّة
Vitiate أفْسَدَ . أتلَفَ . عَطَّل
Vitiation إفسادٌ . إتلاف
Vitreous زُجاجِيّ
Vitrify △ قزَّزَ . صيَّره زجاجاً . تحوَّل لزجاج
Vitriol شَبٌّ يماني . زَاجٌ
Vituperate عَابَ . قدحَ في

Vivacious نَشيط . رَشيق . خَفيف
Vivacity نَشاطٌ . خِفَّة . مَرَح
Vivid زَاهٍ . بَهِيّ ✻ نَشيط
Vivify أحيا . أنعشَ . نَشَّط
Vivisection تشريح حيوان حَيّ للعلم
Vixen إمرأة سيِّئة الخُلُق ✻ ثعلبة
Viz أعْنِي . ومعناهُ . أي
Vocable لفظة خنفشاريَّة «بلامعنى» ✻ كلمة
Vocabulary قاموسٌ . مجموعة كلمات
Vocal صَوْتِيّ ✻ له صَوْت ✻ مَلْفوظ
Vocalize صَوَّتَ . لفظَ بصَوتٍ ✻ غَنَّى
Vocation حِرْفة ✻ دَعْوَة «لغرض ديني»
Vocative نِدائِيّ ✻ صيغةُ المنادى
Vociferate هتَفَ . صاحَ ✻ شدَّدَ الصوْت
Vociferation صياح . صُراخ . عَجيج
Vociferous هاتِف . عَجَّاج . صيَّاح
Vogue زِيٌّ شائِع . مألوف
Voice صَوْت ✻ صيغةُ الفِعل
active — صيغةُ المعلومِ (في الفعل)
passive — صيغة المجهول (في الفعل)
Voiceless عَديم الصوت . صامِت
Void فراغ . فضاء ✻ خالٍ ✻ لاغٍ ‖ أفْرَغَ
make — أبطَلَ . ألغَى
Volatile طيَّار . متبخِّر ✻ فَرَّار
Volatility قابليَّة الطيران أو التبخُّر
Volatilize صَعَّدَ . بخَّرَ
Volcanic بُركانِيٌّ . ناريٌّ
Volcano بركان . جَبَل نار

Volition ارادة . مشيئة . اختيار . خيار
Volley خُروج الطلقات الناريَّة معاً
Volt ٥ وَلْط . وحدة القوة الكهربية
Voltage ڤلطية . قوة التيار الكهربي
Voltaism كهربية كيميَّة
Volubility ذَلاقةُ اللسانِ أو طلاقته
Voluble سَريع الحركة ٭ طلق اللسان
Volume جِرْم . حَجْم ٭كتاب . مُجلَّد
Voluminous عَظيمُ الجِرْم . ضَخم
Voluntarily اختياراً . طَوعاً
Voluntary اختياريٌّ . طوْعي . إرادي
Volunteer متَطَوِّعٌ ‖ تطَوَّعَ
Voluptuary شَهوانيٌّ . شَبِق
Voluptuous شَهوانيٌّ ٭متَنَعِّم . مترف
Volute ملتفٌّ . حلزوني . لَوْلَبي
Vomit قيءٌ ٭ مقيء ‖ تقيَّأ . استفرَغَ
Voracious نَهِم . شَرِه . أكُول
Voracity نَهَم . شَراهة
Vortex دُرْدُور . إعصار ٭دوّامة △ شيمية
Votary مَنْذور . نَذير ٭ منقطع لـ
Vote صَوْت (فى انتخاب) . رأي
Vote أعطَى صَوتاً . صوَّت
Voter ناخِب . مصوِّت . صاحِب صَوْت . مُنْتَخِب
Votive مَنْذور ٭ نذْريّ
Vouch استشهدَ ٭ شَهِدَ ٭ قرَّرَ . صرَّحَ . صادق على ٭ كفِلَ ٭عضَّدَ
Voucher مُقرِّر ٭مستَنَد . رُجْعَة .ورقة
Vouchsafe وَهَبَ . مَنَحَ ٭ تعطَّف

Vow نَذْرٌ ‖أعطى عَهْداً ٭ نذَرَ
Vowel حرْفُ عِلَّةٍ ٭شَكْلَة. حَرَكَة
Voyage سفَرٌ. رِحلة بحرية ‖ سَافرَ
Voyager مسافِر
Vulgar عامي . سوقي ٭سَافِل ٭مُبتَذَل
— fractions الكسور الاعتياديَّة
Vulgarism اصطلاح عامي . لغة سوقية
Vulgarity دَناءة . فظاظة . غَلاظة
Vulnerable قابل الطعن أو النقْد او الانجراح ٭ يُقتَحَم
Vulpine ثعلبي . كالثعلب ٭ مكَّار
Vulture نَسْر. رخَمَة ←
Vying مُبارٍ . مُنافِس ٭ مُباراة . منافسة

W

Wabble ترقَّصَ . تمايَلَ △ حَدَلَ . حرْجَلَ
Wad حَشوَة ٭△ بَشُورَة البندُقيَّة
Wad حَشَى
Waddle تهادَى . دَرَجَ . دَلَفَ
Wade خاضَ ٭ خَوَّضَ 
Wafer ← رُقاقَة . △ بُرشامَة
Waft هَبَّة ريح ٭ مَوْجة
Waft طَفا ٭ طَيَّرَ
Wafter مَركَب للعبُور △ معدِيَّة
Wag ماجِنٌ . مِهْذار ‖ هَزَّ . رَعَّص
Wage أجرٌ. اجْرَة
Wage خاطَرَ ٭ اشتَبَك فى حَرْب

Wager رِهانٌ ٭ مُراهَنه ‖ راهَنَ
to lay a — راهَنَ
Wages أجْرَة . كِراءٌ . جَعالة ٭ راتب
Waggish مازِح . ماجِن
Wagon عَرَبة
نَقل البضائع
Wagtail ← أبو فصَادَة
Waif لَقِيَّة ∆ لُقطة ٭ ضَالٌ . متشرِّد
Wail نَواحٌ . عَويل ‖ ناحَ . ولوَلَ
Waist خَصْر . وَسط ٭ ∆ صديري
Waistband حِزام
. زنّار . مِنطَقة
Waistcoat ← صُدْرِيَّة
. صُدرة ∆ صديري
Wait انتظارٌ ‖ انتظَرَ
. صَبَر ٭ خَدَم
— at table خَدَمَ على المائدة
— for انتظَرَ . ترقّبَ
— on خَدَمَ
to lie in — كَمَنَ . ترصَّد
Waiter نادِل . ∆ سُفْرَجي ٭ طَبَق
Waiting-room غرفة الانتظار ∆ استراحة
Waive تنازَلَ عن . فاتَ . تخلَّى عن
Wake اثَر . جُرَّة ٭ سهَر ٭ يقظة
Wake ايقَظَ . أصحَى ٭ استيقَظَ . انتَبَه
Wakeful ساهِر . مستيقظ . منتبه
Waken ايقَظَ ٭ استيقظ . استفاقَ
Walk مَشْيٌ ٭ مَمْشَى ٭ تنَزُّه ‖ مَشَى
— down نزلَ
— in دَخَلَ
— out خَرَجَ
— over انتصارٌ سهل
— up طلعَ
to take a — تمشى . تفسَّحَ
Walker ماشٍ ٭ مَشّاء
Walking-stick عَصاً ∆ عَصَاية
Wall حائط . جدار
Wall سَوَّرَ . حوَّط
Wallet جِرابٌ . مِزْوَد
٭ محفظة الجيب ←
Wallflower زَهْر الحائط . المَنْثور
Wallow تَمرَّغَ ٭ غاصَ . انغَمَسَ
Wallpaper وَرَق الجدران
Walnut الجوز (شجرهُ أو ثمره)
Walrus بقرة او فيل البحرِ (حيوان بحري)
Waltz ڤالس . رقصة الڤالس
Wamble جاشَتْ نفسُهُ . ارتفعت معدته
Wan شاحِب او مُمْتَقِع « اللون »
Wand صَوْلجان ٭ عَصا الساحِر
Wander تاهَ . ضَلَّ . هَامَ ٭ جالَ
— from ابتعدَ عن ٭ ضَلَّ عن
Wanderer تائه ٭ هائم على وجهه ٭ جوّال
Wane تضاؤُلٌ ‖ تناقَصَ . تضاءلَ ٭ تمحَّق
— of the moon مُحاقُ القمَر
Wanly بتضاؤلٍ . بتناقُص ٭ بشحوب
Want حاجَة . عَوَز . قِلَّة ٭ ضرورة
Want احتاجَ . عازَ . نقصهُ كذا ٭ أرادَ

Wanting ناقص * مفقود. غائب * ينقصه كذا

Wanton خليع. فاجر. لعوب * بَطِر

Wantonly بخلاعة * ببطر * لهواً

Wantonness خَلاعَة. فُجور

* لهو * بَطَر

War حَرْبٌ. قِتال || حارَبَ. قاتَلَ

at — في حالة حَرْب

Warble تغريدٌ || غَرَّدَ. غَنَّى. شَدا

Warbler مُغرِّد * هازجة. عصفور مغني

Ward غُرفة او جناح من مستشفى * غُرْفة

سِجن * حِراسة * تحت الوصاية * حارِس

Ward يذود عن * حَرَسَ * اتقى ضربة

to — off ردّ او دفع عنه

Warden مراقِب. قيِّم. حارِس. مُحافِظ

Warder سَجَّان * خفير * ديدبان

Wardrobe خِزانة أو صِوان الملابس

Warehouse مخزنٌ. مستودع || خَزَنَ

Wares بضائعُ. سِلَع

small — △ خُردَوات

Warfare قِتال. حَرْب * خدمة عسكرية

Warily بانتباه. بتحفُّظ. بِحَذَر

Wariness حَذَرٌ. تحوُّط. حِرْص

Warlike حَرْبيّ. عَسكَري * شُجاع

Warm حارٌ. سُخْن. دافئ * غَيور

Warm سَخَّنَ. أحْمَى * دَفَّأَ * سَخُنَ

Warmly بحرارة. بحُمُوّ * بحماسة

Warmth حَرارةٌ. سُخونة

Warn حَذَّرَ. نَبَّه * انذَرَ

Warning تحذيرٌ * انذار

Warp سَداةُ النسيج || عَوَجَ. مَيَّلَ * التوى

Warrant تفويض. أمر * رُخْصة * كفالة

|| كَفَلَ * فَوَّضَ الى * رَخَّصَ * بَرَّرَ

Warrantable جائز. مُباح. حَلال

Warrior مُحارِبٌ. جُنْديٌّ * بَطَل

Warship سَفينة حَربيَّة

Wart ثُؤْلول △ سَنْطَة. زائدة جلدية

Wary حَذِرٌ. حَريص. مُتَحَوِّط

Wase حَوِيَّة △ حَوايَة

Wash غَسْل. غَسْلة * غُسالة * غَسُول * طَمْي

Wash غَسَلَ * غَمَرَ * طَلَى

— away جَرَفَ. اكتَسَح

Wash-balls صابونة. قطعة صابون

Washer غَسَّال الملابس

→ * △ وَرْدَة △ جِلبة

Washerwoman غَسَّالَة

Wash-house مِغسل. مكان الغَسْل

Washing-basin اجانة. طشت الغَسيل

Washing machine آلة الغَسْل. غَسَّالة

Washstand مَغْسَلَة △ لُغمانو

Wasp دَبُّور. زُنْبور

Waspish شَكِس. نَزِق. نَكِد

Waste أرض بُور. غير مزروعة * قَفْر

. ماحل * إسراف * خَراب * نُفاية

. فَضَلات * بائر || بدَّدَ. أسرفَ في

. أضاعَ * بوَّر الأرض * ضاعَ. تَلِفَ

— cotton △ قُطن سكارتو

— paper basket سَلّة المهملات

— steam البخار العادم

Wasteful مُبَذِّر . مبدِّد . مِضْياع
Watch ساعة الجيب * سَهَر * مراقبة * هَزِيع * حِراسة * حارِسٌ || سَهِرَ «على» . راقَبَ * ترقَّبَ * حَرَسَ
Watchful ساهِر . مُتيقِّظ . منتبه
Watchmaker ساعاتي
Watchman عَسَّاس . حارِس ∆ خَفير
Watchword كلمة السِّرّ . شِعار
Water ماءٌ * مائِي || سَقَى . رَوَى
— cure العِلاجُ بالماء
— gauge مقياس ماء المراجل
— level منسوب الماء
— line خط العوم
— power القوة المائية
to be in deep — في حَيْرَة من أمرِه
to make the mouth — أجرَى الريقَ
of the first — من أعلى نوْع
to make — بالَ . شَخَّ
Water carrier سقاء . حَمّال الماء
Water-closet ← مستراح . كنيف . مرحاض
Water-course مجرى ماء . ساقية
Water-cress جرجير . رَشاد . قُرَّة
Water-fall شَلاّل . منحدِر مياه . هَدير
Watering ري . سق . إرواء * رش
Watermelon بطّيخ (أجبس (بلغة سوريا))
Water-proof لا ينفذُهُ الماء * مشمَّع
Waterskin قِرْبة «الماء» . زِق
Water-spout دُرْدور . زُعْبوبة الماء
Water-tight لا ينفذهُ الماء . مَسِيك
Waterway ممر أو طريق مائي
Water-wheel ∆ ساقية . ناعُورة
Watery مائي . سائِل * سَليخ ∆ سايط
Wattle ← غبب الطيور * غُصن ∆ لبلوب * سياج من أغصان
Wave مَوْجَةٌ || لوَّحَ . أشارَ * تماوَج
Waver ردَّدَ * تمايَل . ترنَّح
Wavy متموِّج . مَوْجِي * متَرَدِّد
Wax شَمْعٌ || شَمَّعَ * نَما . كَبُر
— museum متحف (تماثيل) الشمع
— of the ear صِملاخُ الأذن . أُفٌّ
Waxen شَمْعِيّ . من شَمْع
Waxy كالشمع
Way طريق . سَبيل * أسْلوب * وَسِيلَة
— in مَدْخَل . طريقُ الدخول
— out مخرَج . طريق الخروج
by — of على سبيل . من باب
by the — وعلى ذِكر ذلك ∆ على فكرة
give — اذعنَ * انخَسَف . هَبَط
in a — على نوعٍ ما . نوعاً
in every — من كل الوجوه
in no — أصلاً . أبداً . قطعاً
once in a — نادِراً . أحياناً قليلة
to have one's — يفعل كما يريد
one — street شارع باتجاه واحد
out of the — متطرف * شاذ . بخلاف المعتاد

Wayfarer عابر سبيل . عابر طريق
Waylay قَطَعَ الطريقَ ٭ كَمَنَ
Wayward عَنيدٌ . مُتَمَسِّك برأيه
We نحن
Weak ضَعيف . واهِن ٭ضَئيل . رَكيك
Weaken أضْعَفَ
Weakly بضعفٍ . مُسْتَضْعَف
Weakness ضَعْف . وَهَن ٭ رَكاكَة
Weal سَرَّاء . يُسْر . خَير . رَخاء
Wealth ثَرْوَة . غِنًى ٭ يُسْر
Wealthy مُثْرٍ . غَنِيّ . مَيْسور
Wean فَطَمَ ٭ فَصَل الحيوان
Weanling فَطيم ٭ فَصيل
Weapon سِلاح ٭ شَوْكَة النبات
Weaponless اعْزَل . لا سلاح له
Wear لِباسٌ ٭ دُثور ‖ لَبِسَ ٭أبْلَى
— and tear استهلاك △ هَرْش
— away, — out استهلَكَ
Wearily بمَلَلٍ . بضَجَر . بسآمة
Weariness مَلَل . سآمة . كَلال
Wearisome مُمِلّ . مُضْجِر . مُتْعِب
Weary مُتْعَبٌ ‖ كَلَّ ٭ أتعَبَ ٭ ضايَق
Weasel
← ابن عِرْس
△ عِرْسَة
Weather طَقْسٌ . حالة الجوِّ ‖ قاوَمَ
Weathercock دوَّارَةُ الريحِ ٭ هوائى
Weave حياكةٌ ‖ نسجَ . حاكَ ٭ اخترَعَ
Weaver نَسَّاج . حائِك

Weaving حِياكَة . نَسْج
Web نَسيجٌ . قُماش ٭ غِشاءٌ ٭ لسان المفتاح ٭ نصْل ٭ مؤامرة ‖ غَشَّى
Wed تزَوَّجَ ٭ زَوَّجَ ٭ ألَّفَ بين
Wedding عُرْس . زَواج . حفلة زواج
golden — العيد الذهبى، ٥٠ سنة للزواج
Wedge ← اسْفين
٭ وَشِيظ . خابور
Wedlock زيجَة . زَواج
. قِران
Wednesday يوم الأربعاء
Wee صَغير جداً
Weed عُشْبٌ ضارٌ
Weed نقَّى الحشيشَ
Weeds سِلاب . ثياب او شارة الحداد
Weedy ملآن بالعُشب ٭ لا خيرَ فيه
Week أسْبوع △ جُمْعَة
— day أيّ يوم غير الأحد
— end عطلة آخر الاسبوع
Weekly أُسبوعيّ ٭ اسبوعيًا
Weep بكَى . ناحَ ٭ استرسلَ
Weevil سُوسَة . سُوس
Weft لُحْمَةُ النسيج ٭ نَسيج . قُماش
Weigh وَزَنَ ٭ تأمَّلَ ٭ ثَقُلَ
— anchor رفَعَ المرساة . سافَر
Weighage أجرة وَزْن . قِبانة
Weigher وَزَّان
Weighing-machine
ميزان طبلية . قبّان ←

Weight ثِـقْـلٌ . وَزْن * عِيار ∆ سِنجَه * اهمية * زِنة * رُمّانة ∆ تقّالة
Weight ثقّلَ على * حَمّلَ
Weighty ثقيل * راجح * شاقّ * هامٌّ . خَطير
Weir سَدٌّ « في نَـهر » . حِبْس ∆ حَوّاش
Weird سِحْري * غريب
Welcome تَرْحابٌ * مَقبول ‖ رَحَّبَ بـ
— ! مَرحباً بكم . اهلاً وسهلاً
Weld لحم المعدِن بالاحماء والطرق * بُلَيحة . ∆ وينة (نبات)
Welfare خَيْرٌ . سَعادة . رفاهَة
Well خَيْرٌ * مُعافى * بئر * نَبْع * جَيّداً . حَسَناً ‖ نبعَ
— done ! احسَنْتَ
as — أيضاً . بالمثلِ
as — as كَمِثل . ومثل كذا
artesian — (*see* artesian) بئرارتوازى
Well-being سَعادة . خَيْر . هَناء
Well-born ابن ناس . ابن عائلة
Well-bred مُهذَّب . مُرَبَّى
Well-founded من مصدر ثِقَة
Well-known شُهرة * شَهير
Wellnigh تقريباً * على وشْك
Well-to-do, Well-off مُيَسَّر
Welter تمرَّغ * تقلَّبَ او غاصَ « في »
Wen كيس شَحْمي . سِلْعَة
Wench صَبيَّة . فَتاة * قَحْبَة
Wept, *of* Weep بكَى . ناحَ
Wert كُنْتَ . كُنْتِ

West الغَربُ . غَرب * المغرب * غَرباً
Westerly نحو المغربِ . غَرباً
Western غَربيٌّ . من الغَربِ
Westward نحو الغَرب . غَرباً
Wet بَلَلٌ * مُبْتَلٌّ * ماطِر ‖ بَلَّلَ
— nurse مُرْضِعَة
Wether كَبْش ضأن مَخْصيّ
Wetness بَلَل . رُطوبة . نَداوة
Whale حُوت . قَيْطس . بال 
Wharf مَرفأ . رَصيف
What ما . ماذا . ما الذي * **الذي**
and — not وأشياء أخرى . وغير ذلك
Whatever } مهما كان . كيفما كان
Whatsoever } * مهما . كل ما
Wheat حِنْطَة . قَمْح . بُرٌّ
Wheaten مَصنوع من القمح . قمْحي
Wheedle مَلَّقَ . داهَنَ ∆ اكَل مخه
Wheel ∆ عَجَلة . دُولاب
Wheelbarrow عَرَبة يد بعجلة واحدة 
Wheeze أزيزُ النفَس ‖ ازَّ ∆ زيَّقَ الصدر
Whelm غمَرَ . أغرَقَ * اكتنفَ
Whelp جَرْو الكلب * شبْل الأسد
When لمّا . عندما * متى . حينما
Whence من اينَ . من حيث * لذلك
Whenever كلما * عندما . متى ما
Where أينَ . حيثُ . اينما * الى اين ؟
Whereabouts مكان . محل * بقرب اين

Whereas على أن . حيثُ أن * مع أن

Whereat عند ذلك . لأجل ذلك

Whereby الذي بهِ * بأي شيء

Wherefore لذلك . من ثم * لماذا

Wherein الذي به او فيه * بِمَ . بماذا

Whereof الذي منهُ او بهِ * من أي شيء

Whereon الذي عليهِ . التي عليها * على ما

Wheresoever, Wherever حَيثُما . اينما . حينما

Whereupon إذ ذاكَ * عندَ ذلك . من ثم

Wherewith الذي به * بِمَ . بماذا

Whet شَحَذَ . سَنَّ * هَيَّجَ . أثارَ

Whether أيهما * سواء كان . اي الأمرين

Whetstone حجَرُ السَّنِّ . مِسَنٌّ

Whey ماء الجُبْن △ شِرْش . مصل اللبن

Which الذي . التي * أي . من . ما

Whichever, Whichsoever أي الاثنين . هذا أو ذاك * أيٌّ كان

Whiff نَفخَةٌ . هَبَّة * شَمَّة * نفَس دخان * رائحة

Whiff نفخَ * هَبَّ

While حين * مدَّة . برهة * بينما . اثناء

all the — كل الوقت

for a — لمُدَّة . الى حين

not worth — لا يستحقّ الاهتمام

once in a — بين حين وحين

to — away صرَفَ او اضاعَ الوقتَ

Whilst بينما . حينما * طالما * لما

Whim هَوَى . مَيل * تَخَيُّل . وَهْم

Whimper نَشَجَ . بكَى . شكَى باكياً

Whimsical غَريب الاطوار . هوائي

Whine أنينٌ . عويل * عواء ‖ أنَّ . عَوَى

Whinny صَهيلٌ * شائك ‖ صَهَلَ . حَمْحَمَ

Whip سَوْط △ كُرْباج ‖ ساطَ * شَلَّلَ * خَفَقَ . ضَرَب البيض

Whipping شِلالَة او تضريب * حبكة * جَلد . ضرب بالسياط * خفق

Whir زَنَّ * ورَّ △ وَنَّ . طنَّ

Whirl تَدْويمٌ ‖ دَوَّمَ . دارَ بسُرعَة

Whirligig دُوَّامَة △ نَعَّارة △ فُرِيرة

Whirling دَوران سَريع . تدويم

Whirlpool دُرْدُور . دُوّامة ماء

Whirlwind اعصار . زَوْبَعة . هَبْوَة

Whisk △ مِذَبَّة △ مِنَشَّة . مقشة قش * مِخْفَقَة البَيْض وغيره

Whisk خَفَقَ * ذَبَّ △ نَشَّ

Whiskers شارِب القطَّة وأمثالها * لِحْيَة

Whisky ويسكي ، مُسكِر غير حلو

Whisper وَشْوَشة . هَمْس ‖ وَشْوَشَ

Whistle صَفَّارَةٌ * صفير ‖ صَفَّرَ

White أبيَض * بياض البيض أو العين

— haired أشْيَب

— lead اسيداج

— lie كِذْبة بيضاء

— meat لحم العجول والطيور والسمك

Whiten بَيَّضَ * قَصَّرَ «الأقمشة» * ابيَضَّ

Whiteness يَـاض
Whitewash بياض الحيطان
Whitewash بيَّضَ الحائـط
Whither حَيْثُما . حيث . الى أين
Whiting سمك بياض أو قشر بياض
Whitish ضارِب الى البياض
Whitlow داحِس . داحُوس « الاصبع »
Whitsunday أحَدُ العَنصَرة
Whiz صَفيرٌ . دَوِي ‖ صَفَرَ . دَوَى
Who الذي . التي ٭ من ؟
Whoever كلّ مَـن . مَـنْ
Whole كامِل . صَحيح ٭ برُمَّته ٭مُعَافَى
upon *or* on the — بوجه الاجمال
Wholesale الجُملة ٭ بالجملة ٭ تجارةُ الجملة
Wholesome صِحّي . نافع للصحَّة
Wholly كافة . جُملة . طُرّاً . تماماً
Whom الذي . التي ٭من ؟
Whomsoever كل مَن . أيًّا كانَ
Whoop هُتافٌ ٭ شَهْـقَـة
Whoop هَتَفَ ٭ شَهَقَ
Whooping-cough السعال الديكي
Whore زانية . عاهِرَة . مُومِس ‖ زَنَى
Whoredom زِنًى . عَـهارَة . فحش
Whose الذي . التي . مَن ٭ لمن
Whosoever كلُّ مَـن . أيٌّ كان
Wick فَـتيل . فَـتيلة . ذُبالة
Wicked شِرِّير . أثيم . طالِـح . رديء
Wickedness شَـرّ . إثم . خُبْث
Wicker مصنوع من صفصاف أو أغصان مجدُولة

Wicket خَوْخَـة . بابصَغير ٭ كُوَّة في باب
Wide عَـريض ٭ واسِـع . فَسيح
— of the mark بعيد عن الحقيقة او الغرض
— open مفتوح لآخره ، على مصراعيه
Wide-awake يَـقْـظان . منْتَبِـه
Widely باتِّساع ٭ بَـعيداً ٭ للغاية
Widen عَرَّضَ ٭ وَسَّعَ ٭ اتَّسَعَ
Widespread شائِـع ٭ بعيد الانتشار
Widow أرْمَلَـة . أيِّـم (ماتَ زوجها)
grass — امرأة منفصلة عن زوجها
Widower أرْمَـل . أيِّـم (ماتت زوجته)
Width, Wideness عَـرْض ٭ إتِّساع
Wield ساسَ . أدارَ . أحسنَ الاستعمال
Wife امرأة . قَـرينة . زَوجَـة
Wig ← جُمَّـة . شَعْـر مسْتعار
. شَـعْـر اصطناعي
Wig عَـنَّفَ . وبَّـخَ
Wild بَـرِيَّـة . قَـفر ٭وَحْشي
. بَـرِّي ٭مفترِس ٭هائج ٭طائش ٭فالِت
نَزق أو طيش الشباب — oats
— plant نبات شيطاني
Wilderness بريَّـة . قَـفْـر . فلاة
Wile خُـدْعَـة ٭ حِيلة ‖ خَـدَعَ
Wilful عَـنيد ٭ عَـمْـدي . قَـصْـدي
Wilfully بعِـناد ٭ عَـمْـداً . قَـصْـداً
Will إرادة . مَشيئة ٭ وَصِيَّـة
‖ أرادَ . شاء . رَغِـبَ في ٭ اوصَى بكذا
with a — برضى . عن طيب خاطر
Willing مُـريد . راغِـب . ميَّـال

Willingly اختياراً . عن طيب خاطِر
Willingness مَشيئة . رِضى
Willow شَجَرَة الصفْصاف
weeping — أُم الشعور . الصفصاف الباكي
Will-power قوَّة ارادة
Wily مكَّار . خَبيث . مُحتال
Wimble مِثقب . خرامة . برية
Wimple بُخْنُق △ بُشْنيقَة
Win رَبِحَ . نالَ * فازَ * اسْتَمال
Wince جَفَلَ . فَزِعَ
Winch ○ وِنش . رافعة الأثقال △ عيَّار
Wind ريحٌ * لفَّة . دَورة * نفَس * تطبُّل البطن ‖ لَوَى . لَفَّ . فَتَلَ * التفَّ * ملأ بالتدوير △ دَوَّرَ الساعة
— up صفَّى مركزه * لفَّ الخيط * أنجزَ
get — of توقعَ * عَلِم بكذا . بلَغَهُ
Winding ملتفّ . ملْتَوٍ * عَطْفة * لفّ
— sheet كَفَنُ « الأموات »
Windlass مِلْوَى △ مَلَوِينه . دُولاب
Windmill طاحُونة هواء
Window نافِذَة △ شُبَّاك △ طاقَة
Window-shutter خَشَب النافذة . دلفة
Windpipe قَصَبة التنفُّس
Windward فَوْق الريح * نحو الريح

Windy رَيِّح . كثير الأرياح * ينفخ البطن
Wine خمر . خمرة * نَبيذ
Winebibber شِرِّيب خَمْر . سِكِّير
Wing جَناحٌ ‖ جَنَّحَ
— commander قائد جناح
to take — طارَ * ذهَبَ خطفاً . هَرَبَ
Wink طَرْفةُ عين * غمزَة ‖ طرَفَ * غمزَ
to — at تغاضَى عن
Winner رَابح . نائل * فائز . ظافر
Winning نَيْلٌ * يستميل القلبَ * رابح
Winnings أرباح . مكاسِب
Winnow ذَرَّى * غَرْبَلَ
Winnowing-fork مِذْرَى . مِذْراة
Winsome سَارٌّ . بَهيج . يحبور * فَكِه
Winter فَصْلُ الشتاء
Winter شَتَّى
Wintry شَتَويّ . شتائي * عاصِف
Wipe مسَحَ . أزالَ بالمسْح * نَشَّفَ
Wire سِلْكٌ * رسالة برقية ○ تلغراف
Wire أبرَقَ . أرسلَ تلغرافاً * رَبَط بسِلكٍ
Wireless لاسِلْكي . بلا سِلْك
— operator عامل اللاسلكي
Wiry سِلْكي * وَتَري * قَوِيّ
Wisdom حِكْمَة . فِطنة . عَقْل
— tooth ناجِذ . ضِرْسُ العَقْل
Wise عاقِل * أسلوب . نَمَط
in any — كيفما كان

Wisely بحكمة . بعقل . بفطنة
Wish ارادة . رَغبة ‖ أرادَ . تمنّى
Wisher مُريد . راغِب . متمَنّ
Wisp مِذَبَّة △ مِنَشَّة ∗ مقشَّة ∗ حُزمة قَش
Wistful راغِب . مُشتاق ∗ مفكّر
Wit ذَكاء . فِطنَة ∗ نُكتَة . مُلحة
at one's wit's end مُتَحيّر
Witch سَاحِرة . عَرَّافة ‖ سَحَرَ
Witchcraft سِحْر . عِرافَة . كِهانة
With مَع
Withdraw استرَدَّ . سَحَبَ ∗ انسَحَبَ
Withdrawal استرداد . سَحْب ∗انسحاب
Wither ذَبُلَ . يَبُس ∗ أذبَلَ
Withhold أمسَكَ عن . مَنَعَ عن
Within فى داخِل . ضِمْن
— a week قبل مضيّ أسبوع
Without من دون . من غير . بلا ∗ خارجاً
Withstand قاوَمَ . عارَضَ . ضادَّ ∗ تحمَّل
Witless عديمُ الذكاء ∗ أخرَق . غَبي
Witness شاهِدٌ ∗شهادَة ‖ شَهِدَ . شاهَدَ
to bear — شَهِدَ
Witticism مُلْحَة . نُكْتَة . فُكاهة
Wittingly قَصْداً . عَمْداً ∗ بعلْم
Witty مَليح النُّكتة ∗ سَريع الخاطر
Wive تزوَّجَ . اتخَذَ زوجَة . أهَلَ
Wizard ساحِر . مُنَجِّم . عَرَّاف
Woad وَسمة . خِضاب . ورد النيل
Wobbler متأرجح . غير ثابت . متنوّح

Woe وَيْل . هَمٌّ . بَلِيَّة
— is me !, — to me ! الويلُ لي
Woeful مُكتَئِب . مَغموم ∗ مُغِم
Wolf (*pl.*Wolves) ذِئب ∗سُوسَة
Wolf's-bane اكونيت .خانق الذئب او النمر
Woman (*pl.* women) إمرأة
Womanhood حالة المرأة أوسِنّها . أُنوثة
Womankind النِساء
Womanly انثوي ∗ خَليق بالنساء
Womb رَحِمٌ . رَحْم △ بيتُ الوِلْد
Won, *of* Win رَبِحَ . كَسَبَ . نالَ
Wonder عجيبةٌ ∗ تَعجُب ‖ تعجَّبَ
Wonderful, Wondrous عجيب
Wonder-struck مُنْدَهِش
Wont مُعتاد . متعوِّد ∗ عادَة . دأب
Wonted عادي . اعتياديّ ∗ مُعتاد
Woo كَلِفَ « بفُلانَة » ∗خطَبَ ودَّها
Wood خَشَب ∗ حَطَب ∗ غابَة
Woodbine ياسمين حجازي ∗ زهر العسل
Woodcock دَجاجَةُ الأرضِ
Woodcutter حَطّاب
Wooden خَشَبيّ . من الخشَبِ ∗ مخشَّب
Wood-louse سُوسَة او قراضة الخشب
Woodman حَطَّاب ∗ حارِس الغابة
Woodpecker نَقّار الخشَب (طائر)
Woodworking النجارة . صناعة النجر
Woody كثير الأشجار ∗ خشبي

Wooer طالِب الزواج . خاطِب * كَلِف
Woof لُحْمَة النَّسيج (خيوطه العرضية)
Wool صُوف * جزّة «الغنم وغيرها»
Woolgathering شُرود الفكر
Woollen, Woolly صوفيّ . من الصوف
Word كَلِمَة * وَعْد * رِسالة * أمْر
— blindness عَمى الكتابة
— for — حرفياً . بالحرف الواحد
by — of mouth بالكلام . باللسان
in a — وبكلمةٍ . قصارى الكلام
a man of his — وَفِيّ . صادق القول
upon my — حَقّاً . بشرَفي
Wording نَصّ . عبارة . تعبير
Wordy كلامي * كثير الكلام
Wore, *of* Wear لَبِسَ . ارتدى
Work شُغْلٌ . عَمَل
at — في عمله . شغّال
out of — بلا عمل أو شغل
Work اشتَغَلَ . دارَ
Worker عامِل . صانع
Workhouse مَشْغل * تكيَّة
Working substance مادة التحريك
Workman صانِع . عامِل . شَغّال
Workman's compensation تعويض العامل
Workmanship △ مصنعيَّة . أُجرة الصناعة
Workshop مَصْنَع . ٥ وَرْشَة . مَعمل
Workwoman العاملة
World كَوْن . عالَم . دُنيا
Worldliness محبَّة العالَم
Worldly عالَميّ . دُنيويّ
World-wide عالمي . ذائع الانتشار
Worm دُودَة * حَشَرَة . سُوسَة
Worm-eaten مُدَوَّد . مسَوَّس
Worm-gear تُرس تعشيق برية
Wormseed زريبح . الشيحُ الخرَسانيّ
Worm-wheel تُرس بريّمي
Wormwood شِيح . افسنتين . شَيْبَة
Wormy كثير الدودِ . مُدوَّد * دُودِيّ * منبطح * زاحِف
Worn, *of* Wear مَلْبوسٌ ‖ لَبِسَ
— out بالٍ * مُضْنى . مَنْهوك
Worried مضطرب . منزَعِج
Worry هَمّ . قلق ‖ أقلقَ . أزعجَ * انزعَج
Worse أردأ . أشر . شرٌّ من * أحَطّ
— and — من رَدِيءٍ الى أردأ
for better for — على الخيرِ والشرِّ
Worsen جعله أردأ مما كان
Worship عِبادَة * اكرام ‖ عَبَدَ . سَجَدَ
his — صاحب الفضيلة . سيادة
Worshipful مُبَجَّل
Worshipper عابِد * ساجدٌ . مُصَلّ
Worst الأشرُّ . الأردأ ‖ غَلَبَ . قَهَرَ
do your — إفعلْ ما بَدا لك
Worsted شَلَّة صُوف * خُيوط صُوفية للحياكة
Worth قِيمة * فَضْل * يُساوي . يستحقّ
Worthily باستحقاق . بأهليَّة . بجَدارة

Worthiness استحقاق . اهلية . جدارة
Worthless لا قيمة له . باطِل
Worth-while يستحق الاهتمام △ يستاهل
Worthy فاضِل * مستَحِق . مستأهِل
Would شاء . اراد
Would-be مُدَّع . زاعِم * راغبٌ في
Wound جُرْحٌ ‖ جَرَحَ . كَلَمَ
drainage of —s تصريف الجروح
incised —s جُروح قطعية
Wound, *of* Wind ملفوفٌ ‖ أدارَ
Wove, *of* Weave نَسَجَ . حاكَ
Woven, *of* Weave منسوجٌ ‖ حاكَ . نَسج
Wrangle خِصَامٌ . مُشاحَنة ‖ خاصَمَ
Wrap دِثارٌ ‖ لَفَّ * صرَّ * حَبَكَ
Wrapped مَلفوف . مَصرور * مُدْمَج
Wrapper لِفافَة * غِطاء . دِثار * لفّاف
Wrath سُخْط . غَيْظ . حَنَق
Wrathful ساخِط . مُغْتاظ . حانِق . غَضُوب
Wreak نقمةٌ ‖ صَبَّ « نقمتَهُ » على
to — one's anger on صَبَّ جام غضبه على
Wreath إكليل من زُهور
△ كورونة * ضَفيرة
Wreathe ضفَرَ . جَدَل
* طوَّقَ * اشتبكَ
Wreck خَرابٌ * سَفينة منكَسِرة . حِطام
‖ خَرَّبَ . دمَّر . حطَّم * كَسَرَ السفينة
Wreckage حُطام السفينة الغارقة (التي
يلقيها البحر على الشاطىء)
Wren سُكَسُكة . بانَة (أصغر العصافير)

Wrench مِلْوَى . لولبية .
مفتاح انجليزي او
مفتاح صمولة
Wrench لَوَى * حرَّفَ
Wrest لوَى * حرَّفَ * اغتصبَ
Wrestle كِفاحٌ . صِراع
Wrestle صَارَعَ . كافَحَ
Wrestler مُصارِع
Wrestling مُصارَعة
Wretch, —ed تَعِس
. بائِس
Wretchedness تعاسَة
. بؤس . شَقاء
Wriggle تَلَوَّى . ترعَّص
Wring عَصْرٌ ‖ عَصَرَ (الغسيل مثلاً)
* برَمَ . لَوَى * ضغط بشدَّة * آلَمَ
. أحزنَ * غَصَبَ . أجْبَرَ * حرَّفَ
Wrinkle غَضْنٌ . تَجَعُّد ‖ تَجَعَّدَ
Wrist رُسْغُ اليدِ . مِعْصَم
— watch ساعة يد
Writ إعلام قضائي * كِتاب * مكتوب
to serve a — سلّم المدعَى عليه اعلاناً قضائياً
Write كَتَبَ △ حَرَّرَ * صَنَّفَ . أَلَّفَ
— down دَوَّنَ . قَيَّدَ . سجَّل * خفَّضَ
— off حذَفَ . شطَبَ
— out نقلَ . نسخَ
Writer كاتبٌ △ مُحَرِّر * مُؤَلِّف * خطّاط
Writhe لوَى * تلوَّى . تضوَّرَ
Writing كِتابة * تأليف * خَط

Written, of Write مكتوبٌ ‖ كَتَبَ
Wrong ضَرَر . أذًى * خَطأ * مُخطىء * مَغْلوط . غير صَحيح * تعدٍّ . ظُلْم . جَوْر
the — side القفا . الظَّهر
what is — with you ماخطبُك ؟
Wrong أساء الى * ظَلَمَ
Wrongdoer فاعِل الاثم . مُسيء
Wronged مَظلوم . مُساءٌ اليه . مُضام
Wrongful ظَالم . مُسيء . جائِر
Wrongfully ظُلماً وعدواناً . جوراً
Wrongly خَطأً
Wrote, of Write كَتَبَ
Wroth حانِق . محتدِم غَيْظاً
Wrought مَشْغول . مَصْنوع
— iron حَديد خام ، غير مشغول
Wrung, of Wring مَعْصورٌ ‖ عَصَرَ
Wry مَعْقوفٌ . مُلْتَوٍ ‖ بَرَمَ . عَوَجَ
Wryneck التواء العُنق . الصاد . قَصَر * اللوّاء . ابو لوى (عصفور)
Wyvern افعوان مجنّح

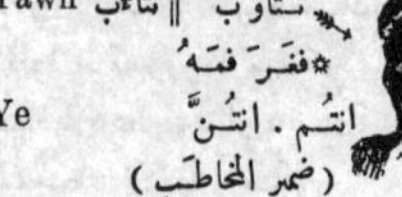

X

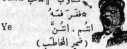

X عشرة فى (الأرقام الرومانية)
x رَمز المجهول * علامة الضرب * قُبلة
Xenophobia بُغض الأجانب
Xmas., Christmas عيدُ الميلادِ
X-rays الأشعة السينية . الأشعة النافذة
Xylo- بادئة معناها : خَشبي
Xylography صناعة النقش على الخشب
Xylophone الخشبية (آلة موسيقية) ○ زيلفون

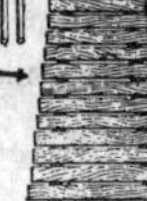

Y

Yacht سَفينة خصوصية للنُزهَة ○ يَخْت
Yankee امريكانيٌّ (من الولايات المتحدة)
Yap نُباحُ الجرو . وَعْوَعَة
Yard ○ يارْدَة (٩١ر٤٤ سنتيمتر) * فِناء △ حَوْش * قارِيَة القلع
Yarn غَزْل . خَيط مَغزول * حِكاية ملفَّقة
Yawl قارِبٌ ‖ عَوى . وَعْوَعَ
Yawn تَثاؤُبٌ ‖ تثاءب * فغَرَ فمَه
Ye انتُم . انتُنَّ (ضمير المخاطَب)
Yea بَلى . نَعَم . أي نَعَم
Yean وَلَدَت (للشاةِ او العَنْزَةِ)
Yeanling حَمَلٌ صَغير △ أوزي . حَوْلي
Year سَنَة . حَوْل . عَام
— of grace سنة ميلادية
fiscal — سنة مالية
Yearling حَوْليٌّ . ابنُ سنَة
Yearly سَنَويٌّ * سَنَويًّا
Yearn تاقَ . صَبا . حَنَّ « الى »
Yearning شَوْق . حَنين
Yeast خَميرَة * رَغْوَة التخمير
Yell زَعْقَةٌ . صَرْخَة ‖ صَرَخَ . زَعَق

Yellow أصفر . صَفار . صُفرة * جبان

Yellowish ضارِبٌ الى الصُّفـرَة

Yellowness صُفـرَة . اصفِـرار

Yellowspot البقعة الصفراء فى شبكيةالعين

Yelp نُبَاحٌ . عُواء ‖ عوى . نبَـحَ

Yeomanry الخاصَّة . خواصّ الناس

Yes نعم . بَلَى

Yesterday البارحة . أمْـس

Yesternight ليلة أمس . الليلة الماضية

Yet مَع ذلك . ايضاً * لم يَزل . بَـعْـدُ

as — حتى الآن . للآن

not — ليسَ الآن ∆ لِـمَّا . بَـعْـد

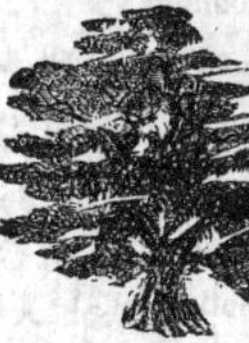

Yewtree ←سِدر جَبلى . شَـوْحَـط

Yield غَـلَّـةٌ . محصول . نَـتاج * إذعان ‖ أنتجَ. أثمَـرَ * سلَّـمَ . اذعَنَ. رضَخَ

— point نهاية حد المرونة

Yoga رياضة روحية هندية فكرتها اتحاد روح الشخص بالسكون

Yoke ←نِـيْـر

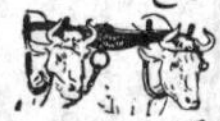

*مِقرن الدفة *عبودية

Yoke شَدَّ الى نِـيْـرٍ * ضمّ . قرَنَ

Yoke-fellow قـرين . رَفيق

Yolk مُحُّ البَـيْـضِ . صَـفار البيض

Yon, —der هناك . هنالك * ذلك . تِلك

Yore, of — في سالف الأوقات

Young صَغير السِّن * جَـرْو ∆ فَـرْخ

Younger اصْـغَـر « عُـمْـراً »

Youngest الأصْـغَـر « عُـمْـراً »

Youngster صَـبِيٌّ * حديثُ السِّنّ

Yours لك . لـكُـم . لـكن

Yourself نَـفسكَ * بنَـفْـسِـكَ

Youth شَـباب . صُبوَّة * شَـابٌّ

Youthful حَديثالسِّن . يافع * شابٌّ . فَتى

Yule عِـيد الميلاد المسيحيّ

Z

Zeal غَـيْـرة . حَمِيَّة . مروءة . هِـمَّـة

Zealot, Zealous غَـيُّـور . متعَـصِّب . حَمِس

Zebra حِمار الوَحش . ← حِمارُ الزَّرَدِ

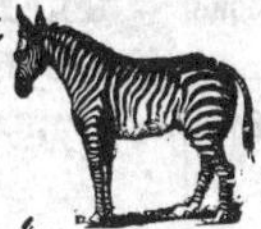

Zebu بقر دربانية . بقر مُسَنَّـم

Zenith سَمْـتُ الرأس * أَوْج المجد

Zephyr الريح الغـربيَّـة * نَـسِـيم

Zero صِـفـر * لا شيء

— hour الوقت المعين لعمليات حَربية

Zest لذَّةٌ * طَعْـم * نكْـهَـة ‖ طَيَّـبَ

Zigzag متـعَـرِّجٌ . متعوِّج ‖ تعَـرَّجَ

Zinc خارصين . تُـوتيا . ٥ زَنْـك

Zinc لبَّـسَ بالزنك

Zincography ٥ زنكغرافيا . الحفر على الزنك

Zion صهْـيَـون * اورشليم * السَّماء

Zionism صهيونية

Zip-fastener مَحبس سحّاب . سوستة

Zither سنطير • آلة وتريَّة تُشْبِه القانون أو القيثارَة

Zodiac مِنْطقَة البُروج (في الفلك)

Zoic صخور به بقايا نبات او حيوان متحجرة

Zonal مختَصٌ بمِنْطقَة . منْطقيّ

Zone مِنْطِقة * دائرة * نِطَاق

Zooecium مقبَع (ج مقابع) في الجيولوجيا

Zoolatry عبادة الحيوانات

Zoological مختصٌ بعلم الحيَوان

— garden, zoo حديقة الحيوانات

Zoology ٥ الزولوجيا . عِلمُ الحيَوانِ

Zoophaga اللاحمات.حيوانات آكلة اللحوم

Zoophytes حيوانات نباتية (كالاسفنج)

Zoster الزنار . الحزام * قوباء (طب)

— herpes عقابيس منطقية

Zygo- بادئة تفيد : مِقرن . نير * زوجي

Zygoma العظم الوَجني * القوس الزوجي

Zygomatic زوجي * وجني

Zygosis اقتران . تزاوج (علم الاحياء)

Zymo- بادئة : تفيد الاختمار او الخمرة

Zymology علم التخمر . مبحث التخمير

Zymometer مِخمار . مقياس الاختمار

Zymotic مخمِّر . محدث الاختمار . اختماري

ELIAS

POCKET DICTIONARY

ARABIC / ENGLISH

قاموس الياس الجيب

عربي / إنجليزي

الياس انطون الياس ـ ادوار ا. الياس

٢٠٠٠، ٠١، ٠٢، ٠٣، ٠٤، ٠٥، ٠٦، ٠٧، ٠٨، ٠٩، ١٠، ١٢، ١٣، ١٥
١ شارع كنيسة الروم الكاثوليك. الظاهر. القاهرة. ج.م.ع.
ت: ٢٥٩٠٣٧٥٦ - ٢٥٩٣٩٥٤٤ (٢٠٢) فاكس: ٢٥٨٨٠٠٩١ (٢٠٢)
www.eliaspublishing.com

طبع بمطابع دار الياس العصرية للطباعة والنشر
٧٣ - ٧٥ شارع عمان. عين شمس الشرقية
ت: ٢٢٩٨٥٧١٥ - ٢٢٩٨١٧٣٥ (٢٠٢) فاكس: ٢٢٩٨٠٧٣٦ (٢٠٢)

رقم الإيداع: ٢٠٠٧/١١١٠٣
الترقيم الدولي: ٣-٢٠٧-٣٠٤-٩٧٧

2000, 01, 02, 03, 04, 05, 06, 07, 08, 09,10, 12, 13, 15
1, Kenisset El Rum El Kathulik St., Daher, Cairo, Egypt
Tel: (202) 25903756 - (202) 25939544 Fax: (202) 25880091
www.eliaspublishing.com

Printed and bound in Egypt by
Elias Modern Press
73-75 Amman St., Ain Shams East - Cairo
Tel: (202) 22981735 - (202) 22985715 Fax: (202) 22980736

Deposit No. 11103/2007
ISBN 977-304-207-3

مقدمة

يسرني أن أقدم إلى طلاب العلم هذا القاموس الصغير الذى يمتاز باحتوائه على كثير من المفردات والعبارات الموجودة فى قاموسنا « **العصرى** » الموسع ، مع الفارق أنه لصغر حجمه يسهل على الفرد أن يجعل منه معيناً مخلصاً له فى أى زمان أو مكان .

أما اسلوب هذا القاموس فهو سهل جداً ، فاذا شئت البحث عن كلمة فيه فما عليك إلاّ أن تطلبها فى أول حرف فالثانى فالثالث من حروفها كما هي ، بصرف النظر عما يعتور حروفها من قلب وإعلال ، فاذا كان هذا مكانها المطابق لترتيب المعاجم العربية وجدت ترجمتها أمامها وإلاّ فانك تجد الدليل على مكانها محصوراً بين هلالين هكذا (فى . . .) أما الألفاظ البسيطة التى يمكن لأصغر طالب أن يعرف كيف يردها إلى صيغة فعلها الماضى المألوف ككلمة «حساب» و« دفاع » و« كتاب» فانك تطلبها رأساً تحت فعلها الماضي وهو«حَسَبَ»و« دفعَ »و« كتبَ » .

ولزيادة الفائدة حدّدت معنى الكلمة العربية وفسرتها بكلمة عربية مرادفة لها تمهيداً لذكر الترجمة الانجليزية ، إذ بدون ذلك لا يتسنى للطالب أن يتحقق من صحة المقابل الانجليزى للمعنى الخاص الذى يطلبه

ووضعت بين الكلمات المترادفة نقطاً كهذه « . »

ولعدم تكرار الكلمة لذكر معانيها المختلفة ، استعملت خطاً افقياً كهذا « — » ليقوم مقام الكلمة التى فوقه .

وترى على بعض الكلمات الرقم ٢ ، ومعناه أن هذه الكلمة مكررة لثانى مرة لمعنى « ثانٍ » جديد غير معنى آخر سبق ذِكره .

والنجمة « ✱ » البارزة قليلاً إلى يمين العمود تدل على مكان ابتداء المادة وعلى أنها عربية صحيحة ، وكذلك كل مايليها من الصيغ ، مالم يسبقها مرَبَّع صغير كهذا « ◻ » فتكون مصرية دارجة ، أو دائرة صغيرة كهذه « ○ » فتكون معرّبة . أما إذا بُدِئت المادة « بالدائرة » فتكون كل مشتقاتها من طائفة المعرب ، وكذلك إذا بُدِئت « بالمرَبع » فتكون كل مشتقاتها من طائفة الدارج .

وفى بعض أماكن قليلة أبدأُ المادة بلفظة ثلاثيّة الأحرف محصورة بين هلالين ﴿ كهذين الهلالين ﴾ فهذه اللفظة لا معنى لها وقد وضعتها لمجرّد المحافظة على الترتيب الهجائى ليس إلاّ . واتحاد النجمة بهلاليّ الحصر مغزاه أن المادة عربية صحيحة .

PREFACE

This Dictionary is designed chiefly to meet the needs of the Arabic-speaking student in his study of English, but in many respects, English-speaking students of Arabic, who have attained some degree of proficiency in that language, will find it more useful than other larger dictionaries.

(ا)

* أ . هَلْ Particle of interrogation.
* آبَ (في اوب) To return.
○ آبُ . شهر أغسطس August.
* أبٌ (في ابو) Father.
* أباح (في بوح) * اباد (في بيد)
* أباشة (في وبش) * ابتسر (في بدر)
* ابتده (في بده) * ابتزّ (في بزز)
* ابتسر (في بسر) * ابتكر (في بكر)
* ابتلى (في بلو) * ابتهل (في بهل)
* أبحرَ (في بحر) To sail.
* أبَدَ الحيوانُ To be wild.
أبَّدَ To make perpetual.
آبِدٌ . برّي Wild; untamed.
أبَداً . مطلقاً Never; not.
أبَدِيٌّ . دائم Perpetual.
— . ازلي Eternal.
أبَدِيَّة Perpetuity.
مُؤَبَّدٌ . دائم Perpetual.
— . لمدة الحياة For life.
* أبدى (في بدو) To show.
* أبَرَ . لدغ To sting.
إبْرَةٌ . مخيط Needle.
— العقرب Sting.
— الملّاحين Compass.
مِئْبَرٌ ○ ابّارة Needle-case.
مِئْبَرٌ ○ ميبَر Packing-needle.
* ابرش * ابرشية (في برش)
* ابرص (في برص) * ابرق (في برق)
* ابْرِيز Pure gold.
* ابْرِيسِم Silk.
* ابريق (في برق) Water-jug.
○ ابْرِيل . الشهر الرابع April
* ابْزِيم Clasp; buckle.
* ابضٌ . مَأبِضٌ Hamstring.
* اِبْطٌ ○ باطٌ Armpit.
* ابطأ (في بطأ) * ابعاديّة في (بعد)
* أبِقَ To run away; flee.
آبِقٌ Runaway; fugitive.
* أبْكم (في بكم) Mute; dumb.
* إبِلٌ . جِمال Camels.
* أبَلّ (في بلل) * ابلق (في بلق)
* ابْلَهٌ (في بله) * أبلى (في بلي)
* ابليس (في بلس) * اِبنٌ (في بنى)
* اِبنة (في بنى) Daughter.
* أبَّنَ الميتَ To praise or eulogise a dead person.
اِبَّان Time; season.
* آبَنُوس . آبُنُوس Ebony.
* أُبَّهة Pomp; grandeur.
* اِبْهام * أبهم (في بهم)
* أبو . أبٌ . والدٌ Father.
أبَوان Parents.

Fatherhood; paternity. أُبُوَّة
Fatherly; paternal. أَبَوِيّ
To refuse; decline. ٭ أَبَى
Reluctant; unwilling. آبٍ
Refusal; rejection. إِبَاء. إِبَاءَة
Disdainful; haughty. أَبِيّ
٭ أَبيض (في بيض) ٭ اِتَّأَدَ (في وأد)
٭ أَتان (في اتن) ٭ إِتاوة (في اتو)
٭ اِتَّجه (في وجه) ٭ اتحاد ٭ اتّحد (في وحد)
○ أُتْرُج. أُتْرُنْج Citron.
٭ اِتَّسع (في وسع) ٭ اتّضح (في وضع)
٭ اِتَّضع (في وضع) ٭ اِتَّفق (في وفق)
٭ اِتَّقد (في وقد) ٭ اِتَّقى (في وقى)
٭ اِتَّكأ (في وكأ) ٭ اِتَّكل (في وكل)
٭ أَتَمَّ بالمكان To dwell at.
Funeral ceremony. مأتم
She-ass. ﴿ اتن ﴾. أَتان. حمارة
Furnace; oven. أَتُون
To accuse of. ٭ اِتَّهم (في وهم)
Tax; royalty. ﴿ اتو ﴾. إِتاوة
To come; arrive. ٭ أَتَى
To bring; fetch. — به
To do. — الامرَ
To commit a crime. — الجرمَ
To result in. تأتّى (عنه ومنه)
Coming. آتٍ

To furnish a house. ٭ أَثَّثَ البيتَ
Furniture. أَثاث
To raise. ٭ أَثار (في ثور)
To affect; act upon. ٭ أَثَّرَ
To take effect. — الدواء
To prefer to. آثَرَ على
To respect. — . اكرمَ
To feel; perceive. تأثَّرَ. شعرَ
To be affected. — من كذا
To chase; track. — ه. تعقّبه
To appropriate. اِسْتَأْثَرَ به
Trace; mark. أَثَر
Antiquity. — قديم
After. في — .
Monumental. أَثَرِيّ
To become rich. أَثْرى (في ثرو)
Selfishness. أَثَرَة. اِسْتِئْثَار
Traces. آثار
Museum. دار الـــ .
Ether. أَثِير
Ethereal. أَثِيرِيّ
Preference. إِيثار. تفضيل
Feeling. تأثُّر. شعور
Effect; impression. تأثير
Influence — . نفوذ
Ineffective. عديم الـــ .

Saying; proverb. قَولٌ مأثور
Affected. مُتَأَثِّرٌ
To sin; commit a crime. ٭ أَثِمَ
Sin; crime. إِثْمٌ . ذَنْبٌ
Wickedness; vice. — . شَرٌّ
Sinner. أَثِيمٌ
Sin; crime. مَأْثَمَةٌ
٭ أَثناء ٭ اِثنان ٭ اثنى (في ثنى)
٭ أثير (في اثر) ٭ أَجَّ (في اجج)
٭ أَجاب (في جوب) ٭ اجاج (في اجج)
٭ اجاز (في جوز) ٭ اِجتاز (في جوز)
٭ اِجتَرَّ (في جرر) ٭ اِجتَنَبَ (في جنب)
To avoid. ٭ اِجتهد (في جهد)
To blaze; glow ٭ (اجج) ٭ أَجَّ . تأَجَّج
Flaming; blazing. أَجِيجٌ
Incandescent. مُتأَجِّجٌ
To avail ٭ أَجدَى (في جدو)
To reward; recompense. ٭ اجَرَ
To hire. أَجَّرَ . اكرى اواكترى
To rent. — (بيتاً أو أرضاً)
To hire; rent. اجَرَ . اِستأجَرَ
Reward; recompense. أَجْرٌ
Bricks; tiles. آجُرٌّ . طوب
Hire. أُجْرَةٌ
Fare. — السفر اوالركوبة
Cab fare. — العربة
Rent. — . ايجار

Lease. إيجار ٢ . اجارة
Servant. أَجِيرٌ . خادم
Hired. مأجور . مُستأجَرٌ . مُؤَجَّرٌ
Grammar. ٥ أُجْرُومِيَّةٌ
Chemist; druggist. ٥ أَجزاجِيٌّ
Pharmacy; drug-store اجزاخانة
To tarry; delay. ٭ أَجِلَ . تأخَّر
To postpone; adjourn. ٭ أَجَّلَ
To honour. أَجَلَّ (في جلل)
Yes; yea. أَجَلْ . نعم
For. لأَجْلِ
Because of; for. — كذا
For the sake of. — خاطر
In order to. — ان
Period; term. أَجَلٌ . مدَّة
End of life. — . وقتُ الموتِ
Sooner or later. آجلاً ام عاجلاً
Thicket; jungle. ٭ أَجَمَةٌ
Foreigner. ٭ أَجنبي (في جنب)
Cold chisel. ٥ أَجنة
٭ أجهر (في جهر) ٭ أَجهض (في جهض)
٭ آحٌ (في اوح) ٭ احاط (في حوط)
٭ أحاق (في حيق) ٭ أحال (في حول)
٭ احبط (في حبط) ٭ اِحتاج (في حوج)
٭ اِحتاط (في حوط) ٭ اِحتال (في حيل)
٭ اِحتجّ (في حجج) ٭ اِحتد (في حدد)
٭ اِحتدم (في حدم) ٭ احترس (في حرس)

* اِحترم (في حرم) * احتسب (في حسب)
* اِحتفل (في حفل) * احتق (في حق)
* احتكر (في حكر) * اِحتلّ (في حلل)
* احجم (في حجم) * احجية (في حجي)
To make into one. * اَحَّدَ
To agree. اِتَّحَدَ القومُ
To unite. — الشيئان
One. اَحَدٌ . واحد
Somebody; some one. — ما
Sunday. — . يومُ الاحد
None; no one. لا — . ولا واحد
Eleven. احدَى عشرة (١١)
Eleventh. حادي عشر
* اَحدب (في حدب) * اَحدق (في حدق)
* اَحرز (في حرز) * اَحرى (في حرى)
* اَحصَّ (في حصص) * اَحصى (في حصى)
* اَحلَّ (في حلل) * اَحلس (في حلس)
* اَحمر (في حمر) * اَحمق (في حمق)
* اَحول (في حول) * احيا (في حيي)
* اخ * اُخت (في اَخو) * اِختال (في خيل)
* اِخترع (في خرع) * اِختزل (في خزل)
* اِختصر (في خصر) * اختطّ (في خطط)
* اِختلّ (في خلل) * اِختلج (في خلج)
* اِختلس (في خلس) * اختلف (في خلف)
Ridge. * اخدود (في خدد)
To take; receive. * اَخَذَ . تناولَ
To get; obtain. — . نالَ

To begin; start. اَخَذَ في
To take hold of. — به
To take care. — حذرهُ
To wonder at. — ـهُ العجب من
To breathe. — نَفَسَهُ
To surprise. — على غرَّة
To ask one's advice. — رأيه
To punish for. آخَذَهُ بذنبهِ
Excuse me. لا تؤاخذني
To adopt; take up. اِتَّخَذَ
Taking; receiving. اَخْذٌ
Source. مَاْخَذٌ . موضعُ الأخذِ
Way; manner. — . طريقة
Taken. مَاْخُوذٌ . اُخِذَ
To delay. * اَخَّرَ . عاقَ
To hinder; impede. — . منَعَ
To lose. — ت الساعةُ
To delay; linger. تأخَّرَ
End; limit. آخِر
Last; the last. — . الأخير
And so forth; &c. etc. الى — ه
The future life. الآخِرَة
Another; other. آخَر
Last. اخِير
At last. اخِيراً
Delay. تأخِير
Back; hinder part. مُؤَخَّر

Lately. مُؤَخراً

Late. مُتأخِرٌ . ضدّ مبكّر

Behind hand. — . ضد متقدم

* آخرس (في خرس) * اخضر (في خضر)

* آخطأ (في خطأ) * اخلى (في خلو)

* آخمص (في خمص) ◻ اخنف (في خنف)

To go hard with. * اَخنى (في خنى)

Brother. * اخُو . أخٌ . أخٌّ

To fraternise with. آخَى

Brother. اَخٌ . اَخٌّ . اَخُو

Sister. أخت

Fraternity; brotherhood. اُخُوَّةٌ . اخاء

Brothers; brethren. اِخْوَةٌ . اخوان

Fraternal; brotherly. اخَوِيّ

* ادار * ادارة (في دور) * آدانَ

* اِدانة (في دين) * اَداة (في ادو)

To entertain. * اَدَبَ . اَوْلَمَ

To educate. اَدَّبَ . هَذَّبَ

To punish. — . عاقَبَ

To be educated تأدَّبَ . تهذَّبَ

To be polite. — . كان متأدباً

Politeness. اَدَبٌ . تأدُّبٌ . ظرف

Education. — . — . تَهَذُّبٌ

Literature. علمُ الـــ .

Ill-bred; impolite. قليل الأدب

Host; entertainer. آدِبٌ

Learned; scholar. أديب

Polite. اَديبٌ . مؤدَّبٌ

Education. تأدِيب . تهذيب

Punishment. — . قصاص

Feast; entertainment مَأْدُبَة

* آدبر (في دبر) * اِدَّخَرَ (في ذخر)

* آدرك (في درك) * اِدّعى (في دعو)

To hang down. * ادلى (في دلو)

To season. * اَدَمَ . خلط بالادام

Condiment. اُدْمٌ . اِدَام

Skin. اَدَمٌ . اَدَمَة

Adam. آدَم . اَبو البشر

Human being ابنُ — .

Leather. اَدِيمٌ . جِلدٌ

* ادمن (في دمن) * ادمى (في دمي)

Tool; implement. اَداة . (ادو)

Article. — (في النحو)

Definite article. — التعريف

Indefinite article. — التنكير

Materials. اَدَوات

Stationery. — الكتابة

To pay; discharge. * اَدَّى . وفى

To lead to. — الى

To take the oath. — اليمين

To give evidence. — الشهادة

Leading to. مُؤَدٍّ الى

Then. * اِذْ

Therefore. — ذاك

If. ٭ إذا . لَوْ
Therefore. اذاً . اذَنْ
March. ○ آذار . شهر مارس
٭ اَذاع (في ذيع) ٭ اَذعن (في ذعن)
To allow; permit. ٭ اَذِنَ لهُ
To announce; declare. آذَنَ
To take leave. إستَأذَنَ
Leave; permission. إذْن
Ear. اُذُنٌ ○ وِدْن
Handle. —٠ عروَة . مَسكة
Therefore. اِذَنْ . إذاً
Leave-taking. اِسْتِئذانٌ
Minaret. مِئْذَنَة . مَأْذَنَة
To injure; harm. ٭ آذَى . أضرَّ
Harmless; innocent. لا يؤذي
Injury; harm. اَذَى . اذِيَّة
Uninjured. لم يصبهُ —٠
Injurious; harmful. مؤذٍ
Harmless; innocent. غير —
٭ أراح (في روح) ٭ أراع (في روع)
To shed; spill. ٭ أراق (في روق)
Need; want. ٭ اَرَبٌ . حاجة
Desire; wish. —٠ غاية
Skill; adroitness. —٠ مَهارة
In pieces. إرباً اربا
Knot; tie. أرْبَةٌ . عقدة

Groin. اُرْبِيَّة ○ خُنٌّ الورك
Skilful; adroit. اَريب . ماهرٌ
Object; desire; wish. مَأرب
٭ أربع ٭ أربعاء (في ربع)
٭ إرتاب (في ريب) ٭ إرتاح (في روح)
To extemporise. ٭ اِرتجل (في رجل)
Artesian. ○ اِرتوازيّ
Artesian well. بِئْرٌ اِرتوازية
Inheritance. ٭ اِرثٌ (في ورث)
Orthodox. ○ ارثوذكسي
To be fragrant. ٭ اَرِجَ . فاح شذاهُ
Fragrance. اَرِيْج . شذا
٭ ارجأ (في رجأ) ٭ اُرجوحة (في رجح)
Purple. ٭ اُرْجُوَان ٭ اُرْجُوانيّ
To date "a letter. ٭ اَرَّخَ الخطابَ
To write a history. —. كتب تاريخا
Date. تَاريخ . تعريف الوقت
History. —. ذِكر الوقائع وأوقاتها
Time; epoch. —٠ زمن
History. —٠ حكاية
History. عِلْمُ الــ
Dateless; undated. بدون —
Historical. تاريخيّ
Dated. مُؤَرَّخ . عليه تاريخه
Historian. مُؤَرِّخ
Archipelago. ○ أرْخَبيل
To relax. ٭ اَرخى (في رخو)

Ardeb. ٭ أَرْدَبّ. مكيال للحبوب
Slate. ○ أَرْدُواز
Writing-slate. لَوْحُ — •
Slate-pencil. قَلَمُ — •
Pine ; pine-tree. ٭ أَرْزٌ. شجر عظيم
Rice. أَرُزّ . رُزّ
Aristocratic. ○ اِرِسْطُقراطيّ
Aristocracy. أرِسطقراطية
Archimandrite. ○ أرشمندريت
Archduke. ○ أرْشِيدوق
Archduchess. أرشيدوقة
Earth ; ground ; land. ٭ أَرْضٌ
Land ; soil. — الزراعة
Floor; ground. — • مايطئه القدم
The earth. الـــ. الكرة الارضية
Underground. تحت الـــ .
White ant ; termite. أَرَضَة
Earthly ; terrestrial. أَرْضِيّ
Demurrage. أَرْضِيَّة . أجرة التخزين
Ground ; floor. — ما يطئه القدم
Arrowroot. ٭ ارط ○ أَرارُوط
Battalion. □ أُرْطَة □ اورطَة
Organ. ○ أُرْغُن
Flute ; clarionet. ٭ ارغول
٭ أرغى (في رغو) ٭ اِرفضّ (في رفض)
To pass a sleepless night. ٭ أَرِقَ

Sleeplessness; insomnia. أَرَقٌ
Molar teeth. ٭ أُرَّم. أضراسٌ
To grind *his* teeth. حَرَّقَ الأُرَّمَ
Sign-board. أُرْمَة □ آرْمَة
Widow. ٭ أرمل (في رمل)
Hare; rabbit. ٭ ارنب (في رنب)
Form. □ أُرْنيك □ اورنيك
Model. — • مثال
Europe. ○ أُوربا . بلاد الافرنك
European. أُوروبيّ . اِفرنكي

Aeroplane. ○ أَروبلان
٭ أريحي ٭ أريحيَّة (في روح)
Sofa. ٭ أريكة . مُتَّكأ
Throne. — • عرش
٭ أزّ (في أزز) ٭ إزاء (في ازي)
٭ أزاح (في زيح) ٭ أزال (زول)
To flow. ٭ أَزَبَ الماء . جرى
Dumpy. اِزْب . قصير وسمين
Gutter. مِيزاب . مِئْزاب
٭ أزبد(في زبد) ٭ اِزداد (في زيد)
To despise. ٭ اِزْدَرَى (في زرى)
To wrap ; veil. ٭ أَزَّرَ . غطى
To support ; aid. آزَرَ . عاوَنَ
Wrapper ; veil. اِزْرٌ . إزار
Apron. مِئْزَرٌ . مَريول

Support ; assistance. مُؤازرة
Blue. ٭ أزْرَق (في زرق)
To simmer. ٭ أزز ٭ . أزَّ الطبخُ على النارِ
To fizz. — الشرابُ الفوّار
To wheeze. — النفَس
To draw near. ٭ أزِفَ الوقتُ
To be narrow. ٭ أزِقَ . ضاقَ
Narrow pass. مَأزِق
Eternity. ٭ أزَلٌ . أزَلِيَّة
Eternal. أزلِيٌّ
Crisis ; turning-point. ٭ أزْمَة
Asthma. ○ — ○ أزْما (مرض)
Pickaxe. □ — . فأس
Chisel □ إزْميل
Nitrogen; azote ○ ازُوت ○ نتروجين
Nitrate. أزوتات ○ نترات
Nitric. أزوتيك
Opposite to; in front of. إزاء
٭ أُسّ (في اسس) ٭ آس (في أوس)
Spinach ; spinage. ○ إسْبانخ
Spanish. ○ إسباني . اسبانيولي
Spaniard. شخْص — .
Spain. إسْبانيا
Hospital. ○ إسْبتالية . مُسْتشفى
Asbestos. ○ أسبستوس
Epaulet. □ أسبليطة

٭ أُسبوع (في سبع) ٭ إستمارة (في أمر)
٭ إستاءَ (في سوأ) ٭ أستاذ (في ستذ)
٭ استأنف (في أنف) ٭ استباح (في بوح)
٭ استبدَّ (في بدد) ٭ استتب (في تبب)
٭ استثمر (في ثمر) ٭ استجار (في جور)
٭ استحال (في حول) ٭ استحقّ (في حقق)
٭ استحم (في حمم) ٭ استحى (في حيي)
٭ استدعى (في دعو) ٭ استراح (في روح)
□ استرباحة (في ربح) ٭ استسقاء (في سقي)
٭ استشار (في شور) ٭ استشاط (في شيط)
٭ استعاذ (في عوذ) ٭ استعار (في عور)
٭ استعد (في عدد) ٭ استعفى (في عفو)
٭ استغلَّ (في غلل) ٭ استفاد (في فيد)
٭ استفزَّ (في فزز) ٭ استقال (في قيل)
٭ استقام (في قوم) ٭ استقصى (في قصو)
٭ استقلّ (في قلل) ٭ استكان (في كون)
٭ استلَّ (في سلل) ٭ استلقى (في لقي)
□ استمارة (في أمر) ٭ استمال (في ميل)
٭ استمرَّ (في مرر) ٭ استمنى (في مني)
٭ استنبط (في نبط) ٭ استهان (في هون)
٭ استهتر (في هتر) ٭ استهجن (في هجن)
٭ استهل (في هلل) ٭ استولى (في ولي)
India-rubber. ○ أَسْتِيك
To awake; get up. ٭ استيقظ (يقظ)
Lion. ٭ أسَد

To capture; take prisoner اسَرَ . سبي ✿

To captivate. — . سبي العقل

To surrender. اِسْتأسَرَ

Captivity. أَسْرٌ . سبي

The whole of it; entirely. بأسْرِهِ

Family. أُسْرَة . عائلة

Relations; kin. — الرجل

Strap. إسَارٌ . سير

Captive. أسِيرٌ . سبي

Israel. إسْرائيل ✿

Israelites; Jews. بنو — .

Israelite; Jew. اسرائيليٌّ . يهودي

To found. أَسَّسَ ✿

To be founded; established تأسَّسَ

Index; exponent. أُسٌّ

Foundation. أَساسٌ

Fundamental. أساسيٌّ

Foundation. تأسِيس

Founders' shares . — أسهم □

Founded; establishod. مؤَسَّسٌ

Founder; originator مؤَسِّسٌ

Stable. إسْطَبل ○ اصطبل ○

✿ اسطوانة (في سطن) ✿ اسطورة (في سطر)

Fleet. (في سطل) أُسْطول ✿

Master. أُسْطى . معلّم □

Cook; chef. — . طبّاخ

Driver. أُسْطى . سائق

Ganger; gangsman دريسة —

To be sorry. أَسِفَ . تأسَّفَ ✿

Grief, sorrow. أَسَفٌ . تأسُّف

Alas! what a pity! وا اسفاه . يا أسفاه

Sorry; sad. آسِفٌ . أسيف

Regretful. — . متأسِّف . نادمٌ

Base; bottom. (في سفل) اسفل ✿

Asphalt,—um. أسْفَلت ○

Sponge. إسْفَنْج □ سفنج ○

Whitelead; ceruse. إسفيداج ○

✿ إسفين (في سفن) ✿ أُسقف (في سقف)

✿ اسقمري (في سقمري) ✿ اسكاف (في سكف)

Threshold. أُسْكُفَّة . عتبة ✿

Harbour; port. إسْكِلة . ميناء ✿

To point; sharpen. أَسَّلَ ✿

Rush. أَسَلٌ . اسم نبات ○

Thorn; spike. أَسَلة . شوكة

Tipped; pointed. مؤَسَّلٌ

✿ أُسلوب (في سلب) ✿ اسلى (في سلو)

Name. (في سمو) إسم ✿

Azure; sky-blue. إسْمانجونيّ ○

Brown. (في سمر) اسمر ✿

Cement. اسْمَنْت □ سمنتو □

Stagnant (water.) آسِنٌ ✿

To dilate upon. (في سهب) اسهب ✿

To console. ﴿ اسو ﴾ . آسَا.اسَّى

To help ; relieve. آسَى . عاون

Example. أُسْوَة . قدوة

The same as myself — بنفسي

Consolation. تأسِيَة . مواساة

* اسود (في سود) * اسورة (في سور)

To grieve *for*. * اَسِيَ على

Grief ; sorrow. اَسىً . حزنٌ

Tragedy. مأساة

* اشار (في شور) * اشاع (في شيع)

* إشبين (في شبن) * اشتاق (في شوق)

* اشترى (في شري) * اشتكى (في شكو)

* اشتهى (في شهى) * اشَّر

◻ أشرجي (في شور) * اشقر (في شقر)

Amble. ◻ اشكين . رَمحٌ هَيِّن

* اشلَّ (في شلل) * اشلاء (في شلو)

To shudder at. * اِشْمأزَّ (في شمز)

Assyria. * آشور . اسم مملكة بائدة

Assyrian. أشوريّ

* اصاب (في صوب) * اصبع (في صبع)

* اصحاح (في صحح) * اصرَّ (في صرر)

Pot. ﴿ اصص ﴾ . اَصِيصٌ

* اصطاد (في صيد) * اصطاف (في صيف)

○ اِصْطبل (اسطبل) * اصطفى (في صفو)

* اِصْطَكَّ (في صكك) * اصطوانة (اسطوانة)

Yellow. * اصفر (في صفر)

To be firmly rooted. * أَصُلَ

To take root. تأصَّلَ

To uproot. اِسْتأصَلَ . اقتلع

To eradicate. — . أباد

To extirpate. — شأفته

Root. أَصْلٌ . جذر

Origin ; source. — . منشأ

Lineage ; stock. — . نسب

Foundation. — . أساس

Original ; pristine. اَصليٌّ . أوَّلي

Radical ; fundamental — . أساسي

True ; genuine. — . حقيقي

Prime number. عدد — .

Radical or root word كلمة أصلية

Good judgment. إصالة الرأي

For my part. بالـــ عن نفسي

Rules ; regulations. أُصول

Regularly. حسب الـــ .

Of noble origin. أَصِيل

Indigenous. — . ضد دخيل

Evening. — . عشيَّة

Pedigree animal. حيوان — .

Deep-seated ; rooted. متأصِّل

* أَصمّ (في صمم) * أصيص (في أصص)

* أضاءَ (في ضوأ) * اضطجع (في ضجع)

* اضطرَّ (في ضرر) * اضطرب (في ضرب)

* اضطرم (في ضرم) * اضطهد (في ضهد)

* أطاح (في طوح) * أطاع (في طوع)
* أطَرَ · عطَف To bend ; curve.
إطارٌ ٥ .برواز Frame.
* إطرد (في طرد) * أطرش (في طرش)
* أطرى * اطرية (في طرو)
٥ أطلانطيقيّ Atlantic.
* أطلس (في طلس) * أطلع (في طلع)
* أثار (في عور) * أعاق (في عوق)
* أعال (في عول) * أعان (في عون)
* اعتبر (في عبر) * اعتدّ (في عدد)
* اعتدى (في عدو) * اعتزّ (في عزز)
* اعتقد (في عقد) * اعتمد (في عمد)
* أعدّ (في عدد) * أعرب (في عرب)
* أعرج (في عرج) * أعطى (في عطو)
* أعفى (في عفو) * إعلام (في علم) * اعلان
* اعلن (في علن) * أعلى (في علو)
* أعمى (في عمي) * اعوذ بالله (في عوذ)
* أعور (في عور) * أعول (في عول)
* أعيى (في عيي) * أغاث (في غوث)
* اغتنم (في غنم) * أغدق (في غدق)
* أغرى (في غري) To entice.
* إغريقي Grecian ; Greek.
٥ اغسطس · الشهر الثامن August.
* أغضى (في غضي) * أغنّ (في غنن)
* أغنى (في غني) * اف (في افف)
* أفاد (في فيد) * آفاق (في فوق)
* افترى (في فري) * افحم (في فحم)

* إفرنج · اورويون Europeans.
بلاد الـــ. أوروبا Europe.
إفرنجيّ · أوروبي European.
* افريقا · قارة افريقا Africa.
إفريقيّ African.
* أفضى (في فضو) * أفعم (في فعم)
* أفعوان (في فعو) Viper.
* أفّ الأُذن Earwax.
* أُفُق · أُفْق Horizon.
أُفقي Horizontal.
* أَفَكَ · كَذَبَ To lie; tell a lie.
إفْكٌ · كَذِبٌ Lie.
أفّاك · كذاب Liar.
* أفَلَ To set ; disappear.
أفول Setting ; declination.
* آفة (في اوف) Blight.
٥ أفوكاتو · محامٍ Lawyer ; solicitor.
* أفيون Opium.
* أقال (في قيل) * أقام (في قوم)
* إقتحم (في قحم) * اقتدى (في قدو)
* إقترح (في قرح) * إقترف (في قرف)
* إقتصد (في قصد) * اقتضب (في قضب)
* إقتنى (في قنو) * أُقحوان (قحو)
* أقرّ (في قرر) To confess.
٥ أقرباذين Pharmacology.
علم الـــ. Pharmaceutics.
* أقرع (في قرع) * أقصى (في قصو)

☆ أقليم (في قلم) ☆ اُقنوم (في قنم)
☆ أقنى (في قنو) Aquiline.
○ اُقّة Oke.
☆ اِكترث (في كرث) ☆ اِكتظّ (في كظظ)
☆ اِكتنف (في كنف) To surround.
○ أكتوبر . الشهر العاشر October.
☆ أكّد (في وكد) ☆ أكره (في كره)
○ أُكرة الباب . سعدانة Handle; knob
○ اكسبريس Express train.
○ أكسيجين Oxygen.
☆ إكسير Elixir.
— الحياة Elixir of life.
☆ أكَلَ To eat; take food.
— . قرض To eat away; gnaw
— الجلد . رعى To itch.
○ — مخّه To coax; cajole.
آكَلَ To eat or mess with.
تأكّلَ To corrode
أكْلٌ . طعام Food; meal.
— . تناوُلُ الطعام Eating.
وقت الـــ . Mealtime.
غرفة الـــ . Dining-room.
أكلة . وجبة Meal; repast; mess
أكّال . أكول Glutton.
— . قارض Corroding.
تأكّل . نخر Corrosion
تأكل . طعام Food.

○ اكليروس Priesthood.
○ اكليركي Clerical; priestly.
○ اكلينك Surgery.
☆ اكمة Hill; mound.
☆ آل (في اول) ☆ ألّ (في الل)
☆ ألا تريد Don't you wish?
☆ اِلّا . عدا Except, —ing; save.
— اذا . ما لم Unless; if not.
☆ آلاي (في اول) ☆ الآن (في اون)
○ الاووظ . لولب Screw.
○ آلاي . فرقة من العسكر Regiment.
☆ البارح ☆ البارحة (في برح) Yesterday
○ ألبوم Album.
☆ التي (في لتي) ☆ الذي (في لذي)
○ ألتين Puttees; putties.
☆ أَلِفَ الشيء To be familiar with
— . صار أليفاً To grow tame.
ألّفَ . وحّد To unite; join.
— . صنّف To compile.
اِئتلف به To associate with
تألّفَ من To consist of; be composed of.
ألْفٌ . عشر مئات A thousand.
أُلفة . إيناس Familiarity.
— . صداقة Friendship.
— . اتحاد Union; agreement.
أليفٌ . ضدبرّي Tame; domestic

Sociable; affable. أَلِيفٌ . أنيس

Unison; accord. اِئتلاف . وئامٌ

Association; unity. — . اِتحاد

Compiled; written مؤلَّف . مكتوب

A book. — . كتاب

Composed of. — من كذا

Compiler; author. مؤلِّف

Common; usual. مألوف . عادِيٌّ

Popular; familiar. — . دارج

To find. * أَلْفَى . وَجَدَ (في لفو)

To glitter; gleam * أَلَقَ . تألَّقَ

Glittering; beaming مُتَأَلِّق

* الق (في لق) * الكحول (في كحل)

To feel pain. * أَلِمَ . تألَّمَ

To pain; hurt; ache أَلَّمَ . آلَمَ

Pain; suffering; ache. أَلَمٌ

Headache. — الرأس

Tooth ache. — الأسنان

Passion-week. أُسبوع الآلام

Passion-flower. زهرة الآلام

Painful. أَلِيمٌ . مُؤْلِم . موجع

Diamond. * أَلْماسٌ . ماسٌ

To deify. * أَلَّهَ

God. الله . رَبُّ الكون

God; deity. إِلاهٌ . إِلَه

Goddess; divinity. إِلاهَة

Divine; godlike. إِلاهيٌّ

Theological. — . ديني

Bravo; well done! لله دَرّك

Deification; apotheosis. تألُّه

* آلة (في اول) * الهى (في لهو)

He did his utmost; did all he could. لم يألُ جهداً

To. * إلى

Until; till. — ان

Or. * أَمْ . او

* أمَّ * أُمٌّ * إمَّا (في امم) * امارة (في امر)

* أماطَ (في ميط) * امام (في امم)

Emperor. ○ إمبراطور

Empress. امبراطورة

Imperial. امبراطوري

Empire. امبراطورية

* امتاز (في ميز) * امتثل (في مثل)

* امتحن (في محن) * امتقع (في مقع)

To abuse. * امتهن (في مهن)

A limit; an end. * أَمَدٌ . غاية

To order; command; bid. * أَمَرَ

To consult with. آمَرَ . شاور

To conspire. تآمروا

Order; command. أَمْرٌ . فرض

Warrant; authority. — . تفويض

Influence; power. — . سلطة

Imperative mood. — . صيغة الامر

Decree; edict. — عالٍ

At your orders. ○ تحت أمرك
Matter: affair. أَمْرٌ ٢ . مسئلة
Business; concern. — . شأن
It is all over. قُضِيَ الأمرُ
Commander. آمِرٌ . الذي يأمر
Imperative. أَمْرِيٌّ
Princedom. إِمَارَة
Principality. — . ولاية
Sign; indication. أَمَارَة . علامة
Prince. أَمِير . سليل الملوك
Chief; commander. — . رئيس
Admiral. — البحر ○ أميرال
Commander of the Faithful. — المؤمنين
Colonel. ○ أميرالاي
Princess. أميرة ○ برنس
Queen-bee. — النحل
State; government. أميري
Form; blank form. إِسْتِئْمَارة
Requisition. —○ إذن
Conspiracy; plot مؤامَرة
Ordered. مأمور
Delegate. ○— . مندوب
Postmaster. ○— البوستة
Mamour of a district. ○— المركز
Mission; commission; errand. مأموريّة

Conference. مؤتَمَر
* امرأة * امرؤ (في مرأ) * امرد (في مرد)
Yesterday. أَمْسِ . البارحة
Amphitheatre. ○ أمفتياترو . مدرّج
To hope; trust. * أَمَلَ . رجا
To look attentively at. تأمّل فيه
To meditate. — في الأمر
Hope. أَمَلٌ . رجاء
Idle or wild fancy. — كاذب
To despair *of*. قطع الـ— منه
Hopeful; confident. آمِلٌ . راجٍ
Meditation. تأمُّل . تروٍّ
Hope. مأمَلٌ . مأمول
To dictate. * املى * املاء (في ملو)
To repair to. * امم * أَمَّ . قصد
Mother. أُمٌّ . والدة
Origin; source. — الشيء . اصله
Matrix. — . قالب السبك
Nation; people. أُمَّة . شعب
The public. الـ— . الجمهور
Bondmaid. أَمَةٌ (في امو)
Motherly; maternal أُمّي . أمومي
Ignorant. — . غير متعلم
Illiterate. — . جاهل
Motherhood; maternity. أُمّيّة . أمومة . صفة الام

Ignorance. — . جَهل
Illiterateness. — . جهل القراءة
Before. اَمَامَ . قُدَّام
Opposite to ; in front of — . تجاه
Leader ; chief. إمَام . قائد
But ; only اَمَّا . لكن
Either "this or that." إمَّا
To be or feel safe. ✽ اَمِن
To assure ; reassure. اَمَّن
To insure. — على ○ سوكر
To entrust to. — اِئْتَمَن . اِستأمنَ
To trust. إئْتمنَ [2]. استأمن . وثق به
To believe in. آمَن به
Security ; safety. اَمْن . اَمان
Secure ; safe. في الـــ . مصون
Faithfulness. اَمانَة . ولاء
Honesty. — . ضد خيانة
Faith ; confidence. — . ثقة
Faithful ; loyal. اَمين . وفيّ
Honest. — . ضد خائن
Safe ; secure. — . غير خطر
Cashier. — الصندوق
Treasurer. — المال
Store-keeper. — المخزن
Amen. ○ آمين
Wish ; desire. اُمنيَّة . (في منى)

Faith ; belief. إيمان . اعتقاد
Assurance. تأمين . تطمين
Deposit. — . رَهن
Security ; guarantee — . ضمانة
Insurance. — ○ سيكورتاه
Safe ; secure. مأمون . غير خَطِر
Trusty ; trustworthy. — . مؤتَمَن
Believer ; faithful. مُؤْمِن . معتقد
Omnibus ; [bus.] ○ أُمنيبوس . حافلة
Bondmaid. ✽ اَمَة . جارية
If. ✽ اَنْ . اذا . لو
Since ; because. بما — . لأنّ
If. إن . اذا . لو
Unless. — لمْ . ما لَم
But ; only. إنَّما . لكن
✽ آن (في اون) ✽ انَّ (في انن)
I. ✽ اَنا . ضمير المتكلّم
Egoist. اَنانيّ
Egoism ; selfishness. اَنانيَّة
✽ اناء (في اني) ✽ اناخ (في نوخ)
✽ أناس (في نوس) ✽ أنام (في انم)
Pine-apple ; ananas. ○ اَناناس
Toleration. ✽ اناة (في انى)
To reproach. ✽ اَنَّبَ
To feel remorse. — هُ ضميرهُ
Reproach. تأنيب . تعنيف

Remorse. تأنيبُ الضمير

٭ انبأ (في نبأ). ٭ انبار (في نبر)

□ أنباشي. رئيس عشرة Corporal.

Lance corporal. — وكيل

٭ أُنبوب (في نبب) ٭ انبيق (في نبق)

You; thee; thou. ٭ أنتَ

٭ انتحب (في نحب) ٭ انتحر (في نحر)

٭ انتحل (في نحل) ٭ انتخب (في نخب)

٭ انتقم (في نقم) ٭ انتهر (في نهر)

To seize. ٭ انتهز (في نهز)

Antiquity. ○ أنتيكه. أثرٌ قديم

Museum. أنتيكخانة. متحف

To put into the feminine gender. ٭ أنَّث

To effeminate. — خنَّث

Female. أُنثى. ضد ذكر

Feminine. مؤنَّث. ضد مذكَّر

Gospel. ○ إنجيل. بشارة

Evangelic, —al. انجيلي

To be sociable. ٭ أَنِس

To be pleased with — به واليه

To cheer; make happy. آنسَ

To perceive; see. — علِم

To become sociable. إستأنسَ

To become tame. — الحيوان

Sociability; geniality. أُنْسٌ

Internal. (في التشريح). أُنسيٌّ

Mankind. إنسٌ. ضد جنٌّ

Man; person. إنسانٌ. رَجُل

Human being. — بَشَر

Human. إنسانيٌّ. بَشَري

Humanity. إنسانيّة. بشريّة

Damsel; young lady. آنِسَة. فتاة

Sociable; genial. أنيس. لطيف

Tame; domestic. — اليف

٭ انسلّ (في سلل) ٭ انشوطة (في نشط)

٭ انطلق (في طلق) ٭ انعم (في نعم)

To disdain. ٭ أنِفَ

To renew; recommence. إستأنَفَ

To appeal a case. — الدعوى

Nose. أنفٌ. منخر

In spite of *his* teeth. رَغمَ —ه

Pride; self-esteem. أنَفَة

Previously. آنفاً. قبلاً

Disdainful. أنوفٌ

Recommencement. إستِئْناف

Appeal. — الدعوى

Appellate judges. قضاة ال—

Court of appeal. محكمة ال—

Appellant. مُستأنِفُ الدعوى

Appellee. المستأنَفُ عليه او ضده

Amphitheatre. ○ أنفيتياترو. مدرج

Rennet ٭ إنفَحَة (في نفح)

Endurance; patience. أناة
Slowness. تأنٍّ . تمهّل
Slow; deliberate. مُتأنٍّ
Where. ٭ أنّى ، أينَ
When. — ، متى
How. — ، كيف
Aniseed. ٥ أنيسون . يانسون
To insult; abuse. ٭ اهان (في هون)
To prepare; make ready. ٭ أهَّبَ
To get ready *for* تأهّبَ لكذا
Readiness. أُهبة . استعداد
Preparedness. تأهُّب
Prepared; ready. مُتأهِّب
٭ اهبل (في هبل) ٭ اهتمّ (في همم)
To shed; spill. ٭ أهرق (في هرق)
To render fit. ٭ أهّلَ للأمر
To marry to. ٥ — ، آهلَ . زوَّجَ
To welcome. — ٥ تأهَّلَ به
To be fit *for*. تأهّلَ ٢ للأمر
To get married. — ، تزوّج
To deserve; merit. إستأهَلَ
Family. أهْل . عائلة . أُسْرة
Relations.. — ، اقرباء
Expert. ٥ — خِبرة . خبير
Worthy of. — لكذا . يستوجبه
Fit for. — لكذا . يليق به

Influenza. ٥ انفلونزا . النزلة الوافدة
To be neat or tidy ٭ أَنِقَ . كان حسن الترتيب
To be elegant. — ، كان حسناً
To be accurate. تأنّق في عمله
To be fastidious. — في لبسه او اكله
Elegance; beauty. أناقة
Elegant; beautiful. أنيق . حسن
Tidy; neat. — ، مُتقَن الترتيب
Fastidiousness; nicety. تأنُّق
Fastidious. متأنِّق
٭ انقذ (في نقذ) ٭ انقضّ (في قضض)
Janissary; janizary ٥ إنكشاري
England. ٥ انكلترا . بلاد الانكليز
English. ٥ إنكليزي
English; the English language. اللغة الانكليزية
An Englishman. شخص انكليزي
The creatures; created beings. ٭ آنام . الانام
Model; example. ٥ أنموذَج . مثال
Sample; specimen. — ٥ عيّنة
To moan; groan. ❋ أنّ ❋ أنَّ . تأوَّه
To consent; yield. ٥ — ، هنا
Moaning أنين . أنّة . تأوُّه
To draw near. ٭ آنَى . دنا
To take one's time. إستأنى . تأنّى . تمهّل
To wait. — ٥ استنّى . انتظر
Vessel. إناء . وعاء

Welcome! أَهْلاً وسَهْلاً
Domestic. أَهْلِيّ . عائلي
National. — . وَطني
Civil war. حرب اهلية
Fitness; aptitude. أَهْلِيَّة
Populated. آهِل . مأهول
Deserving; meriting. مُتأَهل
Or. ✲ أَوْ . أَمْ
Unless. — . ما لم
Return. ✲ أَوْبٌ . إِياب . رجوع
To return; come back. آبَ . عاد
August. آبُ ○ شهر اغسطس
The rabble. ✲ أوباش (في وبش)
Opera house. ○ أُوپرا . دار التمثيل

Motor-car; automobile. ○ أوتوموبيل . سيّارة
Zenith. ✲ أَوْج ـَة
To inspire to. (يوحي)
Burden. ✲ اود . حمل
Room; chamber. ◻ — . غرفة

Orang-outang. ○ أُورانجوتان . انسان الغاب

Battalion. ○ أُورطَة . أُرطه
Form; blank form. ○ أُورْنيك
Model. — . مثال
Europe. ○ أُوروبا
European. اوروبي . افرنجي
Goose (*pl.* Geese). ✲ أَوِزَّة . وزّة

Swan. — العراق
Lamb. ✲ ◻ أُوْزِيّ . صغير الغنم
Myrtle. ❀ اوس ❀ . آسٌ
Ace. ◻ — . واحد
Myrtle-berries. حَبُّ الـــ .
Master workman. ◻ أُوسطى . معلم
Cook; chef. — . طبّاخ
Driver. — . سائق
Disease. ❀ اوف ❀ . آفَةٌ
Blight. — زراعيّة
Ocean. ○ أوقيانُس ○ أوقيانوس
Atlantic — الـــ الاطلانطيق
Pacific — الـــ الباسيفكي
Indian — الـــ الهندي
Arctic — الـــ المتجمد الشمالي
Antarctic — الـــ المتجمد الجنوبي
Oceanic — اوقيانوميّ

Ounce	٥ أُوْقِيَّة
Oxygen.	٥ أُوكسيجين
To interpret ; explain	٭ أَوَّلَ
To revert to.	آلَ الى . عاد
To lead to.	— بهِ الى
Family; relatives.	آلٌ . اهل
Expert.	— خبرة
Organic.	آليٌّ . عضويٌّ
Mechanic, —al	— ٥ ميكانيكي
Tool; implement.	آلة . اداة
Machine.	— ٥ مكينة . دولاب
Instrument.	— . عدَّة
Organ.	— . عُضو
Musical instrument.	— موسيقيَّة
Sewing-machine.	— الخياطة
Pumping-machine	— رافعة للمياه
Cat's-paw ; tool.	— صمَّاء
Musician.	٥ آلاتي ٥ موسيقيٌّ
First.	أوَّل . ضد آخر
Beginning.	— . فاتحة
First-rate: tiptop.	— درجة
The day before yesterday.	— البارحة
First, —ly ; in the first place.	أوَّلاً
First ; chief ; primary.	أوَّليٌّ
Prime number.	عددٌ — .
Axiom	أوَّليَّة . مبدأ مقرر
Priority	— . أسبقيَّة
First refusal. prior right.	٥ أولويَّة . الحقُّ الاول
Province	ايالة . مقاطعة
Interpretation	تأويل . تفسير
Result ; end.	مآل . نتيجة
These ; those	٭ أُولاء . اولئك . هؤلاء
Possessors of	أُولو . ذوو
Men of reputation.	— الشهرة
More deserving.	٭ اولى (في ولي)
Olympian.	٥ أُولميٌّ
To indicate.	٭ أَوْمَأَ (في ومأ)
Omnibus ; [bus]	٥ أُمنيبوس
Time ; hour.	٭ آوانٌ . آنٌ . حين
Season ; time.	— . وقت
It is high time ; the time has come.	آنَ الاوانُ
Now; at present.	الآن
Corporal.	أُونباشي . انباشي
Lance corporal.	— . وكيل
Sharper.	أونطجي . نصَّاب
To groan ; moan.	٭ اوه ٭ . آهَ . تأوَّهَ
Groan, —ing ; moan, —ing.	تأوُّهٌ . توجُّع
To retire to.	٭ آوَى المكانَ
To shelter.	— . ستر

— . أوَّى To put up; lodge.

إيواء . إسكان Lodging ; quartering.

— . سَتْر Sheltering.

إيوان . قاعة كبيرة Hall.

— . سراي Palace.

في الأوى In-doors.

ابن آوى Jackal.

آية . علامة Sign ; mark.

— . معجزة Miracle.

— . شيء عجيب Marvel ; wonder.

— من كتاب مقدَّس Verse.

مأوى . مسكن Dwelling; abode.

— . ملجأ Shelter ; refuge.

* أيْ That is to say ; namely

إيْ . نعم Yes ; yea.

أيّ Any.

— كان Whoever.

— شيء Anything.

— واحد Any one.

○ أيّار . شهر مايو May.

* ايالة (في اول) Province.

○ إيثير . اثير Ether.

إيثيري . اثيري Ethereal.

* أيَّدَ . ساعد To support.

— . عزز To confirm; establish

* ايراد (في ورد) Income ; revenue.

* إيران . بلاد فارس Persia.

○ إيرل . لقب شرف انكليزي Earl.

* أيِسَ منه To despair of.

○ آيَسَ عليه او عنه To expose to risk.

إياس . يأس Despair.

أيضًا . كذلك Also.

— . ثانياً Again.

— . كذلك Too ; as well.

* ايقظ (في يقظ) * ايقنَ (في يقن)

○ أيقونة . نصبة Icon.

* أَيْكٌ . دَغَلٌ Thicket ; jungle.

أيكة Bush.

* إيَّلٌ . اسم حيوان Deer ; stag.

○ أيلول . شهر سبتمبر September.

* أيِّم . ارملة Widow.

— . ارمل Widower.

أُيوم . أيمة . ترمُّل Widowhood.

* ايماء (في ومأ) * ايمَن (في يمن)

* أينَ . حيث Where.

أينما . حيثما Wherever.

* آية * ايوان (في اوي)

﴿ب﴾

* بِ . حرف جر By ; with ; through

* باء (في بوأ) * بابٌ (في بوب)

* بابا . أبٌ Papa ; father.

Pope. بابا . حبرٌ اعظم
Papal. باباويّ . بابويّ
Papacy. باباوية
Pupil "of the eye". بؤبؤ العين
Engine; machine. □ بابور
Steamer. — البحر . باخرة
Camomile. ○ بابونج
To pass the night. ✿ باتَ (في بيت)
Pathology. ○ باثالوجيا ○ باثولوجيا
✿ باح (في بوح) ✿ باخ (في بوخ)
✿ باخرة (في بخر) ✿ باد (في بيد)
✿ بادٍ (في بدو) ✿ بادر (في بدر)
✿ بادي ✿ بادية (في بدو)
Egg-plant. ○ باذنجان. نبات الباذنجان
Egg apple; brinjal. ثمر الــ
To dig a well. ✿ بأرَ . حفر بئراً
Well; pit. بئرٌ
Focus. بؤرة
Bar. ○ بار . مكان شرب الخمور وغيرها
✿ بارَ (في بور) ✿ بارٌّ (في برر)
✿ بارجة (في برج) ✿ بارك (في برك)
Programme. ○ بارنامج . بيان
Catalogue. — . قائمة
Para. ○ بارة . ربع عُشر القرش
Gunpowder. ✿ بارود (في برد)
Barometer. ○ بارومتر

Parisian. ○ باريسي . نسبة الى باريس
Falcon; hawk. بازٌ . بازي
To kiss. ✿ باسَ (في بوس)
Power; might. ✿ بأسٌ . قوّة
Intrepidity. — . شجاعة
To be wretched. بَئِسَ . كان بائساً
How bad! بئسَ . ضد نِعْمَ
Wretchedness; misery. بؤسٌ
Wretched; miserable. بائس . تعِس
Passport. ○ باسپورت . جواز السفر
Hæmorrhoids ✿ باسور (في بسر)
Pacific. ○ باسيفيكي . هادىء
Chief. □ باشْ . اوّل
King. — (في ورق اللعب)
Chief clerk. باشكاتب. كاتبٌ اوّل
Chief engineer. باشْمهندس
Pasha. ○ باشا . لقبٌ عظيم
Desk. □ باشتختة . مكتبة
Black-board. — . سبّورة
Sergeant-major. □ باشجاويش
Sparrow-hawk. ✿ باشق
Towel. □ باشكير . قطيلة
✿ باعَ ✿ باعٌ (في بيع) ✿ باقة (في بوق)
✿ بالَ ✿ بالٌ (في بول) ✿ بالغ (في بلغ)
Bale. ✿ بالة (في بول)
Ball; dance. ○ بالو . مرقص

Balloon ; aerostat. ○ بالــون . منطاد

Okra ; lady's-finger. ○ باميا

* بانَ (في بين) * بانٌ (في بون)

Tiger ; jaguar. ○ بَبرٌ . اسدهندي

Parrot ; popinjay. * بيغاء . ببّغاء

To cut off. * بَتَّ . قَطَعَ

To decide ; settle. — . قرَّر

Decision. بَتٌّ . تقرير

Decisive ; final. بَتِيٌّ . باتٌّ

Never ; not. بَتَّةَ . البَتَّةُ

Peremptorily; finally. بَتَاتاً . نهائيا

To amputate ; cut off. * بَتَرَ

Amputation. بَتْرٌ . قطعٌ

Cutting ; sharp. بَتَّار . قاطعٌ

Petroleum. ○ بترول ○ زيت البترول

Might ; strength. * بَتْعٌ . حيل . قوّة

To live in celibacy. * بَتَّلِ . تبتّل

Virgin بَتول . عَذراء

Beech-tree. بتولا . اسم شجرة

Virginity. بَتُولِيَّة

Bath. ○ بِتْيَّه . حوض الاستحمام

Tub. بتية . اناء كنصف البرميل

To send forth. * بَثَّ . ارسل

To spread; publish. — . نشر

To diffuse ; scatter. — . نثر

To propagate. — مبدأ او تعليماً

To become pimply. * بَثَرَ . تبثّر

Pustule ; pimple. بَثْرَة

Pustulous; pimply. بَثِرٌ . مبثّر

To break through. * بَثَقَ

To break forth. اِنْبَثَقَ

To proceed *from*. — منه

Emanation ; issuing. اِنْبثاق

Emanating ; proceeding. مُنبثِق

To be shameless. ○ بجَعَ . قلّ حياه

To vaunt ; boast. * تَبَجَّح

Pelican. * بَجَعٌ

To dignify ; honour. * بَجَّلَ

Venerable, honourable مُبَجَّل

To be dumbfounded. * بجَمَ . سكت

Stupid. ○ بَجَمٌ . بليد او غبي

To rivet ; clinch. * بَجَّنَ المسمار

To be hoarse. * بَحَّ (في بحح)

To be at ease * بحبَحَ . تبحبح

Gay; lively; Jolly. ○ بَحبوح . بحبور

Middle; centre. بحبوحة . وسط
Ease ; comfort. — . رَغَدٌ
Easy ; comfortable مُبَحْبَح . مريح
Loose ; not tight. — . ضد ضيق
Mere ; pure. ✿ بَحْت . صِرفٌ
T investigate. ✿ بَحَثَ الموضوعَ
To study ; examine. —الأمرَ
To search for — عن الشيء
To discuss "a question with". باحَثَ . تباحث
Search, —ing. بَحْث . تفتيش
Investigation. — . فَحصٌ
Peninsula. ○ بُحَيْث جزيرة
Theme. مَبْحَث . موضوع
Research. — . فحص
Discussion. مُباحَثة
To scatter ; disperse. ✿ بحثر . بعثر
To be hoarse. ❁بحح❁ بَحَّ الصوتُ
To quack. — البطُّ
Hoarseness. بُحّة الصوتِ
Hoarse ; harsh. أبَحّ ○ مبحوح
To be appalled. ✿ بَحِرَ . بُهِتَ
To sail. أبحَرَ . سافرَ بحراً
To study deeply. تبحّر في الدرس

Sea. بَحْر . خلاف البرِّ
Ocean. — . اوقيانوس
Metre. — (في العروض)
In the course of. في —كذا
Sea-sickness. دوارُ او دوخة الـ—
Navigation. سلك الـ— . مِلاحة
Seacoast. شاطئ الـ— .
Sea-air. هواء الـ—.
Marine. بحريّ . مختص بالبحر اومنه
Nautical ; naval. — . مختص بالملاحة
North; northern. ○ — . شمالي
Sailor ; seaman — . بحّار
The crew "of a ship" بحّارة المركب
Navy. بحريّة
Delirium. بُحران. هذيان المرض
Pool ; pond. بَحَرَة . بِركة
Lake. بُحَيْرَة
✿ بحيث (في بحث) ✿ بخّ (في بخخ)
Fortune ; luck. ✿ بَخْت . حظ
Unfortunate. قليل الـ— .
Fortunate ; lucky. بَخِيت ○ مُبَخْت
A pig in a poke. ○ بَخْتك رزقك
To prance ; swing ✿ بَخْتَر . تبختر
To swagger. — . — عُجْباً
To snore. ❁بخخ❁ . بَخَّ . غطَّ

To spout. ○ — الماء

Squirt. ○ بُخَيخة . مضخّة صغيرة

To steam ✿ بَخَرَ الماء والقدرُ

To vaporise. بَخَّرَ . حوّل الى بخار

To fumigate. — . طهّر بالتبخير

To incense. — . طيّب بالبخور

To evaporate. تَبَخَّرَ

Foul breath. بَخَرٌ

Vapour; steam. بخار

Steam-pipe. ماسورة البخار

Steam-gauge. ميزان ضغط البخار

Vapourous. بُخاريّ . ملآن بخار

Vapour-bath. حمّام — .

Steamboat. سفينة بخارية

Steam-plough. محراث — .

Steam-engine وابور — .

Incense. بَخُور

Cyclamen. — مريم . اسم نبات

Steamer; steamship. باخِرَة

Censer. مِبْخَرة . مجمرة البخور

Fumigator — . جهاز التطهير بالبخار

To disparage; belittle. ✿ بَخَسَ

To wrong. ـــه حقَّه . ظلمه

Low; cheap. بَخْس . واطئ

To [tip]; give a present to. ○ بَخْشَشَ

Present; gift. بَخْشِيش . هِبة

Gratuity; [tip.] — . حلوان

Head gardener. ○ بَخْشَوَنجي

To be miserly ✿ بَخِلَ

Stinginess. بُخْل . تقتير

Avarice; greed. — . حبّ المال

Miserly; stingy. بَخيل . شحيح

Avaricious. — . مولع بالمال

✿ بُدّ (في بدد) ✿ بَدَا (في بدو)

To begin; commence; open. ✿ بَدَأَ . اِبْتَدَأَ . افتتح

To start. — . — . شرع في

To set in. — . — الفصل . حلّ

To give precedence. بَدَّأَ . فضّل

To be the beginner. بادأ

To assail. ـــه بالشرّ

Beginning. بَدْء . بداءة . ابتداء

Beginner. بادِئ . مبتدئ

Aggressor. الـــ بالشرّ

Primary. اِبْتدائي

Court of first instance. محكمة — .

Principle. مَبْدَأ

High principled. صاحب — .

Beginning. مُبْتَدأ

Subject "of a sentence. — الجملة

Beginner. مُبْتَدِئ . بادِئ

To disperse, scatter ✿ بَدَّدَ . شتّت

To squander. بدر ٢ . بعزق
To be dispersed. تَبَدَّدَ
To be arbitrary. اِسْتَبَدَّ
To overrule. — بهِ . تحكَّم
Escape. بُدٌّ . مناص
By all means. لا —ٌّ من غير بدٍّ
You must come. لا —ٌّ من حضورك
Necessary. لا —ٌّ منهُ . ضروري
Inevitable. لا —ٌّ منهُ . محتّم
Despotism. اِسْتِبداد
Obstinacy. — بالفكر
Arbitrary; despotic. استبدادي
Despot; tyrant. مُسْتَبِد
Obstinate. — برأيهِ
To surprise. ٭ بَدَرَ . عاجل
To be early; come early بَدَّرَ . بادَرَ
To hasten to. بادر ٢ الى
Full moon. بَدْرٌ . قمرٌ كامل
Basement. ٥ بَدْرون
Early. ٥ بدري . مبكر
Threshing floor. بَيْدَر
To invent. ٭ بدَعَ . ابتدع . اخترع
To innovate — . — . اتى بجديد
To fashion, make. — . أبدَعَ
Contrivance. invention. بَدْعٌ . اختراع

Innovation. بِدْعة . شيء جديد
Wonderful; marvellous. بديع . عجيب
Maker; creator. — . مبدِع
Rhetoric. عِلم الـ—
To change; alter. ٭ بَدَلَ . بَدَّلَ . اَبْدَلَ
To exchange. بادَلَ
To be changed or altered. تَبَدَّلَ
To exchange. تبادلوا
To exchange. اِسْتَبْدَلَ
To replace; substitute. — . استعاض
Changing. بَدْلٌ . اِبْدال . تَبْديل
Exchanging — . — . اسْتِبْدال
— . — . — . استعاضة
Substitution; replacement.
Substitute. بَدَلٌ . بَديل
Travelling allowance. ٥ — سفرية
House allowance. ٥ — سكن
Noun in apposition. اسم الـ—
Instead of; in place of. بَدَلاً من
Suit "of clothes". ٥ بَدْلة ثياب
Exemption fee. ٥ بَدَلِيَّة
Money changer بَدَّال . صرّاف
Grocer ٥ — بقّال
Siphon. ٥ بَدّالة (في الري)

Exchanging. تَبادُل . مُبادَلَة
Reciprocality. — . — . معاوضة
Telepathy. — الخواطر
Reciprocal ; mutual. مُتَبادِل
Body. ٭ بَدَنٌ . جسد
Trunk. — . جذع
Shaft of a column. — العمود
Clan. بَدَنَة . عشيرة
Corpulence. بَدانَة
Corpulent ; stout. بَدين
To surprise; come upon suddenly. ٭ بَدَهَ . فاجأ
To improvise. اِبْتَدَهَ . ارتجل
Intuition. بَداهَة . بديهة
Intuitively. بَداهةً . بالبداهةِ
Intuitive. بَديهيّ
Self-evident. — . غنيّ عن البيان
Axiom. بديهيَّة
To appear. ﴿بدو﴾ . بَدا . ظهرَ
To seem ; look. — . لاحَ
To show ; reveal. بادَى . اظهر
To show; manifest. ابْدَى . اظهرَ
Obvious ; apparent. بادٍ
Nomadism . بَدْوٌ . خلاف الحضَر
Nomads. — . اهل البادية
Bedouin; nomad. بَدَويّ
Desert ; wilderness. بادِيَة

٭ بديهة (في بده) ٭ بَذٌ (في بذذ)
To revile ; abuse. ٭ بَذَأَ . ذَمَّ
Foul ; dirty. بَذِيءٌ . قبيح
Foul-mouthed. — اللسان
Luxury. ٭ بَذَخٌ . ترَف
High ; lofty. باذِخ . مرتفع
To beat. ﴿بذذ﴾ . بَذَّ عليهم
Squalid. بَذٌّ . باذٌّ . قذر
Squalor. بَذاذَة . قذارة
To sow. ٭ بَذَرَ الحَبَّ (في الأرضِ)
To disseminate. — . بثَّ
To squander ; waste. بَذَّرَ . بَدَّدَ
Sowing. بَذْرٌ . زَرْع البذرِ
Seed, —s — ه تقاوي
Seedtime. اوانُ الــــ .
Pip ; seed. بَذْرَةُ الثمرةِ
Squandering. تَبْذير . تبديد
Prodigality. — . إسراف
To give ; bestow. ٭ بَذَلَ
To give one's self. — نفسَهُ
To do one's best. — جهده
Giving ; bestowal. بَذْلٌ
Suit "of clothes". بِذْلَة ثياب
Hackneyed ; much used. مُبْتَذَلٌ
Trite ; stale. — . قديم
To create ; make. ٭ بَرَأَ . خَلَقَ

To recover; regain health. بَرِئَ المريض

To heal. — الجرحُ

To be innocent of. — من كذا

To acquit *of*. برّأه من التهمة

To cure; heal. أبْرَأَ. شفى

To discharge. — من دَيْنٍ

To deny. تبرّأ من. أنكر

To be acquitted "of a charge" — من التهمة

Recovery; cure. بُرْءٌ. بُروء

Creation. بَرْءٌ. خلق

Acquittal. براءة. تخلّص

Innocence. — . طهارة الذيل

Licence. — ○ رُخْصة

Innocent. بَرِيءٌ من التهمة

Recovered. — من المرض

Creation; universe. بَرِيَّة

Creator. بارِئ

Outer; external. ✲ برّاني (في برر)

Culvert. ○ بَرْبَخ

To be clamorous. ✲ بَرْبَر

To mutter. ○ — . تمتم

Barbarous. بَرْبَرِيّ. همجيّ

Barbarian. — . واحد البربر

Berberene. — . نوبيّ

Portugal. ○ بُرتُغال. بلاد البرتغال

Portuguese. بُرتغاليّ

Oranges. ○ بُرْتُقال ○ بُرتُقان

Talon; claw. ✲ بُرْثُن

Tower. ✲ بُرْج. حصن

Pinnacle; spire. — في أعلى بناء

Dovecot. — الحمام. تمراد

Constellation. — (في الفلك)

Signs of the zodiac. بروجُ الافلاك

Zodiac. منطقة البروج

Battleship. بارجة

To bedeck herself. تبرّجت المرأة

Compasses. ○ بَرْجَل

Growl; grumble. ○ بَرْجَمَ. دمدم

Knuckle. ✲ بُرْجُمة. عقدة الاصبع

To leave; quit. ✲ بَرِحَ. بارَحَ

Still; even yet. ما — . ما زال

To tire out; harass. برّح

Wide; ample. بارحٌ. واسع

Yesterday. الـ — . البارحة

The day before yesterday. اولُ البارحة

Intense; severe. مُبَرِّح. شديد

To be or become cold. ✲ بَرَدَ. بَرُدَ

To feel cold. ○ — . شعر بالبرد

To justify. ٭ بَرَّرَ . زكَّى
To absolve. — . عذَرَ
Justifiable. يُبَرَّر . يمكن تبريره
Unjustifiable. لا — .
To obey. بَرَّ . أطاع
To keep to one's word. — في قولهِ
Wheat. بُرٌّ . قمحٌ
Righteousness. بِرٌّ . صلاح
Land. بَرٌّ . ضد بحرٌ
Righteous. — . بارٌّ
By land. بَرًّا . على البرِّ
Wild. بَرِّي
Terrestrial. — . ضد بحريٌّ
Wilderness; desert. بَرِّيَّة
Out; outside. ○ بَرَّا . خارجاً
Abroad. ○ — بلاد .
External. بَرَّاني . ضدّ جُوَّاني
Counterfeit. ○ — . زَيف
To emerge; come or issue forth; ٭ بَرَزَ
To project; be prominent. — . نتأ
To surpass. بَرَزَ . بَرَّزَ على
To fight a duel with. بارَزَ
To produce; bring out; present. أبْرَزَ
To publish. — الكتابَ
To relieve the bowels; ease nature. تبرّزَ . تغوّطَ

To file. — بالمبردِ
To cool; make cold. بَرَّدَ الشيءَ
To soothe the pain. — الألمَ
To dishearten. — الهمَّة
To hail; rain hail. أبْرَدَت السماءُ
Cold; coolness. بَرْدٌ . ضد حرّ
Hail. بَرَدٌ . حبّ الغمامِ
Hailstone. بَرَدَة . حبّة بَرَد
Papyrus. بُرْدِيٌّ . (نبات)
Chill. ○ بَرْدِيَّة . بُرَداء
Gunpowder. ○ بَرُود ○ بارود
Coldness; coolness. بُرودَة
Gun. ○ بَرُودَة ○ بارودة
Fitter. بَرَّاد
Filings. بُرادَة . سُقاطة المبرَد
Courier. بَرِيد . رسولٌ
Post; mail ○ — بوسته
Postal. بَريديٌّ . مختص بالبريد
Cold; cool. بارِد . ضد حارّ
Blunt; dull. ○ — . ثالمٌ
Cooling. تَبْرِيد . ضد تسخين
Softening; soothing. — الألم
File. مِبْرَد الحدَّاد
Rasp; wood rasp. — النجّار
Pack-saddle ٭ بَرْذَعَة
Pack-horse. ٭ بِرْذَون

Human excrement, motion. بِرازٌ. غائط الانسان
Dung. — الحيوانِ . روثٌ
Duel. — . مبارَزة
Projection بُروز . نتوء
To frame. ◻ بَرْوَزَ. احاط بأطار
Frame. ◻ بِرْواز. اطار
Projecting. بارِزٌ. ناتئ
In relief; jutting. —. نافِرٌ
Production. اِبْراز . تقديم
Isthmus. ✿ بَرْزَخ
Clover; trefoil. ✿ بِرْسيم . نَفَلٌ
Door-mat. ✿ بُرْش . ممسحة الأرجل
Spotted; speckled. أَبْرَش
Parish. أَبْرَشِيَّة
Soft-boiled "eggs". ◻ بِرِشْت
To seal. ◻ برشم . ختم
To clinch; rivet a nail. ◻ — المسمار
Wafer. ◻ بُرْشام . عجين اللصق
Cachet. ◻ — الادوية
Rivet. مسمار البرشمة
Leprosy. ✿ بَرَصٌ. اسم مرض
Wall gecko. بَرَص ◻ بُرْص
Leper; leprous. أَبْرَص
Selvage. ◻ بُرْصُل القماشِ
To bribe; corrupt. ✿ بَرْطَلَ
Bribe. بَرطيل . رَشْوَة
To excel. ✿ بَرُعَ . فاق
To offer voluntarily. تَبَرَّعَ . تطوَّع
To contribute. — . أعطى
Proficient. بارِع . ماهِر
Proficiency. بَراعَة . مهارة
Contribution. تَبَرُّع
Contributor. مُتَبَرِّع . مُعطٍ
Bud. ✿ بُرْعُم . بُرْعُوم
Flea. ✿ بُرْغوث . حشرة معروفة
Shrimp. — البحر ◻ جمبري
Gnats. ✿ بَرْغَش . بَعُوض
Crushed wheat. ◻ بُرْغُل
Screw. ◻ بُرْغي . لولب
To flash; gleam. ✿ بَرَق . ومض.
To lighten. — ت وأبرقت السماء.
Lightning. بَرْق . وميض السحابِ
Spangles. — ◻ تِرْتِر
Telegraph. — ◻ تلّغراف
Telegram; wire. بَرْقيّة
Water-jug. إبْريق
Tea-pot. — الشاي
Jug; ewer. — الغسيل
To variegate. ✿ بَرْقَش . لوَّنَ
To veil "the face" ✿ بَرْقَعَ الوجه
Veil; muffler. بُرْقُع . نقاب

Plum. ٭ بُرْقوقٌ
To kneel down. ٭ بَرَكَ . استناخَ
To settle in pools. بَرَّكَ الماء
To bless. بارَكَ له وفيه وعليه
To congratulate. ○ —له . هنّأه
To seek the blessing of. تبرَّكَ . تبارك به
Pool; pond. بِرْكَة
Blessing. بَرَكَة . نِعمة
Blessed; happy. مُبارَكٌ . سعيد
Auspicious. — . ميمون
Compasses. ٭ بِرْكار . بيكار
Volcano. ٭ بُرْكان . جبلُ النار
Volcanic. بُركانيّ
Parliament. ○ بَرْلمان . مجلس النواب
To twist. ٭ بَرَمَ . أبْرَمَ الحبلَ
To ratify; sanction. — . — ضد نقض
To fidget. بَرِمَ . تَبَرَّمَ
Twist بَرْمة . لَيَّة
Screw-nail. ○ مسمار — .
Gimlet. ○ بَرِّيمة . بَبْرَم . خرَّامة
Cork-screw. ○ — . بزال
Confirmation. إبْرامٌ . احكام
Ratification. — . ضد نقض
Court of Cassation. محكمة النقض والـ— .
Affirmed; assured. مُبْرَم

Inevitable destiny. — . قضاء
Baluster. ○ بَرْمَقُ الدرابزين
Spoke. — العجلة
Barrel; cask; coop. ○ بَرْميل

Stave. ضلعُ الـ— . دَفٌّ
Hoop; ring. طوق الـ— .
Cooper. صانع البراميل ○ براميلجي
Programme. ○ بَرْنامَج . بيان
Catalogue. — . فِهْرِس
Bronze. ○ بُرُنْز . مزيج نحاسيّ
Hooded cloak. ○ بُرْنُس
Prince. ○ بِرِنْس . أمير
Hat. ○ بُرْنيطَة
Lamp-shade. — اللمبة . صوان المصباح

Space "of time"; while ٭ بُرْهَة
Instant; moment. — . وقت قصير
Instantaneous. بُرْهيّ . سريع
To prove. ٭ بَرْهَن
Proof. بُرْهان
Proved. مُبَرْهَن عليه
Frame. ○ برواز (في بروز)

Protestant. ○ بروتستنتي
Protest. ○ بروتستو . إقامة الحجّة
Bugler; trumpeter. ○ بُروجي
To frame. ○ بَرْوَزَ . كَنَّفَ
Frame. بِرْواز . إطار
Brooch. ○ بروش . دبوس صدر
Proof. ○ بروفه . مسوَّدة الطبع
Soap remnant. ○ بَرْوَة الصابونة
Bit. — اللجام
To sharpen. ✿ بَرَى القلم
To emaciate. — . هزل
To chafe; fret. — بالحكّ
To compete with. بارَى
To oppose; resist. اِنْبَرَى لهُ
Dust; earth. بَرًى . تُراب

Penknife. مِبْراة
Competition. مُباراة . مسابقة
✿ برّي (في برر) ✿ بريّة (في برأ)
Post. ✿ بريد (في برد)
British; Britannic. ○ بريطانيّ
Briton. — . اِبن بريطانيا
Britain. بريطانيا
✿ بريمة (في برم) ✿ بزّ (في بزز)
To sow. ✿ بَزَرَ الحبَّ . بذرهُ
Seed, —s. بِزْرٌ ○ تقاوي
Linseed. — الكتان
Seed; grain. بِزْرَة . حبَّة
Pip; seed. — الثمرة
Germ. — . جرثومة
To embezzle. ﴿بزز﴾ بَزَّ . اِبْتَزَّ
Cotton and linen clothes بَزٌّ
Udder. ○ بِـزُّ اُنثى الحيوانِ . ضَرعها
Breast. — المرأةِ . ثديها
Knot. ○ — الخشبِ . عقدةٌ فيه
Attire; dress. بِزَّة . ثياب
Embezzlement. اِبْتِزاز
To rise; peep forth. ✿ بَزَغَ . طلع
Rising. بزوغ . طلوع
To spit. ✿ بَزَقَ . بَصَقَ
Spit; spittle. بُزاق . بُصاق
Spittoon. ○ بَزّاقة . مبصقة
Snail; slug. — . قوقعة
Cobra — . الصِلّ المصري
To make a hole. ✿ بَزَلَ . ثَقَبَ
To tap. — البرميلَ والمريضَ
Tapping. بَزْلٌ
Tap. بُزال . حنفيَّة
Bismuth. ○ بِزْموت . اسم معدن
✿ بس ✿ بسّة (في بسس)
Passport. ○ پَسبورت . جُواز
Garden; orchard. ✿ بُستان . حديقة

Spade. ○ بَستوني

Drops. ○ بَستيليه . أقراص سُكَّرِيَّة

To mention prematurely. ✿ بَسَرَ . ابتسر الخبر

Unripe dates. بُسْر

Piles; hæmorrhoids. باسُور (بواسير)

Premature. مُبْتَسَر . قبل أوانه

Cat. ✿ بس ✿ بَسّ . بَسَّة . قِطّ

Enough! بَسّ . حَسْبُ . كفى !

Only. ○ — . فقط

To extend; expand. ✿ بَسَطَ

To spread; lay. — المائدة

To spread out. — . نشرَ

To explain. — الأمرَ

To open one's hand. — يده

To please; delight. — . سرَّ

To flatten. — . بسَّطَ . طرق

To simplify. ○ بَسَّطَ الأمرَ

To expand; dilate. انبسَطَ . تمدد

To be delighted. — . سُرَّ

Delight; pleasure. بَسْط . سرور

Expanding. — . مدّ

Numerator. — الكَسْر

Reed pen. — . قلم

Carpet; rug. بِسَاط . سجّادة

Pall. ○ — الرَّحمة

On the carpet. على — البحث

Simplicity; plainness. بَساطة

Simple; plain. بَسِيط . ساذج

The Earth. بَسيطة . البسيطة

Delight; pleasure. اِنْبِسَاط

Expansion. — . تمدُّد

Glad; happy. مَبْسوط . مسرور

Expanded. — . ممتد

To be high, lofty. ✿ بَسَقَ . ارتفع

High; lofty. باسِق . مرتفِع

High-souled. — الأخلاق

Bicycle. ○ بسكلت دراجة

Biscuit. ○ بَسكَويت . كعك

To be brave. ✿ بَسُلَ . كان باسلاً

To scowl. تَبَسَّلَ . عبس

Pea; French pea. ○ بسِلَّه

Split peas. ○ — ناشفه

Bravery; courage. بَسالة

Intrepid; brave. باسِل . جريء

To smile. ✿ بَسَمَ . اِبْتَسَمَ . تبَسَّم

Smiling. باسِم . مُبْتَسِم

Smile; smiling. اِبْتِسام . تَبَسُّم

Mouth. مَبْسَم . فَم

Mouth-piece. ○ — السيجارة

٭ بش ٭ بشاشة (في بشش)
Black-board. ○ بَشْتَخته . سبُّورة
To grate down. ٭ بَشَرَ (كالجبن)
To strip; peel; skin. — . قشر
To rejoice at. بَشِرَ بهِ وله
To announce good news. بَشَّرَ
To preach. — بكلام الله
To manage; conduct. باشَرَ الأمرَ
To practise. — الصناعةَ او العمل
To draw a good omen اِسْتَبْشَرَ
Cheerfulness; joy. بِشْر
Human being. بَشَرٌ . انسان
Epidermis; cuticle. بَشَرَة . ظاهِر الجلدِ
Good news. بُشْرى . بُشارَة
Human. بَشَرِيّ . انساني
Humanity. بَشَرِيَّة
Good news. بِشارة . خبر سارّ
Gospel. — ○ اِنجيل
Annunciation-day. عيدُ الـــ
Forerunner. بَشير . نذير
Announcer of good news. — . مبشِّر بالخير
Preacher. مُبَشِّر . كارِز
Announcer of good news. — . بشير
Grater. ○ مِبْشَرَة . محكّة
Direct. ○ مُباشِر . بلا واسطة

Directly. ○ مُباشَرَةً . رأساً
To smile. ﴿ بشش ﴾ . بَشَّ ابتَسَمَ
To smile *to*. — لهُ
Cheerful expression. بَشاشَة
Smiling. بَشُوش
To be ugly. ٭ بَشِعَ
To consider ugly. اِسْتَبْشَعَ
Ugly; unsightly. بَشِع . بَشيع
Ugliness. بَشاعَة
Sparrow-hawk. ﴿ بشق ﴾ باشَق
Poker. ○ بَشْمكور . محراك النار
Oven hook. — الفُرن
Towel. ○ بَشْكير . قطيلة
Bath towel. — الحمَّام
To be satiated. ٭ بَشِمَ من الطعام
To satiate; surfeit; cloy. أبشَمَ
Satiation; surfeit. بَشَم
Lotus. ○ بَشْنين . اسم نبات
٭ بص ٭ بصّاص (في بصص)
To wag or shake "the tail" ٭ بَصْبَصَ بذنبهِ
To ogle. ○ — . هجل بعينه
To see. ٭ بَصَرَ . أبْصَرَ
Consider. تَبَصَّرَ في الأمر
Sight; eyesight. بَصَر
Short-sighted. قصيرُ الـــ
In a flash. كَلَمْحِ الـــ .

Optic. بَصَرِيٌّ . مختص بالبصر
Optics. عِلْمُ البصريات
Discerning. بصير . فطِن
Discernment. بصيرة . فطنة
Eye. باصِرَة . عين
Consideration. تَبَصُّر . تَرَوٍّ
To wag the tail. ✿ بَصْبَص
To glitter; sparkle. بَصَّ . برق
To look. ▫ — . نظر
A look. ▫ بَصَّة . نَظْرَة
Brand. ▫ — نار . بَصْوَة
Glitter; —ing. بَصِيص . بريق
Spy. بَصَّاص . جاسوس
Detective. ▫ — ▫ مُخْبِر
Eye. بَصَّاصَة . عين
To spit. ✿ بَصَقَ
Spittle; saliva. بُصاق
Spittoon. مِبْصَقَة
Onions. ✿ بَصَلٌ . نبات معروف
To stamp; print. ✿ بَصَمَ
Bearing the impression of my seal. المبصوم بختمي
Stamp; print. بَصْمَة
Finger-print. — الاصبع
Brand; firebrand. ✿ بَصْوَة . جمرة
To amputate. ✿ بَضَعَ . قَطَعَ
To shop; make purchases. ▫ بَضَّعَ . تَبَضَّعَ

Amputation. بَضْعٌ . قَطْعٌ
A small number; a few. بِضْع . بِضْعَة
Goods; merchandise. بِضَاعَة
Dissecting knife. مِبْضَع
To cut open. ✿ بطّ (في بطط)
To delay; linger. ﴿بطأ﴾ بَطُؤَ . أَبْطَأَ
To be slow. — . — . تباطأ
Delay; lingering. بُطْء . تأخُّر
Slowness. — . توانٍ
Slowly. ببطء . في مَهَلٍ
Slow; tardy. بَطِيء . متوانٍ
Battery. ○ بَطَّارِيَّة
Potatoes. ○ بطاطا ○ بطاطس
Sweet potatoes. — حُلْوَة
✿ بطاقة (في بطق) ✿ بطانية (في بطن)
To prostrate; lay flat. ✿ بَطَحَ
Prostration. إِنبطاح . تَبَطُّح
Prostrate. مُنْبَطِحٌ
Water-melon. ﴿بطخ﴾ بَطِّيخ أحمر
Melon. — اصفر ▫ شَمَّامٌ
To be discontented. ✿ بَطِرَ النعمة
To shoe. بَيْطَرَ الحصانَ . نَعَلَ
Discontentment. بَطَر
Farriery. بَيْطَرَة
Veterinary. بيطري
Veterinary medicine. الطب البيطري

Veterinary surgeon.	بَيْطار. طبيب بيطري
Farrier; shoe-smith.	— . مبيطر
Battery.	○ بَطّارِيَّة
Roe; fish-roe.	٭ بَطْرَخ. بطارخ
Stole.	○ بَطْرَشيل ○ بطرشين
Patriarch.	○ بَطْرَك ○ بطريك
Patriarchate.	بطركيّة. بطريكيّة
To assault.	بَطَشَ بِهِ
Prowess; bravery.	بَطْش. جراءة
Violence; force.	— . قوّة
To flatten.	○ بَطَّطَ. بَسَطَ
Ducks.	٭ بَطّ. طائر معروف
A duck.	بَطَّة
Calf of the leg.	○ — الساق
Label.	٭بطق٭ بِطاقة. رقعة العنوان
Card.	— الاسم ○ كارت
Visiting card.	— الزيارة
To be abolished.	٭ بَطَلَ. صار ملغيًّا
To cease.	— . انتهى
To be out of use.	— استعماله
To be out of work	— ○ بَطَّلَ
To do away with; abolish.	بَطَّلَ ٢. أَبْطَلَ
Brave; valiant.	بَطَل. شُجاع
Hero; champion.	— . فارس
Heroine.	بَطَلَة. فارسة
Falsehood; lie.	بُطْل. بُطلان. كذب
Futility.	بُطْل. بُطلان. عدم فائدة
Falsehood.	باطِل. كَذِب
Vain; false.	— . كاذِب
Useless; unavailing.	— . عبث
In vain.	باطلاً. عبثاً
Out of work; unemployed.	بَطّال. لا عمل لديه
Bad; worthless.	○ — . رديء
Holidays.	بِطالة. عُطلة
Unemployment.	— . ضد شغل
Abolition.	إِبْطال. إلغاء
Terebinth.	○ بُطْم. شجر التربنتينا
To be hidden.	٭ بَطُنَ. خَفِيَ
To line.	بَطَّنَ الثوب
To hide; conceal	أَبْطَنَ. اخفى
Abdomen; belly.	بَطْن
Inside; interior.	— . جوف
Upside-down.	بطناً لظهر
Gluttony.	بِطْنَة. شَرَه
Lining.	بِطانَة الثوب
Retinue; suite.	— الامير
Blanket; rug.	○ بطّانيّة
Inside; interior.	باطِن. داخل
Hidden; secret.	— . خَفِيّ
Inwardly; secretly.	باطناً. قلبيًّا
Internal; inner.	باطنيّ. داخليّ
Hidden; secret.	— . خَفِيّ
Internally.	باطنيًّا. من الداخل

Melon. ٭ بطيخ (في بطخ)

Bogy ; bogey ; bugaboo. ◘ بُعْبُع

To send. ٭ بَعَثَ . اَرْسَلَ

To commission. — . اَوْفَدَ

To emit. — . اَخْرَجَ

To awaken ; revive — . ايقظ

To raise from the dead. — من الموتِ

To prompt. — على . دَفَعَ

To emanate *from*. اِنْبَعَثَ من

Resurrection. بَعْثٌ . قيامة الأموات

Sending. — . اِرسال

Mission. بَعْثَة

Sender. باعِث . مُرسِلٌ

Motive ; reason. — . سبب

Sent. مَبْعُوث . مُرسَلٌ

Envoy. — . رسول

To scatter ; strew. ٭ بَعْثَرَ

Scattered ; strewn. مُبَعْثَر

To be far away or distant. ٭ بَعُدَ

To place at a distance. بَعَّدَ . أَبْعَدَ . اقصى

To deport ; exile. — . نَفَى

To banish ; expel. — . اَقصى

To set aside. — . اِسْتَبْعَدَ . استثنى

To leave out. اِستبعد ٢ . حذَفَ

To regard as improbable. — الأمر

To consider far away. — الشيء

To keep at a distance from. اِبْتَعَدَ . تَبَاعَدَ عن

To quit ; leave. — عن . فارقه

Remoteness. بُعْدٌ . ضد قُرْب

Distance ; space. — . مسافة

At a distance. عن — . من بَعيد

After. بَعْدَ . ضد قَبْلُ

Still ; yet. — . للآن

Later on. — الآن . في ما — .

Afterwards. — ذلك . بعدئذ

Far ; distant. بَعِيْد . ضد قريب

Remote. — . قاصٍ

Farm. ◘ أبعادِيَّة . مزرعَة

Dung ; globular dung. ٭ بَعْرُ الحيوانِ

Camel. بَعير . جملٌ

To squander ; waste ; dissipate. ٭ بَعْزَقَ

Part, or portion *of*. ٭ بَعْضُ الشيء . جزء منه

Some *of*. — الشيء . قليل منه

Each other. بعضُنا بعضاً

Gnat ; mosquito. بَعوضة

Husband ; lord. ٭ بَعْل . زَوْجٌ

Unwatered. بعلي . ضد مِسقويٌ

٭ بعوض (في بعض) ٭ بعير (في بعر)

To surprise ; take unawares. ٭ بَغَتَ . باغَتَ

Surprise. بَغْتَةً . مباغتة
Unawares. —ً . على غِرَّةٍ
Suddenly. —ً . فَجأةً
Sudden; unexpected. بَغْتِيّ
To be hated. ☆ بَغِضَ
To hate; detest. أَبْغَضَ
Hatred. بُغْضٌ . بغضة . بَغْضاء
Hateful. مُبْغِض . كريه
Hated. — . مَبْغُوض . مكروه
Mule. ☆ بَغْلٌ
Bridge pier. ○ بَغلةُ القنطرة
Muleteer. بَغّال
To commit adultery. ☆ بغى . زنى
To wrong. — عليه . ظلمهُ
To wish for; desire. — . اِبْتَغَى
Ought; should. يَنْبَغِي . يلزم
Iniquity; injustice. بَغْيٌ . ظُلم
Adultery. — . بغاء . زِنىً
Adulteress; prostitute. بَغِيٌّ . زانية
Wishing; desiring. بُغاء . ابتغاء
Wish; desire. بُغْيَة . مَرامٌ
Unjust; inequitable. باغٍ . ظالِم
Calico. ○ بَفْتٌ . بَفْتَة . خام
☆ بقّ (في بقق) ☆ بقّال (في بقل)
To bubble; gurgle. ☆ بَقْبَقَ الماء
To babble. — . ثَرْثَرَ

Bundle. ○ بُقْجَة . صُرَّة
Parsley. ○ بَقْدونس . بقلة معروفة
Oxen; bovine race. ☆ بَقَرٌ
Bull; ox. ثَوْرُ الـ—
Cow. بَقَرَة . انثى الثور
Bovine. بَقَرِيٌّ
Cow milk. لبنٌ —
Box-tree. ○ بَقْسٌ . شجر خشبه صلب
Box-wood. — . خَشَبُ الـ—
Present; gift. ○ بَقْشِيش . هِبَة
[Tip]; gratuity. — . حلوان
To spot. ☆ بَقَّعَ الثوبَ . ترك فيه بقعاً
To stain; blot. — . لوَّث بلطخة
Spot; stain. بُقْعَة . لطخة
Spot; place. — . مكان . نقطة
To be infested with bugs. ☆ بَقَّقَ البيتُ
To spout; squirt. بَقَّ ○ بخَّ
Mouth. ○ بُقّ . فَمٌ
Bugs. بَقّ (واحدته بَقَّة)
Vegetables; herbs. ☆ بَقْلٌ (الجمع بقول)
Vegetable; herb. بَقْلة . نَبْتَة
Grocer. ○ بَقَّال . بدَّالٌ
Green-grocer. — . خُضَرِيّ
Leaf-bud. باقِل . زرٌّ ورقة النباتِ
Pastry. ○ بَقْلاوَة . عجين مرقوق
To remain. ☆ بَقِيَ

To retain ; keep. أَبْقَى. حَجَزَ
To preserve. حفظ. اسْتَبْقَى — .
Remainder ; rest. بقيَّة
Remaining. باقٍ . مستمرّ
Remainder. (في الحساب) —
The Everlasting. الحيُّ الـــ .
Continuance ; duration. بَقَاء . دوام
Remaining. — . مكوث
Immortality. — . خُلود
Rest ; remainder. بقيَّة
Remaining مُتَبَقٍّ . باقٍ
Baccalaureate. ٥ بكالوريا
Major. ٥ بكباشي . رئيسُ الف
To reprove ; rebuke. ٭ بَكَّتَ . لامَ
Reproof ; rebuke. تَبْكِيت . لوم
Remorse. — الضمير
To get up early. ٭ بَكَّرَ . قامَ مبكِّراً
To be, or come, early. — . بدَّر
To invent. اِبْتَكَرَ . اِسْتَنبطَ
Young camel. بَكْرٌ . جمل صغير
First-born. بِكْرٌ . اوَّل مولود
Virgin. — . عذراء
Virgin ; first ; new. — . جديد
Pulley. بَكَرَةُ البئرِ وامثالها
Reel ; spool. ٥ — الخيطِ

To-morrow. بُكْرَةً . باكراً
Early. — . — . مُبَكِّراً
First-born. بِكْرِيٌّ . اوَّل الأولاد
Virginity. بكارة . عُذرة
Primogeniture. بكوريَّة
First-fruit , —s. باكورة
Kettle. ٥ بَكْرَج . غلاَّية
To buckle. ٥ بكَلَ ٥ بَكَّلَ
Buckle ; clasp. بُكْلَة ٥ اِبزيم
Cod ; codfish. ٥ بَكَلاه
Stockfish. — مُقدَّد
Graduate. ٥ بكلوريوس
Bachelor of Science. — علوم
Bachelor of Arts. — فنون
To be dumb. ٭ بَكِمَ
To render dumb. أَبْكَمَ
Dumbness ; muteness. بَكَمٌ
Dumb ; mute. أَبْكَم . اَخرس
To weep ; cry ; shed tears. ٭ بَكَى
To weep over. — الميت
To make one weep. بَكَّى . أبكى
To move to tears. اِسْتَبْكَى
Weeping. بُكَاء . بُكِيّ
Mournful. مُبْكٍ . مُبَكٍّ
But. ٭ بَل . لكن

٭ بلّ (في بلل) ٭ بَلا (في بلو)

Without. ٭ بِلا . بدون

Calamity. ٭ بلاء (في بلي)

Platinum. ٥ پلاتين. ذهب ابيض

٭ بلاّص (في بلص) ٭ بلاّن (في بلن)

To disturb; make uneasy. ٭ بَلْبَلَ . اَقلَقَ

To confuse. — . شوّش

To be anxious. تَبَلْبَلَ . قلِقَ

To be confused. — . اِختلط

Bulbul. بُلْبُل . اسم طائر

Nozzle; snout. بُلبُلة . صنبور

Anxiety. بَلبَلة . بِلبال. قَلَق

Confusion. — . اِختلاط

To dawn; appear. ٭ بَلَجَ . اِنْبَلَجَ . وتَبَلَّجَ الصبح

Dates. ٭ بَلَحٌ (واحدته بَلَحة)

To be stupid. ٭ بَلُدَ . بَلَّدَ

To feign stupidity. تَبالَدَ

Country; land. بَلَدٌ

Town; city. — . بَلْدَة. مدينة

Native. بَلَدِيٌّ

Municipal council. مجلس — . .

Municipality. بلديّة

Dullness; stupidity. بلادة

Dull; stupid. بليد

To crystallise ﴿بلر﴾ بَلْوَرَ . تَبَلْوَرَ .

Crystal. بَلّور. بِلَّور(اوبلّوري)

Devil; fiend. ﴿بلس﴾ . اِبليس

The Evil One. — اللعين

Devilish; fiendish. اِبليسي

Balm; balsam. ٭ بَلْسَم

Elder. ٭ بَلَسان. بيلسان

Heron. ٭ بَلَشون

To extort; exact. ٭ بَلَصَ

Extortion; exaction. بَلْصٌ

To pave "with flagstones". ٭ بَلَّطَ

Axe; battleaxe. ٥ بَلْطة . فأس

Pioneer; sapper. ٥ بَلْطجِيٌّ

Flagstone. بلاط. حجَرُ البلاط

Royal palace. — الملك. قصر .

Slab; flag; tile. بلاطة

Oak. بلّوط

Chestnut. شاه — ٥ كستنا

Paving. تَبْليط . رصف

Paved or tiled. مُبَلَّط . مرصوف

Overcoat. ◘ بَلْطُو . مِعطف
Pond fish. ٭ بُلطي . سمك نهري
To swallow. ٭ بَلَعَ . اِبْتَلَعَ . اِزدَرَدَ
Swallowing. بَلْع . ابتلاع . اِزدِراد
Sink. بَلّاعَة . بالوعة
Sewer. — . — . مجرور
Sinkhole. ثقبُ الـــ .
Gullet. ٭ بُلْعُم . بُلْعُوم
To reach; attain. ٭ بَلَغَ . أدركَ
To attain to puberty. — الولدُ
To become of age. — سنّ الرشدِ
To be mature. — الثمرُ وغيرُه
To amount to. — المقدارُ كذا
To come to one's knowledge. ـــهُ كذا
To communicate. بَلَّغَ . أَبْلَغَ الخبرَ
To inform. — . — . اخبرَ
To report. — عنهُ . خَبَّرَ
To denounce; inform against. — عنه . وشى به
To exaggerate. بالَغَ . غالَى
Information; report. بَلاغ
Message. — . رسالة
Notification. — . انذار
Ultimatum. — أخير او نهائي
Eloquence. بلاغة . فصاحة
Elocution; rhetoric. عِلم الـــ

Major; of age. بالِغ . ضدّ قاصر
Adult. — . تامُّ الرجولة
Mature; ripe. — . تامُّ النموّ
Maturity. بُلوغ . تمام النموّ
Attainment; arrival at. — . إدراك
Majority; full age. — . سن الرُّشدِ
Maturity. — . مراهقة
Eloquent. بليغ . فصيح
A gaping wound. جُرحٌ — .
Rhetorical speech. خِطاب — .
Amount; sum. مَبْلَغ . كميَّة
Informant. مُبَلِّغ . مخبر
Informer. — . واش
Exaggerator. مُبَالِغ . مُغال
Exaggeration. مُبالَغَة . مغالاة
Phlegm. ٭ بَلْغَم
Phlegmatic. بَلغمي
To bluff; impose upon. ◘ بَلَفَ . أوهم
Bluff; imposition. ◘ بَلْف . ايهام
Valve. ◘ — . صِمام (انظر صمم)
To be piebald. ٭ بَلِقَ . كان أبلق
Piebald. أَبْلَق
Company. ◘ بُلُك . فَوج . جماعة
Quartermaster. — امين

Balcony. بَلْكون . شُرفة ○

To wet ; moisten. بَلَّلَ . بَلَّ ☆

To be wet. إِبْتَلَّ . تَبلَّلَ

Recovery. بِل . شفاء

Wetness. بَلَل . تَبَلُّل

Wet ; مُبلَّل . مُبتَل . مَبلول

moistened.

Bath attendant. بلّان ○

Bathwoman. بلّانة ○

Fish-plate. بَلَنْجة سكّة الحديد ○

Idiocy ; imbecility. بَلَه . بلاهة ☆

Idiot ; silly ; foolish. أبْلَه

To try ; test ; afflict. ☆ بلو ☆ بَلا . ابْتَلى

Crystal. بلور (في بلر) ☆

Jelly. بَلوزه . هُلام ○

Oak. بلّوط (في بلط) ☆

Company. بُلوك . فوج . جماعة ○

Quartermaster. — أمين

Balloon ; aerostat. بَلّون . مِنْطاد ○

To wear out. بَلِيَ الثَّوب ☆

To decay; rot. — الشيء

To wear out. أَبْلى

To take notice of ; pay attention to. بالَى به

Affliction ; trial. بلاء . مِحْنة

Leprosy. — . بَرَص

Misfortune. بَلْوى . بليَّة

Ragged; worn out. بالٍ . رَثّ

Decayed ; rotten. — . متعفِّن

Yes ; certainly. بَلَى . نَعَم

Mindful ; attentive. مُبالٍ

Attention. مُبالاة

Clown ; buffoon ; merry-andrew. بِلياتشو . بُهلول ○

Billiards. بِلْياردو . لِعْبة معروفة ○

Billiard table.

Dull ; stupid. بليد (في بلد) ☆

Whalebone. بَلّين ○ بَلّينة ○

Billion بِلْيون . الف مليون ○

Necktie. بِمْباغ . ربطة الرَّقبة ○

Rose. بِمْبَه ○ بَمْبي . أحمر فاقع ○

بن . بنان (في بنن) ☆ بنت (في بنى) ☆

Napoleon. بِنْتو . عملة فرنساوية ○

Slippers. بَنْتُفلي . خُف ○

To put under chloroform. بَنَّج ☆

Henbane ; hyoscyamus. بِنْج

Chloroform. — ○ كلوروفُرم

Beet ; beetroot. بَنْجَر . شمَنْدور ○

Article ; clause. بَنْد ○

Commercial centre; emporium. central town. ○ بَنْدَرٌ

Hazel; hazel-tree. ○ بُنْدُق

Nut; hazel-nut. بُنْدُقَة

Bullet; ball. —. رصاصة

Gun; musket. بُنْدُقية. بارودة

Rifle. — شَشخان

Shot-gun. — رَشّ

Air-gun; pop-gun. — هَواء

Tomatoes. ○ بَنَدورى ○ طماطم

Pendulum. ○ بَنْدُول . رقّاص

Hairspring. — الساعةِ «الصغيرة»

Banderol; flag. ○ بُنْدِيرَة

Benzine. ○ بَنْزين

Ring-finger. ☆ بِنْصَر. الأصبع بين الخنصر والوسطى

Trousers. ○ بَنْطَلون . سروال

Drawers. — تحتاني ○ لباس

Breeches. — الركوب

Knickers. — قصير للرُكبة

Violet. ☆ بَنَفْسَج او بنفسجيّ

Origin; stock. ☆ بَنْكٌ. أصل

Prime; flower "of age". — العمر. عنفوانه

Bench; seat. ○ بَنْك. مصطبة

Bank. ○ —. مصرف

Bank-note; papermoney. ○ بَنْكنوت. عملة ورقية

Banker; financier. ○ بَنْكير

Coffee-beans. ❁ بن ❁ بُنٌّ

Coffee; ground coffee-beans. — مسحوق

Finger tips. بَنَانٌ

The children of. ☆ بنو (انظر بنى)

Baignoire; first class box. ○ بِنْوار . خِلوة

To build. ☆ بَنَى . اِبْتَنَى

To adopt; affiliate. تَبَنَّى

The children of. بَنُو فلان

Children. بَنُون . أبناء

Sonship. بُنُوَّة

Filial. بَنَوِيّ . مختص بالبنين

Son; boy; child. اِبْنٌ

Nephew. — الأخِ او الاختِ

Cousin. — العمِّ او الخالِ

Step-son. — الزوجِ او الزوجةِ

Children. أبناء . بَنُون . اولاد

Daughter; girl. اِبْنَة . بنت

Niece. — الأخ او الاخت

Cousin. — العمّ او الخالِ

Step-daughter. — الزوجِ او الزوجة

Girl; maid. بِنْت. اِبنة. صبيّة

Queen. —. في ورق اللعب

Building. بِناء . بُنْيان

Building; edifice. —. بِناية

Masonry. —. صناعة البناء

Delight — . اِبتهاج . سرور
Delightful. بَهِيج . بَهيج . مُبْتهِج
To dazzle ; daze. ✿ بَهَرَ النظرَ
To be dazzled. بُهِرَ بصرُهُ
To pant ; be out of breath. — . اِنبَهَرَ نَفَسهُ
Glaring ; dazzling يَبهرُ النَظر
Spice ; seasoning. بَهارٌ . تابل
Dazzling ; brilliant. باهِر
To adorn "showily". ✿ بَهْرَجَ
Vain ; showy. بَهْرَج . باطل
False money. — . درهم زائف
Tinsel. — ◘ بَهْرِجان
To oppress. ✿ بَهَظَ . أَبهَظَ
Heavy. باهِظ . ثقيل الاحتمال
Exorbitant ; excessive. — . زائد عن الحد
To supplicate. ✿ بهل ✿ . اِبتَهَل
Supplication. اِبتِهال
Supplicant. مُبتَهِل
Rope-dancer ; acrobat. ◘ بهلوان
Clown ; buffoon ; fool. ✿ بهلول
To make obscure. ✿ أَبهَمَ الكلام
To be obscure to. اِستَبْهَمَ عليه
Black ; dark. بَهِيم . أسود
Beast ; animal. — . بهيمة

Structure. بِناء[2] . تركيب
According to. بِناءً على
Accordingly. — عليه
Mason. بَنَّاء . معماري
Builder. — . بانٍ
Freemason. — حُر
Structure ; constitution. بُنيَةُ الجسم
Construction. بُنيان[2] . تركيب
Banyan tree. شجرة الـــ
Adoption ; affiliation. تَبَنٍّ
Built; constructed. مَبْنِيّ
Indeclinable. — . (في النحو)
Penny (*pl.* pence or pennies). ◘ بني عملة انكليزية (٤ مليمات)
Bath ; bathing-tub. ◘ بَنْيُو
✿ بهاء (في بهي) ✿ بهار (في بهر)
To be amazed. ✿ بُهِتَ . بَهِتَ
To surprise. بَهَتَ . بغتَ
To fade. ◘ — اللونُ . ذهبَ
To amaze بَهِتَ . باهَتَ
Falsehood ; a lie. بَهت . بُهتان
Slander. — . — . اِفتراء
To cheer ; brighten. ✿ بَهَجَ . أبهجَ
To rejoice at. بَهِجَ . اِبتَهجَ به
Splendour . بَهجة . رونق

Arch. باكية . عقد
To divide into chapters. ✿ بَوَّبَ الكتاب
To sort; classify. — الأشياء
Door; entrance. بَابٌ . مدخل
Chapter. — . فصل
Hell-gate — جهنم
Out of. من — كذا
Door-keeepr. بَوَّابٌ
Gate; large door. بَوَّابة
Sluice gate. بوّابة ٢ القنطرة
Pupil "of the eye" ✿ بؤبؤ العين
Potash. ○ بوتاسّا . قلي
Crucible. ○ بوتقة . بوطة
To become known; be revealed. ✿ (بوح) بَاحَ السرّ
To reveal; divulge; disclose. — بالسرّ
To allow; permit. أَبَاحَ . أجاز
To make lawful; justify. — . حلَّلَ
To consider lawful. اِسْتَبَاحَ
To confiscate. — المالَ
Open space. باحة . ساحة
Permitting; allowing. اِبَاحَة
Revealing; disclosing — السرّ

Bestial; burtal. بَهِيمِيّ . حيواني
Live-stock; cattle بَهَائِم . مواشٍ
Obscurity; dimness. اِبهام . غموض
Ambiguity; vagueness. — . التباس
Thumb. — اليدِ
Great toe. — الرِّجل
Ambiguous; vague. مُبْهَم . ملتبس
Obscure; dim. — . غامض
Abstract number. — عدد
Saloon; hall. ✿ بَهْوٌ . ردهة
To be beautiful. ✿ بَهِيَ . بَهَا
To pride one's self on. بَاهَى
Gay; bright. بَهِيّ . باهٍ . زاهٍ
Beautiful; pretty. — . — . جميل
Beauty; prettiness. بَهَاء
Beast. ✿ بهيم (في بهم)
To return; come back. ✿ (بوأ) بَاءَ . رجع
To succeed "to the throne" تَبَوَّأَ العرش
Situation; position. بِيئَة . مقام
Centre; middle. — . وسط
Boa. ○ بُوَاء . حنش كبير
✿ بواب (في بوب) ✿ بواسير (في بسر)
Arcade. ○ بَواكي . سوايط

To pout; sulk. تجهّم . بَوَّزَ ¤
Nose. ¤ بُوز الابريق وامثاله
Muzzle. ¤ — الحيوان
Mouth. ¤ — الانسان . فم
Hawk; falcon بازٌ . بازي
Kissing. ○ بَوْسٌ . تقبيل
To kiss. بَاسَ . قَبَّلَ
Misery. ✿ بُؤس (في بأس)
Stays; corsets. ¤ بوستو . مِشَدّ
Post. ○ بوسته ○ بوسطه . بريد
Silk or linen textile. ✿ بُوصٌ . نسيج
Reed; typha. ¤ — . قَصَبٌ
Inch. ○ بوصَة
Compass. ○ بوصلة . إبرة الملاحين
Crucible. ¤ بوطة ○ بَوتَقَة
Length of two outstretched arms (بوع) باعٌ
Powerful, able. طويل الـــ .
Weak; incompetent. قصير الـــ .
Strait. ○ بوغاز . مضيق
Port. ¤ — . ميناء
Buffet, refreshment room. ○ بوفيه . مِقصف
Sideboard. — . خزانة

Exculpation — . تبرير
Confiscation إستباحة الأموال
Allowable. مُباح . جائز
Lawful; licensed. — . مُحَلَّل
To pall; be vapid or insipid. (بوخ) بَاخَ
Vapid; insipid; flat. ¤ بائخ . بلا طعم
Trite; stale. ¤ — . مُبْتَذَل
Toilet powder ¤ بُودْرَة . غُمْنَة
Powder-box. علبة الـــ .
Powder puff. فورشة الـــ .
Fallow. ✿ بُورٌ . ارض متروكة بلا زرع
Barren land. ¤ ارض — . قاحلة
To be ruined. بَارَ . تلفَ
To be unsuccessful — العملُ
To stagnate; become dull ـــت السوق
To lie on hand; be unsaleable. ـــت السلعة
Perdition; ruin. بَوارٌ . خراب
Hell. دار الـــ . جهنم
Seat; focus. ✿ بؤرة (في بأر)
Exchange. ¤ بورصة . مِصْفَقٌ
Borax. ✿ بَوْرَق . ملح معدني
Mullet; grey mullet. ✿ بُوري . سمك
Blowpipe. ¤ — الصائغ
Bugle. ¤ — . نفير

To blow the trumpet. ✱ بَوَّقَ . نفخَ في البوق

Trumpet. بُوق

Nosegay ; bouquet بَاقة زهور

Calamity. بائقة . داهيَة

Poker ; card game. ○ پوكَر

To urinate ; pass or make water. ✱ بَوَّلَ . بَالَ

Whale بَالٌ . حوت

Mind ; memory. — . فِكر

Easy ; tranquil. مرتاح الـ .

Uneasy ; anxious منشغل الـ .

To pay attention. اعطى بالهُ

To occur to one's mind. خَطَرَ ببالهِ

Phial ; vial. بالَة . قارورة الطيب

Bale. ○ — . اِبَالَة . حزمة بضائع

Urine ; water. بَوْلٌ . ماء المثانة

Diabetes. مرض الـ السكري

Mindful ; attentive. مُبَال

Attention ; care. مُبالاة

Chamber-pot. مِبْوَلَة ○ قَصرِيَّة

Urinal ; latrine. — . مكان للتبويل

Steel. ○ بُولاد . فولاذ

Police. ○ بوليس . الضبط . الشحنَة

Policeman. — . شُرطي

Policy ○ بوليسة

Insurance policy. — السيكورتاه

Bill of lading. — الشحن بالبحر

Railway policy. — سكة الحديد

An owl. ✱ بُومَة

Distance ; space. ✱ بَوْنٌ . مسافة

Difference. — . فَرْقٌ

Willow. بَانٌ . شَجرُ البَانِ

Paint. ○ بُوْيَة . صِبَاغ

Painter. بويجي . دهّان

Shoeblack. — . مَسَّاحُ الأحذية

Situation ; position. ✱ بيئة (في بوأ)

Infantry. ○ بِيادَه . «عساكر» المُشاة

Foot-soldier. بِيادِيّ . ماشٍ

Piano: pianoforte ○ پيانو

Pianist. العازِفُ على الـ .

House ; lodging. ✱ بَيْتٌ . مسكن

Home ; residence. بيت ٢ . منزل
Compartment — . جزء من مكان
Family; house. — . أُسرَة
Case ; covering. — . كيس
Verse. — شِعرٍ
Necessary house; privy. — الخلاء او الماء
Public treasury. — المالِ
Jerusalem. — المقدس . اورشليم
Domestic , private. بيتيٌّ . عائلي
Home-made — . مصنوع في البيت
To pass the night بَاتَ . أتمّ الليل
To become. — . صار
Night's lodging. مَبيتٌ
But ; however ; yet. ✿ بَيْدَ أن
To perish ; pass away. بادَ
To destroy ; annihilate. أبادَ
Plain ; weald. بَيْداء . فلاة
Extinct. بائدٌ . منقرض
Destructive. مُبيدٌ . مُهلك
Pedagogy. ○ بيداجوجيا
Threshing-floor. ✿ بَيْدَرٌ النلال
Chess piece. ✿ بَيْدَقٌ الشطرنج
Well. ○ بير . بئر . (في بأر)
Beer ; ale ○ بِيرا ○ بيره . جِعَة
Standard ; flag. ○ بَيْرَقٌ . عَلَم
Standard-bearer. بَيْرَقدار

To whiten. ✿ بَيَّضَ الشيءَ . جعله ابيض
To whitewash. — الحائطَ
To bleach ; full. — القماشَ
To tinplate. — الآنية النحاسيَّة
To make a clean copy of. — المكتوبَ
To lay eggs. باضت الدجاجة
To become white. اِبْيَضَّ . ضد اِسوَدّ
Eggs. بَيْضٌ
Soft-boiled eggs. ◘ — برشت
Hard-boiled eggs. ◘ — جامد
An egg. بَيْضَة . واحدة البيض
Testicle. — . خُصْيَة
Helmet. — . خوذة
Oval ; elliptic ,—al. بَيْضِيّ . بَيْضَوِيّ
Ovate ; oviform. — و — الحجم
Ellipse ; an oval. شكل — او — .
White. أَبْيَضُ . ضد اسود
Blank. — ◘ على بياض
Sudden death. الموتُ الـــ .
Benevolence. اليدُ البيضاء
Whiteness. بَياضٌ . ضد سواد
White of an egg. بياض البيضِ
White of the eye. — العينِ
Daylight. — النهارِ
Blank. ◘ على — . غير مكتوب

Clean copy. ٥ تَبْيِيضَة. مِبيّضة
Whitewasher. مبيّض الجدران
Tinman ; tinner. — النحاس
Bleacher ; fuller. — الأقشة
٭ بيطار . بيطر (في بطر)
To make one sell. ٭ بَيَّعَ. جعله يبيع
To sell. بَاعَ . ضد اشترى
To dispose of. — . صرَّف
To prostitute. — العرضَ
To swear fealty to. بايَعَ
Te buy ; purchase. اِبْتاعَ . اِشترى
Selling ; sale. بَيْعٌ . ضد شراء
Hawking. — بالمناداة
Sale ; public sale. — عَلني
Forced sale. — جَبري
Selling transaction. بَيْعَة . عمليَّة بيع
A bargain. ٥— رائجة
Into the bargain. ٥ على البيعة
Church. بِيْعَة (النصارى)
Synagogue. — (اليهود)
Seller. بيَّاع . بائع . ضد شارٍ
Merchant. — . — . تاجرٌ
Buying ; purchasing. ابتياع . شراء
Venal ; mercenary. يُباعُ ويُشترى. يُنال بالمال

Sale. مَبِيعٌ . بَيْعٌ
Buyer ; purchaser. مبتاع. مشترٍ
Bey. ٥ بَيْك . لقب شرف مصري
A (pair of) compasses. ٥ بيكار
Bicarbonate. ٥ بيكربونات
Elder. ٥ بَيْلسان ٥ بلَسان. شجر اللَّيسا
Ball ٥ بِيْلية . كرة صغيرة
Marble. — . كرة يلعب بها الصبيان
"Lunatic" asylum. ٥ بيمارستان
To show ; demonstrate. ٭ بَيَّنَ . أظهرَ
To explain ; elucidate. — . أبانَ. أوضح
To appear ; become visible. بَانَ . ظهرَ
To part from. — عنهُ . فارقهُ
To forsake; desert. بايَنَ . هجرَ
To differ from. — . خالفَ
Apparent; visible بائن. بيِّن. ظاهر
Clear ; evident. — . — . واضِح
Between. بَيْنَ الشيئين
Among,—st. — الاشياء
Through. — . من بين
With *him*. — يديهِ . معهُ
Before *him*. — يديهِ . امامهُ
So-so ; middling. بينَ بَيْنَ
While ; whilst. بَيْنَما . بَيْنَا . أثناء

Separation. بَيْنٌ . فُرْقة
Enmity; hostility. ذات الـــ .
Showing. بَيانٌ . تِبْيان . اِظهار
Explanation. ـــ . ـــ . اِيضاح
Declaration. ـــ . تصريح
Statement. ـــ . تقرير
Programme. ـــ . لائحة
Proclamation. ـــ رسميّ
Elocution. عِلم الـــ .
Eloquence. حُسنُ الـــ .
Self-evident. غنيٌّ عن الـــ .
Evidence. بَيِّنَة
Difference; distinction. تبايُن . اِختلاف
Contradiction; contrast. ـــ . تناقُض
Evident; clear. مُبِين . ظاهرٌ
Napoleon. ٥ بِينتو . نقد ذهبي

﴿ ت ﴾

To repent; be penitent. ٭ تابَ (في توب)
Chest; box. ٭ تابوت . صندوق
Coffin. ـــ الموتى
Sarcophagus. ـــ الجثث المحنطة
Ark of the covenant ـــ العهد
Battalion. ٥ تابور ٥ طابور

Tapioca. ٥ تاپوكا
٭ تاج (في توج) ٭ تأجج (في اجج)
٭ تاجر (في تجر) ٭ تاخم (في تخم)
To resent. ٭ تأذّى (في أذي)
Once. ٭ تارَةً . مرَّةً
Sometimes. ـــ . أحياناً
Now and then. ـــ وتارة
٭ تاريخ (في ارخ) ٭ تاريع (في ربع)
٭ تأسية (في اسو) ٭ تافهٌ (في تفه)
٭ تاق (في توق) ٭ تأكد (في وكد)
٭ تالٍ (في تلو) ٭ تألّق (في الق)
To bear twins. ﴿ تأم ﴾ اَتأمت . ولدت توأمان
Twin. تَوْأَم . توأمة
Twins. تَوْأَمان . مولودان معاً
٭ تآمرَ ٭ تامور (في امر) ٭ تأنّى (في اني)
٭ تاه (في تيه) ٭ تأوّه (في اوه)
To perish; be destroyed. ٭ تَبَّ . هلك
Evil be to him. تَبّاً لهُ
To be settled or established. اِسْتَتَبَّ الأمر
Establishment; settlement. اِسْتِتْباب
Ore. ٭ تِبْرٌ . تراب كل معدن
Gold-dust. ـــ الذّهب
٭ تبرّجت (في برج) ٭ تبرع (في برع)
To fidget. ٭ تبرم (في برم)
To follow. ٭ تَبِعَ . اِتَّبَعَ

To conform to. تَابَعَ . وافَقَ

To follow up. —. تَتَبَّعَ

To follow in succession. تَتابَعَ

Following. تَبِع . اِتِّبَاع . تَتَبُّع

In succession. تباعًا . بالتتابع

Following. تابِع . لاحق

Subordinate. — . مرؤوس

Adherent; follower. — . تلميذ

Attendant; servant. — . خادم

Consequence. تابِعة . تبِعَة . تبِعة

Responsibility. — . — . مسئوليَّة

Pursuance. تَتَبُّع . مُتابَعَة

Succession. تَتابُع . توال

Successively; in succession. بالـــ .

Successive. مُتَتابِع

Tobacco. ✿ تَبْغ . دُخانٌ

To spice; season with spice. ✿ تَبَّل الطعام

Spice; condiment. تابِل

Spiced; seasoned. مُتَبَّل

"Chopped" straw. ✿ تِبْن

✿ تَبَنَّى (في بنو) ✿ تبوَّأ (في بوأ)

Tapioca. ○ تَبْيوكا . دقيق مُغذٍّ

To yawn. ◻ تاوَبَ . تاءَب (في ثئب)

Tartars. ✿ تَتَر

A tartar. تَتَرِيّ . واحدُ التتر

One after another. تَتْرَى

Trigger. ◻ تَتَك . ضابطُ الزناد

Tobacco. ◻ تُتُن . تبغ

✿ تثاءَب (في ثأب) ✿ تثنية (في ثني)

To trade. ✿ تَجَرَ . تاجَرَ . اِتَّجَرَ

Commerce; trade. تِجارة

Commercial. تجاريّ . مَتْجَرِيّ

Mercantile. — . مختص بالتجار

Mercantile law. القانون الـــ

Merchant; trader. تاجِر

Wholesaler. — الجملة

Retailer. — المفرّق

Saleable goods. بضاعة تاجرة

✿ تجشأ (في جشأ) ✿ تجلّى (في جلو)

Under. ✿ تَحْتَ الشيء . ضد فوقه

Below; beneath. — . اقلّ منهُ

Down. — . اسفل او الى اسفل

Uuderground. — الأرض

Submedial. — الوسط

Underhand. ◻ من — لتحت

Lower. تَحْتاني . ضد فوقاني

Underclothes. ملابس تحتانيَّة

✿ تحرّى (في حري) ✿ تحرش (في حرش)

Present. ✿ تُحْفَة . هديّة

Curiosity; rarity. — . شيء ثمين

To present with. اَتْحَفَهُ الشيء وبه

Museum. مَتحَف .دارُ الآثار

٭ تحين (في حين) ٭ تحية (في حي)

○ تَخْتٌ . سَرِيرٌ Bedstead.

— . مصطبة Seat ; bench.

— المُلكِ . العَرْشُ Throne.

— المملكة . عاصمتها Capital.

تختروان Sedan; palanquin.

تَخْتَةٌ . مكتبة Desk.

— . لوح الطباشير Black-board.

٭ تخطّى (في خطو) ٭ تخلل (في خلل)

٭ تخلّى (في خلو) To abandon.

٭ تَخَمَ . حدَّ To confine ; limit.

تَخِمَ . اِتَّخَمَ To feel heavy with food.

اَتْخَمَ To cause indigestion.

تاخَمَ To border upon.

تَخْمٌ . حدٌّ Border ; confines ; boundary; limit.

تُخَمَةٌ . سوء الهضم Indigestion.

مُتاخِمٌ Bordering upon.

○ تُدْرُجٌ . اسم طائرٍ Pheasant.

٭ تدلى (في دلو) ٭ تدين (في دين)

٭ تذكرة (في ذكر) ٭ تذلل (في ذلل)

٭ تذمّر (في ذمر) ٭ تُراب (في ترب)

٭ تُراث (في ورث) ٭ تراخ (في رخو)

٭ ترافع (في رفع) To plead.

○ ترام ○ تراموای. Tram ; tramway.

٭ تراوح (في روح) ٭ تراءى (في رأى)

٭ تَرِبَ المكانُ . كثُرَ ترابه. To be dusty.

تَرَّبَ . اَتْرَبَ . غَبَّرَ To cover with dust.

تُراب . تُرْب Dust ; earth.

تُرْبَة . أرضٌ Soil ; ground.

— . مقبرة Cemetery.

تِرْبٌ . نِدٌّ Match ; equal.

تَرِبٌ . مُتْرِبٌ . عليه التراب. Dusty.

○ تَرْبَسَ الباب To bolt ; bar "a door"

تِرْباس . متراس Bolt ; bar.

٭ تربّص (في ربص) ٭ تربّع (في ربع)

○ تَرْبَنْتينا Turpentine.

○ تَرَبيزة . خِوان Table.

○ تِرْتِر . بَرَقٌ . خَضَضٌ Spangles.

٭ ترجّل (في رجل) ٭ ترجم (في رجم)

٭ ترجّى (في رجو) To pray.

٭ تَرِحَ . حزن To be grieved.

تَرَّحَ . اَتْرَحَ To grieve.

تَرَحٌ Affliction ; grief.

○ تَرْزِي . خيّاط Tailor.

٭ تُرْس . دِرْع Shield ; armour.

○ تِرْس . سِنُّ دولاب (عجلة) Cog.

○ تَرْسانَة Arsenal.

○ تَرَسينة . شرفة Balcony.

مِتْرَس . مِتْراس Bulwark.

— . ○ ترباس Bolt ; bar.

٭ تَرِعَ . اِمتلأ To be full.

Canal; channel.	تُرْعَة
To live in luxury.	٭ تَرِفَ. تَترَّفَ
Luxury; ease.	تَرَفٌ. تُرْفَة
Luxurious.	مُتْرَفٌ
Collar-bone; clavicle.	٭ تَرْقُوَة
To leave.	٭ تَرَكَ. سَيَّبَ
To abandon; give up.	—. تخلى او تنازل عن
To allow; let.	—. سمح
To let alone; leave alone.	—ـه وشأنه
Leaving; abandonment.	تَرْك
Legacy; inheritance.	تَرِكَة. تِرْكَة
Turkish.	تُرْكِيٌّ. نسبة الى بلاد الترك
Turkish.	—. اللغة التركيّة
A Turk.	—. عثماني
Turkey.	تُرْكِيَا. بلاد الترك
Spinster: old maid.	تَرِيكَة
Left; abandoned; omitted.	مَتْرُوك
Armistice; truce.	مُتارَكَة. هدنة
Lupine.	٭ تُرْمُس. حَبٌّ مُرُّ الطعم
To become a widower.	٭ تَرَمَّلَ (في رمل)
Thermometer.	٥ تِرْمُومِتر. ميزان الحرارة
Citron.	٥ تُرُنْج ٥ أُتْرُج
Trifle.	٭ تُرَّهَة (الجمع ترهات)
Footway; pavement.	٥ تُروتْوار ٥ رصيف
Trolley.	٥ تُرولي ٥ عربة مكسَّحة
To meditate.	٭ تروّى (في روى)
Antidote; theriaca.	٭ تِرْياق
	٭ تَرَيَّض (في روض) ٭ تسرَّب (في سرب)
Ninth. (1/9)	٭ تُسْع. جزء من تسعة (1/9)
Nine. (٩)	تِسْعَة. ثلاث ثلاثات (٩)
Nineteen.	— عشر (١٩)
Ninefold.	— أضعاف
Ninety.	تِسعونَ (٩٠)
Ninetieth	الـ—.
Ninth.	تاسعٌ
	٭ تسلَّق (في سلق) ٭ تسلّى (في سلو)
	٭ تسوّق (في سوق) ٭ تسوّل (في سأل)
	٭ تشاءم (في شأم) ٭ تشبَّث (في شبث)
October.	٥ تشرين الاوَّل ٥ أُكتوبر
November.	— الثاني ٥ نوفمبر
	٭ تصبي (في صبو) ٭ تضاءل (في ضأل)
	٭ تصوَّر (في صور) ٭ تعادل (في عدل)
	٭ تعافى (في عفو) ٭ تعالَ ٭ تعالى (في علو)
To co-operate.	٭ تعاون (في عون)
To become tired.	٭ تَعِبَ
To toil; labour.	—. كدَّ
To tire of; be tired of.	— منه. ملَّ

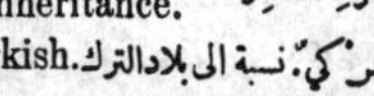

To tire; fatigue. أتعب. أكلَّ
To give trouble. — . ثقّل على
Fatigue; tiredness. تَعَبٌ . كلال
Toil; labour. — . كدٌّ
Trouble; inconvenience. — . ثُقْلة
Tired; fatigued. تَعِبٌ . تَعْبان
Indefatigable. لا يتعب . لا يكلّ
Fees. أتعابُ المحامي والطبيب . أُجرته
Troublesome. مُتْعِب . مضايق
Tiresome. — . ضد مُريح
Tedious. — . شاقّ
Tired; fatigued. مُتْعَبٌ . تَعْبان
Farfetched. مَتْعوب عليه
To move; shake. ۞ تَعْتَعَ . قلقل
۞ تعدد (في عدد) ۞ تعدَّى (في عدو)
To be or become wretched. ۞ تَعِسَ
To ruin; cause or lead to misery. { تَعَسَ . أتعَسَ }
Wretchedness; misery. تَعْسٌ . تَعاسة
Miserable. تَعِسٌ . تَعِيْس
Unfortunate. — . — . بائس
۞ تعشّى (في عشو) ۞ تعصّب (في عصب)
۞ تعويذه (في عوذ) ۞ تغاضي (في غضى)
۞ تغذّى (في غذو) ۞ تفّ (في تفف)

Apples. ۞ تُفّاح
Cider. شَرابُ الـ .
An apple تُفّاحَة
To look after. ۞ تفقّد (في فقد)
To spit. ۞ تَفَلَ . بَزَقَ
Spittle. تُفْل . تُفال . بصاق
Silt; dregs. ۞ تِفْل . تُفْلٌ
Spittoon. مِتْفَلَة . مِبْصَقة
To be insignificant or paltry. ۞ تَفِهَ . كان تافهاً
Insipid; tasteless. تَفِهٌ . تافِهٌ . بلا طعم
Paltry; insignificant. — . — . زهيد
Paltriness; insignificance. تَفَهٌ . تُفُوه
Insipidity. تَفاهَة . مساخة
۞ تفوّق (في فوق) ۞ تفوّه (في فوه)
Seeds. ۞ تَقاوِي . بذارٌ . بَذْرٌ
To make perfect; bring to perfection. ۞ تَقَنَ . أتْقَنَ
Perfection; exactness. إتْقان
Perfect; exact. مُتْقَن
۞ تقوى ۞ تقيّ (في وق) ۞ تكّ (في تكك)
To sustain. ۞ تكبّد (في كبد)
To trample upon. ۞ تَكْتَكَ . داس
To tick. — الساعة
To simmer. ۞ — الطبخُ . كتّ
Tick; click. تَكْتَكَة . دقّة خفيفة

Running band. تكة ○ دِكّة

✲ تكيّة (في وكأ) ✲ تلّ (في تلل)

✲ تلا (في تلو) ✲ تلاشى (في لشو)

Long-possessed. ✲ تُلْدٌ. تليد. تالِد

To enjoy. ✲ تلذّذ (في لذذ)

Telescope. ○ تِلِسْكوب . مِرْقَبٌ

Telegraph. ○ تلغراف . برقٌ

Telegram; wire; cable. — . رسالة برقيّة

Telegraphic. تلغرافيّ . برقيّ

To be spoiled, damaged or destroyed. ✲ تَلِفَ

To spoil; damage; destroy. تَلَّفَ

Damage; destruction. تَلَفٌ

Spoiling; damaging; destroying. إتلاف

Spoilt; damaged. تالِف . مُتْلَف . مَتْلوف

Telephone. ○ تلفون . نَدِيّ

Against; before. ✲ تلقاء (في لقي)

That. ○ تِلْكَ . إسم اشارة

To hang back. ✲ تلكأ ○ تلكّع (في لكأ)

Hill; mound. ❁ تلل ❁ . تلّ . أكَمَة

Mosquito netting. ○ تُلُّ الناموسيّات

Furrow. ✲ تَلَمٌ . شقّ المحراث

Blunt. ○ تَلِمٌ . تالم (في ثلم)

To have for a pupil. ✲ تَلْمَذَ . اِتّخذه تلميذاً

To be a pupil or apprentice. تَتَلْمَذَ . صار تلميذاً

Period or state of study. تَلْمَذَة . دِراسة

Apprenticeship. — . تمرين

Probation. — . ترشيح

Student; pupil. تِلْميذ . طالب عِلم

Apprentice. — . تحت التمرين

Probationer. — . مُرَشَّحٌ

Disciple. — . حَواريّ

Undergraduate — في مدرسة عالية

Cadet. — » » حربية

Day pupil. — خارجيّ

Boarder. — داخليّ

Talmud. ✲ تَلْمود

To be at one's wits' end ✲ تَلِهَ . تحيّر

At one's wits' end. تالِه . متلّه

To follow. ❁ تلو ❁ . تَلَا . تبع

To recite; say. — . سَرَد

To read; peruse. — الكتابَ

Following; next. تالٍ . تابعٌ

Recitation; recital تِلاوَة . سَرد

Reading; perusal. — . قراءة

Tinsel. ○ تَلِّي . بَهْرَج ○ بهرجان

Sack. ◘ تَلّيس . غِرارَة . كيس
To be completed. ☆ تمَّ (في تمم)
To mutter; gibber. ☆ تَمْتَمَ
☆ تمثال ☆ تمثيل (في مثل)
Dried dates. ☆ تَمْرٌ . بَلَح يابس
Henna blossoms. — حِنَّا
Tamarind. — هِنْدِي
☆ تمراد (في مرد) ☆ تمرجح (في رجح)
Dresser; ward attendant. ◘ تَمَرْجِي . ممرّض
To revolt. ☆ تمرَّد (في مرد)
Crocodile. ☆ تِمْسَاحٌ (انظر مسح)
Alligator. — أميركا
☆ تمسخر (في سخر) ☆ تمعن (في معن)
Stamp; mark. ◘ تَمْغَة . وسم
Stamped paper. وَرَق — .
Permanent. ◘ تَمَلّي . دائم
Always. — . دائماً
To complete; finish. ☆ تَمَّمَ . أتمّ
To be finished or completed. تَمَّ . نجز
Completeness. تَمَامٌ . كمال
Complete; perfect. — . تامٌّ
Full moon. بَدْر — .
Completely. تماماً . كلية
Perfectly; to perfection. — . بالتمام
In full. — . بأكمله

Talisman; amulet تَمِيمَة . طلسم
Complete; perfect; full. تامّ . كامل
Completed. — . مُتَمَّم
Completion. إتمام . إنجاز
Finishing; completing. — . تتميم
Complement. تَتِمَّة . تمامة
Complementary. مُتَمِّم . تكميلي
To wish. ☆ تمنى (في منى)
July. ○ تَمُّوز ○ شهر يوليو
☆ تناول (في نول) ☆ تنبأ (في نبأ)
Persian tobacco. ○ تُنْبَاك . تبغ عجمي
Idle; lazy. ◘ تَنْبَل . كسلان
☆ تنحّى (في نحو) ☆ تنخّع (في نخع)
Awning; tent. ◘ تَنْده . مظلّة
☆ تبسّم (في بسم) ☆ تنصّل (في نصل)
Pewter. ○ تَنَك ○ تنكار
Kettle; pot. ◘ تَنَكة . غلاية
Tinker; tinsmith. تنكاري
To be disguised. ☆ تنكّر (في نكر)
Dragon. (تن) . تِنِّين
Python. — برّي . حيّة الصخر
Tunny. ○ تُنّ ○ تُونَة . سمك
To sigh. ☆ تنهّد (في نهد)
Fir. ☆ تَنُّوب . اسم شجر
Oven or furnace. ☆ تَنُّور . فُرن او أتون

Petticoat; skirt. ○ تَنُّورَة . نقبة

Tennis. ○ تِنِيس . لعبة معروفة

Tennis-court. مَلعَبُ التنيس

* تنين (في تنن) * تهاون (في هون)

To stutter; stammer. ○ تَهتَه . تأتأ

* تهجّى (في هجو) * تهكّم (في هكم)

To stink. * تَهِم . أَنتَنَ

Mecca. تِهامة . مكة المكرّمة

* تُهمة (في وهم) * تهوّر (في هور)

* توّ . توّاً (في توو) * تواتر (في وتر)

* تواضع (في وضع) * تواطأ (في وطأ)

* توالى (في ولى) * توأم (في تأم)

To be dilatory. * تَوانى (في ونى)

To make *one* repent. * تَوَّبَ . جعلهُ يتوب

To repent. تابَ . نَدِمَ على

Repentance. تَوبَة . ندامة

Repentant. تائِب . نادِم

Topography. ○ توبوغرافيا

Mulberry. * تُوت . فرصاد

Raspberry. — العلّيق

Zinc. ○ تُوتيا ○ زنك

Sea-egg. — البحر

Calamine. حَجَرُ الـ .

To crown. * تَوَّجَ . ألبس التّاج

Crown. تاجٌ . إكليل

Corolla. تُوَيجُ الزَّهرة

Coronation; crowning. تَتوِيج

* توحّش (في وحش) * تودد (في ودد)

The Bible. * تَوراة

Pentateuch — . اسفار موسى الخمسة

Torpedo. ○ توربيد . مَقذوف ناريّ

* توسّل (في وسل) * توعّد (في وعد)

* توعّك (في وعك) * توفّق (في وفق)

To die. * تُوُفّي (في وفي)

Desire; longing. * تَوق . تَوَقان

To desire; long for. تاقَ الى

Desirous; longing. تائِق

* توقّد (في وقد) * توكّأ (في وكأ)

○ توم (في نوم) ○ تونة (في تنن)

To lead astray. * توّه (في تيه)

Hour. (توو) . تَوّ . ساعة

Directly. تَوّاً . رأساً

Immediately. — . حالاً

Theatre. ○ تياترو . مَلهى

Stage. مرسح او مسرح الـ .

Gallery. أعلى الـ .

Current. * تيّار (في تير)

To give opportunity. (تيح) أتاحَ له

Current; tide. (تير) . تَيّار

Draught; current of air. — هواء

He-goat. * تَيس . ذكرُ المعز

Typhoid. ○ تَيْفود ○ تيفوِيد
Typhus. ○ تيفُوس
This ; that. ☆ تِيكَ . هذه · تلك
Linen. ○ تِيلٌ . نسيج الكتّان
Ticking ; tick. — الفَرْشِ
To enslave. ☆ تَيَّمَ . تامَ
Enslaved. تَيْم . مُتَيَّم
Team. ○ تِيم · جماعة اللاعبين
Fig. ☆ تِين · فاكهة معروفة
Prickly-pear. — شوكي . صُبَّير
Figpecker. عُصْفور التينِ
Fig-tree. تينَة · شجرة التين
A fig. — · واحدة التين
To mislead misguide. ☆ تَيَّهَ . تَوَّهَ . أضَلَّ
To perish. تَاهَ . هلك
To wander ; go astray. — · ضلَّ
To be supercilious. — · تكبّر
To mislay ; lose ; miss. — منه كذا · أضاعه
Superciliousness. تِيهٌ . كبر
Maze ; labyrinth. — · برِبي
Wandering. تائِه . تَيْهان . ضالّ
Stray ; lost. — · ضائع . مفقود
Supercilious. — عجباً
Distracted; absent minded. — الفكر

﴿ ث ﴾

To yawn. ☆ تَثِبَ . تثاءَبَ ○ تثاوب
Yawning. تثاؤب . ثأبٌ
☆ ثاب (في ثوب) ☆ ثابر (في ثبر)
To rise up. ☆ ثار (في ثور)
To revenge. ☆ ثأرَ . أثارَ . إِنتقم
To retaliate. — · قابلَ بالمثلِ
Revenge ; retaliation. ثأر . إِثآر . إِنتقام
Avenger; taking revenge. ثائِر . آخذ الثأر
Wart. ☆ ثألل ☆ . ثُؤلول . ثؤلولة
☆ ثانٍ ☆ ثانوي ☆ ثانياً ☆ ثانية (في ثني)
To be brave. ☆ ثَبُتَ . كان شجاعاً
To be fixed. ثَبَتَ . كان ثابتاً
To be established. — · تحقق
To resist. — على · قاوَمَ
To maintain. — على كذا
To stand by. — على عهدهِ
To fix; make firm. ثَبَّتَ . مكن
To strengthen. — · قوَّى
To confirm. — · أثبَتَ . أيَّد
To ascertain. — · — · حقَّق
To prove ; establish. — · — بالبرهانِ
To convict ; prove guilty. أثبَتَ الذنبَ على

Lapful. ٭ ثِبْنَة. مِلءُ حِجرٍ
Lap. ثِبان . حِجْر
To thicken; be or become thick. ٭ ثَخُنَ. غَلُظ
Thickness. ثِخَن . ثخانة. ثخونة
Thick; dense. ثخين . غليظ
Breast; pap. ٭ ثَدْيٌ. ثَدَى. نهد
To blame. ٭ ثَرَبَ. ثَرَّبَ عليه. لام
Peritoneum. ثُرْب. غلاف الامعاء
Blame; reproach. تَثْرِيب. لوم
To prattle; prate. ٭ ثَرثَرَ
Prattle; tittle-tattle. ثَرثَرَة
Prattler; chatterbox. ثرثار
To sop. ٭ ثَرَدَ الخبزَ. فتّه في المرَق
Sop; bread soaked in soup, etc. ثَرِيْد
٥ ثرمومتر (راجع ترمومتر)
Wealth; riches. ٭ ثَرْوَة
Wealthy; rich. ثَرِيٌّ
To become wealthy or rich. ثَرِيَ. أثرى
Lustre; chandelier. ثُرَيَّا. نجفة
Pleiades. الــ. (في الفلك)
Moist and soft earth. ثرى
Serpent; snake. ٭ ثُعْبان . حيّة
Eel. — الماءِ
Fox. ٭ ثَعْلَبٌ. حيوان معروف
Alopecia. داءُ الــ.

To identify. — الذاتيّة
Steadiness; stability. ثَبات . استقرار
Perseverance. —. مثابرة
Resistance. —. مقاومة
Fixed; firm; steady. ثابِت . راسخ
Stationary; immovable. —. ضدّ متحرّك
Confirmed; established. —. مقرر
Undismayed; firm. — الجأشِ
Resolute. — العزمِ
Firm-footed. — القدمِ
Confirmation; establishment. إثبات. تقرير
Affirmation. —. ضدّ نفي
Affirmative; confirmatory. إثباتيّ. ضد نفيي
Well fixed. مُثبَّت . ممكّن
Confirmed; established. مَثبوت . مُثبَت
To expel; drive out. ٭ ثَبَرَ . طرد
To persevere *in*. ثابَرَ على
Persevering. مُثابِر
Perseverance. مثابَرَة
To hinder; impede. ٭ ثَبطَ. ثَبَّطَ عن كذا
To dishearten; discourage. —. — العزمَ

She-fox ; vixen. ثعلبة. أنثى الثعلب
To make a gap in. ٭ ثغر. فتح ثغرة
Mouth. ثغر. فم
Front teeth. — . مقدّم الأسنان
Port ; harbour. — . ميناء
Opening ; breach. ثغرة. فتحة
Socket. — . نقرة
To bleat. ٭ ثغى الخروف والشاة
Bleating. ثغاء. صوت الغنم
Silt ; sediment. ٭ ثفل. عكر
To make a hole. ٭ ثقب. خرق
To pierce into. — . اخترق
To be pierced. تثقّب. انثقب
Boring ; piercing. ثقب. خرق
Hole ; opening. ثقب. ثقبة
A match. ثقاب. عود الثقاب
Piercing ; penetrating. ثاقب
Shrewd ; keen. — الفكر
Drill. مثقب ◻ مثقاب
To be sagacious. ٭ ثقف. كان حاذقاً
To educate. ثقّف. هذّب
Education. تثقيف. تهذيب
Educated. مثقّف. مهذّب
Confidence ; faith. ٭ ثقة (في وثق)
To be heavy. ٭ ثقل. ضد خفّ
To make heavy. ثقّل. صيّره ثقيلاً

To trouble. — على. أتعب
To overburden. — على. حمّل
To annoy. — وتاقل على. ضايق
To be sluggish. تثاقل. تباطأ
Weight ; heaviness ; ponderosity. ثقل. وزن
Burden ; load. — . حمل
Density ; specific gravity. الـ النوعي
Heavy. ثقيل. ضد خفيف
Troublesome. — . مضايق
Burdensome. — الحمل
Antipathetic. — الدم
Heavy ; indigestible. — الهضم
Overburdened. مثقّل. محمّل
Weight. مثقال
Bereaved (bereft) of a child. ٭ ثكلى. ثاكل
To bereave "a mother of her child" أثكل الأمّ ولدها
Barracks. ٭ ثكنة الجنود ◻ قشلاق
٭ ثلّ (في ثلل) ٭ ثلاث ٭ ثلاثة (في ثلث)
To slander ; traduce. ٭ ثلب. سبّ
To disgrace. — . عاب
Slandering. ثلب. سبّ
Slanderous. ثالب
Disgrace. مثلبة. عيب
To treble. ; triple. ٭ ثلّث
To triangulate. — المساحة

Third part. ثُلْث (١/٣)
Three. ثلاث . ثلاثة (٣)
Threefold. —و— أضعاف
Thirteen. — عشرة . ثلاثة عشر
Three times. ثلاثاً . ثلاث مرّات
Tuesday. ثلاثاء . يومُ الـــ
Thirty. ثلاثون (٣٠)
Triple; threefold. ثُلاثيّ
Trinomial. — الحدود
Triliteral. — الحروف
Trilinear. — الخطوط
Triangular; triangled. — الزوايا
Trilateral. — السطوح
Trihedral. — السطوح المتساوية
Trisyllable. — المقاطع
Third. ثالث . واقع بعد الثاني
Thirdly; in the third place. ثالثاً . ثالثه
Trinity. ثالوث
Triangulation تثليث
Trinitarianism —(في اللاهوت)
Threefold. مُثَلَّث
Triangle. — (في الهندسة)
Isosceles. — متساوي الساقين
Trigonometry. حساب المثلثات
To freeze ٭ ثَلَجَ
It snowed. ثَلِجَت . أَثْلَجَت السماءُ

To find pleasure in. ثَلِجَت النفسُ به
Snow. ثَلْجٌ
Ice. — . جليد
Iced; frozen. ثَلِج . مُثَلَّج . مثلوج
Ice-man; iceseller. ثَلّاج . بائع الثلج
Ice-box. ◘ ثلّاجة . مَثْلَجَة
Destruction. ٭ ثَلَل . ثِلّة . خراب
To subvert; destroy. ثَلَّ
To defame. ٭ ثَلَمَ
To make a breach — . ثَلَّمَ . شقّ
To blunt. — . — . صَيَّره كليلا
To be blunt. ثَلِمَ . تَثَلَّمَ
Breach; opening. ثَلْم . ثُلْمَة
Blunt. ثالِم . كليل ◘ ثالم
In bad repute. مُنْثَلِم الصيت
٭ ثمّ (في ثمم) ٭ ثمانون ٭ ثمانية (في ثمن)
To bear, yield or produce fruit. ٭ ثَمَرَ . أَثْمَرَ
To invest in ثَمَّرَ . اسْتَثْمَرَ المالَ في
Fruit. ثَمَرٌ . حملُ النباتِ او غيره
Advantage. — . ثَمَرَة . فائدة
Effect; result. — . — . نتيجة
Fruitless. بلا ثمرة . عقيم
Fruitful; productive. مُثْمِر
To become drunk. ٭ ثَمِلَ . سكر
To intoxicate. أَثْمَلَ . أسكر
Intoxication; drunkenness. ثَمَلٌ . سكر

Intoxicated ; drunk. ثَمِلٌ . سكران
Settling ; sediment. ثُمَالة
There ; yonder. ﴿ ثمم ﴾ . ثَمَّ . هناك
Thence ; for that reason. من — لذلك
Then. ثُمَّ
To value ; estimate. ✱ ثَمَّنَ
Priceless ; invaluable. لا يُثَمَّن . ثمين جداً
Valueless. لا يُثمَّن . عديم القيمة
Eighth "part". ثُمْن (⅛)
Price. ثَمَن . عِوَض البيع
Cost price. — أصلي
Eight. ثمان . ثمانية (٨)
Eighteen. ثماني عشرة (١٨)
Eighty; fourscore ثمانون (٨٠)
Valuable ; precious. ثمين . مُثْمِن
Eighth. ثامِن . واقع بعد السابع
Valuation ; estimation. تثمين
Valuer ; estimator. مُثَمِّن
Valued. مُثَمَّن . مقوَّم
Octagon, —al. — الأركان
Octangular. — الزوايا
Octahedron. — السطوح
Fetlock. ✱ ثُنَّة الدابّة
To bend ; twist. ✱ ثَنَى . عَطَفَ

To double; fold. — . طوى
To dissuade. — عن كذا
To double; multiply by two. ثنَّى العددَ
To pleat; plait. — الثوبَ
To second. — على استدعاءٍ
To praise; eulogise. أثنى على . مَدَحَ
To thank. — على . شكر
To except; make an exception. إستثنى
Bending; inclining. ثَنْي
Dissuasion. — عن عزم
Fold; plait. ثَنْيَة . طيَّة
Incisor; front tooth. ثَنِيَّة
Praise; eulogy ثَناء . مَدح
Thankfulness. — . شكر
Laudatory. ثَنائي . مديحي
Double; twofold. ثُنائي . مُثنى
Second; next. ثانٍ
Secondary. ثانويٌّ
Secondly. ثانيًا . ثانيةً
Again; once more. — . ايضاً
Second. ثانية٢ . ١/٦٠ من الدقيقة
Twelfth. ثاني عشر . بعد الحادي عشر
While; during. أثناء . في اثناء
Meanwhile. في — ذلك
Twelve. إثنا او اثناعشر (١٢)

Two. اِثنان . اِثنتان (٢)
Monday. —• يوم الاثنين
Exception; exclusion. إستثناء
Exceptional. اِستثنائي
Exceptionally; as an exception. اِستثنائياً . بوجهِ الاستثناء
Exceptional case. حالة إستثنائية
Doubling. تَثْنِية
Deuteronomy — الاشتراع
Double; twofold. مُثَنًّى . مزدوج
Dual. —• مؤلَّف من اثنين
Folded; pleated مَثْنِيّ . مَطوِيّ
Excepted; excluded. مُسْتَثْنًى
To reward; recompense. ٭ ثَوَّبَ . اَثابَ
To return. ثابَ . عادَ
Dress; garment. ثَوْبٌ . رداء
Clothes. ثياب . مَلابس
Reward; recompense. ثَوابٌ
Meeting place. مَثابٌ . مَثابَة
Equal to; like. بمثابةِ كذا . يعادلهُ
Bull; ox; bullock. ٭ ثَوْرٌ . ذَكَرُ البَقَرِ
Cow. ثَوْرَة . بقَرَة
Revolution. —• هياج
Disturbance; agitation. ثَوران . هيجان
Revolutionist. ثَوْرَوِيٌّ . مثير الفتن

—• مختص بالثورات او يسببها
Revolutionary.
To rise up; be agitated or stirred. ثارَ . هاجَ
To rise; be stirred up. — الغبارُ
To revolt; rise — الشعبُ
To mutiny. — الجندُ
Exciting; agitating. مُثير . مهيِّج
To agitate; rouse; stir up اَثارَ
Wart. ٭ ثُؤْلول . ثؤلولة . بثرة
Garlic. ٭ ثُومٌ ◘ توم
To dwell or abide *in*. ٭ ثَوَى في المكانِ وبهِ
To be buried. ثَوِيَ . دُفِنَ
Abode; dwelling. مَثْوًى
Not virgin. ٭ ثَيِّبٌ . نقيض البكر
Widow, or divorcee. —• ارملة او مطلقة

﴿ ج ﴾

To come. ٭ جاءَ (في جيأ)
To penetrate (في جوب) ٭ جاب
To argue with. (في جدل) ٭ جادَلَ
To bellow; low. ٭ جأَرَ الثورُ
Bellowing; lowing. جأْرٌ . جُؤارٌ

٭ جارٌ (في جور) ٭ جارٍ ٭ جارى

٭ جارية (في جرى) ٭ جاز ٭ جائزة (في جوز)

٭ جازف (في جزف) ٭ جازى (في جزى)

Spy. ٭ جاسوس (في جسس)

To be agitated or moved. ٭ جأشَ (انظر جيش). اضطرب

Emotion; agitation "of mind". جأشٌ. اضطراب

٭ جاشٌ (في جيش) ٭ جاع (في جوع)

٭ جال (في جول) ٭ جالية (في جلي)

٭ جاملٍ (في جمل) ٭ جاموس (في جمس)

٭ جانٌّ (في جنن) ٭ جانٍ (في جنى)

٭ جاهٌ (في جوه) ٭ جاهر (في جهر)

٭ جاوب (في جوب) ٭ جاور (في جور)

Benzoin. ٭ جاوي (في جوى)

Sergeant. ○ جاويش. قائد عشرة

٭ جائزة (في جوز) ٭ جبٌّ (في جبب)

Tyrant. ٭ جبّار (في جبر)

To lop; cut off. ﴿جبب﴾ جَبَّ. قطع

Pit; well. جُبٌّ. بئر عميقة

Dungeon; den. — . سجن ارضي

Oriental robe. جُبَّة. رداء معروف

Ammunition. ○ جَبْخان ○ جَبْخانة

To repair; mend. ٭ جَبَرَ المكسورَ

To set "broken bones". — . جَبَرَ العظمَ

To relieve; help. — الفقيرَ. ساعده

To console; comfort. — القلبَ

To compel; oblige; force; press upon. — على. الزم

To be haughty or overbearing. تجبّر. تكبّر

To tyrannise. — . طغى . عتى

Compulsion. جَبْرٌ . إجبار

Bonesetting. — . تجبير العظام

Algebra. — . علم الجبر

By force; compulsorily. جَبْرًا . بالجبر

Algebraic. جَبْري. مختص بعلم الجبر

Compulsory. — . الزامي

Forced sale. بَيْعٌ — او إجباري

Might; potency. جَبَرُوت

Gabriel. جبريل . جبرائيل

Tyrant. جبّار . عاتٍ

Giant. — . هائل القوّة او الجسم

Splint. جَبِيرَة العظام

Bonesetter. جابر. مجبّر العظام

Compelled: forced. مُجْبَر. مَجْبُور

Gypsum. ○ جِبْس

To fashion; mould. ٭ جَبَلَ. صاغ

To knead. — . عجن

Mountain; mount. جَبَلٌ. طود

Mount Sinai. — سينا (الخ)

Volcano. — نارٍ . بركان

Mountainous. جَبَلِيٌّ. كثير الجبال

Archbishop ٭ جِثْلِيق كبير الأساقفة
To crouch ; cower. ٭ جَثَمَ
Incubus; nightmare. جُثَام
Body. جُثْمان . جسم
Roost ; perch. مَجْثَمُ الطائرِ
Kneeling. ٭ جُثُوّ . ركوع
To kneel. جَثَا . ركع
To deny; disown. ٭ جَحَدَ . أنكرَ
To disbelieve — . كفر
To deny *his* right. ــه حَقَّهُ
Denial. جَحْدٌ . جُحُود . إنكار
Disbelief. — . — . كفر
Ingratitude. — . — المعروف
Denier. جاحِدٌ . ناكِر
Disbeliever. — . كافِر
Ungrateful. — المعروف
Hole ; burrow. ٭ جُحْرُ الحيوان . وجار
Young ass. ٭ جَحْش . وَلَدُ الحمارِ
To swell; protrude. ٭ جَحُظَت عينه
To side with; take one's part. ٭ جَحَفَ معه
To wrong; injure. أَجْحَفَ به
Injustice. إِجْحَافٌ . جور
Prejudice, bias. — . مَيْل
Prejudiced ; biassed مُجْحِف . جائِر
A great army. ٭ جَحْفَلٌ

Mountaineer; highlander. — ٥ جَبَلاوي
Grotto. ٥ جَبَلاية . جَبَل مصنوع
Temper; nature. جَبْلَة . جِبِلَّة . خِلقة
To be timid or faint-hearted. ٭ جَبُنَ ضعُفَ قلبه
To lose heart. — . خارَ عزمه
To curdle; thicken. جَبَّنَ الحليبَ
To curdle; turn into curd. ٥ — . تجَبَّنَ الحليبُ
Cheese. جُبْنٌ . جُبْنَة
Cowardice. — . جَبَانَة
Cowardly; fainthearted. جَبَان
Cemetery. جَبَّانَة . مقبرة
Forehead; brow. جَبِين . جَبْهَة
Oriental robe. ٭ جُبَّة (في جبب)
To confront. ٭ جَبَهَ . استقبل
Forehead; brow جَبْهَة . جَبين
To collect or gather "taxes or rents" ٭ جَبَى
Collecting; gathering. جِبايَة
Collector; gatherer. جابٍ
٭ جَبين (في جَبِن) ٭ جَثا (في جثو)
To uproot. ٭ جَثَّ . اجْتَثَّ . اقتلع
Body. جُثَّة . جسم
Corpse. — الميت

A great man — رَجُل .

To cast a piercing look at. * جَحَمَ

Hell-fire; hell. جَحِيم . نارُ جهنم

Hellish ; like hell. جحيمي

* جد * جداً (في جدد) * جدار

* جدارة (في جدر) * جدال (في جدل)

To be barren. * جَدُبَ . وأَجْدَبَ المكانُ

Barrenness. جَدْبٌ . مَحْل

Dearth; scarcity — . قَحْط

Barren. — . مُجْدِب

Grave. * جَدَث . قَبر

Cricket (insect) * جُدْجُد

To renew ; renovate. * جَدَّدَ . صَيَّرَ جديداً

To repeat ; make again. — . أعاد من جديد

To rejuvenate. — الشبابَ

To regenerate. — القلبَ

To restore the strength. — القوى

To be great or important. جَدَّ . كان عظيما

To be new — . كان جديداً

To endeavour ; exert one's self; act diligently — . إجتهدَ

To be renewed تَجَدَّدَ

Good fortune. جَدٌّ . حظ

Forefather. — . سَلَفٌ

Grand-father. — . أبو الأب او الأمّ

Grandmother. جَدَّةٌ

Diligence. جِدٌّ . اِجتهاد

Earnestness; seriousness. — . ضدّ هَزْل

Earnestly; in earnest;seriously من — .

Earnest ; serious. جِدّي . ضد هزلي

Very; exceedingly جداً . للغاية

Recency ; newness. جِدَّة . حَداثة

New. جَديد . ضد قديم . مستحدث

Brand-new. ▫ — لَنْج

Over again ; anew. من — .

To have, or be infected with smallpox. * جُدِرَ . جُدِّرَ

To take root. ▫ جَذَّرَ . جذَّر

To be worthy of. جَدُرَ بكذا

Wall. جَدْر . جِدار . حائط

Root. ▫ جِدْر . جذر

Foundation. ▫ جَدار . أساس

Smallpox. جُدَري . اسم مرض

Competence. جدارة

Worthy of. جدير بكذا

Worth mentioning — بالذكر

More proper. أجْدَر

Seized with smallpox مجدور

To dock; cut off.	٭ جَدَعَ . قَطَعَ
To maim.	— عُضواً (من جسم)
Young man.	جَذَعٌ . شابٌ
Clever.	▫ — . ماهِر
Brave; noble.	▫ — . شُجاع
Fellow; chap.	▫ — . شَخصٌ
To blaspheme.	٭ جَدَّفَ (على الله)
To row; paddle.	— . جذّف
Rowing.	تَجْذِيف . تجذيف
Blasphemy.	— على الله
Oar.	مِجْدَاف . مِجذاف
To twist.	٭ جدلَ الحَبْلَ . فتَلَ
To braid.	— . جَدَّلَ الشعرَ
To plait	— . — الخوصَ وغيره .
To argue.	جَادَلَ . حاجَّ
To dispute.	— . خاصَمَ
	جَدَلٌ . جِدَالٌ . أخذٌ وردٌ
Argu ment; discussion.	
Dispute.	— . — . خِصام
Disputable.	يَقبَلُ الـ .
Indisputable.	لايقبل الـ .
Argumental; controversial.	جَدَلي
Brook.	جَدْوَل . نهر صغير
List; schedule.	— . قائمة
Table.	— حسابيّ
Multiplication table.	— الضَّرب
Tress; braid; plait.	جَدِيلة
Twisted; plaited	مَجْدول
Use; avail.	٭ جَدْوَى . فائدة
Grant; gift.	— . عطيَّة
Useless; unavailing.	بلا — .
To avail; be of use.	أجْدَى . أفادَ
Of no avail.	لا يجدي
Kid.	٭ جَدْيٌ . وَلَدُ المَعزِ
	٭ جديد (في جدد) ٭ جدير (في جدر)
	٭ جذّ (في جذذ) ٭ جُذام (في جذم)
To attract; draw	٭ جَذَبَ اجتَذَبَ
To win.	— . — . اِستمالَ
To captivate; engage the affections.	— و— القلبَ
Attracting; drawing.	جَذْبٌ . اِجتِذاب
Attraction.	— . جاذبيَّة
Gravity.	جاذبيَّة الثِقَلِ
Capillary attraction.	— شعريَّة
Cohesion.	— الالتصاق
Magnetism.	— مغنطيسيَّة
Attractive.	جَاذِبٌ . جَذَّاب
Engaging.	— . — . خلاَّبٌ
Attracted; drawn.	مَجْذُوب . مُنجَذِب
Maniac; insane.	▫ — . مجنون

To extract the root of. ٭ جَذَّرَ العددَ

To strike root. مدَّ جِذراً

Root. جِذرٌ . أصلٌ (او جذر العدد)

A surd. — أصمّ

Square-root. — تربيعيّ

Radical sign. علامة الـ — .

Radical quantity كمّيّة جذريّة

Evolution تجذير. استخراج الجذور

A young man. ٭ جَذَعٌ. شابٌ

Trunk. جِذْع

To row. ٭ جَذَّفَ . قذَّف

Oar; paddle مِجْذاف. مقذاف

To exult; rejoice exceedingly. ٭ جَذِلَ. فَرِحَ

To gladden; cheer. اَجْذَلَ . فرَّحَ

Exultation; happiness. جَذَلٌ

Exultant; happy جَذِل

Stump. جِذْلُ الشجرة

To lop; cut off ٭ جَذَمَ . قَطَعَ

Leprosy. جُذام

Stubble. جُذامة النبات

Leper مَجْذُوم . اَجْذَم

Firebrand ٭ جُذْوَة . جمرة

To drag; pull; draw. ٭ جرّ (في جور)

To encourage. ٭ جرّأ

To dare; venture. تجرّأ. اِجترأ

Boldness; daring; audacity; intrepidity جُرْأة . جَرَاءَة

Bold; daring; intrepid; audacious. جَرِيء

٭ جراب (في جرب) ٭ جراد (في جرد)

Granite. ٥ جَرانيت ، حَجَرٌ سماقي

Rations. ٭ جراية (في جرى)

To be mangy. ٭ جَرِبَ . اُصيب بالجرب

To fade; turn colour. ٥ — اللونُ

Try; put to the test. جَرَّبَ . اِختبر

To attempt. — امراً . حاوله

To tempt; entice. — . اغرى

Itch; scabies. جَرَبٌ . مرض جلدي

Mange. — الحيوانات

Scab. — الغنم

Itchy; scabby جَرِبٌ. جَرْبان. اَجْرَب

Faded. ٥ جَرْبان ٢ (لون)

Sock. جُراب. جَوْرَب قصير

Stocking. — . — طويل

Case; covering. جِراب. غلاف

Sheath; scabbard. — . غِمْد

Wallet; bag. — . خُرْج

Knapsack. ٥ جِرِبَنْدِيَّة

Trial. تجربة . تجريب . اِختبار

Temptation. — . — . اِغواء

Experiment.	— . عملية إختبارية
Experience.	— . خبرة
Attempt.	— . سعي
On trial.	تحت الـــ .
Tried.	مُجَرَّب . مُختَبَر
Experienced.	— . مُختَبِر
Root ; origin.	✿ جُرثومة . أصل
Germ ; seed.	— . بزرة
Cress.	✿ جِرجار . نبات
Water-cress.	جِرجير . نبات حرّيف
To wound.	✿ جَرَحَ . كَلَمَ
To hurt.	— الاحساسات
To commit an offence.	اِجتَرَحَ الاثم
Wound ; cut.	جُرح ؛ كَلْم
Surgeon	جرّاح . طبيب جرّاح
Surgery.	جِراحة
Surgical.	جِراحيّ
Wounded.	جَريح . مَجروح
Wounding, cutting	جارِح . يجرح
Ravenous.	— . مفترس
Biting remark.	اِنتقاد — .
Limb.	جارِحة . عُضو . طرف
To strip.	✿ جَرَّدَ . نزع القشر
To divest or deprive *of*.	— من كذا
To denude ; lay bare.	— من كساء
To draw "the sword".	— السيفَ
To degrade.	— من الرتبِ
To disarm.	— من السلاح . نزعه
To dispossess.	— من الملكِ
To take stock.	◘ جَرَّد البضائع
Stock-taking	◘ جَرْد (البضائع)
Inventory.	◘ قائمة الـــ .
Locusts.	جَراد (واحدته جرادة)
Newspaper.	جَريدة . صحيفة
Palm-leaf stalk.	— النخل
Hairless.	أجرَد . بلا شعر
Military expedition.	تجريدة
Abstract.	مُجَرَّد . ضد مزيد
Mere ; pure.	— . صِرفٌ
Devoid, deprived or destitute of	— من كذا
Naked ; bare	— . عُريان
With the naked eye.	بالعين المجرّدة
Bucket.	◘ جَردَل . دلوٌ
Rat.	✿ جُرَذ . (واحد الجِرذان)
To trail ; drag	✿ جَرَّ ◘ جرجر
To pull ; draw along.	جَرَّ . سَحَبَ
To bring ; draw	— . جَلَبَ
To occasion ; cause.	— . سبَّب
To chew the cud.	اِجتَرَّ ◘ اشترَّ

Pulling ; drawing. جَرٌّ . سحب
Exploitation. — مَغْنَمٍ
Preposition. حرفٌ — (في النحو)
Jar ; pitcher. جَرَّة . أناء فخّاري
Track ; trace. ◘ جُرَّة . أثرُ المرور
And so forth or so on; et cetera. وهلمَّ جرًّا
A great army. جيش جرّار
Pulling. جارٌّ . ساحِب
Conjunctive. — (في النحو)
Sin ; offence. جَرِيرة . إثم
Milky-way. مَجَرَّة (في الفلك)
Ruminant (animal). مُجْتَرٌّ
Pulled. مَجْرور . مسحُوب
Objective. — (في النحو)
Drain. ◘ — البيوت . مصرف
Drainage. ◘ مجارٍ
To scandalise; disgrace. ٭ جَرَسَ بهِ . هتك

Bell. جَرَسٌ
Alarm-bell. — الخطرِ
To ring the bell. دقَّ الـــ .
Scandal. ◘ جُرْسَة . هتيكة
To crush. ٭ جَرَشَ ◘ دشَّ
Stone hand-mill. جاروشة

To suffocate. ٭ جَرَضَ . خَنَقَ
To swallow. ٭ جَرَعَ . تجرَّع
Draught. جُرْعَة . شربة
Dose. — دوائيَّة
To sweep away. ٭ جَرَفَ . اِكتسح
To wash away. — الماء الشيء
Cliff ; steep. جُرْفُ الجبلِ
Bank ; edge. — النهرِ او الحفرةِ
Shovel. ◘ جَرَّافة . مجرفة
To commit a crime. ٭ جَرَمَ . أجْرَمَ . اِجْتَرَمَ
Offence ; crime. جُرْم . جَرِيمة . ذَنب
Certainly; of course. لا — .
Lighter ; boat. جَرْم . زَوْرق
Size ; bulk. ◘ — . حَجْم
Body. جِرْم . جِسْم
Celestial body. — فَلَكي او سماوي
Bulky. ◘ جسيم . جَرِيم
Crime ; offence. جَرِيمة . جناية
Criminal ; guilty. مُجرِم
Basin. ٭ جُرْن . حوض
Mortar. — . هاون
Threshing-floor. — . بَيْدَر
Journal ; newspaper. ○ جُرْنال

Track ; trace. ✲ جُرَّة (في جرر)

Pup ; whelp. ✲ جَرْوُ الكلب والسبع

Cub. — الثعلب والذئب

To run. ✲ جَرَى. ركض

To flow ; run. — . سال

To happen. — . حدث

To cause to run or flow. جَرَّى . أجرى

To appoint an allowance. أجرى ٢ عليهِ الرزقَ

To carry out ; execute. — الأمرَ

To inflict a punishment. أجرى عليهِ قصاصًا

To keep pace with. جَارَى. سابق

To get on with. — . ساير

To agree with. — في الأمر

Runner. جَرَّاءٌ . ركاض

Rations. جِيرَاية العساكر

Coarse bread. ◘ عيش — . ضد الخاص

Running. جارٍ . راكِض

Current. — . دارج

Bondmaid. جَارِيَة . أمة

Maid ; girl. — . صبيّة او خادِمة

Execution. إِجراء . إِنفاذ

Proceedings. إِجراءات . تصرُّفات

Course. مَجْرَى

Watercourse; channel — الماء

Draught. — الهواء

Drain. مجرُور (في جرر)

✲ جريد (في جرد) ✲ جريرة (في جرر)

✲ جريمة (في جرم) ✲ جزّ (في جزز)

To divide ; part. ✲ جَزَّأَ . قسَّم

Divisible. يتجزَّأُ . ينقسِم

Indivisible. لا — .

Part ; division. جُزْء . قسم

Portion; piece. — . قطعة

Part and parcel. — لا ينفصل

Partial. جُزْئيّ . ضدّ كُلّي

Trivial ; trifling. — . طفيف

Details. جُزئيّات . تفاصيل

Reward. جزاء (في جزي)

Pharmacist; druggist. أجزائيّ . صيدلانيّ

Pharmacy; drug-store. أجزائيّة ◘ أجزاخانة

Partition, division. تجزئة

Divisibility ; partibility. قابليّة الـــ .

Purse. ◘ جِزْدان . كيس النقود

To slaughter. ✲ جَزَرَ . ذبح

To ebb. — البحر . ضدّ مدّ

Slaughtering. جَزْرٌ . ذبح

Ebb-tide ; reflux. — البحر

Tide ; ebb and flow. — البحر ومدّه

Carrots. جَزَرٌ . نبات

Butcher.	جَزَّار. ذبَّاح او لَحَّامٌ
Island; isle.	جَزِيرة
Peninsula.	— . بحيث او شِبْه
Slaughter-house.	مَجْزَر
Slaughter; butchery.	مَجْزَرَة
To shear; cut.	❁جزز❁ جَزَّ الصوفَ
Fleece.	جِزَّة الغنم . صوفها
Shearer.	جَزَّاز. قصَّاص الصوف
Shears.	مِجَزّ. مقصّ الجزّاز
Shorn; cut.	مجزوز
To be impatient.	❁ جَزِعَ. قَلِق
To be grieved.	— . حزن
Impatience.	جَزَعٌ. ضدّ صبر
Anxiety.	— . قَلَقٌ
Impatient.	جَزِعٌ. جَازِع
Perturbed.	— . — . قَلِقٌ
Onyx.	جَزْعٌ. نوع من العقيق
Veined.	مُجَزَّع . مُعَرَّقٌ
Marble-paper.	ورق — .
To act recklessly.	❁ جَزَفَ. جَازَفَ
Recklessly.	جِزَاف
At random.	جُزَافاً
Reckless; rash; temerous.	مُجَازِف
To be abundant.	❁ جَزُلَ
To be eloquent.	— النطق
To give liberally or largely.	أَجْزَلَ له العطاء
Abundant.	جَزْلٌ. جزيل
Eloquent.	— . — . فصيح
A great good.	خَيْرٌ جزيل
Slice; pieee.	جِزْلة . قطعة
Purse.	◘ جِزلان . كيس النقود
To decide.	❁ جَزَمَ الأمرَ
To resolve; decide upon.	— على الأمرِ
To make incumbent upon	— عليه الأمر
Decision.	جَزْمٌ. بتّ
Sign of quiescence.	علامة الـــ. (في النحو)
Boot.	◘ جَزْمَة . حذاء (طويل)
Shoe	◘— مكشوفة (قصيره)
Shoemaker; bootmaker.	◘ جِــزَماتي. اسكاف
Decisive.	جَازِم . باتّ
Decided upon.	مَجزوم فيه
To satisfy.	❁ جَزَى الشيءُ
To reward.	— . جَازَى . كافأ
To punish.	— . — . عاقب
To do instead of.	— وأجزى عن.
Reward.	جَزَاء . مُجَازاة. مكافأة.
Punishment.	— . قصاص
Fine.	— نَقْديّ . غرامَة
Tribute.	جِزْية . ضريبَة

Tax; land-tax. — . خَراجُ الارض

✿ جزيرة (في جزر) ✿ جسّ (في جسس)

✿ جَسَدٌ . جسم Body.

تجسَّدَ To become incarnate.

تجسُّد (في اللاهوت) Incarnation.

متجسِّد Incarnate.

✿ جَسَّرَ . شجَّع To embolden.

□ — . أقام جسراً To embank.

جَسَرَ . تجاسر To dare; venture.

جِسْر □ كُبري Bridge.

— النهر او سكة الحديد Bank.

جَسارة Courage; daring; intrepidity. boldness; audacity.

جَسور . جريء Bold; courageous; daring; audacious.

— . وقح Forward; impudent.

✿ جسس ✿ جَسَّ . اجتَسَّ To feel; touch.

— . سبر To sound; probe.

— . تجسَّس To spy out.

جاسوس . مُستَطلع الاحوال Spy.

تجسُّس Spying.

مَجَسّ . مِسبرٌ Probe; sound.

✿ جَسُمَ . عَظُمَ To be big, large.

جَسَّم To enlarge; magnify.

تَجَسَّمَ . اِتَّخذَ شكلاً To assume a form.

— الخَطرُ To become great.

جِسْم . جُسمان . بَدَنٌ Body.

— . مادَّة Substance; matter.

— . شكلٌ Form.

جِسْميّ . جسمانيّ Bodily; corporal.

جَسيم . عظيم Big; large.

— . ضخمٌ Bulky.

جَسامة . عِظَمٌ Greatness; largeness.

— . ضخامة Bigness; bulkiness.

✿ جَشَأَ . تجشَّأ To belch; eructate.

✿ جَشَعٌ Greediness; cupidity; avidity.

جَشِعٌ Greedy; covetous.

✿ جَشِمَ . تجشَّم To undergo; suffer.

✿ جِصّ ○ جبس Gypsum.

✿ جعالة (في جعل) Commission.

✿ جَعْبة . كِنانة Quiver.

✿ جَعَّدَ الشعر To curl; frizzle.

— الجلد والثوب To wrinkle.

جَعُدَ . تجعَّدَ الشَّعرُ To curl; frizzle; be curly.

— . — الجلدُ والثوب To wrinkle; be creased.

جَعْديّ . أجعد Curly.

جُعَيدي . وبَش Ruffian; bully.

□ جُعْران . جُعَلٌ Scarab.

✿ جَعَلَ . صَنَع To make

— . وَضع To put; place.

To make ; render — . صيَّر
To think. — . ظنَّ
To begin — يفعل كذا
Pay ; wages. جُعْلٌ. جُعالة
Scarab. جُعَلٌ ◘ جعران
Beer ; ale. ✿ جِعَة ○ بيرا
Geography. ○ جُغْرافيا
Physical geography —طبيعية
Geographical. جُغرافي
✿ جفّ (في جفف) ✿جفا (في جفو)
Tweezers. ◘ جِفْت ◘شِفت
Cipher. ○ جِفْر ○ جَفرَة
To dry. ✿ جَفَّفَ .يبّس
To become dry. جَفَّ . يبس
Dryness. جَفاف
Dry. جافّ . يابس
Drying. تجفيف
Dried. مُجَفَّف
To shy ; be startled. ✿ جَفَلَ.أجفل
To startle, or frighten, away, جَفَّلَ . — .
Shyness. جَفْلٌ. جُفول
Eyelid ; lid. ✿ جَفْن . غطاء العين
Harshness. ✿ جَفْوة. جفاء
To avoid ; shun ; turn from. جَفَا . جافى
To be harsh. — . خَشُنَ
Harsh ; rough ; rude. جافٍ

✿ جلّ (في جلل) ✿ جلا ✿ (في جلو)
◘ جلابية (في جلب) ◘ جلال (في جلل)
To bring ✿ جَلَبَ . أحضَرَ
To cause ; bring about. — عليهِ .سبَّب
To cicatrise. — الجرحُ
To make a tumult. — و أجْلَبَ القومُ
To import. — . اجتلب. استجلب
To obtain ; gain — . — . — . نال
Bringing. جَلْبٌ . إحضار
Causing. — . تسبيب
Obtaining. — . اِجتلاب. نَيل
Importation. — . اِستجلاب
Imported. جَلَبٌ . جليب . مجلوب
Tumult ; ado, uproar — . جَلَبَة. ضوضاء
Scab. جُلْبَة. قشرة الجرح
Washer. ◘ جِلْبَة ◘ وَرْدَة
Marrowfat. جُلُبَّان . نباتٌ
Importer or trader. جَلّاب
Slave-trader. — العبيد. نخّاس
Gown. ◘ جَلابِيَّة. جِلباب
To rattle. ✿ جَلْجَلَ . خشخش
Rattel. جُلْجُل . جُلْجُلة
To whet. ✿ جَلَخَ . جَلَّخَ الموسى
Whet-stone. جَلْخ. مِسنّ الزيت
To be patient. ✿ جَلُدَ. كان جلوداً

To scourge; lash. جَلَدَ بالسوط
To be frozen. جَلِدَ . اَجْلَدَ
To freeze. جَلَّدَ . جمّد بالبرودة
To bind a book. — الكتابَ
To bear patiently تَجَلَّدَ
Endurance; patience. جَلَدٌ . اِحتمال
Firmament. — . القبّة الزرقاء
Skin. جِلد. غشاء الجسم
Hide. — الحيوانات قبلما يُدبغ
Leather. — مدبوغ
Cuticle; epidermis. — . بشرة
A piece of leather جِلْدَة
Your countryman. ابن جلدتك
Scourge; lash. جَلْدَة. مجلدة. سوط
Lash. — . ضربة سوط
Leather or hide merchant. جَلّاد . تاجر الجلود
Executioner — منفذ حكم الاعدام
Patient. جَلُود. ذو جَلَد
Ice. جَليد . ماء متجمّد
Iceberg; icefloe. جبل — .
Freezing; icing. تجليد السوائل
Bookbinding. — الكتب
Iced; frozen. مُجلَّد . مجمّد
Bound. (كتاب) — . مجلوك
Volume; book. — . كتاب

Bookbinder. مُجلِّد الكتب
To sit down. ٭ جَلَسَ . قَعَدَ
To sit with. جَالَسَ . قعد مع
To seat. أَجْلَسَ . اقعدَ
Sitting. جَلْسة . جُلوس
Session; audience. — رَسميَّة
Meeting; assembly. — . مجلس . اِجتماع
Seat. مجلس ج مَ . موضع الجلوس
Board; council. — . لجنة
Board of directors. — الادارة
Council of Ministers. — الوزراء
Town-council. — بلدي
Court-martial. — عسكري
Associate. جَليس . رفيق
To shave. ٭ جَلَطَ الرأس . حَلَقَ
To graze; gall. — الجلد
Graze; abrasion. جَلْط
Raw; grazed; galled. مجلوط
Rude; rough. ٭ جِلْف . فظّ
To caulk; calk. ٭ جلفط السفينة
To cover; spread over. ٭ جَلَّلَ
To dignify; honour. — . أَجَلَّ
To deem above — عن كذا
To be dignified. جَلَّ قدرهُ
To be far above. — عن كذا

Rose. جُل . وَرْدٌ

The most of. — الشيء . معظمه

Glory ; splendour. جَلال

Majesty. — . جلالة

His Majesty. صاحبُ الجلالة

Great ; weighty ; important. جُلَل . جُلّى

Dung. جُلَّة . جِلَّة

Great ; important. جَليل . عظيم

Venerable. — . محترم

Glorious ; splendid — . سَنِيّ

Respect ; honour تَجِلَّة . اِكرام

Magazine مَجلَّة . صحيفة دورية

Rock. ٭ جَلْمَدٌ . جُلْمود . صخرٌ

Polishing. ٭ جَلْوٌ . صَقْل

To polish. جَلَا . صقل

To banish. — عنه كذا

To elucidate ; make clear. — . جَلّى الامر

To depart. — . أجلى عن

To expel. اَجلى ٢ . أبعدَ

To result in. اِنجلى عن كذا

To be polished. — . اِنصقل

To be revealed تَجلّى . انكشف

Clearness. جَلاءٌ . وضوح

Departure. — . رحيل

Clear ; plain ; evident. جلي . واضِح

Clearly ; plainly. جليًّا . بوضوح

To polish. ٭ جَلى . صَقَل

Polishing. جَلْي . جَلو . صقل

٭ جليل (في جلل) ٭ جمّ (في جمم)

٭ جاح (في جمع) ٭ جمال (في جمل)

Pearls. ٭ جُمَان . لؤلؤ

Shrimps. ◘ جَمْبَرِي . برغوث البحر

Skull ; cranium. ٭ جُمْجُمَة

Cranial. جُمْجُمِيّ . قِحفِي

To bolt. ٭ جَمَحَ الحصانُ . ركض

To jib; be restive. — . حرن

Whim ; fancy. جِمَاحٌ . هوى

Refractory. جَامِح . جَمُوح

To harden. ٭ جمد . يبس

To coagulate. — . خَثَر

To congeal; freeze. — بالبرودة

To harden. جَمَد . يَبِس

To freeze. — . تجمَّدَ بالبرودة

To coagulate. — . — . تخثّر

Ice. جَمَدٌ . جليد ◘ ثَلْج

Hard ; solid. جَامِدٌ . ضدلين او سائل

Inflexible. — . لا ينصرف

Mineral. جَمَادٌ

Solidity ; hardness. جُمُود
Embers. ٭ جَمْر . واحدته جمرَة
Firebrand ; live coal. جَمْرَةٌ . بصوة نار
Anthrax. — . فَرْخ جَمْر
Toasted ; dried at the fire. مُجَمَّر
Brazier. مِجْمَرةُ النارِ ○ منقد
Censer. — البخور
Custom-house. ○ جُمْرُك
Customs duty. ○ رسم الـ .
Sycamore. ❰ جمز ❱ جُمَّيْز
Buffalo. ❰ جمس ❱ جاموس
To gather. ٭ جَمَعَ . ضمَّ
To join ; unite. — . وَصَلَ
To add up ; cast. — الأرقامَ
To compose ; compile — كتاباً
To bring together. — بينهم
To accumulate. — . جَمَّعَ . حشد
To agree upon. أَجْمَعَ على
To decide upon. — على الأمر
To be gathered. اِجْتَمَعَ . تجمَّع
To meet. — به . قابله
To assemble. — القومُ
Gathering ; collecting. جَمْعٌ
Addition. — الأعداد

Plural number. — (في النحو)
Whole plural. — سالم
Broken plural. — التكسير
Assembly. جَمْعِيَّة . قَوْمٌ مجتمعون
Society. — . اِتحادٌ جماعة
Week. جُمْعَة . أُسبوع
Friday. يوم الـ .
Company ; party. جَمَاعَة
All ; the whole of ; every. جَمِيع
Everything. — الأشياء
Everywhere. — الأماكن
Everybody. — الناس . كل انسان
Wholly ; totally ; entirely. — . أَجْمَعُ . بأجمعه
Mosque. جَامِعٌ . مسجد
Collector ; gatherer. — . الذي يجمع
Comprehensive. — . شاملٌ
Composer. — . مصنِّف
League ; alliance جَامِعَة . رابطة
Universiy. — . مدرسة عالية
Ecclesiastes. سِفْرُ الـ .
General consent ; unanimity. إِجْمَاعٌ
Unanimously. بالـ .
Meeting ; gathering. اِجْتِمَاعٌ
Sociology. علمُ الـ .

Social. اجتماعي

The human society. الهيئة الاجتماعية

Convention. مَجْمَعٌ

Scientific institution — علمي

Synagogue. — اليهود

Total. مَجْمُوع (في الحساب)

Gathered. — . جَمِيع

A collection. مجموعة (من اي شيء)

Assembly; gathering. مُجْتَمَع . اجتماع

Meeting place — مكان الاجتماع

Allowance; pay; salary. ○ جَمَكِيَّة . راتب

To adorn; embellish. ✲ جَمَّلَ

To total; add together. جَمَلَ . أَجْمَلَ

To speak generally. — . — القول

To be courteous to. جَامَلَ

Camel. جَمَلٌ . بعير

Sentence; phrase. جُمْلَة

Noun clause. — اِسمية

Proposition. — خبرية

Parenthesis. — معترضة

Total; sum. — . مجموع

Amount; quantity. — . كمية

Several; many. — . عدة

Altogether. جُمْلَةً . الكلّ

Wholesale; in gross. بالجملة

Wholesaler. تاجرُ الجملة

Beauty; prettiness; elegance; grace. جَمَالٌ

Camel driver. جَمَّالٌ

Beautiful; pretty; handsome. جَمِيل . حَسَن

Favour; good turn or deed. — . معروف

Gratitude. معرفة الـــ .

Ingratitude. نكران الـــ .

Ungrateful. ناكرُ الـــ .

Summing; totalling. إجمال

Upon the whole; in the aggregate. اجمالاً . بالـــ .

Generally speaking. بوجهِ الـــ .

General. اجمالي . عمومي

Summary; compendium مُجْمَل . خلاصة

Courtesy; civility. مُجَامَلَة

Out of courtesy. على سبيل الـــ .

Lacquer. ○ جَمَلَكَة . محلول اللك

To fill to the brim. ✲ جم ✲ . جَمَّ الاناء

Plenty; many. جَمٌّ

A great number. — غفير

Pearls. ✲ جُمان . لؤلؤ

To throng; gather in multitudes. ✲ جمهر . تجمهر القوم

Multitude ; crowd. جُمْهُور
The public. الـــ. الشَّعبُ
Republican. جُمهوري
Republic. جمهورية. حكومة الشعب
* جمّيز (في جمز) * جميل (في جمل)
* جنّ (في جنن) * جناح (في جنح)
* جنائي (في جنن) * جناية (في جنى)
To put aside. * جَنَبَ. جَنَّبَ
To avoid. اِجْتَنَبَ. تَجَنَّبَ
Side. جَنْب. جانِب
Side by side. جَنْبًا لجنبٍ
Beside ; by ; close to. بجنب. بجانب
Pleurisy. ذاتُ الجنبِ
Aside ; apart. على جنب
Mild ; gentle. رقيق الجانبِ
Lateral ; sidewise. جنبيّ. جانبيّ
Title of respect. جَناب
Your honour. جنابكم
South. جَنُوب. ضد الشمال
Southward. جَنوباً
Southern. جَنوبي. ضد شمالي
Foreigner ; outsider. أجنبيّ
Avoidance. اجتناب. تجنُّب. مجانبة
Avoidable. يُجتنب. يمكن اجتنابه
Gymnastics ; athletic exercises ◘ جُنْباز

To supply with wings. * جَنَّحَ الشيءَ
To incline or lean towards. جَنَحَ. أجْنَحَ اليه
Wing. جَنَاحُ الطائرِ ◘ جِنْح
Protection. —. كَنَف
Wing ; flank. — الجيش وغيره.
Side. جِنْح ۲. جانِب
Offence; guilt; sin. جُناح. إثم
Misdemeanor. جُنْحة
Side ; flank. جانِح. جنب
To recruit. * جَنَّدَ العساكرَ
To be enlisted. تَجَنَّدَ الرجلُ
Troops ; soldiers. جُنْد. عسكر
Soldier. جُنْدِيّ. واحد الجنود
Recruiting. تَجْنِيد. جمعُ الجنود
Grasshopper. * جُنْدُب
To mangle. ◘ جَنْدَرَ الثوبَ
Rolling-press. جَنْدَرَة. جندارة
Oysters. ◘ جَنْدُفْلي
To bring to the ground. * جَنْدَلَ
Cataracts of the Nile جَنادِلُ النيلِ. شلالاته
To say the burial service. * جَنَّزَ الميتَ
Funeral service ; obsequies. ◘ جِنَّاز
Funeral. ◘ — ◘ جَنازَة
Bier. جَنازة ۲. ما يُحمل عليه الميت

Ginger. ◘ جَنْزَبِيل . زَنْجَبِيل
To become covered with verdigris. ◘ جَنْزَرَ . زنجر
Verdigris. ◘ جِنْزَارَة . زنجار
Chain ; cable. جِنْزِيْر . زنجير
To naturalise. ✡ جَنَّسَ
To reduce. — (في الحساب)
To be of the same kind. جَانَسَ . ماثل
Kind. جِنْس . نوع
Race ; genus. — . فصيلة
Sex. — . صفة التذكير أو التأنيث
Gender. — (في النحو)
Generic noun. إِسم الجنس
Humankind. الجنس البشريّ
Nationality. جِنْسِيَّة
Similarity تجانُس . مُجَانَسة
Similar ; like. مُجانِس . مُماثل
Canvas ; sacking. ○ جُنْفاص ○ جُنْفَيْص
To madden ; drive mad. ✡ جَنَّنَ
To conceal ; cover. جَنَّ . أَجَنَّ . سَتَر
To become dark. — الليلُ
To go or become mad. جُنَّ . تَجَنَّنَ
Demon ; sprite ; ginn, (*pl* genii) جِنّ . جَانّ
Heart ; soul. جَنَان . قلب

Firm; undismayed. ثابتُ الـ
Gardener. جَنائني . بُستاني
Shelter. جُنَّة . ستر
Shield. — . مِجَنّ . تُرْس
Paradise. جَنَّة . فردوس
Madness ; insanity. جِنَّة . جُنون
Folly ; foolishness. جُنون ٢ . حماقة
Embryo ; fœtus. جَنين
Garden. جُنَيْنَة . حديقة
Mad ; insane. مَجنُون
Fool ; foolish. — . أحمق
Madman ; a maniac. شخص — .
To reap ; gather. ✡ جَنَى . حصد
To commit a crime. — جناية
Crime. جِنايَة
Capital crime. — كُبرى
Criminal. جِنائيّ . مختصّ بالجنايات
The criminal law. القانون الـ
Criminal. جانٍ . مُقترف
Reaper ; gatherer. — . حاصد
Victim. مَجنيّ عليه
✡ جنيّ ✡ جنين ✡ جُنَيْنَة (في جنن)
Guinea. ○ جُنَيه (قليل الاستعمال)
Sovereign; pound — انجليزي
Egyptian pound. — مصري
To exert ; strain. ✡ جَهَدَ . أَجْهَدَ

Atom or monad. الـــ الفَرْدُ
Essential; material. جوهري
Jeweller. — ٥جواهرجي
Day-blind أَجْهَرُ. لا يرى في الشمس.
Myopic; short-sighted. ٥ — . قريب الشوف
Loud voiced. مِجْهَر. مِجْهار
Microscope. مُجْهِر . نظّارة
To give the coup de grâce. ✿ جَهَزَ . أَجْهَزَ على الجريح
To prepare; make ready. جَهَّزَ . أَعَدَّ
To equip; fit out. — العروسَ والمسافر
To get ready. تَجَهَّزَ . استعد
Outfit; equipment. جَهَاز
Trousseau. — العروس
Apparatus. — . عُدَّة
System. — . تَرْكيب . نظام
Digestive apparatus — الهضم
Prepared; ready. جاهز . مُجَهَّز
Ready-made. — (كالملابس الجاهزة)
Preparation. تجهيز . إِعداد
Preparatory. تجهيزيّ . إِعداديّ
Abortion; miscarriage. ✿ جَهَضَ . إِجهاض
To miscarry. أَجْهَضَت المرأة
To be ignorant of. ✿ جَهِلَ

To struggle; strive. جَاهَدَ . ناضَلَ
To contend in war — . حارب
To strive; endeavour. اِجْتَهَدَ . جدَّ
Exertion; strain. جَهْد . مشقَّة
Endeavour. — . جدّ
Ability; strength. جُهْد . مَجْهُود . طاقة
Utmost strength. اقصى الـــ .
Militancy; fighting. جِهاد . قتال
Strife; contention; struggle. — . مُجاهدة
Military. جِهاديّ . حربي
Exertion; straining. اِجْهاد
Diligence; assiduity. اِجْتِهاد
Warrior; soldier. مُجاهِد
Diligent; assiduous. مُجْتَهِد
To raise the voice. ✿ جَهَرَ صوتَهُ وبهِ
To publish. — الامرَ وبهِ
To be loud. جَهُرَ الصوتُ
To declare openly. جَاهَرَ . تجاهَرَ بكذا
Publicly; openly. جَهراً . جَهرة . جِهاراً
Public; open. جَهْري . عَلَني
Loud; sonorous. جَهُوري . عالٍ
Substance; element. جَوْهَر
Jewel; gem. — . حجر كريم

To ignore. تجاهَلَ الأمرَ
To affect ignorance. —ـ . ادَّعى الجهل
To consider (one) ignorant. إستجهَلَ
Ignorance. جَهْل . جَهالة
Folly. —ـ . —ـ . حماقة
Foolish; unwise. جَهُول . جَاهِل
Ignorant جاهِل ٢ . غير دار (اومتعلم)
Pre-Islamic state of paganism. جاهليَّة العرب
Unexplored country. مَجْهَل (مجاهِل)
Unknown. مَجْهُول . ضد معلوم
Passive voice. صيغة الـــ .
Passive verb. فعلٌ مبنيٌّ للـــ .
To frown. * جَهَمَ . تجهَّم . عَبَسَ
Hell. * جَهَنَّم . جحيم
Infernal; hellish. جهنمي . جحيمي
Infernal machine. آلة جهنمية

* جهة (في وجه) * جوري (في جهر)
* جوّ (في جوو) * جواب (في جوب)
* جواد (في جود) * جوار (في جور)
Permission. * جواز (في جوز)
Guava. ٥ جوافة . فاكهة وشجرها
Sack; bag. ٥ جوال . جُوالق
Glove. ٥ جُوانتي . كفٌّ . قفّاز
Exploration. * جَوْبٌ . رَوْدٌ

Pit; hole. جَوْبة . حفرة
Answer; reply. جَواب . رَدٌّ
Letter; message. ٥ —ـ . خطاب
Explorer. جَوَّاب
To explore. جابَ . اجْتابَ البلادَ
To bring. ٥ —ـ . جلب . أحضر
To answer; reply. جَاوَبَ . أَجابَ
To hear or grant a prayer or request. إسْتَجابَ
To interrogate; question. إسْتَجْوَبَ
Answer; reply. إجابَة . جَوابٌ
Answering; granting. —ـ . استجابة
Interrogation إسْتِجْوابُ الشهود
Jupiter. ٥ جُوبيتر
To annihilate. ﴿جوح﴾ إجتاحَ . اباد
Calamity; disaster. جائِحَة . كارثة
Pest; plague. —ـ . وباء . آفة
Broadcloth. * جُوخٌ
To make better. * جَوَّدَ . حسَّنَ
To intone. —ـ القارئ
To improve; grow better. جادَ . تَحَسَّنَ
To give liberally or freely to. —ـ عليهِ
To give up one's self. —ـ بنفسه

To do well. أجادَ . أتى بالجيّدِ
Generosity. جُود . كرَم
Heavy rain. جَوْد . مطرٌ غزير
Goodness. جُودة. طيبة
Steed; charger; courser. جَواد . حصان كَريم
Generous. جَوَّاد. جَيّد . كريم
Good; excellent. جيّد ٢. طيّب
Well; thoroughly. جيّداً. حسناً
Intonation. تجويد (في القراءة)
Rye. ٥ جَوْدار ٥ جويدار
Injustice; iniquity. ٥ جَوْر. حيف
Tyranny; oppression. —. ظُلم
To deviate from. جَارَ عن
To wrong. — على . ظلم
To oppress. — على . اِضطهدَ
To encroach upon. — على . اِعتدى
To be neighbour to. جاوَرَ
To border upon. —. تاخمَ
To protect; defend. أجارَ. أغاث وأنقذ
To seek protection with. اِستَجار بهِ
To seek protection against. — منه
Neighbour. جارٌ. الأقرب اليك
Neighbourhood. جِوار. جِيْرَة
Protection. —. غوثٌ
Unjust; unfair. جائر. ضد عادل
Arbitrary; despotic. —. استبدادي
Despot; tyrant; oppressor. —. ظالمٌ
Neighbouring. مُجاور . في جوار
Near to; bordering upon. — لكذا . قريب منهُ
Protector; defender. مُجير
Stocking. ٥ جَورَبٌ (طويل)
Sock; half-stocking. — (قصير)
To allow; permit. ٥ جَوَّزَ . أجازَ
To be allowable. جازَ
To pass through; cross; traverse. —. اِجتازَ
To pass an examination. —. — الامتحانَ
To go beyond; exceed. جاوَزَ . تجاوزَ
To pass by; to overlook. —. — عن
Walnut. جَوْزٌ
Cocoa-nut. — هنديّ . نارجيل
Nutmeg. — الطيب
Cocoon. — القزّ
Nut-brown. جَوْزيّ . بلونِ الجوز
Permissibility. جَواز . سماحٌ
Lawfulness. — شرعيّ

To hollow. ٭ جَوَّفَ الشيء
Inside; heart جَوْفٌ . داخل
Belly; abdomen. — . بَطْنٌ
Hollow. أَجْوَف . مُجَوَّف
Hollowing. تجويف
Hole; cavity. — . وف. حفرة
Band. ٭ جَوْق . جَوْقَة . جماعة
Roaming. ٭ جَوْل . جَوَلان
To go about; roam; perambulate. جَالَ . طافَ
To circulate. — . دارَ . سَرَى
To ramble; wander about. تَجَوَّل
Tourist; traveller. جَوَّال. جوّالة
Motor-bicycle. ٥ جوّالة [٢]
Roaming. تجَوُّل
Field; extent; range. مَجَال . مدى
Cup; glass. (جوم) . جَامٌ . كأس
Bay; inlet. ٥ جُون . خليج متّسع
Petticoat; skirt. ٥ جُونِلَّة . نُقبَة
Dignity. (جوه) . جَاهٌ . مقام
A magnate; a man of rank. عريضُ الـــ
٭ جوهر ٭ جوهري (في جهر)
Atmosphere. (جوو) . جَوّ
Sky. — . القُبَّةُ الزرقاء
Inside. —٥ جُوًّا

Pass; passport. — السفر
Permission; leave. — . إجازَة . إذن
Permit. — . — . رُخصَة
Leave of absence; furlough. إجازَة [٢] غياب
Sick-leave. ٥ — مرضيَّة
On leave. ٥ غائب بالـــ
Gas. ٥ جازٌ ٥ غازٌ . بخار الفحم
Petroleum. ٥ — . زيت البترول
Permissible; allowable. جَائِز . مسموح به
Passing; crossing. — . مارّ
Probable. — . محتمل
Prize; reward. جَائِزَة . جعالة
Exceeding. تَجَاوُزٌ . مُجاوَزَة
Relinquishment. — و — عن
Figure of speech. مَجَاز
Figurative expression. — . تعبير مجازيّ
Figuratively. على سبيل الـــ
Figurative; metaphoric. مجازيّ . ضد حقيقي
Palace. ٥ جَوْسَق . قصرٌ . سراي
To starve; famish. ٭ جوّعَ . أجاعَ
To be hungry. جَاعَ . ضدّ شبع
Hunger. جُوع . ضد شبع
Famine. — . مَجَاعَة . قحط
Hungry. جوعان . جَائِع

Atmospheric. جَوّي
Meteoric stone. حَجَر —.
Meteor. ظاهِرَة جوّيَّة
Meteorology. علم الظواهر الجوّيّة
Interior; inward. جوّانيّ
Passion. ٭ جَوًى. شدّة الحب او الحزن
Benzoin; gum benjamin. جاوِي. صمغ البخور
Rye. ٥ جُوَيْدار. نبات وحبّهُ
To come; arrive. ﴿جيأ﴾ ٭. جاءَ. أتى
To do; make. — الأمرَ. فعله
To bring; fetch. — بهِ
To receive. — الشيءُ. وصله
Coming; arrival. مَجيء
Sine. ٭ جَيْب (في الهندسة)
Pocket. — الثوب ٥ سيّالة
To cut open. جَابَ. شقّ
To explore; traverse — البلادَ
Neck. ٭ جِيدٌ. عُنُق
Good. ٭ جيّد ٭ جيّداً (في جود)
Lime. ٥ جِيرٌ ٥ كلس
Unslaked lime. — حيّ
Slaked lime. — مطفأ
Limekiln. جَيّارة. قمين جير
Neighbourhood. ٭ جيرة (في جور)
To mobilise; raise an army ٭ جَيَّشَ
To swell; heave; be agitated. جَاشَ. اضطرب
To boil up. — غَلَى وفارَ
— نفسه To feel sick.
Army; troops. جَيْشٌ
Ebullition; boiling. جَيَشَان
Nausea; sickness. — النفس
Ebullient; boiling up. جائِش
Sick; nauseated. — النَّفْس
Carrion. ٭ جِيفَة. جثّة الميت المنتنة
Carrion-crow. الغرابُ الجيفي
Generation. ٭ جِيلٌ
Ice-cream. ٥ جيلاتي. لَبَن مَثلوج
Jelly; gelatine. ٥ جيلاتين. هُلام
Geology. ٥ جيولوجيا

﴿ ح ﴾

٭ حائط (في حوط) ٭ حابى (في حبو)
٭ حاجّ (في حجج) ٭ حاجة (في حوج)
٭ حاد (في حيد) ٭ حادّ (في حدد)
٭ حادث (في حدث) ٥ حادق (في حدق)
٭ حاذى (في حذو) ٭ حارَ (في حير)
٭ حارّ (في حرر) ٭ حارة (في حور)
٭ حازَ (في حوز) ٭ حاش (في حوش)
٭ حاشية (في حشو) ٭ حاص (في حوص وحيص)
٭ حاصّ (في حصص) ٭ حاضت (في حيض)

٭ حافَ (في حوف) ٭ حافّ (في حفف)
٭ حافٍ (في حفي) ٭ حافر (في حفر)
٭ حافّة (في حفف) ٭ حاق (في حيق)
٭ حاكَ (في حوك) ٭ حاكى (في حكي)
٭ حالٌ ٭ حالاً ٭ حالما ٭ حالة (في حول)
٭ حامَ (في حوم) ٭ حامٍ ٭ حامى (في حمى)
٭ حانَ ٭ حانة ٭ حانوت (في حين)
٭ حاور (في حور) ٭ حاول (في حول)
٭ حبّ (في حبب) ٭ حبا (في حبو)

To render lovable. ٭ حَبَّبَ الى. جعله محبوباً
To seed; run to seed — . أحبَّ الزرعُ
To love. أحَبَّ ٢. حَبَّ . هوي
To like. — . استحسن
To show love to. تَحَبَّبَ اليه
To make love to. — اليها
To like. استَحَبَّ
To prefer to. — كذا على كذا
Love; affection. حُبّ . محبّة
Selfishness. — او — الذات
Patriotism. — او — الوطن
Seeds; grains; berries. حَبّ
Myrtle-berries. — الآس
Acne. — الصبا (مرض جلدي)
Lover; sweetheart. حِبّ . حبيب
Seed; grain; berry. حَبَّة

Pill. — . كرة (دوائيّة) صغيرة
Pimple; pustule. — . بثرة
A little. ¤ — . قليل
Pupil of the eye. — العين
Cereals. حُبوب . غلال
Loving. حُبّي . غرامي
Friendly; amicable — . وديّ
Lover. مُحِبّ . عاشق
Fond of; in love with. — لكذا
Selfish; egoist. — لذاته . اناني
Patriot. — لوطنه
Love; affection. مَحَبَّة
Lover. مَحبوب . حبيب
Beloved. — . مَعشوق
Lovable. — . يُحَبّ
To approve of. ٭ حَبَّذَ العَمَلَ
To applaud; cheer — الرجلَ
Bravo; well done. حَبَّذا
To be glad. ٭ حَبِرَ حبوراً . سُرَّ
Pontiff; the Pope. حَبْر . رئيس الكهنة
Ink. حِبْر . مداد
Sympathetic ink. — سرّي
China ink. — الشين
Cuttle-fish أمّ الـ —

Black veil. حَبَرَة . ملاءة سوداء
Joy ; gladness. حُبور
Inkstand. مِحْبَرَة . دواة
To imprison. ٭ حَبَسَ . سجن
To withhold ; hold back. — عنه
Imprisonment. حَبْس . سَجْنٌ
Prison ; jail. — . سِجْنٌ
Dam ; weir. حِبْس . حاجزٌ للماءِ
Obstruction. اِحْتِبَاس . توقُّف
Retention of urine. — البول
Imprisoned. مَحْبُوس
Abyssinia. ٭ حَبَشٌ . بلاد الحبشة
Abyssinian. حَبَشِيّ
To wad. ▫ حَبَّشَ العبوَّة
Wad; wadding. ▫ تَحْبِيشَة
To fail ; miscarry. ٭ حَبِطَ . أخفقَ
To defeat; disappoint. أَحْبَطَ
Failure ; miscarriage. حُبوط
Pennyroyal. ٭ حَبَقٌ . نبات
To weave well. ٭ حَبَكَ الثوبَ
To bind a book. — الكتاب
To knit. — الجواربَ وامثالها
Tightly drawn or woven. مَحْبُوك
To be full of. ٭ حَبِلَ من الشيء

To conceive ; become pregnant; be in a certain condition. — ت المرأة
To fecundate. حَبَّلَ . أحْبَلَ
Rope ; cord. حَبْل . ما يربط بهِ
Cable. — غليظ . قَلْسٌ
Vein. — . عِرقٌ
Jugular vein. — الوريدِ
To give the reins to أَلقَى الـــ على الغاربِ
Tug-of-war. لعبة شَدُّ الـــ .
Rope-maker. حَبَّال . صانع الحبال
Pregnancy ; conception. حَبَلٌ . حملٌ
Pregnant ; big with child. حُبْلَى . حَبلانة
Noose ; snare ; net ; toil. أُحْبُولَة . حِبَالَة
Crawling ; creeping. ٭ حَبْوٌ
To crawl ; creep. حَبا . زحف
To go on all fours. — على يديه وركبتيه
To present with. — ه بكذا
To be partial to. حَابى . مالأ
Partial; one-sided. مُحَابٍ
Partiality. مُحَابَاة
To rub off. ٭ حَتَّ . حكَّ وأزالَ
Bit ; scrap ; ▫ حِتَّة . حُترَة
Till ; until. حَتَّى . الى ان

To ; as far as. — . لغاية

Even. — . ايضاً

In order that; so that — . كَيْ

Death. ٭ حَتْف . موت

To die a natural death. مات — أنفه

To enjoin. ٭ حَتَمَ ◦ حَتَّمَ على

To decide. — بالأمرِ . جزم

Decision. حَتْمٌ . جزمٌ

Decidedly ; positively. حتماً

Decisive; positive. حَتْميٌّ . باتٌّ

Inevitable. مَحْتُوم . لابدّ منهُ

To urge forward ; impel ٭ حَثَّ . استَحَثَّ . حضَّ

To incite ; actuate ; — . — . استفزّ

Urging ; impelling. حَثٌّ

Settling; dregs. ٭ حُثالة . ثُفْلٌ

٭ حجّ ٭ حجاجٌ (في حجج)

To screen ; veil ; cloak ; hide. ٭ حَجَبَ . ستر

To disappear. احتَجَبَ

Veil ; cover حِجَاب . سِتر

Screen ; partition. — . حظار

Amulet; talisman. — . حرْز

Diaphragm. الـــ الحاجز

Sheltering. حَاجِب . ساتر

Usher. — . خادم يستقبل القادمين

Door-keeper. — . بوّاب

Eyebrow ; brow. — العينِ

To subscribe to a pilgrimage. ٭ حَجَّجَ

To pilgrimage. حَجَّ

To convince. — . غلب بالحجّة

To argue, dispute or reason with. حَاجَّ . جادل

To protest against. احتَجَّ على الأمرِ

To offer as a plea — بكذا

Pilgrimage. حَجٌّ . حِجَّة

Proof. حُجَّة . برهان

Plea ; pretext. — . عُذْر

Title-deed. — . وثيقة الملكيّة

حِجَاج . مُحَاجَّة . جدال

Argument; dispute

Pilgrim. حَاجٌّ

Protest. احتجاج . إقامة الحجّة

Protestation. — . اعتراض

Protester; remonstrant. مُحتجّ

To interdict. ٭ حَجَرَ عليهِ

To petrify ; turn into stone. حَجَّرَ الشيءَ

To petrify or be petrified. تحجَّرَ . استَحْجَرَ

Stone. حَجَرٌ

Lunar caustic — جهنّم

Meteorolite. — جوّي . رجم

Barrier; partition. — . فاصل
Seized. محجوز عليه
Injustice. ٭ احجاف . ظُلم
To hop. ٭ حَجَلَ
Partridge  حَجَلٌ
Anklet. حَجْلٌ . خلخال
To cup; bleed. ٭ حَجَمَ
To desist; forbear. أَحْجَمَ . إمتنع
To draw back. — . ضدّ اقدم
Size: bulk. حَجْم
Bulky. كبير الـــ . ضخم
Cupping. حِجَامة
Retirement. إحْجام . ضد إقدام
Forbearing. — . إمتناع
Cupping-glass. مِحْجَمٌ
Understanding. ٭ حِجىً . عَقْل
Sagacity. — . فطنه
To think well of. حَجَا بِهِ خيراً
To riddle. حَاجَى
Riddle; puzzle. أُحجِيَّة . لُغز
Jewish Doctor; rabbi; rabbin. ○ حَخَام ○ حَاخامُ اليهود

٭ حدّ ٭ حداد (في حدد)

Corner-stone. — الزاوية
Millstone. — الطاحون
Stumbling-block. — عثرة
Precious stone. — كريم
Rubble-stone. — الهدم ○ دبش .
Lithography. طِباعَة الـــ .
Interdiction. حَجْر . مَنْع
Quarantine. — صحي
Interdicted. حِجْرٌ . محرَّم
Lap; Knees ○ — . ثِبان
Room; chamber. حُجْرَة
Stone-cutter. حَجَّار . نحات الحجر
Orbit of the eye. مَحْجِر العين
Quarry. ○ — . مقلع الحجارة
Petrified. متحجِّر . مستحجِر
To prevent; stop. ٭ حَجَزَ . أعاق
To block; obstruct. — الطريق
To intercept. — بين الشيئين
To seize; make a seizure upon — عليهِ
To reserve. — المكان . حفظهُ
To restrain. — . رَدَعَ
To keep from. — عنه الشيء
Prevention. حَجْزٌ . مَنْع
Seizure. — الأموال
Seizor. حَاجِزٌ ○ موقِّع الحجز
Hinderance; obstacle; — . عائق

☆ حِدَأة / حِدَّاية — Kite.

☆ حَدِبَ . كان أحدب الظهر — To be humpbacked.
— . كان محدباً — To be convex.
حَدَّبَ . حنى — To bend; curve.
— . ضدّ قعّر — To make convex.
إحدودب . تحدَّبَ — To be crooked.
حَدِبٌ . أحدب — Humpbacked.
حَدَبة الظهر (او سنام الجمل) — Hump.
تحدُّب . ضد تقعُّر — Convexity.
محدَّب . ضدّ مقعَّر — Convex.
محدَوْدَب الظهر — Crookbacked.
☆ حَدَثَ — To happen; take place; occur.
حَدَّثَ . روى — To narrate; tell.
حادَثَ . كالمَ — To hold a conversation with.
أَحْدَثَ . استحدث — To originate; create.
— . سبّبَ — To cause; occasion.
تحدَّثَ بهِ وعنهُ — To talk about
تحادثَ القومُ — To talk together.
حَدَثٌ . أمر جديد — Novelty
— . شابّ — A young man.
حداثة — Newness; novelty.

— السنّ — Youngness; minority.
حَدِيث . جديد — New.
— . قريب العهد — Recent; novel.
— . كلام — Speech; talk.
— . حكاية — Narrative; story.
— . محادثة — Conversation.
— السنِّ — Young; minor.
— نعمةٍ — Parvenu.
حَديثاً — Newly; recently.
حَادِثٌ . جديد — New; recent; novel.
— . حَادِثة . واقعة — Incident.
— . — . كارثة — Accident.
أُحْدُوثة — Topic of conversation.
مُحْدَثُ نعمةٍ — Parvenu.
مُحادثة . حديث — Conversation.
مستحدث . جديد — Novel; new.
☆ حَدَّجَ ببصره — To glare.
☆ حَدَّدَ . عيَّنَ — To limit; fix.
— . عرَّفَ — To define.
— . حَدَّ . حَصَرَ — To restrict; limit.
— المكانَ — To set bounds to; demarcate.
— . أَحَدَّ السكينَ — To sharpen.
حدّ ٢ وأحَدّ ٢ — To mourn or wear mourning.

أَحَدَّ ٢ اليه النظر	To stare; gaze steadfastly at.
إِحْتَدَّ	To be excited.
حَدّ . منتهى . آخر	Limit; end.
— . تخم	Boundary.
— المملكة او البلاد	Frontier.
— السكين او السيف	Edge.
— الشيء . حرفه	Edge; border.
— . تعريف	Definiton.
— (في الرياضة وغيرها)	Term.
الـــ الأقصى	Maximum.
الـــ الأدنى	Minimum.
على — سوى	All the same.
لحدّ كذا	As far as; up to.
لحدّ الآن	Up till now.
ذو حدّين	Two-edged.
حِدَّة . غضب	Excitement.
— . مضاء	Keenness; sharpness.
— الطبع	Petulance.
حِداد . حُزن	Mourning.
حَدَّاد	Blacksmith.
حَدِيد . ماضٍ	Sharp; keen.
— . المعدن المعروف	Iron.
◘ — صبّ	Cast-iron.
◘ — قُراضَة	Scrap-iron.
حَدِيدَة	A piece of iron.
◘ على الـــ . مُعْسِر	Hard up.
حادّ . ماضٍ	Sharp.
— البصر	Sharp-sighted.
— الطبع	Hot-tempered.
— . حزنان	In mourning.
زاوية حادّة	Acute angle.
آلة حادّة	Edged-tool.
تَحْدِيد . حصر	Limitation.
— . تعريف	Definition.
— . اقامة الحدود	Demarcation.
مُحَدَّد	Sharpened; edged.
مَحدود	Fixed; limited.
✿ حَدَرَ . حَدَّرَ . جعله منحدراً	To slope; form with a slope.
تَحَدَّرَ . اِنحدَرَ	To descend; climb, roll or glide down.
حُدُور . منحَدَر	Slope; declivity.
تَحَدُّر . انحِدار	Slope; slant.
بتحدُّر . بانحدار	Slopewise.
مُنْحَدِر . مُتَحَدِّر	Sloping; slanting.
✿ حَدَسَ	To guess; conjecture; surmise.
حَدْس	Guess; conjecture.
✿ حَدَقَ . احْدَقَ بهِ	To surround; encircle.
— و — به الخطرُ	To threaten; be impending.
حَدَّقَ اليه	To stare at.
حَدَقَةُ العين	Pupil of the eye.

Garden.	حَدِيقَة . جنينة
Tart; sour.	◘ حَادِقُ الطعم
To fly into a passion	❂ حدم ❂ احْتَدَم غيظا
To glow.	ـــت النارُ
Glowing.	مُحْتَدِم . مُتَّقِد
	✲ حِدَة (في وحد) ✲ حِدَّة (في حدد)
Shoe; horse-shoe.	◘ حِدْوَة
To urge forward by singing.	✲ حَدا الابل
To remain at a place.	✲ حَدِيَ بالمكان
To vie with.	تَحَدَّى . بارى
To intend, or mean, to do.	ـــ الأمر
	✲ حديه(في حدد) ✲ حديقة (في حدق)
	✲ حذا ✲ حذاء (في حذو)
To take heed; be cautious or careful; be on one's guard.	✲ حَذِرَ . حاذَرَ . تحذَّرَ . إِحْتَذَرَ
To warn; caution.	حذَّرَ
Beware of.	حَذَارِ من
Caution; care.	حَذَر . حِذْر
Cautious; careful.	حذِر . حاذِر
Cautioning; warning.	تَحذير
What is to be avoided.	مَحْذُور
To take away from.	✲ حَذَفَ
To subtract.	ـــ • طرح (في الحساب)
To drop.	ـــ • اسقط
To delete.	ـــ • ضدَّ اضاف
To throw away.	ـــ بالشيء
To pelt with.	ـــه بكذا
Taking away; throwing.	حَذْف
Deletion; dropping.	ـــ • ضدَّإضافة
Altogether.	✲ احِذْفارا وجمها حذافير
To be skilful, clever or well versed.	✲ حَذِقَ . كان ماهراً
To be tart or sour.	حَذَقَ . اِشتدَّت حموضته
Skill; cleverness; dexterity.	حِذْق . حَذَاقَة
Skilful; clever.	حَاذِق . ماهِر
Tart; sharp.	ـــ • شديدالحموضة
Pedantry.	✲ حَذْلَقَة • تَحذْلُق
Pedant.	مُتَحَذلق
Opposite to	✲ حَذْوَ . حِذاء
To imitate; follow one's example.	حَذاحذوه. احتذَى به
To be opposite to	حَاذَى
To put on "shoes".	احتذى ٢الحذاء . لبسهُ
Shoes; boots.	حِذاء
Shoe-black.	مَسَّاح الأحذية

Opposite to. مُحاذٍ . مقابل

* حرّ * حرارة (في حرر)

Thief. * حرامي (في حرم)

To be very angry. * حَرِبَ

To fight; contend in war with. حارب العدوّ

To make war. تحارب القوم

War; battle. حَرْبٌ . قتال

Civil war. — اهليّة

Military. حَربيّ . عسكري

Military school. مدرسة حربيّة

Chameleon. حِرْباء . حِرباءة

Spear-head. حَرْبة . رأس الرُّمح

Bayonet. — ¤ سِنْجة

Chancel. مِحْرابٌ . قدس

Niche. — المسجد . قِبلة

Altar. — الكنيسة . مذبح

Warrior; combatant مُحارب

To plough. * حَرَثَ . شقّ بالحراثِ

To till; cultivate. — . فلحَ

Ploughing; tilling. حَرْث . حِراثة

Arable land. — . ارض تُفلح

Ploughman. حرّاث . حارث

Plough. مِحْراث . آلة الحرث

To be narrow. * حَرِجَ . ضاق

To be oppressed. — صدره

To commit a crime. — . اثم

To be forbidden to do (or from doing). — عليهِ . حَرُمَ

To straiten. حَرَّجَ . ضيّق

To forbid; command not to do — عليه . حرّم

To compel; drive. أَحْرَجَ . اضطر

To put in a critical situation; [put in a fix.] — مركزه

Narrow. حَرِجٌ . ضيّق

Critical situation. مركز حرج

Interdiction. حَرَجٌ . تحريم

Narrowness. — . ضِيْق

Criticalness. — المركز او الحالة

Woodland. — . حرجة

Crime; sin. — . حِرْج . إثْم

No objection — لا . لااعتراض

No blame. لا — . لا لوم

You can say what you like. حدّث ولا — .

Auction. حَراج ¤ مزاد

To be cross. * حَرِدَ . غضب

Cross. حارِد . حَرْدان

Lizard. * حِرْذَوْن . دُوَيْبة كالضبّ

To liberate; set free.	* حرّر
To manumit.	— العبد
To write.	٥ — الكتاب . كتبهُ
To revise	— الكتاب. أصلحهُ
To edit.	— الصحيفة . هذبها
To adjust.	— الوزنَ . ضبطهُ
To be hot	حَرَّ . ضدّ بَرَدَ
To be set free	تحرَّر . صار حرًّا
Free.	حُرّ
Freeman.	— . ضدّ عبد
Liberal.	— . من حزب الأحرار
Liberal; frank.	— الفِكر
Pure; real; true.	— . نقيّ
Freedom; liberty.	حُرِّيَّة
Heat.	حَرّ . حَرارة
Ardour; zeal.	حرارة ٢ . غيرة
Rash.	٥ — . طفحٌ جلدي
Temperature.	درجة الـــ
Thermometer.	ميزان الـــ
Very thirsty.	حَرّان . شديد العطش
Hot; feeling hot.	٥ — . ضد بردان
Silk.	حَرير (او من حرير)
Warm; hot.	حَارّ . ضد بارد
Ardent; zealous.	— . غيور
Hot; pungent.	— . حِرّيف
Torrid zone.	منطقة حارّة
Thermal spring	ينبوع حارّ
Freeing	تحرير
Manumission.	— الأرقّاء
Editing.	— الجرائد او الكُتُب
Letter.	٥ — . خطابٌ
Liberator	مُحَرِّر
Writer.	٥ — . كاتِبٌ
Editor.	— الجريدة
Exasperated.	مُحرور . مُغتاظ
To guard; take care of.	* حَرَزَ . حفظَ
To acquire; obtain.	أحْرَزَ
To guard against.	اِحْتَرَزَ. تحرّز منهُ
Fortress.	حِرْزٌ . حِصن
Amulet.	— . حِجاب
Unattainable; inaccessible.	حَرِيز . مَنيع
To watch; keep guard.	* حَرَسَ الشيء
To guard; protect.	— . وقَى
To be on one's guard; be cautious.	اِحْتَرَسَ . تحرّسَ
Beware of; take care of.	اِحْتَرِسْ من كذا
Guards.	حَرَسٌ . حُرّاس
Bodyguard.	— الملِك
Keeping; protection.	حِرَاسة . حماية

Watch.	— . عَمَلُ الحارس
Guard; watchman.	حارِسٌ . خَفير
Protector	— . وَاقٍ
Care.	اِحتراس . تحفُّظ
Carefully; cautiously	باحتراس
Careful; cautious.	مُحْتَرِس
To scratch.	* حَرَشَ . حكّ
To instigate.	حَوَّشَ
To sow discord between.	— بينهم
To meddle with.	تَحرَّشَ به
Wood; thicket.	حُرْش
Rough.	٥ حِرش . أَحْرَش
Meddling.	تَحَرُّش . تَعَرُّض
Instigation.	تَحْريش
Scales.	* حَرْشَفُ السمكِ
To covet eagerly.	* حَرِصَ على
Cupidity; greed.	حِرص
Covetous; greedy.	حَريص
To instigate.	* حَرَّضَ
Instigation.	تَحريض
Instigated.	مُحرَّض
Instigator.	مُحَرِّض
To slant; incline	* حَرَّفَ . امال
To misconstruct.	— الكلامَ
To slant.	اِنْحَرَفَ . تَحرَّفَ
To incline, deviate or turn from.	— عن
To turn to.	— الى
To adopt a profession.	اِحْتَرَفَ كذا
Edge; border	حَرْفٌ . حافة
Edge.	— كُلِّ آلةٍ قاطعةٍ . حدّ
Brim; rim.	— كُلِّ وعاءٍ او اناءٍ
Letter.	— . احد حروف الهجاء
Particle.	— . اداة (في النحو)
Preposition.	— جرّ
Dead letter.	— ساقِط
Consonant.	— ساكن او صامت
Vowel.	— صَوتيّ او متحرّك
Conjunction.	— عَطْف
Vowel.	— عِلَّة
Interjection.	— نداء
Type; letter.	— مطبعيّ
Literal	حَرفيّ (راجع ترجم فى ترجم)
Profession.	حِرْفَة
Pungency.	حَرَافة المذاق
Pungent; sharp.	حِرِّيف
Obliquity.	اِنحِراف . مَيْل
Turning; deviation.	— . حيدان
Indisposition.	— المزاجِ
Oblique; slanting.	مُنْحَرِف
Indisposed; unwell.	— المزاج

Nimble; light; active. خفيف الـــ.
Brisk ; agile. حَرِك
Withers. حَارِكُ الحصان
Moving. تحريك او تحرُّك
Mover. مُحَرِّك .سَبَبُ الحركةِ
Motive; impulse. — . باعِث
Exciting. — . مهيّج
Motor. — ميكانيكي
Moving. مُتَحَرِّك . ضد ساكن
Movable; mobile. — . ينقل
To deprive of. ✿ حَرَمَ فلاناً الشيء
To disinherit. — الابنَ
To be forbidden or interdicted. حَرُمَ
To forbid; interdict. حَرَّمَ الشيء
To respect ; honour. إِحْتَرَمَ
To consider unlawful إِستحرَمَ
Forbidden. حَرَم . محرَّم
Sacred. — . لايُنتهك
Shrine. — . مزار
Excommunication. حِرْم
Forbiddingness. حُرْمَة . حالة التحريم
Sacredness. — . قداسة
Wife. — الرجُل . زوجته
Woman. ◘ — . إمرأة
Forbidden. حَرَام . مُحَرَّم

To burn. ✿ حَرَقَ . أَحْرَقَ
To grind the teeth. حَرَّقَ اسنانه
To be burned. إِحْتَرَقَ . تحرَّق
Burn. حُرْق
Burning. حَرْق . حَرِيق .إِحْراق
Fire. حَرِيق . حَرِيقة
Hot ; sharp. ◘ حَرَّاق . حَارّ
Blister. ◘ حُرَّاقة . مُنَفِّطَة
Torpedo boat. حَرَّاقة . سفينة حربية
Burning. إِحْتِراق
Combustible. سريع او قابل الـــ.
Burning. مُحرِق . يحرق
Burnt sacrifice. مُحْرَقَة
Adam's-apple. ✿ حَرْقَدَةُ الرقبة
Hip-bone. ✿ حَرْقَفَة . رأس الورك
To move. ✿ حَرَّكَ
To stir. — الطبخَ مثلاً ◘ قلّبه
To shake. — . هزّ . رجّ
To incite. — على الأمر
To excite ; stir up. — . أثار
To vocalise; insert the vowel points. — الحرف او الكلمة
To be in motion. حَرُكَ
To move ; stir. تحرَّكَ
Movement ; motion. حَرَكَة . حراك
Vowel point. — . شكلة
Slow of motion. ثقيل الـــ.

Unlawful.	— . ضدّ حلال
Illegitimate son.	اِبنُ — .
Blanket.	٥ حِرَام ٥ بطانيَّة
Malefactor.	حَرَاميّ . فاعل الحرام
Thief; robber	٥ — . لصّ
Deprivation.	حِرْمان . مَنْع
Forbidden.	حَرِيم . حُرِم
Harem; household women.	— . نساء الدارِ
Respect.	اِحْتِرام
Forbiddance.	تحريم . منع
Forbidden.	مُحَرَّم . ممنوع
Handkerchief.	٥ مَحْرَمَة
Respectable.	مُحْتَرَم
Wild rue.	٭ حَرْمَلٌ
Cape; tippet.	٥حَرْمَلَة . غطاء للأكتاف
To jib; move restively.	٭ حَرُنَ الحصانُ
Stubborn.	حَرُون . عَنيد
Refractory; restive.	— . شَمُوس
It is proper or fit for him.	٭ حَرِيٌّ بِهِ
It is more proper.	أَحْرَى به
Rather; preferably.	بالأحرَى
To seek; pursue.	تَحَرَّى
To inquire into; investigate.	— . فَحَصَ
Inquiry.	تَحَرٍّ . تقصٍّ
	٭ حرير (في حرر) ٭ حرّيف (في حرف)
	٭ حريم (في حرم) ٭ حَزّ (في حزز)
To form a party.	٭ حَزَّبَ
To join one's party.	حَازَبَه
To take sides with.	— . نصره
To form a party.	تحزَّب القومُ
To take sides with.	٥ — له . نصره
Party.	حِزْبٌ . جماعة
Partiality.	تَحَزُّب . مشايعة
Partial.	مُتَحَزِّب . مشايع
Crone; hag.	حَيْزَبُون . عجوز
To guess.	٭ حَزَرَ
Guessing.	حَزْر . تَحْزِرَة
Riddle.	٥ حَزُّورَة . أُحجية
June.	حُزَيران . شهر يونيو
Notch; cut into; make an incision.	٭ حَزَّ . حَزَّ . اِحتزَّ
To cut off; sever.	— . — رقبته
Notch; incision; nick.	حَزٌّ . محز
Nick; precise moment of time.	— . وقت
Nick of time.	حَزَّة . وقت الحاجة
Heartburn.	— . حرقة في فم المعدة
Dandruff.	حَزاز . قشرة الرأس
Ringworm.	٥— . قوباء

Lichen; moss. ٥—٠ اسم نبات

Heartburning. حَزازة . غيظ

To strain. ✿ حَزَقَ . ضَغَطَ

Hiccough. ٥ حَزُّوقة . فُواق

To tie up; make a bundle of ✿ حَزَمَ . صَرَّ

To pack; bind. — . رَبَطَ

To girdle; gird. حَزَمَ . مَنطَقَ

To be firm and resolute. حَزُمَ . كان حازماً

To gird one's self. تحزَّمَ

Packing. حَزْمٌ . رَزْمٌ

Firmness; resolution — . عَزْمٌ

Discretion. — . حصافَة

Package; parcel. حُزْمَة . رزمة

Bundle. — . ربطَة . صرَّة

Belt; waistband حِزَام

Saddle-girth. — السرجِ

Life-belt. — النجاةِ من الغرقِ

Prudent; discreet. حازِم . حصيف الرأي

Resolute. — . ثابت العزم

To sadden; grieve. ✿ حَزَنَ . حَزَّنَ . أحزنَ

To be sorry for; grieve for. حَزِنَ لهُ وعليه

To mourn for. — عليهِ . حدَّ

Sadness; sorrow; grief حُزْن

Mourning. — . حِدادٌ

Sad; grieved. حزين . حَزْنان . مَحْزُون

In mourning. — . — . حادٌّ

Sad; sorrowful. مُحْزِن

Tragedy رواية محزنة . مأساة

✿ حزيران (في حزر) ✿ حسّ (في حسس)

✿ حساء (في حسو) ✿ حسام (في حسم)

To think; suppose ✿ حَسِبَ . ظنَّ

To consider. حَسَبَ . عدَّ

To count; calculate. — . احصَى

To debit with. — عليه

To credit with. — له

To make up an account with. حاسَبهُ . تحاسب مع

To take into account or consideration. اِحتسبَ

To be satisfied with. — بهِ . اكتفَى

To be bereaved of a son. — ولداً

Counting. حَسْبٌ . حُسْبان

Enough. حَسْبُ . كفَى

Ancestral claims. حَسَبٌ

According to; conformably with. بحسب

Equal to. (هذا) بحسب (ذاك)

Calculation. حِساب . عَدّ

Accounting. —. محاسبة
Account. —. مابين المتعاملين
Trigonometry. — المثلثات
Current account. — جارٍ
On credit. على الـ.
At the expense of. على — فلان
Arithmetic. عِلمُ الـ.
Judgment-day. يوم الـ.
Noble. حَسِيب
Counter. حَاسِبٌ. عادٌّ
Accountant. — ◦ محاسبجي
To envy; grudge. ✿ حَسَدَ
Envy; grudge. حَسَدٌ
Envious; malevolent. حَسُود
To unveil; uncover. ✿ حَسَرَ. كشف
To grieve; distress. حَسَّرَ
To regret; sigh for; grieve at. حَسِرَ. تحسَّر على
Grief; sorrow. حَسْرَة
Weak-eyed. حَاسِرُ البصر
Alas! what a pity. واحسرتاه
To sympathise with. ✿ حَسِسَ وحَسَّ له
To grope. ◦ حَسَّسَ. تلمَّس
To feel. حَسَّ. أحسَّ. شعر
Voice. حِسُّ الانسان والحيوان
Sound. — . صوت (عمومًا)

Feeling; sense. —. إحساس
Sense. —. احدى الحواس الخمس
Sensitive. حَسَّاس
Sense-organ. حَسَّاسة. مشعر
Curry-comb. مِحَسَّة الخيل
Felt; tangible. مَحسُوس
Unfelt; intangible. غير —.
Thorn; spine. ✿ حَسَكٌ. شوكٌ
Awn. — السنبلةِ
Bones. — السمكِ
To sever; cut apart. ✿ حَسَمَ. قطع
To settle; decide. —. بتَّ
Settlement; decision. حَسْمٌ
Sword. حُسَام. سيفٌ
Decisive. حَاسِم. باتٌّ
To be handsome. ✿ حَسُنَ. كان حسنًا
To adorn. حَسَّنَ. صيَّرهُ حسناً
To improve; ameliorate; make better. —. صيَّرهُ أحسن
To treat kindly. حَاسَنَ. عامل بالحسنى
To do well. أَحْسَنَ
To give charity to. — اليهِ
To do good to. — اليهِ وبهِ. عمل معهُ حسنًا
To improve; grow, or get, better. تَحَسَّنَ

To appreciate; approve of. إِسْتَحْسَنَ

Beauty. حُسْن . جَمال

Good faith. — القصدِ أَوِ النيَّةِ

In good faith. بِحُسْنِ قصدٍ أَو نيَّة

Beautiful. حَسَنٌ . جَمِيل

Well. حَسَناً . جيِّداً

A bell. حَسْناء . إِمرأة جميلة

Good points. محاسِن

Alms; charity. حَسَنة . صَدَقَة

Good deed —. عمل حسن

Goldfinch. حَسُّون . طائر صغير

Benevolence. إِحسان

Appreciation. إِستِحسان

Benevolent. مُحْسِن

Soup. ✱ حَسْوٌ . حَسَاء ◘ شوربة

A sip. حَسْوة . مَصَّة

To sip. حَسا . اِحتَسى

✱ حشّ (في حشش) ✱ حشا (في حشو)

To gather; assemble. ✱ حَشَدَ

To mobilise. — الجيش

To amass; accumulate. —. حَشَّدَ . جمع وكدَّس

To be assembled إِحتشد . تجمع

Assembling. حَشْد . جمع

Mobilisation. — الجنود

To crowd; cram. ✱ حَشَرَ . جمع

To insert. ◘ —. دسَّ

Crowding. حَشْر . زَحْم

Doomsday. يَوْم الـ.

Insect. حَشَرة . دُوَيبة

Death-rattle. ✱ حَشْرَجَةُ الموتِ

To eat or smoke *hashish*. ◘ حَشَّشَ . تعاطي الحشيش

To mow; cut down. ✱ حَشَّ العُشْبَ

Mowing. حَشّ

Weed. حَشِيش . عُشْب ضارّ

Hay; dry grass. —. عشب يابس

Grass; herb. ◘ —. عُشْب

Hashish; intoxicating drug. —. مادَّة مخدِّرة

Herb. حَشيشة . عشبة

Hashish smoker. حَشَّاش

Scythe. مِحَشّ منجل كبير ◘ سيف

Attendants; retinue. ✱ حَشَم . حاشية

Modesty; bashfulness. حِشْمة . اِحتشام

Modest; bashful. حَشِيم . مُحْتَشِم

تحشّم . احتشم To be bashful or modest.
* حَشْوٌ ¤ حَشْوَة Stuffing.
حَشَا . ملأ بحشوة To stuff.
— السلاح الناري To load.
— . دس To insert.
حشًا . أحشاء Entrails ; bowels.
حاشِيَة (في حشي) Attendants.
مَحْشُوٌّ ¤ مَحْشِيّ Stuffed.
— ¤ معمّر Loaded.
* حَشَّى الثوبَ To border ; furnish with a hem.
— الكتابَ To margin ; write marginal notes.
— بين الأسطر To interline.
تحشّى من . تحاشى عن To avoid ; keep far from ; guard against.
حَشًى (جمعها) أحشاء Entrails ; bowels.
حاشا . سِوَى But ; except.
— لله God forbid.
حاشِيَة . حرف Edge ; border
— الثوب . هُدْب Edging ; hem.
— الكتاب . هامش Margin.
— . تعليق Marginal note.
— في خطاب Postscript.
— . حَشَم Attendants.
¤ حَصَالبان . اكليل الجبل Rosemary.
* حصان (في حصن) * حصاة (في حصو)

* حَصَّبَ الأرض To macadamise.
حُصِبَ ¤ حَصَّبَ . أُصيبَ بالحصبة To have the measles.
حَصْباء ¤ زلط Metal ; broken stones.
حَصْبَة . مرض معروف Measles.
* حَصْحَصَ الحقُّ To appear.
* حَصَدَ To reap ; gather in.
حَصْدٌ . حِصَادٌ . جني Reaping.
حصاد ٢ . اوانُ الحصدِ Harvest season.
حَصِيدٌ . حَصِيدَة Harvest.
حَاصِدٌ . جانٍ Reaper.
— . حَصَّادٌ Harvester.
* حَصَرَ . أحاطَ به To surround.
— . حدَّدَ To limit ; restrict.
— كلمةً اوعبارةً To enclose by brackets.
— . ضيّق على To confine.
— . حاصَرَ To besiege.
حَصْرٌ . إمساكُ البطنِ Constipation.
حَصْرٌ Surrounding.
— . محاصرة Besieging.
— . تقييد Restriction.
بالـــ Strictly speaking.
علامَةُ الـــ . ( ) Parentheses.
» الـــ . هذه [ ] Brackets.

Beyond measure. يفوق الــ.
Straw mat. حَصِيرٌ . حَصِيرَةٌ
Siege ; blockade. حِصَارٌ
Besieged. مَحْصُورٌ .مُحَاصَر
Restricted. —. مقيَّد
Green sour grapes. ٭ حِصْرِمٌ
To appear. ٭ حَصْحَصَ الحقُّ
To be one's share حَصَّهُ كذا
To share with. حَاصَّ . قاسمَ
Share; portion; part. حِصَّة
To have a sound judgment. ٭ حَصُفَ
Prudent; of sound judgment. حَصِفٌ . حَصِيفٌ
Sound judgment. حَصَافَةٌ
To happen. ٭ حَصَلَ . حدث
To happen to. — لهُ كذا
To reach. — على . حَصَّلَ
To obtain ; acquire. — على . — . نالَ
To recover. — على و — الدَّينَ
To collect. — علي و — المالَ
Money box. ० حُصَّالة النقود
Result ; issue. حَاصِل. نتيجة
Total ; sum. — الجمع
Product. — الضرب
Lockup; prison. ० — . سِجْن
Storehouse. — . شونة

Proceeds. — . حَصيلة . دَخْلٌ
Produce ; yield. — . مَحْصُولٌ
Products. محصولات
Acquisition. تحْصِيل . نيل
Collection. — . جمعٌ
Collector ० تحْصيلجي .مُحَصِّل
To be well fortified. ٭ حَصُنَ المكانُ
To fortify. حَصَّنَ . منَّعَ
Fortress حِصْن . معقل
Horse. حِصَان . ذَكَرُ الخيل
Strong ; invincible. حَصِين . قويٌّ .منيع
Reynard ; fox. أبو الحصَيْن
Fortifying. تحْصِين
Fortified. مُحَصَّن
Share;portion. ٭ حصَّة (في حصص)
To pelt with a stone. ٭ حَصَى . رمى بالحصاة
To count. أَحْصَى . عَدَّ
To enumerate; number. — . عَدَّدَ
Stone; gravel; pebble حَصَاة
Counting. إحْصَاء
Census. — . تِعداد النفوس
Statistic,—al. إحصائيٌّ . تعدادي
Statistics. إحصائيَّة
٭ حصير (في حصر) ٭ حصيف (في حصف)

To incite. ٭ حضّ (في حضض)
To come; arrive. ٭ حَضَرَ. جاء
To be present. —. ضدّ غابَ
To attend. — المجلس (مثلاً)
To prepare; make ready. حَضَّرَ. أعدّ
To bring; fetch. —. أَحْضَرَ
To be at the point of death. أُحْتُضِرَ
To cause to come إِسْتَحْضَرَ
To bring. ٥ —. أَحْضَرَ
Urbanity; civilization. حَضَرٌ. حَضارة. ضد بداوة
Urban; civic. حَضَريّ. مدنيّ
Presence. حَضْرَة. حُضُور
In the presence of. في —. بحضور
Your presence. حَضرتكم
Coming. حُضورٌ ٢. قدوم
Attendance — الاجتماع (مثلاً)
Presence of mind. — الذاكرة
Present حَاضِر. ضدّ غائب
Ready; prepared. —. متأهب
Ready-made. —. جاهز
Present. —. حاليّ
Capital. حَاضِرَة. عاصمة
Preparing. تحضيرٌ. إعداد
Preparatory. تحضيريّ. إِعداديّ

Procès verbal. مَحْضَرٌ
Minutes. — وقائع الجلسة
Presence. مَحْضِرٌ. وجود
Bailiff. مُحْضِر المحكمةِ
Dying; expiring. مُحْتَضِرٌ
Lecture; discourse. مُحاضَرة
To incite. ٭ حَضَّض. حَضّ
Incitement; urging. حَضّ
Lowlan. حَضِيضٌ
Perigee —. ضدّ أَوج
To embrace. ٭ حَضَنَ احْتَضَنَ
To nurse. —. —. ربّى
To sit on eggs. — الطيرُ بيضه
Bosom; embrace. حِضْنٌ
With open arms. بالـ—. بالترحابِ
Nursing. حِضَانَة. تربية
Incubation. — البيض والجرائيم
Nurse. حَاضِنَة. مربية
٭ حضيض (في حضض) ٭ حطّ (في حطط)
To gather or cut fire-wood. ٭ حَطَبَ. اِحْتَطَبَ
Fire-wood. حَطَبٌ
Wood-cutter. حَطَّاب
To free from, or take off, a load. ٭ حَطَّطَ الحِمل
To put down. حَطٌّ. وَضَعَ

Enclosure. حَظِيرة · حَوْش
Fold; coop; pen. — البهائم
Sheep-fold. — الغنم
Paradise. — القُدْس · الجنَّة
Interdicted. مَحْظُور · ممنوع
To be lucky or fortunate. ❈ حظظ ❈ حَظَّ
Luck; fortune. حَظٌّ ¤ بَخْتٌ
Good fortune. — · جدّ
Delight; pleasure. ¤ — · سرور
Fortunately. لِحُسْنِ الـــ.
Unfortunately. لِسوء الـــ
Unfortunate. سَيِّئ الـــ.
Lucky; fortunate; happy. حَظِيظٌ · محظُوظ
To obtain; get. ✲ حَظِيَ بالشيء
Favour; good-will. حُظْوَة
To find favour with. نالَ — عنده
Concubine; mistress. حَظِيَّةٌ ¤ مَحْظِيَّة
✲ حظيرة (في حظر) ✲ حفّ (في حفف)
To be quick. ✲ حَفَدَ · أسرع
Grandson. حَفِيد
Granddaughter. حفيدة
To dig. ✲ حَفَرَ · احْتَفَرَ ¤ نحتَ
To dig out. — · نَبَش
To engrave. — · نَقَش

To light; perch. — الطائرُ
To encamp; halt. — الرّحالَ
To disparage — من قدره
To depreciate. — من قيمتهِ
To fall down; descend. انْحَطَّ · نزل
To decrease. — السعرُ
Putting; placing. حَطٌّ · وضع
Indignity. insult. حِطة · إهانة
Discount. حَطِيطَة · خَصْمٌ
Inferior to أَحَطُّ · أقلّ من
Decline إِنْحِطَاط · تأخُّر
Fall; descent. — · نزول
Inferiority — النوع
Station مَحَطَّة · موقف
Fallen; low مُنْحَطٌّ · ساقِط
Lower than. — عن كذا
To smash. ✲ حَطَمَ · حَطَّمَ
To go to pieces. تَحَطَّمَ · انْحَطَمَ
Broken pieces; fragments. حُطَام · حِطمة
Vanities of the world. — الدُّنيا
✲ حطيطة (في حطط) ✲ حظّ (في حظظ)
To interdict; forbid. ✲ حَظَرَ عليه
Interdiction. حَظْر · مَنْع
Screen. حِظَار · حاجز

To plot.	— حفرةً . دبر مكيدة
Digging.	حَفْر ¤ نحت
Engraving.	— . نَقْش
Pit ; hole.	حُفْرَة . نقرة
Digger.	حفّار . الذي يحفر
Grave-digger.	— القبورِ
Engraver.	— . نقّاش
Hoof.	حَافِرُ الدَّابَّةِ
To keep ; preserve.	¤ حَفِظَ . صانَ
To keep ; guard.	— . وقى
To remember ; keep in mind	— في البالِ .
To memorise ; commit to memory.	— استظهر
To observe	— . حافَظَ على . راعى
To take care of.	— . — على . إعتنى به
To keep ; preserve.	— . إِحْتَفَظَ بهِ
To be on one's guard .	تَحَفَّظَ
To take care of.	— بالشيءِ
Keeping.	حِفْظٌ . وقاية
Protection ; guard.	— . حماية
Memorising .	— . إِستظهار
Custody ; guarding.	— . حِراسة
Truss.	حِفَاظ . حزام الفتق
Memory.	حَافِظَة . ذاكِرة
Precaution ; caution.	تَحَفُّظ
Reservedly.	بتحفُّظ
With all reserve.	بكل تحفُّظ
Unreservedly.	بدون تحفُّظ
Execution by way of security.	حجز تحفّظي
Keeper .	مُحَافِظ . مراعٍ
Punctual ; exact.	— على المواعيدِ
Governor.	¤ — . حاكم المدينة
Receptacle.	مَحْفَظَة . غلاف
Portfolio.	— اوراق
Committed to memory; memorised .	مَحْفوظ في الذاكرة
Preserved ; kept.	— . مَصُون
Reserve .	مُسْتَحفَظ (الجيش)
To surround .	¤ حَفَّ . حَفَّ . احْتَفَّ
To chafe .	حَفَّ . قشر بالفرك
To crop .	— . قصّ طرف الشيء
To rustle .	— الشجر
Rustle ; rustling.	حَفِيف
Raw bread .	حافٌ . خُبز — .
Edge ; border.	حافَّة
Brim.	— الوعاء
Rim.	— الشيء المستدير
To gather ; assemble.	¤ حَفَلَ القوم

Spite; ill-will. حِقْدٌ . حقيدة
Spiteful. حَاقد . حَقود
To despise ٭ حَقَرَ. احتقر. استحقر
To humble; abase. حَقَّرَ
Contemptibility. حقارة
Mean; paltry. حَقير . زهيد
Inconsiderable. — . لايُعتدُّ بهِ
Mean; humble. — . وضيع
Mean; abject. — . دنيء
Contempt; disdain. اِحتقار . اِزدراء
Despised. مُحْتَقَر . مزدَرى
To confirm; verify ٭ حَقَّقَ. اكَّد
To investigate. — . فحص
To ascertain. حَقَّقَ الخبرَ
To be true; right. — . كان حقاً
To be ascertained. تحقَّقَ الخبرُ . ثبت
To make sure of. — الأمرَ . تيقَّنهُ
To deserve; merit. استحقَّ . اِستوجب
To fall due. — الدينُ. حان اجله
Payable; due. يستحقُّ الدَّفع
Worth mentioning. — الذِكرِ
Pot; jar. حُقٌّ . حُقَّة . وعاء
Socket; cavity. — . نُقرَة
Right; correct. حَقٌّ . صواب
True; real. — . صحيح

To give attention to. — بهِ . اِهتمَّ
To assemble. احْتَفَلَ القوم
To celebrate a feast. — بعيدٍ
To give attention to. — بالأمرِ . اهتمَّ
To welcome. ◘ — بالرجل . اِحتفى
Assembly; crowd. حَفْلٌ . جمع
Meeting, assembly. حَفْلَة . اِجتماع
Ceremony — . اِحْتِفَالٌ
Procession اِحتفال[٢] . موكب
Full; crowded. حَافِل . ملآن
Meeting; assembly. مَحْفَل
Double handful. ٭ حُفْنَة
To welcome; receive kindly. ٭ حفِيَ . اِحْتَفَى به
To have sore, or galled, feet. — ت قدمهُ
Welcome; kindly reception. حَفَاوَة . اِحْتِفَاء
Barefoot,-ed. حافٍ . عاري القدم
٭ حفيد (في حفد) ٭ حفيف (في حفف)
٭ حقٌّ ٭ حقَّاني (في حقق)
Age; long period. ٭ حُقْبٌ . دهر
Waistbelt. حَقَبٌ . حِقاب . حزام
Bag; valise. حَقيبة ◘ شنطة
To bear spite against. ٭ حَقَدَ على

Right; claim. — . إمتياز
You are right. الـــ معك
You are wrong. الـــ عليك
Truth. — . حقيقة . صِدْق
Reality. حقيقة ٢ . صحَّة
Real meaning. — . ضد مجاز
The real state of. — الأمرِ
Indeed; in fact. حقيقةً . فعلاً
Truly. — . حقاً . صدقاً
Truly; indeed. حقّاً ٢ . بالحقِ
Real; true. حقيقي . ضدّ باطل
Actual. — . واقِع
Merit. استحقاق . اهليَّة
Due. — . ما يستحقهُ الانسان
Verification. تحقُّق . تحقيق
Realisation. تحقيق ٢ . إدراك
Investigation. — . فحص
Sure; certain. محقَّق . مؤكَّد
Sure; certain. متحقِّق
Deserving; meriting. مستحق . متأهل
Beneficiary. — . منتفع (بحق)
Due; payable. — الدفعِ
Field. ٭ حَقْلٌ . غيط
Column. — من صحيفة . عمود
To retain; keep. ٭ حَقَن . حبَس
To inject; syringe. — بالحقنةِ
To be injected. إحتقن . حُقِن
To be congested. — . تجمَّع
Injecting; injection. حَقْنُ السائل بالحُقنة
Injection. حُقْنَة . سائل الحقن
Syringe. ◘ — . مِحْقَنة (عموماً)
Enema; irrigator. — للمستقيم
Congestion. احتقان
Groin; loins. ٭ حَقْوٌ . اسفل الخصر
٭ حقيبة (في حقب) ٭ حقيقة (في حقق)
To rub ٭ حكّ (في حكك)
To monopolise. ٭ حَكَر . إحتكر
Monopolised. حُكْرٌ . محتكر
Monopoly. — . إحتكار
Superficiary. ◘ حِكْرٌ
Chalk. ٭ حَكَكٌ . طباشير
To rub; chafe. حَكَّ . فرَك
To rub, or scrape, off. — . كشط
To scratch. — ◘ هرَش
To rub one's self against. إحتكَّ بالحائطِ مثلاً
To be in contact with. — بالقومِ

Compass. حُكٌ . ابرة الملاحين

Rubbing; chafing. حَكٌ . فرك

Martial law. — عُرْفي
Arbitrator; umpire. حَكَمٌ
Governor. ◘ حِكِمْدار • حاكم
Commandant of police. ◘ — البوليس
Wisdom. حِكْمَة • عقل
Medicine. ◘ — • طِبّ
Government. حُكومة • إدارة
State; government. — • دولة
Wise, judicious. حكيم • عاقل
Philosopher. — • فيلسوف
Doctor; physician. ◘ — • طبيب
Ruler; governor. حَاكِم • والٍ
Judge. — • قاضٍ
Fortification. استحكام
Exact; precise مُحْكَم • مضبوط
Pointed; apposite. — • صائب
Well made. — الصنع
Court; tribunal. مَحْكَمَة
Trial; hearing of a case مُحاكَمة
To relate; narrate ✡ حَكَى
To inform against. — عليهِ
To speak; talk. ◘ — • تكلم
Te resemble. — حاكَى • شابه
Narrative; story; tale. حِكايَة • قِصَّة

Scratching. — ◘ هرْش
Friction. — • إحتكاك
Itch. حِكَّة • مرض كالجَرَبِ
Touchstone; assaying stone. مِحَكّ
To govern; rule. ✡ حَكَمَ البلاد والناس
To order; command. — • أمر
To decide. — • قرَّر
To judge — • قضى
To give sentence against, condemn. — على
To give sentence in favour of. — لهُ
To appoint as ruler. حكَّمَ • اقام حاكماً
To choose one as arbitrator. — في الأمر
To prosecute. حَاكَمَ • قاضَى
To strengthen confirm. احكَمَ • قوَّى
To make perfect. — • اتقن
To have one's own way. تحكَّم في الأمر
Rule, government. حُكم
Reign — • مُدَّة الحكم
Authority — • سيطرة
Decision — • قرار
Judgment; decree. — • قضاء
Sentence. — جنائي

٭ حلّ ٭ حلال (في حلل) ٭ حلاوة (في حلو)
To milk. ٭ حَلَبَ البقرةَ وغيرها
To press out juice. استحلبَ الشيءَ
To emulsify. — اللوزَ وغيره
To percolate ; filter. تحَلَّبَ
Milking. حَلْبٌ . استدرار اللبن
Fenugreek. حُلْبَة . نبات وحبّه
Milking. حَلْبَة . المرّة من الحلبِ
Race-course. — السباق
Dairymaid حلّابة . حالبة اللبن
Milker; milch (cow). □ — . حَلُوب
Milk حَليب . لبَن
Milkman. بائع الـ
Ureter. حالِب (في التشريح)
Emulsion ; milk. مُستحلَب
Milk of almonds — اللوز
Assafœtida. ٭ حِلْتيت
To gin cotton. ٭ حَلَجَ القطنَ
Ginning. حَلْجٌ . حِلاجة . حَليج
Ginning mill □ وابور الـ
Ginner. حلّاج القطن
Cotton-gin. مِحلَج . مِحْلَجة
Snail. ٭ حَلَزون . قوقعة
Spiral ; voluted. حَلَزوني
To swear "by" ٭ حَلَفَ بكذا
To take oath. — . ادّى اليمين

To adjure. حَلَّفَ . إستحلفَ
To conjure — . ناشدَ
To ally ; join in a league. حالفَ
Swearing. حَلْف □ حِلفان
Ally; confederate حِلْف . حَليف
Esparto grass. حَلْفاء . حَلَفَة
Wild-boar. □ حَلّوف . هِلوف
Pig; hog; swine. □ — . خنزير

Boar . ذكر الـ
Alliance ; league. مُحالفة
To shave. ٭ حَلَقَ الشَعْرَ
To hover round. حلّقَ الطائرُ
Gullet ; throat. حَلْقٌ . مَزْرَد
Lintel. □ — الباب او الشبّاكِ
Ear-ring. □ حَلَقٌ . قُرْطٌ
Ring. حَلَقة . (جمعها حَلَقات)
Circle ; ring — . دائرة
Link ; ring of a chain. □ — . زَرَدَة
Gullet ; throat. حُلْقوم . حَلْقٌ
Turkish-delight. □ راحة الـ
Barber. حلّاقٌ □ مُزيّن
Barber-surgeon. — صِحّي

Shaving. حِلاقة

Shaved. حليق . محلوق

Aeroplane; flying-machine. مُحلّقة . طيارة

Intense blackness or darkness. * حَلَكٌ . حُلْكة

Jet-black. حَلِكٌ . حالِك

Pitch-dark. — . شديد الظلام

To analyse. * حَلَّل الكلامَ والشيءَ

To warrant; sanction; justify. — الأمرَ

To expiate an oath. — اليمينَ

To examine urine. — البولَ

To unbind; untie. حَلَّ . فكّ

To undo; unravel. — . سَلَّك

To descend. — . نزل

To solve. — . المسئلة او المشكلة

To decipher. — الرمزَ او الجفرَ

To dissolve; melt. — . اذابَ

To befall; fall to. — به الأمرُ

To fall due. — الدَّيْنُ

To be lawful. — . كان حلالاً

To set in. — الشتاءُ او الصيفُ

To take the place of. — محلّ كذا

To place. أحَلَّ . انزل

To occupy. إحتلّ المكانَ

To be undone. إنحلّ . تفكّك

To dissolve. — . تحلّل . ذاب

To deem lawful. إستحلّ

Undoing حَلٌّ . فكّ

Solution. — . تفسير او تعريف

Dissolving. — . اذابة

Garment; dress. حُلّة . ثوب

Cooking pot. ° حَلّة . قِدْرٌ

Lawful; legitimate; licit. حلال . ضدّ حرام

Permissible. — . مُباح

Descent. حُلُول . نزول

Husband; spouse. حَليل . زوج

Wife; mate. حَليلة . زوجة

Occupation. إحتلال . إشغال

Solution; decomposition إنحلال . تحلّل

Dissolving. تحليل . حلّ

Analysis. — الكلام او الشيء

Place; locality. مَحَلّ . موضع

Local مَحَلّي . موضعي

Camp. مَحَلّة

Unbound; loose. مَحلول . سائب

Dissolved. — . مُذاب

Solution. — . الشيء المذاب

To dream (of). * حَلَم بكذا

To attain to puberty. — . إحتلَم

To be clement. حَلُمَ . كان حليماً
Dream. حُلْمٌ . منام
Puberty. — . إدراك
Clemency. حِلْم . صَبْر واناة
Nipple; teat. حَلَمَة الثَّدي
Lobe of the ear. — الأذنِ
Clement; patient. حَليم
To be sweet. * حَلُوَ . حلا . حَلِي
To sweeten حَلَّى . صيَّر حُلواً
To beautify. — . صيَّر جميلاً
To find sweet استحلى
Sweet حُلْوٌ
Fresh water ماء — او عذب
Sweetmeat. حُلواء . حَلْوى
Gift; douceur; tip; present. حُلوان
Confectioner. حَلْواني
Wild-boar ▫ حلوف (في حلف)
To ornament; adorn. * حَلَّى . زَيَّن
Jewels; jewelry. حَلْيٌ . حُلِيٌّ
Ornament; decoration. حِلْيَة
* حليل (في حلل) * حليم (في حلم)
* حم (في حمم) * حَمّ (في حمو)
Mud; slime. * حَمْأة . طِين
* حما (في حمو) * حمار (في حمر)
* حام (في حوم) * حماة (في حمو)

Whinny; neigh * حَمْحَمَة . صَهيل
To praise. * حَمِدَ . اثنى على
To thank. — . شكرَ
Praise. حَمْدٌ . ثناء
Thanks. — . شُكر
Praise be to God; thank Good. الحمدُ لله
Praiseworthy; deserving of thanks. حَميد . محمود
Reputable. — . — السُّمعَة
Thankful. حَامِد . حمود
To make or dye red; to redden. * حَمَّرَ
To fry. ▫ — اللحمَ وغيره . قلاه
To become red. اِحْمَرَّ
To redden; blush. — خجلاً
Bitumen. حُمَر . نوع من القار
Redness. حُمْرة . حَمار . إحمرار
Erysipelas ▫ — حُمْرة . مرض
Rouge. ▫ — . دِمام
Brick-dust ▫ — . سحوق الطوب
Donkey; ass. حِمَارٌ
Zebra. — الزَّرَد
Wild-ass. — الوحشِ
She-ass. حِمارة . آتان
Donkey boy; donkey man. حَمَّار

Red. أَحْمَر . (المؤنث حمراء)

Fried. ○ مُحَمَّر . مَقْلُوٌ

To excite; stir up. ⁕ حَمَّسَ . هَيَّجَ

To be enthusiastic. حَمِسَ . تَحَمَّسَ

To be excited or irritated —.—. تهيج

Enthusiasm. حَمَاسٌ . حماسَة

Excited; irritated. مُتَحَمِّس

To roast; bake. ⁕ حَمَّصَ . شوَى

To toast. — الخبزَ وغيره

Chick-peas. حِمِّصٌ○حِمَّص

Roasted; baked. مُحَمَّصٌ

To be sour. ⁕ حَمُضَ . كان حامضاً

To make sour. حَمَّضَ

To become sour. ○— . صارحامضاً

Sourness; acidity. حُمُوضَة

Sorrel. حُمَّاض . حُمَّيض . نبات

Acid. ○ حِمْضٌ . حامض

Sour; acid. حامض٢ . ماضِر

Turned; sour. — . مُحَمَّض

To be foolish. ⁕ حَمُقَ . فَسَدَ رأيه

To fly into a passion. ○ إِنْحَمَقَ . حمى٤

Foolishness; stupidity. حُمْقٌ . حَماقَة

Chicken-pox. حُمَاقٌ

Stupid; foolish. أَحْمَقُ . أخرق

Irascible. ○— . سريع الغضب

To carry; bear ⁕ حَمَلَ الشيءَ

To induce. — على الأمرِ

To charge; attack. — عليهم

To bear fruit. — الشجر

To conceive. حَمَلَتْ الأنثى

To charge; load. حَمَّلَ○ شيَّل

To burden. — . ثقَّل على

To bear; support. احْتَمَلَ . تحمَّلَ . اطاق

To suffer. —.— . عانى

Bearable يُحْتَمَل . يُطاق

Carrying. حَمْلٌ . رَفْعٌ

Pregnancy. — . حَبَلٌ

Lamb. حَمَلٌ . خَروف صغير

Load; burden. حِمْل . ما يُحْمَل

Raid; charge. حَمْلَة . هجوم

Military expedition — حربية

Tirade. — كلاميَّة

Porter; carrier. حَمَّال○شَيَّال

Bearer. حامِل . رافِعٌ

Holder. — الشيء . صاحِبُه

Pregnant. — . حُبْلَى

Probability; likelihood. إحتِمال . ارجحية

Litter. مَحْمَل . نقَّالة

The Holy Carpet الـــ الشريف
Loaded. مُحَمَّل . مَوْسوق
Borne; carried. مَحْمُول
Supportable. — . محتَمَل . مُطاق
Probable. مُحتَمَل ٢ . مرجّح
To stare at. ☆ حَمْلَقَ فيه
To bathe; wash. ☆ حَمَّمَ . غَسَّل
To have fever. حُمَّ الرجل
To take a bath. إستَحَمّ
Coal. حُمَم . فحم
Lava. — . مقذوفات البركان
Pigeon; dove حَمَام . حمامة
Bath. حَمَّام
Death. حِمَام . حِمَة . مَوْت
Thermal spring. حَمَّة . عَيْن ماءٍ حارّ
Blackness. حُمَّة . سواد
Fever; heat. حُمَّى
Putrid fever. — عفنة
Scarlet-fever. — قرمزيّة
Enteric fever. — معويّة
Intimate; close. حَمِيم . قريب
Fevered. مَحْمُوم
Father-in-law ☆ حَمْو . حَم . حما
Heat. — . حُمُوّ . شدة الحر
Mother-in-law. حَمَاة
Fever; heat. ☆ حُمَّى (في حمم)

To protect; defend. ☆ حَمَى . وَقَى
To be hot. حَمِيَ . صار حارًا
To grow angry. — غضب
To heat. حَمَّى . أحْمَى . سخَّن
To excite — . هيّج
To bathe; wash. ◻ — . حَمَّم
To defend. حَامَى عن
Sting. حُمَة . زبانى
Protection. حِمًى . وقاية
Heat; excitement حُمَيَّا . سورة
Rage; fury. حَمِيَّة . هياج
Zeal; ardour. — . حماس
Disdain. — . انَفَة
Diet. حِمْيَة . طعامُ الحِمْيَة
Protection حِمَايَة . وقايَة
Protector. حَامٍ . واقٍ
Hot; warm. — . حارّ
Guardian. حَامِيَة . واقيَة
Garrison. — . حَرَس
Defending. مُحَامٍ . مُدافِع
Lawyer; solicitor — ◻ افوكاتو
Defense. مُحَاماة . دِفاع
☆ حنّ (في حنن)
To dye with *henna*. ☆ حَنَّأ ◻ حَنَّى
Henna; lawsonia. حِنَّاء
Shop. ☆ حنت ☆ حَانُوت . دكّان

To compassionate; have pity upon. — . تَحَنَّنَ على

Robin-redbreast حِنّ. ابوالــ

Pity; compassion. حَنَان

Compassionate; soft-hearted حَنُون. حنّان

Yearning. حَنِين . شوق

Compassion. * حُنُوّ . عَطف

To bend; incline حَنَا. حَنَى. عطف

To bend; incline اِنْحَنَى. مالَ

To bow — احتراماً

Bend; curve حَنْيَة . قَوْس

Wine shop; tavern. حَانَة. خمّارة

Bent; inclined. مُنْحَنٍ

Bending; inclining. — . مائل

Whale. * حُوْتٌ . (سمك كبير)

Need; want * حَوْجٌ. حَاجَة. احتِياج

Necessity حَاجَة؟. احتياج ٢. اقتضاء

Object; desire. — . غرض

Thing; object. — . شيء

To need; be in need of; require أَحْوَجَ وا حْتَاجَ الى

To compel. — الى . الزمَ

Needy مُحْتَاجٌ. معوز . فقير

In need of. — الى كذا

Undertaker. ◘ حانوتي

To perjure; be false to one's oath. * حَنِثَ في يمينه

Perjury; oath-breaking حِنْثٌ

Larynx. * حَنْجَرَة . حُنْجُور

Viper; snake. * حَنَشٌ . افعى

To embalm. حَنَّطَ الجثّة

To stuff. — الحيوانات او الطيور

Wheat; corn. حِنْطَة . قَمْح

Colocynth. * حَنْظَل . نبات مُرّ

Tap; cock. * حَنَفِيَّة (بُزال)

To be enraged. * حَنِقَ . اغتاظ

To enrage. أَحْنَقَ . اغاظ

Anger; rage. حَنَقٌ. غيظ

Angry; enraged. حَنِقٌ. حانِق

To experience * حَنَّكَ وأحنكه الدهر

Palate. حَنَكٌ . اعلى باطن الفم

Mouth. ◘ — . فم

Experience. حُنْكٌ. حُنْكة. خِبرة

Experienced. مُحَنَّك

Eel. ○ حَنْكَلِيس. ثعبان الماء

To blossom. ◘ حَنَّنَ . ازْهَرَ

To soften the heart ◘ — القلبَ

To yearn for. حَنَّ الى

Possession. حَوْزَة . حيازة

In one's possession. في حوزة يده

Displacement. حَيْزٌ

To possess. حَازَ . اِحتَازَ

To obtain; get. — . نالَ

To hold; contain. — . وَسِعَ

To coil; twist. تَحَوَّزَ كالأفعى

To collect; amass. ✿ حَوَّش . جَمَّع

To save. ○ — . ادَّخَرَ

To prevent; stand in one's way. ○ حَاشَ . منعَ

Enclosure; fold. حَوْش . حَظيرة

Courtyard. — الدارِ

Rabble; mob. ○ حَوَش . اوْباش

✿ حَوْصَلٌ . بجع

Crop; craw. حَوْصَلَةُ الطائرِ

Bladder. — . (في التشريح)

Basin. ✿ حَوْضٌ . مكان اجتماع الماء

Tank; reservoir — . صهريج

Pelvis. — (في التشريح)

To wall in; immure ✿ حَوَّطَ . سَوَّرَ

To encompass; surround. — . أحاطَ به

Driving "fast". ✿ حَوْذٌ . سَوْق .

Driver; cabman. حُوذِيٌّ

To overcome. اسْتَحْوَذَ على

To possess. — على . استولى

To modify; alter. ✿ حَوَّرَ . عدَّلَ

To be at a loss. حَارَ . تحيَّرَ

To debate; hold an argument with. حَاوَرَ . جادَلَ

To delude; lead one a dance. ○ — ه . حاوطه

Hide-and-seek. ○ حَاوْريني ياكيكه

To answer. أَحَارَ جواباً

Red leather. حَوَرٌ ○ حُوْر

Poplar "tree". — . — . شجر

Nymph; *houri*. حَوْرِيَّة

Disciple. حَوارِيٌّ . تلميذ . رسول

Quarter of a town. حَارَة . حيّ

Lane; narrow street. — . زقاق

Rolling-pin مِحْوَر ○ شوبك الخبّاز

Axis; (*pl* axes). — . مَدار

Axle; axle-tree. — العجلة

Pivot. — . قطب

Centre. — . مركز . وسط

Oyster-shell. مَحارَة

Debate. مُحاوَرة . مجادلة

Conversation — . محادثة

Possessing. ✿ حَوْزٌ . حِيازة

To be acquainted with. أحاطَ بهِ علماً

To take precautions. إحتاطَ

To surround. — بهِ

Wall. حائِط . جدار

Precaution. إحتياط . حِيطَة

Circumference. مُحيطُ الدائرة

Periphery. — الجسم . سطحهُ

The Ocean. البحر الـــ

* To put on the edge. حوَّفَ

Edge; border. حافَة . حَرْف

* To surround. حوَّقَ عليهِ

To affect. حاقَ ٥ حوْقاً فيهِ

* Knitting; weaving. حَوْك . حِيَاكة

Knitting-needle. إبرَةُ الـــ

To knit; weave. حاكَ ٥ حَيْك

Weaver. حائك . نسَّاج

* To remove; transfer. حوَّلَ . نقل

To turn; direct. — . دوَّر

To alter; change. — . بدَّل

To intervene; come between. حالَ بينهما

To be changed. — . تحوَّل

To try; attempt. حاولَ امراً

To refer to. أحالَ على

To be changed. تحوَّلَ

To use policy. إحتَالَ

To deceive; beguile. — عليهِ

To be altered. استَحالَ . تغيَّر

To be impossible — الأمرُ

State; condition حالٌ . حالة

At any rate. على كل حال

Now; at present حالاً . في الحال

Immediately. — . توّاً

Soon; quickly — . سريعاً

As soon as. حالما . عند ما

Present. حاليٌّ . حاضِر

Squint. حَوَلُ العين

Might; power. حَوْلٌ . قُدْرَة

Year; twelvemonths. — . سنة

About; around. حَوْلَ . من حَوْلِ

About; near to. — . نحو

Order. حَوالة . تحويل . امر

Cheque or draft. — . — مالي

Money-order — . — مالي بالبريد

Power; strength. حَيْلٌ . قُوَّة

Expedient; contrivance حِيلة . تدبير

Trick; stratagem. — . خُدْعة

Policy; cunning. — . تحايُل

I can not help it. . — ما بيدي

Mechanics. علم الحِيَل اي الميكانيكا

Cunning; sly; politic. حِيَلِيّ . مُحْتال

Before; in front of. حِيَالَ

Cunning. اِحْتِيال . تَحَايُل

Deceit; fraud. — . — . خداع

Cross-eyed; squint-eyed. أَحْوَلُ العين

Change. تَحَوُّل . تغيُّر

Transfer. تَحْوِيل . نَقل

Conversion. — . إِبدال

Impossible. مُحَال . غير ممكن

Absurd. — . باطل

Roller; cylinder. مَحَالة

Unavoidable. لا — منهُ

Evasion; elusion. مُحاولة . مراوَغة

Cunning; politic; sly. مُحْتال . حِيَلِي

Pointsman; switchman. ¤ مِحْوَلجي

Impossible. مُسْتَحِيل . غير ممكن

Absurd. — . باطل

Hovering. ✽ حَوْمٌ . حَوَمان

To hover. حَامَ الطائرُ

To hover about. — على وحول

Field of battle حَوْمَة . موضع القتال

To contain. ✽ حَوَى . احْتَوَى

To comprise. — . تضمَّنَ

Containing; including. حَاوٍ . محتوٍ . شامِل

Juggler. ¤ — . مُشَعْوِذٌ

Snake-charmer. حاوي الحيَّاتِ

✽ حويصلة (في حوصل) ✽ حيٌّ ✽ حيًّا

✽ حيا ✽ حيالَ (في حي)

Where. ✽ حَيْثُ . اينَ

Since; because. من — . بما ان

Wherever. حيثما . اَينما

Turning aside. ✽ حَيْدٌ . حَيَدان

Aside; apart. على حِدةٍ

Neutrality. حِيَاد . مُحَايدة

Neutral. على الـــ . محايد

To turn aside; depart or deviate *from*. حَادَ عن كذا

To avoid; shun. حَايَدَ . جانَبَ

To perplex; bewilder. ✽ حَيَّرَ

To be perplexed; embarrassed. حَارَ . تحيَّرَ

Perplexity. حَيْرَة . تحيُّر

Perplexed. في — . مُتَحَيِّر

Displacement. ✽ حيز (انظر حوز)

Crone; hag. ✽ حيزبون (في حزب)

Escape. ✽ حَيْصٌ . حَيْصَة

Get into difficulties. وقع في حَيْصَ بَيْصَ

Menses; courses. ✽ حَيْضٌ . طَمْثٌ

To menstruate. حَاضَت الانثى
* حيط * حيطة (في حوط)
Injustice ; iniquity. * حَيْفٌ . جورٌ
Consequence. * حَيْقٌ . عاقبة
To affect. حَاقَ فيه . أثّر
To surround. — . أحَاقَ
* حيل * حيلة (في حول)
Time ; period. * حِينٌ . وقتٌ
For a time. الى — . لمدّةٍ قصيرة
In good time. في حينه
Now and then. حِيناً بعد حين
Sometimes. أحْيَاناً . بعض الأحيان
When. حينَما . لمّا
Then ; at that time. حِينَئِذٍ
To come; draw near. حَانَ الوقتُ
Wine-shop ; tavern. حَانٌ . حَانَة
* حانوتٌ * حانوتي (في حنت)
* حَيَّة * حيوان * حيوي (في حيي)
To live; exist. * حَيِيَ . عاشَ
To be ashamed of. — منه
To salute; greet. حَيَّا . سلّمَ على
To bring to life. أحْيَا
To blush ; be ashamed. إسْتَحْيَا . إستحَى

Alive. حَيٌّ . على قيد الحياة
Quarter. — . قسم من بلدة
House-leek. — العَلَم . نبات
Come to prayer! حيّ على الصلاة
Bashfulness. حَيَاءٌ . خَجَلٌ
Modesty ; coyness. — . إحتشام
Life; existence حَيَاةٌ
Biology. علم الـــ . ٥ بيولوجيا
Snake ; viper. حَيَّة
Animal. حَيَوانٌ
Zoology. عِلْمُ الـــ . ٥زولوجيا
Animal. حَيَوانيّ
Animality. حَيوانية
Vital ; essential. حَيَوِيٌّ
Vitals. الأعضاء الحَيَويَّة
Greeting; salutation. تَحِيَّة
Countenance ; face. مُحَيَّا
Ashamed. مُسْتَحٍ . خَجْلان

(خ)

* خَابَ (في خيب) * خار (في خور)
* خاصّ * خاصيَّة (في خصص)
* خاض (في خوض) * خاط (في خيط)
* خاطب (في خطب) * خاف (في خوف)
* خالٌ (في خول) * خالٌ (في خيل)

* خَال (في خلو) * خالِف (في خلف)
* خامٌ (في خيم) * خامٌّ (في خمم)
* خامِر (في خمر) * خان
* خانَة (في خون) * خاوٍ (في خوي)
□ خاوَى (في اخو) * خَبٌّ (في خبب)
To hide; conceal. خَبَأَ . خَبَّأَ *
To be concealed. اِخْتَبَأَ . تَخَبَّأَ
A hidden thing. خِبْءٌ . خَبِيئَة
Hiding. اِخْتِبَاءٌ او تَخْبِئَة
Hiding-place. مَخْبَأ
Hidden. مُخَبَّأ . مَخْبُوءٌ
Amble. خَبَبٌ . خَبِيبُ الحصانِ *
To amble. خَبَّ الحصانُ
To be bad or offensive. خَبُثَ . كان كريهًا *
To stink; smell bad. — ريحه
Badness. خُبْثٌ . خَبَاثَة . رداءة
Wickedness. — . شرٌّ
Malice. — . تعمّد الأذى
Refuse; scum. خَبَثٌ . نفاية
Bad; wicked. خَبِيثٌ . شرير
Malicious. — . مؤذٍ
Offensive. — . كريه
To tell; inform. خَبَّرَ . اَخْبَرَ *
To experience; know by use. خَبَرَ الأمرَ
To write to. خَابَرَ . راسل
To communicate with. — . تَخَابَرَ مع
To experience; know by trial. اِخْتَبَرَ الأمرَ
To try; test. — الرجلَ والشيء
To ask; inquire; question. اِسْتَخْبَرَ . سأل
News. خَبَرٌ . نبأ
Report; rumour. — . اشاعة
Predicate "of a sentence" — الجملةِ
Experience خِبْرَة . اختبار . دُربة
Knowledge. — . — . دِرايَة
Trial. اِختِبارٌ٢ . تجربة
Experienced. خَبِيرٌ . مُخْتَبِرٌ
Acquainted with. — بالأمرِ
Reporter. مُخْبِرٌ . ناقل الأخبار
To bake. خَبَزَ . اخْتَبَزَ العجينَ *
Bread. خُبْزٌ . عَيْشٌ
Loaf of bread. خُبْزَةٌ . رَغِيفٌ
Baker. خَبَّازٌ
Mallow. خُبَّازَى . خبيزة . نبات
Bakery. مَخْبَزٌ □ فُرْنٌ
To mix; mingle خَبَصَ . خلط *
Medley خَبِيصٌ . خَبِيصَة
Tale-bearer. خَبَّاصٌ . واشٍ □

Fast; dissolute. ¤ — . داعِرٌ

To hit; strike. ✿ خَبَطَ . ضَرَبَ

To knok; rap. — قَرَعَ

To hit at random. يخبطُ خَبْطَ عَشواء

Hitting; striking. خَبْطٌ

At random. — عَشواء

Blow; stroke. خَبْطة

To confound; confuse; ✿ خَبَلَ . خَبَّلَ . حيَّر

To drive, or render, mad — . — . جنَّن

To run mad. خَبِلَ . اختلَّ عقله

Confusion; perplexity. خَبَلٌ . ارتباك

Madness; insanity — . جنون

Confounded. مُخَبَّلٌ . مرتبك

To be extinguished ⟨خبو⟩ خَبَت النار

Tent. خِبَاء . خيمة

Caviare; caviar. ¤ خِبْيَاري

✿ خبيث (في خبث) ✿خبّيزة (في خبز)

To deceive; cheat. ✿ خَتَلَ . خَدَعَ

Double-dealing; deceit. خَتْلٌ . مخاتلة

To seal; stamp. ✿ خَتَمَ

To seal up. — الاناءَ . سَدَّهُ

To terminate. — العَمَلَ

To conclude; end. اخْتَتَمَ

Seal; stamp. خَتْمٌ . خَاتِم

Ring; finger ring. خَاتَم ٢ الاصْبَعِ

Wedding-ring. — الزواجِ

End; conclusion خِتَامٌ . خَاتِمَة

Finally; in conclusion. في الختام

Stamped. مَخْتومٌ . عليهِ خَتم

Sealed. — . مَسدُودٌ

To circumcise. ✿ خَتَنَ ¤ طاهَرَ

Son-in-law. خَتَنٌ . زوج الابنة

Circumcision. خِتَانٌ . خِتَانَة

Lady. خَاتُونٌ . سيّدة

To thicken; coagulate. ✿ خَثِرَ . تَخَثَّرَ

To curdle. — . — اللبَنُ

To coagulate; thicken. خَثَّرَ . أَخْثَرَ . عَقَّدَ

To curdle. — اللبَنَ . رَوَّبَ

Sediment; dregs. خُثَارَة الشيءِ

Thickened; coagulated خَاثِرٌ . مُخَثَّر

Curdled. — . — . مُرَوَّبٌ

To be ashamed of. ✿ خَجِلَ منهُ

To blush. — . اِحمرَّ خَجَلاً

To put to shame; put to the blush. خَجَّلَ . أَخْجَلَ

Deceit. خَدِيعَة . خِدَاعٌ
Duplicity. —.—. نفاق
Deceiver; impostor. خَدَّاع . مُخادِع
Deceptive; delusive. —. خِداعِي
Mirage. خَيْدَعٌ . سَرابٌ
Chamber. مُخْدَعٌ . غرفة
Deceived; deluded. مَخْدوع
To serve. ✿ خَدَمَ . عَمِلَ لهُ
To employ. اسْتَخْدَمَ
Service; employment. خِدْمة
Servant, attendant; domestic. خَدَّام . خَادِم
Confidant; intimate friend. ✿ خِدْن . خَدِين
To forsake. ✿ خَذَلَ . خَاذَلَ
Forsaken. مَخذول . مُخْذَلٌ
To murmur. ✿ خرَّ (في خرير)
Excrement. ✿ خِرَاءٌ . خُرْءٌ
To evacuate the bowels; ease nature. خَرِيءَ
To be ruined. ✿ خَرِبَ . تخرَّبَ
To ruin; demolish; devastate. خَرَّبَ . خَرَبَ
Ruin; waste. خَرَاب . ضدعَمار
Ruins. خِرْبة ◻ خَرَابة
Carob-tree; locust. خَرُّوبٌ . خَرنوبٌ

To abash; confuse. —.—. خزى
Bashfulness; shyness. خَجَلٌ . حياء
Confusion. —. خزي
Ashamed. خَجِلٌ / خَجلان . مَخْجُول
Bashful; shy; coy. خَجُول
Shameful. مُخْجِل
Cheek. ✿ خَدٌّ . وجنة
Ridge; furrow —. أُخْدودٌ
Cushion; pillow. مِخَدَّة . وسادة
To be benumbed ✿ خَدِرَ ◻ خدل
To give a local anæsthetic. خَدَّرَ العضو
To narcotise. —. نوَّمَ
Numbness. خَدَرٌ . خُدْرَة
Benumbed. خَدِرٌ . مُخَدَّرٌ
Anæsthetic. مُخَدِّر . يُعدِم الحسّ
Narcotic. —. مُنَوِّم
Kept in seclusion. مُخَدَّرَة
To scratch. ✿ خَدَشَ . خَمَشَ
Scratch. خَدْشٌ . خَمْشٌ
To deceive. ✿ خَدَعَ . خَادَعَ
To be deceived. انخَدَعَ
Trick; ruse; stratagem. خُدْعَةٌ . حيلة

Locust-beans.	تَمَرُ الخَرّوب . ...
Ruiner; destroyer	خارِب . مُخَرِّب . ضدّ معمِّر
Ruining; destruction; devastation.	تَخْرِيب
To corrupt.	♦ خَرَبَشَ . أَفْسَدَ . ...
To scribble.	... كتبَ بلا اعتناء
To scratch.	... مَخَدَّشَ ...
Hellebore.	♦ خَرْبَقٌ . نبات طبّي

Rhinoceros.	♢ خَرْتِيت
To go out.	♦ خَرَجَ . ضدّ دخل
To emerge.	... طلع
To go for; attack.	... عليه
To rebel.	... على الحاكم
To take out.	أَخْرَجَ
To drive out; expel.	... طَرَّدَ . ...
To send out; emit.	... بثّ
To be well educated.	تَخَرَّجَ
To be graduated at.	... في المدرسة الفلانيّة
To extract; draw out	اسْتَخْرَجَ . سَحَبَ . ...
Saddle-bag; wallet.	خُرْجٌ . ...
Expenditure.	خَرْجٌ . نفقة
Tax; tribute.	خَرَاجٌ . ضريبة

Land-tax.	... مال الأرض
Poll-tax; capitation.	... رأسي
Tumour; abscess.	خُرَاجٌ
Going, or coming, out.	خُروج
Exodus.	سِفْرُ الـ ... (من التوراة)
Going, or coming, out.	خارِج
Outside; exterior.	... الجهة الخارجيّة
Quotient.	... القسمة (في الحساب)
Out; outside.	خارِجاً
External.	خارِجيّ
The Ministry of Foreign Affairs.	وزارة الخارجيّة
Exit; way out.	مَخْرَجٌ
Syllable.	مَقْطَع . هِجائي
To be virgin.	♦ خَرُدَتِ البنتُ
Damsel; girl.	خَرِيدَة
Scrap iron.	خُرْدَة
Haberdashery.	خُرْدَوات
Haberdasher.	خُرْدَجيّ
Mustard.	خَرْدَل
To murmur; gurgle.	♦ خَرَّ الماءُ (خرور) ♦
To drop; fall down.	... سقط
To snore.	النائمُ ♢ شَخَرَ
To prostrate one's self.	... ساجداً
Murmur; gurgling.	خَرِيرُ الماء

To bore; pierce. ٭ خَرَزَ . ثقبَ
Beads. خَرَزٌ
Vertebra. خَرَزَة الظهر . فقرة
Awl مِخْرَزٌ . مِخْرَازٌ
To be dumb. ٭ خَرِسَ . بكِمَ
To silence. أخرسَ . اسكتَ
To strike dumb. — . أبكمَ
Dumbness. خَرَسٌ . صَمت
Concrete. ٥ خَرَسان ٥ خَرَسانة
Dumb أخرس
Artichoke. ٭ خُرشوف
To tell a lie. ٭ خَرَصَ . كذب
Liar. خَرَّاصٌ
To turn; form in a lathe. ٭ خَرَطَ الخشبَ والمعدن بالخرطة
To chop up; mince. ٥ خَرَطَ . قطّع
To join; associate with. اِنخَرَطَ في سلك كذا
Turnery. خَرْطٌ . خِرَاطَة
Turner خرّاط الخشب اوالمعدن
Braggart. ٥ — . فجفاجٌ
Map خَرِيطة . خارْطَة
Lathe مِخْرَطَة
Cone. مخروطٌ (في الهندسة)
Conic, —al. مخروطي الشكل
Cartridges. ٥ خرطوشٌ
Proboscis. ٭ خُرطومُ الفيلِ وغيره

Hose. ٥ — . انبوبٌ مرن
To grow weak or faint. ٭ خَرِعَ . اِنْخَرَعَ
To invent; devise. اِخْتَرَعَ
Palma Christi. خِرْوَع
Castor-oil. زيتُ الـــ .
Invention. اخْتِرَاعٌ
Inventor. مُخْتَرِعٌ
To become dotard. ٭ خَرِفَ
Dotage. خَرَفٌ . هترٌ
Dotard. خَرِفٌ ٥ خَرْفان
Superstition. خُرافَة . خزعبلة
Legend; fable. — . أُسطورة
Superstitious. خُرَافي
Lamb; young sheep. خَرُوفٌ
Ram; male sheep. — . ذكرُ الغنم
Autumn. خَريفٌ
To make an opening. ٭ خَرَقَ . فتح نافذةً
To make a hole; pierce. ٥— . ثقبَ
To penetrate; pass through. — . اِخْتَرَقَ
Stupidity. خُرْق . حماقة
Hole; opening. خَرْقٌ . ثُقبٌ
Rag; tatter. خِرْقَة . خلقة
Piercing; penetrating. خارِقٌ . نافذ
Unusual. — العادة

Supernatural — الطبيعة
Stupid; awkward. أخرق . أحمق
To pierce; perforate; bore. * خرم . خرّم
Hole; bore. خرم . ثقب
Hole of a needle. — الابرة
Drill. خرّامة . مثقب
Short-cut. ◘ مخرمة الطريق
In holes. مخرّم
Carob; locust-beans. * خرنوب
* خروب (في خرب) * خروع (في خرع)
* خروف (في خرف) * خريدة (في خرد)
* خريطة (في خرط) * خريف (في خرف)
Silk tissue. * خزّ (في خزز)
To leer. * خزر . نظر بمؤخّر عينه
The Caspian Sea. بحر الخزر
Bamboo; rattan. خيزران
To prick. ❁ خزز ❁ خزّ ◘ غز
Tissue of silk and wool. خزّ . نسيج
Superstition. * خزعبلة . خرافة
Superstitious خزعبلي
Porcelain; china. * خزف . فخّار صيني
China-ware آنية خزفية
China-shop keeper خزّاف ◘ نمرسي

Potter. —• خزفي . صانع الخزف
To pierce into. * خزق في
To tear. ◘ — ◘ خزّق . مزّق
To impale. خوزق
Torn; rent. ◘ مخزّق . ممزق
To cut off. * خزل . قطع
To abridge; shorten. اختزل . اختصر
To reduce a fraction. — الكسر
Abridgment. اختزال . اختصار
Shorthand. كتابة الاختزال
To thread; string. * خزم ◘ لضم
To put a ring in the nose. — الأنف
Nose-ring. خزام . حلقة الأنف
Lavender. خزامى . نبات عطري
To hoard. * خزن . خزّن . ادخر
To store —•— في مخزن
Cupboard. خزنة . خزانة
Wardrobe. —•— الثياب
Book-case. —•— الكتب
Safe; coffer. —•— حديدية
Treasure. خزينة . كنز
Treasury. —• بيت المال
Reservoir; dam. خزّان للمياه
Treasurer. خازن ◘ خزندار

Store-keeper. — ◘ مَخْزَنجي
Store; depot. مَخْزَن
Shop; warehouse. —. دكان
To be disgraced. ✻ خَزِيَ . ذلّ
To be abashed. —. إستحى
To abash; confuse. خَزَى . اَخجَل
To put to shame. —. فَضَح
Shame; disgrace. خِزْي. عارٌ
Bashfulness. —. خَجَلٌ
Shameful; disgraceful. مُخْزٍ
To decrease. ✻ خس (في خسس)
To lose. ✻ خَسِرَ
To cause a loss to. خَسَّرَ . أَخْسَرَ . جعلهُ يخسر
To spoil; damage; destroy. —. اتلَف
To begrudge. إِسْتَخْسَرَ فيه
Loss. خُسْرٌ . خَسَارة. خُسران
What a pity! ◘ يا خسارة
Loser. خَاسِرٌ ◘ خَسْران
To diminish. ✻ خَسَّسَ. خَسَّ . نقَص
To decrease. خَسَّ. نقَص
To be mean or vile. —. رَذُلَ
Lettuce. خَسٌّ . بقلة معروفة
Meanness. خِسَّة . خَساسَة

Mean; vile. خَسِيس
To collapse; give way. ✻ خَسَفَ . اِنخَسَفَ
To be eclipsed. —. — القمر
To cause the earth to sink with. — الأرض بِهِ
Eclipse. خُسُوف القمر
To enter. ✻ خَشَّ . دخلَ
Wood. ✻ خَشَبٌ (عمومًا)
Timber; timber wood. — البناء
Piece of wood خَشَبَة . قطعة خشب
Bier. — نقل الموتَى
Coffin. —. تابوت الموتَى
Wood merchant. خَشَّابٌ
Stiffening. تَخَشُّب . تيبُّس
Stiff; rigid; hard. مُتَخَشِّب
To clink. ✻ خَشْخَشَ ◘ دندش
To rustle. — الثوبُ الجديد
Clink; rustle. خَشْخَشَة
Poppy. خَشْخَاشٌ ◘ ابوالنوم
Charnel-vault. خَشْخَاشَة
To submit; be submissive. ✻ خَشَعَ . خضَع
To show reverence. تَخَشَّعَ . اظهرَ الخشوع
To humble one's self. —. اظهر الخضوع

Solemnity. خُشُوعٌ . احترام
Submissiveness. — . خضوع
To intoxicate. ٭ خَشَّمَ . اسكر
Nose خيشومٌ ◘ خَشْم . أنف
Gills. — السمك ◘ نخشوش
To be coarse. ٭ خَشُنَ . ضد نَعِم
To be rough. — . ضدّ ملس
Coarse. خَشِنٌ . ضدّ ناعم
Rough. — . ضد ملس
Harsh; rough. — . جافٍ
Rude; rough. — الأخلاق
To fear, apprehend. ٭ خَشِيَ
To fear for. — عليه
To feal ashamed. ◘ اختَشَى . خجل
Apprehension; fear. خَشْيَة
Lest; for fear that. — ان
Afraid; fearful. خَاشٍ . خَشْيان
٭ خصّ (في خصص) ٭ خصام (في خصم)
To be fertile. ٭ خَصِبَ . أخْصَبَ
To fertilise. اخصب٢ . صيَّر خصباً
Fertility. خِصْب . كثرة الانتاج
Fertile. خَصِيب . خصيب . مُخْصِب
Waist. ٭ خَصْر . وسط
Side; flank. خاصِرَة . جَنب
To abbreviate. اِخْتَصَرَ

Abbreviation. اِخْتِصَار
Briefly; in short. بالاختصار
Abridged; abbreviated. مُخْتَصَر . موْجَز
Short; brief. — . وجيز
To specify. ٭ خَصَّصَ . ضدّ عَمَّمَ
To reserve. — . أفْرَدَ
To single out. خَصَّ . اختَصَّ بكذا
To belong to. — . — به . تعلَّق
Hut; booth. خُصٌّ . عُشَّة
Respect. خُصُوص . صَدَد
About; respecting: regarding. من — وبخصوص
Especially; particularly. خُصوصاً
Special; particular. خُصُوصِي . خاص
Private; personal. — . — . شخصي
Property. خاصَّة . صفة خصوصية
Particularly; in particular. خَاصَّةً
The upper class; aristocrats. الخاصَّة . ضدّ العامَّة
Jurisdiction. اِخْتِصَاص
Special. مَخْصُوص
Cluster; bunch. ٭ خُصْلَة . عنقود

Lock of hair. — شَعر
Habit. خَصْلة. خلّة
To overcome. ✱ خَصَمَ . تغلّب على
To deduct. ○ — . طرح
To discount. ○ — من الثمن
To dispute. خَاصَمَ . تخاصَم
Adversary. خَصْم . خَصِيم . غريم
Rival. — . — . مزاحم
Deduction. ○ — . إسقاط
Discount. ○ — سَماح
Dispute; controversy. خِصَام . خُصُومة
To castrate; geld. ✱ خَصَى ○ طوّش
Eunuch. خَصِيّ ○ طواشي
Castrated. — . مخصي
Testicle. خُصْيَةُ الذَّكَر
✱ خض (في خضض) ✱ خضار (في خضر)
To dye. ✱ خَضَبَ . خضّب
Dye; colour. خضاب
To jolt. ✱ خَضْخَضَ
Jolting. خَضْخَضَة
To be green. ✱ خَضِرَ . اخْضَرّ
To make green. خَضَّرَ
Green. خَضِر . أخضر
Greenness. خُضْرة . خَضَار
Vegetables. خَضَار ٢ . خَضْروات
Green-grocer. خُضَرِي

Green. أخضر
To bespangle. ✱ خَضَّضَ . زركش
To give a shock. ○ خَضّ . افزع
Shock; fright ○ خَضّة . فزعة
To submit; obey. ✱ خَضَعَ
To subdue. خَضَّعَ . أخْضَع
Submission. خُضُوع
Submissive خاضِع . خَضُوع
Subject to. — لكذا
✱ خط (في خطط) ✱ خطا (في خطو)
To find fault with; condemn. ✱ خَطَّأَ . غلّط
To err; be at fault. خَطِيء . أخطأ . ضد اصاب
To make a mistake — . — . غَلِط
To sin. — . — . أذنب
To miss; fail to hit. اخطأ ٢ الغرض
Mistake; error. خطأ . خَطاء . غلَط
Wrong. — . — . غير صحيح
Sin; crime. خَطِيئة . خَطيّة
Sinner. خَاطيء . مُذنِب
Mistaken. مُخْطيء . غالِط
To make or deliver a speech. ✱ خَطَبَ . القى خُطبة
To engage a girl. — الفتاة

In danger. تحتَ الـــ . في خطر
Dangerous. خَطِرٌ . مُخْطِر
Swinging. خَطْرانٌ . تذبذُب
Seriousness; importance. خُطورة . اهميَّة
Serious; momentous; important. خَطِيرٌ
Notion; idea. خاطِر . فِكر
Sake. ◘ — . كُرْمَة
For my sake. ◘ لأجل خاطري
Notification. إخْطارٌ . إنذار
Dangerous. مُخطِرٌ . خَطِر
Bettor. مُخاطِر . مراهِن
Venturous. ◘ — . مجازف
Draw lines. ✡ خَطَّطَ . سطَّرَ
To survey land. — الأرضَ
To write; pen. خَطَّ . كتبَ
To plan; lay plans for. — واختَطَّ خِطَّةً
Line. خَطٌّ . سطر
Stripe; streak. ◘ — قلَم
Writing. — . كتابة
Ridge; furrow. — . أُخدود
Drill. — (في الفلاحة)
Equator. — الاستواءِ
Longitude. — الطولِ
Latitude. — العَرض
Equinoctial. — الاعتدالِ

To engage a girl. — الفتاةَ
To speak to; talk with. خاطَبَ . تخاطَب مع
Calamity. خَطْبٌ . امرٌ مكروه
What is your trouble? ما . خَطبُكَ
Speech; address. خُطْبَة . خِطابَة
Lecture. — . — خطبة
Elocution. فنُّ الـــ .
Engagement. خِطْبَة ◘ خُطوبة
Letter; message. خِطاب. رسالة
Letter of credit. — اعتماد
Speaker. خَطِيبٌ
Betrothed. ◘ — . خاطِب
Second person. مخاطَبٌ (في النحو)
Spoken to. — . الموجَّه اليه الكلام
To swing. ✡ خَطَرَ . تذبذب
To occur to. — الأمرُ له
To bet; wager. خاطَرَ . راهَنَ
To risk; run a risk. ◘ — . جازَفَ
To endanger; imperil. — بكذا
To notify. أخْطَرَ . اعلَمَ
Stake. خَطَرٌ . ما يُراهَن عليهِ
Danger. — . اشرافٌ على هلكة
Risk; hazard. ◘ — . مجازَفة
To endanger. اوقعَ في — .

Railway line. — سكة الحديد

Quarter. خُطٌّ . قِسْم من بلدة

Course; line of action. خُطَّة . طريقة

Land-surveying تخطيط الأراضي

To snatch, take, or carry away. ✿ خَطِفَ . إختطف

To dazzle. — . — البصرَ . بهرَ

To abduct. — . — إستلب عنوة

Snatching; abduction. خَطْفٌ . اختطاف

Hook. خُطَّافٌ . كلاَّب

Swallow. — . —

Nonsense. ✿ خَطَلٌ ◻ كلام فارغ

Marsh-mallow. ✿ خِطْمِيَّة . نبات

Plan; way. ✿ خطة (في خطط)

Step; footstep; pace. ✿ خَطْوَة . نقلةُ الرِّجْلِ

Pace; stride. — ◻ فشخة

Pace. — . قياس طولي

To step; walk. خَطا . اختطى

To overstep; step beyond; exceed. تخطَّى

Sin; crime. خَطِيَّة . خطيئة

✿ خفّ (في خفف) ✿ خفاء (في خفي)

Bat. ✿ خفّاش (في خفش)

To be still or silent. ✿ خَفَتَ الصوتُ

Faint; inaudible. خَافِتٌ . ضعيف

To guard; watch. ✿ خَفَرَ . حرَس

Guard; watch. خِفارة

Guard; watchman. خَفير

Bat. ✿ خُفَّاش

To lower. ✿ خَفَضَ . ضدّ رَفَعَ

To reduce. — . خفّض . نقص

Lowering. خَفْضٌ . تخفيض

Low; depressed. مُنْخَفِضٌ

To lighten. ✿ خَفَّفَ . ضدّ ثقَّلَ

To alleviate. — . هدَّأ

To relieve; ease. — عن

To commute a penalty. — العقوبة

To thin. — الكثافة

To be light. خَفَّ . ضد ثقُلَ

To hasten. — . اسرَعَ

To make light of استخفَّ بالأمرِ

Slippers. خُفٌّ . حذاء قصير

Hoof; foot. — الجمل والنعامة

Lightness. خِفَّة . ضدّ ثقل

Levity; frivolity — . طيش

Agility; nimbleness — الحركة

Light. خفيف • ضدّ ثقيل
Thin; rare. — • قليل الكثافة
Lightening. تخفيف
To beat; throb. ٭ خَفَقَ القلبُ
To beat; whip. ◘ — • داقَ
To flutter. — • أَخفَقَ الطائرُ
To fail; miscarry; be unsuccessful. اخفق ٢ • حبط
Beating; palpitation. خَفقان القلبِ
The East and the West. الخافقان
Stucco. ◘ خافقي • طِلاءُ الحيطان
Failure; miscarriage. إِخفاقٌ
To disappear. ٭ خَفِيَ • اِختفى
To hide. اختفى ٢ • اِختبأ
To hide; conceal. خَفَى • أخفى
To hide one's self. تخفّى • تستّر
To disguise one's self. — • تنكّر
Hidden. خَفِيٌّ • خافٍ • ضد ظاهر
Obscure; secret. — • — • غامض
In secret; secretly. خُفْيَةً • في الخفاء
Secret; mystery. خافِيَة • سِرٌّ
Hiding; concealment. إِخفاء
Disappearance. إِختفاء
Disguise. تخفٍّ • تنكُّر

٭ خفير (في خفر) ٭ خفيف (في خفف)
Emperor; sovereign. ٭ خاقان
٭ خلّ (في خلل) ٭ خلا (في خلو)
٭ خلاسي (في خلس) ٭ خلال (في خلل)
To clutch; seize with the claws. ٭ خَلَبَ
To captivate; allure. — العقل
To beguile; deceive. خالَبَ • خدع
Captivating; alluring. خَلّابٌ • خالِبٌ
Talon; claw. مِخْلَبٌ 
To preoccupy. ٭ خَلَجَ • خالَجَ الفكر
To quiver; tremble. اختلَجَ • تخلّجَ • اضطرب وتحرك
Gulf; bay. خَليج • شرم من البحر
Anklet; ankle ring. ٭ خَلْخال • سوارُ الرِجْلِ
Ankle. ◘ — الرِجْلِ
To last for ever. ٭ خَلَدَ • دام
To eternalise. خَلَّدَ • أخلَدَ
To immortalise. — الذِكر
To incline towards. اخلد ٢ الى
Mole-rat. خُلْدٌ (جمعها مناجذ)

Mole. — اوروبي

Eternity. خُلُودٌ . دوامٌ
Immortality. —— . عدم الموت
Soul; mind; heart. خَلَدٌ
Everlasting. خالِدٌ . دائمٌ
Immortal. —— . لا يموت
☼ To steal; embezzle. خَلَسَ . اِخْتَلَسَ
By stealth; stealthily. خُلْسَةً . خِفْيَةً
Embezzlement. إِخْتِلاسٌ
Thief; embezzler. مُخْتَلِسٌ
☼ To be pure. خَلَصَ . صَفَا
To be finished. ◘ —— . اِنتهى
To escape. —— . تَخَلَّصَ . نجا
To get rid of. —— . —— منه
To deliver. rescue; save. خَلَّصَ . انقذَ
Finish. ◘ —— . انهي
To clear goods. ◘ —— على البضائع
Rescue; deliverance. خَلاصٌ . نجاة
Salvation. —— . افتداء
Essence. خُلاصَةٌ . زبدة
Extract. —— . مُلَخَّصٌ
Clear; pure. خالِصٌ . صافٍ
Free; at liberty. —— . حُرٌّ
Prepaid. —— الاجرة
Free of charge. —— المصاريف

Sincerity. إِخْلاصٌ
Sincerely; frankly. باخلاص
Sincere; true مُخلِصٌ . صادِق
Rescuer; saviour. مُخَلِّصٌ
To mix; mingle. ☼ خَلَطَ
To shuffle. —— ورق اللعب وغيره
To associate with. خالَطَ
To be mixed. اِخْتَلَطَ
To be disordered in mind. —— عقلُه
Mixture; combination. خِلْطٌ . خَلِيطٌ
A medly. خليط ٢ (من اشياء متنافرة)
The humours of the body. أَخْلاطُ الجسد
The mob; the rabble. —— الناس
Mixing. اِخْتِلاطٌ
Confusion. —— . تشويش
Association. —— . مخالطة
To take off. ☼ خَلَعَ . نَزَعَ
To undress; strip. —— ثيابه . تعرّى
To pull out. ◘ —— . اقتلع
To depose. —— . عَزَلَ
To dislocate. —— المفصل
To throw off restraint. —— العِذَارَ
Taking off (clothes) خَلْعُ الثيابِ

Deposition. — . عَزْل
Dislocation. — انفصل . ملخ
Robe of honour. خِلْعَة
Dissoluteness. خَلاعة
Rake ; libertine. خَلِيعٌ
To succeed ; follow. * خَلَفَ . أتى بعد
To replace. — . حلَّ محلّ
To leave behind. خَلَّفَ . ترك وراءه
To bequeath. — . تركَ إرثًا
To contradict; be contrary to. خَالَفَ . ضد وافق
To disobey. — . عصَى
To break; violate. — . نقض
To be different from. — . إخْتَلَفَ عن
To disagree. اختلفا . تخالفا
To break one's promise. أخْلَفَ وعده
To disappoint. — الظنّ
To remain behind. تخَلَّف
Successor. خَلَفٌ . ضدّ سلف
Substitute. — . بدَل
Children. — . ذريَّة
Back. خَلْف . ظَهْر
Behind ; after. — . وراء
Difference. خِلافٌ . إخْتِلاف
Disagreement. — . — . ضدّ وفاق

Beside. بخلاف . عدا
Contrary to that. خِلافاً لذلك
Succession. خِلافة
Successor. خَلِيفٌ . خَلِيفَة
Contrary to. مُخالِف . مناقض
Disobedient. — . عاصٍ
Different — . مُخْتَلِف . مغاير
Different from. مختلف عن
Disagreement مخالفة . ضدّ موافقة
Contradiction. — . مناقضة
Disobedience — . عصيان
To create. * خَلَقَ . بَرأَ
To invent; devise. إخْتَلَقَ
To be worn out. خَلُقَ . بلِيَ
To be fit for. — بهِ
To affect or adopt the manners of another تخَلَّقَ بغير خلقه
To lose one's temper. ◻ — . غضب
Temper; nature. خُلْقٌ
Passion; anger. ◻ — . غضب
To lose temper. ◻ طلع خلقهُ
In bad temper. ◻ طالِع خُلقه
Morals; manners أخلاق . آداب
Ethics. علم الـــ . الفلسفة الأدبية
Creation; making. خَلْق . بَرء
Nature — . خِلْقَة . فطرة

Intimate friend. خِلٌّ . صديق

Spit; pin; skewer. خِلالٌ . سَفُّود ◻ سيخ

Seton. — . خِزام (في الطبّ القديم)

Toothpick. — . خِلالَةُ الأسنان

Meanwhile; in the mean time. في — ذلك

Defect; fault. خَلَلٌ . عَيبٌ

Mental disorder; insanity. — عَقْلي

Habit. خَلَّة . خصلة

Quality; property. — . خاصيَّة

Mussel. اُمّ الخُلُول

Intimate friend. خَليلٌ

Breach of the peace. إِخلالٌ بالأمن

Breach of promise. — بالعَهْد

Unsound. مُخْتَلٌّ . بِهِ خلل

Disordered. — . مشوَّش

Pickled. مُخَلَّلٌ . مملَّح

Pickles. — ◻ طُرْشي

Emptiness. ✡ خُلُوٌّ . فراغ

To be empty or vacant. خَلا . فَرَغَ

To be free from. — عن ومن

To be alone with. — . إِختَلى به ومعه

To leave. خَلَّى . تَرَكَ

To let off; let go. — سبيله

Countenance. خِلْقَة[٢] . هيئة

Natural. خِلْقيّ . طبيعيّ

Innate; inborn. — . فطريّ

Congenital disease. مرض — .

Worn out; ragged. خَلَقٌ . بال

Tatter; rag. خَلَقَة . خرقة بالية

Fit; suitable. خَليقٌ . جدير

Worthy of; suited to. — به

Creature; creation. خَليقة . ما خلقه الله

Created beings. خلائق . مخلوقات

Creator; maker. خالِقٌ

To acetify; turn acid. ✡ خَلَّلَ . صارَ خَلًّا

To acidify — العصير . صيره خَلًّا

To pick the teeth — الأسنان

To pickle. — بالخلّ اوالملح

To thin plants ◻ خَلَّ الزرع

To be remiss. أَخلَّ بالأمر

To break a promise — بالعهد

To permeate. تَخَلَّلَ . نَفَذَ

To intervene. — . وقع بين

To be unsound إِخْتَلَّ . وهن

To be out of order. — النظامُ

To be deranged. — عقلُهُ

Vinegar. خَلٌّ

To die out. ـــت النار
To appease. أَخْمَدَ . هَدَّأَ
To extinguish. ـــ . أَطْفَأَ
To silence; still. ـــ . اسكت
To suppress. ـــ الصوتَ
To deprive of life. ـــ اقاسَهُ
To discourage. ـــ الهمَّة
Stillness; silence. خُمُودٌ
Still; silent. خَامِدٌ
To veil; cover. ٭ خَمَرَ . خَمَّرَ . حجبَ
To ferment. خَمَّرَ ٢ . جعله يختمر
To leaven; raise. ـــ العجينَ
To misgive. خامَرَ . ارابَ
To ferment; rise. اِخْتَمَرَ . تَخَمَّرَ
Wine. خَمْرٌ . خَمْرَةٌ
Veil. خِمَارٌ . قناعٌ
Wine shop keeper; wine merchant. خَمَّارٌ ◘ خمورجي
Wine shop. خَمَّارَةٌ
Leavened bread. خَمِيرٌ
Leaven; ferment. خَمِيرَةٌ
Yeast; barm. ◘ ـــ البيرا
Fermentation. اِخْتِمار و تخمير
Leavening; raising. تَخْمِير ٢ العجين
Fermented. مُخْتَمِرٌ . مُخَمَّرٌ
To make pentagonal. ٭ خَمَّسَ الشيءَ

To vacate. أَخْلَى المكانَ
To empty. ـــ المكانَ والاناءَ
To let off; let go. ـــ سبيله
To abandon; give up. تَخَلَّى عن . ترك
To forsake. ـــ عن . هَجَرَ
Except; save. خَلاَ . ما خَلاَ
Empty space. خَلاَءٌ . فضاءٌ
Country. ـــ . ريف
In the open air. في الـــ .
Water-closet. بيت الـــ .
Recess. خَلْوَةٌ
Cell; hermitage. ـــ المتعبِّد
Privately; when alone. على ـــ .
Empty; vacant. خالٍ . فارغٌ
Free; disengaged. ـــ . حُرٌّ
Free from. ـــ من
Empty; vacant. خَلِيٌّ
Free from anxiety. ـــ البال
Hive; beehive. خَلِيَّةُ النحل
Cell. ـــ . احدى خلايا الجسم
Nosebag; feed bag. مِخْلاَةٌ الدابة
٭ خليج (في خلج) ٭ خليش (في خلش)
٭ خليل (في خلل) ٭ خليَّة (في خلو)
٭ خِم (في خمم) ٭ خمَّارة (في خمر)
To abate; subside. ٭ خَمَدَ

To quintuple. — العدد
Fifth "part." خُمْسٌ ($\frac{1}{5}$)
Five. خمسة (٥)
Five-fold. — اضعاف
Fifteen. — عَشَرَ (١٥)
Fifty. خَمْسُون (٥٠)
Fivefold; quintuple. خُماسيّ
Thursday. خَمِيسٌ. يوم الخميس
Fifth. خامِسٌ • بعد الرابع
Fifteenth. — عشر
To scratch. ☼ خَمَشَ . خدَشَ
To be, or become, empty. ☼ خَمَصَ البطنُ . فرغ
Hungry. خَمِيصُ الحشى
Hollow of the foot. أخمصُ القَدَمِ
To be obscure. ☼ خَمَلَ ذكره
Nap. خَمْلٌ . خَمْلَةٌ ◘ وَبَر
Villi. — (في النبات والتشريح)
Velvet. مُخمَلٌ . قطيفة
Obscurity. خُمُولُ الذِكْرِ
Indolence. ◘ — • فتور وكسل
Obscure; humble; unknown to fame خامل الذِكر
Unsaleable stock. ◘ خمَّالي
To sweep. ☼ خمّ ☼ خمّ . كَنَسَ

To smell musty. — ◘ خَمْخَمَ
Hencoop; coop خُمٌّ الدجاج ◘ خنّ
Mustiness. خَمَّةٌ . رائحة التعفّن
To guess; conjecture. ☼ خَمَّنَ
A guess. تخمينٌ . حَزْرٌ
☼ خنّ (في خنن) ☼ خنا (في خنى)
Effeminate. ☼ خَنِثٌ . مُخَنَّثٌ
Hermaphrodite. خُنْثَى
Dagger; poniard. ☼ خَنْجَرٌ
Trench; ditch. ☼ خَنْدَقٌ

Pig; swine; hog. ☼ خِنزيرٌ
Wild-boar. — بَرّي
Boar. — . ذَكَرُ الخنزير
Pork. لحم الخنزير
Sow. خِنزِيرَةٌ . أُنثى الخنزير
Scrofula; king's-evil. خَنَازِيرُ . داءُ الخنازير
Sucking pig. ☼ خِنَّوص. ولدُ الخنزير
Little finger. ☼ خِنْصَر
Beetle; black-beetle. ☼ خُنْفُس
A beetle. خُنْفُساء . خُنْفُسَة
To strangle. ☼ خَنَقَ . قتل خنقاً

To suffocate. — . منع التنفُّس
To be suffocated; strangled اِختنق. اِنخنق
Diphtheria. خُناق ◘ خانُوق
Cord for strangling. خِناقٌ
To tread on the neck of. ضيَّق الـــ على
Wrist. ◘ خُنْقَةُ اليدِ . رُسغ
Suffocation; asphyxia. اِخْتِناق . احتباس التنفُّس
To snuffle. ❁ خنن ❁ . خَنَّ
Hencoop. ◘ خُسُّ الدجاج . خُمٌّ
Groin ◘ — الورك . اُربية
Nasal twang. خُنَّةٌ . خَنِينٌ
Snuffler. أَخَنُّ ◘ اَخْنَفُ
To use foul language. ☆ خَنِيَ . أَخْنَى . أَفحش
To go hard with. اَخْنَى ٢ عليه الدهرُ
Foul language. خَنىً
Emptiness. ☆ خواء (في خوى)
Mister; Mr., ◘ خواجاه خواجه
Table. ☆ خوان (في خون)
Teacher. ◘ خُوْجَه . مُعَلِّم
Peach. ☆ خَوْخٌ
Plum. — (في سُوريا)
Helmet. ☆ خُوْذَة
Inlet; bight; creek. ☆ خَوْرٌ

To moo; bellow. خارَ البقرُ
To quail; lose spirit — عزمه
To faint, lose strength. — ت قواهُ
Curate; parson. ○ خُوْرِي
Mooing; bellowing خُوَارٌ
Faint-hearted. خائِرُ العَزْمِ
Brown-paper. ○ خَوْشَقٌ
Palm leaves. ☆ خُوْصٌ . ورق النَّخل
To wade through; ford. ☆ خَوَّضَ . خاضَ
Ford. مخاضةُ النَّهر
To excite fear; frighten. ☆ خَوَّفَ . أَخافَ
To fear; be afraid of. خَافَ . تخوَّفَ
Fear. خَوْفٌ . ضِدّ آمْن
For fear of. خَوْفاً من كذا
Afraid of. خَائِفٌ من
Afraid for. — على
Intimidation. اِخَافَة . تخويفٌ
Fearful. مَخُوْفٌ . مُخِيفٌ
To entitle; vest. ☆ خَوَّلَ حقًّا
Uncle. خَالٌ . أخو الامّ
Mole. — . شَامَة (في خيل)
Aunt. خالَة . اُخْت الام
Steward. خُوْلِيٌّ
To accuse of dishonesty. ☆ خَوَّنَ . نسبَ اليه الخيانة

Good. خَيْرٌ
Better than. — مِن . أَفْضَل
Benevolence. فِعل الـ —
Thank you ٥ كَثَّرَ اللهُ خيرك
Well. خَيْراً . حَسَناً
Beneficent; liberal. خَيِّر
Benevolent. خَيْرِيٌّ
Choice. خِيْرَة . خِيَارٌ
Cucumber. خِيَارٌ ٢ . نبات وثمره
Choice; selection. خَيَارٌ . اِخْتِيارٌ
Option — . حريّة الاختيار
Voluntarily إختياراً . طوعاً
Voluntary. اختياري
Chosen; selected. مختار
Bamboo. ٭ خيزران (في خزر)
Canvas; sack cloth. ٭ خَيْش
Tent. خَيْشَة . خيمة
Sack; canvas bag. — . غِرارة
Nose. ٭ خَيْشُوم (في خشم)
To sew. ٭ خَيَّطَ . خاطَ
Thread. خَيْطٌ ٥ فَتْلَة
Fibre; filament. — . خُوَيْط
Tailor خَيَّاطٌ . خائط
Dress-maker. خَيَّاطَة . خائِطَة
Sewing. خِيَاطَة
Sewn. مَخِيطٌ . مَخْبُوطٌ

٥ — ٥ استَخْوَنَ . شكَّ في أمانة
To mistrust; suspect another's honesty
To be dishonest; unfaithful. خَانَ . كان خائناً
To betray — . غدر بِهِ
Inn; hotel. ٥ خَانٌ
Table خِوَان . مائدة
Dishonesty. خِيَانَة
Treachery; betrayal — . غدر
Treason. — اِئْتِمار
Dishonest; unfaithful. خائِن . ضدّ أمين
Traitor; treacherous. — . خَوُون
Fraternity. ٭ خُوَّة (في أخو)
To be empty ٭ خَوِيَ . خَوَى . خَلاَ
Empty; void. خَاوٍ . خالٍ
To disappoint. ٭ خَيَّبَ
To fail. خَابَ . فشل
To be disappointed. — أمله
Failure; miscarriage. خَيْبَة
Disappointment. — الأمل
To give another the choice. ٭ خَيَّرَ
To prefer to; deem better. — على
To select; choose. خَارَ . اِخْتَار . انتخب
To prefer. — . — . فَضَّلَ

٭ خَيَّلَ بالحصانِ To gallop on horse back.
٥ خَيَلَ النظرَ To dazzle.
٥ — . حيَّرَ To bewilder.
خُيِّلَ اليهِ انهُ كذا To fancy; imagine.
خالَ To think ; believe.
تخيَّلَ . تصوَّرَ To imagine; fancy.
اختالَ To strut, swagger.
خالٌ (في خول) Uncle.
— . شامة الخدّ Mole.
خَيْلٌ . جماعة الأفراس Horses.
خَيَّالٌ . فارس Horseman.
خيَّالة . فرسان Cavalry.
خَيَالٌ Shadow.
— الظلّ Punch and Judy; puppet show.
خياليّ . تصوُّري Imaginary.
تخيُّل . تصوُّر Imagination.
تخيُّلي . تصوُّري Imaginative
مُخيِّلة . قوة التخيّل Imagination
مُخْتَالٌ Conceited; vain.
٭ خيَّمَ To encamp; pitch tents.
— عليهِ To becloud.
خِيمٌ Disposition; proneness; inclination.

خَيْمَة Tent
خَيَّامٌ . خِيَمِي Tent-maker.
خامٌ ٥ بَفْتَة Calico.
— . غير مصقول Rough.
— . غير مشغول Raw.
٥ خيَّة . أُنشوطة Running knot.

(د)

٭ دَأَبَ في كذا To persist in.
— في الشرّ To be addicted to.
دَأْبٌ . عادة Habit; custom.
٭ داءٌ (في دوأ) ٭ دائرة (في دور)
٭ دابر (في دبر) ٭ دابَّة (في دبب)
٭ داجن (في دجن) ٭ داحس (في دحس)
٭ داخ (في دوخ) ٥ داده (حاضنه في حضن)
٭ دارٌ (في دور) ٭ دارٍ ٭ دارى (في دري)
٭ داس (في دوس) ٭ داعٍ ٭ داعى (في دعو)
٭ داغ (في دوغ) ٭ داف (في دوف) ٭ دام
٥ داما (في دوم) ٭ دان ٥ دانة (في دين)
٭ داهية (في دهي) ٭ داوم (في دوم)
٭ داوى (في دوى) ٥ داية (قابلة في قبل)
٭ دَبَّ . زَحَفَ To creep; crawl.
— . حبَا To go on all fours.
— في الشيء . سرَى To creep into.
— فيه الفساد To deteriorate.

Bear. دُبّ . حيوان معروف

Reptile; creeper. دَبّابة. زحّافة

Tank. — • آلة حرب حديثة

Beast; animal. دابّة . ماشية

Animalcule. دُوَيبّة . حشرة

To decorate. ☆ دَبَّجَ

Silk. دِيباجٌ . حرير

Introduction; preface. دِيباجة

To resound in trampling. ☆ دَبْدَبَ الحافرُ

To stamp the floor □ — برجله

To make a tip. □ — • أسّل

A tip; sharp point. □ دَبْدُوبَة. طرف

To dispose; arrange. ☆ دَبَّرَ. رتّب

To manage. — • ساس

To economise. — • اقتصد

To plan. — خطّة

To plot; intrigue. — مكيدة

To elapse. دَبَرَ . أدْبَرَ

To turn the back; retreat. أدبَرَ ٢. وَلّى الادبار

To consider; deliberate on. تَدَبَّرَ الأمرَ

Rear or back side دُبْرٌ. مؤخر

Wasp; hornet. دَبْرَة. دَبُّورٌ

End. دابِرٌ . آخر

Root. — • أصل

To eradicate; exterminate. قَطَعَ دابره

Twine; string. □ دُوبارَة. خيط القنب

Disposal; arrangement تَدْبير

Economy. — • اقتصاد

Arranged; put up. مُدَبَّرٌ

Arranger; disposer. مدَبِّرٌ

Treacle. ☆ دِبْس . عسل

Pin. □ دَبُّوس . مِقْمَعَة

Safety-pin. □ — انكليزي

To tan. ☆ دَبَغَ الجلدَ

Tanner. دَبّاغ الجلود

Tanning. دِباغة الجلود

Tannery. مَدْبَغة الجلود

To stick, or adhere to. ☆ دَبِقَ به . لصق

Bird-lime; lime. دِبْق

Sticky; limy دَبِقٌ

To be wiped out; be effaced; become extinct. ☆ دَثَرَ. انْدَثَرَ

To wipe out; expunge; obliterate دَثَّرَ . محى

To cover with a blanket. — • غطّى

Blanket; cover. دِثارٌ . غطاء

To arm fully. ☆ دَجَّجَ بالسلاحِ

Thrush; mavis. دُجّ . طائر

Poultry. دَجاجٌ . الطيور الداجنة

دَجَاجَة ¤ فَرخة Hen.
—ـ • واحدة الدجاج Fowl.
مُدَجَّجٌ بالسلاحِ Fully armed.
☆ دَجَلَ . كذب To lie; misrepresent.
دَجَّلَ . طلى بماء الذهبِ To gild.
¤ —ـ عليه . خدعهُ To deceive.
¤ —ـ • اِدَّعى السحرَ او النبوغ To quack.
دَجَّالٌ • كذَّاب Impostor.
—ـ • مُدَّعٍ Quack; charlatan.
—ـ • عرَّاف Soothsayer.
دَجْلَة The River Tigris.
☆ دَجَنَ . أَلِفَ To be domesticated.
—ـ • ادْجَنَ . اِسودَّ To be dark
دُجْنَة . ظلمة Darkness.
دَاجِنٌ Domesticated.
☆ دُجَى . ظلام Darkness.
دَاجَى To dissemble.
☆ دَحَرَ . قهر To rout; defeat.
☆ دَحْرَجَ او تَدَحْرَجَ To roll.
☆ دَحِسَ الاصبعُ To have a whitlow.
دَاحِسٌ ¤ دُوحَاس Whitlow; agnail.
¤ دحَش . حشَر To foist in; insert.
☆ دحَضَ . ادْحَضَ To refute.
دَحْضٌ Refutation.

لايُدْحَض . لاينقض Irrefutable.
☆ دَخَلَ . ضدّ خرج To enter.
—ـ • حلَّ To set in; begin.
—ـ ضمن كذا To be included in
—ـ الجمعيَّة To join.
—ـ في • اِخترق To penetrate
—ـ عليه To come upon
دَخَلَهُ الشكُّ To suspect
دَخَّلَ . اَدْخَلَ To cause to enter.
دَاخَلَهُ الشكُّ To entertain doubts.
تدَاخَلَ بينهم To interfere.
دَخْلٌ . ريبة Doubt.
—ـ • مَدْخُولٌ Income; revenue
دَخِيلٌ Alien; stranger
دَاخِلُ الشيءِ Inside; interior.
من الداخِلِ From within.
دَاخِلِيٌّ Inside; internal.
—ـ • أَهلي Private; domestic.
مدرسة —ـ • Boarding school.
وزارة الـ—ـ • Ministry of Interior.
تَدَاخُل . تدخُّل Interference.
مَدْخَل Entrance; door.
☆ دَخِنَ . دَخَّنَ To become smoky.
دَخَنَت ودَخَّنَت وادخنت النارُ To smoke; emit smoke.

دَخَّنَ ٢. صَيَّرَ الدخانَ يعلوه — To smoke ; fumigate.
— التبغ — To smoke tobacco.
دُخْنٌ . نبات وحَبَّهُ — Millet.
دُخانٌ — Smoke.
— . بخار — Fume.
— . تبغ — Tobacco.
دَاخِنَة . مِدْخَنة — Chimney; funnel.
✡ دَدَنٌ . لهو — Frolic ; play.
دَيْدَنٌ . دأْبٌ — Habitude.
✡ درّ (في درر)
✡ دَرَأَ — To parry ; ward off.
✡ دَرابزُون . دَرابزين — Balustrade; railing.
✡ دَرَّبَ — To train ; practise.
تَدَرَّبَ — To be practised *in*.
دَرْبٌ . طريق — Path ; road.
○ — . زُقاق — Lane ; alley.
دُرْبَة — Practice; experience.
تَدْريب — Training; practising.
مُدَرَّبٌ . مُتَدَرِّب — Trained ; practised
✡ دَرَجَ . مَشَى — To walk.
— الأمرُ. انتشر — To be current.
— . طوى — To fold up.
أَدْرَجَ — To include.

○ درَّجَ . قسَّم الى درجات — To graduate.
— الى كذا — To approach gradually.
تَدَرَّجَ — To graduate; proceed gradually.
اِنْدَرَجَ — To be included in.
دَرْجٌ . طُومار — Scroll ; roll.
في — الكتاب — In the folds of.
دَرَجٌ — Staircase ; stairs.
○ دُرْجٌ . جارور — Drawer.
دَرَجَة . سُلَّم — Step ; stair.
— (في القياس والجغرافيا والفلك الخ) — Degree.
— السير اوالتقدُّم — Rate ; ratio.
— . مكان — Class.
أوَّل — ة — First class.
دَرَّاجَة — Go-cart.
○ — ○ بسكليت — Bicycle.
دَارِج . متداول — Current.
— . مألوف — Common.
تَدَرُّج — Progression ; gradual advance.
تدريجاً . بالتدريج — Gradually.

Crone; beldame; hag; witch. * دَرْدَبِيس . عَجُوز
Gums. * دُرْدُرٌ ٥ دَرَادِير الأسنان
Elm tree. دَرْدَارٌ . شَجَرٌ
To flow abundantly * (درر) دَرَّ.
To promote the discharge of. اِسْتَدَرَّ
Pearl. دُرَّة . لؤلؤة
Parrot. ٥ — . ببغاء
Bravo! well done! لله دَرُّهُ
Diuretic. مُدِرٌّ للبول
Lactific. — للحليب
Diaphoretic. — للعرق
Flowing copiously مِدْرَارٌ
To stitch, or sew finely * دَرَزَ
Suture. تداريز العظام
Stitch. دَرْزَة . غرزه
Druze. دُرْزِيٌّ . واحد الدروز
To efface; wipe out * دَرَسَ . محى
To study — العِلْمَ او الموضوعَ
To thresh. — الحنطة
To study with; read under. — العِلْمَ على
To teach. دَرَّسَ . علّم
To be effaced; wiped out. اِنْدَرَسَ . انطمس
Obliteration دَرْسٌ . دُرُوسٌ . محو
Threshing — . دِرَاسُ الحنطة
Study. — . دِرَاسَة . مطالعة
Lesson. — . ما تعلّمه . أُمْثولة
Teacher. مُدَرِّسٌ . مُعَلِّم
School. مَدْرَسَة . مكان التعليم
Primary. — ابتدائية
Secondary school. — ثانويّة
Day school. — خارجيّة
Boarding school. — داخليّة
University. — عالية
To armour; mail. * دَرَّعَ
Armour; coat of mail; cuirass. دِرْعٌ
Armoured. دَارِعٌ . مُدَرَّعٌ
Flank; side. * دَرَفٌ . جانب
Leaf of a door. ٥ دَرْفَة الباب . دفّة
Dolphin. ٥ دَرْفِيل . دُخْسٌ
Leathern shield. * دَرَقَة
Peach. دُرَّاق . دُرَّاقن
To fall incessantly. * دَرَّكَ المطرُ
To follow up; pursue. دَارَكَ
To ripen; mature. أَدْرَكَ الثمرُ
To attain to puberty. — الولدُ
To know; perceive. — . علم
Understand; comprehend. — . فهم
To realise; attain to. — . نال
To reach; arrive at. — . بلغ

To overtake. — . لحق

Unattainable; beyond reach. لا يُدْرَك

To make good; put right. تَدَارَكَ الأمرَ

Overtaking. دَرَكٌ . لحاق

Bottom — . قعرُ الشيء

Fulcrum. دَارِكٌ . مرتكز العتلة

Attainment; reaching. ادراك . بلوغ

Understanding; comprehension — . فهم

Maturity; ripeness. — . نضج

Puberty; maturity سِنُّ الـــ

Rational مُدْرِكٌ . عاقِل

To be filthy ✿ دَرِنَ . اِتَّسَخَ

To tubercularise ○ دَرَّنَ ○ تَدَرَّنَ

Filth; dirt. دَرَنٌ . وَسَخٌ

Tubercle. ○ —(واحدته) دَرَنَة

Tuberculosis; consumption. ○ تَدَرُّن. سُل

Tubercled. ○ مُتَدَرِّنٌ

Pearl. Gem. ✿ دُرَّة (في درر)

Drachm. ✿ دِرْهَمٌ

Money; cash. دَرَاهِم . نقود

✿ درواس (في درس) ✿ دروة (في درأ)

Dervish. ✿ دَرْوِيش

To know of. ✿ دَرَى بالأمر

To inform of; acquaint with ○ دَرَّى. أَدْرَى

To winnow. ○ — الحنطة

To cajole. دَارَى . لاطَفَ

To screen; cover. ○ — . ستر

Knowledge. دِرَايَة . عِلْمٌ

Aware of. دَارٍ بالأمرِ

Comb. مِدْرَاة . مِدْرَى. مشط

Winnowing-fan. ○ مِدْرَة . مِذْرَى

Pole. ○ — المراكبي . مُرْدِيّ

Dozen. ○ دُزِينَة ○ دَستة . اِثناعشر

To foist in ✿ دَسَّ (في دسس)

Cabinet Council of Ministers. ✿ دَسْت الوزارة

Boiler ○ — . مِرْجَل

Cauldron ○ — لقلي السوائل

Dozen ○ دَسْتَة . اِثنا عشر

Pack of cards. ○ — ورق اللعب

Rule; regulation ✿ دُسْتُور

To foist, or slip, in. ✿ دَسَّسَ . دَسَّ

To intrigue, or plot, against. دَسَّ ٣ عليه

To slip between. اِنْدَسَّ بينهم

Intriguer. دَسَّاس

Intrigue; plot. دَسِيسَة

Village; hamlet. ✿ دَسْكَرَة

Rich; greasy. ✿ دَسِمٌ . أَدْسَمُ

Greasiness. دَسَمٌ . دُسُومَة
To crush; bruise ٭ دَشَّ القمحَ والفولَ
Showerbath; douche. دُشٌّ . مِنْطَل
Lumber; waste. ¤ دَشْتٌ . نفايَة
To consecrate. ○ دَشَّنَ
To inaugurate — . افتتح رسمياً
Inauguration. تَدْشِينٌ
٭ دَعْ (في ودع) ٭ دعاءٌ ٭ دعاة (في دعو)
To play, or joke, with. ٭ دَعَبَ . داعَبَ
Sportive, playful. دَعِبٌ . داعِبٌ . محبٌّ للهْوِ
Jest; play دُعابَة . مُداعَبَة
To be debauched ٭ دَعِرَ
Debauchery; immorality دَعَرٌ . دَعَارة
Lewd; rake; libertine. دَعِرٌ . داعِرٌ
To tread upon; trample under foot. ٭ دَعَسَ
To scour; scrub. ٭ دَعَكَ . فرك
To rub. — . دلك
To contend with. دَاعَكَ
To support; prop up. ٭ دَعَمَ
Support; prop. دِعَامَة
Meekness. ٭ دعَة (في ودع)
To call to. ٭دعو٭ . دعا . نادى
To call; to name. — . أسمى
To cause. — الى . سبَّب
To invite. — الى وليمة
To curse. — عليه
To bless. — له
To argue with. داعَى . حاجج
To sue; prosecute. — . قاضَى
To pretend; assume; lay claim to. إدَّعَى
To simulate; pretend. — بكذا
To accuse of. — عليه
To send for اِستدْعى
To require: call for. — . استلزم
Call. دُعَاءٌ . نداء
Request; prayer. — . طَلَبٌ
Invocation — . دعْوَة
Imprecation. — . — بالشر
Case; action; lawsuit. دعوة[٢] . دعْوَى . قضيَّة
Invitation. — ¤ عزومه
Pretence; pretension دعوَى[٢] . اِدعاء
Motive. داعٍ . داعِيَة
Pretence; pretension. اِدِّعَاءٌ . زعم
Pedantry. — العلم
Malingering. — المرض . تمارُض
Accusation. — . شكوى

Writing-book; copy-book. ٥ دَفْتَر . كُرَّاسة
Register. — كبير لقيد الحسابات
Day-book; journal — اليوميَّة
Ledger. — الاستاذ
Letter-book. — المخاطبات
Archives. ٥ دفترخانة
Diphtheria. ٥ دفتيريا . خانوق
To skim; glide along. * دَفْدَفَ
To tend; cherish. ٥ — عليه
To push back. * دَفَرَ . دفع
To stink. دَفِرَ . خبثت رائحته
Stink; fetidness. دَفَرٌ ٥ زَفَرٌ
Juniper. * دِفْران . اسم شجر
To bury; hide. ٥ دَفَسَ . دفن
To repel; push back. * دَفَعَ . صدّ
To drive to. — الى كذا . حمل
To induce; cause. — . بهِ على
To pay to. — اليهِ ولهُ . أدّى
To push. — ٥ زقّ
To resist; oppose — . دافَعَ . قاوَمَ
To defend. دافع ٢ عنهُ . حامَى
To plead for. — عن . ترافع
To embark rashly in. اِندَفَعَ في الأمرِ
Repellence; pushing back. دَفْعٌ . صدّ

Pretender. مُدَّعٍ . زاعمٌ
Plaintiff. — . رافع الدعوَى
Claimant. — . مُطالِب
Civil claimant. — بالحقّ المدني
Accuser — . مُتَّهِمٌ
Defendant. مُدَّعَى عليه (مدنياً)
Accused. — عليه (جنائياً)
Pedant; wiseacre. مُدَّعي العلم
To tickle. * دَغدَغَ . ٥ زغزغ
To crush. ٥ — . كسَّرَ
To chew; mumble. ٥ — اللقمة . مَضمضَ
Dusk. * دَغَسٌ . دَغِيشة
Corruption. * دَغَلٌ . فسادٌ
Thicket. — . شجر كثير
To incorporate; embody. * دَغَمَ . أدْغَمَ . اِدَّغَمَ
To double a letter. — . — الحرف
Side. * دفٌّ (في دفف)
To heat; warm. * دَفَّأَ . أدفأَ
To feel warm. دَفِيَ ٤ . دَفُوءَ ٤ . شعَرَ بالحرارة
To warm one's self. اِدَّفأَ . تَدَفَّأَ
Warmth; heat. دِفْءٌ . دفاءة
Warm دَفْآن ٥ دافي
Stove; heating-stove. ٥ دَفَّاية . مِدْفأة

Repulsion. —· ضدّ جَذْب
Payment. —· إداء
Push. دَفْعَةٌ · صَدَّة
Payment. — ◻ دُفْعَة
Once. ◻ دُفعة٢ · دُفقة · مرَّة
Defence. دِفَاعٌ · ضد هجوم
Defensive. دِفاعيّ · ضد هجومي
Repellent دَافِعٌ · صادّ
Motive. ◻—· باعِثٌ
Payer. ◻—· مؤَدٍّ
Expulsive force. قوَّة دافعة
Gun; cannon. مِدْفَعٌ
Artillery. مِدْفَعِيَّة
Defendant; defender مُدَافِع · ضدّ مُهاجِم
Side. ❁ دفف ❁ · دَفٌّ · جنب
Tambourine. دُفٌّ ◻ طارٌ
Rudder. دَفَّةُ المركبِ · سكان
Leaf of a door — البابِ
To pour forth. ✿ دَفَقَ · صَبَّ · سكبَ
To flow out. تَدَفَّقَ · انْدَفَقَ
Pouring. اِنْدِفَاقٌ · تَدَفُّق
Oleander. ✿ دِفْلٌ · دِفْلى
To bury; inter. ✿ دَفَنَ
To hide; conceal. —· خَبَّأَ
Burial; interment. دَفْنٌ
Buried. دَفِينٌ · مَدْفون
Buried treasure. دَفينة
Cemetery مَدْفَنٌ
✿ دَفَّة (في دفف) ✿ دق ✿ دقاق (في دقق)
To cleave to the dust. ✿ دَقِعَ
Abject; mean. مُدْقِعٌ
Abject poverty. فقر —
To pound; pulverise. ✿ دَقَّ · دَقَّ ناعماً
To scrutinise. — النظرَ في
To be strict. — في عمله
To be thin or fine. دَقَّ · ضدّ غَلُظ
To be small or minute. —· كان صغيراً
To pound; powder —· سحق
To knock at a door. — البابَ
To ring a bell. — الجرس
To hammer a nail. — المسمارَ
To be thin or fine. اِسْتَدَقَّ
Thin; fine. دِقٌّ · دَقِيقٌ
Undergrowth. — الشَّجَرِ
Thinness; fineness. دِقَّة · ضد غِلظ
Minuteness. —· صِغَرٌ
Accuracy; exactness; precision. —· تدقيق
Minutely; exactly. بدِقَّةٍ · بتدقيق

Pestle. دَقَّاقَة . مِدَقَّة
Thin. دَقِيقٌ . ضد ثخين
Fine. — . ضدّ غليظ او خشن
Minute — . صغير جداً
Flour; meal. — . طحين
Accurate; exact. — . محكم
Strict. — . مدقق

Butterfly. ◦ أبو دقيق . فراشة

The smaller intestine. المعى الدقيق
Particle دَقيقة . ذرَّة
Minute — . $\frac{١}{٦٠}$ من الساعة
Pistil. مِدَقَّة٢ (في النبات)
Pounded. مَدْقوق
☆ دكّ ☆ دكان (في د ك ك)
Doctor; Dr. ◦ دكتور
To demolish. ☆ دكك ☆ دَكَّ . هدم
To level; beat flat — الأرض
To load a gun. — البندقية
To macadamise a road. — الطريق
Demolition. دَكٌّ . تهديم
Ramming. — . كَبْس
Bench. دِكَّة . دُكَّان . مقعد مستطيل

Shop. دُكَّان٢ . حانوت
Ramrod. مِدَكّ البندقية والمدفع
Rammer. — الأرض ◦ مندالة
Blackish. ☆ دكِنَ . أَدْكَن
Shop. دُكَّان . حانوت
☆ دلّ ☆ دلال ☆ دلالة (في دلل)
Plane-tree. ☆ دُلْبٌ . اسم شجر
Machine. دُولاب . آلة

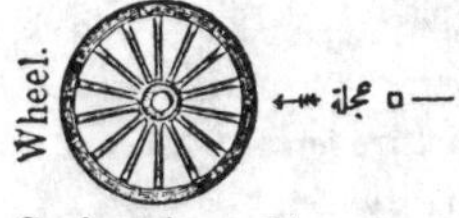
Wheel. ◦ — عجلة

Cupboard. ◦ — . خزانة

Wardrobe. ◦ — الملابس

To defraud; cheat. ☆ دَلَّسَ
Fraud; deceit. تَدْلِيس
Fraudulent. بالـ . تدليسي
To loll; thrust out the tongue. ☆ دَلَعَ لسانه
To loll; hang out from the mouth. إندلعَ اللسانُ
To dart out. — لسانُ اللهب وغيره
To fondle. ◦ دَلَّعَ . دَلَّلَ
Fondled; pampered. ◦ مُدَلَّع . مُدَلَّل

Directory	— بلد
Showing.	دَالٌ
Pointing to.	— على
Familiarity.	دَالَّة . جرأة
Intensely dark.	٭ دَلْهَم
Te be very dark.	اِدْلَهَمَّ
Very black.	مُدْلَهِم . اسود
Bucket ; pail.	٭ دَلْوٌ
Grape-vine.	دَالِيَة
Water-wheel.	— ¤ سَاقِيَة
To suspend; let down.	٭ دَلَّى . أَدْلَى
To slander.	أَدْلَى ٢ فيه
T adduce a plea.	— بحجّته
To hang down ; be suspended.	تَدَلَّى

٭ دليل (في دلل) ٭ دَمٌ (في دمي)

٭ دَمٌ ¤ دمام (في دمم)

To soften.	٭ دَمَثَ . ليّن
To be gentle.	دَمُثَتْ أخلاقه
Gentle ; mild.	دَمِثُ الأخلاق
Gentleness.	دَمَاثَة الأخلاق
To be combined.	٭ دَمَجَ . انْدَمَجَ
To twist compactly.	أَدْمَجَ الحبلَ
To combine into.	— الشيء في
Compact.	مُدْمَجٌ
To leak.	٭ دَلَفَ ¤ نزّ . سالَ
Dolphin.	¤ دُلْفِين ¤ درفيل . دحس
To unsheathe "a sword".	٭ دَلَقَ السيفَ
To spill ; pour.	¤ — . أراقَ
To rub.	٭ دَلَكَ
Embrocation.	دَلُوكٌ
To fondle; pamper.	٭ دَلَّلَ ¤ دَلَّع
To sell by auction.	¤ — على
To show ; point to ; indicate	دَلَّ على
To direct; show; guide.	— . أرشدَ
To be coquettish.	تَدَلَّلَ
To make free with.	أَدَلَّ عليه
To seek information.	اِسْتَدَلَّ
Coquetry.	دَلَالٌ
Broker.	دَلَّال ¤ سِمْسَارٌ
Auctioneer; crier	— المزادات
Guidance ; direction.	دَلَالَة . إرشاد
Brokerage.	دِلَالَة . عمولة
Brokery.	— . عَمَلُ الدلّال
Auction.	— ¤ مزادٌ
Indication; sign.	— . دَليل
Guide.	دَليل ٢ . مرشِدٌ
Pilot.	— السفن والطيّارات
Proof.	— . بُرْهان

Demijohn. ◘ دَمَجَانَة
To grumble. ☆ دَمْدَمَ
To ruin; destroy. ☆ دَمَّرَ
Ruin; destruction. دَمَارٌ
To bury. ☆ دَمَسَ . دَمَّسَ
Pitch-dark. دَامِسٌ
Damascus. ☆ دمشق . مدينة الشام
Tears. ☆ دَمْعٌ . ماءُ العين
To shed tears. دَمِعَت العين
Tear; tear-drop. دَمْعَة
Gravy. ◘ — . مرقٌ
Tear-duct. مَدْمَعٌ
To disprove. ☆ دَمَغ الحجَّة
To mark; brand. ◘ — . وَسم
Mark; brand. ◘ دَمْغَة . وسم
Hall-mark. ◘ — الذهبِ
Stamped paper. ◘ ورق —
Brain. دِمَاغٌ . مُخٌّ او عقل
Irrefutable argument. حُجَّةٌ دامغه
To twist compactly. ☆ دَمَكَ
Course. مِدْمَاك
Compact. ◘ مَدْمُوكٌ . مُدْمَج
To manure. ☆ دَمَلَ
To heal; grow sound. إِندَمَلَ الجرح
Boil. دُمَّلٌ . خراج
Pimple; pustule. — . بثرة

To paint ☆ دَمَّمَ . دَمَّ . طَلَى
Paint. دَمٌّ . دِمَامٌ . طِلاءٌ
Blood. دمٌ (في دمي)
Ugly; unsightly. دَمِيم
To manure; fertilise. ☆ دَمَن
To be addicted to. أَدْمَنَ على
Manure. دِمَانٌ . سماد
Addiction. إِدْمَانٌ . ملازمة
Addicted. مُدْمِن كذا
To bleed. ☆ دَمِيَ الجرْحُ
To cause to bleed دَمَّى . أَدْمَى
Blood دَمٌ
Dragon's blood. — الغزال
Bleeding. دَمٍ . دَام
Bloody. دَمَوِيٌّ . دَمِيٌّ
Sanguine. — المزاج
Sanguinary fight. معركة دموية
Image. دُمْيَة . صورة

☆ دنّ (في دنن) ☆ دنا (في دنو)

To be mean, low, or vile. ☆ دَنَأَ . دَنُوءَ
Meanness. دَنَاءَة
Mean; lowly. دَنِيٌّ
Of inferior quality. — النوعِ
Inferior to; lower than. أَدْنَا من
Lace. ◘ دَنْتِلاّ . مخرَّمٌ
Ice-cream. ◘ دُنْدُرْمَه

To coin money. ٭ دَنَّرَ النقودَ
Dinar. دِينَارٌ
Hop. حشيشة الـــ.
Money. دَنَانِيرُ . دراهم
Diamond. ◆ دِينَارِي
To pollute; defile. ٭ دَنَّسَ
To dishonour. — العِرْضَ
To be defiled. دَنِسَ. تَدَنَّسَ
Impurity. دَنَسٌ
Immaculate. بلا —. طاهر
Foul; unclean. دَنِسٌ
Pollution تَدَنُّس
To buzz; hum. ٭ دَنَّنَ . دَنَّ
Humming. دَنٌّ . دَنِينٌ
Tun; cask. —. وعاءٌ كبير
Nearness; proximity. ٭ دُنُوٌّ . دَنَاوة
To approach. دَنَا منهُ واليهِ
Meanness. ه دَنَاوة٢ . دَنَايَة
Mean. دَنِيٌّ . دَنِيءٌ
Near; close. —. دَانٍ
World. دُنيا . عالَمٌ
The Earth. الــ. الأرض
Worldly. دُنْيَوِيٌّ. دُنْيَاوِيٌّ
Nearer. أدنى . ضدّ أقصى

Lower than; inferior to. — من . أحَطّ
The minimum. الحدُّ الأدنى
٭ دهاءٌ (في دهى) ه دهب (في ذهب)
Age. ٭ دَهْرٌ
Atheist; sceptic. دَهْرِيٌّ
To be astonished. ٭ دَهِشَ
To astonish. دَهَّشَ. أدْهَشَ
Astonishment. دَهْشَة
Astonishing; surprising. مُدْهِشٌ
To mash. ٭ دَهَكَ . دعَكَ
Corridor. ٭ دِهْلِيز
To come, or fall upon, suddenly. ٭ دَهَمَ
Blackness. دُهْمَة
Black; jet-black. أدْهَمُ
To paint. ٭ دَهَنَ . طلَى بِلَوْنٍ
To anoint —. طلَى بزيت
To flatter; coax; fawn upon. داهَنَ
Oil; grease. دُهْنُ الشيء . زيته
Fat; suet. — اللحمِ
Ointment. دِهَانٌ
Paint. —. طِلاءٌ
Painter; wall-painter. دَهَّان
Greasy; oily. مُدْهِنٌ
Fat. —. سمين (كاللحمِ)

Adulation. مُداهَنة . تمليق

To hurl down. ٭ دَهْوَرَ

To tumble down. تَدَهْوَرَ

To trouble. ٭ دَهى . دَهَّى

To act subtly. دَهِيَ

Sagacity دَهاء . جودة الرأي

Subtlety; cunning. — . إحتيال

Sagacious. داهٍ . داهية

Subtle; cunning. — . — . مكّار

Misfortune; calamity. داهية ٢ . مصيبة

٭ دَواء ٭ دواة (في دوي)

Disease; illness. ٭ داء . علّة

String; twine. ▫ دُوبارَة

Double-entry. ▫ دُوبيا

Dot; marriage portion; dowry. ▫ دُوتّا . بائنة

To subdue; conquer. ٭ دَوَّخ . داخ

To make giddy. — الرأسَ

To submit. داخَ ٢ . خضع

To feel giddy. ▫ — . دارت رأسه

To faint. ▫ — . أُغمي عليه

Giddiness. ▫ دَوْخة . دُوار

Sea-sickness. ▫ — البحر

Giddy; dizzy. ▫ دائخ الرأس

Seasick. ▫ — . معتريه الدوار

To verminate. ٭ دَوَّدَ

Worm; maggot. دُودَة

Silkworm. — الحرير او القزّ

Leech. — العلَق

Cotton-worm. — القطن

Worms. دِيدان . دُود

Wormy. مَدُود . مُدَوَّد

To turn. ٭ دَوَّرَ . ادارَ

To turn the head. — . — الرأسَ

To wind up. — . — الساعة

To look for; search for. ▫ — على الشيء

To turn. دارَ

To circulate. — . سَرى

To be repeated. — . تكرَّرَ

To pass round. — بالشيء على

To pay attention to. ▫ — بالَهُ الى

To be round استدارَ . تدوَّرَ

House. دارٌ

Museum. — الآثار . متحف

The eternal abode. — البقاء

Opera-house. — التمثيل

Mint. — الضَرْب ▫ ضَرْبخانَة

Academy. — العلوم

The perishable abode. — الفناء

Tribunal; court. — القضاء

Monastery. — الرهبان
Nunnery. — الراهبات
Turning. إدَارَة . تَدْوِيرٌ
Administration. — العمل
Administration. — ◘ مصلحة
Board of directors. مجلس الـــ .
Headquarters. مركز الـــ .
Administrative. إدَارِيٌّ
Roundness. إسْتِدَارَة
Axis; pivot. مَدَارٌ
Tropic. — (الفلك والجغرافيا)
Topic; subject. — الحديث
Orbit. — • فَلَكٌ
Director; manager. مُدِيرٌ
Mudîr — مديريَّة
Egyptian province. ◘ مديرية
Round; circular. مُستدير . مُدَوَّرٌ
To tune. ✲ دَوْزَنَ
Tuning. دوزان ◘ دَوْزَنَة
Tread, —ing. ✲ دَوْسٌ . وَطْءٌ
Treadle; pedal. دَوَّاسَة
To tread on. دَاسَ
To trample under foot. — • إحتقر
To run over. — • دَعَس
Trodden. مُدَاسٌ . مَدُوسٌ

Halo. دَارَة القمر . هالةٌ
Turning; going round. دَائِرٌ
Revolving. — على محوره
Repeating. — • متكرّر
Circle. دَائِرَة
Encyclopedia. — المعارف
Turn. دَوْرٌ . مرة
Period. — • وقت
Fit; paroxysm — • نوبة مرض
Piece; performance. — موسيقيّ
Rôle·, part. — تشخيصي
Story; floor — من منزل
Stage; degree — • طَوْرٌ
By turns. بالدور . مناوبةً
Turn; revolution. دَوْرَة
Periodical. دَوْرِيٌّ
Sparrow. العصفور الـــ .
Patrol. ◘ دَوْرِيَّه . عَسَسٌ
Periodical. نَشْرَةٌ — .
Giddiness. دُوَارُ الرأس
Seasickness. — البحر
Revolving; turning. دَوَّارٌ
Farmyard. ◘ — • حوش
Ambulatory. — • مُتَنَقِّلٌ
Peddler. بائع — •
Convent دَيْرٌ الرهبان اوالراهبات

Boot ; shoe. مَدَاسٌ . حذاءٌ

Dysentery. ○ دُوسَنطاريا . زُحار

File. ◘ دُوسِيه . ملَفٌّ

Shower-bath. ◘ دُوش

Noise. ◘ دَوشَة . ضوضاء

Beating. ✡ دَوفٌ ◘ خَفقٌ

To beat. دَافَ البيضَ

Duke. ○ دُوقٌ . أمير

Duchess. ○ دُوقَة . أميرة

Ducal. ○ دُوقِيّ

Dogcart. ○ دُوكار ‡

Empire. ✡ دَولَة . مملكة

Government. — . حكومة

Dynasty. — . العائلة الحاكمة

His Excellency. صاحبُ الـــ

International. دَوليّ

By turns. دَوَاليكَ

And so forth. وهكذا — .

To turn. دَالَ . دارَ

To be current. — . رَاجَ

To put into circulation. دَاوَلَ . أدالَ

To make frequent use of. تَدَاوَلُوا الشيءَ

To counsel. — . تشاوروا

To negotiate. ◘ — . تفاوضوا

To circulate ; pass from mouth to mouth. تَداوَلَتهُ الألسنة

To circulate; pass from hand to hand. — الأيدي

Negotiation. مُدَاوَلَة

Current; in common use. مُتَدَاوَلٌ

Wheel. ✡ دولاب (في دلب)

Doum; doum-palm. ✡ دَومٌ . شجر وثمره

Continuance. — . دُوام

Top. دُوّامَة

Whirlpool. ◘ — الماء

To whirl ; spin دَامَ . دَوَّمَ

To continue. — . دَاوَمَ

To persevere, or persist, in. دَاوَمَ على

To perpetuate. أَدَامَ

To continue; last. إِستَدَامَ

Continual. دَائِمٌ . مُستَدِيمٌ

Perpetual. — . لا نهاية له

Permanent. — . ضدّ موقوت

Always. دائماً . على الدوام

Continuance. دوَام . إستدامة

As long as. ما دَامَ . طالَمَا

Remedy; cure. — . علاجٌ
Inkstand. دَوَاةٌ ◻ دَوَايَة
Echo. دَوِيُّ الصوتِ
Treatment. مُدَاوَاة . معالجة
Sentry; sentinel. ✡ دَيدَبان
✡ دَيْدَن (في ددن) ✡ دَيْر (في دور)
December. ○ ديسمبر
Decigramme. ○ ديسيجرام
Decimetre. ○ ديسيمتر
Cock. ✡ ديكٌ
Turkey-cock. — رومي
Democratic. ○ ديموقراطيّ
Democracy. ديموقراطية
Debt. ✡ دَيْنٌ
On credit. بالـــ . على الحساب
Religion. دِينٌ . مُعْتَقَد
Piety; godliness — . تقوَى
Judgment-day. يومُ الـــ .
Doom; final judgment دَيْنونة
Godly; pious. دَيِّنٌ
To give on credit. دانَ . أدانَ
To judge; condemn. — . حكم على
To adopt a religion, or follow it. — . تَدَيَّن بكذا
To borrow. تَدَيَّنَ ٢ . اِستَدانَ
To buy on credit. اِستدان ٢ . اِشترى بالدين

Draughts; checkers. دَامَا

Draughtboard; checker-board. لوحة الـــ .
Draughtsman. حَجَرُ الـــ .
Wine. مُدَامٌ . مُدَامة
Continuation. مُدَاوَمَة
The State Domains. ◻ دُومين
Dominoes. ◻ دُومِينو { اسم لعبة .
To record. ✡ دَوَّنَ . سجَّلَ
To write down. — . كَتَبَ
Mean; low; base. دُونٌ
Inferior to. دُونَ . أحطّ من
Before. — . أمام
Without. من — . بدون
Take! — ك . خُذْ
Poetical works. دِيوَانُ شِعر
Court of justice. — . محكمة
Office. — . مركز الادارة
Sofa; *divan*. ◻ — . أريكة
Fleet. ○ دُونانمَة . أُسطول
To echo; resound. ✡ دَوَى
To treat a disease, or a patient. دَاوَى
Medicine. دَوَاءٌ

Conviction. إِدَانَة
Creditor. دَائِنٌ
Debtor. مَدِينٌ . مَديُونٌ
— — بفضلٍ او حَقٍّ او مال
Indebted.
Faulty. مُدَانٌ . مُذْنِبٌ
Godliness. تدَيُّنٌ
Indebtedness. مَدْيُونيَّة
City; town. مدينة (في مدن)
* دينار * ديناري (في دنر)
Dynamo. ٥ دِينامو. مُوَلِّدٌ كهربائي
Dynamite ٥ ديناميت. مادة متفرقعة
* دِيَة (في ودي) * ديوان (في دون)

﴿ ذ ﴾

* ذَا . اسم بمعنى صاحب (في ذو)
This, (*pl.* These) * ذَا . هذا
That, (*pl.* Those). ذَاكَ . ذلك
Then; therefore. إِذْ — . حينئذٍ
What? مَاذَا
Why? لماذا
Wolf. * ذِئْبٌ . اسم حيوان
She-wolf. ذِئْبة . أُنثى الذئبِ
Lock of hair. ذُؤَابَة
* ذاب (في ذوب) * ذات (في ذو)
* ذادَ (في ذود) * ذاع (في ذيع)
* ذاق (في ذوق) * ذاك (في ذا)
To defend. * ذَبَّ عن
Fly. ذُبَابَة . واحدة الذُّبَّان
Spanish fly. ذباب ٢ هندي
Fly-whisk. مِذَبَّةٌ ٥ مَنَشَّة
To slaughter; kill. * ذَبَحَ
To slay; murder. — . قتَلَ
To sacrifice; immolate. — . قدمَ ذبيحة
Slaughtering; killing. ذَبْحٌ
Croup. ذُبحة . مرض حلقي
Slaughtered animal. ذبيحَة
Sacrifice. — . ضحيَّة
Slaughter-house. مَذْبَحٌ
Altar. — الهيكل . محراب
A slaughter. مَذبحَة
Slaughtered; killed; slain. مَذْبُوحٌ
To oscillate; swing. * ذَبْذَبَ . تَذَبْذَبَ
To waver. تذبذبَ ٢. تردَّدَ
Swinging. ذَبْذَبة . تَذَبْذُب
Wavering. — . تردُّدٌ
Wavering. مُذَبْذَبٌ
Swinging. متذبذِبٌ . متخطّر
To wither; fade. * ذَبُلَ
Withering; fading. ذابِلٌ

Retaliation.	٭ ذَحْلٌ
To treasure up.	٭ ذَخَرَ . ادَّخَرَ
Treasure ; store.	ذَخيرةٌ . ذُخْر
Ammunitions.	— الحربِ
Spanish fly.	٭ ذُرَّاح
To sprinkle.	٭ (ذرر) . ذَرَّ
Sprinkling.	ذَرٌّ . رشّ
Small ants.	— . صغار النمل
Particle ; atom.	ذَرَّة
Children ; offspring ; descendants.	ذُرِّيَّة
To intercede with.	٭ ذَرَعَ اليهِ
To use as a means	تذرَّعَ بهِ
To be beyond one's power	ضاق ذَرْعاً
Arm.	ذِراعٌ . ساعِدٌ
Cubit.	— . مقياس طولي
Ell.	— هنداز .
Rapid.	ذَرِيعٌ . سريع
Mediator.	— . شفيع
Means ; medium.	ذريعة
To flow ; issue.	٭ ذَرَفَ الدمعُ
To shed tears.	ذرفت العين
To mute.	٭ ذَرَقَ الطائرُ
Excrement of birds.	ذَرْق
	٭ ذُرَة (في ذري) ٭ ذرَّة (في ذرر)
To winnow.	٭ ذَرَى الحنطةَ
To scatter.	— الريحُ الترابَ
To praise.	— فلاناً . مدحه
To throw down.	أذرَى . ألقَى
To shed tears.	— ت العينُ الدمعَ
To climb up.	تَذَرَّى الجبلَ
To take shelter.	— بهِ
To seek the protection of.	اِستَذْرَى به
Maize ; Indian corn.	ذُرَة
Summit ; top.	ذُرْوَة
Protection.	ذَرًى . حِمىً
Fan ; winnowing-fan.	مِذْرَى . مذراة
	٭ ذريعة (في ذرع) ٭ ذرّيَّة (في ذرر)
To frighten.	٭ ذَعَرَ . أذْعَرَ
To be scared, or terrified.	ذُعِرَ . انذعر
Panic ; fright.	ذُعْرٌ . ذَعَرٌ . فَزَعٌ
Wagtail.	ذُعَرَة ▫ ابو فصاده
Sudden death.	٭ ذُعافٌ (مَوتٌ)
To obey ; submit to.	٭ ذَعَنَ . أذْعَنَ لهُ
Obedience ; submission.	إذْعانٌ . اِنقيادٌ
Obedient ; submissive.	مُذْعِن
Stench ; strong smell.	٭ ذَفَر
Chin.	٭ ذَقَنٌ . مجتمع اللحيتين
Beard	▫ ذَقَنٌ . لحية
To mention.	٭ ذَكَرَ الخَبَرَ

Intelligent. ذَكِيٌّ
Sweet-smelling. — الرائحة
To be low. ☆ ذلّ (في ذال)
Voluble. ☆ ذَلِقُ اللسانِ
Volubility. ذلاقة اللسان
That. ☆ ذلكَ . ذاكَ
Afterwards. — بعد .
To surmount; overcome. ☆ ذلَّلَ . تغلّبَ على
To subdue; conquer. — . أَذَلَّ . اخضعَ
To humble; humiliate. — . — . حقّر
To be low. ذَلَّ . ضدّ عزَّ
To humble one's self; cringe. تذلّلَ
Humiliation. ذُلٌّ
Humble; cringing. ذَليل
To blame. ☆ ذمّ (في ذمم)
Honour. ☆ ذِمارٌ . شرَفٌ
To murmur. تذمّرَ
To blame; censure. ☆ ذَمَّ . ضدّ مَدَحَ
Blame; censure. ذَمٌّ
Security; guarantee. ذِمّة . ضمانٌ
Obligation. — . حقٌّ . دَيْنٌ
Protection. — . أمانٌ
Conscience. — . ضمير
Conscientious. صاحبُ — .

To remember; think of. — . تذكّرَ
To recollect — . — . فطن الى
To confer with. ذاكَرَ
To remind. ذَكّرَ . أذكَرَ
Male. ذَكَرٌ . ضدّ أُنثى
The male member — . قضيب
Renown. ذِكْرٌ . ذِكْرَةٌ
Mention. — . ايراد
Remembrance. ذِكْرَى . تذكّرٌ
Memory. ذاكِرَة
Souvenir; keepsake. تِذكارٌ
Reminder. — . تَذْكِرَة
Ticket. تَذْكَرَةُ السفرِ وغيره
Post-card. — بريد
Passport. — مرور
Ticket clerk. ◘ تَذْكَرْجي
Reminding. تذكيرٌ ◘ تفكير
Male. مُذكّرٌ . ضدّ مؤنّثٌ
Memorandum مُذكّرة
Mentioned. مَذكورٌ
Study. مُذاكرةٌ . دَرْسٌ
Conference. — . مفاوضة
To immolate. ☆ ذَكّى
To cause to blaze. أذكى
To blaze; glow. ذكَتِ النارُ
Intelligence. ذكاءٌ

Gilt. مُذَهَّبٌ . مُمَوَّهٌ بالذهبِ
To forget; omit. ✡ ذَهَلَ
To be astonished. ذَهِلَ . انذهَلَ
To make one forget. أذْهَلَ
Distraction. ذُهُولٌ
Distracted; confused. ذَاهِلٌ . مُنْذَهِلٌ
Mind; intellect. ✡ ذِهْنٌ
Mental; intellectual. ذِهْنِيّ
Possessor of. ✡ ذُو
Possessor of. ذات . مؤنث ذُو
Self; same. ذَاتٌ . نَفْس
The thing itself; the same thing. — الشيء
Once. — مرَّة . مرَّةً ما
A certain day. — يوم
Yourself. ذاتَكَ . بذاتِكَ
In itself. في ذاته . في حدِّ ذاته
Personal. ذاتي . شخصي
Personality. ذَاتيَّه . شخصيَّة
Lock of hair. ✡ ذُؤَابة (في ذأب)
To dissolve; melt ✡ ذَوَّبَ . أذابَ
To dissolve; be melted. ذَابَ
Melted; molten. ذَائِبٌ
Defence. ✡ ذَوْدٌ
To defend. ذَادَ عن
Manger. مِذْوَدٌ ○ مِذْوِد

Enjoying Moslem protection. ذِمِّي
Blamed; censured. ذَمِيمٌ . مَذْمُوم
Blameworthy. يستحق الذم
Crime; guilt. ✡ ذَنْبٌ . إثم
Tail. ذَنَبٌ . ذَيْلٌ
To punish. ○ ذَنَّبَ . عاقبَ
To commit a crime; be guilty. أَذْنَبَ
To do wrong. — . أخطأ
Guilty; criminal. مُذْنِبٌ

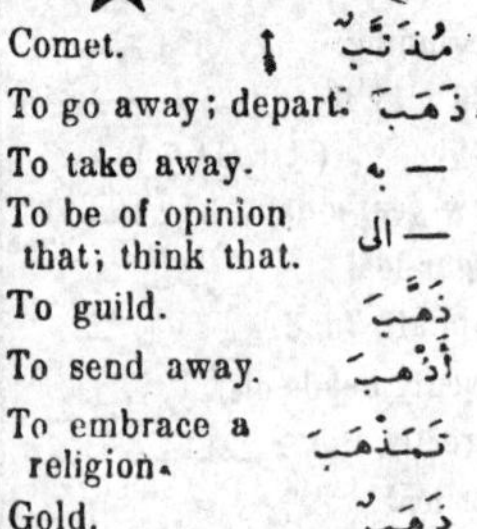

Comet. مُذَنَّبٌ
To go away; depart. ✡ ذَهَبَ
To take away. — به
To be of opinion that; think that. — الى
To guild. ذَهَّبَ
To send away. أَذْهَبَ
To embrace a religion. تَمَذْهَبَ
Gold. ذَهَبٌ
Platinum. — أَبْيَض ○ بلاتين
Golden. ذَهَبِيّ . كالذهبِ او منهُ
Dahabieh. ○ ذَهَبِيَّة
Going; departure. ذَهَاب
Creed; belief. مَذْهَبٌ

☆ ذَوْقٌ. ذائِقة.حاسَّة الذوقِ Taste.
—. هوى Taste; liking.
—. مَيْل Inclination.
—. حصافة Tact.
—. مَذاقٌ Taste; flavour.
ذَاقَ To taste.
☆ ذَوِيَ.ذَوَى To wither; fade.
ذَاوٍ.ذابلٌ Withered; faded.
﴿ ذيع ﴾ . ذَاعَ الخبرُ To be spread about.
— السرُّ To be revealed.
أَذَاعَ To spread; publish.
— مَبْدأً To propagate
— السرَّ To reveal a secret.
ذَائِعٌ Outspreading.
— الصيتِ Famous; noted.
☆ ذَيَّلَ الكتابَ To add an appendix to.
ذَيْلٌ . ذَنَبٌ Tail.
—. طرف Extremity; end
— الثوبِ Train; skirt.
— الصحيفة Foot; end.
—. تَذْييلٌ Appendix; supplement.
طاهِرُ الذيلِ Immaculate.

﴿ ر ﴾

☆ رِئَة (في رأى) ☆ رائِحَة (في روح)
☆ رَاب (روب وريب) ☆ رَابٌّ (في ربب)
☆ رابِية (في ربي) ☆ راتينج (في رتج)
☆ رَاثَ (في روث) ☆ راجَ (في روج)
☆ رَاجٍ (في رجو) ☆ راح ☆ راحة (في روح)
☆ رَادَ (في رود) To explore.
☆ رَأَسَ. تَرَأَّسَ To head; lead.
—. — العملَ To superintend.
—. — الجمعيةَ To preside over.
رَأَّسَ ☆ رَيَّسَ. جعله رئيساً To make one a chief.
رَأْسٌ . ما فوق الرقبةِ Head.
—. قِمَّة Top; summit.
—. عَقْلٌ Mind; head.
— القومِ Chief; leader.
—. اوَّل Beginning.
—. طرف Top; point.
— (في الجغرافيا) Cape.
— السَنَة New-year's-day.
— سُكَّر Sugar-loaf.
— مالٍ Capital; fund.
عشرون رأساً Twenty heads of.
رَأساً . مُباشَرةً Directly.
رَأْسِيٌّ . عَمودِي Vertical.
رَئيس Head; chief.
—. مدير President.
—. مقدَّم Foreman.
—. ضدّ مرؤوس Superior.
— جَلْسَةٍ President.

To propose; suggest. رأياً —
Visible. يُرَى . منظور
Opinion; view. رَأْيٌ . فِكْرٌ
Suggestion. — . اِقتراحٌ
Advice; counsel. — . نصيحة
Dream; vision. رُؤْيا
Divine revelation. — الاِلهيَّة
Book of Revelation. سِفْرُ الـــ .
Vision; sight; view. رُؤْيَة
Hypocrisy. رِئاءٌ . رِياءٌ
Lung. رِئَة . رِيَة ٥ فِشَّة
Pneumonia. ذات الـــ .
Pulmonary. رِئَوِيٌّ . مختصٌّ بالرئة
Hypocrite. مُرَاءٍ
Hypocrisy. مُراءاةٌ . رِياءٌ
Mirror; looking-glass. مِرآة ٥ مِرَايه
Sight; view. مَرْأًى
Seen. مَرْئِيٌّ . منظور
Banner. ٭ رابَة (في ريي)
Lord; master. ٭ رَبٌّ . سيِّدٌ
The head of the family. — العائلة
Family man. — عائلة
Mistress. رَبَّة . سيِّدة
Jam; marmalade. رُبٌّ ٥ مرقي

President. — محكمة
Headmaster. — مدرسة
Prime Minister. — الوزراء
Ringleader. — عصابة . زعيمها
Chief; principal; leading. رَئِيسي
Vitals. الأعضاء الرئيسيَّة
Presidency; leadership; headship. رِئَاسَة . رياسة
Subordinate. مَرْؤُوسٌ
٭ راضَ (في روض) ٭ راعَ (في روع)
٭ راعى (في رعي) ٭ راغَ (في روغ)
To show mercy upon. ٭ رَأَفَ . تَرَأَّفَ بهِ
Mercy; compassion; pity. رَأْفَة
Merciful; compassionate. رَؤُوف
٭ راقَ (في روق) ٭ رَاقٍ (في رقي)
٭ رَالَ (في رول) ٭ رامَ (في روم)
٭ راهب(في رهب) ٭ راهن (في رهن)
Rhubarb. ٭ رَاوَنْدٌ . رِوَنْدٌ
To see; behold. ٭ رَأَى . أبْصَرَ
To perceive. — . أدْرَكَ
To regard. — . حسب
To dissemble. رَاءَى . تَرَاءَى
To show. أَرَى . جعله يَرَى
To consider. اِرْتأى الأمرَ

Garter. — الأجربة او الساقِ
Necktie; cravat. — الرقبةِ
Bundle; parcel. رَبْطَة
Binding; tying. رَابِط
Cool; collected. — الجأش
Connection. رابطة . ارتباط
Engagement. ارتباط ٢. تعهُّد
To be fed on spring plants. ٭ رَبَعَ ٥ رَبِعَ الحصانُ
To square. رَبَّعَ ٢ العَدَدَ
To squat; sit cross-legged. تَرَبَّعَ في جلوسه
Quarter; fourth part. رُبْع (¼)
Of medium stature. رَبْعَة
Spring; springtime. رَبِيع
Quadratic. رُباعيّ
Fourth. رَابِع
Fourteenth. — عشر
Fourthly. رَابِعاً
Four. أَرْبَع . أَرْبَعَة (٤)
Fourteen. — عشرة (١٤)
Fourfold. أربعة أضعاف

Centi-pede; centiped. أُمّ أربع واربعين | حريش
Quadrupeds. ذَوَاتُ الأربعِ

It may be. رُبَّ . رُبَّما
رِبا ٥ رَبا (في ربو)
Rebec. رَبَاب . رَبَابة
Captain of a ship. رُبّان السفينة
Step-father. رَابّ . زوْج الأمّ
Step-mother. رَابَّة . زوجة الأب
Step-son. رَبِيب
Step-daughter. رَبِيبَة
To gain; make profit. ٭ رَبِحَ
To make *another* gain. رَبَّحَ . أَرْبَحَ
Profit; gain. رِبْح
Interest. — المالِ . فائدة
Simple interest. — بسيط
Compound interest. — مُرَكَّب
Profitable. رَابِح . مُرْبِح
To lie in wait for. ٭ رَبَصَ به . تَرَبَّصَ له
To kneel down. ٭ رَبَضَ . بَرَكَ
Fold; pen. رَبَض . مَرْبِض
To bind; tie; fasten. ٭ رَبَطَ
To bandage. — الجرْحَ
To be bound or tied. ارْتَبَطَ
Binding; tying. رَبْط
Tie; bond. رِبَاط
Bandage. — . عصابة
Shoe-lace. — الحذاء

Wednesday. الأربعاء
Forty أَرْبَعون (٤٠)
Fortieth. الـــ . واقع بعد ٣٩
Quadruplication. تربيع
Square. مُرَبَّعٌ
Quadrangle. — قائم الزاوية
Trapezium. — منحرف
Trapezoid. شِبهُ — .
Jerboa. يَرْبوعٌ . جربوع
Lasso * رِبق . رِبْقَة
Complicate. * رَبَكَ
To confuse. — . حَيَّرَ
To be entangled; confused. ربِكَ . ارتبكَ
Embarrassment; confusion. اِرْتِبَاكٌ
Confused; embarrassed. مُرْتَبِكٌ
Complicated. — . معقّد
* رُبَّما * رِبَّة (في ربب)
Asthma. * رَبْوٌ . مَرَضٌ
Monticle; hill. رُبْوَة . رَابية
Myriad. رَبْوَة . عشرة آلاف
Usury. رِباً . رِباء
To grow; increase. رَبَا
To bring, train, or rear up; nurse. رَبَّى الولد
To educate. — . هَذَّبَ
To breed cattle. — الماشيَة

To practise usury. رَابَى
To augment; increase. أربى
Exceed, go beyond. — على
To be brought up. تَرَبَّى
To be educated — . تَهَذَّبَ
Groin. أُرْبِيَّة ◦ خُنُّ الورك
Training; bringing up. تَرْبِيَة الأولادِ
Education. — . تهذيب
Educator, tutor مُرَبٍّ
Governess; tutoress مُربية
Nursemaid — ◦ داده
Bred; brought up مُرَبًّى . مُتَرَبٍّ
Jam. ◦ — . رُبٌّ
Usurer. مُرَابٍ ◦ فايظجي
* ربيب (في ربب) * ربيع (في ربع)
To arrange * رَتَّبَ . نظَّمَ
To prepare. — . اعدَّ
To be arranged or prepared. تَرَتَّبَ
To result from. — على كذا
Class; order. رُتْبَة . مَرْتَبَة
Degree; class — . — . درجة
Grade; rank. — شَرَف
Salary; pay; wages. رَاتِب ◦ مُرَتَّب
Arrangement. تَرْتِيبٌ
Order; regularity. — . نظام

Preparation. — . تدبير
Arranged. مُرَتَّب ٢
Prepared. — . مُعَدّ
Mattress. ¤ مَرتبة ٢ . حشيّة
To shut, close. رَتَجَ . أغلق
Resin. راتينج
To live in comfort. ⋆ رَتَعَ
To pasture. — ت الماشية
Rich pasture-land. مَرْتَع
Hotbed. — الرذيلة او الجهل الخ
To patch; mend. رَتَقَ
To chant; sing. ⋆ رَتَّلَ . رتّم
Line; file. رَتَل . صفّ
Spider. رُتَيلاء . عنكبوت
Chanting; singing. ترتيل
Hymn; song ترتيلة
To be ragged. ⋆ رَثَّ الثوبُ
Ragged; shabby. رَثّ
Shabbiness; raggedness رثاثة
To bewail ⋆ رَثَى . رثا
To lament; deplore. — لهُ . حزن
To pity; have compassion for. — لهُ . رقّ
Deplorable; pitiable. يُرثى له
Lamenting رَثيّ . رِثاء
Elegy مَرثاة . مَرْثية

Lamentations. مراثي أرميا
⋆ رَجّ (في رجج) ⋆ رجاة (في رجو)
To put off; defer. ❁ رجأ ❁ أرجأ الأمر
Deferment. إرجاء
To shake. ❁ رجج ❁ رَجَّ
To be shaken. ارتجّ
Shaking; agitating. رَجّ
Agitation. ارتجاج
To outweigh. ⋆ رَجَحَ . تَرَجَّحَ
To turn down the scale; weigh down. رَجَّحَ . أَرْجَحَ
To give preponderance to. — الرأيَ
To prefer to. — على
To swing. ارتجح . ترجّح ٢
Preponderance. رُجحان . أرجحيّة
Preference. — . — . افضليّة
Preponderant. راجح . غالب
Probable. — . محتمل
Preferable. — . أرجح
Swing. أُرْجُوحة ¤ مُرجيحة
Cradle; rocking bed. — الطفل

Audit. — الحسابات
To agitate ; shake. * رَجَفَ
To tremble; quake. ارْتَجَفَ
To shiver. — . ارْتعَشَ
To spread disturbing rumours. أَرْجَفَ
A tremble ; quake. رَجْفَةٌ
A shiver. — . رَعْشة
Seditious rumours. أَراجيف
To go on foot; walk. * رَجِلَ
To dismount. تَرَجَّلَ
To extemporise ; speak off-hand ارْتجَلَ الكلامَ
A man. رَجُلٌ . انسانٌ
Pedestrian. رَجِلٌ . رَاجِلٌ
Wavy hair. . شَعرٌ —— .
Foot. رِجْلٌ . قدَمٌ
Swarm of bees — من الجراد
Purslane. رِجْلَة. نبات معروف
Manhood. رُجُولَة . رُجُولية
Manliness. —— . —— . شجاعة
Extemporisation. إرتجالٌ
Extempore. ارتجالاً
Boiler. مِرْجَلُ الآلة البخاريّة
To stone. * رَجَمَ
To guess. — . رَجَّمَ
To translate. تَرْجَمَ

Filth ; impurity. * رُجْزٌ
Iambus. رَجَزٌ (في الشعر)
Iambic poem. أُرجُوزَة
Filth; impurity. * رَجَس . رِجْسٌ
Filthy ; foul. رَجِسٌ
To return. * رَجَعَ . عادَ
To have recourse to — اليه
To desist from — عن الأمر
To go back on one's word — في كلامه
To claim from. — عليه
To return ; send or give back رَجَّعَ . أَرجعَ
To review. رَاجَعَ
To check. — الحسابات
To consult — هُ في الأمر
To retreat. تَراجَعَ
To recover. إسْتَرْجَعَ
To reclaim. — . طلب ردَّهُ
To recall. — الأمرَ
Return. رَجْعٌ . رُجوع
Receipt; voucher. رجعة . وصل
Retreat. تراجُعٌ . إرتداد
Resort. مَرْجِعٌ
The last resort. الـ الأخير
Examiner. مُرَاجِعٌ
Auditor. — الحسابات
Repetition. مُراجَعَة . إعادة

To interpret. — . فَسَّرَ
Stoning. رَجْمٌ
Guess-work. — بالغَيْبِ
Meteor; meteoric stone; aerolite. — . ظاهرة جَوِّيَّة
Grave-stone. رُجْمَة
Accursed. رَجِيمٌ . لَعِينٌ
Translation. تَرْجَمَة
Interpretation. — . تفسير
Biography. — إنسانٍ
Interpreter; translator. تُرْجُمان . مُتَرْجِم
Basket. ﴿رجن﴾ مَرْجُونَة . قُفَّة
Coral. مُرْجَان
To hope. ﴿رجو﴾ . رَجَا
To expect; look forward to. تَرَجَّى . اِرْتَجَى
To beg; entreat. —. توسل
Hope. رَجَاءٌ . رَجَاة
To despair. قَطَعَ الـــ
Hopeful; full of hope. رَاجٍ
* رجولِيَّة (في رجل) * رحاية (في رحى)
To be spacious. * رَحُبَ المكانُ
To welcome رَحَّبَ . تَرَحَّبَ بهِ
Spacious; wide. رَحْبٌ . رَحِيبٌ
Open-hearted. —و— الصدرِ

Open-handed. —و— الباع
Square; esplanade. رَحْبَة . ساحة
Welcome. تَرْحَاب
Welcome! مَرْحَباً بكَ
To rinse; wash. * رَحَضَ
Water-closet. مِرحَاضٌ
Choice wine. * رَحِيقٌ . رُحَاق
To depart; go away; quit; leave. * رَحَلَ . اِرْتَحَلَ
To emigrate. — . — عن الوطن
To send away. رَحَّلَ
To transport. ◘ — . نَقَلَ
Camel saddle. رَحْلٌ
Luggage. — . أمتعة المسافرِ
Journey; travel. رِحْلَة
Migratory; nomadic. رَحَّالٌ . رَحَّالَة
Great traveller. — . — . سائحٌ
Departing. رَاحِلٌ . ذاهبٌ
Emigrant. — . مهاجرٌ
Departure. رَحِيلٌ . اِرْتِحَالٌ
Emigration. — . — . مهاجرة
A day's journey. مَرْحَلَة
Stage. — . مسافة
To have pity or mercy upon. * رَحِمَ

To ask God to have mercy upon. رَحَّمَ وَتَرَحَّمَ على
To implore pity. إِسْتَرْحَمَ
Merciless; pitiless. لا يَرحَم
Womb; uterus. رَحِمٌ
Mercy; pity. رَحْمَة . مَرْحَمَة
Grace; God's mercy — الله
At the mercy of. تحت — كذا
Pall. بساطُ الـ .
Throne of Grace. عَرشُ الـ .
Merciful; compassionate. رَحُومٌ . رَحِيمٌ
The All-merciful الرحمان الرحيم
Deceased. مرحوم
The late so and so الـ فلان
Quern; stone handmill ٭ رَحَى ◻ رَحَايَة
Millstone. حَجَرُ الـ .
٭ رخّ (في رخخ) ٭ رخاء (في رخو)
Rook; roc. ٭ رخخ ٭ رُخّ
Castle; rook. — (الشطرنج)
Comfortable. رَخَاخٌ
To be cheap. ٭ رَخُصَ
To reduce the price of. رَخَّصَ
To authorise; permit; allow. — لهُ بكذا. اجاز
To grant license to. ◻ — لهُ ◻ اعطاهُ رخصةً

To consider cheap. إِسْتَرْخَصَ الشيء
Tender; soft. رَخْص . رَخِيص
Cheap. رَخِيص ٢ . ضدّ غالٍ
Permission; leave. رُخْصَة
Permit; license ◻ — ◻ تصريح
To be soft. ٭ رَخُمَ الصوتُ
To sit on eggs رَخَمت الدجاجةُ
To soften or melodise the voice. رَخَّمَ الصوتَ
To cover with marble. ◻ — الأرضَ
Egyptian vulture; Pharaoh's chicken رَخَمٌ
Marble. رُخَامٌ . حَجَرٌ معروف
Melodious; soft رَخِيم . رَخْم
Melodising. تَرخيم الصوت
Elision. — (في النحو)
To relax. ٭ رَخُوَ . رَخِيَ
To be easy. — . رخا العيشُ
To let down; lower. رَخَى . أَرْخَى
To give rein to. — . — للحصانِ
To relax; loosen أرخى ٢ . حلّ
To let go. — . أَطْلَقَ . فكّ
To slacken. تَرَاخَى
To be lax, soft, or flaccid. إِرْتَخَى . اسْتَرْخَى
Abundance; plenty. رَخَاءٌ

Soft; lax; flaccid.	رَخْوٌ
Relaxation.	اِرْتِخاء . اِسْتِرْخاء
	* ردّ (في ردد) * رداءٌ (في ردي)
To support.	* رَدَأَ . دَعَمَ
To be bad.	رَدُؤَ رَداءَةً
Bad.	رَدِيءٌ . ضدّ جيّد
Wicked; bad.	— . شرّير
Malicious.	— . خبيث
Ill-bred.	— التربية
Ill-natured.	— الطبع
Worse than.	أَرْدَأُ من
Badness.	رَداءَةٌ . ضدّ جودة
Evil; wickedness.	— . شرّ
To repeat.	* رَدَّدَ . كرَّرَ
To return; bring, send, or give back.	رَدَّ
To reply; answer.	— . اجاب
To return a call.	— الزيارة
To reflect.	— النور . عكس
To dissuade.	— عن عزم
To repel.	— . دَفَعَ
To resist; oppose.	— . قاوَمَ
To ward off.	— . دَرَأَ
To hesitate; be reluctant.	تَرَدَّدَ
To frequent.	— الى المكان
To go back; retreat.	اِرْتَدَّ
To leave; quit.	— عن . ترك
To abandon; desist from.	— عن . هَجَرَ
To recover.	اِسْتَرَدَّ
To reclaim.	—هُ الشيء
Returning.	رَدٌّ . اِرْجاع
Reflection.	— . انعكاس
Repulsion.	— . دَفْعٌ . صَدٌّ
Reaction.	— الفعل او تأثيره
Reply; answer.	— . اِجابة
Bran.	* رَدَّةٌ . نُخالة
Echo.	رِدَّةٌ . صَدى الصوت
Withdrawal; retreat.	اِرْتِدادٌ . تراجُع
Apostasy.	— . مُروق
Recovery	اِسْتِرْدادٌ . استرجاع
Withdrawal.	— . سَحْب
Reclamation.	— . طلبُ الردِّ
Hesitation.	تَرَدُّدٌ
Frequenting.	تَرْدادٌ
Refutable.	مَرْدُودٌ
Withdrawing; retreating	مُرْتَدٌّ . متقهقر
Apostate.	— عن الدين
Reluctant.	مُتَرَدِّدٌ
Irresolute.	— الفكر
Long time.	* رَدَحٌ
To repel; restrain.	* رَدَعَ

To be restrained from. إِرْتَدَعَ عن
Restraint. رَادِعٌ
To follow; come next. ٭ رَدِفَ . تبع
To ride behind. رَادَفَ
To be synonymous. تَرَادَفَت الكلمات
Reserves. رَدِيْف (في الجيش)
Synonymy. تَرَادُف الكلام
Synonymous. مُتَرَادِفٌ
Synonym. مترادفة
To fill up. ٭ رَدَمَ الحُفْرة
Filling up with earth. رَدْمٌ
Debris. — . أنقاض الهدمِ
To spin. ٭ رَدَنَ . غزلَ
Sleeve. رُدْنٌ . كُمٌّ
The river Jordan. نهر الارْدن
Spindle. مِرْدَنٌ . مغزل
Hall. ٭ رَدْهَة الدار
Bran. ٭ رَدَّةٌ . نخالة
To perish. ٭ رَدَى . رَدِيَ
To fell; bring to the ground اردَى . صرعَ
To kill; put to death. — . قتَل
To wear; put on. تَرَدَّى . إِرْتَدَى
Mantle; cloak. رِدَاءٌ . عباءَة

Dress; garment. — . ثوب
٭ ردي. (في ردأ) ٭ رديف (في ردف)
To be mean, vile or base. ٭ رَذُلَ
To reject. رَذَلَ. ارذلَ . رفَضَ
To despise. — . إِسْتَرْذَلَ . احتقرَ
Vile; mean. رَذْلٌ . رَذِيْلٌ
Meanness; vileness. رَذَالَة
Vice; evil. رَذِيلَة
Rice. ٭ رزّ (في رزز)
Misfortune. ٭ رُزْءٌ . رَزِيئَة
To succumb. ٭ رَزَحَ
To glaze. ٭ رَزَّزَ . صقَلَ
To fix; drive into. رَزَّ . غرزَ
Rice. رُزٌّ . أرُز
Rice-mik. — بلبنٍ
Rice-bird. عُصفورُ الـــ
Ringed screw; screw eye. رَزَّةٌ
To support. ٭ رَزَقَ
To be provided for. رُزِقَ
To be blessed with children. — بالبنينِ
To obtain one's livelihood. إِرْتَزَقَ
To seek one's livelihood. إِسْتَرْزَقَ . طلَبَ الرزق
Means of living. رِزْقٌ
Fortune. — . حظّ او خيرٌ

Providence.	الرزَّاقُ . الله
Fortunate.	مرزوقٌ
To pack up.	٭ رَزَمَ . حَزَمَ
Packet; parcel.	رِزْمَة
Bale.	— ¤ بالة . إبَّالة
Ream.	— ورقٍ
To be grave, or serious.	٭ رَزُنَ
Seriousness; gravity	رَزَانَة
Serious; grave.	رزينٌ
Pension office.	○ رُزْنامَة
	٭ رَزَّة (في رزز) ٭ رزيئة (في رزأ)
To land.	٭ رسا (في رسو)
To settle down.	٭ رَسَبَ
To fail.	— في الامتحان
To precipitate.	رَسَّبَ
Settlings; sediment.	رَاسِبٌ . رسوبٌ
Precipitate.	— (في الكيميا)
Theatre.	٭ (رسح) ٭ . مَرْسَحٌ
To be firmly fixed, or settled.	٭ رَسَخَ
Fixedness; firmness; stability.	رُسُوخٌ . ثبات
Stable; firm.	رَاسِخٌ . ثابت
Firmly fixed.	— . متأصِّلٌ
Well grounded in.	— في كذا
Wrist.	٭ رُسْغُ اليَدِ
Ankle.	— الرِجْلِ

To walk in shackles.	٭ رَسَفَ
To flow; hang loose.	٭ رَسِلَ . اسْتَرْسَلَ
To correspond with.	رَاسَلَ . تَرَاسَلَ مع
To send; forward.	أرْسَلَ . بعث
To send for.	— في طلبهِ
Easy; gentle.	رَسْلٌ . سهلٌ
Flowing; lank.	— . سَبْطٌ
Message; epistle; letter.	رِسَالَة
Pamphlet.	— . كُتَيِّب
Treatise.	— . مقالة
Consignment.	— . شيء مُرْسَل
Mission.	— . بِعْثَة
Messenger.	رَسُولٌ
Apostle.	— . حواري
Envoy.	— . مبعوث
Missionary.	مرسل (للتبشير)
Sender.	مُرْسِلٌ ¤ راسِلٌ
Receiver.	مُرْسَلٌ اليهِ
Correspondent.	مُرَاسِل
Correspondence.	مُرَاسَلَة
To sketch; draw.	٭ رَسَمَ
To make a picture of.	— الشيءَ
To prescribe.	— له كذا
To ordain to a sacred office.	— . كَرَّسَ

Anchor مِرْسَاةُ المركبِ

Anchorage, landing place. مَرْسَى المراكبِ

٭ رش (في رشش) ٭ رشا (في رشو)

To percolate; filter ٭ رَشَحَ. ارْتَشَحَ الماءُ

To leak. — . — الاناءُ

To qualify; fit; prepare. رَشَّحَ

To nominate. — لمنصبٍ

To filter. ٥ — الماءَ. قطَّرهُ

To catch cold. ٥ — . زُكِمَ

To be nominated for. تَرَشَّحَ لمنصبٍ

To be qualified for. — لأمرٍ

Leakage. رَشْحٌ ٥ تَرْشِيحٌ

Percolation. — ٥ — . تحلُّب

Catarrh; cold in the head. ٥ — . زُكام

Nomination. تَرْشِيحٌ ٢ لمنصبٍ

Candidate. مُرَشَّحٌ لمنصبٍ

Filter. ٥ — الماء . راووق

To follow the right way. ٭ رَشَدَ . اهتدى

To come of age. ٥ — . بلغ سنَّ الرُشدِ

To instruct. أَرْشَدَ . علَّم

To guide; direct. — . دلَّ

Drawing; illustration. رَسْمٌ

Sketch; picture. — . صورة

Free-hand drawing. — نظريّ

Trace; mark. — . أثرٌ

Ceremony — . شعيرة

Dues; tax. ٥ — . ضريبة

Official. رَسْمِيٌّ

Formal; regular. — . قانونيٌّ

Semi-official. شِبْهُ — .

Unofficial. غير —

Full-dress. ملابس رسميَّة

Draughtsman. رَسَّامٌ

Drawn. مَرْسُومٌ . مصوَّر

Planned; laid out. — . مدبَّر

Decree; edict. — . أمرٌ عالٍ

Ordained. — . معيَّن

Halter. ٭ رَسَنُ الدابةِ

Mooring; landing. ٭ رَسْوٌ . رُسُوُّ المركبِ

To cast anchor. رَسَا المركبُ

To land. — على البرِّ

To be firm; stable. — . ثبت

To be accepted. ٥ — المزادُ

To land a boat. أَرْسَى السفينةَ

At anchor; landing. رَاسٍ

Firm; stable. — . ثابتٌ

Mountain. — . جبلٌ

To throw, or hurl, a stone at.	٭ رَشَقَ بحجرٍ
To be graceful.	رَشُقَ
Grace.	رَشَاقة القوامِ
Celerity.	—. خِفَّة
Graceful.	رَشِيقُ القوامِ
Nimble.	—. خفيفُ الحركةِ
Gratuity; tip	﴿ رشن ﴾. رَاشِنٌ
Skylight.	رَوْشَنٌ
Bribery.	٭ رَشْوٌ . إِرْشَاءٌ
Bribe.	رَشْوَة . برطيل
To bribe; corrupt.	رَشَا
To receive, or accept, a bribe.	إِرْتَشَى
	٭ رصٌّ ٭ رصاص (في رصص)
To observe; watch.	٭ رَصَدَ
To lie in wait for.	—. تَرَصَّدَ لهُ
To balance an account.	▫ رَصَّدَ الحسابَ
To provide.	أَرْصَدَ لهُ
Close observation.	رَصْدٌ
Balance.	▫ رَصيدُ الحسابِ
Stock on hand.	— البضائع
Observatory.	مَرْصَد ▫ رَصدخانة
Inalienable property.	مِلكٌ مُرصَد
Ambuscade.	مِرْصَادٌ
To overlay with lead.	٭ رَصَّصَ

To consult.	اسْتَرْشَدَ
Reason.	رُشْدٌ . عقل
Consciousness.	—. رَشادٌ
Majority; full age	سنُّ الرُّشد
Cress; peppergrass.	رَشَادَ ٢ . اسم نبات
Conscious; sensible.	رَاشِدٌ . رَشِيْد
Following the right way.	—.—. مهتد
Major; of full age.	▫ —. ضدّ قاصِر
Guidance; direction	إِرْشَادٌ
Instruction.	—. تعليم
Guide; director.	مُرْشِدٌ
To sprinkle.	﴿ رشش ﴾ . رَشَّ
To water streets	— الأرضَ بالماءِ
Sprinkling; watering	رَشٌّ
Shot.	▫ —. رصاصٌ صغير
Shower.	رَشَّة ▫ رَخَّة مطر
Pellet.	▫—. حَبَّة رصاص
Rose.	▫ رَشَّاشة . اداة مثقَّبة

Watering-can.	▫ —.— مرشة
To sip.	٭ رَشَفَ . ارتَشَفَ

To draw the breast. ٭ رَضِعَ . امتصَّ الثَدْيَ
To nurse at the breast. أرْضَعَ ◘ رَضَّعَ
Sucking. رِضَاعَة
Suckling. اِرْضاعٌ ◘ تَرْضِيعٌ
Feeding-bottle. ◘ رَضَّاعَة
At the breast. رَضِيعٌ
Nursling; infant —. طفلٌ
Nurse. مُرْضِعٌ . أُمٌ
Wet-nurse. مُرْضِعَة. خادمة
Knee-cap. ٭ رَضفَة
To accept. ٭ رَضِيَ . ارْتَضَى
To be content with —. قنعَ
To approve of. — عنهُ وعليه
To propitiate; conciliate رَاضَى . تَرَضَّى. اِسْتَرْضَى
To satisfy; please. اَرْضَى
Satisfaction; content. رُضَى . رِضْوَان
Satisfied; content. رَاضٍ
Agreeable life. عِيْشَة راضية
Reparation. تَرْضِيَة
Mutual agreement. تَرَاضٍ
Satisfactory. مُرْضٍ . مقنع
Pleasant. —. سَارٌ
To be damp; moist. ٭ رَطِبَ

To impact; press firmly together. —. رَصَّ
To stow; stack. ◘ رَصَّ ٢. نضَّ
To arrange ◘ —. رَتَّبَ
Lead. رَصَاصٌ . معدن ثقيل
Pencil. قلم —.
Bullet. رَصَاصَة البندقِيَّة
Lead-coloured. رَصَاصِيٌ
To set with jewels. ٭ رَصَّعَ
Mounted, or set, with... مُرَصَّع بكذا
To pave. ٭ رَصَفَ الطريقَ
Pavement. رَصفٌ . رَصِيفٌ
Sound; firm. رَصِيف ٢. محكم
Colleague. —. زميل
Firmness; soundness رَصَافَة . اِحكام
To be sedate. ٭ رَصُنَ
Sedateness; equanimity. رَصَانَة
Sedate; grave. رَصِين
٭ رضّ (في رضض) ٭ رضاء (في رضي)
Saliva. ٭ رُضَابٌ . لعابٌ
To submit. ٭ رَضَخَ . أذْعَنَ
Submission. رُضُوخٌ
To bruise; crush; pound. ﴿رضض﴾ . رَضَّ
Bruised. رَضِيضٌ . مرضُوضٌ

To moisten. رَطَّبَ
To soften. ٥ —. سكَّن
To refresh. ٥ —. انعش
Damp; moist رَطْبٌ. رَطِيب
Humidity; moisture. رُطُوبة
Refreshments. مُرَطِّبَاتٌ
Pound, (lb.); *Rottle.* ٭ رَطْلٌ
To entangl. ٭ رَطَمَ
To stick in the mud إرْتَطَمَ
To be stranded. — المركبُ
To speak in a foreign language. ٭ رَطَنَ
A foreing language. رِطَانَة . لُغة أعجميَّة
Gibberish; jargon رُطَيْنَى
٭ رعاع (في رعع) ٭ رعاف (في رعف)
To frighten; alarm. ٭ رَعَبَ . أَرْعَبَ
To be frightened. إرْتَعَبَ
Fright; alarm. رُعْبٌ
Frightful; alarming. مُرْعِب
To thunder. ٭ رَعَدَ السحابُ
To tremble. إرتعدَ
To shake from fear. — خوفاً
Thunder. رَعْدٌ
Tremor; a shaking. رَعْدَة
Torpido; cramp-fish. رَعَّادٌ
Flourishing. ٭ رَعْرَعٌ
To flourish; thrive. تَرَعْرَعَ
To tremble. ٭ رَعِشَ . إرْتَعَشَ
To shiver ارتعش ٢ برداً او خوفاً
To make *one* tremble or shiver. أَرْعَشَ
Shivering; shaking. رَعْشٌ. إرْتِعاش
Chill; ague. رَعْشَةُ الحمَّى
To wag; shake. ٭ رَعَصَ
To squirm; wriggle. تَرَعَّصَ
Rabble; rag-tag; the vulgar. ❂ رعع ❂ رِعَاع . سفلة الناس
To bleed at the nose. ٭ رَعِفَ
Nose-bleed. رُعافٌ
Wreath; garland. ٭ رُعْلَةٌ
To be thoughtless. ٭ رَعُنَ
Sunstroke. رَعْنٌ
Levity; thoughtlessness. رُعُونَة
Thoughtless. أَرْعَنُ
To pasture; graze. ٭ رَعَى . ارْتَعَى
To tend. —. ساسَ
To itch (الجِلدُ والرأسُ) — ٥
To observe. رَاعَى
To consider; take into consideration. — الأمرَ. عمل حسابه
To have regard for; esteem. رَاعَى ٢ الرجل

Desirous. رَاغِبٌ
Desired. مَرْغُوبٌ فيه
Easy; comfortable. ☼ رَغْد . رَغِيد
To make dough. ☼ رَغَفَ العجينَ
Loaf of bread. رَغِيْفُ خُبْزٍ
To compel; force; oblige. ☼ رَغَمَ . أَرْغَمَ
Compulsion; coercion. رَغْمٌ . إِرْغَامٌ
In spite of. رَغْماً عن . —ـِ على
To foam; spume. ☼ رغو ☼ رَغَا . أَرْغَى
To lather; form a lather. ▫ — الصابونُ
To fume with rage. أَرْغَى ٢ وأَزْبَدَ
To chatter; prattle. ▫ رَغَى . هَذْرَمَ
Foam; froth رَغْوَة . رُغَاوَة
Scum; offscouring. — . — . ▫ رِشْمَة
Lather. — الصابونِ
Prattler; chatterbox. رَغَّاء
☼ رغيف (في رغف) ☼ رفّ (في رنف)
To finedraw; sew up. ☼ رَفَأَ الخرقَ
To darn; mend — الجواربَ
Finedrawer; darner. رَفَّاءٌ
Port; harbour. مَرْفَأٌ
To crush. ☼ رَفَتَ . دَقَّ

To have respect of persons. — الخواطرَ
To listen to. أَرْعَيْتُهُ سَمْعِي
Regard; attention. رِعَايَة . مُرَاعَاة
Care; charge — . — . حِفظ
Herd; flock. رَعِيَّة . قطيعٌ عليهِ راعٍ
Subjects. — . شعبٌ
Shepherd. رَاعِي الغنمِ او النعبِ
Drover. — المواشي
Pastor. — الكنيسة
Pasture land. مَرْعًى . مَرتع
Observed; regarded مَرْعِيّ
Attentive; heedful; regardful. مُرَاعٍ . ملتفت
Punctual. مُرَاعِي المواعيد
Favouritism. مُرَاعَاة ٢ الخواطرِ
Correlative. — النظيرِ
Prattler. ☼ رَغَّاءٌ (في رغو)
To wish, or desire, for. ☼ رَغِبَ فيهِ
To shun; avoid; turn away from. — عنهُ
To prefer to. — بهِ عن غيرهِ
To create, or excite, desire. رَغَّبَ . أَرْغَبَ
To tempt; invite. — . — . شَهَّى
Desire; wish. رَغْبَة

To break up. — المجلسَ
Rejection; refusal. رَفْضٌ
Fanatic. ◘ رَفضيّ . متعصِّب
Fanaticism. ◘ تَرَفُّض
Rejected; مَرفُوض
To raise. ✲ رَفَعَ
To raise; remove; take away. — . ازال
To submit to; bring before. — الى
To relieve; release. — عنه
To bring an (*or* take) action. — الدَّعوَى
To appeal to the law; join issue. تَرَافَعَ الخصمان
To plead. ◘ — المحامي
To disdain; scorn. تَرَفَّعَ عن
To be supercilious with. — عليهم
To rise; go up. اِرْتَفَعَ
Raising; lifting. رَفْعٌ
Involution. — (في الرياضة)
Nominative case. حالة الـــ
Carnival. رِفَاعٌ
High; elevated. رَفِيعٌ
Prominent. — القدرِ
Thin; fine ◘ — . ضدّ سميك
Rise; act of rising اِرْتِفَاعٌ
Height. — . علوّ

To discharge. ◘ — . عَزَلَ
Discharge. ◘ رَفْتٌ . عَزْلٌ
Certificate of discharge. ◘ رَفْتِيَّة
Custom-house certificate. ◘ — الجمركِ
Remains; corpse. رُفَاتٌ . جُثَّة الميتِ
To support. ✲ رَفَدَ
Support. رِفْدٌ . رَافِدَة
Bandage. رِفَادَة الجرحِ
To flap the wings. ✲ رَفْرَفَ الطائِرُ
To bandage the eyes. ◘ — العينَ
Eye bandage. رَفْرَفُ العينِ
Splash-board. ◘ — العربةِ
Eaves. ◘ — البناءِ . طنف
To hit on the chest. ✲ رَفَسَ . ضَرَبهُ في صدرهِ
To kick. ◘ — . دفعهُ برجلهِ
A kick. ◘ رَفْسَةٌ . لَبْطَة
Steam-launch. ◘ رَفَّاس . زورق بخاري
Propeller. ◘ — . داسِرٌ
To reject; refuse. ✲ رَفَضَ
To dishonour a bill. — حوالة ماليَّة
To be dispersed. اِرْفَضَّ الناسُ
To pass away. — . زالَ

To live in luxury. رَفَهَ . تَرَفَّهَ ٭
To be easy or comfortable. رَفُهَ العيش
To pamper; use to luxury. رَفَّهَ
Luxury; comforts of life. رَفَاهَة . رَفَاهِيَة
To finedraw. ﴿ رفو ﴾ رَفَا . رَفْأً
٭ رَقَّ (في رقق) ٭ رقا (في رقي)
To watch; observe. ٭ رَقَبَ
To guard; watch over. رَاقَبَ
To fear God. — الله . خافَهُ
To superintend. ٥ — العملَ
To expect; look for; look forward to. تَرَقَّبَ
To lie in wait for. — . تربَّص
Neck. رَقَبَة . عُنُق
Control. رَقَابَة . مُرَاقَبَة
Guardian. رَقِيب. مُرَاقِب. حارِس
Observer. — . — . راصِدٌ
Controller. — . — . مُشرِف
Watchtower. مَرْقَبٌ
Observatory. — . مرصَد
Telescope. مِرْقَبٌ ٥ تلسكوب
To sleep. ٭ رَقَدَ . نام (اومات)
To lie down. — . اضطجع
To subside. — الحرُّ والريحُ

Haughtiness. تَرَفُّعٌ
Haughtily. بترَفُّعٍ
Carnival. ٥ مَرْفَعٌ ٥ رِفاع
Raised; elevated. مَرْفوع
Pleading. ٥ مُرافعة . دِفاع
High; elevated. مُرتَفِعٌ
Haughty. مُتَرَفِّعٌ
To throb; palpitate. ﴿ رفف ﴾ . رَفَّ القلبُ
To twitch. — ت العينُ
Palpitation. رَفٌّ
Shelf; ledge. — ٥ صُفَّة .
To serve. ٭ رَفَقَ . أرْفَقَ
To treat with kindness. رَفِقَ وتَرَفَّقَ به
To accompany. رَافَقَ
To associate with — . عاشر
Kindness; leniency. رِفْقٌ
Company; society. رُفْقَة
Companion. رَفِيقٌ
Partner. — . شريك
School-fellow. — المدرسةِ
Elbow. مَرْفِقٌ . مِرْفَقٌ
Support. مُرْتَفَقٌ . مُتَّكأ
Water-closet ٥ — . بيت الراحة
To trail. ٭ رَفَلَ
To strut; swagger. تَرَفَّلَ

To be dull. ـــت السوقُ

To sit upon eggs. ـــت الدجاجةُ على بيضها

To put to sleep. رَقَّدَ . أَرْقَدَ

Sleep. رُقَادٌ . رُقُودٌ . نومٌ

Asleep; sleeping. رَاقِدٌ . نائمٌ

Lying down. ـــ . مضطجع

Bed ; couch. مَرْقَدٌ

To dilute wine. ✲ رَقْرَقَ الخمرَ

To brim over with tears. ترقرقت بالدموعِ

To variegate. ✲ رَقَشَ . رَقَّشَ

To dance. ✲ رَقَصَ

Make one dance. رَقَّصَ

Dancing. رَقْصٌ

Dancer. رَقَّاصٌ

Pendulum. ـــ الساعةِ الكبيرةِ

Dancing-girl. رَقَّاصَةٌ

Ball. مَرْقَصٌ ◻ بالُو

To spot ; speckle. ✲ رَقَطَ

Spotted ; speckled. أَرْقَطُ

Leopard ; panther ‡ ـــ . نمرٌ

To patch. ✲ رَقَعَ . رَقَعَ الثوبَ

To resow. رَقَعَ [2] الزرعَ

To be imprudent. رَقُعَ الرجُل

A patch. رُقْعَة . ما يُرقع بهِ

Label. ـــ العنوان . بطاقَة

Cursive hand. خطُّ ـــ .

Imprudence. رَقاعة . حماقَة

Imprudent. رَقِيع

To make thin. ✲ رَقَّقَ . أَرَقَّ

To flatten. ـــ . بسَطَ

To be thin. رَقَّ . ضدّ غَلُظَ

To pity. ـــ لهُ

To sympathise with. ـــ وتَرَقَّقَ لهُ

To enslave. إِسْتَرَقَّ

Tortoise. رَقٌّ . سُلحفاة ‡

Slavery. رِقٌّ . إِسْتِرْقاق

Parchment. ـــ الكتابةِ

Tambourine. ◻ ـــ {رِيق . دُفّ}

Slave. ـــ . رَقِيق . عبدٌ

Thinness. رِقَّة

Mildness. ـــ الجانبِ

Gentleness. ـــ الطبعِ

Sensitiveness. ـــ الشعورِ

Tender-heartedness. ـــ القلبِ

Thin bread. رُقاقٌ. خبز رقيق

Slave. رَقيقٌ . رِقٌّ . عبدٌ

Thin. —. ضدّ ثخين او كثيف

Mild; meek. — الجانبِ

Indigent. — الحالِ

Sensitive. — الشعورِ

Tender-hearted. — القلبِ

Lamina; thin plate. رَقيقةٌ

To write. ٭ رقَمَ . كتب

To brand. —. رسم

To number. —. ٥ نمَّرَ

To punctuate. —. رَقَّمَ

Number; numerical figure. رَقْمٌ

Letter. رَقيمٌ . كتابٌ

Thinness. ٭ رِقّة (في رقق)

To ascend. ٭ رقيَ . ارتقى

To advance; rise in rank —. —. رَقِيَ

To exorcise. رَقَى بالرُقيةِ

Te advance, raise, elevate. رَقَّى . رفع

To promote. —. اصلحَ

To elevate. —. هذّبَ

Promotion; elevation. رُقِيٌّ

Spell, incantation. رُقْيةٌ

Charmer; sorcerer. رَاقٍ

Elevated. —. مُرْتَقًى

Rising. اِرْتِقاء . صعودٌ

Promotion; advancement. —. ترقٍّ

Promotion. تَرْقِيَة

Involution. — (في الرياضة)

Stairs; ladder. مِرْقاة . سلّم

٭ رقيع (في رقع) ٭ رقيق (في رقق)

Weakness. ٭ رَكاكة (في ركك)

To ride; get upon. ٭ رَكِبَ . امتطى . علا

To brave the dangers. — الأهوالَ

To sail; navigate. — البحرَ

To embark. — السفينةَ

To follow one's fancy. — هواهُ . انقاد لهُ

To fly; aviate. — الهواءَ. طارَ

To commit a crime. اِرْتكبَ الذنبَ

To make one ride. رَكَّبَ . أرْكبَ

To put together. — الأشياءَ

To compose. — الكلامَ والدواءَ

To construct. —. ضدّ فكّ

To set. — الفصَّ في الخاتمِ

To consist, or be composed, of. تَرَكَّبَ من

Convoy. رَكْبٌ . رُكبان

Knee. رُكْبَة

Stirrup. رِكابُ السرج

Post ; pole. —. قائمة

Centre; middle point. مَرْكَزٌ

Centre of gravity. — الثقل

Centre of attraction. — الجذب

Position. —. مكان او حالة

Situation ; post. —. منصب

District. ٥—. قسم من مديرية

Police station. ٥— البوليس

Central office. — الادارة

Central. مَرْكَزِيّ

Centripetal force. القوّة المركزية الجاذبة

Centrifugal force. » ». الطاردة

To run. ٭ رَكَضَ

To spur on. — الفرسَ

To race with. رَاكَضَ

Running. رَكْضٌ . عَدْوٌ

Runner. رَكَّاضٌ . رَكُوضٌ

To bow down. ٭ رَكَعَ . اِنحنى

To kneel down. ٥—. جثا

To be weak. ٭ (ركك) ٭ . رَكَّ . كان ركيكاً

To hold one responsible for. — الأمرَ في عنقه

Weak; poor; unsound. رَكِيك

Weakness. رَكَاكة

A mount. رَكُوبة . مطيّة

Riding. رَاكِبٌ . ضد ماشٍ

Passenger. —. مسافر

Boat ; ship. مَرْكَبٌ . سفينة

Sailing-boat. — شراعي

Steam-boat ; steam-ship. — بخاري

Carriage ; car. مَرْكَبة . عربة

Tram-car. ٥— ترام

Compound. مُرَكَّبٌ

Composed of. — من كذا

Set with. — عليه كذا

Compound interest. —. رِبْحٌ

Ridden. مَرْكوبٌ . ممتطىً

Shoes ; boots. ٥—. حذاء

To stagnate. ٭ رَكَدَ

Stagnation. رُكودٌ . سكون الحركة

Stagnant. رَاكِد

To fix in. ٭ رَكَزَ . رَكَّزَ

To pause ; make a pause. —. اِرْتَكَزَ . وقف قليلاً

To lean upon. —. — على

To concentrate. ٥ رَكَّزَ . رسّب

Pause; temporary stop. رَكْزَة . وقفة قصيرة

Support ; prop. رَكِيزَة

Indication ; sign. رَمْزٌ
Symbol ; type. —. كناية
Symbolic,-al. رَمْزِيّ
Specimen ; sample. رَاموز
To entomb ;bury. ٭ رَمَسَ . دفن
To be immersed in water. اِرْتَمَسَ في الماءِ
Tomb; grave. رَمْسٌ
To blink. ○ رَمَشَ بعينه . طرف
Eyelash. ○ رَمْشٌ . هُدْبٌ
Intense heat. ٭ رَمْضَاءُ
To glance at. ٭ رَمَقَ بالعينِ
The last breath. رَمَق
To sprinkle with sand. ٭ رَمَّلَ
To become a widower. أَرْمَلَ . تَرَمَّلَ
To become a widow. ـــ و ـــ
Sand. رَمْلٌ
Geomancy. ضَرْبُ الـــ .
Widower. أَرْمَلٌ . أَيِّمٌ
Widow. أَرْمَلَة
Widowhood. تَرَمُّلُ الزوجِ
Widowerhood. — الزوجةِ
To repair ٭ رَمَّمَ . رَمَّ
To decay ; be decayed. رَمَّ ٢ . أَرَمَّ
Decayed bone. رُمَّة

To pile or heap up. ٭ رَكَمَ
To be accumulated. تَرَاكَمَ . ارتكم
Pile ; heap. رَكْمٌ . رُكامٌ . كومة
To trust in. ٭ رَكَنَ وأَرْكَنَ اليهِ . وثق به
To rely on. — . — اليه . اعتمد
To run away ; take to one's heels. أَرْكَنَ ٢ الى الفرار
Reliable. يُرْكَنُ اليه
Corner. رُكْنٌ . زاوية
Support ; prop. — . سَنَد
Element; first principle. — . جُزْءٌ أَصليّ
٭ رَكيك (في ركك) ٭ رمّ (في رمم)
٭ رماد (في رمد) ٭ رمّان (في رمن)
Spear. ٭ رُمْحٌ
Lance. — قصير . مِزراق
Spearman; lancer. رَمَّاحٌ
To have sore eyes. ٭ رَمِدَ . أُرْمِدَ
Ophthalmia. رَمَدٌ
Having ophthalmia. رَمِدٌ . رَمْدَان
Ashes. رَمَادٌ
Aash-coloured; grey. رَمادِيّ
To indicate. ٭ رَمَزَ الى

* — . جيفة Carrion.
برُمَّتهِ Altogether.
رَمِيمٌ . بالٍ Decayed.
﴿رمن﴾ رُمَّانَةٌ Pomegranate
* رمَّة (في رمم) Carrion.
* رَمَى . طرَح To throw ; fling
— . القى To throw down.
— بقذيفةٍ To hit ; shoot.
— . نبَذ To throw off.
— بكذا To accuse of.
— بكلامهِ الى To drive at.
— عنهُ To shake off.
اِرْتَمَى To be thrown.
— على الأرضِ To fall to the ground.
— على قدميّ فلان To fall at the feet of.
رَمْيَة Throw ; fling ; shot.
— من غير رامٍ A lucky shot.
رَامٍ . سديد الرماية A good shot.
— . مُلْقٍ Thrower.
مَرْمًى . مدَى الرَّمْيِ Range ; reach.
— . قصد Drift ; aim.
— المدفعِ Gunshot.
* رميم (في رمم) * رنّ (في رنن)
﴿رنب﴾ . أَرْنَبٌ (بيتيّ) Rabbit.

أَرنب ٢(برّي) Hare.
* رِنجة Herring.
* رَنَّحَ . أمالَ To incline.
تَرَنَّحَ To stagger ; reel.
مُتَرَنِّحٌ . متمايل Staggering.
— . نشوان Tipsy; half drunk
* رَنَّقَ اليهِ To stare at.
رَوْنَقٌ Splendour.
* رَنَّمَ . تَرَنَّمَ To chant.
تَرْنِيمَة Song ; hymn.
﴿رنن﴾ . رَنَّ . طنَّ To ring.
— . دوَى To resound; reverberate.
— الوترُ او القوسُ Twang.
رَنَّة . رَنين . طنين Ringing ; resonance.
—.—. دَوِيٌّ Echo ; reverberation.
رَنَّان Resounding; resonant.
﴿رنو﴾ رَنَا اليهِ To bend one's looks upon.
* رَهِبَ To dread ; fear.
رَهَّبَ . أرهَبَ . خوَّف To frighten.
تَرَهَّبَ الرجُلَ To menace.
— الرجُلُ To become a monk
—ت المرأةُ To take the veil.
رَهْبَة Awe ; fear.

Awful; fearful. رَهيبٌ . مخيف
Monk. رَاهِبٌ . ناسك
Nun. رَاهِبَة . ناذرة العفة
To be thin. ٭ رَهُفَ . رَقَّ
Thin. ◘ رَهِفٌ . رَهيفٌ
Sharp. رهيف ٢ . حادّ
Sharpened. مُرْهَفٌ
To oppress. ٭ رَهَقَ . أرهَقَ
To approach puberty. رَاهَقَ الغلامُ
Adolescent. مُرَاهِقٌ
Adolescence. مُرَاهَقَة
Flabby. ٭ رَهِلٌ . مُتَرَهِّلٌ
Drizzle; fine rain. ٭ رِهْمَة
Ointment. مَرْهَمٌ . دهان
To deposit as security. ٭ رَهَنَ . أرْهَنَ
To mortgage. — عقاراً
To pledge; give in pledge. أرْهَنَ ٢ . جعله رهناً
To bet; lay a wager. رَاهَنَ
To hold in pledge. إرْتَهَنَ الشيء
To depend on; be subject to. — بالأمرِ
Security; pledge. رَهْنٌ . رَهينَة
Mortgage. — عقاري
Pawning. — المنقولات
Betting; wagering. رِهانٌ

Accountable for. رَهِينٌ بأعماله
Fixed; permanent. رَاهِنٌ . ثابت
Mortgager. — . مودِع الرهن
Such as it is. بحالته الراهنة
In pawn; mortgaged. مَرْهُونٌ . مُرْتَهَنٌ
Mortgagee مُرْتَهِنٌ
Crane. ٭ رَهْوٌ . اسم طائر
Ambling pony. رَهْوان
To amble. رَهَا الحصانُ
To curdle milk. ٭ رَوَّبَ اللبنَ
To curdle; turn into curd. رَابَ اللبنُ
To doubt. — الرجُلُ
Curdled milk. رَوْبٌ . لبنٌ رائبٌ
Curdled. رَائِبٌ . مُرَوَّبٌ
Dung; droppings. ٭ رَوْثٌ
To dung; void excrement. رَاثَ
To circulate; spread abroad. ٭ رَوَّجَ الأمرَ والخبرَ
To put into circulation. — العملة
To push the sale of. — السلعة
To be current. رَاجَ . دَالَ
To be in demand. — ت السلعةُ
In good demand. رَائِجٌ . مطلوب
Current. — . متداوَل

Currency. رَواجٌ . تداوُل

Good demand. — . كثرة الطلب

To give rest. ☆ رَوَّحَ. أراحَ ○ ريَّحَ

To fan oneself. ○ — . تَرَوَّحَ بالمروحة

To go home ○ — الى بيتهِ

To settle. ○ ريَّحَ ٢ الحائطُ

To go away. راحَ . ذهبَ

To be pleased with. اِرتاحَ للأمرِ واليهِ

To rest; take, or find, rest. ○ — . اِستراحَ

Wine. راحٌ . خمر

Rest; ease. راحةٌ . رَواحٌ

Palm of the hand. — اليدِ

Turkish delight. ○ — الحلقوم

Water-closet. ○ بيتُ الـــ .

Easily. بالـــ . بسهولة

Flush irrigation. الريّ بالـــ .

Smell; odour. رائحة . ريحة

Scent; perfume. — ذكيّةٌ

Stench; stink. — خبيثة

Spirit; breath of life. رُوحٌ

Essence; spirit. ○ — . خلاصة

The Holy Ghost (or Spirit.) الـــ القدُس

Long-suffering. طويل الـــ .

Spiritual. رُوحيّ . روحانيّ

Holy; divine. — . — . دينيٌّ

Spirits. مشروبات روحيّة

Wind. رِيحٌ . هواء متحرّكٌ

Smell; odour. — . رائحة

Whitlow. — الشوكة . داحسٌ

Windmill. طاحون الـــ .

Basil. رَيحان . حَبَقٌ

Myrtle. — شاميٌّ . آسٌ

Giving rest. إراحة ○ تريح

Satisfaction; pleasure. ارتياح

Magnanimous. أريحيّ

Magnanimity. أريحيّة

Settlement. ○ تَرييح ٢ البناء

Rest-house. ○ استراحة المسافرين

Comfortable. مُريحٌ

Fan; ventilator. → مِرْوَحة

Electric fan. — كهربائية

Water-closet. مُستَراحٌ

Exploration. ☆ رَوْدٌ . جَوْبٌ

To explore. رادَ البلادَ

To beguile. راوَدَ . خادَعَ

To seduce a woman. — المرأةَ

To wish; desire. أرادَ . شاء

To choose; will. — . اِختارَ

Willing or unwilling. — أوْ لَمْ يُرِدْ

Frightful; terrible. مُرِيعٌ
Frightened. مُرْتَاعٌ
Evasion. ٭ رَوَغَان . مُرَاوَغَة
Dodge; a cunning trick. رَوَاغٌ . رُوَيغَة
To dodge; shift about. رَاغَ
To dodge; practice mean shifts. رَاوَغَ
To quibble. — في الكلام
To clear; make clear. ٭ رَوَّقَ . صفّى
To filter. — ٥ رشّحَ
To be clear. رَاقَ
To give pleasure. —له . راقه
To pour out. أَرَاقَ . سكَبَ
To take breakfast. ٥ تَرَوَّقَ
Layer. ٥ رَاقٌ . طَبَقَة
Portico. رِوَاقُ البيتِ
Clear. رَائِقٌ . صافٍ
Breakfast. ٥ تَرْوِيقَة
To dribble; drool. ٭ رَوَّلَ . رَالَ
Slaver. رُوَالٌ . لعابٌ
Wish; desire. ٭ رَوْمٌ . مَرَامٌ
Purpose. — . — . قصد
Romans or Greeks. رُومٌ . أَرْوَام
The Mediterranean Sea. بحر الـــ .
Roman. رُومِيٌّ . روماني

To mean; intend. — . قصد
Slowly; gently. رُوَيْدًا
Explorer. رَائِدٌ
Will; choice. إِرَادَة . مشيئة
Wish; desire. — . رَغبَة
At will. حسب الـــ . كما يريد
Voluntary. إِرَادِيٌّ . اختياريٌّ
Purpose; desire. مُرَادٌ
Pencil for applying kohl to the eyes. . مِرْوَدٌ
Pivot; pin. — . مِحْوَرٌ
Pension office. ٭ رُوزْنَامَة
Almanac. — . تقويم السنة
To train. ٭ رَوَّضَ . رَاضَ
To promenade. تَرَيَّضَ
Meadow. رَوْضَة . ارض مخضرة
Exercise. رِيَاضَة . تمرين
Mathematics. العلومُ الرياضيّة
Mathematical. رِيَاضِيٌّ
Mathematician. — . عالمٌ
To alarm; frighten. ٭ رَوَّعَ . رَاعَ . أَرَاعَ
To be frightened. رَاعَ ٢ . اِرْتَاعَ
Fright; alarm. رَوْعٌ . رَوْعَة
Beauty. رَوْعٌ . جمالٌ
Admirable. رَائِعٌ . مُعْجِب
In broad day-light في رائعة النهار

Greek.	— • يونانيٌّ
To wish ; have a desire.	رَامَ . إِبتغى
Rheumatism.	٥ رومانزم
Rhubarb.	٭ رِوَنْدٌ . راوند
	٭ رونق (في رنق) ٭ رؤوف (في رأف)
To relate ; tell.	٭ رَوَى
To quote ; cite.	— عنهُ
To be watered or irrigated.	رَوِيَ . إِرْتوى
To quench one's thirst.	— • — (للانسان)
To irrigate ; water.	أَرْوَى
To quench the thirst.	— • كسر العطش
To deliberate ; consider.	تَرَوَّى
Comeliness.	رُوَاءٌ . حُسن
Report ; rumour ; hearsay.	رِوَايَة . خَبَر
Story ; tale.	— • قصة . حكاية
Statement.	— • بيان
Deliberation.	رَوِيَّة
Narrator.	رَاوٍ
Flag ; banner.	رَايَة (في ريى)
Irrigation.	رَيٌّ . إِرْوَاءُ الأرض
Succulent ; sappy.	رَيَّان
Lung.	رِيَةٌ . رِئَة
Deliberation.	تَرَوٍّ
	٭ رويداً (في رود) ٭ رياء (في رأى)
	٭ رياضة (في روض) ٭ ريال (في ريل)
Watered.	٭ ريان (في روي)
	٭ رَيْبٌ . رِيْبَة . ارتياب
Doubt; suspicion.	
Undoubtedly.	بلا — •
To fill with doubt.	رَابَ . أَرَابَ
To doubt.	إِرْتَابَ في
Doubtful.	مُرْتَاب
While ; as long as.	٭ رَيْثَمَا . وقتما
To take one's time.	رَاثَ . تَرَيَّثَ
	٭ ريح ٭ ريحان (في روح)
	٭ رئيس (في رأس)
To fledge.	٭ رَيَّشَ الطائرُ
To feather.	— السهمَ
Feathers.	رِيْشٌ . كساء الطائر
Furniture.	— • رياشٌ
A feather ; quill.	رِيْشَة
Pen ; quill.	٥— • الكتابة . قلم
Nib ; steel pen.	٥— الكتابة
Lancet.	٥— الجرَّاح . مشرط
Product.	٭ رَيْعٌ . غلَّة

— ٥ ايراد Revenue ; income.
رَيْعَانٌ Prime ; best portion.
٥ تاريخٌ Cadastre.
٭ رِيْفٌ Cultivated land.
٥ — . خلاءٌ The country.
— البحر Sea-coast.
٭ رِيْقٌ . لُعابٌ Saliva.
على الـــِ Before breakfast.
أجرى الـــَ . To make the mouth water.
أراقَ . سكب To pour out.
﴿ريل﴾ . رَالَ ٥ رَيَّل To drool.
رِيالٌ ٥ رِيالَة . رُوال Saliva.
— . (٢٠٠ مليم) Dollar.
— مجيدي Turkish crown.
مَرْيول الطفل ٥ مَريلة Bib or tucker.
٥ رِيمَة . طُفاوَة القِدْرِ Scum.
٭ رئة . رِيَة (في رأى و روي) Lung.
﴿ريي﴾ . أرْبَى الرايةَ To hoist a flag.
رَاية . علَم Flag ; standard.

﴿ ز ﴾

٭ زِئْبِرٌ . زغبر او خَمْلٌ Nap.
٭ زِئْبَقٌ Quicksilver ; mercury.
٭ زَأرَ . زجر To roar.
زَئيرٌ . زجرة Roaring.
﴿زأم﴾ . موتٌ زُؤامٌ Violent death.
﴿زأن﴾ . زُؤانٌ . زُوَان Tares.
٭ زاجٌ (في زوج) ٭ زاح (في زوح)
٭ زادَ (في زيد) ٭ زادٌ (في زود)
٭ زار (في زور) ٭ زاغ (في زيغ)
٭ زاف (في زيف) ٭ زال (في زول)
٭ زام (في زوم) ٭ زان (في زين)
٭ زاه (في زهو) ٭ زاوية (في زوي)
٭ زابل (في زبل) ٭ زبّال (في زبل)
٭ زباني (في زبن) Sting.
٭ زَبَّبَ العنبَ To make raisins.
زَبِيبٌ Raisins.
— بناتي Currants ; sultana.
أزَبُّ . كثيرُ الشعرِ Hairy.
٭ زَبَدَ القشدةَ To churn cream.
أزْبَدَ To foam ; froth.
زُبدَة . زُبْدٌ Butter.
— الشيءِ . أفضله Cream ; flower.
— . خلاصة Essence ; substance
زَبَدٌ . رغوة Foam ; froth.
زَبادٌ . نوع من الطيب Civet.
قطّ الـــِ . Civet-cat.
٥ لَبَنٌ زَبادي Curdled milk.
٭ زَبَرْجَدٌ Chrysolite ; peridot.

Whirlwind ۞ زبع ۞ . زوبعة
Tempest. ○ — . عاصفة
To pluck out. ٭ زبق . نتف
To slip in. ازبق . دخل خلسة
Dung. ٭ زبل . زبلة
Scavenger; dustman. ○ زبّال . كنّاس
Sweepings. ○ زبالة . كناسة
Dust-pan. ○ مجرفة الزبالة
Straw bag. زنبيل . قفّة
Dump; dunghill مزبلة
Sting. ۞ زبن ۞ . زباني ○ زبان
Foolish; idiot. زبون . غبي
Fierce battle. — . حرب
Customer. ○ زبون . عميل
Raisins. ٭ زبيب (في زبب)
Ferrule. ٭ زجّ العصا . كعب
Tag. — الشريط . طرفه المعدني
Glass. زجاج ○ قزاز
Bottle. زجاجة . قنّينة
Piece of glass. — . كسر زجاج
Glazier. زجّاج ○ قزّاز
To check; restrain. ٭ زجر . منع

To rebuke. — . انتهر
To be checked. انزجر
Restraint. زاجر . مانع
To throw away. ٭ زجل . رمى
Carrier-pigeon. حمام الزاجل
To groan. ٭ زحر
Groaning. زحير
Dysentery. — (اسهال مؤلم)
To remove. ٭ زحزح
To creep. ٭ زحف . دبّ
To march on. — اليه . سار
To level the ground. ○ زحّف الأرض
A reptile. زحّافة . دبّابة
Harrow. ○ — الأرض
To remove. ٭ زحّل . أزحل . نقل وابعد
Saturn. زحل . اسم كوكب
To crowd; press. ٭ زحم . زاحم
To compete with. زاحم . ناظر
To be crowded. ازدحم
Crowd. زحمة . زحام
Competitor. مزاحم
Competition. مزاحمة
Crowded. مزدحم
To swell; rise. ٭ زخر البحر
Overflowing; full. زاخر

To decorate. ٭ زَخرَفَ
Decoration. زُخرُف
Vain show — باطِل
To push with violence. ٭ زَحَمَ
Momentum. زَخْمٌ . قوَّة الدفع
Bad smell. زَخْمَة
Drumstick. ٥ — الطبلة
٭ زر (في زرر) ٭ زرافة (في زرف)
Blue colour. ٭ زراق (في زرق)
To shut up in a pen. ٭ زَرَبَ المواشي
Fold for cattle. زَرِيبة
Spout. مِزْرابٌ
High-heeled boots. ٭ زَرْبُول
To swallow; gulp. ٭ زَرَدَ . اِزْدَرَدَ
Coat of mail. زَرَدٌ

Zebra. حِمارُ الـــ
Link, or ring of a chain. زَرَدَة . حَلْقَة
Pliers. ٥ زَرَّدية
To button. ٭ زَرَّرَ . زرَّ القميص

To tighten one's eye. زَرَّ عينه
Button. زِرٌّ . ما يدخل في العروة
Flower bud. ٥ — الزهرة
Tassel. ٥ — الطربوش وغيره
To chirp. ٭ زَرْزَرَ العصفورُ
Starling زُرْزُورٌ . طائر
To sow, plant. ٭ زَرَعَ
Sowing; planting; growing. زَرْعٌ
Plant. — النبات المزروع
Agriculture. زِرَاعة . فلاحة
Crop; what is planted زَرِيعة
Agricultural. زِراعيّ
Farmer; cultivator; planter. زَارِع
Plantation. مَزْرَعَة
Giraffe; camelopard. ٭ زَرَافة
To mute. ٭ زَرَقَ الطائرُ
To become blue. اِزْرَقَّ . صار ازرق
Blue colour. زَرَقٌ . زُرْقَة
Jay. ابو رزيق . طائر
Skiff; small boat. زَوْرَق
Steam-launch. — بخاريّ
Blue. أَزْرَق

The blue; the sky. الزَّرقاء
Lance. مِزْرَاقٌ . رُمح صغير
Red-lead. ٭ زَرْقُون ٥ سلاقون
To decorate. ٭ زَرْكَشَ . زخرف
Tapestry. زَرْكَشٌ
Arsenic. ٭ زِرْنيخ . عقار سامٌّ
To reproach. ٭ زرَى
To detract from. أزرَى به
To despise. اِزْدَرَى به
Contemptible. زرِي
Contempt. اِزْدِراءٌ
Whirlwind. ٥ زَعْبُوبَة . زوبعة
To disturb; trouble. ٭ زَعَجَ . أَزْعَجَ
To be disturbed. اِنْزَعَجَ
Disturbance; trouble. زَعْجٌ . اِنزعاج
Disturbing; troublesome. مُزْعِجٌ
Thin-haired. ٭ زَعِرٌ . أزْعر . خفيف الشعر
Tailless. ٥ أزْعَرُ ٢ . بلا ذيل
Peevish; testy. زُعْرور . سريع الغضب
Medlar. — . شجرٌ او ثمرٌ
Wag-tail. زِعَرَّة . اسم طائر
To shake. ٭ زَعْزَعَ . قلقل
Shaky; unsteady. مُزَعْزَع . متزعزع

To kill on the spot. ٭ زَعَفَ
Deadly poison. سُمٌّ زُعافٌ
Saffron. ٭ زَعفَرَان
To shriek; howl. ٭ زَعَقَ . صرخ
To shout. — . رفع صوته
Shouting. زَعْق . زَعيقٌ
To be annoyed. ٭ زَعِلَ . ضجِرَ
To be offended. ٥ — . تكدر
To annoy. أَزْعَلَ . أزعجَ
To offend. ٥ زَعَّلَ . كدَّر
Annoyed. زَعِلٌ . زَعْلانُ
Offended. angry ٥ — ٥ — . متكدِّر
Annoyance. زَعَلٌ . ضجَرٌ
Anger. ٥ — . كدرٌ
To pretend; hold out falsely. ٭ زَعَمَ
Pretence; pretext. زَعْمٌ
Leadership. زَعَامَة
Chief; leader. زَعِيمٌ
Fin. ٭ زِعْنِفَةُ السمكة
The rabble. زَعانِفُ ٢ القوم
Down; soft hair. ٭ زَغَبٌ
Downy. زَغِبٌ . أزْغَبُ
Dormouse. زُغبة . الفارة النوّامة
Nap. ٭ زِغْبِرٌ ٥ وبرٌ
To conceal. ٭ زَغْزَغَ . اخفى

Tickle. ○— . دَغْدَغَ

To pour forth. ٭ زَغَلَ . اَزْغَلَ . صبَّ

To adulterate (coin); debase (metal.) ○— . زيَّف

To dazzle. ○ زَغلَ النظرَ . خطف البصرَ

Baby ; infant. زُغْلول . طفْلٌ

Young pigeon. ○— الحمامِ

٭ زَفَّ ٭ زفاف (في زفف)

To smear with pitch. ٭ زَفَّتَ

Pitch. زِفْتٌ . قارٌ

To exhale; breathe out. ٭ زَفَرَ . ضدّ شَهَقَ

Dirty ; unclean. ○ زفِرٌ . وسِخٌ

Deep sigh. زَفْرَة . ضدّ شهْقة

Exhalation. زَفِيْرٌ

To lead a bride (to her husband.) ❋ زفف ❋ زَفَّ العروسَ

To announce good news. — البُشرى

Nuptial procession زَفَّةُ العُرس

Procession. ○— . موكب

Nuptial feast. زِفَافٌ

To dance. ٭ زَفَنَ . رقصَ

Zizyphus. زيزفون

٭ زَقَّ ٭ زقاق (في زقق)

To chirp. ٭ زَقْزَقَ الطائرُ

To dandle; toss in the arms. — الطفلَ

Plover. زِقْزَاقٌ . اِسم طائر

To mute. ٭ زَقَّ الطائرُ

To push. ○— . دَفَعَ

Water-skin. زِقٌّ . قِربة

Lane. زُقاقٌ . طريق ضيّق

Balanites. ٭ زَقُّومٌ . اسم نبات

To fill up. ٭ زَكَبَ . ملأ

Bag ; sack. ○ زَكِيبة . غرارَة

To catch cold. ٭ زُكِمَ

Cold in the head ; catarrh. زُكَامٌ

To grow ; thrive. ٭ زَكَى . زكا . نما

To purify. — . طهّرَ

To confirm. — الشهادةَ

Purity. زَكَاة . طهارة

Alms. — . صدَقَة

Tithe. — المالِ

Sinless; pure. زَكِيٌّ . بارٌّ

٭ زلّ ٭ زلال (في زلل)

Pan-cake. ٭ زَلابِيَة . عجين مقليّ

To bolt a door. ٭ زَلَجَ البابَ

To slide. زَلِجَ . تَزلَّجَ

Slippery. زَلِجٌ

Bolt. مِزْلاجٌ ○ ترباسُ البابِ

Latch. — ○ سقّاطة البابِ

To shake. ٭ زَلْزَلَ . هَزَّ
Earthquake. زَلْزَلَة . زِلْزَال
To walk quickly. ٭ زَلَطَ . مشى سريعاً
Pebbles. ◘ زَلَطٌ . حَصْباء
Metal. ◘ — (لرصف الطرق)
Jar. ◘ زَلَعَة . دِنٌّ
Gullet. ◘ زَلْعُوم . حُلقوم
To fawn upon. ٭ زَلَفَ . تزلَّفَ اليه
Sycophancy زَلَفٌ . زُلْفَى . تزلُّف
Sycophant; toady. مُتَزَلِّف
To slip. ٭ زَلِقَ . زلَّ
To make slippery. زَلَّقَ
Slippery; smooth. زَلِقٌ
Crossing. ◘ مَزْلقان سكة الحديد
Lapse; fault. ٭ زَلَلٌ . خطأ
To slip. زَلَّ
Lapse; a slipping or falling. زَلَّة
Fresh pure water. زُلَالٌ
Albumen; white of the egg. — البيض
Stature. ٭ زَلَمَة . الهيئة والقدّ
Trunk; snout. ◘ زلومة الفيل
٭ زمّ ٭ زمام (في زمم) ٭ زمان (في زمن)
To roar; bellow. ٭ زَمْجَرَ . زأَرَ
To play on ٭ زَمَرَ . زَمَّرَ

Piping. زَمْرٌ . تَزْمِيرٌ
Company; group. زُمْرَة
Piper. زَمَّار . زَامِرٌ
Pipe; reed. زَمَّارَةٌ . مِزْمَار
Bagpipe. — القربة
Epiglottis. لسانُ المزمار
Psalm. مزمور
Emerald. ٭ زُمُرُّد
Copious. ٭ زَمْزَمٌ . كثير
Water bottle. ◘ زَمْزَمِيَّة
To determine upon. ٭ زَمَعَ . أَزْمَعَ على
About to happen. مُزْمِع . قريب الحدوث
To accompany. ٭ زَمَلَ ◘ زَامَلَ
Company زُمْلَة . رفقة
Companion. زَمِيلٌ
Chisel. إِزْمِيلٌ
To tighten. ❀ زمم ❀ . زَمَّ
Reins; ribbons. زِمَامٌ
Time; period. ٭ زَمَنٌ . زَمان
Tense — الفعل (في النحو)
Temporal. زَمَنِي
To remain a long time. أَزْمَنَ
To be chronic. — الداء

Sanctimony; pretended holiness. ☆ زَنْدَقَة.
Atheism. — . كُفْر
Atheist, *zendik*. زِنْدِيق . كافر
To glare; look with fierce eyes. ☆ زَنَرَ بعينهِ
Waistband; girdle. زُنَّار
Prison cell. ○ زِنْزَانَة السجن
To tighten. ☆ زَنَق . زَنَّقَ . ضيَّق
Collar. زِنَاق . طوق
Zinc. ○ زِنْك . توتيا
To buzz; hum. (زن) ○ زَنَّ . طنّ
Buzzing; humming. ○ زَنّ . طنين
To commit adultery ☆ زَنَى . زَنَا
Adultery. زِنًى . زِنَاء
Adulterer. زَانٍ . فاسق
Adulteress. زَانِيَة . فاسقة
Prostitute. — . عاهرة
☆ زَهَا ☆ زُهَاء (في زهو)
To renounce. ☆ زَهَدَ فيه وعنه
To be indifferent to. — فيه . لم يبال به
To become a hermit. تَزَهَّدَ
Religious devotion. زُهْد . نُسْك
Indifference; apathy. — . عدم اهتمام
Paltry; little; trifling. زَهِيد . طفيف

Long continued. مُزْمِن
Chronic disease. مرض — .
To be blood-shot. ☆ زَمْهَرَ . ازْمَهَرَّ . احمرّ
Severe cold. زَمْهَرِير
☆ زميل (في زمل) ☆ زنّ (في زنن)
To hold one's urine. ☆ زَنَأَ بولَه
To be supercilious with. ☆ زَنْبَرَ عليه
Wasp. زُنْبُور . دَبُّور
Spring. ☆ زُنْبُرَك ○ زنبلك
Tuberose. ☆ زَنْبَق
Straw bag. ☆ زنبيل (في زبل)
Negro; blackman. ☆ زَنْجي
Ginger. ☆ زَنجبيل ○ جنزبيل
To mill "coin". ☆ زَنْجَرَ المسكوكات
Verdigris. زِنجار ○ جنزار
Chain. زِنجير ○ جنزير
Book-keeping by double entry. حساب الـــ .
To become rancid. ☆ زَنِخَ الجوزُ والزيتُ
Fusty (nut); rancid (oil). زَنِخ
Ulna ☆ زَنْد . عَظم الزَّنْدِ
Fire-steel. — . زناد
Hammer. — البندقيَّة

Insignificant; — . لايُعتدُّ به
Hermit; ascetic. زَاهِدٌ
Indifferent; apathetic. — . عديم الاهتمام
To shine. ✿ زَهَرَ . اِزْدَهَرَ
To blossom; flower. أَزْهَرَ ◘ زَهَّرَ
Flower; blossom. زَهْرَة
Washing blue. ◘ — الغسيلِ

Die (*pl.* Dice) ‡ — النردِ
Orange-flower water. ماء الزهرِ
Venus. الزُّهَرَة
Syphilis. مَرَضُ الزُّهري
Flower vase. ◘ زُهْرِيَّة . وعاء الزهور
Florid; bright in colour. زَاهِرٌ . زَاهٍ
In blossom; flowering. — . مُزْهِرٌ ◘ مزهَّر
Flowering; florescence. تَزْهِير . تفتيح الزهور
To die. ✿ زَهَقَتْ نفسُهُ . خرجت
To be tired of. ◘ زهِقَ منهُ
To perish. — الشيء . اضمحل
To destroy. أَزْهَقَ . لاشى
Perishing. زَهُوقٌ

Tired; disgusted. ◘ زَهْقان
Fetidness. ✿ زُهْمٌ . زُهُومَة
Fetid; bad smelling. زَهِمٌ
Vainglory. ✿ زَهْوٌ . تيهٌ
Splendour. — . رَوْنَقٌ
To shine. زَهَا . أَشرقَ
To flourish. — . أَزهَى
Quantity. زُهَاءٌ . مقدار
About. — . نحو
Bright; florid. زَاهٍ . بهيّ
✿ زهيد (في زهد) ✿ زوبعة (في زبع)
To give in marriage. ✿ زَوَّجَ
To marry. تَزَوَّجَ
Husband. زَوْجٌ . قرينٌ
Wife. — . قرينة
Son-in-law. — الابنة
Brother-in-law. — الاختِ
Uncle. — الخالة او العمّة
Step-father. — الامِّ . رابٌّ
A pair; couple. ◘ — . زوجان
Wife; consort. زوجة . قرينة
Step-mother. — الأبِ
Daughter-in-law. — الابنِ
Sister-in-law. — الأخِ
Aunt. — الخال او العمِّ
Even number. عدد زوجيّ

Marriage. زَوَاجٌ
Wedding. حفلة الـــ.
Wedding-ring. خاتم الـــ.
Matrimonial. زَوْجِيٌّ
Married. مُزَوَّجٌ . متزوِّجٌ
Double; twofold. مُزْدَوِجٌ
Green vitriol; copperas. زَاجٌ
Displacing. ✿ زَوْحٌ . إِزَاحة
To depart; go away. زَاحَ . انْزَاحَ . ذهب
To displace. أَزَاحَ
To supply, or provide, with. ✿ زَوَّدَ بكذا
To supply with provisions. ــــ . اعطاهُ الزادَ
To increase. ▫ ــــ (في زيد)
Provisions. زَادٌ ▫ زُوَّادَةٌ
Wallet; knapsack. مِزْوَدٌ
To forge; falsify. ✿ زَوَّرَ
To visit; call on. زَارَ
To be choked. ▫ زَوِرَ . غُصَّ
To exchange visits. تَزَاوَرُوا . تبادلوا الزيارات
Throat. زَوْرٌ
False. زُورٌ . كاذب
Falsehood. ــــ . كذب
By force. ▫ بالـــ . قَسراً

Visitor. زَائِرٌ . الذي يزور
Guest. ــــ . ضيف
Visit; call. زِيارةٌ
Forgery. تَزْوِيرٌ . تزييف او تقليد
Fraud. ــــ . تدليس
Shrine. مَزَارٌ
Forged; false. مُزَوَّرٌ
Small boat. ✿ زورق (في زرق)
To deviate. ✿ زوغ ✿ . زَاغَ (انظر زيغ)
Hyssop. ✿ زُوفَاءُ . نبات عطريّ
To embellish; decorate ✿ زَوَّقَ

Court-card. ▫ زُوَّيْقَة
Embellished; decorated; ornamented. مُزَوَّقٌ
Person. ✿ زَوْلٌ . شخص
Phantom. ▫ ــــ . خيال
To vanish; pass off. زَالَ . تلاشى
To cease; pass away. ــــ . ذهبَ
To continue. ما زالَ ولم يزلْ
To attempt زَاوَلَ . حاوَلَ
To practise. ــــ . تعاطى

To remove.	أَزَالَ
Cessation.	زَوَالٌ . انقضاء
Vanishment.	— . تلاشٍ
Sunset.	— الشمس
Transient; passing; speedily vanishing	زَائِلٌ
Removal.	إِزَالَة
Practice.	مُزَاوَلَة
Zoology.	زُوُلوجيا . علم الحيوان
Sap; juice.	زُوْمٌ . نُسْغ
To snarl.	زَأَمَ . هَمْهَمَ
Tares.	زُؤَانٌ ﴿ زون ﴾
To hide; be secluded.	زَوَى . انْزَوَى
Corner; nook.	زَاوِيَة
Angle.	— (في الهندسة)
Right angle.	— قائمة
Acute angle.	— حادّة
Obtuse angle.	— منفرجة
Angle of incidence.	— الوقوع
Private mosque.	— للصلاة
Corner stone.	حَجَرُ الـ
	﴿ زيّ (في زيي) ﴾ ﴿ زيارة (في زور) ﴾
Quicksilver; mercury.	زِيبَقٌ
To lubricate; oil.	زَيَّتَ وَزَاتَ الآلَة

Oil.	زَيْتٌ
Castor-oil.	— خِرْوَع
Olive-oil.	— الزيتون
Cod-liver oil.	— السمك

Oil-can; lubricator.	مَزْيَتَة
Olive.	زَيْتُون
Olive-tree.	زَيْتُونَة
Olive-coloured.	زَيْتُونِي
Ephemeris.	زِيجٌ . فلكيّ
Plumb-line.	— البَنَّاء
To depart; go away.	﴿ زيح ﴾ زاح (زوح)
To remove.	أَزَاحَ
To unveil.	— اللثام عن
Strip	شُقَّة
Stripe.	— خَطٌّ عريض
To increase; augment.	﴿ زيد ﴾ زَادَ . ضدّنقص
To increase.	— زَوَّدَ
To exceed.	— عن كذا
To bid higher.	زَايَدَ

To outbid one another. تَـزَايَدوا
Increase. زِيَادَة . ضدّ نَقْص
Addition. — . علاوَة
More than. — عن
Excessive. زائِد. مفرط
Superfluous. — . غير لازم
Auction. ◘ مَزَادٌ . حَرَاجٌ
Bidder. مزَايِدٌ (في المزاد)
Bidding. مُزَايَدَة
Large water-jar. ✲ زِيرُ الماءِ
Ladies' man. — . يحبّ مجالسة النساء
Zizyphus. ✲ زَيزَفُون
To be boisterous. ✲ زَيَّط . زَاطَ
Boisterous. زِيَّاطٌ
Deviation. ✲ زَيْغٌ . زَيَغَانٌ
To deviate; swerve; diverge; deflect. زَاغَ. انحرف ومالَ
To stray; wander; deviate. — . ضَلَّ
Jackdaw. زَاغٌ . غراب الزرع
Deviating. زَائِغٌ
To counterfeit. ✲ زَيَّفَ . زَافَ
Counterfeit. زَيْفٌ . زَائِفٌ
Collar. ✲ زِيقُ الثوب
Plumb-line. — البنّاء

Stripe. ◘ — . خط عريض
To creak. ◘ زَيَّقَ البابُ
To wheeze. ◘ — صدرُه
To disperse. ✲ زَيَّلَ . فرَّق
To leave. زَايَل . فارَقَ
To cease. زَالَ
Still; yet. ما — . لا يزال
To decorate; adorn. ✲ زَيَّنَ . زَانَ
To shave. تَزَيَّنَ . حلق
To be adorned. — . ازْدَانَ
Beautiful. زَيْنٌ . جميل
Ornament; decoration. زِينَة . زِيَان
Toilet; dressing. — . هندام
Adorned; decorated. مُزَيَّن . مُزْدَان
Barber; hair-dresser. مُزَيِّنٌ . حلّاق
To dress. ✲ زَيَّى . ألبس
To wear. تَزَيَّى . لبس
Wear; style of dress. زِيٌّ . لباس
Fashion; style. — ◘ مُودَه .
Shape; form. — . هيئة
Stylish; fashionable. على الـ الجديد
Like; the same as. ◘ زَيّ . مِثل

(س)

* سَأَلَ	To ask.
— عن	To ask after.
تَسَوَّلَ . اِستعطى	To beg.
سَلْ . فِعل امر	Ask.
سُؤَالٌ . طَلَبٌ	Request.
— . استفهام	Question.
— . تَسَوُّلٌ	Begging.
سَائِلٌ	Asker.
— . مُتَسَوِّل	Beggar.
مَسْئَلَة . حاجة	Request.
— . مَطلَب	Matter.
— يُطلب حَلّها	Problem.
مَسْئُولٌ	Responsible.
مَسْئُوليَّة	Responsibility.
* سَئِمَ	To be tired of.
سَأَمٌ . سَآمَة	Weariness.

* ساء (في سوأ) * سابَ (في سيب)
* ساح (في سيح) * ساحل (في سحل)
* ساحة (في سوح) * سادَ
* سادَه (في سود) * ساذج (في سذج)
* سارَ (في سير) * سارَّ (في سرر)
* ساروخ (في سرخ) * سارية (في سري)
* ساس (في سوس) * ساط (في سوط)
* ساطور (في سطر) * ساعَ (في وسع)
* ساعٍ (في سعى) * ساعد (في سعد)
* ساعة (في سوع) * ساقٌ (في سوق)
* ساقٍ * ساقية (في سقي) * سال (في سيل)
* سامَ (في سوم) * سامٌّ (في سمم)
* سامٍ (في سمو) * سامح (في سمح)
* ساوى (في سوى) * ساير (في سير)
* سايس (في سوس) * سبّ
* سبابة (في سبب) * سبات
* سباتي (في سبت)

○ سَبَانِخ	Spinage; spinach.
* سَبَّبَ الأمرَ	To cause.
سَبَّ	To defame; revile.
تَسَبَّبَ بالأمرِ	To be the cause of.
□ — . تاجَرَ	To trade; deal.
سَبّ . شَتْمٌ	Abusing.
سَبَبٌ	Cause; reason.
— . باعِث	Motive; cause.
بسببِ كذا	Because of.
سَبَّابة	Forefinger; index.
مُتَسَبِّبٌ في الأمرِ	Cause.
□ — . تاجر	Petty tradesman.
* سَبْتٌ	Saturday.
— . يوم الراحة	Sabbath.
□ سَبَتٌ . سَلَّة	Basket.
سُبَاتٌ . غيبوبة	Lethargy.

Club. ♣ ○ سِباتي

September ○ سِبْتِمْبر (شهر)

To swim. ٭ سَبَحَ . عامَ

To praise; glorify. سَبَّحَ . مَجَّدَ

Praise. سُبْحٌ . تَسْبِيح

Praise be to God. الـــُ للهِ

Rosary; chaplet. سُبْحَة : مَسْبَحَة

Swimming. سِبَاحَة . سَبْح

Hymn. تَسْبِحَة . تَسبِيحَة

To sleep heavily. ٭ سَبَّخَ . نامَ نوماً عميقاً

To manure. ○ ــــ . سمَّد

Wet salty land. سَبِخٌ

Manure. ○ سِبَاخٌ . سماد

To probe; sound. ٭ سَبَرَ

Probing; sounding سَبْرٌ . جَسٌّ

Probe. مِسْبَرٌ . مِجَسٌّ

Grandson; grandchild. ٭ سِبْطٌ . حفيد

Tribe. ــــ . عشيرة . قبيلة

Lank (hair). سَبْطٌ

Open-handed. ــــ اليدينِ

To make sevenfold. ٭ سَبَّعَ

Beast of prey. سَبُعٌ . كل حيوان مفترس

Lion. ○ ــــ . أَسَدٌ . ليثٌ

Seven. ــــ . سَبْعَة (٧)

Seventeen. ــــ عشرة . سبعة عشر

Seventh part. سُبْعٌ (١/٧)

Sevenfold. سبعةُ اضعاف

Seventy. سَبْعُون (٧٠)

Seventieth. الـــ

Seventh. سَابِعٌ

Seventeenth. الـــ عشر

Sevenfold. سُبَاعِيٌّ

Week. أُسْبُوعٌ . سبعة ايام

A fortnight. أُسبوعان ١٤ يوم

Weekly. أُسْبُوعي و اسبوعيًّا

To precede; go before. ٭ سَبَقَ . تقدَّم على

To beat; surpass. ــــ . غلب

To compete with. سَابَقَ

Precedence. سَبْقٌ . أَسْبَقِيَّة

Race. سِبَاقٌ . مُسابقة

Race-horse. حصانُ السباقِ

Race-course. ميدان السباقِ

Preceding. سَابِقٌ . متقدِّم

Precedent. ــــ . ضدّ لاحِق

Previous; former. ــــ . ماضٍ

Premature. ــــ اوانه

Previously; formerly. سَابِقاً . قبلاً

Precedent. سابقة
Competitor. مُسَابِقٌ
Competition. مُسَابَقَة
To found; cast. ٭ سَبَكَ . سَبَّكَ
Metal casting. سَبْكُ المعادنِ
Founder. سَبَّاكُ المعادن
Ingot. سَبِيكَة
Foundry. مَسْبَكٌ
To dedicate to charitable ends. ٭ سَبَّلَ المالَ
To draw the curtain. أَسْبَلَ الستارَ
To draw a veil over. — السترَ على
To shed tears. — الدمعَ
To put forth ears. — الزرعُ
Spike; an ear of corn. سَبَلَة . سنبلة
Way; road. سَبِيلٌ . طريق
Means. — . واسطة
▫ — . مكان عمومي لشرب الماء
Public drinking-place or fountain.
Wayfarer ابنُ الــِ . اوعابرسبيل
To make way or room. أخلى الــَ
To set free. أخلى سبيلهُ . اطلق سراحه
Brake van. ▫ سِبِنْسَة القطار
Black-board. ٭ سبورة (في سبر)
To capture; take prisoner. ٭ سَبَى العدوَّ
To captivate; fascinate. — العقلَ
To exile. — الرجُلَ . نفاهُ
Captive. سَبِيٌّ
Captivity. سَبْيٌ . أَسْرٌ
White-lead. ▫ سبيداج
Way. ٭ سبيل (في سبل)
Stall. ▫ سْتال . مقعد في تياترو
Six. ﴿ستت﴾ . سِتٌّ . سِتَّة
Sixteen. — عشرة . ستة عشر
Lady. ▫ — . سِيِّدة
Sixfold. ستةُ اضعافٍ
Sixty. سِتُّونَ (٦٠)
Sixtieth. الــ .
Sixth. سَاتٌّ . سادس
Professor. ﴿ستذ﴾ . أُسْتاذٌ
Ledger. ▫ دفتر الــ .
To cover; hide ٭ سَتَرَ . غطّى
To veil; screen. — . حجبَ
To protect; shelter. — . حَمَى
To shelter; harbour. — . تستّر على
To cover or hide oneself. تَسَتَّرَ . اسْتَتَرَ
Cover. سِتْرٌ . ستارٌ . غطاء

Veil; screen.	— . — . حجاب
Curtain.	سِتارٌ٢ ◘ سِتارَةٌ
Jacket.	سُتْرَةٌ ◘ سِتْرَةٌ
Hidden; concealed.	مُسْتَتِرٌ
Understood; implied	— . مُضمَر
To stow.	◘ سَتَّفَ . رَصَّ
Stowing.	◘ تستِيف
Six.	☆ ستة (في ستت)
Anus.	☆ سِتةٌ . اِسْتٌ
Sateen.	◘ سَتِينيه من القطن
Satin.	— حرير
To bow "in worship"	☆ سَجَدَ . انحنى خاضعاً
To kneel down	◘ — . جثا
To worship ; adore.	— لله
Bowing; prostration.	سُجُودٌ
Worship ; adoration.	— . عبادَة
Carpet; rug.	سَجَّادَةٌ . طنفسة
Prayer-rug.	— الصلاةِ
Mosque.	مَسْجِدٌ
To coo.	☆ سَجَعَ . سَجَّعَ الحمامُ
To rhyme.	— . — الكلامَ
Cooing.	سَجْعُ الحمامِ
Rhyming.	— . تسجيع الكلامِ
Rhymed prose.	— . كلام مُقفى

Curtain.	☆ سجفٌ . سَجَافٌ
Sausages.	◘ سُجُقٌ ◘ مقانق
To register ; record.	☆ سَجَّلَ
Register.	سِجِلٌّ . دفتر التسجيل
Archives.	سِجِلَّات ◘ قيودات
Registration.	تَسْجِيلٌ
Registry; — office.	مكتب — العقود
Registered.	مُسَجَّلٌ
To flow; run.	☆ سجَمَ ، اِنْسَجَمَ
To be fluent.	— . — الكلام
Fluent.	منسَجِمٌ
To imprison.	☆ سجَنَ
Prison ; jail.	سِجْنٌ
Imprisonment.	سجْنٌ
Jailer; gaoler.	سَجَّانٌ
Imprisoned.	سَجِينٌ . مَسْجونٌ
State prisoner	— سياسي
Natural disposition.	☆ سَجِيَّةٌ
☆ سحٌّ (في سحح) ☆ سحاب (في سحب)	
To draw; drag.	☆ سَحَبَ
To withdraw.	— . استرجع
To be drawn.	اِنْسَحَبَ
To retreat.	— . تقهقر
Drawing.	سَحْبٌ . جر
Withdrawing.	— . اِسترجاع
Clouds.	سَحاب . غيمٌ

سَحَابَة . غَيْمَة A cloud.
— اليوم All day long.
إِنسِحَابٌ Withdrawal; retirement.
قابلُ الـــ . (كالمدن) Ductile.
قابليَّة الـــ . Ductility.
مَسْحَبُ هواءٍ . تيَّار Draught.
مَسْحُوبٌ . مجرور Drawn.
☆ سُحْتٌ Ill-gotten.
☆ سَحَجَ To abrade.
— الجلدَ To graze; gall.
مسحوجٌ . مجلوط Raw.
☆ سحح ☆ . سَحَّ الماءُ To flow.
— ـت عينهُ To shed tears.
☆ سَحَرَ To bewitch.
— العقلَ To enchant; fascinate.
سِحْرٌ Magic; sorcery.
— العقل Enchantment.
سِحْرِيّ Magic, —al.
سَحَرٌ . فجرٌ Daybreak.
سَحَّارٌ . ساحِرٌ Sorcerer.
— . — . مشعوذ Conjurer.
سَحَّارَة . ساحِرَة Sorceress.
○ — . صندوق Box.
○ — (في الريّ) Siphon.
سُحُورٌ Daybreak meal (during a fast.)
☆ سَحَقَ To crush; pound.

سَحُقَ To be distant.
اِنسَحَقَ To be crushed.
سَحقٌ Crushing; pounding.
سُحْقٌ . بُعدٌ Remoteness.
سَحِيقٌ Remote; distant.
انسحاق القلب (ندماً) Contrition.
مسحوق . منسحق Crushed
— . مسحون Powdered.
— . تراب Powder.
☆ سَحَلَ بالمسحَل To plane.
○ سِحْلِيَّة . سِقَّايَة Lizard.
سَاحِلٌ Coast; shore
☆ سَحْلَبٌ Salep.
☆ سَحَنَ To pound; pulverise.
سَحْنَة Expression; mien
مِسْحَنَة . مدَقَّة Pestle.
☆ سخاء في (سخي) ☆ سخافة (في سخف)
○ سِخْتِيان Morocco-leather.
☆ سَخَرَ . سَخَّرَ To exploit.
سَخِرَ بهِ ومنهُ To ridicule; laugh at.
سُخْرَة . عمل بلا أُجرة Gratuitous work.
— . عونة Conscript labour.
سُخْرِيٌّ . مضحك Ridiculous.
سُخْرِيَّة . هزءٌ Ridicule; mockery.
☆ سَخِطَ على To be angry with.

To point at; take aim at. ٭ سَدَّدَ . صوَّب

To settle "an account". ٥ — حِساباً

To stop; close up. سَدَّ . ضدّ فتح

To cork; stop up. — بِسدادةٍ

To fill up. — فراغاً . ملاءهُ

To take the place of. — مَسَدَّهُ

To be apposite. اَسَدَّ . كان سَديداً

Closing. سَدٌّ . ضدّ فتح

Obstruction. — . حاجزٌ

Weir. — في نهرٍ

Tight. مُحكم السـ .

Appositeness. سَدادٌ . إحكام

Plug; stopper. سِدادَة

Apposite. سَديدٌ

A good shot. — الرماية

Apostolic see. سُدَّة باباويَّة

Settlement. ٥ تسْديد . وفاءٌ

To be dazzled. ٭ سَدِرَ بصَرُهُ

Lote-tree. سِدْرَة

To be the sixth of. ٭ سَدَسَ

To multiply by six. سَدَّسَ العددَ

Sixth part. سُدْس (⅙)

Consisting of six. سُداسي

Six-lettered. — الحروف

To anger; offend. اَسْخَطَ . كدَّر

Anger; indignation. سُخْطٌ . سَخَطٌ

Displeasure. — . ضد رضى

Angry with. ساخِط على

To be weak. ٭ سَخُفَ

To be weak-minded. — عقلهُ

Weakness سَخافة

Weak; poor سَخِيفٌ

Weak-minded. — العقل

To besmut; blacken with soot. ٭ سَخَّمَ

Soot; crock. سُخامٌ

To be hot or warm. ٭ سَخَنَ

To heat. سَخَّنَ . اَسْخَنَ

Hot; warm. سُخْنٌ . ساخِنٌ

Feverish. ٥ — ٥ — . محموم

Heat. سُخُونَة . حرارة

Fever. — . حُمَّى

To be generous. ٭ سَخِيَ . سَخَا

Generosity; liberality سَخَاءٌ . سَخاوة

Generous; liberal. سَخِيٌّ

٭ سخيف (في سخف) ٥ سدّ (في سدد)

Warp. ٭ سداة (في سدي)

Rue; herb of grace. ٥ سَذَبٌ . شذاب

Hexagon. مُسَدَّسُ الأركانِ
Hexahedron. — السطوحِ

Revolver. مُسَدَّسٌ ٢ ٥ فَرْدٌ
Sixth. سَادِسٌ . بعد الخامس
Sixteenth. — عشر
To let "hair" hang down. ٭ سَدَلَ . أَسْدَلَ الشَّعْرَ
To let down; lower. — السِّتارَ
Curtain. سُدُلٌ . سِتْرٌ
To be repentant. ٭ سَدِمَ
Mist or haze. سَدِيمٌ . ضَبابٌ
Nebula. — (في الفلك)
To confer a benefit on. ٭ سَدَّى . أَسْدَى اليه
To advise; give advice to. — . — اليه النُّصْحَ
In vain; ineffectually; to no end. سُدًى . باطلاً
Warp. سَدَاةُ النسيجِ
٭ سديد (في سدد) ٭ سديم (في سدم)
Rue; herb of grace. ٭ سَذَابٌ . اسم نبات
Simplicity. ٭ سَذَاجَة . بساطة
Plain; simple. سَاذَجٌ
٭ سر ٭ سرّاء (في سرر) ٭ سراب (في سرب)

٭ سراج (في سرج) ٭ سراط (في سرط)
٭ سرادق (في سردق) ٭ سراي (في سري)
To leak out; run out. ٭ سَرِبَ . تَسَرَّبَ . سالَ
To sneak away. تَسَرَّبَ ٢ . خرجَ خلسة
To steal into. — في الشيء
Tunnel. سَرَبٌ ٥ سِرداب . نَفَق
Swarm; flock. سِرْبٌ . سُرْبة
Flight "of birds" — طيور
Mirage. سَرَابٌ . خَيْدَعٌ
Sewage. ٥ — المراحيضِ
To clothe. ٭ سَرْبَلَ . ألبسَ
To wear; put on. تَسَرْبَلَ
Dress; apparel. سِرْبالٌ
To plait. ٭ سَرَّجَ . ضَفَرَ
To tack. ٥ — الخياطة
To saddle a horse. أَسْرَجَ الحصانَ
Saddle. سَرْجٌ . بَرذعة
Saddle maker. ٥ سُرُوجي
Lamp. سِرَاجٌ . مصباح
Glow-worm — الليل . حُباحب
Saddlery. سِرَاجة
Tacking. ٥ — . سِراجة
Dung; manure. ٥ سِرْجين
Sesame-oil. سِيْرَج . زيت السمسم
Lamp. مِسْرَجَة . سِراجٌ

Secretary. كاتِمُ الــ .
Secretly. سِرًّا
Secret. سِرّي . ضدّ عَلَنيّ
Mysterious. — . خَفيّ
Confidential. — . خصوصي
Navel. سُرَّةُ البطنِ
Bundle. ○ — . حُزْمة
Prosperity. سَرّاء
Delight; joy; pleasure. سُرور

Bed; bedstead. سَرِيرٌ
Throne. — الملكِ . عرش
Heart; mind. سَرِيرة . نيَّة
Simple-hearted. طيِّبُ الــ .
Mistress; concubine. سُرِّيَة
Pleasant; glad. سارّ
Delight; pleasure. مَسَرَّة
Speaking-tube. مِسَرَّة
Telephone. — ○ تِلِفون
Glad; happy. مَسْرُور
To bolt food. ✲ سَرَطَ الأكلَ
Road; way. سِراط . سبيل

Lamp-stand. مَسْرَجَة . قاعدة السراج
To go out. ✲ سَرَحَ . ذهبَ
To meander. ○ — العقلُ
To send away. سَرَّحَ
To demobilise. — الجيشَ
To comb. — الشعرَ
Dismissal. سَرَاحٌ
To set free. أطلَقَ ســهُ
Pedlar; hawker. ○ سَرِيحٌ . بائع متنقّل
Rocket. ○ سارُوخٌ . سهم ناريّ
To pierce. ✲ سَرَدَ . ثَقَبَ
To cite; quote. — الشواهدَ
Citation. سَرْدٌ . ايراد
Tunnel. ○ سِرْدابٌ
Tent ⟪سردق⟫ . سُرادِقٌ
Sardine. ○ سَرْدِين . صَحْنَاة
To delight; please. ✲ سَرَّ . أَسَرَّ . سَرَّ
To tell secretly ساَرَّهُ . أَسَرَّ ٢ اليهِ
To keep a secret. أَسَرَّ ٢ السِرَّ
To take pleasure in; be pleased with. سُرَّ بكذا
A secret. سِرٌّ . خافِيَة . دخيلَة
A mystery. — غامِض
Watchword. — الليلِ

Crab. سَرَطانٌ

Cancer. —. مرضٌ وبُرْجٌ

To be quick. ٭ سَرُعَ

To hasten to. سارَعَ اليهِ

To hurry; hasten; make haste. أَسْرَعَ

To be hasty ◦ تَسَرَّعَ في عملهِ

Reins. ◦ سُرُعُ الحصانِ

Speed; haste; rapidity. سُرْعَة

Velocity. — السيرِ

Fast, quick; rapid; speedy. سَرِيعٌ

Soon; quickly. سَرِيعاً

Caterpillar. ٭ سرف ٭ . سُرْفَةٌ

To be extravagant. أَسْرَفَ

Extravagance. إِسْرافٌ

Extravagant; spendthrift مُسْرِفٌ

To steal; rob. ٭ سَرَقَ

To kidnap — شخصاً

To plagiarise. — مؤلَّفاً

To accuse of theft. سَرَّقَهُ

To look stealthily at. سارَقَهُ النظرَ

To eavesdrop. اسْتَرَقَ السمعَ

Stealing; theft. سَرِقَة

Robbery. —. نَهْبٌ

Embezzlement. —. إختلاس

Thief. سارِقٌ . سَرَّاق

Dung; manure. ٭ سِرْقين

Eternal. ٭ سَرْمَدِيٌّ

Cypress. ٭ سَرْوٌ . اسم شجر

Noble; magnanimous. سَرِيٌّ

Drawers. ٭ سِرْوالٌ ◦ لِباسٌ

Trousers. — ◦ بنطلون

Baggy trousers. — ◦ شِروال

To circulate; go. ٭ سَرَى

To take effect. — مفعولهُ

To come into force. — الأمرُ

To banish care. سَرَّى عنه

Secret. سِرِّيٌّ (في سرر)

Gentleman. سَرِيٌّ (في سرو)

Detachment. سَرِيَّة من جيش

Concubine. سُرِّيَّة (في سرر)

Palace. سَرايا . سَرايَة

Mast. ◦ ساري . سارية المركب

Pole; staff. ◦ — . — . عمود

Syriac. ٭ سُرْيانيّ

٭ سرير (في سرر) ٭ سطا (في سطو)

To make flat. ٭ سَطَحَ . سَطَّحَ

To be flat. تَسَطَّحَ . اِنْسَطَحَ

To lie down. — . إستلقى

Surface. سَطْحُ الشيءِ . وَجْهٌ

Plane. — (في الهندسة)

Terrace. — البيتِ ○ سُطُوح

External. سَطحيّ . خارجيّ

Superficial. — . غير عميق

Level; flat. مُسطَّحٌ

To write. ٭ سَطَرَ . سَطَّرَ

To rule. — ○ — بالمسطرةِ

To rule; govern. سَيْطَرَ . تَسيطَرَ على

Line. سَطْرٌ . خط (او صف)

Cleaver. سَاطُورٌ . سكين كبير

Domination; absolute authority. سَيْطَرَة

Fable, fiction, legend or myth. أُسطُورَة

Mythology. أساطيرُ الأقدمين

Ruler. مِسْطَرَةُ الخطوطِ

Sample. ○ — . نموذج

Trowel. مِسْطارٌ ○ مَسْطَرِين ↕

Ruler; governor. مُسَيطِرٌ

To shine; gleam. سَطَعَ النورُ

To rise. — الغبارُ

To be diffused. ـت الرائحة

To intoxicate. سَطَلَ . أسكرَ

Bucket; pail. سَطْلٌ . دَلْوٌ

Intoxicant. سُطْلٌ . مسكر

Fleet. أُسْطُول . عِمارة بحرية

To close up; stop. ٭ سَطَمَ . سَدَّ

Stopper. سِطامٌ . سِدادَة

Cylinder. ٭(سطن)٭ . أُسْطوانَةٌ ↕

Cylindrical. أُسطوانيّ

Assault. ٭ سَطْوٌ . هجوم

Influence; authority سَطْوَة

To assault; assail. سَطا عليه

Thyme. ٭ سَعتَرٌ . صَعْتَر

To be fortunate or lucky. ٭ سَعِدَ

To help; assist. سَاعَدَ . عاوَن

To make happy. أَسْعَدَ

Luck; good fortune. سَعْدٌ

Happiness; felicity سَعادَة

His Excellency صاحبُ الـ...

Your Excellency. سَعادتكم

Fortunate; lucky. سَعيدٌ ○ مُسْعَدٌ

Monkey; ape. سِعدان . قِرْد

Forearm. سَاعِدٌ

Tributary. ساعِدَةٌ
Assistant. مُساعِدٌ
Assistance; help. مُساعَدَة
To kindle fire. ✿ سَعَرَ . أسْعَرَ النارَ
To price; estimate. سَعَّرَ
To go mad. سُعِرَ . جُنَّ
To blaze; burn brightly. اسْتَعَرَ
Price; rate. سِعْرٌ . ثَمَنٌ
Market price. — السوقِ
Canine appetite. سُعَارٌ
Blazing. سَعِيرُ النارِ
To take snuff. ✿ سعط ✿ إِسْتَعَطَ السعوطَ
Snuff. سُعُوطٌ . نَشُوق
Snuff-box. مِسْعَط. علبة النشوق
To succour; aid. ✿ سَعَفَ . أسْعَفَ
Palm leaves or branches. سَعَفُ النخلِ
Relief; help. إِسْعَافٌ
To cough. ✿ سَعَلَ ◻ كَحَّ
Cough. سَعْلَةٌ . سُعَالٌ
✿ سعة (في وسع) ✿ سعوط (في سعط)
To go about. ✿ سَعَى
To attempt; make an effort. — للأمرِ
To calumniate. — بفلان

Endeavour; effort. سَعْيٌ . مَسْعَى
Calumny. سِعَايَة . وشاية
Calumniator. سَاعٍ . واشٍ
Messenger. — . رسول
Postman. ساعي البريدِ
Starvation. ✿ سَغَبٌ . جوع
✿ سف (في سفف) ✿ سفارة (في سفر)
Bill of exchange. ✿ سُفْتَجَة
To shed. ✿ سَفَحَ . اراق
To fornicate. سَافَحَ . تسافحا
Foot of a mountain. سَفْحُ الجبل
Fornication. سِفَاحٌ
Shedder of blood. سَفَّاحٌ
To put meat on a spit. ✿ سَفَّدَ اللحمَ
Spit; skewer. سَفُّودٌ ◻ سيخ
To send on a journey. ✿ سَفَّرَ . جعله يسافر
To despatch. — البضائعَ
To travel; make a journey. سَافَرَ
To unveil one's face. أَسْفَرَ
To shine. — الصبحُ
Journey. سَفَرٌ
Book. سِفْرٌ . كتابٌ
The Scriptures. الأسفارُ المنزلةِ
Provisions. سُفْرَة . طعام المسافر

Emery. ٭ سَفَنٌ ٥ صَنفَرَة

Pod. سِفَنَة

Wedge. سَفِينٌ . إسفين

Ship; boat. سَفِينَة

Sponge. ٭ سَفَنجٌ . اسفنج

To be insolent. ٭ سَفُهَ . كان سفيهاً

To be stupid. سَفِهَ . كان غبيًا

Stupidity. سَفَهٌ . سَفَاهَة

Insolence. — . — . وقاحة

Foolish; stupid. سَفِيهٌ . أحمق

Insolent. — . بذيء اللسان

To fall down. ٭ سَقَطَ . وقع

To fall; slip; err. — . أخطأ

To be at one's wits' end. أُسْقِطَ في يده

To let fall; cause to fall. أَسْقَطَ . أوقع

To deduct. — من الحساب

To forfeit a right. — حقًا

To miscarry. — ت المرأة

To pick up news. تَسَقَّطَ الخبرَ

To fall in succession. تساقط

Hail. سَقْطٌ . سَقِيطٌ . بَرَدٌ

Unsound. سَقَطٌ . مُعطّلٌ

Trash; rubbish. — المتاع

Offal. ٥ — الذبيحة

A miscarriage. سِقْطٌ

Table. ٥ — . مائدة

Waiter. ٥ سُفرَجِي . آبِتٌ

Embassy. سِفَارَة

Uncovering of the face. سُفُورٌ

Mediator. سَفِيرٌ

Ambassador. — دولي

Traveller; passenger. مُسَافِرٌ

Quince. ٭ سَفَرْجَلٌ

Sophistry. ٭ سَفسَطَة

Sophistic, —al. سَفسَطِي

To swallow a powder. ❮سفف❯ . سَفَّ

Powder. سَفُوفٌ

To slam a door. ٭ سَفَقَ البابَ

To shed. ٭ سَفَكَ . أراق

Shedding. سَفكٌ

Bloodshed. — الدماء

To be low. ٭ سَفُلَ

Bottom; lower part; foot. سُفْلٌ

Lower. سُفْلي

Meanness; baseness. سَفَالَة . دناءة

Low سَافِلٌ . واطيء

Mean; low; base. — . دنيء

Base; bottom; lowest part. أسفَلٌ . قاع

Lower than. — من

A fall. سَقْطَة . وَقْعَة
Slip ; lapse. — . زَلَّة
Latch. ¤ سُقَّاطَة الباب
Fall, —ing. سُقُوط . وقوع
Downfall; ruin. — . خراب
Falling. سَاقِط . واقِع
Base ; low. — . دَنِيء
Dropping. إِسْقاط . إِيقاع
Deduction ; subtraction. — . حَذْف
Miscarriage. — الجنين
Forfeiture. — الحق
Staggers. ¤ تَسقيط الخيل. مرض
Birth place. مَسْقَط الرأس
To roof. ✲ سَقَفَ . سَقَّفَ البيت
Ceiling. سَقْف . المقابل للأرض
Roof. — . سطح ¤ سطوح
Palate. — الحلق
Shed. سَقِيفَة ¤ تَسْقِيفَة
Bishop. أُسْقُف . رئيس ديني
Bishopric. أُسقفيَّة
To upset. ✲ سَقْلَبَ . شَقْلَبَ
Slavonian. سِقْلَبِي
To be ill. ✲ سَقِمَ . مرض
To become emaciated. ¤ إِنْسَقَم . هزل
To sicken. سَقَّمَ . أَسْقَمَ
Illness. سُقْم . سَقَم

Leaness. ¤ — . نحول
Ill ; sick. سَقِيم . مَرِيض
Lean; weak. ¤ — . هَزِيل
To give to drink. ✲ سَقَى . أسقى الرجل
To water. — الدابَّة والزرع
To irrigate (land). — الأرض
To seek for water. إِسْتَسْقَى
Water-skin. سِقَاء . قِرْبَة
Water-carrier سَقَّاء
Irrigation. سَقْي
Cup-bearer. سَاق
Barmaid. سَاقِيَة الحانة
Water-wheel. ¤ — . ناعورة
Irrigation channel. — ¤ مِسْقَى
Dropsy. إِستِسقاء . اسم مَرَض
✲ سقم (في سقم) ✲ سك (في مكك)
To pour out. ✲ سَكَبَ . صَبَّ
To be poured out. إِنْسَكَبَ
Poured out. مُنْسَكِب
Russian. ¤ مسكوبي . روسي
To be silent. ✲ سَكَتَ
To silence. سَكَّتَ . اسكت
Apoplexy سَكْتَة
Silence. سُكَات . سُكُوت . سَكْت
Taciturn. سَكُوت

Silent. سَاكِتٌ . صامِتٌ
Still; quiet. — . ساكن
To be drunk. ✿ سَكِرَ
To lock a door. سَكَّرَ البابَ
To sugar; mix, with sugar. ◘ — . حلّى بالسكّرِ
To intoxicate. أَسْكَرَ . جعله يسكر
Intoxication; drunkenness. سُكْر
Sugar. سُكَّرٌ
Sugar-cane. قصب الـــ
Drinking bout. سَكْرَة
Death pang. — الموت
Drunk; intoxicated. سَكْران
Sugar-basin. ◘ سُكَّرِيَّة
Drunkard. سِكِّير
Insurance. ◘ سِكُرتاه (في سوكر)
Secretary. ○ سكرتير . كاتِب السر
Saxon. ○ سَكْسُوني
Threshold. ❀سكف❀ . أُسْكُفَّة
Shoemaker. إِسْكافٌ
Shoemaking. سِكافَة
To lock a door. ❀سكك❀ سَكَّ البابَ
To coin money. — النقودَ
Coinage. سَكُّ النقودِ . ضَرْبُها

Coin. سِكَّة . عُملة مسكوكة
Road; way. — . طريق
Railway. — الحديدِ
To be quiet. ✿ سَكَنَ
To subside; remit. — . هدأ
To dwell, or live in. — الدارَ
To trust; have confidence in. — اليه
To calm; quiet. سَكَّنَ
To soothe; soften. — الألمَ
To appease. — الغضبَ
To make silent. — الحرفَ
To reassure. — الروعَ
To affect poverty. تَمَسْكَنَ
To cringe. ◘ — . تذلّل
Dwelling. سَكَنٌ . سُكنى
House. — . مَسكِن
Rudder. سُكّانُ المركب
Population. — . جملة اهل البلد
Populous. كثير الـــ
Cutler. سَكّان ◘ سكاكيني
Silence. سُكُونٌ . سُكوت
Sign of quiescence. — . جزْم
Knife. سِكّينٌ . سِكّينة
Calmness; tranquility سَكينه
Quiet; still. ساكِن
Dwelling *in*. — كذا

Tortoise; turtle ✿ سُلْحفاة

To skin; flay. ✿ سَلَخَ الذبيحة

To gall; graze. — البشرةَ

To end. اِنسلخ الشهرُ

Skinning. سَلْخ

Slaughter-house. ✿ سَلْخانة . مَسْلَخ

Slough. مِسْلاخ الحيَّة

To be docile. ✿ سَلِسَ . كان منقاداً

Docile; tractable; compliant. سَلِسٌ

Smooth language. كلام — .

Docility. سَلاسة . ليونة

Fluency. — الكلامِ

To chain. ✿ سَلْسَلَ

To trace a pedigree. — النسبَ

To pour down. — الماء

To trickle. تَسَلْسَلَ الماء

Cascade. سَلْسَلٌ . شلّالٌ

Chain. سِلْسِلَة

Chain of mountains — جبالٍ

Pedigree. — النسبِ

Backbone; vertebral column. — الظهرِ . الــ الفقرية

Succession. تَسَلْسُل

Consecutively; in succession. بالــ .

Inhabitant. — . قاطنٌ

Silent letter. حرف — .

House; residence. مَسْكِنٌ

Inhabited. مَسْكُونٌ

Haunted. — بالجنّ (مكان)

Possessed. — بالجنّ (شخص)

The world. اَلمسكُونة . العالَم

Poverty. مَسْكَنَة

Poor. مِسكين

✿ سكة (في سكك) ✿ سكّين (في سكن)

✿ سلّ (في سأل) ✿ سلّ (في سلل)

✿ سلاقون ✿ سلاقي (في سلق)

To rob; ravish. ✿ سَلَبَ . اِسْتَلَبَ

Robbery. سَلْب . نَهْبٌ

Negation. — . ضدّ ايجاب

Minus sign. علامة السلب

Negative. سَلْبي

Robber. سَلّابٌ

Method; way. أُسْلوب

Turnip. ✿ سَلْجَمٌ . لِفتٌ

To arm. ✿ سَلَّحَ

Excrement. سَلْحُ الطيور

Weapon; arm. سِلاح

Blade. — . شفرة

Firearms. أسلِحة نارية

Armed. مُسَلَّحٌ

Consecutive. مُتَسَلْسِل
Consecutive, or serial, number. ٥ نمرة متسلسلة
To empower, or give the mastery, over. ٭ سَلَّطَ على
To instigate against. ٥ — على. حرَّض
To overcome; get the better of. تَسَلَّطَ على
To control; rule. — على. حَكَمَ
Sultan; sovereign. سُلطانٌ
Authority; power. — . سُلطة
Kingdom; empire. سَلْطَنَة
Salad. ٥ سَلَطَة ٥ سَلاَطَة
Impudence. سَلاَطَة٢
Impudent. سَليطٌ . وَقِح
Sultanic, royal. سُلطانيّ
Bowl. ٥ سُلطانيَّة الطعام
Tureen. ٥ — الشوربة
Royal road; the king's highway. طريق — .
Crack; chap. ٭ سَلَعٌ . شقّ
An article of merchandise. سِلْعَة
To precede. ٭ سَلَفَ . سبقَ
To pass. — . مضى
To lend; advance money. سَلَّفَ . أَسْلَفَ
To borrow. تَسَلَّفَ . إِسْتَلَفَ

Predecessor. سَلَفٌ
Brother-in-law. سِلْفٌ
Sister-in-law. سِلْفَة
Loan. سُلْفَة . قرضٌ
In advance. سَلَفاً
Best wine. سُلاَفَة
Preceding. سَالِفٌ . متقدِّم
Aforesaid. — الذِّكْرِ
To boil. ٭ سَلَقَ
To climb; scale. تَسَلَّقَ
Boiling. سَلْقٌ
Garden beet. ٥ — . سِلْقٌ
Red-lead. ٥ سَلاقون. زَرْقون
Greyhound. سِلاقيّ . سُلوقي
Instinct. سَلِيقَة . طبيعة
Boiled. مَسْلُوق
Climbing. مُتَسَلِّق
To follow a road. ٭ سَلَكَ الطريقَ
To behave. — . تصرَّفَ
To succeed. ٥ — التدبيرُ
To disentangle. سَلَّكَ
To pick teeth. — الأسنانَ
Thread; string. سِلْكٌ . خَيْط
Wire. — معدنيّ
Wireless. لاسلكيّ
Following. سَالِكٌ

Navigation.	— البحرِ
Aerial navigation.	— الهواء
Toothpick.	○ سَلاَّكَةُ الأسنانِ
Behaviour; conduct.	سُلُوكٌ
Manners.	حُسْنُ الـ.
Misbehaviour.	سوء الـ.
Way; road; path.	مَسْلَكٌ
To take out gently.	❁ سال ❁ سَلَّ. اِسْتَلَّ
To draw a sword.	اِستلَّ ٢. سيفَهُ
To contract consumption.	سُلَّ ○ اِنْسَلَّ
To slip away.	اِنْسَلَّ ٢. انسحب
To slip into a place.	— الى المكانِ
Consumption.	سُلٌّ
Basket.	○ سَلٌّ . سَلَّةٌ
Offspring; progeny.	سُلالَة . نسلٌ
Family; race.	— . عائلة
Dynasty.	— ملكيَّة
Descendant; son.	سَليلٌ
Consumptive.	مَسْلُولٌ
Drawn, unsheathed.	— . مُسْتَلٌّ
Packing-needle.	مِسَلَّةٌ
Obelisk; needle.	— فرعون

To escape from danger.	❁ سَلِمَ . نجا
To be free from.	— من
To salute; greet.	سَلَّمَ على
To deliver; hand over to.	— الى
To admit.	— بالأمرِ
To yield; surrender.	— . أذعن
To surrender.	— الى العدوِّ
To rescue; save.	— من
Remember me to him.	○ سَلِّمْ لي عليه
To make one's peace with; be reconciled with.	سَالَمَ
To yield; surrender.	أَسْلَمَ الى
To give up the ghost.	— الروحَ
To embrace Islâm.	— . تَدَيَّنَ بالاسلامِ
To receive.	تَسَلَّمَ . اِسْتَلَمَ
To yield; give way.	اِسْتَسْلَمَ
Step; stair.	سُلَّمَة . دَرَجة
Stairs	سُلَّمُ البيتِ
Ladder.	— نقّالٌ
Instrument; tool.	— . وسيلة

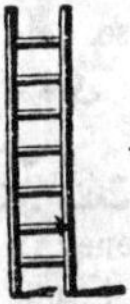

Peace. سِلْمٌ . سَلامٌ
Salutation; greeting. سَلامٌ ٢ . تحية
Military salute. — عسكري
Peace be upon you! السلامُ عليكم
Good gracious! ○ ياسَلام
Security; safety. سَلامة
In good faith. بسلامة نيَّة
Good-bye! مصحوباً بالسلامةِ
Phalanges. سُلاميّات الأصابع
Sound; safe. سَليمٌ . سَالِمٌ
Sound in mind. — العقل
Free from... — من كذا
Simple-hearted. — النيَّة
Perfect plural. جمعٌ سالمٌ
Safe and sound. سالماً غانماً
Corrosive sublimate سليماني
Submission; resignation. إِسْلاَمٌ . انقياد
Islâm, —ism. الاسلامُ
The Moslems. — . المسلمون
Receipt. إِسْتِلاَم . أخذ
Surrender. تَسْلِيمٌ
Admission. — بأمر . قبول
Delivery. — . مناوَلة
Moslem. مُسْلِمٌ
Admitted مُسَلَّمٌ بهِ

٭ سُلوانٌ . سَلوى . نسيان
Forgetfulness.
Consolation. — . عزاء
Quails. سَلوى ٢ . سُمَّنٌ
Amusement سُلْوَة . تَسْلِيَة
To forget. سَلِيَ . سَلَى الشيءَ وعنه
To amuse. سَلَّى . الهى
To comfort; console. — . عزَّى
To amuse oneself. تَسَلَّى
٭ سليقة (في سلق) ٭ سليل (في سلل)
٭ سمّ (في سمم) ٭ سما ٭ سماء (في سمو)
٭ سماط (في سمط) ٭ سماق (في سمق)
Way; path ٭ سَمْتٌ . طريق
Azimuth. — . (في الفلك)
Zenith. — الرأسِ (فلك)
Nadir — القدمِ (فلك)
Rude; rough ٭ سَمِجٌ . سَمِيْج
Rudeness; roughness. سَماجَة
To grant. ٭ سَمَحَ بكذا
To permit. — بالأمر
God forbid! لا — الله
To forgive; pardon; excuse. سَامَحَ
To be lenient. تَسَامَحَ
Generosity; liberality. سَمْحٌ . سَماحَة
Pardon; forgiveness. سَماح
Leniency تَسامُح

Permissible; allowable مَسْمُوحٌ به
Forgiveness. مُسَامَحَة
Vacation. ○ — . عُطْلَة
To manure. ☆ سَمَّدَ الأرضَ
Manure. سَمَادٌ ○ سباخ
Semolina. سَمِيدٌ . سَمِيذٌ
To nail. ☆○ سَمَّرَ الخشبَ
To drive a nail. — المسمارَ
To become brown. سَمُرَ . اسْمَرَّ
To spend the evening in chatting. سَامَرَ . تسامروا
Chatting. سَمَرٌ
Brownness. سَمَارُ اللون
Rush. — . نبات كالحلفاء
Sable; marten. سَمُّورٌ
Pleasant companion. سَمِيرٌ
Brown. أَسْمَرُ
Nail. مِسْمَار

Screw-bolt. ○ — بصمولة
Corn. — القدمِ . ثؤلول
To act as a broker. ☆ سَمْسَرَ
Brokerage. سَمْسَرَة
Broker. سِمْسَارٌ

Sesame. ☆ سِمْسِمٌ
To keep silent. ☆ سَمَطَ
To scald. ○ — بالماءِ الحارِّ
Course. سِمَاطُ طعامٍ
To hear. ☆ سَمِعَ
To obey; listen to. — منهُ وله
To listen. اسْتَمَعَ
To make one hear. سَمَّعَ . أَسْمَعَ
To say; recite. ○ — الدرسَ
Hearing. سَمْعٌ . سَمَاعٌ
I hear and obey. سَمْعاً وطاعة
Fame; repute. سُمْعَة . شهرة
Reputable. حسنُ الــ
Disreputable. رديء الــ
Accepted by usage. سماعيٌّ
Traditional; unwritten. — . نقلي
Hearer; listener. سامع . سميع . مستمع
Listening; hearing. تَسَمُّع . اسْتِمَاع
Audible. مَسْمُوعٌ
Sumach. ☆ سُمَّاقٌ
Porphyry. حَجَر سُمَّاقي
To be thick. ☆ سَمُكَ
To thicken; make thick. سَمَّكَ
Thickness. سُمْكٌ . سَمَاكة

Ceiling. — . سَقْف

Fish. سَمَكٌ . كل حيوانٍ مائيٍّ

A fish. سَمَكة . واحدة السَمَكِ

Fishmonger. سَمَّاك . بائع السمكِ

Fisherman. — . صائد السمكِ

Thick. سَميكٌ . ضد رقيق

Tinker; tinman. ٥ سَمْكَريّ

To poison. ✩ سَمَّمَ . سَمَّ

Hole; eye سُمٌّ . ثقبٌ

Poison; venom. — . قِشْبٌ

Ratsbane. — الفأرِ

Virulent, or deadly, poison. — قتّال

Hot wind; *simoom* سَمُومٌ

Poisonous. سامٌّ . مُسِمٌّ

Pores. مَسامُّ الجلدِ . ثقوبهُ

Porous. مَسامّيّ (ذو مسامّ)

Porosity. مَسامّيّة

To grow fat. ✩ سَمِنَ

To fatten. سَمَّنَ

Cooking butter. سَمْنٌ

Fatness. سِمَنٌ ٥ سِمنة

Stoutness. — ٥ — . رَبالة

Quail.  سُمَّنٌ . سُمانَى . سُمَّانَى

Butter-merchant. سَمَّان

Fat. سَمِينٌ

Cement. ٥ سِمِنْتُو ٥ أَسْمَنْت

Sky-blue. ٥ سَمَنْجُونيّ

Brand; mark. ✩ سِمَة (في وسم)

Height; loftiness. ✩ سُمُوّ . علُوّ

Highness. — . رفعة

To name; call; give a name to. سَمَّى . أسْمَى

To be named. تَسَمَّى

To rise high. سَمَا . عَلا

To raise; elevate. — بهِ . أسْمَاهُ

To aspire to. سَمَتْ نفسهُ الى

Heaven. سَماءٌ

Heavenly. سَمائيّ . سماويّ

Spiritual. — . — . روحيّ

Sky-blue. — . — اللون

Of the same name. سَمِيُّ فلانٍ

High; elevated. — . سامٍ

Above; higher than. أَسْمَى

Name. إِسْمٌ

Proper name. — عَلَمٍ

Noun; substantive. — (في النحوِ)

Present participle. — الفاعِلِ

Past participle. — المفعول

Abstract noun. — معنى

Proper noun.	— معرفةٍ
Common noun.	— نكرةٍ
In the name of...	باسم فلان
Nominal.	إِسميّ . بالأسمِ فقط
Noun clause.	جُملَة إِسميَّة
	٭ سمّور (في سمر) ٭ سمّى (في سمو)
	٭ سميد (في سمد) ٭ سميك (في سمك)
	٭ سنّ (في سنن) ٭ سناء (في سني)
Hump.	٭ سنام (في سنم)
Senna.	○ سَنَامَكي
Emery.	٭ سُنباذَج
Edge of the hoof.	٭ سُنبُكٌ
Skiff; small boat.	○ — . سُنْبُوق
To ear; put forth ears.	٭ سَنْبَلَ الزرعُ . أَسبلَ
Ear of corn.	سُنْبُلَة
Skiff; small boat.	٭ سُنْبُوق
Centigrade.	○ سَنْتيجراد
Centimeter	○ سَنْتيمتر
Weight.	○ سِنْجَة الميزان
Bayonet.	— . حربة البندقيَّة
Squirrel.	٭ سُنْجاب . حيوانٌ كاليربوع
Ash-coloured.	سنجابيّ اللون
Standard; flag.	○ سَنجَق . لواء
Province.	— . مقاطعَة
To occur.	٭ سَنَحَ . خطرَ
To dissuade.	ـــهُ عن رأيهِ
Opportunity.	سَانِحَة . فرصَة
Rancid; fusty.	٭ سَنِخٌ . زَنِخ
Root.	سِنْخٌ . أَصْلٌ
Socket of the tooth.	— السنّ
To lean upon.	٭ سَنَدَ واسْتَنَدَ الى
To rely upon.	— . — عليهِ
To support.	○ — . سَنَّدَ
To help to ascend.	أَسْنَدَ . أَصْعَدَ
To ascribe to	— اليهِ الأمرَ
To cause to lean upon.	ـــهُ الى كذا
Support.	سَنَدٌ . دعامَة
Bill	○ — . صكّ بدَيْن
Bearer bond.	○ — . سَهْم
Voucher.	○ — ○ مُستَنَدٌ . رُجْعَة
Document.	○ — ○ — . وثيقة
Ascription.	إِسْنَادٌ . عَزْوٌ
Predication.	— (في اللغة)
Reclining upon.	مُسْتَنِدٌ . مُتَّكِئٌ
Relying upon.	— . متَّكِلٌ
Predicate.	مُسْنَدٌ (في اللغة)
Subject.	— اليهِ

☆ سِنْدَان Anvil.

☆ سَنْدَرُوس. سندلوس Sandarach.

☆ سُنْدُس . حَرِير Sarcenet.

☆ سِنْدِيَان Holm oak.

☆ سِنَّوْرٌ Cat.

☆ سَنْطٌ . اسم شجر Acacia.

○ سَنْطَة . ثُؤْلولَة Wart.

☆ سِنْطِيرٌ Dulcimer.

○ سَنْفَرَة . سَفَنٌ Emery.

ورق — . Emery-paper

○ سَنْكَرِيٌّ Tinker; tinsmith.

☆ سَنِمَ To have a large hump.

تَسَنَّمَ . عَلَا To mount.

سَنَامُ الجملِ . حَدَبَة Hump.

☆ سَنَمَكِي . سنا Senna.

○ سَنْمُورَه . سمك مملّح Anchovy.

☆ سَنَّنَ . سَنَّ السكّينَ To whet; sharpen.

سَنَّ ٢ سُنَّةً To make a rule.

— قانوناً To introduce a law.

○ سَنَّنَ ٢ الولدُ To teethe; cut *his* teeth.

أَسَنَّ To age; grow old.

سِنٌّ Tooth, (*pl.* teeth).

— . مقدارُ العُمْرِ Age.

— الثعبانِ . نابُهُ السامّ Fang.

— الرُشدِ . البلوغ Majority; full age.

— القلمِ او الابرةِ Point.

صغيرُ الــ . Young.

كبيرُ الــ . Old.

أكبرُ سنّاً من Older than.

وَجَعُ السِنِّ Toothache.

فُورشَة الأسنانِ Toothbrush.

مختصّ بالأسنانِ Dental.

سِنانُ الرمحِ . نصلُه Spear-head.

سُنَّة . فَرْضٌ Precept.

— . شريعة Law; rule.

سَنَةٌ (في سنو) ☆ سِنَة (في وسن)

تَسْنِين Teething.

مِسَنٌّ Grindstone; whetstone.

— الزيتِ Oilstone.

مُسِنٌّ Aged; advanced in age.

مَسْنُونٌ Sharpened.

﴿سنو﴾ ☆ سَنَا . أضاءَ To flash.

سَنَا . سنامكّة Senna.

سَنَةٌ . عامٌ . حَولٌ Year.

— كبيس Leap-year.

— ماليَّة Fiscal year; financial year.

New year's-day. يومُ رأسِ الـــ.
Sleep; slumber. سِنَةٌ (في وسن)
Yearly; annual. سَنَوِيٌّ
Yearly; annually. ــ . كل سنة
Cat. ٭ سنّور (في سنر)
Swallow. ٭ سُنُونُو
To facilitate. ٭ سَنَّى
To be possible. تَسَنَّى
Sublimity. سَنَاءٌ . رِفْعَةٌ
Brilliance. ــ . بَهاء
Brilliant. سَنِيٌّ . بَهِيٌّ
Sublime. ــ . رفيع
٭ سها (في سهو) ٭ سهاد (في سهد)
To enlarge; expatiate. ﴿ سهب ﴾ أَسْهَبَ
Expatiation. إِسْهَابٌ
Diffuse; prolix. مُسْهَبٌ
To deprive of sleep. ٭ سَهَّدَ
Sleeplessness. سُهْدٌ . سُهَاد
To pass the night awake. ٭ سَهِرَ
To watch over. ــ على
To keep awake. ◘ سَهَّرَ . أَسْهَرَ

Wakefulness. سَهَرٌ
Soirée; an evening. سَهْرَةٌ
Awake. سَاهِرٌ . سَهْرَانُ
To be easy. ٭ سَهُلَ الأَمْرُ
To be even. ــ الطريقُ
To facilitate. سَهَّلَ . هَوَّنَ
To level; smooth. ــ . مَهَّدَ
To be lenient with. تَسَاهَلَ معه
To become easy. تَسَهَّلَ
To relax the bowels. أَسْهَلَ البطنَ
Easy. سَهْلٌ . هيِّن
Level; smooth ــ . ممهَّدٌ
Plain. ــ . ارضٌ منبسطة
Light; easily digested. ــ الهضمِ
Ease; facility. سُهُولَة
Easily. بسهولة . بدون عناء
Diarrhœa. إِسْهَالُ البطنِ
Leniency. تَسَاهُلٌ . ملاينة
A purge. مُسْهِلٌ ◘ شَرْبَة
Purgative; laxative. ــ . يُطلِقُ البطنَ
Arrow; dart. ٭ سَهْمٌ . نَبْلَة
Fate; lot. ــ . نصيب
Share; portion. ــ . حِصَّة
Shares. أَسْهُمٌ ماليَّة

Fireworks.	— نارِيَّة
Shareholders.	حملة الأسهم
To cast lots.	سَاهَمَ . قارَعَ
Shareholder.	مُسَاهِمٌ
Forgetfulness.	٭ سَهْوٌ . نسيان
Inattention.	— . عدم انتباه
Inattentively.	سَهواً
To forget ; neglect.	سَهَا عن
Inattentive.	سَاهٍ
Evil ; ill	٭ سُوْءٌ . شَرٌّ
Harm ; injury.	— . أَذًى
Misuse.	— الاستعمالِ
Unluckiness.	— الحظِّ
Misconduct.	— السلوكِ
Misunderstanding.	— تفاهُمٍ
In bad faith.	بسوءِ نيَّة
Sameness	سواء (في سوي)
To be bad or evil.	سَاءَ
To displease ; offend.	— الأمرُ فلاناً
To think ill of.	أَسَاءَ بهِ الظنَّ
To wrong ; ill-treat.	— اليهِ
To offend.	— اليهِ . كدَّرَهُ
To misunderstand.	— الفهم
To be offended, or displeased, with.	اسْتَاءَ منهُ
Bad ; evil ; ill.	سَيِّىءٌ . رديء
Ill-bred.	— التربيَة

Unlucky ; unfortunate.	— الحظِّ
Ill-natured.	— الخُلُقِ
Offence ; sin.	سَيِّئَة
Displeasure.	اسْتِيَاءٌ
Offended.	مُستَاءٌ
Teak.	❁ سوج ❁ . سَاجٌ
Castanets.	▫ سَاجات . صَنجٌ
Court ; yard.	❁ سوح ❁ . سَاحَةٌ
Square.	— . رَحبَة
Battle-field.	— القتالِ
To become black.	٭ سَوِدَ . اسْوَدَّ
To blacken.	سَوَّدَ
To make *one* master.	— الرجُلَ
To draft a letter, &c.	▫ — المكتوبَ
To rule, or reign, over.	سَادَ عليهم
To prevail.	— . عَمَّ
Masters.	سَادَة . جمعُ سيّد
Plain.	▫ — . سَاذَج
Chief.	سَائدٌ . سيّدٌ
Reigning.	— . متسلِّط
Prevalent.	— . متغلِّب
Melancholy ; the blues.	سَوْدَاءُ (داءٌ)
Black bile.	— (خلط)

Horse-soldier; cavalry. ٥ سَوارِي
Fenced; walled, or railed, in. مُسَوَّر
To be moth or worm eaten. ٭ سَوَّسَ . تَسَوَّسَ
To decay. — . — السنُّ
To groom. سَاسَ الدواب
To govern. — القومَ
To manage. — العملَ
Moth; worms. سُوْس
Weevil. — الحبوبِ
Spanish juice. رُبّ — .
Liquorice. عِرْق — .
Administration. سِياسَة . إدارَة
Policy. — . تدبير
Diplomacy. الـ الدوليَّة
Political. سِياسيّ
Politic; judicious. — . حَكيم
Political Economy. الاقتصاد السياسي
Groom. سَائِسُ الدواب
Lily. ٥ سَوْسَن
Whip; lash. ٭ سَوْط
To whip; flog. سَاطَ بالسوطِ
Hour. ٭ سوع ٭ سَاعة : ٦٠ دقيقة
Timepiece. — . آلة قياس الوقتِ

Melancholic. سَوداوي
Negroes; blacks. سُوْدَان
The Soudan. بلاد الـ .
Sovereignty. سُؤْدُد . سيادَة
Blackness. سَوَاد . ضد بياض
Majority. — . اكثريَّة
The great majority. الـ الأعظم
Chief; head. سَيِّد . رئيس
Master; lord. — . مَولى
Lady; Mistress. سَيِّدَة
Sir. سَيِّدي . يا سَيِّدي
Madam. سَيِّدتي . يا سيّدتي
Mastery; rule. سِيادَة
Black. أَسْوَد
Jet-black. — فاحِم (٥غَطيس)
Rough copy. مُسَوَّدَة
To fence; wall in. ٭ سَوَّرَ
To scale a wall. تَسَوَّرَ الحائطَ
Wall. سُوْر . حائط . جدار
Fence; railing. — . سياج
Chapter. سُوْرَة . فصل
Violence; power. سَوْرَة
Syria. سُورِيا . سُوْرِية
Bracelet. سُوَار . أُسْوَار
Armlet. — الذراعِ
Cuff. — القميصِ

Leg. ساقٌ . ما بين الكعب والركبة
Calumba. — الحام . نبات طبي
Trunk; stock. — الشجرة
Stem. — الزهرة والثمرة
Side; leg. — (في الهندسة)
Garter. رَبطةُ الـــ.
Shin-bone. عَظمُ الـــ.
Market. سُوقٌ
Market-price. سِعرُ الـــ.
Second-hand. وَقْعُ ـــ.
Vulgar; common. سُوقِي
Subjects. سُوقَة . الرعيَّة
Driver. سَوَّاق . سائِق
Regular series سِيَاق
Course of a conversation. — الحديث
To rub; scour. ٭ سَوَّكَ . نظَّف
To clean the teeth. — الأسنانَ
Toothbrush. سِوَاك . مِسوَاك
To insure. ○ سَوكَرَ . أمَّنَ على
To register. — خطاباً
Insurance. سِيكُورتا.
Insured. مُسوكَر . مؤمَّن عليهِ
Registered. — . مُسَجَّل
To tempt; entice. ٭ سَوَّلَ
To impose upon. ٭ سوَّم . عامه الأمرَ

Watch. — الجيب
Clock. — الحائط

Sandglass; hourglass. — رَمليَّة
Dial; sun-dial. — شَمسيَّة
An evil hour. — نحسٍ
Now; at present. الساعة . الآن
Watch-maker ○ سَاعَاتي
To hold, take. ساعَ (في وسع)
To allow; permit. ٭ سوَّغَ
To be allowable ساغَ الأمرُ
Allowable سَائِغٌ . جائز
Palatable — . لذيذ التعاطي
Good reason مُسَوِّغٌ
To put off. ٭ سَوَّفَ
Will. سَوفَ
Distance. مَسافة . بُعدٌ
Sophistic. ○ سُوفسطائي
To have a stem. ٭ سَوَّقَ النبتُ
To drive. سَاقَ . إستَاقَ
To set forth a news. — الخبرَ
To lead to. — إلى . ادَّى

Equator خَطُّ الـــ.
Equatorial. اِستوائيّ
The tropics. المنطقة الاستوائيَّة
Levelling. تَسْوِيَة . تمهيد
Arrangement. — . تعديل
Equality. تَسَاوٍ . مُساواة
Equally. بالتساوي . بالمثل
Equal ; similar. مساوٍ . مثل
Equality. مُسَاوَاة . تَساوٍ
Equal ; similar. مُتَساوٍ
Equidistant. — الأبعادِ
Equilateral. — الأضلاعِ
Equiangular — الزوايا
Straight. مُسْتَوٍ . معتدل
Ripe. ٥ — . ناضج
Well done. ٥ — . مطبوخ
* سِبَى (في سوأ) * سياسة (في سوس)
The same. * سِيَّان (في سوي)
To leave. * سَيَّبَ ٥ سَابَ . ترك
To release ; set free. — . أطلق
To run. سَابَ ٢ . اِنْسابَ الماءُ
To run. — . — الرجُلُ
Left. سَائِبَة . متروك
Free ; at liberty. — . حُرّ
Loose ; unbound — . محلول
To enclose with a hedge. * سَيَّجَ

To bargain ; chaffer. سَاوَمَ . تَسَاوَمَ
Sign. سِيمَاء . سِيمَة
Chiefly. سيَّما (في سوى)
Conjuring ; natural magic. سِيمِيا
Cinematograph. — ٥ سِيما
Bargaining. مُسَاوَمَة
Cinematograph. ٥ سيماتوغراف
To be worth * سَوِيَ . ساوى
To level ; make even. سَوَّى الأرضَ
To make equal. — . سَاوَى
To adjust. — . — . عَدَّلَ
To be straight. إِسْتَوَى . اِعتدَلَ
To bee qual to. — هذا بذلك
To sit upon. — على
To be ripe ٥ — الثمرُ
To be well cooked. ٥ — الطبخُ
Equality. سَوَاء . سُوى
Except ; save. سِوى ٢ . غير
Equally ; alike. على حدٍّ سوى
Equally ; alike. على السواءِ
Together. سَوِيَّة . معاً
The same. سِيَّان . مِثْلان
Especially. ولا سيَّما . خصوصاً
Straightness. اِستِوَاء

Fence; hedge. سِيَاج
Hedged. مُسَيَّجٌ
Cigar. ○ سِيْجار . لفافة تبغ كبيرة
Cigarette. سِيْجَارَة
To flow. (سيح) . سَاحَ الماء
To travel. — . تجوَّلَ في البلاد
To melt. ○ — . ذابَ
To let water flow. سَيَّحَ الماء
To melt. ○ — . أذابَ
To smelt. ○ — . صَهَرَ
A great traveller. سَيَّاح . كثير السياحة
Tour; journey. سِيَاحَة
Flowing; running. سَائِح . جارٍ
Tourist; traveller. — . سوَّاح
To sink. (سيخ) . سَاخَ
Spit. ○ سِيخ . سفُّود
٭ سيِّد ٭ سيِّدة (في سود)
To drive. ٭ سَيَّرَ . جعلهُ يسير
To send on. — . أرسَلَ
To go. سَارَ
To walk; move. — . مشَى
To act; behave. — . تصرَّف
To conduct; lead. — بهِ . قاد

To keep pace with. سَايَرَ . جارَى
To get on with. — الرجلَ
To humour. ○ — . دارَى
Going; proceeding. سَيْرٌ
Walking. — . مَشْي
Thong; strap. — من جلدٍ
Belt, —ing. — الآلاتِ
Conduct; behaviour. — . سيرة . سلوك
Reputation. سِيرَة ٢ . ذِكر
Biography. — انسانٍ
Planet. سَيَّارَة . كوكب
Motorcar; automobile. ○ — . اتوموبيل
Going; proceeding; moving. سَائِرٌ . متحرِّك
Advancing. — . متقدِّم
Current. — . متداوَل
The rest, or remainder, of. — الشيء
Distance. مَسِيرَة . مَسافَة
Sesame oil. ○ سِيرَج
Sesban. ٭ سَيسَبان . اِسم شجر
Pony; nag. ○ سِيسِي . حصان صغير
Sword; sabre. ٭ سَيْفٌ

Liquidity; fluidity. سُيولة . ضدّ جودة

Liquid; fluid. سَائِلٌ . ضدّ جامد

Hydraulic. — . مائي

* سيم (في سوم) * سِيَّما (في سوي)

Signal-post; semaphore. ٥ سِيمافور . آذِن

Mount Sinai. * سِينَاءُ

Avicenna. ابن — . (اسم)

Cinematograph. ٥ سيماتوغراف

﴿ ش ﴾

Root. * شَأفَة . أصلٌ

To root out; eradicate. إِستأصل شأفته

To bring ill-luck upon. * شَأَمَ الرجُلَ

To consider as a bad omen. تَشاءَمَ . اسْتَشْأَمَ

Syria. شَأْمٌ . شَامٌ . سورية

Syrian. شَآمِي . شَامِيّ . سوري

Bad luck. شُؤْمٌ . ضدّ يُمن

Evil omen. شَأْمَةٌ

Scythe. — الحصادِ

Swordsman. سَيَّافٌ

Siphon. ٥ سِيفُون . مَمَصّ

Cigarette. ٥ سِيكَارَة . لفافة تبغ

* سِيكَران (في سكر) * سيكورتاه

Insurance. (في سوكر)

To cause to flow, or run. * سَيَّلَ . أَسَالَ . أجرى

To liquefy; melt. — . — . أذابَ

To flow; run. سَالَ . جرَى

To leak. — . رشح

Flood. سَيْلٌ . ماء كثير

Torrent. — جارِف

Flowing. سَيَلاَن . جرَيان

Leakage. — . ترشيح

Gonorrhœa; clap. — . مرض

Ceylon. جزيرة — .

Flowing; current. سَيَّال . جارٍ

Water-course. ٥ سَيَّالة ٢ . مسيل ماءٍ

Pocket. ٥ — . جيب

Nature; disposition. شِيْمَة . شِيمَة
Ill-omened; unlucky. مَشْؤُومٌ
Business. ✲ شَأْنٌ . حاجَة
Importance. — . أهمية
Important; of great importance. ذو — . هامّ
About; regarding. بشأنِ
Please yourself; as you like. أنتَ وشأنك
Object; aim. ✲ شَأْوٌ . غاية
High-spirited. بعيد الـ —
✲ شَاءَ (في شيأ) ✲ شائبة (في شوب)
✲ شائِق (في شوق) ✲ شاب (في شيب وشوب)
✲ شابَّ (في شبب) ✲ شابَهَ (في شبه)
□ شابورة (في شبر) ✲ شاخ (في شيخ)
✲ شادَ (في شيد) ✲ شادِر (في شدر)
□ شادوف (في شدف) ✲ شاذّ (في شذذ)
✲ شارَ (في شور) ✲ شارٍ (في شري)
✲ شارة (في شور) ✲ شاسع (في شسع)
✲ شاش (في شوش) ✲ شاط (في شيط)
✲ شاطِر (في شطر) ✲ شاطئ (في شطأ)
✲ شاعَ (في شيع) ✲ شاف (في شوف)
✲ شاقّ (في شقق) □ شاكوش (في شكش)
✲ شال وشالية (في شول) شامة (في شيم)
✲ شانَ (في شين) ✲ شاهٌ و شاةٌ (في شوه)
✲ شاور (في شور) □ شاويش (في شوش)
✲ شاي (في شي) ✲ شباب (في شبب)

February. ✲ شباط (في شبط)
Window. ✲ شباك (في شبك)
To laud; sing the praises of. ✲ شَبَّبَ . تشبَّبَ بالفتاة
To grow up. شَبَّ . نما وكبُرَ
To rear. — الحصانُ
To break out. —تِ النارُ
Alum. شَبٌّ □ شَبَّه . حَجَرُ الشبِّ
A young man. شَابٌّ
A young woman. شَابَّة . فتاة
Youth. شَبَابٌ . شَبِيبَة
The youth شَبِيبَة[2] . جملة الشبّان
Outbreak. شُبُوبٌ . ثوران
To adhere to. ✲ شَبَثَ . تَشَبَّثَ بهِ
Tarantula. شَبَثٌ □ ابو شَبَت
Dill. شِبِتٌ □ شَبَتٌ . نبات
Tenacity; obstinacy. تَشَبُّث
To stretch. ✲ شَبَحَ . مَدَّ
Person. شَبْحٌ . شخص
Shadow. □ — . خيال
Hand-span; span. ✲ شِبْرٌ
Fog. □ شَبُّورة □ شابورة
To tear to pieces. ✲ شَبْرَقَ
Pocket-money. □ شَبْرَقَة
To cling to. □ شَبَط فيه
February. شُبَاط . شهر فبراير

* شَبِعَ . اكتفى To be satisfied.
— . إمتلأ To be satiated.
أَشْبَعَ . جعله يشبع To satisfy ; give enough.
— الشهيّةَ والحواسّ To satiate.
شَبْعٌ Satisfaction ; satiety.
شَبْعَان . ضد جائع Satisfied ; full.
مُشْبِعٌ Satisfactory.
* شَبَكَ . شَبَّكَ To entangle ; complicate.
— الشيء بغيره To entwine.
اشْتَبَكَ . تَشَبَّكَ To be entangled.
شُبُكٌ . غليون Pipe.
شَبَكة Net ; netting.
— السمَّاكِ . شُبَّاك Fishing-net.

شُبَّاكٌ ٢ . نافذة Window.

ه شَوْبَك Rolling-pin.
ه مَشْبَكٌ Clasp ; fastener.
ه — الورقِ Paper-fastener.
* شِبْلُ الأسدِ Cub ; whelp.

* شَبَّنَ الغلامُ To be brought up in luxury.
ه شَبِيْنُ العريسِ Groomsman.
ه — المتعمِدِ Godfather
ه شبينة العروس Bridesmaid.
ه — المعتمد Godmother.
* شَبَّهَ بكذا To liken to.
شَابَهَ . أَشْبَهَ To resemble.
تَشَبَّهَ بهِ To imitate.
اشْتَبَهَ في To doubt; suspect.
شِبْهٌ . شَبَهٌ . تَشَابُهٌ
Resemblance ; similarity.
— . — . صورة Likeness; portrait.
— . شَبِيْهٌ Like ; similar to.
— جزيرة Peninsula.
— رَسميّ Semi-official.
شُبْهَة . اشتِبَاه Doubt, suspicion.
مَشْبُوه . مُشتَبه فيه ه تحت الــ
Suspected.
تَشَابُه . مُشَابَهَة Resemblance ; similarity.
* شبورة (في شبر) * شبيبة (في شبب)
* شتّ (في شتت) * شتاء (في شتو)
* شَتَّتَ . فرَّقَ To scatter; disperse
شَتَّ . تَشَتَّتَ To be scattered.

Scattered; dispersed. شَتّ . شَتَاتٌ
There is a great difference between them. شَتَّانَ بينهما
Various; different. شَتَّى
Sundries. أشياء —.
To transplant. ٭ شَتَلَ الزرع . نقله
Nursery-plant. شَتْلَة . غرسة
Plant nursery. مَشْتَلٌ
To revile; abuse. ٭ شَتَمَ
Insulted; reviled. شَتِيمٌ . مشتُومٌ
Insult; abuse. شَتِيمَةٌ
To winter; pass the winter "in a place" ﴿ شتو ﴾ شتا . شَتَّى
Winter. شِتَاءٌ
Rain. ٥ — . مطر
Wintry; hyemal. شتوي . مختص بالشتاء
Winter residence. مَشْتًى
٭ شَتَّى (في شتت) ٭ شجّ (في شجج)
To afflict. ٭ شَجَبَ . اشْجَبَ
Affliction; grief. شَجَبٌ

Rack. شِجَابٌ . مِشْجَبٌ ‡

To break; fracture. ﴿ شجج ﴾ . شجّ
Skull fracture. شَجَّةٌ
To prop up. ٭ شَجَرَ . دعَم
To quarrel with. شَاجَرَ . تشاجَرَ مع
Woody; abounding in trees. شَجِرٌ
Shagreen. ٥ شَجَران (جلد)
A tree. شَجَرَة
Genealogical tree. — النسب
Fight; quarrel. مُشَاجَرَة
Abounding in trees. مُشْجِر
Figured. مُشَجَّرٌ
To be courageous or brave. ٭ شَجُعَ
To encourage. شَجَّعَ
To take courage. تَشَجَّعَ
Courageous; brave. شُجَاعٌ
Courage; bravery. شَجَاعَة
Encouragement. تَشْجِيعٌ
To grieve. ٭ شَجَنَ . اشْجَنَ
Sorrow; grief. شَجَنٌ . شُجُون
Care. ٭ شَجْوٌ . شَجاً
Sorrowful; sad. شَجِوي . محزن
Melodrama. تمثيل — .
Anxious; solicitous. شَجِيٌّ . شجِ

Pathetic. — . مثير الشجون

To be grieved. شَجِيَ

To grieve. شَجَا . أَشْجَى

☆ شحّ (في شحح) ☆ شحاذ (في شحذ)

To be wan. ☆ شَحُبَ . شُحِبَ

Wan; haggard. شَاحِبٌ

To be greedy. ❰ شحح ❱ . شَحَّ

Greed;—iness. شُحٌّ

Greedy; covetous. شَحِيحٌ

Little; scanty. ◻ — . قليل

It is indisputable. لا مُشَاحَّة

To whet; sharpen. ☆ شَحَذَ

To beg; ask alms. — . تسوَّل

Beggar. شَحَّاذٌ . متسوِّل

Sty. — العينِ . شعيرة الجفنِ

Whetstone. مِشْحَذٌ . مِسَنٌّ

To be distant. ☆ شَحَطَ . بَعُدَ

To strike a match. ◻ — الكبريتة

To be stranded. ◻ شَحَّطَ المركبُ

To be fat. ☆ شَحُمَ

To grease the wheels. ◻ شَحَّمَ العَجَلَ

Fat; grease. شَحْمٌ . دُهْنٌ

Tallow. — مُذاب (مصنوع)

Lard — الخنزيرِ

Pulp "of fruit". — الثمرِ

Lobe of the ear. شَحمة الأذن

To load a ship. ☆ شَحَنَ السفينةَ

To ship goods. ◻ — البضائعَ

To load; fill. — . أَشْحَنَ . ملأَ

To bear malice. شَحِنَ . حقد

To dispute with. شَاحَنَ . خاصمَ

Freight; cargo; load. شَحْنٌ . شَحْنَةٌ

Bill of lading. بوليسةُ الشحنِ

Police-force. شِحْنَة ◻ بوليس

Malice; ill-will. شَحْنَاء . مُشاحَنة

Dispute; altercation. ◻ مشاحنة . مخاصمة

☆ شحيح (في شحح) ☆ شخّ (في شخخ)

To gush. ☆ شَخَبَ . تدفَّقَ

To piss; make water. ❰ شخخ ❱ . شَخَّ

Urine; piss شَخٌّ ◻ شُخَاخٌ

To snore. ☆ شَخَرَ . غطَّ

Snoring. شَخِيرٌ . غطيط

To rattle; clatter. ☆ شَخْشَخَ

Rattle. شُخْشِيخة . خُشْخيشة

Bauble; toy. ◻ — . ألعوبة

To rise. ☆ شَخَصَ . طلعَ

To lift up the eyes. — ببصره . رفعه

To become strong.	اشْتَدَّ . تَشَدَّدَ
To become stronger, more severe, or violent.	—. اِزدادَ شِدّةً
Fastening.	شَدٌّ . رَبْطٌ
Pulling.	¤ —. جَرٌّ
Tug-of war.	¤ لعبة — الحبلِ
Accent.	شَدَّةٌ . نَبرَةٌ
A pull.	¤ —. جَرَّةٌ
Force ; strength.	شِدَّةٌ . قوّةٌ
Violence.	—. عُنف
Hardness.	—. صلابة
Distress; adversity.	— بليّةٌ.
Hardship.	—. ضِيقٌ
Strong.	شَدِيدٌ . قَوِيٌّ
Violent ; keen.	—. حادٌّ
Courageous; brave.	— البأسِ.
Stubborn.	— الشكيمةِ
Fell; cruel	— الوطأةِ
Stronger ; more powerful.	أشَدُّ . أقوَى
To attain majority.	بَلَغَ أشُدَّهُ
Emphatic,—al.	مُشَدَّدٌ
Inside of the cheek.	✡ شِدْقٌ
Jawbone.	¤ —. عظم الفكِّ السفلي
To drawl.	تَشَدَّقَ بكلامِهِ
Singing.	✡ شَدْوٌ . غناءٌ

To depart ; leave.	— من البلدِ . ذهبَ
To designate.	شَخَّصَ
To diagnose a disease.	— المرضَ
To appear to.	تَشَخَّصَ لهُ
Person.	شَخصٌ . إنسان
Personal.	شَخصيٌّ . ذاتي
Private.	—. خصوصي
Personally.	شَخْصِيًّا
Personality.	شخصية
Designation.	تشخيص
Diagnosis.	— المرضِ
Actor ; player.	¤ مُشَخِّصٌ . ممثِّلٌ
Actress.	¤ مُشَخِّصة . ممثِّلة
To shout at	¤ شَخَطَ فيهِ
✡ شدّ (في شدد) ✡ شدا (في شدو)	
To press ; be severe with	✡ شَدَّدَ على. ضيَّقَ
To impress on	— على. أكَّدَ
To lay stress on.	— الصوتَ
To strengthen.	—. قوّى
To tie ; bind.	شَدَّ . ربط
To pull ; drag.	¤ —. جرّ
To support.	— أزْرَهُ
To strengthen.	— عضدهُ
To press.	— على. ضغطَ

To sing. شَدا . غَنّى

٭ شذّ (في شذد) ٭ شَذا (في شذو)

To clip ; trim. ٭ شَذَبَ . شَذَّبَ

To prune — . — الشجرَ ◘ قلَّم

To cause to be irregular. ٭ شَذَّذَ

To be irregular. شَذَّ . خالفَ القياسَ

To be an exception. — عمَّا في بابهِ

To deviate. — عن . انحرف وتباعد

Irregularity. شَذّ . شُذوذ

Irregular شاذّ . غير قياسيّ

Unusual ; uncommon. — . غير عادي

Exceptional. — . إستثنائي

Singular ; rare. — . نادر

Helter-skelter. ٭ شَذَرَ مَذَرَ

To perfume. ﴿شذو﴾ . شَذا

Fragrance. شَذا

٭ شرّ (في شرر) ٭ شراء (في شرى)

To drink. ٭ شَرِبَ

To toast ; drink (to) the health of. — نخب فلان

To smoke tobacco. ◘ — الدخانَ

To give to drink ; make one drink. شَرَّبَ . سَقى

To instil ; imbue. — . لقَّنَ

To saturate. — . اشبعَ

To crane. إشرأبَّ للشيء

To absorb ; imbibe. تَشَرَّبَ

Drinking. شُرْبٌ

Absorption. — . تَشَرُّبٌ

Drinkable ; potable. يُشْرَبُ

Syrup. ◘ شَرْبَاتٌ . شَراب حُلو

Drink ; draught. شُرْبَة

Potion ; dose. — دواء

Soup. ◘ — ◘ شوربا . صُبَّة

Purge ; a purgative. ◘ شَرْبَة . مُسْهِلٌ

Drink ; beverage. شَرَاب . مَشروب

Syrup. — . مشروب حُلو

Sock. ◘ شُرَّاب . جَورب (قصير)

Stocking. ◘ — (طويل)

Tassel. شُرَّابَة

Holly. — الراعي . إسم نبات

Drinker شارِب . الذي يشرب

A moustache ; whiskers. ◘ — شَنَب

Inclination. مَشْرَبٌ . مَيْلٌ

Drink ; beverage. مَشْروبٌ

Liquor ; wine. — روحي . خمر

To complicate. ◘ شَرْبَكَ . شبَّك

Fir tree. ٭ شَرْبِين . اسم شجر

To tack; baste. ✿ شَرَّجَ ▫ سَرَّجَ

Anus. شَرَجٌ — ▫ بابُ البدن

Sesame-oil. ▫ شِيْرَجٌ ▫ سيرج

To explain ✿ شَرَحَ

To delight. — الخاطرَ

To dissect. شَرَّحَ

To expand. انشرحَ . اِتَّسعَ

To be delighted. — صدرُهُ

Explanation. شَرْحٌ . تفسير

Slice. شَرْحة . شَرِيحَة

Ditto; as before. شَرْحُهُ . كما تقدم

Explainer. شارِحٌ . مفسِّر

Commentator. — الكتاب

Dessection. تَشْرِيحٌ

Anatomy. عِلمُ الـ .

To grow up. ✿ شَرَخَ الصبيُّ

To crack. ▫ — . شَدَخَ

Crack; split. ▫ شَرْخٌ . شَدْخ

Prime. — الشبابِ

To bolt; run away. ✿ شَرَدَ . نفرَ وهربَ

To stray. — . ضَلَّ

To frighten away. شَرَّدَ

Wanderer. شَرِيدٌ . تائه

Vagabond. — . مُتَشَرِّدٌ

Fugitive; runaway. شاردٌ

Stray. — . ضالٌّ

Absent-minded. — الفِكر

Anomalies of a language. شَوارِدُ اللغةِ

Waif. مُتَشَرِّدٌ . لامسكن له

Group. ✿ شِرْذِمَة

Spark. ✿ شَرَرَةٌ . شَرارة

Evil; ill. شَرٌّ . ضدّ خير

Wickedness; evil. — . إِثمٌ

Worse *or* worst. — . أَشَرُّ

Bad temper. — . سوء الخلق

Bad; wicked. شِرِّير . رديّ

The Evil One. الـ . إبليس

To be ill-natured. ✿ شَرِسَ

Ill-natured. شَرِسٌ

Ill-naturedness. شَرَاسَة

To radicate ▫ شَرَّشَ

Root. شِرْشٌ . جذر

Whey. — اللبن . مصله

Dog-grass; couch-grass. — النجيل

To indent; tooth. ✿ شَرْشَرَ

Teal. ▫ شَرْشِير

Serrated; toothed. مُشَرْشَرٌ

To make a condition. ✿ شَرَطَ . اشترطَ

To scarify. — . شَرَّطَ الجلدَ

Legally. شَرعيًّا . قانونيًّا
Legality. شَرعيَّة . قانونيَّة
Sail. شِراعُ المركبِ . قِلع
Law. شَرِيْعَة . قانون
The river Jordan. نهرُ الـــ .
Legislator. شَارِعٌ . سانُّ الشريعة
Street. ـــ . طريق عموميَّة
Legislation. تَشْرِيع
Legislative. تشريعي
Lawyer. مُتَشَرِّعٌ . محامٍ
Projet; plan. مَشْرُوع
Legitimate. ـــ . حلال
To be noble. ✿ شَرُفَ
To be high. شَرِفَ
To ennoble. شَرَّفَ . رفع
To honour. ـــ . كرَّم
To command. أَشْرَفَ على
To be at the point of... ـــ على الموتِ (مثلاً)
To be at the verge or brink of... ـــ على الخرابِ (مثلاً)
To be honoured. تَشَرَّف
Honour شَرَفٌ
Honorary member. . ـــ عُضو
Honorary. شَرفيّ . إكراميّ
On my honour; upon my word. بشَرَفي
Balcony *or* terrace. شُرْفَة ¤ بَلكون

To tear into shreds. ¤ ـــ . شَرَّك
To stipulate. شَارَطَ
To bargain. ¤ ـــ . سَاوَمَ
To bet. ¤ ـــ . راهَنَ
Stipulation. شَرْطٌ . اشْتِراط
Condition. ـــ . واحِدُ الشروطِ
Slit; long cut. ¤ ـــ . مزْقٌ
Unconditionally. بدون ـــ .
On condition that. بِـــ أن
Conditional. شَرْطي
Policeman. شَرَطِيّ
Dash. (—) ¤ شَرْطَة . فاصلة
Ribbon; tape. شَرِيْطٌ
Railway line. ـــ سكة الحديد
Tapeworm. دودة الـــ .
Scarification. تَشْرِيط الجلدِ
Lancet. مِشْرَطُ الجرَّاحِ
To make laws. ✿ شَرَعَ . اشْتَرَعَ
To begin; start. ـــ . بدأ
To direct a weapon towards. ـــ . أَشْرَعَ . صَوَّبَ
Law. شَرْعٌ . شَرِيعَة
Legal; lawful. شَرعيّ . قانوني
Legitimate. ـــ . حَلالٌ
Legitimate son. إبن ـــ .
Legal heir. وريثٌ ـــ .

Noble. شَرِيفٌ . نبيلٌ
The nobility. الاشرافُ
To rise. ✿ شَرَقَ . أَشرَقَ . طلَعَ
To shine; beam. — . — . أضاء
To be choked. شَرِقَ
To go Eastwards. شَرَّقَ
East. شَرْقٌ . مَشْرِقٌ
The Orient. — . البلادالشرقيّة
Eastward. شرقاً . نحو الشرق
Eastern. شرقيّ
Rise. شُرُوقٌ . بزوغ
Sunrise. — الشمس
Radiance; shining. إشراقٌ
Radiant; shining. مُشرِقٌ
Orientalist. مُستَشرِقٌ
To be a partner. ✿ شَرِكَ . شارَكَ
شارَكَ واشتَرَكَ وتشارَكَ مع
To enter into partnership with.
To share. — . — معه
To subscribe to. اشترك في
To take into partnership. أشرَكَ
To be a polytheist. — بالله
Net. شَرَكٌ . شبكة
Trap; snare — . أحبولة
Unsound. ٥ شُرُكٌ . غير سليم

Polytheism. شِرْكٌ
Partnership. شركة . مشاركة
Company; firm. — تجارية
Shoe-lace. شِرَاكُ الحذاء
Partner شَرِيكٌ
Accomplice. — في جريمة
Partnership. اِشتِرَاكٌ
Participation. — . مقاسمة
Subscription. — . اِكتتاب
Jointly; together بالـــ .
Socialist اِشتراكيّ
Socialism اشتراكيّة
Reciprocal. مُشتَرَكٌ . متبادل
Common. — . شائع
Subscriber — في جريدة
To slit. ✿ شَرَمَ . شَقَّ
Long cut; slit. شَرْمٌ . شقٌّ
Cocoon chrysalis. ✿ شَرْنَقَة
To gormandize. ✿ شَرِهَ . نَهِمَ
To be greedy. — . اشتدّ حرصه
Gluttony. شَرَاهَة . نَهَم
Greediness. — . جشع
Glutton. شَرِهٌ . نَهِمٌ
Greedy. — . جشِعٌ
To buy ✿ شَرَى . اشترى
To expose. — . شرّى . عرّض

Buying. شِرَى . شِرَاءٌ
Nettle rash. — . بثورٌ مائيّة
A purchase. ○ شَرْوَة
Artery. شَرِيَان
Arterial. شَرَيَانِيّ
Buyer. شَارٍ . مُشْتَرٍ
Lightning-rod. شاري الصواعق
Jupiter. المشتري . اسم نجم
٭ شرير (في شرر) . شريط (في شرط)
To look askance at. ٭ شَزَرَ
Askance. شَزْراً . بجانب العين
To be distant. ٭ شَسَعَ . بَعُدَ
Remote ; distant. شَاسِعٌ
A far cry. — . بُعْدٌ
Rifled. ○ شَشْخَان ○ مُشَشْخَن
Eye powder. ○ شِشْمٌ . كُحْلٌ
Water-closet. شِشْمَة
Sample. ○ شِشْنِي . نموذج
Assayer. شَشْنَجِي
Fishing-hook. ٭ شِصٌّ
Shore ; bank ; ٭ شطّ (في شطط)
Coast ; shore. ٭ شَطْءٌ . شَاطِئُ البحرِ
Bank. — . — النهرِ
To slit ; slash. شَطَبَ . شَقَّ
To erase ; scratch out. ○ — . محا

To finish off. ○ شَطَّبَ . أنهى
To be finished. ○ — . انتهى
To post an account. ○ — الحسابَ
Slash ; slit. شَطْبٌ
Erasure. ○ — . مَحْوٌ
To divide ; intersect. ٭ شَطَرَ . قَسَمَ
To halve ; bisect. — . نصّف
To go halves; share equally with. شَاطَرَ
To condole with. — ه الحزنَ
Half. شَطْرٌ . نصفٌ
Division ; part. — . قِسْمٌ
Cunning. شَطَارَة . دهاء
Cleverness. ○ — . مهارة
Crafty. شَاطِرٌ . خبيث
Clever. ○ — . ماهرٌ
Chess. ○ شِطْرَنْج . لعبة معروفة
Excess. ٭ شَطَطٌ
To go too far; exceed the bounds. شَطَّ
To digress. — عن الموضوع
Shore ; bank. شَطٌّ . شاطئٌ
Seashore; seacoast. — البحرِ
To rinse. ٭ شَطَفَ . غسلَ
To fasten with a rope. ٭ شَطَنَ . ربطَ
To act like a devil. تَشَيْطَنَ

Satan; devil. شَيْطَان

Possessed. به — (انسان)

Haunted. به — (مكان)

Satanic; devilish. شيطاني

To splinter. ٭ شَظِيَ . تَشَظَّى

Splinter. شَظِيَّة

Fibula. — . عظم الساق

٭ شَعَّ ٭ شعاع (في شعع)

To branch; ramify. ٭ شَعَّبَ

To ramify. تَشَعَّبَ

People; nation. شَعْبٌ . قومٌ

National. شعبي . قومي

Mountain-pass. شِعْبٌ

Reef. ▫ — البحرِ

Branch. شُعْبَةٌ

Prong. — . سِنٌّ

Bronchi. شُعَبُ الرئة

Bronchitis. التهابُ الشُعَبِ

To conjure; juggle. ٭ شَعْبَذَ

Jugglery. شَعْبَذَة . شعوذة

To be dishevelled. ٭ شَعِثَ

To rally. لَمَّ شَعَثَه

Dishevelled. شَعِثٌ . أشْعَثُ

To feel. ٭ شَعَرَ . أَحَسَّ

To know; perceive. — . ادركَ

To notify. أشْعَرَ

To feel. اسْتَشْعَرَ . أَحسَّ

Hair. شَعْرٌ (واحدته شعرة)

Capillary attraction. الجاذبيّة الشعريّة

Capillary tube. أنبوبة شعريّة

Vermicelli. ▫ شِعْرِيَّة الأكلِ

Poetry; verse. شِعْرٌ

Verse. بيتُ — .

Would that I knew! ليتَ شِعري

Poetic; poetical. شِعريّ

The Dogstar. كوكب الشِعرَى

Motto. شِعار . علامة

Emblem. — . رمز

Feeling. شُعُورٌ . إحساس

Perception. — . إدراك

Sensibility. — . قابليّة التأثرِ

Unfeeling. عديم الـــ .

Unconscious. فاقِد الـــ .

Barley. شَعِيرٌ

A grain of barley. شَعِيرَة

Rite; religious ceremony. — (جمعها شعائر)

Vermicelli. ▫ شِعْرِيّة . إطريّة

Feeling. شَاعِرٌ . حاسٌّ

Poet. — . ناظِمُ الشِعرِ

Hairy; hirsute. أشْعَرُ

Notification. إشْعَارٌ

To stir up trouble. ٭ شَغَبَ
To riot ; brawl. شَغِبَ
To seek trouble. شَاغَبَ
Trouble ; disturbance. شَغْبٌ
Rioter. شَغَّابٌ . مُشَاغِبٌ
To be madly in love with. ٭ شُغِفَ ٥ اِنْشَغَفَ بِهِ
Passion ; ardent love. شَغَفٌ
Madly in love. مَشْغُوفٌ
To occupy ; employ. ٭ شَغَلَ . شَغَّلَ
To occupy ; fill; take up. — . اَشْغَلَ
To disturb ; make uneasy. — . — البالَ
To hold in play. شَاغَلَ . أَلْهَى
To busy oneself with. اشْتَغَلَ وتَشَاغَلَ بِهِ
To work. — . عَمِلَ عَمَلاً
Work. شُغْلٌ . عَمَلٌ
Occupation. — . صنعة
Business. ٥ — . شأن
Hard labour. أشغال شاقّة
Labourer. شَغَّالٌ . عامِلٌ
Industrious ; diligent. — . مجتهد
Workhouse. مَشْغَلٌ
Busy. مَشْغُول

Sense. مَشْعَرٌ (جمعها مشاعر)
Heartburn. ٥ شَعْطَةٌ . حَرْوَةٌ
To singe. شَعْوَطَ
To radiate. ﴿ شعع ﴾ . شَعَّ
To diffuse. spread ; scatter. اَشَعَّ . نشرَ
To radiate ; emit rays. — الكوكبُ
Cobweb. شَعٌّ العنكبوتِ
Ray ; beam. — . شُعَاعٌ
Sunrays. اَشِعَّةُ الشمسِ
To inflame. ٭ شَعَلَ . اَشْعَلَ . شَعَّلَ
To light ; kindle. — . — . أَوْقَدَ
To flame. اِشْتَعَلَ . التهبَ
To kindle ; take fire. — . اِتَّقَدَ
To be inflamed with rage. — غضباً
Flame ; blaze. شُعْلَةٌ
Bonfire. ٥ شُعْلَيلة . شُعَيلة
Torch ; flambeau. مَشْعَلٌ
Torch-bearer. مَشَاعِلِيٌّ
Executioner. ٥ — . جَلَّاد
Giddy; frivolous. ٥ شَعْنُون
Palm-Sunday. أَحَدُ الشعانين
٭ شعوذ (في شعذ) ٥ شعير(في شعر)

To pity. ٭ شَفِقَ. اَشْفَقَ على
Evening twilight. شَفَقٌ
Compassion; kindness. شَفَقَة
Compassionate; kind. شَفُوق. شَفِيقٌ
Lip. ٭ شَفَةٌ. شفرُ الفمِ
Border; edge — ايّ شيءٍ
A word. بنتُ —. كلمة
Oral; verbal. شَفَهِيٌ. شَفويٌ
Orally; verbally, by word of mouth. شفاهاً. مشافهة
To speak mouth to mouth *to*. شَافَهَ
To cure; heal. ٭ شَفَى
To recover. شُفِيَ
To heal. — الجرحَ
To seek a cure اِسْتَشفَى
Recovery. شِفاءٌ. بُرءٌ
Cure; remedy. —. عِلاجٌ
Curative. شَافٍ. علاجيٌ
Decisive. —. قاطِعٌ
Peremptory answer. جوابٌ —.
Hospital for animals. ٥ شَفخَانَة
Hospital. مُسْتَشفَى

Wrought. —. ضدّ خام
Anxious. — البال
٭ شفّ (في شفف) ٭ شفا (في شفو)
٭ شفاء (في شفي) ٭ شفّاف (في شفف)
Edge; border. ٭ شَفرٌ. شَفيرٌ. حرفٌ
Blade. شَفْرَةٌ. نصلٌ
Large knife. —. سكين كبيرة
To sip. ٥ شَفَطَ. رَشفَ. مَصَّ
To mediate; intercede with a person for. ٭ شَفَعَ. تَشَفَّعَ
Double. شَفْعٌ. زَوْجٌ
Aliquot. شَفعيٌّ (في الرياضة)
Even number. عَدد —.
Pre-emption. شُفْعَة
Mediation; intercession. شَفَاعَة
Pre-emptor. شَفِيعٌ. شَافِعٌ
Mediator; intercessor. —. وسيط
To thin; make thin. ٭ شَفَّفَ
To be transparent. شَفَّ
To look through. اِستَشَفَّ
Gauze. شَفٌّ. نسيج رقيق
Transparent. شَفَّافٌ
Flimsy; thin. —. رقيق جداً
Tracing-paper. ورق —.
Transparency. شَفَّافِيَة. شُفُوفٌ

٭ شقّ (في شقق) ٭ شقاء (في شقي)
Fairness. ٭ شَقَرٌ . شُقْرَةٌ
Fair complexioned. أَشْقَر
Fair hair. شعرٌ —
To chirp; peep. ٭ شَقْشَقَ . زقزق
To peep. ○ — . انشقّ النهارُ
Empty talk. شَقْشَقَة لسانٍ
Peep-o'-day. ○ — النهارِ
Potsherds. ٭ شَقَفٌ ○ شُقافَة
Shard; potsherd. شَقَفَة
To split. ٭ شَقَّقَ . شَقّ
To tear; rend; rip; cut open. شَقّ ٢ ثوبه
To be hard. — الأمرُ
To find hard or painful. — عليه الأمرُ . استصعبه
To revolt. — عصا الطاعَة
To split; crack. انْشَقَّ
To separate oneself from. — عنهم
To derive. اشْتَقَّ
Split; fissure. شَقٌّ . فَلْع
Crack; chink. — . فلق
A rent; tear. — . مزق
Half. شِقّ الشيء . نصفه
Difficulty. شقّة . مشقّة
Flat. ○ شقّة . جزء من بيتٍ

Disunion. شِقاقٌ . ضدّ اتحاد
Dissension — . نزاع
Brother. شَقِيقٌ . اَخٌ
Sister. شَقيقَة . أُخت
Red anemone. شَقائِقُ النعمانِ
Tedious; tiresome. شاقٌّ . متعِب
Hard; difficult. — . عَسِر
Dissension. انْشِقَاقٌ
Derivation. اِشْتِقَاقٌ
Etymology. علم الـــ .
Hardship; difficulty. مَشَقَّة
To be unhappy. ٭ شَقِيَ
Unhappy; miserable. شَقِيٌّ
Naughty. ○ — . عِربيد
To render unhappy اَشْقَى
Misery. شَقاوَة . شَقاءٌ
Naughtiness. ○ — . عَربدة
٭ شكّ (في شكك) ٭ شكا (في شكو)
To thank. ٭ شَكَرَ . تَشَكَّرَ لهُ
Thanks. شُكْرٌ . حَمْدٌ
Gratitude. — . إقرارٌ بالجميلِ
Thank you. شُكْراً لك
Thankful. شَكُورٌ
Hemlock. شَوكَران . شَيْكَران
To be ill-tempered. ٭ شَكِسَ
To pick a quarrel with. شَاكَسَ

Likeness. شَكْلٌ . صورة
Shape; form; figure. — . هيئة
Figure; drawing. — . رَسْمٌ
Fashion; style — . كَيفيَّة
Vowel points. — الكلامِ
Kind; sort. — . شَاكِلَة
Side; flank. شاكلة ٢. خاصرة
Coquetry, or dalliance. شِكْلٌ . دَلَال
Coquette; flirt. شَكِلَة . ذات دَلَال
Shackles. شِكَال . قَيْدٌ
Difficult. مُشْكِلٌ . معضل
Problem. — . مشكلة
Difficulty. — . — . ورطَة
Diverse. مُشَكَّل
Resemblance. مُشَاكَلَة
To bridle. ☼ شَكَمَ الدابَّة
Bridle bit. شَكِيمَة اللجامِ
Disdain. — . أَنَفَة
Stubborn. شديد الـ—.
Complaint. ☼ شَكْوَة . شَكْوَى . شِكَايَة
شَكَا . اشْتَكَى . تَشَكَّى
To complain.
Complainant. شَاكٍ . مُشْتَكٍ
Up in arms. شَاكِي السلاح
Complained of. مَشْكُوّ

Ill-tempered. شَكِسٌ
Ill-temper. شَكَاسَة
ه شَكُوشٌ
Hammer. ه شَاكوش
To fill with doubt. * شَكَّكَ
To prick; sting. شَكَّ
To doubt. — في الأمرِ
To suspect. — في الرجُلِ
Doubt. شَكٌّ . ضِدّ يقين
Suspicion. — . ريبة
Undoubtedly. بلا — .
Prick; sting. شَكَّة
Doubtful. شَاكٌّ
Fully armed. — السلاح
On credit; on tick. ه شُكُك
Doubtful. مَشْكُوكٌ فيه
Suspicious. — في امرِهِ
☼ شَكَلَ . شَكَّلَ . أَشْكَلَ .
To be ambiguous. اِسْتَشْكَلَ الامرُ
To vocalise. — . — الكتابَ
To shackle; fetter. — . — . قَيَّدَ
To shape; form. شَكَّلَ ٢. صَوَّرَ
To diversify. — . نَوَّعَ
To resemble. شَاكَلَ

Chicory. ○ شكوريا . نبات كالخسِّ

Hammer. ○ شَكُوش

Chocolate. ○ شكولاتَه

✲ شلّ ✲ شلاّل (في شلل)

Rape. ✲ شَلْجَمٌ . نباتٌ كاللفتِ

To divest; strip. ✲ شَلَحَ . عَرَّى

To despoil; rob. — . سَلَبَ

To undress. شَلَحَ ثيابه

Dressing-gown. مَشْلَحٌ

Paralysis. ✲ شَلَلٌ . مرض

Hemiplegia. — نصفيّ . فالج

To tack; baste. شَلَّلَ . خاطَ

To paralyse. شَلَّ . أشَلَّ

Aim; object. شلَّة . قَصْدٌ

Skein of thread. ○ — خيط

Cataract. شَلاَّل

Paralysed. مَشْلول . معطَّل

Paralytic. — . مصاب بالشللِ

Shilling. ○ شِلِن . عملة انكليزية

Strawberry. ○ شُلَيك

✲ شم (في شمم) ✲ شمَّام (في شمم)

North. ✲ شمال (في شمل)

Champagne. ○ شَمْبانيا

To rejoice at another's misfortune. ✲ شَمِتَ

To disappoint. شَمَّتَ . خيَّب

Rejoicing at another's misfortune. شَمَاتَة

To tower; be lofty. ✲ شَمَخَ

To turn up one's nose (at). — بأنفهِ

To be proud. تَشَامَخَ . تكبَّرَ

High; lofty. شَامِخٌ

Proud; haughty. مُتَشَامِخٌ

Pride; haughtiness. تَشَامُخٌ

To draw back. ✲ شَمَرَ . سَحَبَ

To tuck up. — كُمَّهُ

To buckle to. تَشَمَّرَ للأمرِ

Fennel. شَمَرٌ . شمار

To shrink from. ✲ شَمَزَ . اشمأزَّ

To be disgusted. — ت نفسهُ

Repugnance; aversion. اشمِئزاز

To be sunny. ✲ شَمِسَ . أشْمَسَ

To insolate. شَمَّسَ

To bask; lie in the sun. تَشَمَّسَ

Sun. شَمْس

Sunrise. شروق الــ

Sunshine. ضوء الــ

Sunset. غروب الــ

Sunny; solar. شَمْسِيّ

Left-hand. اليدُ الــ . اليُسرى
Northward,—s. شِمالاً
Northern. شَمالِيٌّ ◘ بحريّ
General. شامِلٌ . عامٌّ
Containing. — . مشتمِلٌ على
Contents. مُشتَمَلات
Included. مَشمُولٌ
Under the patronage of... — برعايةِ
To make one smell. ✲ شَمَّمَ . أشَمَّ
To smell. شَمَّ . اشتَمَّ
Smelling. شَمٌّ
Disdain. شَمَمٌ . أنفة
Musk melon. شَمَّامٌ
Smelt. مَشمُومٌ
Beet. ◘ شَمَنْدُور ◘ بنجر
Buoy. شَمَنْدُورَة . عوَّامَة
✲ شنّ (في شنن) ◘ شناعة (في شنع)
A moustache. ◘ شَنَبٌ . شارِب
Rim. ◘ شَنبَرٌ . إطارٌ
Bezel. — الساعَةِ
To contract. ✲ شَنِجَ . تَشَنَّجَ
To have convulsions تشنج ٢ . أُصيبَ بالتشنُّج
Contraction. تَشَنُّجٌ تقلُّصٌ

Sunshade; parasole. شَمسيَّة
Umbrella. — المطرِ
Parachute. ◘ — الطيَّارِ
Sexton. شَمَّاسٌ
Refractory. شامِسٌ . شَمُوس
Sunny. — . مُشمِسٌ
To wax. ✲ شَمَّعَ . طلَى بالشمع
Wax; beeswax شَمعٌ
Sealing-wax. — احمر (للختم)
Candle. شَمعَة
Candlestick. شَمعِدان . مائلة

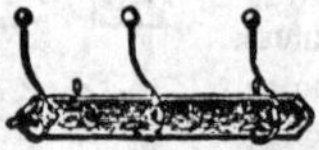

Rack. ◘ شَمَّاعَة | الملابِسِ
Waxed. مُشَمَّعٌ . عليه شمع
Oilcloth. ◘ — الفَرْشِ
Court-plaster. ◘ — طِبي
To prevail ✲ شَمِلَ . عَمَّ
— . اشتَمَلَ على . حوى
To contain; include; comprise
Union. شَمْلٌ . اتحاد
Reunion. جمعُ الــ .
Toga; cloak. شَمْلَة
North. شِمالٌ ◘ بحريّ
Left; left-side. — . يَسارٌ

Gray; grey. أَشْهَبُ
To attend; be present at. ٭ شَهِدَ المجلس
To testify; bear witness. —٠ كان شاهداً
To certify. — بكذا . قرَّرَهُ (كتابةً)
To give evidence "against". — على فلانٍ
To give evidence "in favour of" — لفلان
To witness a deed. — على العقدِ
To witness; see. —٠ شَاهَدَ
To call to witness. أَشْهَدَ . اسْتَشْهَدَ
To quote; cite. اسْتَشْهَدَ بقولٍ
To die as a martyr. أُشْهِدَ . اسْتُشْهِدَ
Honey. شَهْدٌ . عَسَلُ النحلِ
Witness; testimony. شهادة . إقرار
Evidence. —٠ بيّنة
Certificate; testimonial. — (مكتوبة)
Primary certificate. — ابتدائيّة
Secondary certificate. — ثانويّة
Diploma. — عاليّة ٥ دبلوما
Martyrdom. —٠ اسْتِشْهادٌ

Convulsion. —٠ تقلُّص عضلي
At random. ٥ شَنْدِي بَنْدِي
To revile. ٭ شَنَرَ عليه
Disgrace. شَنَارٌ . عارٌ
Disposition. ٭ شِنْشِنَة
Bag. ٥ شَنْطه . حقيبة
Satchel. ٥— الكُتُبِ . قِمطر
To be ugly. ٭ شَنُعَ . كان شنيعاً
To revile. شَنَّعَ عليه
Ugly. شَنِعٌ . شَنِيعٌ
Ugliness. شُنْعَة . شَنَاعَة
To delight the ears. ٭ شَنَّفَ الآذانَ
Ear-ring. شَنْفٌ . حلَقٌ
To hang. ٭ شَنَقَ
Hanging. شَنْقٌ
Gallows; scaffold. مَشْنَقَة
To trip up. ٥ شَنكَلَ . اَعْثَرَ
Hook. شَنكَلٌ . كُلَّاب
Hook. { — البابِ / — الشباكِ }
To assail. ﴿شن﴾ ٭ . شَنَّ الغارةَ على
To whimper. ٥ شَنْهَفَ . اَهْنَفَ
Grayness. ٭ شَهَبٌ . شُهْبَة
Shooting-star; meteor. شِهابٌ . نيزك

To whoop.	— . صاحَ
A whoop.	شَهْقَة
Inspiration.	شَهِيقٌ
Braying.	— الحمارِ . نهيق
High; lofty.	شَاهِقٌ
Sagacious.	٭ شَهْمٌ . ذكيّ الفؤادِ
Brave; gallant.	— . نبيل
Gallantry.	شَهَامَة . نخوة
Sagacity.	— . ذكاء الفؤادِ
Appetite.	٭ شَهْوَةٌ . شَهِيَّة
Passion.	— . ميل شديد
Lust; carnal appetite.	— . غُلمة
To desire; long for; crave.	شَهَا . اشْتَهَى
To allure; tempt	شَهَّى
Undesirable.	لا يُشتهى
Incontinent.	شَهْوَانِي
Desirable.	شَهِيّ . مُشْتَهَى
Agreeable.	— . — . مقبول
Mixture.	٭ شَوْبٌ . خليط
Hot wind.	٥ — . ريح حارّة
To mix.	شَابَ . خَلَطَ
To vitiate.	— . أفسد
To turn white.	— الشعرُ
Blemish; defect.	شَائِبَة
Rolling-pin. (في شبك)	٭ شوبك
Quotation.	إستشهادٌ ٢ . إقتباس
Martyr.	شَهِيد
Witness.	شَاهِدٌ
Quotation.	— . إقتباس
Assembly.	مَشْهَدٌ . مجتمع
Procession.	٥ — . موكب
Spectator.	مُشَاهِدٌ
Visible.	مُشَاهَدٌ
Memorable.	مَشْهُودٌ
Doomsday.	اليوم الـــ .
To make famous.	٭ شَهَرَ . أَشْهَرَ . جعله شهيراً
To make known.	— . — . أذاعَ
To declare war.	— الحربَ
To become known.	اشْتَهَرَ
Month.	شَهْرٌ
Honey-moon.	— العسَلِ
Monthly.	شَهْرِيّ
Reputation; fame.	شُهْرَة
Well-known; famous.	شَهِيرٌ . مَشْهور
According to common repute.	على المشهورِ
Declaration.	إِشْهَارٌ . إعلان
To bray.	٭ شَهَقَ الحمارُ . نَهَقَ
To inspire.	— . ضد زفر

To point at. ٭ شَوَّرَ . أَشارَ اليه
To indicate. أشارَ الى . دَلَّ
To make a sign to. — اليهِ ٥ شاور له
To advise. — عليه
To consult. شاوَرَ . استَشَارَ
Badge; sign. شارَة . علامَة
Advice; counsel. شَوْرَى . مَشُورَة
Opinion. —. —. رأي
Consultative. شُوريّ . إستشاري
Signalman. ٥ أشَرجِي
Sign; mark. إشارَة . علامَة
Signal. —. ما تتفاهم بهِ عن بُعد
Telegram. — برقيّة
Demonstrative pronoun. إسمُ الاشارَة
Consultation. إستشارَة
Indicator. مُشير . دالّ
Indicative of. — الى
Counsellor; adviser. —. مُستَشار
Soup. ٥ شُورْبَة . صُبَّة
To confuse. ٭ شَوَّشَ . خلط
Disturb. — الأمرَ
To complicate. —. أرْبَكَ
To feel sick. ٥ تَاشَت نفسهُ

To be confused. تَشَوَّشَ
Muslin. ٥ شَاش . نسيج رفيق
Sergeant. ٥ شَاوِيش
Top knot; crest. ٥ شُوشَة
Confusion. تَشويش
Confused. مُشَوَّش
Perplexed. — الفكرِ
Object; aim. ٭ شَوْط . غاية
Course. — الرَّمي
An epidemic. ٥ شَوْطَة . وباء
To set off. ٭ شَوَّفَ . زَيَّنَ
To show. ٥ —. أرى
To see. ٥ شَافَ . رأى
To look forward to. تَشَوَّفَ الى
Seeing. ٥ شَايِف . ناظِر
Conceited. ٥ — روحه
Oats. ٥ شُوفان
To fill with longing for. ٭ شَوَّقَ . شَاقَ الى
To long for. اشتَاقَ
Longing; strong desire. شَوْق . اشتياق
Desirable. شائِق
Longing. شَيِّق . مُشتَاق
To be thorny. ٭ شَوَّكَ الشجرُ
To prick. ٥ —. شَاكَ

Thorns. شَوْكٌ
A thorn. شَوْكَةٌ
Prong. — . شُعْبَةٌ
Power; might. — . قُوَّةٌ
Fork. □ — الأَكْلِ
Bone. — السمكِ . حسكة
Sting. — العقربِ . حُمَّةٌ
Thorny. شَائِك . شَوِك
Hemlock. ٭ شوكران (في شكر)
Quick; brisk. ٭ شَوِلٌ □ شِهِلٌ
Large sack. □ شِوَالٌ . جوالق
To rise. شَالَ . ارتفع
To raise; lift up. — بالشيء . رفعه
To carry. — بالشيء . حمله
Shawl. □ شَالٌ
Pot. □ شاليه . أصيص
Load; burden. □ شيلَة . حِمْلٌ
Porter. □ شيَّال . حَمَّالٌ
Porterage. مَشَالٌ
Evil omen. ٭ شؤم (في شأم)
Granary. ٭ شَوْنَة الغلّةِ
To garner; store. □ شَوَّنَ الغلالَ
To disfigure. ٭ شَوَّهَ . مسخ
To be disfigured. شُوِهَ . تَشَوَّهَ
Deformity. شَوَهٌ . تَشَوُّهٌ

Deformed; disfigured. أَشْوَهُ . مُشَوَّهٌ
Shâh; the monarch of Persia. □ شَاهُ العجمِ
King. — (في الشطرنج)
Sheep. شَاةٌ
Imperial; royal. شاهانيّ
To roast; grill. ٭ شَوَى
Gridiron; grill. □ شَوَّاية . مِشْوَاة
Roasting. شَوْيٌ □ شَيٌّ
Thing; something. ٭ شَيءٌ
Something. — ما . أَمْرٌ ما
Nothing; nil. لا شَيء
Little by little. شيئاً فشيئاً
To will; wish; desire. شَاءَ
God willing! ان — الله
A little. □ شُوَيَّة . قليلاً
Will; wish; desire. مَشِيئَة
God willing. بمشيئةِ الله
To cause the hair to turn grey. ٭ شَيَّبَ
To become gray-haired. شَابَ . ابْيَضَّ شعره
To turn grey. — الشعْرُ
Hoariness; hoary age. شَيْبٌ . مَشِيبٌ
Gray; hoary شَائِبٌ . أَشْيَبُ (شعر)

Grey-haired. — • — (انسان).
Print; printed calico. □ شِيتٌ
Wormwood. ✻ شِيحٌ
To shun. أَشَاحَ عنهُ وجههُ
To grow old. ✻ شَيَّخَ . شَاخَ
To run to seed. □ — □ — النباتُ
An old man. شَيْخٌ
Chief; *sheikh*. — • رئيس
Old age. شَيْخُوخَة
To build up. ✻ شَيَّدَ . شَادَ
To cry up. أَشَادَ بذكره
Erected. مَشِيْدٌ . مُشَيَّدٌ
Sesame-oil. ○ شِيرَج □ سِيرج
Rapier. □ شِيْشٌ . سيفُ الوخز
Hubble-bubble. □ شِيشَة
To singe; burn slightly. ✻ شَيَّطَ . أَشَاطَ
To be slightly burnt. شَاطَ . تَشَيَّطَ
To fly into a passion. إِسْتَشَاطَ غضباً
Satan; devil. ✻ شيطان (في شطن).
To see off. ✻ شَيَّعَ . ودَّعَ
To send. □ — • ارسل
To be spread. شَاعَ الخبرُ
To publish; spread abroad. — • أَشَاعَ الخبرَ
To follow. شَايَعَ . تَابَعَ

To take one's part. — • تَشَيَّعَ لهُ
Sect. شِيعَة . طائفة
Followers. — الرجلِ
Sectarian. شِيعي . طائفي
Shiite. — • ضدّ سُنّي
Circulation. شُيُوع . إِنتشار
In common. على الـ—.
Wide-spread. شَائِع . مُشَاع
Public; common. — • — • عامّ
Spreading. إِشَاعَة . إِذاعَة
Rumour. — • خبرٌ شائع
Cheque. ○ شيك . صكٌّ
Gridiron. □ شيكارَة
✻ شيكران (في شكر) ✻ شيلة (في شول)
Habit. ✻ شِيْمَة . عادَة
Nature; disposition. — • خُلُق
Mole; beauty spot. شَامَة
Disgrace. ✻ شَيْنٌ . عارٌ
To disgrace. شَانَ . عابَ
Disgraceful. شَائِنٌ
Tea. ✻ شيي ✻ . شَايٌ

Tea-pot. إِبريقُ الـ—.
Tea-party. حَفلةُ الـ—.

﴿ص﴾

* صاب (في صوب) * صابون (في صبن)
Sheet-iron. * صاجٌ . حديد مصفّح
* صاحَ (في صيح) * ياصاح (في صحب)
* صاحٍ (في صحو) * صاد (في صيد)
* صارَ (في صير) * صاروخ (في صرخ)
* صاري (في صري) * صاع (في صوع)
* صاغ (في صوغ) * صافٍ (في صفو)
Saloon. ◘ صالَة ◘ صالون . صاعَة
* صامَ (في صوم) ◘ صامولة (في صمل)
* صانَ (في صون) * صبٌّ (في صبب)
* صبا (في صبو) * صبابة (في صبب)
Declivity. * صَبَبٌ . انحدار
Ardent desire; strong longing. صَبَابَة
To pour out. صَبَّ
To flow; be poured out. انصَبَّ
To be bent on. — الى . لزِمَ
Pouring out. صَبٌّ
Poured out; shed. صَبِيبٌ . مَصْبوب
Mouth of a river. مَصَبُّ النهرِ
To be radiant. * صَبُحَ الوجه
To bid good morning. صَبَّحَ
To come to light. أَصْبَحَ . ظهرَ
To become. — . صارَ

Morning. صُبْحٌ . صَباحٌ
Good morning. عِمْ صَباحاً
Morning. صَبيحَة . صَبَاحٌ
Fresh; new. ◘ صابِحٌ . جديد
Lamp. مِصْباحٌ ◘ لَمبَه
Electric lamp. — كهربائي
To be patient. * صَبَرَ . اصْطَبَرَ
To bear patiently. — على
To ask *one* to have patience. صَبَّرَ
To embalm. ◘ — . حَنَّطَ
To take a snack. ◘ — بطنَه
To ballast a ship. — السفينةَ
Patience; endurance. صَبْرٌ . اصْطِبارٌ
Aloes. — . صمغٌ شديد المرارة
Prickly-pear. صُبَّير
Patient. صَبُورٌ . صابِرٌ
Ballast. صابُورَة المركب
Snack. ◘ تَصْبيرَة . لُمجَة
To point at with the finger. * صَبَعَ عليهِ
Finger. اصْبعٌ ◘ صُبَاعُ اليدِ
Toe. — القدمِ
Gridiron. مُصَبَّعٌ ◘ شيكارة
To dye; colour. * صَبَغَ
Dyeing. صَبْغٌ . تلوين
Dye; colour. صِبْغٌ . صِبْغَة . صِباغ

Sort; kind. صِبغة[٢] . نوع

Tincture. — . خلاصة

Dyer. صَبَّاغٌ . صَابِغٌ

Dyeing. صِبَاغَة

Dye-house. مَصْبَغَة

To soap; wash with soap. ☆ صَبَّنَ

Soap-boiler. صَبَّانٌ

Soap. صَابُون . غاسول

A piece of soap. صَابُونَة

Knee-cap. ◘— الرِّجْلِ

Soap-works. مَصْبَنَة

Longing. ☆ صُبُوٌّ . صِباً . شوق

Youth. صُبُوَّة . صِبَا

Boy; youth. صَبِيٌّ . غلام

Girl; lass. صَبِيَّة . بنت

Maid; maiden. — . فتاة

Juvenile. صِبْيَانِيٌّ

To long for. صَبَا الى . اشتاق

To incline to. —الى . مال

☆ صبير (في صبر) ☆ صحٌ (في صحح)

To awake. ☆ صحا (في صحو)

To accompany. ☆ صَحِبَ

To accompany. صَاحَبَ

To associate with. تَصَاحَبَ مع

To accompany. اِصْطَحَبَ

To take as a companion. إِسْتَصْحَبَ

Companionship. صُحْبَة

Friendship. — . صداقة

Bouquet. ◘— زهور . باقة

Friend. صَاحِبٌ

Owner. — الشيء

The master. — الأمرِ

His Excellency. — السعادة

His Highness. — السموّ

Accompanied. مَصْحُوبٌ

To cure. ☆ صَحَّحَ . شفى

To correct. — . ضَبَط

To recover. صَحَّ . شُفِيَ

To be sound. — من العيبِ

To be true. — الخبر

Correct. صَحٌّ . صحيح

Correctness. صِحَّة . ضد خطأ

Truth. — . صدق

Soundness. — . سلامة

Health. — . عافية

Hygiene. قانون حفظ الـــ

Sanitary. صِحِّيٌّ

Healthy. — . مفيد للصحة

Whole; perfect. صَحِيحٌ . كامِلٌ

True; real. — . حقيقي

Sound; perfect. — . سليم

Correct. — . مضبوط

Whole number. —. عَدَدٌ
Health-resort. مَصَحٌّ
Sanatorium. —. مستشفى
Chapter. ٥ اَصْحاحٌ . فَصْل.
Desert. ٭ صَحْراءُ
٭ صَحَّفَ الكلمة . اَخطأَ في قراءَتها
To mispronounce.
To misconstruct. —. حرَّف
To distort; misrepresent. — الخبرَ. حرَّفهُ
To stereotype. —(في الطباعةِ)
Platter. صَحفَة . صحن كبير
Face. صَحيفَة . وَجْهٌ
Page. — من كتابٍ. صفحة
Newspaper. — الأخبار
Journalism. صِحَافَة
Book. مُصحَفٌ . كتابٌ
The Korân. الـ الشريف
Plate; dish. ٭ صَحْنٌ
Saucer. — الفنجالِ
Courtyard. — الدارِ
Health. ٭ صِحَّة (في صحح)
Wakefulness. ٭ صَحْوٌ . يقظة
Clear; unclouded. —. صَاحٍ
Awake. صاحٍ ٢ . مستيقظ
To wake up. صَحَا . صَحِيَ

To be bright. — اليومُ . صَفا
To waken; rouse. اَصْحَى ٥ صَحَّى . اَيقظ
٭ صِحِّي وصحيح (في صحح)
To clamour. ٭ صَخِبَ
Clamour. صَخَبٌ
Clamorous. صَخِبٌ . صَخَّابٌ
Rock. ٭ صَخْرٌ
A rock. صَخْرَة
Rocky. صَخِرٌ . صَخْرِيٌّ
To oppose; check. ٭ صدّ (في صدد)
Rust. ٭ صَدَأٌ
To corrode. اَكَلهُ الـ
Rusty. صَدِيءٌ . مُصْدَأٌ
To rust; become rusty. صَدِيءَ
To sing. ٭ صَدَحَ . غَنَّى
The band played. ـت الموسيق
To suppurate. ٭ صَدَّدَ الجرحُ
To check. صَدَّ . منع
To oppose. —. قاوم
To turn the back upon. — عنهُ
Opposition. صَدٌّ
Relation; regard. صَدَدٌ ٥ خصوص
Object; end. —. قَصْدٌ

صَدِيْدٌ Pus ; matter.
☆ صَدَرَ اليه . ذهبَ To go to.
— • حدثَ To happen; occur.
— • نشأَ To proceed ; arise.
صَدَّرَ الكتابَ To begin a book.
أَصْدَرَ . ارسَلَ To send ; forward.
— البضائع To export goods.
— امراً To issue, or give, an order.
— حُكْماً To give sentence.
صَادَرَ To confiscate.
صَدْرٌ Chest ; breast.
— • فؤادٌ Bosom ; heart.
— المكانِ Front.
الــ الأعظم Premier ; Prime Minister.
رَحْب الــ . Large-hearted.
صُدْرَة ◘ صديري Waistcoat ; vest.
صَادِرٌ Going out.
— عن Proceeding *from* ; arising *from*.
الصادرات Exports.
مَصْدَرٌ Origin ; source.
— الكلمة Root.
صيغة المصدر Infinitive mood.
☆ صَدَعَ . كسر To break.

— بالحقِّ . أَقرَّ To acknowledge ; own ; confess.
◘ صَدَّعَ الخاطر To trouble ; disturb.
تَصَدَّعَ . انصَدَعَ To break.
صَدْعٌ Break ; crack.
صُدَاعٌ Headache.
☆ صُدْغٌ Temple.
صُدْغيٌّ Temporal.
◘ صِدِغ . وقِح الوجهِ Cheeky ; impudent.
☆ صَدَفَ عن To turn away from.
◘ — ◘ صَادَفَ . حدثَ مصادفةً
To happen by chance.
صَادَفَ٢ . قابلَ To come across ; happen on.
— • قابل مصادفة To meet by chance.
صَدَفٌ • محارٌ Sea-shells.
صَدَفَة . محارة A shell.
صُدْفَةٌ . مُصَادَفَةٌ Chance.
◘ صُدْفةً . مُصَادَفَةً By chance.
☆ صَدَقَ To say the truth.
— قوله او ظنّه To prove to be true.
— في وعدِهِ To keep one's promise.
ــهُ النصحَ To give sincere advice.

It applies correctly to *him*. بصدق عليه كذا
To believe. صَدَّقَ
Credible; believable. يُصَدَّقُ
To make a friend of. صادَقَ
To approve of. — على. وافقَ
To confirm. — على. أجازَ
To give alms or charity. تَصَدَّقَ
Truth. صِدْقٌ. حقٌّ او حقيقة
Sincerity. —. إخلاص
Charity; alms. صَدَقَة
Dowry صِدَاقٌ. مَهْرٌ
Friendship. صَدَاقَة
Friend: true friend. صَدِيقٌ
Righteous. صِدِّيقٌ
Truthful. صَادِقٌ. صَدوق
Sincere. —. مُخلِص
Box; case. صندوق (في صندق)
Believing. تَصْدِيق
Confirmation; approval. —. مُصَادقة
Believable. مُصَدَّقٌ
To strike, or dash, against. ٭ صَدَمَ. صادَمَ
To collide اصطدَمَ. تصادَمَ
To clash. —. الرأيان
Stroke; blow. صَدْمَة

Shock. —٥ رَجَّة ٥ خَضَّة
Collision. اصْطِدَامٌ. تَصَادُمٌ
To be very thirsty. ٭ صَدِيَ
To rust. صَدَّى (في صدأ)
To echo. أَصْدَى الجبلُ
To oppose. تصَدَّى له
Echo. صَدَى الصوت
٭ صرّ (في صرر) ٭صراط (في صرط)
To be clear. ٭ صَرُحَ
To make clear. صَرَّحَ. أَصْرَحَ
To declare. —. جاهرَ
To permit. ٥—. أجازَ
Palace. صَرْحٌ. قَصْرٌ
Clearness صَرَاحَةٌ. صفاء
Clearly; plainly. صَرَاحَةً. بصراحةٍ
Clear; plain. صَرِيحٌ. واضح
Pure; unmixed. —. خالصٌ
Sincere. —. مخلص
Self-evident — بذاتهِ
Declaration. تَصْرِيح. بيان
Permission. ٥—. إذن
To shout; cry out. ٭ صَرَخَ
A shout. صَرْخَة
Shouting. صُرَاخٌ. صَرِيخ
Shouter صَرَّاخٌ. صَارِخٌ

Peacock, (*fem.* peahen) — . طاووس
Rocket. ◘ صَاروخ . سهم ناري
To prick up the ears. ✲ صَرَّرَ . صَرَّ أُذنَهُ
To wrap up. صَرَّ ٢. ربط
To creak. — الشيء . صرف
To grate. —ت الأسنانُ
To persist in. أَصَرَّ على الأمرِ
Creaking. صَرِيرُ الباب
Grating. — الأسنانِ
Bundle ; packet. صُرَّة
Persistence. إصرارٌ
Premeditation. سبقُ الـــ .
Persistent. مُصِرٌّ
✲ صُرْصُرٌ . صُرصُور ◘ صِرْصارٌ Cockroach.
Path ; way. ✲ صِرَاطٌ
To throw down ; fell. ✲ صَرَعَ . طرحَ على الأرض
To shock ; frighten. ◘ — . أفزع
To have an epileptic fit. صُرِعَ
To go mad. ◘ انصَرَعَ . كَلِبَ

To wrestle with. صَارَعَ
Epilepsy. صَرْعٌ . مرَضٌ
◘ صَرَعٌ . داءُ الكَلَبِ Rabies ; hydrophobia.
Reins. ◘ صُرُعٌ . عنان
Mad. صَرِيع . مصروع . مجنون
Fold. مِصرَاعُ البابِ
Hemistich. — الشِعْرِ
Rabid ; mad. ◘ مصروع ٢ . كَلِبٌ
Shocked. ◘ — . مُفْزَع
Wrestler. مُصَارِعٌ
Wrestling. مصارَعَة
To send away ; dismiss. ✲ صَرَفَ
To turn away. — عنه
To dissuade. — عن رأيِ
To pay no attention to. — النظرَ عن
To creak. — البابُ
To grate. —ت الأسنانُ
To spend. ◘ — . أنفقَ
To change money. — . صَرَّفَ النقودَ
To inflect. — . — الكلمةَ
To conjugate. — . — الفِعْلَ
To give a free hand. صَرَّفَ ٢ في الأمرِ
To dispose of. — . باعَ

To act; behave. تَصَرَّفَ
To go away. انصَرَفَ
Changing. صَرْفُ النقود
Dismissal. — . فَصْلٌ او إِبعاد
Spending. ◻ — . إِنفاق
Inflection. — الكلام
Conjugation. — الفِعل
Etymology. عِلم الـــ .
Regardless of; irrespective of. بصرفِ النظَرِ عن
Pure; unmixed صِرْف . خالص
Cashier. صَرَّافٌ
Money-changer. — . صَيْرَفِيٌّ
Creaking. صَرِيفٌ
Grating. — الأسنان
Departure; going away. انْصِرَافٌ
Disposal. تَصَرُّفٌ
Conduct. ◻ — . سلوك
Having a free hand. مُطْلَقُ الـــ .
Vicissitudes of time. تصاريف الدهر
Drain. مَصْرِفُ الماءِ
Bank. — ماليّ
Spent. مَصْروف . أُنْفِقَ
Expense. — . نَفَقَة
Pocket-money. ◻ — الجيب

Governor. مُتَصَرِّفٌ . حاكِمٌ
To cut apart; sever. ✲ صَرَمَ
To be sharp. صَرُمَ
To die. صُرِمَ . انصَرَمَ أَجَلُهُ
To pass. إِنصرمَ٢ . إِنقضى
Shoe. صِرمٌ ◻ صَرْمَة
Sharpness. صَرامَة . مَضاءٌ
Violence; severity. — . شِدَّة
Sharp; cutting. صارِمٌ . قاطِع
Violent; severe. — . عنيف
To precede. ✲ صَرَى . تقدَّم
Mast. صاري المركب
Pole; staff. — . صارية . قائمة
Flag-staff. — . — العَلَم
Mastaba, stone bench. ❁ صطب ❁ . مَصْطَبَة
To be difficult or hard. ✲ صَعُبَ
To take offence. ◻ — عليه
To make difficult. صَعَّبَ . تصعَّبَ الأمرَ
To raise difficulties. ◻ تصعَّبَ٢ . تصاعَبَ
To find difficult. اسْتَصْعَبَ
Difficult; hard. صَعْبٌ
Difficulty. صُعُوبَة
Thyme. ✲ صَعْتَرٌ . سَعْتَر
To ascend; go up. ✲ صَعَدَ . طلع

To rise. — . ارتفع
To raise; lift up. — بِهِ
To cause to ascend. اَصْعَدَ
Ascending; going up. صُعُودٌ
Going up; rising. صَاعِدٌ
Upwards. فصاعداً
Henceforth; henceforward. من الآن فصاعداً
A deep sigh. صُعَدَاءُ
Upland. صَعِيدٌ
Upper-Egypt. — مِصْرَ
To strike with lightning. ✱ صَعَقَ
To stun. — . اَعْدَمَ الوَعْيَ
Thunderbolt. صَاعِقَة
Thunderstruck. مَصْعُوقٌ
Pauper; beggar. ✱ صُعْلُوك
To decrease. ✱ صَغُرَ . ضد كَبُرَ
To be small. صَغِرَ . كان صغيراً
To be younger than. صَغُرَ فلاناً
To diminish; make small. صَغَّرَ . جعله صغيراً
To lessen. — . قَلَّلَ
To find small or little. استَصْغَرَ . عدَّهُ صغيراً
To make little of; set little by. — . استحقر
To feel cheap. — نفسه

Smallness. صِغَرٌ
Youngness. — السِنِّ
Small; little. صَغِيرٌ . ضد كبير
Minute; tiny. — . دقيق
Young. — السِنِّ
Mean-spirited. — النَفْسِ
The minimum. النهاية الصغرى
Diminution. تَصْغِيرٌ
Diminutive noun. اِسم الـــ .
To incline to. ✱ صَغِيَ . صَغا
To listen to. اَصْغَى
Listen! اِصْغَ (فعل أمر)
Listening. اِصغاءٌ . اِستماع
Attention. — اِنتباه
✱ صَفّ (في صفف) ✱ صفاء (في صفو)
✱ صفار (في صفر) ✱ صفَّاية (في صفو)
To forgive; pardon. ✱ صَفَحَ عنه
To flatten; make flat. صَفَّحَ . جعله عريضاً
To beat into thin plates. — . بَسَطَ
To plate; overlay with a coating of metal. — . طلى بقشرة معدنيَّة
To plate; cover with plates of metal. — . غشّى بصفائح معدنيَّة
To shake hands. صَافَحَ

Empty; void. صُفْرٌ . خالٍ
Empty-handed. — اليدين
Gold. — . ذَهَبٌ
Brass, or bronze. — . نُحاس اصفر
Zero. صِفْر
Bile; gall. صَفْرَاء
Bilious. صَفْرَاويّ المزاج
Yellowness. صُفْرَة . صَفَار
Palor; paleness. — . — . شحوب اللون
Yolk of an egg. صَفَار البيض . مُحّ
Whistle. صَفَّارَة
Yellow. اَصْفَر
Plain. ٭ صَفْصَف
Willow; osier. صَفْصَاف
To slap. ٭ صَفَعَ . لَطَمَ
A slap. صَفْعَة . لطمة
To range; arrange in a line. ٭ صَفَّفَ . صَفَّ
To line up; take position in a line. تَصَافُّوا . اصْطَفُّوا
Row; line. صَفّ . سَطْر
Class; order. — . مرتبة
Class. — (في مدرسة)
Shelf; ledge. صُفَّة . رَفّ
Quality. صِفَة (في وصف)

To examine carefully; look into. تَصَفَّحَ
To ask forgiveness. اسْتَصْفَحَ
Forgiveness. صَفْح . عفو
Side. — . جانب
To disregard. ضربَ عنه صفحاً
Face. صَفْحَة . وَجْه
Page. — الكتاب
Forgiving. صَفُوح
Broad side. صَفِيح
Tin-plate. ◻ — . الواح معدنيّة رقيقة
Tin. ◻ صَفِيحَة . وعاء من الصفيح
Plating. تَصْفِيح
Plated. مُصَفَّح
To fetter; shackle. ٭ صَفَدَ . صَفَّدَ
Fetters; shackles. صَفَد . صِفَاد
To be empty. ٭ صَفِرَ . خَلاَ
To whistle. صَفَرَ . صَفَّرَ
To hiss. — . — الثعبانُ
To make yellow. صَفَّرَ ؟ جعله اصفر اللون
To vacate. اَصْفَرَ . أخلَى
To become yellow or pale. اصْفَرَّ
Whistling. صَفْر . صَفِير

To slam a door. ٭ صَفَقَ البابَ
To be thick. صَفُقَ
To clap the hands. صَفَّقَ بيديهِ
To flap the wings. — بجناحيهِ
To applaud. — لَهُ
Clapping. صَفْقٌ . تَصْفِيقٌ
A bargain. صَفْقَة رابحة
Wholly; entirely. — واحدة
Inner skin. صِفَاقٌ
Thick. صَفِيقٌ سميك
Brazen-faced. — الوجهِ
Scrotum. ٭ صَفَنٌ . وعاء الخصية
Clearness. ٭ صَفْوٌ . صَفَاءٌ
Sincerity. — . — . إخلاص
Happiness; felicity. — و— العيشِ
Choice; select. صَفْوَة
Bosom friend. صَفِيٌّ . صديق
Clear. — . صاف
Net profit. صافي الربح
To be clear. صَفَا . رَاقَ
To clarify; make clear. صَفَّى . رَوَّقَ
To filter. — . قطَّر
To strain. — بمصفاة
To drain. ٥ — . استنزف

Liquidate; clear up. ٥ — الحسابَ
To be sincere with. أصْفَى له . صَافَاهُ
To select; choose. اصْطَفَى . اسْتَصْفَى
Clearance. تَصْفِيَة
Strainer. مِصْفَاة ٥ مَصْفَه
Selected; chosen. مُصْطَفًى
Hawk. ٭ صَقْرٌ
Pickaxe. صَاقُورٌ ٥ آزمة
To be frost-bitten. ٭ صُقِعَ
To be cold as ice. ٥ صَقَعَ . بَرُدَ جداً
Region; country. صُقْعٌ
Bitter cold. ٥ صَقْعَة . بَرْدٌ قارس
Frost. صَقِيعٌ . جليد
To polish. ٭ صَقَلَ . جَلَى
Polishing. صَقْل . جَلْي
Glossy; glazed. صَقِيلٌ
Polished. — . مَصْقُول
Gang board. ٥ صَقالة المركب
Scaffold. ٥ — البنَّاء
To lock a door. ٭ صَكَّ البابَ
To tremble. اصْطَكَّ
His knees knocked. — ت ركبتاهُ

Document. صَكٌّ . مُسْتَنَدٌ
Deed. — . حجّة
Cheque. — ه شيك
☆ صلّ (في صلل) ه صلاة (في صلو)
☆ صَلَبَ To crucify.
صَلَّبَ To harden ; stiffen.
ه — . رسَمَ إشارة الصليب To make the sign of the cross.
صَلُبَ To be hard.
تَصَلَّبَ To harden; become hard, or harder.
ه — معه To be difficult with.
صُلْبٌ . عظم الظهر Backbone.
ه — . فولاذ Steel.
— . ضدّ لَيِّن Hard ; solid.
صَلِيبٌ Cross.
الحروب الصليبيّة The Crusades.
صَلابَة Hardness.
مَصْلُوبٌ Crucified.
☆ صُلَّجَة . فيلجة من القزّ Cocoon.
صَوْلَجَانٌ Sceptre; mace.
☆ صَلُحَ . كان صالحاً To be good.
— . وافق To suit ; fit.
ه صَلَّحَ . أصْلَحَ To mend ; repair.
ه — . — . حَسَّنَ To improve ; make better.

ه — . — . قوَّم To reform.
ه — . — . صحَّحَ To correct.
أصْلَحَ بينهم . صالحهم To reconcile; make peace between.
صالحَ ٢ . ضد خاصَمَ To make peace with.
تَصالحوا . اصْطَلحوا To be reconciled.
اصْطَلح ٢ على كذا To adopt ; follow.
صُلْحٌ . ضدّ خصام Peace.
— . وفاق Reconciliation.
صَلاحٌ . جودة Goodness.
— . وَرَعٌ Righteousness.
صَلاحِيَّة Suitability ; fitness.
صَالِحٌ . جيِّد Good.
— . بارٌ Virtuous ; good.
— . موافق Fit ; suitable.
ه — . مَصْلَحَةٌ Interest ; good.
لصالحِ فلان In behalf of.
إصْلاحٌ . ضدّ إفساد Mending ; repairing.
— . تحسين Improvement.
— . تقويم Reformation.
— الخطأ Correction.
إصْلاحيَّة Reformatory.
اِصْطِلاحٌ . عُرف Usage ; custom.

Idiom. — تعبير خاصّ
Technicality. — فنّيّ
Conventional. اِصْطِلاحيّ. عُرفيّ
Idiomatic;—al. — . في اللغة
Technic;—al. — . مختص بفن
Reformer. مُصْلِحٌ. مقوِّمٌ
Peacemaker. — . مُصَالِحٌ
Interest, advantage. مَصْلَحَة
Administration. ○ — . إدارة
To be solid; hard. ☆ صَلَدَ
Solid; hard. صَلْدٌ. صَلُودٌ
To clash; clatter. ☆ صَلْصَلَ
Clash of swords. صَلْصَلَةُ السيوفِ
Clay; loam. صَلْصَالٌ
Gravy. ○ صَلْصَة . مَرَقٌ
Sauce. — التوابلِ
Shallow. ○ مُصَلْطَحٌ
Baldness. ☆ صَلَعٌ . سقوط الشعر
Baldheaded. أصْلَعُ
To swagger; bluster. ☆ صَلِفَ . تَصَلَّفَ
Swaggering. صَلَفٌ
To clash; clatter. ﴿صلل﴾ . صَلَّ
Asp. صِلٌّ حيّة سامّة

Clash of weapons. صَلِيلُ السلاحِ
Connection. ☆ صِلَة (في وصل)
To pray. ﴿صلو﴾ . صَلَّى
Prayer. صَلاة . صَلوة
The Lord's prayer. الـ الربانيّة
Grace. — المائدة
Prayer. مُصَلٍّ . مُقيمُ الصلاة
To roast; broil. ☆ صَلَى . شَوَى
To heat; warm. صَلَّى . أَصْلَى . أَحْمَى
To pray — . (في صلو)
To put into fire. أَصْلاهُ النارَ
To warm oneself. اصْطَلَى . تَصَلَّى
☆ صليل (في صلل) ☆ صمّ (في صمم)
Valve. ☆ صمام (في صمم)
To be silent. ☆ صَمَتَ . سَكَتَ
To silence. صَمَّتَ . أَصْمَتَ
Silence. صَمْتٌ . صُمُوتٌ
Silent. صَامِتٌ . سَاكِتٌ
Massive; not hollow. مُصْمَتٌ
To go to. ☆ صَمَدَ فلاناً. قصده
To hold out against. — لهُ . ثبت
To save. ○ صَمَّدَ . حوّش
Everlasting; eternal. صَمَدٌ

Deaf. اَصَمُّ . اَطرش
Deaf-mute. — اَبْكَم
Stone-deaf. — اَصْلَخ
Massive; solid. — . غير اَجْوَف
A surd root. جذر — .
Decision. تَصْمِيمٌ . عزم
Plan. ٥ — . خطَّة
Nut. ٭ صمولة (في صمل)
Hook; fish-hook. ٥ صَنَّارة . شص
Tap; cock. ٭ صُنبور . حنفية
Pine; pine-tree. صَنَوْبَر
Pine nut. حَبُّ الـ.
Cymbals. ٭ صَنْجٌ . اداة موسيقية
Box; case ❮ صندق ❯ . صُندوق
Trunk — الملابسِ
Chest — (كبير)
Cash box. — النقودِ
Treasurer. اَمين الـ.
Barge ٭ صَنْدَلٌ . مركب
Sandal. — . نعل . غِرفَة
Sandal-wood خَشَبُ الـ.
Box. ٭ صندوق (في صندق)
Valiant. ٭ صِنْدِيدٌ
To make. ٭ صَنَعَ

To gum. ٭ صَمَّغَ
Gum. صَمْغٌ
Gum arabic. — عربي
Gum-elastic; india rubber. — مرن
To stand; endure. ٭ صَمَلَ . تجلَّدَ
Nut. ٥ صَمُولة
Screw-bolt; bolt and nut. ٥ مِسمار بصَمولةٍ
To determine upon. ٭ صَمَّمَ على
To deafen. — . اَصَمَّ
To teach by rote. ـهُ الدرسَ
To stop a bottle. صَمَّ الزجاجةَ
To become deaf. — . اَصَمَّ ٢
To learn by heart. ٥ — الدرْسَ
To be deaf to. تَصَامَّ عن
Learning by heart. صَمٌّ . استظهار
Stopper. صِمَامٌ . سِدادَة
Valve. — ٥ بَلف
Deafness. صَمَمٌ
Real; true. صَمِيم
Most sincerely. من — الفؤادِ

To blandish; flatter; cajole. صَانَعَ . داهَنَ
To order. اصْطَنَعَ الشيء
To affect; make a pretence of. تَصَنَّعَ
Making. صُنْعٌ . عَمَلٌ
Handmade. — يَدٍ
Workmanship. صَنْعَة
Trade; craft. صِنَاعَة الرجُلِ
Industry. — . الأعمال الصناعيّة
Art — . عملُ الانسانِ
Handicraft. — يدويّة
Artisans. اصحابُ الصنائع والحِرَف
Artificial. صِناعيّ . ضدّ طبيعي
Industrial. — . مختصّ بالصناعة
Action; deed. صَنِيعٌ . عمَلٌ
Favour; good turn. صَنِيعَة . إحسان
Maker صَانِعٌ . عامِلٌ
Workman; labourer. — ◘ صنايعي
Affectation. تَصَنُّع . تظاهُر
Dissimulation. — . رياء
Factory. مَصْنَعٌ
◘ مَصْنَعِيَّة . أجرة الصُنْع
Workmanship
Artificial. مُصْطَنَع
Fictitious; forged. — ◘ غير حقيقي

To assort; classify. ✲ صَنَّفَ
To compile; compose. — الكتاب
Kind; species. صِنْفٌ . نوع
Category; class. — . مرتبة
Assorting. تَصْنِيفٌ
Composition. — . تأليف
Literary work. مُصَنَّفٌ
Compiler; composer. مُصَنِّفٌ
Emery. ◘ صَنْفَرَة . سَفَن
Sand-paper; emery-paper. ورق —
Idol: image. ✲ صَنَمٌ
Idolatry. عبادة الأصنامِ
Pine-tree. ✲ صنوبر (في صنبر)
Hush! silence! ✲ صَه
Wine. ✲ صَهْبَاءُ . خمر
To scorch. ✲ صَهَدَ الحرُّ وجهَهُ
The heat of fire ◘ صَهْدُ النارِ
To fuse; smelt. ✲ صَهَرَ
To become related to by marriage. صَاهَرَ
Fusion; smelting صَهْرٌ
Son-in-law. صِهْرٌ . زوج الابنة
Brother-in-law — . زوج الأخت
Water-tank. ✲ صِهْرِيجٌ
To neigh. ✲ صَهَلَ الحصانُ

Neighing. صَهِيلٌ
Horse's back. ٭ صَهْوَةُ الحصانِ
To aim or point at. ٭ صَوَّبَ اليهِ
To direct. — • وَجَّهَ
To approve of; think well of. — • اسْتَصْوَبَ
To hit the mark. صَابَ. اَصَابَ الغرضَ
To be right. اَصَابَ. ضد اخطأ
To do the right thing. — في عملهِ
Direction. صَوْبٌ. ناحية
Towards. — • نحو
Correct; right. صَوَابٌ. ضد خطأ
Reason. — • عَقْلٌ
Correct; right. صَائِبٌ. مُصِيبٌ
Approval. اسْتِصْوَاب
Hit; struck. مُصَابٌ. اُصِيبَ
Wounded. — • جريح
Misfortune; calamity. — • مُصيبة
To make a noise, or utter a sound. ٭ صَوَّتَ. صَاتَ
To shout; cry. — • صاحَ
To vote. — في انتخابٍ
Sound; noise. صَوْتٌ
Voice. — الانسانِ او الحيوانِ
Vote. — في انتخاب
Vowel. حَرف صوتيّ
Fame; reputation. صِيتٌ
Well-known; famous. ذائع الـ
Loud-voiced. صَيِّتٌ
Voter. مُصَوِّتٌ
To dive, or sink, into. ﴿صوخ﴾ . صَاخَ في
To listen to; give ear to. اَصَاخَ لهُ. اَصغَى واستمع
Soda. ٥ صَوْدَا
Nitrate of soda. نِتْرات الـ
Sodium. ٥ صوديوم
To draw; paint. ٭ صَوَّرَ
To illustrate. — الكتابَ
To paint. — بالألوانِ
To photograph. — بالفوتوغرافيا
To shape; form. — صَاغَ
To imagine; fancy. تَصَوَّرَ
To seem. — لهُ
Horn; bugle. صُورٌ. بوق
Picture; image. صُورَة
Portrait. — شخصٍ
Form; shape. — • شكل
Photograph. — شَمسيَّة
Painting. — ملوَّنة او زَيتيَّة

Copy. — نُسْخَة
A true copy. — طبق الأصل
Formal. صُوَرِيّ . بالشكل
False; fictitious. — . كاذب
Imagination. تَصَوُّر
Imaginary. تَصَوُّرِيّ
Drawing; painting. تصوير
Illustration. — . وصف
Photography. الـ الشمسي
Picture. تَصْوِيرَة . صُورَة
Drawn; painted. مُصَوَّر
Illustrated. — . مزيّن بالصور
Map. — ¤ خريطة
Painter. مُصَوِّر
The Creator. — الكائنات
To yield; obey. ﴿صوع﴾ . إنصَاعَ
Measure of capacity. صَاعٌ . مكيال
Tit for tat. صَاعاً بصاع
Shaping; forming. ✲ صَوْغٌ . صِيغَة
To shape; form; fashion. صَاغَ
To coin a word. — الكلمة
Goldsmith. صَائِغٌ
Sound; safe. ¤ صَاغٌ . سليم
Standard money. ¤ عُملة — .

Big piastre. ¤ غرش — .
Form; shape. صِيغَة٢
Form. — الكلمة
Voice; mood. — الفعل
Subjunctive mood. — شرطية
Potential mood. — الامكان
Passive voice. — المجهول
Active voice. — المعلوم
Jewelry; jewels. ¤ — . مَصَاغٌ
Wool. ✲ صُوفٌ
Woollen. صُوفِيّ
Tinder; touchwood. صوفان
Wool merchant. صَوَّاف
To moulder. ¤ صَوَّفَ . تعفّن
To wash. ✲ صَوَّلَ القمح وغيره
To assault. صَالَ عليه
Power; authority. صَوْلَة
Sceptre. ✲ صَولجان (في صلج)
To cause to fast. ✲ صَوَّمَ
To fast. صَامَ عن الطعام
To abstain from. — عن
Fast. صَوْمٌ . صِيَامٌ
Abstinence. — . إمساك
Lent. الـ الكبير
Fasting. صَائِمٌ
Monastery. ✲ صَوْمَعَة . دَيْرٌ

Cell.	—٠ مسكن المتعبّد
Keeping.	٭صَوْنٌ . صِيانَة . حفظ
Protection.	—٠— ٠ حماية
Maintenance.	—٠— ٠ وقاية
Cupboard.	صِوَانٌ . خِزانة
Flint.	صَوَّان
To keep; preserve.	صَانَ . حفظ
To protect.	—٠ حمى
Kept; preserved	مَصُونٌ
Signpost.	٭صُوَّة . مَعْلَم
Fame.	٭صِيتٌ (في صوت)
To shout; cry out.	٭صَيَّحَ . صاحَ
To call out to.	صَاحَ ٢ بهِ
To exclaim.	—٠ هتف
To crow.	— الديكُ
Shouting; cry.	صَيْحٌ . صِياحٌ
Crow; —ing.	صِياحُ ٢ الديكِ
Shouter.	صَيَّاحٌ . صراخٌ
Clamorous.	—٠ صخّاب
A shout.	صَيْحَة
Shooting; hunting.	٭صَيْدٌ . قنصٌ
Fishing.	— السمك
Game.	—٠ مَصِيدٌ
To hunt; shoot.	صَادَ . اصْطَادَ
To fish	—٠— سمكاً
To trap.	—٠— بفخٍّ
Hunter.	صَيَّادٌ . صائِدٌ
Fisherman.	—٠— السمك
Trap; snare.	مِصْيَدَة . فخّ
Fishery.	— السمكِ
Pharmacy; pharmacology.	٭صَيْدَلَة
Chemist; druggist	صَيْدَليّ
Chemist's shop; drug-store.	صَيْدَلِيَّة
To make; render; cause to become.	٭صَيَّرَ
To become.	صَارَ
To begin to *do.*	— يفعل كذا
To happen to.	— لهُ
To happen.	٥—٠ حدث
To lead to.	— به الى
Crevice; fissure.	صِيرٌ . شقٌّ
Sardine.	— ٥ سردين
Becoming.	صَيْرورة . مصير
To summer; pass the summer.	٭صَيَّفَ . تَصَيَّفَ
Summer	صَيْفٌ
Summer days.	ايامُ الـــ
Summery.	صَيفيّ
Summering.	تَصْيِيفٌ . اصْطِياف

Summer residence. مَصِيف
China. ٭ صِينٌ . بلاد الـ .
Chinese. صِينِيّ
Chinee. — . واحدُ الصينيّين
China. — . نوع من الفخّار
Tray; salver. ٥ صِينيَّة . طَبَق
Marquee; tent. ٭ صِيوَان

﴿ ض ﴾

٭ ضَآلَة . ضُؤُولَة . تَضَاؤُل
Dwindling
Littleness; smallness. — . — . قلَّة
To dwindle; grow less. ضَؤُل . تَضَاءَلَ
Feeble; faint. ضَئِيلٌ
Small. — . صغير
Sheep. ٭ ضَأْنٌ . غنم
Mutton. ضَأْنِيّ . لحم الغنم
٭ ضاحِيَةٌ (في ضحي) ٭ ضادٌّ (في ضدد)
٭ ضارٌّ (في ضرر) ٭ ضارَ (في ضور)
٭ ضارٍ (في ضرو) ٭ ضاعَ (في ضيع)
٭ ضافَ (في ضيف) ٭ ضافٍ (في ضفو)
٭ ضامَ (في ضيم) ٭ ضاهى (في ضهى)
Keep under lock. ٭ ضَبَّ على الشيء
To bolt a door. — البابَ
To be foggy. أَضَبَّ اليومُ

Lizard. ضَبٌّ
Wooden lock. ضَبَّةُ الباب
Bolt, or latch. — ٥ زرباس
Fog; thick mist. ضَبَابٌ
To seize. ٭ ضَبَطَ
To correct. — . صَحَّحَ
To control; restrain; check. — . كَبَحَ
To do a thing well or accurately. — . أتقن
To detain. — الشيءَ
Seizure. ضَبْطٌ . حَجْزٌ
Correction. — . تصحيح
Correctness; exactness. — . صِحَّة
Precision; exactitude. — . إتقان
Control; restraint. — . كبح
Exactly; precisely. بالضبطِ
Officer. ضَابط . قائد
The police. ضابطَة ٥ بوليس
Seized; detained; kept. مَضْبُوطٌ . محجوز
Correct; exact. — . صحيح
Precise; accurate. — . محكَم
Hyena. ٭ ضَبْعٌ . حيوان معروف
To clamour; cry aloud. ٭ ضَجَّ . أَضَجَّ
Uproar. ضَجَّة . ضَجِيجٌ

To feel discontent; be impatient. ٭ ضَجِرَ . تَضَجَّرَ
To annoy; worry. أَضْجَرَ
Restlessness; impatience. ضَجَرٌ
Restless; impatient. ضَجِرٌ . مُتَضَجِّرٌ
Annoying; harassing. مُضْجِرٌ
To lie down. ٭ ضَجَعَ . اضَّجَعَ . اضْطَجَعَ
To lie with a woman. ضَاجَعَ امرأةً
Lying down ضُجوع . اضطجاع
Bedfellow. ضَجِيع . مضاجع
Bed. مَضْجَعٌ . مُضْطَجَعٌ
Lying down. مُضْطَجِعٌ
Shallow. ٭ ضَحْضَاحٌ . قليل الغور
To laugh. ٭ ضَحِكَ
To laugh at. — منه وعليهِ
To make one laugh. أَضْحَكَ
To ridicule; make fun of. — عليهِ
Laughing; laughter. ضِحْك
Joke; jest; fun. — . هَزْلٌ
A laugh. ضِحْكَةٌ
Laughing-stock. أُضحوكة . مَضْحَكَة
Laughable. مُضْحِكٌ
Ridiculous. — . سخري

Comic; funny. — . هزلي
Jester; buffoon مُضْحِكٌ
Shallow ٭ ضَحْلٌ . ضد عميق
To appear ٭ ضَحِيَ . ضحا . ظهر
To sacrifice; immolate. ضَحَّى به
To bring to light, show. أَضْحَى . اظهر
To begin to do. — يفعل كذا
To become. — . صار
ضُحًى . ضَحِيَّة . ضَحَاءٌ
Forenoon.
Sacrifice. ضَحِيَّة . أُضْحِيَة
Korban Bairam. عِيد الأضحى
Immolation Day. يومُ الأضحى
Suburbs. ضَاحِية المدينة
To pour; shed. ٭ ضَعَّ الماءَ
Squirt. مِضَخَّة ه بُخْبُخَة
To be bulky. ٭ ضَخُمَ
Bulky; big; large; huge.. ضَخْمٌ
Corpulent. — الجسمِ
Bulkiness; largeness. ضَخَامَة
Corpulence. — الجسمِ
To overcome. ٭ ضَدَّ
To contradict; oppose. ضَادَّ
To contradict one another. تَضَادَّا . تخالفا

Adversary; opponent.	ضِدٌّ . خصم
Against; contrary to;	— كذا
Contradiction; opposition.	تَضادٌّ . مُضادَّةٌ
	* ضر * ضرّاء (في ضرر)
To strike; beat.	* ضَرَبَ
To beat; throb.	— القلبُ
To strike out.	○ — على . شطب
To pitch a tent.	— الخيمة
To be deep-seated.	— اطنابهُ
To fix a time.	— الأجَلَ
To beat eggs.	— البيضَ
To knock at a door.	— الباب
To blast; blight.	— بآفة
To multiply.	— عدداً في آخر
To impose a tax.	— ضريبةً
To coin money.	— النقودَ
To overlook.	— عنهُ صفحاً
To make bricks.	— طوباً
To behead.	— عنقه
To give an example.	— مثلاً
To blow a horn.	— في البوقِ
To quilt.	ضَرَّبَ اللحافَ
To fight.	ضارَبَ . تَضارَبَ
To speculate.	— في المال وبه
To stay.	أضْرَبَ . أقامَ
To give up.	— عنه
To strike; go on strike.	— عن العمل
To be agitated.	إضْطَرَبَ
To be confused.	— الأمرُ
To be embarrassed.	— الرجلُ
Striking; beating.	ضَرْبٌ
Kind; sort.	— . نوع
Taxation.	— الضرائبِ
Multiplication.	— الأعدادِ
Coining; minting.	— النقودِ
Mint.	○ ضَرْبَخانَة . دارُ الضرب
Stroke; blow.	ضَرْبَة . خبطة
Plague; calamity.	— . بليّة
Blight.	— . آفة
Sunstroke.	— شَمْس . رَعْنٌ
Striker; beater.	ضارِبٌ . خابط
Multiplier.	— (في الحساب)
*Redd*ish; *yellow*ish, &c.,	— الى الحمرة او الصفرة
Tax.	ضَرِيبَة . رَسْم
Land-tax.	— الأطيانِ
Property-tax.	— العقارِ
Income-tax.	— الدَّخْلِ
Strike.	إضْرابٌ عن العمل
Confusion.	إضْطِراب
Contradiction.	تَضارُبٌ

Bat. مِضْرَبُ الكرةِ

Racket. —. مِضْرَابٌ

Camp. — خيام

Quilted. مُضَرَّبٌ (كاللحاف)

Quilt. مُضَرَّبَة

Struck. مَضْرُوبٌ

Multiplicand. — (في الحساب)

Multiplier. — فيه (في الحساب)

Speculator. مُضَارِبٌ

Speculation. مُضَارَبَة ماليَّة

Competition. — تجاريَّة

Disturbed; troubled. مُضْطَرِبٌ

Contradictory. مُتَضَارِبٌ

To stain with blood. ٭ ضَرَجَ . ضَرَّجَ بالدمِ

Red-handed. مُضَرَّجُ اليدين

To dig a grave. ٭ ضَرَحَ القبرَ

Tomb; grave. ضَرِيحٌ

To cause a great harm to. ٭ ضَرَّ

To harm; do harm to; injure. ضَرَّ . أَضَرَّ

To compel; force; oblige. اِضْطَرَّ

To be compelled or obliged. أُضْطُرَّ . أُلجِئَ

To be harmed. تَضَرَّرَ ٥ انضرَّ

To complain. ٥ —. شكا

Harm; injury. ضَرَرٌ . ضَرٌّ

Polygamy. ضُرٌّ . تعدد الزوجات

Fellow wife. ضَرَّةُ المرأةِ

Adversity. ضَرَّاءُ . ضدّ سَرَّاء

Necessity; need. ضَرُورَة

In case of need. عند الـ .

Necessarily. ضرورةً . بالضرورةِ

Pressing necessity. اِضطرار

Compulsion. —. إلزام

Compulsory. اِضطراري

Necessary. ضَرُورِي

Indispensable. —. لا غنى عنه

Necessaries. ضروريَّات

Blind. ضَرِيرٌ . أعمى

Harmful; injurious. ضَارٌّ . مُضِرٌّ

Injury; harm. مَضَرَّة

Compelled; obliged. مُضْطَرٌّ

In need of. — الى . محتاجٌ اليه

To bite strongly. ٭ ضَرِسَ

To be set on edge. ضَرِسَت الأسنانُ

To set the teeth on edge. ٥ ضَرَّسَ . أَضْرَسَ

Molar; grinder. ضِرْسٌ

Wisdom-tooth. — العقل

To break wind. ٭ ضَرَطَ

To implore; beseech. ٭ ضَرَعَ . تَضَرَّعَ اليه

To resemble; be equal to. ضَارَعَ

Udder. ضَرْعٌ . ثدي الحيوانِ

Imploring; supplication. ضَراعة . تَضَرُّع

Like; equal to. ضِرْعٌ . مُضارِعٌ

Present tense. المضارِع (في النحو)

Resemblance; likeness. مُضارَعة

Lion. ٭ ضِرغام . ضَرْغَم . أَسَد

To burn. ٭ ضَرِمَ . اِضطَرَمَ

To light; kindle. أَضْرَمَ

To set fire to. — النارَ في

Burning. اِضْطِرامٌ . اِتقاد

Burning. مُضْطَرِمٌ . مُتَّقِد

On fire. مضطرمة فيه النار

Hound. ٭ ضِرْوٌ . كلبُ الصَيْدِ

Rapacious. ضارٍ

Beast of prey. حيوان — .

٭ ضرورة (في ضرر) ٭ ضريح (في ضرح)

Blind. ٭ ضرير (في ضرر)

To ruin. ٭ ضَعْضَعَ . هَدَمَ

To weaken — . أَضعَفَ

To go to ruin: fall into decay. تَضَعْضَعَ

To grow weak ٭ ضَعُفَ

To double. ضَعُفَ . ضَعَّفَ . ضَاعَفَ

To weaken; enfeeble. أَضعَفَ

To be doubled. تَضَاعَفَ

Weakness; feebleness. ضُعْفٌ

Double ضِعْفٌ ج ا

Threefold. fourfold. ثلاثة اواربعة اضعاف

Weak; feeble. ضَعِيفٌ

Weak-hearted. — القلب

Weak in will. — الارادة

Twofold; double. مُضَاعَفٌ

Complications. مُضاعَفات المرض

Humility. ٭ ضِعَة (في وضع)

To confuse. ٭ ضَغَثَ . خَلَطَ

Confused dreams. اَضْغاثُ اَحلام

To press; squeeze. ٭ ضَغَطَ . كَبَسَ

To oppress. — على . ضايق

To compel. — على . غصب

Pressure. ضَغْطٌ . كَبْسٌ

Compulsion. — . إكراه.

Oppression. —. مضايقة

Compressibility. إِنْضِغَاطٌ

Compressible. يقبل الانضغاط

Nightmare. ضَاغُوطٌ. كابوس

To bear malice. ٭ ضَغِنَ

Malice; ill-will; rancour. ضِغْنٌ. ضَغِينَة

Malicious; spiteful. ضَغِنٌ

٭ ضفَ ٭ ضفَّة (في ضفف)

Frogs. ٭ ضَفْدَعٌ. ضِفْدِعٌ

To plait; braid. ٭ ضَفَرَ

To help; assist. ضَافَرَ

Plaiting; braiding. ضَفْرٌ. جَدْلٌ

Plait; braid. ضَفِيرَة

Bank; river-side. ٭ ضَفَّةُ النهر

Easy life. ٭ ضَفْوَةُ العيشِ

Abundant; ample. ضَافٍ

To go astray. ٭ ضلَّ (في ضلل)

To be strong. ٭ ضَلُعَ

To corrugate. ضَلَّعَ. عَوَّجَ

To rib. — النسيجَ

To be versed in. تَضَلَّعَ من

Rib. ضِلْعٌ. واحد ضلوع الجنب

Side. — (في الهندسة)

Cutlet; chop. —. ٥ كستليته

Stave. — البرميل. دَفٌّ

He has a hand in it. له — في الأمر

Robust; strong. ضَلِيعٌ

To mislead; lead into error. ٭ ضَلَّلَ. اَضَلَّ

To delude; deceive. —. —. خدع

To err; go astray. ضَلَّ

To lose one's way. — الطريقَ وعنهُ

Error. ضَلاَل. ضَلاَلَة

Erring. ضَالٌّ. ضدّ مهتدٍ

Wrong; erring. —. مخطئ

Errant; wandering. —. تائه

Stray; lost. —. ضائع

Pariah dogs. الكلاب الضالة

Misleading. تَضْلِيلٌ

To add. ٭ ضمّ (في ضمم)

To vanish. ٭ضمحل٭ . اضْمَحَلَّ

To bandage, or dress, a wound. ٭ ضَمَدَ. ضَمَّدَ

Bandage. ضِمَادٌ. ضِمَادَة

To be emaciated; become lean. ٭ ضَمُرَ. هَزِلَ

To shrink. ٥—. ضَفُرَ

To conceal; hide. اَضْمَرَ

To entertain. — لهُ كذا

To conceal in one's mind. — في نفسهِ

ضَمَّرَ	To emaciate; make lean.
ضُمْرٌ . ضُمُورٌ	Leanness; emaciation.
ضَامِرٌ	Emaciated.
ضَمِيرٌ	Heart, or mind.
— (في النحو)	Pronoun.
— إشاري	Demonstrative pronoun.
— . ذِمَّة	Conscience.
تأنيب — .	Remorse.
إِضمَارٌ	Mental reservation.
مُضْمَرٌ	Tacit; implied.
مِضْمَارُ السبقِ	Race-course.
✿ ضمم ✿ ضَمَّ . جَمَعَ	To gather.
— الأعدادَ	To add up.
— الى . أضافَ	To add to.
— الى . ألحقَ	To annex; join.
— الى صدرهِ	To embrace.
تَضَامَّ القومُ	To unite; be joined.
انْضَمَّ الى	To join.
ضَمٌّ . جَمْعٌ	Gathering.
— . إضافة	Adding.
— . ضَمَّة	The vowel point *damma*.
☼ ضَمِنَ	To guarantee
ضَمَّنَ	To inclose.
تَضَمَّنَ	To include; comprise.
ضِمْنُ	Within; inside.
— . بين	Amongst.
ضَمَانٌ ¤ ضَمَانَة	Guarantee
— . التزام	Responsibility.
ضَامِنٌ . ضَمِينٌ	Guarantor.
مُضَمَّنٌ	Implied; tacit; implicit.
مَضْمُونٌ	Guaranteed.
— . معنى	Meaning.
— . مؤتَمَن	Reliable.
☼ ضمير (في ضمر) ☼ ضنّ (في ضنن)	
☼ ضَنُكَ . ضَعُفَ	To be weak.
ضَنْكٌ	Straits; poverty.
عيشٌ — .	Hard life.
✿ ضنن ✿ . ضَنَّ بالشيء	To withhold; keep back.
ضَنِينٌ	Avaricious; stingy.
¤ — . قليل	Scanty.
☼ ضَنِيَ	To pine away.
أَضْنَى	To exhaust; consume.
ضَنًى	Exhaustion.
ضَنٍ . مُضْنًى	Exhausted; worn out.
☼ ضَهَدَ . اضْطَهَدَ	To persecute.
اضطهادٌ	Persecution.
مُضْطَهَدٌ	Persecuted.
مُضْطَهِد	Persecutor.

To destory. ـــ . ـــ . أهلك

To waste; squander. ـــ . ـــ . أفنى

To be lost. ضَاعَ ٢ . فُقِدَ

To perish ـــ . هلك

Loss. ضَيْعٌ . ضَيَاعٌ . فقدٌ

Small village. ضَيْعَة

Lost; missing. ضَائِعٌ

To entertain; receive as a guest. ٭ ضَيَّفَ . أضَافَ

To add; join. أضَافَ ٢ ◘ ضافَ

To stay as a guest. ضَافَ ٢

To be added to. انضَافَ

Guest. ضَيْفٌ . نَزيل

Visitor. ـــ . زائر

Entertainment. ضِيَافَة

Anhexation; addition. إضَافة

Additional. إضَافِيّ . مَزيدٌ

Adjunct. مُضَافٌ

Possessive case. الـــ اليه

Host. مُضِيفٌ

Guest house. مَضْيَفَة

Hospitable. مِضْيَافٌ

To make narrow. ٭ ضَيَّقَ . ضدّ وَسَّعَ

To tighten. ـــ الرباطَ

To oppress. ضَايَقَ

Similar; like. ٭ ضَهِيٌّ . شبيه

To resemble. ضَاهَى . شَابَهَ

To compare with. ◘ ـــ بغيرهِ

Resemblauce. مُضَاهَاة

Comparison. ◘ ـــ . مقابلة

To light. ٭ ضَوّأَ . أضَاءَ

To beam; shine. أضَاءَ ٢ . ضَاءَ

To shine upon; cast, or shed light upon. ـــ عليهم

To use for lighting. إستَضَاءَ

Light. ضُوْءٌ . ضِيَاءٌ

Sunlight; sunshine. ـــ الشمسِ

Moonlight. ـــ القمرِ

Daylight. ـــ النهار

Lamp-light. ـــ المصباح

Luminous; giving light. مُضِيءٌ

Shining; bright. ـــ . مُشرق

Starvation. ٭ ضَوْرٌ

To starve. ضَارَ . جاع

To injure; do harm to. ـــ الأمرُ فلاناً

To writhe with pain. تَضَوَّرَ

Noise. ٭ ضَوْضَاءٌ . ضَوْضَى

Harm; injury. ٭ ضَيْرٌ

To lose. ضَيَّعَ . أضَاعَ . ضَاعَ منه

To annoy; disturb; trouble. — . ازعج
To narrow; become narrow. ضَاقَ
To be annoyed. تَضَايَقَ
To be tired of. — منه
Narrowness. ضِيقٌ
Distress. — . شدّة
Poverty. ضِيقَة
Narrow. ضَيِّقٌ
Confined; limited. — . محصور
Narrow-minded. — العقل
Annoying; troublesome. مُضَايِق
Narrow passage. مَضِيقٌ
Strait, channel. — . بوغاز
Annoyed; distressed. مُتَضَايِقٌ
Wrong; injury. ✲ ضَيْمٌ
To wrong; injure. ضَامَ
Wrongful; unjust. ضَائِمٌ

(ط)

✲ طأطأ رأسه . خفضه To bend, incline or bow, the head.

✲ طائفة (في طوف) ✲ طائل (في طول)
✲ طاب ✲ طابة (في طيب) ✲ طابور (في طبر)
✲ طابية (في طبي) ✲ طاجن (في طجن)
✲ طار (في طير) ✲ طارٌ ✲ طارة (في طور)
✲ طازه (في طزج) ✲ طاسٌ (في طوس)
✲ طاشَ (في طيش) ✲ طاع (في طوع)
✲ طاعون (في طعن) ✲ طاف (في طوف)
✲ طافٍ (في طفو) ✲ طاق ✲ طاقة
✲ طاقية (في طوق) ✲ طال ✲ طالما (في طول)
✲ طامّ (في طمو) ✲ طاووس (في طوس)

To treat. ✲ طَبَّ . طَبَّبَ
To fall down. ○ — . أكبّ
Medical treatment. طُبٌّ
Medicine. — . علم الطب
Medical. طِبِّيّ . مختصّ بالطب
Physician; doctor. طَبِيبٌ
To cook food. ✲ طَبَخَ
To be cooked. انْطَبَخَ
Cooking. طَبْخُ الطعام
Pot herb. خضار الـ .
Cookery. طِبَاخَة
Cook. طَبَّاخ . طاهٍ
Cooked food. طَبِيخٌ
Kitchen. مَطْبَخٌ
Cooking-range. مِطْبَخٌ . وابور الطبخ

Cooked.	مَطْبُوخٌ
Battle-axe.	٭ طَبَرٌ . فأس الحرب
Battalion.	طَابُور
Chalk.	٭ طَبَاشِير
To gurgle.	٭ طَبْطَبَ الماء
To pat.	○ — عليه . ربتَهُ
To print.	٭ طَبَعَ الكتابَ
To stamp.	— . بصمَ
To train ; break in.	طَبَّعَ
To habituate.	○ — . عوَّدَ
To assume the character of.	تَطَبَّعَ
Printing.	طَبْعُ الكتبِ
Stamping.	— . بصْمٌ
Lithography.	— الحجر
Typography.	— الحروف
Nature ; natural disposition.	— . طبيعة
Temper.	— . — . خُلق
Naturally.	طبعاً . بالطبعِ
Of course.	○ — . لا بُدَّ
Nature.	طَبِيعَة ٢
Natural.	طبيعي . يختص بالطبيعة
Physical.	— . يختص بعلم الطبيعيات
Naturalist.	— . مَن يمارس علم الطبيعية
Naturalist.	— . مَن ينسب الأمور الى الطبيعة
Natural history.	التاريخ الطبيعي
Physics ; natural philosophy.	الفلسفة الطبيعية
Physical geography.	الجغرافيا الطبيعيَّة
Printer.	طَابِعٌ ○ مطبجي
Postage-stamp.	— البريد
Beauty spot.	— الحُسنِ
Printing-office.	مَطْبَعَة
Printing-press.	مِطْبَعَة
To pervade ; spread all over.	٭ طَبَّقَ . عَمَّ
To cover.	— . غطَّى
To superpose.	— (في الهندسة)
To fold.	○ — . طوَى
To shut ; close.	أطْبَقَ
To cover.	— . غَطَّى
To agree upon.	أطبقوا على
To concur ; agree.	طَابَقَ
To be shut.	اِنطَبَقَ
To apply to.	— على كذا
Closed ; shut.	طَبِق . مُطبوق
Close ; confined.	○ — طِبِق
Cover.	طَبَقٌ . غطاء
Plate ; dish.	— . صَحن
Tray ; salver.	○ — صينيَّة
According to.	طِبْق

— • مُطابِقٌ In agreement with; consistent with.
— المرام Satisfactorily.
صورة — الأصل A true copy.
طَبَقَة Category; class.
— ¤ رَاق Layer; stratum.
عِلم طبقات الأرض Geology.
طَابِقٌ من بيتٍ Story; floor.
مطابِقٌ Agreeing.
مُطَابَقَة Conformity; agreement.
• طَبَّلَ To beat, or play on, a drum.
طَبْلٌ Drumbeat.
— • طَبْلَة Drum.
طبلة الاذن Eardrum.
طَبَّالٌ Drummer.
¤ طَبَنْجَة . سلاح ناري Pistol.
¤ طَابِيَة . حصن صغير Fortress.
• طَجَنَ . قلى To fry.
طَاجِنٌ . مقلاة Frying-pan.
¤ طُحْلٌ . ثفل Sediment; lees.
• طِحَالٌ ¤ طُحَالٌ Spleen.
• طُحْلُبٌ Green moss.
• طَحَنَ الغَلَّةَ To grind; mill.
طَحَّانٌ Miller.

طَحِين Flour; meal.
¤ طِحِينَة Dregs of sesame oil.
طَاحُونٌ . طاحونة . مِطْحَنَة Mill; flour-mill.
— • البُنِّ Coffee-mill.
— الريح . طاحونة الهواءِ Wind-mill.

• طرءٌ ¤ طرءًا (في طرر)
• طَرَأَ To happen unexpectedly.
— عليهم To come upon suddenly.
أَطْرَأَ To praise highly.
طَارِئٌ . غريب Foreign.
— • غير منتظر Accidental; unforeseen.
طارِئَة Accident; mishap.
• طَرِبَ To be delighted.
اضطَرَبَ To be troubled; disturbed.
أَطْرَبَ To enrapture; transport with delight.

Delight; pleasure. طَرَبٌ
Musical instrument. آلة —
Delighted. طَرِبٌ
Merry; lively. طَرُوبٌ
Delightful. مُطْرِبٌ
Cap; red cap; *tarboosh.* ٭ طَرْبوشٌ
Fez. — مغربيٌّ
To throw. ٭ طَرَحَ
To subtract. — عدداً
To ask a question. — عليه سؤالاً
To throw off; renounce. — عنهُ
To throw down. — على الأرضِ
Throwing. طَرْحٌ
Subtraction. — (في الحساب)
Deduction. — . خصم
Miscarriage. — الجنين
Abortion. طِرْحٌ . سِقْطٌ
Veil; head cover. طَرْحَة 
Mattress. ٥ طُرَّاحَة
Thrown طَرِيحٌ . مطرُوحٌ
Bedridden. — الفراش
Place مَطْرَحٌ

Thrown. مطروح . مُلْقىً
Subtrahend. — (الحساب)
Minuend — منه (الحساب)
To drive away. ٭ طَرَدَ
To dismiss. — من خدمة
To chase; pursue; follow. طَارَدَ
To be successive. اِطَّرَدَ
Driving away. طَرْدٌ . إبعاد
Parcel. ٥ — . رِزْمَة
Driven away. طَرِيدٌ . مَطرود
Outcast. — . مَنْبوذ
Fugitive. — . هاربٌ
Chased game. طَرِيدَة
Regular succession. اِطِّرَادٌ
Incessant. مُطَّرِدٌ . متوالٍ
General; having no exception. — . عام
Monotonous. — النسَقِ
Pursuit; chase. مُطَارَدَة
To sharpen. ﴿طرر ٭﴾ طَرَّ . طَرَ
To grow. — الشاربُ
All without exception طُرًّا
Forehead. طُرَّة . جبين
Monogram. — . طغراء
To embroider. ٭ طَرَّزَ الثوبَ

Method; fashion — طَرْزٌ . نسق
Fashion — —. طِرَازٌ
Embroidery — تَطْرِيزٌ
To be deaf. — * طَرِشَ
To vomit. — ٥ طَرَّشَ . قاء
To deafen — طَرَّشَ . أَصَمَّ
To cause vomiting. — ٥—. قَيَّأَ
Deafness. — طَرَشٌ
Pickles. — ٥ طُرْشِي . مخلل
Deaf — أَطْرَشُ . أَصَمّ
Emetic. — ٥ مُطَرِّشٌ . مقيئ
Conical cap. — * طُرْطُورٌ
Fool's cap — — المهرّجين
To prick up the ears. — ٥ طَرْطَقَ أُذنيهِ
To blink; wink. — * طَرَفَ بعينه
To hurt the eye. — — عينَهُ
To go to extremes; go too far. — تَطَرَّفَ
Eye — طَرْفٌ . عينٌ
Edge; border. — —. طَرَفٌ
End. — —.—. آخر
Party. — ٥ طَرَفٌ ٢ . فريقٌ
The extremities — أطرافُ البدنِ
Tamarisk. — طَرْفاء
Newly acquired. — طَرِيفٌ . طارِف

Excess. — تَطَرُّفٌ
Excessive. — مُتَطَرِّفٌ
Immoderate. — —. ضدّ معتدل
Radical. — — (في السياسة)
To hammer. — * طَرَقَ بالمطرقةِ
To strike the mind. — — بالبالِ
To malleate; beat out. — — المعدنَ
To knock at a door. — — البابَ
To catch one's ear — — أذنه
To keep silent. — أَطْرَقَ
To permeate; penetrate into. — تَطَرَّقَ اليه
Once. — طَرْقَةٌ
Twice. — —تان . مرّتان
A knock; rap. — —. دقّةٌ
Way. — طَرِيقٌ . ممَرٌّ
Road; way. — —. سبيل
Wayfarer. — عابر —.
Way; manner — طَرِيقَةٌ
Method; system. — —. أُسلوب
Calamity. — طَارِقَةٌ . داهية

Hammer. — مِطْرَقَةٌ
Malleated; beaten out. — مَطْرُوقٌ . مطول

Wash-basin ; wash-bowl. ☆ طِسْتٌ ○ طِشْتٌ

To taste. ☆ طَعِمَ . تطعَّمَ . ذاقَ

To graft. طَعَّمَ الشجَرَ

To inoculate. — (في الطب)

To vaccinate. — بلقاحِ الجدري

To feed ; nourish. أَطْعَمَ

To taste. إِسْتَطْعَمَ

Taste ; flavour. طَعْمٌ

Tasteless ; insipid لا — لهُ

Graft. طُعْمُ النباتِ

Vaccine. — . لقاحٌ

Bait. ○ — (للسمك وغيره)

Tasty ; savoury. طَعِيمٌ

Food ; nourishment. طَعَامٌ

Restaurant ; eating-house. مَطْعَمٌ

To stab. ☆ طَعَنَ بالرمح او السكّين

To be advanced in years. — في السنِ

To defame. — فيهِ وعليهِ

To refute. — في قولهِ

Stabbing. طَعْنٌ

Defamation. — . قَدْحٌ

Stricken in years. طَاعِنٌ في السنِ

Plague. طاعونٌ . مَرَضٌ وافد

Cattle-plague. — المواشي

Trodden. — . (طريق) مدوسٌ

Frequented. — (مكان)

Pump. ○ طُرُمْبَة . مضخّة

Syringe. — ○ حُقنة ↓

Monogram. ○ طُرَّة : (في طرر)

To be soft. ☆ طَرُوَ . طَرِيَ

To soften. طَرَّى

To praise highly. أَطْرَى

Soft ; tender. طَرِيٌّ . لَيِّنٌ

New ; fresh. — . جديد

Moist. — . بليل (هواءٌ)

Softness. طَرَاوَة

Cool wind. ○ — . هواءٌ بارد

High praise. إِطْرَاءٌ

☆ طريف (في طرف) ○ طريق (في طرق)

Leggings. ○ طُزْلُق . غطاء الساقِ ↑

* طُغْراء . طُغْرَى Monogram; cipher.
ه طُرَّة
* طُغْمَة Party; faction.
طَغَامُ الناسِ The rabble.
(طغو) طَغَا . هاجَ To rage; be violently agitated.
— السيلُ To overflow.
* طَغَى . طَغَا Exceed the bounds.
— الرجُلُ To tyrannise.
طَاغٍ . طَاغِيَة Tyrant.
طُغْيَانٌ Tyranny.
* طف (في طفف) * طفا (في طفو)
* طَفِئَت . انطفأت النارُ To be extinguished.
أطفأَ النارَ To extinguish; put out.
— العطشَ To quench, or slake, thirst.
مُطْفَأ Extinguished
— . غير لامع Mat; without lustre.
* طَفَحَ الاناء To overflow; run over.
طَفَّح . أطفح To fill up.

طَفْح . طُفوحٌ Overflowing; repletion; superabundant fullness.
— جلدي Eruption; rash.
طَافِحٌ . طَفْحَانٌ Filled to overflowing.
* طَفَرَ To leap, jump.
طَفْرٌ Leaping; bounding.
ه طَفَشَ . هرب To run away; flee.
* طَفَّفَ المكيالَ To give short measure.
طَفِيفٌ . ناقص Deficient.
— . قليل Small; little
— . زهيد Trifling; trivial.
* طَفِقَ بمرادهِ To attain one's wish.
— يفعل To begin, start or commence, to *do*.
* طَفَلَ وتَطَفَّلَ على To intrude upon.
طَفْلٌ . رَخصٌ Tender; soft.
ه — . طُفَالٌ Clay.
طِفْلٌ Baby; infant; child.
طَفَلٌ . طُفوليَّة Babyhood; infancy.
طُفَيْلِيّ Parasite
نباتٌ — . Parasitical plant
* طَفْوٌ . عَوْمٌ Floating,

To float. طَفَا . علا فوق الماء
☆ طفيف (في طفف) ☆ طقّ (في طقق)
Weather. ☆ طَقْسٌ . حالة الجو
Ceremony; rite. — دينيّ
To crack; rattle. ☆ طَقْطَقَ
Cracker. ◘ طَقْطوقة . طَرطوعه
To cause to burst. ◘ طَقَّقَ . جعله يفقع
To pop; crack. طَقَّ
To burst. — . فقع . فرقع
Suit "of clothes". ◘ طَقمٌ ثيابٍ
Set "of tools &c." — . مجموعة
Dinner service. — سُفْرَه
Tea service. — شاي
Harness. — الحصان
☆ طلّ (في طلل) ☆ طلاوة (في طلو)
To seek; look for. ☆ طَلَبَ . حاول وجود
To ask for. — . حاولَ أخْذ
To wish for; desire. — . رغب في
To ask; demand. — . سألَ
To beg; entreat. — اليهِ
To claim "from". طَالَبَ بكذا
To require تَطَلَّبَ
Seeking. طَلَبٌ . نَشْدٌ
Request; demand. — . سؤال
Call; summons. — . استدعاء
Claim — . مُطَالبَة

Order. — . امرٌ
On demand. عند الطلب
Request; demand طِلْبَةٌ
Prayer. طَلْبَة . صلاة
Seeker. طالِب . ناشِدٌ
Student. — عِلْم
Applicant. — . مقدِّم الطلب
Request; desire. مَطْلَبٌ . غرض
Sought after. مَطْلُوبٌ
Desired. — . مَرغوب فيه
Needed. — . لازم
Responsible. مُطَالَبٌ
To be wicked. ☆ طَلَحَ
Bad; wicked. طَالِحٌ . ضدّ صالح
To obliterate; blot out. ☆ طَلَسَ
Obliteration. طَلْسٌ . مَحْوٌ
Obliterated. طِلْسٌ . مَمحوٌّ
Green robe. طَيْلَسَان
أطْلَسٌ . نسيج من الحرير
Atlas; silk-satin.
Atlas. — . مجموعة خرائط

أَطْلَسُ . الاهٌ يحمل الكرة الأرضية
Atlas.

٭ طِلَسْمٌ . طِلَّسْمٌ	Talisman
٭ طَلَعَ	To rise.
— عليهم	To come upon.
— . طَلِعَ . ضدّ نزل	To go up.
— . — . صعد	To rise; ascend.
— . — . خرج	To go out.
— . اَطْلَعَ	To come out; break forth.
اَطْلَعَ ٢ على . اَرى	To show.
— هُ على الأمر	To acquaint with; inform.
طَالَعَ الكتابَ	To read.
اطَّلَعَ على . رأى	To see.
— على الأمر	To know of.
اسْتَطْلَعَ رأْيَهُ	To consult
تَطَلَّعَ اليه	To look at
طَلْعَةٌ	Look: aspect.
طُلُوعٌ	Rising.
— . ظهور	Appearance.
— . ضد نزول	Going up; ascending.
طَلِيعةُ الجيش	Vanguard.
طَالِعٌ . بَخْت	Horoscope.
— . صاعدٌ	Rising; going up.
إطِّلَاعٌ . نَظَرٌ	Sight.
— . عِلْم	Knowledge; cognisance
مَطْلَعٌ . سُلَّمٌ	Ladder.
— . فاتحة	Introduction.
— القصيدة او الدور	Prelude.
مُطَّلِع على	Acquainted with.
مُطَالِعٌ	Reader.
٭ طَلُقَ . انحلَّ	To be freed from bonds.
—ت المرآة	To be divorced.
طَلُقَ ٢ وجهُهُ	To be cheerful.
طُلِقَت الحبلى	To be in labour.
طَلَّقَ	To divorce.
اَطْلَقَ . حلَّ	To release.
— . حرَّرَ	To free; set at liberty.
— سبيله	To set free.
— لهُ العنان	To give the reins to.
— فيه النار	To set fire to.
— النار على	To fire at.
إنْطَلَقَ . ذهب	To go; depart.
— وجهه	His face brightened.
طَلْقٌ	Labour; pains.
— . طَلَقٌ	Free; at liberty.
—ـو— اليدين	Open-handed.
—ـو— المحيّا	Bright; cheerful.
طَلَقٌ ٢ ناريّ	A shot.
طَلَاقٌ . تَطليق	Divorce.
طَلَاقة	Openness.

Volubility — اللسان

Cheerfulness. — الوجه

Freeing. اِطْلاق . حَلّ

Generalisation. — . تعميم

Generally; upon the whole على الـــ .

Free مُطْلَقٌ . حُرٌّ

General. — . عامٌّ

Absolute. — . تامٌّ

Free; at liberty — السراح

Ruins. ٭ طَلَلٌ . واحد الأطلالِ

To visit. ○ طَلَّ على . زارَ

To give on to; overlook. أطَلَّ على

Drizzle; fine rain. طَلٌّ

Overlooking. مُطِلٌّ على

Pump. ○ طُلُمْبَة

Elegance; grace; beauty. ٭ طَلاوَة

To paint. ٭ طَلَى . دَهَنَ

To overlay; coat. — . مَوَّهَ

To gild. — بالذهبِ

٭ طما (في طمو) ○ طماطم (في طمطم)

Menses; courses. ٭ طَمْثٌ

To menstruate. طَمِثَتْ

To aspire to. ٭ طَمَحَ الى

Aspiration. طُموح

Aspiring; ambitious طامِحٌ . طَموحٌ

Goal. مَطْمَحٌ

To bury ٭ طَمَرَ . طَمَّرَ . دَفَنَ

Tatters. طِمْرٌ . أطمار

Plumb-line.  مِطْمَرٌ

Buried. مَطْمُورٌ . مدفون

To efface; obliterate. ٭ طَمَسَ . محا

To be effaced اِنْطَمَسَ

To become blind. — بصرهُ

Effacement. طَمْسٌ

Tomato. ○ طَماطِم ○ قوطه

To covet; wish for ٭ طَمِعَ فيه

To tempt. ○ طَمَّعَ . أطْمَعَ

To encourage. ○ — . جَرَّأ

Covetousness; greediness. طَمَعٌ . حرص

Covetous; greedy. طَمَّاعٌ

Coveted object. مَطْمَعٌ

To overflow. ﴿طمم﴾ . طَمَّ

Calamity. طامَّة

To reassure; tranquillise. ٭ طَمَّنَ . طَمْأنَ

To lower. طَمْأنَ ٢ . خفض

Peak.	٭ طُنُفٌ . رأس
Cornice.	— . إفريز
Carpet ; rug.	٭ طنفسة . بساط
To ring ; resound.	٭ طَنَّنَ . طَنَّ
To buzz ; hum.	طَنَّ ٢ . زَنَّ
Body.	طُنٌّ . بَدَنٌ
Ton.	◌ — . وَسْقٌ
Ringing.	طَنَّانٌ ◌ رَنَّانٌ
Ringing.	طَنِينٌ ◌ رنين
Humming.	— النحل
To be pure ; clean.	٭ طَهُرَ
To cleanse.	طَهَّرَ . نَظَّفَ
To disinfect.	— ◌ عَقَّمَ
To dredge.	— مجاري الماء
To circumcise.	— ◌ طاهَرَ
Purity ; cleanness.	طَهارَة
Chastity ; purity.	— . عفّه
Innocence.	— الذيل
Pure ; clean.	طَاهِرٌ
Innocent.	— الذيل
Chaste ; virtuous.	— القلب
Purgatory.	مَطْهَرُ الأموات
Purifier.	مُطَهِّرٌ . منظِّف
Disinfectant; antiseptic	— . مضادٌّ للفساد
To hasten.	٭ طَهَقَ . أسرعَ

To feel secure.	اطْمَأَنَّ
To have confidence in.	— اليه
	◌ طَمَانٌ . طُمَأنينة . إطمئنانٌ
Reassurance ; tranquillity	
	— — . — . امتناع الخوف
Security ; safety	
Peace ; rest.	— . — . سلام
Easy ; at ease ; tranquil.	مُطْمَئِنٌ
To overflow.	٭ طَمَى . طَمَا
Overflowing ; high.	طَامٍ
Alluvium.	◌ طَمْيٌ ماء الأنهر
To resound.	٭ طنّ (في طنن)
Tent-rope.	٭ طُنُبٌ . حَبْلُ الخيمة
Tendon.	— . وَتَرُ العضلة
To exaggerate	أَطْنَبَ . بالغ
Exaggeration.	إطنابٌ . مغالاة
Lute.	٭ طُنْبُورٌ . آلة طرب

Archimedean Screw	◌ — الري
Saucepan	٭ طَنْجَرَة
To tinkle ring.	٭ طَنْطَنَ (كالجرس)
Tintinnabulation.	طَنْطَنَة

Stage. ٭ طَوْرٌ . درجة

State. — . حال

Time. — . مَرَّة

Time after time. طوراً بعد — .

Mountain. طُورٌ . جَبَلٌ

Tambourine. ↑ طَارٌ . طارَة

Hoop; circle. □ — □ — . طوق

Mountain; wild. طوري . جبليٌّ

Torpedo. □ طوربيد

To adorn. ٭ طَوَّسَ . زَيَّنَ

To oxidise; rust. □ — المعدنُ

Cup; drinking-cup. طاسٌ □ طاسة

Peacock, (*fem.* Peahen). ↑ طَاوُوس

To geld; castrate. ٭ طَوَّشَ

Eunuch. طَوَاشِيٌّ . خَصِيٌّ

To render obedient. ٭ طَوَّعَ

To be tired of. □ — منه . تضايق

Cooking. ٭ طَهْوٌ . طَهَايَة

Cook; chef. طَاهٍ . طَبَّاخٌ

Bricks. ٭ طُوبٌ . آجُرٌّ

Red bricks. — احمر

Mud bricks. — نِيٌّ

To bless. طَوَّبَ . غبط

Blessedness. طوبى

Artillery-man. □ طوبْجِيٌّ

Artillery. طُوبْجِيَّة . مدفعيَّة

To expose to danger. ٭ طَوَّحَ به

To hurl; fling. — به . القاهُ

To go astray. طَاحَ . تَاهَ

To perish. — . هلك

To cut off. اَطَاحَ . قَطَعَ

To destroy. — به . اَهلك

To fall headlong. تَطَوَّحَ

To stagger; reel. □ — . ترنّح

Mountain. ٭ طَوْدٌ . جَبَلٌ

Balloon; aerostat. مُنْطَادٌ

Air-ship; dirigible; navigable balloon. — مسيَّرٌ

To be thoroughly acquainted with. أطافَ بالأمرِ
Raft; float. طَوْفٌ ¤ رومس
Patrol. — ¤ دوريَّة
Flood; deluge. طُوفانٌ
Perambulation. طَوافٌ
Party. طائِفَة . جماعة
Sect; denomination. — . ابناء المذهب الواحد
To encircle; surround. * طَوَّقَ . أحاطَ به
To put a collar on. — . ألبسَ الطوقَ
To take in one's arms. —هُ بذراعيهِ
To bear; support. طاقَ . قدرَ على
Unbearable; insupportable. لا يُطاق
Arch. طاقٌ
Layer. ¤ — . طبقة
Power; ability. طاقَة . طَوْقٌ . إطاقَة
Window. ¤ — . نافذة
Cap. ¤ طاقِيَّة
Nightcap. ¤ — النوم
Collar. طَوْقٌ٢ . مايحيط بالعنقِ

To allow oneself to. —ت له نفسه
To obey; follow. طاعَ . أطاعَ . طاوَعَ
To consent to. طاوَعَ في
To volunteer. تَطَوَّعَ
To be able; can. استَطاعَ
Obedience; submission. طاعَة
Passive obedience. — عمياء
Obedient; submissive. طَوْعٌ . طائِع
Voluntarily. طَوْعاً
Power; ability. إِستِطاعَة
Volunteering. تَطَوُّعٌ
Obedient. مُطِيعٌ . طائِع
Obedient. مُطاوِعٌ
Passive verb. فعل — .
Volunteer. مُتَطَوِّعٌ
Possible. مُستَطاعٌ . ممكن
To go round with. * طَوَّفَ . طافَ به
To go round a place. طافَ٢ بالمكانِ
To ramble; go from place to place. — . جالَ
To overflow. — النهرُ
To float. ¤ — . عامَ

Backgammon; tricktrack. ¤ لعبة الـ .

Lengthening. إطالة . تطويل

Lengthy. مُطَوَّل . طويل جداً

Long. مُستَطِيل . طويل

Oblong. — الشكل

Ton. ¤ طُولُونَاتَة . وَسْق

To fold; wrap up. ☆ طَوَى . ضدّ نَشَرَ

To keep secret. — الحديثَ

To abandon. — صحيفته

To suffer hunger. طَوِيَ

To coil. تَطَوَّى الثعبانُ

Hunger. طَوًى . جوع

Conscience. طَوِيَّة . ضمير

Frying-pan. ¤ طَوَّايَة . مِقلاة

Folding. طَيّ . تَنْي

Herewith. — هذا

Fold. طَيَّة . ثَنْيَة

Folded; wrapped up. مَطوِيّ

Penknife. مِطْوًى . مِبْرَاة

To perfume. ☆ طَيَّبَ . عَطَّرَ

To spice. — الطعامَ والخمرَ

To be good. طَابَ . كان طَيِّباً

Necklace. — . قلادة

Hoop; circle. — البرميل

Bearable; endurable; supportable. مُطاق . محتمل

Encircled; surrounded. مُطَوَّق

To grant a delay. ☆ طَوَّلَ لهُ . أمهلهُ

To lengthen; elongate. — . أطَالَ . ضدّ قَصَّرَ

To prolong. — . — . مَدَّ

To be long. طَالَ . اسْتَطَالَ

To put off. طَاوَلَ

To lift a hand against. تَطَاوَلَ على

As long as. طَالَمَا

Length. طولٌ . ضدّ عرض

Height. — . إرتفاع

Tallness. — القوام

Longitude. خط الـ .

Longwise. طولاً . بالطول

Long. طويل

Long-suffering. — الاناة او الروح

Capable. — الباع

Tall. — القامة

Insolent. — اللسان

Use; advantage; good; benefit. طائل

Table. ¤ طاولة . خِوان

To recover. ○ — المريضُ
To feel happy. — ت نفسه
To ripen. ○ — . نضج
To find good. اسْتَطْيَبَ
To bless; beatify. طَوَّبَ
Blessedness. طُوبَى
Scent; perfume. طِيبٌ
Nutmeg. جوز الـ .
Scent-bottle. زجاجة الـ .
Willingly. عن — خاطر
Good. طَيِّبٌ . جَيِّدٌ
Well. — . حسن
Good-natured. — الخُلُق
Well; in good health. ○ — . معافًى
Goodness. طِيبَة
To fly; cause to fly. * طَيَّرَ . أطارَ
To fly a kite. — الطيّارة
To fly; aviate. طَارَ
To lose one's head. — عقله
To hasten to. — اليه
To draw an evil omen from. تَطَيَّرَ
To be scattered, or dispersed. تَطايرَ . استطار
Bird. طَيْرٌ . طَائِرٌ
Flies. ○ — . ذبابٌ

Flying; aviation. طَيَرانٌ
Portent; an evil omen. طِيَرَة
A fly. ○ — . ذبابة
Aviator. طَيَّارٌ . يركب الهواء
Fleeting. — . سريع الزوال
Volatile. — . متبخِّر

Flying-machine; aeroplane. طَيَّارَة . †
Monoplane. — بسطح واحد †
Biplane. — ذات سطحين
Seaplane. — مائيَّة
Kite. — . أُلعوبة
A bird. طَائِرٌ . واحد الطيور
Flying. — . سابح في الهواء
Scattered. مُسْتَطِيرٌ
Rashness; recklessness. * طَيْشٌ . طَيَشان
To miss the mark. طاشَ عن
Reckless. طائِشٌ
Aimless. — . على غير هدًى
Phantom; spectre. * طَيْفٌ . خيال

— النور Spectrum.
* طَيَّنَ To plaster.
طِينٌ . ترابٌ ممزوج بماءٍ Mud.
— ¤ مُونَة Mortar; plaster.
¤ — . ارْضٌ Land.
— خزفي Clay.

﴿ ظ ﴾

¤ ظابط وظبط وظبطيّة الخ . محرّف ضابطوضبطوضبطيّة (انظر ضبط)
* ظَبْيٌ . غزال (اسم النوع) Deer.
* ظَرُفَ . كان ذكياً To be clever, or adroit.
— . كان كيّساً To be elegant, or neat.
ظَرَّفَ . زيّن To adorn; embellish.
¤ — . غلّفَ To envelop.
اسْتَظْرَفَ To deem elegant.
ظَرْفٌ . وعاء Receptacle.
— . غلاف Envelope; cover.
— . حالة Circumstance.
— زمان او مكان Adverb.
ظَرَافَة Elegance; grace.
ظَرْفِيّ Adverbial.
ظَرِيفٌ Elegant; graceful.
* ظَفِرَ به وعليه To conquer.
— بمطلوبه To gain; obtain.

ظَفَّرَ . أظْفَرَ To grant victory.
ظُفْرُ الأصبع Nail.
— الطير او الحيوان Claw.
ظَفَرٌ Victory; triumph.
ظافِر . مُظَفَّرٌ Victorious; triumphant.
* ظلّ (في ظلل) * ظلام (في ظلم)
* ظِلْفٌ Cloven hoof.
* ظَلَّلَ . اَظَلَّ To overshadow.
تَظَلَّلَ . اسْتَظَلَّ To sit in the shade of.
ظَلَّ To continue.
ظِلُّ الشيء . خياله Shadow.
— . فيءٌ Shade.
— هندسيّ Tangent.
ظَلِيلٌ . مُظِلٌّ Shady.
ظُلَّة . مَظَلَّة Tent; awning.

— . — . ↑ Umbrella; sunshade.
* ظَلَمَ . جارَ على To oppress.
— . اساءَ الى To wrong.
ظَلِمَ . اَظْلَمَ To grow dark.
تَظَلَّمَ To complain.
اِنْظَلَمَ To suffer injustice.

To show. أظْهَرَ . بيَّن
To declare. —. أعلن
To manifest. تَظَاهَرَ
To make a demonstration. تظاهروا
To overcome. إستَظْهَرَ على
Back. ظَهْرٌ
Deck. — المركب
By heart. على — القلب
In their midst. بين ظهرانيهم
Noon; midday. ظُهْرٌ
Afternoon. بعد الـ.
Before noon. قبل الـ.
Appearance. ظُهُورٌ
Temporary. ٥ ظُهُورَات
Backer; supporter. ظَهِيرٌ
Noon; midday. ظَهِيرَةٌ
Apparent. ظَاهِرٌ . ضدّ خَفِيّ
Evident. —. واضح
Exterior; outside. —. ضدّ باطن
Apparently. في الـ. على ما يظهر
Outside; exterior. ظاهريّ
Showing. إظْهَارٌ
Disclosure; manifestation. —. كشف
Declaration. —. اعلان
Endorsement. ٥ تَظْهِيرٌ
Manifestation; demonstration. مُظَاهَرَةٌ

Injustice. ظُلْمٌ . ضد عدل
Wrong. —. جور او إساءة
Oppression. —. عسف
Unjustly. ظُلْماً . جوراً
Unjust. ظَالِمٌ . ضدّ عادل
Oppressor. —. عاتٍ
Dark; —ness; obscurity. ظُلمة . ظلامٌ
Dark; obscure. مُظْلِمٌ
Injustice; wrong. مَظْلِمَةٌ
Wronged, or oppressed. مَظْلُومٌ
Thirst. * ظَمَأٌ . ظَمَاءَةٌ
Thirsty. ظَمْآنٌ . ظَامِئٌ
To thirst; feel thirst. ظَمِيءَ . عطش
To think. * ظَنَّ . إفتكر
To suppose. —. حسب
To suspect. ـهُ وبه . أظَنَّهُ
Opinion; idea. ظَنّ . فِكر
Supposition. —. تخمين
Suspicion. ظِنَّة . مَظِنَّة
Suspicious. ظَنُونٌ
Suspected. ظَنِينٌ
To appear. * ظَهَرَ
To overcome; conquer. — عليه
To endorse. ٥ ظَهَّرَ الصكّ
To back; support. ظَاهَرَ

﴿ ع ﴾

* عائلة (في عيل) * عاب (في عيب)
* عات (في عتو) * عاث (في عيث)
* عاج (في عوج) * عاد (في عود)
* عاد (عدو) * عادة (في عود)
* عار * عار (في عير) * عار (في عرى)
* عارية (في عور) * عاز (في عوز)
* عاس (في عوس) * عاش (في عيش)
* عاف (في عيف) * عافاك * عافية (في عفو) * عاق (في عوق)
* عاق (في عقق) * عاقب (في عقب)
* عال (في عول) * عال (في علو)
* عالة (في عول) * عالج (في علج)
* عام * عام (في عوم) * عام (في عمم)
* عانة (في عون) * عانى (في عني)
* عاهة (في عوه) * عايق (في عيق)
* عاين (في عين) * عب (في عبب)

* عَبَّأَ الجيشَ — To mobilize.
— . هيّأ — To prepare.
ㅁ — . ملأ — To fill.
لا اَعْبَأُ بهِ — I do not care for him.
لا يُعْبَأُ بهِ — Of no importance.
عِبْءٌ — Burden.
عَبَاءَة — "Oriental" cloak.
تَعْبِئَةُ الجيش — Mobilization.

* عَبَّ الماءَ ㅁ عَبَّهُ — To quaff.
عُبَابٌ . معظم السيل — Torrent.
* عَبِثَ — To play; sport.
— بالشيء — To play, or toy, with.
عَبَثٌ . لعبٌ — Play; sport.
— . باطل — Useless.
عَبَثاً — In vain; uselessly.
* عَبَدَ — To worship; adore.
اِسْتَعْبَدَ — To enslave; enthral.
تَعَبَّدَ — To devote oneself to worship.
عَبْدٌ . ضدّ حُرّ — Slave.
— . إنسانٌ — Man.
ㅁ — . زنجي — Negro; black.
ㅁ — اللاوي . قاوون — Melon.
عَبَّادُ الشمس — Sunflower.
العِبَادُ . الناس — Mankind.
عِبَادَة — Worship; adoration.
— الأوثانِ — Idolatry.
عَابِدٌ — Worshipper.
— وَثَن — Idolater.
عُبُودَة . عُبُودِيَة — Slavery.
اِسْتِعْبَادٌ — Enslavement.
تَعَبُّدٌ — Devotion.
مَعْبَدٌ — Temple.
مَعْبُودٌ — Worshipped.

God; deity.	— . إلاه
To cross; pass over; traverse.	* عَبَرَ النهرَ
To die; pass away.	— . ماتَ
To explain.	عَبَّرَ
To express oneself.	— عمّا في نفسهِ
To consider.	اعْتَبَرَ
To respect; have regard for.	— الرجلَ
To take warning from.	— به . اتّعظَ
Crossing.	عَبْرٌ . عبور
Across the river.	— النهر
Hebrew.	عِبْرانيّ . عِبْرِيّ
A tear.	عَبْرَة . دمعة
Warning.	عِبْرَة . عظة
Explanation.	عِبارَة . شرح
Diction; style.	— . بيان
Phrase.	— . جملة
Term.	— (في الجبر)
Which means...	عِبارةٌ عن كذا
Crossing.	عُبُورٌ . اجتياز
Passing.	— . مرور
Perfume; scent.	عَبِيرٌ . طِيب
Crossing	عابِرٌ . مجتاز
Passing.	— . مارّ
Wayfarer.	— سبيل
Respect; regard.	إعْتِبارٌ
Explanation.	تَعْبِير . شرح
Ferry; —boat.	مِعْبَرٌ
To frown.	* عَبَسَ . عَبَّسَ
Stern; austere.	عَبُوسٌ . عابِس
To do *a thing* at random.	* عَبَطَ . اعْتَبَطَ الأمرَ
Idiotic; foolish.	¤ عَبِيطٌ . هبيت
At random; haphazard.	اعْتِباطاً
To be filled with perfume, &c.	* عَبِقَ المكانُ بالطيب
To cling to.	— الطيبُ بهِ
Redolent.	عَبِقٌ . عابِقٌ
Ingenious.	* عَبْقَرِيّ
Ingenuity.	عَبقريّة
To mobilize.	* عَبَّى الجيشَ . عَبّأه
To fill.	¤ — . ملأ
To load.	¤ — . حمّل
To censure; blame (*for*).	* عَتَبَ . عاتَبَ
To delay.	عَتَّبَ . ابطأ
To cross *one's* threshold.	¤ — بابَهُ
Blame; censure.	عَتْبٌ . عِتابٌ . مُعاتَبَة
Threshold.	عَتَبَةُ البابِ

Dark; —ness. عَتْمَة
To be idiotic. ٭ عُتِهَ. نقصَ عقله
Idiocy; imbecility. عُتْهٌ. عَتَهٌ. عَتَاهَة
Idiotic. مَعْتُوهٌ
Presumption; arrogance. ٭ عُتُوّ. عُتِيّ
To act forwardly عَتَا
Presumptuous; arrogant. عَاتٍ
Moth. ٭ عُث (واحدته عُثَّة)
Mothy. مَعْثُوثٌ. فيه عُثّ
Moth-eaten. —. اكلهُ العثّ
To trip; stumble. ٭ عَثَرَ
To stumble upon; light on. — على
To discover; light upon. — على اكتشفَ
To trip up; cause to stumble. عَثَّرَ. اَعْثَرَ
A fall. عَثْرَة. سقطة
Slip; stumble. —. زَلَّة
A stumbling-block. — حجر
Ottoman. ٭ عُثْمَانِيٌّ
To do evil. ٭ عَثِيَ. عَثَا
٭ عجّ ٭ عجاج (في عجج)
To marvel. ٭ عَجِبَ
— له ومنه. تَعَجَّبَ
To wonder at واسْتَعْجَبَ منه

To be ready. ٭ عَتُدَ. تهيَّأَ
Ready. عَتِيدٌ. مهيَّأ
About to happen. ○ —. قريب
To become old. ٭ عَتَقَ. عَتُقَ. صار عتيقاً
To mature. — ت الخمر
To free; emancipate. اَعْتَقَ
To set free; release. — . اخلى سبيله
To manumit. — العبدَ
Oldness. عِتْقٌ. عَتَاقَة
Freeing; emancipation. — . تحرير
Manumission. — الأرقّاء
Old; ancient. عَتِيقٌ
Shoulder. عَاتِقٌ. كتف
Cobbler. ○ عُتَقِيّ. اسكاف
Free; liberated; set free. مُعْتَقٌ. مَعْتُوقٌ
Matured (wine) مُعَتَّقة (خمر)
To carry. ٭ عَتَلَ. حمل
Crow-bar; lever. عَتَلَة
Carrier; porter. عَتَّالٌ
Carriage; porterage. عِتَالة
To delay. ٭ عَتَّمَ. اَعْتَمَ. ابطأ
To become dark. —. اظلم

To surprise; strike with wonder. اَعْجَبَ . عَجَّبَ
To be pleased with; like. — ◘ عَجَبَهُ الشيء
To admire; have a high opinion of. أُعْجِبَ بِهِ
Conceit; vanity. عُجْبٌ
Astonishment; wonder. عَجَبٌ . تَعَجُّبٌ
How wonderful! يالـــ . عجباً
Wonderful. عَجِيبٌ . عُجَابٌ
Miraculous. — . معجز
Miracle. عَجِيبَة . معجزة
Proud of. مُعْجِبٌ بِهِ
Conceited; vain. — بذاته
To raise; excite. ✿ عَجَّجَ . آثارَ
To vociferate; roar. عَجَّ
Vociferation; clamour. عَجٌّ . عَجِيجٌ
Smoke. عَجَاجٌ . دخان
Raised dust. — . غبار
Omelet. عُجَّةُ البيض
Projection. ✿ عَجَرٌ . نتوء
Green; unripe. ◘ عَجْرٌ
Node; knot; knob. عُجْرَة
Green melon. عَجُّورٌ
Arrogance. ✿ عَجْرَفَة
Rudeness. — في الكلام
To be arrogant. تَعَجْرَفَ

Arrogant. مُتَعَجْرِفٌ
To fail; be unable to do. ✿ عَجَزَ عن كذا
To grow old. عَجَّزَ . عَجُزَ
To disable. — . أعْجَزَ
To be deficient. ◘— . نقص
Disability. عَجْزٌ . ضعف
Failure. — . قصور
Shortage. ◘— . نقص
Posterior part. — . مؤخر
An old woman. عَجُوزٌ
Old; aged. ◘— . كبير السن
Weak; powerless. عَاجِزٌ
Blind. ◘— . أعمى
Unable. — عن
Miracle. مُعْجِزَة . أُعْجُوبة
✿ عَجِلَ ◘ اسْتَعْجَلَ . أسرعَ
To hasten.
To hurry; press on. عَجَّلَ . — . استحثّ
To forestall. عاجَلَ . سبق
Calf, (pl. Calves). عِجْلٌ
Seal; sea-calf. — البحر
عَجَلَة . عَجَلٌ . استعجالٌ
Haste; speed; hurry
Wheel. ◘— . دولاب

Cart. — . عربة نقل الأثقال
Rapidly ; quickly. على عَجَلٍ
Veal. ¤ عَجّالي . لحمُ العِجْلِ
Hasty. عَجُولٌ . مُتَسرّع
Quick. — . مُسرع
Present. عَاجِلٌ . ضدّ آجل
Soon; immediately. عاجلاً
Sooner or later. عاجلاً أم آجلاً
Urgent ; pressing. مُعَجَّلٌ
In a hurry. ¤ مستعجل ٢. مُسرع
To try; test. ☆ عَجَمَ . اختبر
To explain. أعْجَمَ . فسّر
To be obscure. انْعَجَمَ
Persians. عَجَمٌ . فُرْسٌ
Foreigners. — . عُجْمٌ
Persia. بلاد الـــ .
Obscurity. عُجْمَة . إبهام
Persian. عَجَمِيّ . أعجَمِيّ
Non-Arab. أعْجَمُ . أعجميّ
Dumb. — . أخرس
Obscure. مُعْجَمٌ . مبهم
Dictionary. — . قاموس
To knead. ☆ عَجَنَ الدقيقَ
Dough. عَجِينٌ
Kneading-trough. مِعْجَنٌ
Kneaded. مَعْجُون . مَجْبُول

Omelet. ☆ عُجّة (في عجج)
Compressed dates. ☆ عَجْوَة
☆ عدّ (في عدد) ☆ عدا (في عدو)
To eulogise a dead person. ☆ عَدّدَ الميتَ
I thought he was true. عَدَدْتُهُ صادقاً
To count; number. عَدَّ
To enumerate. — . احصَى
To prepare; make ready. أعَدَّ . هيّأ
To be numerous. تَعَدَّدَ
To deem; esteem. اعْتَدَّ
To rely upon oneself. — بنفسه
Inconsiderable. لا يُعْتَدُّ بِهِ
To be prepared. إستَعَدَّ
Number. عَدَدٌ
Concrete number. — أصَمّ
Prime-number. — أوّلي
Even number. — زوجيّ
Odd number. — فرديّ
Whole number. — صحيح
Verse. — . سُورَة . آية
Numbers. (التوراة) سِفْر الـــ
Numerical. عَدَديّ
Outfit. عُدّة . جهاز
Machine. ¤ — . آلة

To be straight. اعتَدَلَ
To be moderate. — . توسَّط
Justice. عَدْلٌ . عدالة
Just; right. — . عادِلٌ
Straight. عَادِلٌ ٢ . مستقيم
Equal; like. عَدِيلٌ . نظير
Brother-in-law. ٥ — . سلف
Straightness. اِعْتِدَال
Moderation. — . توسُّط
Temperance. — . ضدّ إفراط
Modification. تعديل . تحوير
Adjustment. — . تسوية
Proportion. تَعَادُل . مُعادلة
Equality — . — . تساوٍ
Equilibrium. — . — . توازن
Equation. مُعادلة ٢ جبريّة
Modified. مُعَدَّلٌ . محوَّر
Average. — . متوسِّط
Rate; proportion. — . نسبة
Straight. مُعْتَدِلٌ . مستقيم
Moderate. — . ضدّ متطرِّف
Temperate. — . ضدّ مفرط
Temperate zone. المنطقة المعتدلة
To be deprived of. ☆ عَدِمَ
To be lost; cease to be. عُدِمَ ٥ انعَدَمَ
Te be reduced to poverty. أعْدَمَ . افتقر

Instrument; tool; implement. ٥ — . أداة
Shaving-tackle. — الحلاقة
Fishing-tackle. — صيد السمك
Numerous. عَدِيدٌ
Preparation. إعْدَادٌ
Preparatory. إعدادي
Readiness; preparedness. اِسْتِعْدَاد
Preparatory. استعدادي
Enumeration. تَعْدَادٌ
Census. — الأنفُس
Prepared; ready مُعَدٌّ
Numerous. مُتَعَدِّدٌ
Prepared; ready. مُسْتَعِدٌّ
Lentils. ☆ عدَسٌ (واحدته عدَسة)
Lens. عَدَسَة . عَدَسِيَّة
Magnifying-glass. — مكبِّرة
To straighten ☆ عَدَلَ . عَدَّلَ
To give up; abandon. — عن
To act justly. — . أنْصَفَ
To adjust. عَدَّلَ ٢ . سوَّى
To modify. — . لطَّفَ
To commute a penalty. — الحُكمَ
To be just, equitable. عَدُلَ
To counterbalance. عَادَلَ . وازَنَ
To be equal to. — . ساوَى

Running. ٭ عَدْوٌ . رَكْض
Enemy; foe. عَدُوٌّ
Mortal enemy — لَدود
Gross injustice عُدْوَان
Contagion. عَدْوَى المرض
To run. عَدَا . جَرَى
To infect with disease. ه— . أَعْدَى
To leave abandon. — . عَدَّى عن
To make a verb transitive. عدَّى ٢ الفعلَ
To pass; go by. ه— . مرّ
To cross. ه— . اِجتاز . قطع
To contract the enmity of. عَادَى فلاناً
To transgress. تَعَدَّى . جاوز
To break; violate. — . خالف
To wrong; maltreat. — واعْتَدَى على
To aggress. — . — على
Except. عَدَا . ماعدا
Enmity. عِدَاءٌ . عَدَاوة
Aggression. اعتداءٌ . تَعَدٍ
Contagious; infectious. مُعْدٍ
Aggressor. مُتَعَدٍّ . مُعْتَدٍ
Transitive. — . ضدّ لازم
Ferry; —boat. ه مِعَدِّيَة

To deprive of ـهُ الشيءَ
To annihilate; destroy ه— . أبادَ
Non-existence. عَدَمٌ
Deprived of عَدِيمٌ . مجرَّد من
Devoid of — . خالٍ من
Lifeless. — الحياة
Fearless. — الخوف
Powerless. — القوّة
Matchless — النظير
Moneyless. — المال . مُعْدِم
Destroying. إعدامٌ . ابادة
Annihilation. — . إفناء
Killing. — . قتل
Non-existent. مَعْدُومٌ
To dig out stones. ٭ عَدَنَ
To mine. عَدَّنَ
Eden عَدْن . جنّة عدن
Mining. تَعْدِينٌ
Mine. مَعْدِنٌ . منبت المعادن
Source; origin. — . اصل
Metal. — (كالحديد والذهب)
Mineral. — . غير حيوان او نبات
Metallic. مَعْدِنِيٌّ . من معدن
Mineral. — . غير نباتي اوحيواني
Mineral water. ماء —
Miner. مُعَدِّنٌ
Instrument. ٭ عُدَّة (في عدد)

To be sweet. ٭ عَذُبَ
To torment; torture. عَذَّبَ
To suffer. تَعَذَّبَ
Sweet. عَذْبٌ . حُلْوٌ
Fresh water. مَاءٌ —
Pain; torture; suffering. عَذَابٌ
Sweetness. عُذُوبَة . حلاوة
To excuse; forgive. ٭ عَذَرَ . اَعْذَرَ
To be impossible. تَعَذَّرَ الأمرُ
To apologise. إِعْتَذَرَ
To excuse oneself. إِسْتَعْذَرَ
Excuse; plea. عُذْرٌ . حُجَّة
Apology. — . اعْتِذَارٌ
Virgin; maiden. عَذْرَاءُ
The Virgin Mary. مريم الــ
Virgin; maiden; maidenly. عُذْرِيٌّ
Platonic love. الهَوَى الــ
Bashfulness; modesty. عِذَارٌ . حياء
Cheek. — . خَدّ
To throw off restraint. خلع ــه
Excuse. مَعْذِرَة . عُذْر
Pardon; forgiveness. — . صَفْحٌ

Difficult. مُتَعَذِّرٌ . صعب
Impossible. — . ممتنع
Bunch; cluster. ٭ عِذْقٌ . عنقود
To blame; censure ٭ عَذَلَ . لامَ
Blame; censure. عَذْلٌ . عَذَل
Censurer; one who blames. عَذُولٌ . عَاذِل
٭ عرّ (في عرر) ٭ عراء (في عري)
To translate. ٭ عَرَّبَ . ترجم
To arabicise. — أَعْرَبَ
To express oneself. — . — عن حاجته
To parse "a word". — . — الكلمةَ
The Arabs. عَرَبٌ
Pure Arabs. — عرْباء
Arabian; Arabic. عَرَبِيٌّ . نسبة الى العرب
Arabic. ٥— اللغة العربيَّة
An Arab; Arabian. — . اَعْرَابِيّ
Bedouin. — . — . بدويّ
Carriage. عَرَبَة . مركبة
Cab. — أُجرة
Railway carriage. — سكّة الحديد
Tram; tramcar. ٥— ترامواي
Cart. ٥— كَارُو
Hand-cart. — يَدٍ

Perambulator; (Pram.) — الأطفال

Driver. □ عَرَبجي . حوذي

Cabman. □ — أُجْرَة

Carter. □ — كارو

Godfather. عَرَّابٌ

Godmother. عَرَّابَة

Expression. إِعْرَابٌ . تعبير

Parsing. — (في النحو)

Translation. تَعْرِيبٌ . ترجمة

Arabicised. مُعَرَّبٌ

Translator. مُعَرِّبٌ . مترجم

To riot. * عَرْبَدَ . أحدث شغبا

Riot;—ing. عَرْبَدَة . مشاغبة

Riotous. عِرْبِيدٌ . مُعَرْبِدٌ

To entangle; complicate. * عَرْبَسَ

Intricate; entangled. مُعَرْبَسٌ

To pledge; give in pledge. * عَرْبَنَ

Earnest money; pledge. عُرْبُونٌ . عَرْبُونٌ

To limp; walk lamely. * عَرَجَ

To mount; ascend. — إرتقى

To halt; stop. عَرَّجَ . وقف ولبث

To make a zigzag line. — الخطَّ

To bend; incline. إِنْعَرَجَ

Lameness. عَرَجٌ . عَرَجَانٌ

Lame. أَعْرَجُ

Knave الـ— . في ورق اللعب

Zigzag; zigzaggy. مُتَعَرِّج

Disgrace * عَرَرٌ . مَعَرَّة

To disgrace. عَرَّ . جلبَ العار

Wedding. * عُرْسٌ . زفاف

Spouse. عِرْسٌ

Weasel. ابن — □ عِرْسَة

Bride. عَرُوسٌ . عَرُوسَة

Doll; dolly. عَرُوسة ٢ . لُعْبَة

Bridegroom. عَرِيسٌ

To train a vine upon a trellis. * عَرَشَ □ عَرَّشَ الكَرْمَ

Throne. عَرْشٌ . سرير الملك

Ceiling. — . سَقف

Trellis. □ — تَعْرِيشَة

Shaft; pole. عَرِيش العربة

Courtyard. * عَرْصَة الدار

Pander; pimp. □ معرّص . قوّاد

To expose. ٭ عَرَضَ . اَظهَرَ
To display; exhibit. — . بَسَطَ
To show to — الشيءَ عليه
To submit to. — الأمرَ عليه
To offer. — . قدَّمَ
To happen to. — له كذا
To occur to — له فكرٌ
To broaden. عَرُضَ
To broaden; widen. عَرَّضَ . جعله عريضاً
To expose to. ـهُ لكذا
To oppose. عَارَضَ . قاوم
To contradict. — . ناقض
To avoid; turn away from. اَعْرَضَ عنه
To stand in one's way. اعتَرَضَ له
To object to. — على . مانع
To protest against. — على . احتجَّ
To be exposed to. تَعَرَّضَ لكذا
To interfere. — . تداخل
To review an army. اِسْتَعْرَضَ الجيش
Breadth; width. عَرْضٌ
Latitude. خطُّ الـ .
Judgment day. يومُ الـ .

Crosswise. بالـ . عَرضاً
Petition. عَرْضُ حالٍ ¤ عَرْضَحال
Honour. عِرْضٌ . شرف
Accident. عَرَضٌ . اتفاق
Quality. — . صفة
Symptom. — (في الطب)
Accidental. عَرَضِيٌّ
Venial sin. خَطِيَّة عَرَضِيَّة
Accidentally. عَرَضاً . اِتفاقاً
Subject, or exposed, to. عُرْضَة لكذا
Prosody. عَرُوضٌ
Broad; wide. عَرِيضٌ
Illustrious. — الجاهِ
Petition. عَرِيضَة . عَرْضُ حالٍ
Petitioner. مُقدِّمُ الـ
Accident. عَارِضٌ . حادث
Obstacle. — . مانِع
Accidental. — . ضدّ جوهريّ
Crossbeam. عارِضَة٢ . رافدة
Avoidance. إعرَاضٌ
Objection. اعتِرَاض . مُعارَضَة
Opposition. — . — . مقاومة
Review. اسْتِعْرَاضُ الجندِ
Exhibition; show مَعْرِضٌ
Objector; opposer مُعارِضٌ . مُعْتَرِض

Lying across. معترض ٢ بين شيئين
Parenthetic clause. عبارة معترضة
To know. ☆ عَرَفَ . علم
To give عَرَّفَ . أعلَمَ . آخبرَ information; acquaint with; inform, or tell, of.
To define. —. حدَّدَ
To introduce to. — الرجلَ بالرجلِ
To confess; اِعْتَرَفَ بالأمر acknowledge.
To be defined. تَعرَّفَ الأمرُ
To be acquainted with. — بهِ
To make the — اليهِ acquaintance of.
عُرْفٌ . جودٌ ومعروف
Beneficence; kindness.
Comb; the crest of — الديكِ a cock; cockscomb.
Mane. — الفرسِ والأسد
Usage; custom. —. اِصطلاح
Trade custom. الــ التجاري
Customary. عُرفيّ . اصطلاحي
Martial law. حُكم — .
Court-martial. محكمة عرفيَّة
Perfume. عَرْفٌ
Fortune-teller. عَرَّافٌ

Fortune-telling. عِرَافَة
Monitor. عَرِيف
Knowing; acquainted عَارِفٌ with; aware of.
Confession. اعْتِرَافٌ
Definition. تَعْرِيف . تحديد
Acquainting. —. إخبار
Introduction. — الرجل بغيره
The definite article. أداة الــ .
Tariff; list. ◻ تَعْرِيفَة
List of prices. — الأثمان
Known. مَعْرُوف . معلوم
Favour. —. إحسان
Ungrateful. ناكر الــ .
Knowledge; acquaintance. مَعْرِفَة
To sweat; perspire. ☆ عَرِقَ
To cause to sweat. عَرَّقَ
To be deeply rooted. أعْرَقَ
Sweating; perspiring. عَرَقُ الجِلدِ
Arrack. ◻— ◻ عَرَقي
Root. عِرْقٌ . جذرٌ
Vein. —. أحدُ الأوْرِدَةِ
Staple. —. قوَّة تماسُك الخيط
Liquorice-root. — السوسِ
Beam. ◻— خشب

Mesopotamia. بلاد العراق

Swan ↕ اوزٌ عراقيٌ

Deeply rooted in. عَرِيْقٌ

Highborn. — النسبِ

Causing sweat. مُعْرِقٌ

Veined; marbled. مُعَرَّقٌ

To hamstring. ٭ عَرْقَبَ

Hamstring. عُرْقُوبٌ

To complicate. ٭ عَرْقَلَ

To be complicated, or entangled. تَعَرْقَلَ

Difficulties, complication. عَرَاقِيل

To rub. ٭ عَرَكَ . دعك

To fight; quarrel. عَارَكَ

Fight; quarrel. عِرَاك . مُعَارَكَة

Disposition; temper. عَرِيكَة

Compliant; yielding. لَيِّنُ الـ...

Battle; fight. مَعْرَكَة

To heap up. ٭ عَرَّمَ . كَوَّمَ

Heap; pile. عُرْمَة

Numerous army. ٭ عَرَمْرَمٌ

Lair. (٭عرن٭) . عَرِينٌ . عَرِينَة

Button-hole. ٭ عُرْوَةُ الزِرِّ

Handle. — الأبريق . أذنه

To be struck, or attacked, with. عَرَا . اعْتَرَى

Bride. ٭ عروس (في عرس)

To undress. ٭ عَرِيَ . تَعَرَّى

To disrobe; unclothe. عَرَّى

To denude. — . صيّره عرياناً

To lay bare. — . كشفَ

To divest; strip of. — من

Nakedness. عُرْيٌ . عُرْيَة

Naked. عُرْيَانٌ . عَارٍ

Bare; uncovered. — . مكشوف

Stark-naked. ٥ — مَلْط

Devoid of. عَارٍ من

Bare-footed. عَاري الأقدام

Bareheaded. — الرأس

Denuded. مُعَرًّى

٭ عريكة (في عرك) ٭ عرين (في عرن)

٭ عزّ (في عزز) ٭ عزا ٭ عزاء (في عزو)

To remain unmarried. ٭ عَزَبَ

Celibate; bachelor. أَعْزَبُ ٥ عَازِب

Celibacy; bachelorhood. عُزُوبَة

Farm. ٥ عِزْبَة . مزرعة

To censure; reprove. ٭ عَزَرَ.عَزَرَ. لامَ

Censure; reproof. عَزْرٌ. تعْزِير. لوم

Azrael; the angel of death. ٭ عِزْرائيلُ

To support. ٭ عَزَّزَ . أَيَّدَ

To corroborate. — . أثبتَ

To strengthen. — . قَوَّى

To love; be fond of. أعزَّ . أحبَّ

To be strong. عَزَّ . قَوِيَ

To be rare. — . قلَّ وجوده

It pains me to. يعزُّ عليَّ أن

To be proud of. إِعْتَزَّ به

To become strong. تَعَزَّزَ

To overcome إِسْتَعَزَّ عليه

To esteem highly. ٥ — به

Glory; honour. عِزٌّ . مجد

Might; power. — . مكانة

Intensity. ٥ — . شدَّة

Depth of winter. ٥ — الشتاء

Height of summer. ٥ — الصيف

Self-esteem; self-respect. عِزَّة النفس

His Excellency. صاحب الـ .

Strong; powerful. عزيز. قوي

Dear; beloved. — . محبوب

Rare; scarce. — . نادر

Mighty; powerful. — الجانب

The Korân. الكتابُ الـ .

Love; affection. مَعَزَّة

Exultant; triumphant. مُعْتَزٌّ . فخور

Powerful in God. — بالله

To play on a musical instrument. ٭ عَزَفَ

Player; musician. عَازِفٌ

To hoe; dig, or loosen, the earth. ٭ عَزَقَ الأرضَ

Digging; hoeing. عَزْقٌ ٥ عَزِيقٌ

Mattock; hoe. مِعزَقَة

To separate; isolate. ٭ عَزَلَ

To depose. — عن منصب

To dismiss. ٥ — رفت

To remove. ٥ عَزَّلَ . نقلَ

To retire. إِعْتَزَلَ

Isolation; separation عَزْلٌ . فصل

Deposition. — من منصب سام

Dismissal. ٥ — رفت

Retirement. عُزْلَة . إِعْتِزال

Privacy — . انفراد

Removal ○ عِزَالٌ . نقل
Unarmed; defenceless. أعْزَل
Place of retirement. مَعْزِلٌ
Apart from بمعزِلٍ عن كذا
To resolve; decide; determine upon. ☆ عَزَمَ على
To invite. ○ — . دعا
To conjure. عَزَمَ الراقي
Resolution. عَزْمٌ . نيَّة
Fixed resolution. — . عزيمة
Incantation; spell. عزيمة ٢ . رُقية
Invitation. عزُومَة . دَعْوَة
Banquet. ○ — . وليمة
Attribution; ascription. ☆ عَزْوٌ
Imputation. — . اتّهام
To attribute, or ascribe, to. عَزا اليه . نسب
To impute to. — اليه (امراً مستنكراً)
Family; relations. عِزْوَة . اقارب
To attribute or ascribe to ☆ عَزَى اليه (انظر عزو)
To be consoled or comforted عَزِيَ . تَعَزَّى
To console; comfort. عَزَّى

Consolation; comfort. عَزاءٌ . تَعْزِيَة
Comforter مُعَزٍّ . مسلٍ
☆ عزيز (في عزز) ☆ عس (في عسس)
Drone bee. ☆ يَعْسُوبٌ . ذكَرُ النحلِ
Bramble. ❁ عسج ❁ . عَوْسَجٌ
Gold. ☆ عَسْجَدٌ . ذهبٌ
To be difficult or hard. ☆ عَسُرَ . ضد يَسُرَ
To render difficult. عَسَّرَ
To oppress; constrain — عليه
To be hard up. أعْسَرَ
To be difficult. تَعَسَّرَ الأمرُ
To find difficult. إستعسر
Difficult; hard. عَسِرٌ . عَسِير
Poverty; straits. عُسْرٌ . فقر
Difficulty; distress — . مَعْسَرَةٌ
Left-handed. أعْسَرُ
In hard circumstances. مُعْسِرٌ . مَعْسورٌ
Patrol. ☆ عَسَسٌ
To treat unjustly. ☆ عَسَفَ
To do (a thing) at random. تَعَسَّفَ . إعْتَسَفَ
Oppression; injustice. عَسْفٌ

Tithe-gatherer; publican. عَشَّارٌ
Associate; companion. عَشِيرٌ . مُعاشِرٌ
Clan; tribe. عَشِيرَةٌ . قبيلة
Society; company. مَعْشَرٌ
To nest; build a nest. ٭ عَشَّشَ . اعْتَشَّ
Nest. عُشٌّ . بيت الطائر
Hut; hovel. عِشَّةٌ . بيت حقير
To love passionately. ٭ عَشِقَ
To dovetail. ▫ عَشَّقَ الشيئين ببعضهما
Passionate love. عِشْقٌ
Beloved. عَشِيقٌ . مَعْشُوقٌ . محبوب
Sweetheart. — . حبيب
Lover. عَاشِقٌ . محبٌّ
Greediness. ٭ عَشَمٌ . طمع
Hope. ▫ — . أمَلٌ
To give hope. ▫ عَشَّمَ
To hope. ▫ تَعَشَّمَ . امَلَ
To give supper. ٭ عَشَّى
To dine, or sup. تَعَشَّى
Dinner, or supper. عَشَاءٌ
Weak-sight. — . عَشَاوَةٌ
The Lord's-supper الـــ الربّاني

To assemble. ٭ عَسْكَرَ القومُ
To encamp. — الجندُ
Army. عَسْكَرٌ
Soldier. عَسْكَرِيٌّ . جندي
Military. — . حربي
Martial law. حُكم — .
Court martial. مجلس — .
Camp. مُعَسْكَرٌ
Honey. ٭ عَسَلُ النحلِ
Molasses; treacle. — أسود
Honeymoon. شَهْرُ الـــ .
Twig ٭ عُسْلُجٌ . عُسْلوجٌ
May be; perhaps. ٭ عَسَى
٭ عشّ (في عشش) ٭ عشاء(في عشو)
Grass; herbage. ٭ عُشْبٌ
Herb. — . عُشْبَة
Sarsaparilla. عشبة ٢ مغربيّة
To take tithes. ٭ عَشَرَ . عَشَّرَ
To associate with. عَاشَرَ
Tenth part. عُشْرٌ ($\frac{١}{١٠}$)
Tithes. — المالِ . عُشُورٌ
Decimal عُشْرِيٌّ . أعْشاري
Ten. عَشْرُ . عَشْرَةٌ (١٠)
Twenty. عِشْرون (٢٠)
Society; companionship. عِشْرَةٌ . مُعَاشَرَةٌ

Evening. عِشاءٌ . عَشِيَّة
Yesterday evening. عَشيَّةُ ٢ امس
Darkness. عَشوَاءُ . عَشْوَة
At random; blindly. خَبط —.
٭ عسَّ (في عصص) ٭ عصا (في عصو)
To fold. ٭ عَصَبَ . طوى
To bandage. — . عَصَّبَ
To take the part of تَعَصَّب
To stand against. — عليه
To be a fanatic. — في دينه
اِعْتَصَبَ القومُ . صاروا عصبة
To form a league.
To go on strike. — العمَّالُ
Nerve. عَصَبٌ . خيطُ الحسِّ
Sinew; tendon. — . طنب
Nervous. عَصَبي
Band; gang. عُصْبَة . عِصابَة
Band; bandage. عصابة ٢. عِصَابٌ
Bully. ٥ عُصْبَجي . عِرِبيد
Party-spirit. عَصَبِيَّة . تَعَصُّب
Fanaticism. تَعَصُّب ٢ ديني
Strike. اِعتِصَابٌ . اِضراب
Fanatic; bigoted. مُتَعَصِّب
Porridge, or gruel. ٭ عصد ٭ . عَصِيدَة

To press; squeeze out. ٭ عَصَرَ
To wring. — الغسيلَ
T be contemporary with. عَاصَرَ
Pressing; squeezing. عَصْرٌ
Afternoon. — . آخر النهار
Time; epoch. — . عِصْرٌ
Modern; new. عَصْري
Juice. عُصَارَة . عَصِيرٌ
Press. عَصَّارَة . مِعْصَرَة
Oil-mill; oil-press. — و — الزيوت
Whirlwind. إِعْصَارٌ
Contemporaneous. مُعَاصِرٌ
Coccyx. ٭ عُصْعُصٌ
To storm; blow with violence. ٭ عَصَفَ
Chaff. عُصَافَة . تبنٌ
Tempest. عَاصِفَة
Safflower. ٭ عُصْفُرٌ
"Small" bird. عُصْفُورٌ . طائر

Swallow. — الجنَّة
Sparrow. — دوريّ
To prevent. ٭ عَصَمَ . مَنَعَ

To preserve; keep. —. وقى
To constipate. ○— البطنَ
To resort to. إعتصمَ واستعصمَ به
To keep patient. — بالصبرِ
To keep silent. — بالصمتِ
Prevention. عِصْمَة . مَنْع
Keeping. —. وقاية
Infallibility. عُصْمَة
Self-made. عِصَاميّ
Capital. عَاصِمَة البلادِ
Wrist. مِعْصَمُ اليدِ
Protected. مَعْصومٌ . محفوظ
Infallible. — عن الخطأ
Constipated. ○— البطنِ
Stick. ❁ عصو ❁ . عَصاه عَصابَة
To dissent. شقَّ الـــ.
To rebel. شقَّ — الطاعة
To disobey. ☆ عَصَى . عَصا
To be difficult. استعصَى . تعصَّى
To be incurable. — المرضُ
Disobedience. عِصْيان . مَعْصِيَة
Disobedient. عَاصٍ
Insurgent. —. متمرِّد

Difficult. مُتَعَصٍّ . مستعصٍ
Incurable; irremediable. —. — عضال
☆ عصيب (في عصب) ☆ عصيدة (في عصد)
To bite. ☆ عضَّ (في عضض)
To aid; help; assist; support ☆ عَضَدَ . عاضَدَ
To aid one another; work together. تعاضدوا
Aid; support. عَضْدٌ . تَعْضِيد
Upper arm. عَضُدٌ . ساعد
Helper; supporter. مُعَضِّدٌ
To bite strongly. ☆ عَضَّضَ
To bite. عَضَّ
To go hard with. — ـه الزمانُ
Biting. عَضٌّ
A bite. عَضَّة
To be, or become, muscular. ☆ عَضِلَ . كبر عضله
To be difficult. أعضلَ الأمرُ
Muscular. عَضِلٌ
Muscle. عضَلَة
Obstinate; irremediable. عُضَالٌ
Problematic; difficult. مُعضِلٌ . مشكل
Problem; difficulty. مُعْضِلَة
Member. ☆ عُضْوٌ

Limb. — . طرف
Organ. — . آلة
Sexual organs. اعضاء التناسل
Organic. عُضويّ . آلي
Membership. عُضويَّة
☆ عطاء (في عطو) ☆ عطار (في عطر)
Mercury. ☆ عُطارِد
To perish. ☆ عَطِبَ . هَلِكَ
To damage. عَطَّبَ . أعطَبَ . اتلف
To destroy. ○ — . — . اهلك
To mull wine. عَطَّبَ الخمرَ
To be bruised. ○ —ت الفاكهةُ
Destruction; ruin. عَطَبٌ
Perishable. سريعُ الـــ
Damaged; injured. مَعْطوبٌ
Bruised. —(كالفاكهة)
To scent; perfume. ☆ عَطَّرَ
Perfume; scent. عِطْرٌ . طيب
Essence. — . خلاصة عطريَّة
Attar of roses. — الوردِ
Aromatic. عَطِرٌ . عِطريّ
Perfumer عَطَّار . بائع الطيوب
Druggist. — . بائع العقاقير
Mercury. ☆ عُطارِد . اسم نجم
To sneeze. ☆ عَطَسَ
To cause sneezing. عَطَّسَ
Sneezing. عَطْسٌ . عُطاس
A sneezing. عَطْسَة
Snuff. عَاطُوس . نشوق
To be thirsty; to thirst. ☆ عَطِشَ
To thirst for. — اليه . اشتاق
To cause thirst. عَطَّشَ
Thirst. عَطَشٌ . ظَمَأ
Thirsty. عَطْشان . عاطِشٌ
To incline towards. ☆ عَطَفَ الى
To join one word to another. — كلمةً على اخرى
To incline; bend. — . أمالَ
To be favourably inclined to — وتعَطَّفَ على
To be inclined. انْعَطَفَ
To seek the favourable inclination of. اِسْتَعْطَفَ
To propitiate. ○ —ه . ترضَّاه
Inclining. عَطْفٌ . إمالَة
Inclination. — . انعِطافٌ
Kindness. — . شفقة
Conjunction. حرف — .
A turning; winding. عَطْفَة ○ حودة
Lane. ○ — . زقاق
Coat. عِطَافٌ . مِعْطَفٌ
Conjunction. عاطِف . اداة عَطف

To be great. ٭ عَظُمَ . ضدّ صغر
To be hard upon. — عليه
To magnify. عَظَّمَ
To attach much importance to أعظمَ الأمرَ
To be proud. تَعظَّمَ . تعاظَمَ
To be great. تعاظَمَ الأمرُ
To regard as great اِستعظمَ الأمرَ
Bone. عَظْمٌ
Greatness. عِظَمٌ . عُظْمٌ
Pride; haughtiness. عَظَمَة . كِبْرٌ
Majesty. —. جلال
Great. عَظِيمٌ
Greater. أعظَم
Most of; chief part of مُعْظَمُ
Magnified. مُعَظَّم
عظة (في وعظ) ٭ عفّ (في عفف)
٭ عفا (في عفو) ٭ عفاف (في عفف)
To cover with dust. ٭ عَفَّرَ . عَفَرَ
Dust. عَفَرٌ ◘ عُفَارٌ . تراب
Devil; demon. ٭ عِفْرِيتٌ
Possessed. ◘ عليه —.
Devilry. عَفْرَتَة . شيطنة
To heap up. ٭ عَفَشَ . جمع

Kindness. عَاطفة . شفقة
To be devoid of. ٭ عَطِلَ من
To neglect. عَطَّلَ الشيء
To delay; hinder. ◘ —. عاق
To remain without work. تَعَطَّلَ
To be out of working order. ◘ —ت الآلة
Devoid, or destitute, of. عُطْلٌ من كذا
Loss and damage. ◘ الـ— والضرر
Vacation; holidays. عُطْلَة المدارس
Devoid of. عَاطِلٌ من كذا
Idle; without work. —. بدون عمل
To macerate. ٭ عَطَنَ . عَطَّنَ
Maceration. عَطْنٌ . تَعطِينٌ
To give. ٭ عطو ٭. أعطَى. ناول
To offer. —. قدَّم
To take. تَعَاطَى . تناول
To be engaged in. — الأمرَ
To practise. — الصناعة
To beg. اِستَعطَى
Gift. عَطاً . عَطَاءٌ . عطيّة
Begging. إستِعطاءٌ . تسوّل
Giver. مُعْطٍ . الذي يعطي
Beggar. مُسْتَعطٍ . متسوّل

Trash. ٭ عَفْشٌ . عُفَاشَة
Luggage. ٭ — المسافر
Furniture. ٭ — المنزل
Galls ; gallnuts. ٭ عِفْصٌ
To be chaste. ٭ عفف ٭ عَفَّ
Purity ; chastity ; continence. عِفَّة . عَفَافٌ
Pure ; chaste عَفِيفٌ . طاهر
To rot; putrefy. ٭ عَفِنَ ٭ عَفَّنَ . تَعَفَّنَ
Putridity. عَفَنٌ . عُفُونَة
Rotten; putrid. عَفِنٌ . مُعَفَّنٌ
Putrefaction. تَعَفُّنٌ . إفساد
Chastity. ٭ عِفَّة (في عفف)
Pardon ; forgiveness. ٭ عَفْوٌ . صفح
Amnesty. — عامٌّ
I beg your pardon. عَفواً . ارجوكم الصفح
Spontaneously. — . بدون تكلُّف
Dust. عَفَاءٌ . تراب
To pardon ; forgive. عَفَا عنه
To restore to health. عَافَى . شفى
To exempt from. أعفَى من
To regain health. تَعَافَى
To ask to be released. إسْتَعْفَى
To resign. ٭ — . إستقال
Strong ; robust ٭ عَفِيٌّ . قوي
Good health. عَافِيَة
Exemption. إعْفَاءٌ ٭ معافاة
Resignation. إسْتِعْفَاءٌ
٭ عفيف (في عفف) ٭ عقّ (في عقق)
To succeed ; follow. ٭ عَقَبَ . أعْقَبَ
To punish for عَاقَبَ بذنبه وعليه
To pursue ; follow up. تَعَقَّبَ
To follow in succession. تَعَاقَبَ
Heel. عَقْبٌ . عَقِبٌ
Child. — . — . ولدٌ
To come closely after. جاء عَقِبَهُ وبعقبه
To retrace one's steps. رجع على عقبه
Head over heels رأساً على عقب
End. عُقْبَى . عَاقِبَة . آخر
Result. — . — . نتيجة
Mountain road. عَقَبَة
Obstacle. — . عائق
Eagle. عُقَابٌ . سيّدُ الطيور
Punishment. عِقَابٌ . عقوبة
Following ; next. عَقِيبٌ
After that. — ذلك
Succession. تَعَاقُبٌ

Punishment. مُعَاقَبَة

Successive. مُتَعَاقِبٌ

To tie; knot. ☆ عَقَدَ . ضد حَلَّ

To ratify; conclude. — البيعَ

To determine. — النيةَ

To hold a meeting. — جلسةً

To knit the brows. — ناصيته

To join hands. —وا الخناصرَ

To thicken. عَقَّدَ

To entangle. — الخيطَ

To complicate. — الأمرَ

To be tongue-tied. عَقِدَ لسانُهُ

To be entangled. تَعَقَّدَ . اِنْعَقَدَ

To be complicated. — الأمرُ

To believe. اِعْتَقَدَ . صدَّق

Tying; knotting. عَقْدٌ . ضد حلّ

Vault. — . مكان معقود سقفه

Contract. — . اتفاق

Title-deed. — . حجّة

Necklace. عِقْدٌ ٥ عُقُودٌ

Knot. عُقْدَةٌ

Gland. — . غُدّة

Difficulty; knot. — . مشكلة

Joint. — ٥ عُقَد

Belief; faith. عَقِيدَةٌ

Bunch; cluster. عُنْقُودٌ

Bunch of grapes. — عِنَبٍ

Belief. اِعْتِقَادٌ

Dogma; tenet. مُعْتَقَدٌ

Believer. مُعْتَقِدٌ

Complicated; intricate; knotty. مُعَقَّدٌ

Knotted. — . ذو عُقَد

To wound. ☆ عَقَرَ . جرحَ

To be addicted to. عَاقَرَ

Barrenness. عُقْرٌ . عقارة

Barren; childless. عَاقِرٌ

Real estate. عَقَارٌ

Drug. عَقَّارٌ (الجمع عقاقير)

Scorpion. ☆ عَقْرَبٌ . دويبّة سامّة

Hand. — السّاعةِ

Hour-hand. — الساعاتِ

Minute-hand. — الدقائقِ

Second-hand. — الثواني

To braid; plait. ☆ عَقَصَ . ضفرَ

Braid; plait. عَقِيصَة . ضفيرة

Magpie. ٭ عَقْعَقٌ

To crook; bend. ٭ عَقَفَ . عَقَّفَ

Crooked; bent. اَعْقَفُ . مَعْقوفٌ

To be undutiful ❁ عقق ❁ عَقَّ الولدُ

Undutiful. عَقٌّ . عاقٌّ . عاصٍ

Carnelian. عَقِيقٌ

To tie; bind. ٭ عَقَلَ . رَبَطَ

To understand; comprehend. — الشيء

To bring to reason. عَقَّلَ

To think; reason. تَعَقَّلَ

To intern. اِعْتَقَلَ

To be tongue-tied. اُعْتُقِلَ لسانُه

Mind; intellect. عَقْلٌ

Intelligence. — . فهم

Memory. — . ذاكرة

Sane. سليم او صحيح الـــ

Insane. مختل الـــ

Mental, intellectual. عَقْلِيٌّ

Intelligent. عاقِلٌ

Wise. — . حكيم

Tether. عِقَالُ الدَّابةِ

Lady. عَقِيلَةٌ . كريمة مخدَّرة

Wife. — . زوجة

Internment. اِعْتِقالٌ

Stronghold; fortress. مَعْقِل

Reasonable. مَعْقُولٌ

To render barren. ٭ عَقَمَ . اَعْقَمَ

To sterilise; disinfect. — . طهَّرَ

Barrenness; sterility. عُقْمٌ . عقمٌ

Barren; sterile عَقِيمٌ

Futile; useless; unavailing. — . عديم الفائدةِ

٭ عقوق (في عقق) ٭ عقيق (في عقق)

To become turbid. ٭ عَكِرَ

To render turbid. عَكَّرَ

Turbidity. عَكَرٌ . كدرٌ

Dregs; sediment. —ة عكارة

Turbid; muddy. عَكِرٌ . مُعَكَّرٌ

Troubled. — . — . مضطرب

To lean upon "a staff". ٭ عَكَزَ وتَعَكَّزَ على

Staff. عُكَّازٌ

To reverse; invert. ٭ عَكَسَ

Medical treatment. عِلاجٌ . مُعَالجَة
Remedy; cure. — . دَوَاء
To feed. ٭ عَلَفَ الدابة
Fodder. عَلَفٌ
Seller of provender. عَلاَّفٌ
Manger. مِعْلَفٌ
To hang, or stick, to. ٭ عَلِقَ وتَعَلَّقَ به
To be attached to. —و— به . أحبّه
To conceive. —ت الأنثى
To begin; start. — بفعل
To be hanging. تَعَلَّقَ ٢ . تدلّى
To belong to. ٥ — به . خصّه
To suspend. عَلَّقَ الأمرَ
To hang; suspend. — . دَلَّى
To attach great importance to. — اهمية على
Leeches. عَلَقٌ
Thrashing; sound beating. ٥ عَلْقَة
Relation connection. عِلاقَة . تَعَلُّق . صلة
Attachment. — . — . حُبّ
Forage; fodder. عَلِيقُ الدوابِّ
Bramble: brier. عُلَّيْقٌ
Bush; thicket. عُلَّيْقَة

To reflect. — النورَ
To contradict; oppose. عَاكَسَ
Reversal. عَكْسٌ
Contrary to — كذا
Reflection. اِنْعِكاس
Angle of reflection. زاوية الـ..
Reversed. مَعْكوس
To give oneself up to; be addicted to. ٭ عَكَفَ على
To seclude oneself in a place. — . اعتكف في
To live in seclusion. — . — عن الناس
Given up to; addicted to. عَاكِفٌ على
Living in seclusion. مُعتكِفٌ عن الناس
To bundle; tie up. ٭ عَكَمَ
٭ علّ (في علل) ٭ علا (في علو)
٭ عِلَّة (في علل) ٭ علاّن
٭ علانية (في علن) ٭ علاوة (في علو)
Box; case. ٭ عُلْبَة
Infidel. ٭ عِلْجٌ . كافر
To treat a patient عالج المريضَ
To work at. — الأمرَ
To handle a subject. — الموضوعَ
To receive medical treatment. تَعَالَجَ

Suspended. مُعَلَّقٌ
Attached to. متعلِّق بهِ
Bitter cucumber. ٭ عَلْقَمٌ
To chew. ٭ عَلَكَ . مضغَ ولاكَ
Chewing-gum. عِلْكٌ
To account for ; give a reason. ٭ عَلَّلَ
To become ill. إِعْتَلَّ . عُلَّ
To make excuses. تَعَلَّلَ
To occupy oneself with. — بكذا
Maybe; perhaps. عَلَّ . لعلَّ
Illness ; disease عِلَّةٌ . مرَض
Cause ; reason. — . سبب
Cause an effect. — ومَعْلُولٌ
Weak letter. حرفُ — ٍ
As it is على عِلاَّتهِ . كما هو
Ill ; sick ; diseased عَلِيلٌ . مَعْلُول
Illness. إِعْتِلالُ الصحةِ
Explanation. تَعْلِيلٌ
Ill ; sick. مُعتلُّ الصحَّة
Defective. — . فيه حرف علَّة
To know. ٭ عَلِمَ
To teach ; instruct. عَلَّمَ
To mark. — لهُ علامةً

To inform of: acquaint with. أَعْلَمَ
To learn. تَعَلَّمَ
To enquire. إِسْتَعْلَمَ
Flag ; banner. عَلَمٌ . راية
Signpost. — . نصبٌ يُهتدَى به
Proper name. إِسمُ — .
Knowledge. عِلْمٌ . دراية
Science. — . واحد العلوم
Knowingly. عن — ٍ
Student. طالب — ٍ . تلميذ
Without his knowledge. بدون عِلمهِ
Theoretical. عِلميٌّ . نظريٌّ
Scientific. — . مختص بعلم
Scholastic. — . مدرسيٌّ
Mark. عَلاَمَة . سِمة . اشارة
Sign ; indication, — . دَليل
All-knowing. عَلاَّمٌ . عَلِيم
Erudite ; learned. عَلاَّمَة
Omniscient , all-knowing. عَلِيمٌ
World ; universe. عَالَم
The animal kingdom. — الحيوانِ
Dreamland. — الخيالِ
Worldly. عالَميٌّ . دنيويٌّ
Learned. عَالِمٌ . متعلِّم

Announcement. — . اذاعة
Notice; advertisement. — . نَشْرَة
Revelation. — إلاهيّ
Notice-board. لوحة الاعلانات
Cause. ☆ علّة (في علل)
Height; altitude; elevation. ☆ عُلُوّ . علاء
Eminence; elevation; high rank. — . عُلاً
Heavenly. عَلَوِيّ . سماوي
Upper. — . عُلْوِيّ . فوقاني
To overcome. عَلاَ . غلبَ
To rise. — عَلِيَ . اعتلى
To ascend; mount. — و — و — المكان
To raise. عَلَّى . أعلى . رفع
To elevate. — . — . رقّى
Come. تَعَالَ . هَلُمَّ
To be high, or elevated. تعالى . استعلى
Above. عَلُ . فوق
Increase; increment. عِلاوَة
In addition to. — على
High; elevated. عَلِيّ . مرتفع
Eminent. — . رفيع
The Most High. الـ المتعالي
Heaven. عَلياء . سَماء

Aware of; acquainted with. — بالأمرِ
Information. إعْلاَمٌ . تعريف
Enquiry. إستِعلامٌ . إستخبار
Instruction. تَعْلِيمٌ
Tuition fees. أجرة الـ
Instructions ○ تعليمات . ارشادات
Signpost. مَعْلَمٌ . أُعلومة
Marked. مُعَلَّمٌ . عليه علامة
Taught; instructed. — . مُتَعَلِّمٌ
Teacher; master. مُعَلِّمٌ . مدرّس
Known. مَعلومٌ . ضد مجهول
Certainly; no doubt. ○ — . يقيناً
Active voice. صيغة المعلوم

☆ عَلَنَ ☆ اعتلنَ . إستَعْلَنَ الأمرُ
To be, or become, known.
To declare; make known; announce. أعْلَنَ
To advertise; publish. — . نَشَرَ
To give notice. — . انذر
Public; open. عَلَنِيٌّ
Public sale. بيع — .
Openly; publicly. عَلَناً
Openly; publicly. عَلاَنِيَةً
Declaration; manifestation. إعْلاَنٌ . إظهار

Upper room. عُلِّيَّة

High; elevated. عَالٍ . مرتفع

Eminent; distinguished. — . رفيع

Tall; high. — (كالشجرة)

Loud; strong. — (صوت)

Loudly. بصوتٍ عالٍ

Very good. ¤ عَالٍ . جيِّد

First-rate. ¤ — العالُ

Upper. اَعْلَى . ضد اسفل

Higher *than*; above. — من

To address a letter. ☆ عَلْوَنَ الخطابَ

Address. عُلوانٌ . عنوان

Title; name. — الكتابِ

On; upon. ☆ عَلَى . فوق

On; for — . لأجل

Why? — ما . عَلامَ . لماذا

About; nearly — وشك

In the time of. — عهد فلان

Accordingly. وعليه . بناءً عليه

Give me... عَلَيَّ بكذا

Never mind. ما عليك من

☆ عَلَى ☆ عليّ (في علو)

☆ عليل (في علل) ☆ عمٌّ (في عمم)

To repair to. ☆ عَمَدَ اليه

To support; prop. — . سَنَدَ

To intend; purpose. — . قَصَدَ

To baptise. — . عَمَّدَه نَصَّرَ

To do on purpose; design. تَعَمَّدَ

To be baptised. — . اعتَمَدَ

To rely, or depend, *on*. اِعتمدَ ٢ عليه

Supporting; propping. عَمْدٌ . دَعْم . سند

Intentionally; advisedly. عَمداً . تعمُّداً

Intentional; deliberate. عَمديّ . تعمُّدي

Prop; pillar. عُمْدَة . عِمادٌ

Chief of a village. — البلدِ

Committee. — المدرسةِ

Baptism. عِماد ٢ . قبول المعموديَّة

Pillar; post. عَمُودٌ

Column. — من بناءٍ او قنطرة

Bedpost. — السريرِ

Perpendicular. عَموديٌّ

Reliance; dependence اِعْتِمَادٌ

Credit. — . رقرض

Self-reliance. الاعتمادُ على النفسِ

Reliable. مُعْتَمَدٌ . يوثَق به

Representative.. — . وكيل

Builder ; mason. مِعْمَارٌ . مِعْمَارِي
Architect. مهندس معماري
Architecture. صناعة المعمار
The world. المعمور
Colony. مُسْتَعْمَرَةٌ
Dominion. — مستقلّة
To blear (eyes.) ✫ عَمِشَتْ عينه
Blear-eyed. أَعْمَشُ
To be deep. ✫ عَمُقَ . كان عميقاً
To deepen ; make deeper. عَمَّقَ . أَعْمَقَ
To penetrate deeply into. تَعَمَّقَ في
Depth. عُمْقٌ . غور
Deep ; profound. عَمِيقٌ
To make. ✫ عَمِلَ . صنع
To do. — . فعل
To work; labour. — . اشتغل
To act upon ; affect. — فيه
To act according to. — بالأمر
To treat. عَامَلَ . تصرّف معه
To deal with. — . اخذ واعطى
To use ; employ. اِسْتَعْمَلَ
To deal with. تَعَامَلَ معهُ
Deed; action. عَمَلٌ . فعل
Make. — . صنع

Ambassador. — . سفير
Baptism. مَعْمُودِيَّة
To be inhabited. ✫ عَمَرَ المنزل
To inhabit a house. — المنزل
To live long. عَمَّرَ . عاش طويلاً
To populate. — المكانَ
To build ; construct. — . بنى
To repair. — . أصلحَ
To fill a lamp. ◘ — . ملأ
To load a gun. ◘ — البندقيّةَ
To colonise. اِسْتَعْمَرَ
Life ; life-time. عُمْرٌ . حياة
Age. — . سن
How old are you ? ما هو عمرك
Second-hand. نصف عمر
Prosperity. عُمْرَانٌ
Civilisation. — . مدنيّة
عَمْرَةٌ . كل غطاء للرأس
Head-dress.
Overhauling. ◘ — . مَرَمَّة
Dovelopment. عَمَارٌ
Building ; edifice. عِمَارَةٌ
Fleet. — بحريّة
Populous. عَامِرٌ . آهِل بالسكّانِ
Inhabited. — . مسكون
Colonisation. اِسْتِعْمَارٌ

To prevail; be general. عَمَّ
To wear a turban. تعمَّمَ
Uncle. عَمٌّ . اخو الأبِ
Cousin. ابن الـ . او ابنة الـ
Aunt. زوجة الـ
Aunt. عَمَّة . أخت الأب
Cousin. ابن الـ . ابنة الـ
Uncle. زوج الـ
For what? عَمَّ ، عَمَّا . عن ما
For whom? عَمَّن . عن من
Turban. عِمامَة ○ عِمَّة
Prevalence. عُمُومٌ . شمول
All; the whole of. — . كلّ
The public. الـ . الجمهور
Public عموميّ . غير خصوصي
General. — . عامٌّ . شامل
Universal. — — . كلّيّ
The common people. العامَّة
Common. عاميّ . دارج
Vulgar. — . سوقيّ
Generalisation. تَعْمِيمٌ
Turbaned. مُعَمَّمٌ
To become blind. ☆ عَمِيَ
To be blind to. — عن كذا
To be obscure to. — عليه الأمر

Work; business. — . شغل
A business man. رَجُل — .
Practical. عَمَلِيٌّ . ضدّ علمي
An evil deed. عَمْلَة . عمل رديء
Red-handed, in the very act. بِعَمْلَتِهِ
Currency; money. عُمْلَة
Paper-money. — ورقيَّة
Commission. عُمُولَة . جَعالة
Operation. عَمَلِيَّة
Agent. عَمِيلٌ . وكيل
Customer. — ○ زبون
Doer. عامِلٌ . فاعل
Maker. — . صانع
Workman. — . صنايعي
Employee. — . خادم
Factor. — (في الرياضيَّات)
Use; employment. اِستِعمالٌ
Factory. مَعْمَلٌ
Made. مَعْمُولٌ . مصنوع
Done. — . مفعول
Treatment. مُعامَلَة . تصرُّف
Dealing. — . أخْذ وعطاء
In use; used. مُسْتَعْمَلٌ
Second-hand. — ○ نصف عمر
To generalise. ☆ عَمَّمَ

To mystify. عَمَّى . اَخْفَى
To render blind. — . اَعْمَى . صَيَّرَهُ اعمى
To blindfold. — . — . اضلَّ
To feign blindness. تَعَامَى
Blindness. عَمًى . ذهاب البصر
Blind. اَعْمَى
Riddle; enigma. مُعَمًّى . لُغز
For. ✿ عَنْ . لأجل
From. — . من
About. — . من خصوص
Because of. — . بسبب
After. — . بعد
To. — . الى
Shortly; in a short time. — قريب . عَمَّا قريب
✿ عنّ (في عنن) ✿ عنا (في عنو)
✿ عناء (في عني) ✿ عنان (في عنن)
Grapes. ✿ عِنَبٌ
Bunch of grapes. — . عنقود
Grape-vine. كرم الـــ .
Jujube. عُنَّابٌ
Ambergris. ✿ عَنْبَرٌ
Spermatic whale. — . اسم سمك
Store. ة — . اَنْبار . مخزن

Hold of a boat. ة — السفينة
Beauty-spot. نقطة — . شامة
Liqueur. عَنْبَرِيٌّ . مشروب
To compulse. ✿ عَنَّتَ . شدَّد على
To embarrass. تَعَنَّتَ . حَيَّرَ
At; near. ✿ عِنْدَ . اسم ظرف
On; upon. — . حين
When. — لمَّا . متى
Whenever. — ما . متى ما
Then; at that time. عندئذٍ
I have. عندي . لي . يخصّني
To me. — . في نظري
Hold! stop! عندك . قِفْ
To be obstinate. ✿ عَنِدَ
To oppose; resist. عَانَدَ
Obstinacy. عِنَادٌ . مُعَانَدَة
Obstinate; stubborn. عَنِيدٌ . مُعَانِدٌ
Stout opponent. خَصْم عنيد
Nightingale. ✿ عَنْدَلِيبٌ
She-goat. ✿ عَنْزٌ . عَنْزَة
Origin. ✿ عُنْصُرٌ . اصل
Element. — . مَادَّة
Whitsuntide. عيد العنصرة
To reprimand; upbraid. ✿ عَنَّفَ

Severity; harshness; violence. عُنْفٌ
Prime of youth. عنفوان الشبابِ
Severe; violent. عَنِيفٌ . شديد
Reprimand. تَعنِيفٌ
Neck. ٭ عُنُقٌ . عُنْقٌ
Griffon. عَنقاء . طائر مجهول
Embracing. عِنَاقٌ . مُعانَقَة
To embrace. عانَقَ
To embrace one another. اعتَنَقَ . تَعانَقَ
To adopt, or embrace, a religion —— الدِّين
Spider. ٭ عَنكَبُوتٌ
Cobweb. نسيج او بيت الـ .
To address. ٭ عَنَّنَ . عَنوَنَ
To appear to. عَنَّ له
To groan; moan. ٥ —— . أَنَّ
Clouds. عَنَانٌ . سحاب
Reins. عِنَانٌ . سير اللجام
Force; violence. ٭ عَنوَةٌ
By force; forcibly. عَنوةً
To yield; submit. عَنَا . خضع
To concern. —ه الأَمرُ
To address a letter. ٭ عَنوَنَ
Address. عُنوَانٌ
Title; name. —— الكتاب
Heading. —— المقالة
To mean. ٭ عَنَى . اراد . قصد
To take care of —— بِهِ
To concern. —— الأَمرُ فلاناً
To suffer; sustain. عَانَى
To give, or pay, attention to. اِعتَنَى بالأَمرِ
To take care of; look after. —— بهِ
Toil; drudgery; painstaking. عَنَاءٌ . كَدٌّ
Trouble; pains. —— . تعبٌ
Care; attention. عِنَايَة . اِعتِنَاءٌ
Providence. الـ الالاهية
Meaning; sense. مَعنَى
Abstract noun. اِسم —— .
Rhetoric. علم المعاني
Good points, or parts. معاني الانسان
That is to say. اَعني ٥ يَعني
Ideal: mental. مَعنَوِيٌّ
Careful; attentive. مُعتَنٍ
To know. ٭ عَهِدَ . عرف
To commit to. —— اليه
To promise; pledge. عَاهَدَ
To look after. تَعَهَّدَ الشيءَ
To undertake. ٥ —— بكذا
Promise; pledge. عَهدٌ . وعد

Prostitute. — . — . مومس
To be bent or crooked. ٭ عَوِجَ . اِعْوَجَّ . تَعَوَّجَ
To bend; twist. عَوَّجَ ٥ عَوَجَ
Ivory. عَاجٌ . سِنّ الفيل
Indirectness. عِوَجٌ . اعوجاج
Rickets. —و— العظام (مرض)
Indirect. أَعْوَجُ . مُعْوَجٌّ
Crooked. — . — . ملتوٍ
To accustom to. ٭ عَوَّدَ
To return. عَادَ . رجع
To revert to. — عليهِ . آل اليه
To visit; pay a visit to. — . زارَ
To return to. عاوَدَ . رجع الى
To feast; keep a feast. عَيَّدَ
To wish *another* a merry feast. ٥— عليه
To return. أعادَ
To repeat. — . كرر
To be accustomed, or used, to. اِعْتَادَ . تَعَوَّدَ
Custom. عادَةٌ
Habit; practice. — مستحكمة
Exraordinary. فوق الـ
Customary. عاديّ
Ordinary. — . مألوف

Contract; covenant. — . ميثاق
Time; epoch. — . زمان
Recently; newly. من — قريب
Recent; new حديث الـ
Constant. ثابت الـ .
Heir apparent. وليّ الـ
Crown-prince. وليّ — الملك
The New Testament. الـ الجديد
The Old Testament. الـ القديم
To make a covenant. قطعَ عهداً
Responsibility. عُهْدَة . مسئولية
Guarantee. — ضمان وكفالة
In his charge. في —تهِ .
Looking after. تَعَهُّدٌ . تفقُّد
Agreement. — . اتفاق
Institution. مَعْهَدٌ . جمعيّة
Known. مَعْهُودٌ . معلوم
Treaty. مُعَاهَدَة . اتفاق
Alliance. — . محالفة
Contractor. ٥ مُتَعَهِّدٌ . مُسْتَعْهِدٌ
Debauchery. ٭ عِهْرٌ . عَهَارَة
Adulterer; debauchee. عَاهِرٌ . زانٍ
Adulteress. — . عاهِرَة

Antiquity. — . أثر قديم
Returning. عائِدٌ . راجع
Visitor. — . زائر
Benefit; avail; use. عائِدة
Taxes; dues. ◦ عوايِد . ضريبة
Return. عَوْدٌ . عَوْدَةٌ
Repetition. — . عِيادٌ . تكرار
Visiting. — . عِيادة . زيارة
Stick. عُود . عصاً
Lute. — . آلة طرب
A match. — الثقاب ◦ كبريتة
A visit. عِيادة [2] . زيارة
Surgery; consulting-room — طبية
Feast; festival. عِيدٌ
Corban Bairam. — الأضحى
Lesser Bairam. — الفِطر
Easter; Easter-day. — القيامة
Christmas. — الميلاد
Feast's gift. عِيدية
Returning. إعادة : ردٌّ
Repetition. — . تكرار
Contraction of a habit. إعتيادٌ . تعوُّدٌ
Customary. اعتيادي
Ordinary; usual; common. — . مألوف

Common fraction. — . كسر
Destination. مَعادٌ . مصير
The future life. — . الآخرة
مُعَوَّدٌ . مُعْتادٌ . مُتَعَوِّدٌ على
Accustomed to; used to.
Refuge. ◦ عَوْذٌ . مَعاذٌ . ملجأ
Taking refuge. — . عِياذٌ . التجاء
Amulet. عُوذة . تَعويذ
To seek the protection of. عاذَ . استعاذَ به
To lose one's eye. ◦ عَوِرَ . صار أعور
To injure; damage. عَوَّرَ . أتلف
To lend. أعارَ . أقرض
To borrow. إستعارَ
Naked. عارٍ وعارية (إلى عري)
Loan. عارِيَة . عارِيَّة
Genitals; private parts; shame. عَوْرَة
Swift. عُوّارٌ . اسم طائر
Lending. إعارة
One-eyed. أعورٌ . بعين واحدة
Borrowing. إستعارة : اقتراض
Metaphor. — (في علم البيان)
Metaphorical. إستعاريّ
Lender. مُعِيرٌ . مقرض

مُسْتَعَارٌ . مقترض	Borrowed.
—. مجازي	Metaphorically used.
—. كاذب	False.
مُسْتَعِير . مقترض	Borrower.
٭ عَوِزَ . أَعْوَزَ . افتقر	To be reduced to poverty.
كَازَ . أَعْوَزَ	To need; be in need of
عَوَزٌ . إِعْوَازٌ	Need; want.
عَوِزٌ . عَائِزٌ . مُعْوِزٌ	Needy; necessitous
٭ عَوِصَ الكلامُ	To be abstruse.
عَوِصٌ	Abstruse; difficult to understand.
٭ عَوَّضَ . عَاضَ . أَعَاضَ	To give in exchange.
—. كافأ	To compensate.
اعْتَاضَ . تَعَوَّضَ	To take a substitute.
عِوَضٌ . بدل	Substitute.
—. تَعْوِيض	Compensation.
عِوَضاً عن او من	Instead of.
٭ عَوَّقَ . عَاقَ . أَخَّرَ	To delay; retard.
—. —. منع	To hinder.
تَعَوَّقَ . تأخر	To be delayed.
—. مُنع	To be hindered.
عَائِقٌ . عَائِقَة	Obstacle; hindrance.
٥ — ٥ عَبُّوق	Dandy.
٭ عَوَّلَ . أَعْوَلَ	To wail; lament.
— على	To rely upon
عَالَ . ثقل على	To encumber; burden.
— عِيالَهُ	To provide for one's family.
عَوْلٌ . عَيْلٌ . جورٌ	Injustice.
—. عِيالَة . كفاية المعاش	Support; maintenance.
—. من يعول العائلة	Supporter; bread-winner.
—. عَوِيلٌ	Wailing.
٥ عويل ٢	Hanger-on
عَالَةٌ . ثقلة	Encumbrance; burden.
عَائِل . فقير	Poor; indigent.
—. مُعِيل	Supporter; bread-winner.
عائلة (في عيل)	Family.
عَيِّلُ الرجلِ	Family.
٥—. ولد صغير	Child; baby.
مِعْوَلٌ	Spade; pickaxe.
٭ عَوْمٌ . سباحة	Swimming.
عَوَّمَ السفينة	To float a boat.
عَامَ . سبحَ	To swim.
—. ضدّ غطس	To float.
عَائِمٌ . سابح	Swimming.

Year. عَامٌ . سنة

Swimmer. عَوَّامٌ . الذي يعوم

Buoy. عَوَّامَة ◘ شمندورة

To help; assist, aid. ✿ عَوَنَ . عَاوَنَ . أَعَانَ

To co-operate, work together تَعَاوَنوا

To ask aid from. إِسْتَعَانَ به

Help; assistance. عَوْنٌ . إِعَانَة . مَعُونَة

Assistant. — . مُعِينٌ

Subsidy. إِعَانَة٢ ماليّة

Co-operation. تَعَاوُنٌ

Co-operative. تعاوني

Assistant. مُعَاوِنٌ . مساعد

To blast; blight. ✿ عَوَّهَ . ضرب بعاهة

Blight; blast. عَاهَة نباتيّة

Disease. — . مرض

To howl; yell. ✿ عَوَى

Howl; howling; yelling. عُوَاءٌ

✿ عويص (في عوص) ✿ عويل (في عول)

✿ عوينة (في عين) ✿ عيٌّ ✿ عياءٌ (في عي) ✿ عيادة (في عود)

To find fault with ✿ عَيَّبَ . عَابَ

To disgrace; dishonour. — . — . شانَ

To mock at. ◘ — على . سخر به

Fault; defect; failing; blemish. عَيْبٌ . مَعَابٌ

Defective; faulty. مَعِيبٌ . مَعْيُوبٌ

Disgraceful. مُعِيبٌ

To grope. ✿ عَيَّثَ . تلمَّس

To do mischief. عَاثَ

Feast. ✿ عيد (في عود)

To reproach; upbraid. ✿ عَيَّرَ ◘ عَايَرَ

To boast; brag. عاير٢ . فاخر

To test; verify. — . امتحن

To measure. — . كالَ

To straggle; wander. عَارَ . هامَ على وجهه

Disgrace; shame. عَارٌ

Shame on you! — عليك

Standard; measure. عِيارٌ

Calibre. ◘ — المدفع

Shot. ◘ — ناريّ

Straggler. عَيَّارٌ . عَائِرٌ

◘ — . رافعة

◘ ونش

Crane.

Camels of good breed. ✿ عَيْسٌ

Jesus. عِيسَى . السيد يسوع

Christian. عِيسوِيّ . نصراني
To make one live; let live. ٭ عيَّش َ . أعَاشَ
To nourish; provide for. —— . —— . قاتَ
To live; exist. عَاشَ . حيي
To last. —— . تحمَّل
To make one's living. تَعَيَّشَ
Living. عائِشٌ . حيّ
Life. عَيْشٌ . حياة
Bread. —— . خبز
Food; nourishment. —— . طعام
Mushroom. ¤ —— الغراب . فُطر
Life. —— . عِيشَةٌ
Pleasant life. عيشة راضية
Bread seller. عَيَّاشٌ
Livelihood. مَعَاشٌ . مَعِيشَة
Wages; salary. —— . راتب
Pension. —— . عَوْل
To cry out; shout. ٭ عَيَّطَ . صاحَ
To cry; weep. ¤ —— . بكى
Crying. عِيَاطٌ
Loathing. ٭ عَيْفٌ . عَيَفَانٌ
To loathe. عَافَ
Loathsome. تعافه النفس
To lose patience. ٭ عِيلَ صبره

Child. ¤ عَيِّل . وَلَد
To be reduced to poverty. عَالَ . افتقر
To support; provide for. —— عياله (في عول)
Family. عائلة . عَيْلَة . اهل
Family man. رب —— .
Domestic. عائلي . اهلي . بيتي
Poor; indigent. عَائِلٌ . فقير
Having a large family. مُعِيلٌ
To bore; pierce. ٭ عَيَّنَ . ثقب
To specify. —— . خصص
To fix; appoint. —— . حدَّد
To appoint. —— في مركز
To help; aid. اعان (في عون)
To view; see. عَايَنَ . رأى
To survey. —— . تفحص
Eye. عَيْنٌ . عضو البصر
Hole; eye. —— . نقب
Choice. —— . خيار الشيء
Chief; master. —— . سيِّد
Notable. —— . شريف قومه
Evil-eye. —— مصيبة بسوء . لامّة
Spring; source. —— الماء
Same; self. —— . ذات . نفس
Corn. ¤ —— سمكة . ثؤلول القدم
In kind. عَيناً . صنفاً

Ocular. عَيْنِيٌّ . بصري
Real; substantial. — . ثابت
Sample; specimen. ٥ عَيِّنَة . مثال
Viewing; seeing. عِيانٌ . مشاهدة
To come to light. بدا للـ .
Visible. عيانيٌّ . ظاهر

Spectacles; eyeglasses. ٥ عُوَيْنَات ↓
Specification. تَعْيِينٌ
Rations. — الجنديّ
Spring-water. معِينٌ . ماء —
Fixed; appointed. مُعَيَّنٌ
Lozenge; rhombus. مُعَيَّنٌ
Rhomboid. شبيه بالـ .
Viewing. مُعَايَنَة . مشاهدة
Survey; inspection. — . فحص
To be unable to do; fail. ٭ عَيِيَ . عجز
To become, or fall, ill. ٥ — . مرض
To falter — في الكلام
To faint; become feeble or weak. أَعْيَا . تعب وكلّ

To tire; fatigue. — . أتعب
To defeat; nonplus; baffle. — . اعجز
Faintness. عِيٌّ . عَيَاءٌ . تعب
Disability; weakness. — . — . عجز
Tired; fatigued. عَيَّانٌ . مُعْيٍ
Ill; sick. ٥ — . مريض

(غ)

٭ غاب (في غيب) ٭ غاث (في غوث)
٭ غادة (في غيد) ٭ غارَ (في غور)
٭ غارَ من وعلى (في غير) ٭ غارة (في غور)
٭ غازٌ (في غوز) ٭ غاص (في غوص)
٭ غاط (في غوط) ٭ غاظ (في غيظ)
٭ غالٌ (في غلل) ٭ غالٍ (في غلو)
٭ غالى (في غلو) ٭ غامر (في غمر)
٭ غاير (في غير) ٭ غبَّ (في غبب)
٭ غبارة (في غبي)

Dewlap. ٭ غَبَبُ البقرِ ٥ لُغْد
Wattle. — الديكِ وامثاله
To visit at intervals. غَبَّ
To gulp. ٥ — الماء . عَبَّهُ
To visit at long intervals. زارهُ غِبًّا
After. غِبٌّ . بعد
To pass; elapse. ٭ غَبَرَ . مضى

To laugh in one's sleeve.	٭ غتّ الضحكَ
Lean; meagre.	٭ غثّ
Pus; matter.	غَثيث . قيح
To feel nausea; feel sick.	٭ غَثِيَت نفسه
Nausea; sickness.	غَثَيان
Gipsy.	◘ غَجَري . نوري
	٭ غَدٌ (في غدو) ٭ غُدَّة (في غدد)
Morning.	٭ غداة (في غدو)
Gland.	٭ غُدَدَة . غُدَّة . عقدة
Glandular.	غددي
To betray; play false.	٭ غَدَرَ
To be angry with.	◘ — عليه
To leave; depart.	غادَرَ
Perfidy; treachery.	غَدْرٌ
False; faithless; treacherous.	غَدَّار . غادِر
Pistol, or carbine.	غدّارة . سلاح ناري
Pool.	غَدِيرٌ . بركة ماء
Tress; lock.	غَدِيرَة شعر
To rain copiously.	٭ غَدِقَ . أغدَقَ المطرُ
To give abundantly.	اغدق ٢ عليه
Gland	٭ غدّة (في غدد)
Morning.	٭ غَدْوَة . غداة
To cover with dust.	غَبَّرَ
To become dusty.	تغبَّرَ
The earth.	غَبْراء . الأرض
Dust.	غُبْرَة . غَبَرَة . غُبَارٌ
Dust colour.	— . لون الغبار
Past; bygone.	غابِرٌ . ماضٍ
Olden times.	الأزمان الغابرة
Dust coloured.	أغبَرُ
Dusk.	٭ غَبَشٌ
Opaque; not transparent.	غَبِشٌ
Opacity.	غَبَاشَة . غتامة
To envy.	٭ غَبَطَ الرجلَ
To be exultant.	اِغْتَبَطَ . أُغْتُبِطَ
Happiness; exultation.	غِبْطَة
Happy; fortunate.	مَغْبُوطٌ
To take in.	٭ غَبَنَ الثوبَ
To defraud; swindle; [do.]	— . خدع
Fraud; swindling.	غُبْنٌ
Defrauded; swindled.	مَغْبُونٌ
To be unknown to.	٭ غَبِيَ عليه
Ignorance.	غَبَاوَة . جهل
Stupidity.	— . غفلة
Ignorant.	غَبِيٌّ . جاهل
Stupid; foolish.	— . احمق

To go in the morning. غَدَا
To depart; leave — . انطلق
To breakfast. غَدِيَ . تَغَدَّى
To lunch; take one's lunch. ◘ تغدّى ٢
To give breakfast to. غَدَّى
To give lunch. ◘ — .
The morrow. غَدٌ . بُكرَة
To-morrow. غداً . في الغدِ
Breakfast. غَدَاءٌ
Lunch. ◘ — . طعام الظهر
Nourishing. ☆ غَذُوٌّ . تَغْذِيَة
To nourish. غَذَا . غَذَّى
To be nourished. تغَذَّى . اغتذى
Nutriment; food; aliment. غِذَاء
Alimental. غِذَائِيٌّ
Nourishing. مُغَذٍّ
☆ غرّ (في غرر) ☆ غراء (في غرو)
☆ غراب (في غرب) ☆ غرام (في غرم)
To set; decline. ☆ غَرَبَ . غابَ
To depart; go away. — . غَرَّبَ . ذهب
To go west. غَرَّبَ ٢
To expatriate. — . نفى
To be strange to. غَرُبَ
To carry to excess. أغْرَبَ

To laugh to excess. — في الضحكِ
To emigrate. تَغَرَّبَ
To find strange. اِسْتَغْرَبَ
West; occident. غَرْبٌ
To mortify. فَلَّ غربه
Western. غَرْبِيٌّ
European. — . اوروبي
Expatriation. غُرْبة . تَغَرُّب
Crow.  غُرَابٌ
Edge. — . حد
Strangeness; oddity. غَرَابَة
Setting. غُرُوبٌ . غياب
Sunset. — الشمس
Stranger. غَرِيبٌ عن وطنهِ
Strange; foreign. — . دَخيل
Stranger. — . أجنبي
Strange. — . غير مألوف
West; occident. مَغْرِب
Hour of sunset. — الشمس
A moor. مغربي . واحد المغاربة
Stranger. مُتَغَرِّبٌ عن وطنه
To riddle; sift. ☆ غَرْبَلَ
Riddle; coarse sieve. غِرْبال

To sing; warble. ☼ غَرَدَ . غَرَّدَ

Warbling. غَرَدٌ . تَغْرِيدٌ

Warbler. غِرِّيدٌ . مُغَرِّدٌ

Song-bird. طائِرٌ مغرِّد

To risk; endanger. ☼ غَرَّرَ بِهِ

To allure; tempt. غَرَّ . اطمع

To beguile; deceive. — . خَدَعَ

To be deceived. اِغْتَرَّ

To be conceited. — بنفسهِ

Inexperienced; raw; green. غِرٌّ

Inattention. غِرَّةٌ . غفلة

Unawares. على — .

Coot. غُرٌّ (واحدته غُرَّة)

The first of. غُرَّة ٢ الشيء

Blaze. — . بياضٌ في الجبهة

Sack; bag. غِرارَة ◘ جوال

Deceptive. غَرَّارٌ . غَرُورٌ

Deception. غُرُورٌ . خداع

Vanities. — . اباطيل

Conceit. — . عُجْب

Deceived; deluded. مَغْرُورٌ

Conceited; vain. مُغترٌّ بنفسهِ

Elegant; handsome. اَغَرُّ

Generous; liberal. — . كريم الأفعال

To pierce through. ☼ غَرَزَ . اَغْرَزَ الابرة في

To prick. — . نخس

Stitch. غُرْزَةُ الخياطة . درزة

Instinct; natural impulse. غَرِيزَة

Instinctive: natural. غَرِيزي

To plant trees. ☼ غَرَسَ الشجرَ

Planting. غَرْسٌ . زرع

Plant. غِرْسٌ . غِراسٌ

Planted. غَرْسٌ . مَغْرُوس

Piastre. ○ غِرْشٌ ◘ قِرش

Target; mark. ☼ غَرَضٌ . هدَفٌ

Object; aim. — . غاية

Disinterested. ◘ خالي — .

To bubble; gurgle. ☼ غَرْغَرَ . بَقْبَقَ

To gargle. — . تَغَرْغَرَ

Gargling. غَرْغَرة الماء في الحلق

Gurgle. — . بَقْبَقَةٌ

A gargle. — . غَرُور

To ladle. ☼ غَرَفَ . اِغْتَرَفَ

Sandal. غِرْفَة ◘ صندل

Upper chamber. غُرْفَة . عِلّيّة

Room; chamber. — . حجرة

Ladle; scoop. مِغْرَفَة

٭ غَرِقَ . غارَ . غاصَ To sink.

— الحيّ To be drowned.

غَرَّقَ . اَغْرَقَ To sink.

— . — الحيّ To drown.

— . — . غمر To flood.

أغرقَ ٢ . بالغ To exaggerate.

إسْتَغْرَقَ To absorb; engage wholly.

— . ملأ To fill; take up.

غَريق . غارِق Drowned.

٭ غَرِمَ . خسر To lose; suffer loss.

— . ادَّى الغرامةَ To pay a fine; be fined.

غَرَّمَ . اَغْرَمَ To fine; impose a fine on.

أُغْرِمَ به To be very fond of; be in love with.

تَغَرَّمَ To be fined.

غَرامٌ . حبّ Love; fondness; strong liking.

— . شِدَّة الحُبّ Ardent love.

رِسالة غراميَّة Love-letter.

غَرامَة Fine.

غَرِيْمٌ . دائن Creditor.

— . مديون Debtor.

— . خصم Adversary; enemy

مُغْرَمٌ بهِ In love with; fond of

٭ غرَّة (في غرر) Coot.

٭ غرو ٭ . غَرَا . غَرَّى To glue.

اَغْرَى To instigate; incite.

— العداوة To stir up enmity.

غِراءٌ . غرا Glue.

غروي Glutinous; gluey.

لاغَرْوَ . لاغَرْوى No wonder.

٭ غَرَّابَة . مِغْراة Glue-pot

إغْراء Instigation.

مُغْرٍ Instigator.

٭ غزّ (في غرز) ٭ غزا (في غزو)

٭ غَزال (في غزل) Gazelle

٭ غَزُرَ To be abundant.

غَزْرٌ . غَزارة Abundance.

غَزِيرٌ Abundant; heavy.

٭ غزز ٭ . اَغَزَّ الشجرُ To be prickly.

٭ غَزَّ . خَزَّ . شك To prick.

٭ غَزَلَ القطنَ والصوفَ To spin.

تغَزَّلَ بالشيء To talk highly of; sing the praises of.

— بالمرأة . غازَلها To court; make love to.

غازَلَ ٢ . داعب To flirt with.

غَزْلٌ Yarn.

To cheat ; deceive. ٭ غَشَّ
Adulterate. — الشيءَ . زَيَّفَه
To play one false. ـــهُ . مكَرَ به
To be deceived. اِنْغَشَّ
Deceit. غِشٌّ . خداع
Fraud ; treachery. — . خيانة
Deceiver. غَشَّاشٌ . مُخادِع
Deceptive. — . خَدَّاع
Deceived. مَغْشُوشٌ . منخدع
Adulterated. — ◘ مزغول
To wrong. ٭ غَشَمَ . ظلم
To regard as inexperienced. ◘ اِسْتَغْشَمَ
Unjust. غَشُومٌ . غَاشِمٌ
Raw ; inexperienced. ◘ غَشِيمٌ . عديم الخبرة
Unskilful. ◘ — . غير ماهر
Unwrought; raw. ◘ — . خام
Envelope ; covering. ٭ غُشْوَةٌ . غَشَاوَة
To cover. غشا . غطى
To overwhelm. ٭ غَشِيَ

Flirtation. غَزَلٌ
Amatory; erotic. غَزَلي . غرامي
Gazelle. غَزَالٌ
She-gazelle. غَزَالة
The sun. الـ . الشمس
Spinner. غَزَّالٌ . الذي يغزل
Spider. — . عنكبوت
Spindle. مِغْزَلٌ . آداة الغزل
Spun. مَغْزُول . مفتول
Invading. ٭ غَزْوٌ . اِغارة
Invasion ; raid. غَزْوَةٌ
To raid ; invade. غَزَا
Invader. غَازٍ . مُغير
Meaning ; signification. مَغْزَى الكلام
Dusk ; twilight. ٭ غَسَقٌ
To wash. ٭ غَسَلَ . نظَّفَ بالماء
To wash oneself. اغتسل
Washing. غَسْلٌ ◘ غَسِيلٌ
Wash-house مكان الـ
Washed. غَسِيل ٢ . مغسول
Washing. ◘ — . الثياب المغسولة
Wash. غُسْلٌ . غَسُولٌ
Lotion. غَسول ٢ القروح
Washerman. غَسَّالٌ
Washerwoman. غَسَّالة
Wash-house. مَغْسَلٌ

To come to a place. — المكانَ

To be dark. — . اَغْشَى. اظلم

To blindfold. اَغشى ٢ على بصرهِ

To faint; swoon. غشِيَ عليه

To overwhelm; spread over. غشّى. غطّى

To overlay; coat. — . طلَى

Covering. غِشاءٌ . غلافٌ

Membrane. — (في التشريح)

Swoon; fainting-fit. غَشْيَة.غَشَيان

To be choked. ٭ غصّ (في غصص)

To force; compel. ٭ غَصَبَ

To take by violence. — . اِغتَصَبَ

To violate. — . — المرأةَ

To usurp. — . — حقًّا

Force; compulsion. غَصْبٌ

By force; forcibly. غَصْباً

In spite of. — عن

Taking by violence. اِغتصاب

Violation. — النساءِ

Usurpation. — الحقوقِ

Forced; compelled. مَغْصوب

Choking. ٭ غَصَصٌ

To be choked. غصّ بالطعامِ

To be overcrowded; congested. — . اِغتصّ المكانُ

To choke. اَغَصّ. جعله يغص

Distress; grief. غُصّةٌ

Full of; crowded with. غاصٌّ بكذا

To send forth new shoots. ٭ غصّنَ. اَغصنَ

Branch; bow. غُصْنُ الشجرةِ

Shoot; twig. غُصْنَة . غُصَيْنٌ

٭ غضّ (في غضض)

To be angry. ٭ غضِبَ. تغضّبَ

To make angry; offend. اَغْضَبَ . غاضَبَ

Anger; rage. غَضَبٌ

Angry; enraged. غَضِبٌ. غَضْبانٌ

Peevish; touchy. غَضُوبٌ

Provocation. اِغضابٌ

Hated. مَغْضُوبٌ عليهِ

To renounce. ٭ غَضَرَ عنه . عدل

To be angry with. ¤ — عليه . غضب

Luxuriant. غَضِرٌ. غَضِيرٌ

Cartilage; gristle. ٭ غُضْرُوف

To lower one's eyes. ﴿غضض﴾ . غَضّ طرفه

To wink at; overlook. — الطرفَ عن

Overlooking. غَضّ الطرفِ
Regardless of. بغضّ النظرِ عن
Tender; fresh غَضّ ٢. طري
Blemish; stain. غضاضة. منقصة
Tenderness. —. غضوضة
To wrinkle. ✿ غَضَّنَ
Wrinkle. غَضْن. غَضَن
In the meantime; during the interval. في غضون ذلك
To overlook. ✿ غضي ✿ أغضى عن الأمر
To wink at; take no notice of. تغاضى عن
Overlooking; pardoning. إغضاء
✿ غطّ (في غطط) ✿ غطاء (في غطى)
To be overbearing. ✿ غَطْرَسَ. تَغَطْرَسَ
Arrogance. غَطْرَسَة
Arrogant; insolent. غِطْريس
To dive, or plunge, into. ✿ غَطَسَ في
To sink; dip. ◘ —. غاص
To dip into; immerse. —. غطَّسَ
Diving; plunging. غَطْس. انغماس
Immersion; plunging. —. تَغطيس
Epiphany. غِطاس. عيد الـ

Diver. غطّاس. غوّاص
Plunge bath. مِغْطَس
Magnet. ◘ مَغْنَطِيس (في مغنط)
Magnetism. —. جَذْب
Lodestone. حَجَرُ الـ.
Magnetic. مغنطيسي
Hypnotism. تنويم —.
To snore. ✿ غطط ✿. غَطّ النائم
To plunge, or dip, into. — في الماء
To be immersed; dipped. انغطّ
Snoring. غَطِيط النائم
To cover. ✿ غَطّى. ستر
To be covered. تغطّى. اغتطى
Cover; —ing. غِطاء
Lid; cover. — الآنية والأوعية
✿ غفّ (في غفف) ✿ (غفا في غفو)
To pardon; forgive. ✿ غَفَرَ. اغتفر
Pardonable. يُغفر. يُغتفر
Unpardonable. لا —. لا —.
To cover. غَفَرَ. غطّى
To ask for pardon. استَغْفَرَ
Pardon: forgiveness. غُفْران. مغفرة

Watchman; guard. ٥ غفير٢. خفير

A great crowd. — . جَمٌّ

Fogiving. غَفَّارٌ . غَفُور

To forget; neglect. ٭ غَفَلَ عن

To fall asleep. ٥ —ت عينه . غفا

To take advantage of one's inadvertence. غَافَلَ . اِسْتَغْفَلَ

To surprise. — . فَاجأ

To omit; leave out. أَغْفَلَ

To feign inadvertence. تَغافَلَ

To forget; neglect. — عن

Unmarked. غُفْلٌ . لاعلامة فيه

Undated. — من التاريخ

Unsigned. — من التوقيع

Inadvertence; inattention. غَفَلٌ . غَفْلَةٌ

Inadvertently; inattentively. على غفلةٍ . سَهواً

Suddenly; unexpectedly. على حين غفلةٍ

Sudden death. موتُ الغفلةِ

Inadvertent. غَفْلَانُ . غافِلٌ

Stupid; foolish; silly. مُغَفَّلٌ . لا فطنة له

Dupe. — . سهل الانخداع

A doze; nap; slumber. ٭ غَفْوَةٌ . نومة خفيفة

غفا . غَفِيَ . أَغْفى . نام نومة خفيفة
To doze; take a nap.

٭ غلّ (في غال) ٭ غلا . غلاء (في غلو)

Boy. ٭ غلام (في غلم)

To conquer. ٭ غَلَبَ . قهر

To beat; defeat. — . ظفر عليه

To overcome; surmount. — . تَغَلَّبَ على

To contend. غَالَبَ . نازعَ

To struggle. — . صارعَ

Conquering. غَلْبٌ . قهر

Conquest; victory. غَلَبَة . ظفر

Chattering; tattle. ٥ — . ثرثرة

Chatterbox; talkative. ٥ غَلَبَاوي . ثرثار

Conqueror; victor. غَالِبٌ

Generally; in most cases. غَالباً . في الغالب

Most of. أَغْلَبَ . معظم

Majority. أغلبية . اكثرية

Conquered; beaten; overcome. مَغْلوبٌ

To make a mistake. ٭ غَلِطَ

To accuse of being wrong. غَلَّطَ ٥ اِسْتَغْلَطَ

To cause to make a mistake. ٥ — . غَالَطَ

Wrong; incorrect. غَلَطٌ

Mistake; error. غَلْطَةٌ

To close; shut. ٭ غَلَقَ . اَغْلَقَ الباب
To be ambiguous to. أُغْلِقَ عليه الأمرُ
To be shut. إِنْغَلَقَ البابُ

Padlock غَلَقٌ . مِغْلاقٌ
Basket. ٥ — . قفّة
Closing; shutting. إِغْلاقٌ
Insolvence. — . افلاس
Foreclosure. — الرهن
Closed; shut. مُغْلَق . ضدّ مفتوح
To handcuff. ٭ غَلَّ . غَلَّ يدبه
To be burning with thirst. غُلَّ . إشتدّ عطشه
To produce, or yield, a crop. اَغَلَّتِ الأرضُ
To penetrate; enter into. تَغَلَّلَ . اِنْغَلَّ في
To take the proceeds of اِسْتَغَلَّ
To invest money. — المال
Handcuffs; manacles. غُلٌّ . قيدٌ لليدين

Wrong; mistaken. غَالِطٌ ٥ غَلْطَان
Wrong; incorrect; erroneous. مَغْلوطٌ فيه
Act of causing error. مُغَالَطَة
Sophism. — منطقيّة
To thicken ٭ غَلُظَ
To thicken; make thick. غَلَّظَ
To speak roughly, or harshly, to. اَغْلَظَ له
To consider thick. استغلظ . وجده غليظا
Thickness. غِلَظٌ . غِلاظَة
Coarseness; roughness. — . — . خشونة
Rudeness; incivility. — . — . فظاظة
Thick. غَلِيظٌ . ضد رقيق
Coarse; rough. — . خشن
To penetrate; enter into. ٭ غَلْغَلَ . تَغَلْغَلَ
To envelop; cover. ٭ غَلَّفَ . غطّى
To put into an envelope. — . جعله في غلاف
Envelope; cover. غِلافٌ
Uncircumcised. اَغْلَفُ
Enveloped; encased. مُغَلَّفٌ . في غلافٍ
Envelope. ٥ — . غلاف

Dear. غَالٍ
Dearer than. اَغْلَى من
To boil. ٭ غَلَى
Boiling; ebullition. غَلْيٌ . غَلَيَانٌ
Kettle, boiler غَلاَّيَة
Glycerine. ٥ غليسرين

Pipe; tobacco pipe. ٥ غَلْيُونُ التدخينِ
Galleon. ٥— . سفينة
٭ غَمّ (في غمم) ٭ غَماء (في غمي)
A cloud. ٭ غَمامة (في غمم)
To sheathe. ٭ غَمَدَ . اَغْمَدَ
To plunge. — . — . ادخل
To cover; shelter. غَمَّدَ . تَغَمَّدَ
Sheath; scabbard. غِمْدٌ
To flood; overflow. ٭ غَمَرَ الماء
To submerge. — بالماءِ
To overwhelm with kindness. —ـهُ بفضلهِ
To risk; endanger. غَامَرَ
Submersion. غَمْرٌ
Inundation —. ماء كثير
Agony; throe. غَمْرَة . شدَّة
Death-agony. غمرات الموت

Burning thirst or desire — . غَلِيلٌ
Rancour; ill-will. غِلٌّ . غَليلٌ . حقد
Proceeds; revenue. غَلَّة . دَخل
Produce; yield. — . نتاج
Crops — . محصول
Cereals; corn. ٥—٥ غِلال
Productive; fruitful. مُغِلٌّ . مثمر
Burning with thirst. مَغْلولٌ
Handcuffed. — . مُغَلَّلٌ
To be lusty ٭ غَلِمَ . اغْتَلَمَ
Lust; carnal appetite. غُلْمَة
Boy; lad; youth. غُلاَمٌ . فتى
Exaggeration. ٭ غُلُوٌّ . مُغَالاةٌ . مبالغة
Excess. — . — . مجاوزة الحد
Furlong; bowshot. غَلْوَة
To be dear. غَلاَ السعرُ
To go up; increase. — . زاد وارتفع
To be excessive. — . جاوزَ الحدّ
To raise the price. ٥ غَلَّى . اَغْلَى السعرَ
To exaggerate; go too far. غَالَى
To find a thing dear, or expensive. إِسْتَغْلَى الشيءَ
Dearness; high price. غَلاءٌ

Abundant ; overflowing. غَامِرٌ
To feel. ٭ غَمَزَ . جَسَّ
To wink ; give a hint by winking. —بالعين
To make signs تَغَامَزُوا
Winking. غَمْزٌ بالعين
Dimple. ٥ غَمَّازَةُ الخدِّ
To plunge ; dip; immerse ٭ غَمَسَ
To be immersed. اِنْغَمَسَ . اِغْتَمَسَ
To be obscure ٭ غَمُضَ
To shut or close one's eyes. غَمَّضَ . أَغْمَضَ عينه
To be closed; (one's eyes) اِنْغَمَضَ طَرْفُهُ
Obscurity. غُمُوضٌ . إبهام
Obscure. غَامِضٌ . مبهم
Shut ; closed —. مُغَمَّضٌ
To mumble ; speak indistinctly. ٭ غَمْغَمَ
To be damp. ٭ غَمِقَ . كان رطباً
To deepen. ٥ غَمَّقَ . عمَّق
Depth. ٥ غُمْقٌ . عمق
Deep. ٥ غَمِيقٌ . عميق
Dark. ٥ غامِق . قاتِم
To blindfold. ٥ غَمَّمَ عينيه
To cover. ٭ غَمَّ . غطّى
To grieve. —. أَغَمَّ

To grieve ; feel sorry. اِغْتَمَّ . اِنْغَمَّ
Grief ; sorrow. غَمٌّ . غُمَّةٌ
Sad ; sorrowful ; grievous. غَامٌّ . مُغِمٌّ
Clouds. غَمَامٌ . سحاب
Hail. حَبُّ السَّماء . بَرَد
A cloud. غَمَامَةٌ . سحابة
Blinkers. غُمَامَةٌ
Sad; grieved; sorry. مَغْمُومٌ . مُغْتَمٌّ
To swoon ; faint. ٭ غُمِيَ . أُغْمِيَ عليه
To blindfold. ٥ غَمَّى عينيه
Swoon ; —ing ; fainting-fit. غَمْيٌ . إغْماءٌ
In a faint. ٥ غَمْيان . مَغْمِيٌّ عليه
Blind-man's buff. ٥ لعبة الأستغمّاية
To coquet ; philander. ٭ غَنِجَ . تَغَنَّجَ
Coquetry. غُنْجٌ . دَلال
Coquette. غَنِجَةٌ ٥ غَنُوجَةٌ
Gangrene ٥ غَنْغَرِينا
To take as spoil. ٭ غَنِمَ
To grant. غَنَّمَ . منح
To seize the opportunity. اِغْتَنَمَ الفرصة
Booty; spoil. غُنْمٌ . غَنِيمَةٌ
Sheep. غَنَمٌ . شاةٌ

Shepherd. غَنَّامٌ

To be rich. ✲ غَنِيَ

To sing; chant. غَنَّى . تَغَنَّى

To make rich. أَغْنَى . جعله غنيًّا

To suffice; satisfy. — . كَفَى

To become rich. إِسْتَغْنَى . إِغْتَنَى

To be in no need of. — عنه . لم يحتج اليه

Riches; wealth. غِنًى . غَنَاء

Satisfaction. — . غُنْيَة

I can not do without *it*. ما لي عنه غنى

Indispensable. لاغنى عنه

Rich; wealthy. غَنِيٌّ

Self-evident. — عن البيان

Singing; chanting. غِنَاءٌ . ترنيم

A beauty; a beautiful woman. غَانِيَةٌ

Song. أُغْنِيَّةٌ . ترنيمة

Singer. مُغَنٍّ . منشد

Aid; succour. ✲ غَوْثٌ . إِغَاثَة

Appeal for aid. — . إِسْتِغَاثَة

To aid; succour. غَاثَ

To seek the aid of; ask help from. إِسْتَغَاثَ الرجلَ وبه

To sink deeply into. ✲ غَوَّرَ . غَارَ في

To invade; attack. أَغَارَ على

Cave; cavern غَارٌ . كهف

Laurel. — . إِسمُ شجرٍ

Incursion. غَارَة . هجوم

To assault; raid. شنَّ الـ على

Bottom. غَوْرٌ . قرار

Depth. — . عمق

Sinking; depressed. غَائِرٌ

Cave; cavern. مَغَارٌ . مَغَارَة

Gas. ○ غَازٌ

Petroleum. — ○ جاز ○ بترول

Gaseous. غازي . كالغاز او منه

To dive; plunge. ✲ غَوَّصَ

To dive, or plunge, into. غَاصَ في

To dive for. — على كذا

Diving. غَوْصٌ . غطس

Diver. غَوَّاصٌ . غطّاس

A submarine. غَوَّاصَة

Profound; deep. ○ غَوِيص . عويص

Diving-place. مَغَاصٌ

Pearl-fishery — اللؤلؤ

To deepen. ✲ غَوَّطَ . عمّق

To ease nature. تَغَوَّطَ

Excrement; fæces. غَائِطٌ

Mob ; rabble	* غَوْغَاءُ
Noise.	٥ — . ضوضاء
Ghoul ; demon; goblin.	* غُولٌ
Disaster.	— . غَائِلَة
Guile ; deceit.	غِيلة . إغتِيال
Assassination.	اغتيال ٢ . قتل
To take unawares.	غالَ . اِغتَالَ
To assassinate.	— . — . قتل
To err ; go astray.	* غَوَى . غَوِيَ
To take a fancy to.	٥ — . هَوِيَ
To seduce ; entice; allure.	— . اَغْوَى
Seduction.	غَيٌّ . اِغواء
Error ; sin.	— . غواية
Hobby.	٥ غِيَّة . غَوِيَّة
Seducer; enticer.	غاوٍ
Fancier.	٥ غاوي الخيل وغيره
Amateur.	٥ — التصوير وغيره
Pitfall ; snare.	اغوِيَّة . مَغْوَاة
To send away.	* غَيَّبَ
To set; disappear.	غَابَ . افل
To be absent.	— . تَغَيَّبَ
To be hidden.	— . استَتَرَ
To be forgotten.	— عن البالِ
To lose one's reason.	— عن الصواب
To backbite	اِغْتَابَ
Hidden ; unseen.	غَيْبٌ . مستتر
Absence.	— . غَيْبَة . غِياب
Divination.	عِلْمُ الغيب
The invisible world.	عالَمُ الغيب
By heart.	غَيْباً . عن ظهر القلب
In absence and presence.	— ومشهداً
Sunset.	غياب ٢ ومغيب ٢ الشمس
Forests.	غَابٌ . غابات
Reeds.	— . قصَب ٥ بوص
Bamboo.	— هندي
Ourang-outang.	انسان الـ.
Forest ; wood.	غَابَة
A reed stick.	— . قصبة
Absent.	غَائِبٌ . ضدّ حاضر
Hidden; invisible.	— . مستتر
The third person.	الـ . (في النحو)
Rain	* غَيْثٌ . مطر
Tenderness ; softness.	* غَيْدٌ . نعومة
Youthful woman.	غَادَة
To change ; alter.	* غَيَّرَ

To dress a wound. ○— على الجرح
To make jealous. ○—٠ أغارَ
To be jealous of. غَارَ منه
To be jealous for. — عليه
To differ from. غايَرَ . خالف
To be changed. تَغَيَّرَ
Except; but غَيْر . سوى
Not. —. ليس
Other; different. —. خلاف
Another. — هذا وذلك
Et cetera. و— ذلك
Only; no more; nothing else. لا—. فقط
Without. من —. بلا
Jealousy. غِيْرَة . الاسم من غار
Zeal; enthusiasm. —. حماس
Jealous. غَيُورٌ . غَيْرَان
Zealous; enthusiast. —. حَمِس
Changeable; variable. مُتَغَيِّرٌ
Unchangeable. لا يتغيَّر
Thicket; jungle ✿ غَيْضَة
Field. ✿ غَيْطٌ . حقل
To anger; make angry. ✿ غَيَّظَ . غاظَ . أغاظَ
تَغَيَّظَ . اِغْتَاظَ . اِنْغَاظَ To become angry.

Anger; rage. غَيْظٌ . اغتياظٌ
Angry; enraged. مَغِيظٌ . مُغْتَاظ
Guile; deceit. ✿ غِيْلَة
Padlock. غَالٌ . قفل
To assassinate. اِغْتَالَ
To become cloudy. ✿ غَيَّمَت . أغْيَمَت السماءُ
Clouds. غَيْمٌ . سحاب
A cloud. غَيْمَة . سحابة
✿ غيّة (في غوي) ✿ غيور (في غير)
To hoist a flag. ✿ غَيَّى الراية
Extent. غَايَة . مدى
Object; end. —. قصد
Extremity. —. منتهى
As far as; up to; to the extent of. لـ— كذا
Until; till. لـ— ما . الى ان
Extremely. للغاية . جدًّا

﴿ ف ﴾

Then. ✿ فَ . ثم
Day by day. يوماً فيوماً
Year after year. سنةً فسنةً
He struck and killed him. ضربهُ فقتله

Usurer. فابظجي . مُرَابٍ
February. ٥ فِبْرَايِر . شهر شباطَ
To break into crumbs. ٭ فَتَّ . فَتَّتَ . كَسَّرَ
Heart-breaking. مُفَتِّتِ القلب
To crumble; fall into small pieces. تَفَتَّتَ . اِنْفَتَّ
Crumbs; fragments. فُتَاتٌ
To cease from. ٭ فَتِئَ . عن
Still; yet. ما — . مافَتِئَ
Young woman. فتاة (في فتى)
To open. ٭ فَتَحَ
To tell one's fortune. — البختَ
To dig a canal. — القناةَ
To reveal to. — عليهِ
To open; commence. — . اِنْفَتَحَ
To conquer a country. — . — البلادَ
To open. فَتَّحَ الزهرُ
To speak first; begin a conversation. فَاتَحَ
To be opened. تَفَتَّحَ . اِنْفَتَحَ
To begin اِسْتَفْتَحَ
Opening. فَتْحٌ . ضد اغلاق
Victory. — . نصر
Conquest. — البلاد
Fortune-telling. — البخت

To affect the heart ٭ فَأَدَ
Heart فُؤَادٌ . قلب
Mouse, (*pl.* mice) ٭ فَأْرٌ
A mouse. فَأْرَة . واحد الفئران

Plane. ٥ — النجَّار

Axe or hatchet. ٭ فَأْسٌ . فاس

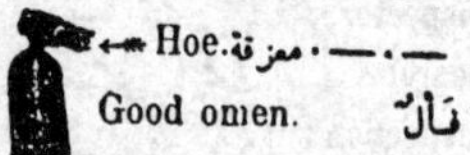

— . — . معزقة. Hoe.
Good omen. ٭ فَأْلٌ
To draw a good omen تَفَاءَلَ
Optimism. تَفَاؤُل . ضدّ تشاؤم
Group; class. ٭ فِئَةٌ . طائفة
Rate; price. ٥ فِيَّة . سعر
٭ فائدة (في فيد) ٭ فات (في فوت)
٥ فانورة (في فنر) ٭ فاح (في فوح)
٭ فاد (في فيد) ٭ فارَ (في فور)
٭ فارٌ (في فأر) ٭ فازَ (في فوز)
Vaseline. ٥ ڤازلين
٭ فاس (في فأس) ٭ فاضَ (في فيض)
٭ فاض (في فضو) ٭ فاق
٭ فاقة (في فوق) ٭ فاكهة (في فكه)
Lantern. ٭ فانوس (في فنس)
Flannel. ٥ فَانِلَّة ٥ فانِلاً . صوف
٭ فاه (في فوه) ٥ فاوريقه (في فرق)
Usury. (في ربو) . رباه . ٥ فَايِظٌ

Opening ; breach. فُتْحَة
Opener. فَاتِحٌ . الذي يفتح
Conqueror. — البلدان
Light; bright. — . ضدّ قاتِم (لون)
Introduction ; preface. فاتحة
Opening. إفْتِتَاحٌ
Inauguration. — رسمي ٍ. احتفال
Introductory. إفتتاحي
Key. مِفْتَاحٌ
Spanner ; wrench. — انكليزي
Switch. — . حوّلة
Keyhole. ثقب الـــ .
Switchman. ¤ مِفْتَاحجي
Open : opened. مَفْتُوحٌ
To subside ; abate. ☆ فَتَرَ . تَفَتَّرَ
To become tepid; cool down. — . — الماء
To make tepid. فَتَّرَ الماءَ
To allay; mitigate. — . هَدَّأَ
Small span. فِتْرٌ
Intermission. فَتْرَة . هدنة
Languor. — . ضعف
Tepidity ; lukewarmness. فُتُورٌ
Languor. — الجسمِ

Lukewarm ; tepid. فَاتِرٌ
Languid. — الهمة
Invoice ; bill. ¤ فاتورة
To search. ☆ فَتَّشَ المكانَ
To examine. — . فحصَ
To look, or search, for. — عن
Examiner. فَتَّاشٌ . فاحص
Inspector. — . مُفَتِّش
Search. تفتيش . بحث
Inspection ; examination. — . فحص
Inspector. مُفَتِّشٌ
Inspector General. — عام
Chief-inspector. — أوّل
To let drop a secret. ☆ فَتْفَتَ بِسِرٍّ
To crumble. ¤ — . فتت
To rip. ☆ فَتَقَ . فَتَّقَ
To rip up; disclose. — . كشفَ
To be ripped, or rent. تَفَتَّقَ . اِنفتقَ
Rip ; tear ; rent. فَتْقٌ . شق
Hernia; rupture. — ¤ فِتَاقٌ
Truss. حزام — .
Ripped; rent. مَفْتُوقٌ
Ruptured. — الصفاق ¤ مفيتق
To assault. ☆ فَتَكَ بِهِ . بطش

To kill; murder. — به . قتله
Assassination. فَتْكٌ
Murderous. فَاتِكٌ . قاتل
☆ To twist. فَتَلَ . فَتَّلَ . بَرَمَ
To plait; twine. — . جدل
To be twisted. تَفَتَّلَ . اِنْفَتَلَ
A twist. فَتْلَةٌ . المرة من فتل
Thread. ◘ — . خيطٌ
Twister. فَتَّالٌ . الذي يفتل
Wick. فَتِيلٌ . فتيلة
Twisted. — . مَفتول
☆ To infatuate; charm. فَتَنَ . أَفْتَنَ
To allure; seduce. — . اغوى
To tell tales. ◘ — عليه . ابلغ
To run mad after. فُتِنَ . افْتُتِنَ به
To mislead. اِفْتَتَنَ
Fascination. فِتْنَةٌ . اعجاب
Sedition. — . شغب
Tale-bearing. ◘ — . تبليغ
Fascinating; charming. فَتَّانٌ . فَاتِنٌ
Tale-bearer. ◘ — . مبلّغ
☆ Magnanimity. فُتُوَّةٌ
Bully. ◘ — . عربيد
Youth; adolescence. — . فَتاءٌ

Legal decision, or opinion. فَتْوَى
To give a legal opinion, or decision. أَفْتَى
To ask the solution of a judicial question. اِسْتَفْتَى
To be youthful or adolescent. فَتِيَ . كان فتى
Youth; young man. فَتًى
Young woman. فَتَاةٌ
☆ Unripe; green. فجّ (في فجج)
☆ To surprise; come upon suddenly. فَجَأَ . فَاجَأَ
Suddenly; on a sudden فَجْأَةً
Sudden; unexpected فُجَائِي
☆ Straddling. فَجَجٌ . فرشحة
Mountain pass. فَجٌّ
Unripe; green. فِجٌّ . غير ناضج
☆ To give exit to. فَجَرَ
To live in open sin. — . أَفْجَرَ
To burst forth. تَفَجَّرَ . انْفَجَرَ
Dawn; daybreak. فَجْرٌ
Debauchery; dissipation. فُجُورٌ
Debauchee. فاجِرٌ
Shameless. ◘ — . وقح
☆ To distress; pain; grieve. فَجَعَ

To suffer loss.	فُجِعَ في او بماله
To gormandise; eat greedily.	◘ تَفَجْعَنَ
Gluttony.	◘ فَجْعَنة . نهم
Glutton; gourmand	◘ فَجْعان
Painful; grievous.	فاجِع
Disaster; calamity.	فاجِعَة
Radish.	٭ فُجْلٌ . اسم نبات
To hiss.	٭ فَحَّ الثعبانُ . نفخ
Hissing.	فَحِيحُ الأفعى
To be excessive or exorbitant.	٭ فَحُشَ الأمرُ
To be foul.	— القولُ
To use obscene, or dirty, language.	أَفْحَشَ
Enormity; abomination.	فُحْشٌ
Scurrility.	— القول
Adultery.	فَاحِشَة . فسق
Enormity.	— . امر قبيح
Prostitute.	◘ — . عاهرة
Excessive.	فَاحِشٌ . متجاوز الحد
To examine.	٭ فَحَصَ
To investigate; inquire into.	— . تَفَحَّصَ
Examination.	فَحْصٌ . امتحان
Investigation.	— . بحث
Search	— . تفتيش
Bull.	٭ فَحْلٌ . ذكر الحيوان
To become serious or momentous.	إِسْتَفْحَلَ
To be unable to answer.	٭ فَحَمَ
To be choked by weeping.	فُحِمَ . أُفْحِمَ بالبكاء
To blacken.	فَحَّمَ . سَوَّدَ
To char; reduce to coal.	◘ — . صيَّره فحماً
To silence "by argument."	أَفْحَمَ
Charcoal.	فَحْمٌ نباتي
Coal.	— حجري
Coal merchant.	فَحَّامٌ
Silencing.	مُفْحِمٌ . مسكت
Meaning; sense.	٭ فَحْوَاهُ . فَحْوَى
Trap; snare.	٭ فَخٌّ . مصيدة
To entrap; ensnare.	صَادَ بفخٍّ
To make a hole in; perforate.	٭ فَخَتَ
Thigh.	٭ فَخْذٌ . فَخِذٌ
Thigh-bone.	عظم الـ.
Leg.	◘ فخذةُ لحمٍ
To be proud of; boast in.	٭ فَخَرَ . افتخر
To pride oneself in.	افتخر ٢ بكذا

To pride oneself in. فاخَرَ
Glory; honour. فَخْرٌ . فُخْرَة
Laurels. اكليل الـ .
Honorary. فَخْرِيّ
Earthenware; crockery. فَخَّارٌ
Pottery. اوانٍ فخَّارية
Potter. فَخَّارِيّ ◘ فَخَرَانِيّ
Excellent. فَاخِرٌ . مُفْتَخَرٌ
Pottery. فاخورة
A thing to boast of. مَفْخَرَة
Ostentation. ✻ فَخْفَخَة
To show great honour to. ✻ فَخَّمَ
To be great. فَخُمَ
Magnificent. فَخْمٌ
Magnificence. فَخَامَة
Highly honoured. مُفَخَّمٌ . معظَّم
Egyptian acre. ✻ فدَّانٌ
To oppress; burden. ✻ فَدَحَ
To fracture. ✻ فَدَخَ . كسَّرَ
To fatten. ✻ فَدَّنَ . سمَّنَ
Yoke "of oxen." فَدَّانُ بقرٍ
Feddán. — ارضٍ
←Plumb-line. فادنٌ
To redeem; ransom. ✻ فَدَى . اِفْتَدَى

Redemption. فِدًى . فِداءٌ
Ransom. فِدْيَة . فِداء٢
Redeemer. فادي . منقذ
Single; unique. ✻ فَذٌّ
Summary; résumé. ✻ فَذْلَكَة
✻ فرٌّ (في فرر) ✻ فرَّاء (في فرو)
Strawberry. ◘ فَرَاوْلَة
To open; separate. ✻ فَرَجَ . فَرَّجَ . فتح
To make an opening between. — . — بين الشيئين
To dispel care. — . — الهمَّ
To relieve. — . — عنه
To show. فَرَّجَ٢ . اري
To release; set free. اَفْرَجَ عن
To be dispelled. تَفَرَّجَ . اِنْفَرَجَ الغمُّ
To see. — على . شاهد
To diverge; widen. انفرج٢ . اتسع
Relief; ease. فَرَجٌ . ضدّ ضيق
Opening. فُرْجَة . فتحه
Show. — . مشهد
Pullet; chicken. فَرُّوجٌ . فرخ الدجاجة
Spectator; looker-on. متفرِّج
Diverging; widening. مُنْفَرِجٌ

To do "a thing" alone. تَفَرَّدَ . اِنْفَرَدَ بالأمر
To be unique. —— . —— . كان فرداً
One ; single. فَرْدٌ . واحد
Individual. —— . شخص
Pistol. ○—— . سلاح ناري
One of a pair ; mate. —— . فَرْدَة
Unique. —— . فَرِيد
Singular. —— . مفرد (في النحو)
One by one. فَرداً فَرداً
Odd number. عددفَرْدٍ او فردي
Monad ; ultimate atom. الجوهرُ الفردِ
One by one. فُرَادًا . فُرَادَى
Unique. فَرِيدٌ
Precious gem. فَرِيدَة
Quire of paper. ○—— ورق
Solitude ; loneliness. اِنْفِرَادٌ
Single. مُفْرَدٌ . واحد
Singular. —— . ضدّ جمع
Singly ; by oneself. بمفرده
Isolated. مُنْفَرِدٌ
Alone ; by oneself. —— . وحده.
Paradise. ☆ فِرْدَوْسٌ . جنّة
To escape ; flee. ❁فرر❁ . فَرَّ

Obtuse angle زاوية منفرجة
← Compasses. ○ فِرْجَار
To be glad ; rejoice. ☆ فَرِحَ . ضدّ حزن
To make glad ; gladden. فَرَّحَ . أفْرَحَ
Glad ; delighted ; happy. فَرِحٌ . فَرْحانٌ
Joy ; gladness ; happiness. فَرَحٌ
Wedding ; marriage ceremony. ○—— . عُرس
To sprout ; push out new shoots. ☆ فَرَّخَ . أفْرَخَ النباتُ
To hatch. —— . —— البيضُ
Chick. فَرْخُ الطائرِ
Sprout. —— النبات
Sheet of paper. ○ —— ورق
○ فَرْخَة . دجاجة ← Hen.
Turkey hen. ○—— رومي
Fowls. ○ فِرَاخ . دجاج (او لحمه)
Poultry. ○—— . الطيور الداجنة
To be single. ☆ فَرُدَ
To withdraw from. فَرَدَ عن
To spread out. ○—— . ضدّ طوى
To set apart. أفْرَدَ . عزل

He fled away. — هارباً
To put to flight. أفرَّ ٥ فرَّرَ
To smile. افترَّ . ابتسم
Flight; escape. فِرارٌ . هروب
Quicksilver. فرّارٌ . زئبق
Runaway; fugitive. — . فارٌّ . هارب
Escape; flight. مَفَرٌّ . مهرب
Inevitable; unavoidable. لا — منه
To separate; set apart. ٭ فرَزَ . أفرَزَ
To secrete. —— العرق
To sort; select. — . نقد
Separation. فَرْزٌ
Sorting; selecting. — . نقد
Turquoise. فيروزٌ
Secretion. إفرازُ الجسدِ
Cornice, or frieze. إفريزُ الحائط
To seize and devour. ٭ فرَسَ . إفترَسَ
To kill. — . قتل
To gaze intently on. تفرّسَ فيه
Horse. فَرَسٌ (ذكر وانثى)
Mare ٥ — . حِجْرٌ
Hippopotamus. — البحرِ
Race-horse. — رهان

Mantis. ٥ — النبي
Persians. فُرْسٌ . عجمٌ
Persia. بلاد الـــ .
Persian. فارسي
Horseman. فارِسٌ ٢ . خيّال
Horsemanship. فَرَاسة . فُرُوسة
Insight; observation. فِراسة
Physiognomy. علم الـــ .
Prey; victim. فريسة
Pharisee. فرّيسي
Ravenous. مُفترِسٌ . كاسِرٌ
Beast of prey. حيوان —
League; parasang. ٥ فَرْسَخٌ
To spread out ٭ فرَشَ
To furnish a house — المنزلَ
To pave the floor. — الأرضَ
To brush the clothes. ٥ فرّشَ ٢ الثيابَ
Furniture. فَرْشٌ
٥ فَرْشة
فِراش
Bed; mattress
Brush. ٥ فُرْشة ٥ فورشة
— هدوم
Clothes brush.

Supposition. اِفتِراض
Suppositive. اِفتراضي
To lose; miss. ٭ فَرَطَ منه
To unstring. —. حَلَّ
To waste. فَرَّطَ . ضيَّع
To neglect. — في
To be extravagant; go to excess اَفرَطَ . جاوز الحد
Excess. فَرْطٌ . مجاوزة الحدّ
Intensity. —. شدَّة
Interest. ◘ فَرَطٌ . فائدة المال
Cheap. ◘ فِرِط . رخيص
Extravagance. اِفراطٌ
Excessive; extreme. مُفرِط. متجاوزالحدّ
Extravagant. مُفَرِّط
To flatten. ٭ فَرْطَحَ . بسط
To broaden. — عرَّض
Broad, or flat. مُفَرْطَح
Oblate. — القطبين
To divide into branches. ٭ فَرَّعَ
To put forth branches. ◘ — الشجرُ
To ramify; be divided into branches. تَفَرَّع
Branch. فَرْعٌ
Pharaoh. فِرْعَونْ
Tyrant. —. ظالم

Servant. ◘ فَرَّاشٌ . خادم
Butterfly or moth. فَرَاشة ←
Table-cloth. ◘ مَفرَش المائدة ←
Furnished. مَفْرُوش
Covered with carpets. — بالبُسط (للأرض)
Furniture. مَفرُوشَات
To straddle. ٭ فَرْشَحَ . فرشخ
Opportunity; good occasion. ٭ فُرْصَة
Chance; turn. —. نوبة
Vacation; recess. ◘ —. عطلة
To seize the opportunity. اِنتهز الـ
To suppose; presume. ٭ فَرَضَ . قدَّر
To appoint. —. عيَّن
To notch. —. فَرَّضَ
To impose. —. اِفتَرَضَ
To enact. —. — الأحكام
Supposition. فَرْضٌ . تقدير
Notch; incision. —. فُرْضَة
Duty. —. فَرِيضة
Ordinance. —. —. سُنَّة
Supposing that. على فَرض
Harbour; port. فُرْضَة٢ بَحرِية

To be, or become, empty. ٭ فَرَغَ
To finish. — من . أَتَمَّ
To be exhausted, finished. ○ — . نَفِدَ
To empty. فَرَّغَ . أَفْرَغَ
To discharge; unload. — . — الشحنة
To pour out. — . — الماء
To vomit. إِستفرغ . تقيَّأ
To exhaust; spend. — . استنفد
To be free from work. تَفَرَّغَ
To devote oneself, or time, to. — للأمرِ
Emptiness. فَرَاغٌ . فِرْغٌ
Vacation. — من العمل
Leisure time. وَقتُ الفراغِ
Empty. فَرِغٌ . فارِغٌ
Emptying. إِفراغ . تَفريغ
Exhaustion. — . إِستفراغ
Vomiting. إِستفراغ ٢ . قيءٌ
To flutter. ٭ فَرْفَرَ . انتفض
To separate; part. ٭ فَرَقَ
To distinguish (between two things, or one from another.) — بينَ
To frighten. فَرَّقَ . خَوَّفَ
To distribute among — عليهم

To stir up dissension between. — بينهم
To scatter; disperse. — . بَدَّدَ
To part with. فَارَقَ . انفصل عنه
To leave; quit. — . ترك
To be separated. تَفَرَّقَ
To be separated from. انفَرَقَ عنهم
Difference فَرْقٌ . خلاف
Distinction. — . ميزة
Fright; terror. فَرَقٌ فزع
Flock. فِرْقٌ . قطيع
Party; company. فِرْقَة
Detachment. — عسكرية
Separation. فُرْقَة . فِرَاقٌ
Departure. فِراق ٢ . رحيل
Proof. فُرْقان . برهان
The Korân. الـ . القرآن
Party. فَرِيقٌ . جماعة
Brigadier general. ○ — . رُتبة عسكرية
Manufactory; factory ○ فَوْرِيقَة . مصنع
Africa. أَفْرِيقا . أَفْرِيقِيَة
Separation. تَفرِيقٌ . فصل
Distribution. — . توزيع
Dispersing; scattering. — . تشتيت

European. إفرنجي . أوروبي
France. ٥ فَرَنسَا
French. فرنسي . فرنساوي
Franc. ٥ فرَنك . نقدٌ فرنساوي
Fur. ٭ فَرْوٌ
Scalp. فَرْوَةُ الرأس
Chestnut. ٥ ابو — . قَسطَلٌ
Furrier. فَرَّاءٌ . صانع الفراء
Pullet. ٭ فرّوج (في فرج)
To fabricate a lie. ٭ فَرَى . إفتَرَى الكذبَ
To slander. — . — عليه
Fabricated lie. فِريَة . إفتِرَاءٌ
٭ فريسة (في فرس) ٭ فزّ (في فزز)
To cause to burst. ٭ فَزَرَ
To burst. تَفَزَّرَ . إنفَزَرَ
To jump up. ٭ (فزز) . فَزَّ . وثب
To be startled. — . اضطرب
To scare away. — . أفَزَّ
To rouse; stir up; excite. استَفَزَّ
To be frightened, or terrified. ٭ فَزِعَ
To flee to. — اليه . لجأ
To frighten. فَزَّعَ . أفزَعَ
Fright; alarm. فَزَعٌ
Frightened; alarmed. فَزِعٌ ٥ فَزْعَان

In detail. بالتفريقِ . بالتفصيلِ
In parts. — . اجزاءً
By retail. — ٥ بالقطّاعي
Point of separation. مَفرَقٌ
Cross-road. ٥ اربع مفارق
To snap; crack. ٭ فَرْقَعَ . فقع
To explode. ٥ تَفَرْقَعَ . انفجر
Explosion. فَرْقَعَةٌ
Explosives. مُفَرْقعات
To rub. ٭ فَرَكَ . دلك وحكّ
To be rubbed. تَفَرَّكَ . انفَرَكَ
Rubbed. فَريك . مَفرُوكٌ
Husked soft grain. — الطبخ
To mince; chop. ٥ فَرَمَ اللحمَ
Minced; chopped. مَفرُومٌ . مهرّمٌ
Mince-meat. — . لحم
Firman. ٥ فَرَمان . امر عالٍ
Freemason. ٥ فِرْمَسون
Brake. ٥ فَرْمَلَة . ضابطة
Brakeman. فَرْمَلْجِي
Oven. ٭ فُرْنٌ . تَنُّورٌ يُخبَزُ فيه
Bakery. — . مخبز
Baker. فَرَّانٌ . خبَّاز
To adopt European manners. ٥ تَفَرنَجَ
Europeans. إفرِنج

Frightful; shocking.	مُفْزِعٌ
Dress; lady's gown.	◦ فُسْتَان المرأة
Pistachio.	◦ فُسْتُق
Pistachia.	شجرة الـــ
To make room for	☆ فَسَح له مكاناً
To be wide, or spacious	فَسُحَ المكان
To be large, or spacious.	تَفَسَّحَ ٠اتسع
To promenade; take a walk.	◦ — تنزّه
Wideness; spaciousness.	فُسْحَة. اتساع
Open space.	— ٠ فضاء
Walk; promenade	◦ — ٠ نزهة
A drive.	◦ — في عربة
Holidays.	◦ — ٠ عطلة
Hall.	◦ فَسَحَة . ردهة الدار
Wide; spacious; roomy.	فَسِيحٌ . متَّسِع
To cancel: annul.	☆ فَسَخَ .فَسَّخَ . نقض
To split.	— . — . شقّ
To fade; lose colour	◦ — اللونُ
To be annulled or made void.	إنفَسَخ
The engagement is broken.	ـــت الخطبة
Cancellation; annulment.	فَسْخٌ
Splinter.	فَسْخَة
Salted fish.	فَسِيخٌ . سَمَك مملَّح
To become corrupt	☆ فَسَدَ . اِنفَسَدَ
To corrupt; spoil.	أفسدَ . فَسَّدَ
To stir up dissention.	— بينهم
Corruption.	فَسَادٌ . تلَف
Decomposition.	— ٠ تعفُّن
Invalidity.	— ٠ بطلان
Depravity	— الأخلاق
Corrupt; spoilt.	فاسِدٌ
Rotten; bad.	— ٠ متعفن
Invalid; void.	— ٠ باطل
Depraved.	— الأخلاق
To explain.	☆ فَسَّرَ . اوضحَ
To interpret.	— ٠ اوّلَ
To inquire.	إِسْتَفْسَرَ
Explanation.	تَفسيرٌ. ايضاح
Commentary	— ٠ شرح
Interpretation	— ٠ تأويل
Inexplicable	لا يمكن تفسيره
Explanatory	تفسيري
Pavilion; tent.	☆ فُسطاطٌ
Dress; lady's gown.	◦ فُسطان المرأة

○ فُسْفات Phosphate.
٭ فَسْفَسٌ . بَقٌّ Bug.
◘ فَسْفُوسَة . بثرة Pimple.
فُسَيْفِسَاء Mosaic work.
○ فُسْفُور Phosphorus.
٭ فَسُقَ . فجر To live in debauchery.
— . ضَلَّ To stray; err.
— بالمرأة To violate; ravish.
فَسَّقَ To disprove.
فِسْقٌ Debauchery.
فاسِقٌ . فاجر Dissolute.
— . ضالٌّ . كافر Impious.
فَسْقِيَّة الماء Fountain.
٭ (فسو) . فَسَا To break wind.
فُسَاءٌ . ريح البطن Wind.
○ فسيولوچيا Physiology.
٭ فسيفساء (في فسفس) ٭ فشٌّ (في فشش)
٭ فشا (في فشو) To spread.
◘ فَشَخَ To open the legs.
— . كسر To beak.
فَشْخَة . خطوة A step.
◘ فَشَرَ . فرَشَ To brag; boast
فَشْرٌ . فَرْش Bragging; boasting.
فَشَّار Braggart.

٭ فَشَّشَ . فَشَّ الورمَ To cause a swelling to subside.
◘ فَشَّ ٢ الورمُ . إنفَشَّ To subside.
◘ — غلَّهُ فيه To vent one's wrath upon.
— القُفل To pick a lock.
◘ فِشَّة . رئة Lights; lungs.
○ فَشَكَة ← Cartridge.
٭ فَشِلَ To lose heart; faint.
◘ — . تَفَشَّل To fail.
فَشِلٌ . جبان Faint-hearted; cowardly.
فَشَلٌ . خيبة Failure.
٭ فَشْوٌ . فَشْيٌ Spreading
فَشَا . انتشر To spread.
— السرُّ To be divulged.
— . تَفَشَّى To spread.
أفْشَى To spread.
— السرَّ To reveal; divulge.
فَاشٍ . مُتَفَشٍّ . منتشر Spreading.
٭ فصٌّ (في فصص) Stone.
٭ فَصُحَ To be eloquent.
أفْصَحَ To be clear
تَفَصَّحَ . تَفَاصَحَ To affect eloquence.
فِصْحٌ (عند النصارى) Easter

Passover. — (عند اليهود)
Eloquence. فَصَاحَة
Eloquent. فَصِيحٌ
To let blood; bleed. ✿ فَصَدَ
His nose bled. اِنْفَصَدَت انفهُ
Blood-letting. فَصْدٌ . فِصَادٌ
A bleeding at the nose. ◘ — الأنفِ
Phlebotomy. فِصادَة
Wagtail ◘ ابو فَصادَة . ذُعَرَة
Lancet. مِفْصَدٌ
To set a gem in a ring. ○ فَصَّصَ الخاتمَ
To shell beans. ◘ — الفولَ
Stone of a ring. فَصُّ الخاتمِ
Lobe. — البرتقالة والثومة والرِئة
A lump of salt. ◘ — ملح
Phosphate. ○ فُصْفَات
Phosphorus. ○ فُصْفُور
Phosphorous فصفوري
To separate; divide. ✿ فَصَلَ . فَرَّقَ
To sever; cut off. — . قطع
To decide; settle. — في الأمر
To make clear. فَصَّلَ . بيَّن
To divide into parts — الشيء
To cut out. — الثوبَ
To bargain. ◘ فَاصَلَ . ساوَمَ
To be separated from. انفصَلَ عن
Separation. فَصْلٌ . تفريق
Section; part. — . قِسم
Chapter. — من كتابٍ
Season. — من السنةِ
Act; scene. — من روايةٍ
Judgment; decision. — في الخصوماتِ
Final decision. — الخطابِ
Species; kind. فَصِيلَة
Detachment. — عسكريَّة
Partition. فاصِلٌ . حاجز
Decisive. — . باتٌّ
Arbiter; umpire. فَيْصَلٌ
Separation. اِنْفِصَالٌ
Detailing. تَفْصِيلٌ
Cutting out. ◘ — الثياب
Clothes made to order ◘ ثياب — .
In detail. بالتفصيل . تفصيلاً
Details. تفاصيل
Joint. مَفْصِلٌ
Rheumatism. داء المفاصل
Detailed; circumstantial. مُفَصَّل

▫ —من الملابس	Made to order.
مُفَصَّلَة	Hinge.
مفصّلاً . بالتفصيل	In detail
مفصولٌ . مُنْفَصِلٌ	Separated; detached.
✲ فَصَمَ . قطع	To sever; cut off.
فَصْمٌ . قطع	Severance.
▫ فَصُوليا	Kidney beans.
✲ فضّ (في فضض) ✲ فضاء (في فضو)	
✲ فَضَحَ مساوِئَهُ	To show up.
— . جلب العارَ	To disgrace.
— . اظهرَ	To disclose.
— المرأةَ	To seduce.
افتَضَحَ	To be disclosed.
— . انفَضَحَ	To be disgraced.
فَضْحٌ	Exposure; showing up.
فَضيحٌ . منضوحٌ	Disgraced.
فَضِيحَة المساوىء	Exposure.
— . عار	Disgrace.
فاضِحٌ	Disgraceful.
فَضّضَ	To silver-plate.
فَضَّ	To open; break open.
— . فرَّقَ	To break up; disperse.
— الاجتماعَ	To dismiss an assembly.
— الدموعَ	To shed tears.
— . ثقب	To pierce.
اِنْفَضَّ . انفتح	To be opened.
— . تفرَّقَ	To be dispersed.
▫ — . انتهى	To be finished.
فَضٌّ . فتح	Opening.
— . تفريق	Dispersion.
فِضَّةٌ . لُجَين	Silver.
○نترات الـــ .	Nitrate of silver.
فِضّي . كالفضة	Silvery.
— . من فضّة	Silver; of silver.
تَفْضِيضٌ	Silver-plating.
مُفَضَّضٌ	Silver-plated.
✲ فَضَلَ . بقيَ	To remain; be left over.
— وعليهِ . فاقه	To excel; surpass.
فَضَّلَ على	To prefer to.
أفضلَ . تفضّلَ على	To favour.
▫ تَفَضَّلْ	Please.
فَضْلٌ . إحسان	Favour.
من فضلك	Please; if you please.
الفضلُ عائِد على	Thanks to....
فضلاً عن	Moreover; besides.
فَضْلَة . بقيّة	Remainder.

Surplus. — . مايزيد
Refuse. — . نُفاية
Remnant. — القماش ¤ كوبون
Officiousness. فُضُولٌ
Officious; meddlesome. فُضُوليّ
Virtue; moral excellence. فَضِيلَةٌ . ضدّ رذيلة
Advantage; superiority. — . مَزِيَّةٌ
Remaining. فَاضِلٌ . باقٍ
Remainder. — . بقيَّة
Virtuous. — . فَضِيلٌ
Better. أفضَل . أحسن
The best. الأفضل . الأحسن
Preference. أفضَلِيَّة
Preferring. تَفضِيلٌ
Adjective in the comparative degree. إسم الـــ
Preferable. مُفَضَّلٌ . مميَّز
To be spacious. ❀فضو❀ . فَضَا المكانُ . اتسعَ
To lead to. أفضَى الى
To reveal to. — اليهِ بِسِرٍّ
To be empty. ¤ فَضِيَ . خَلا
To empty. ¤ فَضَّى . أخلَى
To apply, or give all one's time to. ¤ تَفَضَّى . تفرّغ
Open space. فَضَاءٌ . فسحة

✲ فضيلة (في فضل) ✲ فطّ (في فطط)
To create; make. ✲ فَطَرَ . خلق
To split; cleave. — . شقّ
To break one's fast. — . أفطَرَ الصائم
To take breakfast. — . — . تناول طعام الصباح
To be split. إنفَطَرَ . تَفَطَّرَ
← Fungus. فُطرٌ
Fast breaking. فِطرٌ
Lesser Bairam. عيد الـــ
Innate quality. فِطرَةٌ
Inborn; innate. فِطريّ
Breakfast. فَطُور . فُطُور
Unleavened. فَطِير . لم يختمر
Unleavened bread. — . خبز غير مختمر
Pastry. ¤ — . عجين مقلوّ
Pastrycook. ¤ فَطَاطري
Creator. فاطِرٌ . خالق
Breaking his fast. — . مُفطِر
To die. ✲ فَطَسَ . مات

To kill. فَطَّسَ . اماتَ
To suffocate. ٥ — . خنقَ
Suffocated. ٥ فَطِيسٌ
Snub-nosed ; flat nosed. أفْطَسُ الأنفِ
To wean. ٭ فَطَمَ
Weaning. فِطَامٌ
Weaned. فَطِيم . مَفْطُوم
To comprehend ; understand. ٭ فَطُنَ . فَطِنَ للأمر واليه
To be intelligent. — . — . كان فطيناً
To remember; recollect. ٥ — الى . تذكَّرَ
To remind. ٥ فَطَّنَ . ذَكَّرَ
Intelligent ; sagacious. فَطِنٌ . فَطِينٌ
Intelligence ; sagacity فِطْنَة . ذكاء
Unleavened. ٭ فطير (في فطر)
Rough ; rude. ٭ فَظٌّ
Roughness; rudeness. فَظاظة
To be horrid or repulsive. ٭ فَظُعَ
To deem horrid. إسْتَفْظَعَ
Horridness. فَظَاعَةٌ . شناعة
Horrid : shocking ; repulsive. فَظِعٌ . فَظِيع
To do. ٭ فَعَلَ . عَمِلَ
To do to. — بهِ

To be done. إنْفَعَلَ . عُمِلَ
To be enraged; excited. ٥ — . اغتاظ
To invent ; fabricate. إفْتَعَلَ . اختلق
To forge. — . زوَّر (الخطَّ)
Deed ; action. فِعْلٌ . عَمَل
Effect. — . تأثير
Verb. — (في النحو والصرف)
Intransitive verb. — لازم
Transitive verb. — متعدٍ
Active verb. — معلوم
Passive verb. — مجهول
Defective verb. — ناقص
Irregular verb. — شاذ
Regular verb. — قياسي
Deed ; act. فَعْلَة . عَمْلة
Effective ; efficient. فَعَّالٌ
Doer. فَاعِلٌ . عامل
Labourer. ٥ — . اجير
Subject. — (في النحو)
Present participle. اسمُ الفاعلِ
Subject of the passive verb. نائب الفاعل
Effectiveness. فاعلية . تأثير
Emotion; passion. إنفعال نفساني
Effect ; impression. مَفْعُولٌ . تأثير

To hatch. ٭ فَقَسَ الطائرُ بيضه
Hatching. فَقْس البيضِ
Unripe melon. فَقُّوس
To smash; crush. ٭ فَقَشَ
Only. ٭ فَقَط . لاغير
To be of a bright yellow colour. ٭ فَقَعَ اللونُ
To die of a heat apoplexy. — . مات من شدّة الحر
To die of sorrow. — . مات حزنا
To burst open. ▫ — . فقأ
Bubble. فُقَّاعة الماءِ
Bright. فاقِعٌ . فاتح (لون)
To become very serious. ٭ فَقِمَ . تَفَاقَمَ الأمرُ
Seal. فُقْمَة . فُقَّمَة
To understand. ٭ فَقِهَ . تَفَقَّهَ
T teach. فَقَّهَ . أفْقَهَ
Knowledge; understanding. فِقْهٌ . علم
— . علم الأحكام الشرعيّة
Jurisprudence.
Jurisprudent. فَقِيهٌ . عالم بالفقه
Schoolmaster. ▫ — . فقيه
Reciter of the Koran. ▫ — . قاري القرآن
٭ فكّ (في فكك) ٭ فكاهي (في فكه)
٭ فَكَرَ . فَكَّرَ . تَفَكَّرَ . افتكرَ في
To think over; consider.

Done. — . معمول
Object. — به (في النحو)
Forged. مُفْتَعَل
To overfill. ٭ فَعَمَ . افْعَمَ
Too full. مُفْعَمٌ
Viper; snake. ٭ فعو ٭ . أفْعَى . أُفْعُوان
To gape. ٭ فَغَرَ فمه
To open an abscess. ٭ فقأ الدمّل
To put out an eye. — العينَ
To lose; be deprived of. ٭ فَقَدَ
To deprive of. أفْقَدَ
To seek; search for. تَفَقَّدَ . افْتَقَدَ
To visit. — . — . زارَ
Loss. فَقْدٌ . فُقدان
Lost. فَقيد . مَفْقود
Deceased. — . متوفّى
To pierce. ٭ فَقَرَ . فَقَّرَ . ثقب
To impoverish. ▫ — . أفْقَرَ
To become poor. إفْتَقَرَ
To need; be in need of. افتقر الى كذا
Poverty; need. فَقْرٌ
Clause; sentence. فِقْرَة . جملة
Vertebra. — . فَقْرَة الظهر
Vertebral column. العمود الفقري
Poor; needy. فَقِيرٌ

To remind.	٥ فكّرَ ٢ ذكّر
To remember; recollect.	٥افتكر ٢ . تذكر
Thought; idea.	فِكْرٌ . خاطر
Opinion.	— . رأي
Thoughtful.	فِكّيرٌ
To take to pieces.	* فكّكَ . فكَّ
To separate.	فكَّ ٢ . فصل
To untie; unbind.	— . ضدّ ربط
To solve.	— اللغزَ
To dislocate.	— العظمَ
To break a seal.	— الختمَ
Release.	— الأسيرَ
To change money.	٥ — النقودَ
To redeem a mortgage.	— . افتكّ الرهنَ
To be untied.	اِنفكَّ
He has not ceased to do.	ما — يفعل
To be taken to pieces.	تفكّكَ
Untying.	فكٌّ . ضدّ ربط
Jaw; jawbone.	— الأسنانِ
Change; small change	٥ فكّةُ النقودِ
Redemption of a mortgage.	فِكاكُ الرهنِ
Ransom.	— الأسير
Screw-driver.	٥ مِفكٌّ
To be gay.	* فكِهَ
To jest with.	فاكَهَ . مازَحَ
Jovial; merry.	فكِهٌ . ضحوك
Savoury.	٥ — . لذيذ الطعم
Jesting; joking.	فُكاهة
Humorous.	فُكاهيّ
Fruit.	فاكِهةٌ
Fruiterer; fruit seller.	فاكهاني
	* فلّ (في فلل) * فلان (في فلن)
To free; release.	* فلَتَ . أفلَتَ
To be freed, or released.	— . — . اِنفلَتَ
To escape; slip away.	— . — . — . تخلّص
Escape.	فلْتٌ . اِفلات
Slip; lapse.	فلْتةٌ . هفوة
Undesignedly.	فلتةً
Loose; free.	فالِتٌ . سائب
To split; cleave.	* فلَجَ . شقّ
To be paralysed.	فُلِجَ ٥اِنفلَجَ
Interstice.	فلْجٌ . شقّ
Palsy; paralysis.	فالِجٌ
Paralytic; paralysed.	مَفلوج
To cultivate; till.	* فلَحَ الأرضَ

To succeed; be successful. ¤ — . أَفْلَحَ
Cultivation. فَلْحٌ . فِلاحَةٌ
Farmer. فَلّاح . مزارع
Peasant; countryman. — . قروي
Success; progress. فَلاح . نجاح
Country. فِلْحٌ . ريف
Rural; rustic. فِلحي . فَلّاحي
Successful. فَالِحٌ . مُفْلِح
Piece. ٭ فِلْذَةٌ . قطعة
Steel. فُولاذ ¤ صُلْب
Treasures. أَفلاذ . كنوز
To declare bankrupt. ٭ فَلَّسَ
To fail; become bankrupt. ¤ — . أَفْلَسَ
Mite. فَلْسٌ . نَقْد قديم
Scales of fish. فُلُوسُ السمكِ
Money; cash. ¤ — . دراهم
Bankruptcy; insolvency; failure. إِفْلاسٌ
Bankruptcy. تَفليسة
Fraudulent bankruptcy. تَفَالُسٌ
Bankrupt; insolvent. مُفلِسٌ
Moneyless; penniless — . عديم المال
Palestine. ٭ فِلَسْطِين
To philosophise. ٭ فَلْسَفَ . تفلسف
Philosophy. فَلْسَفَةٌ . حكمة
Moral philosophy. — ادبيّة
Physics. — طبيعيّة
Philosophical. فلسفي
Philosopher. فَيلَسُوف
Philosophist. مُتَفَلْسِفٌ
To flatten; make flat. ٭ فَلْطَحَ
Flat. مُفَلْطَحٌ . فِلطَاحٌ
To split; cleave. ٭ فَلَعَ . فَلَّعَ
Crack; fissure. فَلْعٌ . شقّ
To pepper food. ٭ فَلْفَلَ الطعامَ
Pepper. فُلْفُلٌ . فِلْفِلٌ
Long-pepper. — . دارُ
Pepper-corn. فُلَيْفِلَة
Peppery. فلفلي . مفلفل
To split; cleave. ٭ فَلَقَ
To be split or cleft. اِنْفَلَقَ . تَفَلَّقَ
To break; appear. — الصبحُ
Cleft; fissure. فَلْقٌ
The half of a split thing. فِلْقَةٌ

¤ فَلَقَة

Bastinado.

فَيْلَقٌ

Army corps.

شاعر مفلق

A poet of great genius.

Ship. ٭ فُلْكٌ . سفينة

Noah's Ark. — نوح

Orbit. فَلَكٌ . مدار

Astronomy. علم الـ .

Astronomical. فلكي. مختص بالفلك

Astronomer. — . مشتغل بالفلك

Boat; small boat. ○ فُلُوكَة

Boatman. ○ فلايكي . بحري

To notch. ٭ فَلَّلَ . فَلَّ . ثلم

To run away. ○ فَلَّ ٢ . هرب

Defeated. فَلٌّ . منهزم

Arabian jasmine. فُلٌّ . نبات وزهرة

Cork. — . فَلِّين

So-and-so. ❮ فلن ❯ . فُلان

Sleeper. ○ فَلَنْكَة (سكة الحديد)

Colt; foal. ٭ فِلْوٌ . فُلُوٌّ

Open space. ○ فَلا . فَلاة

Money. ○ فلوس (في فلس)

Boat; small boat. ○ فلوكة (في فلك)

To louse; clean from lice. ٭ فَلَّى القملَ

To pick out. — . نقى

Peppermint. فُلَيا. نعناع فلفلي

Cork. ○ فَلِّين

Godchild. ○ فَلْيُون . ابن العماد

Mouth. ٭ فَمٌ . فُمٌ

Cigarette holder. — . — السيجارة

Mouthful. ملء الفم

٭ فنّ (فنن) ٭ فناء (في فني)

Cup. ٭ فِنْجالٌ . فِنْجان

Cup and saucer. — وصحنه

To confute; prove to be wrong. ٭ فَنَّدَ . خطَّأ

To disprove; refute. — . كذَّبَ

○ — . فصَّل To detail.

٭ فُنْدُقٌ Hotel; inn.

○ فَنَارٌ. منارة ←Light-house.

Lantern. ❮ فنس ❯ . فانُوس

Magic lantern. الفانوس السحري

Tank; water-tank. ٭ فِنْطاسٌ

To mix; shuffle. ٭ فَنَّنَ . خلط

To give variety to. — . نوَّع

To speak or act in different ways. تَفَنَّنَ

To invent. ○ — . اخترع

Variety; kind. فَنٌّ . نوع

Art; science. — . علم

Technical. فَنّي . اصطلاحي

Diversities of speech. أفانين الكلام

Branch.	فَنَنٌ . غصن
Ingenious.	مُفِنٌ . مُتَفَنِّنٌ
To perish.	٭ فَنَى . فَنِيَ
To destroy ; annihilate.	افنَى
To consume ; exhaust.	— . استنفد
Extinction.	فَنَاءٌ . زوال
Evanescence.	— . ضد بقاء
Destruction.	— . هلاك
Mortality.	— . موت
Courtyard.	فِناء الدار
Evanescent ; transient.	فَانٍ . ضدّ باقٍ
Perishable.	— . هالك
Mortal.	— . مائت
Cheetah ; hunting leopard.	٭ فَهْدٌ
To index a book.	٭ فَهْرَسَ الكتابَ
Index ; table of contents.	فِهْرِسُ الكتابِ
Catalogue ; list.	—o كتالوج
To understand.	٭ فَهِمَ . ادرك
To know ; make out.	— . عرف
To make one understand.	فَهَّمَ . أفْهَمَ
To understand each other.	تفاهموا
To be understood.	o انْفَهَمَ . فُهِمَ
To inquire (*of* a person *about* a matter.)	إِسْتَفْهَمَ منه عن
Understanding.	فَهْمٌ
Intelligent; sagacious.	فَهِيم
Mutual understanding.	تَفَاهُمٌ
Misunderstanding	سُوءُ التفاهُمِ
Inquiry.	إِستفهام
Interrogation point.	علامة الـــ . (؟)
Understood.	مَفْهُومٌ
٭ فؤاد (في فأد) ٭ فو (في فوه)	
Passing.	٭ فَوْتٌ . فَوَات . مضيّ
Missing.	— . — . ضياع
Passing.	فَايِتٌ . مارّ . عابر
To pass by.	فَاتَ . مضَى
To pass ; go by.	— . مرَّ
To exceed ; go beyond	— . جاوز
He missed an opportunity.	ـــتهُ الفرصة
He missed the train.	ـــهُ القطار
To leave.	o— . ترك
To pass, cause or enable to pass.	o فوَّتَ . أفَاتَ . امرَّ
To cause to miss.	o— . — . اَضاع
To be dissimilar.	تَفاوت الشيئان

Difference ; dissimilarity. تَفَاوُتٌ

Photography. ٥ فُوتُوغرافيا

— • آلة التصور ← Camera.

صورة فوتوغرافيّة A photograph.

Crowd ; group. ٭ فَوْجٌ . جماعة

In crowds; in shoals. اَفواجاً

An exhalation of odour. ٭ فَوَحانٌ الرائحةِ

To diffuse its odour. فَاحَ الزهرُ

To emanate. ـــت الرائحة

Boiling over ; ebullition. ٭ فَوْرٌ . فَوَرانٌ

Bloodstroke. فَوْرَةٌ دَمٍ

Immediately ; forthwith; promptly. من فَورهِ . على الفور

Immediate ; instant. فَوْرِي . سريع

To boil over. فَارَ . غلَى وجاش

To effervesce. — . جاشَ

To make water boil. ٥ فَوَّرَ . آفار

To make one's blood boil; stir one's blood ٥ — الدمَ

Mouse, (*pl.* mice. فَارٌ (الواحدة فارة) (والجمع فيران)

Rat. — الغيط . جُرَذٌ

Plane ; jack plane. فارة

Ebullient; boiling up, or over. فائِرٌ . جائش بالغليان

Effervescing. — . جائش

Effervescent. فَوَّارٌ

Fountain. فَوَّارة

٭ فورشه (في فرش) ٥ فوريقه (في فرق)

Triumph; victory ٭ فَوْزٌ . ظَفرٌ

Success. — . نجاح

Escape. — . نجاة

To triumph over. فَازَ بهِ . ظَفَر

To win ; obtain. — به . ناله

To escape. — من . نجا

Triumphant. فَائِزٌ . ظافر

Successful. — . ناجح

Phosphate. ٥ فوسفات ٥ فُصفات

Phosphorus. ٥ فوصفور ٥ فُصفور

To authorise. ٭ فَوَّضَ

To commit to. — اليه

To discuss a matter with. فَاوَضَ في الأمر

To negotiate. تفاوضوا

Anarchist. فَوْضَوِي

Anarchy. فَوْضَى

Authorisation ; warrant ; proxy. تَفْوِيضٌ

Negotiation. مُفاوَضَةٌ

Beyond description.	— الوصف
Awake.	مُفِيق . مُسْتَفِيق
Beans; horse-beans.	٭ فُول
Broad beans.	— رومي
Peanut; monkey-nut.	— سوداني
Steel.	٭ فولاذ (في فلذ)
Phonograph.	٥ فونوغراف
Touch-hole; nipple.	٥ فونية السلاح الناري
Mouth.	٭ فُوه . فاه . فِيه
Madder root.	فُوَّة . فُوه
Mouth; opening.	فُوهَة
To speak; say.	فَاهَ . تَفَوَّهَ
To utter a word.	— . — بكلمة
Aromatic spice.	أفاويه . تابل
Eloquent.	مُفَوَّه . بليغ
In.	٭ في . حرف جر
At.	— . عند
To.	— . بالنسبة الى
On; upon.	— . على
Among.	— . بين
On; about.	— . عن . بخصوص
To give shade.	٭ فَيَّأَ الشجرُ
To shade oneself in a tree.	تَفَيَّأَ الشجرةَ
Apron.	٭ فُوطَة
Napkin.	— الأيدي
Towel.	— الوجه
Pellicle.	٭ فُوف . فُوفَة
Up; above.	٭ فَوْقُ . ضد تحت
Above; more than.	— . اكثر من
Superior to; above.	— . افضل من
On; upon.	— . على
Above all.	— الكل
Extraordinary.	— العادة
Upper.	فَوْقاني
Hiccough.	فُوَاق . فَوَاق
To prefer to.	فَوَّقَ على
To bring to; rouse.	٥ — . اصحى من الاغماء
To surpass; excel.	فَاقَ . علا
To exceed.	— . زاد عن
To hiccough.	— ٥ تفوّقَ
To surpass; excel.	تَفَوَّقَ٢ على . فاق
To awake.	أفاقَ . اسْتَفَاقَ من نوم
To come to; recover consciousness.	— . — من الاغماء
Indigence; want.	فَاقَة
Surpassing; excellent; exceeding others.	فائِق

Shade.

Phaeton. ○ فَيتُون

To benefit; help; serve; do good to ❁ فيد ❁ . آفادَ . نفع

To denote; signify. — . دلَّ على

To benefit from: gain advantage اِستَفَادَ

To profit; receive profit. — . ربح

Benefit; good. فَائِدَةٌ . منفعة

Use; advantage. — . طائل

Profit; gain. — . ربح

Interest. — المالِ

Useless; of no use. عديم الـــ

Bestowal of benefit. اِفادَةٌ

Letter; message ○ — . خطاب

Useful; beneficial. مُفِيدٌ

Profitable; advantageous. — . مُربح

Meaning. مَفَادُ الكلامِ

Turquoise. ❁ فَيرُوزٌ . فيروزج

Physiology. ○ فيسيولوجيا

Abundance. ❁ فَيضٌ . كثرة

Inundation; a flood, an overflowing. فَيَضَانٌ

To overflow; run over. فَاضَ . امتلأ

To abound; be abundant. — . كثر

To flood; inundate. — النهرُ على

His cup runs over. — كأسهُ

To give up the ghost. — ت روحه

To remain. ○ — . بقي

To shed tears. آفاضَ الدمعَ

To pour water. — الماء

To fill to overflowing. — الاناء

To utter a word. — بكلمةٍ

To speak profusely. — في الحديث

Abundant. فائِضٌ . وافر

Viscount. ○ ڤيكونت

Viscountess. ڤيكونته ○ ڤيكونتسَّه

Elephant. ❁ فِيلٌ

Cocoon. ❁ فَيلَجَةُ الدودةِ

Philosopher. ❁ فَيلَسوف

Army corps. ❁ فَيلَقٌ

Philology. ○ فيلولوجيا . علم اللغة

☆ فيهٌ . فمٌ (في فوه) Mouth.
○ فية . فئة(في فأى) Rate; price.

○ فيونكة. اُربة Bow.

﴿ ق ﴾

☆ قاءَ (في قيأ) ☆ قائمة (في قوم)
☆ قابُ (في قوب) ☆ قات (في قوت)
☆ قاحَ (في قيح) ☆ قاد (في قود)
☆ قادوس (في قدس) ☆ قارَ (في قور)
☆ قارٌ (في قير) ☆ قارّة ☆ قارورة (في قرر)
☆ قاسَ (في قيس) ☆ قاسٍ (في قسو)
☆ قاصَّ (في قصص) ☆ قاصٍ (في قصو)
☆ قاضٍ ☆ قاضي (في قضى) ☆ قاعٌ
☆ قاعة (في قوع) ☆ قافية (في قفو)
☆ قاق (في قوق) ☆ قالَ (في قول وقيل)
☆ قالوش (في قلش) ☆ قامَ (في قوم)
☆ قامة (في قوم) ☆ قاموس (في قمس)
☆ قانٍ (قنو) ☆ قانون (في قنن)
☆ قايش (في قوش) ☆ قايض (في قيض)
☆ قبٌّ (في قبب) ☆ قبا (في قبو)

☆ قَبَّبَ . بَنى قبةً To build a dome.
— . حدَّبَ To make convex.
قَبَّ . ارتفع To swell; rise.
قَبُّ العجلةِ Hub; nave.
— الميزانِ Beam of a balance.
قَبَّان (في قبن) Steelyard.
قُبَّة Cupola; dome.
— الاسلامِ Basra; Bassora.
— الشهادةِ Tabernacle.
— الجرسِ Belfry.
الــ الزرقاء The vault; the sky.
○ قُبَّةُ الثوبِ Neck-band; collar.
مُقَبَّبٌ Domed; furnished with a dome
— . محدَّب Convex.
☆ قَبُحَ . كان قبيحاً To be ugly.
قَبَّحَ To render ugly.
استَقبَحَ To regard as ugly.
قُبْحٌ . قَباحة Ugliness.
قُبحاً له Fie on him!
قَبيحٌ . ضدّ حَسَن Ugly.
— . شائن Disgraceful; infamous: vile.
○ — . سَفيه Insolent
قَبيحة Abomination.
☆ قَبَرَ To bury; inter.
قَبْرٌ . مَدفن Grave; tomb.
— . دَفْن Burial; interment.

To be dispirited. — صدره
To be received. — المال
Grasping; holding. قَبْض . مَسك
Constipation. — البطن
Receiving. — المال
Hold; grasp. قَبْضة . مَسكة
Handful — . ملء الكف
Fist. — اليد . جمع اليد
Handle. — . مقبَض
Hilt; haft. — و— السيف والخنجر
Receiver. قابض . مستلم
Astringent. — . دواء قابض
Holding; grasping. — على
Contraction. إِنقباض
Constipation. — البطن
Depression of spirits. — الصدر
Contracted. مُنقبض . متقبّض
Depressed. — الصدر
Received: taken possession of. مَقبوض
Copts. ☆ قِبْط . أقباط
A copt. قبطي . واحد الأقباط
Coptic. — . منسوب الى الأقباط
Captain. قُبْطان
To grunt. ☆ قَبَعَ الخنزيرُ والفيلُ

Lark; sky-lark. قُبَّرة . قُنبُرة
Cemetery; graveyard. مَقبَرة
Cyprus. ☆ قُبْرُص . قُبرُس
Cyprian. قبرُصي
To obtain from. ☆ قَبَسَ . اقتبَسَ منه
To learn; acquire knowledge. — . — العلمَ
To quote; cite. اقتبس ٢ عبارةً
Firebrand; live coal. قَبَس . مِقباس
Quotation; citation. اِقتباس
To take a pinch. ☆ قَبَصَ
A pinch. قَبْصة
To grasp; hold; take hold of. ☆ قَبَضَ الشيءَ
To constipate. — البطنَ
To depress. — الصدرَ
To receive money. — المالَ
To arrest; seize. — عليه
To let go; release. — يده عن
To pay (into another's hand). قَبَّضَ المالَ
To contract. — . قَلَّصَ
انقبَضَ . تَقَبَّضَ . تقلّص
To contract; shrink.
To be constipated. — البطنُ

Hat. قُبَّعَة

Wooden clogs. ٭ قَبْقَابٌ

To accept; receive. ٭ قَبِلَ . تَقَبَّلَ

To accept; believe; admit. — الكلامَ

To accept; agree or consent to. — الأمرَ

To guarantee; be surety for. — • قَبَلَ . ضمن

To approach; draw near. أقبَلَ الوقتُ

To come to. — اليه

To enter upon. — على الأمر

To kiss. قَبَّلَ . باس

To encounter; meet. قابَلَ . واجهُ

To be in front of; be opposite to. — • كان امامه

To compare one thing with another. — كذا بكذا

To return evil for evil. — الشرَّ بالشرِّ

To accept; receive. تَقَبَّلَ

To meet. تقابلَ الرجلان

To meet; receive. إستقبلَ

To face; confront. — • واجه

Before; previously. قَبْلُ

....than before. • — من ذي

Heretofore; formerly. قَبلاً

Power; ability. قِبَل . مقدرة

He owes me a debt. لي — ه دينٌ

He came from my brother. أتاني من — أخي

A kiss. قُبْلَة

Kiblah; prayer niche. قِبْلَةُ المصلّي

South. ○ قِبْلِيٌّ . جهة الجنوب

Southern ○ — • جنوبي

Before; in front of; opposite to. قُبالَةَ

Midwifery. قِبالةٌ

Acceptance. قَبُولٌ . ضد رفض

Consent; approval — • رِضىً

Reception. — • اخذٌ

Welcome; kindly reception. — • ترحاب

Prosperity. — • اقبال. يُسر

Guarantor. قَبيلٌ . ضامن

Like that. من هذا الـ — . مثل هذا

With respect to this. من هذا الـ — . (الخصوص)

Tribe. قَبيلة

Accepting. قَابِلٌ . ضدّ رافض

Capable of. — ان

Subject to. — لكذا

Obstetrician: man midwife. — • مولِّد

Receptacle. قابلة . وعاء
Midwife. — . مولِّدة
Inclination; proneness. قابليَّة . استعداد
Appetite — . شهيَّة
Arrival. إقبالٌ . وصول
Good demand. — . رواج
In demand. عليه — . رائج
Reception. إستِقبالٌ . لقاء
The future. — . مستقبل
Reception room. غرفة الـــ .
Coming. مُقبِلٌ
Next month. الشهر الـــ .
Accepted. مَقبُولٌ . قُبِلَ
Acceptable. — . يُقبَلُ
Agreeable; pleasant. — . مرضٍ
In front of; opposite to. مُقابِل . تجاه
Against. — . تلقاء
Return. — . عِوَضٌ
In return. في — ذلك
Meeting. مُقابَلَةٌ . ملاقاة
Comparison — . مقارنة
The future. مُستَقبِلٌ
To weigh (with a steelyard.) ٭ قَبَّنَ

Steelyard قَبَّانٌ . ميزان القبّاني

Weighing charges. قِبانَة . اجرة الوزن
The trade of a weigher. — . عمل القبّاني
Public weigher; weighmaster. قَبَّانيٌّ
Vault. ٭ قَبْوٌ
To vault a building. قَبَا البناءَ
An outer garment. قَبَاءٌ
٭ قبَّة (في قبب) ٭ قتّ (في قتت)
Pack-saddle. ٭ قَتَبٌ . قِتْبٌ
Hunch; hump. ٥ — . حدبة
Hunchbacked ٥ مقوتب . احدب
To interpret falsely. ٭ قَتَّتَ . قَتَّ
Slanderer. قَتَّاتٌ
Wild cucumber. ٥ قَثَّه . قِثاءٌ
To be parsimonious to. ٭ قَتَرَ . قَتَّرَ . أَقْتَرَ على
To be reduced to poverty. أَقْتَرَ ٢ . قلّ ماله
Parsimony; illiberality. قَتْرٌ . تَقتير

Desperate. مُسْتَقْتِلٌ
To darken; blacken. * قَتَّمَ . سَوَّدَ
Darkness. قُتْمَةٌ . قَتَامٌ
Blackness. — . — . سوادٌ
Dark; black قَاتِمٌ
Pitch-black. اسود — .
Wild cucumber * قِثَّاءٌ
A whore; prostitute. * قَحْبَة
Pure; real. * قُحٌّ . صميم
To be withheld * قَحِطَ المطرُ
To be rainless. — . أقحَطَ العامُ
Drought. قَحْطٌ . امتناع المطر
Dearth; famine. — . مجاعة
To gulp; swallow up. * قَحَفَ . اقْتَحَفَ
To sweep away. — . جرف
Skull; brainpan. قِحْفٌ
To dry up; wither * قَحِلَ . تَقَحَّلَ
Dryness; aridity. قَحْلٌ . قُحولَة
Dry; arid قَحِلٌ . قاحِلٌ
To rush, or plunge, heedlessly into. * قَحَمَ في
To push into. قَحَّمَ . أقْحَمَ في
To rush into اقْتَحَمَ الأمرَ

Parsimonious. قَاتِرٌ . مُقَتِّرٌ
To kill. * قَتَلَ
To abate, or mitigate, the violence of... — الجوعَ (مثلاً)
To commit suicide. — نفسه
To fight (*with* or *against*.) قَاتَلَ
To fight; combat with one another. تَقَاتَلوا . اقْتَتَلوا
To endanger, or stake, one's life. إسْتَقْتَلَ
To fight desperately. — في العراكِ
Killing. قَتْلٌ . اعدام الحياة
Murder. — عَمْدٌ او عمديٌّ
Suicide; self-murder. — الذاتِ . انتحار
Battle; fight. قِتَالٌ
Deadly; mortal. قَتَّالٌ . قَتُولٌ
Killed. قَتِيلٌ . مَقْتولٌ
Killing. قَاتِلٌ
Murderer; assassin. — متَعَمِّد
Deadly; mortal; fatal. — . مميت
Vital organ, or part, of the body. مَقْتَل
Battle-field مُقْتَتَلٌ
Combatant; warrior. مُقاتِلٌ

To compare. —— كذا بكذا
To enable. —— . أقْدَرَ على
To be decreed (fate). تَقَدَّرَ
Quantity; amount. قَدْرٌ . كَمِّيَّة
Degree. —— . درجة
Value; worth. —— . قيمة
Predestination; fate; destiny. قَدَرٌ
By fate and accident. بالقضاءِ والقَدَر
Pot; cooking-pot. قِدْرٌ
Earthenware jug. قَدَرَةٌ
Power; might. قُدْرَةٌ
Able. قادِرٌ . له قُدرة
Powerful; capable —— . قَدِيرٌ
The Omnipotent. القدير
Ability; power. إقتِدارٌ . قوّة
Ably; with great ability. باقتدار
Valuation; estimation. تَقْدِيرُ القيمةِ
Supposition —— . تخمين
Supposition; hypothesis. —— . فرض
Hypothetically. تقديراً
Implied; implicit. مُقَدَّرٌ
Fated; destined. —— عليهِ

To break into a place. —— المكان
Oxeye daisy. * قُحْوان . أُقْحوان
Just. * قَدْ (قد قامَ)
May; might. —— (قد يحضر)
To cut. * قَدَّ (في قدد)
To decry; detract from; dispraise. * قَدَحَ فيه
To slander; defame. —— في عرضه
To strike fire. —— واقْتَدَحَ النارَ
To cudgel one's brains —— . —— القريحة
Dispraise; censure. قَدْحٌ
Glass; drinking-cup. قَدَحٌ
* قَدَّدَ . قَدَّ . اقتدَّ To cut.
To cure meat. —— اللحمَ
Stature; figure. قَدٌّ . قوام
Size —— . قَدْر او حجم
Cured meat. قَديدٌ . لحم مقدد
To be able; can; could. * قَدِرَ . اقْتَدَرَ
To destine; decree for. قَدَّرَ اللهُ عليه
God forbid! لا —— اللهُ
To estimate. —— الثمنَ
To appreciate. —— قيمةَ الشيء

Sanctified; hallowed. مُقَدَّس. مُتَقَدِّس

Holy; sacred. — . طاهر

Palestine. الأرض الــ . فلسطين

Jerusalem, *or* The Temple البيت الــ .

The Holy Bible الكتاب الــ .

To come; arrive. ٭ قَدِمَ

To be old or ancient. قَدُمَ

To advance. قَدَّمَ

To offer; present. — . اعطى

To render a service. — خِدمةً

To introduce a person to. — شخصاً الى

To prefer to; give preference to. ـــهُ على

To dare; venture. أقدَمَ على

To undertake courageously. — على الأمر

To precede; go before. تَقَدَّمَ القومَ

To advance. — . ضدّ تأخَّرَ

To come before — بين يديه

To ask to come. إستَقدَمَ

Foot. قَدَمٌ . رِجْلٌ

Oldness. قِدَمٌ . ضِدّ حداثة

Antiquity. — . عتاقة

Olden times. — . قِيدَمٌ

Before. قُدّامُ . ضدّ بعد

Decreed; predestinated. — . مَقدور

Valuer; estimator. مُقَدِّر

Pessimist. — السوء

Power; ability. مَقدِرَةٌ

Quantity; amount. مِقدارٌ

A great deal. — عظيم

As much as. بمقدار ما

Able; capable. مُقتَدِرٌ . قَوي

Wealthy. — . غَني

To be holy. ٭ قَدُسَ

To hallow; sanctify قَدَّسَ

To say the mass. ٥ — الكاهنُ

Sanctuary. قُدسٌ

The Holy of Holies. — الأقداس

Jerusalem الــ . بيت المقدس

The Holy Spirit. رُوحُ الــ .

Mass; service. قُدّاس

Holiness; sacredness. قَدَاسَة

Holy. قُدُّوسٌ . قِدِّيس

The Holy One. الــ . الله

Saint. قِدِّيس ٢ . وَلِيّ

Stanctification. تَقدِيسٌ

Sanctuary. مَقدِسٌ

Jerusalem. بيت الــ .

In front of. ـــ . تجاه . امام

Coming; arrival. قُدُومٌ

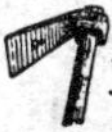

قَدُومٌ . قَدُّومُ النجّار ←Adz; adze.

Intrepid; daring; courageous. ـــ . جَرِيء

Old. قَدِيمٌ . ضدّ جديد

Ancient. ـــ . عتيق

The Eternal. الـــ . الله

Formerly; of old; in olden times. في الـــ . قديماً

Coming; arriving. قَادِمٌ

Next month. الشهرُ الـــ

Older. أَقْدَمُ . اكثر قدماً

More ancient. ـــ . اعتق

Senior. ـــ مركزاً او مقاماً

The ancients. الأقدمون . القُدَماء

Seniority. اَقْدَمِيَّة . اسبقية

Intrepidity; courage. إِقْدَام

Advance. تَقَدُّمٌ . ضدّ تأخُّر

Progress. ـــ . نجاح

Priority; precedence. ـــ . اسبقيّة

Present; offer. تَقْدِمَة . هدية

Offering; oblation. ـــ . قربان

Advancing. تَقْدِيم . ضد تأخير

Presenting; offering. ـــ . اهداء

Oldness; ancientness. تَقَادُم

Front part; forepart. مُقَدِّم . مُقَدَّمٌ

In advance; beforehand. مُقَدَّماً

Front part; forepart. مُقَدَّمَة . مُقَدِّمَة

Advance guard. ـــ . ـــ الجيش

Preface. ـــ الكتاب

Premise. ـــ منطقيّة

Intrepid; daring; courageous. مِقْدَامٌ

Advanced. مُتَقَدِّمٌ . ضدّ متأخر

Advancing; progressing. ـــ . ناجح

Aforementioned. الـــ ذِكْرُهُ

Example; model. * قُدْوَةٌ

To imitate; follow. إِقْتَدَى بهِ

Imitation: following the example of. إِقْتِدَاءٌ

Mote. * قذاة (في قذي)

To be dirty; unclean. * قَذِرَ

To soil; make dirty or filthy. قَذَّرَ

Dirt; filth. قَذَرٌ . وسخ

Dirtiness. ـــ . قَذَارَة

Dirty; unclean; filthy. قَذِرٌ

To fling; cast; throw	* قَذَفَ الشيءَ وبه
To defame.	— الرجلَ وفي حقّهِ
To libel.	— في حقّهِ بالنشر
To row.	— ه قَذَّفَ. جذّف
Throwing; hurling.	قَذْفٌ
Defamation.	—. سبّ
Libel.	— علني (بالنشر)
Defamatory.	قَذْفي
Projectile; missile.	قَذيفةٌ. مَقذُوفٌ
Oar; paddle.	مِقْذَفٌ. مِقْذاف
Mote; speck.	* قَذًى. قَذَاة
To be very cold.	* قرّ (في قرر)
To read; peruse.	* قَرَأَ
To read to.	— عليه الدرسَ
To study under a teacher.	— العلمَ على
To salute; greet.	أقرأهُ السلامَ
To ask one to read.	اِسْتَقْرَأَ
To investigate; search into.	— الأمرَ
Reading; perusal.	قِراءَةٌ. مطالعة
Recital.	—. تلاوة
The Korân.	القُرْآن الشريف
Reader; reciter.	قارِئٌ
Read.	مَقْرُوءٌ. مَقْرِيٌّ
Readable	—. يُقْرَأ
	* قراح (في قرح) * قراصيا (في قرص)
	* قِران (في قرن) * قرآن (في قرأ)
To be near.	* قَرُبَ
To approach; come near to.	—ه ومنه. اقترَبَ
To approach; draw near.	— . — الوقتُ
To bring nearer.	قَرَّبَ
To approach; be close upon, or near to.	قارَبَ
To be on the point of.	— ان
To approach; go near to.	تقرَّبَ اليه
To be near one another.	تَقارَبَ الشيئان
To find near.	استقربَ
Nearness; closeness	قُرْبٌ
Near to.	بقربِ. بالقربِ من
From a short distance.	عن قُرب
Offering; oblation.	قُربانٌ
Waterskin.	قِرْبَةُ الماءِ
Sheath; scabbard.	قِراب
Relation; relationship; kin.	قَرابَةٌ. قُرْبَى
Near.	قَريبٌ. ضدّ بعيد

Relation; relative; kinsman. — . نسيب
Recent; new. — العهد
In the near future. في الـ العاجل
Soon; before long; shortly. قريباً . عن قريب
Boat; small boat; skiff. قارِبٌ
Nearer. أقرَب
Approximation. تقريبٌ
Nearly; almost. تقريباً . بالتقريب
Approximately. — . بوجه التقريب
Approximate. تقريبي
Saddlebow. ☆ قَربُوسُ السرج
To ulcerate; become ulcerous. ☆ قَرِحَ . تقرَّحَ
To improvise. اقترحَ . ارتجل
To make a suggestion. — . عرَضَ رأياً
To enjoin; command. — عليه
Ulcerated; ulcerous. قَرِحٌ . متقرِّح
Ulcer; sore. قُرحَةٌ
Pure; limpid. قَرَاحٌ
Natural disposition. قَرِيحَة . طبع

Genius; talent. — . فكر
Suggestion; proposition. اقتِرَاح
Ulcerated; ulcerous. مُقرَّح . مُتَقَرِّح
Ape; monkey. ☆ قِردٌ . ميمون

White egret. أبُو قِردَان
Tick. قُرْدٌ . قُرَاد (الواحدة قرادة)
Monkey trainer. قَرَّادٌ
To be infested with ticks. أقْرَدَ الـكلبُ
To make *another* confess, or acknowledge ☆ قَرَّرَ
To determine to — في نفسه أن
To state. — . ذكر
To settle; establish; fix. — . أقَرَّ . وطّد . ثبّت
To delight أقَرَّ عينه
To admit; own. — بخطاه
To acknowledge; confess; avow. — . اعترف
To be very cold. قَرَّ اليومُ
His eyes were delighted. — ت عينه

Prunes: dried plums. قَرَاسْيا
Piaster. ٭ قِرْشٌ . غرشٌ
Shark. — . قريشٌ . كلب البحر
Moneyed; rich. ٥ مُقَرِشٌ . ذو مالٍ
To pinch. ٭ قَرَصَ لحمه او اذنه
To make dough into flat loaves.. قَرَّصَ العجينَ
Disc; flat disc. قُرْصٌ
Cake. — . قُرْصَة
A pinch. قَرْصَةٌ
A sting. — . لذعة
Prunes; dried plums. قراصيا
Gross. ٥ قَروصَة (١٢ دسته)
Piracy. ٭ قَرْصَنَة
Pirate; corsair. قُرْصَان
To compose poetry. ٭ قَرَضَ الشِعرَ
To clip; cut off; shear. — . قَصَّ
To gnaw; bite; nibble at. — . قَرَّضَ . اكل
To lend: advance أَقْرَضَ
To borrow. اِقْتَرَضَ
To become extinct; die out; perish. اِنْقَرَضَ
Loan. قَرْضٌ

To settle. اِسْتَقَرَّ
To decide upon. — رأيه على كذا
To be established, fixed. تَقَرَّرَ
Cold; chilly. قَرٌّ . قَارٌّ . بارد
Cold; chill. قُرٌّ . قِرَّةٌ . برد
Water cress. قُرَّةٌ . جرجير الماء
Delight of the eye. — العين
Bottom; foundation. قَرَارٌ
Decision. — في مسألة
Refrain. — في الموسيقى
The lasting abode. دارُ الـ..
Content; delighted. قَرِيرُ العين
Continent. قَارَّةٌ . يَبَسٌ
Vial, or flask. قَارُورَةٌ
Confession; avowal; acknowledgment اِقْرَارٌ . اعتراف
Establishing; settling. — . تَقْرِيرٌ
Report. تقرير ٢ . بيان
Abode; abiding place. مَقَرٌّ . مُسْتَقَرٌّ
Settled: fixed; stable. مُسْتَقِرٌّ . ثابت
Established; fixed. مُقَرَّرٌ
To be severe, or intense, (cold.) ٭ قَرِسَ البردُ
Chilly; freezing. قَارِسٌ

Shares and stocks. القراطيسُ المالية
To crop; cut off the tips, of. ٭ قَرْطَمَ
Safflower seed. قُرْطُمٌ
Oats. قُرْطُمَان . جُلبّان
To eulogize; commend; praise. ٭ قَرَّظَ . مَدَحَ
To review a book. — الكتابَ
Eulogy; commendation. تَقْرِيظٌ
Review of new books — الكتبِ
To knock at a door. ٭ قَرَعَ البابَ
To ring a bell. — الجرسَ
To beat a drum. — الطبلَ
To become bald. قَرِعَ الرجُلُ
To become bare. — المكانُ . خلا
To scold; chide; rebuke; rate. قَرَّعَ
To fight, quarrel with. قارَعَ . ضارب
To cast lots; draw lots or cuts, for. تقارعوا واقترعوا على
Knocking; beating. قَرْعٌ . دَقٌّ
Gourd —. نوع من اليقطين
Pumpkin. ◘ — ضروف . يقطين

Clothes moth. قَرْضَة . قَرَّاضَة
Clippings; cuttings. قُراضَة
Scrap iron. ◘ حديد —.
Poetry. قَرِيض
Corroding; gnawing; biting. قَارِضٌ
Rodent. حيوان —.
Lending; advancing إقْرَاضٌ
Borrowing. إقتِرَاضٌ
Extinction. إنْقِرَاضٌ
Pair of scissors. مِقْرَاضٌ . مقص
Shears. — . بجز
Extinct; extinguished. مُنْقَرِضٌ
To mince; chop up. ٭ قَرَطَ . قَرَّطَ
To be illiberal with. قَرَّطَ عليه
To tighten. ◘ — الرباطَ . شدَّهُ
Ear-ring. قُرْطٌ ◘ حَلَقٌ
Trefoil. — . برسيم
Inch. قِيرَاطٌ . عرضُ الأصبع
Carat. — . (٤ حبات)
Lisper. أَقْرَطُ اللسانِ
Paper; sheet of paper. ٭ قُرْطاس

Sick; disgusted.	٥ قَرْفَان . جائش النفس
Perpetration; committing.	اِقْتِرَافٌ
Perpetrator: one who commits a crime.	مُقْتَرِفٌ
To squat.	٭ قَرْفَصَ . قعد القُرْفُصاء
Squatting	قُرْفُصى . قُرْفُصاء
To cluck.	٭ قَرَقَت الدجاجةُ
Clucking.	قَرْقُ الدجاجة
To coo.	٭ قَرْقَرَ الحمامُ
To rumble in the bowels.	— البطنُ
To crunch	٥ قَرْقَشَ
Crisp biscuit.	قَرْقوشَة
To gnaw.	٥ قَرْقَضَ . قرضَ
Punch and Judy.	٥ قَرَقُوز ٥ كَرَكوز
Police station.	٥ قَرَقول
To nibble food.	٭ قَرَمَ الطعامَ
To bite	٥ — . كَدَمَ . عضَّ
To plaster.	٭ قَرمَدَ الحائط
Tiles, or red bricks.	قِرْمِيدٌ
Crimson.	٭ قِرْمِز
Kermes: cochineal.	دودة الـ .
Crimson; deep red.	قِرْمِزي
Vegetable marrow.	٥ — كوسى
Baldness.	قَرَعُ الرأسِ
A knock.	قَرْعَةٌ . دقَّة
A gourd.	— . واحدة القَرْعِ
Lot.	قُرْعَةٌ . سهم
Ballot ball or ticket.	— . ماتلقيه لتعيين النصيب
To cast lots.	القى الـ .
Calamity.	قَارِعَة . داهية
Middle of the road.	— الطريق
Baldheaded.	أَقْرَعٌ . اصلع
Bare.	— . مجرَّد . اجرد
Drawing lots.	اِقْتِرَاعٌ
Scolding; chiding.	تَقْرِيعٌ
Scourge; whip.	مِقْرَعَةٌ . سوط
Rod; ferule.	— المعلم
Knocker; rapper	— الباب
To peel off.	٭ قَرَفَ . قَرَّفَ . قشر
To nauseate: sicken.	٥ — ٥ — . جشأ النفس
To feel sick.	٥ قَرِفَ . عافَ
To perpetrate; commit.	اِقْتَرَفَ
Canella; — bark.	قِرْفَةٌ

Scarlet fever. الحمّى القرمزية
ه قَرْمَشَ الخبزَ. To make crisp.
Crisp, or short, bread. عيش مقرمش
* قَرْمُوطٌ Sheatfish.
* قرميد (في قرمد) Red bricks.
* قَرَنَ الشيءَ بالشيءِ To join one thing to another.
ه قَرَّنَ الفولُ To produce pods.
قَارَنَ . صاحبَ To associate with.
— بين الشيئين To compare one thing with another.
أَقْرَنَ بين. To join together.
— . إِسْتَقْرَنَ الدمَّلُ To maturate; ripen; come to a head.
إِقْتَرَنَ بالشيءِ To be joined or connected with.
— بالمرأةِ To marry; wed; be married to.
قَرْنُ الحيوان Horn.
— الفول وامثاله Pod; capsule.
— . مائة سنة Century.
— . عصر . جيل Age; generation.

وحيد القرنِ Rhinoceros.

قَرْنِيَّةُ العينِ Cornea of the eye.
قِرْنٌ Equal; like; peer.
قُرْنَة Corner; projecting angle.
قِرَانٌ . اقْتِرَانٌ Marriage: wedding.
قَرِينٌ . صاحب Associate; mate.
— . زوج Husband.
قرينة . زوجة Wife.
— الكلام Context.
أَقْرَنُ Horned.
مَقْرُون . مُقْتَرِن Joined; connected.
مقترن٢ . متزوّج Married.
مُقَارَنَة Comparison.
ه قَرْنَبِيط . قُنَّبِيط Cauliflower.
* قَرَنْفُل . نبات وزهره Pink.
— ه كبش قرنفل Clover.
قرنفلي اللون Pink coloured.
ه قَرُوصَة (في قرص) Gross.
* قَرَى الضيفَ To entertain a guest.
قَرْيَة Village.
— النمل Ant-hill.
قَرَوِيّ Villager; rustic.
أُمّ القُرَى Metropolis.
* قريحة (قرح) * قزّ (قزز)
* قزان (قزن) Boiler.

To pay by instalments. — الدين

Justice; equity. قِسْطٌ . عدلٌ

Part; portion. — . حصَّة

Instalment; part payment. — . دفعة

Just; equitable. مُقْسِطٌ

Balance; weighing-machine. ☆ قُسْطاس

Water-pipe ☆ قَسْطَلٌ . أُنبوب الماءِ

To divide. ☆ قَسَمَ . قَسَّمَ

To be destined to. — الله عليه كذا

To share. قاسَمَ . اقْتَسَمَ . تقاسَمَ

To take an oath. أَقْسَمَ

To swear by God. — بالله

To be divided. اِنْقَسَمَ . تَقَسَّمَ

Part; division. قِسْمٌ . جزء

Portion; share. — . حِصَّة

Oath. قَسَمٌ . يمين

Division. قِسْمَةٌ . تَقْسِيمٌ

Fate. — . نصيب

Division. — . (في الحساب)

Short division. — بسيطة

Long, or compound division. — مركبة

Quotient. خارج الـــ

Sharer; participant. قَسِيمٌ

To embellish. ☆ قَزَّحَ . زَيَّنَ

Rainbow. قَوْسُ القُزَحِ

Iris of the eye. قُزَحِيَّةُ العينِ

To feel sick. ☆ (قزز ☆) . قَزَّ . تَقَزَّزَ

Silk. قَزٌّ

Silkworm. دودة الـــ

Silkmerchant. قَزَّازٌ

Glass. ٥ قِزَازٌ . زجاج

Bottle. ٥ قِزازَة . زجاجة

Nausea; qualm. تَقَزُّزٌ

Limping. ☆ قَزَلٌ . عرجٌ

Dwarf; pigmy. ☆ قَزَمٌ . صغير الجسم

Boiler; steam-boiler. ٥ قَزَان . مرجل

☆ قس (في قسس) ☆ قساوة (في قسو)

To force; compel. ☆ قَسَرَ . ارغم

Compulsion; constraint. قَسْرٌ . إرغام

Constrainedly; by force; forcibly. قَسْراً

Priest; clergyman. ☆ قَسٌّ . قِسِّيسٌ

Ministry; priesthood. قُسُوسَة

To be equitable; act justly. ☆ قَسَطَ . أَقْسَطَ

To distribute. قَسَّطَ . فرَّق

Cream.	☆ قِشْدَةٌ ○ قشطة
Custard apple.	— • نباتٌ وثمرهُ
To peel; skin.	☆ قَشَرَ . قَشَّرَ
To peel an orange.	— البرتقالة .
To pare an apple.	— التفاحة
To shell nuts, eggs, etc	— اللوز والبيض
To be peeled, skinned, shelled, etc	تَقَشَّرَ . انْقَشَرَ
To peel off.	— الجلدُ
Rind: skin: peel.	قِشْرُ الثمر
Shell.	— الجوز والفول والبيض
Husk; shuck.	— الحبوب
Bark.	— العود والشجر
Scales.	— السمك . حرشف
Peeled; skinned; shelled, etc.,	مُقَشَّرٌ
To gather food from here and there.	☆ قَشْشَ . قَشَّ الطعامَ
To sweep.	○—○—• كنس
To collect; gather.	قَشَّ ٢ . لَمَّ
Straw.	○ قَشٌّ . وَقَشٌّ
Rustle; rustling.	قَشِيْشٌ
Gleanings.	قُشَاشي . لقاطة الحقل
Sweepings.	— • كناسة
Broom.	○ مِقَشَّة . مكنسة
Divisor.	قاسِمٌ (في الحساب)
Highest common denominator.	الــ المشترك الأعظم
Lowest common denominator.	الــ المشترك الأصغر
Division.	تَقْسِيمٌ
Divided.	مُقَسَّمٌ . مَقْسُومٌ
Dividend.	مقسوم ٢ (في الحساب)
Divisor.	— عليه
Divider.	مُقَسِّمٌ . الذي يقسم
Dispenser of fortunes.	— الحظوظ
Cruelty; inclemency.	☆ قُسْوَةٌ . قَساوَة
To be hard.	قَسَا
To be hard upon.	— معه وعليه
To harden: indurate.	قَسَّى . أَقْسَى
To endure; suffer.	قاسَى
Hard; solid.	قاسٍ . صلبٌ
Severe.	— • شديد . عَنيف
Cruel; merciless.	— • لا يرحَم
Hard-hearted.	قاسي القلب
☆ قسيس (في قسس) ☆ قش (في قشش)	
Venom; poison.	☆ قَشَبٌ . سُمٌّ
New; brand new.	قَشِيبٌ . جديد
Clean.	— • نظيف

Abstemious. مُتَقَشِّفٌ
Chappy. ○ مُتَقَشِّف . اشرث
To be penniless. ○ قَشِلَ . افلس
Penniless قَشْلَان . مفلس
Government hospital. قَشْلَة
Barracks ○ قُشْلَاق . ثكنة الجنود
☆ قصا (في قصو) ☆ قصٌّ (في قصص)
Reeds; canes. ☆ قَصَبٌ
Gold threads. ○ — . خيوط الذهب
Sugar-cane. — السكّر
A reed; cane. قَصَبَة
Bone of the nose. — الأنفِ
Capital. — البلادِ
Windpipe. — الرئةِ
Shin. shin bone. — الرِّجْلِ
Gullet; œsophagus; esophagus. — المريءِ
A broken reed. — مرضوضة
Egyptian pole. ○ — . مقياس
Pipe; tube. — . قَصَّابَة انبوبة
Butcher. قَصَّابٌ . جزّار
Land-surveyor. ○ — الأراضي
Butchery. قِصَابَة . جزارة
Brocaded. ○ مُقَصَّبٌ
To go to; repair to. ☆ قَصَدَ الرجلَ واليهِ

To take off; strip off. ☆ قَشَطَ عنه
To skim cream. — القشدةَ
To strip. قَشَّطَ . نزع
To strip; rob. ○ — . نهب
Cream. ○ قِشْطَة . قشدة
To disperse. ☆ قَشَعَ . أَقْشَعَ . شتت
To dispel. — . — . بدّد
To be dispersed; dispelled. اِنْقَشَعَ . تَقَشَّعَ
To shiver. ☆ قَشْعَرَ . اقْشَعَرَّ
To shudder. ○ — . — بدنه
To make *one* shudder; make the blood creep. يُقَشْعِرِ البدنَ
Shudder. قُشَعْرِيرَةٌ . ارتعاد
Feverish shivering. — الحُمّى
To be wretched. ☆ قَشُفَ . تَقَشَّفَ
To lead an abstemious life; live like a hermit. تَقَشَّفَ ٢ . ضدّ تنعّم
○ — ○ قَشَفَ الجلدُ . شرِثَ
To chap (as hands.)
Abstemiousness. قَشَفٌ . تَقَشُّفٌ
Chapping of the skin. ○ — الجلدِ . شرَث
Crust (of bread.) ○ قِشْفَة الخبز . قشرة

Tin; plumber's solder. ٭ قِصْدِيرٌ

To be short. ٭ قَصُرَ

To fall short; miss. قَصَّرَ . قَصَرَ عن

To bleach. — . النسيجَ

To be remiss. — في الأمرِ

To shorten; make short. — . ضدّ طوّل

To confine; limit. قَصَرَ ٢ . حبس

To be content with. اِقْتَصَرَ على

To regard as short. اِسْتَقْصَرَ

Palace; castle. قَصْرٌ . منزل كبير

Shortness; smallness. قِصَرٌ . خلاف الطول

Laziness; slothfulness. قُصُورٌ . كسلٌ

Negligence; remissness. — . تقصير

Minority; the state of being under age. سِنّ القصور

Inertia. القصور الذاتي (الطبيعة)

Utmost of one's power. قُصَارٌ . قُصَارى

This is the utmost of your power to do. قُصارك ان تفعل هذا

The long and the short of it. قُصارى الأمر

To intend; purpose. — . نوى

To mean; intend. — . اراد

To economise. — . اِقتَصَدَ

To kill on the spot. نَقَصَّدَهُ

To be severe with; be dead set against. ه —ـه

Intention; purpose. قَصْدٌ

Intentionally; on purpose. عن — . قصداً

Unintentionally. بدون — .

In good faith. بحُسْنِ — .

In bad faith. بسوءِ — .

A poem. قَصِيدَة

One who intends, means, goes, etc., قَاصِدٌ

Legate of the Pope. — رَسولي

Economy. اِقْتِصادٌ . ضدّ تفريط

Frugality; thrift — . تدبير النفقة

Economics. علم الاقتصاد

Political economy. علم الاقتصاد السياسي

Economical. اِقتصاديّ

Economist. — . مُقْتَصِدٌ

Intention; design. مَقْصَدٌ

Intended: meant. مَقْصُودٌ

Bleacher; fuller. قَصَّارُ الأقمشة

قَصِيرٌ. ضدّ طويل Short.

Small; short. — القامة

Minor; under age قاصِرٌ

○ قَصْرِيَّة. أصيص Flowerpot.

○ — . مبْوَلَة Chamber-pot.

Emperor قَيْصَرٌ

Cæsar — الرومان

Kaiser; emperor. — الألمان

Shortening. تَقْصِيرٌ. ضدّ تطويل

Shortcoming; neglect of duty; remissness. — . إهمال

Negligent; remiss. مُقَصِّرٌ . مهمل

Falling short. — . متأخر

Shortened. مَقْصُور. مُقَصَّرٌ

Limited; confined — . محدود

Closet. مَقْصُورَة

✿ قَصَّصَ . قطع To clip, or cut, much

قَصَّ To cut with scissors or shears.

— . إقْتَصَّ الخبرَ To narrate; relate; tell over

— . — تَقَصَّصَ الأثرَ To track; follow the tracks of; trace.

إقْتَصَّ منهُ. قاصَّهُ To punish.

قَصٌّ بالمقص Cutting off; clipping.

— الأخبارِ Narration; relating.

— . عظمُ الصدرِ Breast-bone.

قُصَاصَة Cuttings; clippings.

قصاصات ورق Scraps of paper.

قِصَاصٌ . عقاب Punishment.

قِصَصِيٌّ Novelist; writer of fiction.

قِصَّة Story; tale.

قُصَّة Forelock.

مِقَصٌّ Scissors; a pair of scissors.

— الغنم . مجز Shears.

مَقْصُوص Cut off; clipped; shorn.

○ — . قُصَّة الصدغ Earlock.

✿ قَصَعَ . ابتلع To gulp; drain.

— المنصلَ . وثأ To sprain a joint.

Trencher. قَصْعَةٌ

٭ قَصَفَ الرعدُ To roar; resound; rumble.

— . كسَرَ To snap: break short.

إِنْقَصَفَ . انكسرَ To be broken short.

قَصِفَ العودُ To be brittle.

قَصْفٌ . كسْر Breaking off.

— . دويٌ Roaring; report.

— الرعد Peal of thunder.

قَصِفٌ . قَصِيفٌ Brittle; easily broken.

مَقْصَفٌ Refreshment-room; buffet.

٭ قَصَمَ . كسَرَ To snap; break short.

تَقَصَّمَ . انْقَصَمَ To be broken.

قَصِمٌ . قَصِيمٌ Brittle; easily broken; fragile.

٭ قَصْوٌ . قَصَاءٌ Remoteness.

قَصِيٌّ . قَاصٍ Remote; far away; distant.

قَصِيَ . قَصَا To be distant.

— . — . تَقَصَّى عنهم . ابتعد To go far away from.

تَقَصَّى ٢ . إِسْتَقْصَى الأمر To explore; examine thoroughly.

٭ إِستقصَى ٢ عن To inquire about.

أَقْصَى . أبعدَ To send far away.

أَقْصَى . ابعدُ More distant.

— . غاية Extreme: utmost; uttermost.

— . آخر Extreme limit; end.

الأقصى . الأبعد The most distant.

إِسْتِقْصَاءٌ Research: investigation; inquiry.

٭ قصيدة (في قصد) ٭ قض (في قضض)

٭ قضاء (في قضى) Execution.

٭ قَضَبَ . قضَّبَ الشجرَ To prune.

إِقْتَضَبَ To curtail; cut off.

قَضِيبٌ Stick.

— . عصا Rod; stick; staff; wand.

— سكة الحديد Rails.

إِقتضابٌ . ارتجال Improvising.

٥ — . اختصار Abridgment; shortening.

مُقْتَضَبٌ . مرتجَل Improvised; extempore; off-hand.

٥ — . مختصر Curt; short.

٭ قَضَضٌ . قِضَّةٌ Pebbles.

بقضّهم وقضيضهم Bag and luggage.

To pierce. قَضَّ . ثقَبَ

To pull down; destroy; demolish. — . هدّم

To be rough or hard. — . أقضّ المضجع

To swoop down. إنقضّ الطائر

To fall upon. — عليهم . هجَم

* قَضِمَ To gnaw; nibble at.

* قَضَى . قضى العمل To execute; carry out; do.

— وطره To accomplish one's desire.

— الواجب To do or perform a duty.

— الدَّين To pay a debt.

— الوقت To spend time.

— على الشيء To spend; exhaust.

— على الأمر . ابطله To put an end to.

— على . اعدم To destroy; kill.

— عليه . حكم عليه To sentence; condemn; pass judgment upon.

— عليه بالاعدام To sentence to death.

— عليه . اوجب To necessitate; make necessary or incumbent upon.

— بين الخصمين To give judgment; pass sentence.

— وقدّر على To decree for; destine for.

قُضِيَ . انقضى To be executed, done, etc.,

— الأمر The die is cast; it is all up.

— امره To be all over with.

قاضى To prosecute; bring action against.

إنقضى To be executed, done, performed, carried out, etc.,

إقتضى To require; demand; need.

قضاء . انجاز Execution; carrying out; accomplishment.

— . قضيّ Judgment; sentence; decision.

— وقدر Fate; destiny.

بالقضاء والقدر By act of God; by fate and destiny.

قضيّة . دعوى Case.

— . مسئلة . امر Matter; affair.

— علمية Proposition.

قاضٍ Judge.

— التحقيق Examining judge.

The magnates of political circles. أقطاب السياسة

Polar. قُطبي

A stitch. ¤ قُطبة خياطة

Scowling; frowning. قَطُوبٌ . قاطِبٌ

All without exception. قاطِبةً

To place in a line or file. ✿ قَطَرَ . قطّر

To distil. — . — الماءَ

To tow a boat; tug; haul along. ¤ — المركب

To drip; fall in drops. — . تقطّرَ الماءُ

To distil; extract by distillation. إستقطرَ

To come in succession. تقاطرَ القومُ

Dropping; falling in drops. قَطْرٌ

Rain. — . مطرٌ

Towing. ¤ — المراكب

Train; railway train. قطارُ سكة الحديد

Passenger train. — الركاب

Express train. — سريع

Goods train. — البضائع

A train of camels. — من الابل

Supreme judge; chief justice. — القضاة

Money; funds. — الحاجات

Deadly poison. سُمٌّ قاضٍ

Finishing stroke, death-blow. الضربةُ القاضية

Need; exigency. إقتِضاءٌ

Termination; expiration; end. إنقِضاءٌ

Executed; done; performed; accomplished etc, مَقضِيٌّ

Required; needed; necessary. مُقتَضًى

According to; in conformity with. بـ — كذا

Litigation; judicial contest. مُقاضاة

Litigants. متقاضونَ

✿ قضيب (في قضب) ✿ قطٌّ (في قطط)

✿ Sand grouse. قطاة (في قطو)

To gather; collect. ✿ قَطَبَ

To scowl; knit the brows; bend the brow; frown. — . قطّبَ

To stitch up; sew together. ¤ — ¤ — . رتق

Axis; pivot. قُطبٌ . محور

Pole. — الأرض

Polestar. نجم القُطبِ

To cut.	٥ قَطَعَ
To cut off; amputate.	—: بَتَرَ
To cross: traverse.	—. عبَرَ
To cover a distance.	— المسافة
To despair.	— الرجاء
To carry on highway robbery	— الطريق
To deprive of.	— عن. حرم من
To affirm; assert positively.	— في القول
To take a ticket.	٥— تذكرةً
To discount a bill.	٥— الكمبيالة
To cut to pieces.	قَطَّعَ
To scan poetry.	— الشِعْرَ
To cut; renounce.	قاطَعَ . أقْطَعَ عنه . باينه
To interrupt.	— الكلامَ والعملَ
To boycott.	— (في التجارة)
To make one cross a river.	أقطعَ ٢ النهرَ
To grant land to, as a fief.	ـه الأرضَ
To grant a pension.	ـه معاشاً
To be cut.	قُطِعَ . إنْقَطَعَ
To cease.	انقطعَ ٢ المطرُ والصوتُ
To desist from.	— عن

Region.	قُطْرٌ
Diameter.	— الدائرةِ
Diagonal.	— المربّع او المستطيل
Radius.	نصف قطر الدائرة
A drop.	قَطْرَةٌ . نقطة
Eyedrop.	— العين . دمعة
Eyewater; collyrium.	٥— العين
Tar; coal tar.	قِطْرَانٌ
Distillation.	تقطيرٌ . إستقطارٌ
To cut; form or shape by cutting.	٥ قَطَّطَ . نحتَ
To nib a pen; mend the point of a pen.	قَطَّ . اِقْتَطَّ القلمَ
To pare, or shave off, a hoof.	— حافرَ الدابة
Only.	قَطْ . فقط . لاغير
Never; not.	قَطُّ . ابداً
Cat; tomcat.	قِطّ
Wild-cat.	— برّي
She-cat; female cat.	قِطَّةٌ
Kitten; young cat.	قُطَيْطَةٌ

To apply oneself solely to.	— الى
To take a part.	إقْتَطَعَ
To be separated.	تَقَاطَعَ
To intersect.	— الخطّان
Cutting.	قَطْعٌ . تقطيع
A cut.	—. مكان القطع
Amputation.	—. بَتْرٌ
Size; form.	—. حجم
Despair.	— الرجاء او الأمل
Section.	—. قِطْع (في الهندسة)
Hyperbola.	— . — زائد
Conic section.	— . — المخروط
Parabola.	— . — مكافئ
Ellipse.	— . — ناقص
Decidedly.	قَطْعاً
Definite; final.	قَطْعِيٌّ . نهائي
Decisive; positive.	—. بَتِّيّ
Cutting; sharp.	قاطِعٌ . حادٌّ
Decisive.	—. باتٌّ
A secant, or cutting, line.	—. خطٌّ يقطع غيره
Highwayman; bandit; brigand.	— الطريق
Incisor.	سِنّ — .
Sector.	قطاعُ الدائرة
Retail.	¤ قَطَّاعِيّ . مفرّق
By retail.	بالـ . بالمفرّق
Retailer.	تاجرُ الـ . سِلَّمِي
Piece; part.	قِطْعَةٌ . جزء
Segment of a circle.	— الدائرة
A piece cut off.	قُطْعَةٌ . ماقُطِع
Flock; herd.	قَطِيعٌ
Estrangement; repudiation.	قَطِيعَةٌ . هجران
Fief; land assigned to a vassal.	—. إقطاعة
Federal.	إقطاعيّ . التزامي
Interruption; break.	إنقِطاعٌ . ضدّ اتصال
Cessation.	—. توقُّف
Incessantly; unceasingly.	بدون — .
Cutting.	تَقْطِيعٌ . قطْع
Intersection.	تَقَاطُع الخطوط
Intersection line.	خطّ الـ .
Intersection point.	نقطة الـ .
Crossing.	مَقْطَعٌ
Syllable.	— هجائي

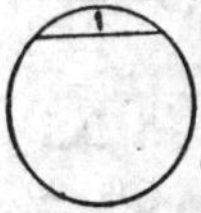

Cutting instrument. مِقْطَعٌ
Cut into pieces. مُقَطَّعٌ
Cut. مَقْطُوعٌ
Despairing; hopeless. — مِنْهُ
Repudiation مُقَاطَعَة. مباينة
District; province. — . اقليم
Interruption. — الكلام والعمل
Boycotting. — تجاريّة
Separated; detached. مُنْقَطِع . مَقطوع
Devoted to. — لكذا
To cull flowers. ✿ قَطَفَ . اِقْتَطَفَ الزهرَ
To pluck; gather; pick. — . — الثمر والزهر وغيرها
The time of gathering fruit. قِطَافٌ . اوان قطف الثمر
Velvet. قَطِيفَةٌ . مَخْمَل
Basket. مَقْطَفٌ . قُفَّة
To bite. ✿ قَطَمَ . عضَّ
To lop off. — . قطعَ
Bit; mouthful. ¤ قَطْمَة . كَدْمه
To inhabit a place. ✿ قَطَنَ في المكانِ وبه
Lumbar region. قَطَنٌ
Cotton. قُطْنٌ
Inhabitant; dweller. قاطِنٌ

Cord; string; lace. ¤ قِيطَان . بريم
Pumpkin. يَقْطِينٌ
Toddler. ✿ قَطْوان
Sand grouse. قَطاة
✿ قطينة (في قطف) ✿ قعّ (في قمع)
To sit down. ✿ قَعَدَ . جلسَ
To remain. — . أَقْعَدَ . بقيَ
To seat; cause to sit down. أقعدَ ٢ . اجلسَ
To detain; keep back, or from. — ه وقَعَّدَهُ عن
To desist, or cease, from. تَقَاعَدَ عن
To retire. — . اعتزل الأعمال
A sitting. قَعْدَةٌ . جَلسة
Place occupied by sitting. — . قِعْدَةٌ
Lazy; idler. قُعَدَة . قُعديّ
Sitting. قُعُودٌ
Sitting. قاعِدٌ
Lazy; sluggard. — الهمَّة
Base. قاعِدَةٌ . مرتكز
Basis; foundation. — . اساس
Rule; regulation. — . قانون
Model. — . مثال ¤ مَشق
Capital. — البلاد
Retirement. تقاعُد

Desert; waste. قَفْرٌ
Hive; bee-hive. قَفِيرُ النحلِ
Desolation. إِقْفار
Desolate; deserted. مُقْفِر
To leap; jump. ٭ قَفَزَ
Leaping; jumping. قَفْزٌ
A leap; a jump. قَفْزَةٌ
Glove. قُفَّازٌ ◘ جوانتي
Cage. ٭ قَفَصٌ
— ◘ سَبَتٌ
Basket; wicker basket; panier.
To dry up. ٭(قفف). قَفَّ . يَبُسَ
To stand on end. — الشعرُ
Basket. قُفَّةٌ
To shiver from cold. ٭ قَفْقَفَ
To return. ٭ قَفَلَ . رجعَ
To close; shut. ◘ — . أَقْفَلَ
To lock. اقفَلَ٢ . قَفَّلَ
Padlock. قُفْلٌ
Lock. قُفْلٌ
Caravan. قَافِلَةٌ

Retired pension. مَعاشُ الـــ
Retired; pensioner. مُتَقَاعِدٌ
Seat. مَقْعَدٌ
Infirm; decrepit. مُقْعَدٌ
To be deep. ٭ قَعُرَ . كان عميقاً
To deepen; make deep. قَعَّرَ . قَعَرَ . عمَّق
To make concave. — . جوَّف
To speak gutturally. — . تقعَّر في الكلام
Bottom. قَعْرٌ . قاعٌ
Deep. مُقَعَّرٌ . عميق
Concave; hollow and curved — . ضدّ محدَّب
To be pigeon-breasted. ٭ قَعِسَ
To delay; linger. تَقَاعَسَ
To clatter; clash; rattle ٭ قَعْقَعَ السلاحُ
Magpie. قُعْقُعٌ . عَقْعَق
Clatter; clash; rattle. قَعْقَعَةُ السلاحِ

٭ قفّ (في قفف) ٭ قفا (في قفو)

To follow the tracks of. ٭ قَفَرَ . اِقْتَفَرَ الأثرَ
To be desolate. أَقْفَرَ المكانُ
To make desolate; lay waste. — المكانَ

To be changed.	تَقَلَّبَ . تغيَّر
To be turned over.	— . تحوَّل
Turning; changing.	قَلْبٌ . تغيير
Heart.	— . فؤاد
Heart; mind.	— . عقل
Pertaining to the heart.	قَلبيٌّ . مختص بالقلب
Hearty; sincere.	— . من القلب
Heartily; sincerely.	قلبيًّا
Mould; form.	قَالِبٌ السبكِ
Last; boot-last.	— الأحذية
Sugar loaf.	— سُكَّر
Change; alteration.	اِنْقِلاَبٌ
Revolution.	— سياسي
Solstice.	— شمسي
Turning over.	تَقَلُّبٌ . تحوُّل
Change; alteration.	— . تغيُّر
Inconstancy.	— . عدم ثبات
Vicissitudes of time.	تقلبات الدهر
Turned over; reversed; inverted.	مَقْلُوبٌ
Upside down.	بالمقلوب
Changing.	مُتَقَلِّبٌ

Shut; closed; locked.	مُقْفَلٌ
Following in the track of.	☆ قَفْوٌ واقْتِفَاءُ الأثر
To follow the tracks of.	قَفَا . اِقْتَفَى اثره
To rhyme; put into rhyme.	قَفَّى الكلام
Nape; back part of the neck.	قَفاً . قَفاء
Occiput; back part of the head.	— و — الرأس
Back.	— . ظهر
The wrong side.	— الثوب
Rhyme.	قَافِيَة . سَجْع
Rhymed prose.	كلامٌ مُقَفًّى
Cardamom.	قاقُلَّة . (قفل)
☆ قل (في قلل) ☆ قلا (في قلو)	
Screw.	☆ قلاوظ (في قلظ)
To turn; turn over.	☆ قَلَبَ . قَلَّبَ . ادار
To change; alter.	— . — . حوَّل . غيَّر
To overturn; upset.	— . رمى
To turn the stomach of: sicken.	— المعدة
To be turned, changed, altered.	اِنْقَلَبَ
To turn upon.	— عليه

Hawser; cable. قَلْسٌ . حبلٌ ضخم

Eel. انْقليس (بلغة سوريا)

To move away. ٭ قَلِصَ وتَقَلَّصَ الظل

To fall into the shade. —— . —— ظِلّه

To shrink. —— . —— الثوبُ

Hydrocele. ٭ قَلَطٌ . أدرة

Screw. (٭ قلظ ٭) ▫ قلاووظ

Screw-nail. ▫ مسمار —— .

To uproot. ٭ قَلَعَ . اِقْتَلَعَ . استأصل

To pull out. —— . —— . انتزع

To sail; set sail. أَقْلَعَ المركبُ

To leave off; desist from. —— عن كذا

Sail. قِلْعُ السفينةِ

Citadel; fortress. قَلْعَةٌ

Stone pit; quarry. مَقْلَعُ الحجارة

Sling. مِقْلاَعٌ

To strip the bark from. ٭ قَلَفَ الشجرةَ

To caulk a ship. —— وقَلَّفَ السفينة

Bark; rind. قِلْفٌ . قُلاَفَةٌ

Prepuce; foreskin. قَلَفَةٌ . قُلْفَةٌ

Caulking. قِلاَفَةُ المراكبِ

To put a necklace on the neck of. ٭ قَلَّدَ

To gird with a sword. ——هُ السيفَ

To invest with office. ——هُ منصباً

To copy; imitate. ——هُ في كذا

To forge; counterfeit. ▫ —— . زيَّفَ

To wear a necklace. تَقَلَّدَ

To gird oneself with a sword. —— السيفَ

To take up arms. —— السلاحَ

To take upon oneself. —— الأمرَ

To copy; imitate. —— بفلان

Necklace. قِلاَدَةٌ

Copying; imitating. تَقْلِيدٌ

Tradition. —— . التعاليم المنقولة

An imitation. ▫ —— . شيء مقلَّد

Spurious; counterfeit; false مُقَلَّدٌ

Traditional. تَقليدي . نقلي

The management of affairs. مقاليد الأمور

The Red Sea. ٭ قُلْزُمٌ . بحر القلزم

To bow to. ٭ قَلَّسَ لهُ . انحنى

To poke fun at. ▫ —— عليه

To be disturbed, agitated or troubled.	٭ قَلِقَ
To disturb.	أَقْلَقَ
Disturbance; agitation; restlessness	قَلَقٌ
Disturbed; troubled.	قَلِقٌ
Egyptian potato.	٥ قُلْقاس
To stir; move; shake.	٭ قَلْقَلَ
To be moved, shaken, or stirred.	تَقَلْقَلَ
Agitation; moving; shaking.	قَلْقَلَة
Shaking; unsteady.	مُقَلْقَلٌ . مُتَقَلْقِلٌ
To diminish; lessen.	٭ قَلَّلَ . أَقَلَّ
To carry; bear.	قَلَّ الشيءَ . حمله
To become less or smaller.	— . ضدّ كَثُرَ
To be little or small.	— . كان قليلاً
To be scarce.	— . نَدَرَ
To be less than.	— عن
Scarcely; rarely.	قَلَّما (قلّ ما)
To lift up; carry.	إِسْتَقَلَّ . رفع وحمل
To find small or little.	— الشيءَ
To be independent.	— . كان مستقلاً
Top; summit.	قُلَّةٌ . قِمَّةٌ
Jug; pitcher.	— . جرة كبيرة
Water-cooler.	٥ — الماءِ
Littleness; smallness.	قِلَّةٌ
Scarcity; rarity.	— وجود
Plural of paucity.	جمع الـ
A monk's cell.	قِلَّيْة الراهب
Patriarchate.	— . قَلاَّية
Little; small.	قَلِيلٌ . ضدّ كثير
Few.	— العددِ
Scarce; rare.	— الوجودِ
A little; some.	قليلاً . ضدّ كثيرا
Scarcely; seldom.	— . نادراً
Little by little.	— قليلاً
Less.	أَقَلُّ . ضدّ اكثر
Smaller.	— . اصغر
Less; lower; inferior.	— . احطّ
The least.	الأقلّ
At least.	على الـ
Minority.	اقلّية
Independence.	اسْتِقْلالٌ
Lessening.	تَقْلِيلٌ

To fry (meat, eggs, etc.)	٭ قَلَى . قَلاَ
To roast.	—.—. حمّص
Alkali.	قِلْيٌ . قِلى
Alkaline.	قِلْوي
Monk's cell.	قَلاَّيَة . صومعة
The Coptic Patriarchate.	ם — الأقباط
Frying pan.	مِقْلى. مقلاة
Fried, or roasted.	مَقْلِيٌ . مُقَلّى
٭ قليل (في قلل) ٭ قار (في قر)	
٭ قاش (في قش) ٭ قامة (في قم)	
Wheat.	٭ قَمْحٌ
A grain of wheat.	قَمْحَة
Grain.	—. وزن
Corn chandler.	قَمَّاحٌ
To gamble.	٭ قَمَرَ . قَامَرَ
To toast, or grill, bread.	ם قَمَّرَ الخبز
To be moonlight.	أقمرَ الليل
To gamble with one another.	تَقَامَروا
Moon.	قَمَرٌ
Sheeted apricot.	ם — الدين
The sun and moon.	القمران
Lunar.	قَمَريٌ
Lunar month.	شهر —.

Independent.	مُسْتَقِلٌ
To pare; cut off (nails, etc.)	٭ قَلَّمَ. قلمَ الأظافرَ
To prune; trim (trees)	—. — الشجر
To stripe.	ם —. خطّط
Pen	قَلَمٌ
Pencil.	— رصاص
Reed pen.	— بَسْط
Fountain pen.	— حِبر
Slate pencil.	— اردواز
Style.	—. نَصٌ
Writing.	—. كتابة . خط
Stripe.	ם —. خَطٌ مستطيل
Office; department.	ם —. مكتب
Parings.	قُلاَمَةٌ
Scarcely; rarely.	قلّما (قَلَّ ما)
Region; district; province.	إقْلِيمٌ . منطقة
Climate.	ם —. مُناخ
Pruned; trimmed.	مُقَلَّمٌ (الشجر)
Pared; cut off.	— (للأظافر)
Striped	ם —. مخطّط
Pen-case.	مِقْلَمَةٌ
Cap; cowl.	٭ قَلَنْسُوَةٌ

Moonlight night. قَمْرَاء . مُقْمِرَة
Turtledove. قُمْرِيّ
Glazier. ◦ قِمِرَاتِي . زجاجي
Gambling; play. قِمَارٌ . مُقَامَرَة
Gambler; player. قَمِيرٌ . مُقَامِر
Toast. ◦ مُقَمَّرٌ (خبزٌ)
To skip; leap lightly. ✲ قَمَزَ
To dip; immerse. ✲ قَمَسَ . غمس
Ocean. قَامُوسٌ . بحر عظيم
Dictionary. — . مُعْجَم
Gazetteer. — جغرافي
To collect the rubbish. ✲ قَمَشَ
Strap; whip. قَمْشَة
Trash; rubbish. قُمَاشٌ . نفاية
Stuff; woven material. — . نسيج
House furniture. — البيت . امتعه
To gallop. ✲ قَمَصَ . ركض
To spurn; kick or toss up the heels. — . وثب ونفر
To wear a shirt. تَقَمَّصَ . لبس قميصاً
To transmigrate. — الروح
Archpriest. قُمُّصٌ

Shirt. قَمِيص
Transmigration. تَقَمُّص
To swaddle. ✲ قَمَطَ . قَمَّطَ
To swathe; to bind tightly. ◦ — . عصب
Swaddle; swaddling cloth. قِمَاطٌ
Swaddled. مُقَمَّطٌ
To subdue; suppress. ✲ قَمَعَ . أقْمَعَ
To suppress a rebellion. — . — الثورة
Suppression. قَمْعٌ . كبْحٌ 
Funnel. قِمَعٌ
Cuplet. — الثمرة
Cigarette end. — السيكارة
Sugar loaf. — سكّر
Scent bottle. ✲ قُمْقُمٌ
To complain; grumble. تَقَمْقَمَ
To be infested with lice. ✲ قَمِلَ . قَمَّلَ
Lice. قَمْلٌ
A louse. قملة
Lousy; infested with lice. قَمِلٌ . مُقَمَّلٌ
To dry. ✲ قَمَّمَ . جفّف
To sweep. قمّ . كنس

Top; summit. قِمَّةٌ

Sweepings. قُمَامَةٌ . كناسة

Worthy of; meriting. ٭ قَمِنٌ . خليق . جدير

Kiln; oven. قَمِينٌ . قَمِينَة

Limekiln. — . — الجير

Brickkiln. — . — الطوب

٭ قمّة (في قمم) ٭ قميص (في قمص)

٭ قنّ (في قنن) ٭ قناة (في قنو)

Hemp. ٭ قُنَّبٌ

Twine; pack thread. خيط الـ .

Lark. ٭ قُنْبُرٌ (الواحدة قُنْبُرَة)

Shell; bomb; bombshell ٭ قُنْبُلَةٌ

Cauliflower. ٭ قُنَّبِيط ٥ قرنبيط

Candy. ٭ قَنْدٌ . عسل

Sacristan. ٥ قَنْدَلَفْت

Lamp. ٭ قِنْدِيلٌ . مصباح

Night-light. ٥ — ٥ نوّاصة

To hunt. ٭ قَنَصَ . اِقْتَنَصَ

Hunting. قَنْصٌ . اقتِنَاصٌ

Game. قَنَصٌ . قَنِيصٌ

Hunter. قَنَّاصٌ . قَانِصٌ

Gizzard. قَانِصَة ٥ قونصة

Consul. ٥ قُنْصُلٌ . وكيل دولة

Consulate. قُنْصُلِيَّة ٥ قُنصلاتو

To despair. ٭ قَنِطَ

To drive into despair; discourage. قَنَّطَ

Despair قَنَطٌ . قُنُوطٌ

Bridge; viaduct. ٭ قَنْطَرَة

— . عَقْدٌ Arch.

Cantar; hundredweight. قِنْطَارٌ

Centaury. قِنْطَارِيُون

Arched; vaulted. مُقَنْطَرٌ .

To be satisfied or content with. ٭ قَنِعَ . اِقْتَنَعَ بكذا

To be convinced or persuaded. — . — اذعن

To veil the face. قَنَّعَ الوجهَ

To satisfy; content. أَقْنَعَ . ارضى

To convince; persuade. — . حمل على القبول

To mask one's face. تَقَنَّعَ بالقناع

To veil her face. — ت المرأة

Satisfied; content. قَنِعٌ . قنوع . قانع

Satisfaction; content. قَنَعٌ . قَنَاعَة

Veil; face veil. قِنَاعٌ

Mask. — . وجه مستعار

Conviction. اِقْتِنَاعٌ

Tube; duct. — . انبوب. مجرى
Canal. — . ترعة
Rivulet; runlet. — ه قناية
Dark red. — . احمر — قانٍ
Possessor; owner. — . مُقْتَنٍ
Aquiline; hooked. أقنى
Acquired; possessed. مُقْتَنًى
Bottle. ٭ قنّينة (في قنن)
To subdue; vanquish. ٭ قَهَرَ . غلب
To compel; oblige. — . اجبر
Conquering; vanquishing. قَهْرٌ . غلبٌ
Compulsion; coercion. — . إجبار
Forcibly; by force; coercively. قهْراً
Conqueror; victor. قاهِرٌ
Cairo القاهِرةُ
The Almighty. اَلقهّار
Conquered. مَقْهُورٌ . مغلوب
Forced. — . مُجْبَر
Butler, or steward. ٭ قَهْرَمان
Housekeeper. قَهْرَمانَة
To retreat; retire. ٭ قَهْقَرَ . تَقَهْقَر

Convincing. مُقْنِعٌ
Veiled, or masked. مُقَنَّعٌ
Hedgehog. ٭ قُنْفُذٌ . قُنْفُدٌ
Porcupine. (الكبير) — . —
Canal. ٥ قنال . قناة
To make, enact or prescribe laws. ٭ قَنَّنَ القوانينَ
Serf. قِنٌ . عبد
Hencoop. قُنٌ الدجاج
Summit; top; peak. قُنَّةُ الجبلِ
Bottle; glass ←bottle. قِنِّينَةٌ
Law. قانُونٌ . شريعة
Rule; regulation. — . نظام
Legal; lawful. قانوني . شرعي
Regular. — . منتظم
Lawyer. — . متشرّع
Acquisition; possession. ٭ قَنْوٌ . قُنْوَةٌ . اِقتناء
Acquisition; property. قِنْيَةٌ . ماتقتنيه
To acquire; gain. قنا . اِقْتَنَى . حصل على
To possess; own. — . — . امتلك
Spear; lance. قَنَاةٌ . رُمْح

Retreat; moving backwards. قَهْقَرَى . تَقَهْقُرٌ

To give a loud laugh; laugh noisily or coarsily. ☆ قَهْقَهَ

A loud burst of laughter. قَهْقَهَةٌ

Coffee-beans. ☆ قَهْوَةٌ . بُنٌّ

Coffee. — . شرابُ البُنّ

Coffee-house. ◘ — . مجتمع قهوي

Coffee-house keeper. ◘ قَهْوَجي

A young bird; chicken. ☆ قُوبٌ ◘ كتكوت

Ringworm; tetter. قُوبَاءُ

Quantity; measure. قَابٌ . مقدار

Within a bowshot. على — قوس

Food; victuals. ☆ قُوتٌ

To feed; nourish. قَاتَ . أَقَاتَ

To feed on; live on. اِقْتَاتَ . تَقَوَّتَ الشيء

To eat. — . — بالشيء

Nourishing. مُقِيتٌ . مُغَذٍّ

To lead; guide. ☆ قَوَّدَ . قَادَ . اقتادَ

To be led or guided. اِنْقَادَ . اقْتَادَ ٢

To obey; yield to. — له

A leading rope. قِيَادٌ . مِقْوَدٌ

Leadership. قِيَادَةٌ . قَوْدٌ

Lead; guidance. — . — . ارشاد

Leader; guide. قَائِدٌ . مرشد

Commander of an army. — الجيشِ

Submission; yielding. اِنْقِيَادٌ

A leading rope. مِقْوَدٌ

A halter. — الحصانِ

Led; guided. مَقُودٌ . مُنْقَادٌ

To make a hole in the middle of. ☆ قَوَّرَ . اِقْتَوَرَ الشيء

To scoop; excavate; hollow out. — . — الحَارة

Pitch; liquid pitch; tar. قَارٌ . زِفْت

Scooped; hollowed out. مُقَوَّرٌ

Gouge. قَوَّارَةٌ . مِقْوَرَةٌ

Cossacks. ◘ قُوزَاق

Lamb. ◘ قُوزِي . حَمَلٌ

To be bent. ☆ قَوِسَ . قَوِسَ . تَقَوَّسَ

To bend. ◘ — . قَوَّسَ

To shoot; fire at. ◘ — . اطلقَ النارَ على

A bow. قَوْسٌ

Arc. — الدائرةِ

Rainbow. — قُزَح

Archer; bowman. قَوَّاسٌ

Cavass; armed attendant. ◦ — ◦ بَسْنجي

Strap. ◦ قَوْشٌ

Razor-strop. قَايِشُ الموس

To demolish. ✱ قَوَّضَ . قاضَ

To fall down; go to ruin. تَقَوَّضَ . إِنْتَقَضَ

Pottle; a small basket for fruit. ✱ قَوْطَةٌ ◦ بقوطي

Tomatoes. ◦ — ◦ طَماطم

Plain; low land. ﴿ قوع ﴾ . قَاعٌ

Bottom. ◦ — . قعر

River bed. ◦ — النهرِ

Hall. قَاعَة الدارِ . باحتها

To cackle. ✱ قَوْقَتْ . قاقَت الدجاجة

A tall hat; hood. قاووق

Sea-shells. ✱ قَوْقَعٌ

قَوْقَعَةٌ ← Snail.

To attribute to a person something he did not say. ✱ قَوَّلَ

To say; speak. قَالَ

To profess a doctrine. — بكذا

To speak against. — عليهِ

To say about. — فيهِ

To bargain. قَاوَلَ . ساوم

To argue. — . جادل

To make a contract. ◦ — . عاقَدَ

Gossip; idle talk. القَال والقيل

Saying; statement. قَوْلٌ . كلام

Proverbial saying. — مأثور

One who says. قَائِلٌ

Said; stated. مَقُولٌ

Article; treatise. مَقَالَة

Contractor. ◦ مُقَاوِل . ملتزم

Argument. مُقاوَلَة . جدال

Contract. ◦ — على عمل

Cob of maize. ✱ قولحة الذُرَة

Colic; gripes. ◦ قُولَنْج . مَغْصٌ

Colon. ◦ قَوْلون

To straighten; make right or correct. ✱ قَوَّمَ الشيء

People; nation. قَوْمٌ
National. قَوْمِيٌّ
Straightness; directness. قَوَامٌ . اعتدال
Consistency. — . كثافة
Stature; figure. — . طول القامة
Straight; right. قَوِيمٌ
Figure; form. قَامَةُ الانسانِ
A fathom. — . ستة اقدام
Rising. قَائِمٌ . ناهض
Standing; erect; upright. — . منتصب
Right-angled. — الزاوية
Lieutenant colonel. — مقام
Post; pillar. قَائِمَةٌ . عمود
Leg; foot. — الدابة والمائدة الخ
Catalogue. — . فهرس
List. — . بيان
A right angle. زاوية قائمة
Guardian; curator. قَيِّمٌ . وليّ امر
Value; worth; price. قِيمَةُ الشيء
Amount; quantity. — . مقدار
Guardianship. قِيَامَة . وصاية
Resurrection. — . بَعْث
Raising. إِقَامَة . رفع

To estimate. — . قدَّرَ القيمة
To rise; stand up. قَامَ . ضدّ قعد
To rise; become erect. — . انتصب
To arise; get up. — من نومه
To rise, or revolt, against — على
To support one's family. — على عياله
To undertake. — بالأمر
To perform; do. — بالعمل
To perform; carry out; do. — بالواجب
To keep one's promise. — بوعده
To take the place of. — مقامه
To oppose; resist. قَاوَمَ
To raise. أَقَامَ . رفع
To appoint. — . نصَّبَ
To stay; remain. — . مكثَ
To perform religious service. — الصلاة
To take action against; raise a case. — الدعوى على
To protest — الحجّة
To keep to; stick closely to. — على كذا
To be or become straight, direct. اسْتَقَامَ

Establishing. —. ايجاد او تأسيس
Stay; sojourn. —. مكوث
Residence; dwelling place. محل الـ
Straightness. إستقامة. اعتدال
Uprightness. —. انتصاب
Rectitude; uprightness. — الأخلاق
Reformation; correction. تَقْوِيم. تهذيب
Valuation; estimation. —. تقدير القيمة
Calendar. — السنة
Geographical dictionary; gazetteer. — البلدان
Place; situation. مُقَام. موضع
Standing; rank. مَقَام. منزلة
Denominator. — الكسر
Resisting; opposing. مُقَاوِم
Opponent; adversary. —. خصم
Opposition; resistance. مُقَاوَمَة
Straight; direct. مُسْتَقِيم
Upright. —. منتصب
Commission. ٥ قُومسيون
Commandant. ٥ قومندان
Contract. ٥ قُونترانو. عَقْد

* قونصة (في قنص) * قُوَّة (في قوى)
To be, become, or grow, strong. * قَوِيَ
To overcome. — على
To bear. — على الأمر
To strengthen. قَوَّى
To be or become strong. تَقَوَّى. اسْتَقْوى
Strength. قُوَّة. عكس ضعف
Power; ability. —. مقدرة
Violence; force. —. عَنف
Force of habit. — العادة
Force of will. — الاراده
By force; forcibly. بالـ.
Strong. قَوِيّ. ضدّ ضعيف
Powerful; mighty. —. قدير
Strengthening. تَقْوِيَة
Strengthening; fortifying. مُقَوٍّ
To make one vomit. * قَيَّأ. أقَاءَ
To vomit. قَاءَ. تَقَيَّأ
Vomiting. قَيْءٌ. قُيَاء
Emetic. مُقَيِّئ
* قيادة (في قود) * قيامة (في قوم)

٭ قِينَارٌ . قِيثَارَة	Guitar, (or lyre)
٭ قَيَّحَ . قَاحَ . تَقَيَّحَ	To suppurate.
قَيْحٌ	Pus; matter; suppuration.
٭ قَيَّدَ بالقيدِ	To fetter; chain.
— . ربط	To tie down; bind.
— . حصر	To limit; restrict.
— . سجَّل	To register.
قَيْدٌ . وثاق	Fetters; chains.
— . رباط	Bond; tie.
— . شرط	Stipulation.
على — الحياة	Alive; living.
قِياد . مِقْوَد (في قود)	
تَقْييدُ الأرجل	Fettering.
— . حصر	Restriction; limitation.
مُقَيَّدٌ	Tied; bound.
— . محصور	Limited.
— . مدوَّن	Registered.
٭ قِيرٌ . قَارٌ . قطران	Tar; pitch.
٭ قيراط (في قرط)	Inch.
٭ قَيرَوَان	Cyrene.
٭ قَيْسٌ . تَبَخْتُرٌ	Swaggering.
قِيَاس . كيل	Measurement; measuring.
— . مكيال	A measure.
— . تناسب	Comparison
— . قاعدة	Rule.
— منطقي	Syllogism.
قِياسي . ضد شاذ	Regular.
قَاسَ . تبختر	To swagger.
— . اقتَاسَ	To measure.
— الثوبَ	To try on.
وقِسْ عليه	And so forth.
قَايَسَ	To compare.
مِقْيَاسٌ	A measure.
مُقَايَسَة . تقدير	Estimation.
٭ قَيْسَرِي . كبير	Large; great.
٭ قيصر (في قصر)	Cæsar.
٭ قَيَّضَ له . قدَّر	To destine one to.
قَاضَ	To exchange for.
قَايَضَ	To exchange with.
تَقَيَّضَ . انقَاضَ	To crack; be broken.
قِياض . مُقَايَضَة	Exchange.
٭ قيطان (في قطن)	Cord.
٭ قَيْظٌ . شِدَّةُ الحر	Intense heat of summer.
□ — . امتناع المطر	Drought.
٭ قَيَّفَ أثره	To follow the tracks of.
قِيَافَةُ الأثرِ	Following the tracks.

Bearing; port. ٥ — . هَيئة
Dressy. ٥ — . حَسَنُ اللباس
Maple. * قَيْقَبٌ . اسمُ شجرٍ
It is said * قيل (في قول)
Midday nap; *siesta*. * قَيْلُولَةٌ
To take a midday nap. * قَالَ . تَقَيَّلَ
To say. (في قول) — . تكلم
To abrogate. أَقَالَ البيعَ
To raise from a fall. — من عثرةٍ
To depose. — من المنصبِ
To seek abrogation of a sale. إِسْتَقَالَ البيعَ
To resign. — من الخدمةِ
Abrogation. إِقَالَةُ البيع
Deposition. — . عزل
Resignation. إِسْتِقَالَة
* قيّم (في قوم) * قينة (في قوم)
Lady singer. * قَيْنَةٌ . مغنّية
Lady's maid. — . ماشطة
Cain. * قايينُ . اسم علم

﴿ ك ﴾

As; like. * ك . بمعنى « مثل »
You; thee — . ضمير المخاطَب
Your; thine.

To be sad. * كَئِبَ . اكْتَأَبَ
Sadness; gloominess. كَآبٌ . كَآبَةٌ
Sad; gloomy. كَئِبٌ . كَئِيبٌ . مُكْتَئِب
Glass; cup. * كَأْسٌ . قَدَحٌ
Death cup. — المنيّةِ او الحِمام
* كائن (في كون) * كابد (في كبد)
Cathedral. ٥ كاتدْرائيّة
Catholic. ٥ كاتوليكي ٥ كاثوليكي
* كاحِل (في كحل) * كادَ (في كيد وكود)
* كافأ (في كفأ) * كافحَ (في كفح)
* كافّة (في كفف) * كافور (في كفر)
* كالَ (في كيل) * كانَ (في كون)
As if; as though. * كَأَنَّ . كَأَنْ
* كانون (في كنن) * كاهن (في كهن)
India rubber. ٥ كاوتشوك
To make into a ball; conglobate. * كَبَّبَ
To capsize; upset. كَبَّ
To spill. ٥ — . دَهَقَ ٥ دلق
To fall prone or prostrate. أَكَبَّ . انْكَبَّ على وجهه
To be bent on; be intent on. — . — على امر
Ball of thread. كُبَّةُ الغزلِ
Plague. ٥ — . طاعون

To enlarge. كَبَّرَ. ضد صغَّر
To magnify. —. عَظَّمَ
To exaggerate —. بالغ
To stickle. كَابَرَ
To be proud or haughty تَكَبَّرَ. اسْتَكْبَرَ
To regard as great. استكبر الأمرَ
Pride; haughtiness. كِبْر. كِبْرِياء
Oldness; old age كِبَرُ السنِّ
Greatness; largeness. —. كُبْرٌ
Caper; caper bush. كَبَرٌ
Large; big; great. كَبِيرٌ ضد صغير
Great. —. عظيم
Old; aged. — السن
Enormity; great offence. كَبِيرَةٌ
Greater; bigger; larger. أَكْبَرُ
Older (than). — سنًّا (من)
God is great! الله اكبَرُ
The grandees. الأكابر
Pride; haughtiness. تَكَبُّر
Enlargement. تَكْبِيرٌ
Stickler. مُكَابِرٌ

Grilled or roasted meat. كَبَابٌ

ه كُبَّايَة. كوب
Tumbler; glass.
مِكَبُّ الخيطِ
Spool; reel.
Bent or intent on. مُكِبٌّ ومُنْكَبٌّ على
Rounded: conglobated. مُكَبَّبٌ
To stifle one's passion. ه كَبَتَ غيظه
Overcoat. ه كَبُّوت
To pull up; draw the reins. ه كَبَحَ الدابة
To check; restrain. —. ردع
Restraining; checking كَابِحٌ
Liver. ه كَبِدٌ. كِبْدٌ
Heart; interior. —. جوف
Middle; centre. —. وسط
Citron. كُبَّاد
To suffer; sustain. كَابَدَ. تَكَبَّدَ
To sustain, or suffer a loss. —. — الخسارَ
To grow old: become advanced in age. ه كَبِرَ في السن
To be older than كَبَرَ فلاناً
To increase: become bigger or larger. كَبُرَ. ضد صغر

Arrogant; haughty; proud. مُتَكَبِّر
Bridge. ٥ كُبْرِي (انظر جسر)
Sulphur. *كِبْرِيتٌ
Brimstone. — عمود
Matches. — . عود الثقاب
To press; squeeze. *كَبَسَ
To surprise; raid (a place). — المكانَ
To press much. كَبَّسَ
To massage. — . دلّك
Pressure. كَبْسٌ
Raid; surprise. كَبْسَة
Pickled; preserved كَبِيسٌ
Leap-year. سنة كبيسة
Nightmare. كَابُوسٌ
A press. مَكْبَسٌ
Pressed; compressed. مَكْبُوسٌ
Pickled. — بالخلّ والملح
Preserved (fruit). — بالسكر
To grasp with the hand. *كَبَشَ . تناول بجمع كفّه

Ram; male sheep. ↑ كَبْشُ ضَأْنٍ

Cloves. — قَرَنْفُل
A handful. كَبْشَةٌ
Hook; clasp. ٥ كُبْشَة
To fetter; chain. *كَبَلَ . كَبَّلَ
Fetters; chains. كِبْلٌ
Fettered; chained. مُكَبَّلٌ
A trip; a stumble. *كَبْوَةٌ
To trip; stumble. كَبَا . إِنْكَبَى
To grow dim. — النورُ
To become dull. — اللونُ
*كبوت (في كبت) *كتّ (في كتت)
Flax. *كتّان (في كتن)
To write. *كَتَبَ
To make one write. كَتَّبَ
To form troops into squadrons. — الجنودَ
To write to; correspond with. كَاتَبَ
To subscribe to. اِكْتَتَبَ في كذا
To write to one another. تَكَاتَبُوا
To ask one to write. اسْتَكْتَبَ
Writing. كَتْبٌ . كِتابَة
Book. كِتَابٌ . سِفر
Letter; message. — . خطاب

School book. — مدرسي

The People of the Book. اهلُ الـــ

Library. دارُ الكُتُبِ

Clerical. كِتابيٌّ

Clerial work. عَمَلٌ ـــ

School; elementary school. كُتّابٌ

Writing. كِتَابَة

Stationery. ادوات الـــ

Stationer. بائع ادوات الـــ

Bookseller. كُتُبيٌّ

Library. □ كُتُبْخانَة

Division of an army; battalion. كَتِيبَةٌ

Writer. كاتِبٌ . محرِّر

Clerk. ـــ . مَنْ عملهُ الكتابة

Subscription. اِكْتِتابٌ

Dictation. اِسْتِكْتَابٌ

School. مَكْتَبٌ . مدرسة

Office. □ ـــ . مكان ادارة العمل

Desk; writing desk. مَكْتَبَة

Bookstore; bookshop. ـــ . محل بيع الكتب

Written. مَكْتُوبٌ . مسطَّر

Letter; message. ـــ . خطاب

Correspondent. مُكَاتِبٌ

Correspondence. مُكَاتَبَة

To simmer. ٭ كَتَّتْ القِدْرُ

Simmering. كَتٌّ . كَتِيتٌ

Playing cards. □ كُتْشِينَه

A game at cards. لُعبة الـــ

To be cripple fingered. ٭ كَتِعَ

Cripple fingered. أَكْتَعُ اليدِ

One-armed person. □ ـــ بذراع واحدة

To pinion the arms behind the back. ٭ كَتَفَ . كَتَّفَ

To fold one's arms. تَكَتَّفَ

Shoulder. كِتْفٌ . كَتِفٌ

Having the hands tied. مَكْتُوفٌ . مُكَتَّفٌ

Having one's arms folded. مُتَكَتِّفٌ

Chick,—en. □ كَتْكُوتٌ . قُوبٌ

To collect into a ball. ٭ كَتَلَ . كَتَّلَ

Lump; mass. كُتْلَةٌ

To hide; conceal; keep, *from*. ٭ كَتَمَ

To stifle passion. ـــ الغضبَ

To deaden a sound. ـــ الصوتَ

To confide a secret to. استكتمه السرَّ

Concealing; hiding. كَتْمٌ . كِتْمَان
Secretary. كاتِمُ السرّ
Secrecy. تَكَتُّمٌ
Concealed; hidden. مَكْتُوم
Constipated. ٥— البطن
Soot; smut. ٭كَتَنٌ
Flax. كَتَّانٌ . نباتُ النيل
Linseed; flaxseed. بزرُ الـ.
Linen. خيوط او نسيج الـ.
Thick. ٭كَثّ (في كثث)
Nearness. ٭كَثَبٌ . قُرب
At a short distance. عن—.
Thickness; density. ٭كَثَثٌ
Thick; dense. كَثٌّ . كَثِيثٌ
To be much or many. ٭كَثُرَ
To be more than. — عن
To multiply; increase. — . تَكَاثَرَ
To multiply; increase in number. كَثَّرَ . أَكْثَرَ
To do much. اكثرَ . اتى بالكثير
To speak much. — في الكلام
To regard as much or many. إِسْتَكْثَرَ
To thank a person. ٥— بخيره

Much; a great quantity; a great deal. كِثْرَةٌ . كُثْرٌ
Multiplicity. — . ضدّ قلّة
Numerousness. — العدد
Plural of multitude. جمعُ الـ.
Abundant. كَثِيرٌ . وافر
Much. — المقدار
Many; numerous. — العَدَدِ
Much; abundantly. كثيراً
Often; very often. — ما
More than. أَكْثَر من
Most. — . معظم . أغلب
More and more. — فاكثر
Majority. اكْثَرِيَّة
Increase; growth. تكاثُر
Rich; wealthy. مُكْثِرٌ
To become thick or dense. ٭كَثُفَ . تَكَاثَفَ
To make thick or dense. كَثَّفَ
Thickness; density. كَثَافَة
Thick; dense. كَثِيفٌ
Catholic. ٥كَثُولِيكِيّ ٥ كاثوليكي
To cough. ٥كَحَّ . سعل
Cough. كُحَّة . سُعال

To paint the eyes with antimony. ٭كَحَلَ . كَحَّلَ

To apply salve to one's eyes. تَكَحَّلَ . اكْتَحَلَ

Eye powder. كُحْلٌ

Kohl; eye paint. — لتسويد الجفون

Antimony. حَجَرُ الـــ .

Black (eye). كَحِلٌ . كَحِيلٌ

A pedigree horse. فرس كحيل

Black-eyed. أَكْحَلُ (كَحْلاَء)

Ankle. كَاحِلُ القدمِ .

Alcohol. كُحُول . الكحول

Alcoholic. كُحُولِي

Eye-pencil. مِكْحَلٌ . مِكْحَال

A vessel for keeping kohl. مِكْحَلَةٌ

To exert oneself. ٭كدّ (في كدد)

To toil; lobour. ٭كَدَحَ

Exertion; drudgery. كَدْحٌ

To send away. ٭كَدَّ . طرد

To toil; labour. كَدَّ . تَعِبَ

To weary; fatigue. — . اتعبَ

Toil; labour; strenuous exertion. كَدٌّ

Diligent; laborious. كَدُودٌ

To be troubled. ٭كَدِرَ

To trouble. كَدَّرَ

To offend; displease. — . اغضبَ

To be troubled. تَكَدَّرَ . تعكّر

To be offended, displeased. — . غضب

Turbidness. كَدَرٌ . كُدْرَةٌ

Trouble. — . ازعاج

Troubled. كَدِرٌ

Troublesome. مُكَدِّرٌ

Troubled. مُكَدَّرٌ . معكّر

To heap up; pile. ٭كَدَسَ . كَدَّسَ

A heap; pile. كُدْسٌ

Heaped up. مُكَدَّسٌ

To give scantily. ٭كَدَى . أَكْدَى

Begging. كُدْيَة . استعطاء

So; thus; like this. ٭كَذَا

So and so. — وكذا

To lie; tell a lie. ٭كَذَبَ

To tell *one* a lie. — عليه

To accuse of lying; give the lie to. كَذَّبَ

To contradict. — القول

To contradict, or belie, oneself. — نفسه

Lie; falsehood. كِذْبٌ

A lie; a fib. كِذْبَةٌ . أُكذوبةٌ

False: unreal. كاذِبٌ
Liar. — . كَذَّابٌ . كَذُوبٌ
So; like this; thus ٭ كذلك
٭ كَرّ (في كرر) ٭ كراء (في كرى)
٭ كُرّات (في كرث) ٭ كراع (في كرع)
To afflict: distress. ٭ كَرَبَ
To be afflicted; be in agony اِكْتَرَبَ . انْكَرَبَ
Affliction; distress كَرْبٌ . هَمّ
Agony; anguish. — . غُصّة
Afflicted; distressed. مَكْروبٌ
Whip. ○ كُرْباج . سَوْط
Carbon. ○ كَرْبون . فحم
Carbonate. ○ كربونات
To put under, or in, quarantine. ○ كَرْتَنَ عليه
To be kept in quarantine. تَكَرْتَنَ عليه
Quarantine. كُرُنْتِينة
Cardboard: pasteboard. ○ كَرْتون
To be oppressed by grief. ٭ كَرَثَ الغمُّ فلاناً
To care for; pay attention to. اِكْتَرَثَ للأمرِ
Leek. كُرّاثٌ

Distressing. كارِثٌ
Disaster; calamity. كارِثةٌ
Care; notice. اِكْتِراثٌ
Necklace. ○ كِرْدان . قلادة
To jumble together. ٭ كَرْدَسَ
Cardinal. ○ كَردينال
To repeat. ٭ كَرَّرَ . اعاد
To refine; purify; rectify. ○— . نقّى
To recur; return. كَرَّ . عاد
To bear down upon; attack. — على العدوّ
To be repeated. تَكَرَّرَ
Charge; attack. كَرٌّ . كَرَّةٌ
Turn; time. كَرَّةٌ ٢ . مرّة
Return; recurrence. كُرُورٌ
Succession. — . تعاقُب
Repetition. تَكْرارٌ . تَكَرُّرٌ
Repeating. — . تَكْريرٌ
Repeatedly. تَكْراراً
Repeated. مُكَرَّرٌ . مُتَكَرِّرٌ
Multiple. — العدد
Refined; rectified. ○— . مُنَقّى
٭ كَرَزَ بالانجيلِ To preach the Gospel.
Cherry (fruit or tree). كَرَزٌ

Preaching the Gospel. كَرْزٌ . كِرَازة
Preacher. كارِزٌ
To dedicate: consecrate ٭ كَرَّسَ
Chair: seat كُرْسِيٌّ . مقعد
Capital. — المملكة
Armchair. — بمساند 
Cane chair. — خيزران
Book copy book. كُرَّاسَة . دفتر
Pamphlet — . رسالة
Dedication; consecration تَكْرِيسٌ
Dedicated; consecrated مُكَرَّسٌ
To shrivel: be drawn into wrinkles ٭ كَرِشَ . تَكَرَّشَ
Stomach: craw كِرْشُ الحيوان
Belly; stomach. ٥— . بطن
Tripe. — الطبخ ٥ كِرشه
To sip water. ٭ كَرَعَ
To belch. ٥ تَكَرَّعَ . تجشّأ
Foot; trotter. كُرَاع
٭ كَرَفْس Celery. 
كُرْكِيّ . كرك اسم طائر Crane.

Dredger; dredging machine. ٥ كَرَّاكَة
Still; distilling retort. ٥ كَرَّكة
Sketch: rough draught. ٥ كروكي . رسم تقريبي
Rhinoceros. ٭ كَرْكَدَّن
To repeat. ٥ كَرْكَرَ . كرر
To burst out laughing; roar with laughter. — في الضحك
Curcuma. ٥ كُرْكُمٌ . اسم النبات
Turmeric. — . اسم المسحوق
Punch and Judy. ٥ كَرَكُوز
To be precious ٥ كَرُمَ . كان نفيساً
To be generous — . كان كريماً
To honour كَرَّمَ . أَكْرَمَ
To feign to be generous. تَكَارَمَ . تكلف الكرم
To be kind; have the goodness. ٥— . تفضّل
Generosity; liberality. كَرَمٌ
Garden; orchard كَرْمٌ
Vineyard — العنب
Grapevine. كَرْمَة العنب
Vinedresser. كَرَّامٌ
Honour; respect; consideration. كَرَامَةٌ
Most gladly. حُبًّا وكرامة
Generous: liberal. كَرِيمٌ

Noble. — شريف

Precious stone. — حَجَرٌ

One's daughter. كَرِيمَةُ الرجُل

More generous. أَكْرَمُ

Respect; consideration. إِكْرَامٌ

Hospitality. — الضيفِ

For the sake of. إِكراماً لخاطرِهِ

Honorary. إِكرامي

Honouring. تَكْرِيمٌ

Honoured. مُكَرَّمٌ

A noble deed. مَكْرُمَةٌ

Cabbages. ٭ كُرُنْبٌ

Cornice. ○ كُرنيش

To hate; detest. ٭ كَرِهَ

To be hateful, detestable كَرُهَ: كان كَريهاً

To make *one* hate. كَرَّهَ

To force, compel. أَكْرَهَ

To feel aversion تَكَرَّهَ

Hatred. كُرْهٌ. كَرَاهةٌ

Detestable; hateful. كَرِهٌ. كَرِيهٌ

Bad smelling. كَرِيهُ الرائِحَةِ

Distasteful. — الطعمِ

Misfortune. كَرِيهَةٌ

Compulsion. إِكْرَاهٌ. إِلزام

Detested; hated. مَكْرُوهٌ

Digging. ٭ كَرْوٌ. حَفْرٌ

To dig. كَرَا (كَرْواً)

Sphere; globe. كُرَةٌ

Ball. — اللعبِ

Football. — القدمِ

Terrestrial globe. الـ الأرضية

Spherical; globular. كُرَوِيٌّ

Stone-curlew. ٭ كَرَوَانٌ

Cherubim. ○ كَرُوبيم

Caraway. ٭ كَرَوْيَا

To sleep; slumber. ٭ كَرِيَ (كَرًى)

To let out; hire out; rent. أَكْرَى

To rent; hire; take on hire. اِكْتَرَى. اِسْتَكْرَى

To hire a servant. — خادماً

To rent a house, land. — أرضاً او بيتاً

Sleep; slumber. كَرًى. نعاس

Rent; hire. كِرَاءٌ. أُجرة

Renting; hiring, or letting, out. إِكْرَاءٌ

Renting; hiring; taking on hire. اِكْتِرَاءٌ

Rented; hired; let مُكْتَرًى

○ كريز (في كرز) ٭ كَزٌّ (في كزز)

Coriander.	٭ كُزْبَرَة
Stinginess.	٭ كَزَزٌ
Dry ; shrivelled.	كَزٌّ
Close-fisted	— اليدين
Dress.	٭ كساءٌ (في كسو)
To gain; win; acquire.	٭ كَسَبَ . اِكْتَسَبَ . رج
To earn.	— . — . حصل على
To make one gain, win or earn	كَسَّبَ . أَكْسَبَ
Gaining; earning	كَسْبٌ . اِكْتِسَابٌ
Gain; earnings	— . مكسب
Oil cake.	٥ كُسْبٌ . كُسْبَةٌ
Gain; profit	مَكْسَبٌ
Gained ; won ; earned.	مُكْتَسَبٌ . مَكْسُوبٌ
Acquired.	— . إكتسابي
Coriander.	٭ كُسْبَرة
Thimble.	٥ كُسْتُبان
Chestnut.	٥ كَسْتَنا
To sweep.	٭ كَسَحَ . كنس
To clean out.	— البئرَ
To be a cripple.	كَسِحَ ٥ تَكَسَّحَ
To sweep off.	اكْتَسَحَ
Weakness in the legs.	كُسَاحٌ
Rickets	— الأولاد
Sweepings.	كُسَاحَة
A cripple ; lame.	كَسِيحٌ . أَكْسَحُ
To lie on one's hands; sell badly.	٭ كَسَدَ
To be stagnant or dull.	— ت السوقُ
Stagnant; dull (market)	كَاسِدٌ
Selling badly	كاسدة (بضاعة)
To break.	٭ كَسَرَ العودَ
To break; violate.	— . نقض
To defeat	— الجيش
To quench thirst.	— العطش
To disappoint.	— خاطره .
To break in pieces.	كَسَّرَ
To be broken to pieces.	تَكَسَّرَ
To be broken, defeated, etc.	اِنْكَسَرَ
Breaking; fracturing.	كَسْرٌ . تكسيرٌ
Violation.	— . نقض
A break.	— (في عود او حائط)
A fraction.	— (في الحساب)
Common fraction	— اعتيادي
Decimal fraction	— عشري
A defeat ; a rout.	كَسْرَة
A fragment.	كِسْرَةٌ

Dress; clothes. ٭ كُسْوَة
Garment; a dress. كِسَاء
To dress; clothe. كَسَا . أَكْسَى
To be dressed. اِكْتَسَى
To shrink. ٭ كَشَّ (في كشش)
Thimble. ٥ كُشْتُبَان. قمع الخياطة
To disperse; dispel. ٭ كَشَحَ . بدد
To drive away. ٥ — . طرد
To be inimical to. كَاشَحَهُ بالعداوة
Lumbar region. كَشْحٌ
To keep secret. طوى — هُ على
To estrange. طوى كشحاً عن
To grin; show the teeth. ٭ كَشَّرَ عن اسنانه
To frown. ٥ — . تجهَّم
To rustle. ﴿ كشش ﴾ . كَشَّ
To shrink. ٥ — . تقلَّص
To skim. ٭ كَشَطَ الرغوة
To scrape out. — . حتَّ
To uncover. ٭ كَشَفَ . ضدّ غطّى
To disclose. — . اظهر
To reveal; disclose. كَاشَفَ بكذا
To be uncovered. انكَشَفَ

A crumb of bread. — خبز
Chosroes. كِسْرَى . اسم ملك
Breaking. كَاسِرٌ
Bird of prey. طَيْرٌ — .
Elixir. اِكْسِير . روح
State of being broken. اِنْكِسَارٌ
Defeat. — . انهزام
Breaking. تَكْسِيرٌ
Broken plural. جَمْعُ الـ — .
Broken to pieces مُكَسَّرٌ
Broken; factured مَكْسُورٌ
Defeated: routed. — . مغلوب
To eclipse. ٭ كَسَفَ الشمسَ
To put to the blush. ٥ — . خزى
To be eclipsed — ت. اِنْكَسَفَتْ الشمسُ
Eclipse. كُسُوف. اِنْكِسَاف
Melancholy; down-hearted. كَاسِفُ البالِ
Eclipsed. مَكسوف . مُنْكَسِفٌ
To be lazy. ٭ كَسِلَ . تَكَاسَلَ
Laziness; idleness كَسَلٌ . تَكَاسُلٌ
Lazy; idle. كَسْلاَن. كَسُول
Shape; form. ٥ كَسْمٌ . شكل
Mode; fashion. ٥ — . زِيٌ

To cube; raise to the third power. — المَدَدَ

Ankle bone. كَعْبٌ

Heel. ◘— الحذاء او الرِّجْلِ

Ankle. ◘— . كاحِلٌ

Ferrule of a stick. ◘— العصا

Cube. — . جسم هندسي

مُكَعَّب. جسم هندسي
Cube.
Cubic. — . تكعيبي

Knot. ◘ كُعْبُرَةٌ . عقدة

Radius. عظم الـــ .

To trip up. ◘ كَعْبَلَ . عقل . اوقع

Cakes; biscuits. ٭ كَعْكٌ (الواحدة كعكة)

To cease from. ٭ كفّ (في كفف)

To turn over; upset. ٭ كَفَأَ

To reward; repay. كَافَأَ . جازَى

To return. اِنْكَفَأَ . رجع

To retreat. — . تقهقر

To be upset. ◘— اِنكفَى

Equality; likeness. كَفَاءَةٌ مساواة

Competence; fitness. — . أهليّة

Equal to; adequate for. كفوءٌ لكذا

Reward. مُكَافَأَةٌ

To discover; find out. اِكْتَشَفَ

To try to discover. اِسْتَكْشَفَ

Uncovering. كَشْف. ضدّ تغطية

Disclosure. — . اظهار

Unveiling. — . رفعُ الحجاب

List; statement. ◘— . بيان

Discovery. اِكْتِشَافٌ

Uncovered. مَكْشُوفٌ

Discoverer. مُكْتَشِفٌ

Kiosk; shed; box. ◘ كُشْكٌ

To flee; run away. ٭ كَشْكَشَ . هَرَبَ

To draw into puckers or folds. ◘— . ثنى

Beggar's wallet. ٭ كَشْكُولٌ

Sultana. ٭ كِشْمِشٌ . زبيب بناتي

Cashmere. ٭ كَشْمِير

To overcrowd. ٭ كَظَّ . ملأ

To surfeit. — الطعامُ الرجُلَ

To be overcrowded. اكتظّ

Surfeit. كِظَّةٌ

Overcrowded. مُكْتَظٌّ

To suppress, stifle or restrain one's passion. ٭ كَظَمَ غيظه

To be cowardly. ٭ كعّ (في كعع)

To make cubic. ٭ كَعَّبَ

* كفاف (في كفف) * كناية (في كنى)

To face; confront.	* كَفَحَ . كَافَحَ
To fight; struggle.	كَافَحَ٢ . نَاضَلَ
To fight for; defend.	— عنه.
Struggle; contention.	كِفَاحٌ . مُكَافَحَة
To cover; hide.	* كَفَرَ . كَفْرَ
To become an infidel	— . صار كافراً
To deny God.	— بالله
To be ungrateful.	— بالنعمةِ
To expiate; atone for.	كَفَّرَ٢ عن
To shake one's belief.	— . حمله على الكفر
Hamlet; small village.	كَفْرٌ
Irreligion; infidelity; ungodliness.	كُفْرٌ . كُفْرَانٌ
Sin offering.	كَفَّارَةٌ
Expiation; atonement.	— . تَكْفِيرٌ
Infidel.	كَافِرٌ
Camphor.	كَافُورٌ
Independence; sufficient means.	* كَفَنٌ . كَفَافٌ
Our daily bread.	خُبزنا كفافنا
To hem.	كَفَّ الثوبَ
To stop; cease from.	— . انْكَفَّ عن
To stop; restrain; prevent	— هُ عن
To become blind.	— وكُفَّ بصر
To beg; practice begging.	تَكَفَّفَ
Ceasing; desisting from.	كَفٌّ . امتناع
Palm of the hand.	— اليدِ
Glove.	— . قفّاز
Scale of a balance.	كَفَّةُ الميزان
Hemming.	كِفَافَة
Blind.	كَفِيفٌ . مَكْفُوفٌ
All without exception.	كَافَّةً
To guarantee; be responsible for.	* كَفَلَ
To bail out.	— الكفيلَ
To maintain; support.	— . كَفَلَ عيالهُ
To make one stand surety for.	كَفَّلَ٢ . جعله يكفله
To guarantee.	تَكَفَّلَ له بكذا
Buttock.	كَفَلٌ . ردف
Croup.	— الحصان
A bail.	كَفَالَةُ المتّهمِ
Security; guarantee.	— . تأمين

Shark. — البحر
Otter. — الماء
Lesser Dog. الـــ الأصغر
Greater Dog. الـــ الأكبر
Rabies; hydrophobia. كَلَبٌ
Bitch; female dog. كلبة
Forceps. كَلْبَتَان
Rabid; mad; affected with rabies. كَلِبٌ ٥ مَكْلُوب
Hook; grapnel. كُلَّابٌ
Both of. كلتا (في كل) *
To frown; look gloomy. كَلَحَ . تَكَلَّحَ وجهه *
Austere; stern; gloomy. كَالِحٌ
Chaldean. كِلْدَانِيّ *
To calcify. كَلَّسَ *
To plaster with lime. — البيتَ
Lime. كِلْسٌ . جير
To be freckled. كَلِفَ الوجهُ *
To be extremely fond of. — بالشيء
To charge one with an affair. كَلَّفَ بالأمر
To cost.... ٥ — كذا
To take the trouble to do. تَكَلَّفَ الأمرَ

Surety. كَفِيلٌ . كَافِلٌ
Guaranteed. مَكْفُولٌ
To shroud. كَفَّنَ الميتَ *
Winding sheet; shroud. كَفَنٌ
To be very dark. اِكْفَهَرَّ الليلُ *
To lower. — ت السماءُ
Lowering. مُكْفَهِرٌّ
Equal. كُفُوٌ (راجع كفأ) *
To suffice; be enough. كَفَى *
To defend from evil. كَفَاهُ الشرَّ
Enough. كَفَى . حَسْبُ
To reward; recompense. كَافَى
To be satisfied. اِكْتَفَى
Enough; sufficient. كِفَايَةٌ . كَافٍ
Satisfied; content. مُكْتَفٍ
Reward; recompense. مُكَافَاة
All. To be tired. كلّ (في كلل) *
To guard; protect. كَلأَ *
Herbage; forage. كَلأٌ
كَلاَّ * كِلا * كِلتا (في كلل) *
To run mad. كَلِبَ *
Dog. كَلْبٌ
Greyhound — سلاقي

Each; every. — منهم
Everyone. — واحد
All in all. الـ في الكل
Whenever. كُلَّمَا
Complete; entire. كُلِّي . تام
Absolute. — . مُطلق
Universal; general. — . عام
Universality; generality. كُلِّيَّة
General term. — منطقية
College. مدرسة — .
Absolutely; positively. كلية . بالكلية
Entirely; wholly; altogether. بكليته
Weariness. كَلّ . كَلاَل
Dim; weak. — . كَلِيل . ضعيف
Dull; blunt. — . — . غير حاد
No! by no means! كَلاَّ
Both of. كِلاَ وكِلْتَا
Mosquito net. كِلَّة
Cannon ball. ◘ كُلَّة
Exhausted; tired. كَال
Crown; diadem. إِكْلِيل
Wreath; garland. — من زهور
Nuptial service. ◘ — . صلاة الزواج

Freckles. كَلَف . نَمَش
Ardent love. — . حُبّ شديد
Trouble; pains. كُلْفَة . مشقة
Cost; expense. ◘ — . نفقة
To stand on ceremony. ◘ اظهر الـ .
Feeder. ◘ كَلاَّف الدواب
Freckled; spotted. أَكْلَف
Affectation. ◘ تَـكَلُّف . تصنع
Act of imposing a tax upon one. تكليف
Without standing on ceremony. بدون — .
Responsible; accountable. مُكَلَّف
To crown. ◘ كَلَّل . توج
To marry to; join in wedlock. ◘ — على
To be dull, or blunt. كَلّ . ثلم
To be dim or dull. — النظر والفهم
To tire; become weary; be fatigued. — . تعب
To tire out; fatigue to exhaustion. أَكَلّ
To be crowned. تَـكَلَّل
To be married. ◘ — . تزوج
All; the whole of. كُلّ

Bay; roan; reddish brown. كُمَيْتٌ
Pears. ✿ كُمَّثْرَى
A pear. كُمَّثْرَاة ◦ كُمَّثْرَايَة
To be dusky. ✿ كَمِدَ اللونُ
To be sick at heart. — الرجلُ
To foment. كَمَّدَ العضوَ
To make sad. اكْمَدَ
Intense grief. كَمَدٌ
Duskiness of colour. كُمْدَة اللون
Sad; gloomy. كَمِدٌ . كَامِدٌ
Dusky; dark-coloured. أَكْمَدُ اللون
Belt; money-belt. ◦ كَمَرٌ . حزام
Customs. ◦ كُمْرُك
Guard of a train; ticket collector. ◦ كُمْسَارِيٌّ
To tuck up. ✿ كَمَّشَ . شمَّر
To grasp; clutch. ◦ كَمَشَ . مسك بقبضته
To wrinkle. اِنكَمَشَ . تكَمَّشَ الجلدُ
To shrink. — . — . تقلص
Pincers. ◦ كَمَّاشَة النجّار
To be complete. ✿ كَمُلَ . اكتمل . تكامل

Crowned. مُكَلَّلٌ
To wound; cut. ✿ كَلَمَ . كَلَّمَ
To speak, talk to. — . كَالَمَ
To speak; talk. تَكَلَّمَ
A wound; a cut. كَلْمٌ
A word. كِلْمَة . كَلِمَةٌ
Speech; talk. كَلَامٌ . حديث
Conversation. — . محادثة
Language. — . لغة
Spokesman. كَلِيمٌ
Wounded. — . مَكْلُومٌ
Speaker. مُتَكَلِّمٌ
First person. — . (في النحو)
✿ كُلما ✿ كلّة (في كلل)
Kidney. ✿ كُلْوَة . كُلْيَة
Renal; nephritic. كُلْوِيّ
Sleeve. ✿ كُمّ (في كم)
How many? how much? ✿ كَم
As; just as. ✿ كَمَا
As it is. — هو
◦ كَاشّة (في كش) ✿ كامة (في كم)
Bill; note of hand. ◦ كَمْبِيَالة
Exchange. ◦ كَمْبْيُو
Rate of exchange. سِعْرُ الـ..
To suppress one's anger. ✿ كَمَتَ غيظه

⋆كَمَنْجَا Violin. ⟵
⋆كون ⋆كين (في كن)
⋆كيّة(في كم) ⋆كنّ(في كنن)
⋆كُنْ (في كون) To be.
Border; hem. ▫كَنَارٌ
Canary bird. ○كَنَارِيّ
▫كنافة (في كنف) ⋆كنانة (كنن)
Metonymy. ⋆كناية (كنى)
Callosity. ⋆كَنَب ▫كَلْكَة
Callous. كَنِبٌ . مُكْنِبٌ
Sofa; settee. ▫كَنَبَه . مقعد
Contract. ○كُنْتراتوا . عَقْد
Frankincense. ⋆كُنْدُرٌ
To treasure up; lay up; hoard. ⋆كَنَزَ
To be firm, hard, or compact إِكْتَنَزَ اللحمُ
A treasure. كَنْز
Firm; compact. مُكْتَنِز
Treasured up. مَكْنُوزٌ
To sweep. ⋆كَنَسَ
Sweeping. كَنْسٌ
A sweeper. كَنَّاسٌ
Sweepings. كُنَاسَةٌ
Synagogue. كَنِيسُ اليهودِ

To be finished, concluded. —.—.— أُنْجِزَ
To complete. كَمَّلَ . أَكْمَلَ
To finish. —.— . أنجزَ
Completeness; perfection. كَمَالٌ
Completely; entirely; wholly. بأكمله
Complete; entire; perfect; whole. كَامِلٌ
Completion. تَكميل . إِكمال
Completed. مُكَمَّلٌ
To muzzle. ⋆كَمَّمَ . كَمَّ فمَه
Muzzling. كَمٌّ . تَكْمِيمٌ
Quantity. — . كَمِّيَّةٌ
A sleeve. كُمٌّ
Calyx. كِمُّ الزهرةِ
Muzzle. كِمَامَةٌ
Muzzled. مُكَمَّم . مَكْمُوم
To hide; lie concealed. ⋆كَمَنَ . اختفى
To lurk; lie in wait for. — له
Latency; state of being latent. كُمُونٌ
Cumin. كَمُّون
Hidden. كَمِينٌ . كامِنٌ
Ambush. — . مَكْمَنٌ

To mention metaphorically. ٭ كَنَى
To surname; give a surname to; denominate. كَنَّى
To be known by a surname. تَكَنَّى
Surname. كُنْيَةٌ . كُنْوَةٌ
Metonymy. كِنَايَةٌ
Instead of; in place of. — عن
٭ كنيسة (كنس) ٭ كنيف (كنف)
To electrify. ٭ كَهْرَبَ
To be electrified. تَكَهْرَبَ
Yellow amber كَهْرَباء. كهرمان
Electricity. — . كَهْرَبَائِيَّةٌ
Electric. كَهْرَبَائِيّ
Electrified. مُكَهْرَبٌ
Amber. ٭ كَهْرَمان . كهرباء
Cavern; a large cave. ٭ كَهْفٌ . مغارة
Cavity; hollow. — . تجويف
Middle-aged. ٭ كَهْلٌ
Mature age. كُهُولَةٌ . كُهُولِيَّةٌ
Withers. كَاهِلُ الفرسِ
To divine; foretell. ٭ كَهَنَ . تَكَهَّنَ
Divination. كِهَانَةٌ . عِلم الغيب

Church; chapel. كَنِيسَةُ النصارى
A broom. مِكْنَسَةٌ
Canaan. ٭ كَنْعَانُ
The Canaanites. الكنعانيون
To shelter; protect. ٭ كَنَفَ
To surround. اِكْتَنَفَ
Side. كَنَفٌ . جانب او ناحية
Wing. — . جناح
Bosom. — . حضن
A kind of vermicelli. ٥ كُنَافَةٌ . اطرية
Water-closet. كَنِيفٌ . مرحاض
To conceal: hide. ٭ كَنَّنَ . كَنَّ . ستر
To subside. ٥ كَنَّ ٢ . هدأ
To be concealed. اِسْتَكَنَّ
Nest. كِنٌّ . وكر
Shelter; cover. — . كِنَّةٌ
Daughter-in-law كَنَّةٌ . امرأة الأبنِ
Shelter. كُنَّةٌ
Quiver. كِنَانَةٌ . جعبة
Concealed. كَنِينٌ . مكنونٌ
Stove; hearth. كَانُونٌ
December. — الأول
January. — الثاني
Substance; essence. ٭ كُنْهٌ

Quarantine. ○ كُورَنْتِينا
Mug. ✿ كُوزٌ (لغرفِ الماء)
Corn cob. □ — الذُرَةِ
A drum. ✿ كُوسٌ . طبلٌ
Drinking-cup. كَاسٌ . كأس
Vegetable marrow. □ كُوسَا
Carpal end of the radius. ✿ كُوعٌ
Elbow. □ — . مِرْفَق
Cufic; Kufic. ✿ كُوفيٌّ
Cufa; Kufa. الكوفة
Silk head wrapper. كوفيَّة
Coke. ○ كُوك . فحم كوك
Star; planet. ✿ كَوْكَبٌ . كَوْكَبَة
A group. كَوْكَبة ٢ . جماعة
Cologne; —water. ○ كُولونيا
Cholera. ○ كُوليرا . وَبَاء
To heap up; pile up. ✿ كَوَّمَ
Heap; pile. كُوْمَةٌ □ كُوم
To create; form. ✿ كَوَّنَ
To be created or made. تَكَوَّنَ
To be composed or made up of. — من كذا
To yield. اِسْتَكَانَ
To be; exist. كَانَ (يكونُ)
He had a house. — لهُ بيت

Soothsaying. — . عِرافة
Priesthood. — . كَهَنُوت
Priest. كاهِنٌ
Rags; tatters. □ كُهْنَة
✿ كُوبٌ □ كُبَّايَة Drinking-glass.
كُوبَة . مِدَقَّة A pestle.
Hearts. □ — .
Bridge. □ كُوبْري . جسر
Coupon. ○ كُوبون
Abundant. ✿ كَوْثَرٌ . كثير
Hut; cot; hovel. ✿ كُوخٌ
Heap; pile. ✿ كَوْدَةٌ . كومة
To be on the point of. كَادَ
He was on the point of *dying*. — يموت
He hardly did. ما — يفعل
To coil up. ✿ كَوَّرَ العمامةَ
Forge; furnace. كُورُ الحدَّادِ
District. كُورَة . ناحية
A small town. — . بلدة
A ball. □ — . كرة (في كرو)
Occupation; trade; profession. □ كَارٌ
Cordon. ○ كُوردون
Corset; stays. ○ كورسيه

Burning. كَاوٍ . محرق
Caustic. —ٍ . اكّال
Ironer. كَوَّاءُ اللابس ٥ مَكْوَجي
مِكْوَاةٌ ٥ مكوى 
Flatiron; smoothing iron.
Cautery. — الطبيبِ
Burnt, cauterised, ironed, مَكْوِيٌّ
Pretty; nice. ٥ كُوَيِّس. كَيِّس
In order that; so that..... ٭ كَيْ . لِكَيْ
In oder not to. — لا . لكيْ لا
٭ كياسة (في كيس) ٭ كيان (في كون)
So and so. ٭ كَيْتَ وكَيْتَ
Cunning; craft. ٭ كَيْدٌ . مكر
Stratagem. مَكِيدَةٌ . خديعة
Intrigue. —ٌ . دسيسة
To deceive; beguile. كَادَ . كَايَدَ
To plot or conspire against. — له
— (بمعنى اوشك في « كود »)
Blacksmith's forge. ٭ كِيرُ الحدّادِ
٭ كَيْسٌ . كِيَاسَة . عقل
Intelligence; intellect.
Elegance; grace. —ٌ . —ٌ . ظُرف

He was reading. — يقرأ
Being; existence. كَوْنٌ . كِيَانٌ
The universe. الـ—
Because. لـ— . بسبب
Although. مع —
Nature. كِيان ٢ . طبيعة
Being; existing. كَائِنٌ
The universe; all created things. الكائنات
Creation; formation. تَكْوِين
Book of Genesis. سِفْرُ الـ—
Place. مَكَانٌ . موضع
In the place of. —ٌ . بدلاً من
Adverb of place. ظَرْفُ —
Place. مَكَانَة
Maker; creator. مُكَوِّنٌ
Cognac; brandy. ٥ كُونياك
Small window. ٭ كُوَّةٌ
To burn. ٭ كَوَى
To cauterise. — الطبيبُ
To iron (clothes). — اللابسَ
To be burnt. اكْتَوَى
Burning, cauterisation, ironing, etc. كَيٌّ ٥ كَوْي
A burn. —ٌ . كَيَّة

Manner; form. — . صورة

To measure. ٭ كَيَلَ . كَالَ

A measure. كَيْلٌ

Kaila. ٭ كَيْلَة . ١/١٢ من الأردبّ

Corn measurer. كَيَّالُ الحبوبِ

A measure of capacity. مِكْيَالٌ

Pantry house; cellar. ٭ كيلار

Kilogramme. ٭ كِيلو غرام

Kilometre. ٭ كيلو متر

٭ كَيْلُون . قُفْل
← Lock.

In order that, *or* to. ٭ كَيْمَا

Chemistry. ٭ كِيْمِيَا . كِيْمِيَاء

Chemical. كِيْمَاوِيّ . كِيْمِي

Chemist. — . مشتغل بالكيميا

Quinine. ٭ كِينِينَا . دواءُ الحمّى

Cinchona bark. خَشَبُ الـــ .

Border; edge. ٭ كِيْنَار . حرف

Being. ٭ كينونة (في كون)

٭ ل ٭

To; for. ٭ لِ . بمعنى لأجل

To shine; glitter; sparkle. ٭ لَألأَ . تَلألأَ

Shine; glitter. لألأَة

Bag. كِيْسٌ . جراب

Purse. — الدراهمِ

Tobacco pouch. — التبغِ

Pillow-case. — الوسادةِ

Subtle; intelligent. كَيِّسٌ . فَطِن

Elegant; graceful. — . ظريف

Pretty; handsome. — ٭ كُوَيِّس

Prettier; more pretty, etc. أَكْيَسُ ٭ أَكْوَس

To fit; qualify; adapt. ٭ كَيَّفَ

To take a form; be formed. تَكَيَّفَ

How? كَيْفَ

How are you? How do you do? — حالك

As. — . كيفما . كما

Somehow or other. كيفما ٢ كان . بأي كيفية

Howsoever it may be. — كان او اتفق

State; condition. كَيْفٌ . حال

Humour; temper ٭ — . مزاج

As you like. ٭ على كيفك

State; condition. كَيْفِيَّة . حال

Quality. — . صفة

Neither this nor that. — هذا ولا ذاك

٭ لائحة (في لوح) ٭ لائق (في ليق)

Latin. ٥ لاتينيّ

٭ لاحَ (في لوح) ٭ لاذَ (في لوذ)

٭ لازَ (في لوز) ٭ لاشى (في لشو)

٭ لاصَ (في لوص) ٭ لاطَ (في لوط)

٭ لاعَ (في لوع) ٥ لافَ (في لوف)

٭ لاقَ (في لوق وليق) ٭ لاكَ (في لوك)

٭ لامَ (في لوم) ٭ لانَ (في لين)

٭ لاهِ (في لهو) ٭ لاهوت (في لهت)

٭ لبّ ٭ لباب (في لبب) ٭ لبّاد (في لبد)

Olibunum. ٭ لبان (في لبن)

To kernel. ٭ لَبَّبَ . صارَ له لُبٌّ

Marrow; core لُبٌّ . لُبَابٌ

Crumb. — . — الخبز

Kernel. — . قلب النواةِ

Mind; intellect. — . عقل

Heart; core. — . قلب

Pulp; pith. — الثمر

Seeds. لِبٌّ البطيخ وامثاله

Intelligent. لَبِيبٌ . عاقل

Here I am, at your service! لَبَّيْكَ

To tarry; abide. ٭ لَبِثَ

He did not wait to do, *or* delay in doing. ما — ان فعل

Pearls. لُؤْلُؤٌ

A pearl. لُؤْلُؤَةٌ . واحدة اللؤلؤ

Pearly. لُؤْلُؤِي . كاللؤلؤ

Pearl-coloured. — . بلونِ اللؤلؤ

To dress a wound. ٭ لأَمَ الجرحَ

To repair; mend. — . لاءَمَ

To reconcile. لاءَمَ بينهم

To suit; agree with. — هُ الشيءُ

To be vile, mean لَؤُمَ

To be mended, repaired. اِلتَأَمَ

To heal; grow sound, (a wound). — الجرْحُ

To assemble; meet. — القومُ

Meanness. لُؤْمٌ

Mean; base; sordid لَئِيمٌ . دَني

Sordid, meanly. — . بخيل

Convenient; suitable; becoming. مُلَائِمٌ

Convenience; suitability. مُلَاءَمَة

Assembled; gathered. مُلتَئِمٌ . مجتمع

Held. — . منعقد (اجتماع)

No. ٭ لا . ضدّ نعم

Not. — . ليس

* لَبَخَ . ضرب — To beat.
ه لَبَّخَ الدمَّلَ — To apply a poultice to.
لَبَخٌ — Lebbek tree; acacia tree
ه لَبْخَةٌ — Poultice
* لَبِدَ بالمكانِ او الشيءِ — To stick or adhere to.
— بالأرضِ — To cleave to the ground.
لَبَّدَ . تَلَبَّدَ الشعرُ — To become matted or felted together
تلبدت ٢ السماء بالغيوم — To become thickly clouded.
لِبْدٌ ه لِبَّاد — Felt; stuff made of matted wool and fur
— ه لَبَّادة — Saddle-cloth.
لَبِدٌ . مُتَلَبِّدٌ — Matted.
* لَبَسَ عليه الأمرَ — To confuse; render obscure.
لَبِسَ الثوبَ — To put on, wear (a garment).
لَبَّسَ عليه الأمرَ — To confuse; render obscure.
أَلْبَسَ — To clothe; put garments on.
— بطبقةٍ من — To coat; cover with a layer of.
إِلْتَبَسَ عليه — To be obscure to.

— الشيءُ بالشيءِ — To be confused with.
لَبْسٌ . التِبَاس — Confusion; ambiguity.
لِبْسٌ . لِبَاسٌ — Clothing; dress.
ه لباس ٢ . سَرَاويل — Drawers.
اِلتِبَاس — Obscurity; ambiguity.
مَلْبَسٌ — Clothing; dress.
ه مُلَبَّسٌ — Bonbons; sugar-plums.
مَلْبُوسٌ — Clothing; dress.
مَلَابِسُ . أَلْبِسَة — Clothes.
مُلْتَبِسٌ — Ambiguous; doubtful.
* لَبَطَ . صَرَعَ — To throw down.
— برِجْلِهِ . رفسَ — To kick.
* لَبُقَ . حذق — To be skilful
— بهِ . لاقَ — To fit; become.
لَبِقٌ . لائق — Becoming; suitable; fit.
— . لَبِيْقٌ — Clever; skilful.
لَبَقٌ . لَبَاقَة . لياقة — Seemliness.
— . — . حذق — Cleverness; skill; ingenuity.
* لَبَكَ . لَبَّكَ . خلط — To mingle; mix

To talk nonsense. ـــ . زرز ▫
Litre. ▫ لِتر . مكيال للسوائل
Who; which. ﴿ لتي ﴾ . الَّتي
To lisp. * لَثِغَ
Lisp; habit or act of lisping. لَثَغ . لُثْغَة
Lisper. أَلْثَغ
To kiss. * لَثِمَ . قَبَّلَ
To veil one's face. تَلَثَّمَ . اِلْتَثَمَ
A kiss. لَثْمَة . قُبلة
A veil. لِثَام . برقع
Gums (of the teeth). * لِثَة الأسنانِ
To insist. ▫ لجّ (في لجج)
To take refuge in. * لَجَأَ . لَجِيء . اِلْتَجَأَ
To repair to. ـــ . ـــ لى
To compel; force; oblige. لَجَّأَ . أَلْجَأَ
Seeking refuge; refugee. لاجِيء . مُلْتَجِيء
Refuge; shelter. مَلْجَأ
Orphan asylum. ـــ الأيتام
Importunity. * لَجَج . لَجاج . لَجَاجَة
To persevere, or persist, in. لَجّ في الأمرِ
To insist upon. ـــ على

To confuse; derange. ـــ . ـــ . شوّش
To be mixed, confused. لَبِكَ . اِلْتَبَكَ . تَلَبَّكَ
Dyspepsia; stomach disorder. تَلَبُّك المعدة
Confused. مَلْبُوك . مُلْتَبِك
Black Egyptian bean. * لَبْلاب
Milk. * لَبَن . حليب
Sap of plants. ـــ النباتِ
Sour milk. ـــ حامض
Curdled milk. ـــ رائب
Raw bricks. لِبْن . لَبِن
Olibunum. لُبَان . لاذن
Frankincense. ـــ ذكر
Brickmaker. لَبَّان . ضارب الطوب
Milkman. ـــ . بائع الحليب
Wish; desire. لُبَانَة
To attain one's object. قضى ـــه
Mount Lebanon. لُبْنَان
Lioness. * لَبْوَة . أنثى الأسد
To answer; respond to; hear. * لَبَّى
Here I am! لَبَّيْك
Intelligent. * لبيب (في لبب)
To knead dough. ▫ لَتّ العجينَ

To lick; lap. لَحِسَ
Licking; lapping. لَحْسٌ
To observe. ٭ لَحَظَ . لاَحَظَ
To superintend ◘ لاحظ ٢ العملَ
Inside of the eye. لَحْظُ العينِ
A glance; a glimpse. لَحْظَةٌ
A moment; an instant. ◘ — . دقيقة
Observation. مُلاحَظَةٌ
To cover with a blanket. ٭ لَحَفَ
To insist; persist in demanding. ألحفَ السائلُ
To wrap oneself up. اِلتَحَفَ . تَلَحَّفَ
Cover; blanket لِحَاف
Quilt. — السرير
To overtake; come up with. ٭ لَحِقَ
To follow; succeed. — . تبع
To follow; go after. لاَحَقَ
To pursue. — . تابَعَ
To attach; join. أَلْحَقَ
To overtake; reach. اِلتَحَقَ به
To join. — بهم
To be attached to. — بكذا
Overtaking; reaching. لَحْقٌ . لَحَاقٌ

To dispute with. لاَجَّ
The open sea; the deep. لُجَّةٌ . معظم الماءِ
To stammer. ٭ لَجلَجَ . تَلَجْلَجَ
Stammering. لَجْلَجَةٌ
Stammerer. لَجْلاَجٌ
To sew. ٭ لَجَمَ . خاطَ
To bridle a horse. ◘ لَجَّمَ . أَلْجَمَ
Bridle. لِجَامٌ
Bridled. مُلْجَمٌ . مَلْجوم
Committee; board. ٭ لَجْنَةٌ
Silver. لُجَيْنٌ . فِضَّةٌ
Near relation. ٭ لَحٌّ ◘ لَزَمٌ
My first cousin. ابن عَمِّي لحاً
To persist in demanding. أَلَحَّ في السؤالِ
Importunity. اِلْحَاحٌ
Importunate; insisting. مُلِحٌّ . مِلحاحٌ
To bury; inter. ٭ لَحَدَ . أَلْحَدَ . دفن
أَلحدَ ٢ . اِلْتَحَدَ عن الدين
To apostatise.
To swerve or deviate from. — عن
Grave. لَحْدٌ . قبر
Apostasy. اِلْحَادٌ
Apostate; renegade. مُلْحِدٌ
To lick up; devour. ٭ لَحَسَ

Succeeding; following. لاحِقٌ. ضدّ سابق

Overtaking; reaching — . مدرك

Supplementary. مُلحَقٌ. زائد

Supplement; —الكتاب والجريدة

To solder. ٭ لَحَمَ بالقصدير وغيره

To heal up. — . اِلْتَحَمَ الجرْحُ

To be fleshy; corpulent. لَحِمَ. لَحُمَ

To join in a fierce battle. تلاحَمُوا

To stick together; be united. تَلاحَمَ . اِلْتَحَمَ الشيئان

Soldering لَحْمٌ. لِحامُ المعادن

Flesh; muscles. — . خلاف العظم

Meat; flesh. — ه لَحْمَة

Weft; woof. لُحْمَةُ النسيجِ

Relationship. — . قرابة

Solder. لِحامٌ ٢. ما يُلْحَمُ به

Butcher. لَحَّامٌ . بائع اللحم

Adhesion; state of being attached. اِلْتِحام

Healing of wounds. — الجرحِ

Carnage; slaughter; fierce battle مَلْحَمَة

To commit grammatical mistakes. ٭ لَحَنَ

To intone; chant. لَحَّنَ

Tune; air. لَحْنٌ . نغمة

Solecism; grammatical error. — . خطأ في الاعراب

Music. صناعة الألحان

Intonation. تَلْحِينٌ

Insulting. ٭ لَحْوٌ. لَحْيٌ

Jaw-bone. لَحْيٌ . فكّ

Beard. لِحْيَةٌ

Bark; rind. لِحاءٌ

To insult; call names. لَحَى. لَحا. شتم

To grow a beard. اِلْتَحَى

To abridge; sum up; summarise ٭ لَخَّصَ

Abridgment. تَلْخِيصٌ

Extract; abstract. مُلَخَّصٌ. خُلاصة

Abridged, summarised — . مختصر

Abstract; summary. — الكلام

To shake loose. ه لَخْلَخَ . لَصْلَص

To be engaged in a violent dispute with. ٭ لَدَّ . لادّ

Violent dispute. لَدَدٌ

A great disputer. لَدُودٌ

A bitter, or mortal enemy. عدوٌّ — .

To bite. ٭ لَدَغَ ا بانُ

To sting. —ت العقربُ

A bite; a sting. لَدْغَةٌ

To be supple, flexible. ٭ لَدُنَ

Soft; supple; flexible. لَدْنٌ

At; by; near by; to; with. لَدُنْ

Softness; flexibility. لَدانَة . لُدُونَة

At; by; near by. ٭ لَدَى . عند

Before — . امامَ

To be delicious. ٭ لَذَّ

To enjoy; be delighted with. اِلتَذَّ . تلَذَّذَ به

To find *it* delightful or sweet. اِسْتَلَذَّ الشيءَ

Delight; pleasure لَذَّةٌ . مَلَذَّةٌ

Delicious; delightful. لَذِيذٌ

To burn. ٭ لَذَعَ . احرق

To brand; cauterise. — . كَوَى

Burning; act of burning. لَذْعٌ . حرق

Burning. لَذَّاعٌ . لاَذِعٌ

Ingenious. لَوْذَعٌ . لَوْذَعِيٌّ

Ingenuity. لَوْذَعِيَّةٌ

To stick to. ٭ لَذِيَ به . علق

Who; whom. أَلَّذِي (للعاقل)

That; which. — (لغير العاقل)

These; those. اللذان . الذين

٭ لَذِيذ (في لذذ) ٭ لزّ (في لزز)

To adhere or stick to. ٭ لَزَبَ به

Firmly fixed. لازِبٌ . ثابت

To stick; adhere. ٭ لَزِجَ

Sticky; adhesive; viscous; viscid. لَزِجٌ

Stickiness; viscidity. لُزُوجَةٌ

To press closely together. ٭ لَزَّزَ

To thrust. لَزَّ بالرمحِ

To adhere to. اِلْتَزَّ بهِ

To stick or adhere to. ٭ لَزِقَ . اِلْتَزَقَ بهِ

To stick one thing to another. أَلْزَقَ

Adjoining. لِزْقٌ . لِصْق

Sticky; adhesive. لَزِقٌ

Cement. لِزَاقٌ

Cataplasm; plaster ٭ لَزْقَة . لَزُوقٌ

To be necessary or indispensable. ٭ لَزِمَ الشيءُ

To keep to. — بيته (مثلاً)

To require; need; be in need of. —هُ كذا

To keep close to. لَازَمَ
To persevere in. — الأمرَ
To compel; oblige. أَلزَمَ
To be compelled or obliged. اِلتَزَمَ . اضطرَّ
To be held responsible for. — . كانَ مُلزَماً
To find necessary. اِستَلزَمَ . عدَّ . لازماً
To repuire; need; call for — . اقتضى
Need; necessity. لُزُومٌ
When necessary. عند الـ
Necessary; indispensable. لازِمٌ . ضروري
Inevitable; unavoidable. — . محتَّم
Intransitive verb. . — فعل
In a proper way. كالـ
Compulsion. إِلزامٌ
Necessity اِلتِزَامٌ . اضطرار
Obligation. — . واجب
Vise; vice. مِلزَمَة
Follower; adherent مُلَازِم
Keeping to one's house. — بيته
Lieutenant. ٥ — اوَّل
Sub-lieutenant. ٥ — ثانٍ

Inseparableness. مُلَازَمَة
Perseverance; assiduity. — . مثابرة
Compelled; obliged; bound. مُلتَزِم . مَلزوم
Farmer of the revenues. ٥— اموال الحكومة
Tongue. ☆ لسان (في لسن)
Caoutchouc; rubber; India rubber. ٥ لَستِيك ٥ لَستيك
To sting. ☆ لَسَعَ . أَبَرَ
A sting. لَسعَة
To be eloquent. ☆ لَسِنَ
Eloquent. لَسِنٌ
Tongue. لِسَانُ الفمِ
Language; tongue. — . لغة
Cape; headland. — ارض
Armlet of the sea. — بحر
State speaking for itself. — الحال
Spokesman — القوم
Tongue-tied. معقود الـ
By word of mouth. باللسانِ
To destroy; annihilate. ﴿ لشو ﴾ . لاشى
To perish; be destroyed; vanish. تَلَاشَى . بادَ
Indestructible. لا يتلاشى

Destruction; annihilation. تلاشٍ. ملاشاة

Robber; thief. ٭ لِصٌّ. حرامي

Pirate; corsair. — البحر. قرصان

Robbery; thieving. لُصُوصية

To stick. ٭ لَصِقَ. التَصَقَ

To adjoin; be in contact with. لاصَقَ

To stick; paste. أَلْصَقَ

Adhesive; sticky. لَصِقٌ

Adjoining; adjacent; contiguous. لِصْقٌ. لَصِيْقٌ

Adjacent; contiguous. مُلاَصِقٌ

Adjacency; contiguity. مُلاَصَقَةٌ

Cohesion. جاذبيَّة الملاصقة

To thread a needle. ٭ لَضَمَ الابرة

To thread beads on a string. — السبحة

To stain; soil. ٭ لَطَخَ. لَطَّخَ

A stain; blot. لَطْخَةٌ

To be kind to. ٭ لَطَفَ به

To soften. لَطَّفَ

To treat with kindness. لاطَفَ

To be polite, or courteous. تَلَطَّفَ. تلاطف

To find pretty, sweet, delicate, etc., إِسْتَلْطَفَ

Kindness; friendliness. لُطْف. لَطَافة

Thinness; tenuity لَطافة ٢. ضدّ كثافة

Gently; mildly. بلطفٍ

Gentle; amiable. لَطِيْفٌ. ذو اللطفِ

Kind; courteous. — . ذو الرفقِ

Rare; thin. — . ضدّ كثيف

Pretty; handsome. — . ظريف

The fair sex. الجنس الـ

Kindness; courteousness. تَلَطُّفٌ

Kind treatment. مُلاَطَفَةٌ

To slap; strike. ٭ لَطَمَ. صفع

Clash. تلاَطَمَت الأمواج

A slap on the face. لَطْمَة

To be inflamed. ٭ لَظِيَ. تلظّى. التظى

Flame, or fire. لَظَى

To play; sport. ٭ لَعِبَ. لها

To joke; jest. — . هزل. مزح

To play with. لاَعَبَ

Play; sport. لِعْبٌ. لَعِبٌ

Sport. ألعابٌ رياضيّة

A toy; a plaything. لُعْبَة

A game; play. — . لِعْبَة
Playful; sportive; frolicsome. لَعُوبٌ
Saliva; spittle. لُعَابٌ
Player. لاَعِبٌ ، الذي يلعب
A plaything; a toy. أُلْعُوبَة
Trick. ٥ مَلْعُوبٌ
Playground. مَلْعَبٌ
To hesitate; falter. ٭ لَعْثَمَ . تَلَعْثَمَ
To lick; lap. ٭ لَعِقَ
Spoon. مِلْعَقَةٌ
Tablespoon. — شوربه
Teaspoon. — شاي او قهوة
Spoonful. ٥ — . ملء — .
May be; perhaps. ٭ لَعَلَّ . عَلَّ
To peal; clap. ٭ لَعْلَعَ الرعدُ
To glimmer. — . تلألأ
To ring. ٥ — الصوتُ
To curse. ٭ لَعَنَ
Cursing. لَعْنٌ
Curse; imprecation. لَعْنَة
Cursed; accursed. لَعِينٌ . مَلْعُون
Soft palate. ٭ لُغْدٌ
Dewlap. ٥ — . غَبَب
Riddle; an enigma; a puzzle. ٭ لُغْزٌ

Enigmatic; ambiguous. مُلْغَز
To be noisy. ٭ لَغَطَ
To noise abroad. — بالخبرِ
Noise; confused sound. لَغَطٌ
To foam. ٭ لَغَمَ البعيرُ ، ازبَدَ
To mine ٥ — ٥ ألْغَمَ
Mine ٥ لَغَمٌ
Language. ٭ لُغة (في لغو)
Nonsense. ٭ لَغْوٌ . هراء
Faulty language. — . خطأ
Abolition; cancellation. ٥ — . الغاء
To speak; talk. لَغَا . تكلم
To abolish; do away with; cancel. أَلْغَى
Language. لُغَةٌ . لسان
Idiom; expression. — . اصطلاح
Dialect. — خصوصيّة
Lexicography علم الـ .
Belonging to language. لُغَوِيّ . مختص باللغة
Etymological. — . حسب قواعد اللغة
Linguist. — . عالم بلغات كثيرة
Null; void. لاَغٍ . باطل
Abolition; cancellation; annulment. إِلْغَاءٌ

Abolished; suppressed. مُلْغَى

To wrap up. ٭ لفّ (في لفف)

To turn; bend. ٭ لَفَتَ

To draw one's attention to. — نظره الى

To turn the eyes to; look at. إلتفتَ الى

To pay attention to. — الى . انتبه

To take care of — الى . اهتمّ به

To consider; regard. — الى . راعى

Turnip. لِفْتٌ . اسم نبات

A glance. لَفْتَةٌ . إلتِفَاتَة

Turning round إلتِفَاتٌ

Attention. — . انتباه

Consideration. — . رعاية

Attentive. مُلْتَفِتٌ

To strike; hit. ٭ لَفَحَ . ضرب

To scorch; burn. — . احرق

Scorching. لاَفِحٌ

Scorched. مَلْفُوحٌ

To eject; emit. ٭ لَفَظَ الشيءَ

To pronounce, or utter, a word. — كلمةً

To pronounce. — . تَلَفَّظَ

Pronunciation. لَفْظ . تَلَفُّظ

Pronunciatory. لَفظي . نطقي

Verbal; oral. — . بالكلام

A word; an utterance. لَفْظَةٌ

To wrap up roll up. ٭ لَفَّفَ . لَفَّ

To wind thread لَفّ ٢ الخيطَ

To turn. — . إلتَفَّ . دارَ

To wrap oneself up. إلتفّ ٢ . تَلَفَّفَ

To coil. — الثعبانُ

To be entwined. — النباتُ

A turning. لَفَّةٌ . دورة

A coil. — . حويّة

A wrapper. لِفَافَة . مايلفّ به

Bandage. — . عصابة

A cigarette. — تبغ

A mixed crowd of people. لَفِيفٌ من الناسِ

Wrapper. مِلَفٌّ

File: dossier — اوراقٍ

Wrapped up. مُلتفٌّ . ملفوفٌ

To whip. ٭ لَفَقَ . خاط لفقاً

To embellish with falsehoods لَفَّقَ الحديثَ

To fabricate. ▫ — الكلامَ

To trump up. ▫ — التهمة

Whipping. لَفْقٌ

Embel- lished by lies. مُلَفَّق . مموَّه بالباطل

Fabricated. ٥— . مختلق

To find. ❁ لفو ❁ . أَلْفَى . وَجد

To make good ; correct تَلافَى

To make up for a loss — الخسارة

To surname ; give a surname to ٭ لَقَّبَ

Surname لَقَبٌ . اسم ثان

Epithet. — . كنية

Title of honour. — شرف

Surnamed. مُلقَّبٌ بكذا

To fecundate. ٭ لَقَّحَ . لَقَحَ الانثى

To vaccinate. — . — بلقاح مرضي

Fecundation. لَقْح . تلقيح

Fecundating fluid. لِقَاحٌ

Pollen. — النبات

Vaccine. — الجدري

To pick up. ٭ لقطَ . الْتَقَطَ . تَلَقَّطَ

What is picked up. لُقَاطَة

Foundling. لَقِيطٌ

Tweezers. مِلْقَط

Tongs. — النارِ

Picked up. مُلْتَقَط . مَلْقُوط

To catch; pick. ٭ لَقِفَ . اِلْتَقَفَ

Stork ٭ لَقْلَق

٭ لَقِمَ . اخذ بفمه To catch in the mouth.

— الطعامَ . التهمَ To swallow up.

To feed. لَقَّم . أَلْقَمَ

A morsel; a bit. لُقْمَةٌ

To receive; learn. ٭ لَقِنَ . تَلَقَّنَ

To dictate. لَقَّنَ . املى على

To instruct; teach. — . عَلَّمَ

To prompt. — المثِّلَ

Prompter. مُلَقِّنٌ

To find; meet with. ٭ لَقِيَ . الْتقى

To meet. التقى ٢ به . لاَقَى

To receive; meet. تَلَقَّى

To throw; cast. أَلْقَى

To cast away from. — عنه

To ask; put a question to. — عليه سؤالاً

To deliver a speech. — خُطبةً

To draw lots. — قُرعةً

A box. تَكْمَةٌ

Boxing; boxing match; sparring. مُلاكَمة

To falter in speaking. ٭ لَكِنَ

But; yet; however. لَكِنْ . لَكِنَّ

Stammerer. أَلْكَنُ

In order that; so that. ٭ لكَيْ . لِكَيما

٭ لَمَّ ٭ لمَّام (في لمم)

He did not eat; he has not eaten ٭ لَمْ يأكل

Unless. ان — . ما — .

Why? for what reason? لِمَ . لِماذا

Was it not? أَلَمْ . أَفَلَمْ . أَوَلَمْ

Did I not say to you? have I not said to you. — و — و — اقل لك

When ٭ لَمَّا . حينما . عندما

Lamp. ٥ لَمْبَة . مصباح

To glance; snatch a hasty view. ٭ لَمَحَ الشيء

To glance at; allude to; hint at. لَمَّحَ الى

Glancing لَمْحٌ

In the twinkling of an eye. كَلَمحِ البصر

A glance; glimpse. لَمْحَة

To recite; say (a lesson). — الدرس

To meet; come together. تَلاقوا . اِلْتَقَوا

To lie down. اِسْتَلْقَى . اضطجع

Meeting. لِقاءٌ . لِقْيانٌ

A find. لُقْيَة ٥ لَقِيَّة

Throwing; casting. اِلْقاءٌ

Delivering. — الكلام

Towards. تِلْقاء . ازاء

In front of. — . تجاه

Of one's own accord; spontaneously. من — نفسه

Meeting; reception. تَلاقٍ . مُلاقاة

Meeting-place. مَلْقًى . مُلْتَقًى

Till we meet again; *au revoir*. إلى الملتقى

Thrown; cast. مُلْقًى

Lying down. مُسْتَلْقٍ

For you. To you. ٭ لَكَ

To strike; hit. ٭ لَكَأَ . ضرب

To loiter; be dilatory. تَلَكَّأَ . تباطأ

To box. ٭ لَكَزَ . لكم

To thrust. ٥ — بالرمح . طعن

To box; strike with the fist ٭ لَكَمَ

Flash of lightning. البرق —

He resembles his father. فيه — من ابيه

Allusion; hinting. تَلْمِيْحٌ

Points of resemblance. مَلاَمِحُ الوجه

To touch. ✿ لَمَسَ

To be in touch with. لاَمَسَ

To seek for. تَلَمَّسَ

To request. اِلْتَمَسَ

Touch. لَمْسٌ

Request. اِلْتِماسٌ

Place of touch. مَلْمَسٌ

Touching; contact. مُلاَمَسَةٌ . تماس

Tangible; palpable. مَلْمُوس

To shine; flash. ✿ لَمَعَ

To allude to. ألمَعَ الى

Shining. لَمْعٌ . لَمَعَانٌ

Brilliancy. لَمْعَةٌ . — . بريق

Gloss; lustre; polish. — . صقلة

Shining; brilliant. لَمَّاعٌ

Patent leather. ○ جلد — .

Shining; glittering. لاَمِعٌ

Sagacious; shrewd. أَلْمَعِيٌّ

Sagacity. أَلْمَعِيَّةٌ

To gather; collect. ✿ لَمْلَمَ

Touch of madness. ✿ لَمَمٌ

To gather; collect. لَمَّ

To become well acquainted with. أَلَمَّ بكذا

To befall; happen to. — به كذا

When. لَمَّا . حينما

A collection. لَمَّةٌ . ماجُمِع

A gathering. — . جمعية

Knowledge. اِلْمَامٌ

Calamity. مُلِمَّةٌ

Gathered; collected. مَلْمُومٌ

Never; not. ✿ لَنْ . لا

✿ لَما ✿ لهاة (في لهو)

To flame; blaze. ✿ لَهِبَ . اِلْتَهَبَ . تَلَهَّبَ

To kindle; inflame. لَهَّبَ . أَلْهَبَ

Flames; blazes. لَهَبٌ . لَهِيْبٌ

Inflammation. اِلْتِهابٌ

Inflamed. مُلْتَهِبٌ

Divinity; the divine nature. ✿(لهت)✿ . لاهوت

Theology. علمُ الـــ .

Theological. لاهوتِيٌّ

Theologian. — . عالِمٌ باللاهوت

To pant; gasp; be out of breath. ✿ لَهَثَ

Panting; out of breath. لَهَانٌ . لاهِثٌ

To be passionately attached to. * لَهِجَ بالشيء

To speak of constantly. — بذكره

Tone; accent. لَهْجَةٌ

To sigh for; regret. * لَهِفَ وتَلَهَّفَ على . تحسَّر

To pant after; long for. — . — على . تاق الى

Regret. لَهْفٌ . لَهْفَةٌ

Alas! يالهْفَاه . يالَهْفِي

Regretful. لَهْفَان . لاَهِفٌ

To devour; eat up; swallow up. * لَهِمَ . التَهَمَ

To inspire. أَلْهَمَ

Inspiration. إِلْهَامٌ

Inspired. مُلْهَمٌ

Amusement. * لَهْوٌ

Uvula. لَهَاةُ الحلقِ

Forgetful; heedless. لاَهٍ

To play; amuse oneself. لَهَا

To be infatuated with. — ولَهِيَ به

To divert one's attention from. لَهَّى . أَلْهَى عن

To amuse oneself with; be diverted by. تَلاَهَى . التَهَى بكذا

Amusing. مُلْهٍ

Amusement. مَلْهَى . تسلية

Playhouse. — . ¤ تياترو

To curry favour with. * لَهْوَقَ . تَلَهْوَقَ

Servile flattery. لَهْوَقَةٌ

If. * لَوْ . اذا

If not. — لم . اذا لم

Unless. — لم . مالم

Were it not for. — لاَ

Although; though. ولو

Standard. * لواء (في لوو)

Haricot beans. * لُوبِياءُ . لوبيا

To soil. * لَوَّثَ . وسَّخ

To stain. — . لطَّخ

A stain; blot; spot. لَوْثَةٌ . لطخة

To wave the hand. * لَوَّحَ بيدهِ

To brandish. — بسيفهِ

To plank a floor; board. ¤ — الأرضَ

To appear. لاَحَ . ظهر

To glitter; sparkle. — النجمُ

To peep. — الفجرُ والنهارُ

Plank; board. لَوْحُ خشبٍ

Pane of glass. — زجاج

Slate. — اردواز

Plate; sheet — معدني

Shoulder-blade. عظم اللوح

Black-board. لوحة الكتابة

Appearance. لائحةٌ. مظهر

Programme. ○— . بيان

Regulation. ○— الحكومة

Taking refuge. * لَوْذٌ. لواذٌ

To take refuge in. لاَذَ به

To be related to. — به. اتّصل

Refuge; shelter. مَلاَذٌ. ملجأ

Ingenious. * لوذعي (في لذع)

Lord. ○ لُورد. سيّد

Almonds. * لَوْزٌ

To escape from. لاَزَ منه

To seek refuge with. — اليه

Peeping; peering. * لَوْصٌ

To peep; peer. لاَصَ

Plastering. * لَوْطٌ. مَلطٌ

Sodomite. لوطيّ

To commit sodomy. لاَطَ

To plaster a wall. — الحائطَ

To torment; torture. * لَوَّعَ

To be impatient. لاَعَ. جزع

Anguish; pain; torture. لَوْعَةٌ

Tortured. ملوَّع

Loof; vegetable sponge. * لُوفٌ

Mastication; chewing. * لَوْكٌ

To masticate; chew. لاَكَ

Hotel. ○ لُوكاندة. فندق

Restaurant. — اكلٍ

Had it not been for; were it not for. * لَوْلاَ

Screw. * لَوْلَبٌ. بُرغي

Spring. ○— رنبرك

Spiral لولبي

Screw nail. — مسمار

A pearl. * لؤلؤة (في لألأ)

To reprove; censure. * لَوَّمَ

To blame. لاَمَ

Blame; censure. لَومٌ. مَلاَمٌ. ملامة

Meanness. لُؤْمٌ (في لأم)

Censurer. لَوَّامٌ. لائمٌ

Blamable; blameworthy. مَلُومٌ

Penal servitude prison. ○ لُومَان

To colour. * لَوَّنَ

To be coloured. تَلَوَّنَ

Propriety. ٭ لِيَاقَة (في ليق)
Would that! ٭ لَيْتَ . بَالَيْتَ
Would that he were here. —ـه كان هنا
Lion. ٭ لَيْثٌ . اسد
Not. ٭ لَيْسَ
Only —. إلا . فقط
To plaster a wall. ٥ لَيَّسَ الحائطَ
Palm fibres. ٭ لِيفُ النخل
A fibre. لِيفَةٌ . خيط ليفي
Vegetable sponge. ٥— الاستحمام
Fibrous. ليفي . ليفاني
To soften. ٭ لَيَّقَ . لَيَّنَ
To become; be suitable to. لَاقَ بِهِ
Fitness; propriety; suitableness. لِيَاقَة
Suitable; fit; proper. لَائِقٌ
Night. ٭ لَيْلٌ
A night. ليلة
To-night. الليلةَ
Lemon. ٭ لَيْمُونٌ (اضاليا)
Lime. — (بنزهير)
Lemonade. ٥ ليمونادَه
To soften. ٭ لَيَّنَ . أَلَانَ
To relax the bowels. — البطنَ

To change colour. —. تبدَّل لونه
Colour; hue; tint. لَوْنٌ
Kind. —. نَوْع
Complexion. — بشرة الانسانِ
Colouring. تَلْوِينٌ
Coloured. مُلَوَّنٌ
Changeful. متلوِّن . منقلب
Changeable. —. يتغير لونه
Housemaid; housekeeper. ٥ لَوَنْجِيَّة
Lavender. ٥ لَوَنْدَا
Standard; flag. ٭ لِوَاء . عَلَمٌ
Brigade. ٥—. قسم من الجيش
Brigadier-general. امير اللواء
To twist. ٭ لَوَى
To be twisted. تَلَوَّى . التَوَى
To writhe. —. تضوَّر
To wriggle. —ت الحيَّة
Twisting; bending. لَيٌّ . لَوْيٌ
A twist. لَيَّةٌ
Twisting. اِلْتِوَاءٌ
Curvature of the spine. — الظَّهرِ
Perversity; crookedness. —. تمرُّد
Twisted. مَلوِيٌّ . مُلْتَوٍ

لَانَ . ضد صلبَ To be soft, tender or flexible.
— . رضخ To relent.
لَايَنَ To treat with lenity.
لَيِّنٌ . ضدّ قاس. Soft; tender.
— . مرن Flexible; supple.
لِينٌ . ليُونَة Softness; tenderness.
— . رفق Lenity.
— البطنِ Looseness of the bowels.
مُلَيِّنٌ Softening.
— البطن Laxative.

﴿ م ﴾

✿ مئبر (في ابر) ✿ مأبون (في ابن)
✿ مأرة (في أثر) ✿ مأدبة (في ادب)
✿ مئذنة (في اذن) ✿ مأرب (في ارب)
✿ مَأمأَ . ثغى To bleat.
✿ مأمون (في أمن) Trustworthy.
✿ مَأَنَ . مَوَّن To supply with provisions.
مُؤْنَة .مَؤُونَة Provisions.
✿ مِئَةٌ . مِائة One hundred.
في الـــ Per cent. %
✿ مَا . ماذا What? what thing?
— فَعَلَ What has he done?
— دمتُ حَيًّا As long as I live.
— اجلهُ How beautiful he is!
— قرأتُ . لم اقرأ I did not read.
لأمرٍ — . For a certain thing.
مالم Unless.
✿ ماء (في موأ) ✿ ماءٌ ((في موه)
✿ مائدة (في ميد) ✿ مائع (في ميع)
✿ مات (في موت) ✿ مأتم (في اتم)
✿ ماج (في موج) ✿ ماحك(في محك)
✿ مادَ (في ميد) ✿ مادة (في مدد)
✿ ماذا (في ذا) ✿ مارس (في مرس)
✿ ماسٌ (في موس) ✿ ماسَ (في ميس)
○ ماسورة (مسر) ○ ماسون (في مسن)
○ مَاشِك . مِلقط النار Tongs.
✿ ماعون (معن) ○ ماكينة (في مكن)
✿ مآلٌ (في اول) ✿ مالٌ (في مول)
✿ مالَ (في ميل) ✿ مان (في مين ومون)
○ مانيزا Magnesia.
✿ ماهية (في موه) Quiddity.
○ مايو . شهر ايار May.
✿ مباح (في بوح) ✿ مباراة (في برى)
✿ مبالٍ (في بلي) ✿ متاع (في متع)
✿ متباين (في بين) Different.

* متحف (في تحف) Museum.
o مِتْرٌ Meter; metre.
مِتْرِيٌّ . منسوب الى المتر Metrical.
* متراس (في ترس) * متسع (في وسع)
* متضع (في وضع) * متطوع (في طوع)
* مَتَعَ بِهِ . ذهب To take away.
مَتَّعَ . أَمْتَعَ To cause to enjoy.
تَمَتَّعَ . اسْتَمْتَعَ بِهِ To enjoy.
مُتْعَة وتَمَتُّع Enjoyment.
مَتَاعٌ (أَمْتِعَة) Effects; goods.
— وامتعة البيت Furniture.
* متقد (في وقد) * متكأ (في وكأ)
* مَتُنَ To be firm, or solid.
مَتَّنَ To strengthen; make firm.
مَتْنٌ . ظهر Back.
— الكتاب Text of a book.
مَتِينٌ Solid; strong; firm.
مَتَانَة Solidity; firmness.
* متّهم (في وهم) * متهوّر (في هور)
* متواتر (في وتر) * متوالٍ (في ولي)
* مُتوانٍ (في ونى) Remiss.
* مَتَى When? at what time?
— . لما When.
* متيقظ (في يقظ) * مثابة (في نوب)
* مثانة (في مثن) * مُثْرٍ (في ثرو)

* مَثَلَ . مَاثَلَ To resemble.
— . ظهر To appear; come out.
مَثُلَ بين يديه To appear before.
مَثَّلَ . مَاثَلَ ٢ به To compare to.
— به . نكّل To make an example of.
تَمَثَّلَ به To imitate.
تَمَاثَلَ الشيئان To resemble one another.
إِمْتَثَلَ To obey.
مِثْلٌ . شبه Similar; equal.
— . كَمِثْل . شبيه Similar to; like.
مثلما As well as.
مَثَلٌ . عبرة An example.
— . قول يمثّل بمضربه Proverb.
ضَرَبَ مثلاً To give an example.
مَثَلاً For example; for instance.
مِثَالٌ . عبرة Example.
— . نموذج Model; type.
مَثِيلٌ . شبيه Similar; like.
— . نظير Equal; match.
أُمْثُولَةٌ . مثل Example.
— . درس Lesson.

Obedience ; compliance.	اِمْتِثَالٌ
Image ; picture.	تِمْثَالٌ . صورة
Statue.	— . صورة مجسَّمة
Idol.	— يُعبد . صنم
Exemplifying.	تَمْثِيلٌ . ضرب الأمثال
Representation.	— . تشخيص
Theatre.	دارُ الـ—
Similarity.	تَمَاثُلٌ . مماثلة
Representative.	مُمَثِّلٌ
Actor ; player.	— الروايات
Actress.	ممثلة
Bladder.	﴿منن﴾ . مَثَانَةٌ
	٭ مجّ (في مجج) ٭ مجازٌ (في جوز)
	٭ مجال (في جول) ٭ مجاناً (في مجن)
To become ripe.	٭ مَجَّجَ التمرُ
To spit.	مَجَّ
To reject.	— الشيءَ
To be glorious.	٭ مَجُدَ
To glorify.	مَجَّدَ
To be glorified.	تَمَجَّدَ
Glory ; praise.	مَجْدٌ
Glorious ; illustrious.	مَجِيدٌ
Noble ; illustrious.	مَاجِدٌ
More glorious.	أَمْجَدُ
Hungary.	٭ مَجَرٌ . بلاد المجر
Hungarian.	مَجَرِيٌّ
	٭ مجرم (في جرم) ٭ مجرّة (في جرر)
Magians	﴿مجس﴾ . مَجُوسٌ
Magian.	مجوسيٌّ
A blister.	٭ مَجَلَةٌ . نفطة
Magazine.	٭ مجلّةٌ (في جلل)
To scribble.	٭ مَجْمَجَ
To jest.	٭ مَجَنَ
Jesting.	مُجُونٌ
Jester.	مَجَّانٌ . مَاجِنٌ
Free ; gratuitous.	— . مَجَّانِيّ
Gratis ; for nothing.	مَجَّاناً
	٭ مجوس (في مجس) ٭ مجون (في مجن)
	٭ محّ (في محح) ٭ محا (في محو)
	٭ محابي (في حبو) ٭ محار (في حور)
	٭ محال (في حول) ٭ محامٍ (في حمي)
	٭ محتاج (في حوج) ٭ محتال (في حول)
	٭ مُحْتَدّ (في حدد) ٭ مَحْتِدٌ (في حتد)
Yolk of an egg.	﴿محح﴾ . مُحُّ البيض
To clarify ; purify.	٭ مَحَّصَ . مَحَصَ
To be sincere.	٭ مَحَضَ
Pure ; unmixed.	مَحْضٌ
	٭ محطّة (في حطط) ٭ محفل (في حفل)

To try; put to the test. —.— . ابتلى

Severe trial. مِحْنَةٌ . بليَّة

Trial; test; experiment. اِمْتحانٌ . اختبار

Examination. —. فحص

Effacement; obliteration. ٭ مَحْوٌ

To erase; rub out. مَحَا الكتابةَ

To efface; obliterate; blot out. —. طمسَ

To be erased, effaced, blotted out. اِمَّحى

Eraser. مِمْحَاةٌ ٥ مَحَّايَة

Erased; effaced; blotted out. مَمْحُوٌّ . مَمْحِيّ

٭ محور (في حور) ٭ محيًّا (في حي)

٭ محيط (في حوط) ٭ مخ (في مخخ)

٭ مخاض (في مخض) ٭ مخاضة (في خوض)

٭ مختال (في خيل) ٭ مخترع (في خرع)

٭ مختصر (في خصر) ٭ مختل (في خلل)

To suck the marrow from a bone. ٭ مَخَّخَ العظمَ

Marrow of bones. مُخّ العظمِ

Brain. —. دماغ

٥ مخدع (في خدع) ٭ مخدّة (في خدد)

To plough. ٭ مَخَرَ

A ship. مَاخِرَةٌ . سفينة

Litter. ٭ محفة (في حفف)

To destroy; annihilate. ٭ مَحَقَ . اهلك

To efface; expunge; blot out. —. محى

To perish; be destroyed. اِمَّحَقَ . امتَحَقَ

Destruction; annihilation. مَحْقٌ

To altercate. ٭ مَحِكَ . تَمَحَّكَ

To prevaricate. ٥ تمحّك ٢ . راوغَ

To dispute with. مَاحَكَ

Disputatious; quarrelsome. مُمَاحِكٌ

Altercation; dispute. مُمَاحَكَة

٭ محكّ (في حكك) ٥ محكمة (في حكم)

To be sterile, or barren. ٭ مَحِلَ . أَمْحَلَ

To seek cunningly. تَمَحَّلَ

To make a pretext. — العذرَ

Sterility; barrenness. مَحْلٌ

Place. مَحَلٌّ (في حلل)

Pulley. مَحَالَةٌ . بكرة

Impossible. لا محالة (في حول)

Sterile; barren. مَاحِلٌ . مُمْحِلٌ

To try; examine; test. ٭ مَحَنَ . امتَحَنَ . اختبر

Brothel; house of ill fame.	مَاخُورٌ
To churn.	❋ مَخَضَ اللبنَ
	مُخِضَتْ وتَمَخَّضَتِ الحامل
To labour; be in travail.	
Labour; childbirth.	مَخَاضٌ
Butter-milk.	مَخِيضٌ
Churn.	مِمْخَضَة ¤ مَخَاضة
To blow the nose.	❋ مَخَطَ ¤ نفَّ
Mucus of the nose; snot.	مُخَاطٌ
Mucous.	مخاطي
Birdlime.	¤ مُخَيط. دبق
Lever.	❋ مُخلٌ ¤ عَتَلَه
Feed-bag.	¤ مِخْلَة. مخلاة
	❋ مخل (في خل) ❋ مد ¤ مداد (مدد)
Medal.	○ مِداليَة. نوط
Wine.	❋ مُدام ❋ مُدامة (في دوم)
To praise; commend; speak highly of.	❋ مَدَحَ . امْتَدَحَ
Praise; eulogy.	مَدْحٌ . مَدِيحٌ
A panegyric; a song of praise.	مَديحٌ ٢ ¤ مَدِيحَةٌ
Eulogist; panegyrist.	مَادِحٌ . مَدَّاحٌ
To extend.	❋ مَدَّدَ . مَدَّ
To suppurate.	أَمَدَّ الجرحُ
To provide with.	— بكذا
To assist; help; aid.	— . مَدَّ ٢ . اعان
To spread a table.	مَدَّ ٣ مائدة
To flow; rise.	— البحرُ
To walk fast.	¤ — في المشي
To be extended.	إِمْتَدَّ . تَمَدَّدَ
To dilate; expand.	تَمَدَّدَ ٢ . ضد تقلص
To lie down.	— . استلقى
To receive.	إِسْتَمَدَّ
To ask one for help.	— فلاناً
Extension.	مَدٌّ
Flood tide.	— البحرِ
Ebb and flow; tide.	— وجَزر
A half bushel.	مُدٌّ . مكيال
Reinforcement.	مَدَدٌ . نجدة
Aid; help.	— . عون
Period; while.	مُدَّة
For a while.	لـ . الى حين
Lapse of time.	مضي الـ
Pus; matter.	مِدَّة . قيح
Ink.	مِدَادٌ . حبر
Long; extended.	مَدِيدٌ
Matter.	مَادَّة . هَيولي

Material. — الشيء
Element. — . عنصر
Article. — ه بَنْدٌ
Material. مادِّي . هيولي
Materialist. — . طبيعي
Helping. اِمْدادٌ . اِعانة
Help; aid. — . معونة
Extent. اِمْتِدادٌ . مدى
Length. — . طول
Expansion; dilatation. تَمَدُّدٌ . ضدّ تقلص
Extension. — . انبساط
Extended. مُمْتَدٌ . مَمْدُودٌ
☆ مدرسة (في درس) ☆ مُدَّعٍ (في دعو)
☆ مدفع (في دفع) ☆ مُدمِن (في دمن)
To build, plant or found cities. ☆ مَدَّنَ المدائِنَ
To civilize. — . حَضَّر
To become civilized. تَمَدَّنَ
Civilized. مَدَنِي . حضَرِيٌّ
A citizen; townsman. — . من اهل المدُنِ
Civil. — . (في الحقوق)
City; town. مَدِينَةٌ
Civilization. تَمَدُّنٌ
Period, *or* pus. ☆ مُدَّةٌ (في مدد)
Extent; range. ☆ مَدَى . مجال

Distance; space. — . مسافة
Limit. — . غاية . منتهى
Knife. مُدْيَةٌ . سكين
To respite; accord a delay to. مَادَى
To go too far. تَمَادَى في الأمر
☆ مديد (في مدد) ☆ مُدبِر (دور)
☆ مُذْ (في منذ) ☆ مذاق (في ذوق)
To be addled; become rotten. ☆ مَذِرَ البيض
Spoilt; rotten. مَذِرٌ
In every direction. شَذَرَ مَذَرَ
☆ مذرى (في ذرو) ☆ مذهب (في ذهب)
☆ مذود (في ذود) ☆ مرّ (في مرر)
To be pleasant and wholesome. ☆ مَرَأَ . مَرُؤَ . مَرِئَ الطعامُ
Man. مَرْءٌ . اِمْرُءٌ . انسان
Woman. مَرْأَةٌ . امْرَأَةٌ
Wife. امرأة ٢ . زوجة
Manliness; courage; bravery. مُرُوءَةٌ . مُرُوَّةٌ
Esophagus; gullet. مَرِيءٌ
May it prove wholesome to you! هنيئاً مَرِيئاً
☆ مُرآةٌ (في رأى) ☆ مراد (في رود)
Very often. ☆ مِراراً (في مرر)

Morocco. * مراكش

* مرام (في روم) * مرآة (في رأى)

* موتاب (في ريب) * مرتبة (في رتب)

To soften. * مَرَتَ. ليَّن

To soak in water — في الماء

Pasture. * مَرْجٌ. مرعًى

Meadow — . روطه

Tumult, confusion هرج و — .

Coral. مَرْجان

Goldfish. سمك —

Coralline. مَرجانيّ

* مرجع (في رجع) * مرجل (في رجل)

To rejoice; be jovial. * مَرِحَ

Joy; gaiety. مَرَحٌ

Gay; merry. مَرِحٌ

Latrine. * مِرْحاض (في رحض)

Welcome! * مَرحباً (انظر رحب)

To embrocate; anoint. * مَرَخَ. مَرَّخَ

Embrocation. مَرُوخٌ

Mars. مِرِّيخٌ

To rebel; revolt. * مَرُدَ. تَمَرَّدَ

To be arrogant, insolent. تمرَّدَ. استكبرَ

Desire. مُراد (في رود)

Giant. مارِدٌ. فاق امثاله حجماً

Beardless. أَمْرَدُ. بلا لحية

Rebellion. تَمَرُّدٌ

Rebellious. مُتَمَرِّدٌ

To embitter. * مَرَّرَ

To pass. مَرَّ

To make one pass. أَمَرَّ

To continue; last. إِسْتَمَرَّ

Passing. مَرٌّ. مُرُورٌ

Lapse or process of time. مرور الوقت

Bitter. مُرٌّ

Once. مَرَّةٌ

How often? كم — .

This time. هذه الـ — .

Twice. مرَّتان

Three times. ثلاث مرات

Often; several times. مِرَاراً

Gall; bile. مِرَّةٌ

Gall bladder. مَرارَةٌ

Bitterness. — . ضدّ حلاوة

Passing. مارٌّ

Aforesaid. المارُّ ذكره

More bitter. أَمَرُّ

Continuance. إِسْتِمْرارٌ

Continually. باستمرار

Continual. مُسْتَمِرٌّ

Passage; way.	مَمَر
To soak; steep in a liquid.	✲ مَرَسَ
To practise; exercise a profession.	مَارَسَ العمل
To negotiate.	تَمَارَسوا
Cable; rope.	مَرْسَةٌ (مَرَسٌ)
Strength.	مِرَاسٌ . قوّة
Tractable; governable.	سهل المراسِ
Ungovernable; refractory.	صعب المراسِ
March.	مارس . شهر آذار
Lunatic asylum.	مارستان
Practice; use.	مُمَارَسَة
Negotiation; treaty.	٥ — . مفاوضة
To fall ill; become ill or sick.	✲ مَرِضَ . سَقِمَ
To nurse a sick person.	مَرَّضَ المريض
To make ill; render sick.	أَمْرَضَ
To feign illness.	تَمَارَضَ
Disease; illness.	مَرَضٌ . عِلّة
Illness.	— . اعتلال الصحة
Ill; sick.	مَريضٌ . معتلُّ الصحةِ
Patient.	— . عليل

A nurse; sick-nurse.	مُمَرِّضٌ
To pluck; pull out.	✲ مَرَطَ
Hairless	أَمْرَطُ
To roll a thing in the dust.	✲ مَرَّغَ في التراب
To wallow; roll oneself about.	تَمَرَّغَ
✲ مرفأ (في رفأ) ✲ مرفع (في رفع)	
Morphine.	٥ مُرْفين
To penetrate; pass through.	✲ مَرَقَ منه
Broth; thin soup.	مَرَقٌ . مَرَقَة
Renegade.	مَارِقٌ عن الدينِ
Marquis.	٥ مَرْكيز
Marchioness.	مَركيزة
Alabaster.	✲ مَرْمَرٌ
To be elastic.	✲ مَرَنَ
To be used or accustomed to	— على
To train; exercise.	مَرَّنَ على
To take exercise.	— جسده . تَمَرَّنَ
To exercise oneself in.	تمرّن ؟ على
Elastic.	مَرِنٌ . لدِن
Flexible	— . لَيِّن
Elasticity; flexibility.	مُرُونَة . مَرَانَة

Maronite. ماروني . موراني
Exercise; practice. تَمَرُّن. تمرين. تدرب
Apprenticeship. — . — . تلمذة
Apprentice. تحت التمرين
Practised; trained. مُمَرَّن. مُتَمَرِّن
* مَرَّة (في مرر) * مرهم (في رهم)
* مَروءة (في مرأ) * مروحة (روح)
* مروَد (رود) * مريء (في مرأ)
* مِرْيَة. Doubt. شك
Dispute. — . مِراء. جَدَل
* مريول (رول) * مزّ (في مزز)
* مزاج (في مزج) * مَزاد (في زيد)
* مَزَجَ To mix.
To mix with; be associated with. مازَجَ
To be mixed with. اِمْتَزَجَ بهِ
Temperament. مِزَاج
Indisposed. منحرف الـ.
A mixture. مَزيج
An alloy. — معدني
Mixture. اِمْتِزَاج
Mixed. مَمْزُوج. مُمْتَزِج
* مَزَحَ To jest; joke. هزل
To jest with. مازَحَ
Jesting. مَزْح. مِزَاح

Double. * مزدوج (في زوج)
To sip. * مزز * مَزَّ
Acidulous; tart. مُزّ
To tear; rend. * مَزَقَ
To tear to pieces. مَزَّقَ
To scatter; disperse. — شملهم
To be torn to pieces. تَمَزَّقَ
Torn; rent. مُمَزَّق
Rain clouds. * مُزْن
* مزود (في زود) * مزولة (في زول)
Increased. * مزيد (في زيد)
Advantage. * مَزِيَّة. امتياز
Merit; excellence. — . فضيلة
* مس (في مسس) * مساء (في مسو)
* مسافة (في سوف) * مستأهل (في اهل)
* مستاء (في سوأ) * مستبد (في بدد)
* مستحيل (في حول) * مستراح (في روح)
* مستعار (في عور) * مستعد (في عدد)
* مستعمرة (في عمر) * مستقبل (في قبل)
* مستقيم (في قوم) * مستمر (في مرر)
* مستنقع (في نقع) * مستهجن (في هجن)
To wipe. * مَسَحَ
To clean boots. — الحذاء
To anoint. — بالزيت
To survey land. — الأرض

Massage. تَمْسِيدٌ
Pipe; tube. ٥ ماسُورة ٥ مسورة
Pleasure. ٭ مسرة (في سرو)
To touch. ٭مس٭ . مَسَّ . مَاسَّ
To necessitate. مست الحاجة الى
To be in contact with one another. تَمَاسَّ الشيئان
Touch; contact. مَسٌّ
Madness; insanity — . جنون
A touch مَسَّةٌ . لمسة
Diamond. مَاسٌ (في موس)
Touching. مَاسٍ . لامس
Pressing need. حاجة مَاسَّةٌ
Tangent مُمَاسٌّ
Tangency. مُمَاسَّةٌ
Touched. مَمْسُوسٌ . ملموس
To perfume with musk. ٭ مَسَّكَ
To hold; take hold of; seize مَسَكَ . أَمْسَكَ
To catch. — . — المتحرك
To constipate ٥ — و — البطنَ
To cling to; adhere to; hold fast to. — . — . تَمَسَّكَ بكذا
To keep an account. — الحسابَ

Wiping; cleaning. مَسْحٌ
Anointing. — بالدهن
Sackcloth. مِسْحٌ
Land-surveyor. مَسَّاحُ الأراضي
Shoeblack. — الأحذيه
Area; surface. مِساحَةُ الأرضِ
Land-survey. — الأراضي
Mensuration. علم الـ—
Anointed. مَسِيحٌ
Christ; Messiah. السيّد الـ—
Christian. مَسِيحِي

Crocodile. تِمْسَاحُ افريقا
Alligator. — امريكا
To disfigure; deform. ٭ مَسَخَ صورته
To render tasteless. — الطعامَ
Disfigurement; defacement. مَسْخٌ
Tasteless; insipid. مَسِيخٌ ٥ مَاسِخٌ
Disfigured. — . ممسوخ
To rub with the hand. ٭ مَسَدَ
To massage. — الجسدَ

To abstain, or keep from.	أَمسَكَ ٢ عن
To retain.	— على نفسه
To forbear.	— عن الكلام
To hold together.	تَمَاسَكَ الشيئان
Holding.	مَسْكٌ
Bookkeeping.	— الدفاتر
Musk.	مِسْكٌ . طِيبٌ معروف
Tenacious ; grasping.	مَسِيكٌ . بخيل
Stinginess.	إِمْسَاكٌ . بُخل
Constipation.	— . قبضُ الأمعاء
Tenacious.	مُتَمَسِّكٌ
Tenacious of ones rights.	— بحقِّه
Grasping ; miserly.	مُمْسِكٌ
Musky.	مُمَسَّكٌ

☼ مسكين (في سكن) ☼ مسلة

☼ مسلول (في سلل) ○ مَسلي (سلو)

To wish a person a good evening.	☼ مسو ☼ مَسَّى
To enter into the evening.	أَمسَى
To be or become.	— . صار
Evening ; eve.	مَسَاءٌ
Good evening !	— الخير
Yesterday evening.	— أمس

☼ مش (في مشش) ☼ مشاع (في شيع)

Oakum.	☼ مشاقة (في مشق)
To comb the hair.	☼ مَشَطَ الشعرَ
To comb one's hair.	تَمَشَّطَ
Comb.	مُشْطٌ
Instep.	— الرِجْلِ
Hairdresser.	مَاشِطٌ . مزيِّن
Visiting lady's maid.	ماشِطَة
To comb hair, wool, etc.,	☼ مَشَقَ . مشَّط
To tear ; shred.	— . مزَّق
To draw the sword.	إِمْتَشَقَ السيفَ
Model.	مَشْقٌ
Slender ; slim.	مَمْشُوقُ القوام
Oakum.	مُشَاقَةُ الكتَّانِ

☼ مشكلة (في شكل) ☼ مشمز (في شمز)

Apricots.	☼ مِشْمِشٌ
An apricot.	مِشْمِشَةٌ
To walk.	☼ مَشَى . تَمشَّى
To move (one's bowels).	— بطنه
To make walk.	مَشَّى . أَمْشَى
To relax or open the bowels.	أَمشَى ٢ البطنَ
To go on with.	مَاشَاهُ

Walking.	مَشْيٌ
Walk; gait; step.	مِشْيَةٌ
Walking; on foot.	مَاشٍ
Infantry-man; foot soldier.	—٠ ياده
The infantry.	المشاة
Cattle; live stock.	مَاشِيَةٌ (مَوَاشٍ)
Foot-path.	مَمْشًى
Corridor; passage.	—٠ دهليز

* مشير (في شور) * مص (في مصص)
* مصاغ (في صوغ) * مصباح (في صبح)

Sanatorium.	* مَصَحّ (في صحح)
To settle a place.	* مَصَّرُوا المكانَ
Persistent.	مُصِرّ (في صرر)
Boundary; limit.	مِصْرٌ . حَدٌّ
City; town.	—٠ مدينة
Cairo.	—٠ القاهرة
Egypt.	—٠ القطر المصري
Egyptian.	مِصْرِيٌّ
Intestine.	مُصْرَانٌ (مصارين)
End; destination.	مصير (في صير)
To absorb; suck up.	* مصص * مَصَّ . امْتَصَّ
To suck the breast.	—٠ رضع
To sip.	—٠ تَمَصَّصَ
Absorption; suction.	مَصٌّ . اِمْتِصَاص
Sucking.	—٠ رَضْعٌ
Sugar-cane.	قَصَبُ الـ.
Sugarcane refuse.	مُصَاصَة القصبِ
Plaster of Paris.	٥ مَصْتِيصٌ
Twine; string; pack-thread.	خيطُ —٠
Sucking tube.	مِمَصٌّ
Syphon.	—٠ سيفون

* مصطبة (في صطب) * مصطفى (في صفو)

Mastic.	* مُصْطَكَى
To curd.	* مَصَلَ اللبنُ
To strain milk.	— اللبنَ
Whey.	مَصْلُ اللبنِ
Blood serum.	— الدمِ

* مُصَلٍّ (في صلو) * مصلحة (في صلح)
* مصيبة (في صوب) * مصير (في صير)
* مض (في مضض) * مضاف (في ضيف)
* مطجع (في ضجع) * مضخة (في ضخ)

Sour.	* مَضِرٌ . مَاضِرٌ
Injurious; harmful.	* مُضِرّ (في ضرر)
Pain; torture; affliction.	* مَضَضٌ
Painful.	مَضٌّ . اليم

٭ مضطجع (في ضجع) ٭ مضطر (في ضرر)
٭ مضطرب (في ضرب) ٭ مضطهد (في ضهد)
To chew; masticate. ٭ مَضَغَ
Chewing; mastication. مَضْغ
Morsel. مُضْغَةٌ
٭ مِضمار ٭ مضمر (في ضمر)
To rinse. ٭ مَضْمَضَ
Exhausted. ٭ مُضْنىً (في ضنى)
To go away; depart. ٭ مَضَى . ذهبَ
To pass; be over. — . فاتَ
To sign. ٥ — . أمْضَى
Formerly; heretofore. في ما مضَى
Sharpness. مَضَاءٌ
Sharp; keen. مَاضٍ . حادٌّ
Going, departing. — . ذاهِب
Last; previous — . سالف
The past. الماضي . الزمن الماضي
In the past. في الـ . سابقاً
Execution; accomplishment. إمْضَاءٌ . إنفاذ
Signature. — . توقيع
Signer, signatory. مُمْضٍ
٭ مطّ (في مطط) ٭ مطبق (في طبق)
To rain. ٭ مَطَرَ . أمْطَرَتِ السماء
To pray for rain. إسْتَمْطَرَ
To invoke curses on. — عليه اللعنات
Rain. مَطَرٌ . غيثٌ
Rainfall. نزول الـ
A shower of rain مَطْرَةٌ
Rainy; wet. ماطِرٌ . مُمْطِرٌ
Metropolitan. ٥ مُطْرَانٌ
Consecutive. ٭ مُطَّرِد (في طرد)
To stretch too much. ٭ مَطَّطَ
To insult. — . شتم
To stretch; extend; draw out. مَطَّ . مَدَّ
To strain, or stretch, a rope. — الحبلَ
To be viscous; ropy. تَمَطَّطَ
Viscous; ropy. مَطَّاطٌ . لزج
India rubber. ٥— كاوتشوك
To hammer; malleate. ٭ مَطَلَ
To put off; defer. — . مَاطَلَ
Putting off. مَطْلٌ . مُمَاطَلَةٌ
Malleation. — المعادن
One who puts off. مُمَاطِلٌ
Malleated. مَمْطُولٌ . مطروق
Deferred; put off. — . مسوَّف

* مَطْوَةٌ . ساعة An hour.
○ —(في طوى) Penknife.
* مَطِيَّةٌ .ركوبة A mount.
إِمتَطَى To mount; ride.
مُمْتَطٍ Mounted; riding.
* مَعْ . مَعَ With.
— انَّ Although.
— ذلك Yet; nevertheless.
مَعاً . سوية Together
مَعِيَّة Company; attendance.
○ — الملك Royal court.
* معاذ (في عوذ) * معاش (في عيش)
* معاف (في عفو) * معتقد (في عقد)
* معجزة (في عجز) * معجم (في عجم)
* مَعِدَةٌ . مِعْدَةٌ Stomach.
* مُعْدٍ (في عدو) * معدن (عدن)
* مَعَزٌ . مِعْزَى.مَعِيزٌ Goats.
○ مِعزى . عنزة She-goat.
مَاعِزٌ . واحد المعز A goat.
مَعَّازٌ Goatherd.
* مَعَسَ ○ فَعَسَ To crush; bruise.
* معشر (في عشر) * معصم (في عصم)
* مَعِضَ .امتَعَضَ من To resent; be indignant at.

* معضلة (في عضل) * معظم (في عظم)
* مَعَكَ . دلك To rub.
○ مَعْكَرونَه Macaroni.
* مَعْمَعَةٌ Tumult of battle.
المَعامِعُ . الحروب Wars; battles.
مَعْمَعَانُ Height of.
(معن) . أَمْعَنَ To act vigorously.
— النظرَ في. تَمَعَّنَ To think over; consider attentively.
إِمْعَانٌ . تَمَعُّنٌ Attentive consideration.
مَعِينٌ Running; flowing.
مُعِين (في عون) Assistant.
مَاعُونٌ . وعاء Utensil *or* vessel.
— ورقٍ A ream of paper.
○— . مركب نقل Lighter; barge.
* معنى (في عني) * معول (في عول)
* مِعًى . مَعْيٌ Intestine.
أَمْعَاءٌ .أَمْعِيَةٌ Intestines.
* معية (في مع) * مغارة (في غور)
* مغذٍ (في غذو) Nourishing.
* مُغْرَة . مَغَرَة Ruddle.
* مغزى (في غزو) Meaning.
* مُغِصَ To have, or suffer from, colic.

Colic; gripes. مَغْصٌ

To speak confusedly. * مَغْمَغَ

* مَغْنَطِيسٌ (راجع غطس)
Magnet.

* مفاد (في فيد) * مفترس (في فرس)

* مفعم (في فعم) * مفيد (في فيد)

* مقابل (في قبل) * مقاطعة (في قطع)

* مقام (في قوم) * مقامر (في قمر)

Sansages. ٥ مَقَانِق

* مقاول(في قول) * مقايسة (في قيس)

To detest; abhor; hate. * مَقَتَ . ابغض

Detestation; hatred; aversion. مَقْتٌ

مَمْقُوتٌ . مَقِيتٌ . كريه
Detestable; hateful.

Detested; hated. —. مكروه

* مقتضى (في قضى) * مقدام (في قدم)

* مقر (في قرر) * مقص (في قصص)

Eye. * مُقْلَةٌ . عين

Eyeball. — العين

* مقلاع (في قلع) * مقيء (في قيأ)

* مقياس (في قيس) * مقيم (في قوم)

* مكافأة (في كفأ) * مكان (في مكن)

* مكب (في كبب) * مكتئب (في كأب)

Overfilled. * مكتظ (في كظظ)

To abide; dwell, in a place. * مَكَثَ . اقام

To stay; remain. —. بقي

Stay; sojourn. مَكْثٌ . مُكُوثٌ

Macadam. ٥ مَكَدَام

To deceive; beguile. * مَكَرَ بهِ

Cunning; craft. مَكْرٌ

Crafty; wily. مَكَّارٌ

Cunning; sly. مَاكِرٌ

Microscope. ٥ مِكْرسكوب . مجهر

Microbes. ٥ مِكْرُوب

Macaroni. ٥ مَكَرُونَه

To gather, or collect, taxes. * مَكَسَ

Tax; custom. مَكْسٌ

Tax-gatherer. مَكَّاسٌ

* مكعّب (في كعب) * مكفهرّ (في كفهر)

To be strong. * مَكُنَ

To strengthen; make firm. مَكَّنَ . ثبَّتَ

To enable. —. أَمْكَنَ من

To be possible. امكنَ الأمرُ

He could. —هُ . استطاع

He cannot. لا يمكنه

It is possible that. يمكن أنْ

It is impossible. لا —.

To be firmly fixed. تَمَكَّنَ

To master. — من

A cupful.	— كأسٍ
Assemblage.	مَلأ
Sheet; bed-sheet.	مِلاَءة ٥ مِلاَيَة السرير
Full.	مَلآنٌ . مُمْتَلِيءٌ
Fullness.	إمتِلاءٌ
Filled up.	مَمْلُوءٌ . مَمْلُوٌّ
	* ملائم (في لأم) * ملاذ (في لوذ)
Malaria.	٥ ملاريا
Malarial fever.	حُمَّى الـــ
	* ملازم (في لزم) * ملاك (في ملك)
	* ملامح (في لمح) * ملبن (في لبن)
To be salt.	* مَلُحَ . صارَ مِلْحاً
To be handsome.	— . كان مَليحاً
To salt.	مَلَّحَ
Salt.	مِلْحٌ
Epsom salt.	— انكليزي
Salt.	— . مَالِحٌ
Saline; salty.	مِلحي
Witticism; a witty saying.	مُلْحَةٌ
Sailor; mariner.	مَلَّاحٌ
Prettiness.	مَلاحَة
Navigation.	مِلاَحَةٌ
Salt works.	مَلَّاحَة
Saltcellar.	٥ — . مِمْلَحَة
To be able to.	— من كذا. قدر عليه
Power; ability.	مُكْنَةٌ
Machine	٥ مَكِنَه . آلة
Place.	مَكَانٌ . محل
Room; space.	— . حيّز
In place of.	— . في مكان
Place; rank.	مَكَانَة . منزلة
Influence; power.	— . نفوذ
Influential.	ذو — .
Firm.	مَكِينٌ . ماكِنٌ
Power; ability.	إمْكَانٌ . مقدرة
Possibility.	— . استطاعة
Probability.	— . احتمال
Potential mood.	صيغة الـــ
When possible.	عند الـــ
Possible.	مُمْكِنٌ . مستطاع
Probable; likely.	— . محتمل
Firmly fixed.	مُتَمَكِّنٌ . راسخ
Mecca.	* مَكَّةُ المكَرَّمة
	* مكيدة (في كيد) * ملّ (في ملل)
To fill.	* مَلأَ الاناءَ
To fill up.	— . اشغل
To be filled.	مَلِيءَ . امْتَلأَ
Quantity which fills up.	مِلْءٌ

Saltness. مُلُوحَة
Goodly; pleasant. مَلِيحٌ . حسن
Pretty; handsome — . جميل
Salted. مُمَلَّحٌ
To pull out. ✿ مَلَخَ . انتزع
To dislocate. ◘ — المفصل
Jew's mallow. مُلُوخِيَّة
Sheet of a book. ✿ ملزمة (في لزم)
To be smooth. ✿ مَلِسَ
To make smooth. مَلَّسَ
Smooth. مَلِسٌ . أمْلَسُ
Smoothness. مَلَاسَة
To escape; slip away. ✿ مَلِصَ . تَمَلَّصَ
To plaster. ✿ مَلَطَ . مَلَّطَ
Plaster. مِلَاطُ الحائط
Malta. مَالْطَة . اسم جزيرة
Maltese. مالطي
Hairless. أمْلَطُ . لاشعر له
Spoon. ✿ ملعقة (في لعق)
✿ مَلِقَ ◘ مَلَّقَ . مَالَقَ . تَمَلَّقَ
Flatter; cajole
Adulator; servile flatterer. مَلِقٌ . مَلَّاقٌ
Adulation; servile flattery. تَمَلُّقٌ . تَمْلِيقٌ

To possess. ✿ مَلَكَ . تَمَلَّكَ . امْتَلَكَ
To reign or rule over. — و — على
To control oneself. — نفسه
To give possession of. مَلَّكَ
To restrain oneself from. تَمَالَكَ عن
He could not keep from. ما — عن
Property; possessions. مِلْك
Reign; rule. مُلْكٌ
King. مَلِكٌ
Queen. مَلِكَة
Royal. مُلْكِيٌّ . ملوكيٌّ
Civil. — . غير عسكري
Angel. مَلَكٌ . مَلَاكٌ
Angelic. مَلَكِيٌّ . ملائكي
Character. مَلَكَةٌ
Habit. — . عادة
Genius; talent. — . قريحة
Kingdom. مَلَكُوتٌ
Ownership. مَلَكِيَّةٌ
King; sovereign. مَلِيكٌ
Owner; possessor. مَالِكٌ
Proprietor. — . صاحب الملك

— الحزن

Heron.

إمتلاكٌ . تملُّكٌ Possession.

مَمْلَكَةٌ Kingdom; empire.

مَمْلوك . مُمتلَك Possessed.

— . عبدٌ Slave; purchased slave.

✿ مَلَلٌ . مَلالٌ Weariness.

مَلَّ To grow tired; become weary or bored.

— الشيءَ ومنه To tire of; be tired of

لا يَمَلّ Untiring.

أَمَلَّ To make weary.

تَمَلْمَلَ To fidget; move restlessly.

مِلَّةٌ Creed; religion; faith.

مَلُولٌ . ذو الملل Weary; tired.

— . عديم الصبر Impatient.

مُمِلٌّ . مَلِيلٌ Wearisome; tiresome.

✿ مَلْمَلَ To cause to fidget.

تَمَلْمَلَ To fidget; move restlessly.

✿ مِلَّة (في ملل) ✿ مَلْهى (في لهو)

✿ مَلَّى . أَمْلَى To dictate to.

مَلِيًّا A long time.

إِمْلاءٌ Dictation.

✿ ملوخيّة (في ملخ) ✿ ملوينة (في لوى)

✿ مِلْيارٌ Milliard; billion.

✿ مِلّيجرام Milligramme.

✿ مِلّيمتر Millimetre.

✿ مَلْيون Million.

✿ مِمَّ . مِمَّا From, or of, what?

✿ مَمَاسّ (في مسس) ✿ ممبار (في نبر)

✿ ممتاز (في ميز) ✿ ممكن (في مكن)

✿ ممنون (في منن) Obliged.

✿ مِنْ . حرف جرّ From; of.

— . منذ Since.

واحِد منهم One *of* them.

أُخرُجْ من هنا Go out *of* here.

أفضل مِن Better *than*.

إقترَبَ منّي He came near *to* me.

جاءَ مِن ساعته He came at once.

✿ مَنْ Who.

✿ مَنّ (في منن) ✿ مناخ (في نوخ)

✿ مناخير (في نخر) ✿ منارة (في نور)

✿ مناص (في نوص) ✿ منافق (في نفق)

✿ مناقشة (في نقش) ✿ منال (في نيل)

✿ مناوبة (في نوب) ✿ مناورة (في نور)

٭ مناوشة (نوش) ٭ منبر (في نبر)
٭ منجل (في نجل) ٭ منجم (في نجم)
٭ مَنْجَنِيق Ballista; catapult.
٥ مَنْجُو ٥ مَنْجَا Mango.
٭ مَنَحَ To grant; give.
مِنْحَة A gift; present; grant.
مَانِح Grantor; giver.
٭ مُنْحَرِف (في حرف) ٭ منخر (في نخر)
٥ مِنْدَالَة ٭ منـدل (في ندل)
٭ مندوب (في ندب) ٭ مندوحة (في ندح)
٭ مِنْدِيل (في ندل) Handkerchief.
٭ مُنْذُ Since.
— ذلك الوقت Ever since.
— زمان Long ago.
٭ منزل (في نزل) ٭ منشار (في نشر)
٭ منشّة (في نشش) ٭ مَنْشُور (في نشر)
٭ منصّة (في نصص) ٭ منطاد (في طود)
٭ منطقة (في طوق) ٭ منظر (في نظر)
٭ مَنَعَ To prevent.
ـــهُ الشيء او عنه To prohibit.
مَنُعَ To be invincible.
مَانَعَ To object to; make objection.
امتنع . تَمَنَّعَ عن To forbear; refrain from.
— . — . ابَى To refuse; decline.

تَمَنَّعَ بكذا To seek protection in or with.
مَنْع Prevention.
مَنَاعَة Invincibility.
— (ضد العدوى) Immunity.
مَنِيع . حريز Impregnable; invincible.
مَانِع . معيق One who or that which prevents.
— . عائق Obstacle; preventive.
— . اعتراض Objection.
مَمْنُوع Interdicted; prohibited.
ممتنع . متعذّر Impossible.
مُمَانَعَة Objection.
٭ منفرد (في فرد) ٭ منقد (في نقد)
❊ منّ ❊ مَنَّ وامْتَنَّ عليه To oblige; do a favour to; be kind to.
تَمَنَّنَهُ To remind, reproachfully, of favours done.
مَنّ Gift; benefit.
— النباتِ Honey-dew.
— بني اسرائيل Manna.
بمَنِّهِ تعالى By the grace of God.
مِنَّة Favour; kind act; kindness.

Made level; paved; prepared. مُمَهَّدٌ

To be clever. ٭ مَهَرَ

To give a dowry to a wife. —. أَمْهَرَ

Bride's marriage portion. مَهْرٌ. صداق

Dowry; dot. —. بائنة

Seal; signet. مُهْرٌ. ختم

Foal; colt. —. ولدُ الفرسِ

Filly. مُهْرَة. انثى المُهر

Skill; dexterity. مَهَارَة

Skilful; adroit. مَاهِرٌ

Skilled, or very clever, in .... — في كذا

Kirmess; gala. ٥ مَهْرَجَانٌ

To mash. ٭ مَهَكَ. سحق

To act slowly or deliberately. ٭ مَهَلَ. تَمَهَّلَ

To give time; accord, or grant a delay. مَهَّلَ. أَمْهَلَ

Ease; leisure. مَهْلٌ. مَهَلٌ

At leisure. على —.

Take your time. على مهلك

Slowly; gently. مَهْلاً

A delay; respite. مُهْلَة

Concession of a delay. اِمْهَالٌ

Slowness; deliberateness. تَمَهُّلٌ

Generous; obliging; kind. مَنَّانٌ

Death. مَنُونٌ. موت

Obligation. اِمْتِنَان

Much obliged. مُمْتَنٌّ

٭ منهمك (في همك) ٭ منوال (في نول)

Death. ٭ مَنون (في منن)

To try; put to the test. ٭ مَنَى. منا

To experience a severe trial. مُنِيَ بكذا

To desire; wish; long for. تَمَنَّى

Desire; wish. مُنْيَةٌ

Destiny; fate. مَنِيَّة. قدرُ الله

Death. —. موت

Desire; wish. أُمْنِيَّةٌ

Desiring; wishing for. تَمَنٍّ

Optative mood. صيغة التَّمَنِّي

٭ مهابة (في هيب) ٭ مهاةٌ (في مهو)

Heart. ٭ مُهْجَةٌ. قلب

Life; soul. —. روح

To level. ٭ مَهَدَ. بسط

To pave; prepare. —. وَطَّأَ

Cradle. مَهْدٌ

To act desperately. إِستَهات

Death. مَوتٌ . مَوْتَةٌ

Dying. مَائِتٌ

Dead; lifeless. مَيْتٌ . مَيِّتٌ

Death; decease. مَمَاتٌ

Deadly; mortal. مُمِيتٌ

Fatal disease. مرضٌ — .

٭ مؤتمر (في امر) ٭ مؤتمن (في امن)

Motor. ٥ مُوتور . محرِّك

Motor cycle. ٥ مُوتوسِيكل . جوّالة

Waves. ٭ مَوْجٌ . أَمْوَاجٌ

A wave; a billow. مَوْجَة

To surge; swell. مَاجَ . تَمَوَّجَ البحر

To undulate; wave. تَمَوَّجَ ٢

Undulation. تَمَوُّجٌ

Wavy. مَائِجٌ . مُتَمَوِّجٌ

Undulated. مُمَوَّجٌ

٭ موجب (في وجب) ٭ موجز (في وجز)

٭ مودّة (في ودد) ٭ مؤذِّن (في اذن)

Banana. ٭ مَوْزٌ

Plantain. — هنديّ

Razor. ٭ مُوسٌ . مُوسَى

Moses. موسى ٢ . اِسم علم

Diamond. مَاسٌ . الماس

٭ موسِر (في يسر) ٭ موسم (في وسم)

Slow; deliberate. مُتَمَهِّلٌ

Important. ٭ مُهِمٌّ (في هم)

Whatever ٭ مَهْمَا

٭ مِهماز (في همز) ٭ مهر (في مهر)

Commission. ٭ مهمّة (في همم)

To serve a person. ٭ مَهَنَ

To hackney. — . امتَهَنَ . ابتذل

To despise. امْتَهَنَ ٢ . احتقر

Business; work. مِهْنَةٌ

Trade. — يدويّة

Profession. — شريفة

Despised. مَهِينٌ . مُمْتَهَنٌ

Abuse; misuse إِمْتِهانٌ

Crystal. ٭ مَهْوٌ . بلّور

Oryx; the antelope of Arabia. مَهَاةٌ

Mewing. ٭ مُوَاءُ السنّور

To mew. مَاءَ السنّور

٭ مواساة (في اسو) ٭ مؤامرة (في امر)

٭ مؤبّد (في ابد) ٭ موبقة (في وبق)

To kill; put to death. ٭ مَوَّتَ . أَمَاتَ

To die; expire. مَاتَ

To starve. — جوعاً

To die with horror. — رعباً

To feign to be dead or dying. تَمَاوَتَ

٭ مُوسِيقَى Music.
موسيقي. مختصّ بالموسيقى Musical.
— . مشتغل بالموسيقى Musician.
﴿موش﴾ ٭ مَاش . حَبٌّ يُطبخ
Indian peas.
٭ موشّح (في وشح) ٭ موشور (في وشر)
٭ موطيء (في وطأ) ٭ موقن (في يقن)
٭ موكب (في وكب) ٭ مؤكد (في وكد)
٭ مَوَّلَ To finance.
تموَّل To be financed.
مَال . رِزق Property; estate.
— . ثروة Wealth; riches.
— . بضائع Goods ; wares.
— . نقود Money.
٭ — الأطيانِ Land-tax.
رَأس — Capital.
بَيْتُ الـــ The public treasury.
مَالِيّ . نقدي Pecuniary.
— . متعلق بالماليَّة Financial.
— . مشتغل بالمالية Financier.
مَاليَّة Finance.
وزارة الـــ The Ministry of Finance.
٭ مؤلم (في الم) ٭ مولى (في ولى)
٭ مومس (في ومس) ٭ مؤمن (في امن)
٭ مُومْيَا Mummy.

٭ مَوَّنَ To supply with provisions.
تَمَوَّنَ To stock provisions.
مُؤْنَة . مؤنة . قوت Provisions.
٭ — . ملاط البناء Mortar.
٭ مؤنّث (في انث) Feminine.
٭ مَوَّهَ ٭ مَيَّعَ To dilute.
— بكذا To coat; overlay with.
— بماء الذهبِ To gild.
— بماء الفضةِ To silver.
— عليه الخبر To misrepresent to.
— الحقائق To blink facts.
مَاء Water.
— . عصير Juice.
مَائِيّ . كالماءِ او فيه ماء Watery.
— . مختص بالماء Aquatic.
— . سائل Fluid.
مَاهِيَّةُ الشيءِ Quiddity; essence or nature of a thing.
٭ — . راتب Salary: pay.
تَمْوِيه Coating: overlaying.
— الأخبارِ Misrepresentation of news.
٭ مؤنة ٭ مؤونة (في مأن) ٭ ميبر (في ابر)
٭ ميثاق (في وثق) Bond.

٭ مَيَّحَ . تَمَايَحَ المركبُ والسكرانُ To reel; stagger.
— . — الغصن To swing; sway.
تَمَيَّحَ . تبختر Strut; walk with affected dignity
إستماح To beg a favour from.
أستميحُ عفوكم I beg your pardon.
٭ مَيدانٌ . ساحة Square; open space.
— الحربِ Theatre of war.
— القتالِ Battle-field.
— السباقِ Race-course.
مَائِدَة Table.
— الكتابةِ Writing-desk.
مَادَ . تَمَايَدَ To swing.
○ ميداليون Medallion.
٭ مِيرَة Provisions.
ميري Government; state; public.
مال الـــ Government taxes.
○ مِيرَالاي . أميرالاي Colonel.
٭ مَيَّزَ . فَضَّلَ To prefer.
— . ادرك الفرق To distinguish
— . جعلهُ ممتازاً To privilege.
تَمَيَّزَ . امتاز To be distinguished.
— غيظاً To rage with anger.

إمتياز . فَرق Distinction.
— . فضل Advantage.
— . حق ممتاز Privilege.
أمتيز من Preferable to.
تمييز . إدراك الفرق Distinction.
— . تفضيل Preference.
مُمَيِّز Distinguishing
مُمتاز . مميَّز Distinguished.
٭ ميزاب (في ازب ووزب) ٭ ميسر (في يسر)
٭ ميضأة (في وضأ) Lavatory.
٭ مَيْعٌ . مَيْعَة Liquidity.
مَاعَ . إنماع To melt; be liquefied.
أماع To melt; liquefy.
مائعٌ . سائل Liquid; fluid.
٭ ميعاد (في وعد) ٭ ميقات (في وقت)
○ ميكانيكي Mechanical. 
○ ميكروب Microbe.
○ ميكروسكوب ←Microscope
٭ مَيَّلَ . أمال To incline; bend.
مال To incline; be bent.
— الى To be inclined to.
— عن To deviate from.
— على . الحق واستند الى To lean against.

To be adverse to. — على . جارَ
To take sides with. — مع
To set; decline; go down — ت الشمس
To sway; swing. تمايَلَ . تخطَّر
To reel; totter. — . ترنَّح
To incline; turn. استمالَ
To gain favour with. — قلبه
Inclination. مَيْلٌ
Probe. مِيلُ الجرّاحِ
Mile. — بري
Nautical mile. — بحري
Inclined to. مَيَّالٌ الى
Inclined; bent. مائِلٌ
* ميلاد (في ولد) * ميمون (في يمن)
A lie; falsehood. * مَيْنٌ
To lie; tell a lie. مانَ
Enamel. * مِينا . مِيناءٌ
Harbour; port. — السُفُنِ

(ن)

To be, or go, far from. * نأَى عن. بَعُدَ
Remoteness. نأْيٌ . بُعْدٌ
Remote; distant نآءٍ . بعيد

* نائِب * نائبة * نابَ (في نوب)
* نابٌ (في نيب) * ناجز (في نجز)
* ناجي (في نجو) * ناحَ (في نوح)
* ناحية (في نحو) * نادٍ * نادى (في ندو)
Fire. * نارٌ (في نور)
Coconuts. * نارَجِيلٌ
Nargileh; hubble-bubble. نارجيله ◻ شيشة
* نَارَدين (انظر زردين) * نارَنج
(انظر ترنج) * نَاسٌ (في نوس)
Human nature. * نَاسُوت
* ناسور (في نسر) * ناصية (في نصو)
* ناضل (في نضل) * ناط (في نوط)
* ناغى (في نغو) * ناف (في نوف)
* نافذة (في نفذ) * نافوخ (في نفخ)
* ناقوس (في نقس) * نالَ (في نيل)
* نامَ (في نوم) * ناموس (في نمس)
* ناهزَ (في نهز) * ناوأَ (في نوأ)
* ناوشَ (في نوش) * ناول (في نول)
* ناووس (في نوس) * ناي (في ني)
To be high or elevated. * نَبَأَ
To revolt at. — عن كذا
To inform; tell. نَبَّأَ . أنبَأَ
To foretell; predict; prophesy. تَنَبَّأَ

Information; news.	نَبَأٌ
Prophet.	نَبِيٌّ
Prophecy.	نُبُوَّة . نُبُوءَة
Prophetic.	نَبَوِيٌّ
To have a knotted stem.	٭ نَبَّبَ
Pipe; tube.	أُنبوب . أُنْبُوبَة
To grow.	٭ نَبَتَ النباتُ والشعرُ
To sprout; vegetate.	— الحبُّ
To produce plants.	أَنْبَتَتْ الأرضُ
To germinate; cause to sprout.	نَبَّتَ الحبَّ
A sprout.	نَبْتٌ . نَبْتَةٌ
Plants; vegetables.	نَبَاتٌ . نَبْتٌ ٢
Herb	—. عشب
Botany.	عِلْمُ الـــ .
Vegetable.	نباتي. مختص بالنباتات
Botanic.	—. مختص بعلم النباتِ
Vegetarian.	—. يعيش على الأطعمة النباتية
The vegetable kingdom.	المملكة النباتيَّة
Quarterstaff; cudgel; club.	نَبُّوت (طويل)
Truncheon.	— (قصير)
Sprouting; germinating.	نابِتٌ
Source; origin.	مَنْبَتٌ
A nursery.	مُسْتَنْبَت
To bark at.	٭ نَبَحَ الكلبُ على
Barking.	نَبْحٌ . نُبَاحٌ
To discard; repudiate; cast off.	٭ نَبَذَ
To rebel; renounce obedience.	— الطاعة
To oppose; contend against.	نابَذَ
Section; part.	نُبْذَة . جزء
Treatise; tract; pamphlet.	—. رسالة
Article.	—. مقالة
Wine.	نَبِيذٌ
Discarded; rejected; cast off.	مَنْبوذ
Unobserved.	أمرٌ — .
To raise; elevate.	٭ نَبَرَ . رَفَع
To emphasize a word.	— الكلمة
Emphasis.	نَبْرُ الصوتِ
Stress; accent.	نَبْرَة
Store; warehouse.	أَنْبارٌ
Pulpit; tribune.	مِنْبَرٌ
Skin; sausages skin.	٥ مُنْبار
Pudding; sausage.	٥ — محشي
Light; lamp.	٭ نِبْراسٌ . مصباحٌ

To utter; say; speak (a word). ٭ نَبَسَ

To unearth; dig up. ٭ نَبَشَ المدفونَ

To disinter; exhume. — الجثَّةَ

To search. ٭ نَبَّشَ . فتَّشَ

Digging, unearthing, etc., نَبْشٌ

Rifling of tombs. — القبور

To pulsate; beat. ٭ نَبَضَ العِرْقُ

Pulsation. نَبْضٌ . نَبَضَانٌ

Pulse. — . حركة القلب

Pulsative; beating; throbbing. نَابِضٌ

Spring; coil spring. — الساعةِ

To issue; flow out. ٭ نَبَطَ الماء

To contrive; devise; invent. ٭ استنبط

Contrivance; invention. اِسْتِنْبَاطٌ

To gush or flow out. ٭ نَبَعَ الماءُ

To spring. — النهرُ

Flowing, or gushing, out. نَبْعٌ . نَبَعَانٌ

Spring; source. — . يَنْبُوعٌ . مَنْبَعٌ

Source; origin. يَنْبُوع ٢ . منبع ٢ . اصل

To excel. ٭ نَبَغَ

Excelling; surpassing. نُبُوغٌ

A distinguished person. نَابِغَةٌ

Nabk; fruit of the lote tree. ٭ نَبِقٌ

Retort; still. اِنْبِيقٌ

To be noble or magnanimous. ٭ نَبُلَ الرجلُ

Arrows; darts. نَبْلٌ . نبال

An arrow. نَبْلَةٌ . واحدة النبال

Noble. نَبْلٌ ٢ . نَبِيلٌ

Nobleness نُبْلٌ . نَبَالَةٌ

To notice; perceive. ٭ نَبِهَ . تَنَبَّهَ . انتبه

To awake. — . — . — من نومه

To call one's attention to. نَبَّهَ الى الأمر

To warn against danger or an offence. — الى خطإٍ او خطر

To awaken. — . ايقظ

Intelligence. نَبَاهَةٌ . فطنة

Fame; renown. — . شهرة

Intelligent. نَبِهٌ . نَبِيهٌ

Attention. اِنْتِبَاهٌ . التفات

Wakefulness. — . يقظة
Awakening. تَنْبِيهٌ . ايقاظ
Warning. — . تحذير
Warning. مُنَبِّهٌ . محذِر
Awakening. — . مُنْبِقظ
Alarm clock. ٥ ساعة تنبيه
Awake. مُنْتَبِهٌ . مُتَنَبِّهٌ
Attentive. — . ملتفِت
● نبُوت (في نبت) ✿ نبيٌّ (في نبأ)
● نبيذ (في نبذ) ٥ نبيل (في نبل)
To project; stick out. ● نَتَأَ
Projection. نُتُوءٌ
Projecting. نَاتِيءٌ
To result, or proceed, from. ● نَتَجَ من كذا
To result in. — عنه كذا
To produce. أَنْتَجَ
Bring forth young. —ت البهيمة
To infer; deduce. اسْتَنْتَجَ
To derive a conclusion. — الأمر
Product; yield. نِتَاجٌ
Result. نَتِيجَةٌ
Conclusion. — المقدمات
Almanac; calendar. ٥— . تقويم

Resulting. نَاتِجٌ . حاصلٌ
Is due to; owing to — عن كذا
Producer. مُنْتِجٌ . مُسْتَنْتِج
Deduction. اِسْتِنْتَاجٌ
To pluck out; pull out. ✿ نَتَشَ الشعر
To snatch. — . خَطَفَ
To pluck; pull out. ✿ نَتَفَ
A small quantity. نُتْفَةٌ
To stink. ✿ نَتُنَ . أَنْتَنَ
To putrefy. أَنتَنَ ٢ . نَتِنَ
Stench. نَتْنٌ . نَتَانَةٌ
Stinking. نَتِنٌ . مُنْتِنٌ
Putrid. — . — . مُنَتَّن
To sprinkle. ✿ نَثَرَ
To be sprinkled. انتَثَرَ . تَنَاثَرَ
Sprinkling. نَثْرٌ . بَعْثَرَة
Prose. — . خلافُ النظم
Prose. نَثْرِيٌّ . مَنْثُورٌ
Sprinkled. مَنْثُورٌ ٢ . مبعثر
Gillyflower. — . اسم زهر
✿ نجا (في نجو) ✿ نجار (في نجر)
To be excellent. ✿ نَجُبَ
Excellence. نَجَابَةٌ
Excellent. نَجِيبٌ
To succeed. ✿ نَجَحَ . أفلحَ

To prosper. — . أَيْسَرَ
To render successful. نَجَّحَ . انْجَحَ
Success. نُجْحٌ . نَجَاحٌ
Successful. نَاجِحٌ
To relieve; give help to. ٭ نَجَدَ . أَنْجَدَ
To upholster: نَجَّدَ الفَرْشَ
To beat cotton. — القطن
To appeal to a person for help. اسْتَنْجَدَ
Upland; plateau. نَجْدٌ
Relief; aid; help; succour. نَجْدَةٌ
Upholstery. نِجَادَةُ الفرشِ
Upholsterer. مُنَجِّدٌ (افرنكي)
Mattress-maker. — (بلدي)
To importune. ٭ نَجَذَ . الحّ على
Wisdom-tooth. نَاجِذٌ
To shave or smooth wood. ٭ نَجَرَ الخشبَ
Carpenter. نَجَّارٌ
Joiner. — دقّ
Carpentry. نِجارَةٌ
Wood shavings. نُجارَةٌ
To be achieved, or accomplished. ٭ نَجِزَ . تَمَّ
To be finished. — . انتهى

To achieve; accomplish نَجَزَ . أَنْجَزَ
To fulfil. أَنْجزَ ٢ الوَعْدَ
To fight; combat. نَاجَزَ
Achievement; accomplishment, fulfilment. نَجَازٌ . إِنْجَازٌ
Achieved; accomplished. نَاجِزٌ . مُنْجَزٌ
To be unclean, impure. ٭ نَجُسَ
To pollute; defile; contaminate. نَجَّسَ
To become polluted, unclean. تَنَجَّسَ
Unlean; impure. نَجِسٌ
Uncleanliness; impurity. نَجَس . نجاسة
To benefit; do good to. ٭ نَجَعَ
Hamlet نَجْعٌ
Beneficial; useful. نَاجِعٌ . مفيد
Efficacious. — . مؤثّر
Hill. ٭ نَجَفٌ . نَجَفَةٌ . تَلٌّ
Chandelier. ٥ نَجَفَة ٢ . ثُرَيَّا
Son; child. ٭ نَجْلٌ . ابنٌ
Gospel. إِنْجِيلٌ
Evangeltcal. إِنجيليٌّ

Scythe. مِنجَلٌ

— (صنبر) Sickle.

٥ مَنْجَلَة. ملزمة Vise; vice.

To appear; rise. ٭ نَجَمَ. ظهر

To result from. — عنه. نتج

Shrub. نَجْمٌ

Star. — نَجْمَة. كوكب

Asterisk. نجمة ٢ (في الطباعة)

Astronomy. عِلْمُ النجوم

Astrology. تَنْجِيم. عِلمُ التنجيم

Source: origin. مَنْجَمٌ. منبع

Mine. — منبت المعادن

Astrologer. مُنَجِّمٌ

A secret. ٭ نَجْوَى. سِر

Commune. — مُناجاة

Confidant. نَجِيٌّ

To save; deliver. نَجَّى. أنجى

To escape; be saved. نَجَا

To confide a secret to. نَاجَى صديقه

To talk to oneself; to soliloquise. — نفسه

To commune. تَنَاجَى الصديقان

Rescue; deliverance. نَجَاةٌ. خلاص

Escape. — هَرَبٌ

Saviour; deliverer. مُنَجٍّ. منقذ

Confidential interchange of sentiments. مُنَاجَاة

Soliloquy. — الانسان لنفسه

Spiritualism. — الأرواحِ

٭ نحا (في نحو) ٭ نحاس (في نحس)

To wail; weep loudly; cry. ٭ نَحَبَ. انْتَحَبَ

Period; time. نَحْبٌ. وقتٌ

Death. — موتٌ

To die قضى نَحْبَهُ

Wailing; loud weeping. نَحْبٌ ٢. نَحِيب

To hew; cut; carve. ٭ نَحَتَ

Stonecutter. نَحَّاتُ الحجرِ

Sculptor. — التماثيلِ

Cuttings; parings. نُحَاتَة

Hewn; cut; dressed. مَنْحُوتٌ

To kill; slaughter. ٭ نَحَرَ

To commit suicide. اِنْتَحَرَ

To dispute; wrangle. تَنَاحَروا على الأمرِ

Killing. نَحْرٌ. ذَبْحٌ

— . أَسْفَلُ العنق Lower part of the neck.
نِحْرِير Adept; proficient.
إِنْتِحَارٌ Suicide: self-murder.
مُنْتَحِرٌ A suicide.
* نَحُسَ To be unlucky.
ه نَحَسَ To bring bad luck upon.
نَحَّسَ To copper; cover with copper.
نَحْسٌ Ill-luck; bad luck.
— . نَحِسٌ Unlucky.
سَاعَةُ نَحْسٍ An evil hour.
نُحَاسٌ أَصْفَر Brass.
— أحمر Copper.
نَحَّاسٌ Coppersmith.
مَنْحُوس Unlucky.
* نَحُفَ To be thin, slim.
أَنْحَفَ To make thin.
نَحَافَة Slenderness; thinness.
نَحِيفٌ Thin; lean.
— القَوامِ Slim; slender.
* نَحِلَ To grow thin; become emaciated.
أَنْحَلَ To make thin; emaciate.
انْتَحَلَ مَذْهَباً To adopt a religion.

— وتَنَحَّلَ التأليفَ To plagiarize.
نَحْلٌ . ذبابُ العَسَلِ Bees.
نَحْلَةٌ . واحِدَةُ النحلِ A bee.
ه — . خُذروف A top.
نُحُولٌ Thinness; leanness.
نَحِيلٌ Thin; lean.
— القوامِ Slim; slender.
* نَحْنُ We.
* نَحْنَحَ . تَنَحْنَحَ To hem.
* نَحْوٌ Way; method.
عِلْمُ الـــ.. Grammar; syntax.
نحويّ Grammatical.
نَحْوَ . مثلَ As; for example.
— . زهاء Nearly; about.
— . صَوب Towards; to.
نَاحِيَة . جهة Side; direction.
نَحَا To move towards; go to.
— نحوه To follow the example of.
نَحَّى عَن To dimiss, or send away, from.
أَنْحَى على To attack; assail.
تَنَحَّى عن To give up.
* نخا (في نخو) * نخاسة (نخس)
* نخاع (في نخع) Spinal cord.

To select. ٭ نَخَبَ. اِنْتَخَبَ
To elect. —.— لمنصبٍ
A choice; the best نُخْبَةٌ
Elector. نَاخِبٌ
Selection. اِنْتِخَابٌ. اختيار
Election. — عمومي
Elections. الاستخابات العمومية
Selected; chosen. مُنْتَخَبٌ. مختار
Elected. — (في انتخاب)
Selector. مُنْتَخِبٌ
Elector. —. ناخب
To eat into. ٭ نَخَرَ
To decay; be decayed, rotten. نَخِرَ
Decay. نَخْرٌ
Decayed; rotten. نَخِرٌ. نَاخِرٌ
Nose. مِنْخِرٌ ٥ مَنَاخِير
Hole. ٭ نُخْرُوبٌ
To prick. ٭ نَخَزَ
To goad; prick. ٭ نَخَسَ
A prick; a sting. نَخْسَة
Slave trader. نَخَّاسٌ
Slave trade. نِخَاسَةٌ
Goad; prick; spur. مِنْخَسٌ
Gills. ٥ نَخْشُوشٌ. خيشوم

To admit the claim of. ٭ نَخَعَ له بحقِّهِ
To expectorate; hawk. تَنَخَّعَ
Spinal cord. نُخَاعٌ
Marrow. ٥ — العظمِ. نُخاخة
To sift; bolt. ٭ نَخَلَ
Sifting; bolting. نَخْلٌ
Plam trees; date palms. —. نَخِيلٌ
Bran. نُخَالَة الدقيقِ
Sieve; bolter. مُنْخُلٌ
To expectorate. ٭ نَخِمَ. تَنَخَّمَ
Expectoration. نُخَامَةٌ
Bravery; gallantry. ٭ نَخْوَةٌ
Gallant; high-minded. ذو —.
To be supercilious with. نَخَا. انْتَخَى على
٭ ندٌّ (في ندد) ٭ نداءٌ (في ندو)
To lament; weep over. ٭ نَدَبَ الميتَ
To delegate; depute. —. إِنْتَدَبَ
To cicatrize; heal. نَدِبَ الجرحُ
A scar. نَدَبَةٌ
Elegy; dirge. نُدْبَةٌ. مرثاة
Mourner. نَادِبٌ ٥ نَدَّاب
Mourned. مَنْدُوبٌ. مَرْثِيٌّ

Delegate. ـــ . نائِب
To extend. ٭ نَدَحَ . وَسَّعَ
Liberty; freedom. مَنْدُوحَة
There is no alternative. لا ـــ عنه
To expose another's faults. ٭ نَدَّدَ بِه
Match; equal. نِدٌّ . نظير
Carping criticism. تَنْدِيدٌ
To be rare, scarce. ٭ نَدَرَ
To be strange, uncommon, unusual. نَدُرَ
Rare. نَادِرٌ
Rarity; rareness. نُدْرَةٌ
A rare thing. نَادِرَةٌ
To card; tease. ٭ نَدَفَ
Cotton carder. نَدَّافُ القطنِ
Waiters. ٭ نُدُلٌ ◘ سُفْرَجِيَّة
Handkerchief. مِنْدِيلٌ
To regret. ٭ نَدِمَ . تَنَدَّمَ على
To drink familiarly with. نَادَمَ
Regret. نَدَمٌ . نَدَامَةٌ
Boon companion. نَدِيمٌ
Regretful; repentant. نَادِمٌ . نَدْمَانٌ
Wetness; moisture. ٭ نُدُوَّةٌ . نَدَاوَةٌ
An association. نَدْوَةٌ

Club. ـــ . نَادٍ
Calling out. نِدَاءٌ
An interjection. حَرْفُ الـــ
Dew. نَدًى
Wet; moist. نَدِيٌّ . نَدْيَانٌ
To bedew; moisten. نَدَّى
To be wet, moist. نَدِيَ
To call. نَادَى
To proclaim. ـــ بالأمرِ
Crier; public crier. مُنَادٍ
Calling. مُنَادَاةٌ
To vow; make a vow. ٭ نَذَرَ
To warn. أَنْذَرَ . حَذَّرَ
To give notice. ـــ . أعلَنَ
A vow. نَذْرٌ
Warning. نَذِيرٌ . مُنذِرٌ
Vowed. ـــ . منذور
A warning. إِنْذَارٌ . تحذير
Vowed; consecrated. مَنْذُورٌ
To be mean or vile. ٭ نَذُلَ
Vile; base; mean. نَذْلٌ
Narcissus. ٭ نَرْجِس
Dice, (*sing.* — Die). ٭ نَرْدٌ
Backgammon. لعبة الـــ

٭ نَرْدِينٌ . نَارَدِينٌ Spikenard.

○ نَرَنْجٌ . نَارَنْجٌ Bitter orange.

٭ نَزّ (فى نزز) ٭ نزا (فى نزو)

٭ نَزَحَ . بَعُدَ To be far off.

— البئرَ To exhaust a well.

نُزِحَ بِهِ To emigrate.

نُزُوحٌ Emigration.

نَزِيحٌ . نَازِحٌ Remote; distant.

٭ نَزْرٌ . نَزِيرٌ A little; a small quantity.

(نزز ٭) . نَزَّ To ooze.

نَزٌّ ○ نَزَزٌ Seepage; infiltration water.

٭ نَزَعَ . انْتَزَعَ To remove; take away.

— ثيابَهُ To take off one's clothes; undress.

— القِشْرَ To strip off the skin of.

نَازَعَ المريضُ To be in the agony of death.

— . خاصَمَ To dispute or contend with.

اِنْتَزَعَ ٢ الشيءُ To be taken away.

تَنَازَعُوا To be in dispute with one another.

نَزْعٌ Removal; taking away.

— المِلْكِيَّةِ Expropriation.

— . نِزَاعُ الموتِ Agony of death.

نِزَاعٌ ٢ . منازعة Dispute; contention; struggle.

بدون — . Without dispute; indisputably.

عليه — . In dispute.

مَنْزُوعٌ Removed; taken away or off.

مُنَازَعَةٌ Dispute; contention.

٭ نَزَفَ . اِسْتَنْزَفَ To exhaust.

— الدمَ To draw off blood.

نَزْفٌ Exhaustion.

— الدمِ Flow of blood; hemorrhage.

٭ نَزَقٌ Rashness; recklessness.

نَزِقٌ Rash; reckless; thoughtless.

٭ نَزَكَ . طَعَنَ To stab; thrust.

نَيْزَكٌ . رمح قصير A short lance.

— . شهاب Shooting star; falling star.

٭ نَزَلَ . ضدّ صَعِد To descend; go or come down.

— . سَقَطَ To fall.

— عَنْ To forego; give up.

To dismount. — من ركوبه
To fall upon; attack; assault. — على
To take down. — به
To befall; happen to. — به الأمر
To stop at a place. — في المكان
To take, bring or send down; cause to go down. نزّل . أنزل
To lower. — . — . ضدّ رفع
To reveal His word to. — . — الله كلامه على
To engage in conflict with. نازل
To give up; renounce; leave. تنازل . تنزّل عن
To condescend. — . تعطّف
To abdicate; renounce a throne. — عن العرش
To deduct. استنزل . طرح
To call down curses. — اللعنات
Hotel; inn. نُزْلٌ . نَزِلٌ
Cold; catarrh. نَزْلَةٌ
Bronchitis. — شعبية او صدرية
Gastritis. — معدية
Influenza. — وافدة
Encounter; fight. نِزَالٌ

Descent. نُزُولٌ . ضد صعود
Falling. — . هبوط
Guest. نَزِيلٌ
Descending. نَازِلٌ
Calamity; disaster. نَازِلَةٌ
Lowering. إنزال . تَنْزِيلٌ
Ceding; foregoing. تَنَازُلٌ
Condescension. — . تعطّف
House; residence. مَنْزِلٌ
Household. أهلُ الـ
Domestic economy. عِلْمُ تدبير الـ
Place; degree. مَنْزِلَةٌ
Revealed by God. مُنْزَلٌ
Gospel. كلام — .
The Scriptures. الكتبُ المنزلة
To keep far away from. ٭ نَزُهَ . تَنَزَّهَ عن
To be chaste. — . كان عفيفاً
To promenade; take a walk. تَنَزَّهَ ٢ . خرج للنزهة
Chaste; upright. نَزِهٌ
Excursion; pleasure trip. نُزْهَةٌ
Integrity; probity. نَزَاهَةٌ
Chaste; upright. نَزِيهٌ
Incorruptible. — . لا يقبل الرشوة

Far above. مُنَزَّهٌ عن
Infallible. — عن الخطإ
Recreation ground. مُنْتَزَهٌ
A sally. ٭ نَزْوَةٌ
Longevity. ٭ نَسَاءٌ . طول العمر
Women. نِسَاءٌ (في نسو)
To attribute to. ٭ نَسَبَ الى
To suit; fit; be suitable to. نَاسَبَ . وافقَ
To resemble. — . ماثلَ
To be of the same family. — . كان قريبه
To become related to by marriage. — . صاهرَ
To correspond with each other. تناسبَ الشيئان
To be related to. إِنْتَسَبَ الى
To approve of. إِسْتَنْسَبَ
Relationship. نَسَبٌ . نَسَابَة
Lineage. سلسلة الـــ
Ascription. نِسْبَةٌ . عزوٌ
Relationship. — . قرابة
Proportion. — . تناسُبٌ
Proportion. الـــ (في الرياضه)
In comparison with. بالنسبة الى
A relative; relation. نَسِيبٌ
Proportion. تَنَاسُبٌ

Suitable; fitting. مُنَاسِبٌ
Suitability. مُنَاسَبَة . موافقة
Proportion. — . تناسُب
Connection. — . خصوص
Attributed. مَنْسُوبٌ . معزوٌ
Imputed to. — اليهِ . مُتَّهم به
Relative adjective. — (في النحو)
Proportion. — . معدَّل
Proporionate. مُتَنَاسِبٌ
Human nature. ٭ (نست ٭) . نَاسُوتٌ
To weave. ٭ نَسَجَ
To be woven. إِنْتَسَجَ
Weaving. نَسْجٌ . حياكة
Weaver. نَسَّاجٌ
Textile. نَسِيجٌ (منسوجات)
Loom. مِنْسَجٌ
Weaving factory; weaving shed. مَنْسِجٌ
Woven. مَنْسُوجٌ
To abolish; do away with. ٭ نَسَخَ . انتسخَ
To copy; transcribe. — . — الكتابَ
To transmigrate. تَنَاسَخَت الأرواح
Abolition. نَسْخٌ . إبطال
Transcription. — . نقل

Text-hand. — خطٌ —.
Copy. — نُسخةٌ
A true copy. — — طبق الأصل
Copyist. — ناسِخٌ . نسّاخٌ
Transmigration of souls. — تناسُخُ الأرواحِ
Abolished. — مَنسُوخٌ
Copied; transcribed. — —. منقول
To lacerate. — ✿ نَسَرَ . نسّرَ
To form a fistula. — نوسَرَ الجرحُ
Vulture. — نَسْرٌ
Fistula. — ناسُورٌ
Beak; bill. — مِنسَرُ الطائرِ
Wrist. — ✿ نِسغُ اليدِ
Sap; juice of plants. — ✿ نُسغُ النباتِ
To destroy; demolish. — ✿ نَسَفَ
To blow up; blast. — — بالبارودِ
To riddle. — — بالمنسفِ
Chaff. — نُسافةُ المنسفِ
Destroyer, *or* torpedo boat. — نسّافةٌ
Riddle; screen. — مِنسَفٌ
To arrange; put in proper order. — ✿ نَسَقَ . نسّقَ

To be arranged. — تناسَقَ . تنسّقَ
Arrangement; order. — نَسَقٌ . تناسُقٌ
Arranged. — مُنسّقٌ
Symmetrical. — مُتناسِقٌ
To lead a hermit's life. — ✿ نَسَكَ . تنسّكَ
Devoutness. — نُسْكٌ . نُسُكٌ
A recluse; hermit. — ناسِكٌ
To beget. — ✿ نَسَلَ . أنسَلَ
To ravel out. — —ه نسّلَ
To multiply by generation. — تناسَلَ القومُ
To descend from. — — من
Descendants; posterity. — نَسْلٌ
Lint. — نُسالةُ الكتان
Ravellings. — — الحِبالِ وامثالها
Procreation. — تناسُلٌ
Sexual organs. — أعضاءُ الـ.
To breathe. — ✿ نَسَمَ . تنسّمَ
Breath of life. — نَسَمٌ . نَسَمةٌ
A soul; a person. — نَسَمةٌ ٢ . إنسان
Breath of wind. — — هواءٍ
Breeze. — نَسِيمٌ
Monkey. — ✿ نَسناسٌ

Women. ٭ نُسْوَة . نِسْوان. نِسَاء

Feminine. نُسْوِيّ . نِسَائِيّ

To forget. ٭ نَسِيَ

To make one forget. نَسَّى . أَنْسَى

To feign forgetfulness. تَنَاسَى

Forgetfulness. نَسْيٌ . نِسْيان

Forgotten. مَنْسِيّ

٭ نسيم (في نسم) ٭ نش (في نشش)

To arise; proceed. ٭ نَشَأَ . حَدَث

To originate. — . بدأ

To follow; result. — . نتج

To grow up. — الولدُ

To create; cause to be; originate. أنشأَ

To compose; make up. — . وضع . الَّف

To commence. — . بدأ

To construct. — . بنى

To establish. — . اسس

Arising; proceeding. نَشْءٌ . نُشوءٌ . نشأة

Development. — . — . نموّ

Arising; proceeding. نَاشِيء . حادث

Growing; developing. — . نامٍ

Resulting from. — من

Creating; originating. اِنشاءٌ . احداث

Composition. — . تأليف

Letter writing. — المراسلات

Origin; source. مَنْشأٌ . مصدر

Originator. مُنْشِيءٌ . موجد

Editor. — . محرر . مؤلف

٭ نَشَا ٭ نَشَاءٌ (في نشو)

٭ نشادر (في نشدر) ٭ نشانجي (في نشن)

To cling to. ٭ نَشِبَ فيه . علق

A war broke out. — ت الحربُ

An arrow. نُشَّابٌ (نُشَّابة)

An archer. نَشَّابٌ

To seek. ٭ نَشَدَ

To adjure by God. نَاشَدَهُ الله

To recite poetry to. أَنشدهُ الشِعرَ

To sing. — . غنَّى

A song. نَشيدٌ . أُنشُودَةٌ

The Song of Solomon. — الانشادِ

Singer. مُنْشِدٌ

Adjuration. مُنَاشَدَة

Ammonia. (٭ نشدر ٭) . نُشَادِر

To spread. ٭ نَشَرَ

To unfold. — ضدّ طوى

To hang washing. — الغسيل
To spread abroad. — • أذاع
To publish. — الخبر او الكتاب
To saw wood. — الخشب
To resurrect; raise the dead. — الموتى
To be spread. انتشر
Spreading. نشر
Publication. — الكتب او الأخبار
Resurrection. — • نشور
Announcement. نشرة. اعلان
Sawdust. نشارة
Spreader. ناشر
Publisher. — الكتب
Spreading. انتشار
منشار ← Saw.
Sawn. منشور بالمنشار
Spread. — • منتشر
A circular. — • نشرة
← Prism. — • موشور
To fizz. (نشش) نشَّ. أزّ
To dry up. — • جفّ
To drive away flies. ○ — الذباب
Blotting-paper. ورق نشّاش

Fly-whisk. ○ منشة الذبان
To be lively. ✿ نشط تنشط
To be active. — في عمله
To knot a rope. نشط الحبل
To tighten a knot. — العقدة
To encourage. نشّط
Liveliness; joyous activity; energy. نشاط
Energetic; active. نشيط
Noose; running knot. أنشوطة
To dry; become dry. ✿ نشف
To wipe; dry. — • نشّف
To make dry. ○ نشف ٢. جفف
To wipe oneself. تنشّف
Dryness. نشف
Blotting paper. نشّاف
A towel. نشّافة
Dry. ناشف
Wiping, *or* drying. تنشيف
Towel. منشفة
✿ نشق . تنشّق . استنشق
To inhale.
To sniff. تنشّق ٢ السعوط
Snuff. نشوق
تنشّق . استنشاق
Inhalation.
To snatch. ✿ نشل . انتشل

To steal ▫ — • سرق

Pocket picking. ▫ نَشْلٌ

A pickpocket. ▫ نَشَّالٌ

To aim at, take aim at. ▫ نَشَنَ على

Aim نِشَان

Medal; decoration. نِيشَانٌ

Intoxication. ٭ نَشْوٌ . نَشْوَة

Intoxicated; drunk. نَشْوان

To be intoxicated. نَشِيَ

To starch. ▫ نَشَّى القماش

Starch. نَشَا . نَشَاءٌ

Odour; smell. نَشْوَة٢ . رائحة

٭ نشوءٌ (في نشأ) ٭ نصّ (في نصص)

To erect; raise; set up. ٭ نَصَبَ

To pitch a tent. — الخيمةَ

To swindle. ▫ — عليه

To declare hostility against. نَاصَبَهُ الشرَّ

To oppose; stand against. — • عادَى وقاوم

To appoint to a high office. نَصَّبَ

To toil; work hard. نَصِبَ

To fatigue; jade. أَنْصَبَ

To stand up or erect. إِنْتَصَبَ

Raising; setting up. نَصْبٌ

Swindling ▫ — • احتيال

Statue, or idol. نُصُبٌ

Monument. — تذكاريٌّ

Before my eyes. نُصْبَ عيني

Post. نُصْبَةٌ

Origin. نِصَابٌ • اصل

Handle — • مقبض

Swindler ▫ نَصَّابٌ

Share; lot. نَصِيبٌ • حصَّة

Fortune; lot. — • حظ • بخت

Erection. إِنْتِصَابٌ

Position. مَنْصَبٌ

Erected; set up. مَنْصُوب

To listen, or give ear, to. ٭ نَصَتَ وأَنْصَتَ له

To eavesdrop. تَنَصَّتَ ▫ تَصَنَّتَ

To advise; give good advice to. ٭ نَصَحَ

To be sincere. — له المودَّة

To accept advice. إِنْتَصَحَ

Advice; counsel. نُصْحٌ . نَصِيحَةٌ

A good counsellor or adviser. نَاصِحٌ

Sincere; true. نَصُوحٌ

To help; aid. ٭ نَصَرَ . اعان

Clear. ناصِعٌ

To halve; divide into two equal parts. ٭ نَصَفَ . نَصَّفَ

To become midday. إِنْتَصَفَ النهارُ

To treat with justice; be just with. أنصَفَ الرجُلَ

To be just or equitable. — الرجُلُ

Half. نِصْفٌ

Middle. — . منتصف

Justice; fair play. إِنْصَافٌ

In half; in two. مُنَاصَفَةً

Just: equitable. مُنْصِفٌ

Middle. مُنْتَصَفٌ

To get rid of; free oneself from. ٭ نَصَلَ . تَنَصَّلَ من

Spearhead. نَصْلُ الرمحِ

Blade of a knife. — السكينِ

Arrowhead. — السهمِ

Icon. ٭ نَصَمَةٌ

Forelock. ﴿ نصو ﴾ . نَاصِيَةٌ

Corner. ٥ — . زاوية

٭ نضّ (في نضض) ٭ نضار (في نضر)

To dry up; be exhausted. ٭ نَضَبَ البحرُ

Dry. ناضِبٌ

To give victory. — اللهُ فلاناً

To make Christian. نَصَّرَ

To become Christian. تَنَصَّرَ

To help one another. تَنَاصَرُوا

To triumph; be victorious. إِنْتَصَرَ

Victory; triumph. نَصْرٌ . إِنْتِصَارٌ

Help; aid — . معونة

Christian. نَصْرَانِيٌّ

Christianity. النصرانيّة

Helper, supporter. نَصِيرٌ

Victory; triumph. إِنْتِصَارٌ

Victorious; triumphant مَنْصُورٌ . مُنْتَصِرٌ

To stack. ٭ نَصَّصَ . نَصَّ

To write; compose. نَصَّ ٢ الرِسالةَ

To define; determine. — على

Text. نَصُّ الكتابِ

Wording; style. — . أُسلوب

Half. ٥ نُصٌّ . نصف

A platform. مِنَصَّةُ الخطابةِ

Judgment seat. — القضاءِ

Defined. مَنْصُوصٌ عليه

To be clear. ٭ نَصَعَ

To ripen; mature. ☆ نَضِجَ

To be done. — الطبخُ

Ripe; mature. نَاضِجٌ

Done; well cooked. — (للطبخ)

To sprinkle with water. ☆ نَضَحَ بالماءِ

To leak. — الإناءُ

To exude; ooze. — السائِلُ

To pile up; stack. ☆ نَضَدَ . نَضَّدَ

To be blooming. ☆ نَضُرَ

To be florid or glowing. — اللونُ

Blooming. نَضِيرٌ . نَاضِرٌ

Bloom. نَضْرَةٌ . نَضَارَةٌ

To beat; surpass ☆ نَضَلَ

To vie or contend, with. نَاضَلَ

To stand up for; defend. — عنه

Contention; strife; struggle. نِضَالٌ . مناضلة

☆ نطٌّ (في نطط) ☆ نطاق (في نطق)

To butt. ☆ نَطَحَ

To butt one another. تَنَاطَحَ الكبشان

Act of butting. نَطْحٌ

Given to butting. نَطَّاحٌ

Butted. نَطِيحٌ . مَنْطُوح

To guard. ☆ نَطَرَ

Guarding. نَطْرٌ . نِطَارَةٌ

Guard; keeper. نَاطُورٌ

Natron. ☆ نَطْرُونٌ

Erudite; learned. ☆ نَطُسٌ . نِطَاسِيٌّ

To leap; jump. ☆ نطط ☆ . نَطَّ

To play skipping rope. — الحبلَ

A jump. نَطَّةٌ

○ لعبة الـ . ← Leapfrog.

To speak; utter. ☆ نَطَقَ

To make one speak. نَطَّقَ . أنطَقَ

To gird; girdle. — . حَزَمَ

To gird oneself. تَنَطَّقَ . تَمَنْطَقَ

To interrogate or question a witness. اسْتَنْطَقَ الشاهِدَ

Speech. نُطْقٌ . كلام

Articulation; pronunciation. — لَفْظ

Speechless. فاقِدُ الـ .

Belt; girdle. نِطَاقٌ . حزام

Limit; boundary. — . حَدٌّ

Endowed with the faculty of speech; articulate. نَاطِقٌ

A rational being. — حيوان

The human soul. النفس الـ ـة

Interrogation; examination. إِسْتِنطاقٌ

Speech. مَنْطِقٌ

Logic. علم الـ

Logical مَنْطِقِيٌّ

Logician. — • عالم بالمنطِق

Belt; girdle. مِنطَقَة. حزام

Zone. — • دائرة

The zodiac. — البروج

The torrid zone. الـ الحارّة

Spoken. مَنْطُوقٌ

Literal meaning. — الكلمةِ

Eloquent. مِنْطِيقٌ

Examiner. مُسْتَنْطِقٌ

☆ To foment. نَطَلَ . نَطَّلَ

Medical fomentation. نَطُول

☆ To see; perceive. نَظَرَ

To look at. — الى

To consider; see about; look into. — في الأمرِ

To be equal to. نَاظَرَ

To be near to. — كذا. قاربه

To rival. — • نافَسَ

To superintend. □— العملَ

To be patient. إِنْتَظَرَ. إِسْتَنْظَرَ

To expect. — • توقَّع

To wait for. — • ترقَّب

Eyesight; vision. نَظَرٌ . بَصَرٌ

Insight. — • بصيرة

Consideration. — • رعاية

Attention. — • التفات

Favour. □— • فضل

In, or with, respect to; with regard to. نَظَراً الى

A look; a glance. نَظْرَةٌ

Optical. نظريٌّ . مختصٌّ بالنظر

Theoretical. — • ضدٌّ عملي

Theory. نَظَرِيَّةٌ

Spectacles, eyeglasses. نَظَّارَةٌ □ عوينات

Opera glasses. — المسارح

Telescope. — الرصد الفلكي

— مكبِّرة ←
Microscope.

Management; administration. نِظَارَة

□— • وزارة
Ministry.

Spectator; beholder. نَاظِرٌ

Manager; administrator. ¤ — . مدبر
Minister. ¤ — . وزير
Equal; like. نَظِيرٌ . مثيل
Like; similar to. — . مثل
Expectation. اِنتِظار . اِستِنظار
Sight; view. مَنْظَرٌ
Looking-glass. مِنْظارٌ
Speculum. — طبي
Visible. مَنظُورٌ
Similar to. مُناظِرٌ . مثل
Rival; competitor. — . منافس
Rivalry. مُناظَرَة . منافسة
Debate. — . جدال
Expected. مُنتَظَرٌ
To be clean. ✩ نَظُفَ
To clean. نَظَّفَ
Cleanliness. نَظافَةٌ
Clean. نَظِيفٌ
To string pearls. ✩ نَظَمَ . نَظَّمَ اللؤلؤ
To arrange. — . — . رَتَّبَ
To compose verses. — الشِعْرَ
To be arranged. إِنْتَظَمَ . تَنَظَّمَ
To join. — في سلك

Arrangement. نَظْم . تَنْظِيم
Poetry. — . شِعْر
Composition of verses. — الشِعْرِ
Order; regularity. نِظَامٌ . تَرتيب
Order; system. — . نَسَق
Order; regularity. إِنتظَام
Well arranged. مُنَظَّمٌ
Poetry; metrical composition. مَنْظُوم
Regular; orderly. مُنْتَظِم
To croak. ✩ نَعَبَ الغرابُ
To describe; qualify. ✩ نَعَتَ
Qualification. نَعْتٌ . وصف
Quality; attribute. — . صِفة
Adjective. — (في النحو)
Descriptive; qualificative. نَعْتي
An ewe; a sheep. ✩ نَعْجَةٌ
To make a noise through the nose. ✩ نَعَرَ
Nose, or nostrils. نُعَرَةٌ
Clamorous. نَعَّارٌ . صيَّاح
Serin finch. — . اسم طائر
Clamour. نعير . صياحٌ
Noria; water-wheel. نَاعُورَة
To be drowsy or sleepy. ✩ نَعَسَ

To make sleepy. أَنْعَسَ
To feign to be sleepy. تَنَاعَسَ
Drowsiness; sleepiness. نُعَاسٌ
Drowsy; sleepy نَعْسَانٌ . نَاعِسٌ
* نَعَشَ . أَنْعَشَ . اَحْيَى To revive; reanimate.
— . — . نَشَّطَ To animate; enliven; cheer.
إِنْتَعَشَ مِن مرضه To recover from illness.
— . نشط To revive; be revived.
Bier. نَعْشٌ
Revival; reanimation. إِنتعاش
Reviving; reanimating; refreshing. مُنْعِشٌ
* نَعَقَ الغرابُ To caw; croak.
— البوم To hoot.
Croaking; cawing. نَعْقٌ . نَعيق الغرابِ
Hoot; hooting. — . — البومِ
* نَعَلَ الحصانَ To shoe a horse.
Shoe, boot, or sandal. نَعْلٌ . حذاءٌ
— الحذاءِ Sole; bottom of a shoe or boot.

— الفرسِ Horse-shoe.
* نَعِمَ الرجُلُ To live in comfort and luxury.
— عيشه To lead an easy and comfortable life.
نَعُمَ To be soft or smooth.
نَعَّمَ . مَلَّسَ To make smooth or soft.
— . رَفَّهَ To use to luxury
ه — المسحوقَ To reduce to fine powder.
أَنْعَمَ على To bestow or confer on.
— النظرَ في To think over; consider attentively.
— اللهُ صباحك Good morning to you!
تَنَعَّمَ To lead an easy life.
نِعْمَ الرجل What an excellent man!
— ما فَعلت Well done!
نَعَمْ . بلَى Yes.
— . حَقًّا Certainly, surely.
نَعَمٌ . مواشٍ Live stock; stock of cattle, or of sheep.
نِعْمَةٌ Blessing; boon.
— اللهِ Grace of God.

نَعَام (نعامة) Ostrich.
— استراليا Emu.
نُعومة Softness; smoothness.
نَعِيمٌ . رغدُ العيش Ease; comfort.
— . فردوس Paradise.
— البالِ Tranquil; unruffled.
نَاعِمٌ Smooth; tender.
إِنْعَامٌ . عطية Gift; grant.
— النظر Meditation; reflection.
مُنْعِمٌ Benefactor.
مُتَنَعِّمٌ Living in ease and comfort.
☆ نَعْنَعٌ . نَعْنَاعٌ Mint.
☆ نَعَى فلاناً To announce the death of.
— عليه عمله To find fault with.
نَاعٍ One who announces a death.
نَعْيٌ . نُعْيَان The act of announcing a death.
نَعِيَّة ○ نَعْوَة Death announcement.
☆ نعيم (في نعم) Happiness.
☆ نَغَّصَ . أَنْغَصَ To embitter.

تَنَغَّصَ To be troubled, or embittered.
☆ نَغِلَ الجرحُ To suppurate; fester.
نَغْلٌ . نَغِيلٌ Bastard.
☆ نَغَمَ . نَغَّمَ To hum a tune.
نَغَمٌ Symphony.
نَغْمَةٌ Tune; air; melody.
☆ نَغْوٌ . نَغْيٌ Speech.
نَغَا . نَغَى اليه To talk to.
ناغَى الصبيَّ To speak tenderly to.
— المرأةَ To make love to.
○ — الصبيُّ To babble.
☆ نفف (في نفف) ☆ نفاق (في نفق)
☆ نفاية (في نفي) Refuse.
○ نَفْتالين Naphthalene.
☆ نَفَثَ . بزقَ To spit out.
— المصدورُ To expectorate.
نَفْثٌ . نُفَاثة Expectoration.
☆ نَفَحَ الطيبُ To be exhaled.
— ت الريحُ To blow.
— ه بكذا To give; grant.
نَفْحَةُ الطيبِ Fragrance; odour.
— الريحِ A breath, or puff, of wind.
— عطيّة A gift; a present.

Rennet. إِنْفِحَة . مِنْفَحَة

To blow. ٭ نَفَخَ

To blow the fire. — النارَ

To inflate; fill with air. — الشيءَ

To be inflated; blown up. اِنْتَفَخَ

Inflating; blowing up نَفْخٌ

A blow. نَفْخَة

Water-bubble. نُفَّاخَة

Air bladder. — السمكِ

Fontanel. ◘ نَافُوخ . يافوخ

Inflation. اِنْتِفَاخ

Flatulence. — البطنِ

Bellows. مِنْفَاخ . مِنْفَخ

Pump. — العجلاتِ

Inflated. مَنْفُوخ . مُنْتَفِخ

Proud; puffed up. ◘ — . متكبِّر

To be exhausted; consumed; to run out. ٭ نَفِدَ

To be out of print. — ت طبعةُ الكتابِ

To penetrate; pass through. ◘ نَفَدَ

To spend; exhaust; consume. أَنْفَدَ . اِسْتَنْفَدَ

Exhaustion; consumption. نَفَاد

To pierce; penetrate; pass into or through. ٭ نَفَذَ فيه ومنه

To be executed, carried out. — الأمرُ

The die is cast; it is all up. — السهمُ

To make a thing penetrate through. نَفَّذَ . أَنْفَذَ

To send to; dispatch to. — . — الى

To execute; carry out; perform. — . — الأمرَ

Bullet proof. لا ينفذه الرصاص

Raintight. لا ينفذه المطر

Penetration. نَفَاذ . نُفُوذ . اختراق

Execution. — . — . اجراء

Influence. نُفُوذ ٢ . سلطة

Influential. ذو — .

Penetrating. نَافِذ . ثاقب

In force; valid; efficacious. — . معمول به

Influential. — الكلمة

Effective. — المفعول

Window. نَافِذَة

Passage. مَنْفَذ . مجاز

Outlet; way out. — . مخرج

To leak; let air out.	¤ — الشيء المنفوخ
To emulate; rival; vie with.	نَافَسَ
To breathe.	تَنَفَّسَ
To sigh deeply.	— الصعداء
To vie, or contend together.	تَنَافَسَ الرجلان
Breath.	نَفَس . نَسَمة
Style of a writer.	— الكاتِب
Soul; spirit.	نَفْسٌ . روح
Self.	— . شخصُ الانسانِ
The thing itself; the same thing.	— الشيء
The same man; the man himself.	— الرجل
Mean-spirited.	صغير الـــ .
High-spirited.	كبير الـــ .
Self-reliance.	الاعتماد على الـــ .
Spiritual.	نَفْسَانِيٌّ
In childbed.	نَفْسَاءُ
Parturition; childbirth.	نِفَاسٌ
Preciousness.	نَفَاسَةٌ
Precious; costly.	نَفِيسٌ
Breathing; respiration.	تَنَفُّسٌ
Rival; competitor.	مُنَافِسٌ •
Rivalry; competition.	مُنَافَسَةٌ

Executer.	مُنَفِّذٌ
To be frightened away from.	✿ نَفَرَ منه
To run away.	— . هرب
To swell out; bulge.	— . ورم
To protrude; jut out.	— . نتأ
To scare away.	نَفَّرَ
To cause to have aversion to.	— منه
To have a mutual aversion.	تَنَافَروا
Party; company.	نَفَرٌ . جماعة
Person.	— . شخص
Aversion; dislike.	نُفُور
Shy.	نَفُورٌ . هَيَّابٌ
Horn, bugle or trumpet.	نَفِيرٌ . بوق
Averse to.	نَافِرٌ منه
Jutting; projecting.	— . نابِع
Fountain; *jet d'eau*.	¤ نافورة ¤ نَوْفَرَة . فوّارة
Discord.	تَنَافُر
To be precious.	✿ نَفُسَ
To be in childbed.	نُفِسَت المرأةُ
To banish care or sorrow.	نَفَّسَ الكربةَ

To card or tease (cotton, wool,) ٭ نَفَشَ . نَفَّشَ القطن
To swell out. تَنَفَّشَ
To ruffle its feathers. — الطائر
To bristle up its hair. — القط
To fade; lose colour. ٭ نَفَضَ الثوبُ
To shake a garment. — . نَفَّضَ الثوبَ
To shake off dust. — . — التراب عن
To shake. إنتَفَضَ
Ash-tray. مِنفَضَة السجائر
Feather duster. — التراب
To blister. ٭ نَفِطَ . تَنَفَّط
Naphtha. نَفْطٌ
Blister. نَفْطَةٌ
Blistered hand. يَدٌ نافِطَة
To be useful; be of use. ٭ نَفَعَ . افاد
To do; answer a purpose; serve — لكذا
To utilise; make use of. إستَنْفَعَ الشيءَ
To avail oneself of; profit by. إنْتَفَعَ به ومنه
Use; usefulness. نَفْعٌ . فائدة

Benefit; advantage; profit. — . ربح
Use; avail. — . طائل
Good; welfare. — . خير
The public good. الـ العامّ
Useful; of use. نافِعٌ
Use; advantage. مَنْفَعَةٌ . فائدة
Benefit; profit. — . ربح
To be spent, or exhausted ٭ نَفَقَ الشيءُ
To be brisk. —ت السوق
To be sold. —ت البضاعة
To die. نَفَقَ . مات
To make an article sell well. نَفَّقَ . أَنْفَقَ البضاعة
To dissemble; act the hypocrite. نافَقَ
To spend; consume; exhaust; waste. أنفق ٢
Tunnel; subterranean passage. نَفَقٌ
Expense; outlay. نَفَقَةٌ
At the expense of على — فلان
Hypocrisy. نِفاقٌ . مُنافَقَة
Hypocrite. مُنافِقٌ
Supererogatory. ٭ نَفْلٌ
To disprove. ٭ نَفَى . ضدّ اثبت
To deny. — . أنكَرَ

Digging; .excavating. نَقْبٌ . حفر
A hole. — . نقب
Veil. نِقَابٌ . قناع
Syndicate; corporation. نِقَابَةٌ
A chief. نَقِيبٌ
Virtue. مَنْقَبَةٌ
Good traits or parts. مناقِب
To revise. ☆ نَقَّحَ الكتابَ
Revision. تَنْقِيحٌ
To scrutinise; examine closely. ☆ نَقَدَ الشيءَ
To peck. — الطائرُ
To pay in cash. —هُ الثمنَ
To criticise. — . انْتَقَدَ
Criticism. نَقْدٌ . انْتِقَادٌ
Cash; money. —ه نَقْدِيَّةٌ
In cash. نَقْداً . نَضًّا
For cash. — . بالنقدِ
Criticised. مُنْتَقَدٌ . فُحِص
Exceptionable; objectionable. — . يُعاب
To deliver; save. ☆ نَقَذَ . أَنْقَذَ
To be delivered, rescued. نَقِذَ
Deliverance; rescue. نَقْذٌ . إنقاذٌ

To banish; expel. — . ابعد
To contradict; be inconsistent with. هذا يُنافي ذاك
To be denied, or disproved. انْتَفَى
Refuse. نُفَايَة . نَفَاوَةٌ
Denial; negation. نَفْي . ضد اثبات
Banishment; expulsion. — . إبعاد
Exile; expatriation. — من البلَدِ
Particle of negation. حرفُ — .
Rejected. مَنْفِيٌّ . منبوذ
Banished. — . مُبْعَدٌ
An exile. شخصٌ — .
Place of exile. مَنْفًى

☆ نفير (في نفر) ☆ نقّ (في نقق)

To make a hole through. ☆ نَقَبَ الحائطَ
To dig a hole in. — الأرضَ
To penetrate, or go through. نَقَّبَ في
To search for; go in search of. — . تَنَقَّبَ عن
To put on a veil; to veil her face. تَنَقَّبَتْ ٢ . انْتَقَبَتْ المرأةُ
To be full of holes. نَقِبَ

Deliverer. مُنْقِذٌ
To carve, cut, or dig into. ✡ نَقَرَ الحجرَ
To peck up. — الطائرُ
To tap at — على البابِ
To pick holes in. —. نَقَّرَ. حَفَّرَ
To controvert; bandy words with. نَافَرَ
Carving; engraving. نَقْرٌ. حفرٌ
Hollow; cavity. —. حفرة
Pit; hollow; cavity; depression. نُقْرَةٌ
Beak; bill. مِنْقارُ الطائرِ
Gout; arthritis. ✡ نِقْرِسٌ
To skip; bound. ✡ نَقَزَ. وثَبَ
To be startled. —. نطَّ فزعاً
A skip; a leap. نَقْزَةٌ
To ring a bell. ✡ نَقَسَ الناقوسَ 
← Bell. نَاقُوسٌ
To paint. ✡ نَقَشَ
To engrave — الفصَّ
To argue with. نَاقَشَ
To call to account. —ـهُ الحساب
Painting. نَقْشٌ. تلوين
Engraving. —. حَفْرٌ

Painter; house decorator. نَقَّاشُ البيوتِ
Engraver. —. حفّار
Chisel. مِنْقَشٌ. مِنْقَاشٌ
Painted. مَنْقُوشٌ. ملوَّن
Engraved. —. محفور
Discussion. مُنَاقَشَةٌ
To decrease. ✡ نَقَصَ. قلَّ
Diminish. —. صغُرَ
To want. —ـهُ كذا. عازهُ
To lessen. نَقَّصَ. أَنْقَصَ
To reduce —. — الثمن او الحجم
To decrease gradually; grow less. تَنَاقَصَ
نَقْصٌ. نُقْصَانٌ. ضد زيادة
Decrease; diminution.
—. —. مقدار الناقص
Shortage; deficit.
Defect; fault. —. نَقِيصَةٌ
Deficient; imperfect; incomplete. نَاقِصٌ. ضدّ كامل
Wanting; lacking. —. مفقود
Less. — عن. اقلّ من
Defective verb. فعل —.
Less. أَنْقَصُ. اقل
To undo. ✡ نَقَضَ. حلَّ. فكَّ
To cancel; annul. — الأمرَ
To break. — الشريعةَ او العهدَ

To disprove. — البرهانَ
To contradict. نَاقَضَ
To contradict one another. تَنَاقضَ القولان
Undoing, breaking, annulment, etc. نَقْضٌ
Breach of promise. — العهدِ
Contrary to. نَقِيضٌ
Contrariety. تَنَاقُضٌ
Contrary to. مُنَاقِضٌ
Contradiction. مُنَاقَضَةٌ
Contradictory. مُتَنَاقِضٌ
To dot a letter; mark it with dots. ✿ نَقَطَ . نَقَّطَ الحرفَ
To spot; stain. نَقَّطَ ٢ . لطَّخ بنقطٍ
To fall in drops. ◻ — الماءُ . قطرَ
Point. نُقْطَةٌ
Spot. — . بقعة
The centre of a circle. — الدائرةِ
A drop. — . قطرة
Spotted. مَنْقوطٌ . مُنَقَّطٌ
To soak. ✿ نَقَعَ
To be altered. اسْتَنْقَعَ الماءُ
An infusion. نَقِيعٌ . مَنْقوع
Dried fruit. نُقُوع
Swamp; marsh. مُسْتَنْقَع

To hit lightly. ✿ نَقَفَ
To break open. — البيضةَ
A chick; chicken. نِقْفٌ
To croak. ✿ نقق ✿ . نَقَّ الضفدعُ
Croaking. نَقِيقُ الضفدعِ
To transfer; remove. ✿ نَقَلَ من مكانهِ
To transport. — . حملَ
To copy. — . نسخَ
To quote from. — عن
To communicate. — الخبرَ
To be transferred, transported, etc. انْتَقَلَ
To remove to. — الى مكان
To go to one's last home; die. — الى رحمة ربّهِ
Transfer; removal. نَقْلٌ
Conveyance. — . ايصال
Copying. — . نسخ
Nuts. نُقْلٌ
Bearer; carrier. ناقِل . حامل
Translator. — . مترجم
Copyist. — . ناسِخ
Stretcher. ◻ نَقَّالةُ الجرحى
Transferred. منقول . نُقِلَ
Portable. — . يُنقل
Movables. — . منقولات

Afflicted with a disaster. مَنكُوبٌ
To use witty remarks. ☆ نَكَّتَ في كلامهِ
To find fault with. ○ — على
Speck; spot. نُكْتة . نقطة
A witty saying. — . ملحة
Witty. نَكَّاتٌ ○ نُكَتِيٌّ
Criticism. تنكيتٌ
Raillery. ○ — . مزح
To break. ☆ نَكَثَ
To be broken. اِنتَكَثَ
Breach. نَكْثٌ
Breach of faith. — العهدِ
To marry. ☆ نَكَحَ المرأةَ
Marriage. نِكَاحٌ
To be miserable, or unhappy. ☆ نَكِدَ
To make a person's life miserable. نَكَّدَ عيشه
To be made unhappy. تنكَّدَ
Unhappiness. نَكَدٌ
Peevish; petulant. نَكِدٌ
Unfortunate. مَنكُودُ الحظِّ
To be ignorant of. ☆ نَكِرَ الأمرَ
To deny. أَنكَرَ

Ambulatory. مُتَنَقِّل
To avenge oneself upon. ☆ نَقِمَ . انتَقَمَ منه
To harbour malice. — عليه
Vengeance. نَقْمَةٌ . انتِقَامٌ
Indignation. — . غضب
Ill-disposed towards. ☆ ناقِم على
Avenger. — . منتقم
To recover. ☆ نَقِهَ من مرضهِ
Convalescence. نَقَهٌ . نَقْهَة
Convalescent. نَقِهٌ . نَاقِهٌ
To be clean. ☆ نَقِيَ . نظف
To be pure or clear. — . صفا
To clean; purify. نَقَّى . أَنقَى
To select; pick out; choose. — . انتَقَى
To clean. — القمحَ (مثلاً)
Purity; cleanness. نقاء . نقاوة
Pure; clean. نَقِيٌّ
Selection; choice. اِنتِقَاءٌ
☆ نقيب (في نقب) ☆ نقيق (في نقق)
To afflict with calamity. ☆ نَكَبَ
To swerve or deviate from. — . تَنَكَّبَ عن
Calamity; disaster. نَكْبَة
Shoulder. مَنكِبٌ . كتف

To disapprove of. إِستَنكَرَ الأمرَ
To feign ignorance of. تناكَرَ الأمرَ
To be disguised. تَنَكَّرَ
Denial. نُكرانٌ . إِنكارٌ
Ingratitude. — الجميل
Self-denial. إِنكار ٢ الذاتِ
Indeterminate; indefinite. نَكِرةٌ
Disguise. تَنَكُّرٌ
An abomination. مُنكَرٌ
Disguised. مُتَنَكِّرٌ
To prick; goad ٭ نَكَزَ . وَخَزَ
To upset. ٭ نَكَسَ . نَكَّسَ
To bend the head. — . — رأسهُ
To cause a relapse. — داءَ المريض
To hang a flag at half-mast. نكَّسَ ٢ العلَمَ
To have a relapse. نُكِسَ . إِنتكَسَ
A relapse. نَكْسَةٌ . إِنتِكاس
Reversed. منكوسٌ . مقلوب
Having a relapse. — . مُنْتَكِسٌ
To dredge a well. ٥ نَكَشَ البئرَ . طهَّرها
To stir up. ٥ — . نجش . حرَّكَ

To draw back; withdraw. ٭ نَكَصَ عن
To recoil; return. — على عقبيه
To disdain ٭ نَكَفَ منه وعنه
To disdain; look with scorn upon. إِستَنكَفَ من
To make an example of. ٭ نَكَّلَ بهِ
A strong fetter. نِكْلٌ
Nickel. ٥— ٥ نِيكَل
The smell of the breath. ٭ نَكْهَةٌ . رائحة الفم
Flavour; relish. ٥— . طعم
To overcome completely. ٭ نَكَى العدوَّ . قهره
To spite. — . اغاظَ
Overcoming نِكَايةٌ . قهر
Vexation. — . إِغاظة
٭ نمَّ ٭ نمَّام (في نمم)
To lose one's temper. ٭ نَمِرَ . غضب
To number; mark with numbers. ٥ نمَّرَ . رقَّم

نِمرٌ
Leopard.

الـ المخطط
Tiger.

To disseminate discord between. — بينهم
Calumniator; slanderer. نَمَّامٌ
Calumny; slander. نَمِيمَةٌ
To adorn; embellish. ☆ نَمْنَمَ
Wren. نِمْنِمَةٌ . طائر صغير
Growth. ☆ نُمُوّ (انظر نمى)
To grow. نَما (نُمُوًّا)
Model. ☆ نَمُوذَجٌ . مثال
Sample. — ¤ عيّنة
To grow. ☆ نَمَى (نَمْيٌ). كبُر
To increase. — . ازداد
To ascribe to. — الى
To reach a person. — الخبرُ الى
To cause to grow. نَمَّى-أَنْمَى.كبَّر
To increase. — . — . زادَ
To be related to. انْتَمَى الى
Growth. نَماءٌ . نَمِيٌّ . نُموٌّ
Growing. نَامٍ
☆ نميمة (في نمّ) ☆ نِهاءٌ (في نهى)
☆ نهار (في نهر) ☆ نهاية (في نهى)
To plunder; pillage. ☆ نَهَبَ
Plunder; pillage; spoliation. نَهْبٌ
Spoil; pillage; plunder; booty نُهْبَةٌ ¤ نهيبة

Spot; speck. نُمْرَةٌ . رقطة
Number. ¤— ¤ نِمْرَةٌ . رقم
Lottery. ¤— ¤ — . يانصيب
Spotted. مُنَمَّرٌ . مرقّط
Numbered. ¤— . مرقّم

Ichneumon. ☆ نِمْسٌ
Mongoose. — هندي
Law. نَامُوسٌ.شريعة
Mosquitoes. — . بعوض
Mosquito net. نَامُوسِيَّةٌ
Freckles. ☆ نَمَشٌ
Freckled. نَمِشٌ . أَنْمَشُ
Fashion; way; manner. ☆ نَمَطٌ
To embellish. ☆ نَمَّقَ
Embellished. مُنَمَّقٌ
To be benumbed. ☆ نَمِلَتْ الرِجْلُ
Ants. نَمْلٌ (الواحدة نَمْلَةٌ)
Meat safe. ¤ نَمْلِيَّةٌ 
انْمُلَةٌ.(والجمع أنامِل)
The tip of the finger.
To be spread abroad. ☆ (نمّ) ☆ . نَمَّ الحديثُ

Plunderer; spoiler; depredator. نَهَّابٌ
Plundered; pillaged. مَنْهُوبٌ
To pant; be out of breath. ٭ نَهَجَ . لهثَ
To follow or pursue a way. — . انتهجَ السبيلَ
Panting; rapid breathing. نَهْجٌ . نَهِيجٌ . لُهاثٌ
Clear or open road. — . طريق واضح
The main road to eloquence. — البلاغةِ
مَنْهَجٌ . مِنْهَاجٌ . طريق واضِح
Clear, easy, or plain road.
Way; method. — . — . أسلوب
To swell; become prominent. ٭ نَهَدَ الثديُ
To sigh. تَنَهَّدَ
Breast. نَهْدٌ . ثديٌ
To gush out; flow copiously. ٭ نَهَرَ الدمُ
To rebuke; check with reproof. — . انتهرَ
River. نَهْرٌ
River; fluvial. نَهريّ
Day; daytime. نَهارٌ
Daybreak. طلوعُ الـ
Diurnal. نَهاريّ

Rebuke; reprimand. إِنْتِهار
To push; prompt. ٭ نَهَزَ . دفعَ
To be near to; be close to. نَاهَزَ
To seize an opportunity. انْتَهَزَ الفرصةَ
Opportunity; occasion. نُهْزَةٌ
To bite; snap. ٭ نَهَشَ
To rise; get up. ٭ نَهَضَ . انْتَهَضَ
To rise against. — على
To resist; oppose. نَاهَضَ
To raise. أَنْهَضَ
To awaken; excite; stir up. اِسْتَنْهَضَ
Rising نُهُوضٌ
Awakening; revival. — . نَهْضَةٌ
The literary movement. الـ العلميَّة
To bray. ٭ نَهَقَ الحمارُ
Braying. نَهْقٌ . نَهِيقٌ
To wear out a garment. ٭ نَهَكَ الثوبَ
To emaciate. — . أَنْهَكَ . اضنى
To exhaust the strength. — . — قوَّتَهُ
To violate; abuse. اِنْتَهَكَ ٢ الحرْمَةَ
To abuse. — الرجُلَ

Exhaustion. اِنتِهَاكٌ. استنفاد
Abuse; misuse. — . سوء الاستعمال
Exhausted. مَنهُوكٌ
To drink ☆ نَهِلَ
A watering place. مَنهَل
To eat voraciously ☆ نَهِمَ
To gormandise. نَهِمَ في الأكل
Gluttony. نَهَمٌ . بِطْنَة
Greediness. — . شراهة
Glutton. نَهِمٌ ٥ نهمان
Greedy. — . شره
To interdict; forbid; prohibit. ☆ نَهَى . نَهْياً
To inform of. أَنهَى اليه الخبرَ
To finish; end; terminate. — . أتمَّ
To put an end to; make an end of. — . جعله ينتهي
To be finished, concluded. اِنْتَهَى . تَمَّ
To be at an end; finished. — الشيءُ
To be over; finished. — الأمرُ
To lead to. — به الى كذا
To expire; come to an end. — الوقتُ
To leave off; abandon; give over. — عن كذا

Finishing. نَهْوٌ . إِنهَاءٌ
Prohibition; interdiction. نَهْيٌ
Reason; intellect. نُهى
End. نِهَايَةٌ . آخر
Extremity. — . غاية
Minimum. الـ الصغرى
Maximum. الـ الكبرى
Prohibiting; forbidding. نَاهٍ
Finishing; ending. إِنهَاءٌ
End; termination. اِنتِهَاءٌ
Finite; limited. مُتَنَاهٍ
Prohibited; forbidden. مَنْهِيٌّ عنه
Finished. مُنتَهٍ
End; termination; extremity; limit. مُنْتَهَى
The final plural. — الجموع
Gale; storm; hurricane. ☆ نَوْءٌ ٥ نَوٌّ
To fall; sink. نَاءَ . سقط
To bear a burden with difficulty. — بالحِمل
To withstand; oppose; resist. نَاوَأَ
Withstanding; opposition. مُنَاوَأَة
Stone. ☆ نواة (في نوى)

Substitution.	٭ نَوْبٌ . نِيَابٌ
To take the place of.	نَابَ عن
To befall; happen to.	ـــهُ . انْتَابَهُ أَمْرٌ
To depute; appoint as deputy or agent.	أَنَابَ
To do a thing by turns.	تَنَاوَبُوا العمَلَ
Turn.	نَوْبَةٌ . دور
Occasion.	ـــ . فرصة
Once; one time.	ـــ . مرَّة
Nubia.	بلادُ الـــ .
Nubian.	نُوبِي
Representation.	نِيَابةٌ
The parquet	الـــ العمومية (في المحاكم)
On behalf of.	بالـــ عن
In place of.	نيابةً عن
Representative; deputy; substitute.	نَائِبٌ
The subject of a passive verb.	ـــ الفاعِلِ
Parliament.	مجلسُ النوَّاب
Misfortune.	نَائِبَةٌ
Substitution.	إِنَابة
Alternation.	مُنَاوَبَة . تناوُبٌ
Alternate.	مُتَنَاوِبٌ
Seaman; sailor.	٭ نُوتِيّ

Wailing.	٭ نَوْحٌ . نُوَاحٌ
Cooing.	ـــ . ـــ الحمام
Noah.	نُوحٌ : اسمُ عَلَم
Mourner.	نَوَّاحٌ . نائِحٌ
A hired female mourner.	نوَّاحة . نائِحة
Lamentation.	مَنَاحَة
To lament; wail.	نَاحَ
To bewail.	ـــ على
To coo.	ـــ الحمامُ
To make a camel kneel down	٭ (نوخ) . أَنَاخَ الجمَلَ
To abide or dwell in a place.	ـــ بالمكانِ
Climate.	مُنَاخٌ
To flower; blossom.	٭ نَوَّرَ النباتُ
To light.	ـــ المكانَ
To shine; give light.	ـــ . أَنَارَ الشيءُ
To light a lamp.	ـــ . ـــ المصباحَ
To enlighten the mind.	ـــ : ـــ العقلَ
To obtain light from.	إِسْتَنَارَ بكذا
To be enlightened.	ـــ العقلُ
Fire.	نَارٌ
Firearm	سِلاحٌ ناريّ

Blossoms; flowers. نَوْرٌ . زهر

Light. نُورٌ . ضوء

A gypsy. نوري . واحد النَوَر

Luminous; shining. نَيِّرٌ

Lighting; illuminating. إِنَارَة . تَنْوِير

Flowering; blossoming. تنوير ٢ الزهور

A lighthouse. مَنَارَة

Manœuvre. ○ مُنَاوَرَةٌ

Luminous; giving light. مُنِيرٌ

Enlightened. مُتَنَوِّرٌ

Threshing machine. ☆ نَوْرَجٌ . دَرَّاسَة

Dangling. ☆ نَوْسٌ

Sarcophagus. نَاوُوسٌ

Men; people. نَاسٌ . أُنَاسٌ

To form a fistula. ☆ نَوْسَرَ الجرحُ (في نسر)

To engage in a skirmish. ☆ (نوش) . نَاوَشَ العدوَّ

Skirmish. مُنَاوَشَةٌ

Wild ass. ☆ نَوْصٌ . الحمار الوحشي

Escape; avoidance. مَنَاصٌ

Unavoidable. لا — منه

A pendant. ☆ نَوْطٌ

To suspend; hang. نَاطَ . أَنَاطَ

To charge with; confide to. — . — به الأمرَ

To make dependent on. — . — عليه الأمرَ

To depend on. نِيطَ به

Dependent on. مَنُوطٌ به

To divide or distribute into various kinds. ☆ نَوَّعَ

To be of various kinds. تَنَوَّعَ

Kind. نَوْعٌ

Diverse; various. مُتَنَوِّعٌ

To be high. ☆ (نوف) . نَافَ

To be above, or more than; exceed. أَنَافَ على

Above ten; upwards of ten. عَشَرَة ونَيِّفٌ

Fountain. ○ نَوْفَرَة

November. ○ نوفمبر . تشرين الثاني

She-camels. ☆ نُوقٌ . نِيَاقٌ

A she-camel. نَاقَةٌ

Dainty; fastidious; hard to please. نَيِّقٌ

To give; grant.	٭ نَوَّلَ . أَنَالَ
To get; obtain.	نال (في نيل)
To hand over	ناوَلَ . سلَّم
To give.	— . اعطى
To take; receive	تَنَاوَلَ
	نَوْلٌ . نَوَالٌ (انظر نيل)
Giving; granting.	
Loom.	— . مِنْوَلُ الحائكِ
Way; manner.	مِنْوَالٌ
To put to sleep.	٭ نَوَّمَ . أَنَامَ
To sleep.	نَامَ . ضدّ استيقظ
To go to bed.	— . دخل سريره
To feign sleep.	تَنَاوَمَ
Sleep, slumber.	نَوْمٌ
Asleep; sleeping.	نَائِمٌ
Sleep.	مَنَامٌ . نوم
Dream.	— . حلم
To make mention of.	٭ نَوَّهَ به
Mentioning.	تَنْوِيهٌ
To resolve upon.	٭ نَوَى . عزم على
To intend.	— . قصد
The state of being far	نَوًى
Stone; seed.	نَوَاةٌ
Nucleus.	— المذنَّبِ
Resolution.	نِيَّةٌ . عزم

Intention; purpose.	— . قصد
Raw; uncooked.	٭ نِيءٌ ٥ نَيٌّ . لم يُطبخ
Unripe; green.	— ٥ — . فجّ
Eyetooth; canine tooth.	﴿ نيب ﴾ . نَابٌ
Tusk.	— الحلّوف والفيل
Yoke.	٭ نِيرٌ ٥ نَافٌ
Gums (of the teeth).	٥ نِيرَةُ الأسنانِ . لثة
Luminous.	نَيِّر (في نور)
Coptic New-Year's day.	٭ نَيْرُوزٌ
April.	٥ نيسان . شهر ابريل
Decoration.	٥ نيشان (في نشن)
Upwards of.	٭ نيف (نوف)
Nickel.	٥ نِيكل . معدن ابيض
Indigo plant; indigo.	٭ نِيلٌ
The Nile	نهرُ الـــِ
Obtainment; attainment.	نَيْلٌ ٥ نَوال
To obtain; get; acquire.	نَالَ . حصل على
To attain.	— . ادرك
To receive; get.	ـــهُ كذا
To make (another) get or obtain.	— . أنالَ
Intention; design	٭ نِيَّة (في نوي)
Flute, *or* reed.	﴿ ني ﴾ . نَايٌ

(ه)

Take; here you are! ٭ هَا . بمعنى خُذْ
٭ هائِل (في هول) ٭ هابَ (في هيب)
٭ هاجَ (في هيج) ٭ هاجر (في هجر)
Raving. ٭ هاذٍ (في هذى)
Aaron. ٭ هارون . اسم علم
٭ هاشٌ (في هوش) ٭ هالة (في هول)
٭ هامَ (في هيم) ٭ هامٌّ (في همم)
٭ هامش (في همش) ٭ هامَة (في هوم)
٭ هامَّة (في همم) ٭ هاود (في هود)
٭ هاوية (في هوى) ٭ هَبْ (في وهب)
٭ هبْ (في هيب) ٭ هباء (في هبو)
To tear; rend. ٭ هَبَّ . خرَّق
To begin or commence to do. هَبَّ يفعل
To arise; get up. — من نومه
To blow hard or furiously. —ت الريحُ
A blast; a violent gust of wind. هَبَّةُ ريحٍ
A gift. هِبَةٌ (في وهب)
Fine dust. هَبابٌ . هباءٌ
Blowing of wind. هُبُوبُ الريحِ
Windward. مَهَبُّ الريحِ

Meat; flesh. ٭ هَبْرٌ . لحمٌ
Lean meat. ٭ — . لحم بلا دُهْن
Dandruff; scurf. هِبْرِيَة
To descend; come or go down. ٭ هَبَطَ . نزل
To fall; drop. — . سقط
To fall. —ت الريحُ او الحمى الخ
To come to a place. — المكانَ
To cause to descend. أَهْبَطَ
Descent, fall, coming down, etc. هُبُوطٌ . نزول
Abatement; diminution. — . تناقُص
Descending; falling. هَابِطٌ
Gift. ٭ هِبَة (في وهب)
Rising of dust. ٭ هُبُوُّ الغبارِ
Fine dust flying in the air. هَبَاءٌ
To impair a person's mind. ٭ هَتَرَ
To exchange high words with. هَاتَرَ
To become a dotard. أُهْتِرَ
To be reckless. اسْتَهْتَرَ
To slight; make light of. ٭ — بالأمرِ
Dotage. هُتْرٌ
One who dotes. مُسْتَهْتَرٌ

Reckless. مُستَهتِرٌ

To shout; cry out; exclaim. ☼ هَتَفَ . صَاحَ

To call to. — به . ناداهُ

Cry; shout; exclamation. هُتَافٌ . صياح

To rip open. ☼ هَتَكَ

To disgrace. — ستره

To ravish a woman. — عِرضَ امرأة

To be disgraced. تَهَتَّكَ . افتضح

To be disclosed — . انكشف

Disclosure; exposure. هَتْكُ السترِ

Rape. — عِرض امرأة

Disgrace; scandal. هَتيكَةٌ

To be toothless. ☼ هَتِمَ الرجلُ

Chip; fragment. هُتَامةٌ

Toothless. أَهتَمُ

☼ هجّ (في هجج) ☼ هجا (في هجو)

To be appeased (hunger). ☼ هَجَأَ جوعُهُ

To spell a word. تَهَجَّأَ الكلمة

To make a fire blaze. ☼ هَجَّجَ النارَ

To blaze; flame. هَجَّتِ النارُ

To abandon; forsake. ☼ هَجَرَ

To emigrate. هَاجَرَ

Abandonment. هَجْرٌ

Midday; meridian. هَجِيرَةٌ . هَاجِرَةٌ

Flight. هِجْرَةٌ

Emigration. — . هُجْرَةٌ

Deserted; forsaken. مَهجُورٌ . متروك

Obsolete; disused. كلام — .

Emigrant; refugee. مُهَاجِرٌ

Emigration. مُهَاجَرَةٌ

To occur to; come to the mind. ☼ هَجَسَ في صدرهِ

Idea; thought. هَاجِسٌ . خاطِر

Anxiety; solicitude. — . بلبال

To sleep. ☼ هَجَعَ . نامَ

To subside. — . استكنَّ

Sleep. هُجُوعٌ . نوم

Subsidence. — . سكون

A part of the night; a watch. هَجِيعٌ من الليل

To attack; rush upon; assail. ☼ هَجَمَ على . هَاجَمَ

To surprise, or raid, a place. هَاجَمَ ٢ المكان

To reassure. — الروعَ
Quietness; calmness; tranquillity. هُدُوءٌ
Quietly; calmly. بهدُوءٍ
Quiet; calm. هَادِئٌ
Eye-lashes. ٭ هُدُبُ العينِ
Fringe; edging. — الثوب
To threaten; menace. ٭ هَدَّدَ . تَهَدَّدَ
To demolish; pull down. هَدَّ . هدَمَ
To be demolished, pulled down. إنهدَّ
Demolition. هَدٌّ . هدم
Threatening. تهديد . تَهَدُّدٌ
To coo. ٭ هَدَرَ الحمامُ
To roar. — الأسدُ والرعدُ والبحرُ
To shed blood uselessly. — الدمُ
To spend; squander. — مالهُ
To be spent uselessly. — الدمُ والمال
Uselessly. هَدَرًا
Roar; roaring. هَدِيرٌ
To approach; be near to. ٭ هَدَفَ . قاربَ
To be exposed, or laid open. إسْتَهْدَفَ
Target. هَدَفٌ

An attack; an assault. هَجْمَة . هُجُوم
Offensive. هجومي . ضدّ دفاعي
Attacking. مُهَاجِمٌ
To be incorrect, or defective. ٭ هَجُنَ
To disapprove of. اسْتَهْجَنَ
Fault; defect. هُجْنَة . عيب
Mean; lowly. هَجِينٌ . لئيم
Dromedary; swift camel. ◘ — . جمل سريع
Camel rider. ◘ هَجَّانٌ
Disapproved of. مُستَهْجَن
Defamation. ٭ هَجْوٌ . هِجَاءٌ
Spelling. هِجَاءٌ ٢ . تَهَجٍ . تَهْجِيَةٌ
The alphabet. حُرُوفُ الهجاءِ
Alphabetical. هجائي
To defame; slander. هَجَا الرجُلَ
To spell. — . هَجَّى . تَهَجَّى
Satire; lampoon. أُهْجُوَّة . أُهْجِيَّة
Spelling. تَهَجٍ . تَهْجِيَةٌ
٭ هجين (في هجن) ٭ هدّ (في هدد)
To quiet down; be calmed. ٭ هَدَأَ
To subside; abate. — الريحُ
To calm; quiet. هَدَّأَ . أهْدَأَ

To expose to. جعله هدفاً لكذا
To let down. ٭ هَدَلَ . ارخى
To hang down loosely. هَدِلَ . تَهَدَّلَ
Flowing; hanging loose. مُتَهَدِّلٌ
To demolish; pull down. ٭ هَدَمَ . ضدّ بنى
To destroy; ruin. — . خرّبَ
To be demolished, destroyed. إِنْهَدَمَ . تَهَدَّمَ
Demolition. هَدْمٌ
An old garment. هِدْمٌ
A garment. ٥ هِدْمَةٌ . ثوب
Clothes. ٥ هُدُوم . ثياب
Demolisher. هَادِمٌ
Death. — اللذاتِ
Dilapidated. مُهَدَّمٌ . مُتَهَدِّمٌ
Demolished; destroyed. مَهْدُومٌ
To become quiet. ٭ هَدَنَ
To suspend hostilities. هَادَنَ
Quietness. هُدْنَةٌ . هُدُونٌ
Intermission. — . فترة وقوف
Armistice; truce. — . مُهَادَنَة
To rock a baby. ٭ هَدْهَدَ الطفلَ
Hoopoe; hoopoo. هُدْهُدٌ
To guide; direct. ٭ هَدَى . ارشدَ
To lead to the right thing. — . ضدّ اضلّ
To offer a present. — . أَهْدَى
To exchange presents. تَهَادوا
To find; discover. اهْتَدَى الى
To seek guidance. اسْتَهْدَى
The right way. هُدًى . ضدّ ضلال
Guidance. — . هِدَايَة
Present; offering. هَدِيَّةٌ
Regeneration. اهْتِدَاءٌ
Presented; offered. مَهْدِيٌّ . مُهْدًى
Rightly guided. — . مُهْتَدٍ
This. ٭ هَذَا . هَذِهِ
To prune. ٭ هَذَّبَ الشجرَ
To rectify; correct. — . قوَّمَ
To revise. — . نقَّحَ
To educate. — الولدَ
To be educated. تَهَذَّبَ
Education. تَهْذِيبٌ . تعليم
Rectifying; correcting. — . تقويم
Revision. — . تنقيح
Educational. تهذيبي
Well-educated; polished; refined. مهذَّب . مُتَهَذِّب

Tumult; agitation. — ومَرج
Jester. مُمَرِّج . مضحِك
To yell, or howl. ﴿هرر﴾ . هَرَّ الكلبُ
A cat. هِرٌّ . قِطٌّ
A she-cat; a pussy. هِرَّة . قِطة
To crush; pound. ✿ هَرَسَ
To sow discord between. ✿ هَرَّشَ بينهم
To scratch. ◘ هَرَشَ جلده
To become a heretic. ○ هَرْطَقَ
Heresy. هَرْطَقَة
A heretic. هَرْطُوقِيّ
To hurry or hasten to. ✿ هَرَعَ اليه
To praise highly. ✿ هَرَفَ بهِ
To talk at random. يَهْرِفُ بما لا يعرف
To pour out. ✿ هَرَقَ . أهْرَقَ الماءَ
To shed. — الدمَ والدمعَ
Pouring out; effusion; shedding. هَرْق . إهْراق
Poured out; shed. مُهْرَق . مُهْراق
Hercules. ✿ هِرْقِل . هِرَقْل
To become decrepit. ✿ هَرِمَ
To mince; chop. هَرَّمَ ◘ فَرَم

Rectified; corrected. — . منقَّح
To prate; prattle; babble. ✿ هَذَرَ
To joke with. ◘ هَذَّرَ هَزَل
To rave; talk irrationally. ✿ هَذَى
Raving; irrational talk. هَذْيٌ . هَذَيان
Delirium. — . — الحمَّى
A cat. ✿ هِرّ (في هرر)
To overdo; cook to rags. ✿ هَرَأَ . هَرَّأَ اللحمَ
To lacerate; tear to pieces. —◘هَرَى . مزَّق
To be lacerated; torn to pieces. هَرِئَ . تَهَرَّأَ
Truncheon. ✿ هراوة (في هرو)
To flee; run away. ✿ هَرَبَ
To escape from. — من . افلتَ
To put to flight. هَرَّبَ
To smuggle. — البضائعَ
Flight; escape. هَرَب . هروب
Runaway; fugitive. هارِب
Retreat; refugee. مَهْرَب
To be in great commotion. ✿ هَرَجَ الناسُ
To jest; joke. هَرَّجَ
Commotion. هَرْج

A shake. هَزْأَةٌ

An earthquake. — أَرضيَّة

Shaking; trembling. اِهتِزَاز

To hasten; hurry. ٭ هَزَعَ

A watch; a division of the night. هَزِيعٌ من الليل

To be emaciated. ٭ هَزَلَ. هُزِلَ

To talk in a humorous manner. — في كلامه

To emaciate. — . هَزَّلَ . أَهْزَلَ

Joking; jesting. هَزْلٌ

A comedy. رواية هزليَّة

Joker; jester. هَزِلٌ . هَازِلٌ

Emaciation. هُزَالٌ

Emaciated. هَزِيلٌ. مَهْزُولٌ

To defeat; overthrow. ٭ هَزَمَ العدوَّ

To rout; put to rout. — الجيش

To be defeated, put to rout. اِنْهَزَمَ

Defeating; routing. هَزْمٌ

Thunder. هَزِيمٌ . رعد

Defeat; rout. هَزِيمَةٌ. انهزَام

To shake; move; agitate. ٭ هَزْهَزَ

To be crisp, or brittle. ٭ هَشَّ . صارَهَشًّا

To render decrepit. أَهْرَمَ

Mincing; chopping. هَرْمٌ . تَهْرِيمٌ ٥ فَرْمٌ

Decrepitude. هَرَمٌ . ضعف الشيخوخةِ

A pyramid. — . شكلٌ هَرَمِيٌّ

Decrepit. هَرِمٌ

Truncheon; cudgel; club. ﴿ هرو ﴾ . هِرَاوَةٌ

To walk fast; go in haste. ٭ هَرْوَلَ

To hasten to. — اليهِ

٭ هرير (في هرر) ٭ هزّ (في هزز)

٭ هَزَأَ . هَزِىءَ . اَسْتَهْزَأَ بهِ او منهُ

To deride; mock at.

Derision; mockery; scorn. هُزْءٌ . هُزُءٌ . استهزاءٌ

Scoffer. هَازِىءٌ . مُسْتَهْزِىءٌ

To laugh. ٭ هَزِرَ . ضحك

To joke; jest. ٥ هَزَّرَ . هزل

To move; stir; shake. ٭ هَزَّ . هَزْهَزَ

To swing, brandish. — . — الرمحَ

To be moved, shaken. اِهْتَزَّ

To shake; tremble. — . اِرتجفَ

Shaking; moving. هَزَّةٌ

To go swiftly. هَفَّ. ﴿هفف﴾
To emanate. ــت الرائِحَةُ
Lambent. هَفَّافٌ . بَرَّاق
Flimsy. —. رقيق شفَّاف
A lapse; fault. ☆ هَفْوَةٌ
To slip; err. هَفَا . زَلَّ
To be faint with hunger. —. جاع
Faint with hunger. هَافٍ
Thus; so; like that. ☆ هٰكذا
To strut. ☆ هَكَّلَ الحصانُ
Temple. هَيْكَلٌ . معبد
Altar. — الكنيسةِ
The skeleton. الـــ العظمي
To sing. ☆ هَكَّمَ . غنَّى
To jeer at; taunt. تهكَّمَ على
Sarcasm. تَهَكُّمٌ
Sarcastically. بتهكُّمٍ
Particle of interrogation. ☆ هَلْ
Is my father here? — أبي هُنا ؟
Are you here? — أنتَ هنا ؟
Do they read? — هم يقرأون ؟
Did I say? — قلتُ ؟
Did you write? — كَتَبْتَ

To smile. —. تبسَّم
Brittle; fragile. هَشٌّ . سَرِيعُ الكسرِ
Short; crisp. —. ٥ مقرمش
Cheerful. — الوجهِ
Cheerfulness. هَشَاشَةٌ
Brittleness. هُشُوشَةٌ
To smash to pieces. ☆ هَشَمَ . هَشَّمَ
To be smashed. تهشَّمَ. اِنْهَشَمَ
Dry plants. هَشِيمٌ
Break. ☆ هَصَرَ . كسرَ
Knoll; mound. ☆ هَضْبَةٌ
To digest food. ☆ هَضَمَ الطعامَ
To wrong; treat with injustice. —. اِهْتَضَمَ
To be digested. اِنْهَضَمَ
Digestion. هَضْمٌ
Indigestion. سُوءُ الـــِ . تخمة
Dyspepsia. عُسر الـــِ
Digestible. مَهضُومٌ . يُهْضَم
Digested. —. هضمَتْهُ المعدة
To fall heavily. ☆ هَطَلَ
To pass swiftly. ☆ هَفَّ (في هفف)
To talk at random. ☆ هَفَتَ
To rush into. تَهَافَتَ على
To rush for. ـــوا على

Death. —ٌ . موت

Perishing. هَالِكٌ . فانٍ

Dead. —ٌ . مائِتٌ

Irrecoverable. —ٌ . هادِمٌ

A bad debt. دَيْنٌ —ٌ .

Peril; jeopardy. تَهْلِكَةٌ

Destructive. مُهْلِكٌ

To praise God. ☆ هَلَّلَ . سَبَّحَ

To applaud a person. — لهُ

To appear; come out. هَلَّ . أَهَلَّ . ظهر

To fall heavily. انهَلَّ المطرُ

To be radiant with brightness. تَهَلَّلَ الوجهُ

Crescent. هِلَالٌ . غرَّةُ القمرِ

New moon. —ٌ . قمرُ اوائلِ الشهرِ

Parentheses. هلالان (....)

Lunar. هِلاليٌّ . قمري

Crescent-shaped. —ٌ . بشكل الهلالِ

Forthcoming; about to appear هَالٌّ

Rejoicing; exultation. تَهَلُّلٌ . إبتهاج

Acclamation. تَهْلِيلٌ

Having a radiant face. مُتَهَلِّلُ الوَجْهِ

☆ هَلٌّ ☆ هِلال(في هلل) ☆ هلام(هلم)

Bristles. ☆ هُلْبٌ

○ هِلْبٌ . مرساة السفينة ⟵ Anchor.

Unauthenticated news. ☆ هَلْجٌ

Myrobalan. هَلِيلَجٌ . اهليلج

—ٌ . (في الهندسة) Ellipse.

Elliptic, —al. اهليلجيٌّ

To be emaciated. ☆ هَلَسَ

To talk nonsense. ○ — (في الكلام)

To be impatient. ☆ هَلِعَ

To have the heart in the mouth. — قلبه

Impatience. هَلَعٌ . جزع

To perish. ☆ هَلَكَ

To destroy. هَلَّكَ . أَهْلَكَ

To exert oneself in. تَهَالَكَ في الأمرِ

To struggle desperately for. — وا على

To consume; waste; spend; exhaust. إستهلك

To amortise a debt. — الدَّيْنَ

Destruction; ruin; entire loss. هَلَاكٌ

To lower the voice. ٭ هَمَسَ الصوتَ
To mumble. — الكلام
To whisper to. — اليهِ
Whispering. هَمْسٌ
To whisper. تكلَّمَ هَمْساً
To bite. ٭ هَمَشَ . عَضَّ
Margin. هَامِشٌ . حاشية
To press; urge. ٭ هَمَكَ
To be engrossed or absorbed in. إِنْهَمَكَ في
Engrossed or absorbed in. مُنْهَمِكٌ في
To shed abundant tears. ٭ هَمَلَتْ . اِنْهَمَلَتْ عينهُ
To rain steadily. — . — السماء
To neglect. أَهْمَلَ
To be remiss, negligent. تَهامَلَ في
Negligence. إهمَال . تَهَامُل
Negligent; careless. مُهْمِل
Neglected. مُهْمَل . مَهْمُول
Unobserved. — . غير مرعيّ
Obsolete; disused. — . مهجور
To sing a baby to sleep. ٭ هَمْهَمَتْ للطفلِ لينام
To disturb; make uneasy. هَمَّ . أَهَمَّ

Jubilant; exulting. — . مسرور
Come! Come on! ٭ هَلُمَّ . تعالَ!
Let us go. — بنا
And so on; and so forth. و — جَرّا
Jelly, *or* gelatin. هُلَامٌ
Gelatinous. هُلاميّ 
Asparagus. ٭ هِلْيَوْن ←
They. ٭ هُم . ضمير الغائبين
٭ هَمّ ٭ همام (في همم)
The rabble. ٭ هَمَجٌ . الرعاع
The savages. — . المتوحشون
Savage; uncivilised هَمَجِيّ
To abate; subside. ٭ هَمَدَ
To be extinguished. —تِ النارُ
To calm; quiet. هَمَّدَ . أَهْمَدَ
To extinguish. — . — النارَ
Subsidence. هُمُودٌ
Calm; quiet; still. هَامِدٌ
To pour out. ٭ هَمَرَ
To be poured out. اِنْهَمَرَ
To spur; goad. ٭ هَمَزَ . نَخَسَ
A *hamza*. هَمْزَةٌ
Spur; goad. مِهْمَزٌ . مِهْمَاز

Important matters. مُهِمَّات. امور هَامَّة
Necessaries. ٥ —. لوازِم
Provisions; supplies. ٥ —. مُؤَن
Materials. ٥ —. مَوادّ
Anxious; solicitous. مَهْمُوم
To congratulate. ☆ هَنَّا
To enjoy; take pleasure in; be delighted with. هَنِيءَ بهِ
Pleasure; delight. هَنَاءُ
Pleasant. هَنِيءٌ. هَنِيٌّ. سَارّ
Wholesome. —. —. سائغ
May it give you pleasure! هنيئاً لك به
May it prove wholesome to you! — مريئاً
Congratulation. تَهْنِئَة
☆ هنا ☆ هناك ☆ هنالك (في هنو)
India. ☆ هِنْدُ . بلادُ الهند
Indians. —. هُنُود
Indian. هِنْدِي
Endive. ☆ هِنْدِباء . هِنْدِبَى
To engineer a road. ☆ هَنْدَسَ الطريق
Engineering. هَنْدَسَة عملية
Geometry. — علميَّة
Architecture. — المعارِ

To interest; be of interest to; concern. —. —. عنا
To resolve. — بالعمل
To start; begin. ٥ —. بدأ
To start up. ٥ —. قامَ فَجْأَةً
To be grieved اهْتَمَّ
To look after; take care of — بأمرهِ
To take interest in. — بالأمرِ
To mind. — بهِ. بالى بهِ
To take pains in. — بعمله
Care; anxiety. هَمٌّ. قلق
Energy. هِمَّة
Energetic. هَمَّام. ماضي العزم
Brave; gallant. هُمَام
Important; weighty. هَامٌّ
Vermin. هَامَّة (هوامّ)
Head. هَامَة (في هوم)
More important. أَهَمّ
Importance. أَهَمِّيَة
Unimportant; of no importance. عديم الـ—
Care. اهْتِمَام
Important; serious. مُهِمّ
An important matter. مُهِمَّة. أمرٌ هَامّ
Commission. —. مأموريَّة

Palanquin. ☆ هودج (في هدج)
It is he! ☆ هُوَذَا . هذا هو
Behold! See! — . إنظرْ
To imperil ☆ هَوَّرَ
To fall to ruin. هَارَ . انهَارَ
To collapse; fall in. انهار الجرفُ
To rush into. تَهَوَّرَ
To speak in a rash manner. — في الكلامِ
Hasty; precipitate rash. مُتَهَوِّرٌ
To be at one's wits' end. ☆ هَوِسَ
To infatuate. هَوَّسَ
Infatuation; folly. هَوَسٌ
To raise up dissension. ☆ هَوَّشَ
To set a dog on a person. ○ — الكلبَ على الرجلِ
Tumult; riot. هَوْشَةٌ
To cause to vomit. ☆ هَوَّعَ
To vomit. هَاعَ . تَهَوَّعَ
To overstate; stretch a point. ☆ هَوَّلَ الأمرَ
To threaten with. — عليه بكذا
To terrify; alarm. هَالَ
Terror; fright. هَوْلٌ

Geometrical. هَنْدَسِيٌّ
Engineer. مُهَنْدِسٌ
Geometrician. — رياضيٌّ
Architect. — معمارِيٌّ
Mechanician. — ميكانيكي
To trim. ☆ هَنْدَمَ
Trimness. هِنْدَامٌ . هَنْدَمَةٌ
Trim; neat. مُهَنْدَمٌ
Time. ☆ هِنْوٌ . وقت
Here. هُنَا . هَهُنَا
There yonder. هُنَاكَ . هُنالك
A little while. ☆ هُنَيْهَةٌ
He. ☆ هُوَ (للمذكّر العاقل)
It. — (للمذكّر الغير عاقل)
☆ هَوَاء (في هوى) ☆ هوامٌّ (في همم)
Depressed land. ☆ هُوْتَةٌ . ارض منخفضه
Abyss. ○ — . هُوَّةٌ
To walk slowly and gently. ☆ هَوَّدَ
To make Jewish. — الرجلَ
To become a Jew. هَادَ الرجلُ
Jews. يَهُودٌ
A jew. يَهُودِيٌّ . واحدُ اليهودِ
Jewish. — . نسبة الى اليهودِ
A jewess. يَهُودِيَّةٌ

The ابو الـــ . Sphinx.
Halo. هَالَةٌ
Formidable; frightful; terrible. هائِلٌ . مَهُولٌ
Intimidation. تَهْوِيلٌ
To nod from drowsiness. ☆ هَوَّمَ . تَهَوَّمَ
Head; top. هَامَةٌ . رأس
To facilitate; make easy. ☆ هَوَّنَ
To be or become easy. هَانَ الأمرُ
To be despicable, or contemptible. — الرجل
To insult. أهانَ
To consider easy تَهاوَنَ . اسْتَهانَ بالأمرِ
To neglect. — بعملهِ
Contempt; disdain. هَوْنٌ . هَوَانٌ
Ease; easiness. — . سهولة
Mortar. ه — . هاوُنٌ
Easy. هَيْنٌ . هَيِّنٌ
Insult. إهانةٌ
Easier. أهْوَنُ
Slighting. تَهاوُن . اسْتِهانَة
Negligence. — . اهمال
Insulted. مُهَانٌ

Insulting. مُهِينٌ
Negligent. مُتَهاوِنٌ
Abyss; chasm. ☆ هُوَّةٌ
To fall; drop ☆ هَوَى
To love; be fond of. هَوِيَ . أحبَّ
To desire. — . اشتهى
To ventilate a room. هَوَّى الغرْفَةَ
To fall down. أهْوَى
To allure. إسْتَهْوَى
Atmosphere. هَوَاء . مادّة الفضاء
Air. — . مانستنشقه
Wind. — . ريحٌ
Aërial. هَوائي
Love; affection. هَوًى
Abyss هَاوِيَةٌ . وهدة عميقة
Hades; hell. الـــ . جهنّم
She. ☆ هِيَ (للعاقل)
It. — . (للغير عاقل)
Quick! ☆ هَيّ . ☆ هَيَّا (أي هي)
To prepare ☆ هَيَّأَ
To be prepared for. تَهَيَّأَ لكذا
To be possible to. — لهُ . امكنه
Form; shape. هَيْئَةٌ . شكْلٌ
Aspect; look. — . صورة

To be slim, or slender. ٭ هَيِفَ
Slim; slender. أَهْيَفُ
Temple. ٭ هيكل (في هكل)
To pour down. ٭ هَيَّلَ وهَالَ
To fall in heaps. إِنْهَالَ
To assail a person. انهالوا عليهِ
Matter. هَيُولَى
Material. هَيُولِيٌّ
To bewilder. ٭ هَيَّمَ
To fall in love with. هَامَ بِهِ
To wander about; rove. — على وجهه
Inordinate love; eager desire. هُيَامٌ
Over head and ears in love. هَائِمٌ
Wandering about; roving. — على وجهه
To say "Amen!" ٭ هَيْمَنَ
To guard; watch over — على
Guardian. مُهَيْمِنٌ
Easy. ٭ هَيِّن (في هون)
Far from! ٭ هَيْهَاتَ
Matter without form. ٭ هيولى (في هول)
Quick! make haste! ٭ (هي) . هَيْ . هَيَّا

Human society. الـ الاجتماعية
Astronomy. عِلْمُ الـ الفلك
Preparation. تَهْيِئَةٌ
Prepared مُهَيَّأً
To cause to be feared. ٭ هَيَّبَ
To fear; be afraid of; stand in awe of. هَابَ . اهْتَابَ . تَهَيَّبَ
Fear; awe. هَيْبَةٌ . مَهَابَةٌ
Respect. — . إحترام
Timid; bashful. هَيَّابٌ . هَائِبٌ
Awful; fearful. مَهُوبٌ . مَهِيبٌ
Venerable. — . — . محترم
To shout at. ٭ هَيَّتَ بِهِ . صاح
Give me. هَاتِ . اعطني
To stir up; excite; agitate. ٭ هَيَّجَ . هَاجَ
To be excited. هَاجَ ٢ . تَهَيَّجَ
Excitement. هِيَاجٌ . هَيَجَان
Disturbance. — . اضطراب
Excited; agitated; troubled. هَائِجٌ
Exciting; irritating. مُهَيِّجٌ
Excited; irritated. مُتَهَيِّجٌ
Diarrhœa. ٭ هَيْضَةٌ . إسْهال
Cholera. — . وَباء

(و)

And. ٭ وَ . . (حرف عطف)

While. وَ . . (الحاليّه)

By. وَ . . (القسَم)

With. وَ . . . (المعية)

To bury one's daughter alive. ٭ وَأَدَ بنته

To act deliberately. اِتَّأَدَ

To agree with. ٭ وَاءَمَ

Agreement; concord; harmony. وِئام

Engine. ٥ وَابور

Steam engine. — بخاري

٭ واحد (في و حد وأحد) ٭ واحة (في وحي) ٭ وادٍ (في ودي) ٭ وارى (في وري) ٭ وازى (في وزي) ٭ واسطة (في وسط) ٭ واسى (في وسي وأسو) ٭ واطىء (في وطأ) ٭ وافق (في وفق) ٭ والٍ (في ولى)

Pestilence. ٭ وَبَأٌ . وَبَاءٌ

Cholera. — . — ٥ كوليرا

Epidemic. وَبائي . منتشر

Pestilential. وَبِيءٌ . مَوْبُوءٌ

To reprimand. ٭ وَبَّخَ

Reprimand. تَوْبِيخٌ

Cony. ٭ وَبْرٌ . حيوان كالسنّورِ

Hair. وَبَرٌ . صوفُ الجملِ

Soft hair; down. — . زغب

Nap. ٥ — . زِئْبِرٌ

A lowly person. ٭ وَبَشٌ

The rabble. أَوْبَاش

To perish. ٭ وَبَقَ

An atrocity. مُوْبِقَةٌ

To be unhealthy. ٭ وَبُلَ المكانُ

To rain heavily. وَبَلَت السماءُ

A heavy shower وَابِلٌ

Unhealthiness. وَبَالٌ

Evil; harm. — . أذى

Unhealthy; insalubrious; noxious. وَبِيلٌ . وخيم

Of evil result. — . سيّء العاقبة

To fix; make firm ٭ وَتَّدَ . وَتَدَ

Peg; tent peg. وَتَدٌ

To string a bow. ٭ وَتَرَ . أَوْتَرَ القوسَ

To strain a cord. أَوْتَرَ ٢ . وَتَّرَ الحبلَ

To be strained. تَوَتَّرَ الحبلُ

To come in succession. تَوَاتَرَ . تتابع

Odd. وَتْرٌ . فردٌ

String. وَتَرٌ

Bowstring. — القوسِ

— القوس ← Chord.

Manner; way. وَتِيرَةٌ

Uniformly. على — واحدةٍ

Tension. تَوَتُّرٌ

Succession. تَوَاتُرٌ

Tense; strained. مُتَوَتِّرٌ

Successive. مُتَوَاتِرٌ

To sprain. ٭ وَثَأَ اليدَ

A sprain. وَثْءٌ . وَثَاءَةٌ

To jump; leap. ٭ وَثَبَ . قفز

Jumping; leaping. وَثْبٌ . وُثُوبٌ

A jump; a spring. وَثْبَةٌ

To be soft. ٭ وَثُرَ الفراشُ

Soft; smooth. وَثِرٌ . وَثِيرٌ

To trust; rely on. ٭ وَثِقَ به

To be firm. وَثُقَ . كان وثيقاً

To be sure of. — من كذا

To make firm. وَثَّقَ

To covenant with. وَاثَقَ

To fetter; tie. أَوْثَقَ

To make sure of. اِسْتَوْثَقَ منه

Trustworthy. ثِقَةٌ . يُعتمدُ عليه

Trust; confidence. — . وثوق

Fetter; tie; chain. وِثَاقٌ

Firm; solid. وَثِيقٌ

Document; deed. وَثِيقَةٌ

Confident; sure. وَاثِقٌ

Covenant. مِيثَاقٌ

An idol. ٭ وَثَنٌ

Heathen; idolater. وَثَنِيٌّ

٭ وثير (في وثر) ٭ وثيق (في وثق)

٭ وجار (في وجر) ٭ وجاق (في وجق)

To be necessary. ٭ وَجَبَ

To be incumbent on, or upon. — الأمرُ عليه

To oblige; make incumbent on. اوجبَ عليه

To deserve; be worthy of. استوجبَ

It is necessary. يَجِبُ

He must. — عليه ان

Meal; repast. وَجْبَةٌ

Necessary. وَاجِبٌ . لازم

Duty; obligation. — . فرض

Obligation. ايجابٌ . إلزام

Affirmation. — . ضدّ سلب

Positive; affirmative. ايجابيّ

Cause; motive; reason. مُوجِبٌ

According to. بـ . بحسب

In short; briefly. بالإيجاز

To feel anxious. ٭ وَجَسَ

To have misgivings; be anxious. أَوْجَسَ . وتَوَجَّسَ

To suffer, or feel pain. ٭ وَجِعَ . تَوَجَّعَ

To feel pain for. توجّع ٢ له

To hurt; cause or inflict pain. أَوْجَعَ

Pain; ache. وَجَعٌ . أَلَمٌ

Painful. وَجِيعٌ . مُوْجِعٌ

Fireplace. ٭ وجق ٭ . وُجَاق

Cooking stove. — الطبخِ

To be seized with fear. ٭ وَجِلَ

Apprehensive. وَجِلٌ

Apprehension; fear; dread. وَجَلٌ

To keep silent. ٭ وَجَمَ

Silent; speechless وَاجِمٌ

Cheek. ٭ وَجْنَةٌ

To send to. ٭ وَجَّهَ الى . ارسل

To turn or direct to. — الى. أدارهُ نحوهُ

To put a question to. — اليهِ سؤالاً

To meet face to face. وَاجَهَ

Deserving; meriting. مُسْتَوْجِبٌ

To find. ٭ وَجَدَ المطلوبَ

To find out. — . علم

To be found. وُجِدَ ٥ اتَّوجَدَ

To be; exist. — . كان

To create; cause to exist. أَوْجَدَ

Passion. وَجْدٌ

The act of finding. وُجودٌ . وِجْدانٌ

Existence. — . كيان

Intuition; inner consciousness. وجدان ٢

Found. مَوْجُودٌ . وُجِدَ

Present. — . حاضر

Existing. — . كائن

Existing things. أَلموجوداتُ

Cave; cavern. ٭ وجرٌ

Den. وِجارٌ

Burrow. — الأرانب وامثالها

To be brief in speaking. ٭ وَجَزَ . أوجزَ الكلامَ

To shorten; abbreviate. أوجزَ ٢ . اختصر

Short; brief; concise succinct; terse. وَجيزٌ . مُوْجَزٌ

Shortness; conciseness إِيجَازٌ

To be in front of.	— . كان مواجهاً
To go.	تَوَجَّهَ . ذهبَ
To turn one's face towards.	اِتَّجَهَ إلى
Region; quarter.	جِهَة . ناحية
Side; direction.	— . جانب
Towards.	إلى — . نحو
On every side.	من كل — .
About; concerning.	من — .
Face.	وَجْهٌ . مُحَيّا
Page.	٥ — الكتابِ . صحيفة
Face; surface.	— . سَطح
Front part.	— الجهة الأمامية
A notable	— . وَجيه . ذو جاه
Chief; head.	— القوم
A mask.	— مستعار
Upon the whole.	بـ—ـالإجمالِ
Approximately.	بـ—ـالتقريبِ
To please God.	لـ—ـاللهِ
Gratis.	لـ— الله . مجاناً
Face to face.	وَجهاً لوجهٍ
Double-faced.	وَجْهَيْنِ . منافق
Side; direction.	وِجْهَةٌ . جهة
Respect; regard.	— . خصوص
Notability.	وَجاهَةٌ
Notable.	وَجِيهٌ
Front; fore part.	وَاجِهَةٌ
In front of; opposite to.	تِجاهٌ
Direction.	اِتِّجاهٌ
Short; brief.	٭ وجيز (في وجز)
To be alone.	٭ وَحدَ (انظر احد)
To unify; make into one.	وَحَّدَ
To unite; join.	— بينهم
To be alone or by oneself.	تَوَحَّدَ
To become one.	—ت الأشياءُ
To unite; become one	اِتَّحَدَ
State of being alone	حِدَةٌ
Separately; alone.	على — .
Alone.	وَحْدَهُ
Loneliness.	وَحْدَةٌ . إنفراد
Unity.	— . إتحاد
Unit of measure.	— القياسِ
Single; alone.	وَحْدانيّ
Sole; single.	وَحِيدٌ . مفرد
Unique.	— . فَرِيد
The only son.	الابن الـ—
One; single.	وَاحِدٌ . فَرْدٌ
Unique.	— . لا نظير له
None; no one.	ولا — .

To cause to stick fast in mire. أَوْحَلَ
Mire; soft mud. وَحْلٌ
Muddy; miry. وَحِلٌ . مُوْحِلٌ
To long for. ٭ وَحِمَ الشيءَ
To be longing. تَوَحَّمَتْ
Longing. وحم . وِحَامٌ
To inspire with. ٭ وَحَى . أَوْحَى
Inspiration. وَحْيٌ
Inspired. موحىً بهِ
Oasis, (*pl.* Oases.) واحَةٌ
Unique. ٭ وحيد (في وحد)
To prick. ٭ وَخَزَ
Pricking. وَخْزٌ
Remorse. — الضمير
To be unhealthy. ٭ وَخُمَ المكانُ
To be surfeited with. إتَّخَمَ
To surfeit. أتْخَمَ
Surfeit. تُخَمَةٌ . مضايقة المعدة
Indigestion. — . سوء الهضم
Unhealthy. وَخْمٌ . وَخِيمٌ
Of bad consequence. وخيم ٢ العاقبة
To intend to. ٭ وَخَى . تَوَخَّى
To fraternise with. وَاخَى
To like; be pleased with. ٭ وَدَّ
As he best likes. كما يَوَدُّ
To show love to. تَوَدَّدَ اليهِ

One by one. وَاحداً واحداً
One. أَحَدٌ . واحد
Someone. — الناسِ
Sunday. يومُ الأحدِ
Union. إتِّحَادٌ
Solitude; seclusion. تَوَحُّدٌ
Unification. تَوْحِيدٌ
Unified. مُوَحَّدٌ
United; joined. مُتَّحِدٌ
To get rid of. ٭ وَحَشَ
To long for. ٥ — ه الشيء
To be desolate, or dreary. أَوْحَشَ المكان
To grow savage, or wild. تَوَحَّشَ
To feel lonely. إسْتَوْحَشَ
Wild beast. وَحْشٌ
Wild ass; onager. — . حمارٌ
Savage; wild. وَحْشيٌّ . بَرّي
Ferocious. — . ضارٍ
Loneliness. وَحْشَةٌ
Savagery; barbarity. تَوَحُّشٌ
Desolate. مُوحِشٌ
Savage; wild. مُتَوَحِّشٌ
To sink or stick in mire, or mud ٭ وَحِلَ

Depositing.	ابْدَاع
Depository.	مُسْتَوْدَعٌ
Depositor.	مُسْتَوْدِع
Affectionate.	✲ ودود (في ودد)
To atone for a murder.	✲ وَدَى القتيلَ
To send.	◻ وَدَّى . بعثَ
To destroy.	أَوْدَى به
Blood money.	دِيَةُ القتيلِ
Valley.	وَادٍ . وَادِي
Behind.	✲ وَرَاء . خلف
Beyond.	—— . ابعد من
To be corrupt.	✲ وَرِبَ
To circumvent.	وَارَبَ
Oblique direction.	وَرْبٌ
Obliquity.	وِرَابٌ . انْحِراف
Equivocation.	مُوَارَبَة
To inherit.	✲ وَرِثَ
To leave an inheritance to.	وَرَّثَ
To bequeath.	——بوصيَّة
Inheritance.	إِرْثٌ . وِرَاثةٌ
Hereditary.	وِرَاثِيٌّ
Heir.	وَرِيثٌ . وَارِثٌ
Inherited.	مَوْرُوثٌ
Inheritance.	مِيرَاثٌ
To come; arrive.	✲ وَرَدَ . حضر

To be on good terms.	تَوَادَّ الرجلان
Friendship; amity.	وُدٌّ . وِدَادٌ
Affectionate; loving.	وَدُودٌ . وَدِيدٌ
I wish to.	بودّي ◻ بِدِّي
Friendly.	وُدِّي . وِدادي
Friendship; amity.	مَوَدَّة
To deposit.	✲ وَدَعَ الشيءَ
To leave.	—— . ترك
Let him go.	دَعْهُ يذهبْ
To be gentle, meek.	وَدُعَ
To take leave of.	وَدَّعَ
To deposit or intrust with.	أَوْدَعَ . اسْتَوْدَعَ
Good bye!	أستودعكم الله
Meekness; gentleness.	دَعَةٌ . وداعة
Shell; sea-shell.	وَدَعٌ (الواحدة ودعة)
Leave-taking.	وَدَاعٌ
Farewell!	الــ
Meekness; gentleness.	وَدَاعَةٌ . دعة
Meek; gentle.	وَدِيعٌ
Trust; charge.	وَدِيعَة . أَمانة
Deposit.	—— . تأمين

To blossom. وَرَّدَ الشجرُ

To lead to; bring to أَوْرَدَ

To become red. تَوَرَّدَ

To import. إِستَوْرَدَ

← Rose. وَرْدٌ

—. زَهرٌ Blossoms.

Rosy; rosy-coloured. وَرْدِيٌ

Cockroach. بنتُ وَرْدَان

A vein. وَرِيدٌ

Coming; arriving. وَارِدٌ

Imported. —. مجلوب

Production. ايرادٌ. تقديم

Income; revenue. —. دَخل

Resource. مَوْرِدٌ. مجنىً

Rosy; red. مُوَرَّدٌ

Workshop. ٥ وَرْشَةٌ. مصنَع

To involve in a difficulty; entangle. ٭ وَرَّطَ. أَوْرَطَ

To be entangled, or involved, in a difficulty. تَوَرَّطَ

An awkward position; a difficulty. وَرْطَةٌ

To be pious. ٭ وَرُعَ

Piety; godliness. وَرَعٌ

Pious; godly. وَرِعٌ

To leaf; put forth leaves. ٭ وَرَّقَ. أَوْرَقَ الشجرُ

To paper a wall. ٥— الحائطَ

Paper. وَرَقٌ

Leaves; foliage. — الشجرِ

— اللعبِ Playing ← cards.

Lottery tickets. — اليانصيب

A piece of paper. وَرَقَةٌ

A leaf. — نباتٍ او كتابٍ

Hip. ٭ وِرْكٌ. وَرِكٌ

Thigh. ٥—. فخذ

Monitor. ٭ وَرَلٌ

To swell. ٭ وَرِمَ. تَوَرَّمَ

To cause to swell. وَرَّمَ

A swelling. وَرَمٌ

Swollen. وَارِمٌ. مُوَرَّمٌ

Varnish. ٥ وَرْنِيشٌ

To strike fire. ٭ وَرَى الزندُ

To show. ٥—. أَرَى

To conceal. —. وَارَى

To hide, or conceal, oneself. تَوَارَى

Behind. وَرَاءُ

The universe; creation. الوَرَى

Distribution.	تَوْزِيعٌ
To weigh.	٭ وَزَنَ
To scan or measure (poetry.)	— الشِّعْرَ
To counterbalance; weigh against.	وَازَنَ
To balance.	تَوَازَنَ
Weight.	وَزْنٌ . زِنَةٌ
Weight.	— . ثقل
Metre; measure.	— الشِّعرِ
A weight.	وَزْنَةٌ . ما تَزِن به
Talent.	— . عملة قديمة
Weigher.	وَزَّانٌ . قَبَّان
Balance; equilibrium.	تَوَازُنٌ
Equal, or equivalent, to.	مُوَازِنٌ
Balance; equilibrium.	مُوَازَنَة
Weighed.	مَوْزُونٌ
Metrical.	— . منظوم
In equilibrium; balanced.	مُتَوَازِنٌ
Measure.	مِيْزَانٌ . مقياس
Scales; balance; weighing machine.	— . آلةُ الوزنِ

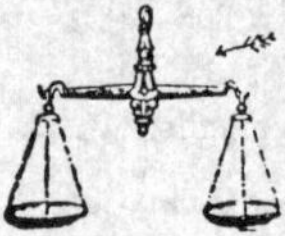

Hiding; concealing.	تَوْرِيَة
Equivocation.	— (في المنطق)
	٭ وزّ (في وزز) ٭ وزارة (في وزر)
To flow.	٭ وَزَبَ . سال
Spout.	مِيزَابٌ
To commit a sin.	٭ وَزَرَ
To aid; help.	وَازَرَ . آزَرَ
To become a minister.	تَوَزَّرَ
To wear; put on.	اتَّزَرَ بكذا
Sin; crime.	وِزْرٌ
Loin cloth.	وِزْرَةٌ
Ministry; the Cabinet.	وِزَارَةٌ
The Prime Minister.	رئيس الـ—
Minister.	وَزِيرٌ
Vizier; councilor of state.	— الملك
The Cabinet.	مجلسُ الوزراءِ
Geese.	٭ (وزز) . وَزٌّ . أَوَزٌّ
Swan.	— عراقيّ
Goose.	وَزَّةٌ
To distribute.	٭ وَزَّعَ
To be distributed.	تَوَزَّعَ
Restraint.	وَازِعٌ

To mediate between. — بينهم
Middle. وَسَطٌ
Amidst; in the middle of. في —.
Mediation. وِسَاطَة
Mediator. وَسِيطٌ
Middleman. —. سمسار
Means. وَاسِطَة
Through; by means of. بـــ.
Middle. مُتَوَسِّطٌ
Middle-sized. — الحجمِ
Average. —. معدّل
Central. —. مركزي
The Mediterranean Sea. البحر الأبيض الـــ.
To be wide, spacious. ✲ وَسُعَ
To hold; contain. وَسِعَ
To be able; can. —. قدر على
You can not. لا يسعك ان
To widen; enlarge. وَسَّعَ. أَوْسَعَ
To make room for. ——. له مكاناً
To be at ease. تَوَسَّعَ في المكانِ
To enlarge one's business. — في اشغاله
To be enlarged or widened. اِتَّسَعَ

Steel-yard. — القَبَّاني
To contract; shrink. ✲ وَزَى
To be parallel with. وَازَى. قابل وحاذَى
To be like. —. ساوَى
To run parallel to one another. تَوَازَى الشيئان
Parallelism. تَوازٍ. مُوَازَاة
Parallel. مُوَازٍ. مُتَوازٍ
✲ وَزِير (في وزر) ✲ وِسادة (في وسد)
Medal. ✲ وِسام (في وسم)
✲ وَسِخَ. اتَّسَخَ. تَوَسَّخَ
To be, or become, dirty.
To dirty; soil. وَسَّخَ
Dirt; filth. وَسَخٌ
Dirtiness. وَسَاخَة
Dirty; unclean. وَسِخٌ
To put a pillow under the head. ✲ وَسَّدَ
Pillow. وِسَادَةٌ. مخدَّة السرير
Cushion. وِسَادٌ. مخدَّة المقاعد
To put in the middle. ✲ وَسَّطَ
To take a middle course. تَوَسَّطَ في عمله

To expect good of. تَوَسَّمَ فيه الخير
Branding; marking وَسْمٌ
Mark. سِمَةٌ
Decoration; ← medal. وِسَامٌ
Season; time. مُوْسِمٌ
Branded; marked. مَوْسُومٌ
To slumber. ✿ وَسِنَ
Slumber. وَسَنٌ . سِنَةٌ
To whisper. ✿ وَسْوَسَ
To suggest wicked things to. — لهُ
Evil suggestions. وَسْوَاسٌ
The devil. الـ . الشيطان
Melancholy. ○ — مانيخوليا
To shave. ✿ وَسَى . حلق
Razor. ✿ وَآسى (في اسو) ✿ موسى
Means. ✿ وَسيلة (في وسل)
To adorn with a sash. ✿ وَشَّحَ
To put on. تَوَشَّحَ . اتَّشَحَ
Sash. وِشَاحٌ
To saw wood. ✿ وَشَرَ الخشب
مَوْشُورٌ . مَنْشور ← Prism.
To be quick. ✿ وَشَكَ

Power; ability. وُسْعٌ
Ample room. اِتِّسَاع
Wideness; spaciousness. سَعَةٌ . اِتساع
Extent; compass. — . اِمتداد
Affluence. — . يسار
Wealthy. ذو — .
Ample time. وُسْعَة من الوقتِ
Wide; spacious. وَاسِعٌ . وَسِيعٌ
Wider; larger. أَوْسَعُ
Extent: wideness; spaciousness. اِتِّسَاعٌ
Wide; spacious; large. مُتَّسِعٌ
To load. ✿ وَسَقَ . أَوْسَقَ
Load; freight. وَسْقٌ
Cargo; shipment. — المركب
Loaded; laden; freighted. مَوْسُوقٌ
Whisky. ○ وِسْكي
To solicit the favour of. ✿ وَسَّلَ اليه
To entreat; implore. تَوَسَّلَ اليه
Means. وَسِيلَةٌ
Entreaty; supplication. تَوَسُّلٌ
To brand; mark. ✿ وَسَمَ

Description.	وَصْفٌ
Indescribable.	لا يمكن وصفه
Description.	وَصْفَةٌ
Page, or valet.	وَصِيفٌ
Maid.	وَصِيفَة
Described.	مَوْصُوفٌ
To reach; arrive at.	٭ وَصَلَ المكانَ
To come; arrive.	— الشيءُ
To receive.	ـه الشيءُ
To join; connect; attach.	— الشيءَ بالشيءِ
To lead, or bring, to.	وَصَّلَ . أَوْصَلَ الى
To convey.	— . — . نقل
To continue; persevere in.	وَاصَلَ العملَ
To reach; arrive at.	تَوَصَّلَ الى
To be attached to; be connected with.	إتَّصَلَ بالشيءِ
To come to one's knowledge.	— به الخبر
To be continuous.	— العملُ
Joining; connecting.	وَصْلٌ . ربط
Connection.	— . ارتباط
A receipt.	ه — . مُسْتَنَد
Connection.	وُصْلَةٌ
To be on the point of.	أَوْشَكَ أن
About; on the point of.	على وَشْكٍ
To tattoo.	٭ وَشَمَ . وَشَّمَ
Tattooing.	وَشْمٌ
To whisper to.	٭ وَشْوَشَ
Whispering.	وَشْوَشَةٌ
To decorate; embellish.	٭ وَشَى . وَشَّى
To calumniate; slander.	— بهِ
Calumny; slander.	وَشْيٌ . وِشَايَة
Decoration.	— . تَوْشِيَةٌ
Calumniator; slanderer.	وَاشٍ
Embroidered, or decorated.	مُوَشًّى
Lasting illness.	٭ وَصَبٌ
To be firmly fixed.	٭ وَصَدَ
To shut, or close, a door.	أَوْصَدَ البابَ
Shut; closed.	مُوْصَدٌ
To describe.	٭ وَصَفَ
To prescribe.	— له وصفة
To be known by.	إتَّصَفَ بكذا
Quality.	صِفَةٌ
Adjective.	— . (في الأجرومية)

To bequeath to. ـــ . ـــ له

Executor (of a will). وَصِيٌّ

Guardian. ـــ . وليّ امر

Testator. ـــ . موصِي

Commandment; charge; order. وَصِيَّة

Will; testament. ـــ بأرث

The Ten Commandments. الوصايا العشر

Guardianship. وِصَايَة

Recommender. مُوْصٍ . مُوَصٍّ

Recommended. مُوْصًى بهِ

Bequeathed. ـــ به . مورَّث

Legatee. ـــ له او اليه

Cleanliness. * وَضَاءَة

Ablution. وُضُوءٌ . تَوَضُّؤٌ

To perform the rite of ablution. تَوَضَّأَ

Lavatory. مِيضَأَةٌ

To become plain, clear, or evident. * وَضَحَ . اتَّضَحَ

To clear; make clear. وَضَّحَ . أَوْضَحَ

To explain; clear up. ـــ . ـــ . فَسَّرَ

To ask for an explanation. اِسْتَوْضَحَ

Connection. صِلَةٌ

Arrival. وُصُولٌ . مجيء

Reaching. ـــ . بلوغ

Receipt. ـــ . استلام

Connection. اتِّصَالٌ

ايْصَالٌ . تَوْصِيلٌ . وصل Connecting.

Conveying. ـــ . ـــ . نقل

Connecting. مُوَصِّل . مُوْصِل

Leading to. ـــ و ـــ الى

Conductor. ـــ (في الطبيعة)

Connected. مَوْصُول . مُتَّصِل

Relative pronoun. اسم الـــ .

Continuous. مُتَّصِل ٢ . مُتَواصِل

Adjoining. ـــ بكذا

Suffixed pronoun. ضمير ـــ .

To disgrace. * وَصَمَ

Disgrace. وَصْمَةٌ . وَصْمٌ

A fault; blemish. ـــ . عيب

To peep through a hole. * وَصْوَصَ

* وَصَّى . أَوْصَى بكذا . عهداليه به To commit to another's charge or care.

To bid; command. ـــهُ . ـــهُ . امرهُ

To recommend. ـــ . ـــ بكذا

To tread; walk on. —. وَطِئ الطريقَ
To trample under foot. —. — الشيء
To mount. — الفرسَ
To act in concert. تواطأوا
To act in collusion; conspire together. —وا على شرّ
Treading. وَطْءٌ
Pressure; violence. وَطْأة
Fell; cruel. شديدُ الــ.
Low. وَطِيءٌ . وَاطِي
Lower than. اَوْطأ من
Collusion. تَوَاطُؤٌ
Footing; foothold. مَوْطِئ القدم
To fix; make firm or stable. ٭ وَطَدَ . وَطَّدَ
To decide or determine upon. —. — عزمه على
To be fixed, made firm or stable. تَوَطَّدَ
Firm; fixed; steady; stable. وَطِيد
Wish; desire. ٭ وَطَرٌ . بغية
To reside, or dwell, in a place. ٭ وَطَنَ بالمكانِ
تَوَطَّنَ . إِسْتَوْطَنَ المكانَ
To settle in a place.
To make up one's mind to. وَطَّنَ نفسه على

Clearness; distinctness. وُضُوحٌ
Clear; plain; evident. وَاضِحٌ . جَلي
Elucidation; explanation. إِيضاح. توضيح
To humble; abase. ٭ وَضَعَ . اذلّ
To put; lay. — الشيء
To give birth. —ت الحُبْلى
To be humble, lowly, mean. وَضُعَ . ذَلَّ
To humble oneself. إتَّضَعَ . تواضَعَ
Position. وَضْعٌ
Childbirth. —. ولادة
Mean; low. وَضِيعٌ . حقير
Lowly; humble. —. ضدّ الرفيع
Humiliation. ضِعَةٌ
Humility. تَوَاضُعٌ . اتِّضَاعٌ
Humble. مُتَّضِعٌ . مُتَوَاضِعٌ
Place. مَوْضِعٌ
Put; placed. مَوْضُوعٌ
Subject. — الكلام او المقال
Ablution. ٭ وضوء (في وضاءة)
To pave the way; make easy; prepare. ٭ وَطَأَ . وَطَّأَ
To lower. —ه—. ضدّ رفع

To take up. ٭ وَعَبَ. اِستَوعَبَ

To contain; hold. اِستوعبَ الشيءَ

To take in. — الحديثَ

To promise. ٭ وَعَدَ. أَوعَدَ

To make an appointment with. وَاعَدَهُ. تَواعَدا

To threaten. تَوَعَّدَ

Promise. وَعْدٌ. مَوْعِدَةٌ

Threats. وَعِيدٌ. تَوَعُّدٌ

Appointment. مَوْعِد. مِيعاد

Promised. مَوْعُودٌ

Rugged; rough; hard. ٭ وَعْرٌ. وَاعِرٌ

To intimate. ٭ وَعَزَ. أَوْعَزَ

Hinting; intimation. اِيْعازٌ

Intimated. مُوْعَزٌ بهِ

To exhort; warn. ٭ وَعَظَ. نَصَحَ له

To preach. —. أَلقَى موعظة

To take warning. اِتَّعَظَ

Preaching. وَعْظٌ

Sermon. عِظَةٌ. مَوْعِظَةٌ. وَعْظَةٌ

Preacher. وَاعِظ

To be sultry. ٭ وَعَكَ

To be indisposed, or ill. تَوَعَّكَ

Home; one's native place or land وَطَنٌ

Patriotism. حُبُّ الـــِ.

Native. وَطَنِيٌّ

Patriotism. وَطَنِيَّة. حُبُّ الوطن

A compatriot. مُوَاطِنٌ

Bat. ٭ وَطْوَاطٌ

To persevere in; continue. ٭ وَظَبَ. وَاظَبَ على

To attend (prayer regularly.) وَاظبَ على حضور

Persevering. مُوَاظِبٌ

Perseverance. مُوَاظبة

Regular attendance. — على الحضور

To appoint a person to an office. ٭ وَظَّفَ الرجُلَ

To be appointed. تَوَظَّفَ. تعيَّنَ

Pay; salary. وَظِيفَة. راتب

Function. —. عملٌ

Employment. —. خدمة

Situation; post. —. منصب

Appointed. مُوَظَّفٌ. معيَّن

Employee. —. عامل

Vessel. ٭ وعاء (في وعى)

An envoy. وَافِدٌ
An epidemic. مَرَضٌ —ٌ
To increase; be multiplied. ✿ وَفُرَ . تَوَافَرَ
To save. ه وَفَّرَ . إِدَّخَرَ
To economise. ه — . إِقتصدَ
To be abundant, plentiful. تَوَافَرَ
Economy. وَفْرٌ . إِقتصاد
Abundance. وَفْرَةٌ
Abundant; plentiful. وَافِرٌ
Numerous. — العَدَدِ
Wealthy; rich. — المالِ
To fit; make fit or suitable. ✿ وَفَّقَ
To reconcile persons. — بينهم
To suit; agree with. وَافَقَ الشيءُ الرجلَ
To fit. —هُ الثوبُ
To agree with. — . طابقَ
To agree with. اِتَّفَقَ مع
They agreed upon. —وا على
To happen to. — له كذا
To succeed. تَوَفَّقَ
In agreement, or accordance, with. وَفْقُ او وفقاً لكذا
Agreement. وِفَاقٌ . اِتِّفَاقٌ

Indisposition; illness. تَوَعُّكُ المزاجِ
Indisposed; ill. مُتَوَعِّكٌ

Ibex; wild goat. ✿ وَعْلٌ
To salute. ✿ وَعَمَ
Good morning (to you)! عِمْ صباحاً
To contain; hold. ✿ وَعَى . حَوَى
To take in. — الحديثَ
Receiving; taking in. وَعْيٌ
Attention. ه — . إنتباه
Vessel; receptacle. وُعَاءٌ
Mean; base. ✿ وَغْدٌ
To boil with anger. ✿ وَغَرَ . تَوَغَّرَ
To penetrate deeply into. ✿ وَغَلَ . أَوْغَلَ . تَوَغَّلَ
Clamour; tumult. ✿ وَغَى . وَغْيٌ . جَلَبَة
War; battle. — . حَرب
✿ وفاءٌ ✿ وفاة (في وفي)
To come; arrive. ✿ وَفَدَ
To delegate. وَفَّدَ . أَوْفَدَ
A deputation; a delegation. وَفْدٌ

To appoint a time.	٭ وَقَتَ . وَقَّتَ
Time.	وَقْتٌ
Mealtime.	— الأَكلِ
Temporary.	وَقتيٌّ
At that time.	وَقْتَئِذٍ
To be impudent.	٭ وَقُحَ . تَوَقَّحَ
Impudent; brazenfaced.	وَقِحٌ
Impudence; shamelessness.	وَقَاحَة . قِحَة
To kindle; take fire.	٭ وَقَدَ . إتَّقَدَ . تَوَقَّدَ
To kindle; light up.	وَقَّدَ . أَوْقَدَ
To set fire to.	أوقد ٢ فيه النار
To light a lamp.	— المصباحَ
Fuel.	وِقَادٌ . وَقُودٌ . وَقِيدٌ
Fireplace.	مَوْقِدٌ . مَسْتَوْقَدٌ
Kindled; lit.	مَوْقُودٌ
Burning; blazing.	مُتَّقِدٌ . مُتَوَقِّدٌ
To reverence; revere.	٭ وَقَّرَ
To burden; overload.	أَوْقَرَ الدابَّة
A heavy burden.	وِقْرٌ
Veneration; respect.	وَقَارٌ . إحترام
Gravity.	— . رزانة

By chance.	إتِّفَاقاً
Fitting together; reconciliation.	تَوْفِيقٌ
Success.	— . نجاح
Prosperity.	— . يُسر
Good fortune.	— . حظّ
Suitable; convenient.	مُوَافِقٌ . مناسب
Approval.	مُوَافَقَة . قبول
Suitability.	— . مناسبة
Agreed upon.	مُتَّفَقٌ عليه
To fulfil a promise.	٭ وَفَى . أَوْفَى بالوعدِ
To pay a debt.	— . — الدينَ
To be complete.	— . تمَّ
To pay in full.	أَوْفَى ٢ . وَفَّى
To come to.	وَافَى الرجلَ . اتاهُ
To receive one's due in full.	تَوَفَّى . إسْتَوْفَى حقَّه
To die.	— ه الله . تُوُفِّيَ
Fulfilment of a promise.	وَفَاءُ الوعدِ
Payment of a debt.	— الدينِ
Loyalty.	— . حفظ العهد
Decease; death.	وَفَاةٌ . موت
Complete; full; perfect.	وَافٍ . تامٌّ
Sufficient.	— . كافٍ

Venerable. وَقُورٌ
To fall; drop. ٭ وَقَعَ . سقط
To happen. — الأمرُ
To happen to. — له امرٌ
To alight, or land, on. — الطائرُ على
To sign a letter. وَقَّعَ الخطاب
To cause to fall; let fall. ٭ —. أَوْقَعَ
To fight with وَاقَعَ الرجُلَ
To expect; anticipate. تَوَقَّعَ الأمرَ
Fall; the act of falling. وَقْعٌ . وُقُوعٌ
Effect. — . تأثير
Footfalls. — الأقدامِ
A fall. وَقْعَةٌ . سقطة
A meal. — . اكلة
Event; incident. وَاقِعَةٌ . حادثة
Accident. — . نازِلة
Harmony of sounds. إِيقاعُ (الموسيق)
Expectation; anticipation. تَوَقُّعٌ
Signature. تَوْقِيعٌ
Place; spot. مَوْقِعٌ
A battle. مَوْقِعَةٌ حَرِبية

To stop. ٭ وَقَفَ
To stand. — . قام . إِنتصب
To know. — على . عرفَ
To prevent from. — ـه عن
To cause to stand. — . أَوْقَفَ . وَقَّفَ
To stop; arrest. — . — . منع
To acquaint with. — . — علَى
To bequeath unalienably to. — ملكه وعلى
To suspend. — عن العملِ
To pause. تَوَقَّفَ . مكثَ قليلا
To depend on. — على
To hesitate. — في . تردد
Stopping; standing. وَقْفٌ . وقوفٌ
Unalienable property. — . مالٌ موقوف
Endowment. — خيري
A pause. وَقْفَةٌ
Standing. وَاقِفٌ . منتصب
Stopping. — . ضدٌ متحرِّك
Acquainted with. — على
Raising. إِيقَافٌ . تَوْقِيفٌ
Stoppage. — . منع السيرِ
Suspension. — . إِرجاء
Suspension of work. — العمل

Pausing. تَوَقُّفٌ
Hesitation. —. تردد
A stand. مَوْقِف. مكان الوقوف
Situation. —. مركز
Stopped; arrested. مَوْقوف
In mortmain; unalienable. —. (مال)
Dependent on. متوقِّف على
An oke. ٥ وُقَّة. أُقَّة
To preserve; protect; guard; shelter. ٭ وَقَى
To guard against; be on one's guard. تَوَقَّى. إِتَّقَى
To fear God. —. — الله
Take care of. إِتَّقِ كذا
وِقَايَة. وُقَايَة. وِقَاءٌ
Protection.
Protector. وَاقٍ. حامٍ
Preservative. —. للوقاية
Fear of God. تُقًى. تَقْوَى
God-fearing. تَقِيٌّ. مُتَّقٍ
Pious; godly. —. متديِّن
Ounce. ٭ وُقِيَّة. أُوقِيَّة
٭ وكأ. اتَّكأ. تَوَكَّأ على
To recline; lean on or upon.
Staff; support. مُتَّكأ. عكّازٌ

Lounge; couch. —. مَوضع الاتكاء
Reclining; leaning. مُتَّكِئ
Almshouse; poorhouse. تَكِيَّة
To walk slowly. ٭ وَكَبَ
A procession. مَوْكِبٌ
To affirm; confirm. ٭ وَكَّدَ. أَكَّدَ
To be affirmed, confirmed. تَوَكَّدَ. تَأَكَّدَ
To make sure or. —و— من
Sure; certain. أَكِيد. مُؤَكَّدٌ
Affirmation; confirmation. تأكيدٌ. توكيدٌ
Emphasis. —و— الكلام
For certain; to be sure. بالـــ. اكيداً
Sure; certain. مُتأَكِّدٌ
Nest of a bird. ٭ وَكْرٌ
To thrust with a spear. ٭ وَكَزَ بالرمح
To undervalue; underrate. ٭ وَكَسَ
To fail. وُكِسَ التاجرُ
Undervaluation; depreciation. وَكْسٌ
To sell at a loss. باعَ بالـــ

To commit to; intrust with. ٭ وَكَّلَ إليه
To appoint as agent. وَكَّلَ
To feed. ٥ — . أطعمَ
To rely on, or upon. تَوَكَّلَ . إتَّكَلَ
To trust in God. — . — على الله
Agent; deputy; substitute. وَكِيلٌ
Agency. وَكالَةٌ
Reliance. إتِّكَالٌ . إعتماد
Trust; confidence. — . وثوق
Committed to. مَوْكُولٌ الى
٭ ولاء ٭ ولايَة (في ولى)
To enter, or penetrate, into. ٭ وَلَجَ
To beget; procreate. ٭ وَلَدَ . أتى بنَسْلٍ
To bring forth. — . أنتجَ
To give birth to. — تْ الحبلى
To act as a midwife. وَلَّدَ الحبلى
To engender; breed; cause. — . سَبَّبَ
To be born. وُلِدَ
To be originated, or produced, from. تَوَلَّدَ من . نشأ عن
To result or proceed from. — من . نتج

Child. وَلَدٌ . وَلَدٌ
Boy. — . صَبِيٌّ (و بمعنى ابن)
A birth. وَلْدَةٌ . مرَّةُ الولادةِ
Birth; childbirth; delivery. وِلادَةٌ
Father; parent. وَالِدٌ
Mother. وَالدة
Parents. الوالدان
Paternal; fatherly. والديٌّ
Birth. مَوْلِدٌ . وِلادة
Birthplace. — . مكان الولادة
Birthday. — . ميلاد
Obstetrician; man midwife مُوَلِّدٌ
Midwife. مُوَلِّدة
Baby; infant. مَوْلُودٌ . طفل
Born. — . وُلِدَ
Birthday. مِيلادٌ
Christmas. عِيدُ الـــ.
To be in love with. ٭ وَلِعَ . أُولِعَ . تَوَلَّعَ به
To excite love for. وَلَّعَ . أولعَ بكذا
To light; kindle; set fire to. ٥ — . اشعلَ
Passion; extreme, or inordinate, desire. وَلَعٌ . تَوَلُّعٌ

Fond of; passionately attached to.	مُوْلَعٌ بكذا
To lap; lick.	٭ وَلَغَ الكلبُ
Associate; companion.	٭ وِلْفٌ. وَلِيفٌ
To associate with.	وَالَفَ
Saddle-girth.	٭ وَلَمٌ
To give an entertainment.	أَوْلَمَ
Entertainment.	وَلِيمَةٌ
Wedding feast.	— العرس
To confound; distract (with love)	٭ وَلَّهَ. أَوْلَهَ
Distraction.	وَلَهٌ
Distracted.	وَلْهَانٌ. وَالِهٌ
To wail.	٭ وَلْوَلَ
Wailing.	وَلْوَلَةٌ
To appoint, or make, a ruler.	٭ وَلَّى. اقامه والياً
To entrust with an affair.	ـــهُ الأمرَ
To turn the back to.	ـــهُ ظهرهُ
To turn tail; flee; run away.	— هارباً
To avoid; escape from; shun.	— عنه
To commit to the care of; entrust with.	أَوْلَى فلاناً الأمرَ
To do a good turn to.	ـــهُ معروفاً
To place confidence in.	ـــه ثقته
To support; aid.	وَالَى
To pursue.	— العملَ
To take charge of; take in hand	تَوَلَّى الأمرَ
To follow in succession	تَوَالَى
To possess; take possession of.	إِسْتَولَى على
Loyalty; fealty.	وَلَاءٌ
Rule.	وَلَايَةٌ. حكم
State.	—. دولة صغيرة
Patron.	وَلِيٌّ. نصير
A saint.	—. قديس
Guardian.	— امر. قيّم
Friend of God.	— الله
Crown prince.	— العهد
Ruler; governor.	وَالٍ
More deserving.	أَوْلَى
Continuous succession	تَوَالٍ. تتابع
Successively.	على التوالي
Master; lord.	مَوْلَى
Consecutive; successive.	مُتَوَالٍ

Entertainment. (في ولم) وَلِيمة ٭

To beckon to. وَمَأَ . أَوْمَأَ إلى . أشار ٭

To indicate. أَومأَ ٢ إلى . دلَّ على

Indicated. المُوْمأ إليه

To rub off. وَمَسَ . حك ٭

Prostitute; public woman. مُوْمِس . مُومِسة

To flash. وَمَضَ . أَوْمَضَ ٭

Flash وَمِيض

Crane; derrick crane; winch. ونش ○

To flag; languish. وَنَى . وَنِيَ ٭

To be remiss in one's work. توانى في عمله

To delay; tarry. — . تأخَّرَ

Relaxation. وَنْيٌ . وَنَاءٌ . تراخٍ

Fatigue; lassitude. — . — . تعب

Remiss; slack. مُتَوانٍ

Enamel. مِينَا . طلاءٌ خزفيٌّ

Harbour; port. — . مِينَاءٌ

To grant; give. وَهَبَ ٭

Grant that. هَبْ . إفرِضْ

Free gift; present. هِبَةٌ

Grant; donation. — . شرعيَّة

Donor; giver. وَاهِبٌ

Granted; given. مَوْهُوب

Gift. مَوْهِبَةٌ . عَطِيَّة

To glow; flame. وَهَجَ . توهج ٭

To kindle. أَوْهَجَ

Glow. وَهْجٌ . وَهِيجٌ

Glowing; incandescent. وَهَّاجٌ

Abyss; a deep pit. وَهْدَةٌ ٭

Lasso. وَهْقٌ . وَهَقٌ ٭

To be terrified, frightened. وَهِلَ ٭

Terror, dismay; fright. وَهَلٌ . وَهْلَة

At the first blush; at the first appearance. أوَّل وَهْلَة ٢

To imagine; fancy. وَهَمَ . تَوَهَّمَ ٭

To make a mistake; be mistaken. — . وَهِمَ في

To impose on; delude; lead into error. وَهَّمَ . أَوْهَمَ

To accuse of. إتَّهَمَ . أَتهم بكذا

To suspect. تَوَهَّمَ ٢ الأمر

Imagination; fancy. وَهْمٌ . تخيُّل

Suspicion. — . شكٌّ

O Zeid!	✻ يَا (يا زَيدُ)
Yard.	○ يَارْدَة
	✻ ياسمين(في يسمين) ○ يافطه (في يفطه)
	✻ يافع (في يفع) ✻ يافوخ (في يفخ)
Collar	○ يَاقَة . طَوق
	✻ ياقوت(في يقت) ✻ يانسون (في ينسون)
To dry; become dry	✻ يَبِسَ
To dry; make dry.	يَبَّسَ . أيبَسَ
Dryness.	يَبْسٌ . يَبَسٌ
Dry.	— . يَابِسٌ
Land; dry land.	— . يابِسَةٌ
Dryness.	يُبُوسَةٌ
To orphan; cause to become an orphan; bereave of parents.	✻ يَتَّمَ . أيتَمَ
Orphanhood; orphanage.	يُتْمٌ . يَتَمٌ
Orphan.	يَتِيمٌ
A rare pearl.	دُرَّةٌ يتيمة
Yacht.	○ يَخْتٌ
Hand.	✻ يَدٌ . كَفٌّ
Arm	— . ذِراع
To lend a hand.	مدَّ — المساعدة
Before; in the presence of.	بين يدي
Manual.	يَدَوِيٌّ

Imaginary.	وَهْمِيٌّ
Mistaken; wrong.	وَاهِمٌ
Imposition; misleading.	إِيهَامٌ
Accusation; charge.	تُهَمَةٌ
Suspicion.	تَوَهُّمٌ
Accused.	مُتَّهَمٌ
To weaken; enfeeble.	✻ وَهَنَ . أوْهَنَ
To be weak or feeble.	وَهُنَ
Weak; feeble; faint.	وَاهِنٌ
To be weak; feeble	✻ وَهَى . وَهِيَ
To weaken; enfeeble.	أَوْهَى
Faint; weak; feeble.	وَاهٍ
Woe to him!	✻ وَيْحٌ او وَيْحالَهُ !
Woe; grief.	✻ وَيْلٌ
Woe to me!	— لي
A heavy calamity; misfortune.	وَيْلَةٌ (وَيْلاَت)

﴿ ي ﴾

Despair; hopelessness.	✻ يَأْسٌ
Despairing; hopeless.	يَائِسٌ . يَؤُوس
To despair; be hopeless.	يَئِسَ
To despair of.	— منه

The left side.	مَيْسَرَةٌ
Jasmine; jessamine.	٭ يَسْمِين. يَاسَمِين
Jesus.	٭ يَسُوع
Jesus Christ.	— المسيح
Drone-bee.	٭ يعسوب (في عسب)
Jacob; James.	٭ يعقوب (في عقب)
To hit on the crown of the head.	٭ يَفَخَ
Fontanel; fontanelle.	يافوخ
Adolescent.	٭ يَفَعٌ. يَافِعٌ
Ruby.	(٭بقت٭) . يَاقُوتٌ
Pumpkin.	٭ يقطين (في قطن)
To be awake.	٭ يَقُظَ. استيقظَ
To recollect; remember.	تَيَقَّظَ الى
To awaken.	يَقَّظَ . اَيْقَظَ
To remind.	— . ذَكَّرَ
Awake.	يَقِظ. يقظان. مُستيقظ
Wakefulness.	يَقْظَةٌ
To be certain, or sure.	٭ يَقِنَ الأَمرُ
To be sure or certain of.	أَيْقَنَ. تَيَقَّنَ. إستيقنَ
Certitude.	يَقِينٌ. تحقُّق
Conviction.	— . اقتناع
Certain; sure.	— . محقَّق
Sure or certain of.	على — من
Pen; reed-pen.	٭ يَرَاعٌ. يَرَاعَةٌ. قلمٌ
Glow-worm, or firefly.	— . حُبَاحِب
Jerboa	٭ يَرْبُوعٌ
Blight.	٭ يَرَقَان النباتِ
Jaundice.	— الانسانِ
To be easy	٭ يَسُرَ. سهل
To be little.	يَسَرَ . قلَّ
To facilitate; make easy.	يَسَّرَ
To prosper.	أَيْسَرَ
To become easy.	تَيَسَّرَ
To be possible for	— له
Ease; facility.	يُسْرٌ. يَسَار. سهوله
Affluent circumstances	— . ضد عسر
The left hand	اليدُ اليسرى
The left-hand side.	الجهة الـــ
Left; left side.	يَسَارٌ
Small, little.	يَسِيرٌ . قليل
Easy.	— . هين
Easier.	أَيْسَر
The left-hand side.	الجانبُ الأيسر
Wealthy; rich.	مُوسِرٌ
Play; gambling.	مَيْسِرٌ
Easy.	مَيْسُور . سهل

Aniseed. يَنْسُون. يَانْسُون ☆
To ripen; become ripe. يَنَعَ . أَيْنَعَ ☆
Ripe; mellow. يَانِعٌ
Jew. يهودي (في هود) ☆
Jubilee. يُوبِيل ○
Joseph. يُوسُف . اِسم عَلَم ☆
Mandarin. — افندي (فاكهة) ○
July. يُوليو . تَمُّوز ○
Day. يَوْمٌ . ٢٤ ساعة ☆
Time. — . وقت
To day. اليومُ
Daily. يَوميٌّ . كل يوم
Everyday. — . لكل يوم
Daily; every day. يوميًّا . كل يوم
On that day. يَوْمَئِذٍ
Jonah. يُونَانُ . يُونُس . اسم علم ☆
The Greeks. الـ .
Greece. بلاد الـ .
Greek. يونانيّ (او اللغة اليونانية)
June. يُونيو . حزيران ○

Certainly; for certain. يَقيناً
Certain; sure. مُوْقِنٌ
Sea; ocean. يَمٌّ . بحرٌ ☆
Stockdove, or turtle-dove. يَمَامٌ
To go to the right. يَمَّنَ ☆
To augur good. تَيَمَّنَ
Blessedness; happiness. يُمْنٌ
The right-hand side. يَمَنٌ . يَمْنَةٌ
Yemen. بلادُ الـ .
Right side. يَمِينٌ . ضد يسار
Oath. — . قَسَم
The right hand. يُمْنَى
The right side. الجهة الـ .
The right side. مَيْمَنَةٌ
The right wing of an army. — الجيش
Fortunate. مَيْمُونٌ
I wish you a happy journey. على الطائرِ الـ .
January. يَنَايِر . كانون الثاني ○
☆ ينبغي (في بغى) ☆ ينبوع (في نبع)

بيان قائمة قواميس «الياس»

(تطلب من المكتبات الشهيرة فى جميع انحاء العالم)

او من الناشر

١ شارع كنيسة الروم الكاثوليك بالظاهر، القاهرة (ج.م.ع) - ص. ب ٩٥٤ مصر

قاموس الياس العصرى : انجليزى عربى ، حافل بالاصطلاحات والصور ، حروفه دقيقة ومشكلة ، تأليف : الياس انطون الياس و إدوار الياس الياس.

ELIAS' MODERN DICTIONARY, English - Arabic.
by : Elias A. Elias & Edward E. Elias.

قاموس الياس العصرى : عربى انجليزى ، حافل بالاصطلاحات والصور ، حروفه دقيقة ومشكلة ، تأليف : الياس انطون الياس و إدوار الياس الياس.

ELIAS' MODERN DICTIONARY, Arabic - English.
by : Elias A. Elias & Edward E. Elias.

قاموس الياس الجامعى : انجليزى عربى ، رفيق الطالب فى كل مراحل التعليم ، حافل بالاصطلاحات والصور ، حروفه مشكلة ، تأليف : إدوار الياس الياس.

ELIAS COLLEGIATE DICTIONARY, English - Arabic,
by : Edward E. Elias.

قاموس الياس الجامعى : عربى انجليزى ، رفيق الطالب فى كل مراحل التعليم ، حافل بالاصطلاحات والصور ، حروفه مشكلة ، تأليف : إدوار الياس الياس.

ELIAS' COLLEGIATE DICTIONARY, Arabic - English.
by : Edward E. Elias.

قاموس الياس المدرسى : انجليزى عربى و عربى انجليزى معاً فى مجلد واحد ، بالصور وحروفه مشكلة ، تأليف : الياس انطون الياس و إدوار الياس الياس

ELIAS' SCHOOL DICTIONARY, English - Arabic & Arabic-Eng.,
in one volume, by : Elias A. Elias & Edward E. Elias.

قاموس الياس الجيب : انجليزى عربى ، مصور ، حروفه دقيقة ومشكلة ، تأليف : الياس انطون الياس و إدوار الياس الياس.

ELIAS' POCKET DICTIONARY, English - Arabic.
by : Elias A. Elias & Edward E. Elias.

قاموس الياس الجيب : عربى انجليزى ، مصور ، حروفه دقيقة ومشكلة ، تأليف : الياس انطون الياس و إدوار الياس الياس.

ELIAS'. POCKET DICTIONARY, Arabic - English,
by : Elias A. Elias & Edward E. Elias.

قاموس الياس الجيب : انجليزى عربى و عربى انجليزى معاً ، فى مجلد واحد ، مصور ، حروفه مشكلة ، تأليف : الياس انطون الياس و إدوار الياس الياس .

ELIAS' POCKET DICTIONARY, English-Arabic & Arabic - Eng., in one volume. by : Elias A. Elias & Edward E. Elias.

قاموس اللغة الدارجة : انجليزى عربى ، تأليف : ادوار الياس الياس .

ELIAS' PRACTICAL DICTIONARY, of the Colloquial Arabic, of the Middle East English-Arabic, by : Edward E. Elias.

اجرومية لتعليم اللغة الدارجة : للاجانب فى كل البلاد العربية ، تأليف : الياس انطون الياس و إدوار الياس الياس .

ELIAS' PRACTICAL GRAMMAR and Vocabulary of the Colloquial Arabic, by : Elias A. Elias & Edward E. Elias.

الهدية السنية لطلاب اللغة الانجليزية : لتعليم الانجليزية لأبناء العربية ، او العربية للانجليز ، مع لفظ الكلمات الانجليزية بأحرف عربية ولفظ الكلمات العربية بأحرف لاتينية ، تأليف : الياس انطون الياس و إدوار الياس الياس .

AN EGYPTIAN-ARABIC MANUAL FOR SELF-STUDY, with transliterations, by : Elias A. Elias & Edward E. Elias.

القاموس الحديث : فرنسى عربى ، باللفظ والاجرومية والصور ، تأليف : مترى الياس

DICTIONNAIRE MODERNE, Français-Arabe, par : Mitri Elias.

قاموس الجيب : فرنسى عربى ، مصور ، حروفه دقيقة ومشكلة ، تأليف : مترى الياس .

DICTIONNAIRE DE POCHE, Français-Arabe, par : Mitri Elias.

قاموس الجيب : عربى فرنسى ، مصور ، حافل بالمصطلحات ، تأليف : مترى الياس

DICTIONNAIRE DE POCHE, Arabe-Français, par : Mitri Elias.

قاموس الجيب : فرنسى عربى وعربى فرنسى معاً ، فى مجلد واحد ، تأليف : مترى الياس

DICTIONNAIRE DE POCHE, Français - Arabe et Arabe - Français, par : Mitri Elias.

القاموس الوحيد : ألمانى عربى ، بالشكل الكامل مع تصريف الافعال ، تأليف : رياض جيد

DAS EINZIGE WORTERBUCH, Deutschen und Arabischen, von : Riad Gayed.

القاموس الفريد : ايطالى عربى ، بالشكل الكامل مع تصريف الافعال ، تأليف : رياض جيد .

L'UNICO DIZIONARIO, Italiano - Arabo, da : Riad Gayed.

[illegible]

ELIAS' POCKET DICTIONARY, English-Arabic & Arabic-English, in one volume, by : Elias A. Elias & Edward E. Elias.

[illegible]

ELIAS' PRACTICAL DICTIONARY, of the Colloquial Arabic of the Middle East, English-Arabic, by : Edward E. Elias.

[illegible]

ELIAS' PRACTICAL GRAMMAR and Vocabulary of the Colloquial Arabic, by : Elias A. Elias & Edward E. Elias.

[illegible]

AN ENGLISH-ARABIC MANUAL FOR SELF-STUDY, with transcriptions, by : Elias A. Elias & Edward E. Elias.

[illegible]

DICTIONNAIRE DE POCHE, Français-Arabe, par Elias A. Elias.

[illegible]

DICTIONNAIRE DE POCHE, Français-Arabe, par Elias A. Elias.

[illegible]

DICTIONNAIRE DE POCHE, Arabe-Français, par Elias A. Elias.

[illegible]

DICTIONNAIRE DE POCHE, Italien-Arabe, par Elias A. Elias.

[illegible]

DAS KLEINE WÖRTERBUCH, Deutsch und Arabisch, von Elias A. Elias.

[illegible]

[illegible] Elias A. Elias.